常德年鉴

2022

CHANGDE YEARBOOK

常德市地方志编纂室　编

方志出版社
Publishing House of Local Records

图书在版编目（CIP）数据

常德年鉴. 2022 / 常德市地方志编纂室编.—北京：方志出版社, 2022.10

ISBN 978-7-5144-5309-6

Ⅰ. ①常… Ⅱ. ①常… Ⅲ. ①常德—2022—年鉴 Ⅳ. ①Z526.43

中国版本图书馆CIP数据核字（2022）第228065号

责任编辑：高孟君
责任校对：刘玉霞
责任印制：梅中英
出 版 者：方志出版社
地　　址：北京市朝阳区潘家园东里 9 号（国家方志馆4层）
邮　　编：100021
网　　址：http：//www.zgfzcb.cn
发　　行：方志出版社图书营销中心（010-67110500）
印　　刷：岳阳鑫容印刷有限公司
开　　本：889毫米 × 1194毫米　1/16
印　　张：32.5
字　　数：1174千字
版　　次：2022年10月第1版
印　　次：2022年10月第1次印刷
定　　价：298.00元

《常德年鉴（2022）》编纂委员会

《常德年鉴（2022）》编辑部

编 辑 说 明

一、《常德年鉴（2022）》以马克思列宁主义、毛泽东思想、邓小平理论、“三个代表”重要思想、科学发展观、习近平新时代中国特色社会主义思想为指导，坚持辩证唯物主义和历史唯物主义的立场、观点和方法。本卷为第23卷。

二、《常德年鉴（2022）》是由常德市人民政府主办、常德市地方志编纂室编纂，全面、客观、系统记述常德市自然、政治、经济、文化、社会等方面概貌和发展情况的年度资料性文献。记述2021年1月1日至12月31日常德市发生的大事、新事和具有年度特色的事。作为背景材料，有个别条目内容或表格数据涉及年度之前或之后的情况，为保持事物发展的连续性和资料的完整性，本年鉴仍予以记载。

三、《常德年鉴（2022）》采用分类编辑法，设类目、分目、条目3个层次，条目为记述基本单元。全书共设34个类目、292个分目、1154个条目。

四、《常德年鉴（2022）》所载稿件内容和数据均由各部门、各单位提供，并经撰稿单位领导审核；凡涉及常德经济和社会发展全局的数据，均以常德市统计局提供的资料为依据；由于四舍五入原因，个别总数与分数相加之和略有出入；计量单位采用国务院公布的公制和国际单位制，少数遵从习惯。

五、《常德年鉴（2022）》收录的市领导、市直副处级以上单位负责人名录由中共常德市委组织部提供；中央、省驻常德单位和部分市属企业负责人名录由相应撰稿单位提供，名录均以2021年12月31日在职者为准。

常德市行政区划略图

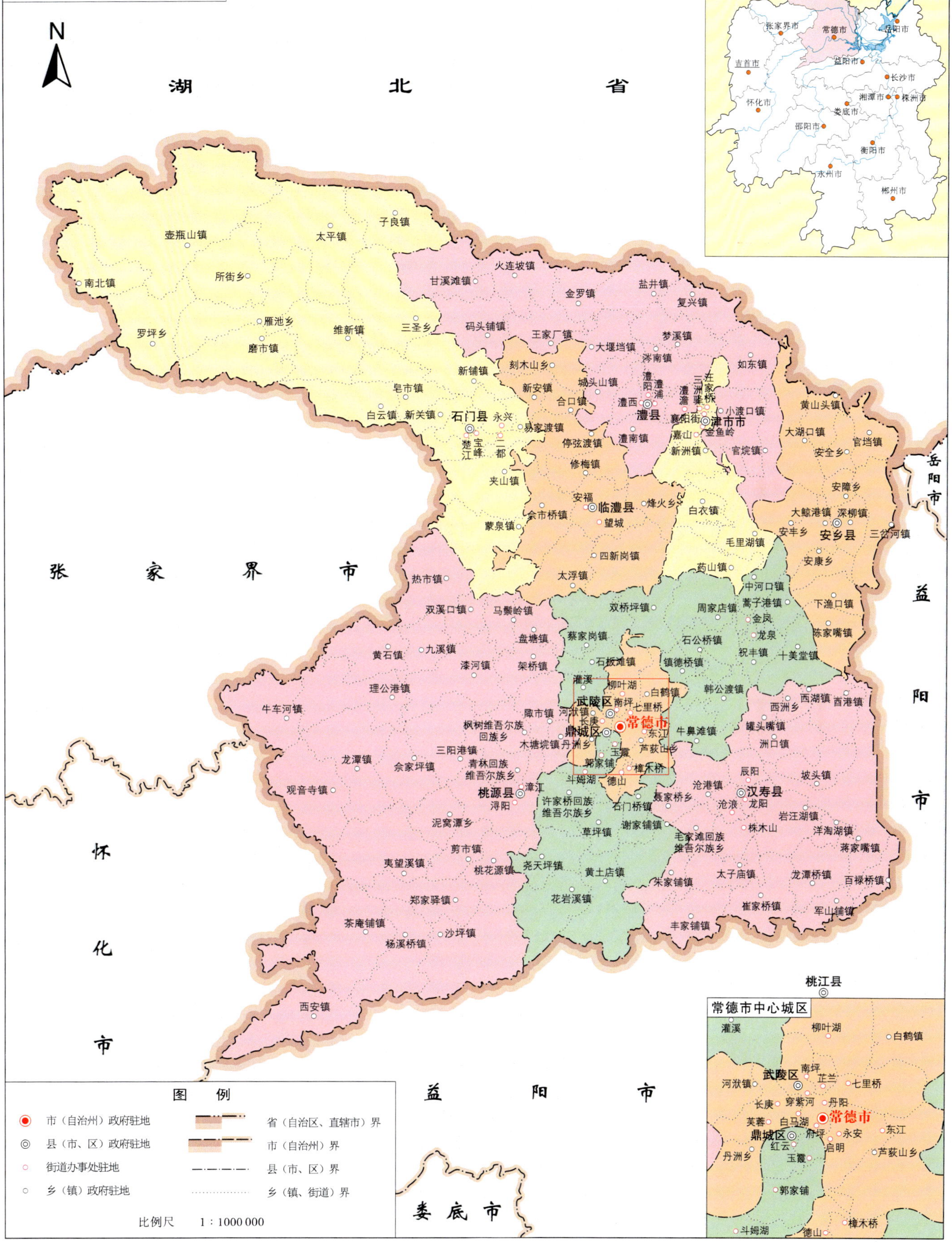

审图号：湘S（2022）035号

湖南省自然资源厅监制 湖南地图出版社编制 二〇二二年四月

数 2021 说常德

土地总面积	18177平方千米	农村居民人均可支配收入	19904元
年末户籍人数	591.76万人	粮食作物种植面积	589.5千公顷
地区生产总值	4054.1亿元	粮食总产量	384.4万吨
第一产业增加值	467.6亿元	建筑业增加值	341.3亿元
第二产业增加值	1686.9亿元	社会消费品零售总额	1633.8亿元
第三产业增加值	1899.7亿元	交通运输、仓储和邮政业增加值	165.4亿元
三次产业结构	11.5：41.6：46.9	旅游总收入	387.8亿元
一般公共预算收入	305.8亿元	海关进出口总额	191.2亿元
地方一般公共预算收入	203.4亿元	本外币年末各项存款余额	3954.5亿元
公共财政预算支出	597.1亿元	本外币年末各项贷款余额	2897.3亿元
公路通车里程	2.3万千米	卫生机构	5172个
新增城镇就业人员	5.4万人	卫生技术人员	36930人
新增农村劳动力转移就业	3.8万人	全市森林覆盖率	48%
城镇居民人均可支配收入	38339元	全社会用电量	138.4亿千瓦时

——摘自《常德市2021年国民经济和社会发展统计公报》

常德名片

中国美丽山水城市（2018）

国际湿地城市（2018）

国家森林城市（2016）

全国双拥模范城（2016）

全国绿化模范城市（2016）

全国无障碍建设示范市（2015）

国家节水型城市（2011）

全国文明城市（2011）

全国交通管理模范城市（2005）

国际花园城市（2005）

中国魅力城市（2004）

中华诗词之市（2003）

国家园林城市（2003）

国家卫生城市（2002）

中国优秀旅游城市（2001）

2021年11月26日，全市党史学习教育工作座谈会在市委常委扩大会议室召开
（市委宣传部 供图）

2021年6月30日，市人大常委会机关庆祝中国共产党成立100周年暨“两优一先”表彰大会召开 （贺潇 摄）

2021年7月1日，常德市庆祝中国共产党成立100周年合唱比赛优秀节目展演在市广播电视台演播厅举行
（陈睿 摄）

2021年12月16日，以“传承红色基因·走好新的征程”为主题的2021“走红军走过的路”徒步穿越系列活动（桃花源站）从桃花源旅游管理区桃花源镇汤家山村鸣枪出发　　（刘伯源　摄）

2021年7月2日，常德市庆祝中国共产党成立100周年党团队一体化建设示范性活动在市第四中学举行　　（团市委　供图）

2021年4月20日至7月底，市广播电视台推出党史学习教育节目《百名主播讲党史》，省市县百名主播参与讲述。图为节目海报　　（张慧颖　制作）

2021年5月28日，武陵区教育局联合多家单位，在武陵区第一小学多功能厅举行“百年红色　启梦未来”庆六一艺术展演活动　　（市教育局　供图）

常德经济技术开发区标准化厂房

2021年6月29日，常德经济技术开发区19个招商项目集中进行“云签约”，总金额达56亿元

2021年10月20日，丰树（常德）综合产业园项目签约

国家级经济技术开发区——常德经济技术开发区

三一机械厂厂区俯瞰图

金康光电车间

常德中车新能源汽车生产车间

（常德经济技术开发区 供图）

2021年6月15日，省工信厅到常德远大调研考察

（常德远大建筑工业有限公司 供图）

常德高新区创新创业中心

（常德高新区宣传信息中心 供图）

中联建起及湖南工程机械配套产业园
（常德高新区宣传信息中心 供图）

心相印产品生产线
（恒安纸业 供图）

常德高新技术产业开发区西区俯瞰图
（常德高新区宣传信息中心 供图）

桃花源旅游管理区桃花源镇汤家山村

汤家山村位于桃花源旅游管理区桃花源镇，与桃花源古镇接壤，紧邻秦溪和常吉高速公路互通口，319国道贯穿全境。总面积6.62平方千米，耕地面积2.68平方千米，山林2.57平方千米。辖15个村民小组，共559户、2117人，中共党员84人。该村2019年被评为中国美丽休闲乡村、湖南省美丽乡村建设示范村、湖南省休闲农业集聚发展示范村、常德市市级文明村；2020年被评为常德市基层党建工作示范点；2021年被评为湖南省先进基层党组织、湖南省最美潇湘文化阵地、湖南省特色精品乡村。

汤家山村村部

汤家山村一角

家门口的企业

擂茶文化展示中心

（汤家山村 供图）

武陵区芦荻山乡黄爱村

黄爱村位于常德市武陵区东郊，交通便捷，环境优美，辖15个村民小组，耕地面积1.93平方千米，共665户，户籍人口2262人，中共党员80人，是中国工人运动先驱——黄爱烈士的故乡。该村近三年先后获得市文明村、市美丽乡村、省级文明村、省级同心美丽乡村、省级美丽乡村示范村、全国文明村等荣誉称号。

春日插秧

高铁建设到我家

天景花池田园综合体

黄爱烈士生平事迹陈列室

（夏弋明 摄）

鼎城区草坪镇枫林口村

枫林口村位于鼎城区草坪镇西面，东与本镇草坪居委会毗邻，南与尧天坪镇接壤，西与许家桥回族维吾尔族乡相连，北抵本镇先锋村。辖12个村民小组，农田面积3.85平方千米，山林面积3.99平方千米，其中油茶林占80%，水面0.92平方千米，总面积12.56平方千米。该村先后被评为全国乡村治理示范村、省级文明村、省级留守儿童之家、省级绿色村庄、省级美丽乡村示范村、市级卫生村、市级同心美丽乡村示范村、常德市休闲农业聚集示范村等多项荣誉称号。

村里玫瑰花基地出品的玫瑰纯露
（枫林口村 供图）

武陵区人大现场会在枫林口村进行（枫林口村 供图）

村民跟全国人大代表杜美霜学党史唱红歌（尹小兰 摄）

娄家咀屋场全景航拍图 （刘慧 摄）

汉寿县聂家桥乡武峰村

武峰村位于聂家桥乡之南，是典型的丘陵村落，与鼎城区谢家铺镇接壤，长张高速公路穿境而过。总面积5.82平方千米，辖18个村民小组，567户，户籍人口2162人，中共党员87人。该村先后获得湖南省“人居环境改善最明显村庄”、湖南省乡村治理示范村、省级美丽乡村创建示范村、省级乡村振兴创建示范村、市级文明村、全国首批“农村幸福社区建设示范单位”等多项荣誉称号。

村民在长寿廊休闲聊天

丰蔬蔬菜基地

村里的扶贫车间

金健乳业第一牧场远景

（何权 摄）

武陵区：黄爱烈士生平事迹陈列室
（芦荻山乡 供图）

汉寿县：帅孟奇故居陈列馆
（帅孟奇故居陈列馆 供图）

鼎城区：常德文甲起义纪念碑园
（鼎城区 供图）

桃源县：徐溶熙苏维埃政权旧址
（桃源县 供图）

临澧县：林伯渠故居陈列馆
（林伯渠故居纪念馆 供图）

石门县：王尔琢烈士故居
（王尔琢烈士故居 供图）

澧县：工农革命军第四军王家厂暴动纪念碑
（肖宏鹏 摄）

安乡县：安乡游击队陈列馆
（汪健 摄）

津市市：红二军团指挥部旧址陈列馆
（李淳东 摄）

目 录

特 载

专 文

大 事 记

市情综览

中国共产党常德市委员会

常德市人民代表大会

常德市人民政府

中国人民政治协商会议常德市委员会

中共常德市纪律检查委员会
常德市监察委员会

民主党派

群众团体

法　治

军 事

交通·邮政·通信·电网

旅 游

城乡建设与管理

工业和信息化

园区经济

农业·林业·水利

商　务

金　融

财政·税务

国有资产经营与监管

生态环境

经济管理与监督

科学技术与科技服务

教　育

文化·新闻·体育

非物质文化遗产和地理标志保护产品

卫生健康

社会生活

应急管理

区县市·开发区·度假区·管理区

人　物

附　录

特载

常德市党史学习教育

中共常德市委党史学习教育领导小组

2021年，常德市认真学习贯彻习近平总书记在党史学习教育动员大会上的重要讲话精神、习近平总书记“七一”重要讲话精神和党的十九届六中全会精神，全面贯彻“学史明理、学史增信、学史崇德、学史力行”的总要求，达到了学党史、悟思想、办实事、开新局的目的。3月21日至22日，中央政治局委员、中宣部部长、中央党史学习教育领导小组组长黄坤明到常德考察调研，对常德市党史学习教育相关工作给予充分肯定。《人民日报》、新华社、中央电视台等央媒，《湖南日报》、湖南卫视等省媒多次推介该市工作。中央宣传部《每日要情》、中央党史学习教育简报、省委办公厅《要情汇报》、省委党史学习教育简报、省委宣传部部刊《湖南宣传》等多次推介该市的经验做法。

一、坚持从严从实，把扛牢主体责任与压实各级责任紧密结合起来

一是市委摆上重要位置、纳入重要日程。常德市委坚决扛牢政治责任，成立以市委书记为组长的市委党史学习教育领导小组，领导小组办公室抽调24名工作人员集中办公。市委常委会先后10次学习习近平总书记关于党史学习教育、“七一”重要讲话、党的十九届六中全会等重要讲话和重要指示精神等，研究部署党史学习教育工作。并通过党史学习教育工作会议、座谈会、领导小组会、巡回指导工作培训暨宣讲工作动员会、“我为群众办实事”主题实践活动推进会等，落实中央、省委党史学习教育工作部署，推进全市党史学习教育工作。市委常委会会议组成人员深入分管单位和基层联系点，开展专题调研12次，讲授专题党课12场，领办民生实事24件，市级领导以普通党员身份参加组织生活会，为全市作出示范。

二是党史学习教育牵头部门和领导小组办公室切实担当责任、发挥作用。市委宣传部、市委组织部作为牵头单位密切配合、通力协作，市委党史学习教育领导小组办公室统筹协调、科学调度，在工作中实行清单推进、挂图作战。制定学习清单、责任清单、实事清单、活动清单、巡回指导清单五大清单，细化学什么、怎么学，干什么、怎么干，抓什么、怎么抓。省委宣传部部刊《湖南宣传》第3期以《常德五张清单高质量推进党史学习教育》进行推介。梳理全市重点工作任务40多项，挂图作业，定人定岗定时限完成。自3月起，领导小组办公室召开各类调度会18次，下发各类文件和工作提示78个，编发简报86期，专报42期，推动常德市党史学习教育体现高站位、坚持高标准。在省委党史学习教育领导小组召开市州和行业系统党史学习教育领导小组负责同志座谈会上，常德作交流发言。

三是党史学习教育指导组严督实导，压实责任。市委

组建10个巡回指导组（组长由正处级干部担任、副组长由副处级干部担任），指导各地和各部门党委（党组）党史学习教育。全年共完成6轮集中巡回指导。在每轮巡回指导中，各指导组围绕“九个一”（指导一次中心组学习、指导办好一批民生实事、开展一次访谈调研、指导一次专题党课、指导一次组织生活会、指导一项群众性活动、形成一个工作小结、推荐一批先进典型、进行一次集中反馈）的目标要求，悉心指导、真督实导，及时传达上级精神，压实主体责任、做实走访调研、发现纠正问题，有力促进党史学习教育深入开展和均衡发展。市委把党史学习教育纳入绩效评估、意识形态工作述职评议、文明单位创建，向全市各级党组织和广大党员干部作出示范，推动各级党组织把责任落到实处。

二、着眼入脑入心，把学习创新理论与感悟思想伟力紧密结合起来

一是聚焦悟思想这个首要。把习近平新时代中国特色社会主义思想和习近平总书记最新重要讲话精神纳入第一议题、中心组学习、主题党日、党校课程和“三会一课”内容。市委领导班子坚持率先垂范。市委常委会会议把学习习近平总书记重要讲话重要指示作为第一题，集中做好习近平总书记关于党史学习教育的重要讲话精神、“七一”重要讲话精神、党的十九届六中全会精神和习近平总书记考察福建、考察浙江、考察山东、考察陕西、考察青海、考察河南、考察广西等重要讲话重要指示精神。11月22日，市委书记曹志强到任第一件事情就是召开市委常委（扩大）会议，学习贯彻党的十九届六中全会精神。市委理论学习中心组坚持示范带动，组织“学史明理”“学史增信”“学史崇德”“学史力行”和“七一”重要讲话精神、党的十九届六中全会精神专题学习研讨，举办“七一”重要讲话精神专题读书班。11月29日，市委理论学习中心组围绕全会精神开展专题学习研讨，全体中心组成员作了研讨发言，发言材料在《常德日报》刊发。在市委的示范带动下，全市基层党组织举办学习贯彻习近平总书记讲话精神的主题党日、主题党课1万多场次，市委党校在主体班开设党史学习教育、“七一”重要讲话精神、党的十九届六中全会精神专题课程，深学细悟习近平总书记系列重要讲话重要指示精神。市委学习教育办下发《关于加强集体学习和规范自学的通知》《关于防止和克服党史学习教育简单化、表面化、形式化、流程化等倾向性问题的通知》，对加强集体学习和规范党员自学提出要求，防止和克服党史学习教育简单化、表面化、形式化、流程化以及泛化庸俗化等可能出现的倾向性问题，确保学深悟透习近平总书记思想这个首要任务落到实处。

二是抓住读原著这个重点。围绕学史明理，学好指定书目，读好重点原文。全市各基层党支部围绕4本指定书目，广泛开展读书沙龙、读书分享会等活动，感悟思想伟力，激发奋进动力。市委学习教育办围绕“学史明理”“学史增信”“学史崇德”“学史增信”专题，编印《党史学习教育专题重点学习篇目》4期。积极推进习近平总书记“七一”重要讲话精神学习，围绕四史教育，积极抓好《中华人民共和国简史》《改革开放简史》《社会主义发展简史》学习，开展读书心得交流4000余场，各级媒体刊发体会文章300多篇。

三是用好专题宣讲这个举措。市委组织党史学习教育、“七一”重要讲话精神、党的十九届六中全会精神宣讲团，开展3次专题宣讲。市委宣讲团深入各地各单位开展专题宣讲400多场，基层互动60多场，线上线下同步受众达100多万人次。市委宣传部组织“声动新时代沅澧好声音”微宣讲大赛，市县两级组织200多支宣讲小分队，开展党史学习教育、“七一”重要讲话精神、党的十九届六中全会精神进机关、进企业、进农村、进校园、进社区微宣讲活动，利用屋场会、墟场会、乡村夜话、傍晚课堂、新时代文明实践中心等，开展分众化、对象化、互动化微宣讲，累计开展宣讲2000多场，受众30多万人，其中常德市大学生宣讲团赴乡村、企业、社区宣讲100多场，打通理论宣传宣讲的“最后一公里”，实现宣讲全覆盖，推动党的创新理论“飞入”寻常百姓家。

三、聚焦主题主线，把深化宣传教育与喜庆百年华诞紧密结合起来

一是抓实群众性主题宣传教育这项工作。举办庆祝中国共产党成立100周年合唱大赛、“红色印记·百年征程”庆祝中国共产党成立100周年特展、党史知识竞赛、文艺院团竞演、红色故事汇等群众性文化文艺活动，创作展演音乐剧《启航》、曲艺作品《不屈的吼声》、澧州大鼓《伯渠教子》等红色文艺作品。挖掘本地红色资源，加强红色教育。整合全市23个党史学习教育现场教学场地的红色资源，成为全市红色教育的“网红打卡地”把“红色足迹”串联成“红色风景”。推动党史学习教育“活”起来“实”起来。系统集成、设计开发初心篇、斗争篇、廉政篇等6条红色主题教育线路，制作红色教育地图，把“红色足迹”串联成“红色风景”，成为全市红色教育的“网红打卡地”。推动红色教育“活”起来“实”起来。开发“翦伯赞的清廉人生”“不朽的红色传奇——浯溪河大捷”等21堂精品党课，用于红色教育基地的现场教育。

二是打通基层党史学习教育“最后一公里”。坚持因地制宜，因人而异，分众推进。以中心组学习、

“三会一课”、理论征文、专题培训、读书分享会等方式抓好基层党员干部学习；开展“百年辉煌路沅澧青春说”、童心向党、红色课堂、“百名‘五老’讲党史万千少年颂党恩”、百年党史课课讲等活动把青少年学习抓到实处；通过百名主播讲党史、红色乡村广播、红色电影展播、红色基地教育、红色乡村夜话等抓好普通党员学习；通过网络助学、上门送学、结对帮学、组织促学等方式，帮助流动党员“离家不离党、流动不流学”，《湖南日报》以《常德流动党员“不流学”》推介常德市的经验做法。

三是用好宣传引导这个手段。党史学习教育启动以来，中央和省级主要媒体累计推出常德党史学习教育原创重点报道1400多篇。“常德公交为一名7岁学生单独设立站点”被《人民日报》、新华社、中央电视台、中央人民广播电台、《香港商报》、《湖南日报》等30多家中央、省级媒体持续宣传，报道霸满各报、屏、台、网、端，网上累计点击量超过3亿次。央视《新闻周刊》栏目就此播发专题节目，《人民日报》专门为此推出评论文章《暖暖的站台，满满的爱》。市属各主流媒体及所属新媒体在首页首屏、重要时段、醒目位置开设“学党史悟思想办实事开新局”“党史上的常德”“为民办实事”“追寻红色记忆传承革命精神”“牢记初心使命争取更大光荣”“先锋的力量”“深入学习贯彻十九届六中全会精神”等7个专栏，累计推出相关报道7000多篇（条）。扎实抓好网络新媒体宣传和户外宣传，制作各类的H5、VLOG、短视频、图片等新媒体产品600多个，推出户外电子显示屏5000多块、宣传栏（牌、橱窗）6000余块（处）。

四是做实专题组织生活会这项任务。全市召开专题组织生活会1.5万余次。市委领导以普通党员参加组织生活会，为全市作出示范。各指导组采用会前督导、会中指导、会后检查方式，切实将压力传导至“神经末梢”，确保专题组织生活会程序规范、不走过场、取得实效。坚持把“学”贯穿组织生活会始终，把学习习近平总书记“七一”重要讲话精神作为第一议题，把习近平总书记重要讲话精神作为对照检查的标准。采取多种方式，找准找实党支部班子和党员个人存在的问题。党支部聚焦组织开展党史学习教育、力戒形式主义官僚主义等方面，党员聚焦学“七一”讲话心得体会、发挥先锋模范作用等方面，认真盘点检视，保证自画像准。组织生活会上，采取“一人谈、众人帮、逐人开展”方式，咬耳扯袖、红脸出汗，开展批评和自我批评，认清问题、明确整改方向。组织生活会后，将群众意见建议、组织生活会上查找出来的问题一并纳入整改内容，形成支部和党员问题整改清单，明确整改事项、时间、措施，立行立改，并在一定范围内公示，接受党员群众监督。

四、突出见行见效，把办好为民实事与促进高质量发展紧密结合起来

一是办好关系群众切身利益的实事。聚焦“一老一小”和“急难愁盼”的问题，着力解决“岗位、学位、车位、床位、厕位、梯位”等问题，新增就业5.3万人，新建中小学16所，新增中小学学位2.8万个，新（改扩）建普惠民办幼儿园7所、公办幼儿园23所，新增公办幼儿园学位1.5万多个，新增农村敬老院养老床位1万多个，改（新）建农村户厕13.8万个、农村公厕200座。加快城市老旧小区改造，市城区老旧小区加装电梯210余台。新建第一人民医院急救中心妇儿中心综合大楼；新增农村敬老院养老床位1万多个。中央党史学习教育简报第87期刊发常德市围绕“四位”办实事的工作经验。

二是办好群众迫切需要的要事。将群众的呼声、意见作为办好实事的“风向标”和“指南针”。一位市民反映老年人就餐不方便、城区道路休息长凳缺失、部分公交站台失修等问题，市政府相关部门召开专题调度会落实，365把崭新座椅迅速安装到位，损坏公交站台全部修复。在武陵区开办“长者食堂”，解决居家老人就餐的困难，让老人“食”有所依，为他们送上“舌尖上的温暖”，受到广大群众的交口称赞，央视《新闻联播》、湖南卫视等媒体广泛报道。党史学习教育开展以来，聚焦灯不亮、路不通等问题，市直部门在市城区建设人行天桥4座，整治交通堵点15处，新增和优化公交线路20多条，修整路灯500余盏。

三是办好方便群众工作生活的“网事”。上线常德政策服务平台，持续对各类惠民、惠企政策进行汇总梳理、分类标签、精准展示，让企业和群众通过“政策一键查”快速查找核心内容，确保政策找得到、看得懂、用得上。充分利用基层便民服务平台，全面落实“一网通办”“一件事一次办”，大力推行医保异地安置“网上办、掌上办”，高频事项“跨省通办”。围绕企业需求上线“企业开办专用涉税平台”、工程建设项目帮办代办等，有效提升群众和市场主体工作便利度、生活舒适度。

四是办好推动高质量发展的大事。坚持把学习教育融入中心、融入大局、融入日常，引进一批战略投资者成功落户。新能源汽车、智能终端、新型储能材料等11条产业链产值增速超过30%，全面落实暖企惠企政策，积极开展纾困帮扶行动，帮助企业减税降费10.2亿元、新增融资11.7亿元、解决用工5.2万人。深入打好污染防治攻坚战，严格落实“河湖林长制”，扎实开展长江“十年禁渔”行动，中央和省交办的125个问题完成整改销号，桃花源旅游管理区获评全国“绿水青山就是金山银山”实践创新基地。

常德市党史学习教育情况。根据中央、省委统一部署，常德市党史学习教育于2021年3月1日正式启动，9个区县市、6个管理区、197家县处级单位、1.5万个基层党组织、33万名党员参加。在中央、省委的坚强领导下，常德市各级党组织、广大党员干部认真学习贯彻习近平新时代中国特色社会主义思想和习近平总书记关于党史学习教育的重要讲话重要指示批示精神，全面贯彻“学史明理、学史增信、学史崇德、学史力行”的总要求，达到学党史、悟思想、办实事、开新局的目的，取得一系列重要成果。3月21日至22日，中央政治局委员、中宣部部长、中央党史学习教育领导小组组长黄坤明到常德考察调研，对访市党史学习教育相关工作给予充分肯定。《人民日报》、新华社、中央电视台等央媒，《湖南日报》、湖南卫视等省媒多次推介该市工作。中央宣传部《每日要情》、中央党史学习教育简报、省委办公厅《要情汇报》、省委党史学习教育简报、省委宣传部部刊《湖南宣传》等多次推介常德市的经验做法。

坚持走深走实“学党史”，在筑牢信仰之基上实现新进步。着力推动读原著、学原文，引导广大党员干部树立正确的党史观，准确把握党的历史发展主题主线、主流本质，正确认识和科学评价党史上的重大事件、重要会议、重要人物。广泛举办庆祝中国共产党成立100周年合唱大赛、“红色印记·百年征程”庆祝中国共产党成立100周年特展、党史知识竞赛、文艺院团竞演、红色故事汇等群众性文化文艺活动。广泛开展红色教育，深入挖掘本地红色资源，整合全市23个党史学习教育现场教学场地的红色资源，成为全市红色教育的“网红打卡地”。系统集成、设计开发初心篇、斗争篇、廉政篇等6条红色主题教育线路，制作红色教育地图，把“红色足迹”串联成“红色风景”。组织党员干部，走进红色基地，开展现场教育，探寻革命足迹，赓续红色血脉，传承红色基因，感悟入党初心。

坚持入心入脑“悟思想”，在感悟思想伟力中获得新提升。自觉把学党史与学习习近平新时代中国特色社会主义思想、学习习近平总书记关于湖南重要讲话重要指示批示精神结合起来，做到学有所思、学有所悟、学有所得。市委理论学习中心组坚持示范带动，组织“学史明理”“学史增信”“学史崇德”“学史力行”和“七一”重要讲话精神、党的十九届六中全会精神专题学习研讨，举办专题读书班。在市委的示范带动下，全市基层党组织举办学习贯彻习近平总书记重要讲话精神的主题党日、主题党课1万多场次。开展专题宣讲200多场，线上线下同步受众达100多万人次。在市委党校主体班开设党史学习教育、“七一”重要讲话精神、党的十九届六中全会精神等专题课程，深学细悟习近平总书记系列重要讲话重要指示精神。

坚持用心用情“办实事”，在增进民生福祉上取得新成效。聚焦“一老一少”和“急难愁盼”问题，着力解决“岗位、学位、车位、床位、厕位、梯位”等问题。新增就业5.3万人，新建中小学16所，新增中小学学位2.8万个，新（改扩）建普惠民办幼儿园7所、公办幼儿园23所，新增公办幼儿园学位1.5万多个，改（新）建农村户厕13.8万个、农村公厕200座，市城区老旧小区加装电梯210余台。聚焦灯不亮、路不通等问题，在市城区建设人行天桥4座，整治交通堵点15处，新增和优化公交线路20多条，修整路灯500余盏。中央党史学习教育简报第87期刊发常德市办实事的工作经验。着力办好方便群众工作生活的“网事”。上线常德政策服务平台，持续对各类惠民、惠企政策进行汇总梳理、分类标签、精准展示，让企业和群众通过“政策一键查”快速查找核心内容，确保政策找得到、看得懂、用得上。充分利用基层便民服务平台，全面落实“一网通办”“一件事一次办”，大力推行医保异地安置“网上办、掌上办”，高频事项“跨省通办”。围绕企业需求上线“企业开办专用涉税平台”、工程建设项目帮办代办等，有效提升群众和市场主体工作便利度、生活舒适度。

2021年4月2日，全市党史学习教育巡回指导工作培训会暨专题宣讲工作动员会召开

（市委宣传部 供图）

坚持见行见效开新局，在推动高质量发展上迈出新步伐。坚持把学习教育融入中心、融入大局、融入日常，牢牢把握坚持新发展理念，立足新发展阶段，构建新发展格局的要

求，做大做强烟草、工程机械、食品加工、生物医药、新材料、新能源与新能源汽车等优势特色产业集群，为高质量发展添动力、增后劲。落实“双碳”目标要求，激活绿色产业引擎，全面推进乡村振兴，加快构建城乡一体化协调发展新格局。新能源汽车、智能终端、新型储能材料等11条产业链产值增速超过30%，全面落实暖企惠企政策，积极开展纾困帮扶行动，帮助企业减税降费10.2亿元，新增融资11.7亿元，解决用工5.2万人。深入打好污染防治攻坚战，严格落实“河湖林长制”，扎实开展长江“十年禁渔”行动，中央和省交办的125个问题完成整改销号，桃花源旅游管理区获评全国“绿水青山就是金山银山”实践创新基地。

传承红色基因　汲取奋进力量

中共常德市委　常德市人民政府

中国共产党成立以来的一百年，是矢志践行初心使命的一百年，是筚路蓝缕奠基立业的一百年，是创造辉煌开辟未来的一百年。习近平总书记在党史学习教育动员大会上号召，全党同志要做到学史明理、学史增信、学史崇德、学史力行，学党史、悟思想、办实事、开新局。百年时间刻度，标注历史坐标，昭示前进方向。开展党史学习教育对于从中汲取精神营养、激发奋进力量，更加坚定自觉地为党的事业而奋斗具有十分重要的意义。

常德是有着厚重革命历史的红色老区。土地革命时期，常德地方党组织积极响应党中央号召，开展了艰苦卓绝的革命斗争。1927年9月，在毛泽东领导秋收起义后的第二天，常德爆发文甲起义，打响了湘西北地区武装反抗国民党反动派的第一枪。1927年11月中旬，中共湘西特委与桃源县委建立徐溶熙苏维埃政府，创建了湘西北第一块苏区，也是全国最早的苏区之一。1928年5月，石门举行南乡起义，形成纵横200余里的太浮山武装割据，给国民党反动派以沉重打击。1928至1935年间，贺龙、任弼时等率红二、红六军团在常德奋战8年，常德成为湘鄂西和湘鄂川黔革命根据地的重要组成部分。1934年12月，贺龙、萧克率领的红二、红六军团根据中央军委指示在桃源县发起浯溪河战斗，有力策应了中央红军长征，此役载入中央军史，彪炳史册。常德9个县市区全部被认定为革命老区县，全市共有革命遗址遗迹300多处。这些鲜红的历史印记，铭刻着常德老区革命史的厚重与荣光，彰显出常德在中国革命史上的重要地位。

常德是英贤辈出的红色热土。中共一大前，全国有53名党员，其中常德就有林伯渠、朱务善2人。在标志中国共产党独立创建人民军队的南昌起义中，有姓名可查的常德人有16位，包括红军早期高级将领王尔琢、曾任中央军委委员颜昌颐。湖南工运领袖黄爱、中国妇女解放运动先驱帅孟奇、红色文坛巨匠丁玲、著名马克思主义史学家翦伯赞等都是从常德走出去的优秀代表。1955年，中国人民解放军第一次授衔时，常德有桃源县人王其梅、鼎城区人潘振武2位开国少将。这些革命英贤以他们壮烈的英雄业绩和大无畏的牺牲精神，为我们留下了光彩照人的崇高形象！

常德是为革命无私奉献的红色沃土。贺龙率领的红四军和红二、红六军团多次在常德扩红整训，筹集军饷，壮大红军队伍，常德先后有28000多人参加红军，常德人民做到了要钱给钱、要人给人、要枪给枪、要粮给粮，“扩红一百，只要一歇；扩红一千，只要一晚；扩红一万，只要一转”是常德人民群众踊跃参军参战的生动描述。在土地革命时期，常德老区经受了马日事变、敬日事变、沁日事变、石中惨案等大规模血腥屠杀，经历了国民党反动派“山过火、石过刀、人换种”惨无人道的血腥炼狱，6000多名共产党员和革命群众被残酷屠杀。石门南乡起义失败后，敌人进行极其野蛮的报复，半个月内杀害共产党员和革命群众近千人，近30户被全家杀绝。除了在本土牺牲的革命英烈外，在全国各个苏区反“围剿”、突围长征的战斗中，也牺牲了上万名常德籍红军，鲜血洒在了全国20多个省100多个县的土地上，其中仅石门县记载有姓名的就有2200多人。

社会主义革命和社会主义现代化建设时期，常德人民在各级党组织的领导下，艰苦创业、开拓奋进，谱写出了壮丽诗篇。1951年，全市3.9万名青年参加中国人民志愿军，赴朝鲜开展抗美援朝运动。1952年，常德2.2万多军民参加荆江分洪工程南线大堤修筑，两个多月时间内“与大雨斗争，与洪水赛跑”，共同铸造了新中国首个大型水利工程。1996年和1998年，常德遭遇百年不遇洪灾，全市百万军民奋起抗洪救灾，用血肉之躯书写了众志成城敢于胜利的抗洪精神。涌现出了全国优秀共产党员田工，全国扶贫楷模王新法，全国第七届道德模范、时代楷模姜开斌等一大批先进典型。

一切向前走，都不能忘记走过的路；走得再远、走到再光辉的未来，也不能忘记走过的过去，不能忘记为什么出发。在庆祝中国共产党百年华诞的重要时刻，在全党开展党史学习教育，是党中央立足党的百年历史新起点、统筹中华民族伟大复兴战略全局和世界百年未有之大变局、为动员全党全国满怀信心投身全面建设社会主义现代化国家而作出的重大决策。全市各级党组织和广大党员干部要坚定政治站位，扎实有效抓好党史学习教育，从党史学习教育中求真理、悟原理，悟初心、明使命，循规律、察大势，鉴得失、知未来，固根基、铸灵魂。

习近平总书记强调，“历史是最好的教科书”“中国革命是最好的营养剂”。回顾历史，回望初心，我们看到的是历史的脊梁、磅礴的力量、使命的担当；我们感受到的是灵魂的高度、血脉的浓度、熔炉的温度。当前，我们正处于“两个一百年”奋斗目标的历史交汇期，百年奋斗，圆梦正在今朝。站在新的历史起点，走好新时代的长征路，更需要坚定理想信念，矢志拼搏奋斗。全市各级党组织和广大党员干部要以党史学习教育为契机，切实增强用习近平新时代中国特色社会主义思想武装头脑的政治自觉，不断增强“四个意识”、坚定“四个自信”、做到“两个维护”，以更加坚定的信念信心走好新时代长征路；要牢牢掌握改革发展的历史主动，提高把握新发展阶段、贯彻新发展理念、构建新发展格局的政治能力、战略眼光和专业水平，不断探索高质量发展路径，在全面落实“三高四新”战略、深入推进开放强市产业立市、建设现代化区域中心城市上实现创新发展；要坚定秉持“人民就是江山、江山就是人民”的哲学思维，坚持以人民为中心的发展思想，持续保障和改善民生，着力解决好人民群众“急难愁盼”问题，提高人民生活品质；要始终铭记我们党生于忧患、成长于忧患、壮大于忧患的历史定律，发扬斗争精神，勇于迎难而上，敢于攻坚克难，在全面建设社会主义现代化新征程上奋勇前进！

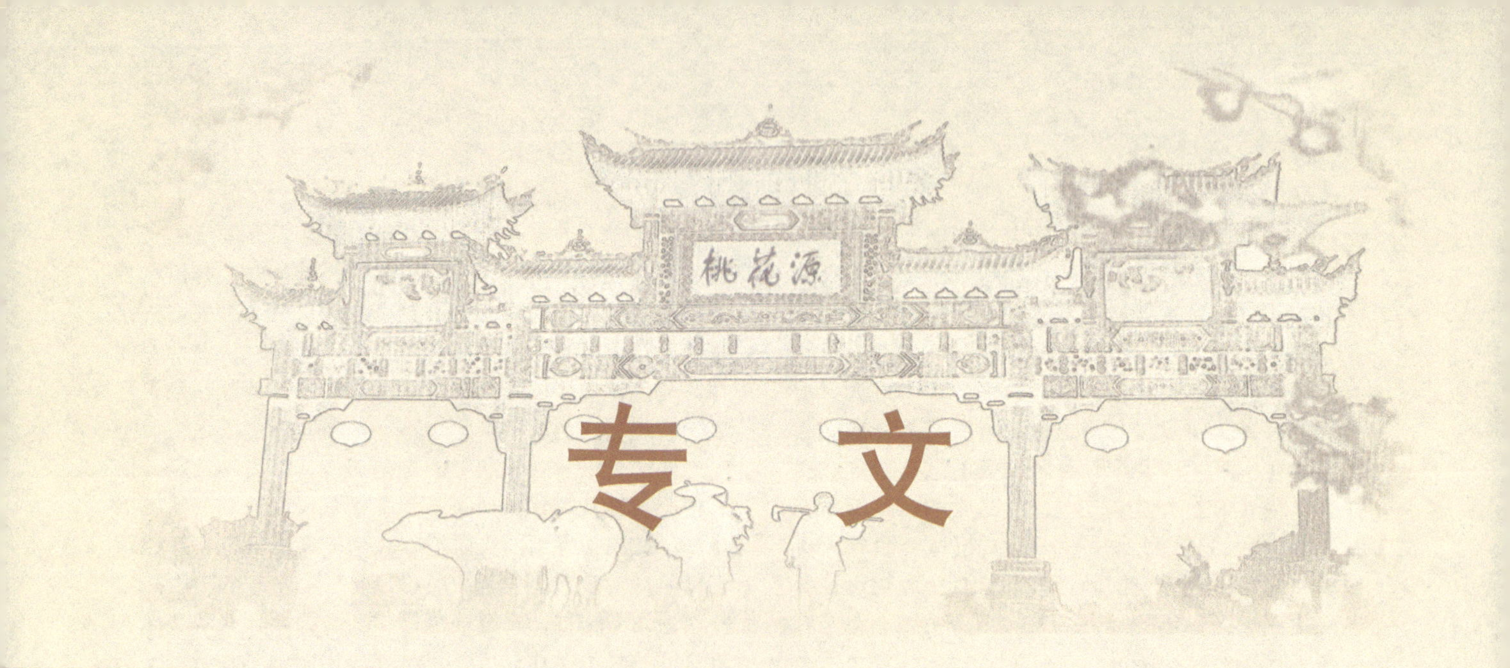

市委经济工作会议报告

市委书记　曹志强

（2021年12月24日）

同志们：

这次市委经济工作会议的主要任务是，认真学习贯彻中央、省委经济工作会议精神，总结今年工作，分析经济形势，安排明年任务，动员全市上下全面落实“三高四新”（坚持创新引领开放崛起，着力打造国家重要先进制造业、具有核心竞争力的科技创新、内陆地区改革开放的高地，在推动高质量发展上闯出新路子，在构建新发展格局中展现新作为，在推动中部地区崛起和长江经济带发展中彰显新担当，奋力谱写新时代坚持和发展中国特色社会主义的湖南新篇章）战略定位和使命任务，牢记殷殷嘱托、坚定勇毅前行，在建设社会主义现代化新常德上闯出新天地。

一、全面回顾今年经济工作，“十四五”发展实现了良好开局

即将过去的2021年，是中国共产党成立一百周年，是“十四五”开局之年。一年来，面对错综复杂形势和艰巨繁重任务，全市上下坚持以习近平新时代中国特色社会主义思想为指导，深入贯彻习近平总书记对湖南重要讲话重要指示批示精神，坚决落实中央、省委、省政府决策部署，奋力推动“三高四新”战略定位和使命任务落实落地，在“十四五”开局之年迈好了第一步、见到了新气象，向中国共产党成立一百周年交出了优异的常德答卷。预计全年地区生产总值增长8%，规模工业增加值增长7%，固定资产投资增长10%，地方一般公共预算收入增长8%，全体居民人均可支配收入增长9.5%。

我们培育支柱产业、推动园区提质，产业根基更加坚实。聚焦烟草、工程机械、食品加工、生物医药等支柱产业，集中培育优势产业链，新能源汽车、智能终端、新型储能材料等11条产业链产值增速超过30%，进一步巩固了实体经济根基。支持引导制造业转型升级，智能农机晋升省级先进制造业集群，新获批国家级专精特新“小巨人”企业8家、省级31家，位列全国先进制造

业百强城市第71位。大力开展“五好”园区（规划定位好、创新平台好、产业项目好、体制机制好、发展形象好）建设，完成基础设施投入102亿元，建成标准化厂房180万平方米，园区规模工业产值达到2500亿元，4个园区获评全省产业高质量发展园区。全面落实暖企惠企政策，积极开展纾困帮扶行动，帮助企业减税降费10.2亿元、新增融资11.7亿元、解决用工5.2万人，保障市场主体稳定发展。

*我们突出项目建设、夯实基础支撑，发展后劲更加充足。*紧盯重点企业抓对接，领导干部带头开展上门招商，新引进亿元以上项目285个，其中10亿元以上项目42个、“三类”500强（世界财富500强、中国企业500强和民营企业500强）项目28个，国科控股、陕煤集团、正大集团等一批战略投资者成功落户。紧盯重点政策抓谋划，围绕产业发展、能源建设、乡村振兴、生态环保等领域，谋划启动一批事关全局、带动性强的大项目好项目，74个项目纳入国家、省“十四五”专项规划，数量位居全省前列。紧盯重点项目抓推进，每季度组织重点建设项目集中开工，245个省市重点项目完成投资1100亿元，中联建起二期、武陵酒提质改造一期、常德国际农产品交易中心等项目建成投产，常益长高铁、常德高铁枢纽站、益常高速复线等项目加快建设，安慈高速、沅澧快速干线2号大道全线贯通。

*我们扩大改革开放、加快创新驱动，动力活力更加强劲。*全面完成中央和省委部署的改革任务，在全省率先上线“政策平台”“中介超市”，营商环境综合评价获评全国优良，县级融媒体改革得到中央政治局委员、中宣部部长黄坤明肯定。持续推进对外开放，柳叶湖外经贸产业中心正式运营，桃花源机场航空口岸列入国家“十四五”口岸发展规划，与深圳盐田港集团合作启动新一轮港口码头建设，常德港晋级全国内河主要港口，完成进出口总额187亿元、增长18%。支持引导企业参与“揭榜挂帅”科研攻关，成功举办2021柳叶湖创投峰会，全球首个百兆瓦级多电源融合技术实验验证平台建成运行，高新技术产业增加值达到550亿元、增长14.8%。

*我们提升城市品质、推进乡村振兴，城乡格局更加优化。*着力实施城市更新行动，城东新区、高铁新城、江南城区建设深入推进，旭辉国际新城、太阳大道西延线等项目进展顺利，甘露寺公园建成开园，武陵大桥完成改造，新型智慧城市建设全面铺开，入围全国新型城市基础设施建设试点城市。加强市场监管和引导，房地产市场保持平稳发展。小城镇建设取得突破，临澧新安镇连续获评全国综合实力千强镇，澧县城头山镇、西湖西洲乡入选全国农业产业强镇示范建设名单。全面实施乡村振兴战略，粮食和重要农产品产能稳步提升，新增农业产业化国家重点龙头企业2家，农产品加工业产值突破2000亿元，深圳国际食品谷常德产业园加快建设，数字农业智慧农业走在全省前列。成功承办全省农村人居环境整治暨厕所革命现场推进会，石门县“两联两包”（在党组织的统一领导下，党组织、自治组织联动包片区，党员、屋场员联户包屋场）乡村治理模式入选第三批全国乡村治理典型案例。严格落实“四个不摘”（摘帽不摘责任、摘帽不摘政策、摘帽不摘帮扶和摘帽不摘监管）要求，脱贫攻坚成果得到巩固和拓展，确保了“零返贫、零致贫”目标。

*我们紧盯“急难愁盼”、守牢安全底线，人民生活更加美好。*深入开展“我为群众办实事”实践活动，圆满完成31件省市重点民生实事，切实解决了一批群众的操心事、烦心事、揪心事。深入打好污染防治攻坚战，严格落实“河湖林长制”，扎实开展长江“十年禁渔”行动，中央和省交办的125个问题完成整改销号，桃花源旅游管理区获评全国“绿水青山就是金山银山”实践创新基地。城镇新增就业5.4万人，新增农村劳动力转移就业4万人，养老、失业、工伤保险新增扩面22万人次，各类教育协调发展，公共文化服务体系更加完善。常德籍运动员实现奥运会、全运会奖牌历史性突破。支持少数民族地区发展，桃源枫树维吾尔族回族乡被确定为首批全国铸牢中华民族共同体意识实践教育基地。积极开展国家安全发展示范城市创建，疫情防控形势持续向好，成功应对水旱灾害。扎实开展全国市域社会治理现代化试点，常态化推进扫黑除恶斗争，政法队伍教育整顿得到中央督导组充分肯定，武陵区获评全国平安建设最高奖“长安杯”。

*我们学习光辉党史、从严管党治党，党的建设更加有力。*高质量高标准开展党史学习教育，隆重举行庆祝中国共产党成立一百周年系列活动，学习贯彻习近平总书记“七一”重要讲话精神和党的十九届六中全会精神，教育引导党员干部从党的百年光辉历史中坚定初心使命。有序推进集中换届，胜利召开市第八次党代会，选出了新一届市委和县乡领导班子，科学描绘了未来五年的发展蓝图。开展清廉常德建设，持续深化整治形式主义官僚主义，以“零容忍”态度惩治腐败，全面从严治党不断向纵深发展。加强党的集中统一领导，支持人大、政协依法依章程履职，高度重视意识形态、统一战线、党管武装和群团工作，凝聚起了上下同心、团结奋进的磅礴力量。

在肯定成绩的同时，也要清醒地认识到，全市经济发展还面临一些短板和问题。一是产业结构不优，缺少大项目大企业，支柱产业支撑力不足。二是自主创新能力较弱，缺乏科技领军人才和科研团队，研发经费占比低于全省平均水平。三是帮扶市场主体的力度不够，一些中小企业生产经营面临较大压力。四是安全稳定隐患仍然不少，社会治理存在薄弱环节。五是党风廉政建设需要持续加强，个别干部怕担重任、不敢作为，个别领域腐败问题时有发生，等等。这些问题，必须引起高度重视，采取有效措施，认真加以解决。

二、全面把握当前经济发展新形势，明确明年经济工作的目标要求

做好明年经济工作，必须科学研判当前发展形势，做到因势而谋、顺势而为、乘势而上。

1.习近平总书记关于重大理论和实践问题的重要论述，为我们指明了发展方向。进入新发展阶段，需要解决的问题越来越多样、越来越复杂。今年中央经济工作会议上，习近平总书记强调，要正确认识和把握实现共同富裕的战略目标和实践途径、资本的特性和行为规律、初级产品供给保障、防范化解重大风险、碳达峰碳中和等重大理论和实践问题。这五个重大理论和实践问题的提出，高屋建瓴、用意深远、格局宏大，深刻体现了以习近平同志为核心的党中央对我国发展面临问题的敏锐洞察、深邃思考和科学判断，为我们做好明年经济工作拨开了迷雾、指引了方向。有以习近平同志为核心的党中央举旗定向、掌舵领航，我们一定能够战胜前进道路上的各种艰难险阻，一定能够推动经济高质量发展行稳致远。

2.新的重大政策利好，给我们带来了发展机遇。未来一个时期，各种政策利好叠加，我们面临一系列重大机遇和有利条件。中央经济工作会议从宏观政策、微观政策、结构政策、科技政策、改革开放政策、区域政策、社会政策7个方面，给出了真金白银的政策“大礼包”；近期财政部提前下达了2022年首批新增专项债务限额1.46万亿元，用于拉动明年一季度投资，重点投向交通基础设施、能源、农林水利等9大方向；省委经济工作会议作出部署，在推动制造业发展、强化平台建设、保障改善民生等多方面，给出了有力的支持举措；国务院批复的《“十四五”特殊类型地区振兴发展规划》，将常德市全境纳入湘鄂渝黔革命老区规划范围，明确在转移支付、中央预算内投资、新增建设用地计划指标等方面给予倾斜，支持常德经开区、常德高新区全面提升开放能级。这些重大政策密集发力，红利加速释放，对于我们推动产业发展、扩大有效投资、拉动经济增长等各方面都是重大利好。只要我们牢牢抓住政策窗口期和发展机遇期，就一定能够把握工作主动权，推动经济发展不断迈上新台阶。

3.宏观经济形势总体稳定，让我们提振了发展信心。当前，尽管百年未有之大变局正在加速演进，世界经济下行压力加大，我国经济面临需求收缩、供给冲击、预期转弱三重压力，但总体上呈现出平稳健康的发展态势。从长期来看，我国经济长期向好的基本面没有变，经济潜力足、韧性强、回旋空间大、政策工具多的基本特点没有变，我国发展仍然具有厚实的优势和充足的底气。从短期来看，明年中央继续坚持稳中求进工作总基调，保持平稳健康的经济环境、国泰民安的社会环境、风清气正的政治环境，推动经济增长稳定在合理区间。面向未来，我们发展的外部环境比较稳定，前景广阔、前途光明，完全有底气、有信心、有能力确保经济实现平稳健康可持续发展。

察势者明，趋势者智。我们要全面辩证看待国际环境、国内条件和自身情况的变化，积极做好应对各种复杂状况和风险挑战的充分准备，准确识变、科学应变、主动求变，不断拓展发展新空间、塑造发展新优势、开辟发展新境界。

2022年，党中央将召开党的二十大，做好明年经济工作至关重要。总的要求是：坚持以习近平新时代中国特色社会主义思想为指导，全面贯彻党的十九大和十九届历次全会、中央经济工作会议精神，深入落实习近平总书记对湖南重要讲话重要指示批示精神，弘扬伟大建党精神，全面落实省第十二次党代会、省委经济工作会议及市第八次党代会部署要求，坚持稳中求进工作总基调，立足新发展阶段，完整、准确、全面贯彻新发展理念，服务和融入新发展格局，以推动高质量发展为主题，以深化供给侧结构性改革为主线，以改革创新为动力，以满足人民日益增长的美好生活需要为目的，全面落实“三高四新”战略定位和使命任务，统筹疫情防控和经济社会发展，统筹发展和安全，继续做好“六稳”“六保”工作，持续改善民生，保持经济运行在合理区间，保持社会大局稳定，推动社会主义现代化新常德建设迈出更加坚实的步伐，以优异成绩迎接党的二十大胜利召开。

市委考虑，明年经济社会发展的主要预期目标是：地区生产总值增长7%以上，地方一般公共预算收入增长6.5%以上，规模工业增加值增长7.5%以上，固定资产投资增长8%以上，社会消费品零售总额增长8.5%以上，城镇调查失业率控制在5.5%以内，居民人均可支配收入增长7%以上，全社会研发经费投入增长12%以上。

确定这样的预期目标，是市委、市政府综合考虑各方面环境和条件，认真分析研究，科学测算得出来的。既符合客观实际、切实可行，又体现积极作为、奋发有为，有利于引导社会预期、提振发展信心。全市上下要进一步增强争先意识、担当意识、责任意识，集中精力办好自己的事，坚决完成既定目标任务。

在明年的经济工作中，我们要注重把握几个方面的

原则要求：

一是必须坚持党中央集中统一领导，步调一致向前进。以习近平同志为核心的党中央具有驾驭复杂局面的娴熟能力，具有引领中国经济巨轮破浪前行的高超智慧，是我们战胜一切风险挑战的定海神针。我们要自觉同以习近平同志为核心的党中央保持高度一致，搞清楚党中央在关注什么、强调什么，弄明白该干什么、不该干什么，坚定捍卫“两个确立”，坚决做到“两个维护”。要切实当好“施工队长”，把思想行动统一到中央决策部署和省委、省政府要求上来，深入贯彻落实中央经济工作会议和省委经济工作会议精神，以“常德之为”服务“国之大者”“省之大计”。

二是必须坚持高质量发展，不能穿新鞋走老路。高质量发展不是一时一事的要求，而是必须长期坚持的要求。踏上全面建设现代化的新征程，我们要更加自觉地走好高质量发展之路，大力破除思维定式、工作惯性和路径依赖，以新思路、新方法、新经验开创发展的新局面。要坚决办好发展经济这个最大实事，积极构建现代产业体系，加快推进新旧动能转换，扩大更高水平对外开放，确保经济实现质的稳步提升和量的合理增长。

三是必须坚持稳中求进、稳扎稳打，防止急于求成。稳是主基调、是大局，进是目的、是方向。只有“稳”的基础更牢，才能保证“进”的步伐更实。我们要扭住“稳”的关键点、找准“进”的切入口，把握好工作节奏和力度，坚决防止长期目标短期化、系统目标碎片化、持久战打成突击战。要自觉担负起稳定发展的政治责任，把稳增长、调结构、推改革有机结合起来，在确保经济稳、人心稳、大局稳的基础上，努力实现更高质量、更有效率、更加公平、更可持续、更为安全的发展。

四是必须加强统筹协调，切忌顾此失彼。经济工作是系统工程，牵一发而动全身。在具体实践中，我们要坚持系统观念，加强前瞻性思考、全局性谋划、战略性布局、整体性推进，一步一个脚印把各项工作抓落实。要学会“十个手指头弹钢琴”，正确认识和把握新的重大理论和实践问题，处理好局部和全局、当前和长远、重点和一般的关系，进一步锻长板、补短板、强弱项，促使各领域发展有机统一、协同推进。

三、全面落实“三高四新”战略定位和使命任务，推动社会主义现代化新常德建设迈出坚实步伐

大道至简，实干为要。踏上新的征程，我们要奋力担起推动高质量发展的历史重任，永葆“闯”的精神、“创”的劲头、“干”的作风，确保“三高四新”战略定位和使命任务在沅澧大地落实见效。

1.全力以赴发展先进制造业。聚焦打造“全国重要先进制造业基地”，推动产业基础高级化、产业链现代化，挺起高质量发展的“脊梁”。坚持产业集群发展与产业改造提升并重。按照全产业链发展的思路，针对性地“有链强链”“无链建链”“短链延链”，聚力培育先进装备制造、烟草、数字经济、农产品精深加工四大千亿产业，支持智能农机申报全国先进制造业集群，争取一批优势产业进入全省先进制造业集群。围绕数字化改造、网络化协同、智能化升级，推动酿酒、建材、化工、有色金属等传统产业“老树发新芽”，拓展5G、人工智能、工业互联网等新技术新产业应用场景，培育形成更多新的经济增长点。着眼落实“双碳”（碳达峰、碳中和）目标要求，积极发展生物医药、新材料、新能源与新能源汽车、航空航天等新兴产业，加快高耗能行业技术改造升级，推动产业结构、生产方式绿色低碳转型。坚持项目引进落地与投产达效并重。紧盯“三类500强”、头部企业、上市公司，开展产业链招商、亲情招商、节会招商，探索资本招商、基金招商、股权招商，引进一批投资规模大、科技含量高、辐射带动强的产业项目。项目不落地等于“空招商”，抓招商最终目的是项目落地生根。要把提高项目履约率作为重要考核指标，坚持土地、资金、能耗、服务保障向重点项目集中，加强全过程跟踪对接，推动一批制造业项目当年洽谈、当年签约、当年落地、当年开工。坚持重点企业引领与中小企业支撑并重。鼓励行业龙头企业通过技术创新、并购重组、主板上市等途径做大做强，增强产业链、供应链、创新链的引领整合能力，带动上下游配套企业发展。支持中小企业走好“专精特新”发展路子，专注于细分产品市场的创新、产品质量提升和品牌培育，打造更多行业“小巨人”、隐形冠军、单项冠军，提升制造业核心竞争力。引导企业加强管理创新，塑造企业文化，弘扬企业家精神，更好地苦练内功、降本增效。坚持夯实园区平台与提高园区效益并重。以建设“五好”园区为统揽，促进园区提质升级，打造经济增长的主阵地。完善园区生产生活生态设施配套，完成基础设施投入100亿元以上，有序剥离社会事务、非产业化功能和非主营业务，支持常德经开区、常德高新区等园区调区扩区。按照国家级园区“大而强”、省级园区“专而精”的定位，引导各园区专业化、特色化发展，进一步集聚资源要素，培育更多“镇园之宝”。完善“以亩产论英雄”评价激励机制，提高园区建设管理水平，算好企业的投资账、产出账、税收账，推动园区集约节约发展。

2.大力推进科技创新。坚持把科技创新作为引领发展的第一动力，积极对接全省科技创新“七大计划”，推动创新体系更加健全、创新能力不断增强、创新环境持

续优化。加快创新平台建设。强化企业创新主体地位，围绕先进装备制造、生物医药、新材料等重点产业，引导链上优势企业建立一批技术创新中心、工程研究中心、工业设计中心，力争新增创新平台80家、省级以上30家。支持常德经开区、常德高新区建设国家高新技术产业化（示范）基地，打造服务全市、引领周边的科技研发集聚区。推动科技成果高效转化。聚焦信息技术、智能制造、节能环保等领域，实行重点项目攻关“揭榜挂帅”，攻克一批关键技术难题，加快取得一批科研成果。创新开展“智汇洞庭·科创常德”系列活动，引导和支持企业对接高校院所、院士专家，促进产学研用深度融合。积极争取科技成果产业化专题债、国家科技成果转化引导基金，加速推动科技成果转化与运用。加强科技创新人才队伍建设。采取靶向引才、专家荐才、“人才飞地”等多种方式，加快引进顶尖人才、制造业人才、高技能人才，支持湖南籍、常德籍院士与本地创新人才建立带培关系。完善人才管理、使用和激励机制，建立健全以创新价值、能力、贡献为导向的科技人才评价体系，强化人才政策保障、创业保障、生活保障，让他们安下心、扎稳根。营造科技创新生态。运营好潇湘科技要素（常德）市场、中开院创新孵化基地，打造一站式科技服务平台。落实研发投入加计扣除、高新技术企业所得税减免、专利奖补等激励政策，推动“科技担保贷”“知识信用价值贷”提质扩面，实现科技、产业、金融良性循环。推进市知识产权保护中心建设，打通知识产权创造运用保护管理服务全链条。

3.持续深化改革扩大开放。坚持全面深化改革全面扩大开放不动摇，进一步解放思想、大胆创新，以更大魄力、在更高起点上推进改革开放。以改革增活力。对标中央和省委部署的改革任务，深化国资国企、产权制度、要素市场化配置、财税金融体制等重点领域和关键环节改革，确保各项改革举措落地生根。积极承接国家、省级改革试点，加快形成可复制、可推广的标志性成果。聚焦群众关切，突出抓好公共服务、基层治理等领域改革，更好满足人民群众美好生活需要。以开放拓空间。主动对接长三角一体化发展、粤港澳大湾区建设等国家战略，深化与上海、深圳等先进地区战略合作，借助产业、人才、资金、管理等优势，推动经济发展转型升级。积极参与中国（湖南）自由贸易试验区、中非经贸深度合作先行区建设，推进保税物流中心（B型）、跨境电商产业园、泰中东盟经贸合作园建设，争取桃花源机场航空口岸再次临时开放，进一步打开常德对外开放窗口。实施外贸“破零倍增”“业绩回流”工程，引导企业利用参会参展、电子商务等方式“走出去”，扩大优质消费品出口，提升经济外向度。以服务优环境。深化放管服改革，开展“减证便民”行动，推进政务服务平台互联互通，实现审批服务事项减材料、减时间、减程序、减跑动。大力开展“纾困增效”专项行动，落实好税费减免等政策，帮助企业解决缺电、缺芯、缺工、融资难融资贵及高成本等问题。构建亲清政商关系，破除制约民营企业发展的各种壁垒，让民营企业发挥更大作用、实现更大发展。加强社会信用体系建设，推进反垄断和反不正当竞争执法，维护公平有序的市场竞争环境。

4.坚持扩大内需这个战略基点。把扩大内需同深化供给侧结构性改革有机结合起来，贯通生产、分配、流通、消费各环节，在构建新发展格局中展现新作为。发挥投资的关键性作用。围绕“两新一重”等重点领域，加大项目投资力度，争取年内实施重大建设项目200个以上，完成年度计划投资700亿元以上。积极推动襄常高铁、呼南通道与张吉怀高铁联络线开工建设，确保常益长高铁建成通车，加快益常复线、官新、炉慈等高速公路建设，抓好常鲇、石澧航道整治和“一港六区”提质升级，构建现代化综合交通运输体系。全面提升能源供应能力，力争桃源抽水蓄能电站、石门电厂三期等重大项目开工建设。用好用足中央预算内投资，积极申报地方政府专项债券，争取早发行、早使用、早形成实物工作量。发挥流通的先导性作用。推动流通主体增量提质，引进培育一批服务水平高、有品牌影响力的现代流通骨干企业，加快高星国际商贸物流城、钢材商贸物流中心等商贸平台建设，力争新增限上商贸流通企业90家。构建农产品物流骨干网络和冷链物流体系，畅通县乡村三级物流配送网，建设一批农产品产地冷藏保鲜设施，争创国家物流枢纽承载城市。发挥消费的基础性作用。抓好国家文化和旅游消费试点城市建设，支持桃花源创建国家文化和旅游融合产业发展示范园区、柳叶湖创建国家夜间文旅消费集聚区，依托山水优势和医疗优势发展康养产业，不断释放消费潜力。加强城市特色商业街区、旅游休闲街区和商圈建设，支持农村电商发展，促进城市和乡村消费提质扩容。围绕消费新业态新模式，鼓励定制消费、体验消费、时尚消费，发展智慧商店、智慧农贸市场、智慧超市，加快培育消费新增长点。

5.统筹城乡协调发展。坚持以城带乡、以工补农，进一步畅通城乡间资源要素循环流通渠道，增强城乡发展的整体性、协调性。深入实施乡村振兴战略。扛牢粮食安全责任，坚决遏制耕地“非农化”、防止“非粮化”，确保粮食面积、产量稳居全省第一。深入实施“六大强农”行动，大力发展精细农业、智慧农业和数字农业，强化龙头企业引领作用，抓好现代农业产业园和特色优质农副产品供应基地建设，加快农村一、二、三产业融合发展。实施乡村建设行动，加强农村人居环境整治，建设乡村新社区，培育文明乡风，展现美丽乡村新风貌。深化农村改革，巩固农村基本经营制度改革成果，提升农民合作社质量效益。健全防返贫监测和帮扶机制，深入实施产业就业帮扶提升工程，推动巩固拓展脱贫攻坚成果同乡村振兴有效衔接。有序开展城市更新行动。推进高铁新城、城东新区、西部新区、北部新城、江南城区提质升级，加快高铁枢纽站等重点项目建设。抓好老旧小区改造，加快城市管道老化更新改造，进一步提升城市功能。坚持开发和保护并重，处理好城市生产生活和生态环保的关系，杜绝"一刀切"和大拆大建，加强历史文化、古树名木等保护，延续城市自然风光和文化风貌。保持"房住不炒"战略定力，加强楼盘风险防控，确保房地产市场平稳健康发展。切实增强县域经济实力。实施县域经济高质量发展工程，引导各县重点发展1～2个特色主导产业，构建协同发展、错位竞争的县域产业发展新格局。推动县城扩容升级，做大做强县城经济，打造一批中心镇、卫星镇和产业强镇。加快补齐农村发展短板。创新现代化生产经营方式，鼓励城市资本和人才下乡，与合作社、村集体、农民结成利益共同体，促进农民增收致富。推进"四好农村路"高质量发展，开展城乡客运一体化三年行动，抓好饮水安全提升、水库除险加固、大中型灌区改造等工程，推动各类信息应用进村入户，进一步改善乡村生产生活条件。坚持标准统一、制度并轨、普惠共享，发展"校联体""医共体"，让城乡居民都能享受更加便捷的服务。

6.在发展中保障和改善民生。坚持人民至上，统筹办好普惠性、基础性、兜底性民生实事，更好满足多层次多样化民生需求，朝着共同富裕的目标加快迈进。提供更加优质的公共服务。强化就业优先导向，支持多渠道灵活就业，重点解决好高校毕业生、退役军人、农民工等重点群体就业问题。深化教育领域综合改革，落实"双减"政策，完成民办义务教育压减任务，推动各级各类教育优质均衡发展。深入实施健康常德行动，加快推进综合医改，引导医疗服务重心下移、资源下沉，打造省级区域医疗中心。大力发展文化体育事业，拓展新时代文明实践中心建设，办好各类重大赛事，不断丰富群众精神文化生活。关心关爱"一老一小"，建立完善养老服务体系，保护青少年儿童身心健康，推动新的生育政策落地见效，促进人口长期均衡发展。健全更加可靠的社会保障。实施全民参保计划，落实企业职工基本养老保险全国统筹，实现社会保险法定人员全覆盖。稳步提高社会救助保障水平，全力保障城乡困难群众基本生活。加强社保医保基金监管，严厉打击骗保套保和挪用贪占行为，坚决守好老百姓的"保命钱""救命钱"。创造更加优美的生态环境。深入打好污染防治攻坚战，着力防控重污染天气，全面加强水环境保护，确保化肥农药施用量"负增长"，推动生态环境质量持续改善。以坚定决心、过硬举措，不折不扣完成好中央、省交办的突出生态环境问题销号。深化做实"河湖林长制"，统筹山水林田湖草沙系统治理，加强西洞庭湖等重要生态功能区保护，持续提升生态系统质量。制定实施碳达峰行动方案，严格落实能耗"双控"目标，强化"两高"项目管理，推进清洁生产和能源资源节约高效利用，积极创建碳达峰示范区。

7.确保社会大局和谐稳定。统筹好发展和安全两件大事，实现高质量发展和高水平安全良性互动，为党的二十大胜利召开营造和谐稳定的社会环境。要防风险。坚持总体国家安全观，加大网络安全监管和治理力度，防范化解意识形态领域风险，严厉打击各种渗透破坏活动，坚定不移维护国家政治安全。时刻绷紧疫情防控这根弦，严格落实"外防输入、内防反弹"各项措施，切实保障人民群众生命安全和身体健康。牢固树立"过紧日子"思想，严格压减一般性支出，坚决遏制新增政府隐性债务，推进平台公司市场化转型，牢牢守住不发生系统性区域性金融风险底线。要保安全。抓好安全生产专项整治三年行动收官，统筹推进非煤矿山、烟花爆竹、道路交通、建筑施工、燃气管道等领域隐患整治，坚决防范各类安全事故发生。扎实做好防汛抗旱、森林防火等工作，强化食品药品安全监管。要护稳定。深化平安常德建设，巩固拓展政法队伍教育整顿成果，常态化推进扫黑除恶斗争和打击整治"村霸"专项行动，争创全国禁毒示范城市和社会治安防控体系建设示范城市。加强重点领域信访问题专项治理，推进"无上访村（社区）"建设，创建全国市域社会治理现代化示范城市。要重法治。充分发挥法律固根本、稳预期、利长远作用，加强城市管理、社会治理、安全生产、饮用水水源地保护等重点领域立法，更好地以良法促善治。深入开展"八五"普法，加大司法救助力度，不断提高各级领导干部法治思维和依法办事的能力，营造全社会尊法学法守法用法的良好氛围。

四、全面加强党对经济工作的领导，为高质量发展提供坚强保障

做好经济工作，党的领导是根本保证。要认真贯彻新时代党的建设总要求，坚持以党的政治建设为统领，全面加强党的各项建设，以高质量党建引领经济社会高质量发展。

1.强化胸怀"国之大者"的政治意识。持续推进政治监督具体化常态化，加强换届后领导班子思想政治建设，严格落实意识形态工作责任制，引导党员干部坚定

捍卫“两个确立”，坚决做到“两个维护”。深学细悟笃行习近平新时代中国特色社会主义思想，深入学习贯彻党的十九届六中全会精神，巩固拓展党史学习教育成果，不断提高政治判断力、政治领悟力、政治执行力。党的二十大召开后，要按照中央、省委部署，认真抓好大会精神的学习宣传贯彻工作。坚持和完善民主集中制，严格执行重大事项请示报告制度，健全党委（党组）研究讨论重大事项的决策机制，更好发挥各级党组织把方向、管大局、保落实作用。

2.提升领导经济工作的能力水平。注重从基层一线、复杂环境、艰苦岗位锤炼和选拔使用干部，引导党员干部在经济发展的主战场、服务企业的最前沿摸爬滚打、提高本领。各级领导干部要增强学习意识，主动研究宏观形势、上级政策和经济工作，带头学经济、懂经济、抓经济，尤其要学深悟透习近平新时代中国特色社会主义经济思想，提高经济工作决策科学化水平。要深入经济建设一线常态开展蹲点调研、现场办公，把真实情况掌握得更准、客观规律认识得更透，为做好经济工作打下扎实基础。

3.树立大抓基层的鲜明导向。深入实施党支部“五化”建设提质工程，加强软弱涣散基层党组织整顿，推动基层党组织全面过硬。坚持抓党建促乡村振兴，推进党群连心“五个到户”（党员联系到户、民情走访到户、政策落实到户、产业对接到户、精准服务到户），培育壮大村级集体经济，持续优化升级智慧党建平台，不断提升党组织服务能力。基层工作关乎党的执政根基，基层干部身上的担子重、责任大、压力也大，应该得到组织更多的关怀。要加大政策供给和保障力度，严格落实关心关爱基层干部“四个一”行动，拓宽基层干部成长通道，真正在工作上支持、政治上激励、待遇上保障，让他们全身心投入火热的基层实践中去。

4.悟透以人民为中心的发展思想。牢固树立正确政绩观，坚持一切从实际出发，大力倡导一线工作法，对于重要问题领导干部要亲自抓、带头干，努力把工作做好做实，做到群众的心坎上。坚持“以奋斗者为本，不让雷锋吃亏”的理念，落实干部正向激励机制，在选拔任用和关心关怀上向心系群众、埋头苦干、默默奉献的奋斗者倾斜，真正让实干者得实惠。力戒形式主义官僚主义，严格落实中央八项规定和省委实施意见精神，坚决整治不担当、不作为、乱作为，坚决反对表态多调门高、行动少落实差，坚决纠正多头考核、重复考核等现象，以求真务实的工作作风赢得群众口碑。

5.保持清正廉洁的政治本色。把严的主基调贯穿始终，完善“三不”（不敢腐、不能腐、不想腐一体推进）贯通融合机制，持续深化整治金融、工程建设项目、粮食购销、政府债务等领域和群众身边腐败问题，不断巩固发展反腐败斗争压倒性胜利。健全监督体系，深化政治巡察，着力加强对“一把手”和领导班子的监督，让主动接受监督成为政治自觉。加强清廉常德建设，打造清廉单元，弘扬清廉文化，引导党员干部自重自省、慎独慎微，廉洁修身、廉洁齐家，树立新时代常德干部的良好形象。

各级党委要总揽全局、协调各方，切实加强对人大、政府、政协和“一委两院”工作的领导，充分发挥统一战线的政治优势，不断巩固民族宗教团结和谐的良好局面，提高党管武装工作水平，做好党的群团工作，推动形成一条心干事业、一盘棋抓工作、一股劲促发展的生动局面。

同志们，使命呼唤担当，奋进正当其时。让我们更加紧密地团结在以习近平同志为核心的党中央周围，全面落实“三高四新”战略定位和使命任务，坚定信心、保持定力，干在实处、走在前列，努力推动社会主义现代化新常德建设迈出更加坚实的步伐，以优异成绩迎接党的二十大胜利召开！

市人大常务委员会工作报告

市人大常委会代理主任、党组书记　余怀民

（2021年12月30日）

各位代表：

我受常德市第七届人民代表大会常务委员会的委托，向大会报告工作，请予审议。

五年工作回顾

市七届人大常委会任期的五年，是我市全面建成小康社会、各项事业取得历史性成就的五年，也是我市民主法治建设不断进步、人大工作实现高质量发展的五年。五年来，我们坚持以习近平新时代中国特色社会主义思想为指导，在市委的坚强领导下，坚持守正创新、干在实处、走在前列，忠于宪法法律，忠于党和人民，在履行法定职责中彰显了担当和使命，在服务发展大局中贡献了智慧和力量。

——贯彻市委决策，我们在助力优化经济发展环境上有担当。紧扣市委“三年全覆盖”总体要求，市七届人大常委会坚持问题导向、采取市县联动、组织明察暗访、引入第三方机构，持续开展优化经济发展环境工作评议，督促市政府解决各类问题1100多个，助推全市营商环境便利指数位居全省前列。

——擦亮工作品牌，我们在推进“两官”履职评议上有经验。为了让人民群众在每一个司法案件中都能感受到公平正义，市七届人大常委会认真开展员额法官、员额检察官履职评议，五年实现全覆盖，相关工作经验在全省人大司法监督工作会议上推介，并写进省委《关于加强和改进新时代人大工作的意见》。

——创新监督方式，我们在助推审计查出问题整改上有作为。积极支持市政府推进绩效财政建设，市七届人大常委会引入纪委监委联合监督新手段，着力加强国有企业和政府部门审计查出问题整改监督，全面开展整改情况满意度测评，推动被审计单位整改问题549个、涉及资金89.78亿元。

——发挥代表作用，我们在促进水源环境保护上有亮点。回应民生关切，市七届人大常委会创新代表活动方式，坚持市县整体联动，扎实开展“水污染防治，人大代表在行动”主题活动，组织五级人大代表对全市536个排污口分组进行监督，推动整改水源环保问题100多个。

——聚焦民生热点，我们在推动教育均衡发展上有力度。坚持以解决入园贵、入学难、大班额等人民群众关切的热点、难点问题为切入口，市七届人大常委会先后听取和审议中小学校幼儿园规划、城区小学建设、学前教育等工作情况报告，督促市政府制定出台相应行动方案、专项规划，促进普惠性幼儿园比例由69.3%提升到82.96%，武陵区第一小学、育才中学等一批中小学校建成并投入使用，城乡新增学位10.17万个。

——勇于率先作为，我们在参与新冠疫情防控上有行动。面对突如其来的新冠疫情，市七届人大常委会在全省率先发出抗疫倡议，主任会议成员深入一线调研督导，五级人大代表、三级人大干部积极投身疫情防控和复工复产一线，累计捐款1500万余元，捐赠医用、生活物资价值近1300万元，谱写了一曲人大代表为人民的时代赞歌。

各位代表，过去五年，我们知责于心、担责于身、履责于行，共召开常委会会议46次、主任会议93次，听取和审议专项工作报告138个，组织开展执法检查9次、工作评议11次、集中视察13次，交办审议、视察和评议意见86件，作出决议决定75个，市七届人大历次会议确定的目标任务圆满完成。

五年来，我们讲政治、敢担当，始终沿着正确方向前进

坚持用党的创新理论武装头脑。始终把学习贯彻习近平新时代中国特色社会主义思想作为首要政治任务，建立“第一议题”学习制度，第一时间学习贯彻中央和省市重要会议、文件精神；扎实推进“两学一做”学习教育，认真开展“不忘初心、牢记使命”主题教育和党史学习教育，不断增强“四个意识”、坚定“四个自信”、做到“两个维护”。始终把习近平总书记关于坚持和完善人民代表大会制度的重要思想作为人大工作的根本遵循，持续开展人大制度理论研讨，成功承办全省人大制度理论研讨会，多项理论研究成果被国省人大宣传推介、转化运用。

始终把党的领导贯穿工作始终。坚决维护市委总揽全局、协调各方的领导地位，严格执行向市委请示报告制度，及时向市委请示报告立法、监督、决定等重要工作126次。根据中央和省委要求，及时修订常委会讨论、决定重大事项规定，依法就“七五”法治宣传教育、生态文明建设示范市规划、检察公益诉讼等作出决议决定。坚持党管干部与人大依法任免有机统一，共任免国家机关工作人员403人次，接受和批准辞职41人次。依法加强全市人大换届选举业务指导、工作监督，圆满完成三级人大代表选举任务。

高质量落实市委中心工作任务。聚焦精准脱贫，主任会议成员联点示范，机关干部积极参与，桃源县兰坪村和杜家坊村等扶贫点村如期脱贫。助力乡村振兴，推动鼎城区花园村、柳叶湖郑家河社区等美丽乡村建设取得阶段性成果。紧扣产业立市，积极推进工程机械配套产业园招商，全面参与生物医药产业链建设和市场主体培育行动，各项工作取得显著成效。

五年来，我们聚焦点、重实效，努力服务全市发展大局

促进经济稳健发展。关注经济运行，听取和审议国民经济和社会发展计划执行情况报告，开展“十三五”规划实施情况中期评估，跟踪“十四五”规划和二〇三五年远景目标纲要编制，促进年度规划的顺利实现、中期规划的全面实施和五年规划的系统衔接。坚持规划引领，听取和审议年度城乡规划实施、环境状况和环境保护目标完成等工作情况报告，促进城乡统筹发展、健康发展。着眼项目支撑，听取和审议年度重大项目执行和投资项目计划安排情况报告，组织开展产业项目、重大交通项目建设专项视察，督促市政府围绕利长远、固根本、稳预期夯实发展基础。

强化政府财政监督。完善全口径、全覆盖、全过程预算监督体系，建成预算联网监督系统，开设专项资金监督模块；组建人大财经监督专家库；听取和审议预算编制、预算执行、年度决算、预算调整、预算绩效管理等情况报告，着力强化预算刚性约束、提高资金使用绩效，助推市政府积极防范化解重大金融风险。根据中央统一部署，严格落实市政府向市人大常委会报告国有资产管理情况制度，听取和审议企业、行政事业性、金融企业等国有资产管理情况报告，督促市政府努力管好人民的“钱袋子”。

积极服务产业发展。聚焦“三农”工作，听取和审议农村土地确权与三权分置改革、油茶产业发展、粮食产业发展等情况报告，助推土地流转更加规范、“常德茶油”更有市场、粮食生产更加安全；听取和审议脱贫攻坚、美丽乡村建设、村级集体经济发展、养殖业发展等情况报告，促进农村产业兴旺、生态宜居、生活富裕。聚焦工业发展，听取和审议开放型经济发展、高新技术产业发展、开放平台建设和园区攻坚等工作情况报告，组织工业园区建设、工业企业发展等专项视察，促进工业发展稳中向好、稳中有进。聚焦文旅融合，听取和审议全域旅游工作情况报告，开展文旅融合视察调研，助推柳叶湖旅游度假区入选国家级旅游度假区、桃花源旅游管理区晋级国家AAAAA级旅游景区。听取和审议金融服务实体经济发展情况报告，开展职业教育服务实体经济调研，为三次产业健康发展缓解资金压力、提供人才支撑。

五年来，我们保善治、促公平，加快推进法治常德建设

提高地方立法质量。深入贯彻习近平法治思想，完善党委领导、人大主导、政府依托、各方参与的立法工作格局，对照务实管用、简单可靠、急用先行立法要求，推行开门立法，探索“专班”立法工作机制，创新网络问计工作模式，在计划提出、法规起草、集中审议等程序中，充分汇集立法智慧，有序表达公众诉求，努力确保法规真管用、有特色、合民意。市七届人大常委会共制定出台《常德市城市河湖环境保护条例》《常德市城乡生活垃圾管理条例》《常德市大气污染防治若干规定》《常德市农村村民住房建设管理条例》《常德市养犬管理条例》《常德市文明行为促进条例》等8部地方性法规，为守好“城市蓝线”、改善人居环境、提升文明形象提供了坚实的法治保障。

促进法律贯彻实施。及时召开学习宣传和贯彻实施宪法座谈会；认真组织《中华人民共和国禁毒法》《中华人民共和国义务教育法》《中华人民共和国国防动员法》《中华人民共和国水污染防治法》《中华人民共和国食品安全法》等6部国家法律，《湖南省农村扶贫开发条例》《湖南省中小学校幼儿园规划建设条例》等2部省级地方性法规，《常德市饮用水水源环境保护条例》《常德市城市河湖环境保护条例》《常德市城乡生活垃

圾管理条例》等3部市级地方性法规的执法检查；听取《中华人民共和国社会保险法》《中华人民共和国反家庭暴力法》贯彻实施情况报告，协助上级人大开展《中华人民共和国大气污染防治法》《湖南省大气污染防治条例》等执法检查，有力推进《中华人民共和国宪法》在我市的贯彻实施。

维护社会公平正义。坚持一年一主题，扎实开展司法公正常德行，及时修订《监督司法工作的若干规定》，促进司法机关公正司法、司法干警廉洁执法。听取和审议“一府两院”扫黑除恶工作、市监委扫黑除恶“打伞破网”专项工作等情况报告，推动全市扫黑除恶工作常态化、长效化。听取和审议刑事侦查、公诉、刑事审判和“两院”司法体制改革、认罪认罚从宽等工作情况报告，助推各项司法改革任务有序完成。听取和审议基层公安派出所、交警大队执法规范化建设情况报告，着力保障群众身边的公平正义。引导群众依法信访维权，及时转办、交办、督办涉法涉诉信访案件54件。

强化备案审查工作。听取和审议规范性文件备案审查工作实现常态化、制度化，按照“有件必备”要求，共接受报送备案的地方政府规章和其他规范性文件149件。配合省人大常委会向全国人大常委会和国务院报送备案地方性法规6件，向省人大常委会报送备案规范性文件8件。坚持“有备必审、有错必究”原则，采取主动审查、被动审查、专项审查“三结合”方式，对所有报送备案的规范性文件逐项审查，对公民审查建议及时逐项研究处理。通过提前介入，对“一府两院”的规范性文件提出修改意见建议1100多条。

五年来，我们顺民心、办实事，积极回应人民群众期待

关爱困难群众。围绕老有所养，连续四年听取和审议农村敬老院建设与管理、居家和社区养老、医养结合养老服务等工作情况报告，两次组织养老服务工作专题视察，督促市政府出台《常德市新建住宅小区养老服务用房建设管理办法》，努力让每一位老人“吃不愁、病不忧、孤不独、乐有伴”。围绕病有所医，开展农民健康行，听取和审议医保基金监督管理工作情况报告，督促市政府提高农村医疗水平、防范化解基金安全风险。围绕困有所帮，听取和审议残疾儿童康复、计划生育特殊困难家庭综合保障等工作情况报告，促进对特困家庭经济帮扶、精神慰藉和志愿服务等活动制度化、规范化。

保障宜居生活。紧扣人民群众对美好生活向往，坚持从细处发力，听取和审议市城区物业管理工作情况报告，开展专项工作视察，促进居民幸福指数不断提高。听取和审议老旧小区改造情况报告，督促市政府出台《常德市既有住宅加装电梯管理办法》。听取和审议农村人居环境整治工作情况报告，不断巩固整治成效。认真开展民族团结进步行动，专题调研督导少数民族特色村镇建设、归侨侨眷权益保护等工作，助推本地区民族团结进步，铸牢中华民族共同体意识。

筑牢安全底线。关注食品安全，组织开展农产品质量安全行，全面督促农产品质量安全法、动物防疫法贯彻落实，实现全市连续19年农产品质量安全“零事故”。关注饮水安全，听取和审议农村饮水安全工作情况报告，督促市政府及时启动农村安全饮水巩固提升工程，76.49万山区群众安全饮水得到进一步保障。关注生态安全，听取和审议气象灾害防御、全市自然保护区、河（湖）长制等工作情况报告，认真开展环保世纪行，助力市政府提升气象灾害防御能力，构筑生态安全屏障。关注出行安全，听取和审议市城区道路交通安全工作情况报告，助推部分路段拥堵、停车难等问题得到有效解决。

五年来，我们抓关键、重保障，充分发挥代表主体作用

积极支持代表履职。加强代表联络，制定出台《常委会组成人员联系市人大代表的意见》《市人大代表联系原选举单位和人民群众的意见》，建成代表联系群众工作平台458个，常委会同代表、代表同群众的联系更加密切。拓宽知政渠道，邀请代表列席市人大常委会和“一府两院”重要会议，参加执法检查、工作视察和集中走访，推荐代表担任行业监督员，免费为代表寄送常委会公报、人大刊物。规范代表活动，积极组织市级领导中的人大代表参加小组活动，精心组织国省代表紧扣教育均衡、交通建设等发展主题进行视察调研，助推“江南城区教育条件”不断改善，“港口航道水运建设”不断提速。推动代表述职，推进直接选举代表向选民述职，倡导间接选举代表向原选举单位述职。票决民生实事，指导县乡人大探索工作机制、优选民生项目、规范票决程序，推进乡镇人大民生实事项目人大代表票决制工作实现从“为民作主”到“由民作主”转变，一大批涉及修路架桥、路灯安装、厕所改建等民生实事项目得到群众认可。

严格督办代表建议。坚持源头入手，加强代表建议撰写指导，协助把好选题关、政策关、法律关，市七届人大期间，共提出意见建议1496条。强化跟踪问效，完善督办方式，建立常委会主任会议成员牵头督办、专委会分类督办、代表联络机构统筹督办的工作机制，一批涉及产业发展、幼儿教育、居家养老等方面的重点建议办得实、效果好。创新评价机制，修订代表建议办理评议办法，选取建议办理“大户”进行满意度测评，推动代表建议办理从“注重满意率”向“追求解决率”转变。

着力提升代表形象。强化代表培训，采取“请进来、走出去”相结合，代表轮训任务全面完成。严格履职管理，制定代表履职守则，开通运行代表履职管理系统，召开全市代表工作座谈会，代表的自律意识、履职意识不断增强。宣讲代表故事，重点宣传代表模范带头、履职为民的先进事迹，精心组织“讲代表故事，展履职风采”演讲比赛，充分展示五级代表的履职担当、奋斗激情和民生情怀。

五年来，我们强基础、树形象，全面加强人大自身建设

加强制度建设。规范履职行为，制定常委会组成人员守则，建立专委会归口联系常委会委员、常委会委员报告履职情况、“会前学法”等制度。提升工作质效，修订完善主任会议议事规则、工作评议办法、规范性文件备案审查办法等议事规则、工作制度。加强队伍管理，汇编机关管理制度，建立机关干部定期培训机制，落实理论学习中心组学习制度。维护意识形态安全，制定出台重大舆情应对处置办法、新闻宣传工作实施办法，提质升级门户网站、微信公众号和《常德人大》期刊，《人民日报》《湖南日报》等多次推介常德人大履职经验。

增强履职活力。全面加强党的建设，推进支部标准化建设，履行全面从严治党主体责任，严守政治纪律和政治规矩，严格执行中央八项规定，全力配合市委巡察，积极支持纪检监察工作，机关政治生态风清气正。开通协同办公平台，推进“智慧人大”建设，完成机关院落、信访大厅、老干中心等基础设施改造，机关面貌焕然一新。精心组织“人大杯”乒乓球赛、“百年华诞·百年好合”集体婚礼，成功创建全国文明单位、国家节约型机关、全市模范机关，人大形象不断提升。树立正确选人用人导向，按照“好干部”标准来选干部、用干部，干事氛围更加浓厚。

注重上下联动。健全主任会议成员联系区县市人大、委员联系乡镇（街道）人大工作机制，实行重要议题共同发力，上下联系更加紧密。及时召开全市乡镇人大工作和建设推进会，认真贯彻《湖南省乡镇人民代表大会工作条例》和市委《加强县乡人大工作和建设的若干意见》，基层履职更加规范。定期召开工作座谈会，组织开展评比表彰，交流工作、学习经验、指导履职，特色亮点更加鲜明。

武陵人大组织开展“访选区察民情、访选民解民难”履职实践活动，建立代表约谈制度，代表积极作为、主动履职成效明显。鼎城人大创新打造人大代表实践站，为助力乡村振兴、推动全过程人民民主搭建了履职新平台，得到全国、省人大的充分肯定和大力推介。汉寿人大不断完善乡镇人大工作考核细则，履职规范化、制度化水平显著提升。桃源人大形成了“有预算不超支，无预算不开支，用钱要问效，无效要问责”的预算绩效监督“桃源品牌”。临澧人大强化建议督办，关注生命健康，督促建成了全省一流的县级“120”急救指挥中心。石门人大引导各级代表带头宣传政策、发展产业，为石门县“脱贫摘帽”贡献了智慧力量。澧县人大连续三年组织三级代表开展集中视察、专题询问，推动澧阳平原生态环境明显改善。安乡人大组织代表参与义工“六个一”活动，深度参与环境整治、防汛抗灾、基层治理等中心工作，推动代表高效履职。津市人大率先开展乡镇人大民生实事项目人大代表票决制工作，为我市全面推进票决工作探索了经验。

各位代表，星光不问赶路人，时光不负有心人。五年来，我们所取得的每一点成绩、获得的每一个进步，都离不开市委的坚强领导，离不开历届人大奠定的坚实基础，离不开全体代表的真诚奉献，离不开“一府一委两院”和县乡人大的密切配合，离不开全市人民和社会各界的大力支持。在此，我谨代表市七届人大常委会，向所有关心、支持人大工作的同志们、朋友们，表示衷心的感谢并致以崇高的敬意！

各位代表，在回顾总结本届工作的同时，也要清醒地认识到，我们的工作还有一些差距和不足，主要是：服务发展大局的担当作为，实效性还不够；护航经济社会的地方立法，精准性还不够；促进民生改善的议题选择，持续性还不够；发挥代表作用的方法举措，创新性还不够。对此，我们相信下一届常委会一定会采取有效措施，逐步加以解决。

下届工作建议

各位代表，制度稳则国家稳，制度强则国家强。今年10月，中央首次召开人大工作会议，习近平总书记讲话强调，人民代表大会制度是符合我国国情和实际、体现社会主义国家性质、保证人民当家作主、保障实现中华民族伟大复兴的好制度，是我们党领导人民在人类政治制度史上的伟大创造，是在我国政治发展史乃至世界政治发展史上具有重大意义的全新政治制度。60多年来特别是改革开放40多年来的实践证明，人民代表大会制度为党领导人民创造经济快速发展奇迹和社会长期稳定奇迹提供了重要制度保障。作为新时代的人大代表，我们一定要增强制度自信，坚定不移坚持和完善人民代表大会制度。

今后五年，是我们迈入全面建设社会主义现代化新征程的第一个五年，也是我们建设社会主义现代化新常德的关键五年。习近平总书记在中央人大工作会议上强调，各级人大及其常委会要全面加强自身建设，努力

建设成为政治机关、国家权力机关、工作机关和代表机关。习近平总书记关于“四个机关”的重要论述，为加强和改进新时代人大工作指明了方向、提供了遵循。

市八届人大及其常委会要高举中国特色社会主义伟大旗帜，坚持以习近平新时代中国特色社会主义思想为指导，深入贯彻习近平总书记关于坚持和完善人民代表大会制度的重要思想，弘扬伟大建党精神，始终坚持党的领导、人民当家作主和依法治国有机统一，积极落实中央、省委人大工作会议精神，紧扣职责定位，依法履职行权，完整、准确、全面贯彻新发展理念，服务和融入新发展格局，在全面落实“三高四新”战略定位和使命任务中，创造性做好新时代地方人大工作，为推动高质量发展、加快建设社会主义现代化新常德贡献人大力量。

一、坚持党的全面领导，致力建设政治机关

紧扣人大作为政治机关的政治属性，把坚持党的全面领导作为根本政治保证，胸怀“两个大局”、心系“国之大者”，切实增强“四个意识”、坚定“四个自信”，坚定捍卫“两个确立”，坚决做到“两个维护”。自觉对标对表中央、省委和市委重大决策部署，依法履职、积极作为，切实做到全市发展的重点指向哪里，人大工作就跟进到哪里，力量就汇聚到哪里，作用就发挥到哪里，确保市委主张通过法定程序成为全市人民共同意志，确保市委推荐人选通过法定程序成为国家机关工作人员。严格落实请示报告制度，及时向市委请示报告重大问题、重要事项、重要情况，切实把党的领导贯穿人大工作全过程、各方面。学习研究、宣传贯彻习近平总书记关于坚持和完善人民代表大会制度的重要思想，巩固党史学习教育成果，加强理论研究探讨，维护意识形态安全，切实做到政治坚定、行动自觉。加强人大及其常委会思想政治建设、纪律作风建设、组织建设和制度建设，增强人大工作力量，规范人大专委会和常委会工作机构设置，有计划地安排人大机关同其他机关之间的干部合理交流。

二、保证人民当家作主，致力建设国家权力机关

紧扣人大作为国家权力机关的民主属性，自觉践行以人民为中心的发展思想，不断发展全过程人民民主，在人大工作中逐项覆盖“全过程”基本要素，广泛汇集“全过程”民心民意，切实将民主选举、民主协商、民主决策、民主管理、民主监督各个环节彼此贯通。不断完善人大及其常委会组织制度、会议制度、议事程序和工作机制，切实保证人民群众的知情权、参与权、表达权、监督权。坚持集体行使职权、集体决定问题，发扬民主，正确集中，确保制定的地方性法规、作出的决议决定体现人民意志、凝聚最大共识。

三、依法履行各项职责，致力建设工作机关

紧扣人大作为工作机关的法治属性，全面担负宪法法律赋予的各项职责，确保人民赋予的权力始终用来为人民谋幸福。健全人大及其常委会讨论决定重大事项制度，完善政府重大决策出台前向人大报告工作机制，及时对事关长远性、全局性、根本性重大事项作出决议决定。围绕产业发展、乡村振兴、社会养老、民宗侨外、营商环境、法治建设等议题，坚持市县同步、上下联动开展监督；落实国有资产管理情况向人大报告制度，不断增强全口径预算决算、审计查出问题整改、政府债务、规范性文件备案审查等监督实效；突出“岗位、学位、床位、车位、厕位、梯位”等民生实事监督；加强司法工作监督，积极稳妥、依法有序对市监委进行监督；推行审议意见卡和清单制度；促进长江保护法等法律法规贯彻实施，推动地方性法规进入执法、融入司法、列入普法，改进执法检查方式，让法律的“牙齿”真正“咬合”，全面做到正确监督、有效监督、依法监督。坚持科学立法、民主立法、依法立法，健全常委会和专委会组成人员、人大代表参与立法工作机制，继续推行“专班”立法、基层立法联系点等有效做法，扎实推进物业管理、居家养老、城市更新等领域“小快灵、小切口”立法，使每一项立法都符合宪法精神、反映人民意愿、得到人民拥护。

四、密切联系人民群众，致力建设代表机关

紧扣人大作为代表机关的人民属性，不断优化人大代表为民用权、为民履职、为民服务的载体和机制，做到民有所呼、我有所应。坚持和完善“双联”工作制度，建立与列席常委会会议的基层代表进行座谈工作机制，探索增强代表小组活力的方式方法，支持代表通过调研、视察等活动了解社情民意，深化拓展代表参与常委会工作、联系人民群众的广度和深度。构建代表建议“提出、交办、办理、督办、评价”全过程监督闭环，从严把控建议质量，全程跟进建议办理，完善建议办理考核评价激励机制，全面提升代表建议解决率、落实率。强化代表履职服务保障和管理，统筹开展人大代表履职培训，推行代表向原选举单位报告履职情况制度，建立健全代表履职档案，宣传推介代表履职先进事迹，进一步激发代表履职热情。

市人大常委会机关是市人大及其常委会的集体参谋助手和服务保障班子，要严格对照“四个机关”建设要求，继续以全国文明单位为标杆，以模范机关创建为抓手，以遵纪守法为底线，努力打造一支政治坚定、服务人民、尊崇法治、发扬民主、勤勉尽责的人大工作队伍，充分展现常德人大机关的新气质、新形象、新作为。

2022年，是党的二十大召开之年，是全面贯彻中央、省委人大工作会议精神的开局之年，也是新一届人大常委会依法履职的起步之年。站在新起点，迈入新

征程，新一届市人大常委会一定要以“闯”的精神、“创”的劲头、“干”的作风，跑好新时代地方人大工作的接力赛。

1.扎实推进地方立法。按照立法计划，及时修订《常德市饮用水水源环境保护条例》《常德市城乡生活垃圾管理条例》，继续审议《常德市柳叶湖旅游度假区条例（草案）》，适时审议《常德市社会治理网格化管理条例（草案）》《常德市安全生产监督管理若干规定（草案）》。

2.依法开展人大监督。聚焦计划实施，听取和审议国民经济和社会发展计划执行、市级重大项目执行和投资项目计划安排、环境状况和环境保护目标完成、城市规划年度计划实施等情况报告，审议《常德市国土空间总体规划（2020—2035年）》，并组织规划编制工作视察。聚焦经济发展，听取和审议开放型经济发展、茶叶产业发展、推进林长制工作、创新平台和研发投入双倍增行动暨贯彻实施《湖南省高新技术发展条例》等情况报告，组织重大交通项目建设工作视察。聚焦财经监督，听取和审议市级预算执行、预算调整、决算、财政收支审计及查出问题整改、国有资产管理、自然资源资产管理等情况报告。聚焦民生改善，听取和审议安全生产、规范民办义务教育发展和义务教育“双减”工作、公共文化体育设施规划建设等情况报告，开展创业带动就业工作视察。聚焦依法治市，对第八个五年法治宣传教育作出决议，听取和审议行政复议、规范性文件备案审查、《湖南省乡镇人民代表大会工作条例》贯彻实施等情况报告，组织《常德市农村村民住房建设管理条例》执法检查，推进司法监督平台建设，开展公安执法办案工作评议、“两官”履职评议。继续推进司法公正常德行、环保世纪行、农产品质量安全行、农民健康行和民族团结进步行动。

3.全面抓实代表工作。落实人大代表和人大工作者轮训计划，开展代表联系群众办实事活动、市级领导中的人大代表参加小组活动，组织国省人大代表开展专题调研、集中视察；持续巩固代表联系群众工作平台、人大代表实践站建设成果；继续开展乡镇人大推行民生实事项目人大代表票决制工作；听取和审议代表建议办理工作情况报告，开展满意度测评；做好国、省人大代表推荐工作。

4.切实加强自身建设。根据中央、省委人大工作会议要求，加强会议精神宣传，提请市委适时召开人大工作会议，及时开展落实情况督促检查。认真落实全面从严治党主体责任，支持市纪委监委派驻机关纪检监察组工作，大力整治形式主义、官僚主义。适时修订人事任免办法，依法做好随届任命和日常任免。继续巩固全国文明单位、模范机关创建成果，积极推进“清廉人大”机关建设。精心组织人大制度理论研讨，全面提升新闻宣传质效。切实加强对县乡人大工作的联系指导，鼓励支持基层人大探索创新，努力提升全市人大工作整体水平。

各位代表，百年新征程任重道远，人民新期待催人奋进。让我们更加紧密地团结在以习近平同志为核心的党中央周围，高举中国特色社会主义伟大旗帜，在市委的坚强领导下，不忘初心、牢记使命，依法履职、精彩开局，为建设社会主义现代化新常德作出新的更大贡献，以优异成绩迎接党的二十大胜利召开！

政府工作报告

代市长　周振宇

（2021年12月29日）

各位代表：

现在，我代表市人民政府向大会报告工作，请予审议，并请各位政协委员和其他列席人员提出意见。

一、本届政府及2021年工作回顾

市七届人大一次会议以来的五年，是常德发展历程中极具挑战、极不平凡的五年。面对错综复杂的外部环境、艰巨繁重的改革发展任务，尤其是新冠肺炎疫情的严重冲击，全市上下坚持以习近平新时代中国特色社会主义思想为指导，深入学习贯彻党的十九大和十九届历次全会精神，全面贯彻落实习近平总书记对湖南重要讲话重要指示批示精神，在省委、省政府和市委的坚强领导下，在市人大、市政协的监督支持下，大力实施“三高四新”战略，深入推进开放强市产业立市，全市各项事业取得历史性成就，实现了第一个百年奋斗目标，在沅澧大地上全面建成了小康社会。

这五年，我们砥砺奋进、聚力发展，实现了经济实力新跨越。总量再上台阶。地区生产总值年均增长7.2%（预计数，下同），接连突破“三千亿”“四千亿”大关，人均地区生产总值超过1万美元。固定资产投资年均增长10.8%，累计突破1万亿元。社会消费品零售总额达1636亿元，是2016年的1.5倍。地方一般公共预算收入突破200亿元，进入全省前三。支撑持续增强。市场主体达38.4万户、“四上”企业（规模以上工业企业、资质等级建筑业企业、限额以上批零住餐企业、国家重点服务业企业等这四类规模以上企业的统称）达3772家，分别是2016年的1.6倍、1.5倍，产值过100亿元、过10亿元企业分别达3家、55家。新增国省级专精特新“小巨人”企业119家，高新技术企业达475家。金融机构贷款余额由全省第五跃居第二，存贷比提高26.2个百分点。影响不断提升。常德位居中国城市综合经济竞争力排行榜第58位、全国先进制造业百强城市第71位。武陵区挺进全国百强区50强，桃源县跻身全省县域经济10强。常德经开区跨入全国百强经开区，常德高新区晋升国家级园区。

这五年，我们全力以赴、攻坚克难，增添了全面小康新成色。把三大攻坚战作为决胜全面建成小康社会必须跨越的重要关口，打出了声势、打出了影响、打出了成效。脱贫攻坚圆满收官。44.3万建档立卡贫困人口全部脱贫，396个贫困村全部退出，历史性解决了绝对贫困问题。石门县顺利摘帽并成为全国样板。桃源县获评全国易地扶贫搬迁工作成效明显县。涌现出全国脱贫攻坚模范王新法等先进典型。污染防治成效显著。中央、省交办的突出生态环境问题整改均达到序时进度，汉寿西洞庭湖欧美黑杨清理、鼎城石板滩石煤矿坑治理、安乡珊珀湖综合治理成效明显。煤矿、纸浆、黏土砖厂、石煤矿山、落后钢铁生产企业全部关闭退出。长江“十年禁渔”全面落实。河湖长制、林长制扎实推进。大气、水、土壤环境质量持续改善，蓝天绿水青山成为最普惠的民生福祉。桃源县、石门县成功创建国家生态文明建设示范县。桃花源获评国家级“两山”（绿水青山就是金山银山）实践创新基地。金融风险管控有力。率先在全省厘清政府与平台公司支出责任，平台公司清理整合基本完成。坚决打击非法集资等涉众型经济犯罪，持续优化金融生态环境，守住了不发生区域性系统性金融风险的底线。

这五年，我们担当作为、善作善成，厚植了区域竞争新优势。聚焦发展的难点堵点，干成了一批多年想干而没有干成的大事要事，为提升区域竞争力打下了坚实基础。产业格局加快转变。培育形成两大千亿产业集群，非烟工业增加值占比由46%提高到52%。中国中车、中国中药、中国建材、国科控股、华为、盐田港集团等一批战略投资者落户常德，烟厂易地技改、中车新能源汽车、迪文科技扩建等47个10亿元以上产业项目建成投产。交通建设捷报频传。石长铁路开行动车，黔张常铁路建成通车，常益长高铁加快建设。益常高速复线开工建设，安慈高速全线贯通，实现县县通高速。沅澧快速干线基本建成，市域内“1小时通勤圈”初步形成。桃花源机场跻身全国百强并实现航空口岸临时开放。常德品牌走向全国。桃花源成功创建国家AAAAA级旅游景区，柳叶湖晋升国家级旅游度假区。39个品牌获得国家地理标志登记保护或证明商标，常德成为粤港澳大湾区“菜篮子”重要生产基地。鼎城区、桃源县获评国家农产品质量安全县。创新动能加速释放。中联重科全球最大上回转塔机下线，飞沃科技成为全市首个国家级制造业单项冠军。建成国家现代装备制造高新技术产业化基地、国家生物酶制剂火炬特色产业基地，常德高新区入选国家级创新型产业集群试点。全球首个百兆瓦级多电源融合技术实验验证平台竣工，常德国家生活用纸产品质量监督检验中心成为我市首个国检中心。知识产权保护工作获评全国先进。

这五年，我们真抓实干、统筹发力，绘就了大美常德新画卷。城镇品质全面提升。北部新城、城东新区、西部片区、江南城区、高铁新城等片区开发深入推进，沅江隧道、太阳大道、朗州大桥等竣工通车，“一江两岸”呈现协调共进新局面。实施棚户区改造11.9万户，改造老旧小区822个，新建公租房1.1万套，市城区黑臭水体整治全面完成。县城和中心镇功能加快完善，承载集聚能力不断增强。城镇化率由49.3%提高到58%。农村面貌焕然一新。农村人居环境整治深入实施，“4+9”乡村振兴示范片区建设成效明显，成功创建省市美丽乡村257个。乡村建设行动加速推进，镇村规划编制基本完成，建设高标准农田423万亩，完成农村改厕43.6万个、危房改造5.4万户，建设农村集中供水工程233处，乡镇污水处理设施和建制村生活垃圾集中收集处理实现全覆盖。基础设施更加完善。新建改建干线公路560千米，改造农村公路3417千米、危桥593座，农村水泥路实现“组组通”。临澧县成为全国城乡交通运输一体化示范创建县。沅水桃源至常德、澧水澧县安乡至茅草街千吨级航道完成整治，德山港区、津市港区千吨级码头投入运营，常德港晋级全国内河主要港口。一批重大水利工程建成使用。新一轮农村电网改造全面完成。

这五年，我们众志成城、迎难而上，赢得了应对风险新胜利。统筹发展和安全，成功应对各类风险挑战，保障了社会安定、人民安宁。抗疫斗争取得重大成果。面对突如其来的新冠肺炎疫情，我们坚持人民至上、生命至上，科学防治、精准施策，仅用27天实现本土病例零新增、41天实现确诊病例清零，实现医务人员零感染、院感事件零发生、确诊病例零死亡。建立健全常态化防控和应急处置转换机制，扎实开展无疫社区（村）创建和疫苗接种清零行动。科学快速处置今年7月底输入性疫情，没有出现确诊病例和本地二代病例。安全形势持续稳定。深入开展重点行业领域风险隐患排查整治，未发生重大及以上生产安全事故和食品安全事故。科学有力应对自然灾害，做到了汛期未溃一堤一垸、未垮一库一坝、未因灾死亡一人，成功预警处置石门特大山体滑坡地质灾害，成为自然资源部典型范例。非洲猪瘟等动植物疫病防控取得积极成效。社会治理全面加强。扫黑除恶专项斗争取得胜利。新一轮禁毒人民战争深入开展。信访积案有效化解，“无上访村（社区）”建设成效明显。武陵区捧回平安中国建设最高奖“长安杯”。常德成为全国最安全城市之一。

这五年，我们坚守初心、用力用情，谱写了美好生活新篇章。民生支出占财政支出比重保持在70%以上，居民人均可支配收入年均增长8.6%，跑赢了经济增速。倾力办好民生实事。把老百姓的操心事、烦心事、揪心事作为政府的心头事，集中精力办成省市重点民生实事103件，一大批涉及群众切身利益的实际问题得到有效解决，交出了看得见、摸得着、温暖实在的民生答卷。努力提高保障水平。就业形势总体稳定，多层次社会保障体系全面建成，企业职工基本养老保险待遇实现17连涨，率先在全省建立城乡居民丧葬补助制度，优抚对象、城乡低保、特困人员、残疾人等补助标准持续提高，人民群众的获得感更加充实、更有保障、更可持续。尽力发展各项事业。基础教育稳居全省前列，所有区县市提前建成义务教育基本均衡县，高等教育、职业教育、学前教育、特殊教育、继续教育全面发展。城乡医疗服务体系不断完善，居民主要健康指标优于全国全省平均水平。文化体育事业持续繁荣，柳叶湖国际马拉松赛跻身世界田联标牌赛事。桃源枫树维吾尔族回族乡被确定为首批全国铸牢中华民族共同体意识教育实践基地。“三大普查”工作获评全国先进。国防动员和教育、军事设施保护、退役军人事务、人防建设、民兵预备役工作持续加强。机关事务、民宗、侨务、公共资源交易、住房公积金、老年、地方志、档案、慈善、志愿服务等工作取得新进步，工青妇等群团组织作用有效发挥。

这五年，我们锐意进取、争先创优，创造了享誉国省新经验。取得了一批改革成果，“一件事一次办”改革、“多证合一”改革、供销合作社改革、县级融媒体改革、农村集体产权制度改革等走在全国前列。形成了一批特色典型，粮食稳产增产、农村饮水安全、“四好农村路”建设、卫片执法检查、农村“厕所革命”等经验做法全国推介，降低实体经济成本、金融超市、合同执行等特色工作入选全国优秀案例。探索了一批试点模式，海绵城市建设、物流标准化、公交都市建设、居家和社区养老服务改革、市域社会治理现代化等国家级试点成效显著。获得了一批表彰激励，工业稳增长和转型升级、棚户区改造、土地节约集约利用、深化商事制度改革等8项工作获得国务院真抓实干督查激励，获得省政府真抓实干表扬激励125次，连续两年绩效评估全省第一。收获了一批重大荣誉，蝉联全国文明城市、国家卫生城市、全国双拥模范城，国际湿地城市、国家森林城市、中国美丽山水城市成为常德新名片。

五年来，我们牢记习近平总书记“打铁必须自身硬”的政治要求，驰而不息加强政府自身建设。始终坚持党建引领，扎实开展“两学一做”学习教育、“不忘初心、牢记使命”主题教育和党史学习教育，从党的百年奋斗历史中汲取智慧和力量，把增强“四个意识”、坚定“四个自信”、做到“两个维护”落实到行动上。始终坚持依法行政，加强法治政府建设，健全科学民主依法决策机制，提请审议地方性法规草案7部，制定政府规章2部，自觉接受人大法律监督、工作监督和政协民主监督及社会监督，办理人大代表建议1390件、政协提案1561件。始终坚持改进政风作风，力戒形式主义、官僚主义，强化廉政建设和反腐败斗争，政府执行力、公信力有效提升。

五年的发展成就，集中展现了全市人民的无穷智慧、创造伟力，极大增强了建设现代化区域中心城市的必胜信心、坚定决心，必将激励全市人民在新的发展起点上满怀豪情、奋力前进！

各位代表，即将过去的2021年，是稳增长防风险任务极其繁重的一年。我们认真贯彻落实党中央国务院、省委、省政府和市委决策部署，凝心聚力、克难奋进，全面落实“三高四新”战略定位和使命任务，扎实推进“四个双倍增”，经济社会发展取得明显成效，在“十四五”开局之年迈好了第一步、见到了新气象。主要抓了以下工作：

1.着力稳增长、激活力，发展质效明显提升。地区生产总值增长8%，地方一般公共预算收入增长8%。项目建设强力推进，202个亿元以上产业项目开工建设，145个亿元以上产业项目建成投产，245个省市重点项目完成投资1100亿元，固定资产投资增长10%。消费市场快速回暖，成功举办湖南省首届都市文化旅游节，开展“品牌常德品质消费”等活动，社会消费品零售总额增长14.5%。开放合作不断深化，桃花源机场航空口岸列入国家规划，成功承办中非葡语国家渔业暨水产品推介对接会，进出口总额增长18%。创新动力切实增强，新增高新技术企业110家，国省级创新平台达77个，4家企业获批全省技术创新“破零倍增”标杆企业，国企改革、财税改革等一批重大改革深入推进。

2.着力优生态、强链条，产业规模不断壮大。优势产业链加快形成，新引进亿元以上产业项目285个，11条产业链产值增长30%以上，规模工业增加值增长7%。园区建设扎实推进，完成基础设施建设投入102亿元，基本实现“园区事园区办”，4个园区获评全省产业高质量发展园区。市场主体培育取得实效，新增市场主体4.96万户、“四上”企业400家、国家级专精特新“小巨人”企业8家，中车新能源汽车获评全省“5G+工业互联网”示范工厂，常德财鑫成为全国地州市首家3A信用评级担保机构。

3.着力促融合、提品质，城乡面貌持续改观。城镇功能持续提升，基本完成生态保护红线、永久基本农田、城镇开发边界划定，以“三建三拆”为重点的城市更新扎实推进，入选全国城市体检样本城市、全国新型城市基础设施建设试点城市。乡村振兴持续推进，脱贫攻坚成果不断巩固，粮食生产获评全国先进，成功创建全国平安农机示范市，新增农业产业化国家重点龙头企业2家，全省农村人居环境整治暨厕所革命现场推进会在常德召开。生态环境持续向好，市城区环境空气质量优良率达83%以上，46个省控及以上考核断面水质优良率达89.1%。基础设施持续完善，改建干线公路71千米，改造农村公路335千米、危桥89座，建设高标准农田59.8万亩、水利工程174处，完成215个行政村电网改造，实现市县城区和园区5G网络基本覆盖。

4.着力惠民生、保安全，人民生活稳步改善。扎实开展“我为群众办实事”实践活动，省市重点民生实事全面完成。城镇新增就业5.4万人，新增农村劳动力转移就业4万人。养老、失业、工伤保险新增扩面22万人次，社保基金、医保基金专项整治取得阶段性成果。新增公办园位1.5万个、学位3.5万个，“双减”政策落地实施，校内课后服务基本实现全覆盖。公立医院综合改革走在全省前列，医保DIP国家试点改革进入实际付费阶段。常德籍运动员实现奥运会、残奥会奖牌历史性突破。常德全域纳入湘鄂渝黔革命老区规划范围。安全生产事故起数、死亡人数“双下降”，信访工作形势持续向好，社会大局保持和谐稳定。

各位代表！奋斗历程令人难忘，发展成果令人鼓舞。这些成绩的取得，根本在习近平新时代中国特色社会主义思想的科学指引，得益于党中央国务院、省委、省政府和市委的坚强领导，离不开各方面特别是市人大、市政协的监督支持，凝结着全市广大干部群众的智慧、心血和汗水！在此，我代表市人民政府，向为常德发展付出辛劳的广大干部群众、驻常德部队、武警官兵和消防救援队伍指战员，向中央、省驻常德单位，向各位人大代表和政协委员，向各民主党派、工商联、各人民团体和社会各界人士，向所有关心支持常德发展的同志们、朋友们，表示衷心的感谢！

在看到成绩的同时，我们也清醒认识到，我市经济社会发展和政府工作仍然存在一些问题和不足。产业结构有待优化，产业发展仍然没有摆脱一业独大的窘境，多点支撑、多业发展的局面尚未形成，重大产业项目不多，创新发展能力不强，县域经济、开放型经济总量还不大。基础设施有待完善，对外交通瓶颈还没有突破，开放平台建设相对滞后。风险防控有待加强，生态环境、安全生产等领域还有薄弱环节，政府债务防范化解压力较大。生活品质有待改善，民生保障与人民群众期盼相比还有差距，就业、就学、就医、养老等方面还有大量工作要做。政风作风有待改进，一些政府工作人员的作风能力跟不上现代化建设新要求，不正之风和腐败问题仍然不同程度存在。对此，我们一定高度重视，直面问题挑战，竭尽全力做好工作，决不辜负人民期待！

二、今后五年政府工作的总体要求和重点任务

今后五年，是全面建设社会主义现代化新常德开局起步的关键期，也是加快推动常德高质量发展大有可为的机遇期。在世界疫情冲击下，百年未有之大变局加速演进，外部环境更趋复杂严峻和不确定，但我国经济韧性强、长期向好的基本面不会改变。国家深入实施长江经济带发展、中部地区高质量发展、洞庭湖生态经济区等重大战略，特别是习近平总书记赋予湖南“三高四新”战略定位和使命任务，必将为常德发展持续注入强劲动力。全市上下唯有以“闯”的精神、“创”的劲头、“干”的作风，干在实处、走在前列，才能在构建新发展格局中闯出新路子，在推动高质量发展上展现新作为。

今后五年，政府工作的总体要求是：高举中国特色社会主义伟大旗帜，坚持以习近平新时代中国特色社会主义思想为指导，全面贯彻党的十九大和十九届历次全会精神，深入贯彻习近平总书记对湖南重要讲话重要指示批示精神，弘扬伟大建党精神，统筹推进“五位一体”总体布局，协调推进“四个全面”战略布局，立足新发展阶段，完整、准确、全面贯彻新发展理念，构建新发展格局，坚持稳中求进工作总基调，以推动高质量发展为主题，以深化供给侧结构性改革为主线，以改革创新为动力，以满足人民日益增长的美好生活需要为目的，统筹发展和安全，推进治理体系和治理能力现代化，打造“一个中心”、构筑“两个枢纽”、建设“三个基地”、培育“四大千亿产业”、推进“五个强市”、实施“六大专项行动”，努力在全面落实“三高四新”战略定位和使命任务中彰显常德担当，为全面建设富强民主文明和谐美丽的社会主义现代化新湖南作出常德贡献。

经济社会发展的主要目标是：人均地区生产总值达10万元以上，制造业增加值占地区生产总值比重达32%以上，产业投资占固定资产投资比重达63%以上，财税收入质量稳步提升，居民人均可支配收入增长与经济增长同步，城镇化率达65%以上，常德进入大城市行列，经济总量跻身全国省辖市50强，当好全省区域经济的“领头羊”、高质量发展的“排头兵”。

实施“六大专项行动”，是今后五年政府工作的主攻重点，是推动常德高质量发展的关键举措，必须紧抓不放、持续用力、久久为功，努力推动现代化建设不断取得新成效。

1.“五好”园区攻坚专项行动。坚持质量第一、创新为要、效益优先，加快建设“五好”园区，把园区打造成全面落实“三高四新”战略定位和使命任务的主战场、区域经济发展的主引擎。推进“千百十”工程，就是新建成一批千亿园区、千亿产业，新培育一批百亿企业，新落地一大批十亿项目，让园区实力更强劲、活力更充足。推进招大培强，就是坚持把招商引资作为第一选择、“一把手”工程，全力以赴引进大项目、好项目，让大项目“顶天立地”，小项目“铺天盖地”；出台支持在常企业做优做强做大的政策措施，推动企业加速壮大、产业加速裂变，尽快形成多点支撑、多业发展的良好格局。推进创新平台建设与科技成果转化，就是引进一大批院士专家工作站和国省级创新平台落户园区、企业，推动产业与企业提升核心竞争力，使常德成为创新平台的集聚地、科技成果转化的承接地。推进企业上市突破，就是转变观念、全力以赴推动市域企业借力资本市场做大成强，力争在主板、创业板、中小板和新三板精选层上市的公司达到25家以上，加快形成资本市场的“常德板块”。

2.乡村振兴提速专项行动。深入实施乡村振兴战略，以工业化的理念抓农村产业发展，以城镇化的思路抓乡村建设与管理，努力在实施乡村振兴战略中走在前列。聚力产业发展，巩固提升粮食安全保障能力，加强优质特色农产品基地建设，大力发展精深加工，推动一、二、三产业融合发展，推进农业由增产转向增效，实现现代农业大发展。聚力乡村建设，强化村庄规划引领，引导农民集中居住，引导农民进县城、进集镇、变市民，促进更多生产要素向新型农业经营主体集中。聚力社会治理，培育文明乡风、良好家风、淳朴民风。实现巩固拓展脱贫攻坚成果同乡村振兴有效衔接，守住不发生规模性返贫的底线。以农业的高质高效、农村的宜居宜业、农民的富裕富足，成就乡村振兴的常德样板。

3.城镇更新提质专项行动。坚持以人为核心的新型城镇化，大力推进城市更新，探索共建共治共享的城市治理新路子，努力打造活力之城、品质之城、魅力之城、

精美之城。促进城镇空间提质，中心城市人口达到120万人，实现中心城市、县城和小城镇协调发展。促进城镇功能提升，优化学校、医院、公园、住宅小区、商业中心、产业园区等生产生活设施布局和配套；制定完善农村转移人口市民化政策措施，不断增强城镇吸纳能力，让人民群众在城镇生活得更体面、更方便、更舒心。促进城镇风貌提靓，彰显常德特有的地域环境、文化特色、建筑风格，让城镇更具活力、更有魅力。促进城镇管理提效，深入推进文明城市创建，实现科学化、精细化、智能化管理，持续擦亮城市的“金字招牌”。

4.交通建设突破专项行动。坚持交通先行，动员多方资源、汇聚强大合力，打通对外开放大通道，使常德成为名副其实的区域性现代综合交通枢纽、区域性现代物流枢纽，让常德真正迈入“高铁时代”、融入“长江时代”。推动高铁建设大突破，建成常益长高铁，开工建设襄常高铁，加快推进常岳九、武贵高铁前期工作，打造区域性高铁枢纽城市。推动高速公路建设大突破，建成益常复线、石桃、沙安等高速公路，力争安汉、石松、张桃等高速公路尽快开工建设，加快形成内联外畅高速公路网。推动高等级航道建设大突破，完成澧水石澧、沅水常鲇、松虎等航道整治，全力推进马凌航道纳入高等级航道规划，使常德港成为内河一流港口，全面振兴常德水运。推动航空航线建设大突破，开通桃花源机场航空口岸，航线基本覆盖国内主要城市，加快建设通用航空机场，为开放的常德插上腾飞的翅膀。

5.“六位”实事惠民专项行动。坚持以人民为中心的发展思想，抓住“小切口”，改善“大民生”，用心用情用力解决好群众“急难愁盼”问题。实行“岗位”惠民，加强就业培训扶持，加大创业支持力度，大力开发公益性岗位，用充分就业托起最大民生。实行“学位”惠民，加强和优化教育基础设施建设，增加学位供给，推进城乡教育优质均衡发展，让孩子们“好上学”“上好学”。实行“床位”惠民，优化提升医疗机构床位使用率，努力满足群众养老服务床位需求，更好促进群众就医无忧、养老不愁。实行“车位”惠民，新增和统筹各类车位资源，推行智慧停车管理，让停车不再“一位难求”。实行“厕位”惠民，扎实推进“厕所革命”，加大城乡公厕改新建力度，让群众如厕更方便、环境更卫生。实行“梯位”惠民，有序推进既有住宅加装电梯，让市民幸福回家“一键直达”。

6.政务质效提升专项行动。坚持党建引领，转变政府职能，以政府的服务指数换取企业的活力指数、群众的幸福指数，营商环境迈入全国同类城市第一方阵。提升办事服务效率，大力减环节、减材料、减费用、减时限，审批不见面、最多跑一次、办事不求人成为常德常态。提升监管执法水平，提高监管执法规范性和透明度，促进市场主体放手发展、更好发展。提升政策落地效能，优化政策落地机制，变“人找政策”为“政策找人”，做到惠企利民政策应享尽享、落实落地。提升干部作风形象，建立健全联系群众、行政问效、督查激励和作风整治长效机制，以良好的作风养成焕发干事创业、争先创优的强大动力。

各位代表！实干成就梦想，奋斗创造未来。今后五年，我们将一锤接着一锤敲，一年接着一年干，用实干实绩换取全市人民的岁月静好，赢得常德发展的灿烂明天！

三、2022年工作安排

当前，我国经济发展面临需求收缩、供给冲击、预期转弱三重压力，改革发展稳定任务十分繁重。做好2022年的工作，必须认真贯彻落实中央、省委、市委经济工作会议精神，坚持稳字当头、稳中求进，统筹疫情防控和经济社会发展，统筹发展和安全，大力实施“六大专项行动”，以干部队伍的奋发有为、经济发展的高质高效、社会大局的和谐稳定，迎接党的二十大胜利召开。

经济社会发展的主要预期目标是：地区生产总值增长7%以上，地方一般公共预算收入增长6.5%以上，规模工业增加值增长7.5%以上，固定资产投资增长8%以上，社会消费品零售总额增长8.5%以上，城镇调查失业率控制在5.5%以内，居民人均可支配收入增长7%以上，全社会研发经费投入增长12%以上。

围绕上述目标，重点抓好以下七个方面的工作：

1.以建设“五好”园区为抓手，大力发展实体经济。对标全省打造国家重要先进制造业高地、具有核心竞争力的科技创新高地，坚持“三生融合”（生产、生活、生态）、“三态协同”（规划形态、园区业态、产业生态），加快建设“五好”园区，做强做优实体经济。

壮大园区实力。推进“千百十”工程，聚力培育先进装备制造、烟草、数字经济、农产品精深加工四大千亿产业，积极发展生物医药、新材料、新能源与新能源汽车、航空航天等新兴产业，加快推进特力液压智能制造园、智能化医疗器械产业园等项目建设，加快培育百亿企业、千亿园区，全市园区规模工业产值增长10%以上。推进园区调区扩区，引导园区合理布局、特色发展。深化园区“去行政化”“大部门制”改革，促进园区机构简约化、团队专业化、运营市场化。加速产城融合，全力优化园区生活设施布局，实现产业工人就地居住、子女就近入学。推动园区增效进位，园区亩均产值、亩均税收分别达100万元以上、16.8万元以上，常德经开区、常德高新区和桃源、石门、临澧、汉寿等县市园区力争在全省“五好”园区评价中进入30强。

全力招大培强。出台招大培强行动方案和政策措施。各级各部门主要负责人要带头招商，瞄准“三类500强”、行业龙头企业、产业链核心企业精准招商。创新开展基金招商、委托招商、以商招商，深入开展“迎老乡回故乡建家乡”系列活动，在全市上下形成招大商、引好商的浓厚氛围。健全招商项目落地推进机制，提升项目履约率、开工率、达产率。全年新引进过10亿元产业项目30个以上，其中工业项目18个以上，引进省外境内资金增长12%以上。大力弘扬企业家精神，把提升企业核心竞争力作为高质量发展的重要微观基础，出台保存量、分增量财税支持政策，引导在常企业整合资源做大成强，让企业安心发展、舒心发展。全力打造一批“领航型”头部企业，新增产值过10亿元企业10家以上，大力培育过50亿元、过100亿元企业。支持企业深耕细分领域、细分市场，走专精特新发展之路，新增省级以上“小巨人”企业20家以上。加快产业数字化、数字产业化，推动企业数字化改造、网络化协同、智能化升级。支持中联农机牵头组建农机科技联盟，打造国家级智能农机产业集群。毫不动摇支持民营经济和民营企业发展壮大，力争新增市场主体5万户以上、“四上”企业500家以上，其中规模工业企业150家以上。

强化科技创新。推进创新平台建设与科技成果转化，促进创新链与产业链深度融合。强化企业创新主体地位，落实研发投入税费优惠政策，引导规模工业企业设立研发机构，支持企业与高等院校、科研院所深度合作，争创国省级创新平台。力争高新技术企业突破550家，高新技术产业增加值占地区生产总值比重达到13%以上。健全科技成果转移转化服务体系，支持常德经开区、常德高新区国家级科技企业孵化器提质增效，运营好潇湘科技要素（常德）市场、中开院创新孵化基地。完善金融支持科创体系，优化科技创新生态。继续办好柳叶湖基金小镇和创投峰会。加强知识产权创造、保护和运用，真正把“软资产”变成“硬资本”。落实人才优惠政策，营造育才引才用才留才的良好环境，让各类人才有用武之地。

推进企业上市。用更大力度抓好企业上市工作，推动更多企业进军资本市场。充分发挥湘西北资本市场服务基地作用，强化上市培育辅导，力争60家企业进入省重点上市后备企业资源库，金天钛业、九申燃气、金康光电等企业辅导报备，加快康普药业、惠生农科、宏旺环保、金富力、响箭重工、云港生物上市进程，实现飞沃科技上市。支持上市公司多元化融资，扎根常德、做大做强。

促进服务业提档升级。推动生产性服务业向专业化和价值链高端延伸，发展现代物流、法律服务、检测检验等服务业，加快现代服务业和先进制造业深度融合发展。促进生活性服务业向高品质多样化升级，巩固提升传统实物消费，支持发展新兴消费，开展促进消费系列活动，推进批零住餐等服务业加快发展，打造一批夜间经济地标和热门“打卡地”。

2.以乡村振兴战略为统揽，大力推动农业农村现代化。坚持农业农村优先发展，努力走出具有常德特色的乡村振兴路子。

加快发展现代农业。扛牢粮食安全政治责任，坚决遏制耕地“非农化”、防止“非粮化”，建设高标准农田50万亩以上，确保粮食播种面积和产量稳定。深入推进“六大强农”行动，促进农业提质增效。坚持“一县一特”，做优做强粮油、畜禽、水产、蔬菜、茶叶、柑橘、葡萄、油茶等优势特色产业。引进培育农业产业化龙头企业，大力发展农产品精深加工。加快农村一、二、三产业融合发展，创建一批农村产业融合发展示范园，支持澧县创建国家农业现代化示范区。持续打响常德农产品品牌，加快建设深圳国际食品谷常德产业园，新增“圳品”认证20个以上、“两品一标”农产品60个以上。强化现代农业科技和装备支撑，打造全省数字农业示范先行区。建立完善农民利益联结机制，培育壮大新型农业经营主体。做好动植物疫病防控工作。

全面建设美丽乡村。完成村庄规划提质，严格新建农房规划管控，推行集中建房、绿色农房，实现新房新村新貌相统一。落实农村人居环境整治提升五年行动，建设美丽乡村示范村100个以上。着力解决乡村“厕位”问题，新建改造农村户用厕所2.6万个以上、农村公厕260座以上。盘活农村资源资产，鼓励金融保险、工商资本参与乡村建设。支持临澧县创建全省乡村振兴示范县。加强农田水利建设维护，加快恢复农村小水源供水能力，打通农业灌溉“最后一公里”。完成200个行政村电网改造升级。推进“四好农村路”高质量发展。建好农村旅游路资源路产业路，逐步消除村际“断头路”。实施农村危桥改造、公路安全生命防护工程。深入推进城乡客运一体化。

巩固拓展脱贫成果。严格落实“四个不摘”要求，保持主要帮扶政策总体稳定。健全防止返贫监测和帮扶机制，确保不发生规模性返贫和新的致贫。继续加强产业帮扶，深化拓展消费帮扶，拓宽稳定就业渠道，促进脱贫群众稳收增收。用好农村集体产权制度改革成果，大力发展农村集体经济。强化易地扶贫搬迁后续扶持，完善配套基础设施和公共服务，确保搬迁群众稳得住、有就业、能致富。管好用好扶贫项目资产，确保持续发挥效益。

发展壮大县域经济。落实推动县域经济高质量发展的政策措施，用好用足支持革命老区振兴发展政策，培育更多的经济强县。加强资金、土地、科技、人才等要素保障，支持县域产业转型、特色产业提升，培育一批特色小镇。深化扩权强县改革，充分释放基层改革创新活力。支持各地做强县城、做优集镇，出台激励措施，引导农村人口进城镇，实现更多农村转移人口就地市民化。

3.*以城镇更新提质为路径，大力推进新型城镇化。*坚持精心规划、精致建设、精细管理、精算平衡，持续提升城镇品质。

强化规划引领。突出规划的战略性、前瞻性、科学性，围绕打造现代化区域中心城市，高质量完成国土空间总体规划编制，推进市城区山体水体保护、产业园区等专项规划编制，完成柳叶湖以东片区、空港新城等片区详规编制。优化空间布局，按照每平方千米1.5万人左右的需求，打造“15分钟便民生活圈”，合理布局生产生活要素。实行规划全周期管理，确保规划严格执行。

完善城镇功能。加强片区开发建设，建成常德画墙、会展中心、旭辉国际新城等精品工程。持续推进河湖连通和污水处理提质增效工程，继续抓好地下管网建设，提高排水防涝能力，让城镇水系连起来、水流活起来、水质优起来。推进微建设、畅通微循环，完善社区公共服务配套设施。着力解决公共“厕位”问题，新建改造城镇公厕60座以上。统筹推进危房、老旧小区、棚户区改造。着力解决“梯位”问题，加装既有住宅电梯300台以上。完善县城、中心镇基础设施和公共服务。

提升管理水平。加强智慧城市建设，推进城市管理智能化精细化。规范住宅小区物业管理，加快物业管理服务老旧小区全覆盖。深入开展城区生活垃圾分类工作，做好建筑垃圾资源化利用和餐厨垃圾无害化处置。依法拆除违章建筑。抓好城镇净化绿化美化。开展高铁沿线环境整治示范带建设。巩固提升城市创建成果。规范共享单车和电动车管理。优化交通组织，畅通交通堵点。着力解决“车位”问题，新增停车位6300个以上。支持建筑业稳健发展。促进房地产业良性循环和健康发展。

4.*以交通瓶颈突破为重点，大力改善基础设施条件。*抢抓国家适度超前开展基础设施投资机遇，全力以赴争资争项，强力推进重大项目建设。

加快交通建设。组建高规格工作专班，下最大的决心、聚最优的资源、用最强的保障，主攻薄弱环节，决战重点难点，力争交通建设特别是高铁建设取得突破性进展。建成常益长高铁、常德高铁枢纽站，积极推动襄常高铁开工建设。加快益常高速复线、官新高速、炉慈高速建设，力争石桃高速、沙安高速开工建设。抓好澧水石澧、沅水常鲇航道整治，加快松虎航道前期工作。推动与盐田港集团合作项目落实落地，提升常德港建设运营水平。建成沅澧快速干线1号大道澧县段、张公庙澧水特大桥。抓好干线公路新改建工作。加快推进石门、澧县、桃花源通用机场建设。

完善物流体系。加快德山、斗姆湖和城区西部片区等物流核心区建设，积极争创国家物流枢纽承载城市。统筹客运、货运、邮政、快递服务站点建设，完善县乡村三级物流配送网络，力争村级快递配送网点覆盖率达95%以上。培育引进现代物流企业，加快建设设施集约、运输高效、安全可靠的冷链物流网络。

夯实水利基础。抓好主要支流及中小河流治理、重点垸堤防加固、病险水库除险加固等工程建设，提升防洪减灾能力。完成洞庭湖北部地区分片补水二期、黄石和西湖灌区续建配套改造等工程建设，不断优化水资源调配。加快“三区”饮水工程建设，完成杨花桥水厂改扩建，巩固提升农村饮水安全。

强化能源保障。开工建设石门电厂三期、桃源抽水蓄能等项目，建设一批重点输变电工程。建成西洞庭综合储能站，加快推进湘西北液化天然气储备基地、湘北煤炭储备基地建设，着力打造区域性能源储备中心。大力发展光伏、风电、地热等新能源。建成公用充电站30座以上。

优化信息网络。推进千兆光网建设，建成5G基站1000个以上。升级完善电子政务基础设施，深化“城市大脑”建设应用，提升云计算中心、应用支撑平台服务能力，推进城市和社会治理“一网统管”，拓展智慧停车、工业互联网等场景应用。

5.*以深化改革开放为动力，大力增创发展新优势。*对标全省打造内陆地区改革开放高地，以改革促开放，以开放促改革，为高质量发展汇聚强大动能。

推进重点改革。抓好要素市场化配置改革。实施财源建设工程，深化预算管理制度改革。完成国企改革三年行动目标任务，发挥国企“顶梁柱、顶得住”作用。健全承包地“三权”分置制度，探索宅基地“三权”分置有效实现形式。深入推进鼎城区、澧县全国第二轮土地承包到期后再延长30年试点。完成国家基本公共服务标准化综合试点。推进全国规范产品合格证制度试点。争创全国社会信用体系建设示范城市。

扩大对外开放。主动对接中国（湖南）自贸区建设，更大力度复制推广试点经验。加快常德港国际集装箱码头和海关监管场所建设，抓好盐关水运口岸功能承接转移，争取桃花源机场航空口岸再次临开。建成常德保税物流中心（B型）、跨境电商产业园。积极参加进博会、广交会、消博会等经贸活动。深化与国内“走出去”的龙头企业合作，提升对外投资、承包工程和劳务合作成效。巩固拓展与非洲葡语国家渔业水产合作成果。加快培育重点外贸强县和外贸实绩企业。全年进出口总额增长15%以上。

优化营商环境。以“政府革命+科技创新”深化“放管服”改革，推动有效市场和有为政府更好结合。加快“证照分离”全覆盖，探索“一照通”改革，让市场主体准入更便捷。推行“双随机、一公开”监管、“互联网+监管”、信用监管和“三次告知”等柔性执法，让监管既“无事不扰”又“无处不在”。推进政务服务标准化便利化，加强平台对接、系统集成、数据共享，让更多事项网上办、掌上办、一次办。当前，中小微企业发展遇到了不少困难，我们一定把企业的痛点难点作为工作的切入点，把企业的“问题清单”作为政府的任务清单，全力帮助企业纾困增效，让市场主体有更多的获得感，让企业家受到更多的尊重，有更多的成就感、幸福感！

6.以推动绿色发展为导向，大力建设美丽常德。牢固树立“绿水青山就是金山银山”理念，深入推进生态文明建设，让沅澧大地青山常在、绿水长流、空气常新。

深入打好污染防治攻坚战。高标准打好蓝天、碧水、净土保卫战，持续抓好突出生态环境问题整改销号。强力整治臭氧污染、柴油货车污染、大气面源和噪声污染，努力消除重污染天气，城区环境空气质量优良率达到84.4%以上。充分发挥河湖长制作用，推进化肥农药减量增效和农业废弃物资源化利用，抓好饮用水水源保护、黑臭水体整治、排污口管控，落实洞庭湖总磷控制与削减任务，确保省控及以上考核断面水质优良率达89.1%以上。深入推进农用地土壤污染防治和安全利用。

切实加强生态系统保护修复。统筹山水林田湖草沙一体化保护和修复。强化“三线一单”成果运用，依法加大生态破坏问题监督查处力度。常态化落实长江“十年禁渔”，强化湿地保护修复和生物多样性保护。深入推行林长制，开展国土绿化行动，加强生态廊道建设，提高生态系统碳汇能力。扎实推动“两山”实践创新基地和生态文明建设示范县、示范镇村创建工作。

积极推动绿色低碳发展。科学制定全市及重点领域、重点行业碳达峰行动方案。坚决遏制“两高”项目盲目发展，推动重点行业清洁生产和绿色低碳改造，大力发展绿色交通、绿色建筑、绿色工厂、绿色矿山，鼓励企业提高清洁能源和再生能源应用比例。开展节约型机关创建。倡导简约适度、绿色低碳的生活方式。

7.以增进民生福祉为目标，大力创造高品质生活。统筹抓好各项社会事业，扎实办好重点民生实事，着力保障和改善民生，促进全体人民共同富裕。

强化就业和社会保障。着力解决“岗位”问题，促进高校毕业生、退役军人等重点群体就业，城镇新增就业5.3万人以上，新增农村劳动力转移就业3.6万人以上。推进全民参保计划，落实企业养老保险全国统筹，巩固提升社保、医保基金整治成果。提升城乡低保、特困供养等救助水平。着力解决养老“床位”问题，力争纳入国家积极应对人口老龄化重点联系城市，发展居家、社区和互助式养老，推进医养结合，新增养老床位5400张以上。加快发展慈善事业。关心关爱残疾人、计生特困家庭、农村留守人员。保障农民工合法权益。加强保障性租赁住房和公租房建设。

办好人民满意教育。推进义务教育优质均衡发展，积极创建国家学前教育普及普惠县。着力解决“学位”问题，持续改善农村办学条件，加快市县城区中小学校建设，新增学位和园位3.3万个以上。深化教育评价改革，巩固“双减”成果。完成民办义务教育规模压减任务。持续提升普通高中发展水平。推进职业教育产教融合，支持常德财经机电职业技术学院（筹）申办高职。加快发展高等教育，推动芙蓉学院转设。支持特殊教育、继续教育发展。加快建设学习型社会。强化优秀校长和优秀教师培养激励，加强师德师风建设。强化学生心理关怀和校园安全管理。

推进健康常德建设。加快公共卫生体系建设，健全疾病预防控制、重大疫情监测预警和救治保障体系。落实新冠肺炎疫情常态化防控措施，加强无疫社区（村）建设，积极推进疫苗接种，织密筑牢疫情防控安全网。深化医药卫生体制改革，提升医联体、医共体发展水平，加强分级诊疗、药品供应、医保DIP等制度建设，实施县级医院综合能力提升工程，推进基层医疗机构标准化建设，让医疗服务更加公平。着力解决医疗“床位”问题，新增医疗床位800张以上，二级及以上医疗机构床位使用率达88%以上。推动中医药传承振兴发展。加强计生优质服务，推动新的生育政策落地见效。规范发展托幼机构。深入开展爱国卫生运动。

促进文化旅游繁荣。加快国家文化和旅游消费试点城市建设，支持都市文化旅游、生态康养旅游、乡村旅游发展，提升桃花源、柳叶湖品牌影响力和带动力，旅游总收入达700亿元以上。推进公共文化服务标准化、均衡化建设，创作更多优秀文艺作品，创新开展文化惠民活动，丰富群众精神文化生活。保护和用好红色资源。加强文物保护利用和文化遗产保护传承。广泛开展全民健身活动，办好柳叶湖国际马拉松赛等体育赛事。弘扬时代新风，培育文明乡风。

统筹各项事业发展。做好统计、民宗、侨务、公共资源交易、住房公积金、地方志、档案、气象等工作。支持工青妇等群团组织更好发挥作用。支持国防和军队建设，做好国防教育、国防动员、军事设施保护、人防建设和民兵预备役等工作，加强双拥共建和退役军人、优抚对象服务管理，巩固军政军民团结。

深化平安常德建设。全面完成安全生产专项整治三年行动任务，持续开展交通问题顽瘴痼疾集中整治，深入排查整治安全风险隐患，坚决杜绝重特大事故、遏制较大事故。完成自然灾害综合风险普查。抓好防汛抗旱、防震减灾、消防、森林防火等工作。保障食品药品和农产品质量安全。加强平台公司债务风险管控，妥善处置和化解隐性债务，加大涉众型非法经营活动预防打击力度，确保不发生区域性系统性金融风险。常态化开展扫黑除恶斗争和打击整治“村霸”专项行动，争创全国禁毒工作示范城市，加强立体化、信息化治安防控体系建设，严厉打击各类违法犯罪活动。坚持和发展新时代“枫桥经验”，深入推进“无上访村（社区）”建设，打造群众信访县级“终点站”。推进“八五”普法工作。加强城乡社区治理和服务创新，落实解决群众切身利益问题“三项制度”，提升基层治理能力和水平。

人民对美好生活的向往，就是我们的奋斗目标。我们一定把关乎民生的事、时时放在心上，把顺乎民意的事、件件办在实处，让全市人民生活更富裕、更安康、更幸福！

四、努力建设人民满意的服务型政府

奋进新征程，新一届政府和全体政府工作人员，必须始终牢记初心使命，持续提升政务质效，做到为人民服务、对人民负责、受人民监督、让人民满意。

恪守绝对忠诚，担当作为。坚持把政治建设摆在首位，坚定捍卫“两个确立”，坚决做到“两个维护”。胸怀“两个大局”，心系“国之大者”，对标对表党中央国务院、省委、省政府和市委决策部署，不折不扣抓好贯彻落实，以沅澧之光为三湘添彩。坚定维护团结、促进团结，调动一切力量笃定前行。健全完善干部容错纠错制度机制，为敢于担当的干部担当，对勇于负责的干部负责，激励干部以实干实绩书写担当、诠释忠诚。

增强法治意识，依法作为。坚决践行习近平法治思想，深入开展法治政府示范创建。规范重大行政决策程序，抓好重点领域政府立法工作，加强政府规章和规范性文件动态清理。以闻过则喜的态度、择善而从的品格，自觉接受市人大及其常委会的法律监督、工作监督，自觉接受市政协的民主监督，自觉接受各民主党派、工商联和无党派人士的监督，自觉接受群众监督和舆论监督，强化审计监督，习惯在监督和约束的环境中工作生活。坚决执行市人大及其常委会的决议决定，高质量办理人大代表建议和政协提案，积极听取各方面的意见和建议，不断提高依法行政水平，让行政行为始终闪耀法治的光辉。

狠抓执行落实，务实作为。各级政府及其工作人员要知责于心、担责于身、履责于行，坚定不移把发展作为第一要务，坚决办好发展经济这件最大的实事。始终保持一抓到底的狠劲韧劲，不断提升执行力，看准的事情紧抓快干、一抓到底，部署的工作雷厉风行、马上就办，干一件成一件，积小胜为大胜。坚决整治形式主义、官僚主义，健全为基层减负的长效机制，在精文简会上控总量、提质量，进一步把基层干部干事创业的手脚解放出来。

提升发展能力，创新作为。加强思想淬炼、政治历练、实践锻炼、专业训练，善用市场化思维抓发展，持续提升综合素质和本领。坚决消除安于现状、小富即安的守旧观念，增强不进则退、慢进亦退的紧迫意识，敢于向先进对标，勇于和自己较劲，奋力闯出高质量发展新路子。创新做好新时代群众工作，走好网上网下群众路线，在密切联系群众中发动群众、汲取智慧、凝聚力量。

坚持从严治政，廉洁作为。严格落实中央八项规定及其实施细则精神，驰而不息纠“四风”、改作风，以良好党风政风带动社风民风。坚持一体推进“三不”，从严从实抓好政府系统廉政建设，严格遵守廉洁从政各项规定，以清廉政府推动清廉常德建设。树牢过紧日子思想，坚持勤俭办一切事情。带头规范政商交往，构建亲清政商关系，做到亲而有度、清而有为。

各位代表！大变局伴随大挑战，新征程呼唤新作为。让我们更加紧密地团结在以习近平同志为核心的党中央周围，高举中国特色社会主义伟大旗帜，在省委、省政府和市委的坚强领导下，振奋精神、坚定信心，攻坚克难、勇毅前行，全面落实“三高四新”战略定位和使命任务，为全面建设社会主义现代化新常德而努力奋斗！

政协常德市第七届委员会常务委员会工作报告

政协常德市第七届委员会主席、党组书记　朱水平

（2021年12月28日）

各位委员、同志们：

现在，我代表中国人民政治协商会议常德市第七届委员会常务委员会，向大会报告工作，请予审议，并请列席会议的同志提出意见。

本届政协工作回顾

过去五年，是常德发展进程中极不平凡、极其重要的五年。中共常德市委在以习近平同志为核心的中共中央坚强领导下，团结带领全市广大党员干部群众，攻坚克难，奋发有为，打赢脱贫攻坚战，全面建成小康社会，圆满完成“十三五”规划目标任务，为全面建设社会主义现代化新常德打下了坚实基础，开启了实现第二个百年奋斗目标的新征程。

五年来，市委全面加强对政协工作的领导，坚持把政协工作放在全市大局中来谋划、部署和推进，召开市委政协工作会议，出台加强和改进政协工作的实施意见，研究制定政协年度协商和监督计划，给政协工作注入了强大动力。市委、市政府领导积极参加政协重要协商活动，通报工作情况，听取工作建议，给予了政协工作大力支持。党委重视、政府支持、政协主动、各方参与的良好格局进一步形成，全市政协事业实现新发展。

五年来，在中共常德市委的坚强领导下，七届市政协常委会坚持以习近平新时代中国特色社会主义思想为指导，全面贯彻中央、省委和市委政协工作会议精神，坚持发扬民主和增进团结相互贯通，推动建言资政和凝聚共识双向发力，充分发挥人民政协协商民主重要渠道和专门协商机构作用，为全面落实“三高四新”战略定位和使命任务、推动我市经济社会高质量发展作出了积极贡献。

一、紧紧围绕党建引领，在强化党的领导中把牢政治方向

坚决贯彻新时代党的建设总要求，把党的领导落实到各方面、全过程，确保全市政协工作始终沿着正确的政治方向前进。常德市政协在全国政协系统党的建设工作座谈会上推介了党建工作经验。

强化党的创新理论武装。坚持以党组理论学习中心组学习为引领，扎实推进市政协党组带头学、主席会议和常委会会议集体学、委员线上线下联动学、机关工作会议集中学，认真学习党的十九大和十九届二中、三中、四中、五中、六中全会精神，专题学习习近平总书记在庆祝人民政协成立70周年大会、庆祝中国共产党成立100周年大会上的重要讲话精神，深入学习《习近平谈治国理政》和习近平总书记考察湖南重要讲话精神，开展习近平总书记关于加强和改进人民政协工作的重要思想学习研讨活动，精心组织“不忘初心、牢记使命”主题教育、党史学习教育，进一步筑牢增强“四个意识”、坚定“四个自信”、做到“两个维护”的思想根基。

健全政协党的组织体系。以实践基地建设为抓手，创新党建工作格局，完善党建工作制度，推动政协党的组织和党的工作从“有形”覆盖向“有效”覆盖转变。优化机关党组织设置，构建起了政协党组、机关党组、机关党委和机关党支部的组织架构；完善市政协党组与各党派团体联席会议制度，围绕共同学习提高、共同探索创新、共同研究探讨、共同深度合作、共同夯实思想政治基础开展联动履职；建立中共党员委员与党外委员结对制度，组织中共党员委员与党外委员采取“一对一”“一对多”形式开展互帮互促，政协党组的政治核心作用、基层党组织的战斗堡垒作用、党员委员的先锋模范作用明显增强。

提升政协党建工作水平。主动适应新形势新要求，创新党建工作载体，以召开座谈会和举办主题征文、演讲比赛、知识竞赛、书画摄影作品展等形式，组织开展庆祝中华人民共和国成立70周年和人民政协成立70周年、庆祝中国共产党成立100周年系列活动，打造政协文化展厅和党建文化长廊，进一步激发了广大政协委员和政协干部高举旗帜跟党走的信念和决心。坚持不懈抓好党风廉政建设，严格落实全面从严治党主体责任，认真开展省委巡视和市委巡察反馈问题整改，严格执行中央八项规定精神，坚决反对和纠正“四风”，坚决做到“两个防止”，持续深入推进作风转变，进一步营造了风清气正的政治生态。

二、紧紧围绕改革发展，在服务中心大局中展现使命担当

主动融入全市经济社会发展大局，履行三项职能，丰富履职载体，整合政协力量，在全面建成小康社会的常德实践中彰显政协作为。

聚焦高质量发展协商议政。充分发挥政协专门协商机构作用，把助推经济社会高质量发展作为工作主线，组织开展多形式、多层次的协商活动。市政协常委会会议、主席会议先后围绕推进老旧城区提质改造、唱响桃花源旅游品牌、推进白酒产业做大做强、促进乡村特色产业发展、打造全国重要先进制造业基地、加强义务教育师资队伍建设、保护传承民族文化等24个课题开展专题协商；主席会议先后围绕沅澧快速干线建设、高铁建设、农村饮水安全、园区攻坚、文旅康养产业发展等23个课题开展专题视察；各专委会围绕推进医养一体化、加快国家级水利风景区建设、打造招商信息平台、加强农贸市场建设管理、推进城乡垃圾分类处理等64个课题，与市委、市政府相关部门进行对口协商和界别协商。在充分协商的基础上，积极向市委、市政府提交协商成果，5年来共向市委、市政府提交大会发言材料143篇、建议案和建议函26个，大量意见建议在全市决策部署、相关文件规划中得到运用，为加快常德高质量发展作出了积极贡献。

聚焦重大政策落实开展监督。坚持从提高组织化程度入手，把履行民主监督职能与助推重大决策部署落实有机结合，开展重点事项监督。5年来先后把推进脱贫攻坚政策落实、优化园区产业发展环境、助推民营企业发展政策落实、助推产业立市三年行动计划落实、助推“六稳”“六保”政策落实作为监督主题，遴选170多名市政协委员，组成民主监督小组，对与监督主题相关的50多个主要责任单位开展集中监督，共提出170多条监督意见和建议。为推动监督成果转化，通过召开重点事项监督评议会议，以小组点评、民主测评和集中交办的形式，将政协民主监督意见转化成为市委、市政府的工作要求和部署，有效发挥了政协民主监督的重要作用。

聚焦新冠疫情防控献计出力。面对新冠疫情这场大考，市政协坚决贯彻落实中央和省委市委决策部署，闻令而动，依令而行，迅速动员全市各级政协组织和广大政协委员主动参战。市政协主席会议成员带头深入一线、深入企业，督导疫情防控各项措施落实，协调推动企业复工复产。市政协机关干部下沉社区和企业，积极助力防疫值守、物资供应等工作。广大政协委员积极参与联防联控，踊跃献计献策，带头生产保供，纷纷慷慨解囊，累计捐款捐物1800多万元，78家委员企业迅速复工复产，特别是医卫界委员逆行出征、日夜奋战，生动诠释了为国履职、为民尽责的深厚情怀。

聚焦市委中心工作履职尽责。按照市委的统一安排部署，牵头抓好大健康产业链和文旅康养专项小组工作，认真履行抓协调、抓调度、抓督促的职责，为推进相关工作发挥了重要作用。各位主席会议成员积极参与烟草、交通物流、新能源、纺织服装等专项小组工作，深入联系项目现场督导，协调解决具体问题，积极完成市委交办的重点任务。

三、紧紧围绕履职为民，在致力民生改善中彰显政协作为

始终把民生改善作为政协履职的价值取向，以心系民生的情怀、求真务实的作风，反映民生诉求，回应民生关切，增进民生福祉。

全力决胜脱贫攻坚。坚持把打好打赢脱贫攻坚战作为头号民生工程，市政协连续5年开展“三个一”结对扶贫，大力倡导异地常德商会和常德异地商会实施助力脱贫攻坚“五个一”行动，扎实推进“政协人助力巩固脱贫攻坚成果万户帮扶行动”，主动融入全市脱贫攻坚大局，为决战决胜脱贫攻坚贡献了实实在在的政协力量。五年来，主席会议成员身先士卒，联点帮扶贫困村19个，政协机关尽锐出战，定点帮扶安乡县家乐社区、大港村等贫困村，均高质量实现脱贫；省市县三级政协委员共帮扶贫困户2800多户，捐赠和争取扶贫资金8500多万元，10个商会帮助结对贫困村实施扶贫项目15个，委员企业为贫困家庭提供就业岗位1200多个，资助贫困学生1400多名。巩固提升脱贫攻坚成果，市政协主席会议成员牵头抓好乡村振兴点村、乡村振兴示范片建设，协调和争取资金5000多万元，扶持发展了水蜜柚、果桃、蔬菜等一批产业项目。

协力推动生态保护。围绕助推洞庭湖生态环境联动治理和绿色发展，积极推动和参与洞庭湖生态经济区政协主席联席会议，圆满承办第二次会议，形成了《助推洞庭湖生态经济区绿色发展常德共识》，为湘鄂两省推进洞庭湖区加大环境治理力度、加快推动绿色发展、加强文旅区域合作提供了有益参考。五年来，围绕助推生

态环境保护，开展专题协商12次、专题视察6次、提交提案131篇，市政协以《坚持疏堵结合推进洞庭湖长效久治》为题在省政协十二届二次全会上作了大会发言。

倾力关注民生事业。把提案作为履职为民的重要途径，通过提案办理协商、重点提案督办、民主评议提案办理等多种形式，有力推动减轻群众医疗负担、加强农村师资力量、规范城区养犬问题等600多件民生提案的有效解决。积极反映社情民意，共收到社情民意信息2100多篇，编报《社情民意》499篇，全国政协采用12篇，省政协采用93篇，市委、市政府领导批示219篇，实施乡村振兴与脱贫攻坚同频共振、老旧小区供电“专”改“公”、加强“食品小作坊”监管等建议得到省委、省政府领导的批示和肯定，促进了相关民生问题的妥善解决。

四、紧紧围绕双向发力，在深化团结合作中汇聚磅礴力量

充分发挥政协开放包容、联系广泛的独特优势，扩大团结面，画好同心圆，共同为常德改革发展凝聚共识、凝聚智慧、凝聚力量。

深化党派合作共事。积极为党派团体在政协履职搭建平台、创造条件。在召开政协全会、议政性常委会会议时，注重安排党派团体进行协商发言；在研究重大事项、制定重要文件时，注重广泛征集党派团体意见；主动邀请党派团体参与政协开展的重点协商、重点事项监督、理论研讨等重大履职活动，党派团体在政协履职的渠道更加畅通、作用更加显著。五年来，各民主党派、工商联和无党派人士共提交提案649件，提交大会发言材料42篇，反映社情民意信息477篇。

促进各界团结联谊。积极探索发挥界别作用的机制和办法，出台《关于进一步加强和改进界别工作的意见》，推动界别委员进驻界别委员工作室，开展界别履职活动，激发界别工作活力，相关经验做法在全省政协界别工作推进会上作典型推介。加强与旅外委员、异地常德商会的联系联谊，召开旅外委员扩大开放招商引资恳谈会、粤港澳大湾区旅外委员座谈会，积极为常德籍在外成功人士返乡创业搭建平台。围绕民族团结进步、规范宗教场所建设开展调研和视察，注重发挥少数民族界委员作用，促进民族团结、宗教和睦。

凝聚社会奋进共识。认真落实意识形态工作责任制，广泛增进和凝聚共识。每年集中开展“委员走访月”活动，以召开座谈会、上门走访等方式，宣讲党的创新理论，宣传党的方针政策，筑牢共同思想政治基础。坚持以文化人、以史资政，编辑出版《文化常德》《常德非物质文化遗产》《常德古建之韵》《常德民间典藏》等系列丛书，用生动的史实团结人、教育人、激励人。发挥新闻宣传舆论引导作用，加强《常德政协》、政协网站、微信公众号等自有媒体阵地建设，在市级以上媒体发表各类新闻稿件1600多篇，被人民政协报社评为“宣传工作先进单位”。

五、紧紧围绕固本强基，在加强自身建设中提升履职效能

立足新时代新使命，把政协自身建设摆在更加突出的位置，抓好政协委员和政协干部两支队伍建设，不断提升政协工作水平。

加强委员服务管理。注重发挥委员主体作用，建立委员履职管理和考核评价体系，委员服务和管理进一步加强。加大政协云推广运用力度，依托政协云平台开展远程协商和网络直播，建好用好省政协云常德板块，完善微建议征集办理反馈流程，在全省政协系统“云宝晒技能”竞赛中荣获一等奖。推动线下线上委员工作室扩面、提质、增效，建成线下委员工作室191家、线上委员工作室198家、乡镇（街道）委员工作室171家，实现委员工作室政协委员“全入驻”、政协云“全上线”、乡镇（街道）“全覆盖”。加强学习培训，实现委员培训全覆盖。成立老委员咨询团，发挥老委员作用。

加强政协整体联动。进一步加强与省政协的汇报衔接、履职联动，加强与外地政协的联系交流、互访互通。出台《关于加强市县政协联动协作的实施意见》，围绕党的建设、学习培训、履职活动、理论研究等10个方面开展联动协作。建立主席会议成员联系指导区县市政协工作机制、专委会对口联系区县市活动组机制。召开区县市政协主席例会、区县市政协秘书长联席会议、专委会对口业务会议，与区县市政协联合开展调研协商和理论研讨活动，邀请区县市政协主席和委员列席市政协重要会议、参加各类履职和培训活动，形成了上下联动的良好态势，全市政协系统整体工作效能进一步增强。

加强政协机关建设。以建设“让党中央放心、让人民群众满意的模范机关”为目标，持续抓好政协机关自身建设，连续5年保持“全国文明单位”称号。机关党组切实履行管党治党责任，连续多年落实主体责任考核均为先进。坚持用制度管人管事，建立和完善办文办会、公务接待、财务管理、绩效评估等内部管理制度，实施机关工作周报、季度述职评议打分举措，有效地推进了机关工作制度化、规范化、高效化。加大机关干部素质提升和培养锻炼力度，以机关中青年干部读书会为载体，开展形式多样的学习强能活动，不断提高机关干部综合协调服务水平。

各位委员，五年来的成绩，是市委坚强领导的结果，是市政府和社会各界大力支持的结果，是政协各级组织、各参加单位和广大政协委员团结奋斗的结果。在此，我代表七届市政协常委会表示衷心的感谢！

总结回顾常委会五年履职历程，成绩来之不易，经验弥足珍贵。我们深切体会到，做好新时代新形势下

政协工作：必须把坚持党的领导作为根本保证，始终在思想上政治上行动上同以习近平同志为核心的党中央保持高度一致，不断增强政治觉悟、提高政治站位，自觉地把政协工作置于市委的坚强领导之下，维护好、营造好心往一处想、劲往一处使的良好政治局面。必须把服务中心大局作为工作主线，始终把政协履职的着眼点放在市委、市政府正在谋划的重大问题上、正在实施的重要战略上、正在推进的重点工作上，切实做到市委想什么、政协议什么，政府抓什么、政协帮什么。必须把人民至上作为价值取向，始终牢记人民政协为人民的初心使命，把群众关注的焦点、难点、堵点，作为政协工作的出发点和落脚点，深入基层察民情，广开言路汇民意，用心用情解民忧，让群众感到政协离自己很近、政协委员就在身边。必须把创新履职作为不竭动力，始终坚持在履职中创新、在创新中履职，更好地认识和把握政协工作规律，积极探索履行职能的新方式、发挥作用的新途径、提高效能的新机制，使政协工作更好地体现时代特征、焕发生机活力。必须把发挥委员主体作用作为重要抓手，始终坚持委员在政协工作中的主体地位，优化委员履职服务，拓展委员履职平台，丰富委员履职载体，提高委员履职能力，让委员在政协履职中唱主角、担主责、当主力。

我们也清醒看到，要适应新时代的新任务新要求，我们的工作还有不少需要加强和改进的地方，主要是：创造性地推动双向发力、更好发挥凝聚共识职能作用的方法还不多，区县市政协基础工作薄弱、人员力量薄弱的问题尚未有效破解，在加强委员联系服务界别群众、提升机关创一流工作和服务水平方面还要下更多功夫。这些都需要在今后工作中认真改进。

2022年工作建议

2022年，是全面建成小康社会后，乘势而上奋斗“十四五”、开启新征程的关键一年。市政协工作的总体要求是：高举中国特色社会主义伟大旗帜，坚持以习近平新时代中国特色社会主义思想为指导，全面贯彻党的十九大和十九届二中、三中、四中、五中、六中全会精神，深入贯彻习近平总书记对湖南重要讲话重要指示批示精神，全面落实“三高四新”战略定位和使命任务，以服务全市改革发展为主线，着力提高建言资政和凝聚共识水平，更好地发挥专门协商机构作用，为全面建设社会主义现代化新常德贡献智慧和力量，以高质量的履职答卷迎接党的二十大胜利召开。

建议重点抓好以下六个方面工作：

一、牢牢把握政治方向，持续深化理论武装。坚持把理论学习摆在更加突出的位置，持续学懂弄通做实习近平新时代中国特色社会主义思想，做好党的创新理论的消化、深化和转化工作，坚定不移走中国特色社会主义政治发展道路。持之以恒用党的创新理论武装头脑。健全以党组理论学习中心组学习为引领的学习制度体系，引导参加政协的各党派团体和各族各界人士，深刻学习领会党的十九届六中全会精神，切实增进对中国特色社会主义的政治认同、思想认同、理论认同、情感认同，坚定捍卫“两个确立”，坚决做到“两个维护”。持之以恒坚持党对政协工作的全面领导。充分发挥政协党组的领导核心作用，强化政协党组在政协工作中的政治责任，引导各级政协组织和广大政协委员不断提高政治判断力、政治领悟力、政治执行力，确保政协始终在市委的领导下主动负责、协调一致地开展工作，确保市委部署要求在政协系统得到不折不扣地贯彻执行。持之以恒加强政协理论研究。进一步加强发挥人民政协“重要阵地”“重要平台”“重要渠道”作用的理论与实践研究，通过开展政协理论研讨、委员读书活动，切实把理论武装成果体现在坚定正确政治方向上，体现在更好释放专门协商机构效能上，体现在助力全市高质量发展上。

二、牢牢把握主责主业，精心组织协商议政。准确把握专门协商机构的新定位、新内涵，坚持问题导向、目标导向、效果导向，推动专门协商机构专出特色、专出质量、专出水平。完善协商议政平台。构建以政协全会为龙头，常委会会议和主席会议协商为重点，对口协商、界别协商、提案办理协商为常态的协商议政格局。围绕加快现代园区建设、推进乡村振兴、提升文旅产业的投入产出效益、对接高铁时代经济社会发展的新机遇新挑战等课题，开展2次常委会会议协商和2次主席会议协商。以专委会为基础、界别为依托，组织开展对口协商和界别协商。加强提案办理协商，以提升提案质量为前提、推动办理实效为目标，从提案办前、办中、办后三个环节入手，多形式开展提案协商活动，推动提案工作创新发展。健全协商规则程序。将政协重点协商活动纳入党委政府总体工作部署，继续坚持党委、政府、政协共同制定并实施年度协商计划。完善重点协商课题主席会议成员领办、专委会主办制度，进一步推动调研、协商、监督深度融合，通过深入调研了解实情、通过充分协商提准建议、通过跟踪监督解决问题，使协商活动更好起到在决策前提供参考、决策中促进完善、决策后推动落实的重要作用。提升协商履职质量。建立健全政府政情通报、部门工作情况通报制度，完善协商成果采纳、落实和反馈机制，明确协商议政质量评价标准，将协商成果转化情况纳入党委政府督查事项和考核体系，为全面提升政协协商质量提供支撑。教育引导委员树立协商理念，遵守协商规则，不断提升协商议政的能力和水平。

三、牢牢把握工作定位，切实提升监督实效。强化政协民主监督职能，不断深化民主监督履职实践，持续提升监督质量和监督实效。聚焦重点开展监督。更加突出重点事项监督的针对性、规范性和协商性，以“加强行政效能建设”为主题，由专委会牵头组建民主监督小组开展监督，进一步找准监督的“点”、把好监督的“度”。拓宽渠道开展监督。把视察监督做“细”，围绕产业发展、民生改善、政策落实等方面的重点难点问题，组织开展4次主席会议视察，更好地促进知情明政、履行职能；把回访监督做“实”，由专委会牵头，组织委员对民主监督意见的办理情况开展跟踪落实“回头看”，更好地促进相关工作改进加强；把专项监督做“精”，充分发挥提案、社情民意信息、微建议等监督有效形式，引导委员开展“一事一议”式监督，更好地发挥民意“直通车”作用。提质增效开展监督。进一步完善知情明政、协调落实和权益保障机制，更加注重民主监督意见的办理和反馈，规范和细化民主监督意见交办程序，加大民主监督评议结果的运用力度，推动办理单位积极采纳监督成果、办理监督意见、反馈落实情况。

四、牢牢把握中心环节，广泛汇聚发展合力。坚持把加强思想政治引领、广泛凝聚共识摆在更加突出的位置，努力增进最大共识度、形成最大向心力。更好地发挥新型政党制度优势。发挥人民政协作为实行新型政党制度重要政治形式和组织形式的作用，深化与党派团体的合作共事，深化政协党组与党派团体联席会议制度，支持各党派团体在政协参与全市重大事项的讨论协商，对各党派团体在政协发表意见、提出建议作出机制性安排，切实为党派团体更好发挥作用创造条件、提供保障。更好地夯实共同思想政治基础。充分发挥政协委员联系一界、团结一片、引领一方的作用，组织委员深入界别、深入基层，围绕学习贯彻党和政府大政方针政策、重大决策部署，开展形式多样的宣讲活动，协助党委政府多做减少阻力、汇聚合力的工作，多做释疑解惑、增进共识的工作。更好地凝聚改革发展强大合力。进一步加强与党外知识分子、非公有制经济人士、新的社会阶层人士，以及各界商会、行业协会的联谊交流，在协助党委政府引才、聚才、用才上想办法、出主意，为全面建设社会主义现代化新常德汇智聚力。

五、牢牢把握发展趋势，着力推动创新履职。始终把守正创新作为政协工作的活力之源，坚持系统观念，创新思路举措，持续推动政协工作彰显特色、走在前列。打造创新平台。持续推进习近平总书记关于加强和改进人民政协工作的重要思想实践基地建设，认真落实《关于进一步加强和改进界别工作的意见》，发挥专委会联系界别和界别群众的桥梁纽带作用，探索建立界别党员委员活动小组制度，进一步创新界别活动的形式载体，推动界别工作开展更加规范化、常态化、特色化。打造智慧平台。增强互联网思维，运用信息化手段，按照省政协的统一部署，进一步深化政协云建设使用，推动委员履职与互联网深度融合，让委员学习在线、智慧连线、履职不断线，更好地把政协履职推进“云”时代、推向现代化。加强委员工作室建设，探索委员工作室线上线下交互运行、多级联动新模式，让委员工作室真正发挥作用、取得实效。打造开放平台。持续加强政协基层基础工作，着力解决基层政协组织“两个薄弱”问题，推动政协事业持续健康发展。持续提高政协平台向人民群众的开放度，探索“有事好商量”协商议事常态长效化工作，在“多请群众说”中了解社情民意，在“多让大家议”中形成协商共识，在“多解百姓事”中彰显协商成效，不断推动协商民主向基层延伸，让人民群众更好实现有序有效参与协商、依法合理表达诉求。

六、牢牢把握时代要求，全面加强自身建设。深刻认识新时代人民政协的新方位新使命，自觉践行人民政协“四个一线”（人民政协处于凝心聚力第一线、决策咨询第一线、协商民主第一线、国家治理第一线）要求，在加强政协系统自身建设上干出新样子。突出党建引领。以全面加强政治建设为统领，压紧压实从严治党主体责任，创新党建工作机制，规范党内政治生活，着力做好固根基、扬优势、补短板、强弱项的工作。推进党风廉政建设，打造“清廉政协”，支持市纪委市监委派驻纪检监察组履行职责。突出委员主体。持续加强委员履职能力建设，分批次组织开展政协委员特别是新任委员的学习培训，教育引导委员不断提高政治把握能力、调查研究能力、联系群众能力、合作共事能力。加强委员联络服务和履职管理，坚持正向激励和纪律约束并重，严格落实委员履职考核评价工作机制，进一步增强委员履职的责任感和积极性。突出机关建设。对标模范机关创建要求，持续加强政协机关建设，建立健全机关管理工作制度，从严教育、要求、管理机关干部队伍，积极为干部锻炼成长搭建平台、创造条件。突出联动协作。加强与省政协的汇报联系，加强与外地政协的交流互动，加强对区县市政协工作的经常性指导，更好发挥政协组织整体优势。

各位委员、同志们，百年恰是风华正茂，逐梦扬帆正当其时。让我们更加紧密地团结在以习近平同志为核心的中共中央周围，在中共常德市委的坚强领导下，汲取百年党史力量，续写时代崭新篇章，不断开创全市政协事业发展新局面，为全面落实“三高四新”战略定位和使命任务，大力推动高质量发展，全面建设社会主义现代化新常德作出新的更大贡献！

关于常德市2021年国民经济和社会发展计划执行情况与2022年国民经济和社会发展计划（草案）的报告（节选）

市发展和改革委员会主任　徐　苳

（2021年12月29日）

各位代表：

受市人民政府委托，我向大会报告常德市2021年国民经济和社会发展计划执行情况与2022年计划（草案），请予审议，并请各位政协委员和其他列席人员提出意见。

一、2021年计划执行情况

2021年是中国共产党成立100周年。面对复杂多变的外部环境和极其繁重的稳增长防风险任务，全市上下在市委的坚强领导和市人大、市政协的监督支持下，认真贯彻落实党中央国务院、省委、省政府决策部署，扎实做好“六稳”“六保”工作，全面落实“三高四新”战略定位和使命任务，推动经济持续恢复，实现了“十四五”良好开局。市七届人大六次会议确定的六大类20项计划指标中，18项超额完成或基本完成。全年工作和成效主要体现在以下六个方面：

（一）着力加快产业发展，开局起步呈现新气象。深入贯彻落实省市党代会精神，努力在新起点上推动产业高质量发展。地区生产总值增长8%（预计数，下同），突破“四千亿”大关。地方一般公共预算收入增长8%。规模工业增加值增长7%。

1.产业链建设取得显著成效。全面推行“链长制”，编制优势产业链“两图两库两报告”图谱体系及发展规划。实行“一链一策”“一企一策”，11条产业链产值增长30%以上。扎实开展产业链招商，与陕煤集团、正大集团、盐田港集团、兴湘集团等战略投资者达成合作，新引进10亿元以上产业项目42个。石门电厂三期等投资50亿元以上重大产业项目落户常德，全球首个百兆瓦级多电源融合技术实验验证平台竣工。

2.“五好”园区建设扎实推进。有序推进常德经开区等4个产业园区调区扩区工作，合理优化各个园区产业布局。完成园区基础设施建设投入102亿元，园区规模工业增加值增长9%。常德高新区等4家园区获评全省产业高质量发展园区，石门高新区入选省级先进制造业和现代服务业融合发展试点区域，津市高新区获批全省第一批化工园区。

3.市场主体培育成果丰硕。新增市场主体4.96万户、“四上”企业400家、产值过10亿元企业5家、国家级专精特新“小巨人”企业8家。飞沃科技成为全市首个国家级制造业单项冠军企业，3家企业入选省级先进制造业和现代服务业融合发展试点企业，53家企业进入全省上市后备企业资源库，数量位居全省第三。市城发集团控股上市企业浙江众成。

4.科技创新动力不断增强。新增高新技术企业110家，国省级创新平台达77个，全社会研发经费投入增长12%。潇湘科技要素（常德）市场投入运行，全市技术合同登记成交额增长75.7%。中车新能源汽车获评全省“5G+工业互联网”示范工厂，4家企业获批全省技术创新“破零倍增”标杆企业，42个项目入选全省制造业数字化转型“三化”重点工程。

（二）奋力扩大有效需求，经济增长释放新活力。坚持把扩大有效需求作为促进经济恢复、稳定经济增长的有力抓手。

1.聚焦项目建设扩投资。固定资产投资增长10%，其中产业投资增长15%。245个省市重点项目完成投资

1100亿元，超额完成年度计划任务。其中，中联建起二期、武陵酒提质改造、常德国际农产品交易中心等85个亿元以上项目投产。累计争取上级投资65亿元（发改口径），发行地方政府专项债券项目54个，募集资金92.9亿元；发行企业债券5只，募集资金22亿元。

2.聚焦市场消费激活力。出台《常德市推进服务业发展奖励实施办法》，策划开展“乐享消费·惠动沅澧”等系列促消费活动。社会消费品零售总额、旅游总收入分别增长14.5%、25%。入选国家文化和旅游消费试点城市，成功举办湖南省首届都市文化旅游节。桃源县热市云顶温泉旅游度假区等文旅项目开业运营，2家企业入选国家级服务标准化试点（商贸流通）企业。

3.聚焦对外贸易补短板。进出口总额增长18%。津市港散货物流集散中心码头工程等项目开工建设，盐关水运口岸集装箱吞吐量增长20%。新设立外商投资企业25家。石门县、汉寿县分别获评国家级外贸转型升级基地和全省县域外贸特色产业集群试点县。成功承办中非葡语国家渔业暨水产品推介对接会，签约项目12个。

（三）大力优化发展环境，改革开放迈出新步伐。围绕促改革、强开放、优环境狠下功夫，激发发展内生动力。

1.坚定不移深化重点改革。深入推进投融资体制改革，制定《常德市构建更加完善的要素市场化配置体制机制的工作责任清单》。获批国家级财政支持深化民营和小微企业金融服务综合改革试点城市，深圳证券交易所、全国中小企业股份转让系统和湖南股权交易所先后在我市设立基地或办事处。完成8家市属国有企业公司制改革，正式成立常德粮食集团、常德天和航空公司。

2.坚持不懈拓展开放空间。常益长高铁正式铺轨，常德段累计完成投资63亿元。安慈高速、安乡张九台大桥建成通车，官新高速、炉慈高速等重大交通项目按计划推进。桃花源机场航线增至16条，通航城市19个、航点20个。德山港区铁路专用线等7条铁路专用线和石门等10个通用机场纳入上级专项规划。

3.持之以恒优化经济环境。社会信用体系建设加快推进，累计发放信用贷款302.9亿元、增长19.5%，常德财鑫成为全国地州市首家3A信用评级担保机构。建立企业破产府院协调机制。规范行业协会商会收费行为，市县两级304家行业协会商会等机构完成行政脱钩改革。“获得信贷”“执行合同”等2个领域创新经验入选国家发改委优化营商环境典型案例。

（四）聚力区域协调发展，城乡建设展现新面貌。协同推进新型城镇化和乡村振兴，常住人口城镇化率达到58%。

1.城市扩容提质步伐加快。常德高铁枢纽站及南北广场建设进展顺利，铁路沿线环境整治工作深入推进。武陵大桥改造工程竣工通车，沅北水厂迁建工程开工建设。入选全国城市体检样本城市和全国新型城市基础设施建设试点城市。改造城镇棚户区4680户、老旧小区329个，建设公租房4824套，拆除违法建筑13.7万平方米。

2.乡村振兴战略多点发力。常德全域纳入湘鄂渝黔革命老区规划范围。启动新一轮驻村帮扶，全市易地扶贫搬迁群众实现稳定就业9146户13492人。出台《常德市扶持中药材种植基地建设政策实施细则》等专项政策。新增农业产业化国家重点龙头企业2家。完成100个镇、1513个村庄规划编制。

3.城乡基础设施日益完善。沅澧干线1号大道临澧段和2号大道澧县段、S311桃源火车站至龙潭公路等项目建成通车。143个乡镇污水处理设施全部通水运行。县乡村三级物流配送体系日益完善。新（改）建城市及重点乡镇燃气管道236千米、10千伏农村电网线路855千米。建设澧县小渡口泵站等水利工程174处。

（五）全力扛牢政治责任，安全发展实现新作为。坚持统筹发展和安全，积极防范化解风险挑战，夯实安全发展基石。

1.坚持粮食安全党政同责。深入落实粮食安全省长责任制，全市粮食生产总面积增长1.37万亩、产量增加12万吨，圆满完成地方储备粮油轮换计划和早中晚稻收购任务。粮食生产工作获评全国先进，以全产业链思维维护粮食安全经验做法获时任省委主要领导高度肯定。扎实开展粮食购销领域突出问题专项整治。

2.狠抓债务风险防范化解。有序实施2021年度市级政府投资项目计划，183个项目开工率、投资完成率分别达到89.5%、88.3%。深入开展超概专项整治，清查超概算项目12个，涉及资金5.6亿元。处置市属国有不良资产4035.6万元。

3.持续加强生态环境保护。鼎城石板滩石煤矿坑治理、安乡珊珀湖综合治理等中央、省生态环保督察及“回头看”、长江经济带警示片、省生态环境警示片交办的125项年度整改工作任务全面完成。完成人工造林20.6万亩。市城区环境空气质量优良率达83%以上。桃花源获评国家级“两山”实践创新基地。

4.严格落实能源保供管控。有序实施错峰用电，未发生区域性系统性停电等突发事件。启动《常德市新能源开发利用规划》编制，常德经开区源网荷储一体化示范工程、桃源县抽水蓄能工程等一批项目纳入国省专项规划。分行业分领域压实能耗“双控”责任，全市能源消费增量和强度控制在省定目标范围内。

（六）努力推动普惠共享，幸福指数实现新提升。牢固树立以人民为中心的发展思想，全力保障和改善民生。

1.就业增收稳中向好。着力帮扶重点群体就业，城镇新增就业5.4万人、新增农村劳动力转移就业4万人。发放创业担保贷款3亿元，带动和稳定就业1.5万人。城镇登记失业率为3.1%，城镇调查失业率控制在5.3%以内，就业局势总体稳定。全体居民人均可支配收入增长9.5%。

2.基本民生保障有力。全面实施全民参保计划，三项社会保险新增扩面22万人次，基本医疗保险综合参保率达96.9%。累计发放城乡低保、特困供养等保障资金7.8亿元，保障对象207.6万人次。新增养老床位1500张，政府购买基本养老服务等试点取得实效。残疾人“两项补贴”标准提高到每人每月75元。

3.卫教文体协调发展。市第一中医医院异地新建、市第一人民医院急救中心妇儿中心综合大楼等医卫项目加快推进。新增公办园位1.5万个、学位3.5万个，消除普通高中大班额94个。落实“双减”政策，印发《关于义务教育阶段学科类校外培训收费有关问题的通知》，校内课后服务基本实现全覆盖。常德籍运动员实现奥运赛事奖牌历史性突破。成功举办常德市第八届运动会。

4.社会大局和谐安定。严守“外防输入、内防扩散”底线，深入开展无疫社区（村）创建和疫苗接种清零行动，科学快速处置7月底外省旅客流入引发的疫情。着力加强重要民生商品和防疫物资价格巡查监管，依法开展价格成本监审，全市物价水平总体平稳。全市污水处理收费执行国家最低标准。深化平安常德建设，武陵区获评平安中国建设示范县。常态化开展扫黑除恶，深入实施安全生产专项整治三年行动集中攻坚，全市安全生产事故起数、死亡人数“双下降”。积极开展国防动员、国防教育、退役军人事务、人民防空等工作，有序落实国家安全、消防救援、信访、审计、统计、档案、气象、老年、工会、共青团、妇联等工作任务，民族宗教、公共资源交易等工作取得新进步。

各位代表，2021年全市国民经济和社会发展计划执行情况总体较好。这是市委坚强领导、积极推进的结果，是市人大、市政协监督支持、鞭策鼓励的结果，是全市人民凝心聚力、奋发有为的结果。需要说明的是，个别指标未能达到年初计划目标。这主要是受传统基建和房地产行业等领域陆续发生重大变化、外来输入型疫情冲击、烟草和工程机械两大支柱产业增长低于预期等多方面的影响。同时，我们还须清醒地认识到，当前宏观经济发展面临需求收缩、供给冲击、预期转弱三重压力，外部环境更趋复杂严峻和不确定，经济恢复尚不均衡，推动高质量发展还面临诸多挑战。从产业发展来看，工业园区产出强度不大，部分园区亩均税收低于全省平均水平；“十四五”时期，全市单位地区生产总值能耗下降率须不低于14.5%，调整产业结构和优化用能结构的压力与日俱增。从经济增长来看，投资缺乏大项目好项目支撑，结构有待进一步优化；外贸实绩企业不大不强；新型消费供给不足，部分消费业绩外流。从社会民生来看，人口老龄化问题日益加剧，就业结构性矛盾日益突出。此外，中小微企业面临回款较慢、库存较高、资金紧张等实际困难，等等。对于这些问题，我们一定高度重视，采取有力措施，认真加以解决。

二、2022年计划（草案）

2022年是党的二十大召开之年，也是“十四五”规划实施承上启下之年，面临一系列繁重的改革发展稳定任务。全市经济社会发展工作将认真贯彻落实中央、省委、市委经济工作会议精神，坚持稳字当头、稳中求进，以推动高质量发展为主题，大力实施“六大专项行动”，保持经济运行在合理区间，保持社会大局稳定，力争各项工作走在全省前列。主要预期目标是：地区生产总值增长7%以上，地方一般公共预算收入增长6.5%以上，规模工业增加值增长7.5%以上，固定资产投资增长8%以上，全体居民人均可支配收入增长7%以上，全社会研发经费投入增长12%以上。

为实现上述目标，着力抓好以下六个方面工作：

1.聚力项目建设扩投资，强化高质量发展支撑。更加注重把稳增长放在突出位置。坚持以项目建设为抓手，充分发挥投资对稳定经济增长、优化供给结构的关键性作用。扩大有效投资稳增长。实施重点建设项目200个以上，年度计划投资700亿元以上，其中产业项目投资占比达到60%以上。着力加快特力液压智能制造园、中联农机机械产业园、智能化医疗器械产业园、高星国际商贸物流城、年产15万吨非织造布等一批投资10亿元以上重大产业项目建设。科学编制并实施好2022年市级政府投资项目计划，切实发挥政府投资带动作用。突出开发储备强支撑。抢抓国家适度超前开展基础设施建设等重大投资机遇，聚焦国省预算内资金、地方政府专项债、“三高四新”融资专项等领域，提升项目开发储备水平，力争项目库体量占全省10%以上。实施重大前期项目100个，力争转化率达到40%。把握和研判产业发展趋势，引导和支持本地企业挖掘发展潜力，谋划和实施一批技（扩）改工程。加强要素保障优服务。坚持“要素跟着项目走”，全年争取上级专项资金和项目投入占全省份额10%以上，力争批回用地1.2万亩。进一步放宽资本准入门槛，积极引导民间投资市场预期，为社会资本多元化参与项目建设创造有利条件、提供优质服务。加快推动地方政府专项债的使用，推动形成更多实物工作量。着力解决征地拆迁等难点问题，确保项目“不等地”。精准管控园区“僵尸企业”和闲置土地，提高产业用地效率。

2.壮大实体经济兴园区，构建现代化产业体系。以

“五好”园区攻坚专项行动为统揽，全力打造“全国重要先进制造业基地”。一以贯之抓产业、强实体，聚力培育先进装备制造、烟草、数字经济、农产品精深加工四大千亿产业，积极发展生物医药、新材料、新能源与新能源汽车、航空航天等新兴产业，加快形成多点支撑、多业发展的产业发展格局。着力兴园区提质效。深入推进“千百十”工程，加快培育百亿企业、千亿园区，力争全市园区规模工业产值增长10%以上，园区亩均产值、亩均税收分别达到100万元、16.8万元以上。推动园区机构简约化、团队专业化、运营市场化，引导园区企业数字化改造、网络化协同、智能化升级。加速产城融合，完善生产生活生态配套设施，增强园区承载吸附力。着力增后劲育动能。出台招大培强行动方案和政策措施。以产业链招商为重点，引进一批投资规模大、带动能力强、科技含量高、税收贡献实的重大产业项目。全年新引进过10亿元产业项目30个以上，其中工业项目18个以上。更加注重支持实体经济发展，坚持“抓大扶小育新”，帮扶一批本地中小企业加速成长，力争新增省级以上“小巨人”企业20家以上、“四上”企业500家以上。加快现代服务业与先进制造业深度融合发展，着力推动生产性服务业向专业化和价值链高端延伸，力争服务业增加值增长8%以上。着力抓创新补短板。积极推进创新平台建设与科技成果转化，促进创新链与产业链深度融合。运营好中开院创新孵化基地等载体，进一步优化科技创新生态。强化企业创新主体地位，以深化产学研结合为重点，帮助和支持企业申建一批技术研发机构和创新平台。力争高新技术企业突破550家，高新技术产业增加值占地区生产总值比重达到13%以上。着力活资本强实体。大力推进企业上市突破，以提升企业直接融资能力和水平为重点，推动更多企业进军资本市场。充分发挥湘西北资本市场服务基地作用，强化企业上市培育辅导。加快康普药业、金富力、响箭重工等企业上市进程，实现飞沃科技上市，力争金天钛业、金康光电等企业辅导报备。

3.深化改革开放优环境，塑造区域性竞争优势。以交通建设突破专项行动为重点，加快区域性现代综合交通枢纽建设，积极争创国家物流枢纽承载城市。更加注重发挥改革开放根本动力，更好融入“双循环”新发展格局。坚持深化改革强动力。更加注重统筹好供给与需求，推动供需在更高水平上良性互动。以供给侧结构性改革为主线，深化“放管服”改革。完善要素市场化配置体制机制，着力破除投融资瓶颈。积极争创全国社会信用体系建设示范城市，出台《常德市政务诚信评价办法》。完成国企改革三年行动目标任务和国家基本公共服务标准化综合试点。实施财源建设工程，深化预算管理制度改革。坚持扩大开放挖潜力。建成常益长高铁、常德高铁枢纽站，积极推动襄常高铁开工建设。加快益常高速复线、石桃高速、沙安高速等对外通道建设。有序推进沅澧水航道整治、松虎航道整治等重点项目，复兴常德水运经济。主动对接中国（湖南）自贸区建设，建成常德保税物流中心（B型）等外贸平台，争取桃花源机场航空口岸再次临开。着力推动外贸口岸降费提速，进一步壮大外贸实体，力争进出口总额增长15%以上。坚持优化环境激活力。以政务质效提升专项行动为抓手，大力优化营商环境。加快“证照分离”全覆盖，强化政策服务平台应用。认真落实“纾困增效”等专项行动，及时兑现减税降费等惠企暖企政策，切实减轻市场主体负担，力争新增市场主体5万户以上。营造良好消费环境，突出新零售等领域消费供给，力争社会消费品零售总额增长8.5%以上。

4.统筹推进城乡一体化，建设高品质人居环境。坚持以工业化的理念抓农村产业发展，以城镇化的思路抓乡村建设与管理。深入推进乡村振兴提速专项行动。巩固拓展脱贫成果，强化易地扶贫搬迁后续帮扶，确保不发生规模性返贫和新的致贫。加快农村一、二、三产业融合发展，壮大村镇集体经济，力争第一产业增加值增长3.5%以上。落实农村人居环境整治提升五年行动，建设美丽乡村示范村100个以上。加快“三区”饮水工程建设，抓好重点灌区续建配套改造、病险水库除险加固等水利基础设施建设。有序推进对隆子县、沅陵县对口支援工作。扎实开展城镇更新提质专项行动。合理开发建设城市片区，促进城镇空间提质、功能提升、风貌提靓、管理提效。加快推进高铁新城、旭辉国际新城等重点城建项目。深化智慧城市建设，拓展智慧停车、工业互联网等场景应用。大力开展完整居住社区建设，打造“15分钟便民生活圈”。统筹推进危房、老旧小区、棚户区改造，加强保障性租赁住房和公租房建设。深入开展城区生活垃圾分类工作。积极推动城乡互促共进协调发展。促进县域经济发展，支持各县市区培育一批具有产业特色优势的示范乡镇。完善县城、中心镇基础设施和公共服务，引导农民进县城、进集镇、变市民和集中居住。新建农村旅游资源产业路307千米，撤并村连通路215千米。完成200个行政村电网改造升级，确保沅澧快速干线1号大道澧县段、张公庙澧水特大桥等交通项目建成通车。力争村级快递配送网点覆盖率达到95%以上。

5.全力攻坚克难守底线，筑牢全方位安全屏障。深入贯彻落实总体国家安全观，一体推进高质量发展和高水平安全。固牢经济安全基础。更加注重防范化解重大风险，加强重大风险的预研预判。强化政府投资项目事前事中事后监管。加强债务源头控制，妥善处置和化解隐性债务。健全金融风险防控体系，确保不发生区域性系统性金融风险。加强预期引导，促进房地产业良性循环和健康发展。加快西洞庭综合储能站、湘西北液化天然气储备基地、湘北煤炭储备基地等项目建设，积极构建多元化能源保供体系，打造区域性能源储备中心。守牢粮食安全底线。坚持粮食安全党政同责，以“五优联动”推动粮食安全省长责任制落实落细。坚决遏制耕地“非农化”、防止“非粮化”，建设高标准农田50万亩以上，确保粮食生产面积稳定在880万亩左右，粮食总产量稳定在380万吨左右。强化政策性粮食库存清查和出库监管，完成年度粮食收储和轮换计划，确保超标粮不流入口粮市场。筑牢生态安全屏障。牢固树立“绿水青山就是金山银山”理念，深入推进生态文明建设。严格落实能耗“双控”责任，强化“两高”项目管理，牢牢守住生态保护红线，统筹抓好“双碳”战略落地。深入推进大气、水、土壤污染防治，城区环境空气质量优良率达到84.4%以上。认真落实河湖林长制，加强“一湖两水”流域生态环境保护与治理。持续抓好中央、省交办的突出生态环境问题整改。

6.促进共同富裕惠民生，高标准发展社会事业。更加注重在发展中持续改善人民生活，以“六位”实事惠民专项行动为重要抓手，兜住兜牢民生底线。全年新增学位和园位3.3万个以上、医疗床位800张以上、养老床位5400张以上、停车位6300个以上，新建改造农村户用厕所2.6万个以上、农村公厕260座以上、城镇公厕60座以上，加装既有住宅电梯300台以上。大力稳定城乡就业。强化就业优先导向，加大就业服务工作力度。加强失业动态监测预警，落实公益性岗位托底安置、就业补贴等政策，持续帮扶重点群体就业，积极推动创业带动就业。城镇新增就业5.3万人以上，新增农村劳动力转移就业3.6万人以上。大力提升公共服务。加快推进省级区域医疗中心建设，力争纳入国家积极应对人口老龄化重点联系城市。严格落实“双减”政策，持续推进义务教育学校校内课后服务全覆盖。实施中职学校办学条件达标工程，推动芙蓉学院转设，支持常德财经机电职业技术学院（筹）申办高职。加强大宗商品、重要民生商品和防疫物资价格监测巡查，持续落实社会救助和保障标准与物价上涨挂钩联动机制。大力维护社会稳定。严格落实新冠肺炎疫情防控常态化措施，积极应对疫情零散多发情况，织密筑牢疫情防控安全网。严厉打击违法犯罪行为，强化社会治安管理，坚决杜绝重特大事故、遏制较大事故。扎实推进国家食品安全示范城市创建。支持工会、妇联、共青团、残联等群团组织社会事业，主动做好国防动员、防汛抗旱、防震减灾、防火除患、应急救援、人民防空、退役军人事务、禁毒等工作，确保社会大局安定和谐。

各位代表，全面建设社会主义现代化的号角已经吹响。我们将在市委的坚强领导下，坚决贯彻落实上级各项决策部署，自觉接受市人大、市政协监督，务实担当，锐意进取，全面落实“三高四新”战略定位和使命任务，为全面建设社会主义现代化新常德而努力奋斗！

关于常德市2021年预算执行情况与2022年全市及市级预算（草案）的报告（节选）

市财政局局长　杨天生

（2021年12月29日）

各位代表：

受市人民政府委托，我向大会报告我市2021年预算执行情况与2022年全市及市级预算（草案），请予审议，并请各位政协委员和其他列席人员提出意见。

一、2021年全市及市级预算执行情况

2021年是中国共产党成立100周年，也是“十四五”规划的开局之年。面对复杂严峻的经济形势和疫情影响，全市各级各部门坚持以习近平新时代中国特色社会主义思想为指导，在市委坚强领导和市人大、市政协监督支持下，全面落实“三高四新”战略定位和使命任务，做好“六稳”工作，落实“六保”任务，全市经济社会发展稳中有进、稳中向好，预算执行情况总体较好。

（一）2021年预算收支执行情况

1.一般公共预算

2021年，全市地方一般公共预算收入预计完成（以下简称完成）202.88亿元，比2020年增长8%（以下简称增长或下降），加上上级补助等转移性收入472.41亿元，收入合计675.29亿元。全市一般公共预算支出598.46亿元，加上上解上级等转移性支出51.87亿元，结转下年24.96亿元，支出合计675.29亿元，当年收支平衡。

市级地方一般公共预算收入完成87.38亿元，增长2.38%，加上上级补助等转移性收入125.53亿元，收入合计212.91亿元。市级一般公共预算支出116.37亿元，加上上解上级等转移性支出92.04亿元，结转下年4.5亿元，支出合计212.91亿元，当年收支平衡。

收入预算执行情况：全市各级财税部门及相关收入征管单位努力克服经济下行压力和疫情影响，较好地完成了年初目标。全市地方一般公共预算收入202.88亿元，增长8%，其中，税收收入129.18亿元，增长4.49%；非税收入73.7亿元，增长14.74%，非税收入占地方一般公共预算收入比重36.33%，剔除砂石收入后，非税占比为32.79%，同口径比较低于去年。

支出预算执行情况：全市各级财政部门坚持落实过紧日子要求，盘活用好存量资金，调整优化支出结构，疫情防控、基本民生等重点支出得到有力保障。全市一般公共预算支出598.46亿元，剔除市县国库集中支付结余不再按权责发生制列支因素后，同口径比较增长5.18%。其中，民生支出占一般公共预算支出比重保持在70%以上。

2.政府性基金预算

全市政府性基金预算收入完成346.23亿元，加上上级补助4.07亿元，上年结转52.61亿元，收入合计402.91亿元。全市政府性基金预算支出284.63亿元，加上上解上级、补助下级及调出资金78.3亿元，结转下年39.98亿元，支出合计402.91亿元，当年收支平衡。

市级政府性基金预算收入完成138.03亿元，加上上级补助1.29亿元，上年结转46.8亿元，收入合计186.12亿元。市级政府性基金预算支出96.04亿元，加上上解上级、补助下级及调出资金57.8亿元，结转下年32.28亿元，支出合计186.12亿元，当年收支平衡。

3.国有资本经营预算

市级国有资本经营预算收入完成5597万元。市级国有资本经营预算支出4405万元，加上调出资金1192万元，支出合计5597万元，当年收支平衡。

4.社会保险基金预算

市级社会保险基金共5项，包括：机关事业单位基本养老保险、城镇职工基本医疗保险、城乡居民基本医疗保险、工伤保险和失业保险。其中，城镇职工基本医疗保险、城乡居民基本医疗保险实行市级统筹管理，其余3项实行分级管理。

市级社会保险基金预算收入完成72.45亿元，其中，保险费收入38.08亿元，利息收入0.6亿元，财政补贴收入31.41亿元，下级上解等收入2.36亿元。市级社会保险基金预算支出69.06亿元，其中，社会保险待遇支出63.42亿元，大病保险支出3.21亿元，上解上级及补助下级等支出2.43亿元。收支相抵，当年结余3.39亿元，加上上年结余48.95亿元，年末滚存结余52.34亿元。

需要说明的是，由于年度还未结束，上述预算执行情况都是预计数，在决算编制汇总后会有一些变化，届时再向市人大常委会报告。

（二）主要工作落实情况

1.大力推进财源建设工程。出台《常德市服务“三高四新”战略实施财源建设工程工作方案》，用好用活财政、金融等产业扶持政策，大力培育骨干税源企业、促进重点产业税收提升、支持园区产业发展提质。加大产业发展扶持力度，市级拨付产业发展资金6亿元，重点支持工业企业、科技创新、开放型经济、文旅产业等发展。严格落实减税降费政策，着力为市场主体纾困解难，全市今年新增减税降费约12亿元，惠及市场主体约7万户。支持“五好”园区建设，支持常德经开区、常德高新区争取政府专项债券15.27亿元，产业配套基础设施建设得到有力资金保障。缓解企业融资难题，以获批2021年度全国财政支持深化民营和小微企业金融服务综合改革试点城市为契机，深入推进政府性融资担保“4321”风险分担机制，大力推广“信补贷”等创新金融产品，优化民营和小微企业融资供给。支持财鑫金控集团获评全国地州市首家AAA信用评级担保机构，全年累计为1380户企业提供投资、担保、小贷等投融资服务，涉及金额280.84亿元。支持“常德金融超市”累计发放贷款124.65亿元，企业贷款综合成本年利率仅4.22%。

2.切实兜牢基本民生底线。支持做好疫情常态化防控，全市安排新冠疫苗接种资金6亿多元，累计接种780多万人次。市级拨付抗疫资金0.35亿元，全力保障患者救治、医疗设备和防控物资采购等。支持稳就业保就业，市级拨付职业技能提升专项资金、稳岗返还补贴、失业保险金、失业补助金等0.58亿元，惠及8.96万人次；发放个人创业担保贷款0.9亿元，补助贴息资金840万元。稳步提高社保水平，企业退休人员基本养老金实现“十七连涨”；城市、农村低保保障标准分别提高到570元/月、400元/月，城乡特困人员基本生活标准分别提高到8892元/年、6240元/年，残疾人困难生活补贴和重度残疾人护理补贴标准提高到75元/人·月，各项社会救助政策稳步提标。

3.持续推进乡村振兴战略。健全财政支农政策，出台《常德市财政衔接推进乡村振兴补助资金管理办法》，完善乡村振兴保障机制。支持特色产业建设，市级安排农业产业发展、品牌创建资金0.25亿元，大力支持常德香米、甲鱼、油茶、红茶、蔬菜等特色产业发展，持续开展“常德品质、中国品牌”农产品展销推介活动，引导龙头企业发展壮大。支持改善农村人居环境，市级拨付秸秆禁烧、饮用水源地保护等资金0.11亿元，通过办点示范、工作奖补等，支持农村污染防治，引导全市因地制宜推进农村改厕、农村生活垃圾处理、提升农村饮水安全等。

4.支持教育事业均衡发展。支持乡村教育发展，市级拨付农村学校建设三年行动补助资金0.44亿元，支持新建教师周转房1048套、塑胶运动场60个，新增学生食堂面积3.49万平方米；拨付乡村学校教师人才津贴0.08亿元，惠及乡村偏远贫困地区教师3000多人。支持基础教育发展，市级拨付消除大班额建设资金1亿元，新建和改扩建学校6所，新增学位1.5万个；拨付0.17亿元支持市第一幼儿园分园建设，新增公办园位720个。支持职业教育发展，市级拨付常德职教大学城项目建设资金1.93亿元，支持常德职业技术学院提质改造、常德财经机电职业技术学院（筹）申办高职等。

5.支持生态环境持续改善。市级拨付生态环保资金5.4亿元，促进生态环境质量不断改善，支持中央、省生态环境保护督察交办任务整改销号、城区污水及黑臭水体整治、洞庭湖水环境综合整治、重金属污染治理、农用地分类管理、垃圾焚烧填埋及餐厨垃圾处理等。争取政府专项债券资金1亿元支持城区污水管网提质改造，促进水环境质量显著提升。

6.不断提升财政管理水平。出台《关于加强财政管理防止“跑冒滴漏”的二十条实施意见》，努力提高财政资源配置效率和使用效益，增强财政运行的稳健性和可持续性，取得了初步成效。大力推进预算管理一体化改革，按期上线运行预算管理一体化系统，预算支出全部纳入项目库管理，全市预算管理一体化系统编制2022年部门预算覆盖率达到100%。大力加强政府债务风险防控，通过对接落实“六个一批”（清收债权处理一批、落实政策减免一批、发展经济偿还一批、盘活资产化解一批、协商沟通转化一批、结对帮扶化解一批）缓释政策、降低融资成本、资产处置、统筹财政资金安排等措施防范资金断链风险。推进平台公司转型发展，支持重组城发集团、经投集团、财鑫金控集团。加强政府专项债券管理，健全“借、用、管、还”全生命周期管理机制。大力推进政府采购管理改革，实现全流程电子化政府采购，为企业节省标书成本约0.12亿元；全面取消政府采购投标保证金，清退投标保证金0.25亿元；推进政府采购合同融资，实现线上贷款金额1.45亿元。大力深化预算绩效管理改革，开展重点监控报告集中评审，对预算单位绩效自评开展财政再评价；对35个项目开展第三方重点评价，评价金额46.63亿元，较上年增长245.41%；健全财审联动机制，进一步落实绩效评价结果与预算编制结合、问题整改销号等工作制度。

在看到成绩的同时，我们也清醒认识到，当前全市财政收入尤其是地方税收增长较为乏力，提高财政收入质量和税收占GDP比重仍面临较大困难；“三保”支出、债务还本付息等刚性支出持续增长，财政收支平衡压力越来越大，财政紧平衡特征进一步凸显；预算管理制度改革进入深水区，要求更高，难度更大。对此，我们一定高度重视，积极应对，努力克服困难，确保财政持续稳健运行。

二、2022年全市及市级预算草案

根据中央和省、市有关工作要求，结合财政收支形势研判，2022年预算编制的指导思想是：坚持以习近平新时代中国特色社会主义思想为指导，全面贯彻党的十九大和十九届历次全会精神，深入贯彻习近平总书记对湖南重要讲话重要指示批示精神，立足新发展阶段，完整、准确、全面贯彻新发展理念，构建新发展格局，坚持稳中求进工作总基调，以推动高质量发展为主题，以深化供给侧结构性改革为主线，以改革创新为根本动力，以满足人民日益增长的美好生活需要为根本目的，全面落实“三高四新”战略定位和使命任务。坚持量入为出、量力而行，实事求是编制收入预算，依法依规编制支出预算。全面贯彻零基预算理念，坚决落实过紧日子要求，兜牢“三保”底线，守住不发生系统性风险的底线，强化重大决策部署保障能力。进一步强化预算刚性约束，推动绩效管理提质增效，提高预算管理规范化、科学化、标准化水平和预算透明度，为建设社会主义现代化新常德提供坚实保障。

根据上述指导思想，2022年预算编制的基本原则是：一是坚持法治思维，硬约束、强管控。坚持先有预算后有支出，不得无预算、超预算安排支出。二是坚持底线思维，强基础、控支出。兜牢“三保”底线，守住债务风险底线，继续推行过紧日子措施，严格控制一般性支出，继续压减非刚性非重点支出。三是坚持系统思维，聚合力、优结构。全面贯彻零基预算理念，加强财政资金统筹，优先保障产业发展、乡村振兴、污染防治、重大基础设施建设以及其他市委、市政府重大决策部署等重点支出。四是坚持绩效思维，强管理、提质效。严格绩效目标管理，强化绩效结果运用，发挥绩效监督协同效应。

（一）主要支出政策

1.聚焦“五好”园区支持实体经济发展。统筹专项债券、产业发展类专项资金支持园区产业配套基础设施建设。协同建立以“亩均税收”指标为主体的园区高质量发展评价体系，完善以结果为导向的税费优惠政策和人才优惠政策。支持科技成果转化，促进创新链与产业链深度融合。发挥政府投资基金“投资”“引资”双重功能，带动社会资本加大投入，推动产业加快发展。

2.聚焦农业产业支持乡村振兴提速。建立财政优先保障、金融重点倾斜、社会积极参与的多元投入格局，保证乡村振兴有稳定充足的资金投入。将农业产业发展作为财政衔接推进乡村振兴支持重点，完善资金支持方式，由支持到人到户过渡到主要支持村集体、产业链、产业片。支持培育壮大特色产业，打响常德农产品品牌，促进农民增收致富。

3.聚焦重点项目支持基础设施建设。围绕交通、物流领域重点项目建设，大力争取国、省投资和专项债券资金，支持加快建成常益长高铁、常德高铁枢纽站，积极推进襄常高铁前期工作，推动常德港建设运营，争创国家物流枢纽承载城市。围绕重点堤垸培修加固、病险水库除险加固等水利工程建设，加强资金筹措保障力度，夯实水利基础。

4.聚焦群众关切支持保障改善民生。坚持就业优先，统筹用好就业资金，加大重点群体就业帮扶。稳步提高城乡低保水平和救助水平，做好特困群体兜底保障工作。支持办好人民满意教育，支持优质普惠学前教育资源扩容工程，支持消除普通高中大班额，支持常德职教大学城打造全省产教融合示范园区。支持加快公共卫生体系建设，提升公共卫生服务能力，全力做好常态化疫情防控资金保障。加大社会养老服务投入力度，支持增加养老服务床位，发展居家、社区和互助式养老，提升养老服务质量。

5.聚焦绿色发展支持建设美丽常德。支持深入打好污染防治攻坚战，保持污染防治投入力度不减；支持以抓好突出生态环境问题整改销号、改善生态环境质量为重点，高标准打好蓝天、碧水、净土保卫战。支持深入推进河湖林长制工作，统筹做好山水林田湖草沙一体化保护和修复。支持推动重点领域、重点行业碳达峰行动，支持发展绿色交通、绿色建筑等。

（二）收入预计及支出安排

1.一般公共预算

全市地方一般公共预算收入安排216.07亿元，增长6.5%，其中，税收收入139.51亿元，增长8%；非税收入76.56亿元，增长3.88%；加上上级补助等转移性收入

487.92亿元，收入合计703.99亿元。全市一般公共预算支出安排622.7亿元，加上上解上级等转移性支出65.9亿元，结转下年支出15.39亿元，支出合计703.99亿元，当年收支平衡。

市级地方一般公共预算收入安排91.62亿元，增长4.85%，其中，税收收入57.22亿元，增长8%；非税收入34.4亿元，与上年持平；加上上级补助等转移性收入141.79亿元，收入合计233.41亿元。市级一般公共预算支出安排118.99亿元，加上上解上级等转移性支出112.35亿元，结转下年支出2.07亿元，支出合计233.41亿元，当年收支平衡。

2.政府性基金预算

全市政府性基金预算收入安排222.14亿元，加上上级补助收入4亿元，上年结转39.98亿元，收入合计266.12亿元。全市政府性基金预算支出安排168.25亿元，加上上解上级、补助下级及调出资金66.89亿元，结转下年30.98亿元，支出合计266.12亿元，当年收支平衡。

市级政府性基金预算收入安排94.43亿元，加上上级补助收入0.1亿元，上年结转32.28亿元，收入合计126.81亿元。市级政府性基金预算支出安排77.45亿元，加上上解上级、补助下级及调出资金26.31亿元，结转下年23.05亿元，支出合计126.81亿元，当年收支平衡。

3.国有资本经营预算

市级国有资本经营预算收入安排2957万元，全部为利润收入。市级国有资本经营预算支出安排1875万元，加上调出资金1010万元，划转省国有投资经营有限公司股权年度收益分红72万元，支出合计2957万元，当年收支平衡。

4.社会保险基金预算

市级社会保险基金预算收入安排77.72亿元，其中，保险费收入42.47亿元，利息收入0.55亿元，财政补贴收入34.32亿元，其他收入0.38亿元。市级社会保险基金预算支出安排76.78亿元，其中，社会保险待遇支出69.04亿元，其他支出7.74亿元。收支相抵，当年结余0.94亿元。

需要说明的是，现在提请审查的全市预算是按惯例由市里代编的，待各区县市人民代表大会审查批准当地2022年预算后，再向市人大常委会报告。另外，从今年起，市辖管理区当年预算执行情况与下年预算（草案）一并向市人代会报告，市辖管理区2021年预算执行情况与2022年预算（草案）。

三、切实做好2022年财政改革发展工作

2022年全市财政改革发展重点抓好以下四个方面的工作：

1.着力培财源、强征管，做实做优财政收入。围绕重点产业税收提升、培育骨干税源企业、支持园区产业发展提质、推动市县财政收入上台阶四大任务，大力推进“三高四新”财源建设工程，积极做好财政政策和财政资金保障，全力支持招大培强，涵养财源税源。充分发挥财税综合信息平台作用，强化协税护税责任，配合推进非税收入征管职责划转税务改革，做到依法征收、应收尽收。积极盘活土地资源，采取有力措施组织国土出让收入。通过凝聚各方工作合力，促进财政收入均衡稳定增长。

2.着力优结构、强统筹，稳妥稳健保障重点支出。打破支出基数概念和僵化固化格局，加大存量资金与新增预算、结转资金与年度预算、财政拨款与单位资金的统筹力度，建立大事要事保障机制。改革竞争性领域财政支持政策，强化结果导向，根据项目进度、经济贡献、研发成果等目标完成情况予以“后补助”，提高财政资金使用效益；积极运用贷款贴息、保费补贴、担保补贴、风险补偿等间接支持方式，发挥财政金融政策工具组合效应，引导金融机构加大对实体经济支持力度。

3.着力严监管、强举措，守稳守牢债务风险底线。严格隐性债务管理，坚决遏制隐性债务增量，严禁新增隐性债务上新项目、铺新摊子，多措并举化解存量隐性债务。强化债务风险管控，压实平台公司资金保链主体责任和相关部门配合责任，用好用足“六个一批”政策，缓释偿债压力，防范资金断链风险。继续整合压减平台公司数量，按市场化方式补充注入政府经营性资产资源及特许经营权支持平台公司转型。完善政府债券管理制度，加强政府专项债券全生命周期监管。

4.着力推改革、强管理，有力有效提升资金效益。推进预算管理一体化系统运用，进一步规范预算管理业务流程，实现财政资金全链条信息化管控。推进预算绩效管理提质增效，加快建成全方位、全过程、全覆盖的预算绩效管理体系；推进人大预算联网监督、财审联动机制与预算安排的有效衔接，发挥绩效监督协同效应。推进财政事权与支出责任划分改革，进一步明晰市与区县市有关财政事权和支出责任，激发区县市发展活力。加强直达资金管理，加快拨付使用进度，确保资金直接惠企利民。推进预决算公开更加全面细致面向社会，切实加强政府采购管理、投资评审管理、资产管理等，推动预算管理水平再上新台阶。

各位代表，2022年，我们将在市委的坚强领导下，自觉接受市人大监督，认真听取市政协建议，坚定信心、奋发有为，全面落实“三高四新”战略定位和使命任务，为全面建设社会主义现代化新常德而努力奋斗！

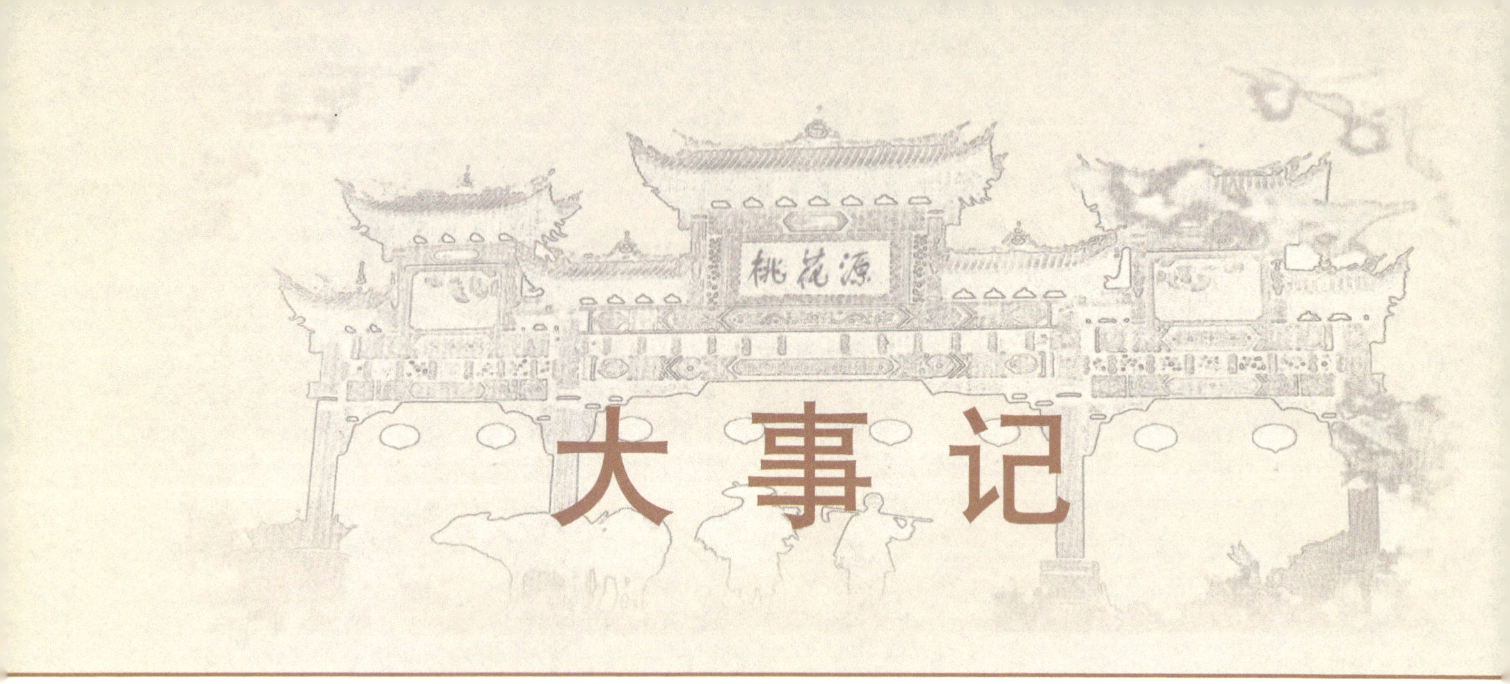

大事记

1月

1日　《常德市农村村民住房建设管理条例》《常德市大气污染防治若干规定》两部地方性法规正式施行。

5日　澧县复兴镇双桥村村委会委员刘利、石门县子良镇水田岗村党总支书记向延君被评为“全国抗击新冠肺炎疫情优秀城乡社区工作者”。

6日　常德市获“全国无偿献血先进市”称号，常德市连续14年、7次蝉联该荣誉。

同日　省委副书记、代省长毛伟明在常德调研并主持召开座谈会，强调要持续推进开放强市产业立市，为实施“三高四新”战略做出新贡献。

8日　在政协常德市第七届委员会第五次会议上，朱水平当选为市政协主席。

9日　由湖南省演艺集团、常德市委组织部、常德市委宣传部联合出品，湖南省话剧院创作演出的大型话剧《高山之巅》在长沙湖南大剧院首演。

10日　桃源县枫树维吾尔族回族乡退役军人服务站站长蒯辉获评全国退役军人服务中心（站）“百名优秀主任（站长）”。

同日　市公安局举行庆祝首个“中国人民警察节”系列活动，副市长、市公安局局长李忠出席活动并致辞。

11日　常德市政府与太平洋建设集团签订战略合作框架协议，双方将在市政、交通、水利等基础设施和公共服务项目建设及区域战略布局等方面开展合作。

12日　经严格遴选、评审，武陵区芦荻山乡苗儿港村村规民约等10篇村规民约、武陵区丹阳街道北正街社区居民公约等10篇居民公约被评为全市“十佳”村规民约和“十佳”居民公约。

13日　2020年常德十大农产品品牌评选揭晓：安乡农仓、勇福常德香米、丝念、汉寿玉臂藕、精为天、桃源红茶、河洲甲鱼、永春堂、郑太农业、童胖子、歪脖脖（其中2个并列）获2020年常德十大农产品品牌殊荣。

13—14日　省委常委、省委政法委书记李殿勋在常德调研新时期基层社会治理和平安创建工作，并以全国人大代表身份参加所在的常德代表小组活动，听取代表们对相关工作的意见建议。

14日　市政府与湖南省农村信用社联合社签订战略合作协议，双方将在金融方面开展广泛合作，共同推动常德经济社会高质量发展。市委副书记、市长邹文辉，湖南省农村信用社联合社党委书记赵应云出席签约仪式。

同日　由中共常德市委组织部主办的常德人才大数据平台正式上线。

15日　常德市人民政府与深圳市人民政府正式签订深圳国际食品谷常德产业园项目合作协议。

19日　市委书记、市人大常委会主任周德睿主持召开市委常委会会议，传达学习习近平总书记在省部级主要领导干部学习贯彻中共十九届五中全会精神专题研讨班开班式上的重要讲话及全省有关会议精神；传达学习全国、全省宣传部长会议精神；传达学习全省党委秘书长会议精神，研究常德市贯彻落实意见。

同日　常德市2021年优质农产品产销对接暨线上年货促销活动在常德河街开幕。市委书记、市人大常委会主任周德睿参加巡展，市委副书记、市长邹文辉宣布开幕并巡展。

22日　安乡县石龟山老桥被爆破拆除。

26日　常德市1225名事实无人抚养儿童被纳入保障范围，发放年基本生活补贴约880万元。

29日　常德日报社组织专家评审团，采取不记名投票的方式，对587幅（组）“发现常德之美”年度入围摄影作品进行6轮筛选，评选出相机组和手机组2020年度获奖作品。顾湘田的组照《翩翩历羽翼》获得相机组特等奖（奖金5000元），胡晓新《工地序曲》获得相机组一等奖（奖金3000元），姜坤山《暮色河街》获得手机组一等奖（奖金2000元）。

2月

1日　全市169个乡镇（街道）、2262个村（社区）全部完成“两委”换届选举。

2日　湖南省农业信贷融资担保有限公司（以下简称湖南农担）常德分公司成立。

2日　桃花源旅游管理区桃仙岭街道白鳞洲乡村旅游区、柳叶湖旅游度假区郑太有机农场现代农业产业观光园、津市市陈九堰乡村旅游度假区、汉寿县沧水湖生态休闲山庄、武陵区中旺农业草本咖啡园5家单位被授予“湖南省五星级乡村旅游区（点）”称号。

5日　省委常委、省委宣传部部长张宏森到常德走访慰问困难群众和党员。市委书记、市人大常委会主任周德睿陪同。

同日　市委书记、市人大常委会主任周德睿主持召开市委常委会会议，传达学习习近平总书记关于国家安全工作重要讲话及中央、省委政法工作会议精神；传达学习中央、省委农村工作会议及全省巩固拓展脱贫攻坚成果同乡村振兴有效衔接工作会议精神；传达学习省人大政协两会精神，研究常德市贯彻落实意见。

同日　市农林科学研究院将自主选育的“常香油1号”“常香油2号”“常香油3号”“常香油919”4个油菜新品种生产经营权分别转让给4家企业。

8日　市委书记、市人大常委会主任周德睿主持召开市委常委会会议，传达学习《中国共产党统一战线工作条例》、全国全省统战部长会议精神，听取各民主党派市级组织及市工商联换届工作有关情况汇报，研究常德市贯彻落实意见。

18日　常德市以一类地区排名第一的优异成绩被省委、省政府评为全省绩效优秀市州，连续2年在优秀等次中排名第一。

21日　汉寿县人民医院、石门县人民医院、安乡县一中3家单位获评国家级节约型公共机构示范单位。

23日　常德市武陵区东江街道新坡社区获评第六批全国学雷锋活动示范点。

24日　常德市海绵城市建设和西洞庭湖综合整治2项水环境保护工作经验在2021年湖南省水生态环境保护工作现场会上向全省推介。

25日　全国脱贫攻坚总结表彰大会上，郭碧勋、唐海平、陈璐、陈志刚、王新法、王婷获全国脱贫攻坚先进个人称号；常德市扶贫开发办公室、澧县农业农村局、中共桃源县黄石镇委员会、湖南湘佳牧业股份有限公司获评脱贫攻坚先进集体。

26日　市委副书记、市长邹文辉主持召开常德市国土资源管理委员会2021年第一次全会，研究部署闲置土地清理、土地出让储备、石煤矿山治理和地质灾害防治工作。

3月

3日　常德市基础地理信息中心根据国外卫星数据获取原常德市（今常德市武陵区）历史遥感影像，该影像记载1967年12月18日原常德市（今常德市武陵区）主城区面貌，包括城区范围内的建筑、道路、水系、植被等信息。

同日　“常德甲鱼”通过国家农产品地理标志登记。

4日　市公共资源交易中心蝉联“全国公共资源交易十佳机构”。

7—9日　副省长隋忠诚一行到常德调研春耕生产、乡村振兴等工作。

11日　新编现代汉剧大戏《我娘是片钥匙》在湖南幼儿师范高等专科学校丁玲剧场首演成功。

12日　常德市被农业农村部确定为湖南省首个第三批国家农产品质量安全县（市）创建单位。

同日　市人大常委会以审议意见的形式，依法叫停常德经济开发区申报省级化工园区的工作。该项目是常德市自2015年取得地方立法权后，首次适用地方性法规叫停存在环境污染风险的工业项目。

15日　市委副书记、市长邹文辉主持召开市委常委会会议。会议传达学习全国脱贫攻坚总结表彰大会、全国全省党史学习教育动员大会的会议精神，听取关于开展全市政法系统教育整顿工作情况汇报。

17日　常德市召开开放强市产业立市大会，对60家为全市经济社会发展作出突出贡献的优秀企业奖励3289万元。

同日　在石门县太平镇桩巴龙文化广场上，中华诗词学会和省、市、县诗词学会（协会）授予太平镇“中华诗词之乡”、太平镇苦竹坪村“中华诗词之村”、太平镇中心学校“中华诗教先进单位”牌匾。

18日　市国土空间规划委员会召开2021年第1次会议，研究审议《常德港总体规划（2021—2035年）》等规划事宜，听取有关工作情况汇报。市委副书记、市长邹文辉主持会议并讲话。

19日　市公共资源交易中心正式成为国家标准化委员会公布的第七批社会管理和公共服务结合标准化试点单位。

22日　常德市生态环境保护委员会召开2021年第一次全体会议，全面总结2020年全市生态环境保护工作，部署2021年工作，动员全市上下深入打好污染防治攻坚战。

24日　武陵区东江街道的学生千千（化名）住家离学校和公交站点都较远，为方便千千上学，市社会救助事务中心联合市公交公司在其家门口附近设立1个临时公交站，方便其上学放学。该站点是常德市公交车运营53年来首次为个人设立的公交站点。

25日　常德市武陵区税务局、临澧县消防救援大队获评湖南省岗位学雷锋活动示范点；石门县南北镇薛家村名誉村主任谢淼、常德市公安局交通警察支队直属四大队民警曾祥富、湖南文理学院辅导员党务专干朱天鹏3人获评湖南省岗位学雷锋标兵。

同日　以“湘遇桃花源　启航新征程”为主题的桃花源文化旅游节在桃花源游客中心广场举行。文化和旅游部党组成员王晓峰为桃花源旅游区颁发国家AAAAA级旅游景区证书。副省长谢卫江宣布2021年桃花源文化旅游节开幕。市委副书记、市长邹文辉出席并致辞。同日，2021香港摄影图片展全省巡展首站在桃花源旅游管理游客中心开展。

同日　市农科院在该院油菜薹春播试验基地开展油菜薹机械采收试验并获成功，是国内首个获得成功的油菜薹机械采收试验。

26日　武陵区人民法院在德山人民法庭举行少年法庭挂牌仪式，为常德市首家挂牌成立的少年法庭。省高级人民法院副院长杨翔、市委副书记黄清宇共同为少年法庭揭牌。

29日　在北京召开的全国扫黑除恶专项斗争总结表彰大会上，鼎城区公安局获“全国扫黑除恶专项斗争先进集体”荣誉称号。

同日　常德市成立学生安全专业委员会（以下简称学安委），并召开学安委第一次全体会议。

30日　沅北水厂迁建项目开工仪式在市城区丹溪路和窑港路交会处举行。副市长尹正锡出席仪式并宣布项目正式开工。

4月

1日　省人大常委会党组书记、副主任刘莲玉一行到常德市调研“十四五”规划实施立法需求和《中华人民共和国长江保护法》贯彻实施情况。

同日　市公安局人口与出入境管理支队按照国家移民管理局的要求，自4月1日起，实施6项便利老年人办理出入境证件的新举措，为老年人提供更周全、更贴心、更便捷的服务。

2日　省公安厅交警总队为“曾祥富交通管理示范岗”授牌。

3日　常德市首批历史建筑名录对外公布，常德河街的鸳鸯走马楼、德山孤峰岭的乾明寺等14处建筑被列为首批历史建筑。6月16日，常德市第一批历史建筑集中授牌暨揭牌仪式在湖南文理学院老校区举行，副市长尹正锡为常德市第一批历史建筑集中授牌。

6日　市委常委会会议召开，传达学习3月30日中共中央政治局会议精神、习近平总书记考察福建重要讲话精神、全国扫黑除恶专项斗争总结表彰大会精神，以及省委书记、省人大常委会主任许达哲在湖南第一师范开展党史学习教育时的讲课精神等，研究常德市贯彻落实意见。

7日　武陵区工农小学谭琪臻、常德市第十一中学周芳、常德外国语学校田华安3名教师获第十一届全国中小学外语教师园丁奖。

8日　召开市委新冠肺炎疫情防控工作领导小组会议，听取全市疫情常态化防控、疫苗接种工作情况汇报，并对相关工作进行安排部署。

同日　常德市举行党史学习教育省委宣讲团报告会。

9日　中共常德市第七届纪律检查委员会第六次全体会议召开。市委副书记、市长邹文辉主持会议，市委常委、市纪委书记、市监委主任罗翠林代表市纪委常委会作题为《强化引领保障，建设清廉常德，为开启我市现代化新征程提供坚强政治保证》的工作报告。

同日　为改善市民乘车环境，提升市民出行满意度，公交公司采购200台纯电动公交车投放到3路、8路、16路、19路、28路、31路、38路、53路、H13路等城区公交干线补充运力。

10日　澧县成为全国婚俗改革实验区。

同日　2020年度常德名优蜂产品牌专家评审会上，兴唐兴、山崖岩壁、大蜂祥等8个常德名优蜂产品，彭少青、欧阳秀友、唐汇栋等12名养蜂能手，安乡盛唐蜜蜂养殖农民专业合作社、常德市新天元养蜂专业合作社、桃源县天源蜂业有限责任公司等8家优秀蜂业合作社（蜂企）获得“优秀”称号。

同日　常德·深圳农业项目招商签约暨常德市农业产业领军人才（深圳）培训班开班仪式在深圳市举行。两地22家企业代表就农产品深加工、粮食、水果、蔬菜肉类等11个项目进行签约，金额约15亿元。

10—11日　央视新闻频道《24小时》和《新闻直播间》栏目，分别以《留守儿童组成“沅水童声”朗读团》《“一根筋”的坚持“尽全力”的付出》《后浪奔涌童声飞扬》为题，连续报道桃源县剪市中学教师郭云兵通过朗诵活动打开留守儿童心扉，开展思想政治教育的故事。

11日　央视《焦点访谈》栏目以《特色小镇“特”起来》为题，推介西湖管理区西洲牧业小镇。

12日　临澧县职业中专举行国家级刘建技能大师湖南临澧工作站授牌仪式。

12—13日　省人大常委会副主任叶红专率调研组到常德，就新侨和留学人员回国创新创业有关工作进行调研。

13日　常德市召开首届市长质量奖颁奖大会，经申报、评审、研究和公示，市人民政府决定，授予湖南飞沃新能源科技股份有限公司、湖南武陵酒有限公司首届市长质量奖，授予石门县第一中学侯宏泉、湖南德山酒业有限公司曾铁军2人首届市长质量奖个人奖，授予葛洲坝石门特种水泥有限公司、湖南平安医械科技有限公司、常德市三一机械有限公司首届市长质量奖提名奖。市委副书记、市长邹文辉为获奖企业和个人颁奖。

14日　市委常委会召开会议，传达学习习近平总记、李克强总理重要指示批示精神，全国打击治理电信网络新型违法犯罪工作电视电话会议、全国东西部协作和中央单位定点帮扶工作推进会、全国革命文物工作会议精神，全国、全省第一批政法队伍教育整顿工作推进会精神，全省市县乡领导班子换届工作电视电话会议精神等，听取2020年度全市绩效评估结果和脱贫攻坚总结表彰推荐评选工作情况汇报。

同日　鼎城区善卷中学学生袁瑜徽和汉寿一中学生肖子博获评2021年度“新时代湖南好少年”。

同日　市城区3000辆共享自行车配备安全头盔。

15日　桃源县陬市镇在该镇长乐村“党员示范田”举办人工插秧比赛。

16日　常德市政务中心交通运输窗口为滴滴出行颁发首本网络预约出租汽车运输证。

20日　湖南省慰问交通项目建设者暨高等级航道工程开工建设动员大会在澧县举行。副省长陈飞宣布澧水石门至澧县、湘江永州至衡阳、沅水常德至鲇鱼口高等级航道建设工程开工。其中澧水航道石门至澧县段将按1000吨级标准进行建设，设计全长51千米，建设内容包括航道整治及系列配套工程，估算总投资36亿多元；沅水航道常德至鲇鱼口将按2000吨级标准整治，设计全长213千米，估算总投资16亿多元。

22日　副省长何报翔到常德市调研开放型经济发展情况。

同日　湖南雅洁新材料水刺无纺布项目揭牌暨投产仪式在安乡工业园举行。

23日　市委常委会召开会议，传达学习习近平总书记、李克强总理重要指示批示以及全国职业教育大会、全省市州委书记视频会议、省政府副省长何报翔到常德市调研讲话精神。

同日　市委全面深化改革委员会2021年第一次会议召开，传达学习中央深改委第十七次、第十八次会议以及省委深改委第十次、第十一次会议精神，研究审议相关改革文件和方案，听取全面深化改革专题情况汇报，安排部署2021年全市全面深化改革工作。

同日　第十五届“中国（深圳）私募基金高峰论坛”上，柳叶湖清科基金小镇获评“2020年度最受欢迎基金小镇”，这是柳叶湖清科基金小镇第三次获得该奖项。

25日　在由中宣部新闻局、中宣部宣传舆情研究中心指导，“学习强国”学习平台主办的2021年第1期全国县级融媒体中心优秀作品双月赛中，桃源县融媒体中心报送的《湖南桃源：给乡村娃的梦想插上声音的翅膀》斩获全国一等奖，为湖南省唯一获得一等奖的作品。

26日　钱学森之子、钱学森决策顾问委员会主任委员、上海交大钱学森图书馆馆长钱永刚教授与副市长周代惠共同为常德市一中“钱学森班”揭牌。常德市一中成为全国第60个拥有“钱学森班”的学校。

27日　石门县交通运输局获“全国交通运输脱贫攻坚成绩突出集体”称号，为湖南省获得该荣誉的四家单位之一。

同日　在2021年庆祝“五一”国际劳动节暨“建功‘十四五’奋进新征程”主题劳动和技能竞赛动员大会上，常德市4个集体和3名个人获得全国表彰。国家税务总局桃源县税务局获全国五一劳动奖状；湖南常德牌水表制造有限公司维修班班长杨建国，石门县雁池乡苏市学校校长、高级教师王怀军，湖南博联工程检测有限公司总工程师屈建民获全国五一劳动奖章；国网湖南省电力有限公司常德供电分公司电力调度控制中心地区调度班、常德市兴隆劳务有限责任公司现场三部精包班、常德市水运事务中心地方航道所获评全国工人先锋号。

29日　湖南壶瓶山国家级自然保护区发现湖南兰科

植物新品种——天府虾脊兰，系湖南首次发现，为该物种提供新的种群分布区域和生存状况信息。

同日　湖南省庆祝“五一”国际劳动节暨先进集体先进个人表彰大会上，常德市第四中学、湖南湘佳牧业股份有限公司获湖南省五一劳动奖状，湖南中联重科混凝土机械站类设备有限公司焊工代亚涛、常德市职工学校校长毕娥、常德市第一人民医院医务部主任肖伟、国家税务总局常德市税务局稽查局局长鄢宇、常德市农林科学研究院经济作物研究所所长李树举、常德纺织机械有限公司冷作车间焊工班班长尹芝乐获湖南省五一劳动奖章，湖南飞沃新能源科技股份有限公司螺栓事业部设备管理部、大唐石门发电有限责任公司燃管部化验班、常德市自来水有限责任公司水质监测站、常德美华尼龙有限公司纺丝二车间、国家税务总局澧县税务局大堰垱税务分局、常德市武陵区人民政府政务服务中心综合受理窗口获湖南省工人先锋号。

30日　常德公交驿站启动仪式在武陵阁公交驿站举行，市城区再添7处公交驿站。市城区设立的15处公交驿站全面投入使用，全市54条公交线首末站实现驿站全覆盖。

同日　交通运输部召开“2020年感动交通十大年度人物”视频报告会，常德个体货车司机龙兵成为湖南省唯一获评的交通运输人。

同日　市人社局、常德高新区联合在市城区万达广场举办民营企业专场招聘会。中联重科建筑起重机械有限公司、湖南武陵机械制造有限公司等40家重点用工企业进场招聘，提供岗位近2000个，吸引300多人到场求职，127人初步达成就业意向。

同日　全省脱贫攻坚总结表彰大会上，常德市财政局被省委、省政府授予“湖南省脱贫攻坚先进集体”称号。

5月

5—7日　澧县周小云太青野茶专业合作社研发生产的新“小大方”牌元贡一号常德红茶，在安徽黄山举行的中国（黄山）茶业发展大会暨全国传统名茶联盟年度工作会议和“黄山杯”首届全国传统名茶产品质量推选颁奖仪式上获首届全国传统名茶产品质量金奖。

7日　根据中央决定和省委、市委安排，常德市扶贫开发办公室重组为常德市乡村振兴局，主要负责巩固拓展脱贫攻坚成果、统筹推进乡村振兴有关具体工作。上午，常德市乡村振兴局正式挂牌。

同日　在取得脱贫攻坚全面胜利后，常德市继续选派1750名机关企事业单位干部组成594支工作队开展驻村帮扶工作。

同日　湖南省首条“地下接送学生系统”在常德市武陵区第一小学正式启用。

8日　常德财经机电职业技术学院（筹）教师杨鸿平老师获评湖南省首届“最美中职班主任”。

9日　鼎城第五届竹文化节在鼎城区黄土店镇云峰竹海景区拉开帷幕，吸引了4000多名游客慕名而来。

11日　市委常委会召开会议，传达学习习近平总书记在博鳌亚洲论坛2021年年会上的主旨演讲精神和考察广西重要讲话精神，习近平生态文明思想以及中央、省委有关文件、会议精神，听取市政协办、市生态环境局、市农业农村局有关情况汇报。

12日　常德市11家企业获授权使用“常德甲鱼”标识。授权企业将对照《常德甲鱼质量控制技术规范》《常德甲鱼苗种培育技术操作规范》《常德甲鱼商品养成操作规范》和《常德甲鱼标准化体系》等标准要求，按标生产。

13日　神起网络集团投资的湖南映秀信息科技有限公司暨VV语音网红直播项目总部在常德市武陵移动互联网产业园开业。

17日　位于常德高新区的中联重科常德智能工厂二期开园投产，现场交付全球最大风电动臂塔机LW2340-180。

同日　第七届武陵国际微小说节颁奖大会举行。

18日　常德市首次基层中小学教师职称评审工作完成，1969名资深乡村教师、20名岗位乡村教师取得基层中小学教师高级职称，15名岗位乡村教师取得基层中小学教师中级职称。

19日　市委常委会会议召开，传达学习4月30日中共中央政治局会议精神、中共中央政治局第二十九次集体学习精神和中共中央、国务院《关于新时代推动中部地区高质量发展的意见》精神；听取模范机关创建2020年度考评结果和2021年度考评建议、全市社保基金管理防风险堵漏洞专项整治工作等情况汇报。

同日　市委副书记、市长邹文辉主持召开市国土资源管理委员会2021年第二次全体会议，研究部署市城区闲置土地清理处置、开发建设等工作。

同日　湖南省第十届网络文化节主体活动之湖南常德百家网媒“湘遇桃花源　筑梦新征程”主题活动启动仪式在桃花源主游客中心举行。

20日　“学习弘扬林伯渠革命精神”学术研讨会在常德市开幕。全国各地高校、党校的专家学者以及林伯渠家乡代表、家属代表150人参会，共同缅怀林伯渠的丰功伟绩，传承弘扬老一辈无产阶级革命家精神。

21日　全市高技能人才表彰暨职业技能提升行动调度会召开。邱宝珠、沙建薪、徐光辉等10人被评为

"2020年常德杰出工匠"；张永德、邓亚喜、程念生等20人被评为"2020年常德工匠"；贺晓东、蔡静冰、张军等10人被评为"2020年常德市技能大师工作室领衔人"。市委人才办对3个奖项的获得者给予个人奖励，奖金总额50万元。

24—25日　中共湖南省委党校（湖南行政学院）副校（院）长、韶山干部学院院长蔡文辉一行到常德，对林伯渠党性教育基地、"扶贫楷模"王新法党性教育基地、帅孟奇党性教育基地教学点授牌。

26—27日　省政协主席李微微到常德，就"在RCEP框架下深化湖南与东盟经贸合作"课题开展调研。

28日　常德市与新松机器人投资有限公司签订常德智能康养装备制造产业园项目合作协议。市委副书记、市长邹文辉，新松机器人投资有限公司总裁郝占岗出席并见证签约。市委副书记黄清宇主持签约仪式。

31日　市委常委召开会议，传达学习中央、省委有关会议和讲话精神，审议《常德市行政复议体制改革实施方案（草案）》和《中共常德市委2021年度落实全面从严治党主体责任工作任务计划（草案）》。

同日　常德市127个乡镇圆满完成党委换届，选举产生新一届乡镇党委委员1143人。

同日　市主城区运营的哈啰、七七出行、永安行、青桔、宜宜出行、去选出行6个品牌的共享电单车安全头盔全部配齐。

6月

1日　由市工信局主办的常德首届工业电商主播大赛在常德河街拉开帷幕，副市长汤祚国宣布大赛开幕。

2日　全市禁毒委员会全体会议召开，总结2020年禁毒工作，部署2021年禁毒工作。市委常委、市委政法委书记、市禁毒委第一副主任刘国龙出席会议并讲话。副市长、市禁毒委常务副主任、市公安局局长李忠主持会议。

7日　石门县政府与陕煤集团、正大集团在市委机关举行签约仪式。签约的两大项目为总投资约70亿元的陕煤石门2×660兆瓦燃煤发电工程升级替代及新能源综合开发项目、总投资约40亿元的正大集团石门100万头生猪产业链项目。

7—8日　省人大常委会党组书记、副主任刘莲玉到常德市石门县进行联点督导，并参加常德市、石门县党史学习教育工作汇报会暨石门县委理论学习中心组党史学习教育第四次专题学习研讨会。

10日　以"尚俭崇信　守护阳光下的盘中餐"为主题的全国食品安全宣传周（湖南）启动仪式暨湖南省示范性Ⅲ级食品安全事故应急演练在常德举行。副省长、省食安委副主任何报翔宣布活动启动，并为第二批省级食品安全示范县市区授牌。

11日　省人大常委会副主任周农率领省人大常委会调研组到常德开展《湖南省水利工程条例（草案）》立法调研。

同日　市政府与中国农业发展银行湖南省分行签订战略合作协议。

11—15日　常德20多家米粉生产经营企业到江西南昌参加由中国饭店协会和江西省商务厅联合举办的第一届中国米粉节。

12日　由省委网信办主办的湖南省第十届网络文化节主体活动之全省动漫音乐狂欢派对活动在常德卡乐星球开幕。活动包括炫酷无人机秀，沉浸式高科技AR、VR游乐项目，端午传统民俗活动等。

16日　市委常委召开会议，传达学习习近平总书记考察青海重要讲话及在两院院士大会和中国科协第十次全国代表大会上的重要讲话精神、5月31日中共中央政治局会议、中共中央政治局第三十次集体学习、《求是》杂志相关文章精神。听取市委组织部、市委政研室、市文旅广体局有关情况汇报。

同日　常德河街街头迎来网红杂技艺人"舞状元阿瑞"。挑战人体极限的杂技表演"承包"全场视线，技巧与创意结合的各种节目赢得游客阵阵喝彩声，为常德街区文化节增添精彩。

17日　"百馆百展颂百年"暨"红色中国·百年革命文物图片联展"活动在常德市丁玲纪念馆开展。300余名社会人士出席开幕式。

21日　为庆祝中国共产党成立100周年，推动重大项目及早开工建设，营造高质量发展的浓厚氛围，加快实施"三高四新"战略，常德高新区中联重科中高端液压油缸智能制造园暨常德市2021年二季度重点建设项目集中开工仪式举行。全市71个重点建设项目集中开工，总投资超过410亿元，其中，产业项目48个，总投资114亿元。

同日　常德市首届军休功臣疗养活动在桃源县热市镇启动。该活动贯彻落实退役军人事务部等6部门《关于进一步提升移交政府安置的军队离休退休干部服务管理水平的通知》要求，在全市营造尊崇功臣、学习功臣、关爱功臣的浓厚氛围。

21—23日　桃源县用无人机对松材线虫传播媒介松褐天牛实施飞防作业。

22日　全省农村人居环境整治暨厕所革命现场推进会在常德市召开。省委副书记乌兰讲话，副省长隋忠诚主持会议，市领导介绍常德市农村人居环境整治工作开展情况。

同日　由全省21所开设学前教育专业的中、高职院校，21家幼教相关知名企业及80所名优幼儿园共同组建的湖南省学前教育职业教育集团在湖南幼儿师范高等专科学校成立。

23日　常德名企唱响《中国梦》MV上线。

24日　省委常委、省委组织部部长王成深入常德市，就智慧党建、基层公共服务、党史学习教育等开展调研。

同日　市残联联合常德爱尔眼科医院、湖南健耳听力连锁服务机构等单位到西湖管理区，为100多名残疾人进行辅助器具适配、假肢维修、助听器适配、白内障筛查以及辅助器具知识的宣传等服务。

25日　市自然资源规划局推出不动产登记服务品牌——“E德登”，品牌卡通形象代言人“登小二”正式亮相。

同日　“颂党恩　跟党走”全市美术书法摄影作品展在常德河街春秋广场开展。

同日　长株潭及传输通道城市大气污染联防联控联席会议在常德市召开。长沙、株洲、湘潭、岳阳、常德、益阳6个通道城市分别汇报大气污染防治工作，就联防联控工作交流。省生态环境厅总工程师张在峰出席会议并讲话。

28日　常德市“民兵大学习、奋斗新时代”第四季活动在武陵区全民健身服务中心进行。

28—29日　副省长陈文浩到常德市调研督导防汛抗旱以及乡村振兴、重点项目建设等工作。

29日　常德市优秀共产党员、优秀党务工作者和先进基层党组织表彰大会召开。会议颁发“光荣在党50年”纪念章，颁发常德市“两优一先”奖励证书、奖牌。常德市33万多名党员利用智慧党建等网络平台在线观看。

同日　常德西洞庭管理区与宁夏晓鸣农牧股份有限公司签订关于《宁夏晓鸣股份南方种业中心项目》的战略合作协议。

同日　常德市经济建设投资集团有限公司与国科离子医疗科技有限公司签订《重离子项目战略合作协议》，湖南重离子医院有限公司与兰州科近泰基新技术有限责任公司、湖南汇材康宁科技有限公司签订《重离子治疗系统合作协议》，湖南省首个重离子医学中心落户常德，是常德市推进招大引强、发展研究院经济的又一重要成果。

30日　常德市粮食集团有限公司挂牌成立。新组建的粮食集团隶属于常德市经投集团，资产总额约1.67亿元，总仓容量18万吨，储存政策性粮油7.5万吨，业务涉及粮食储备、粮食应急保障、粮油贸易、资产经营管理、粮油基地建设等多个领域。

7月

1日　常德市举办以“颂党恩，跟党走”为主题的庆祝中国共产党成立100周年合唱比赛优秀节目展演活动。市委、市人大常委会、市政府、市政协等市直机关部门和区县的23支代表队参加展演。

3日　世界级濒危鸟类——海南鳽在壶瓶山发现。海南鳽是中国特有的鸟类，属于涉禽，属国家一级保护鸟类，被列入全球性极危物种。

6日　常德（泉州）对台招商推介会在福建省泉州市举办。泉州市、福州市、厦门市、漳州市、莆田市地台协会长及台商代表参加推介会。

7日　省人大常委会副主任、省总工会主席周农，省总工会党组书记、副主席涂文龙一行到常德市工人文化宫易址新建项目、湖南中烟常德卷烟厂等处，实地调研常德工会工作、慰问劳模工匠并参加座谈会。

同日　常德市首个智慧大堤监测试点工程试运行，利用“智慧眼”提前预警各类险情，极大提升全市防汛抗灾能力。

8日　市政府举行潇湘科技要素大市场常德分市场揭牌仪式。省科技厅副厅长朱皖、副市长汤祚国出席。

8—11日　市第四人民医院感染科选送的护理管理案例获第七届潇湘护理高峰论坛优秀管理案例奖。

9日　常德高新区企业湖南粤港模科实业有限公司用工业级模块化新材料搭建中国冰雪大会冰雪主题场景，成为大会一道亮丽的风景线，迎来一片赞叹声。

同日　2021“辉煌足迹·火炬传承全民健身系列活动”暨常德市第八届运动会红色火种接力跑在丁玲公园鸣哨。

12日　市委常委会召开会议，传达学习习近平总书记在庆祝中国共产党成立100周年大会、“七一勋章”颁授仪式、中共中央政治局第三十一次集体学习、参观“‘不忘初心、牢记使命’中国共产党历史展览”时的系列重要讲话精神，最高人民检察院检察长张军到常德调研讲话精神，听取全市防范学生溺水工作情况汇报。

同日　义务为山民捎带物资的“电骡子”覃道周、寒冬中跳江救人的彭恒喜、父子接力义务护电40年的谢元恒、不离不弃照顾瘫痪丈夫23年的张开秀4人入选湖南省道德模范。

14日　西洞庭管理区中联智慧农业（水稻）项目的约5.4公顷智慧水稻（早稻）开镰收割。中联智慧农业（水稻）项目应用过程分为科研、示范和全域推广3个阶段，通过建设“天、空、地、人、农机”五位一体数据采集体系，建立选种、育秧、播种（移栽）、水分、肥料、病害、虫害、草害、收获、烘干水稻全生命周期十大模块的23个算法，实现大数据驱动精准作业，从而提高粮食生产数量与品质，达到粮食生产增产降本、节肥减药、品质提升、全程可追溯要求。

16日　市委常委会召开会议，传达学习中央全面深化改革委员会第二十次会议、省委全面深化改革委员会第十二次会议、省委十一届十三次全体会议、“三航”（航天、航空、航海）高层座会、省政府第八次全体会议精神，听取全市绩效评估实施方案指标体系、县乡人大换届选举等相关情况汇报。

同日　常德职业技术学院教授王燕选育的3个桃花新品种“晨雾”“朝霞”“烟云”被国家林业和草原局授予植物新品种权证。

同日　暨南大学附属常德医院揭牌仪式在常德市第一人民医院芷园会堂举行。

17日　2021年中国·安乡第五届荷花节在安康乡仙桃村开幕。

同日　常德市352户困难残疾人家庭完成无障碍改造，项目完成进度居全省第一。

19日　全省水稻机收减损现场演示会暨机械化栽植技术推广“田间日”活动在桃源县举行。

20日　市委常委会召开会议，传达学习中办国办、省委办省政府办关于进一步深化税收征管改革相关文件精神，全国、全省扫黑除恶专项斗争总结表彰会议精神，全省乡村振兴重点帮扶县和示范创建县工作推进会议精神等，听取设立市乡村振兴局党组及有关干部人事工作情况汇报。

同日　常德市基础地理信息中心完成《市级“河长制”河湖岸线（沅江、柳叶湖）遥感监测报告》，报告通过卫星遥感监测技术手段，结合河湖专题资料，保护沅江、柳叶湖岸线。

同日　常德火车站临时过渡站房正式启用。同时，常德火车站老站房临时关闭，重新修建。

21—22日　省人大常委会副主任彭国甫带队到常德，专题调研文化建设助力乡村振兴工作。市人大常委会党组书记、代理主任余怀民参加调研。

23日　中共常德市第七届委员会第十二次全体会议召开。市委书记作工作报告，审议并原则通过《中共常德市委关于深入学习贯彻习近平总书记在庆祝中国共产党成立100周年大会上的重要讲话精神落实“三高四新”战略推动高质量发展的决定》（以下简称《决定》）。市委副书记、市长邹文辉传达省委十一届十三次全会精神，并就《决定》向全会作起草说明。

同日　12时40分，作为全省增援力量第一编队，市消防救援支队13名指战员、1台排涝消防车、1台装备车、1台运兵车携150件救援装备抵达河南郑州开展排涝抢险救灾。

26日　市委常委会召开扩大会议，传达学习加快发展保障性租赁住房和进一步做好房地产市场调控工作电视电话会议、省委常委会（扩大）会议精神，研究分析上半年经济形势，部署下半年经济工作。

28日　常德健儿张亮在东京奥运会赛艇项目男子双人双桨决赛中，与刘治宇组合，获得铜牌，实现常德市奥运奖牌“零的突破”。

同日　常德市出现2021年度疫情首例新冠肺炎无症状感染者，市委、市政府第一时间进行防疫工作部署阻击疫情。

29日　由市人民政府主办的2021常德招商推介会在深圳举行，25个重大项目在会上集中签约，迈瑞医疗、深农集团、中钢国际、香港铜锣湾、正威国际、心里程等“三类500强”以及行业龙头、意向投资企业等客商代表近150人参加推介会。

30日　省政协主席李微微率省委第一督导组到常德市督导检查疫情防控工作。

同日　市委常委会召开会议，传达学习习近平总书记赴西藏考察调研重要讲话精神、对防汛救灾工作作出的重要指示精神、对深入推进农村厕所革命作出的重要指示精神、《中国共产党组织工作条例》文件精神和全省纪检监察工作座谈会精神，听取全国文明城市复查迎检工作情况汇报。

8月

2日　澧县小渡口镇添围村村民叶征元用一台自走式青饲料收获机，将约2公顷青贮玉米和秸秆一次性全部粉碎成饲料。与往年相比，用机器收割减少二次秸秆收割的成本与时间。

3日　石门县子良镇谭村69岁农妇杨毕太在当地农村信用社领到由中国人民财产保险股份有限公司石门支公司支付的44198元野生动物伤人保险理赔款，是为全市首例野生动物伤人理赔案。

同日　常德市第一人民医院成功开展全市首例气管支架置入术。

5日　国务院残疾人工作委员会发布《关于表彰全国残疾人工作先进单位和先进个人的决定》，石门县人民政府残疾人工作委员会获“全国残疾人工作先进单位”，常德市肢残人协会主席吴光清获“全国残疾人工作先进个人”。

同日　常德金音青少年萨克斯管乐团获全国“示范

乐团”称号。

6日　市委副书记、市长邹文辉主持召开市属国企改革领导小组第一次会议，听取市属国企改革推进情况，研究审议相关文件，部署下阶段工作。

13日　下午6时45分，常德市100名医护人员组成的核酸采样队紧急集结，出发支援张家界。

同日　电将军（常德）绿色先进储能产业生产制造基地项目在常德经开区正式签约，项目计划总投资106亿元，分两期实施建设。

同日　津市市金鱼岭街道大关山村、鼎城区草坪镇枫林口村、安乡县安康乡仙桃村、石门县南北镇薛家村入选湖南省第二批全国乡村治理示范村创建推荐名单。

17日　常德高新区为主导建设的常德重大成套设备制造创新型产业集群入选2021年度创新型产业集群试点（培育）名单。

18日　汉寿县农商银行向坐落于汉寿县境内的某药业公司发放首笔“专利权质押贷”贷款1050万元。

同日　《常德市既有住宅加装电梯管理办法》（以下简称《办法》）出台，《办法》对既有住宅可加装电梯的基本条件、申请程序及后续管理维护等做出相关规定，为既有住宅加装电梯提供依据。同日，常德市武陵区电信新村小区的首台实行加装全过程管控的电梯正式交付启用。

19日　市委常委会召开会议，传达学习十九届中央政治局第三十二次集体学习精神、7月30日中共中央政治局会议精神、省委十一届十四次全会精神、《中共中央组织部印发〈关于抓党建促乡村振兴的若干意见〉的通知》精神以及全省市州委编办主任座谈会精神，审议并原则通过《常德市全面推行林长制实施方案（草案）》和《常德市贯彻落实第二轮中央生态环境保护督察报告整改方案（草案）》。

24日　省重点建设项目洞庭湖片区协调推进会在常德召开，省委常委、常务副省长谢建辉主持会议并讲话。

24—25日　副省长、澧水干流省级河长陈文浩，深入澧县、津市、武陵区等地，乘船巡查澧水干流常德段，并对穿紫河治理以及江北城区污水提质情况开展实地调研，督促各级河长制工作落实。

25日　湖南常德牌水表制造有限公司、湖南三特机械制造有限公司、临澧金华天机械制造有限公司、常德市佳鸿机械有限责任公司等8家企业晋升为国家专精特新“小巨人”企业。

同日　常德市举行“计生协伴学子飞翔”助学金发放仪式，100名计生困难大学新生每人领取3000元助学金。

26日　召开市委常委会会议，传达学习习近平总书记赴河北考察调研重要讲话精神和全国、全省扫黑除恶专项斗争有关会议精神，全省“清廉医保”专项监督检查工作动员部署会议精神，研究常德市贯彻落实意见。

同日　洞庭湖北部地区分片补水二期工程在安乡县举行开工仪式。副省长隋忠诚宣布项目开工建设，省水利厅厅长颜学毛主持开工仪式，市委副书记、市长邹文辉在开工仪式上致辞。

27日　市文明办发布《关于常德市2021年度“身边的最美人物”评选活动结果的表彰通报》。授予汪洋等20人“最美医护人员”、代艳萍等20人“最美教师”、蔡桂秋等30人“最美退役军人”、王海燕等15人“最美城管人”、潘述文等15人“最美环卫人”、蹇在斌等25人“最美交通人”、熊卫军等20人“最美诚信经营户”、樊光辉等20人“最美税务人”、雷浩等20人“最美基层民警”、宋婕等22人“最美检察官”、龚哲羲等25人“最美法官”、张倩等20人“最美慈善人物”荣誉称号。

28日　汉寿县举行生活垃圾焚烧发电项目并网发电启动仪式。标志汉寿本地生活垃圾将就地处理发电。

29日　常德市首次引进高压水射流水泥混凝土铣刨设备助力武陵大桥维修。

30—31日　市七届人大常委会召开第42次会议，首次听取市监察委员会专项工作报告。

31日　东京残奥会射击P1-SH1级男子10米气手枪决赛中，常德籍运动员杨超、黄兴分别打出237.9环、237.5环的好成绩，包揽冠亚军，其中杨超卫冕成功，打破世界纪录。

同日　国家医疗保障信息平台常德上线启动仪式举行，常德市医保业务和医保信息数据实现与全国互联互通。

同日　位于市退役军人事务局办公楼二楼的退役军人之家正式启用。退役军人之家设置“两代表一委员”工作室、就业创业导师工作室、老兵红色讲堂、法律援助站、拥军服务联盟等10个功能室。

同日　武陵区东江街道浮桥社区、桃源县陬市镇李家洲社区、澧县火连坡镇澧淞村、临澧县新安镇上坪村、武陵区芙蓉街道岩坪社区获评首批全国示范性老年友好型社区。

9月

1日　省委书记、省人大常委会主任许达哲到常德市，围绕习近平总书记考察湖南重要讲话指示精神落实情况“回头看”、省第十二次党代会报告起草和产业发展、教育民生等情况进行调研。

同日　2021“辉煌足迹·火炬传承全民健身系列活动”暨常德市第八届运动会红色火种接力跑柳叶湖站开跑。

2日　召开市委常委会会议，传达学习中央、省委有关会议精神，以及省委书记、省人大常委会主任许达哲到常德调研讲话精神，研究常德市贯彻落实意见。

同日　常德运动员黄兴在东京残奥会射击P3–男女混合25米慢加速标准手枪SH1级决赛中以27分、领先亚军6分的成绩夺得冠军。

同日　由市人民政府、市质量强市和实施标准化战略工作协调领导小组主办，市市场监督管理局承办的首届常德品牌故事大会决赛暨“质量月”活动启动仪式举行。12名选手参加角逐，最终评选出一等奖2名、二等奖4名、三等奖6名。

3日　上午9时，常德市第八届运动会在市体育中心开幕。全市各区县市的14个代表团和市直单位及中央、省驻常德单位47支代表队展开激烈角逐。市委副书记、市长邹文辉宣布开幕，市委副书记黄清宇致辞，市政协主席、党组书记朱水平为成年组足球决赛开球。9月15日，常德市第八届运动会结束。

同日　常德运动员杨峰以63.2秒的成绩夺得东京残奥会男子S8级100米蝶泳银牌。

同日　在2021年常德市“寻找最美村规”评比活动中，武陵区芦荻山乡李白溪村、长庚街道熊家台社区等30个村（社区）的村（居）规民约获评2021年度“最美村规”。

4日　市人社局、市财政局联合印发《常德市工伤保险费率浮动实施细则》（以下简称《细则》）。《细则》共有17条，主要包括工伤保险费率浮动的分类、工伤保费率浮动的档次、整体性浮动原则及审批、差异性浮动原则及审批、工伤保险费率浮动周期5个方面的内容。

5日　央视《焦点访谈》栏目推出的“开学”专题，推介常德“做好防疫保障开学”的经验做法。

6日　召开市委常委会会议，传达学习习近平总书记在中央党校（国家行政学院）中青年干部培训班开班式上的重要讲话精神，以及省工程机械产业发展座谈会精神。

同日　2021常德市养老护理职业技能竞赛暨湖南省养老护理职业技能竞赛常德赛区选拔赛落幕。汉寿县康尔顺养老院护理员曾敏获得一等奖。

7日　由常德市人民政府主办、武陵区人民政府承办的2021“味道湖南·常德味道”美食季启动仪式暨武陵美食周开幕，副市长杨成英出席启动仪式并宣布开幕。

同日　常德市中联建起、特力液压、中联工起、三一机械、康普药业、欣龙无纺布等123家企业获得4946.89万元的2020年湖南省工业企业技术改造税收增量奖补资金支持，资金总量居全省第二。其中，中联建起获得单项最高1000万元的奖补资金支持。

8日　市委召开全面依法治市委员会第三次会议暨市委全面依法治市工作会议，深入学习贯彻习近平法治思想、中央和省委相关会议精神，审议相关文件，总结2020年工作，研究部署下阶段重点任务。

同日　常德市召开扫黑除恶专项斗争总结表彰暨常态化开展扫黑除恶斗争推进会，表彰全市扫黑除恶专项斗争先进集体、先进单位、先进工作者，总结三年来扫黑除恶专项斗争的成绩和经验，对常态化开展扫黑除恶斗争进行全面部署。

9日　常德市召开第三十七个教师节庆祝表彰会议，全市819名教师受到表彰奖励。

同日　湖南武陵酒有限公司新厂投产暨下沙仪式在常德经开区举行。武陵酱酒酿造技改项目揭牌。

10日　以“锦绣潇湘·赶爱常德”为主题的湖南省首届都市文化旅游节暨常德城市文旅品牌发布会在柳叶湖开幕。文化和旅游部资源开发司一级巡视员宋奇慧宣读常德柳叶湖旅游度假区评定为国家级旅游度假区文件，省人民政府副秘书长季心诠出席并宣布活动开幕，常德市委副书记、市长邹文辉出席并致欢迎辞，常德市委副书记黄清宇主持开幕仪式。

同日　2021年湖南板式网球邀请赛在常德市全民健身服务中心开赛。

15日　市委常委会召开会议，传达学习习近平总书记对档案工作重要批示精神、湖南省党政代表团赴湖北学习考察有关精神，听取七届市委巡察工作情况汇报。

16日　常德市首届拥军关爱金发放仪式在市文化馆举行。

同日　以“百年再出发，迈向高水平科技自立自强”为主题的2021年全国科普日常德（武陵）主场活动启动仪式在武陵区青少年数字科创体验馆举行。

17日　中国共产党常德市第七届委员会第十三次全体会议召开，研究中国共产党常德市第八次代表大会有关筹备工作。

同日，召开市委常委会会议，听取第七届市委报告、第七届市纪委工作报告起草情况的汇报，听取市第八次党代会有关情况汇报，并研究市第八次党代会会务工作方案。

同日　常德高新区的响箭重工、佳鸿机械、荣程机械、三金结构件制造4家企业被第一批授予“信用企业”称号。

18日　鼎城区、西洞庭管理区、西湖管理区“三区”农村安全饮水工程项目正式开工建设，市委副书记、市长邹文辉宣布开工。

22日　“庆丰收·感党恩”2021年中国农民丰收节湖南主场常德澧县分会场暨沅澧共庆活动在澧县城头山国家考古遗址公园启动。

24日　中国共产党常德市第八次代表大会在工人文化宫开幕。25日，大会闭幕。

26日　中国共产党常德市第八届委员会召开第一次全体会议，选举产生新一届市委常委、书记、副书记。会议通过中国共产党常德市第八届纪律检查委员会第一次全体会议选举结果。同日，召开市委常委会会议，研究市委书记、副书记和常委分工安排，以及有关干部人事工作。

同日　常德市30家企业在长沙参加第二届中非经贸博览会，在W4展馆和单独布展区参展。28日，常德市承办中国—非洲葡语国家渔业暨水产品推介会，12个合作项目签约。

27日　“恰是百年风华”庆祝中国共产党成立100周年主题展开幕仪式在常德市丁玲纪念馆举行。市委常委、市委宣传部部长彭晛丹出席并宣布开幕。

29日　召开市委常委会会议，传达学习习近平总书记赴陕西省榆林市考察调研重要讲话精神，以及中央、省委相关会议精神，听取相关工作情况汇报。

同日　常德高新区与中联农业机械股份有限公司正式签约，中联重科湖南智能农机产业园建设项目落户常德高新区。

同日　由中国果品流通协会、石门县人民政府主办，石门县供销社承办的“第一颗早熟柑橘进北京暨石门柑橘北京推介会”在北京新发地国际农产品会展中心举办。

30日　第八个烈士纪念日，常德市社会各界代表人士到白鹤山常德烈士公园纪念广场，在烈士纪念碑前向先烈敬献花篮，共同缅怀人民英雄。

10月

4日　央视综合频道《新闻联播》以“多彩假日享受欢乐时光”为题报道常德桃花源国庆旅游情况，肯定常德疫情防控措施。

5日　石门县五完小足球队在江苏南京举行的2021第六届“卫岗乳业·立壹杯”全国少儿足球邀请赛中夺得冠军。

8日　总投资4亿元的常德市第一座储能电站——西洞庭涂家湖储能电站开工建设。

同日　湖南省“刘良院士专家工作站”汉寿百禄桥枳壳、陈皮产学研工作基地揭牌仪式在汉寿县百禄桥镇举行。

10日　常德市获评2021年湖南省“平安农机”示范市。

11日　“考古中国”重大研究项目——长江中游文明进程研究的重点课题鸡叫城遗址考古发掘专家现场会在湖南澧县举行，宣布发现一处主体部分至少330平方米、加南廊至少500平方米的木结构房子。为当前考古发现的中国最早最完整的木结构建筑基础，距今4700年左右。鸡叫城遗址位于常德市澧县涔南镇鸡叫城村（原名复兴村），1978年发现，城内面积约15万平方米。

同日　常德市2021年度“新时代好少年”评选结果出炉，115名优秀少年受到表彰。

同日　常德湘联木业有限公司朱德元木雕创新工作室获评湖南省示范性劳模和工匠人才创新工作室。常德财经机电职业技术学院（筹）获评湖南省“湖湘工匠”培育和竞赛基地。

12日　桃花源旅游管理区被生态环境部命名为全国第五批“绿水青山就是金山银山”实践创新基地。

13日　位于武陵区白马湖街道北站社区的常德市首个长者食堂试营业。

同日　省委副书记乌兰在市委领导的陪同下，到桃源县巡查沅水常德段卫星遥感监测发现问题整改情况。

15日　市委常委会召开会议，传达学习纪念辛亥革命110周年大会、中共中央政治局第三十三次集体学习、中央人才工作会议、首届北斗规模应用国际峰会开幕式、第二届中国非洲经贸博览会开幕式、省委外事委第三次全体会议精神。

同日　“常阅读　德未来”第七届常德阅读节·图书交易会在市新华书店下南门店启幕。

同日　常德市第二届退役军人创业创新大赛落幕，17个产业项目同台竞技。经过项目路演（PPT展示）、评委点评、选手答辩等环节，常德市金磁电器有限公司、津市市绿野青苗旅游发展有限公司、湖南三毛生态农业科技发展有限公司所带项目获一等奖。

同日　津市高新区的湖南醇健制药科技有限公司在2021第十届中国创新创业大赛生物医药全国赛上斩获优秀奖。

17日　常德市首届落英古装影像周开幕展映在常德技师学院举行。

18日　召开市委常委会（扩大）会议，研究市委关于贯彻落实习近平总书记考察湖南重要讲话指示精神情况的通报，传达学习习近平总书记在中央财办《经济要情》上的重要批示，以及市州委书记视频会议精神，调度部署当前重点工作，确保全面完成全年目标任务。

19日　常德社区矫正委员会第一次会议举行，市委常委、市委政法委书记、市社区矫正委员会主任刘国龙出席会议并讲话，副市长、市公安局局长、市社区矫正委员会副主任余良勇主持会议，市中级人民法院院长、市社区矫正委员会副主任张经伟出席会议。

20日　召开市委常委会扩大会议，传达学习习近平总书记在十九届中共中央政治局第三十四次集体学习时的重要讲话精神和全省领导干部会议精神。

同日　百兆瓦级多电源融合技术实验验证平台项目竣工仪式在常德经开区举行，标志着全球首个百级多电源融合技术实验验证平台正式运行。

同日　举行常德市2021年度创业大赛总决赛。石门“喝‘共富’茶，圆共富梦”项目获特色创业组一等奖，获得奖金10万元；蒋文志的“津市津百味”项目获创客主播专项组一等奖，获得奖金5万元；常德职业技术学院的“心醉桃花源，情归桃花醉”项目获高校组一等奖，获得奖金1万元。

21日　鼎城区、桃源县、石门县、汉寿县、临澧县、澧县、安乡县、津市市8个区县市入选湖南省2021年棉花大县。

同日　常德市检察院雷姗在第三届全省检察机关未成年人检察业务竞赛中，获全省未成年人检察“业务标兵”和“最佳写作奖”。

22日　召开市委常委会会议，传达学习习近平总书记在中央人大工作会议上的重要讲话精神、关于老龄工作的重要指示精神及全国老龄工作会议精神，研究常德市贯彻落实意见。

25日　中联重科全球最大上回转塔机下线仪式在常德高新区中联建起智能工厂举行。该塔机最大起重量达450吨，额定起重力矩12000吨米。

同日　市委副书记、市长邹文辉主持召开市城市建设规划审查领导小组第一次会议。研究全市部分重点城市建设规划项目，审议《常德市城市建设规划审查领导小组工作规则（草案）》《市级国土空间专项规划目录清单及中心城区部分重点空间规划》。

26日　召开市委常委会扩大会议，研究部署常态化疫情防控、抓好年度目标任务完成等重点工作。

同日　常德职业技术学院农业系教授王燕培育的霓虹、玉玲珑、醉春风3件新品种被国家林业和草原局授予2021年第二批植物新品种权。

27日　常德市举行城市更新“三建三拆”（功能体系建设、服务体系建设、管理体系建设，拆违建、拆围墙、拆危房）工作动员大会，对城市更新“三建三拆”工作进行动员部署。

28日　省委副书记、省长毛伟明到常德考察调研并召开座谈会。毛伟明一行先后在临澧县、津市市、安乡县调研安福环保科技、临澧县高桥村高标准农田示范片、经世新材料、引航生物科技、津市港、珊珀湖综合治理工程、凯斯机械公司等。

同日　常德市人民政府与湖南证监局签订战略合作协议，湘西北资本市场服务基地正式揭牌运营。中国证监会湖南监管局副局长戚力，省地方金融监督管理局二级巡视员胡军，市委常委、市政府党组副书记徐永健出席并讲话。

29日　召开市委常委会扩大会议，传达学习习近平总书记重要讲话精神、中央和省相关会议精神，以及省委副书记、省长毛伟明到常德市调研讲话精神，研究常德市贯彻落实意见。

同日　全国第十一届残运会暨第八届特奥会在陕西省西安市闭幕。常德市12名出征运动员共捧回21枚奖牌，包括11枚金牌、7枚银牌、3枚铜牌。

11月

1日　常德市人民政府与湖南兴湘集团正式签署战略合作协议。签约仪式上，市委常委、市政府党组成员罗先东代表常德市人民政府与湖南兴湘集团党委副书记、副董事长、总经理贺柳正式签订战略合作协议。

同日　第十七届中国茶业经济年会召开，石门县和桃源县被评选为“2021年茶业百强县”，常德红茶核心产区石门县被授予“有机茶之乡”“2021年度茶旅融合特色县域”称号，湖南植歌茶业公司被评选为“2021年度茶业新锐企业”。

3—4日　省人大常委会副主任叶红专到常德，就2021年省人民政府工作报告部署的民生实事项目落实情况，进行实地调研。市人大常委会党组书记、代理主任余怀民参加调研。

4日　中国科技开发院常德创新孵化基地租赁合同签约仪式在市机关事务管理局举行，该基地在常德市正式落地。基地使用原常德市政务中心办公楼，总建筑面积9635平方米。

同日　临澧县入选全国第二批城乡交通运输一体化示范创建县。

5日　2021创投峰会在常德举行，峰会以“创新发展　投赢未来”为主题，深度聚焦科技引领、金融赋能、双碳背景、投资赋能等方向，深入研讨科技创新、投资、产业与政策合力下的发展格局，坚持把推进招大引强作为“主抓”，为常德创新发展注入全新动力。

同日　快速公交分公司党支部携手H1线雷锋车队志愿者在常德财经机电职业技术学院、常德技师学院、湖南幼儿师范高等专科学校等学校站台设立周末“护学专线”，解决学生放学回家坐车难的问题。

同日　在全省母婴安全急救技能比武中，常德代表队获得二等奖。

8日　常德市“四大行动”（大学习、大调研、大接访、大落实）指挥部举行揭牌仪式。

9日　武陵区司法局穿紫河司法所被授予“全国模范司法所”荣誉称号，南坪司法所肖友泉被授予“全国司法所模范个人”荣誉称号。

10日　常德港项目签约暨合资公司揭牌仪式在常德港德山港区举行。

同日　武陵区育才小学、三岔路小学、甘露寺小学（旭辉东升小学）、紫菱小学，桃源县文昌中学，临澧县实验小学、第二完全小学，安乡县出口洲中学8所学校获第三批全国中小学中华优秀传统文化传承学校荣誉称号。

14日　召开市委常委会（扩大）会议，传达学习中共十九届六中全会精神，研究常德市学习宣传贯彻工作。

同日　常德市委召开全市领导干部大会。省委组织部副部长赵凯明出席会议并宣布省委关于常德市有关领导调整的决定：周振宇任中共常德市委委员、常委、副书记。

16日　清华大学授予桃源一中“2021年生源中学”牌匾。

17日　桃源县九溪镇被文化和旅游部命名为“中国民间文化艺术之乡”。

18日　石门县南北镇卫生院副院长刘凡斌赴长沙捐献造血干细胞。

19日　常德市第七届人民代表大会常务委员会第四十四次会议召开。会议决定任命周振宇为常德市人民政府副市长，并决定任命其为常德市人民政府代理市长。市人大常委会党组书记、代理主任余怀民主持会议。

同日　常德籍科学家江涌增选为中国科学院院士。

同日　常德中车新能源汽车有限公司与湖南常德欣运集团股份有限公司签订“城乡客运一体化及客货邮融合发展合作项目”战略协议。

22日　常德市委召开全市领导干部大会。省委组织部副部长、省公务员局局长（兼）张值恒出席会议并宣布省委关于常德市主要领导干部调整的决定：曹志强任中共常德市委委员、常委、书记。

同日　新任市委书记曹志强主持召开市委常委会（扩大）会议，传达学习中央、省委相关文件及会议精神，研究常德市贯彻落实意见，安排部署下段工作。

25日　常德市“95128”约车热线开通启动仪式在市交通运输局举行。副市长汤祚国出席启动仪式并宣布“95128”约车热线正式开通。

26日　常德德山历史文化研究会在常德经开区揭牌成立。

同日　省第三届盲人保健按摩技能比武活动落幕，常德市代表队获“优胜单位”，3名选手获“全省十强”，创历史最好成绩。

26—27日　全国政协副主席、民革中央常务副主席郑建邦在常德考察并出席助学活动。

27日　湖南文理学院护鸟营获得全国保护母亲河行动领导小组颁发的绿色团队奖，成为常德市首个获得“母亲河奖”的高校社团。

同日　《常德市妇女发展规划（2021—2025年）》和《常德市儿童发展规划（2021—2025年）》正式发布。

29日　常德市184个村入选《湖南省省级乡村振兴示范创建村名单》。

30日　津市港散货物流集散中心项目开工建设。市委副书记、代市长周振宇宣布项目开工。深圳盐田港集团有限公司党委副书记、总裁刘南安参加开工仪式并致辞。

12月

1日　常德市“12345”政务服务便民热线“12366”热线分中心正式挂牌启用。“12366”纳税缴费服务热线将以分中心形式归并到“12345”热线，提供“7×24小时”全天候人工服务。

2日　常德国际农产品交易中心启动运营，湖南省最大的现代农产品商贸流通平台正式发力，填补湘西北农产品商贸流通空白点。市委副书记、代市长周振宇宣布启动运营。湖南省商务厅党组书记、厅长沈裕谋参加启动营运仪式并致辞。

3日　《常德市养犬管理条例》《常德市文明行为促进条例》2部地方性法规获省十三届人大常委会第二十七次会议批准，并于2022年1月1日起正式施行。

5日　2021年常德市侨界创新创业创投基地“德侨苑”授牌仪式在常德高新区举行。常德高新区科技企业孵化器被正式认定为全市侨界创新创业创投基地“德侨苑”。

6日　常德工伤保险长期待遇人员网上生存认证服务上线，市工伤保险服务中心全面推出网上生存认证服务。

同日　常德市“一体化”预算编制实现全覆盖，为全省首批在预算管理一体化系统中全面完成2022年“一上”预算编制的市州之一。

6—7日　全省2021年城市污水治理提质增效暨海绵城市建设现场推进会在常德召开，常德污水治理和海绵城市建设经验在会上向全省推介。

7日　由常德中山外语职业学校牵头发起、市商务局和市民政局批准成立的新型校企合作协会——常德市跨境电商发展促进会挂牌成立。该会在全市拥有外贸企业会员单位80多家。

同日　常德高新区的37家企业获省财政研发奖补资金近1800万元，占全市争取奖补资金的50%以上。

8日　召开市委常委会会议，传达学习习近平总书记在12月6日中共中央政治局会议、全国宗教工作会议、中央全面深化改革委员会第二十二次会议、第三次“一带一路”建设座谈会上的重要讲话精神和有关会议文件精神，研究常德市贯彻落实意见。

同日　市人大常委会召开“一府一委两院”联席会议，就市人大常委会工作报告征求意见和建议。市委副书记、代市长周振宇出席会议，市人大常委会党组书记、代理主任余怀民主持会议。

同日　临澧县精神康复医院医生赵秋平获评“感动湖南”年度贡献人物。

同日　湘雅常德医院张桂英教授获由《环球时报》《生命时报》主办的2021“敬佑生命·荣耀医者”第六届公益活动颁发的“人文情怀奖”。

同日　常德市科学技术协会获中国科协颁发的“全民科学素质工作先进集体”荣誉称号。

11日　常德市未成年人社会保护中心获评2019—2020年度全国“青少年维权岗”。

12日　常德柳叶湖外经贸产业中心暨跨境电商体验中心开业。

14日　常德市184家单位获得湖南省研发财政奖补5464.36万元。其中，企业研发奖补5410.28万元，高校科研院所奖补54.08万元。奖补资金总额及获奖补单位数均创历史新高。

同日　召开市委常委会（扩大）会议，传达学习中央经济工作会议精神、习近平总书记在中共中央政治局第三十五次集体学习时的重要讲话精神，以及省委常委会（扩大）会议精神，研究常德市贯彻落实意见。

同日　常德市通过创建全国“平安农机”示范市验收。

同日　中南大学湘雅医院、湖南中医药大学第二附属医院专家深入柳叶湖旅游度假区白鹤镇太阳山社区，开展“湘女健康医联盟”义诊活动，120多名社区居民参加活动。

14—15日　省人大常委会党组副书记谢建辉在常德宣讲中共十九届六中全会和省第十二次党代会精神，并就省人大常委会工作报告征求意见建议。市委副书记、代市长周振宇，市人大常委会党组书记、代理主任余怀民分别参加相关活动。

15日　常德全域被正式纳入湘鄂渝黔革命老区范围。其中，常德经开区、常德高新区被纳入“十四五”革命老区重点开发区支持建设。

同日　在北京召开的平安中国建设表彰大会上，武陵区获评“平安中国建设示范县”，捧回历时12年创建取得的国字号新荣誉——“长安杯”。

16日　常德市桃源县沙坪镇赛阳村、临澧县佘市桥镇蒋家村、桃花源管理区桃仙岭街道白鳞洲村3个村入选第三批湖南省乡村旅游重点村名录。

17日　常德日报社《首页特稿》获首届“湖南报业重大题材报道创新奖”。

18日　在第五届中国（长沙）果品产业博览会上，石门县秀坪园艺场、湖南桃渊明果业生物有限责任公司获“湖南省十大果品基地品牌”称号；石门县柑橘协会石门柑橘、澧县澧州柑橘产业协会黄金西柚获“湖南省十大果品区域公共品牌”称号；湖南湘佳橘友农业有限公司“湘佳橘友”获“湖南省十大果品流通品牌”称号；市供销社获组织奖。

20日　市发展和改革委员会、市教育局、市市场监督管理局联合发布《关于义务教育阶段学科类校外培训收费有关问题的通知》。自2022年1月1日起执行，试行期两年。

21日　常德邮政与欣运集团举行“农村客货邮融合发展”战略发展合作协议签约仪式。副市长汤祚国出席仪式并讲话。

同日　安乡县书院洲省级重要湿地、鼎城区鸟儿洲省级重要湿地、汉寿县息风湖省级重要湿地、津市市毛里湖省级重要湿地、澧县涔槐省级重要湿地、临澧县道水河省级重要湿地、石门县仙阳湖省级重要湿地、桃源县沅水省级重要湿地入选由省人民政府办公厅发布的第二批省级重要湿地名录。

22日　召开市委常委会会议，传达学习习近平总书记在中央全面深化改革委员会第二十三次会议、中国文联第十一次全国代表大会和中国作协第十次全国代表大会开幕式、中非合作论坛第八届部长级会议开幕式上的重要讲话精神及省委常委会会议精神等，研究常德市贯彻落实意见，听取相关工作情况汇报，审议相关方案和报告。

同日　常德市消费者权益保护委员会的卡通形象代言人——“消小消”正式上线。

同日　常德市合同行政监督管理专家评审委员会成立，在全省率先创新合同监管模式。

23日　省委书记张庆伟在常德市调研，宣讲中共十九届六中全会精神和省第十二次党代会精神，调研乡村振兴、市政建设等工作。省委常委、省委秘书长谢卫江，副省长陈文浩，市委副书记、代市长周振宇，市委常委、市委秘书长陈章杰参加调研。

24日　市委经济工作会议召开，认真学习贯彻中央、省委经济工作会议精神，总结2021年工作，分析经济形势，安排2022年任务，动员全市上下全面落实“三高四新”战略定位和使命任务，牢记殷殷嘱托、坚定勇毅前行，在建设社会主义现代化新常德上闯出新天地。受在中央党校学习的市委书记曹志强委托，市委副书记、代市长周振宇作工作报告，并传达学习省委书记张庆伟到常德调研讲话精神。

28日　市委书记曹志强主持召开市委常委会（扩大）会议，传达学习习近平总书记关于党史学习教育、全国老干部工作、“三农”工作、党内法规工作的重要指示精神，及党史学习教育总结、全国老干部工作先进集体和先进个人表彰、中央农村工作等相关会议精神，对省委书记张庆伟到常德调研讲话精神再传达、再学习、再部署、再落实，并就有关工作进行研究部署。

同日　政协常德市第八届委员会第一次会议在湖南文理学院艺术中心开幕。

同日　《光明日报》头版头条以《一千零一夜——90后乡村教师麻小娟用故事点亮孩子心灵》为题，用近7000字的篇幅报道常德市鼎城区蔡家岗中学“90后”乡村教师麻小娟的故事。

29日　常德市第八届人民代表大会第一次会议在湖南文理学院艺术中心开幕。市委书记曹志强出席会议，市人民政府代市长周振宇作政府工作报告，省委督导组组长、省委巡视组组长梁晖出席会议。

30日　市八届人大一次会议在湖南文理学院艺术中心举行第二次全体会议。市委书记曹志强，市人民政府代市长周振宇出席会议。市人大常委会代理主任余怀民、市中级人民法院院长张经伟、市人民检察院代理检察长刘有仁分别向大会报告工作。

市情综览

自然环境

【位置】 常德位于北纬28°~31°，东经110°~113°。地处中国的中南部，长江中游，湖南省的西北部。东临洞庭，西接黔渝，南通长沙，北连荆襄。东部为开阔平原，西北、西、南三面环山，地貌以平原为主，山、丘、岗、湖兼有。地势自西向东倾斜，地貌类型多样。境内雪峰山余脉延展于南部，武陵山脉绵伸在西北，沅澧两水自西向东贯穿全境。

【面积】 全市土地总面积181.77万公顷，占全省土地总面积的8.58%。其中，农用地151.58万公顷，占全市土地总面积的83.39%；建设用地19.92万公顷，占全市土地总面积的10.96%；未利用地10.27万公顷，占全市土地总面积的5.65%。全市现有耕地面积43.47万公顷，占全市土地总面积的23.91%，位列全省第一。

（黄威耀）

【地质地貌】 常德处于雪峰、武陵隆起东北端及中—新生代洞庭凹陷西南部，域内影响较大的构造运动有雪峰、武陵、加里东、燕山和喜山运动，其中以燕山运动最强烈、喜山运动次之。从构造形态在空间展布的特征来看，区内分成东、西两部：东部为洞庭湖喜山期凹陷，中、新生代沉积物广泛分布，凹陷基底零星暴露并制约着红色盆地的展布；西部地质构造以燕山期褶皱、断裂为主体，控制山脉和水系的延伸方向。

常德从地形地貌上可分为两个截然不同的区域：石门县北部，桃源县西部及西南为中低山侵蚀构造地形，地形切割强烈，V形谷发育，地形坡度陡峻，海拔最高2099米，一般500~1000米，相对高差500~1200米；南部及东部为洞庭湖平原区，地势低平，地面标高一般在45~120米，最低35米。全市地势自西北向东南倾斜。西北部地势高耸，群山峭立，峡谷幽深；东南部地势低平开阔，丘岗交错，河湖纵横密布。按地貌成因和形态特征可分为侵蚀构造中低山、溶蚀构造低山丘陵、剥蚀构造丘陵、侵蚀堆积丘岗、堆积平原五类。

（杨宏润）

【矿产资源】 常德市矿产以建材和化工原料等非金属为主，素有“非金属之乡”的美誉。已发现矿产59种，占全省已发现矿种数143种的41.3%；已探明资源储量矿产33种，占全省已探明101种矿产的32.7%，列入湖南省矿产资源储量表的矿种22种。磷矿、金刚石、石膏、建筑石料用灰岩、玻璃用砂岩、膨润土、水泥配料用泥岩等8种矿产探明储量居全省首位，磷矿资源储量为141040.2万吨，石膏为219137.3万吨，膨润土为9222.3万吨；岩盐、水泥用灰岩、海泡石黏土、水泥配料用砂岩、重晶石、钒矿6种矿产资源储量居全省前列。石煤、石膏、磷矿、芒硝、水泥用灰岩、重晶石、高岭土、膨润土等矿产主要分布在澧县、石门县、临澧县、桃源县；煤矿、铁矿主要分布在澧县、石门县；金矿主要分布在桃源县、鼎城区、汉寿县。

（孙　鹏）

【水文】 主要河流。常德市头顶长江三口，腰跨沅澧两水，脚踏东南洞庭湖，水系极为发达，河流众多，流域面积10平方千米、河长5000米以上的大小河流有432条。其中流域面积200～3000平方千米的河流有42条，流域面积3000平方千米以上主洪道有8条，洪道全长635千米，分别为长江三口六支290千米，以及沅水165千米，澧水180千米。沅水流经常德境内165千米，依次经桃源县、鼎城区、武陵区、汉寿县，至德山注入洞庭湖。流域面积200平方千米以上较大一级支流有白洋河、水溪河、延溪河、陬溪河、渐水、冲柳高低水、南湖撇洪河7条。澧水流经常德境内180千米，经石门县、临澧县、澧县、津市市、安乡县及鼎城区。长江三口六支为源于长江松滋口的松滋河中支、东支，源于长江太平口的虎渡河，源于长江藕池口的藕池河中支、西支。

主要湖泊。常德市辖内面积为10平方千米以上的主要湖泊有9个，其中洞庭湖跨湖南省岳阳市、益阳市、常德市，牛浪湖跨湖南省常德市澧县复兴镇、湖北省公安县。其他7个主要湖泊全部在常德市境内，分别为北民湖、西毛里湖、珊珀湖、柳叶湖、鹰湖、安乐湖、烟包山湖。

水资源。2021年，全市年平均降水量1400.4毫米，折合水量254.7亿立方米，较2020年减少27.2%，比多年平均偏少2.4%，属平水年。全市地表水资源（天然河川径流）量135.6亿立方米，比2020年偏少30%，较多年平均偏多3.4%，折合径流深745.9毫米，径流系数0.54。全市地下水资源量32.17亿立方米（其中洞庭湖环湖区12.88亿立方米），比2020年增长0.7%。全市水资源总量（指评价区内当地降水形成的地表、地下产水总量，不包括区外来水量）138.50亿立方米，较2020年偏多11.5%，较多年平均偏多3.5%。全市有大型水库5座，中型水库42座。2021年，各类蓄水工程年末蓄水量18.8011亿立方米，比2020年年末减少3.3057亿立方米。

总体水质状况。2021年，在全市主要江河湖库上布设水质监测断面30个：8个重要饮用水水源地断面，22个重要江河湖库断面（其中1个省界断面，1个市州界断面）。水质符合Ⅱ~Ⅲ类标准、达到优及良好的监测河段30个，占总评价河段的100%。2021年，对全市171个水源地水库及29个大中型灌区取样监测，并进行评价。171个水源地水库监测点中，水质符合Ⅲ类及以上标准、锰达标且达到良好的291个次，占85.1%。

（吴震中　何建平）

常德市水系图

【气候特征】　2021年，常德市年平均气温异常偏高，空间分布为“中部低，四周高”，秋冬季气温偏高明显，春夏季正常；年降水量正常，空间分布为“西南高、东北低”，春季偏多，夏季正常，秋冬季偏少；年日照时数正常，空间分布为“西少东多”，秋季偏多，冬季正常，春夏偏少。入春、入夏偏早；入秋、入冬偏晚，2020/2021冬季偏短，春夏秋三季偏长。

气温。2021年，常德市年平均气温18.3℃，较常年偏高1.3℃，属异常偏高范畴，为1961年以来第一高值。各地年平均气温17.9℃（临澧）~18.8℃（汉寿），整体呈“中部低、四周高”的分布态势，与常年同期比较，各地偏高0.7℃（常德）~1.8℃（汉寿）。

降水。2021年，全市年平均降水量1299.5毫米，较常年（1344.5毫米）偏少3.4个百分点，属正常范畴，与2020年（1909.3毫米）相比偏少31.9个百分点。汛期（4—9月）平均降水量974.3毫米，较常年偏多6.3个百分点，国家站最大日降水量80.1毫米（汉寿，8月12日）。

日照。2021年全市年平均日照时数1507.2小时，较常年偏少5.2个百分点，属正常范畴，与2020年相比偏多13.8个百分点。全年各地总日照时数在1460.5小时（桃源）~1569.1小时（澧县），大体呈“西少东多”的分布态势。2021年，常德市盛行东北风，年平均风速为2米/秒，7个国家站年平均风速为1.3米/秒（桃源）~2.7米/秒（常德）。日平均最大风速为7.8米/秒（桃源）~21.0米/秒（常德）。

（王阳阳）

国家一级重点保护野生动物中华秋沙鸭 （市林业局 供图）

【野生动物资源】 常德地处西部武陵山地，地域辽阔，野生动物资源丰富，西南与云贵高原相连，西北与川鄂山地相接，是华中地区天然动植物宝库。东部洞庭湖平原自古为云梦泽，与江汉平原相接，湖区水域辽阔，江河湖泊密布，水草资源丰富，是水禽、鱼类的天然乐园。通过林业、科研部门在典型区域（石门壶瓶山、桃源乌云界、汉寿西洞庭湖）进行全国野生动植物普查、全国第一次及第二次湿地普查、相关林业工程项目可行性研究等科学考察，2021年，全市共有野生动物资源464种，其中两栖类30种、爬行类50种、鸟类312种、哺乳类72种。

国家重点野生保护动物。常德市有国家一级保护野生动物21种，二级保护野生动物78种。

哺乳类。一级保护（9种）：云豹、华南虎、林麝、豹、豺、金猫、大灵猫、小灵猫、穿山甲。二级保护（13种）：猕猴、藏酋猴、黑熊、青鼬、水獭、斑林狸、獐、中华鬣羚、中华斑羚、毛冠鹿、赤狐、貉、豹猫。

鸟类。一级保护（12种）：白鹤、东方白鹳、黑鹳、中华秋沙鸭、金雕、白尾海雕、白颈长尾雉、白冠长尾雉、小青脚鹬、卷羽鹈鹕、青头潜鸭、黄胸鹀。二级保护（61种）：白琵鹭、鸳鸯、小天鹅、大天鹅、白额雁、鸢、松雀鹰、黑冠鹃隼、苍鹰、赤腹鹰、普通鵟、白尾鹞、凤头鹰、雀鹰、大鵟、白腹鹞、白头鹞、鹊鹞、蛇雕、鹗、游隼、红隼、灰背隼、燕隼、小隼、阿穆尔隼、红腹锦鸡、红腹角雉、勺鸡、灰鹤、小杓鹬、红翅绿鸠、褐翅鸦鹃、小鸦鹃、草鸮、红角鸮、领角鸮、雕鸮、短耳鸮、领鸺鹠、斑头鸺鹠、灰林鸮、渔鸮、长耳鸮、鹰鸮、栗头蜂虎、棉凫、鸿雁、花脸鸭、小白额雁、斑头秋沙鸭、水雉、白腰杓鹬、大杓鹬、云雀、画眉、红嘴相思鸟、橙翅噪鹛、眼纹噪鹛、棕噪鹛、白喉林鹟。

两栖类。二级保护（3种）：大鲵、虎纹蛙、峨眉髭蟾。

爬行类。二级保护（1种）：角原矛头蝮。

湖南省地方保护野生动物。常德市有湖南省地方保护野生动物217种。

哺乳类（29种）。普通刺猬、缺齿鼹、褐山蝠、普通伏翼、东方蝙蝠、普氏蹄蝠、大蹄蝠、马铁菊头蝠、中菊头蝠、小菊头蝠、皮氏菊头蝠、华南兔、白腹巨鼠、赤腹松鼠、隐纹花松鼠、豪猪、帚尾豪猪、红白鼯鼠、银星竹鼠、中华竹鼠、黄鼬、黄腹鼬、鼬獾、狗獾、猪獾、果子狸、食蟹獴、野猪、小麂。

鸟类（117种）。小䴙䴘、凤头䴙䴘、普通鸬鹚、池鹭、绿鹭、大白鹭、中白鹭、白鹭、苍鹭、牛背鹭、草鹭、夜鹭、黄苇鳽、栗尾鳽、紫背苇鳽、黑鳽、东方白鹳、豆雁、灰雁、翘鼻麻鸭、赤膀鸭、琵嘴鸭、赤颈鸭、赤麻鸭、罗纹鸭、绿头鸭、针尾鸭、白眉鸭、绿翅鸭、凤头潜鸭、斑嘴鸭、普通秋沙鸭、灰胸竹鸡、环颈雉、白胸苦恶鸟、董鸡、黑水鸡、骨顶鸡、凤头麦鸡、环颈鸻、丘鹬、白腰草鹬、红脚鹬、青脚鹬、矶鹬、黑腹滨鹬、针尾沙锥、扇尾沙锥、红嘴鸥、珠颈斑鸠、山斑鸠、火斑鸠、四声杜鹃、大杜鹃、中杜鹃、噪鹃、鹰鹃、夜鹰、白腰雨燕、小白腰雨燕、短嘴金丝燕、普通翠鸟、蓝翡翠、三宝鸟、戴胜、蚁䴕、斑姬啄木鸟、大斑啄木鸟、星头啄木鸟、黑枕绿啄木鸟、栗啄木、家燕、金腰燕、赤红山椒鸟、黑短脚鹎、绿鹦嘴鹎、白喉红臀鹎、白头鹎、黄臀鹎、红尾伯劳、虎纹伯劳、棕背伯劳、黑枕黄鹂、灰卷尾、黑卷尾、发冠卷尾、八哥、松鸦、红嘴蓝鹊、喜鹊、灰喜鹊、大嘴乌鹊、白颈鸦、小燕尾、黑背燕尾、紫啸鸫、乌鸫、斑鸫、红胁蓝尾鸲、棕头鸦雀、锈脸钩嘴鹛、棕颈钩嘴鹛、黑领噪鹛、黑脸噪鹛、寿带、大山雀、黄腹山雀、红头长尾山雀、绿背山雀、普通䴓、蓝喉太阳鸟、暗绿绣眼鸟、树麻雀、金翅雀、黑尾蜡嘴雀、黑头蜡嘴雀、黄喉鹀。

两栖类（25种）。无斑肥螈、黑斑肥螈、中华大蟾蜍、小角蟾、淡肩角蟾、无斑树蟾、黑斑蛙、花臭蛙、崇安湍蛙、华南湍蛙、棘腹蛙、棘胸蛙、弹琴蛙、峨眉林蛙、沼蛙、泽蛙、绿臭蛙、湖北侧褶蛙、隆肛蛙、经甫泛树蛙、大泛树蛙、斑腿泛树蛙、小弧斑姬蛙、饰纹姬蛙、花姬蛙。

爬行类（46种）。大头平胸龟、乌龟、中华鳖、多疣壁虎、石龙子、铜蜓蜥、北草蜥、脆蛇蜥、草腹链蛇、纹花林蛇、钝尾两头蛇、翠青蛇、黄链蛇、赤链蛇、王锦蛇、玉斑锦蛇、紫灰锦蛇、黑眉锦蛇、红点锦蛇、中国水蛇、小头蛇、饰纹小头蛇、山溪后棱蛇、钝头蛇、福建颈斑蛇、横纹斜鳞蛇、斜鳞蛇、灰鼠蛇、虎斑颈槽蛇、黑头剑蛇、环纹华游蛇、赤链华游蛇、华游蛇、渔游蛇、乌梢蛇、眼镜蛇、银环蛇、丽纹蛇、舟山眼镜蛇、双全白环蛇、尖吻蝮、短尾蝮、烙铁头、山烙铁头、菜花原矛头蝮、竹叶青。

世界濒危野生动物物种。常德市记载有世界濒危野生动物78种。

一级濒危野生动物（18种）：猕猴、藏酋猴、黑熊、水獭、豹猫、云豹、华南虎、金猫、豹、金钱豹、林麝、苏门羚（鬣羚）、东方白鹳、白尾海雕、游隼、白颈长尾雉、白鹤、大鲵。二级濒危野生动物（44种）：穿山甲、豺、黑鹳、白琵鹭、花脸鸭、鸢、松雀鹰、黑冠鹃隼、苍鹰、赤腹鹰、普通鵟、金雕、白尾鹞、凤头鹰、雀鹰、大鵟、白腹鹞、白头鹞、鹊鹞、蛇雕、鹗、红隼、灰背隼、燕隼、小隼、阿穆尔隼、灰鹤、草鸮、红角鸮、领角鸮、雕鸮、短耳鸮、领鸺鹠、斑头鸺鹠、灰林鸮、褐渔鸮、长耳鸮、鹰鸮、画眉、红嘴相思鸟、大头平胸龟、舟山眼镜蛇、眼镜蛇、虎纹蛙。三级濒危野生动物（16种）：黄鼬、黄腹鼬、青鼬（黄喉貂）、大灵猫、小灵猫、果子狸、牛背鹭、大白鹭、白鹭、针尾鸭、斑嘴鸭、绿翅鸭、赤颈鸭、白眉鸭、白眼潜鸭、乌龟。

有重要生态、科学、社会价值陆生野生动物。常德市记载有重要生态、科学、社会价值陆生野生动物273种。

哺乳类（20种）。普通刺猬、华南兔、赤腹松鼠、隐纹花松鼠、珀氏长吻松鼠、豪猪、帚尾豪猪、红白鼯鼠、灰背大鼯鼠、复齿鼯鼠、银星竹鼠、中华竹鼠、黄鼬、黄腹鼬、鼬獾、狗獾、猪獾、果子狸、野猪、小麂。

鸟类（182种）。小䴙䴘、凤头䴙䴘、普通鸬鹚、池鹭、绿鹭、大白鹭、中白鹭、白鹭、苍鹭、牛背鹭、草鹭、夜鹭、黄苇鳽、栗尾鳽、紫背苇鳽、大麻鳽、黑鳽、东方白鹳、豆雁、灰雁、斑背潜鸭、翘鼻麻鸭、赤膀鸭、琵嘴鸭、赤颈鸭、赤麻鸭、罗纹鸭、绿头鸭、针尾鸭、白眉鸭、绿翅鸭、红头潜鸭、凤头潜鸭、斑嘴鸭、白眼潜鸭、普通秋沙鸭、灰胸竹鸡、环颈雉、白胸苦恶鸟、普通秧鸡、董鸡、黑水鸡、蓝胸秧鸡、骨顶鸡、红胸苦恶鸟、小田鸡、灰头麦鸡、凤头麦鸡、金斑鸻、金眶鸻、环颈鸻、灰斑鸻、丘鹬、黑尾塍鹬、白腰草鹬、林鹬、鹤鹬、红脚鹬、泽鹬、青脚鹬、三趾鹬、矶鹬、中杓鹬、黑腹滨鹬、长趾滨鹬、针尾沙锥、大沙锥、扇尾沙锥、黑翅长脚鹬、海鸥、渔鸥、红嘴鸥、红嘴巨鸥、须浮鸥、普通燕鸥、珠颈斑鸠、山斑鸠、火斑鸠、四声杜鹃、大杜鹃、中杜鹃、噪鹃、鹰鹃、夜鹰、白腰雨燕、小白腰雨燕、短嘴金丝燕、普通翠鸟、蓝翡翠、三宝鸟、戴胜、大拟啄木鸟、蚁䴕、斑姬啄木鸟、大斑啄木鸟、星头啄木鸟、头绿啄木鸟、小云雀、家燕、金腰燕、崖沙燕、白鹡鸰、黄鹡鸰、山鹡鸰、灰鹡鸰、树鹨、山鹨、水鹨、田鹨、红喉鹨、暗灰鹃䴗、灰山椒鸟、粉红山椒鸟、赤红山椒鸟、灰喉山椒鸟、黑短脚鹎、白喉红臀鹎、白头鹎、黄臀鹎、领雀嘴鹎、橙腹叶鹎、红尾伯劳、楔尾伯劳、虎纹伯劳、棕背伯劳、黑枕黄鹂、灰卷尾、黑卷尾、发冠卷尾、八哥、丝光椋鸟、北椋鸟、灰椋鸟、红嘴蓝鹊、喜鹊、灰喜鹊、灰树鹊、鹊鸲、斑鸫、红胁蓝尾鸲、黑喉石䳭、虎斑地鸫、乌灰鸫、矛纹草鹛、黑脸噪鹛、白颊噪鹛、黑领噪鹛、白喉噪鹛、灰头鸦雀、大苇莺、黄眉柳莺、黄腹柳莺、黄腰柳莺、极北柳莺、冠纹柳莺、褐柳莺、寿带、乌鹟、北灰鹟、大山雀、黄腹山雀、红头长尾山雀、煤山雀、绿背山雀、蓝喉太阳鸟、暗绿绣眼鸟、树麻雀、山麻雀、金翅雀、朱雀、酒红朱雀、黑尾蜡嘴雀、黑头蜡嘴雀、燕雀、黄眉鹀、三道眉草鹀、黄喉鹀、灰头鹀、小鹀、田鹀、凤头鹀、栗耳鹀。

两栖类（23种）。无斑肥螈、黑斑肥螈、中华大蟾蜍、小角蟾、淡肩角蟾、无斑树蟾、黑斑蛙、花臭蛙、崇安湍蛙、华南湍蛙、棘腹蛙、棘胸蛙、弹琴蛙、沼蛙、日本林蛙、泽蛙、绿臭蛙、隆肛蛙、经甫泛树蛙、大泛树蛙、斑腿泛树蛙、小弧斑姬蛙、饰纹姬蛙、花姬蛙。

爬行类（48种）。大头平胸龟、乌龟、中华鳖、多疣壁虎、石龙子、蓝尾石龙子、铜蜓蜥、北草蜥、脆蛇蜥、草腹链蛇、绞花林蛇、钝尾两头蛇、翠青蛇、黄链蛇、赤链蛇、王锦蛇、玉斑锦蛇、紫灰锦蛇、黑眉锦蛇、红点锦蛇、中国水蛇、黑背白环蛇、小头蛇、饰纹小头蛇、山溪后棱蛇、钝头蛇、福建颈斑蛇、横纹斜鳞蛇、鳞蛇、花尾斜鳞蛇、灰鼠蛇、虎斑颈槽蛇、颈槽蛇、黑头剑蛇、环纹华游蛇、赤链华游蛇、华游蛇、渔游蛇、乌梢蛇、眼镜蛇、银环蛇、丽纹蛇、舟山眼镜蛇、尖吻蝮、短尾蝮、山烙铁头、菜花原矛头蝮、竹叶青。

【野生植物资源】 2021年，全市已记录维管束植物3420种，隶属235科，蕨类植物39科、92属、367种，裸子植物9科、23属、39种，被子植物187科、911属、3014种，是湖南省维管束植物物种最丰富的地方。常德市自然、半自然的植被类型，主要有针叶林、阔叶林（含常绿阔叶林、常绿落叶混交林、落叶阔叶林）、竹林、灌丛、草丛、沼泽水生植被等类型，此外，还有人工的栽培植被类型。区内有珙桐、光叶珙桐、红豆杉、南方红豆杉、银杏、钟萼木等国家一级保护植物和鹅掌楸、连香树等国家二级保护植物35种，省重点保护植物56种，列入《濒危野生动植物种国际贸易公约》（CITES）附录的植物87种。

国家重点保护植物（35种）。苏铁、南盘江苏铁、银杏、金钱松、黄杉、水杉、篦子三尖杉、红豆杉、南方红豆杉、巴山榧树、榧树（香榧）、白豆杉、鹅掌楸、厚朴、凹叶厚朴、水青树、连香树、樟树、闽楠（楠木）、金荞麦、大叶榉、光叶榉、红椿、伞花木、钟萼木（伯乐树）、喜树（旱莲木）、珙桐、光叶珙桐、长果秤锤树、香果树、中华结缕草、台湾水青冈（巴山水青冈）、野大豆、花榈木、红豆树、崖白菜。

湖南省地方重点保护植物（56种）。铁坚油杉（铁坚杉）、黄山松（台湾松）、铁杉、竹柏、罗汉松、乐昌含笑、多花含笑、金叶含笑、黄心夜合、巴东木莲、武当玉兰、乐东拟单性木兰、领春木、沉水樟、少花桂（山桂皮）、川桂、黄樟、猴樟、竹叶楠、尾囊草、川鄂獐耳细辛、睡莲、小八角莲（红八角莲）、六角莲、八角莲、尾叶紫薇、川黔紫薇、紫茎、中华猕猴桃、毛花猕猴桃、天师栗、瑶山梭罗树、红继木、香桦、水青冈、台湾水青冈（巴山水青冈）、赤皮青冈、青檀、长穗桑（湘桂桑）、五棱苦丁茶、柑橘、血皮槭、毛果槭、金钱槭、银鹊树（瘿椒树）、湖南山核桃、青钱柳（摇钱树）、竹节参（大叶三七）、刺楸、龙舌草（水白菜、水车前）、巴山重楼、矮重楼、壶瓶重楼、香蒲（东方香蒲）、方竹、紫竹。

列入CITES附录的植物（87种）。苏铁、领春木、宝兴吊灯花、花叶芦荟、无柱兰、黄花白及、白及、短距苞叶兰、广东石豆兰、麦斛、斑唇卷瓣兰、泽泻虾脊兰、流苏虾脊兰、剑叶虾脊兰、虾脊兰、钩距虾脊兰、反瓣虾脊兰、三棱虾脊兰、金兰、独花兰、杜鹃兰、山慈菇、建兰、蕙兰、多花兰、春兰、寒兰、绿花杓兰、扇脉杓兰、离萼杓兰、大花杓兰、钩状石斛、罗河石斛、细茎石斛、铁皮石斛、广东石斛、单叶厚唇兰、大叶火烧兰、长距美冠兰、毛萼山珊瑚、天麻、大花斑叶兰、小斑叶兰、斑叶兰、绒叶斑叶兰、毛葶玉凤花、鹅毛玉凤花、裂瓣玉凤花、橙黄玉凤花、叉唇角盘兰、镰翅羊耳蒜、小巧羊耳蒜、小羊耳蒜、羊耳蒜（见血清）、香花羊耳蒜、长唇羊耳蒜、柄叶羊耳蒜、葱叶兰、长叶山兰、狭穗阔蕊兰、阔蕊兰、黄花鹤顶兰（斑叶鹤顶兰）、鹤顶兰、细叶石仙桃、云南石仙桃、舌唇兰、尾瓣舌唇兰、小舌唇兰、独蒜兰、朱兰、缘毛鸟足兰、苞舌兰、绶草、小叶白点兰、小花蜻蜓兰、西南齿唇兰、艳丽齿唇兰、金线兰、细花虾脊兰、大黄花虾脊兰、大叶杓兰、绿天麻、光萼斑叶兰、银兰、昙花、仙人掌、乳浆大戟、泽漆、飞扬草、地锦草、湖北大戟（西南大戟）、通奶草、大戟、钩腺大戟、千根草。

（朱益帜）

【可再生能源】 常德市积极推进可再生能源发展，装机规模不断扩大，截至2021年年底，全市可再生能源发电装机199.96万千瓦，较2020年增长8.5%。其中，光伏装机89.14万千瓦，较2020年增长16.7%，生物质装机13.05万千瓦，较2020年增长29.2%。2021年9月8日，国家能源局下发《关于公布整县（市、区）屋顶分布式光伏开发试点名单的通知》，常德市武陵区纳入其中，是全省12个试点区县之一。

（屠世杰）

【风景名胜】 国家AAAAA级旅游景区——桃花源。中国·桃花源位于湖南省常德市西南部，与沅江相依，属桃花源旅游管理区管委会管辖区域，总面积157.55平方千米，为国家AAAAA级旅游景区、国家重点风景名胜区、国家重点文物保护单位、国家森林公园、中国天然氧吧，是东晋诗人陶渊明所作《桃花源记》的原型地，是一个山清水秀、风景优美，有爱、有温暖，人与人、人与自然和谐相处的地方。交通便捷、区位优越。中国·桃花源地处长株潭、武汉、成渝、环洞庭湖、长江中游城市群五大经济圈中部，依托常德市区以及杭瑞、长渝、二广、常吉、长张、长常6条高速贯通的先天优势，与桃花源机场、高铁、高速、水路等便捷交通，黔张常、常益长2条高铁在建，可直接通航洞庭湖，“水陆空”三级对接全国市场。到张家界看山、去凤凰怀古、来桃花源探寻心灵的归宿，桃花源、张家界、凤凰旅游黄金三角即将形成。历史悠久、底蕴深厚。有始建于晋、大兴于唐、鼎盛于宋的桃源观（宋徽宗御笔钦赐“桃川万寿宫”），为中国古代四大道教圣地之一，因其规模宏大，又有“华夏第二宫”之称。有始建于唐初的靖节祠，祠内立有陶渊明石像，明末清初，以奉祀王维、孟浩然、李白、刘禹锡、韩愈、王安石、苏轼、黄庭坚诸先贤而更名为集贤祠，祠堂正面壁上嵌有清咸丰年间石刻《桃花源记》。有唐代刘禹锡题，明代赵贤书，清代余良栋立的“桃源佳致”碑。有建于明万历二十三年（1595年）的“桃川八方亭”，即方竹亭。有始建于明，重修于清的水源亭。有建于清光绪十八年（1892年）的御碑亭，亭内石碑上刊刻清乾隆皇帝题写桃花源的御制堂诗2首。有历代吟咏桃花源的各类《桃花源集》《桃花源志》等著作45卷，韵文2000多首，楹联107副，字画600多幅，民间传说40多篇，匾额碑刻达300多件。文化多元、亮点纷呈。中国·桃花源声名远播，虽源起于《桃花源记》，却因不同文化元素的相继注入与融合，极大地丰富了其原有的文化形态。早在1600年前的晋朝，道教文化已在桃花源扎根，唐朝时期与峨眉、武当、南岳齐名，享有第三十五洞天、第四十六福地的美誉，是全国仅有的五个洞天福地共存地之一。千百年来，无数文人墨客、羽士高僧游历沉吟，留下大量珍贵的诗文墨迹与美谈。桃花源文化融合中国传统诗词文化、田园文化、隐逸文化、道教文化、农耕文化等多重元素于一体，为中华文化浓缩之精华。缘此，桃花源名满天下，权威工具书《辞海》认同“桃花源，在湖南省桃源县西南”“相传因东晋诗人陶渊明所作《桃花源记》《桃花源诗》而得名”。《辞源》在“桃源”一词的条目下也介绍道：“桃源，汉临沅县地，属武陵郡。隋唐属武陵郡地。宋乾德年间（963—968年）中析置桃源县，以其地桃花源而名。”桃花源景点主要有桃花源之源——秦溪、桃花源之形——秦谷、桃花源之境——桃源山、桃花源之魂——桃花山、桃花源之表——五柳湖、桃花源之气——桃花源古镇，以及大型山水实景表演——《桃花源记》。

国家AAAAA级旅游度假区——柳叶湖旅游度假区。柳叶湖旅游度假区位于市城区东北部，始建于1993年，原为鼎城区所辖国营渔场，1994年升格为副处级，1995年划归市管，1999年成立区党工委、管委会，作为市委、市政府正处级派出机构。2008年区划调整后，总面积170平方千米，下辖白鹤镇和柳叶湖街道、七里桥街道，共28个村（社区），常住人口6.9万人。生态优势明显。是国内少有的“山、水、田园、城市”四位一体的复合型旅游度假区，享有“中国少有、湖南仅有”之美誉；水域面积21.8平方千米，水质常年保持Ⅲ类及以上标准，42千米环湖风光带被誉为“最美马拉松赛道”；太阳山是武陵山脉东向的最后一座高峰，海拔568米，森林覆盖率96%，各类植物1300多种，其中有国家保护的珍稀植物33种，是天然的植物宝库和生态屏障。全区常年空气质量优良天数超过310天，空气质量居市城区五区第一。人文底蕴深厚。是中国道德文化、荆楚湖湘文化和洞庭渔樵文化的重要发祥地之一，“刘海砍樵”的故事发源于此，屈原、李白、孟浩然等先贤曾行吟湖畔，是明朝内阁首辅杨嗣昌、清代大画家髡残、武昌首义智囊刘复基、红色法学家陈瑾昆的故乡。唐代诗豪刘禹锡任朗州司马十年间，广泛汲取洞庭民歌精粹，创作《采菱行》等200多首诗词，写下《秋词》“自古逢秋悲寂寥，我言秋日胜春朝。晴空一鹤排云上，便引诗情到碧霄”的千古名句。旅游形势大好。2020年，成功创建国家级旅游度假区，先后获评“最受游客满意的中国旅游胜地”“中国最佳生态康养旅游胜地”“美丽中国优质人气名湖十佳”等荣誉称号，曾举办过亚洲皮划艇锦标赛、中美滑水明星对抗赛、中日韩围棋争霸战、第十三届全运会龙舟赛等重大赛事。卡乐星球入选国家AAAA级旅游景区，建成全国唯一环湖智慧马拉松系统，柳叶湖国际马拉松赛获得“世界田联标牌赛事”认证，形象宣传片亮相外交部全球推介会。2021年，接待游客250.1万人次，旅游综合收入15.2亿元，其中“五一”“十一”旅游综合收入均居全省景区第一。产业基础扎实。深入推进产业高质量发展，大力实施招商引资，培育形成了文化旅游、生命健康、金融和大数据等特色产业。华侨城卡乐星球、欢乐水世界、大唐司马城、湘雅常德医院、郡德学校、常德河街、锦江酒店、常德云计算中心、财鑫财富广场等一批重点项目相继建成。打造全省第二家基金小镇——柳叶湖清科基金小镇，累计引进基金111支、298亿元，对常德地区企业进行股权投资近20亿元，连续2年获评“中国最佳基金小镇”。2021年开业的柳叶湖外经贸产业中心和跨境电商体验中心成为全市首个外经贸企业聚集区。太阳谷入选“中国最美休闲乡村”“中国美丽乡村百佳范例”。“十三五”规划期间，全区地区生产总值、一般公共预算收入、固定资产投资年均增幅分别达到9.04%、23.9%、12.2%。2021年，地区生产总值、一般公共预算收入、全体居民人均可支配收入分别增长7.6%、2%、8.7%。“十四五”规划时期，将努力建设具有文化底蕴的世界级旅游度假区、全国知名的生态宜居示范区、全省一流的高质量发展引领区。

（毛　阳　曾　年）

行政区划

【概况】　2021年年末，常德市共辖武陵、鼎城、安乡、汉寿、澧县、临澧、桃源、石门、津市六县两区一市。共辖126个乡镇、43个街道、756个社区居委会、1507个村委会。完成鼎城区灌溪镇撤镇设街道和桃源县佘家坪乡撤乡设镇行政区划调整。

【行政区域界线管理】　2021年，开展县级以上行政区域界线联检工作，完成“常张线”市级界线和桃源—武陵、鼎城—临澧、安乡—澧县、津市—鼎城4条县级界线的联检任务。

【地名管理】　开展“保护地名文化，记住美丽乡愁”地名信息服务提升活动，服务乡村振兴，采集完善2360条乡村地名信息，征集、录制9篇红色地名故事。

（彭　博）

人口与民族

【人口】　截至2021年年末，常德市户籍人口591.76万人，同比减少1.26%。其中城市户籍人口212.67万人，农村户籍人口379.09万人，男性300.90万人、女性290.86万人。

（黄雄英）

【民族】　2021年，全市有51个民族，其中少数民族人口53万多人，占全市总人口的9%。除汉族外，还有土家族、回族、苗族、维吾尔族、壮族、侗族、瑶族、白族、布依族、满族、彝族、黎族、仡佬族、蒙古族、土族、哈尼族、畲族、佤族、傣族、水族、朝鲜族、仫佬族等少数民族（人口总数100人以上，按人数多少排序），其中土家族、回族、苗族人口总数过万人。

（蒋宇杰）

常德市2021年国民经济和社会发展统计公报

2021年，全市上下以习近平新时代中国特色社会主义思想为指导，认真贯彻落实中共中央、国务院、省委、省政府决策部署，坚持稳中求进工作总基调，扎实做好

表1　　2021年常德市行政区划统计表

单位：个

县市区	街道	乡	镇	村委会	社区委员会
武陵区	11	2	1	25	103
鼎城区	4	1	17	203	93
汉寿县	4	2	15	193	88
桃源县	2	4	22	330	83
临澧县	2	2	7	94	66
石门县	4	4	13	247	84
澧　县	4	0	15	198	93
安乡县	0	4	8	115	57
津市市	5	0	4	39	38
常德经开区	2	0	1	15	14
柳叶湖旅游度假区	2	0	1	5	23
西湖管理区	0	1	1	20	2
西洞庭管理区	2	0	1	8	10
桃花源旅游管理区	0	0	1	15	2

“六稳”“六保”工作，全面落实“三高四新”战略定位和使命任务，加快现代化新常德建设步伐，奋力完成全年经济社会发展目标，实现“十四五”良好开局。

一、综合

经初步核算，2021年全市实现地区生产总值4054.1亿元，比上年增长7.7%。其中，第一产业增加值467.6亿元，增长9.4%，对经济增长的贡献率为15.3%；第二产业增加值1686.9亿元，增长5.5%，对经济增长的贡献率为29.6%；第三产业增加值1899.7亿元，增长9.1%，对经济增长的贡献率为55.1%。

全市三次产业结构调整为11.5∶41.6∶46.9。第一产业比重下降0.9个百分点，第二产业比重提升0.4个百分点，第三产业比重提升0.5个百分点。

全市完成地方一般公共预算收入203.4亿元，增长8.3%。其中税收收入129.5亿元，增长4.8%；非税收入73.8亿元，增长14.9%。一般公共财政预算支出597.1亿元，减少2.8%。其中社会保障和就业支出82.4亿元，减少3.8%；教育支出84.5亿元，增长3.6%；农林水事务支出89.7亿元，减少7.5%；医疗卫生支出61.1亿元，减少0.3%；城乡社区事务支出60.2亿元，增长7.1%。

年末公路通车里程2.3万千米，其中高速公路里程445千米，全年农村公路提质改造335千米。新增城镇就业人员5.4万人，新增农村劳动力转移就业3.8万人。落实义务教育保障资金5.9亿元，发放中职国家助学金745.2万元，资助中职学生7418人。

全市居民消费价格指数为100.2%，商品零售价格指数为101.3%。按类别分，医疗保健类上涨0.4%，食品烟酒类下降1.9%，居住类上升0.6%，衣着类上涨0.5%，交通和通信类上升4.4%，教育文化和娱乐类上涨0.3%，其他用品和服务类下降2.0%，生活用品及服务类上涨0.3%。

二、农业

初步测算，全年农林牧渔业总产值845.15亿元，比上年增长10.4%。其中农业实现产值373.4亿元，增长4.7%；林业实现产值22.1亿元，增长12.2%；牧业实现产值309.1亿元，增长17.9%；渔业实现产值82.0亿元，增长3.0%。

全市粮食作物种植面积589.5千公顷，棉花种植面积34.1千公顷，油料种植面积305.9千公顷，蔬菜种植面积123.9千公顷。全年粮食总产量384.4万吨，棉花产量4.6万吨，油料产量59.6万吨，蔬菜产量357.3万吨，茶叶产量2.9万吨，水果产量142.6万吨。

全年生猪出栏507.6万头，比上年增长31.9%，存栏326.0万头，比上年增长12.2%；出栏牛18.0万头，增长5.3%；出栏羊205.3万只，增长11.0%；全年禽蛋产量比上年减少3.1%。

全市拥有国家级现代农业产业园区5个，省级71个，市级15个。农产品加工企业5988家，其中国家级及省级龙头企业97家。农产品加工企业实现营业收入1878亿元，增长6.5%；休闲农业经营收入44.4亿元，增长6.9%。农民专业合作社7777个，增长7.6%，家庭农场10715个，增长17.7%。“二品一标”农产品认证个数394个，其中绿色食品327个，有机食品52个，农产品地理标志15个。

三、工业和建筑业

全市工业增加值比上年增长6.7%。其中，规模以上工业增加值增长5.9%。非公有制规模以上工业增加值增长10.6%，占规模以上工业增加值的比重为43.6%。高加工度工业和高技术制造业增加值分别增长12.8%和25.5%，占规模以上工业增加值的比重分别为22.2%和6.4%。省级以上园区规模以上工业增加值增长7.6%，占规模以上工业比重为87.8%。

全市规模以上工业主要产品中，发电量162.9亿千瓦时，增长19.9%；大米254.5万吨，增长14.6%；原盐84.5万吨，增长13.6%；精制食用植物油58.3万吨，下降1.8%；水泥1350.3万吨，下降1.9%；平板玻璃184.7万重量箱，增长8.7%；卷烟162.8万大箱，增长1.5%；变压器242.6万千伏安，增长1.3%。

全市规模以上工业企业产品销售率为99.2%，比上年上升1.1个百分点。实现主营业务收入3540.3亿元，增长12.3%；实现利润226.7亿元，增长8.7%。

全年完成建筑业增加值341.3亿元，增长1.2%。

四、固定资产投资

全市固定资产投资比上年增长8.7%。按经济类型分，国有投资下降10.1%；非国有投资增长19.1%；民间投资增长9.4%。按产业分，第一产业投资增长44.3%；第二产业投资增长12.1%；第三产业投资增长3.6%。按投资方向分，工业投资增长12.7%；民生投资下降11.2%；生态投资增长9.7%；基础设施投资增长12.5%；房地产开发投资下降2.2%。

全市亿元以上项目949个，其中新开工项目444个，亿元以上项目本年实际完成投资增长8.7%。

全市商品房屋销售面积585.0万平方米，下降6.6%。商品房屋销售额333.6亿元，下降7.0%。

五、国内贸易

全市社会消费品零售总额1633.8亿元，增长14.4%。分地域看，城镇社会消费品零售额1415.6亿元，增长14.4%；乡村社会消费品零售额218.2亿元，增长14.2%。

限额以上法人批发和零售业商品零售额403.1亿元，增长18.2%，其中网上零售额增长30.2%。分商品类别看，粮油、食品、饮料、烟酒类增长28.7%；服装、鞋帽、针纺织品类增长11.5%；化妆品类增长24.2%；中西药品类增长20.8%；家用电器和音像器材类增长14.1%；汽车类增长11.6%；石油及制品类增长18.5%；文化办公用品类增长19.0%。

六、交通运输、邮电和旅游业

全市完成交通运输、仓储和邮政业增加值165.4亿元，比上年增长7.3%。实现水运货运量1929万吨，下降14.7%，货物周转量68亿吨千米。实现公路客运量3067万人，下降14.7%，旅客周转量25亿人千米。

全年完成邮政行业业务总量15.1亿元，增长24.1%。年末固定电话用户31.8万户，下降5.8%；年末移动电话用户543.7万户，增长0.7%；年末互联网宽带用户数177.5万户，增长7.0%。

全年接待国内旅游人数3214.0万人次，增长0.8%；接待境外入境人数0.25万人次，下降58.7%。全年实现旅游总收入387.8亿元，增长9.2%。年末全市拥有国家旅游等级区（点）41家，其中AAAA级及以上景点11家。全市星级宾馆14家，旅行社60家。

七、招商引资和对外贸易

全年新批外商投资项目25个。合同使用外资金额1.2亿美元，实际利用外资资金5000万美元，增长95.7%。新增境外投资企业6家。引进境内省外资金969.9亿元，增长34.5%。分产业类别看，第一产业到位资金61.7亿元，下降5.2%；第二产业到位资金563.3亿元，增长32.6%；第三产业到位资金344.9亿元，增长49.1%。

全年完成海关进出口总额191.2亿元，增长20.7%。其中出口168.4亿元，增长20.8%；进口22.8亿元，增长19.8%。分贸易方式看，一般贸易出口160.3亿元，增长20.8%；加工贸易出口8.1亿元，下降1.2%。分重点商品看，机电产品出口74.3亿元，增长25.8%。

八、银行、保险和证券

全市金融机构本外币年末各项存款余额为3954.5亿元，增长9.4%。其中非金融企业存款536.5亿元，增长4.1%；住户存款2804.3亿元，增长12.3%。金融机构本外币年末各项贷款余额为2897.3亿元，增长15.3%。分贷款对象看，非金融企业及机关团体贷款1680.5亿元，增长18.0%；住户贷款1212.6亿元，增长11.4%。

全市年末保费收入共123.5亿元。其中财险保费收入36.1亿元，增长1.1%；健康险保费17.2亿元，增长4.6%；寿险保费收入68.9亿元，增长10.1%。赔款支出40.7亿元，其中财险赔付24.6亿元，健康险给付3.5亿元，寿险给付12.2亿元（不含退保金）。

年末全市上市公司数量6家。其中境内上市公司5家，境外上市公司1家。辖区共有证券公司营业部15家，全年证券交易额3573.7亿元，增长10.6%。期货公司2家，全年成交金额3117.3亿元，增长50.1%。

九、教育和科学技术

年末全市有普通高校5所，招生2.4万人，增长11.7%；在校学生7.0万人，增长11.7%；毕业学生1.7万人，增长7.7%。中等职业学校43所，招生1.9万人，增长8.7%；在校学生5.1万人，增长5.0%；毕业学生1.6万人，增长8.6%。普通高中45所，招生2.8万人，增长3.5%；在校学生8.1万人，增长3.7%；毕业学生2.4万人，下降1.6%。初中学校239所，招生5.5万人，增长7.6%；在校学生15.4万人，增长4.4%；毕业学生4.8万人，增长7.8%。普通小学416所，招生5.1万人，增长0.3%；在校学生30.8万人，下降1.1%；毕业学生5.4万人，增长9.0%；小学适龄儿童入学率100%。特殊教育学校8所，招生551人，在校1655人，毕业138人。幼儿园在园幼儿14.2万人，下降1.9%。各类民办学校619所，在校生17.0万人，增长2.7%。民办普通高校2所，在校生2.2万人，增长16.7%。

年末全市有检验监测机构147个。其中国家产品质量监督检验中心1个；法定计量检定机构9个，强制检定计量器具17.3万件。特种设备生产单位64个，生产特种设备2.8万台。组织制定地方标准23项。重点工业产品质量监督抽查1007批次，抽查合格率92.1%。

全年高新技术产业增加值增长16.0%。年末全市有省级工程（技术）研究中心22个，省级重点实验室5个。认定技术合同663项。全年授权专利4991件，增长28.3%。

十、文化、卫生和体育

年末全市拥有艺术表演团体1604个。群众艺术馆、文化馆10个，公共图书馆9个，博物馆、纪念馆13个，广播电视台9座，广播综合人口覆盖率达到100%，电视综合人口覆盖率达到99.95%，有线电视用户40.9万户。列入国家级非物质文化遗产保护名录项目7个，列入省级非物质文化遗产保护名录项目27个。

全市拥有卫生机构5172个。其中医院112个，乡镇卫生院179个，妇幼保健院10个，专科疾病防治院20个，社区卫生服务中心153个，诊所、卫生所、医务室1092个，村卫生室3513个。卫生技术人员36930人，其中在岗执业医师和执业助理医师14933人，护士16697人。全市拥有疾病预防控制中心（防疫站）13个，卫生技术人员共476人；卫生监督所（中心）10个，卫生技术人员158人。医院、卫生院拥有床位总数3.8万张，其中乡镇卫生院拥有床位数1.2万张。

全市现有体育场地9056个，运动场83个，各种训练房816个，体育馆11座，游泳池16个。开展全民健身项目51项次，新建农村体育健身工程的行政村68个，全市经常参加体育锻炼人数253万人。全年获得全国冠军11个。

十一、资源环境和安全生产

全市森林覆盖率48%，全年完成造林面积1.4万公顷。自然保护区8个，面积19.1万公顷，其中国家级自然保护区3个，分别为壶瓶山、西洞庭、乌云界国家级自然保护区；省级自然保护区2个，分别为鼎城区花岩溪、桃源县望阳山省级自然保护区。已发现的矿种59种，探明资源储量的矿种33种。市城区空气质量达标率85.5%，空气质量达到二级标准的区县市11个。

全社会用电量138.4亿千瓦时，比上年增长8.1%。其中工业用电量63.8亿千瓦时，增长4.4%；城乡居民生活用电量42.5亿千瓦时，增长8.1%。

十二、人口、居民生活和社会保障

全市年末常住人口523.8万人。其中城镇人口299.6万人，农村人口224.2万人。常住人口城镇化率为57.2%，比上年提高0.98个百分点。年末户籍总人口为591.8万人。其中城镇人口212.7万人，乡村人口379.1万人；男性人口300.9万人，女性人口290.9万人。

全市城镇居民人均可支配收入38339元，比上年增长8.1%；城镇居民人均消费支出28502元，增长5.6%。农村居民人均可支配收入19904元，增长10.8%；农村居民人均消费支出19157元，增长12.4%。

全市年末参加城镇基本养老保险职工人数146.9万人。其中，参保职工95.6万人，参保离退休人员51.3万人。城乡居民基本医疗保险参保人数501.5万人，城镇职工基本医疗保险参保人数57.1万人。参加工伤保险职工人数54.3万人，参加生育保险职工人数35.6万人，参加失业保险职工人数35.7万人。获得政府最低生活保障的城镇居民2.9万人，获得政府最低生活保障的农村居民11.0万人。年末提供住宿民政机构床位数3.22万张，其中养老机构床位数3.08万张。城镇建立各类社区服务设施0.45万个。全市销售社会福利彩票2.92亿元，筹集社会公益金0.24亿元。

注：1.本公报中资料均为初步统计数（快报数），部分数据因四舍五入的原因，存在着与分项合计不等的情况。

2.全市生产总值和各产业增加值的绝对数为现价，增长速度按可比价计算。

（市统计局综合科）

常德市及市直副处级以上单位负责人名录

市级

中共常德市委员会

书　记　曹志强
副书记、市政府副市长、代理市长、党组书记　周振宇
副书记、统战部部长、市政协党组副书记　陈　华
常委、政法委书记　刘国龙
常委、市政府党组副书记　徐永健
常委、市政府党组成员　罗先东
常委、宣传部部长　彭晛丹
常委、组织部部长　康重文
常委、市纪委书记、市监察委员会副主任、代理主任　何艺辉
常委、秘书长、市委办主任、市直机关工委书记　陈章杰

常德市人大常委会

副主任（正厅长级）、代理主任、党组书记　余怀民
副主任、党组副书记　王先蒙
副主任、党组成员　罗少挟
副主任、党组成员　戴君耀
副主任（驻会）、一级巡视员　杨新辉
副主任、党组成员　宋云文
副主任、党组成员　杨　易
党组成员、一级巡视员、市总工会主席　谭弘发
党组成员　熊大顺
党组成员　张　阳
党组成员　廖可元

常德市人民政府

代理市长、党组书记、市委副书记　周振宇
党组副书记、市委常委　徐永健
党组成员、市委常委　罗先东
副市长、党组成员　尹正锡
副市长、党组成员　龚德汉
副市长、党组成员　汤祚国
副市长、致公党市委主委　杨成英
副市长、党组成员　周代惠
副市长、党组成员、市公安局党委书记、局长、督察长　余良勇
党组成员　谭　丁
党组成员　傅　勇
党组成员、一级巡视员　黎建平

政协常德市委员会

主席、党组书记　朱水平
党组副书记　黄清宇
副主席、党组副书记、一级巡视员　何英平
副主席、市审计局副局长　陈位明
副主席（驻会）、一级巡视员　傅绍平
副主席、党组成员　彭孟雄
副主席、党组成员　洪振海
副主席、党组成员　熊国建
副主席　张业梅
副主席　张　力

常德市中级人民法院

院长、党组书记　张经伟

常德市人民检察院

党组书记、副检察长、代理检察长　刘有仁

市直

市纪委、市监委

副主任、代理主任、市委常委　何艺辉
副书记、市监察委员会副主任、二级巡视员　向才焰
副书记、市监察委员会副主任　覃歇民
副书记、市监察委员会副主任　万长华
常委、市监察委员会委员　杜　强
常委、秘书长　袁成宇
常委、市监察委员会委员　郭　建
常委、市监察委员会委员　刘朝明
常　委　周罗佳
市监察委员会委员　张爱国
市监察委员会委员　侯宏栋

市委巡察工作领导小组办公室

主任、一级调研员　袁万明
副主任　龚德村
副主任　丁俊辉
第一组组长　杨旭峰
第一组副组长　李　智
第二组组长　许世林
第二组副组长　燕岩山
第三组组长　李德智
第三组副组长　王　平
第四组组长　谭晓文
第四组副组长　陈兴波
第六组组长　王宏斌

市　委

秘书长、市委办主任、市委常委、市直机关工委书记　陈章杰
常务副秘书长、市委办常务副主任（兼）　朱文红

副秘书长、市委办副主任（兼）、市档案局局长（兼）、一级调研员　张　帆
副秘书长、市委办副主任（兼）黄修林
副秘书长，局长（正处级领导职务）（援藏）　李　进
副秘书长、市委办副主任（兼）施才明

市委办

市纪委市监委驻市委办纪检监察组组长　殷依峰
专职副主任　张　琳
副主任、局长（正处级领导职务）（援藏）　孙彬彬
市委秘书长会议成员　方林辉
市对外友好协会专职副会长　雷　鸣
市专用通信局局长　程　关

市委保密委员会办公室

主任、市国家保密局局长　郑利红
副主任、市国家保密局副局长　向　荣
副主任、市国家保密局副局长　覃　波

市接待服务中心

党组书记、主任　袁　文
党组成员、副主任　鲁观峰

市档案馆

市档案局局长（兼）、市委副秘书长、市委办副主任（兼）、一级调研员　张　帆
副馆长　何名松
副馆长　杨淑芬
副馆长　邹益群

市委党史研究室（市地方志编纂室）

主　任　郑文廷
副主任　周　波

市委组织部

部长、市委常委　康重文
常务副部长　鲁晓凤
副部长（兼）、市人社局党组书记、局长、二级巡视员　马业文
副部长、市委非公有制经济组织和社会组织工委书记　董建华
副部长、市公务员局局长（兼）姚敦科
副部长（兼）、市委老干部局局长　杨文惠
副部长　徐东远
市纪委市监委驻市委组织部纪检监察组组长　肖少球

市委老干部局

局长、市委组织部副部长（兼）　杨文惠
副局长　娄振华
副局长　张宇辉
市关心下一代工作委员会副主任（专职）　姜　飞

市老干活动中心

党支部书记、主任　黄海萍

市委编委办

主　任　辛春生
副主任　曾祥文
副主任　蒋晓勇
副主任　杨晓庆

市机构编制事务中心

主　任　喻长春

市直机关工委

书记、市委常委、秘书长、市委办主任　陈章杰
常务副书记　马永忠
副书记　金行国
副书记　童成立
副书记　陈永军
委　员　曹健华

市总工会

主席、市人大常委会党组成员、一级巡视员　谭弘发
党组书记、副主席　覃志云
党组成员、副主席　胡元琴
党组成员、副主席　赵　鑫
党组成员、副主席　杨　峰
党组成员、经审会主任　朱艺敏

团市委

书　记　魏　翔
副书记　吴雅倩
副书记　彭　琪

市妇联

党组书记、主席　宋　磊
党组成员、副主席提名人选　夏小雯
党组成员、副主席　唐　莹

市委党校

校长、市委副书记、市委统战部部长、市政协党组副书记　陈　华
常务副校长　王海波
副校长　李曜宏
副校长　杨亚妮
教育长　刘章福
副校长　李雅苹

市委宣传部

部长、市委常委　彭晛丹
常务副部长、市新闻出版局（市版权局）局长（兼）　陈志强
副部长　贵学军
部务委员　葛　锐
部务委员　彭仔明
市纪委市监委驻市委宣传部纪检监察组组长　王宏伟

市社科联

党组书记、主席　李云峰
党组成员、副主席　饶金山
党组成员、副主席　欧子成

市委网络安全和信息化委员会办公室

主　任　金晓年
副主任　彭美君

市文化旅游广电体育局

党组书记、局长　杨　俊
党组副书记、副局长　王陵书

党组成员、副局长 罗东秋
党组成员、副局长、二级调研员 杨成先
党组成员、总工程师 江　勇
党组成员、副局长 岳克己
党组成员 薛永春

市文化市场综合行政执法支队

党委书记、支队长 伍千喜

市文联

党组书记 张海卿
主席、民盟市委副主委 杨　莉
党组成员、副主席 叶建华
党组成员、副主席 谢　伟

市广播电视台

党组书记、台长 唐直秋
党组成员、副台长 胡元祖
党组成员、副台长 周慧华
党组成员、纪委书记 刘群伟
党组成员、副台长 傅冠权
党组成员、工会主席 关　健

常德调频转播台

台　长 刘泉礼
党支部书记 罗淮蓉

常德日报社

党组书记、社长、总编辑 任民政
党组成员、副社长 俞鸿钧
党组成员、副社长 鞠　林
党组成员、纪委书记 刘　军
党组成员、工会主席 熊夏明
党组成员、副社长 唐卫平

市委政法委

书记、市委常委 刘国龙
常务副书记、二级巡视员 胡　文
副书记、二级调研员 王汉桃
副书记 彭智明
副书记 汪　云
政治部主任 孙文红
委　员 廖星源
委　员 欧阳健仕

市纪委市监委驻市委政法委纪检监察组组长 尹志辉
市法学会专职副会长 孙晓波

市中级人民法院

党组书记、院长 张经伟
党组副书记、副院长 饶南丙
党组成员、副院长 黄天伏
党组成员 王正清
党组成员、政治部主任 谢迎春
党组成员、副院长 龙超兵
副院长 孙权新
市纪委市监委驻市中级人民法院纪检监察组组长、市中级人民法院党组成员 易湘平

市人民检察院

党组书记、副检察长、代理检察长 刘有仁
党组副书记、副检察长 荣　明
副检察长 郑朝兵
党组成员、副检察长 卜学宏
党组成员、副检察长 黄艳霞
市纪委市监委驻市人民检察院纪检监察组组长、市检察院党组成员 江辉武
党组成员、政治部主任 裴国富

白洋堤检察院

党组书记、检察长 郭建国
党组副书记、副检察长 杨昌文
党组副书记、纪检组组长、二级高级警长 杨文武
党组成员、副检察长、四级高级检察官助理 蒋　天
党组成员、政工室主任 李　敬

市公安局

党委书记、局长、督察长、市政府副市长、党组成员 余良勇
党委副书记、常务副局长、一级高级警长 曾　勇
党委副书记、副局长、二级警务专员 李培桂
市纪委市监委驻市公安局纪检监察组组长、二级调研员、市公安局党委委员 祁圣平

党委委员、副局长、二级高级警长 彭　勇
党委委员、政治部主任、二级高级警长 王朝春
党委委员、副局长、警务技术二级主任 戴海洲
党委委员、副局长、二级高级警长 罗永锋

市交警支队

党委书记、支队长、二级高级警长 戴林忠
政委、二级高级警长 刘元春

市巡警特警支队

党委书记、支队长、二级高级警长 易惠权
政委、二级高级警长 刘向阳

市司法局

党组书记、局长 王　鳌
党组副书记、副局长 石　林
党组成员、副局长 余小萍
党组成员、政治部主任 张修超
党组成员、副局长 刘洋廷
常德仲裁委秘书处秘书长 黄译弘

市民政局

党组书记、局长、二级巡视员 龚美爱
党组副书记、副局长、市委非公有制经济组织和社会组织工委副书记（兼） 殷宗仁
党组成员、副局长 沈绪国
副局长 沈英琼

市殡葬事务中心

党总支部书记、主任 沈　勇

市康复医院

党总支部书记 王丽群
院　长 彭　宏

市社会救助事务中心

党支部书记、主任　卞德荣

市社会福利院

院　长　才忠波

市委统战部

部长、市委副书记、市政协党组副书记　陈　华
常务副部长　李宏岸
副部长、市政府侨务办公室主任（兼）、市民族宗教事务局局长（兼）　张智慧
市纪委市监委驻市委统战部纪检监察组组长　程友忠
副部长　余仁辉
副部长　魏　云

市工商联

主　席　陈宏元
党组副书记、副主席　黄明中
党组成员、副主席、市委非公有制经济组织和社会组织工委副书记（兼）　徐玲英

民革市委

主委、常德经开区二级调研员　邹吉茂
副主委（专职）　程本群
副主委、武陵区副区长　张　恩
副主委、石门县副县长　万勇平
副主委、市公共资源交易中心产权交易部部长　熊景洋

民盟市委

主委、湖南幼儿师范高等专科学校教务处处长　梁　平
副主委（专职）　周振波
副主委、市文联主席　杨　莉
副主委、湖南文理学院创新创业学院院长　李宝斌
副主委、津市市人大常委会副主任　胡湘萍

民建市委

主委、常德广播电视大学校长　陈　华
副主委（专职）　陈　芳
副主委、津市市政协副主席　梁文利
副主委、市人社局副局长　朱碧文
副主委、湖南德强通信设备服务有限公司董事长　彭德强

民进市委

主委、安乡县人民政府副县长　张益源
副主委（专职）　刘　伟
副主委　车立平
副主委、湖南文理学院学术委员会委员　熊　英
副主委、湖南应用技术学院校长　李旋旗

农工党市委

主委、市公共资源交易中心主任　刘保湘
副主委（专职）　陈　钰
副主委、市疾控中心主任　刘凤姣
副主委、市第一中医医院副院长　李振龙
副主委、市第一人民医院胸心外科主任　胡剑鹏

致公党市委

主委、常德市人民政府副市长　杨成英
副主委（专职）　王　哲
副主委、常德市第一人民医院副院长　尹明祥

九三学社市委

主委、市生态环境局局长　呙滨辰
副主委（专职）　肖超银
副主委、石门县政协副主席、石门县市场监督管理局局长　戴海蓉
副主委、市乡村振兴局信访法规科科长　牟杰智
副主委、湖南文理学院化学与材料工程学院副教授　刘　骏

市委政研室

主　任　张见明
副主任　周清华
副主任　唐　耘

市农业农村局

党组书记、局长、一级调研员　石玉林
党组成员、副局长　贺立新
党组成员、副局长　蒋宗灼
党组成员、副局长　罗卫华
党组成员、总农艺师　易宗云
副局长　郑海涛
市纪委市监委驻市农业农村局纪检监察组组长、市农业农村局党组成员　邹　凯
党组成员　潘　磊
市委农村工作领导小组办公室专职副主任　程望生

市农民教育办公室

党支部书记、主任　唐淑琼

市农业综合行政执法支队

党总支部书记　邹劲松
支队长　蹇斯炎

市水利局

党组书记、局长、一级调研员　胡世满
党组副书记、副局长、一级调研员　唐西新
党组成员、总工程师　李传军
党组成员、副局长　王孝奇
副局长　陈佩荣
党组成员　张　勇

市水旱灾害防御事务中心

党支部书记、主任　王敦雷

市库区移民事务中心

党支部书记、主任　王孟武

市江北城防处

主　任　刘从宏

市农机事务中心

党总支部书记、主任　肖轻云

市畜牧水产事务中心

党委书记、主任　吴新涛
党委委员、副主任　刘凤姣
党委委员、副主任、纪委书记　朱德新
党委委员、副主任　胡　华

市林业局

党组书记、局长　关建锋
党组副书记、副局长　金桂兰
党组成员、副局长、二级调研员　黄贵生
总工程师　盛晓丽
党组成员、副局长　高志勇

市医疗保障局

党组书记、局长　刘德平
党组副书记、副局长　李绍南
党组成员、副局长　张丽华

市供销社

党组书记、理事会主任　戴作凡
党组成员、理事会副主任　邓明彪
党组成员、理事会副主任　钟福明
党组成员、理事会副主任　王贤成

市乡村振兴局

党组书记、局长　徐兴庭
党组副书记、副局长　文定红
党组成员　贵立军
党组成员、副局长　刘康清

市农村经营服务站

党支部书记、站长　刘少华

市农林科学院

党委书记　徐郁平
党委副书记、院长　杨　鸿
党委委员、副院长　张平喜
党委委员、副院长　何　岩
党委委员、工会主席　张曙光
党委委员、副院长　朱益祥
党委委员、纪委书记　王宏武
党委委员、总农艺师　王　俊

市政府

秘书长、党组成员、市政府办党组书记、主任　陈爱喜
副秘书长、市政府办党组副书记　郭　杰
副秘书长、市政府办一级调研员　谢朝君
副秘书长　胡以军
副秘书长　彭家明
副秘书长　杨明波
副秘书长、市信访局党组书记、局长　陈兆前
副秘书长　李卫民
副秘书长　陈蔚民
市纪委市监委驻市政府办纪检监察组组长、市政府办党组成员　万政观

市财政局

党组书记、局长、二级巡视员　杨天生
党组副书记、副局长　蒋金华
市纪委市监委驻市财政局纪检监察组组长、二级调研员、市财政局党组成员　陆振岩
党组成员、副局长　郝介球
副局长、二级调研员　郑维菊
党组成员、副局长　吴先军
党组成员、副局长　陈绪华
党组成员、总会计师　王建辉

市财政事务中心

党支部书记、主任　徐联凤

市住房公积金中心

党组书记　梅　宏
主　任　钱盛霞

党组成员、副主任　陈雨晖
党组成员、副主任　李友德

市审计局

党组书记、局长、二级巡视员　张克武
党组副书记、副局长　邓铁强
副局长、市政协副主席　陈位明
党组成员　鄢辉霞
党组成员、市经济责任审计工作联席会议办公室主任　刘　丹
总审计师　詹卫红

市退役军人事务局

党组书记、局长　王莨睿
党组成员、副局长　伍子科
党组成员、副局长　左振益
党组成员、副局长　李有飞

市军干所

党总支部书记　王冠华
所　长　余　芳

市应急管理局

党委书记、局长　张铁牛
党委副书记、副局长　彭晓林
党委委员、政治部主任　关　蕾
党委委员、副局长　郭道胜
党委委员、副局长　张　伟
党委委员、副局长　田胜华
总工程师　徐述全

市地震局

党支部书记、局长　揭正亚

市城市管理和综合执法局

党组副书记、副局长　宋立明
党组成员、副局长，局长（正处级领导职务）（援藏）　裴　平
党组成员　杨永红
党组成员、副局长　刘振华

市城市管理综合行政执法支队

党支部书记、支队长　孙志远

市城市管理事务中心

党委书记 黎镇斌
主　任 朱绪兆

市园林绿化服务中心

党委书记、主任 肖汉友

常德火车站广场管理处

主　任 徐宏波

市行政审批服务局

党组书记、局长 李　芳
党组副书记、副局长 罗邦明
党组成员、副局长 魏俊辉
副局长 刘建民

市政务中心

党委书记、主任 程　节

市政府金融工作办公室

党组书记、主任 周　胜
党组成员、副主任 孙子乐
党组成员、副主任 孙永贵

市机关事务管理局

党组书记、局长 谢建平
党组副书记、副局长 夏立权
党组成员、副局长 康继军
党组成员、副局长 曹阳波

市政府研究室

党组成员、副主任 沈雄飞
党组成员、副主任 周业楚

市信访局

党组书记、局长、市政府副秘书长 陈兆前
党组副书记、副局长 唐京华
党组成员、副局长 黄正清
党组成员、副局长 彭健民
党组成员、副局长 王明浩

市侨联

党组书记、主席 郭震宇
党组成员、专职副主席 李雨芳

市公共资源交易中心

党组书记 贺圣国
主任、农工民主党市委主委 刘保湘
党组副书记、副主任 丰朝晖
党组成员、副主任 黎　娟
党组成员、副主任 覃祖福

市无线电管理处

党支部书记、主任 曾凡明

市政府驻北京联络处

主　任 郭劲夫

市政府驻上海联络处

主　任 刘冠西

市政府驻深圳联络处

主　任 晏丰儒
副主任 蒯熔桦

市政府驻长沙联络处

主　任 胡　丹

市红十字会

专职副会长 姜建龙

市发改委

党组书记、主任、市粮食和物资储备局局长（兼） 徐　苳
党组副书记、副主任 雷光承
党组成员、副主任 任绪义
党组成员、副主任 陈谋建
党组成员 易继军
党组成员、副主任 杨定波
党组成员 李树全
市纪委市监委驻市发改委纪检监察组组长、市发改委党组成员 龙清安

市重点建设项目事务中心

党支部书记、主任 张　凯

市工业和信息化局

党组书记、局长 卢　岳
党组成员、副局长 王淑华
党组成员、副局长、二级调研员 尹明先
党组成员、副局长 谭丽平
市纪委市监委驻市工业和信息化局纪检监察组组长、市工业和信息化局党组成员 蒋山峰
党组成员、副局长 孙金平
总经济师 田功文

市散墙办

党支部书记、主任 林云利

市工信局退管处

党总支部书记 罗育玲
主　任 刘　敏

市中小企业服务中心

党支部书记、主任 詹志平

市教育局

党组书记、局长、二级巡视员、市委教育工委书记 胡祖国
党组成员、副局长 张　林
党组成员、副局长 苏宏元
党组成员、副局长 覃道勇
总督学 李呈喜

市教科院

党支部书记 毛善新
院　长 熊延海

市教育考试院

院　长 李高松

市科技局

党组书记　杨　帆
局　长　马　慧
党组副书记、副局长　王超辉
副局长　罗功大
党组成员、副局长　高永亮
党组成员、副局长　胡　军

市人社局

党组书记、局长、二级巡视员、市委组织部副部长（兼）　马业文
党组成员、副局长　罗宗红
市纪委市监委驻市人社局纪检监察组组长、市人社局党组成员　余普阳
党组成员、工会主席　夏吉军
党组成员、副局长　龙　伟
党组成员、副局长　唐立新
副局长、民建市委副主委　朱碧文

市人力资源开发交流中心

党支部书记、主任　谭　勇

市人力资源考试院

党支部书记、院长　袁春霞

市就业服务中心

党支部书记、主任　潘　平

市社会保险服务中心

党委书记、主任　杨为明

市工伤保险服务中心

党支部书记、主任　胡育禾

市劳动人事争议仲裁院

党支部书记、院长　曾召盛

市住建局（市人防办）

党组书记、市住建局局长、市人防办主任　刘兴华
党组副书记、市住建局副局长、市住建局（市人防办）一级调研员　陈昌玉
党组副书记、市住建局副局长　沈明莉
党组成员、市人防办副主任　王　龙
党组成员　唐述安
党组成员、市住建局总工程师　伍和平
市纪委市监委驻市住建局纪检监察组组长、市住建局（市人防办）党组成员　陈家海

市住房保障服务中心

党委书记、主任　程灵敏
党委副书记、副主任　谭　勇
党委委员、副主任、纪委书记　张葶芬

市海绵城市建设服务中心

党委书记　付忠革
主　任　刘　华

市诗墙管理处

党总支部书记　王承欣
主　任　罗晓红

市交通运输局

党组书记、局长　龚霞波
副局长　唐西英
党组成员、副局长　肖　异
党组成员、副局长　彭德友
党组成员、总工程师　杨丽华
党组成员、副局长　王国军
市纪委市监委驻市交通运输局纪检监察组组长、市交通运输局党组成员　苏　毅
党组成员、副局长　熊汉澍

市水运事务中心（市船舶检验中心）

党委书记、主任　罗艳华

市道路运输服务中心

党委书记、主任　朱卫兵

市交通建设质量安全监督站

党支部书记　杜自力
站　长　谢大明

市交通运输综合行政执法支队

党委书记、支队长　彭艳芳

市商务局

党组书记、局长　曾　莉
党组成员　严利民
市纪委市监委驻市商务局纪检监察组组长、市商务局党组成员　李寿喜
党组成员、副局长　曾　群

市商务局退管处

主　任　黄　英
党总支部书记　王继虎

市市场服务中心

党总支部书记　丁利民
主　任　罗勇政

市招商促进事务中心

党组书记、主任　戴林军
党组副书记、副主任　曹　鹏
党组成员、副主任　贺　胜

市卫生健康委员会

党组书记、主任、一级调研员　王兴钊
党组副书记、副主任　蔡胜猛
党组成员、副主任　曹学美
党组成员、副主任　邹立新
党组成员、副主任　屈贵顺
市纪委市监委驻市卫生健康委员会纪检监察组组长、市卫生健康委员会党组成员　杨庭贵
市计生协会副会长（专职）　王　珂

市卫生计生执法局

党支部书记、局长　尹　昭

市疾控中心

党总支部书记　王　杰

主任、农工民主党市委副主委 刘凤姣

市国资委

党委书记、主任、二级巡视员 陈彰波
党委委员、副主任 伍中福
党委委员、副主任 张丽群
市纪委市监委驻市国资委纪检监察组组长、市国资委党委委员 刘昌松

市自然资源和规划局

党组副书记、副局长 杨文平
党组副书记、副局长 胡少华
党组成员、副局长 张　辉
党组成员、总工程师 尹东风
总规划师 向　进
市纪委市监委驻市自然资源和规划局纪检监察组组长、市自然资源和规划局党组成员 任　一

市国土资源储备中心

党支部书记、主任 肖建中

市土地开发整理中心

党支部书记、主任 高　健

市国土资源规划测绘院

党支部书记、院长 陈志刚

市国土资源局执法监察支队

党支部书记、支队长 罗克明

市不动产登记中心

党支部书记、主任 周　刚

市自然资源事务中心

党支部书记、主任 陈世锋

市生态环境局

党组书记 李宏秋
局长、九三学社市委主委 呙滨辰
党组副书记、副局长 万　勇
党组成员、副局长 王德贵
党组成员、副局长 何书元
党组成员、总工程师 许　平
市纪委市监委驻市生态环境局纪检监察组组长、市生态环境局党组成员 陈志明
党组成员、副局长 朱昱睿

市生态环境事务中心

党支部书记、主任 邓　艳

市生态环境保护综合行政执法支队

党支部书记、支队长 赵晋弘

市统计局

党组书记、局长 胡彬彬
党组副书记、副局长 罗　慧
党组成员、副局长 汤光元
党组成员、总统计师 叶征鹏
党组成员、副局长 周　舟

市市场监督管理局

党组书记、局长 董明辉
党组副书记、副局长、市知识产权局局长（兼） 曾　遥
副局长、二级调研员 熊连初
党组成员 康　凯
党组成员 谭玉龙
党组成员、副局长 周　轶
党组成员、副局长，桃花源风景名胜区管理局党委委员、副局长（挂职） 袁超云
市纪委市监委驻市市场监督管理局纪检监察组组长、市市场监督管理局党组成员 施立清

市食品药品检验所

党总支部书记 贺云彪
所长 彭文进

市市场监管综合行政执法支队

党委书记 钟昌宏
支队长 戴卫军

市公路建设养护中心

党委书记、主任 高金平
党委副书记、副主任、纪委书记 孙　勇
党委委员、副主任、二级调研员 顾　晓
党委委员、副主任 贺跃斌

市科协

党组书记、主席 王明东
党组成员、副主席 黄　河
党组成员、副主席 李　风

市残联

党组书记、执行理事会理事长 田大春
党组副书记、执行理事会副理事长、一级调研员 陈义佳
党组成员、执行理事会副理事长 张世湘
党组成员、执行理事会副理事长 黄　杰

市贸促会

党组书记 赵帮辉
会　长 刘寅初
党组成员、副会长 刘艺峰
党组成员、副会长 黄稔芯

市人大常委会

秘书长、党组成员、办公室主任、机关党组书记 李绍霞
副秘书长、办公室副主任（兼）、机关党组副书记、市人大常委会委员、市人大常委会办公室一级调研员 杨建华
副秘书长、办公室副主任（兼）、机关党组成员、市人大常委会委员 陈育斌
市纪委市监委驻市人大机关纪检监察组组长、市人大常委会机关党组成员 王超轩

市人大常委会联工委

主任、市人大常委会委员 马湘秦

市人大常委会研究室

主　任　李宏伟
副主任　陈志辉

市人大民族华侨外事委

主任委员提名人选　王黎明
副主任委员　俞　烽

市人大监察和司法委

主任委员、一级调研员、市人大常委会委员　郭伟勋
副主任委员　李新河

市人大法制委

主任委员、市人大常委会法工委主任、市人大常委会委员　董高群
副主任委员、市人大常委会法工委副主任　吴慧敏
副主任委员、市人大常委会法工委副主任　方建春

市人大财经委

主任委员、市人大常委会预算工委主任、一级调研员、市人大常委会委员　刘德军
副主任委员、市人大常委会预算工委副主任　陈　成
副主任委员、市人大常委会预算工委副主任　向明华

市人大教科文卫委

主任委员、市人大常委会委员　董文书
副主任委员　严海清

市人大环境与资源保护委

主任委员、一级调研员、市人大常委会委员　涂贤春
副主任委员　张星瑜

市人大农业委

主任委员、二级巡视员、市人大常委会委员　李百艳
副主任委员　刘伏沅

市人大社会建设委

主任委员、市人大常委会委员　陈卫平
副主任委员　刘　高

市政协

秘书长、办公室主任、机关党组书记、市政协办公室二级巡视员　吴德新
副秘书长、办公室副主任（兼）、机关党组副书记　游灯华
副秘书长、办公室副主任（兼）、机关党组成员　周　艳

市政协办公室

专职副主任、机关党组成员　王书娥
副主任、局长（正处级领导职务）（援藏）　李祎珉
市纪委市监委驻市政协机关纪检监察组组长、市政协机关党组成员　潘　洁

市政协研究室

副主任　刘　飞

市政协委员学习联络委

主任、市政协机关党组成员　向君承
副主任　易　蓉

市政协提案委

主　任　褚　敏
副主任　谢科家

市政协经济科技和外事委

副主任　邱　涛

市政协农业和农村委

主任、一级调研员　陈建国
副主任　覃仕新

市政协人口资源环境委

主任、一级调研员　贺用伟
副主任、三级调研员　熊原甄

市政协文教卫体和文史委

主任、一级调研员　邢化明
副主任　祝　娟

市政协社会法制和民族宗教委

主　任　邓　红
副主任　覃世红

学校、医院

湖南文理学院

党委副书记、校长　龙献忠
党委副书记　龚卫明
党委委员、副校长　李红革
党委委员、副校长　刘春晖
党委委员、副校长　戴　军
党委委员、纪委书记、省监委驻校监察专员　郭文超
副校长　肖小勇
党委委员、副校长　晏　昱
党委委员　郭杰荣

常德职业技术学院

党委书记　黄云新
党委副书记　徐　翔
副院长　陈　翔
纪委书记　邹纯旭
党委委员、副院长　詹学明
党委委员、副院长　王朝晖
党委委员、副院长　翟振才

湖南应用技术学院

党委副书记、董事长　李少夫
党委书记、督导专员、董事　覃佐媛
校长、董事　李旋旗
党委委员、常务副校长　李　敏
党委副书记、纪委书记　刘孟初

副校长、农林科技学院院长　王文龙
副校长、机电工程学院院长　李新华
副校长　贺修裕
副校长、党政办主任　丁春茹
党委委员、宣传部部长　李友谊
党委委员、纪委副书记、监察处处长　杨宏喜
党委委员、组织部部长　余清明
党委委员、统战部部长　侯飞燕
工会主席　谢自强
校长助理、继续教育学院院长　李子毅
校长助理、招生就业处处长　汪友仁

湖南高尔夫旅游职业学院

党委书记、政府督导专员　新湘
执行董事、党委副书记、院长　陈巨红
副院长　周华庭
党委副书记、纪委书记、工会主席　刘万保
院长助理　黄代华
财务总监　胡时雨

湖南幼儿师范高等专科学校

党委书记　朱　明
党委副书记、校长　曹桂清
党委副书记　游百春
党委委员、副校长　赵淑君
党委委员、工会主席　张爱华
党委委员、纪委书记　杨　涛
副校长　李旺国
党委委员、副校长　曾健坤

常德广播电视大学

党委书记　朱立春
校长、民建市委主委　陈　华
党委委员、副校长　陈仕洪
党委委员、纪委书记　聂先道
党委委员、副校长　陈富华
党委委员、副校长　冯家其

常德财校

党委书记、常德汽车机电学校党委书记　蹇斯勇
党委副书记、校长、常德汽车机电学校党委副书记、校长　周　华
副校长　黄阳辉
党委委员、副校长　夏春波
副校长　余淑娴
党委委员、工会主席　张广明
党委委员、副校长　朱立波
党委委员、纪委书记、常德汽车机电学校党委委员、纪委书记　高　敏

常德汽车机电学校

党委书记、常德财校党委书记　蹇斯勇
党委副书记、校长、常德财校党委副书记、校长　周　华
党委委员、副校长　林志杰
党委委员、副校长　李法胜
党委委员、纪委书记、常德财校党委委员、纪委书记　高　敏

常德技师学院

党委书记　毛泽陆
党委副书记、院长　姜协武
党委副书记　高广安
党委委员、工会主席　陈本校
副院长　龙　艳
党委委员、副院长　田淑平

市体育运动学校

党支部书记　冯光武

市一中

党委书记　唐会荣
校　长　李世明

市二中

党委书记　朱年生
校　长　王　林

市六中

党委书记　程光明
校　长　李井岗

市七中

党委书记　黄大祥
校　长　李健均

市第一人民医院

党委书记　向勇志
党委副书记、院长　邓志明
党委委员　彭　进
党委委员　陈　颖
党委委员　叶拥军
纪委书记　杨名军
副院长　吴吉明
党委委员、芷园宾馆党总支部书记　万家红
党委委员、副院长　徐立新
党委委员、副院长　李德辉
党委委员、芷园宾馆总经理　朱江霞
副院长、致公党市委副主委　尹明祥

市第一中医医院

党委书记　钟发平
党委副书记、院长　张　勇
党委副书记、副院长　车雄宇
党委委员、副院长　刘开英
党委委员、工会主席　成　健
党委委员　曾庆森
党委委员、纪委书记　李　波
党委委员、副院长　段建辉
副院长、农工民主党市委副主委　李振龙

市第二人民医院

党委书记　卜隆

市妇幼保健院

党委书记　曹正清
院　长　马明祥

中央、省驻常德单位领导及大中型企业负责人名录

国家税务总局常德市税务局

党委书记、局长　梁文辉
党委委员、副局长　黄　海
党委委员、副局长　何东彪
党委委员、副局长　蒋云锋
党委委员、副局长　黎　萍
党委委员、纪检组组长　刘炳祥
党委委员、总经济师　贺姝红
党委委员、总会计师　乔文光

中国人民银行常德市中心支行

党委书记、行长　刘新华
党委委员、副行长　向际忠
党委委员、副行长　钟昌彪
党委委员、纪委书记　王一丁
党委委员、副行长　王晓军
党委委员、工会主任　张文成

中国银行保险监督管理委员会常德监管分局

党委书记、局长　周　兵
党委委员、副局长　孙孝文
党委委员、副局长　袁　娟
党委委员、纪委书记　李四平

国家统计局常德调查队

党组书记、队长　李　俞
党组成员、副队长　徐智勇
党组成员、副队长　熊松平
党组成员、纪检组组长　肖　燕

市气象局

党组书记、局长　陈章法
党组成员、副局长　邬建祥
党组成员、纪检组组长　张红珍
党组成员、副局长　朱士兵

市水文局

党委书记、局长　李炳辉
党委委员、副局长　贺志华
纪委书记、副局长　钱　锋
党委委员、副局长　段志昊

湖南省棉花科学研究所

党委书记、所长　曾　球
党委副书记、副所长　赵瑞元
党委副书记、副所长　丁世勇
党委委员、总农艺师　李育强
党委委员、纪委书记　肖才升
党委委员、所长助理　梅正鼎
党委委员、政工人事科科长　毛红玲

贺家山原种场

党委书记、场长　邵泽毅
党委副书记、副场长、总农艺师　李建彬
党委委员、纪委书记　杨　明
党委委员、副场长　刘小满
党委委员、副场长　谭旭生
党委委员、副场长　彭亦文

常德海关

党委书记、关长　叶国忠
党委委员、常德海关缉私分局局长　金树柏
党委委员、副关长　刘晓初
常德海关党委委员、副关长　宋　怡

湖南机场股份有限公司常德桃花源机场

党委书记　杨　智
党委副书记、总经理　彭国军
党委委员、纪委书记　周新丽
党委委员、副总经理　周　兵
党委委员、副总经理　刘　俊

广铁（集团）公司长沙车务段常德火车站

站　长　陈　军
党总支书记　王　嵘
党总支副书记、工会主席　曹君华
副站长　郭向荣
副站长　吴新庭
副站长　杨　君

市邮政管理局

党组书记、局长　袁大斌
党组成员、副局长、纪检组组长　蔡光武

中国邮政集团公司常德市分公司

党委书记、总经理　段兴文
党委委员、副总经理、工会主席　陈明君
党委委员、副总经理　王志春
党委委员、副总经理、纪委书记　吴长松

常德市烟草专卖局（公司）

党组书记、局长、经理　颜　玫
党组成员、副经理　骆　华

党组成员、纪检组组长　陈　灿
总农艺师　罗新斌
副经理　杨丕华

湖南中烟工业有限责任公司常德卷烟厂

党委书记、厂长　刘　斌
党委副书记兼工会主席　龙海英
党委委员、副厂长　刘兴明
党委委员、副厂长　吴　元
党委委员、副厂长　江正明
党委委员、副厂长　李正平
党委委员、副厂长　彭中雷
党委委员、纪委书记　廖振宇

常德烟草机械有限责任公司

党委副书记、董事长、总经理　杨　军
党委书记　秦继玉
党委委员、副总经理　鲁方霞
党委委员、副总经理　严重阳
党委委员、副总经理　杨　骥
党委委员、副总经理　李　钧
党委委员、纪委书记、工会主席　王　健

常德纺织机械有限公司

党委书记、总经理　陈　鹏
副总经理　张　烨
党委副书记、纪委书记、工会主席　谢　军
财务总监　梁　平
副总经理　陈海军
副总经理　李白文

国网常德供电公司

党委副书记、总经理　刘正谊
党委书记、副总经理　李宗赐
党委委员、副总经理、工会主席　姜坤山
党委委员、总会计师　刘立华
党委委员、副总经理　杨　成
党委委员、纪委书记　皮振宇
党委委员、副总经理　叶会生

中国电信股份有限公司常德分公司

党委书记、总经理　裴　杰
纪委书记、副总经理　陈士勇

党委成员、副总经理、工会主席　安志国
党委成员、副总经理　杨　斌
党委成员、副总经理　余飞兵

中国移动通信集团湖南有限公司常德分公司

党委书记、总经理　吴英杰
党委委员、副总经理　欧秀峰
党委委员、副总经理　刘明华
党委委员、副总经理　尹剑锋
党委委员、副总经理　王辉明

中国联合网络通信有限公司常德市分公司

党委书记、总经理　熊杰毅
党委委员、派驻纪检组组长　范文波
党委委员、副总经理　宾　颖
副总经理　刘　婷
副总经理　晏志强

中国铁塔股份有限公司常德市分公司

总经理、支部书记　郑维华
副总经理、纪检委员　丁微华
副总经理、工会主席　张中辉

湖南华南光电（集团）有限责任公司

党委书记、董事长　王　建
党委委员、纪委书记　邢春生
党委委员、总会计师　童建忠
党委委员、副总经理　张小利
党委委员、副总经理、工会主席　李海平
党委委员、副总经理　卢　鑫

中国石化销售股份有限公司湖南常德石油分公司

公司经理、党委副书记　杜　航
党委书记　卜德安
党委委员、副经理　冯　钢
纪委书记、副经理、工会主席　王立翔
党委委员、副经理　徐建波

中国石油天然气股份有限公司湖南销售常德分公司

党委副书记、经理　徐静妮

党委副书记　于庆峰
党委委员、副经理、安全总监　曹爱志

湖南省新华书店有限责任公司常德市分公司

党委书记、总经理　刘中良
党委委员、副总经理　胡大明
党委委员、副总经理　张　勇
党委委员、副总经理　李寿春

中国农业发展银行常德市分行

党委书记、行长　文　蓉
党委副书记、纪委书记、副行长　郑秋武
党委委员、副行长　李国六
党委委员、副行长　李建平

中国工商银行股份有限公司常德分行

党委书记、行　长　侯　军
党委委员、副行长　万立民
党委委员、副行长　李俊厚
党委委员、副行长　曾艺峰
党委委员、副行长　龙志毅
党委委员、纪委书记、工委主任　彭　波

中国农业银行股份有限公司常德分行

党委书记、行长　欧阳光明
党委委员、副行长　黄大银
党委委员、专家、副行长　毛曜廷
党委委员、副行长　吴小辉
党委委员、纪委书记　尹群芳
党委委员、副行长　刘　杰

中国建设银行股份有限公司常德市分行

党委书记、行长　唐　勇
三级高级风险经理　施新华
党委委员、副行长　程　诚
纪检组组长、党委委员　张　罡
党委委员、副行长　刘志卓
党委委员、副行长　高　洁
党委委员、副行长　曾文浩

交通银行股份有限公司常德分行

党委书记、行长　李绍球

党委委员、副行长 胡 琼
党委委员、行长助理 宋承列
党委委员、行长助理 蒋孝平

常德农村商业银行

党委书记、董事长 万助鸿
党委副书记、副董事长、行长 程 健
党委委员、纪委书记、监事长 欧阳俊军
党委委员、副行长 李刚鸣
党委委员、副行长 周晓峰
党委委员、副行长 周德宗
党委委员、副行长 洪 斌

平安银行股份有限公司常德分行

行 长 李思颍
行长助理 彭友宝
行长助理 蒋和清

中国太平洋财产保险股份有限公司常德中心支公司

党委书记、总经理 陈冬元
党委委员、纪检委员、副总经理 虞钶炀
党委委员、工会主席、副总经理 胡承前
党委委员、总经理助理 钟 成

中国平安财产保险股份有限公司常德中心支公司

总经理 贺仕喜
副总经理、工会主席 聂 祥
副总经理 刘 浩
副总经理 黄 峰
党支部书记、综合管理部经理 刘湘华

中国人寿保险股份有限公司常德分公司

党委书记、总经理 黄 林
党委委员、副总经理 刘朝辉
党委委员、副总经理 朱 斌
党委委员、纪委书记、总经理助理 袁 飞
党委委员、总经理助理 朱俊韦
党委委员、总经理助理 周 勇

方正证券股份有限公司常德武陵大道证券营业部

总经理 刘燕萍
副总经理 姚 宏

常德市城市发展集团有限公司

党委书记、董事长 周 枭
党委副书记、总经理 杨 宇
党委副书记、副总经理 欧 成
党委委员、纪委书记、监察专员 曹正良
党委委员、副总经理 孙 兢
党委委员、工会主席 林 红
党委委员、副总经理 陈海清
党委委员、副总经理 彭孝义
党委委员、监事会主席 曾庆敏
党委委员、副总经理 彭建武
党委委员 张建平
副总经理 刘树高
副总经理 杨文杰

常德市经济建设投资集团有限公司

党委书记、董事长 曾克非
党委副书记、总经理 高 见
党委副书记、副总经理 秦雷刚
党委委员、纪委书记、监察专员 郑晓营
党委委员、副总经理 蒋向明
监事会主席、工会主席、党委委员提名人选 陈 喜
副总经理 肖 文

常德财鑫金融控股集团有限责任公司

党委书记、董事长 余 俞
党委副书记、总经理 尹 翔
党委委员、纪委书记、监察专员 辛 龙
党委委员、副总经理 王 剑
党委委员、监事会主席 黄 军
党委委员、副总经理 王 霞
党委委员、副总经理 曾 红
副总经理 易 勤
副总经理 王红光
副总经理 刘 毅
党委委员、工会主席 王梅珍
党委委员、总经理助理 袁宏友

常德市德源投资集团有限公司

党委书记、董事长 熊 正
党委副书记、总经理 胡建新
党委副书记、副总经理 杨 明
党委委员、副总经理 陈 亮
党委委员、纪委书记、监事会主席 李先明
党委委员、副总经理 蔡 进

市建筑设计院有限责任公司

党支部书记、董事长 徐维君
党支部委员、副总经理 林 凡
党支部委员、纪检员 陈学军
党支部委员、副总经理、工会主席 喻伟宁
党支部委员、副总经理 张春红

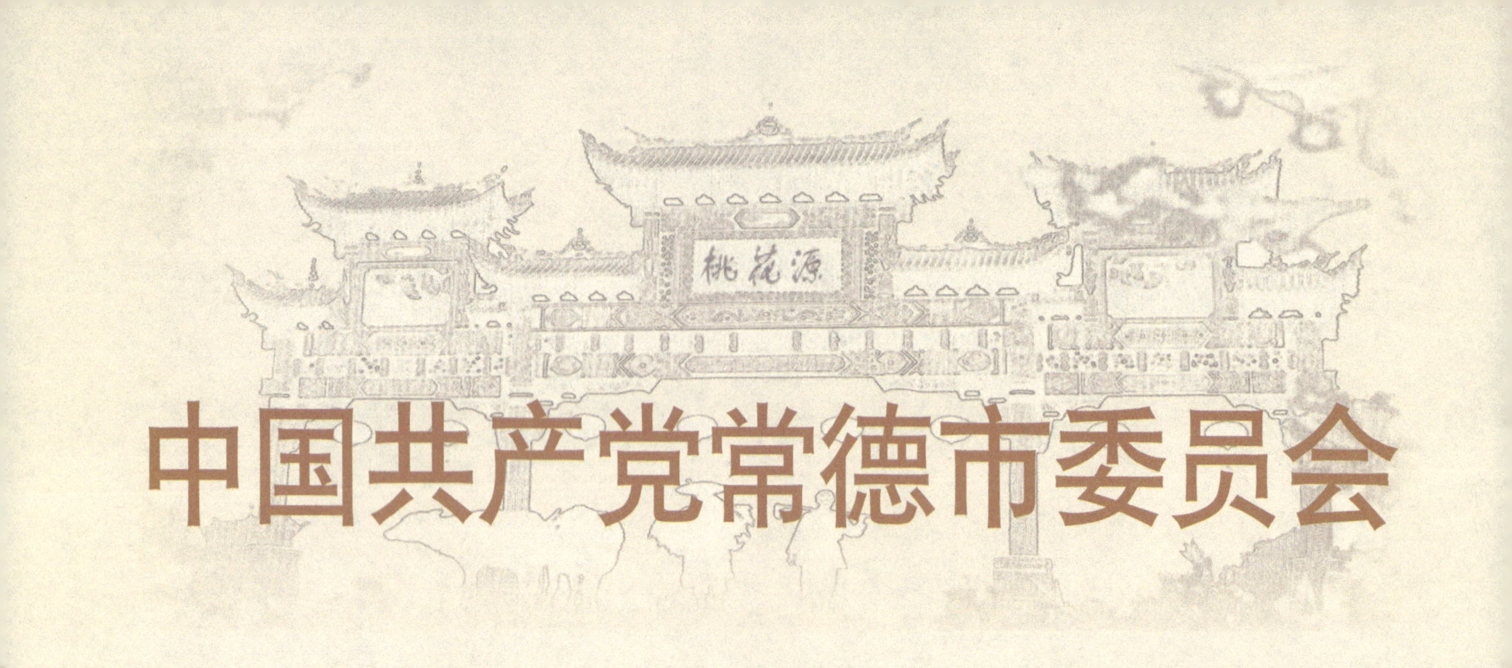

中国共产党常德市委员会

综述

【概况】 2021年，是中国共产党成立100周年，是“十四五”开局之年。全市上下坚持以习近平新时代中国特色社会主义思想为指导，深入贯彻习近平总书记对湖南重要讲话重要指示批示精神，坚决落实中央、省委、省政府决策部署，奋力推动“三高四新”战略定位和使命任务落实落地。

全年地区生产总值首次突破4000亿元大关，增长7.7%；固定资产投资增长8.7%，规模工业增加值增长5.9%，地方一般公共预算收入达203.4亿元，增长8.3%；城乡居民人均可支配收入分别增长8.1%和10.8%。

产业根基坚实。聚焦烟草、工程机械、食品加工、生物医药等支柱产业，集中培育优势产业链，新能源汽车、智能终端、新型储能材料等11条产业链产值增速超过30%，进一步巩固实体经济根基。支持引导制造业转型升级，智能农机晋升省级先进制造业集群，新获批国家级专精特新“小巨人”企业8家、省级31家，位列全国先进制造业百强城市第71位。大力开展“五好”园区建设，完成基础设施投入102亿元，建成标准化厂房180万平方米，园区规模工业产值达到2500亿元，4个园区获评全省产业高质量发展园区。全面落实暖企惠企政策，积极开展纾困帮扶行动，帮助企业减税降费10.2亿元、新增融资11.7亿元、解决用工5.2万人，保障市场主体稳定发展。

发展后劲充足。紧盯重点企业抓对接，领导干部带头开展上门招商，新引进亿元以上项目285个，其中10亿元以上项目42个、“三类”500强项目28个，国科控股、陕煤集团、正大集团等一批战略投资者成功落户。紧盯重点政策抓谋划，围绕产业发展、能源建设、乡村振兴、生态环保等领域，谋划启动一批事关全局、带动性强的大项目好项目，74个项目纳入国省“十四五”专项规划，数量位居全省前列。紧盯重点项目抓推进，每季度组织重点建设项目集中开工，245个省市重点项目完成投资1100亿元，中联建起二期、武陵酒提质改造一期、常德国际农产品交易中心等项目建成投产，常益长高铁、常德高铁枢纽站、益常高速复线等项目加快建设，安慈高速、沅澧快速干线2号大道全线贯通。

动力活力强劲。全面完成中央和省委部署的改革任务，在全省率先上线“政策平台”“中介超市”，营商环境综合评价获评全国优良，县级融媒体改革得到中央政治局委员、中宣部部长黄坤明肯定。持续推进对外开放，柳叶湖外经贸产业中心正式运营，桃花源机场航空口岸列入国家“十四五”口岸发展规划，与深圳盐田港集团合作启动新一轮港口码头建设，常德港晋级全国内河主要港口，完成进出口总额187亿元、同比增长18%。支持引导企业参与“揭榜挂帅”科研攻关，成功举办2021柳叶湖创投峰会，全球首个百兆瓦级多电源融合技术实验验证平台建成运行，高新技术产业增加值达到550亿元、同比增长14.8%。

城乡格局优化。着力实施城市更新行动，城东新区、高铁新城、江南城区建设深入推进，旭辉国际新城、太阳大道西延线等项目进展顺利，甘露寺公园建成开园，武陵大桥完成改造，新型智慧城市建设全面铺开，入围全国新型城市基础设施建设试点城市。加强市场监管和引导，房地产市场保持平稳发展。小城镇建设取得突破，临澧新安镇连续获评全国综合实力千强镇，澧县城头山镇、西湖西洲乡入选全国农业产业强镇示范建设名单。全面实施乡村振兴战略，粮食和重要农产品产能稳步提升，新增农业产业化国家重点龙头企业2家，农产品加工业产值突破2000亿元，深圳国际食品谷常德产业园加快建设，数字农业智慧农业走在全省前列。成功承办全省农村人居环境整治暨厕所革命现场推进会，石门县“两联两包”乡村治理模式入选第三批全国乡村治理典型案例。严格落实“四个不摘”要求，脱贫攻坚成果得到巩固和拓展，确保“零返贫、零致贫”目标。

人民生活美好。深入开展“我为群众办实事”实践活动，完成31件省市重点民生实事，切实解决一批群众的操心事、烦心事、揪心事。深入打好污染防治攻坚战，严格落实“河湖林长制”，扎实开展长江“十年禁渔”行动，中央和省交办的125个问题完成整改销号，桃花源旅游管理区获评全国“绿水青山就是金山银山”实践创新基地。城镇新增就业5.4万人，新增农村劳动力转移就业4万人，养老、失业、工伤保险新增扩面22万人次，各类教育协调发展，公共文化服务体系更加完善。常德籍运动员实现奥运会、全运会奖牌历史性突破。支持少数民族地区发展，桃源枫树维吾尔族回族乡被确定为首批全国铸牢中华民族共同体意识实践教育基地。积极开展国家安全发展示范城市创建，疫情防控形势持续向好，成功应对水旱灾害。扎实开展全国市域社会治理现代化试点，常态化推进扫黑除恶斗争，政法队伍教育整顿得到中央督导组充分肯定，武陵区获评全国平安建设最高奖“长安杯”。

党的建设有力。高质量高标准开展党史学习教育，举行庆祝中国共产党成立100周年系列活动，学习贯彻习近平总书记“七一”重要讲话精神和中共十九届六中全会精神，教育引导党员干部从党的百年光辉历史中坚定初心使命。有序推进集中换届，胜利召开市第八次党代会，选出新一届市委和县乡领导班子，科学描绘未来五年的发展蓝图。开展清廉常德建设，持续深化整治形式主义官僚主义，以“零容忍”态度惩治腐败，全面从严治党不断向纵深发展。加强党的集中统一领导，支持人大、政协依法依章程履职，高度重视意识形态、统一战线、党管武装和群团工作，凝聚起上下同心、团结奋进的磅礴力量。

【常德市“两优一先”表彰大会】 6月29日，常德市优秀共产党员、优秀党务工作者和先进基层党组织表彰大会召开。会议重温党的光辉历史，聆听先进典型事迹，为“光荣在党50年”纪念章颁发对象代表颁发纪念章，为获得全市“两优一先”表彰奖励的代表颁发纪念章、证书和奖牌。

【常德市庆祝中国共产党成立100周年合唱比赛优秀节目展演】 7月1日，“颂党恩　跟党走”常德市庆祝中国共产党成立100周年合唱比赛优秀节目展演举行，全市28支代表队伍用激昂壮美的歌声唱响沅澧大地，庆祝党的百岁华诞。

【常德市召开庆祝中国共产党成立100周年座谈会】 7月2日，常德市召开庆祝中国共产党成立100周年座谈会，深入学习贯彻习近平总书记在庆祝中国共产党成立100周年大会上的讲话精神，回顾中国共产党百年奋斗的光辉历程和常德人民在党中央坚强领导下取得的重要成就，展望中华民族伟大复兴的光明前景和常德改革发展的美好蓝图。

【中国共产党常德市第八次代表大会】 9月24日，中国共产党常德市第八次代表大会在市工人文化宫开幕。中国共产党常德市第七届委员会向大会作题为《深入实施“三高四新”战略　为建设现代化新常德努力奋斗》的报告。中国共产党常德市第七届纪律检查委员会向大会作书面工作报告。9月25日，中国共产党常德市第八次代表大会完成各项议程，胜利闭幕。会议以举手表决的方式一致通过《中国共产党常德市第八次代表大会关于中共常德市第七届委员会报告的决议》《中国共产党常德市第八次代表大会关于中共常德市第七届纪律检查委员会工作报告的决议》。

【中国共产党常德市第八届委员会第一次全体会议】 9月26日上午，中国共产党常德市第八届委员会举行第一次全体会议，会议选举产生中国共产党常德市第八届委员会常务委员会委员和书记、副书记。

【常德市委经济工作会议】 12月24日，常德市委经济工作会议召开，认真学习贯彻中央、省委经济工作会议精神，总结2021年度工作，分析经济形势，安排2022年任务，动员全市上下全面落实“三高四新”战略定位和使命任务，在建设社会主义现代化新常德上闯出新天地。受在中央党校学习的市委书记曹志强委托，市委副书记、代市长周振宇作工作报告，并传达学习省委书记张庆伟到常德调研讲话精神。

（游智雄）

市委办公室

【概况】 2021年，中共常德市委办公室深入学习习近平新时代中国特色社会主义思想，以“五个坚持”（坚持绝对忠诚的政治品格、坚持高度自觉的大局意识、坚持极端负责的工作作风、坚持无怨无悔的奉献精神、坚持廉洁自律的道德操守）为根本要求，认真开展党史学习教育和庆祝中国共产党成立100周年相关活动，扎实推进模范机关创建，坚持统筹联动，各项工作取得较好成绩。

坚定政治信仰。以党史学习教育和庆祝中国共产党成立100周年为契机，开展专题学习、政治理论学习、演讲歌唱比赛等活动，系统学习中共十九届六中全会精神和省市党代会精神，引领广大干部职工从党史中汲取砥砺奋进的智慧和力量。专题研究党建和意识形态，深入开展“三会一课”、日常谈心谈话，让教育进一步经常化、日常化。大力推进“让党中央放心，让人民群众满意”的模范机关创建工作，各项工作满意度均居全市前列。积极开展义务献血，展现党办担当，献血人数接近总数的50%。大力开展为民办实事，与相关职能部门一道，创新设立公交驿站、一个人的车站，解决驾乘难题，相关工作多次被中央主流媒体推介。积极推动落实“农林22条”，推进涉外、港澳台人员疫苗接种工作，得到社会广泛点赞。全力推动乡村振兴点村建设，汤家山村、桃花源村特色旅游成效显著，汤家山村被评为湖南省美丽乡村建设示范村，桂花村产业建设基本成型，集体收入较2020年增长10倍。政治规矩深入人心，对省委、市委领导的指示批示实行“闭环管理”，严格办理时限，坚持复核督办。累计向省委上报专报50期，其中11次得到省委、省政府主要领导批示。纪律规矩成为行动准则，市委办所有工程建设项目、超5万元的开支都经集体研究决定，并由纪检监察部门全程监督实施。上班打卡、外出请销假、重大事项报告等已深入干部职工骨髓，成为无须提醒的自觉。

服务中心大局。始终把服务中心大局作为党办工作的重中之重，紧紧围绕“三高四新”战略定位和使命任务，协助市委务实高效抓好各项工作，全力做到站好岗、参好谋、服好务、尽好责。充分发挥以文辅政作用，始终围绕中央、省市重点，领导关心关注热点，社会期盼焦点，大力开展调查研究。2021年，共开展庆祝中国共产党成立100周年、党史学习教育、乡村振兴等系列调研，撰写的一批调研材料得到省市领导批示，一批综合材料被中央、省市媒体采用。充分发挥信息又快又准的特点，坚持编辑《常德要情》，创新编辑《信息快报》，其中6篇信息被中办采用，10余篇信息获省领导批示，为领导决策提供可靠依据。督检考核。充分发挥党办抓落实基本职能，全力推动中央、省市决策部署在常德落地生根。围绕贯彻落实新发展理念、防汛防疫、耕地抛荒治理、产业项目招大引强等开展各类督查，多次配合中办和省委办公厅开展专项督查调研，有力推介湖南和常德经济社会发展成效，得到中办和省委办公厅的高度肯定。开展下沉式调研，采取以下看上、以下评上的方式，派出年轻干部深入武陵、汉寿、桃源开展整治“两个主义”（形式主义、官僚主义）蹲点调研，找准根源、症结和药方，得到普遍好评。充分发挥考核评比指挥棒作用，将全市力量聚集到大事要事急事上来，2020年常德被评为全省绩效考核优秀市州，连续3年获评全省优秀。统筹协调。坚持重点工作年计划、月统筹和周安排，定期召开秘书长联席会议，协调全市重大活动和五大家领导活动，确保全市一盘棋。承办全省农村人居环境整治暨厕所革命现场推进会、市第八次党代会等省市会议，接待黄坤明、郑建邦、刘延东、毛伟明等中央、省领导到常德考察调研，无一差错，得到领导好评。认真开展市委文件落实评估，确保市委文件权威性和质量。坚持有件必审、有件必备原则，到省委报备规范性文件无一问题。编印《常德市公文处理工作规范》，举办公文处理培训班，全市公文处理工作水平显著提升。

做好运转保障。协同办公。协同办公已成为常德党政机关办公的亮丽名片，经验材料《全面推进党政网上协同办公》在《秘书工作》刊载。每天全市近3600多家单位、4万多人使用该平台进行公文流转、发布公告、申请经费、申请派车、外出请销假、查看通讯录等，办文办会办事的信息流转“高速网”不断被织密，真正做到数据多跑路，干部少跑腿。同时，在全省率先启动党政机关电子公文单套制归档管理系统建设，公文档案将实现与档案馆无缝对接、一键归档。信息建设。电子政务内网建设全面完成，将保密工作纳入全市政治巡察工作内容，持续开展进驻式检查，推动“密保卫士”预警系统升级部署，承办湖南省保密主题分享会，通过进校园、走社区、举办灯光秀等形式，大力学习宣传保密工作和密码工作，相关举措得到省委办公厅充分肯定。开展“凝百年之辉、筑兰台之梦”主题微视频征集展播活动，2部作品入围全国展播作品。后勤保障。加大食堂管理力度，食堂就餐人数、干部群众满意度均创历史新高。完成固定资产清查工作，出台《市委办政府采购内部控制制度》，推进依法采购。强化机关保卫职能，完善信访处理机制，确保机关安全和谐稳定。坚持“老干部无小事”原则，不断发挥老干作用、提高老干服务水平。强化财务管理，把好支出关口，确保财政资金使用合法合规。加强驾乘人员管理，车辆使用安全无事故。

抓好队伍建设。开展业务建设。坚持开展“业务工作大家谈”“学习微讲坛”等业务培训活动，为干部职工建平台、搭舞台、摆擂台，不断提高开口能说、提笔能写、问策能对、遇事能办的能力。特别是“业务大练兵”活动影响力不断增强，市委办“85后”干部除轮流到文字综合、办文办会、督促检查等党办基本业务职能部门脱产跟班学习外，应基层党办要求，将跟班学习范围扩大到归口管理部门、县乡党办，得到基层普遍好评。开展廉政建设。对市委第八轮巡察整改情况进行“回头看”，设立2个党风廉政建设观察点，通过解剖麻雀，分析风险隐患，不断完善体制机制、不断建立健全规章制度、不断巩固巡察成果。定期开展警示教育，观看警示教育片，在重大节假日进行廉政提醒，开展纠“四风”专项检查，严格落实“两同时”谈话制度，将隐患消灭在萌芽状态。开展文化建设。以开展“关爱留守儿童”活动为重点，大力推进党员志愿服务活动，定期向留守儿童传递组织和社会的关心和温暖，得到基层群众的欢迎。以“家”文化建设为抓手，连续举办15届排球赛，积极开展“我们的节日”、道德讲堂以及工会活动，对干部和家属在工作、生活中的困难给予力所能及的帮助，得到干部及家属的充分肯定。

【值班接待】 2021年，市委办公室全年共组织常德市庆祝中国共产党成立100周年表彰大会、座谈会、市第八次党代会等各类重大会议180多次。市委值班室组织市委主要领导下基层调研、赴北京深圳等地招商引资、拜访中央省直部门等公务活动70多次，接待各级领导、考察组、代表团80多批次，撰写市委常委会会议纪要、市委常委议事协调会议纪要、市委大事记54期，各项工作落实有力有序有效。坚持重要会议活动年计划、月统筹、周安排，全年共编发《全市主要工作重要活动月安排》12期、《市委主要领导周安排》50期、各类专项安排6期，充分发挥预安排的总揽统揽作用，确保忙而不乱、运转有序。高质量承办市第八次党代会会务工作，科学统筹预备会、开闭幕会、主席团会议、各代表团活动等100多个大小会议，有效协调代表餐宿、交通保障、疫情防控、安保维稳、新闻报道、会风督导等各项工作，确保党代会顺利召开。坚决落实整治形式主义官僚主义要求，加强会议活动精简整合、统筹安排，改进会风，会议数量持续压减，工作效率稳步提高。注重在政务上出主意、当参谋，不断提高值班工作的“含金量”，推动值班工作从事务向政务迈进、从形式向内容延伸。服务好主要领导首次赴市几大家、常委部门、区县市调研活动，结合工作重点、实时热点精准选择调研主题，每次调研都将调研对象工作情况、考察点简介、领导简历等信息汇编成工作手册，并提前开展全流程踩点，工作标准、服务质量稳步提升。做好基础接待工作的同时，深入了解会见商讨内容，广泛收集客方资料、工作进展和背景信息，提前对接相关职能部门对商讨内容进行政策把关，为主要领导决策提供参考。编印《常德市相关资料汇编》，全面收录市县经济社会发展情况、各行业领域统计数据、重点工作、人员名册等信息，为新任领导熟悉情况提供便利。梳理编印2021版值班工作业务流程，服务标准化、精细化、规范化水平稳步提升。坚持24小时在岗值班不间断，没有出现联络不畅、工作延误的情况。做好协同通讯录日常更新维护工作，确保信息的准确性、时效性。全年共协调处理本地领导离常外出请示1100多人次、外地领导到常德报告300多批次，出台专门文件规范请示报告流程和标准要求。严格落实常态化疫情防控要求，做好会议活动疫情防控工作，凡室内50人以上的会议活动均提前组织核酸检测，量体温、查双码、戴口罩。凡值班室参与承办的活动，全程跟踪、全程服务、全程兜底，严把方案关、程序关、操作关，确保运转流畅高效。

【信息工作】 2021年，全市信息工作上报信息走在全省前列，本级服务实现加量提质，较好发挥党委“前哨”和领导“智囊”作用。上报有数量。全年共组织市、县单位报送信息素材6400余条，其中市县两级通过内网系统向中办、省办报送信息2600余条。采编有质量。全年被中办、省办内刊采用信息334篇条，全省信息质量系数达2413.34分，位居全省第二。其中，关于稳定粮食生产、防范学生溺水、加强矿山保护修复、开展党史学习教育、抓好疫情防控等省市中心工作均得到正面推介。反映有分量。全年共获中央和省、市领导批示20余次，其中关于鸡叫城遗址保护的工作建议得到中央领导批示，加强绿色矿山修复的基层反映被省级领导批示，关于上市企业股东外迁、加强燃气安全管理等参谋建议被市委、市政府主要领导批示。

（文雅琴）

组织工作

【概况】 2021年，在省委组织部的精心指导和市委的坚强领导下，全市组织系统聚焦主责主业、突出实干实效，推动干部、党建、人才等各项工作齐头并进、多点开花。6月24日，省委常委、组织部部长王成到常德调研，对常德市智慧党建、基层公共服务、党史学习教育等工作给予充分肯定。

服务大局。市县乡村换届选举。完成市县乡党委换届和区县市人大、政府、政协换届，全面完成村（社区）“两委”换届，组织提名人选全部满票或高票当选，实现零差错、零失误、零舆情。换届后，县市区党政班子成员平均年龄下降1.9岁，人大、政协班子成员平均年龄下降3.5岁；乡镇班子成员平均年龄下降1.7岁，全日制本科以上学历增长24.39%；村（社区）“两委”干部平均年龄较上届下降7.5岁，大专及以上学历占比较上次换届增长28.26%，真正实现年龄学历“一降一升”。工作经验被《湖南日报》、湖南卫视、红网、湖南人民广播电台等省直媒体宣传推介，选优配强县市区领导班子的做法在全省推介。党史学习教育。在抓实党史学习教育规定动作基础上，全力打造红色教育系列品牌，大型话剧《高山之巅》在湖南大剧院成功首演，高腔剧《帅孟奇》多次演出。面向全市推出《红色足迹》电子画册与“‘扶贫楷模’王新法党性教育教学点新媒体全景VR”，由《人民日报》等媒体报道宣传。积极开展党性教育现场教学比赛，全面提升教学质量。全面推动党性教育教学点提质升级，3个党性教育教学点成为韶山干部学院现场教学点。积极推介常德红色资源，《突出红色底蕴，推进党史学习教育》等经验做法在湘组研究上推介。庆祝中国共产党成立100周年。认真开展先进典型推荐工作，2人次、1个党组织获得全国“两优一先”表彰，1名党员获评“全国优秀县委书记”。推荐桃源县龙兵作为全国新发展党员的4位代表之一参加全国新闻中心举办的庆祝中国共产党成立100周年中外记者见面会，并受到习近平总书记亲切接见。开设“先锋的力量”专栏，宣传各类先进典型56个。制作7部“两优一先”（优秀共产党员、优秀党务工作者、先进基层党组织）表彰对象先进事迹短视频，被中央、省级媒体采用展播。召开全市“两优一先”表彰大会，集中表彰100名优秀共产党员、100名优秀党务工作者、100个先进基层党组织，全市4.16万名老党员获得“光荣在党50年”纪念章。党建引领乡村振兴。选优配强乡村振兴“主心骨”，统筹选派1954名党员干部组建新一轮749支驻村工作队，选派3人对口帮扶沅陵县，积极承办全省第一期乡村振兴专题培训示范班，精心组织4期市级专题培训班。扎实推进“导师帮带制”试点，择优选拔2013名导师帮带5568名基层干部，全面上线“导师帮带制”线上线下融合互动管理平台。致力发展壮大村级集体经济，认真抓好2021年财政扶持项目实施和红色美丽村庄试点建设工作，重点扶持57个村（社区）打造特色产业。深入实施乡村振兴人才计划，选派10名医卫特派员下沉乡镇卫生院。

锤炼队伍。选用干部。统筹推进市管干部调整配备和职级晋升工作，除区县（市）领导班子换届外，牵头组织9批256人次的调整配备和职级晋升。注重引领干部到一线成长成才，从市县两级择优选派24名优秀干部任乡镇（街道）党政正职，选派22名市直单位优秀干部到园区一线建功立业。深入开展档案“清淤”专项行动，全面澄清市管干部档案遗留问题的底子。规范出台市管国有企业领导人员流动调配的操作意见，推动整合后的10家市管国有企业落实任期制。监督干部。严格执行干部选任事项报告制度，受理66批次干部选任事项报告，审批事项105项，涉及干部185人。扎实开展领导干部个人有关事项报告工作，重点抽查核实537名领导干部，25人被诫勉处理。围绕选人用人抓好举报查核，受理举报53件，直接查核和组织查核52件，提醒谈话2人，函询2人。结合市委巡察开展选人用人专项检查，共发现问题56个。扎实推动领导干部经济责任审计，对2021年1—8月审计评价结果为“一般”等次的6名领导干部提出组织处理建议。培育干部。深入学习贯彻中共十九届五中全会精神，在全省率先举办3期县处级领导干部专题培训班。持续规范干部教育，在市委党校举办各类培训班64期，培训人数达6253人，培训规模创历史新高。批复市直单位办班计划178期。积极开展网络教学，获评“全省干部教育网络培训工作先进单位”。对标“三百工程”（在全省范围内推选100名左右干部教育优秀教师、评选100门左右精品课程、遴选100个左右改革发展稳定中攻坚克难典型案例），高标准推荐精品案例6例、精品课程5堂、优秀教师5名。加强选调生培养管理，举办“常青论坛”3期线下活动。管理干部。制定出台《关于加强市管干部信息管理工作的操作办法》。全面推开公务员平时考核工作，累计考核公务员50836人次，成功创建省级示范点2家、市级示范点14家，集中推介先进典型7个。精心组织公务员考录工作，录用公务员677人，其中面向基层定向招录358人。常态化推进公务员职务与职级并行，共审批市直单位52批次443人一至四级主任科员职级晋升方案。畅通公务员流动渠道，审批办理50名公务员调任手续、150名公务员转任手续，组织6家单位公开遴选公务员21名。规范市直单位人员借调，清理退回82人。

基础建设。组织体系。深入实施“能人回村”工程，先后有1233名党建联络员、1788名致富能手、1578名外出务工经商返乡人员进入村（社区）“两委”班子。从“五方面人员”（乡镇事业编制人员、优秀村党组织书记、到村任职过的选调生、第一书记、驻村工作队员）中选拔93人进入乡镇领导班子，从党建联络员等服务基层项目人员中招聘乡镇（街道）事业单位工作人员280名，基层干部成长通道不断拓宽。严格整顿77个软弱涣散村（社区）党组织。在津市市试点“五个到户”（党员联系到户、民情走访到户、政策落实到户、产业对接到户、精准服务到户）工作，引导6200多名乡村党员干部与2.8万多户党员群众分类结对，《湖南日报》、红网推介相关经验。深入推进“双百工程”（两新党建“双百工程”计划：在全市两新领域创建100家标杆性党组织，培育100名党建领军人才），选树109家标杆党组织、59名全市两新党建领军人才，累计拨付培育、奖励经费350万元，经验做法被新华社宣传报道。扎实开展“党建引领、助力千企”行动，择优为54家基础较好、成长性较大的民营企业赋能增效。智慧党建。持续完善平台功能，优化升级村干部信息补充功能，研发完成村支“两委”换届后村干部管理及数据分析模块。持续推广平台应用，“我的常德”手机App累计实名注册认证党员人数达26.7万人，在职60岁以下党员覆盖率达99.05%。持续增强应用实效，全市各级党组织通过视频会议系统累计召开会议、举办培训共计2万余场次，参与党员群众超过500万人次。加大平台基础信息维护指导，发现通报问题63项，累计解答问题、回复建议800余条。基层保障。全面落实省委文件精神，开展关心关爱基层干部行动，乡镇、村、社区基本运转经费分别达到120万元、25万元、50万元，村、社区干部年均报酬分别达到3.9万元、6万元，乡镇机关公务员工资待遇普遍高于县直单位同职级人员的15%。累计举办乡镇领导班子成员、村（社区）“两委”干部任职培训班216期，实现培训全覆盖。持续优化“一门式”基层公共服务，乡镇（街道）112项事项、村（社区）97项事项实现“网上办、马上办、一次办”，全年共为群众办理事项174.46万件。党员管理。严格落实发展党员纪实管理、备案审查及部门联审制度，全年发展党员1.05万名。全面推开农村发展党员违规违纪问题排查整顿，调查核实、认定处理工作稳步推进。抓好党代表联络服务，组织党代表积极参与“党代表助力乡村振兴”行动和“迎接党代会、谱写新篇章”建言献策活动，举办全市生产和工作一线市党代表培训班。持续深化党员教育，常德智慧党建和农民大学生培养入选中组部100个党员教育工作典型案例。

人才支撑。精准引才。积极引进高学历人才，报录比例创历史新高。联合8家企事业单位赴武汉、兰州等地开展校园招聘活动。全年新引进全日制硕士研究生及以上学历人才860名，同比增长15%。完善人才政策体系，全面调研近5年来全市人才引进、流失情况，起草《关于奖励高质量发展突出贡献人才的暂行办法》《关于汇聚优秀人才推动全市经济社会高质量发展的实施意见》。建立健全人才工作考核机制，把人才引进等情况纳入述职评议考核的重点内容。精细育才。全面贯彻落实中央人才工作会议精神，工作经验被人民网等媒体宣传推介。加强人才培养力度，举办3期“沅澧大讲堂”、全市青年专家人才培训班。积极开展全市技能就业“连心桥”活动，处理居民求职意愿4.8万多条，为2.8万名居民匹配合适岗位，打造企业培训中心108家，举办技能培训订单班85期，为企业输送技能人才8000余人，工作经验被《中国组织人事报》宣传推介。精诚留才。率先建成人才大数据平台，获全市优秀改革案例展演一等奖。截至2021年12月，平台集中收录4500多家企事业单位数据，聚集汇总2万多名人才的全息数据，平台注册人才数达4155人，首批31名人才通过线上审核认定并获得相应补贴，相关工作经验被《人民日报》宣传推介。推出《这很青年》系列短视频，工作经验被《人民日报》等媒体宣传推介。推动市领导为33名专家提供“一对一”精细化服务，营造爱才、重才、敬才的良好氛围。

【系统构建“智慧人才”一站式平台】 1月14日，市委组织部主办的常德人才大数据平台正式上线。通过人才大数据平台，打造人才政策匹配、申请、审批的全程“不见面”版本，实现人才信息“一键筛选”、政策兑现“一网通办”，全面提升人才工作服务质量和管理效能。让人才“不出门”就能申请享受市本级的各类人才政策。相关工作经验在《中国组织人事报》、省委改革办《改革简报》刊发推介。

【选优配强县市区领导班子】 4月21日，全市县乡领导班子换届工作电视电话会议召开，安排部署全市县乡领导班子换届工作。4月21—22日，市委组织部组织召开全市县乡领导班子换届工作暨组工干部业务培训会。换届工作中，坚持把政治标准摆在首位，着眼事业发展需要选干部、配班子，7月底，完成县市区党委换届任务。

【召开全市优秀共产党员、优秀党务工作者和先进基层党组织表彰大会】 6月29日，为庆祝中国共产党成立100周年，常德市召开全市优秀共产党员、优秀党务工作者和先进基层党组织表彰大会。会议集中表彰100名优秀共产党员、100名优秀党务工作者、100个先进基层党组织。“七一”前夕，全市4万多名老党员获得“光荣在党50年”纪念章。

2021年6月29日，全市优秀共产党员、优秀党务工作者和先进基层党组织表彰大会召开　（市委组织部 供图）

【常德智慧党建和农民大学生培养入选中组部100个党员教育工作典型案例】　常德市建立完善智慧党建平台，有序推进平台手机端、电脑端、电视端、大屏端建设，努力实现党务一网覆盖、政务一门通办、服务一键直达，全力打造党员群众管理服务新高地。截至2021年12月，平台手机端累计实名注册认证党员人数达26.2万人，在职60岁以下党员覆盖率达99.2%。疫情防控期间，全市各级党组织通过平台视频会议系统累计召开工作调度会、疫情防控培训1000余次，线上"远调度"避免线下"近接触"的创新做法被共产党员网等媒体宣传报道。平台建设经验被《人民日报》、新华社、湖南电视台等中央和省级媒体宣传推介。2021年9月，"常德市以智慧党建为支撑开启党员教育管理'云时代'"入选中组部100个党员教育工作典型案例。常德市实施"农民大学生培养计划"，针对全市农村党员干部开展学历教育提升工程，6年招收学员6113人，全市村干部队伍中达到大专以上学历或正在接受大专学历教育的人数达60%以上，培养一大批实用型人才。其培养经验先后在新华社、人民网、凤凰网、《湖南日报》、湖南经视等媒体上刊载推介。2021年9月，"常德市实施农村党员'农民大学生培养计划'"入选中组部100个党员教育工作典型案例。

（郭婷婷）

宣传工作

【概况】　2021年，常德市宣传思想战线在市委的坚强领导下，守正创新、勇开新局，推动各项工作取得显著成绩。3月21日，中央政治局委员、中宣部部长、党史学习教育领导小组组长黄坤明到常德调研，对常德市党史学习教育、媒体融合发展、精神文明创建、文化旅游融合、群众文化活动等工作给予充分肯定。

党史学习教育。5月16日，省委《要情汇报》以《常德市三措并举深入推进党史学习教育》为题推介常德市经验。6月4日，《湖南常德搭建党史学习教育"四微"载体》被中宣部《每日要情》推介，常德是唯一上稿的市州。6月19日，"我为群众办实事"聚焦解决学位、床位、车位、厕位"四位"问题的做法，被全国《党史学习教育简报》刊发。"我为群众办实事"涌现出的"一个人的公交站点"，受到中央、省直主媒和各类自媒关注点赞，网上阅读量超过3亿次，《人民日报》推出专篇言论《暖暖的站台　满满的爱》予以肯定，央视主持人白岩松在《新闻直播间》节目直播中给予好评。

习近平新时代中国特色社会主义思想学习宣传。出台党委（党组）理论学习中心组学习巡听旁听制度，坚持"每月一次、上下同题"，高标准高质量组织13次市委中心组学习，以"关键少数"带动"绝大多数"。组织开展党史学习教育、习近平总书记"七一"重要讲话精神和中共十九届六中全会精神专题宣讲，市委宣讲团深入各地各单位宣讲300场，线上线下同步受众70多万人。各区县市成立300余支宣讲小分队，开展微宣讲2000多场，受众30万余人。组建"党的创新理论大学生宣讲团"，深入基层宣讲上百场。推动"学习强国"平台学习使用，全市35万多名学员下载使用，日均活跃学员16万多人，累计上稿3000多条，其中被总平台采用150多条。开展庆祝中国共产党成立100周年理论研讨会论文征集活动，4篇论文入选省级研讨会。

"三高四新"主题宣传。完善重大报道机制，围绕贯彻落实"三高四新"战略、建设现代化新常德，开展庆祝中国共产党成立100周年、党史学习教育、"'三高四新'在常德"、疫情防控等重大主题宣传，中央、省级主媒上稿均创历史新高。央视《焦点访谈》上稿4条、《新闻联播》上稿17条，同比增长一倍。抗疫先进典型龙兵作为全国4名代表之一、全省唯一代表受邀出席庆祝中国共产党成立100周年新闻发布会。扶贫先进典型王新法、王婷父女被评为全国脱贫攻坚先进个人。"90后"乡村教师麻小娟的先进事迹，引发广泛热议和学习。

媒体融合。鼎城区融媒体中心做强主业深化服务的经验做法，先后被中宣部《新闻工作专报》《内部通信》专期推介。桃源县融媒体中心制作的《给乡村娃娃的梦想插上声音的翅膀》，获全国县级融媒体中心优秀作品双月赛一等奖。

系列文化活动。2021年，围绕庆祝中国共产党成立100周年主题，先后举办“百团百角唱百年”全市文艺院团竞演活动、“颂党恩 跟党走”全市庆祝中国共产党成立100周年歌咏比赛、“颂党恩 跟党走”全市美术书法摄影作品展、“红色印记·百年征程”中国共产党常德历史展、“传承红色基因 讲好常德故事”吟诵会、“沅澧颂歌——献礼中国共产党成立100周年”诗歌征集大赛、“颂党恩 跟党走”全市广场舞大赛等七大主体活动。其中，“百团百角唱百年”全市文艺院团竞演活动经过县、市两级选拔，遴选出6个节目参加全省网上“云展演”，最终常德汉剧《出发之前》、常德丝弦《不屈的吼声》入围全省竞演决赛，获得“优秀节目奖”；演员袁金霞、张莉获得“十佳演员”称号，中共常德市委宣传部获得活动“组织工作奖”；举办的“颂党恩 跟党走”全市庆祝中国共产党成立100周年歌咏比赛，包括全体市级领导在内，全市共有300多支合唱队、3万多人投入合唱比赛。经过层层筛选，遴选出1支团队代表常德市参加“欢乐潇湘·颂歌向党”湖南省庆祝中国共产党成立100周年群众合唱比赛，获一等奖和组织奖；举办“颂党恩 跟党走”2021年常德市“百团大赛”总决赛。大赛历时10天，近100个民间文艺团体参加角逐，共新创文艺作品70个，吸引2万多名市民现场观看；全面启动城区开放式公共文化场所文化活动，每周3次在河街、德国风情街、老西门等城区主要人流聚集点开展文艺演出，全年累计表演达60场次，平均每场吸引超过2000人次参与互动。

城市形象宣传。印发《打造美好常德城市形象传播工作方案》，建立定期策划和素材报送机制，做到月月有安排，季季有亮点。先后策划推出全城同唱一首歌“常德丝弦——常德是个好地方”、《中国梦》常德版MV、中国有个柳叶湖、七夕·鹊桥表白在常德、常德立方·裸眼3D、常德韵味原创RAP说唱、常德卡乐花灯游园会、宝藏常德等网络人气活动和爆款产品16批，推出稿件2137篇，累计点击量超过7亿次。举办百家网媒“湘遇桃花源 筑梦新征程”主题采访活动，相关报道全网总阅读量5.1亿次。组织“智能制造三湘行‘四大行动’兴沅澧”网络名人常德行活动，仅新浪微博热搜“桃花源里看智造”阅读量就达3.2亿次、评论7157条，及时提升常德正面形象。完善常德形象宣传片、宣传画册、经典音乐集“三合一”宣传品。

精神文明建设。武陵区新坡社区获评第六批全国学雷锋活动示范点，入选全国“扫黄打非”进基层示范点，受到央视《焦点访谈》报道。3人上榜“中国好人”，18人上榜“湖南好人”，4人入选湖南省道德模范，共表彰“身边的最美人物”252名。常德诗墙公园、常德市第四中学被评为湖南省社会主义核心价值观示范点。中国常德诗墙、澧州政治讲习所旧址获评第六批湖南省爱国主义教育基地。“石门县夹山镇家庭文明档案”获评“湖南省贯彻落实《新时代公民道德建设实施纲要》创新实践案例”。推进青少年法治宣传，以《聚焦青少年普法 护航青少年成长》为题，在全省法治宣传教育工作会议上作典型发言。

2021年3月17日，市直宣传系统党史学习教育动员大会召开

（市委宣传部 供图）

【庆祝中国共产党成立100周年主题文艺节目登上国家级、省级舞台】

常德汉剧《我娘是片钥匙》作为湖南省唯一节目，在中宣部文艺局、中国戏协举办的中国汉剧艺术节展演，并入选由中国戏曲表演学会主办的全国10台“戏曲名家精品剧目”展演。常德汉剧《出发之前》、常德丝弦《不屈的吼声》入围“百团百角唱百年”全省文艺院团竞演决赛，获“优秀节目奖”。《我娘是片钥匙》《蒴伯赞》《七里坳》3台大戏入选第七届湖南艺术节，数量居全省第一。13件美术、书法作品入选第七届湖南艺术节美术书法摄影作品展，数量居历届之首。

【创建国家文化和旅游消费试点城市】 把文旅产业链列入全市重点培育的21条优势产业链之一，重点培育、重点打造。承办湖南省首届都市文化旅游节，引进湖南卫视品牌节目《向往的生活》《快乐大本营》实地拍摄，并组织《人民日报》、央视《新闻联播》等中央主媒多次报道，推动桃花源、柳叶湖两大“国字号”景区成为游客热门打卡地。

（罗方志）

统战工作

【概况】 2021年，全市统一战线各领域工作取得新进展。加强社会主义学院和统一战线教育培训师资队伍建设，初步建立40余人的统一战线师资队伍。区县市新的社会阶层人士联谊会组织实现全覆盖。全市共获得省级统战工作实践创新奖2项。常德市新的社会阶层人士联合会（以下简称新阶联）获“2020年度先进联谊组织”奖之“活力先进组织”奖，常德市新阶联4名理事（左菲、毛跃峰、丁勇刚、许立君）获“2020年度全省优秀新阶层人士”奖。

开展党史学习教育。2021年，围绕中国共产党成立100周年，牢牢把握习近平新时代中国特色社会主义思想这个灵魂主线，大力开展党史学习教育，持续掀起学习宣传的高潮，向广大统战成员宣讲党的光辉历史和常德经济社会发展的重大成就，激励、振奋、凝聚统战成员。先后组织统战成员、统战干部，赴渐安暴动遗址、赵必振纪念馆、工农革命军第四军王家厂暴动纪念碑等红色教育基地开展现场教学。6月6日，举办市直统战系统党史学习教育宣讲报告会，邀请省委有关专家作专题辅导报告。7月1日，常德市同心合唱团参加“常德市庆祝中国共产党成立100周年合唱比赛优秀节目展演”，倾情演唱歌曲《祖国不会忘记》。7月9日，召开各民主党派市委会、无党派代表人士、市直统战系统学习贯彻习近平总书记“七一”重要讲话精神座谈会。7月11日，组织统战系统干部职工及未成年子女开展“追忆红色经典　传承红色基因”党史学习教育系列活动。结合统战文物普查，与常德日报社联合拍摄《红色物证　身边党史》系列纪录片。

创新开展“亮成绩、学《条例》”活动。为认真贯彻落实《中国共产党统一战线工作条例》（以下简称《条例》），常德市委统战部在湖南省各地市州率先创新开展统一战线“亮成绩、学《条例》”活动，广泛掀起全市统一战线学习贯彻《条例》热潮，充分发挥新时代统一战线法宝作用，切实解决统一战线各领域重点、难点问题，推进新形势下统战工作不断创新发展。全市统一战线各领域主要代表人士等共计89名统战成员参加《条例》领学，其中厅级领导干部7名，处级领导干部30名，科级与相关成员52名，通过领导干部带头学习原文，以点带面、以读促学，进一步激发全市统战系统学习《条例》的热情。

广泛开展统一战线走访慰问活动。2021年春节期间，广泛开展统一战线走访慰问活动，共走访慰问统一战线代表人士和困难群众100余名。开展“筑同心、跟党走”活动、民营经济人士“我心向党、忠诚为国”主题教育活动、新的社会阶层人士“凝聚新力量、筑梦新时代”系列活动、党外知识分子“助力乡村振兴科技服务”活动，积极引导各界统战对象学好当地统战史，讲好革命先烈故事，传承好红色基因，先后创作《红船》《我写下入党申请书》《神州大地颂党恩》等庆祝中国共产党成立100周年红色歌曲，进一步坚定广大统战成员感党恩、听党话、跟党走决心和信念，凝聚思想共识。

“迎老乡、回故乡、建家乡”活动。深化开展“迎老乡、回故乡、建家乡”活动，注重发挥异地常德商会作用，促成常德市政府与深圳市政府战略合作，推动深圳国际食品谷常德产业园落地。通过九三学社常德市委牵线搭桥，与九三学社上海闵行区委开展“春申同心、闵德同行”等系列活动。

【各民主党派、工商联组织换届】 2021年，市委统战部坚持提前谋划、坚持原则、精心部署，配合各民主党派市委、市县两级工商联（总商会）完成换届。起草民主党派、工商联市级组织换届工作方案，组织开展测评推荐、酝酿协商、相关审查、人选考察、人选公示等工作。积极与省委统战部、党派省委进行协商，民主党派、工商联市级组织有关人事方案提请市委常委会研究，协助指导各民主党派和工商联市级组织完成换届选举工作。

【参政议政调研成果专题汇报会】 1月20日，2020年度各民主党派市委、市工商联和无党派人士参政议政专题调研成果汇报会在市委机关常委会扩大会议室召开。市委书记、市人大常委会主任周德睿出席会议并讲话，市委副书记、市长邹文辉主持汇报会。会议听取9个调研课题汇报，通报2019年度各民主党派市委、市工商联和无党派人士参政议政专题调研成果采纳落实情况，交办2020年度参政议政专题调研成果采纳落实工作任务。

【搭建侨界优质平台】 深入开展全市重点侨情调查，建立健全侨务资源信息库。指导开展常德市第一届海内外青少年云诵读圣贤经典活动，共收到报送作品176份。12月5日，在常德高新区进行“常德市侨界创新创业创投基地——德侨苑”授牌仪式，宣告常德市侨界企业聚集发展的平台正式搭建。聚集侨资侨智的“德侨苑”，是常德吸引广大海内外侨胞、归国留学生前来投资兴业、创新创业的一个重要平台。

【省无党派人士到常德开展民主监督】 9月28—29日，省委统战部一级巡视员胡东风，省知联会会长、中科院亚热带农业生态研究所首席研究员吴金水率省无党派人士调研组到常德开展洞庭湖生态环境保护民主监督工作。市委副书记、市委统战部部长陈华参加调研。该调研是省委继2016年开展脱贫攻坚专项民主监督之后，第二个为期5年的民主监督工作，也是首次安排无党派人士参与的民主监督工作。

【促进民营经济健康发展】 2021年，制定《市级领导干部联系民营企业家和商协会工作制度》和联谊交友名单，密切领导干部与民营企业家和商协会的联系。制定《关于做好损害民营企业和企业家合法权益问题线索移送纪检监察机关工作的实施细则》，畅通民营企业诉求反映渠道，优化营商环境。市委副书记、市委统战部部长陈华多次专题听取关于项目情况的汇报，实地调度项目进展。9月，常德经开区与北京阳光诺和药物研究股份有限公司、安徽佳和药业有限公司签订合约，成立湖南佳和药业公司。

【同心美丽乡村建设】 2021年10月29日，印发《全市统一战线深化同心美丽乡村建设，助力乡村振兴战略实施方案（2021—2025）》，明确“十四五”规划时期常德市统一战线深化同心美丽乡村建设的指导思想、任务目标、基本原则、重点任务、实施步骤、保障措施。5年内重点打造161个同心美丽乡村（社区）、项目示范点，其中省级示范点11个、市级示范点50个。2021年，常德市的3个村、1个社区被评为2021年度省级同心美丽乡村、省级同心项目，即石门县磨市镇南岳寺村、西洞庭管理区彭家洲村、汉寿县毛家滩回族维吾尔族乡马洞村，澧县华诚彭山旅游度假农庄。积极向省委统战部、省光彩会争取，为全市9个区县市和3个小区的59个乡镇、102个行政村共申报太阳能路灯3350盏。

2021年9月28—29日，市委副书记、市委统战部部长陈华（前左二）参加省无党派人士到常德开展洞庭湖生态环境保护民主监督工作调研

（市委统战部 供图）

【新湖南贡献奖和三湘民营企业百强榜】 12月28日，湖南省人民政府举行第一届“新湖南贡献奖”和“2021三湘民营企业百强榜”发布会。常德市6家企业被授予“新湖南贡献奖先进集体”称号，9人被授予“新湖南贡献奖先进个人”称号，5家企业登上2021年“三湘民营企业百强榜单”。

【省级黄炎培职业教育奖】 9月29—30日，2021年湖南黄炎培职业教育奖创业规划大赛主体赛与专项赛决赛分别在湖南铁路科技职业技术学院与湖南铁道职业技术学院落幕。桃源县职业中专学校“慕擂仙茶——桃源擂茶的深度开发”项目获一等奖。澧县职业中专学校“高峰迅控——校园智慧门禁管理系统”项目荣获二等奖。经逐级推荐审核，常德市有湖南省湘北职业中专学校获得湖南省第六届黄炎培职业教育奖“优秀学校”奖，湖南省湘北职业中专学校邓浩然、澧县职业中专学校赵勇获得湖南省第六届黄炎培职业教育奖“杰出教师”奖。

（蒋宇杰）

外事工作

【概况】 2021年，常德市外事工作坚持以习近平新时代中国特色社会主义思想为指导，坚决贯彻落实中共中央决策部署和省委、市委工作要求，为服务国家总体外交，统筹推进全市疫情防控、对外开放和经济社会发展做出积极贡献。

疫情防控。在全市各大门户网

站转发《湖南省疾控中心紧急提醒（中英文版）》，印发《中共常德市委外事工作委员会办公室关于做好涉外疫情防控工作的通知》，进一步明确全市各级外事系统职责分工，要求各区县市外事部门及时做好辖区内信息收集整理，坚持日摸排、日上报和市县两级信息核查反馈机制，掌握到常德的外籍人士信息，及时提供疫情防控服务。2021年，全市共摸排管控外籍人员185人，外籍人士新冠疫苗接种率居全省前列。

【对外交往】 面对复杂严峻的国际形势以及持续反复的新冠肺炎疫情，2021年常德市共通过书信、电话、视频会议等方式与国外友城间开展“云外交”50余次，不断深化与友城日本东近江市、德国汉诺威市、墨西哥阿帕斯科市的交流和合作，启动与韩国富川市、原州市、乌干达穆科诺市友城结好工作联系，通过互通信息、互相关心，共同开展抗疫合作，增进友谊、凝聚共识。积极做好“引进来”文章，精心接待德国驻华大使馆曾兰玉一行到常德参观考察，促成常德市第二医院德促医疗贷款项目落地。扎实做好“走出去”文章，鼓励支持企业“抱团出海”“借船出海”，积极打造常德市跨境电商平台建设，推动更多的企业实现外贸“破零倍增”。

【对外宣传】 在市委外事办精心组织下，反映疫情防控期间在常德外籍人员生活状况的新闻报道《我在常德挺好的》迅速“刷爆”微信朋友圈，单日点击量破147万次；尼日尔籍留学生作品《疫去无回，善德相伴》获得“热LOVE新湖南”线上视频大赛二等奖，通过外国人的视野看常德，“宜居宜业宜游”已成共识。

【外事管理服务】 新形势下，常德外事管理逐渐由业务型向综合型转变。以外事信息系统升级为切入点，运用“云外事”“云推介”“云考察”等新兴交往方式，保持对外交往“不断线”。2021年7月21日，邀请省外办处室负责人为全市外事专干及33家企业代表讲解APEC商务旅行卡，鼓励更多的企业人员快速通关走出国门。积极探索因公出国（境）、外国人到常德的邀请、APEC商务旅行卡“一站式”办理机制，大力推行“审批不见面、最多跑一次”的审办签方式，为办事企业减负增效。以保障国家安全为基本点，健全完善涉外安全保障体系，加强海外领保案（事）件处置，坚决维护常德市海外机构、企业和人员的合法利益。

【常德市外事干部跟班学习】 9月8日，常德市区县市外事干部赴市委外事办跟班学习工作正式启动。跟班学习从9月开始，11月结束，历时3个月。依次由九区县市委外事办及市直六小区党委（工委）办公室各选派1名分管外事工作办领导或外事专干赴市委外事办跟班学习。市委外事办根据学习范围编制学习材料汇编，以供学员学习使用，并要求各科室业务骨干现场指导、疑难解答，确保学出成效、学有新得。

（卜海峰）

港澳台工作

【概况】 2021年，及时做好辖区内信息收集整理，坚持日摸排、日上报和市县两级信息核查反馈机制，掌握到常德的港澳居民信息，及时提供疫情防控服务。2021年，共摸排港澳居民317人，港澳居民新冠疫苗接种率居全省前列。指导台企落实疫情防控措施，积极引导、协助台胞有序接种疫苗。重视做好入境台胞服务管控，实现涉台领域“零输入”“零感染”。

台贸台资。全年全市引进台资项目4个，总投资7亿元人民币。全年全市对台贸易总值6.6亿元，同比增长105.4%，其中引进3.4亿元、增长112.8%，输出3.2亿元、增长97.9%。投资1.8亿元的石门县富博科技二期项目顺利建成并投产，并入选湖南省2021年第一批备案高新技术企业。

涉台交流与服务。举办第二期“台商沅澧行”活动，组织在常德的台商台胞深入相关企业、园区以及文化场馆参观考察，开阔视野、拓展思路。认真组织在常德的青年台胞参与“台湾青年眼中的湖南”视频拍摄工作，制作的3个宣传短片分获省台办一等奖、三等奖。积极承办台湾青年“文化湖湘行”活动，完成湖南中医药大学30名来自台湾的大学生到常德研学参访接待任务。举办涉台法律知识大讲堂、“税务安全说”主题沙龙、落实“农林22条措施”座谈会、引导支持台胞台企参与“十四五”规划实施座谈会，编印发放《“惠台措施”政策汇编》等资料，帮助台胞台商进一步了解常德市相关政策和市场环境。

涉台教育与宣传。邀请国台办全国对台干部培训中心王杰为市委理论学习中心组作台海形势报告，全年全市共举办台海形势报告会24场。组织8名干部参加全省对台工作干部业务培训，举办全市对台工作干部业务培训班，进一步提升对台工作干部理论水平和业务能力。

【香港摄影图片展（常德站）开展】 3月25日，香港摄影图片展（常德站）在桃花源旅游管理区游客中心开展。香港特别行政区政府驻武汉经济贸易办事处主任郭伟勋，湖南省人民政府港澳事务办公室副主任吴宜彪，常德市委常委、市委秘书长罗先东出席开展仪式并致辞。郭伟勋一行先后参观湖南恒安纸业有限公司、中国常德诗墙、金鹏印务有限公司等地，对常德市的城市发展、历史文化、涉港企业经营情况等作较深入了解。

（卜海峰）

民族宗教工作

【民族工作概况】 2021年，桃源县枫树维吾尔族回族乡被中央统战部、国家民委确定为首批全国铸牢中华民族共同体意识实践教育基地，全国仅10个，桃源县枫树维吾尔族回族乡为东中部地区唯一一个。实践教育基地的“中华民族一家亲”展示馆于2022年1月10日建成开馆。为全面展示常德市民族团结融合经验做法，形成《沅澧清波奏和声 共濯民族团结花》经验材料，得到湖南省委常委、省委统战部部长黄兰香批示，要求将材料上报中央统战工作领导小组办公室和转发至全省各市州统战工作领导小组。经验做法先后在省委政研室《送阅件》《湖南日报内参》和国家民委《民族工作简报》上刊发。桃源县枫树维吾尔族回族乡获评“全国第九批民族团结进步示范单位”。石门县、汉寿县毛家滩回族维吾尔族乡、桃源县青林维吾尔族回族乡获评“湖南省第九批民族团结进步示范单位”。全年共完成普通高校招生享受民族优惠政策考生资格审核4505人、公民更改民族成分25人，全部实现审核“零差错”。

【民族团结进步创建】 9月，在全市开展“民族团结进步宣传教育月活动”，全市各级各部门广泛宣传中央民族工作会议精神、习近平总书记关于加强和改进民族工作的重要思想、民族政策法规、民族基本知识，增强全社会民族团结进步意识，不断铸牢中华民族共同体意识。2022年1月25日，《国家民委关于命名第九批全国民族团结进步示范区示范单位的决定》发布，湖南共4个地区单位入选，常德市桃源县枫树维吾尔族回族乡获评“全国第九批民族团结进步示范单位”。

2022年1月10日，市委副书记、市委统战部部长陈华（左一）宣布桃源县“中华民族一家亲”展示馆开馆，并与桃源县委书记庞波（左三）共同为展示馆揭牌

（市委统战部 供图）

【少数民族乡村振兴】 11月19日，湖南省民宗委公布关于确定首批省级民族乡村振兴试点单位的通知，桃源县枫树维吾尔族回族乡、石门县壶瓶山镇平洞村被列入湖南省首批少数民族乡村振兴试点。全年共争取中央财政衔接推进乡村振兴补助资金381万元，补助资金项目全面投入实施，对少数民族和民族地区发展发挥积极作用。

【宗教工作概况】 2021年，全市有佛教、道教、伊斯兰教、天主教、基督教五大教派。有批准开放的宗教活动场所497处，民间信仰活动场所22处，其中省级重点宗教活动场所11处，省级寺观教堂85处。教职人员508人，信教群众9万多人。

【筑牢组织机制保障】 2021年，将宗教工作纳入区县市委书记抓基层党建述职评议考核。市委统战部联合市妇联印发《关于发挥妇女联合组织作用促进基层综治治理工作的实施意见》，推进妇联工作与宗教工作相融合，有效补充宗教工作县、乡、村三级网络和乡、村两级责任制建设。

【加强政策理论培训】 12月7日，全市铸牢中华民族共同体意识理论研修暨宗教工作培训班在市社会主义学院开班。培训班贯彻落实中央民族工作会议和全国宗教工作会议精神的具体举措，包括市委统战工作领导小组成员单位的领导在内等共47人参加培训。进一步提升全市民族宗教干部中华民族共同体意识理论知识水平，提高民族宗教工作政策法规能力，全面推进建设一支素质高、业务精的民族宗教干部队伍。

（蒋宇杰）

互联网信息化管理

【概况】 2021年，中共常德市委网络安全和信息化委员会办公室认真践行习近平总书记关于网络强国战略思想，以深入推进网络综合治理体系创新试点建设为动力，围绕庆祝中国共产党成立100周年，紧跟上级网信办工作部署，紧扣常德发展需求，各项工作高效推进、成效显著，常德网信工作经验先后被中央网信网、省委网信办宣传推介。

网上正面宣传。开设网上理论宣传专题专栏，积极开展习近平新时代中国特色社会主义思想及中共十九届历次全会精神网上理论传播。策划打造爆款产品，推介美好常德形象。推出“一个人的公交站台”融媒体作品，得到《人民日报》、新华社等130多家主流媒体宣传报道，累计点击量超3亿次，获央视知名主持人白岩松点赞。推出全城同唱一首歌“常德丝弦——常德是个好地方”等96件爆款互联网产品，在各级主流媒体上稿2137篇，累计点击量超7亿次。承办湖南省第十届网络文化节主体活动等系列活动，获时任省委常委、省委宣传部部长张宏森肯定批示。

网络综合治理。持续开展网络信息内容生态治理。全年清理各类不良信息，下架违法违规程序，依法约谈违规自媒体，关停违法违规网站，持续营造网络空间“常德蓝”。开展网络综合治理体系建设创新试点。重点通过推动“区块链+电子证照”可信应用平台建设、区块链存证中心建设和区块链社会治理预警机制建设，提升社会治理信息化水平，被省委网信办确立为全省第一批试点城市。

网络安全防护。组织开展常德2021年国家网络安全宣传周系列活动。通过线上线下共同发力，在全市范围营造学习网络安全、守护网络安全的良好氛围。开展重要信息系统网络安全应急演练。以实战攻防方式，对参演的55家单位57个重要信息系统的网络安全情况进行全面检验，共查找出25家单位重要信息系统的风险漏洞，并督促整改到位。组建网络安全和信息化专家智库，将21名专家纳入网络安全和信息化专家智库，充实常德市网络安全和信息化专家队伍。

网信队伍建设。扎实开展党史学习教育，教育引导网信干部树立正确党史观，在学史力行中提升网信工作能力。举办全市网信工作培训班，以专题授课的方式，组织全市网信系统相关负责人集中“充电”，提升全市网信队伍业务工作水平。开展“解读三湘红色密码、推进湖南网信事业”专题调研，调研报告《从帅孟奇严守党的秘密浅谈网信保密工作》获评全省网信系统二等奖。

发展规划。2021年3—8月，市委网信办联合省电子信息产业研究院，开展规划编制前期调研、走访等工作，在收集整理大量数据、资料，征求、吸收有关部门、企业意见建议的基础上，经专家多次论证，形成“网络安全和信息化”两个规划。12月，报请市委网信委主要领导审定并正式印发。

媒体管理。围绕中共十九届六中全会、省第十二次党代会等重点内容，办好网上理论宣传专题专栏，让党的声音成为网络最强音。组织承办“湘遇桃花源·筑梦新征程”、百家网媒“高质量发展看常德”和全省网媒名人联谊座谈会等系列活动。围绕打造城市品牌，推出“全城同唱一首歌”“桃花源里的24小时”“中国有个柳叶湖”“0736——常德原创RAP说唱”“一碗米粉称霸一座城，一个钵子可以炖下全世界”等系列爆款作品，积极讲好常德故事，传播常德好声音。

信息化建设与管理。持续推进5G网络基础设施建设，全年新建5G基站2183个，城区及行政村光纤4G覆盖率达100%。引导5G通信基础设施科学布局，强化农产品国际交易大市场、景区等重点区域的通信保障；提升工厂、园区等企业的5G网络覆盖率。其中，中车新能源获评省“5G+工业互联网”示范工厂。积极助推大数据、区块链等新一代信息技术的产业化发展，大数据产业链在建、拟建项目37个，为进一步拓展数据应用场景，加快完善数据要素市场化配置等夯实基础。

【湖南省第十届网络文化节主体活动】 5月18—20日，湖南省第十届网络文化节主体活动之湖南常德百家网媒“湘遇桃花源　筑梦新征程”主题活动启动仪式、百家网媒“高质量发展看常德”等系列活动在常德举办，中央、省市网络媒体和网络名人共130余人参加。

【全省网媒名人联谊座谈会】 5月20日，全省网媒名人联谊座谈会在常德举行，110多家网络媒体和网络名人齐聚桃花源里的城市，围绕如何网聚最大正能量、讲好湖南故事，全面落实“三高四新”战略定位和使命任务，加快建设现代化新常德等话题建言献策。省委宣传部副部长、省委网信办主任周湘出席并讲话。

【市委网信委第三次会议】 8月19日，常德市委网信委第三次会议召开，传达学习中央、省委网信工作有关会议精神，听取网信工作情况汇报，审议有关文件，部署下阶段工作。会议强调，要认真贯彻落实习近平总书记关于网信工作的重要讲话精神，按照中央和省委要求部署，准确把握新挑战，抢抓发展机遇，加强党对网信工作的全面领导，建设网络综合治理体系试点城市。

【网络名人常德行系列宣介活动】 11月17—18日，智能制造三湘行“四大行动”兴沅澧系列宣介活动在常德举办，全国20多名网络名人参加，充分发挥网络大V的传播优势和资源优势，记录常德、展示常德。

（王　华）

机构编制工作

【概况】 2021年，市委编办高效清理规范开发区管理机构，会同相关部门就深化公益类事业单位改革研究制定1个原则意见和5个操作办法，保障中小学教职工和幼儿园教职工编制，完成省里核定的36640名中小学教职工编制和190名第二批公办幼儿园教职工编制的调整分配，积极保障人才引进编制需求，拟定2021年市直公务员考试录用计划36名，市直事业单位人才引进计划303名和公开招聘计划99名。获评全国退役军人服务保障先进单位、省级文明单位。

重点领域改革工作。清理规范开发区管理机构。整合招商引资、投资合作、人才服务等公益服务职能，建立精简高效的体制机制，全市开发区净减内设机构14个、事业单位15个，增加处级领导职数7名，净减科级领导职数30名。深化公益类事业单位改革。围绕经费保障方式、绩效工资水平、人员流动管理、公益类别调整、编制规模控减5个方面的政策空白，会同相关部门就深化公益类事业单位改革研究制定1个原则意见和5个操作办法，开创全省之先河。规范设置市级“小弱散”等类别事业单位，批准撤销“小弱散”类型的事业机构9个，撤销承担行政职能的事业单位5个，并对9个原以“委局办处”命名的事业单位进行更名处理，全力做好深化公益类事业单位改革准备。推进行政复议体制改革。将市、县两级司法局明确为市县两级人民政府唯一的行政复议机构，并对人员编制力量进行调整优化，进一步维护群众合法权益。助推园区赋权改革。助推“园区事园区办”“一件事一次办”，配合市行政审批局向常德经开区赋权162项，向常德高新区赋权170项，向柳叶湖旅游度假区赋权110项，营商环境不断得到优化。

机构编制管理。整合“三农”力量，助力乡村振兴。着力巩固拓展脱贫攻坚成果，调整优化农业农村、扶贫开发等领域机构职能，全面整合农业方面执法职责和队伍，组建市县农业综合行政执法机构，有力保障服务机构人员力量。聚焦民生重点，回应群众关切。保障中小学教职工和幼儿园教职工编制，会同教育、财政部门完成省里核定的36640名中小学教职工编制和190名第二批公办幼儿园教职工编制的调整分配，督导各地落实到校到园的编制核定任务。提出市直公立医院人员编制规模调整方案，为破解当下供需矛盾提出合理化建议；理顺常德市与武陵区关系，进一步明确市本级与武陵区在城市管理、经济发展、市场监管、社会服务以及其他有关领域的权责利关系。严肃纪律，强化机构编制监督检查。有序推进省委巡视问题整改工作，省委巡视反馈武陵、临澧、桃源、汉寿4地问题142个，已整改销号107个，阶段性销号16个，按计划阶段性整改19个；对15个单位（区县）开展市委巡察机构编制专项检查，向市委巡察办移交违规问题58个，并就问题整改工作开展全程跟踪监督。

【全市机构编制核查动员会议召开】 根据省委编委《关于转发〈中央机构编制委员会关于开展第二次全国机构编制核查的通知〉的通知》要求，为确保核查进度和质量，2021年10月14日，市委编办组织召开全市机构编制核查动员暨培训会，就核查常见问题、关键环节、时间节点以及汇总上报等工作进行动员部署和业务辅导。核查工作中，常德市委编委强化使命担当和责任担当，全面落实党对机构

2021年10月14日，全市机构编制核查动员会议在共和酒店召开

（任建宇　摄）

编制的集中统一领导，采取“目标式、联动式、跟踪式、督导式”4种举措，于2022年1月全面完成机构编制核查工作，基本实现“机构清、编制清、领导职数清、实有人员清，机构编制实名制管理系统具体机构设置与按规定审批的机构相对应、实际配备人员和财政供养人员与批准的编制数职数相对应”的总体目标。

（刘　侃）

政策研究工作

【概况】 2021年，市委政研室（市委改革办）全面深化改革工作获评全省先进，省级文明标兵单位复查合格。

决策服务。深入开展重大课题调研，形成一批调研成果。《实施产业研究院经济突破行动，驱动常德高质量赶超发展——常德市产业研究院经济发展调研报告》《补齐弱项短板，奋力创先争优》《强化农村饮水安全，确保群众喝上放心水——对我市农村饮水安全情况的调查与建议》《培优烟草全产业链，擦亮中国烟城名片——推进全市烟草产业高质量发展研究报告》等调研报告，均得到市委、市政府主要领导的肯定性批示，部分建议纳入领导决策和相关政策文件。加强经济运行情况分析研判，完成经济形势分析调研报告4篇。收集编发《财经专报》12期、《政研内参》14期、《常德通讯》12期，及时为领导提供决策参考。

【全面深化改革】 年度要点确定的43大项164小项改革事项稳步推进实施。财政支持深化民营和小微企业金融服务综合改革试点、常德金融超市、政务服务标准化改革、行政审批“三集中三到位”改革、食品经营许可改革、“多测合一”改革等创造常德模式，西洞庭中联智慧水稻、石门县林长制改革、临澧县城乡客运一体化改革创造常德经验，鼎城融媒体改革得到中央政治局委员、中央书记处书记、中宣部部长黄坤明高度肯定。省委改革办评定常德2021年全面深化改革工作为优秀。实行“三个一”工作调度机制，全年共召开5次市委深改委会议、1次全市全面深化改革工作推进会暨业务骨干培训会、1次全市改革工作调度会，审议制发文件13个，印发会议纪要5期。健全完善“每月报告、年中督察、年末考核”的督考工作机制，每月要求相关单位上报重点改革事项进展情况；全年开展一次中期督察，督察国企改革、“三集中三到位”改革、深化民营和小微企业金融服务综合改革、群团改革等重点改革事项，下发督察通报，对进度相对滞后的个别区县市现场督办交办；完善改革工作绩效考核办法，对全市改革工作和改革办先进单位进行通报表彰；委托湖南文理学院，对城乡客运一体化改革事项开展第三方评估。参加全省“湖南基层改革探索100例”征集活动，常德入围7个，位居全省前列。举行全市优秀改革案例展演，共评选出全市优秀改革案例16个。围绕庆祝中国共产党成立100周年，在《常德日报》办好“沅澧改革进行时”专栏，在《常德通讯》开辟“全面深化改革”“全市优秀改革案例选编”专栏，用好用活“常德政研”微信公众号，编发《改革简报》23期。央视《新闻联播》《焦点访谈》和《人民日报》先后对新时代文明实践中心建设、人才工作进行报道。

【全面建成小康社会总结宣传】 市委全面小康办全面回顾总结7年全面小康推进工作取得的发展成就和宝贵经验，形成《常德市全面建成小康社会评估监测报告》。联合市委党史研究室编纂《常德市全面小康志》，编印《常德小康之路》画册，完成全省“记录小康工程”信息录入。“线上+线下”讲好小康故事，图、文、数相结合，立体宣传展现常德全面建成小康社会取得的重大成就、创造的成功经验、打造的特色亮点、涌现的先进典型。

【高质量发展评价】 起草并制定推动高质量发展的实施意见、高质量发展评价工作实施细则、《常德市2021年市级领导联系推进重大制造业项目工作方案》及推动“四个双倍增”行动相关文件。超前谋划高质量发展评价工作，举办1期工作培训会，撰写3篇高质量发展综合绩效评价指标监测评估报告，向市委提出合理工作建议。督查落实。赴各区县（市）、市直六区和相关市直责任落实单位开展高质量发展专项督查，查摆短板、指出问题、推进整改。联合市绩效办承办全市绩效评估工作专题调度会，通报全市高质量发展指标数据情况，推动指标责任单位“比学赶超”。加强与省委财经办汇报对接，推进高质量发展综合绩效评价各项数据指标创先争优。

（李佳钰）

市直机关党的建设

【概况】 2021年，全市归口机关工委管理的基层党委105个、党总支41个、党支部1193个，党员24579人，其中市直机关单位党员16717人，中央及省驻常德企事业单位党员7862人。

政治引领。2021年，始终把政治建设摆在首位，严格落实“第一议题”制度，专项开展省委《关于加强和改进新时代全省机关党的建设的实施意见》（以下简称《意见》）学习研讨，先后召开机关党委书记、区县市直机关工委书记座谈会集中辅导，提出贯彻落实具体要求，并将其作为市直机关党建工作重点任务，纳入新任支部书记培训班、党务干部培训班和党员轮训班课程，列入督查考核主要内容。从严从实抓好党史学习教育，组织挖掘常德红色资源，开展“人人讲党史”活动，在市直机关开展“支部书记讲党史”活动，班子成员深入市直单位开展党史学习教育和中共十九届六中全会精神宣讲39场次。报请市委常委会对省委《意见》的贯彻落实进行专题研究，并以市委办名义发文对工作目标进行责任分解，形成工委牵头、部门协同，全链条、全方位抓落实的良好工作格局。出台《常德市直属机关党委工作规范》，扎实开展机关党委书记述职评议，把思想政治工作纳入党建考核重点。9月，常德贯彻落实《意见》的做法以市委名义专题报告省委。牵头评选首批48家模范机关创建先进单位，广泛听取市直单位意见，并先后专程赴深圳、怀化、岳阳、银川、兰州市直机关工委等单位进行实地考察调研，学习借鉴他们在模范机关创建方面的经验做法，修改完善《2021年度考评办法》，下发《重点工作指引》，分成5个片组对全市157家市直单位进行面对面指导督导，基层反响良好。模范机关创建做法先后被《湖南日报》、旗帜网宣传推介。

夯实基层基础。强化基层组织功能。依托智慧党建平台，强力推进党支部“五化”提质工程，评选挂牌100个“五化”建设示范支部。结合庆祝中国共产党成立100周年，开展“两优一先”大评选，选树100名优秀共产党员、50名优秀党务工作者、50个先进基层党组织予以表彰，下拨党费200万元专门用于慰问市直单位困难党员。组织市直属单位党代表会议，选举出席市第八次党代会代表77名。联合市委老干部局开展“老党员风采”摄影作品展活动，联合市委宣传部开展庆祝中国共产党成立100周年合唱比赛，举办第六届“公仆杯”羽毛球赛等活动。推进党建业务融合。将党建与业务融合发展作为年度工作重点，组织指导各基层党组织进行党建业务融合理论研究和实践总结，开展党建业务融合理论研究和案例征集活动，选评10篇优秀理论研究文章和40个高质量融合案例汇编成册。将党建业务融合课程列入党支部书记培训重点内容，专题进行辅导，专项组织研讨，专门组织实地观摩学习。党建业务融合案例短视频获全省特等奖，并被中央和国家机关工委评为首届“新时代全国机关基层党建新成就”视频展百优作品。加强队伍建设。全年开展2期党支部书记、2期党务干部、4期发展对象培训，参训人数1197名，新发展党员600名。推进青年理论工程建设，指导各单位成立青年理论学习小组，开展党史学习竞赛“以考促学”，机关党员干部理论素养普遍提升。

提升效能。服务中心大局。以创建模范机关为载体，深化拓展“五大行动”，将优化营商环境、城区生活垃圾分类、疫情防控、文明城市创建等市委、市政府中心工作纳入分片区组织的督查考核内容，通过末端问效检验服务成效。特别是在“优化营商环境从我做起”行动上，市直机关1200多个党支部召开专题组织生活会进行学习对照，强化优化营商环境人人有责的自觉性。服务基层一线。多次深入所联系的新东街社区，帮助建立“党群服务站”，协调解决万美花园小区困扰多年的下水道、化粪池堵塞和路灯不亮问题。率队赴汤家山村、花园台村乡村振兴点开展帮扶，与村党支部开展党建联建、结对帮建。修订《在职党员进社区志愿者服务管理制度》，以“评优”代替“考评”，防止志愿服务中的形式主义。强化服务能力。遵照“内强素质、外树形象”思路，全面全程抓紧自身建设。制定精细化管理21项制度，成立青年笔会。1名干部在市委办系统举办的主题演讲比赛中获第二名，5名部（室）长在党务干部培训班首次登台授课，落实机关党建责任制调研文稿获省直工委特等奖，策划的《百名书记话党建》有17篇被“学习强国”平台推送。

强化执纪监督。制定《中共常德市直属机关工作委员会2021年度党风廉政建设责任制》和《2021年市直机关纪检监察工作要点》。定期向市纪委监委党风室报送“两同时”谈话情况。5月，举办一次市直机关纪委干部培训班，组织学习新出台的纪检监察党纪法规业务。制定机关纪委干部跟班学习制度，拟定跟班学习安排表，有4家市直单位机关纪委干部参加轮训。提升案件审理效率。全年共审结科级及以下党员干部和国家公职人员违纪违法案件共计67起。制定市直纪检监察工委案件审理联系制度，全年共组织1次专家咨询交流会和4次兼职委员案件审理交流会，促进案件审理工作圆满完成。

机关党建宣传。以习近平总书记在庆祝中国共产党成立100周年大会上的重要讲话精神、中共十九届六中全会精神、省第十二次党代会、市第八次党代会精神为重点，以“第一议题”制度落实为抓手，结合党史学习教育开展，抓实习近平新时代中国特色社会主义思想的学习贯彻。结合庆祝中国共产党成立100周年，先后在红网推出《百名书记话党建》19期，其中17期被推荐至“学习强国”平台，在常德市电视台和《常德日报》推出《创建模范机关，常德在行动》专题宣传各10期，在常德交通广播电台推出《榜样》专栏10期。常德机关党建网采编报送稿件927篇，机关微信公众号推送文章695篇。《润物细无声——常德市直机关党建与业务融合侧记》荣获第一届“新时代全国机关党建新成就”短视频作品“百优作品奖”。“机关党建助力‘三高四新’战略的思考”课题调研报告，被省直工委和省思政研究会评为一等奖。创建模范机关做法《干在实处，走在前列》先后在《湖南日报》《机关党建》和旗帜网刊登。

2021年11月15—17日，举办市直和中央、省驻常德单位党务干部培训班

（彭　创摄）

【市直单位选区选举市第八次党代会代表会议】　9月15—16日，市直机关工委在柳园锦江酒店召开中国共产党常德市直属单位代表会议，选举产生出席中国共产党常德市第八次代表大会的代表。会议应到代表210人，实到代表203人，经过选举，从94名候选人中，选出77人为出席中国共产党常德市第八次代表大会代表。

【常德市第六届“公仆杯”羽毛球赛】　11月11日，常德市第六届“公仆杯”羽毛球赛开赛。市人大常委会党组成员、市总工会主席谭弘发，市政协副主席陈位明，文理学院副校长肖小勇出席开幕式。羽毛球赛为期3天，共有各区县市，市直及中央、省驻常德单位的59支代表队，领队、教练员及运动员共400多人，参赛的厅处级领导70余人，科级干部160余人，女单运动员40人。比赛共设厅处级组双打（男女不限）、科级及以下组双打（男女不限）和女子单打等项目，采取分组循环、淘汰赛的混合赛制确定最后名次，奖励前四名。

【市直和中央、省驻常德单位党务干部培训班】　11月15—17日，市直机关工委在临澧县举办市直和中央、省驻常德单位党务干部培训班，市直机关工委委员曹健华全程指导，129名党务干部参加培训。培训采取红色教育基地现场教学、专题辅导、影视教育、经验交流、知识抽查相结合的方式开展。市直机关工委副书记金行国作结业讲话。

【市直机关党委书记述职评议会议】　12月7日，2021年度市直机关党委书记述职评议会议在共和酒店召开。会上，市人大、市委政法委等5个单位机关党委书记依次作口头述职，其他31个单位机关党委书记作书面述职。述职评议后，市直机关工委专题宣讲中共十九届六中全会精神，要求各单位将学习贯彻与落实省第十二次党代会、市第八次党代会精神结合起来，以高质量党建促进常德高质量发展。

【党建业务融合案例与研究】
2021年，组织突出“党建引领，推进党建业务深度融合”理论研究与案例征集活动，193个单位报送理论文章156篇、实践案例254篇。经过多维度评审，遴选出50篇汇编成册。同时，选录10篇中央和国家机关基层党组织相关案例，作为“他山之石”供大家学习借鉴。

（彭　创）

老干部工作

【概况】　截至2021年12月31日，全市共有离休干部375人。其中，市直单位163人，区县市212人，享受副省级医疗待遇2人。厅级离退休干部133人，处级退休干部2681人。全市离退休干部党组织901个，离退休党员干部3.9万人。

党史学习教育。3月，举办“全市‘五老’讲党史启动仪式”，市政协原主席、市老区建设促进会会长刘春林，围绕常德红色历史、红色故事、红色资源，为市直近400名离退休党员干部作党史辅导报告。3—7月，在市委老干部党校（市老年大学）举行党史专题报告4次，开设“党史微宣讲”12场次，全校近3000名老年学员接受党史学习教育。7—8月，发动全市1.4万余名老干部参与《学习贯彻习近平总书记“七一”重要讲话精神知识竞答》活动，参与人数占全省答题人数的60%，市本级和桃源等5个区县市获评全省优秀组织奖。全年先后5次组织全市老干部党员收看党史学习教育网上专题报告会，500多个离退休干部党支部、上万名离退休党员干部参加学习。

为老干部办实事系列活动。开展党史学习教育为民办实事系列活动，“一对一”精准施策为200余名厅级老干部、离休干部提供精准服务；5月，为市老年大学学员进行健康义诊；4月、9月，分别组织老干部志愿者赴柳叶湖梁山社区、鼎城区草坪镇、常德经开区等地开展惠民演出，全年开展送温暖进家庭7次、送健康进校园4次、送文化进乡村3次、送师资进社区4次，投入经费近200万余元，受益群众达1.3万余人次。

庆祝中国共产党成立100周年。1—7月，开展“庆祝中国共产党成立100周年、拍摄老党员风采”活动，在全市上报的近100名先进老党员典型中，选取不同领域老干部代表39名，拍摄他们“离岗不离党、退休不褪色”满满正能量的老党员风采，在“七一”前后进行多场地作品展示10余场次。3—6月，组织参加全省“金秋颂党恩、启航新征程”主题活动，获一等奖1个、二等奖2个、优胜奖7个和优秀组织奖。3—11月，开展“我的入党那一天”主题征文，共收到文稿318篇，其中，13篇获省级表彰，2篇在省《老年人》上刊登。

集中走访慰问。春节期间，开展“严严寒冬送温暖”春节走访慰问活动，向2000余名老干部及遗孀致以新春的祝福。“七一”前夕，组织全体党员干部开展“进百家门、访百家情、解百家忧”走访慰问活动，零距离为50多家市直单位的200余名老干部、老党员送温暖送关怀。

【市老干部活动中心】 2月，市老干部活动中心正式启动市“美在金秋”老党员之家建设，7月项目完工，9月1日正式对外开放。项目共分为“金秋党旗红”“金秋幸福家”“金秋风采园”“金秋志愿汇”四大板块，设有红色展厅、理疗室、棋牌室、图书阅览室、红色讲堂（红色观影厅）、红歌传唱厅、室内乒乓球场、门球场等多个功能场地，创新设置“十个一”点单服务和“四单”（群众“点单”、总队“派单”、分队“接单”、事后“评单”）志愿服务，为全市离退休老干部党支部开展主题党日活动打造一个高质量阵地。2021年，共接待市内外各类团队50余批、1200余人次。1—8月，围绕“党史学习教育”和“庆祝中国共产党成立100周年”等主题，举办“学党史、颂党恩”书画诗词作品展、“庆祝中国共产党成立100周年、拍摄老党员风采”摄影展、“感怀党恩、老有所为”文艺演出、庆祝中国共产党成立100周年合唱比赛等10余场主题活动。10月14日，承办常德市庆祝全国第九个老年节游艺活动，2000余名副处级以上离退休干部参加。12月14日，承办市直“四大机关”老干部门球赛，4支参赛队伍50余名门球爱好者同场竞技。市老年大学共开办器乐、舞蹈、声乐、体育、戏曲、书画、文史哲、计算机8大学科、43个专业、140个教学班，拥有各类专业教师88人，在校学员4900多人，全年收缴学费100万余元。3月22日春季班开学并正式启动管理改革，将招生对象固定为50周岁以上女性和55周岁以上男性中的非在职工作人员；实行网上报名缴费，所有学费直接入财政非税账户；推行层级教学，实行两年学制管理；聘请专业兼职教导主任和班主任对教师学员进行专业管理，出台教师量化考核、公开课、随堂听课、巡视查堂等管理制度，对教师实行绩效量化考核，老年教育专业化、公平化、普惠化程度进一步推进。

（朱冯薇）

【“美在金秋”老党员之家品牌建设】 在全市范围内开展“美在金秋”老党员之家品牌建设，全市共创建102家，其中市直40家，区县（市）62家。市本级“美在金秋”老党员之家投资775万元，9月1日全面开放后，共接待离退休干部党支部50余批1200余人次，为离退休干部宣讲党的创新理论、弘扬伟大建党精神，全面落实“三高四新”战略定位和使命任务等方面献智出力搭建阵地资源。常德扎实推进“美在金秋”老党员之家建设的经验在中组部“离退休干部工作”公众号进行典型宣传推介。

【王先进被评为全国先进老干部工作者】 王先进，男，1965年1月出生，中共党员，中共临澧县委组织部副部长、老干部局局长。王先进五年走访慰问离退休干部和家属1000余人次，牵头处理解决急难事100余件；整合县关工委、县老科协、县老干网宣协会等涉老组织力量，组建“浮山红枫”志愿服务队，引导全县5000多名离退休干部围绕“一心跟党走、助力新临澧”主题，开展各类志愿服务活动。先后获得三等功2次，获得市县先进工作者荣誉称号3次。2021年12月，王先进被评为全国先进老干部工作者。

（尹　茗）

党校工作

【概况】 2021年，市委党校在全省党校系统教学比赛中获2个二等奖，科研工作连续四年获评全省党校系统先进，党史学习教育工作被中央党校《党校工作通讯》刊发推介。

服务中心。围绕中共十九届六中全会、省市党代会精神和常德市“十四五”规划，第一时间组织教学研讨，及时纳入主体班教学，在主媒推出“党校专家谈”系列专栏和访谈节目，组建“理响常德”理论宣讲队，到新时代文明实践站（所）、老年大学、乡镇、企业、村（社区）开展宣讲累计103场次，受众超过2万人次，省级以上主流媒体15次报道党校理论宣讲工作。服务全市党史学习教育。开发20堂“四史”专题课，形成“1+4”党史教学体系，结合“我为群众办实事”活动，开展“听党话、感党恩、跟党走”志愿送教，受到省委巡回指导第十二组高度肯定。接续助力乡村振兴工作。选派1名教师驻安乡县团结村参与乡村振兴工作，选派2名干部赴沅陵县挂职参与对口援建帮扶。在贯彻落实“三高四新”战略中，将“优化营商环境”作为重点研究课题和主体班教学专题，组织学员对市场主体培育、“五好”园区建设、脱贫攻坚后续机制等问题开展调研，形成高质量调研报告。组织全市党校系统开展“我为市党代会献一策”活动，评选出30篇优秀文稿报送市第八次党代会报告起草组，为推动“三高四新”战略落地落实贡献党校智慧。

办班培训。在完善应急预案，落实疫情防控要求的基础上，全面完成市委交办的重大培训任务和市委组织部调训计划，全年培训规模达7448人次，同比增长78.9%。其中，中共十九届五中全会研讨班3期402人，1个月及以上主体班11期521人，短期调训5期239人，社院班5期253人，部门专题班45期6033人，党校干训主渠道主阵地作用得到充分释放。西藏山南市城管干部培训班、西藏隆子县基层干部培训班、新疆维吾尔自治区党校教学骨干研修班、省委党校3个中青班、省委党校教学管理骨干培训班、古丈县委党校中青班、沅陵县委党校科干班分别到党校开展异地教学，为推动形成党校开放办学新格局积累经验、扩大影响。

教学管理。坚持主业主课地位不动摇，主体班理论教育和党性教育课程占比达78.67%，其中党性教育课程占比39.91%。对进入党校课堂的教学内容和教学质量严格把关，全年开展听课评课16次，教学专题更新率达31.42%，外请授课占比16.28%，教学效果学员测评优秀率达98%以上。全面推行研讨式、案例式、“2+1”互动式教学（每个专题由授课教师讲授2个课时，教师和学员讨论交流1个课时），引进中央党校和人民学习高端网课，拓展培训资源。组织完成中组部、省委组织开展的好课程好教材和“三百工程”（中国共产党成立100周年全省评选100名优秀教师、100个典型安全、100堂精品课）优质课程录制13堂。围绕本地红色资源挖掘运用，编印《信仰的力量——常德市党性（党史）教育现场教学讲稿汇编》，打造1～7天党史教学课程套餐和精品路线，在全市“红色足迹、信仰力量”党性教育现场教学比赛决赛中，党校2名年轻教师获得一等奖和三等奖。

科研咨政。与省党史研究院联合举办“学习弘扬林伯渠革命精神”全国学术研讨会，100多名省内外专家学者、延安五老研究中心代表及林伯渠、徐特立、吴玉章、董必武等老一辈无产阶级革命家后辈应邀参会。全年出版学术专著3部《追梦——常德群英谱》《林伯渠研究文集》《常德党史人物撷英》，申报省级课题立项10个，结项10个，完成市级重大委托课题2个，发表公开论文65篇，在省社院、长江经济带三峡生态经济合作区党校协作会、市委宣传部举办的各类理论研讨会上有62篇论文获奖。积极引导学员参与课题研究，形成调研报告，依托《决策参考》和党委信息报送等途径开展决策咨询服务，全年编发4期《决策参考》，报送62篇信息稿件。《常德市白酒产业链调研报告》《常德市江北城区抗御特大暴雨洪涝灾害能力调研报告》《解决我市农村抛荒问题的对策探讨》《常德市“五好”园区之“体制机制好”调研报告》4份调研报告获市委、市政府领导批示。

学员管理。修订完善《学员管理条例》《学员考勤管理制度》《主体班学员量化考核办法》，在落实考勤、请销假基础上，体现人文关怀。严格兑现奖惩，评选优秀班干部44人，优秀学员79人，开展通报批评4次，发函至学员单位1次，4名学员因学时未达要求作退学处理。强化班级临时党支部和班委会责任，每期主体班召开班支委会不少于2次，组织班务活动不少于2次，开展主题党日活动1～2次。发挥班级兴趣小组作用，组织开展各类文体活动11次。围绕提升管理服务质量，每期主体班召开学员座谈会，了解学员诉求，及时改进或做好解释工作。充分运用学员“两带来”（干部在参加培训时带来本地区、本部门干部群众关注的热点、难点问题；带来1个本单位、本部门发展的典型案例）问题研究成果，1篇信息被市政府内刊采纳。

教学队伍建设。坚持育人者先受教育、深受教育，全年组织理论学习82次，其中理论学习中心组11次，全员政治理论学习59次、国旗下微宣讲12次。以庆祝中国共产党成立100周年和党史学习教育为契机，开展“四重温四铭记”（重温入党誓词，铭记宗旨责任；重温党的章程，铭记使命担当；重温入党申请，铭记爱党情怀；重温入党志愿，铭记初心使命）、“青年理论学习先学先讲”“抓实学练考、每月十道题”等主题活动，以常态化学习营造务实校风学风。激发队伍活力，提拔、调任教师干部6人次，开展公务员职级晋升12人次，完成4名专业技术人员高级职称和中初级初任申报。4名教师被评为湖南省

“三百工程”优秀教师，1名校领导被评为全省党校系统优秀教育工作者，1名教师被评为全省党校系统优秀教师。推荐产生1名市人大代表，1名市政协委员，公开招聘2名硕士研究生，选派20余名教师分别到北京和省委党校参加学习培训。

校园提质。含234间学员宿舍的新学员楼投入使用，生活设施一应俱全，该项目被评为湖南省优质工程。完成明德楼前坪、办公楼后坪和教学楼院内改造，学员活动中心新建、食堂等提质改造项目纳入政府投资计划。持续推进校园信息化建设，改造校园网络、安防监控、情景模拟教室、无感考勤等设施设备，信息化建设经验做法被省委党校工作通讯刊发。打造书香党校，全年采购新书1345册，开展好书推荐21期105本，编制主题书单37期推荐书目265本，完成600多期期刊编目入库，建立4万册规模的电子书库。依托学员资源举办4次主题文化讲座，以“四史”（党史、新中国史、改革开放史和社会主义发展史）为主线播放40场红色电影，组织开展各类文体活动，成立教职工太极拳班、党校跑团等兴趣小组。加强对外宣传，网站发布信息965条，微信公众号发布信息155期455条，《常德日报》以《光荣与梦想：一座红色学府的坚实足迹——中共常德市委党校72载育人铸魂、服务地方发展工作走笔》为题专版介绍党校工作。

业务指导。坚持每季度召开常务副校长工作例会，组织区县市党校参加全省党校系统理论研讨会、教学比赛和征文等活动，组织全市党校系统庆祝中国共产党成立100周年“三个一”［围绕中国共产党成立100周年，在全市党校系统召开一次学术研讨会，编印一本党史（党性）教育教材，举办一场“百年风华，歌声嘹亮”歌咏比赛］活动。支持区县市党校师资提升，举办3期师资培训班，购买的线上教学资源均邀请区县市党校教师到校同听，并选派区县市党校教师到省委党校参与大课同听，4万册电子图书库实现区县市共享。探索县级党校分类办学，与武陵区委党校建立联合办学机制。充分整合全市党校系统师资力量，围绕地方红色资源和重要党史人物打造市域红色教育精品路线和党性教育课程套餐，市委党校重要班次有针对性地安排在区县市开展异地教学。

（梁卓鑫　周政龙）

【常德市“十四五”规划和2035年远景目标纲要系列访谈节目】 1月9—15日，市委党校副校长杨亚妮率6位副教授做客常德新闻联播特别节目——解读常德市“十四五”规划和2035年远景目标纲要。访谈节目分7期在常德电视台新闻频道《新闻在线》栏目播出，《常德全媒》《常德发布》同步转载，网络点击阅读达万余次。

（李志勇）

【参加全省党校（行政学院）系统第十四次教学比赛暨精品课评选】 4月22日，全省党校（行政学院）系统第十四次教学比赛暨精品课评选在衡阳市委党校落下帷幕，代表常德党校（行政学院）系统参赛选手张超群、薛洋分别获得省市级组与县市区级组二等奖。

（石欣华）

【“学习弘扬林伯渠革命精神”学术研讨会】 为庆祝中国共产党百年华诞，深入开展党史学习教育，弘扬传承林伯渠革命精神，5月20日，“学习弘扬林伯渠革命精神”学术研讨会在美丽的柳叶湖畔召开。原中央党史研究室副主任龙新民、省委宣传部副部长胡代松、省委党史研究院院长胡振荣及延安五老研究中心副主任、林伯渠外孙齐放出席并讲话。该研讨会在省委党史学习教育领导小组办公室的指导下，由省委党史研究院、省中共党史人物研究会、常德市委党校联合主办。研讨会共收到全国20多个省、市专家学者论文163篇，50多名省外专家学者、延安五老研究中心代表及徐特立、吴玉章、董必武等老一辈无产阶级革命家后辈应邀参会。省、市党史研究系统，全市党校系统及市直有关部门参加会议。

（李志勇　郭　玉）

2021年5月20日，常德市委党校联合省委党史研究院、省中共党史人物研究会主办“学习弘扬林伯渠革命精神”学术研讨会　（市委党校 供图）

【“红色足迹 信仰力量”党性教育现场教学竞赛】 12月17日，全市“红色足迹 信仰力量”党性教育现场教学比赛决赛在市委党校举行，10名入围选手为观众呈现微党课。市委党校教师魏驰的微党课《一封托孤书 百年英雄志》获一等奖。

（徐 睿）

接待服务工作

【概况】 2021年，常德市接待服务中心共接待到常德宾客321批次，其中省部级以上领导51批次，警卫接待任务5批次，完成2021年全省老年保健协会工作交流会、全国食品安全宣传周（湖南）启动仪式暨湖南省示范性Ⅲ级食品安全事故应急演练、省政法委教育整顿领导小组挂点下沉调研指导、省重点建设项目洞庭湖片区推进会等大型接待任务。

【重要接待】 1月6—7日，省委副书记、省长毛伟明到常德调研“三高四新”战略实施情况。3月21日，中央政治局委员、中宣部部长黄坤明到常德调研。3月30日，省人大常委会主任刘莲玉到常德调研“十四五”规划实施立法需求和《中华人民共和国长江保护法》贯彻实施情况。4月7日，原解放军政治部主任唐天标上将到常德调研。5月12—13日，政治局原委员、国务院原副总理刘延东到常德调研。5月26—27日，省政协主席李微微到常德开展“在RCEP框架下深化湖南与东盟经贸合作”课题调研。6月23日，最高人民检察院检察长、党组书记张军到常德调研。8月31日，省委书记许达哲到常德调研省第十二次党代会报告起草等工作。10月2日，全国人大常委会副委员长、党组副书记王晨到常德调研。12月21—23日，省委书记张庆伟到常德调研黑臭水体治理、海绵城市建设、污水处理提质增效等情况。

（李培玉）

档案工作

【概况】 2021年，组织召开全市档案工作会议，通过第7次市委秘书长会、第31次市委常委会传达学习贯彻落实习近平总书记对档案工作重要批示精神，在加大保障力度、加快档案馆库建设方面提出明确要求。

科学编制“十四五”规划。以市委办、市政府办名义印发《“十四五”常德市档案事业发展规划》，将档案工作纳入常德市“十四五”总规划和信息化专项规划，为补齐档案基础设施和信息化投入不足的短板打下政策基础。

档案征集。开展“寻找红色记忆、传承初心使命”红色资源征集，印发2000份档案征集宣传册，征集常德细菌战、疫情防控和贺龙、田工等档案资料600余份、音视频40余个、实物11件。

档案宣传教育。围绕服务全市庆祝中国共产党成立100周年系列活动，从馆藏和区县档案馆筛选上千份党史资料和图片，投入20万元在全市开展《奋进100年》《档说常德解放》系列展览。联合举办“档案话百年——寻找档案里的初心”专题，分10期在《常德日报》连续刊载。开展“档案话党史”专题宣传活动，报送《谁是最可爱的人》原型人物戴笃伯档案故事，在《湖南日报》等党媒上专栏登载。陆续在全省档案法知识竞赛、主题微视频征集展播、“档案话百年”全国征文等活动中获得奖项，市委办（市档案局）被授予2021年度《中国档案》宣传工作先进单位。

档案利用。充分利用馆藏资源，为市直单位开展党史学习教育、编辑工作大事记、专题布展等提供3000余份档案史料。为下岗职工享受社保待遇、居民房屋拆迁补偿等提供佐证，解决实际困难。馆藏《湖南省老根据地人民进京观礼代表传达报告提纲》《老根据地代表名单》，为常德市成功申报革命老区提供关键佐证，《中央人民政府南方老根据地访问团常德小队访

2021年年末，市档案馆启动2021—2025年度馆藏数字化项目工程（第一期）

（市档案馆 供图）

问工作总结》《中央人民政府南方老根据地访问团常德专署小队调查表》等，为省政府编修《中央南方根据地访问团——访问湖南纪实》提供原始依据。

档案业务指导。举办2021年全市档案业务培训班，为各单位开展档案工作提供有效指导。同时，加强对脱贫攻坚和疫情防控档案的督导，顺利完成电子目录报送工作，并对20多家市直单位档案室规范化建设进行现场指导。

【开展档案监督检查】 8月20日至11月30日，开展全市档案行政执法检查，以协作组为单位抽取32家单位实地检查，现场反馈检查结果并通报全市档案行政执法检查情况。督促县级档案主管部门积极开展档案行政执法检查和综合档案馆安全检查。

【档案信息化建设】 推动档案信息化纳入全市“十四五”信息化建设发展规划，升级市数字档案馆数据存储系统，指导市直单位馆室一体化系统运用，稳步推进洞庭湖生态经济区、脱贫攻坚、疫情防控等档案专题数据库建库，配合做好全市党政协同办公系统电子公文单套制软件开发。启动2021—2025年度馆藏档案数字化项目第一期加工。积极建设实施协同办公单套归档系统，完成单套制档案科技项目课题研究并成功申报制定湖南省地方标准——《文书类电子文件单套归档管理技术规范》。

（李　霞　赵　凡）

党史工作

【概况】 2021年，市委党史研究室被评为全省党史工作先进单位。

党史正本编撰。《中国共产党常德历史（第三卷）》经省市专家多方评审、市委党史研究室多轮打磨下11月印刷出版。该书设三编十三章计35万字，全面客观记述1978年12月至2002年11月期间中共常德市委团结带领全市人民开启、推进和深化改革开放、取得的经济社会巨大成就和积累的经验教训。市县两级党史正本三卷“9+1”工程编撰同时整体推进。

《中国共产党常德历史（第三卷）（1978—2002）》正式出版

党史资料征编。中共常德市委党史研究室编纂的《常德百年党史人物（上册）》于11月由中国文史出版社公开出版发行。该书收录出生于常德、牺牲在常德以及为常德党的事业作出突出贡献的革命先辈先烈的生平事迹，共设7个篇章，收录人物86人，集中展示革命先烈在黑暗中追求真理、为拯救中华民族而奋斗、为实现共产主义理想而牺牲、为信仰而抛头颅洒热血的精神、品德、胸怀和气概。

党史联络。年初市委党史研究室下发《关于调整中共常德市委党史联络组成员的通知》，市委党史联络组组长调整为市委常委、市委秘书长罗先东和常德市原正厅级干部、市人大常委会原副主任、市总工会原主席石成林，调整后的党史联络组有顾问、组长、副组长和成员共计17人。3月3日，市委党史联络组召开工作会议，罗先东、石成林分别讲话，参会人员围绕党史资料编研、宣教工作开展等方面进行研讨。7月22日，市委党史联络组联合中共常德市委宣传部、常德市文化旅游广电体育局、常德市文联主办“百年伟业——全国书法名家邀请展”。以书法形式呈现伟人及常德籍革命烈士诗词，共计63篇，并举行义卖，所得资金资助贫困学子。年内，市委党史联络组在桃源、澧县、鼎城、汉寿、安乡、津市、石门调研党史联络工作及红色遗址遗迹，听取相关县市区红色遗址遗迹的保护利用开发情况，推动澧县党史联络组的重新调整、安乡颜昌颐故居、石门王尔琢故居等红色场馆建设工作，对相关区县市红色资源利用开发工作提出相关建议和意见，并编辑《边学边吟》诗集。

史料审核。严格审核年内推出的各类宣传展板、专栏节目，对市博物馆、市老干局等特展展板400多张照片和20多万字进行审查，对常德电视台“百名主播讲党史”“党史上的常德”和《常德日报》“红色物证”“红色足迹”等6个栏目280多篇稿件进行审查，对市妇联、市总工会等发布的党史知识进行审查。参与认定革命文物，参与常德市第五批市级文物保护保护单位项目评审、常德市统战文物认定，形成专题修改、补充意见稿。进行党史讲稿评定，对市直630篇支部书记讲党史讲稿进行考核，逐一评定等次，推选20篇优秀讲稿进入表彰范围。配合意识形态考核，对全市纳入绩效考核的单位就意识形态工作中党史工作部分进行考核。

【庆祝中国共产党成立100周年系列宣传】 《常德古今》、市、县两级史志网和微信公众号紧跟市委重要决策，重点播报全市庆祝中国共产党成立100周年和党史学习教育的火热现场，《常德古今》出刊2期，全市史志网站、微信号更新消息报道近千条。与市广播电视台推出45期“党史上的常德”，每天晚上6点半《常德新闻联播》当中播出。与常德电视台、市播音主持协会联合推出100期大型系列党史学习教育节目——《百名主播讲党史》，邀请省、市、县著名主播进行演绎，并由全市党史专家分别对100篇党史故事进行深度点评常德发布、常德全媒微信公众号网易、腾讯、搜狐、澎湃新闻等主流网站同步转发，《百名主播讲党史》栏目访问总量达到60万人次。与常德日报社推出20期“追寻红色记忆，传承革命精神”常德革命遗址遗迹专版，推出6期“常德党史人物故事连环画”和7期“百年华诞，红色物证”党史视频等形式多样的专题栏目，全面展示常德红色人物、红色事件以及新中国成立以来取得的重大成就。承办民盟常德市委《关于加强对市城区革命遗址遗存保护利用的提案》，完成《常德城区革命遗址遗迹》印刷出版工作。与常德市国土资源规划测绘院共同编制《常德党史学习教育地图》，收录全市140个重点红色革命遗址遗迹、纪念场所，制作成电子地图重点介绍23处党史学习教育现场教学场地并提供电子导航。

【开展党史宣讲】 为满足全市开展党史学习教育党史党课的学习需求，全市党史部门开发出30多个地方党史课题，先后开展100多场党史课程宣讲，从不同角度介绍和宣传常德百年党史，引领党员干部学习、了解、掌握常德党史。同时，联合市直机关工委，在全市37个党委开展“支部书记讲党史”活动，把党史作为支部“三会一课”的必修课纳入党建工作年度考核，630个市直支部书记全部讲授一堂党史党课，通过支部书记讲党史、党员干部学党史的形式，党员干部掌握党史知识、提升党性意识、增强办事能力。

（曾庆思　陈大鹏　陈　曦）

常德市人民代表大会

综述

【概况】 2021年，常德市人民代表大会常务委员会（以下简称市人大常委会）召开常委会会议9次、主任会议23次，制定出台地方性法规2部，听取和审议专项工作报告23项，开展专项工作视察1次，交办审议意见15件，选举、通过、任免国家机关工作人员96人次，接受辞职9人次，圆满完成市七届人大六次会议确定的各项目标任务。

思想引领。持续深入学习习近平新时代中国特色社会主义思想，深入学习贯彻中共十九届六中全会精神和习近平总书记在庆祝中国共产党成立100周年会议上重要讲话精神，及时跟进学习习近平法治思想，认真开展党史学习教育，采取多种方式，认真学习研讨，领会精神实质，把握核心要义，明确实践要求，进一步提高政治站位，坚定理想信念，捍卫“两个确立”、增强“四个意识”、坚定“四个自信”、做到“两个维护”。

【政治建设】 自觉把党的领导贯穿人大工作各方面、全过程，向市委请示报告年度工作要点和立法、监督计划等重大事项37件次。认真贯彻落实中共中央和省委、市委重大决策部署、重要人事安排，依法行使重大事项决定权和人事任免权，积极指导、依法监督市县乡三级人大换届选举，选举产生三级人大代表。认真履行常委会党组把方向、管大局、保落实的政治责任，严格落实党的建设、党风廉政建设工作责任。加强人大制度理论研究和新闻舆论工作，讲好人大故事，展示代表形象。

【履职效能】 开通协同办公平台，推进“智慧人大”建设，完成机关院落、信访大厅、老干中心等基础设施改造，机关面貌焕然一新。精心组织“百年华诞·百年好合”集体婚礼，巩固全国文明单位创建成果，成功创建国家节约型机关、全市模范机关，人大形象不断提升。树立正确选人用人导向，按照“好干部”标准来选干部、用干部，干事氛围更加浓厚。严格执行中央八项规定，全力配合市委巡察，积极支持纪检监察工作，机关政治生态风清气正。坚持人大工作“一盘棋”思想，加强对县乡人大工作的联系和指导，工作合力日益增强。

（罗　珮）

重要会议

【市七届人大六次会议】 2021年1月6—9日，市七届人大六次会议（含预备会议）在市工人文化宫召开。大会共召开三次主席团会议、六次全体会议。1月8日，市七届人大六次会议第三次全体会议选举张经伟为市中级人民法院院长，补选马湘秦、杨建华、陈育斌、董文书4人为市七届人大常委会委员，通过董文书为市七届人大教科文卫委主任委员。

【市八届人大一次会议】 2021年12月29日至2022年1月2日，市八届人大会一次会议（含预备会议）在湖南文理学院艺术中心召开。大会共召开四次主席团会议、四次全体会议。2022年1月1日，市八届人大一次会议第三次全体会议选举余怀

2021年12月29日，常德市第八届人民代表大会第一次会议在湖南文理学院艺术中心开幕（一　景　摄）

民为市八届人大常委会主任，周振宇为市人民政府市长，尹正锡、李育智、邹如龙、石玉林、张阳、廖可元、呙滨辰7人为市八届人大常委会副主任，徐永健、罗先东、杨成英、周代惠、余良勇、谭丁、郭碧勋、傅勇8人为市人民政府副市长，何艺辉为市监察委员会主任，张经伟为市中级人民法院院长、刘有仁为市人民检察院检察长，李绍霞为市八届人大常委会秘书长。选举马湘秦、王哲、王黎明、朱文红、刘伟、刘伏沅、刘祖欣、孙永志、李宏伟、李振龙、张友君、陈芳、陈忠、陈卫平、陈宏元、陈育斌、周进、周枭、周振波、柳立武、唐少芳、彭海涛、彭智明、彭楚忠、董文书、董高群、程本群27人为市八届人大常委会委员。通过市八届人大各专门委员会组成人员名单。

【市七届人大常委会会议】　2021年1月14日，市七届人大常委会第三十八次会议召开，市人大常委会副主任王先蒙主持会议。会议审议表决市人大常委会关于接受沈习淼、詹鸣辞去省人大代表职务的决定（草案），审议市人大常委会主任会议关于提请补选邹文辉、高宁宇为省十三届人大代表的议案。与会常委会组成人员投票选举邹文辉、高宁宇为省十三届人大代表，其代表资格报请省人大常委会确认后生效。市人大常委会副主任罗少挟、戴君耀、杨新辉、宋云文、杨易，秘书长李绍霞出席会议。

2月23日，市七届人大常委会召开第三十九次会议，市人大常委会党组书记、副主任余怀民主持会议，市人大常委会副主任王先蒙、罗少挟、戴君耀、杨新辉、宋云文、杨易，秘书长李绍霞出席会议。会议听取和审议市人民政府关于2020年度环境状况和环境保护目标完成情况的报告、市人民政府关于《常德市人民代表大会常务委员会关于老旧小区改造工作情况报告的审议意见》研究处理情况的报告。市人民政府副市长尹正锡、市中级人民法院院长张经伟、市人民检察院检察长余湘文等列席会议。

4月28日，市七届人大常委会第四十次会议召开，市人大常委会党组书记、副主任余怀民，副主任王先蒙、罗少挟、戴君耀、杨新辉、宋云文、杨易，秘书长李绍霞出席会议。会议听取市人民政府关于2020年市级政府投资项目计划执行情况与2021年市级政府投资项目计划安排（草案）情况的报告和市人大财经委相关调查报告、市人民政府关于常德市粮食产业发展工作情况的报告和市人大农业委相关调查报告、市人大法制委关于《常德市柳叶湖旅游度假区条例（草案）》修改情况的汇报、市人民检察院关于《常德市人大常委会关于加强检察公益诉讼工作的决议》执行情况的报告和市人大监察和司法委相关评价报告、常德市第七届人民代表大会常务委员会代表资格审查委员关于有关代表资格的审查报告，审议表决有关人事事项。市委常委、市人民政府常务副市长罗毅君，市人民政府副市长龚德汉，市中级人民法院院长张经伟，市人民检察院检察长余湘文，市纪委市监委相关负责人列席会议。

6月28日，市七届人大常委会第四十一次会议召开，市人大常委会党组书记、副主任余怀民，副主任王先蒙、罗少挟、戴君耀、杨新辉、宋云文、杨易，秘书长李绍霞出席会议。会议听取和审议市人大常委会主任会议关于提请推选副主任余怀民为市人大常委会代理主任的议案及说明，通过现场投票表决，全票通过《关于推选余怀民副主任为市人大常委会代理主任的决定》。会议听取市人民政府关于2020年市级决算（草案）的报告、市人民政府关于2020年市级预算执行和其他财政收支的审计工作报告、市人民政府关于2020年度金融企业国有资产管理情况的专项报告、市人民政府关于城市规划2020年度实施计划的实施情况的报告、市人民政府关于提请审议《常德市文明行为促进条例（草案）》的议案及其说明、市人民政府关于提请审议《常德市城市养犬管理条例（草案）》的议案及其说明。会议审议表决《常德市人民代表大会常务委员会关于批准2020年市级决算的决议（草案）》，听取和审议市七届人大常委会代表资格审查委员会关于个别代表的代表资格的审查报告。市委常委、市人民政府常务副市长罗毅君，市人民政府副市长尹正锡，市中级人民法院院长张经伟，市人民检察院检察长余湘文列席会议。

8月30—31日，市七届人大常委会召开第四十二次会议，市人大常委会党组书记、代理主任余怀民，党组副书记、副主任王先蒙，副主任罗少挟、戴君耀、杨新辉、宋云文、杨易，秘书长李绍霞出席会议。会议听取市人民政府关于加强医疗卫生防控救治能力建设情况的报告及市人大教科文卫委相关调查报告、市人民政府关于2021年1—7月全市国民经济和社会发展计划执行情况的报告和2021年1—7月全市及市级预算执行情况的报告、市人民政府关于开放平台建设情况的报告及市人大民侨外委相关调查报告、市人民政府关于医养结合养老服务工作情况的报告及市人大社会委相关调查报告、市人大法制委关于《常德市文明行为促进条例（草案）》《常德市养犬管理条例（草案）》修改情况的汇报。会议听取市委常委、市纪委书记、市监委代理主任何艺辉所作的市监察委员会关于全市扫黑除恶“打伞破网”工作情况的报告以及市人大监察和司法委相关调查报告（为市人大常委会首次听取市监察委员会专项工作情况报告）。市委常委、市纪委书记、市监委代理主任何艺辉，市人民政府副市长杨成英、周代惠，市中级人民法院院长张经伟，市人民检察院有关负责人列席会议。

10月27—28日，市七届人大常委会第四十三次会议召开，市人大常委会党组书记、代理主任余怀民，党组副书记、副主任王先蒙，副主任罗少挟、戴君耀、杨新辉、宋云文、杨易，秘书长李绍霞出席会议。会议听取市人民政府关于2021年市级预算调整方案（草案）的报告、市人大财经委关于2021年市级预算调整方案（草案）的审查报告；听取市人民政府关于全市基层公安派出所、交警大队执法规范化建设情况的报告，听取市人大监察和司法委相关调查报告；听取市人民政府关于本届规范性文件备案审查工作情况的报告；听取市人大常委会法工委关于该届规范性文件备案审查工作情况的报告；听取和审议市人民政府及其相关部门关于2020年市级预算执行和其他财政收支审计查出问题整改与审议意见研究处理情况的报告及市人大财经委相关评价报告，并对相关部门整改情况进行满意度测评；听取市人大法制委关于《常德市文明行为促进条例（草案）》审议结果的报告；听取市人大法制委关于《常德市养犬管理条例（草案）》审议结果的报告；听取市人民政府关于市七届人大六次会议代表建议办理情况的报告；审议表决《常德市文明行为促进条例（草案）》《常德市养犬管理条例（草案）》《常德市人大常委会关于批准2021年市级预算调整方案的决议（草案）》《常德市人大常委会关于召开常德市第八届人民代表大会第一次会议的决定（草案）》；会议审议表决有关人事事项。市人民政府副市长龚德汉、杨成英、余良勇，市中级人民法院院长张经伟，市人民检察院有关负责人列席会议。

11月19日，常德市第七届人民代表大会常务委员会第四十四次会议召开，会议由市人大常委会党组书记、代理主任余怀民主持。会议决定任命周振宇为常德市人民政府副市长，并决定为代理市长。会议通过关于接受邹文辉辞去常德市人民政府市长职务的决定。市委常委、市委组织部部长康重文就人事事项作说明。市人大常委会副主任王先蒙、罗少挟、戴君耀、杨新辉、宋云文、杨易，秘书长李绍霞出席会议。市中级人民法院院长张经伟，市人民检察院有关负责人，市委常委、市纪委书记、市监委代理主任何艺辉列席会议。

12月9日，常德市第七届人民代表大会常务委员会第四十五次会议召开，市人大常委会党组书记、代理主任余怀民主持会议。会议听取常德市第七届人民代表大会常务委员会代表资格审查委员会关于常德市第八届人民代表大会代表资格的审查报告。书面审议市人民政府关于《常德市人民代表大会常务委员会关于2021年1—7月全市国民经济和社会发展计划执行情况报告的审议意见》研究处理情况的报告、市人民政府关于《常德市人民代表大会常务委员会关于2021年1—7月全市及市级预算执行情况报告的审议意见》研究处理情况的报告、市人民政府关于《常德市人民代表大会常务委员会关于2020年度金融企业国有资产管理情况的专项报告的审议意见》研究处理情况的报告。会上审议表决有关人事事项。市人大常委会党组副书记、副主任王先蒙，市人大常委会副主任戴君耀、杨新辉、宋云文、杨易，市人大常委会秘书长李绍霞参加会议。市委常委、市政府党组副书记徐永健，市中级人民法院院长张经伟，市人民检察院党组书记、代理检察长刘有仁，市纪委监委、市委、市人民政府有关部门负责人列席会议。

12月23日，常德市第七届人民代表大会常务委员会第四十六次会议召开，市人大常委会党组书记、代理主任余怀民主持会议。会议听取常德市第七届人民代表大会常务委员会代表资格审查委员会关于有关代表资格的审查报告；听取和审议常德市第八届人民代表大会第一次会议筹备工作情况报告；审议常德市第八届人民代表大会第一次会议议程（草案）、日程（草案）、主席团和秘书长名单（草案）、选举办法；审议表决常德市第八届人民代表大会第一次会议列席人员名单（草案）；审议常德市人民代表大会常务委员会工作报告（讨论稿）；审议关于设立常德市第八届人民代表大会第一次会议计划和预算审查委员会的决定（草案）及组成人员名单（草案）和议案审查委员会的决定（草案）及组成人员名单（草案）；审议表决有关人事事项。市人大常委会党组副书记、副主任王先蒙，市人大常委会副主任罗少挟、戴君耀、杨新辉、宋云文、杨易，市人大常委会秘书长李绍霞参加会议。市委常委、市政府党组副书记徐永健，市中级人民法院院长张经伟，市人民检察院党组书记、代理检察长刘有仁，市纪委监委、市委有关部门负责人列席会议。

【市七届人大常委会主任会议】

1月14日，市七届人大常委会第72次主任会议召开，市人大常委会副主任王先蒙主持会议，副主任罗少挟、戴君耀、杨新辉、宋云文、杨易，秘书长李绍霞出席会议。会议听取市人大常委会联工委有关省人大代表辞补事项的报告，讨论《常德市人民代表大会常务委员会关于2020年预算绩效管理工作情况报告的审议意见（草案）》《常德市人民代表大会常务委员会关于工业园区建设情况报告的审议意见（草案）》和市七届人大常委会第三十八次会议议程（草案）、日程（草案）。

2月19日，市七届人大常委会召开第74次主任会议，市人大常委会党组书记、副主任余怀民主持会议。会议讨论市七届人大常委会第三十九次会议议程（草案）、日程（草案）。市人大常委会副主任王先蒙、罗少挟、戴君耀、杨新辉、宋云文、杨易出席会议。

3月4日，市七届人大常委会召开第75次主任会议，市人大常委会党组书记、副主任余怀民主持会议。会议讨论《常德市人民代表大会常务委员会关于2020年度环境状况和环境保护目标完成情况报告的审议意见（草案）》。市人大常委会副主任王先蒙、罗少挟、宋云文、杨易，秘书长李绍霞参加会议。

4月2日，市七届人大常委会第76次主任会议召开，市人大常委会党组书记、副主任余怀民主持会议。会议听取《常德市柳叶湖旅游度假区条例（草案）》立法情况的报告；讨论市七届人大六次会议重点督办建议方案；讨论“水污染防治，人大代表在行动”主题活动方案；传达学习刘莲玉到常德调研重要讲话精神。市人大常委会副主任王先蒙、罗少挟、戴君耀、杨新辉、宋云文，秘书长李绍霞出席会议。

6月16日，市七届人大常委会第81次主任会议召开，市人大常委会党组书记、副主任余怀民主持会议，副主任王先蒙、罗少挟、戴君耀、杨新辉、宋云文、杨易，秘书长李绍霞出席会议。会议听取市人大常委会联工委关于各区县市新一届乡镇人大代表名额的备案报告、有关人事事项的报告、关于组织市人大代表参加复旦大学履职培训的报告，讨论市七届人大常委会第四十一次会议议程（草案）、日程（草案）。

7月14日，市七届人大常委会第83次主任会议召开。市人大常委会党组书记、代理主任余怀民主持会议，市人大常委会党组副书记、副主任王先蒙，副主任罗少挟、戴君耀、宋云文、杨易，秘书长李绍霞出席会议。会议讨论《常德市人民代表大会常务委员会关于2020年金融企业国有资产专项报告的审议意见（草案）》《常德市人民代表大会常务委员会关于2020年市级预算执行和其他财政收支的审计工作报告的审议意见（草案）》《常德市人民代表大会常务委员会关于城市规划2020年度实施计划的实施情况报告的审议意见（草案）》。

8月20日，市七届人大常委会第84次主任会议召开。市人大常委会党组书记、代理主任余怀民主持会议，副主任王先蒙、罗少挟、戴君耀、杨新辉、宋云文，秘书长李绍霞出席会议。会议听取市人大常委会联工委有关人事事项的报告，讨论《常德市人民代表大会常务委员会视察医养结合养老服务工作方案（草案）》和市七届人大常委会第四十二次会议议程（草案）、日程（草案）。

9月2日，市七届人大常委会第85次主任会议和9月工作调度会召开。市人大常委会党组书记、代理主任余怀民主持会议。市人大常委会副主任王先蒙、罗少挟、戴君耀、杨新辉、宋云文、杨易，市人大常委会秘书长李绍霞参加会议。会议讨论《常德市人民代表大会常务委员会关于开放平台建设情况报告的审议意见（草案）》《常德市人民代表大会常务委员会关于全市扫黑除恶“打伞破网”工作情况报告的审议意见（草案）》《常德市人民代表大会常务委员会关于2021年1—7月全市国民经济和社会发展计划执行情况报告的审议意见（草案）》《常德市人民代表大会常务委员会关于2021年1—7月全市及市级预算执行情况报告的审议意见（草案）》《常德市人民代表大会常务委员会关于加强医疗卫生防控救治能力建设情况报告的审议意见（草案）》《常德市人民代表大会常务委员会关于医养结合养老服务工作情况报告的审议意见（草案）》；听取市人大财经委关于调整听取《2020年市级政府投资项目计划执行情况与2021年市级政府投资项目计划安排情况报告的审议意见》研究处理情况时间的报告。

10月11日，市七届人大常委会召开第86次主任会议。市人大常委会党组书记、代理主任余怀民主持会议，市人大常委会副主任王先蒙、罗少挟、戴君耀、杨新辉、宋云文、杨易，秘书长李绍霞出席会议。会议听取关于市八届人大一次会议有关情况的汇报，对会议召开时间、会议规模、会议议程和会议日程等相关事项进行充分讨论。会议还听取关于市人大常委会机关办公用房调整情况的报告。

10月19日，市人大常委会党组（扩大）会议和市七届人大常委会第87次主任会议召开，市人大常委会党组书记、代理主任余怀民主持会议。党组会议传达学习中央人大工作会议精神和《中共湖南省关于印发〈法治湖南建设规划（2021—2025）〉的通知》精神。主任会议讨论《市人大常委会评议审计查出问题整改工作实施方案（草案）》，市七届人大常委会第四十三次会议议程（草案）、日程（草案），常德市第八届人民代表大会第一次会议议程（草案）、日程（草案）。市人大常委会副主任戴君耀、杨新辉、宋云文、杨易，秘书长李绍霞出席会议。

11月4日，市七届人大常委会第89次主任会议和11月工作调度会召开。市人大常委会党组书记、代理主任余怀民出席并主持会议。市人大常委会副主任王先蒙、罗少挟、戴君耀、杨新辉、宋云文、杨易，秘书长李绍霞参加会议。主任会议讨论《常德市人民代表大会常务委员会关于全市基层公安派出所、交警大队执法规范化建设情况报告的审议意见（草案）》；审议《常德市第八届人大常委会立法规划（草案）》《常德市人大常委会2022年立法计划（草案）》；讨论《常德市人民代表大会常务委员会关于规范性文件备案审查工作情况报告的审议意见（草案）》。工作调度会阶段，市人大常委会各工作机构、市人大各专门委员会负责人汇报10月工作完成情况和11月主要工作安排，与会人员讨论常委会领导11月主要工作重要活动预安排。

11月8日，市七届人大常委会第90次主任会议召开。市人大常委会党组书记、代理主任余怀民主持会议。会议就市八届人大一次会议日程（草案）的调整情况进行讨论。市人大常委会副主任王先蒙、戴君耀、杨新辉、宋云文、杨易，秘书长李绍霞参加会议。

11月19日，市七届人大常委会第91次主任会议召开。市人大常委会党组书记、代理主任余怀民主持会议。会议就市八届人大一次会议日程（草案）的调整情况进行讨论。市八届人大一次会议召开时间由2021年12月28日调整为2021年12月29日。

12月1日，市七届人大常委会第92次主任会议和12月工作调度会召开。市人大常委会党组书记、代理主任余怀民主持会议。市人大常委会副主任王先蒙、戴君耀、杨新辉、宋云文，秘书长李绍霞参加会议。主任会议听取市人大常委会联工委有关人事事项的报告；听取市人大监察和司法委关于调整工作要点中常委会会议议题情况的报告；讨论市七届人大常委会第四十五次会议议程（草案）、日程（草案）。工作调度会阶段，市人大常委会工作机构、市人大各专门委员会负责人汇报11月工作完成情况和12月主要工作安排，与会人员讨论常委会领导12月主要工作重要活动预安排。

12月9日，市七届人大常委会第93次主任会议召开。市人大常委会党组书记、代理主任余怀民主持会议。会议讨论常德市第八届人民代表大会第一次会议有关人员名单（草案）、选举办法以及选举国家工作人员向宪法宣誓方案。市人大常委会党组副书记、副主任王先蒙，市人大常委会副主任戴君耀、杨新辉、宋云文、杨易，市人大常委会秘书长李绍霞参加会议。

12月21日，市七届人大常委会第94次主任会议召开。市人大常委会党组书记、代理主任余怀民主持会议。会议听取市人大常委会联工委有关人事事项的报告、关于市八届人大一次会议筹备工作情况的汇报；讨论市八届人大一次会议日程（草案）、关于设立常德市第八届人民代表大会第一次会议计划和预算审查委员会的决定（草案），以及有关人员名单（草案）、关于设立常德市第八届人民代表大会第一次会议议案审查委员会的决定（草案），以及有关人员名单（草案）、市七届人大常委会第四十六次会议议程（草案）、日程（草案）。市人大常委会党组副书记、副主任王先蒙，市人大常委会副主任罗少挟、戴君耀、杨新辉、宋云文，市人大常委会秘书长李绍霞参加会议。

【其他重要会议】 2021年1月20日，市人大常委会召开“一府一委两院”联席会议，就市人大常委会2021年工作要点征求相关意见和建议。市人大常委会党组书记、副主任余怀民出席并主持会议。市委常委、市纪委书记、市监委主任罗翠林，市委常委、常务副市长罗毅君，市人大常委会副主任王先蒙、罗少挟、戴君耀、杨新辉、宋云文、杨易，市政府秘书长李正才出席会议。

3月25—26日，全市区县市人大常委会主任座谈会在鼎城区召开。市人大常委会党组书记、副主任余

2021年3月25—26日，全市区县（市）人大常委会主任座谈会在鼎城区召开
（余帅璋 摄）

怀民出席会议并讲话，市人大常委会副主任王先蒙主持会议，副主任罗少挟、宋云文、杨易，秘书长李绍霞出席会议。

8月4日和5日，市人大常委会机关分别召开机关疫情防控工作领导小组（扩大）会议和工作调度会议，市人大常委会党组副书记、副主任王先蒙，秘书长李绍霞出席会议。

8月9日，市人大常委会机关疫情防控工作第10次调度会召开，市人大常委会秘书长、机关疫情防控工作领导小组办公室主任李绍霞出席会议。

8月25日，中共常德市人大常委会机关委员会换届选举党员大会召开。市人大常委会党组书记、代理主任余怀民出席会议并讲话，市人大常委会党组副书记、副主任王先蒙主持会议。市人大常委会副主任戴君耀、杨新辉、杨易、党组成员谭弘发、秘书长李绍霞出席会议。

9月1日，2021年全市人大制度理论研讨会召开，市人大常委会党组书记、代理主任余怀民出席会议并讲话。

12月8日，市人大常委会召开“一府一委两院”联席会议，就市人大常委会工作报告征求意见和建议。市委副书记、市人民政府代理市长周振宇出席会议并讲话，市人大常委会党组书记、代理主任余怀民主持会议。

12月14—15日，省人大常委会党组副书记谢建辉到常德宣讲中共十九届六中全会和省第十二次党代会精神，并就省人大常委会工作报告征求意见建议。市人大常委会党组书记、代理主任余怀民，党组副书记、副主任王先蒙，秘书长李绍霞参加会议。

（罗 珮）

立法工作

【概况】 2021年，常德市人大常委会深入贯彻习近平法治思想，切实推进科学立法、民主立法、依法立法。配合省人大开展立法调研，高质量完成《湖南省洞庭湖保护条例（草案·征求意见稿）》《湖南省绿色建筑发展条例（草案·二审修改第一稿）》《湖南省红色资源保护和利用条例（草案·征求意见稿）》《湖南省中小学校幼儿园规划建设条例修正案（草案·一审修改第一稿）》《湖南省水利工程管理条例（草案·修改稿）》《湖南省治理货物运输车辆超限超载条例（草案·二审修改稿）》《湖南省实施〈中华人民共和国慈善法〉若干规定（草案·征求意见稿）》《中国（湖南）自由贸易试验区条例（草案）》《湖南省实施〈中华人民共和国土地管理法〉办法》等9部法规征求意见。积极推进《常德市柳叶湖旅游度假区条例（草案）》《常德市养犬管理条例（草案）》和《常德市文明行为促进条例（草案）》的立法工作。在法规立项中先后组织召开编制立法规划、2022年立法计划征求意见座谈会、立法论证会等，充分听取和商讨相关部门的立法需求，相关专家、学者对具体论证事项的意见和建议。深入9个区县市开展多次调研，听取一线干部、基层群众的意见建议。《常德市养犬管理条例（草案）》和《常德市文明行为促进条例（草案）》经常委会审议、表决通过，报请省人大常委会审查批准，均于2022年1月1日正式实施。

【立法会议】 4月2日，市七届人大常委会召开第76次主任会议，听取《常德市柳叶湖旅游度假区条例（草案）》立法情况的报告。

4月28日，市七届人大常委会召开第四十次会议，听取市人大法制委关于《常德市柳叶湖旅游度假区条例（草案）》修改情况的汇报。

6月28日，市七届人大常委会召开第四十一次会议，听取市人民政府关于提请审议《常德市文明行为促进条例（草案）》的议案及其说明、市人民政府关于提请审议《常德市城市养犬管理条例（草案）》的议案及其说明。

8月17日，市七届人大法制委员会召开第二十四次全体会议，审议《常德市文明行为促进条例（草案）》《常德市城市养犬管理条例（草案）》。

8月30—31日，市七届人大常委会召开第四十二次会议，听取市人大法制委关于《常德市文明行为促进条例（草案）》《常德市养犬管理条例（草案）》修改情况的汇报。

9月2日，市人大法制委组织召开市人大常委会编制立法规划和2022年立法计划征求意见座谈会。

10月27—28日，市七届人大常委会召开第四十三次会议，听取市人大常委会法工委关于该届规范性文件备案审查工作情况的报告、市人大法制委关于《常德市文明行为促进条例（草案）》审议结果的报告、市人大法制委关于《常德市养犬管理条例（草案）》审议结果的报告，审议表决《常德市文明行为促进条例（草案）》《常德市养犬管理条例（草案）》。

【立法调研】 3月11—12日，市人大常委会副主任罗少挟赴长沙参加2021年全省市州立法座谈会，常德市人大常委会作题为《在地方立法中扩大公众参与的做法与体会——以〈常德市大气污染防治若干规定〉立法为例》的典型发言。

3月13—19日，市人大常委会副主任戴君耀带队，赴海口、宁波、金华、长沙开展城市养犬立法调研。

3月21—27日，市人大常委会副主任杨新辉带队，赴吉安、衢州、湖州、舟山等地开展文明行为促进立法调研。

3月25—26日，市人大常委会副主任戴君耀带队，到长沙参加全省人大监察和司法工作座谈会。

3月31日—4月1日，省人大常委会党组书记、副主任刘莲玉一行，到常德市开展立法调研。

4月29日，市人大常委会开展《中华人民共和国长江保护法》专题讲座，市人大常委会党组书记、副主任余怀民，副主任王先蒙、罗少挟、戴君耀、杨新辉、宋云文，秘书长李绍霞参加讲座。

6月10—11日，省人大常委会副主任周农带队，到常德开展《湖南省水利工程条例（草案）》立法调研。市人大常委会党组书记、副主任余怀民，副主任罗少挟，秘书长李绍霞陪同调研。

11月17日、18日，省人大法制委副主任委员、分党组书记肖迪明率省人大《湖南省人口和计划生育条例（修订草案）》立法调研组到常德，开展立法调研，市人大常委会党组书记、代理主任余怀民，市人大常委会副主任杨新辉，副市长周代惠陪同有关活动。

（罗　珮）

监督工作

【经济运行监督】 紧紧围绕全市产业链三年行动计划，牵头推进医药前体与生物技术产业链、药品化妆品和医疗器械产业链建设，积极走访调研链上企业，帮助解决一系列实际困难，有效助推生物医药与健康食品产业成为常德市第二个千亿产业集群。紧紧围绕招大引强行动，牵头推进工程机械配套产业园项目招商引资工作，建立科学工作机制，定期走访调研、调度协调、精准招商，成功签约落户企业10个、总投资11.2亿元，提前完成年度目标任务。关注宏观经济运行，听取和审议国民经济和社会发展计划执行情况报告。推进绩效财政建设，听取和审议预算编制、预算执行、年度决算、预算调整、预算绩效管理等情况报告，着力强化预算刚性约束、提高资金使用绩效。落实市政府向市人大常委会报告国有资产管理情况制度，听取和审议金融企业国有资产管理情况报告。加强国有企业和政府部门审计查出问题整改监督，全面开展整改情况满意度测评，推动被审计单位整改问题106个。着眼项目支撑，听取和审议2020年市级政府投资项目计划执行情况与2021年市级政府投资项目计划安排情况报告，推动项目计划有效执行；听取和审议工业园区

2021年6月7—8日，省人大常委会党组书记、副主任刘莲玉（前右二）到石门县进行联点督导

（贺　潇　摄）

建设情况审议意见研究处理情况报告，推动园区科学规划布局、理顺体制机制。服务开放强市，听取和审议开放平台建设情况和开放型经济发展情况审议意见的研究处理情况报告，促进全市开放平台建设和营商环境进一步优化。坚持规划引领，听取和审议年度城乡规划实施工作情况报告，促进城乡统筹发展、健康发展。听取和审议2020年度环境状况和环境保护目标完成情况报告，推动完成主城区大气污染源解析工作，制定主城区大气污染源清单，有力推动全市环境问题得到有效整改。审议自然保护区工作情况审议意见研究处理情况报告，推动自然保护区整合优化、科学利用和长远发展。

【民生改善监督】　助推“弱有所扶”。听取和审议计划生育特困家庭综合保障工作情况审议意见研究处理情况报告，要求市政府稳步提高补助标准，及时进行心理疏导，定期开展志愿服务，助推计划生育特困家庭心情顺畅、生活幸福。关注“老有所养”。听取和审议医养结合养老服务工作情况报告，组织专项工作视察，促进财政投入及医保报销政策不断优化，全市医养结合服务体系建设正在逐步完善。市城区养老服务配餐中心“白马湖长者大食堂”等医养基础设施相继建成并投入使用。改善“住有所居”。听取和审议关于老旧小区改造审议意见研究处理情况报告，督促老旧小区改造工作列入全市重要民生实事，并出台老旧小区改造中长期专项规划，促使《常德市既有住宅加装电梯管理办法》和《〈常德市既有住宅加装电梯管理办法〉实施细则》出台。紧扣“病有所医”。听取和审议全市加强医疗卫生防控救治能力建设情况报告，开展《常德市完善医疗卫生服务体系加强医疗卫生服务能力建设三年行动方案（2021—2023年）》实施启动情况调查，提出“持续加大投入、配强医卫队伍、夯实基层阵地”等审议意见，助推医疗卫生防控救治能力建设。助力“粮食安全”。听取和审议粮食产业发展情况报告，促进全市粮食产业健康稳定发展。

【司法监督】　扎实开展司法公正常德行，听取“一府两院”关于加强检察公益诉讼执行情况的报告，并开展专题询问，推动建立检察机关提起公益诉讼制度。听取和审议“一府两院”扫黑除恶工作、市监委扫黑除恶“打伞破网”专项工作等情况报告，推动全市扫黑除恶工作常态化、长效化。听取和审议基层公安派出所、交警大队执法规范化建设情况报告，着力保障群众身边的公平正义。引导群众依法信访维权，及时转办、交办、督办各类信访案件260余件。坚持提前介入、主动审查，共接受地方政府规章和其他规范性文件35件，向省人大常委会报送备案规范性文件1件。专门听取规范性文件备案审查工作情况报告，及时研究处理公民提出的审查建议。

（罗　珮）

代表工作

【换届工作】　市人大常委会成立人大换届选举工作领导小组，指导市县乡三级人大换届选举工作。2021年6月9日，组织召开全市县乡人大换届选举工作部署会暨业务培训会，传达中央、省委的换届精神和要求。严格把握人选标准、结构要求、身份认定、提名推荐和考察审查等各个环节，共选举产生新一届市县乡三级人大代表11647名。其中，市八届人大代表466名，县级人大代表2471名，乡级人大代表8710名。

【代表履职】　组织100余名市人大代表在全国人大会议培训中心和复旦大学开展代表培训工作。组织20余名省、市人大代表参加农业科技专题调研座谈会，助力乡村振兴。制定出台《2021年常委会组成人员联系市人大代表工作方案》《2021年市级领导干部中的市人大代表参加“学党史作表率，为群众办实事”代表小组活动实施方案》，人大常委会同代表、代表同群众联系

2021年6月9日，全市县乡人大换届选举工作部署暨业务培训会在鼎城区召开

（贺　潇　摄）

更加紧密。全面推进民生实事项目人大代表票决制，至2021年年底票决制实现全市乡镇的全覆盖。组织市、县两级人大代表开展“水污染防治，人大代表在行动”主题活动，重点检查澧水等澧县境内排污口，全市五级人大代表参与监督水污染防治，效果显著。组织驻常德市全国、省人大代表开展专题调研，邀请代表列席常委会、参加执法检查，代表参与常委会工作更加深入。

【代表建议督办】 市七届人大六次会议代表建议共228件，其中，会期建议215件，闭会期建议13件，内容涉及经济建设、政治建设、文化建设、社会建设、生态文明建设等各个方面，已全部办结。

（罗　珮）

视察活动与执法检查

【专题视察】 8月30日，市人大常委会党组书记、代理主任余怀民带队视察全市医养结合养老服务工作。市人大常委会副主任王先蒙、戴君耀、杨新辉、宋云文、杨易，秘书长李绍霞参加视察。副市长龚德汉陪同视察。

【省级执法检查】 3月31日至4月1日，省人大常委会党组书记、副主任刘莲玉一行，到常德市调研“十四五”规划实施立法需求和《中华人民共和国长江保护法》贯彻实施情况。省人大常委会秘书长胡伯俊，省人大财经委主任委员张亦贤、省人大法制委主任委员王刚、省人大常委会研究室主任王向前参加调研，市人大常委会党组书记、副主任余怀民陪同调研。

（罗　珮）

常德市人民政府

综述

【概况】 2021年，常德市完成地区生产总值4054.1亿元，同比增长7.7%；固定资产投资同比增长8.7%；地方一般公共预算收入203.4亿元，同比增长8.3%；城乡居民人均可支配收入分别达38339元、19904元，同比分别增长8.1%、10.8%。市、县两级获得省政府真抓实干表扬激励达49项，位居全省第二。

【产业发展】 优势产业链。智能塔机、新能源汽车等11条产业链产值增速超过30%，规模以上工业增加值增长5.9%。粮油、畜禽、蔬菜、水产等产业发展取得积极进展，农产品加工业产值突破2000亿元，新增农业产业化国家重点龙头企业2家，“两品一标”（绿色食品、有机农产品和农产品地理标志）有效数达404个。成功举办全省首届都市文化旅游节，开展“品牌常德品质消费”等活动，文化旅游、批零住餐等服务业加快复苏，社会消费品零售总额增长14.4%。项目推进。新引进亿元以上产业项目285个，202个亿元以上产业项目开工建设，145个亿元以上产业项目建成投产。园区建设。推进园区扁平化领导、垂直化管理、市场化运营改革，持续为园区放权赋能，基本实现“园区事园区办”。完成园区基础设施建设投入102亿元。津市市高新区获批全省第一批化工园区，4个园区获评全省产业高质量发展园区，5个园区获得全省“五好”园区创建综合评价表彰。市场主体。新增市场主体5.34万户，规模以上工业企业达1654家，新增“四上”企业400家、国家级专精特新“小巨人”企业8家，中车新能源汽车获评全省“5G+工业互联网”示范工厂，常德财鑫成为全国地州市首家AAA信用评级担保机构。要素保障。在全省率先上线“常德金融超市”，助力民营小微企业便利融资，实践做法入选《中国营商环境报告2021》，被省政府作为典型经验通报表扬。搭建“政策服务平台”，上线政策3200多条，政策一键精准直达企业和群众。

【城乡建设】 城镇提质。国土空间总体规划编制强力推动，基本完成生态保护红线、永久基本农田、城镇开发边界划定。城东新区、高铁新城建设开发深入推进，江南大道、武陵大桥改造竣工通车，甘露寺公园建成开园。以“三建三拆”（功能体系建设、服务体系建设、管理体系建设，拆违建、拆围墙、拆危房）为重点的城市更新扎实推进，入选全国城市体检样本城市、全国新型城市基础设施建设试点城市。县市城区和中心镇功能加快完善，辐射带动能力持续增强。全市城镇化率达58%。乡村振兴。启动新一轮驻村帮扶，保持帮扶政策总体稳定，在全省率先上线防返贫监测与帮扶管理平台，做到监测对象应纳尽纳，守住“零返贫、零致贫”的底线目标，脱贫攻坚成果持续巩固。粮食面积、产量实现“双增”，稳产增产工作获农业农村部推介。成功创建全国平安农机示范市。深圳国际食品谷常德产业园加快建设。饮水安全工作任务完成，全市新改建农村户厕13万个、公厕200座。农村人居环境整治提升五年行动深入实施，铁路沿线美丽乡村风光带建设扎实开展，全省农村人居环境整治暨厕所革命现场推进会在常德召开。生态环境。深入打好污染防治攻坚战，中央生态环保督察及“回头看”、长江经济带警示片、省生态环保督察交办的突出生态环境问题销号进度和质量均居全省第一，“夏季攻势”年度任务全面完成。市城区环境空气质量优良率达85.5%，46个省控及以上考核断面水质优良率达89.1%，13个县级及以上饮用水水源地水质全部达标，受污染耕地安全利用率达到90%以上，建设用地污染地块安全利用率100%。建成绿色矿山28家，32家石煤矿全部关闭退出并完成生态修复。桃花源获评“绿水青山就是金山银山”实践创新基地。基础设施。常益长高铁加快建设。益常高速复线开工建设，安慈高速全线贯通，实现县县通高速。沅澧快速干线基本建成，市域内“1小时通勤圈”初步形成。澧水石澧、沅水常鲇航道整治开工建设。改建干线公路71千米，改造农村公路335千米、危桥89座，建设高标准农田约3.99万公顷、水利工程174处，完成215个行政村电网改造，实现市县城区和园区5G网络基本覆盖。

【创新开放】 重点改革。“多证合一”改革、林长制改革、公交都市建设等形成常德经验，国企改革、财税改革等一批重大改革深入推进。创新动力。新增高新技术企业110家，国省级创新平台达77个，4家企业获批全省技术创新“破零倍增”标杆企业。中联重科全球最大上回转塔机下线，飞沃科技成为全市首个国家级制造业单项冠军。常德高新区入选国家级创新型产业集群试点，全球首个百兆瓦级多电源融合技术实验验证平台竣工。知识产权保护工作获评全国先进。开放合作。桃花源机场航空口岸列入国家口岸发展“十四五”规划，保税物流中心（B型）开工建设。常德港纳入全国36个内河主要港口，“一港六区”（德山港、德山、陬市、津市、石门、临澧、安乡港区）整体开发全面启动。成功承办中非葡语国家渔业暨水产品推介对接会。进出口总额同比增长20.7%。

【民生福祉】 市财政用于保障民生类投入占财政支出的79.8%，人民群众获得感幸福感安全感不断增强。民生实事。扎实开展“我为群众办实事”实践活动，省市重点民生实事全面完成，农村“厕所革命”、城镇老旧小区改造、乡镇专职消防队建设等工作经验在全省推介，一批群众反映强烈的“急难愁盼”问题得到有效解决。社会保障。城镇新增就业5.4万人，新增农村劳动力转移就业4万人。养老、失业、工伤保险新增扩面22万人次，优抚对象、城乡低保、特困人员、残疾人“两补”等补助标准稳步提高。率先在全省建立城乡居民丧葬补助制度。社保基金、医保基金专项整治取得阶段性成果。政府购买基本养老服务、社区“长者食堂”等创新试点取得实效。社会事业。基础教育质量稳居全省前列，新增公办园位1.5万个、学位3.5万个，“双减”政策落地实施，校内课后服务基本实现全覆盖。高考成绩继续保持全省前列。高等教育、职业教育、特殊教育全面发展。公立医院综合改革走在全省前列，医保DIP（按病种分值付费）国家试点改革进入实际付费阶段。3部作品入选“建党百年”国省优秀剧目展演。市体育公园提质改造全面完成。常德籍运动员实现奥运会、残奥会奖牌历史性突破。常德全域纳入湘鄂渝黔革命老区规划范围。

2021年11月30日，津市举行津市港散货物流集散中心项目开工仪式

（津市融媒 供图）

【安全稳定】 疫情防控。科学快速处置7月底外省游客流入引发的疫情，没有出现确诊病例和二代病例。建立健全常态化防控和应急处置转换机制，深入开展无疫社区（村）创建和疫苗接种清零行动，外防输入和免疫屏障加速构建。债务管控。加快国有平台公司整合转型，加强财政资金预算和政府性投资项目管理，加速盘活处置国有闲置资产，稳妥化解债务存量、严格遏制债务增量，守住平台公司资金不断链、债务风险预警不升级的底线。市城发集团控股上市企业浙江众城。安全维稳。成功应对21轮强降雨，做到汛期未溃一堤一垸、未垮一库一坝、未因灾死亡一人。强化重要节点调度、重点领域防控、专项整治攻坚，安全生产事故起数、死亡人数实现“双下降”。常

态化开展扫黑除恶斗争，有效化解信访积案，确保社会安定、人民安宁。武陵区捧回平安中国建设最高奖“长安杯”。

【政府建设】 扎实开展党史学习教育，从党的百年奋斗历史中汲取智慧和力量，驰而不息整治“四风”，“三公”经费持续下降，政风作风明显好转，服务效能不断提升。依法行政。深入推进法治政府建设，健全科学民主依法决策机制，加快完善政府治理法治体系，提请审议地方性法规草案2部，修改政府规章1部。积极主动向市委报告工作，自觉接受人大法律监督、工作监督和政协民主监督及社会监督，全年办理人大代表建议217件、政协提案277件。服务质效。深入推进“放管服”改革，出台《常德市优化营商环境2021版》，实现“一件事一次办”全市通办和综合窗口无差别受理。政务服务便民热线完成归并。“城市大脑”建成运营，服务市民、赋能市场提速提效。真抓实干。强化真抓实干督查激励，健全完善政务服务“好差评”、效能建设红黄牌警示、重大决策部署清单化管理等抓落实工作机制，形成部署、安排、检查、落实的闭环管理体系，以“钉钉子”的精神推动政府工作落地见效。廉洁作为。深入推进政府系统党风廉政建设，认真落实主体责任和“一岗双责”，深入整治行业不正之风，强化审计监督，支持纪委监委开展执纪监督，维护政府系统风清气正的政治生态。

（刘定勇）

重要会议与活动

【市政府常务会议】 2021年1月13日，市委副书记、市长邹文辉主持召开市政府第62次常务会议。会议传达学习中央农村工作会议、全省中医药大会精神，研究交通问题顽瘴痼疾集中整治、“洞庭清波”专项行动督查问题整改等工作。会议同意增补《太阳山太阳神的故事》为第五批市级非物质文化遗产代表性项目。

2月4日，市委副书记、市长邹文辉主持召开市政府第63次常务会议。会议传达学习省两会、省政府第七次全体会议等重要会议精神，研究真抓实干表扬激励、巩固拓展脱贫攻坚成果与乡村振兴等有关工作。

2月24日，市委副书记、市长邹文辉主持召开市政府第64次常务会议。会议审议《中共常德市委办公室常德市人民政府办公室关于印发〈常德市推进开放强市产业立市打造优势产业链三年行动计划（2021—2023年）〉的通知（草案）》《中共常德市委办公室常德市人民政府办公室关于加强财政管理防止“跑冒滴漏”的二十条实施意见（草案）》等文件，研究2021年市级政府投资项目计划编制相关工作。

3月18日，市委副书记、市长邹文辉主持召开市政府第65次常务会议。会议传达学习全国、全省生态环境保护工作会议精神，研究市国企改革、常益长铁路常德站站房合作建设等相关工作。

4月2日，市委副书记、市长邹文辉主持召开市政府第66次常务会议。会议听取大数据产业发展、防汛备汛、稳定粮食生产、高标准农田建设等工作。

4月23日，市委副书记、市长邹文辉主持召开市政府第67次常务会议。会议传达学习全国职业教育大会、全省市州委书记视频会议等会议和文件精神，研究乡镇农村安全饮水工程、国家农产品质量安全市创建等工作。

5月8日，市委副书记、市长邹文辉主持召开市政府第68次常务会议。会议研究农业面源污染整治、深圳国际食品谷常德产业园建设等相关工作。

5月14日，市委副书记、市长邹文辉主持召开市政府第69次常务会议。会议研究智慧城市建设、绿色矿山建设、智能康养装备制造产业园等工作。

6月4日，市委副书记、市长邹文辉主持召开市政府第70次常务会议。会议开展会前学法活动，研究建设省级并申报国家级智能农机产业集群、都市文化旅游节等工作。

6月18日，市委副书记、市长邹文辉主持召开市政府第71次常务会议。会议研究既有住宅加装电梯、常德粮食集团组建、高等学校毕业生就业创业等工作。

7月9日，市委副书记、市长邹文辉主持召开市政府第72次常务会议。会议传达学习习近平总书记在庆祝中国共产党成立100周年大会上的讲话、全省农村人居环境整治暨厕所革命现场推进会议精神，研究绩效评估、国土空间规划及高铁新城控规、电力设施布局专项规划等工作。

8月2日，市委副书记、市长邹文辉主持召开市政府第73次常务会议。会议研究农村公路管理养护、公交都市创建、全市疫情防控等工作。

8月18日，市委副书记、市长邹文辉主持召开市政府第74次常务会议。会议研究高等学校设置事项、养老服务和社会救助、创建国家食品安全示范城市、芙蓉学院转设等工作。

9月3日，市委副书记、市长邹文辉主持召开市政府第75次常务会议。会议研究创新平台和研发投入、推动开放型经济高质量发展、第三次国土调查等工作。

9月29日，市委副书记、市长邹

文辉主持召开市政府第76次常务会议。会议开展会前学法活动，研究"三建三拆"、房屋建筑和市政设施普查、国家级园区产业走廊建设等工作。

10月20日，市委副书记、市长邹文辉主持召开市政府第77次常务会议。会议研究知识产权、公共卫生救治中心项目建设、市城市安全风险综合监测预警体系建设等工作。

11月16日，市委副书记、市政府党组书记周振宇主持召开市政府第78次常务会议。会议研究绩效评估、督查激励工作、重点工作责任清单落实进展情况等工作。

12月3日，市委副书记、代市长周振宇主持召开市政府第79次常务会议。会议研究水库除险加固和运行管护、社保基金管理、棚户区改造等工作。

12月17日，市委副书记、代市长周振宇主持召开市政府第80次常务会议。会议研究"五好"园区、工业企业"纾困增效"帮扶、"十四五"规划（草案）编制等工作。

12月21日，市委副书记、代市长周振宇主持召开市政府第81次常务会议和市政府七届十四次全体会议。会议研究《政府工作报告（讨论稿）》《关于常德市2021年国民经济和社会发展计划执行情况与2022年国民经济和社会发展计划（草案）的报告（讨论稿）》《关于常德市2021年预算执行情况与2022年全市及市级预算（草案）的报告（讨论稿）》起草工作情况汇报。

【其他重要会议】 2月19日，市委副书记、市长邹文辉主持召开市政府七届十二次全体会议暨政府系统年度工作会议。

6月4日，全国药品上市后变更交流会在常德举行。国家药监局药品注册司稽查专员王平，省药监局党组书记梁毅恒，市委副书记、市长邹文辉，副市长杨成英出席会议。

【重要活动】 3月25日，常德市举行2021桃花源旅游文化节暨国家AAAAA级旅游景区授牌仪式。

4月20日，湖南省慰问交通项目建设者暨高等级航道工程开工建设动员大会在澧县举行。副省长陈飞，省政府副秘书长周义祥，省交通运输厅党组书记、厅长赵平出席活动，市委副书记、市长邹文辉，副市长汤祚国，市政府秘书长李正才参加活动。

同日，省委副书记、省长毛伟明到常德实地考察湘、资、沅、澧四水入洞庭湖河口。

6月10日，全国食品安全宣传周（湖南）启动仪式暨湖南省示范性Ⅲ级食品安全事故应急演练在常德举行。

9月1日，省委书记、省人大常委会主任许达哲到常德市调研。

9月3日，常德市第八届运动会在市体育中心开幕。市委副书记、市长邹文辉宣布开幕，市领导黄清宇、朱水平、康重文、周代惠出席开幕式。

9月10日，湖南省首届都市文化旅游节暨常德城市文旅品牌发布会在常德市开幕。

10月28日，省委副书记、省长毛伟明到常德考察调研并召开座谈会。

12月2日，常德国际农产品交易中心启动运营。市委副书记、代市长周振宇宣布启动运营。

12月23日，省委书记张庆伟在常德市调研。省委常委、省委秘书长谢卫江，副省长陈文浩，市委副书记、代市长周振宇，市委常委、市委秘书长陈章杰参加调研。

（李沐阳）

市政府办公室工作

【概况】 2021年，市政府办公室获评全国节约型机关、全省政府系统督查工作先进单位、全省政务信息工作先进单位、全省建议提案办理工作目标管理优秀单位、全省红网网民留言办理工作先进单位。优化营商环境工作被国家发改委评为全国营商环境评价优良等次，"金融超市"和"执行合同"两项指标入选《中国营商环境报告2021》，成为全国最佳改革示范引领案例，重点民生实事办理工作获评全省优秀等次，市长热线获评全省优秀市州热线（全省排名第一）。

学习教育。坚持将党史学习教育作为全年政治生活的一项重要任务，精心组织部署，扎实开展学习，切实为民解难，取得良好成效。《常德日报》、市委党史学习教育领导小组办公室"我为群众办实事"工作简报等，多次对办公室立足职能职责为群众办实事的典型事例进行宣传推介，省委党史学习教育第十二巡回指导组对市政府办公室党史学习教育工作给予高度评价。

基层党建。以加强党建与业务融合为重点，抓实抓牢党建工作，推动实现"两手抓、两手硬"，有效避免党建业务"两张皮"情况的出现。2个支部、1名党员分别获得市"五化"示范支部、优秀党务工作者荣誉称号，1个支部、2名党员分别获得市直单位先进基层党组织、优秀共产党员荣誉称号；《"主题党日"融入乡村振兴》被评为市直单位"党建业务融合"十佳优秀案例。

参谋辅政。强化文字材料服务，起草的会议讲话、重要汇报材料、各类理论文章、经验材料等得到了市领导的肯定和认可。强化文件审核把关，2021年审核各类公文800余份，印发600余份，发文数量较2020年继续减少，所有文件都按规范程序和时限要求处理到位，公文流转速度加快。强化政务信息报送，全年有150余条信息被国办、省办采用，《常德以“四新”为目标着力打造具有地方特色的最优营商环境》在省政府办公厅《政务要情与交流（特刊）》印发。

建议提案。通过精准交办、加强沟通协调、强化跟踪督办，切实提高建议提案办理质量，2021年全市政府系统共承办省代表建议5件，省政协提案1件，市代表建议217件，市政协提案277件，所有建议提案已全部办结。

市长热线。完成“12345”热线整体归并优化工作，群众来电办结率、网络交办件办结率、接话接访直播活动受理诉求办结率均达到100%。

公共资源监管。抓好公共资源交易监督管理，在全省率先上线市房建和市政总承包电子交易范本，正式运行“不见面开标系统”，全流程电子化交易的工程建设项目一律实行不见面开标，推动公共资源阳光交易。

内部管理。为达到整合工作力量，提高服务效能的目的，在不增减科室机构编制、不增减科室领导职数的基础上，对职能相近的科室进行优化组合，人员调配使用，内设机构的设置得到进一步整合和优化，推动形成高效规范、运行顺畅、执行有力的工作机制。坚持让专业的机构和人员做专业的事，将机关绿化改造和养护全部交给市绿化服务中心，仅用一个多月的时间就完成市政府机关绿化提质改造，机关院落整体形象大幅提升，创造舒适的工作环境。

政府督查。2021年，常德市人民政府督查室紧紧围绕中共中央国务院、省委、省政府和市委、市政府重要决策部署抓落实，真督实查、细督严查、快督准查，推动政府各项工作落实见效，被评为2021年度全省政府系统督查工作先进单位。认真迎接省政府重点工作综合大督查，积极展现常德工作特色和成效，7篇典型经验做法获省政府通报表扬。组织开展市政府2021年综合大督查以及疫情防控、安全生产、生态环境突出问题整改等专项督查。按时办理销号国务院“互联网+督查”平台留言事项6批9件，跟踪督办市长批示件419件。扎实做好国、省真抓实干督查激励工作，获得国务院真抓实干表扬激励1项、省政府真抓实干督查激励49项（次）。完善推进政策落实制度机制，创新开发常德政策服务平台，全年入库国、省、市各项政策3339条，“常德市建立健全工作机制推进重大政策落实落地”被省政府办公厅《政务要情》推介。

重点民生实事。2021年，常德市承担的省重点民生实事20件29个指标以及市重点民生实事10件15个指标全面完成。省重点民生实事完成情况：建成芙蓉学校5所；提高城乡居民低保水平，全市城乡低保标准分别达到604元/月、6277元/年，城乡低保人均救助水平分别达到405元/月、255元/月；强化职业培训，城镇新增就业54192人，政府补贴性职业技能培训69039人次，其中农村转移就业劳动者培训35804人次；实施疾控中心标准化建设工程，2家县级疾控中心达到国家标准；建设农村公路安防设施653千米；提升农村通信网络，建成64个4G基站和47个行政村通组光纤工程；完成1400户困难残疾人家庭无障碍改造；推进中医药服务基层全覆盖，158个社区卫生服务中心、建制乡镇卫生院中医药服务有人员、有场地、有服务、有设施；办理法律援助案件4575件；增加公办幼儿园学位4830个；完成孕产妇免费产前筛查27810人次；完成农村适龄妇女和城镇低保适龄妇女“两癌”免费检查104004人；完成农村公路（旅游路、资源路、产业路）提质改造335千米；开工建设老旧小区136个；提高残疾人“两项补贴”标准，困难残疾人生活补贴和重度残疾人护理补贴提高到每人每月75元；康复救助残疾儿童888人；改新建农村户用厕所129967个，农村公用厕所200座；建成特困供养服务床位510张，其中护理床位408张；完成10千伏及以下行政村配电网改造投资9600万元。市重点民生实事完成情况：完成农村交通事故易发多发点改造整治1174处；新改造城镇老旧小区230个，实现物业管理覆盖240个；建成特困人员供养机构4家；改造农村公路危桥69座；完成农村学校建设三年行动计划，建成教师周转房1084套、塑胶运动场60个，新建和改扩建学生食堂面积34889平方米；康复救助残疾儿童1045人；定向免费培养乡村医生101名、乡村教师431名；实现基本医疗保险市域内异地就医医疗费用直接结算，登记备案人员住院费用直接结算率100%；完成行政村农网改造102个；提升了152支乡镇专职消防队消防救援能力；建成农村饮水安全提质工程33处。

优化经济发展环境。优化营商环境。出台《常德市优化营商环境2021版》（常政发〔2021〕4号），明确163项改革举措，通过实行“指标团队”和“指标长”制度，全面压实工作职责，为企业提供全生命周期服务，2021年全市政务服务高频事项办事环节和时间压幅达50%以上。常德市优化营商环境典型经验被省政府2021年重点工作综合大督查通报表扬。开展攻坚行动，积极组织暗访暗查、工作调研和专项整治，形成常态化督导机制，全年市县两级优化办共督办各类问题217

件，满意率99.2%。营商环境评价。组织全市9个区县市、10个省级及以上工业园区参加全省营商评价，市本级、津市市优化营商环境工作获得2021年度省政府真抓实干督查激励，常德高新区被评为2021年全省营商环境先进园区，常德“获得信贷”和“执行合同”两项指标入选《中国营商环境报告2021》，成为全国最佳改革示范引领案例。

【举行庆祝中国共产党成立100周年“学党史 颂党恩 跟党走”活动】 6月30日，市政府办公室举行庆祝中国共产党成立100周年“学党史 颂党恩 跟党走”活动，市政府党组成员、秘书长，市政府办党组书记、主任、二级巡视员李正才讲话，市政府副秘书长、市政府办党组副书记郭杰主持，市政府办公室、市政府研究室全体干部职工和市政府办公室离退休老党员代表参加。全体参会党员重温入党誓词。会议为“光荣在党50年”的17名老党员代表颁发纪念章，向获评市优秀党务工作者的市政府办机关第二党支部书记刘维颁发纪念章和荣誉证书，向获评市直机关先进基层党组织的市政府办机关第一党支部和获评市“五化”建设示范支部的市政府办机关第二党支部授牌。老党员代表胡欣堂、市政府办机关第一党支部书记聂云龙和市政府办公室青年党员代表张家玮、陈心怡发言。市委原党史办调研员魏胜权以《信仰的力量》为题讲授一堂党史知识课。会后，参会人员参观市政府办公室庆祝中国共产党成立100周年诗书画影作品展览。

【获评全国节约型机关】 8月23日，常德市政府办机关被国家机关事务管理局、中共中央直属机关事务管理局、国家发展和改革委员会、财政部联合授予“节约型机关”称号。该单位坚持加强“厉行节约”氛围营造。积极推进无纸化办公、严格控制纸质文件、简报印发数量，加强各种耗材设施、设备的有效监督管理；全方位加强用电设备管理，利用自然光照，减少设备用电损耗，人走灯灭，杜绝“白昼灯”“长明灯”；合理设置空调温度，提高空调利用效率。加强节水管理，及时关闭龙头，避免水长流；加强公车管理，降低损耗，减少油耗；严格执行公务接待，节约经费。节约通信开支；严格控制办公用品采购，严格执行进行垃圾分类。

（祝爽薇）

发展和改革工作

【概况】 2021年，市发展改革委获评国家节约型机关、湖南省重点建设先进集体、省重点项目建设优秀单位等国省荣誉称号；县市区高质量发展、固定资产投资、园区建设、落实粮食安全省长责任制等4项工作获省政府真抓实干督查激励。

发展战略和规划。成功将常德全域纳入湘鄂渝黔革命老区规划范围，柳叶湖区河街入围首批国家级旅游休闲街区名单。组织开展《常德市二氧化碳排放达峰行动方案》和《常德市新能源开发利用规划》编制工作，常德经开区源网荷储一体化示范工程、桃源县抽水蓄能工程等一批项目纳入国省专项规划。

国民经济综合和运行调节。发挥高质量发展经济运行监测联席会议制度作用，定向加强高质量发展综合绩效评价指标监测，深入开展经济形势分析，及时向市委、市政府提出工作思路和建议。代表市政府向市人大常委会报告国民经济和社会发展计划执行情况，为全市经济健康运行提供坚实保障。

经济体制改革。扎实推进要素市场化配置、投融资体制机制、培训疗养机构、市场准入负面清单等改革事项。制定《常德市构建更加完善的要素市场化配置体制机制的工作落实清单》等改革举措。深化国有企业改革，牵头成立常德市粮食集团和常德市天和航空商务服务有限公司。

农村经济。出台《常德市扶持中药材种植基地建设政策实施细

2021年3月17日，全市开放强市产业立市大会召开

（市重点建设项目事务中心 供图）

表2　　湖南省第二批建设培育的产教融合型企业一览表（常德市）

序号	企业名称	注册地所在市州
1	常德中车新能源汽车有限公司	常德市
2	湖南粤港模科实业有限公司	常德市
3	常德天马电器股份有限公司	常德市
4	常德国力变压器有限公司	常德市
5	常德市天伦精密铸造有限公司	常德市
6	湖南凯斯机械股份有限公司	常德市
7	常德中联重科液压有限公司	常德市
8	湖南德人牧业科技有限公司	常德市
9	安乡牧原农牧有限公司	常德市
10	常德中润景观园林绿化工程有限公司	常德市
11	常德市康业家政服务有限公司	常德市
12	石门莉姿母婴护理有限公司	常德市
13	湖南尧业国际大酒店有限公司	常德市
14	常德创源数字科技有限公司	常德市
15	常德聚美企业服务有限公司	常德市
16	常德华智文化科技有限责任公司	常德市
17	湖南虹雨林文化传播有限公司	常德市

则》等重大政策。积极拓宽易地扶贫搬迁群众就业增收渠道，全市易地扶贫搬迁群众已实现稳定就业9146户13492人。谋划并启动常德智慧水稻建设。

工业和高科技产业。抓好造纸企业引导退出工作调度，全省正式启动洞庭湖区造纸企业引导退出工作以来，常德市33家制浆造纸企业已按要求全部完成引导退出。落实省《“三高四新”战略产业项目建设活动2021年实施计划》精神，抓好“三高四新”战略产业项目调度。

基础设施建设。官新高速、炉慈高速、沅澧航道等对外通道项目按计划推进。起草形成《常德市支持民航运输业发展专项资金管理使用暂行办法》，推动航线补贴资金市场化运作。德山港区铁路专用线等7条铁路专用线和石门等10个通用机场纳入上级专项规划。

经济贸易。组织做好2021年农产品进口关税配额再分配和棉花进口滑准税配额的申报工作，积极推荐物流行业湘佳牧业冰鲜农产品供应链运用与创新典型案例纳入国家物流业制造业深度融合创新发展入围案例公示名单。主动开展调查研究，深入推进物流降本增效。扎实开展物流统计分析工作，按月调度物流统计样本企业运营情况。

拓展开放空间。常益长高铁正式铺轨，常德段累计完成投资63亿元。常德高铁枢纽站过渡站房和过渡广场正式启用。官新高速、炉慈高速、沅澧航道等对外通道项目按计划推进。起草形成《常德市支持民航运输业发展专项资金管理使用暂行办法》，推动航线补贴资金市场化运作。桃花源机场航线增至16条，通航城市19个、航点20个，年旅客吞吐量达100.8万人次。

对口支援。完成古丈县对口支援工作任务，启动沅陵县对口支援工作，编制完成《2021年常德市对口帮扶沅陵县乡村振兴工作实施方案》。推进第九轮对口援建项目建设，发挥对口支援地区经济效益。组织接待受援地区到常德市衔接工作，协助其开展学习培训等相关事项。

节能监管和能源管理。2021年，全市单位地区生产总值能耗下降率4.2%，超额完成省定下降3.3%的目标任务。强化节约能源管理，按照行业和属地管理原则，第一时间明确各县市区年度能耗“双控”责任，组织市直责任单位分行业分领域分类制定年度节能方案。

长江经济带和洞庭湖生态经济区建设。严格落实河湖林长制，狠抓长江经济带警示片披露问题和中央、省生态环境保护督察反馈问题及“回头看”交办问题整改。鼎城区石板滩石煤矿坑生态修复、津市工业园污水中甲苯浓度严重超标等长江经济带生态问题均按期完成整改目标并获省级层面销号，蒋家嘴国控断面水质达到Ⅲ类水质标准。

社会民生。常态化开展价格巡查监管，全市物价水平总体平稳。印发《关于进一步明确中小学校内课后服务收费有关问题的通知》，切实减轻家庭教育负担。实现全市污水处理收费国家最低标准。

【常德市17家企业纳入湖南省产教融合型企业储备库】 10月15日，省发展改革委、省教育厅、省人力资源和社会保障厅联合下发《关于公布湖南省第二批建设培育的产教融合型企业名单的通知》（湘发改社会〔2021〕792号）文件，经企业自主申报、市州初审推荐，全省233家企业确定为湖南省第二批建设培育的产教融合型企业，常德市17家企业纳入湖南省产教融合型企业储备库。纳入产教融合型企业建设信息储备库的建设培育企业，省直相关部门将落实国家支持企业参与举办职业教育的各项优惠政策，实行定期跟踪、跟进服务、确保落地；结合开展产教融合建设试点，在项目审批、购买服务、金融支持、用地政策等方面对建设培育企业给予便利支持。

（龚志超）

重点工程

【概况】 2022年2月，常德市政府获评2021年省重点项目建设优秀市州政府。2021年11月，被省人社厅、省发改委授予“全省重点建设先进集体”称号。

【重点项目】 2021年，全市49个省重点建设项目，累计完成投资401.73亿元，占年计划的151.64%，高于全省平均进度9.69个百分点，全省排名第四位。232个市重点建设项目累计完成投资1057.78亿元，占年计划的117.13%。其中，安慈高速、高新区中联建起产业基地、湖南武陵酒提质改造、湖南醇健甾体药物制剂生产线、常德国际农产品交易中心、柳叶湖复基小学等46个项目相继建成投运、投产。

【固投增速】 实现固定资产投资同比增长8.7%，高于全省平均水平0.6个百分点，同组市州第五，其中民间投资、产业投资和高技术投资占比分别达到61.8%、67.8%、14.4%，高于2020年同期3.8个、4.8个、0.2个百分点，结构更趋优化。

【重大前期转化】 2021年全市100个重大前期项目中有67个项目具备开工条件，58个项目提前开工建设，总投资372亿元，其中，产业发展项目46个，估算总投资303亿元。1—12月，219个储备前期项目，76个项目开工。256个策划开发项目有98个项目已完成合作签约，35个项目开工建设。

【协调调度】 抓集中开工。全市组织4次省市重点建设项目集中开工仪式，累计开工项目212个，总投资近970.2亿元，其中，产业项目151个，总投资558.5亿元，为稳投资、稳增长提供有力支撑。抓协调调度。坚持“一单三制”的工作机制，即问题清单，交办制、督查制、销号制。市政府领导主持召开有关项目建设专题调度会议、现场办公会议68次，领导小组办公室牵头开展项目协调25次，下发交办函103件，解决和化解项目推进中的矛盾和问题114个。承办洞庭湖片区省重点建设项目协调推进会。抓督查督导。组织开展重大项目督查活动15次，累计督查重点建设项目200多个，坚持项目和投资完成情况一月一分析，并通过工作通讯报送市委、市政府主要领导。

（林　松）

粮食工作

【概况】 2021年，常德市将各区县市（管理区）落实粮食安全责任制工作情况纳入市政府督查激励奖励范围。常德市严格对照省考核细则和具体工作部署，加强上下对接及部门协调，抓好省政府对常德市粮食安全省长责任制考核工作，以及市政府对区县市政府（管委会）落实粮食安全责任制年度考核，确保市县两级政府切实承担起保障本地区粮食安全的主体责任，全面加强粮食生产、储备和流通能力建设。常德市2021年度落实粮食安全责任制考核获评全省优秀市州，鼎城区获省政府真抓实干督查激励奖励。常德连续6年获评优秀市州。

粮食调控与储备。粮食收购。充分发挥政策兜底作用，加强政策宣传和解读，合理布局收购网点，按照“先检后收、优粮优价、应收尽收”的收购原则，积极推进市场化收购，精准弹性启动托市收购。全市从粮食风险调节基金中安排1200万元资金，对部分重点区县超标粮食处置价差亏损进行补贴。经县级政府申报、市政府审核报省政府审定和国家有关部门批准，鼎城区、桃源县、临澧县、安乡县启动中晚稻最低收购价执行预案，切实杜绝卖粮难和打白条现象，坚守种粮卖得出底线。粮食储备。按储备管理政策，常德市制定《常德市市级储备粮管理办法》《市级储备粮管理补充规定的通知》，对市级储备粮油承储企业、承储计划、轮换期限、补贴标准和拨付时间做出相应规定，每半年按标准拨付一次承储粮油利费至承储企业，同时严格开展粮油安全储粮和安全生产检查。各承储企业轮换政策执行到位，未发现违规情况，有效确保储备粮数量、质量和轮换安全。应急保供。全市按照保障10～15天市场供应量的要求，建立足量成品粮油储备规模。印发《常德市粮食应急预案》《关于公布常德市粮油应急保障指定企业的通知》，指定粮食应急粮源保障企业12家、粮食应急加工企业16家、食用油脂及面制品应急加工企业8家和粮食应急加工网点20家，构建以覆盖街道和乡镇的城乡粮食应急供应网点为基础，粮食应急加工、配送、储运、供应各环节协调配套的新型粮食应急供应网络体系，确保粮食市场稳价供应，维护正常的社会秩序和社会稳定。

粮油产业与政策。常德市已完成4个“中国好粮油”行动计划国家级示范县（鼎城区、桃源县、汉寿县、澧县）和省级示范企业金健米业项目建设。2021年，常德市以国省打造第一轮优质粮油工程升级版为契机，在鼎城区、桃源县、汉寿县、澧县开展创新实施“五优联动”（优产、优购、优储、优加、优销）试点工作，同时市本级拿出6000吨市级储备粮进行“优粮优储”试点，打造“国有粮库+加工企业+农户”的“五优联动”模式，初步取得“粮农增收、企业增效、政府减负”成效。常德市共有7款地理标志产品，分别为常德香米、常德米粉、鼎城茶油、城头山大米、津市茶油、澧县双低油菜籽、津市牛肉米粉，其中“常德香米”“常德米粉”“津市茶油”等产品先后获得国家地理标志证明商标。“常德香米”在中国进出口商品交易会上获金奖，在首届常德品牌故事大会决赛暨“质量月”活动中荣获一等奖。全市13款产品获得“湖南好粮油”称号，在全省占比近三成。2021年度，常德市粮油加工业总产值达244.7亿元，较2020年增长14.5亿元，增长率为6.3%，占全省14%，排名第三。

粮食流通监督检查。强化政策性粮食监督检查。认真开展政策性粮油库存、早中晚稻收购、政策性粮食销售出库等政策性执行情况监督检查，先后印发《关于做好2021年中晚稻收购监督检查工作的通知》《关于做好定向饲料粮监管的通知》《关于进一步加强稻谷饲用监管工作的通知》等通知，检查所发现问题已全部整改到位。常德市拍摄粮食小剧场《早稻收购进行时》，对全市早稻收购政策进行宣传解读，被常德红网、湖南粮食等网站推广。强化依法执法。印发《全市粮食流通“亮剑2021”专项执法行动工作方案》，部署开展全市“亮剑2021”专项执法行动，常德市作为全省唯一市州在全省视频会上作典型经验发言。积极办理“12325”案件线索，积极回应群众诉求，未出现积压线索、有案不办的情况。强化问题整改。开展2019年大清查、2020年大排查涉粮问题整改回头看，顺利完成2021年度政策性粮油库存检查省级交叉现场检查、市级巡查，按照全市统一部署，完成粮食购销领域专项巡察专项整治工作，对所发现问题严格实行“挂账销号”，建立健全规章制度，确保形成靠制度管权、管粮、管人的长效机制，从源头上巩固巡察整改成果。

粮食质量监管。2021年度，共完成粮油监督抽检样品612批次，完成市级粮食质量风险监测调查样品数861份，为政府实时准确全面掌握全市粮食质量安全状况提供精准数据，推动形成全市粮食质量安全检验监测机构联动机制。积极参加省粮食和物资储备局在长沙举办的2021年度全省国家粮食质量监测站比对考核，常德获评全省优秀等次。

【市发展改革委与市国资委举行市直国有粮食企业移交仪式】 8月26日，市发展改革委与市国资委举行企业移交仪式，将市武陵粮油管理站、市德山粮油公司、市城区军粮供应管理站、市国有粮食连锁公司、广积粮食储备库5家国有粮食企业移交市国资委。市发展改革委、市国资委、市经投集团相关领导和科室负责人，市粮食集团和市直国有粮食企业负责人参加移交仪式。市发展改革委副主任陈法利主持移交仪式。移交仪式上，市发展改革委党组成员易继军介绍粮食企业基本情况，对下一步粮食企业财务审计工作作安排。市直国有粮食企业负责人作表态发言。市发展改革委党组副书记、副主任雷光和市国资委副主任伍中福分别代表市发展改革委和市国资委在企业移交手册上签字。

（龚家宽）

统计工作

【概况】 2021年，常德市统计局成功创建省级文明单位和市级模范机关。市委派驻汉寿县丰家铺镇鹿溪村乡村振兴驻村工作队队长、市统计局四级调研员符志勇获评“湖南省先进工作者”。

统计督察。结合2021年国家统计督察工作安排，建立统计执法、统计核查、统计内部稽查“三位一体”的统计监督体系。制定出台《常德市统计局统计监督检查规程》《常德市统计局统计违法举报线索管理办法》《常德市统计局统计执法“双随机”抽查办法》《常德市统计局全面推行行政执法公示制度执法全过程记录制度重大执法决定法制审核制度执法决定说明理由制度实施办法》等统计执法监督制度，扎实开展“双随机”统计执法检查，市本级先后对40余家企业进行执法检查，部分企业被纳入失信公示并联合惩戒；完成九个区县市及六小区统计巡查工作，并随机抽取乡镇、部门及企业进行统计巡查，着力提升源头数据质量。认真执行省纪监委和省统计局联合出台的线索移送办法，与市纪监委密切联系，探索建立相应违法移交机制。

统计普法宣传。坚持把统计普法宣传作为防惩统计造假第一道防线，下大力气抓好普法宣传教育。利用党校培训、中心组学习，抓住关键少数，统计法纳入市委党校主体班课程，全年举办2期；建立周五学习日制度，坚持以考促学、以考促用，2021年组织全员开展统计法律法规考试32场。先后多次赴社区、扶贫点村、企业开展法治宣传，积极与湖南文理学院联合开展普法宣传活动。近3年共发放《统计法律法规资料汇编》1500多本、《统计普法宣传手册》4000多册、《统计法律法规应知应会》8000多册。

统计服务营商环境。开展全市“五查五看”专项行动，完善数据质量评估体系，规范统计工作业务流程。出台《部门统计工作规范管理办法》，强化部门统计调查项目审批，规范部门统计数据发布，“一套表”之外报表任务大为减少，有力优化营商环境。邀请律师事务所律师担任常年法律顾问，定期开展统计执法案卷评议暨培训会，开展统计执法程序和案卷评议的培训，不断加强对执法人员的培训力度，规范执法行为，统一文书使用标准，促进文明执法、公正执法。

【高质量发展统计指标监测】 2021年，市委常委会决定在省内率先建立高质量发展统计指标监测体系，市委、市政府多次召开会议专题研究部署全市高质量发展工作。2月，市政府第64次常务会议专题研究高质量发展统计指标监测工作，3月，常务副市长、市委秘书长组织召开全市高质量发展统计监测工作会，市统计局按照会议要求，积极收集、整理、汇总和分析相关指标及其数据，基本建立常德市高质量发展统计监测指标体系。8月，《常德市2021年高质量发展统计监测实施办法》正式印发。市统计局在做好月度日常监测的基础上，及时与相关部门沟通衔接，采集200多项指标数据并开展分析，编辑高质量发展专报5期，获市领导充分认可。11月，市统计局与市绩效办开展联合调研，针对高质量监测、绩效考核短板指标赴各市直部门上门对接，积极提供统计服务。

【先进制造业相关指标监测】 3月，召开全市工业统计年报培训会，培训工业统计年定报、督促建立生产统计台账，详细解读制造业占比、新增规模工业企业、工业战略性新兴产业占比等重点指标。与市工信局做好沟通衔接，建立制造业、工业战略性新兴产业季度监测机制。开展“千人进企业 服务提质效”活动服务企业，深入临澧、石门、桃源、汉寿等区县，为“一套表”调查单位中部分重点制造业企业和新增规模工业企业开展专项服务，多次组织进行数据现场核实核查，清退不达规企业、停产停业企业97家。

【配合中央环保督察反馈问题整改】 4月，中央生态环境保护督察组反映洞庭湖区存在化肥减量工作和数据不实的问题。收到督察反馈问题之后，在市委、市政府的领导和省统计局的具体指导下，市统计局迅速搭建领导班子，制定整改工作方案，坚持立行立改，着力加强农业统计基层基础，提升农业统计数据质量，强化农业统计执法监督，加强与农业农村局、国调队、财政局、民政局、畜牧水产事务中心、林业局、自然资源规划局等多个部门的横向联系和数据交流。11月，市统计局向省、市递交有关情况的检查报告，年底前涉及统计问题整改达标销号。

【经济运行跟踪监测分析】 2021年，市统计局围绕全市经济社会发展大局和市委、市政府的中心工作，聚焦全市发展战略，切实加强经济运行跟踪监测分析，特别加强疫情对经济发展影响的监测。全力完成政府绩效考核数据评估认定、全面小康统计监测、生态文明绿色发展评价、重点民生实事数据评估认定、妇儿两纲监测等各项数据评估监测工作，扎实做好高质量发展监测评价工作，运用课题研究、统计分析、统计年鉴、统计月报、数据常德等一系列统计产品，加强经济运行跟踪监测分析。向市委、市政府报送经济运行情况报告30多篇，向省统计局报送经济运行情况100多篇，向有关部门报送经济运行材料100多篇。

【第七次全国人口普查工作】 2021年是第七次全国人口普查收官之年，市统计局严格按照纪律要求做好公报发布数据保密工作和舆情管控工作。6月，在省反馈初步数据后，第一时间向市人普领导小组作汇报，按要求发布《常德市第七次全国人口普查公报》（1—4号），依据新情况完成2010—2020年的人口、城镇化率等数据修订工作。9月，市统计局获评第七次全国人口普查工作先进集体。

民政工作

【概况】 2021年度，常德市民政工作各项考核指标均排在全省前列，2021年度国、省真抓实干督查激励中常德市养老服务工作受到省政府表彰，市未成年人社会保护中心被评为“全国农村留守儿童关爱保护和困境儿童保障工作先进集体”，获得2021年度全省村规民约（居民公约）工作先进单位、2021年度全国老区宣传工作先进单位等荣誉。

【生活兜底保障】 2021年，全市城乡低保人数14.42万人，特困供养人员39450人，事实无人抚养儿童1283人，留守儿童4.9万人，孤儿497人。3月23日，常德市民政局联合常德市财政局出台《关于提高全市城乡低保、特困供养标准及残疾人“两项补贴”标准的通知》，全市城乡低保保障标准统一调整为：实现城乡一体的区县提高到625元/月；其他区县市城市保障标准为570元/月，农村保障标准为400元/月；城乡月人均救助水平分别达到391元和246元；城乡特困人员基本生活标准分别提高到8892元/年和6240元/年；特困供养护理补贴按照全护理6000元/年、半护理3000元/年。残疾人两项补贴提高到75元/月；集中供养、散居孤儿基本生活费分别提标到1350元、950元，享受低保、特困供养等民政政策的事实无人抚养儿童参照孤儿标准补差发放基本生活补贴，其余事实无人抚养儿童按不低于孤儿标准50%发放基本生活补贴。

春节期间，市、县（市、区）、乡镇（街）、村（居）四级联动，对低保家庭、分散供养特困人员、困境儿童、建档立卡贫困户、禁捕退捕困难渔民、因病因残因灾因疫导致生活出现困难的家庭；因倡导就地过年，无法和家人团聚的空巢老人、留守儿童；影响社会稳定的困难群体、其他困难边缘户以及民政养老、儿童福利机构、流浪乞讨救助机构等进行集中慰问，为其送去党和政府的温暖。通过志愿帮扶、邻里互助、投亲靠友、政府安排等方式，充分发挥家庭、社会和政府多方合力，精准实施分类帮扶，特别是加强就地过年政策下对空巢老人和留守儿童的关爱，让子女或父母缺席的春节，亲情不缺席，关爱不缺席，空“巢”不空“心”，让幸福不再孤单，让困难人员及困境家庭感受到家的温暖，幸福过新年。

【社会组织管理】 2021年，全市登记社会组织共2874家（市本级786家）。其中社会团体1426家（市本级460家）、民非单位1431家（市本级316家）、基金会17家（市本级10家）。开展社会组织等级评估工作，共评出AAA等级以上15家。举办以“凝聚公益力量，共创美好生活”为主题的常德市第三届社会组织公益创投大赛。出台《常德市民政局关于在社会组织中开展“2021·邻里守望”关爱行动的通知》，重点围绕特殊群体办实事、围绕群众关切办实事、围绕推进平安建设办实事、围绕实施乡村振兴办实事，引导社会力量积极参与“邻里守望”活动。积极参与疫情防控，共有120个社会组织、835名志愿者参与新冠肺炎疫情防控工作。2021年7月，常德市蓝天救援队9名队员驰援郑州，参与抗洪抢险救灾。

【城乡社区建设】 2021年，全市2262个村（社区）全部完成村（居）民委员会换届选举，村（居）务监督委员会、村民小组长、网格长等村级组织建设配套成立。出台《关于贯彻实施〈群众性自治组织依法自治事项清单、依法

临澧县久丰村村规民约墙　　　　（市民政局 供图）

协助政府工作事项清单和减负工作事项清单（试行）〉的若干意见》。联合市文明办启动常德市“寻找最美村规”活动，在全市范围内评选出30篇最美村规民约（居民公约），并择优向省民政厅推荐。在全省“寻找最美村规”活动中，全市9篇村规民约（居民公约）被评为全省优秀村规民约（居民公约）。

【养老服务发展】 2021年，出台《关于促进养老服务业健康发展的实施意见》《关于印发〈2021年度养老服务真抓实干督查激励措施实施办法〉的通知》《常德市新建住宅小区配建养老服务用房建设管理办法》等文件，为养老服务工作提供全方位的政策支撑。编制完成“十四五”养老专项规划和2022—2026年养老床位建设方案。完成省市重点民生实事项目新改建特困人员供养机构4个，新增养老床位510张，其中护理型床位408张。新建并交付使用31家乡镇（街道）综合性养老服务中心、41个城市社区养老服务机构、103个村级互助养老服务设施，养老机构护理床位占比达到65.02%，社会办养老机构护理床位占护理床位总数的比例达到31.59%。全市已建成各类养老服务设施2927个，每千名老人拥有养老床位达39.7张。

【老区工作】 2021年，常德市全域被纳入湘鄂渝黔革命老区规划范围。为喜迎党的百年华诞、传承红色基因、讲好常德故事，4月开始组织编纂《中国工农红军在常德》，已出清样。按照市委、市政府关于“各县市区都要有省级以上红色文化活动场地”的指示要求，各县市区启动新建或改造红色文化活动场地项目。推进革命遗址遗迹标识保护，共对138处遗址遗迹进行立碑保护。12月，湖南省老区工作座谈会在常德召开，省民政厅党组成员、副厅长张自银参加会议，组织参观林伯渠故居、红烨红色文化园。

（彭　博）

人力资源和社会保障

【概况】 2021年，全市人社系统多项工作得到上级的肯定和表彰：武陵区社会保险服务中心被表彰为全国人力资源社会保障系统优质服务窗口。市劳动保障监察支队被表彰为全国清理整顿人力资源市场秩序专项行动取得突出成绩单位。市人力资源和社会保障局（以下简称市人社局）和汉寿县、津市市人社局被人社部表彰为新闻宣传做得好的单位。“津市米粉师”亮相第三届全国创业就业服务展示交流活动，获评“地方特色类劳务品牌”称号。桃源县浔阳街道洞庭宫社区被评为国家级充分就业社区。鼎城区“就业超市”被中央电视台《新闻联播》宣传推介。常德技师学院学生邓理在第九届全国数控技能大赛决赛中取得五轴联动加工技术赛项学生组一等奖的好成绩。全市工伤保险省级统筹和征缴职能划转改革走在全省前列。石门县就业创业和社保工作获得省政府真抓实干表扬激励。省人社厅专门致函市政府，对桃源县根治欠薪工作予以表扬激励。临澧县养老保险待遇核查工作做法被省专项整治办在全省推介。澧县人社局被评为湖南省脱贫攻坚先进集体。

就业创业。全市城镇新增就业5.4万人，新增农村劳动力转移就业3.8万人，调查失业率低于控制目标。主题活动。全面贯彻减负稳岗扩就业政策措施，深入推进“稳就业，常德在行动”主题活动，失业保险援企稳岗、强化企业用工服务、加强职业技能培训、建强基层公共就业服务平台、创建充分就业社区等六大举措精准发力。全市3356家企业获得稳岗返还资金1499万元，举办488场次招聘活动提供就业岗位59万个，为150家重点企业输送用工1.7万人，财政补贴性技能培训6.4万人次，延长阶段性降低失业、工伤保险费政策为企业降费3亿元。创新创业。创新创业成为人社系统“金字招牌”。全市发放创业担保贷款3.1亿元，扶持创业1133人、带动和稳定就业1.6万人；全市16家创业载体在孵实体达到543家，常德市网红主播孵化基地投入运营；开展创业人员培训9379人次，全市创业大赛成功举办；评选创业带动就业示范典型90个，发放奖励资金360万元。重点群体稳定就业。聚焦高校毕业生、退役军人等重点群体，通过支持创新创业、提升就业技能、推动转移就业、实行兜底安置等措施，促进稳定就业、致富增收。全市发放高校毕业生求职创业补贴426.7万元；青年就业见习基地推荐就业见习948人；建成就业帮扶基地55家、乡村振兴车间735个；在岗农村劳务经纪人达到1887人，开展重点群体就业帮扶1万余人次，有就业意愿退捕渔民动态清零。

社会保障。坚持完善社会保障制度体系，扩大覆盖范围，提高保障水平。全市基本养老、失业、工伤三项社会保险参保人数分别达到448.2万人、35.7万人、54.2万人，发放各类待遇180.7亿元。制度体系。构建多层次社会保障体系，企业职工基本养老保险全国统筹基础更加夯实，工伤保险实现省级统筹。开展社会保险基金管理防风险堵漏洞专项整治暨养老保险待遇核查“回头看”核查整改工作，按照时间节点和工作要求，较好完成专项整治整改工作任务。常德市完善城乡居民基本养老保险制度（以下简称城居保）做法在全省推介。武陵区、津市市、西湖管理区、西洞庭管理区、常德经开区、柳叶湖旅游度假区落实城居保基础养老金758.3万元，兑现丧葬补助费81万元。全民参保。全面实施全民参保计划。全市基本养老、失业、工伤三项社会保险新增扩面21.9万人次；代缴返贫致贫人员、低保对象、特困人员和重度残疾人城居保费945万元。待遇水平。建立与本市经济社会发展水平相适应的社会保险待遇调整和确定机制，及时足额发放各项社会保险待遇。企业职工基本养老保险退休人员养老金实现17连涨；城居保基础养老金增长至128元/月，惠及93万名待遇领取人员；工伤保险伤残津贴、生活护理费等待遇标准持续提高。

人事人才。人才引进。全面落实“人才新政”政策措施，完善人才“一站式”服务，积极组织市内企业事业单位“走出去、引进来”。全年组织赴湖南大学、湘潭大学、兰州大学等高校揽才，参加企事业单位88家；兑现科技创新人才奖补资金212万元，推荐关键人才15名；发放“人才新政”补贴资金280万元。人事管理。事业单位人事聘用合同管理、公开招聘、岗位管理和交流制度全面落实，职称评审制度改革持续深化，专业技术人员教育培训有序开展，国企薪酬制度和公立医院工资收入分配制度改革加快推进，人事考试安全平稳，奖励表彰更加科学规范。全市评审高级、副高级职称基层教师1996人；市本级开展专技人员继续教育培训53期，培训1.2万余人次；市直事业单位工作人员岗前培训546人；公开招聘事业单位工作人员2725人，其中硕士研究生以上学历人才700多人；招募“三支一扶”高校毕业生57人；《常德市市直公立医院薪酬制度改革实施暂行办法》正式印发；组织人事考试57场次，报考人数5万余人次。技能人才成长。聚焦缓解就业结构性矛盾，健全终身职业技能培训体系，技工院校人才培养阵地作用充分发挥，全市职业技能提升行动三年计划圆满收官，各类技能人才量质齐升。评价各类技能人才1.5万人次；兑现高技能人才奖励资金100万元，评选2021年度“常德市技能大师工作室领衔人”10人；常德技师学院师资建设、专业设置、教学教研等成效显著，师生多次获国家、省级技能大赛奖项；举办全市职业技能竞赛；举办2021年家政服务业师资培训班；“津市米粉师”亮相第三届全国创业就业服务展示交流活动，获评“地方特色类劳务品牌”称号。

劳动关系。协调机制。健全劳动关系三方协商协调机制，深入实施劳动关系“和谐同行”能力提升三年行动、“湘融湘爱”农民工权益关爱市民化融合行动、维护新就业形态劳动者劳动权益专项行动，劳动关系工作基层基础建设稳步推进。全市劳动用工备案企业达到979家，涉及劳动者16.6万人；建立劳动关系风险监测点22个，培训劳动关系协调员700余人次。监察执法开展。推进劳动监察执法效能建设，落实长效机制，开展专项行动，强化联合惩戒，防范化解欠薪风险。全市监督检查用人单位1925家，立案结案75起，处置欠薪线索1057条，为1678名劳动者追发工资待遇1646.3万元。市劳动保障监察支队被表彰为全国清理整顿人力资源市场秩序专项行动取得突出成绩单位。劳动仲裁效能提升。提高劳动人事争议仲裁案件处理效能，联合市中级人民法院举办全市裁审衔接工作会议。全市累计处理各类劳动人事争议案件2446件，涉及劳动者2838人，涉案金额1.5亿元，当期结案率98.65%，调解成功率81.2%。

人社服务。坚持集成服务、简约服务、创新服务、规范服务原则，深入实施“人社服务快办行动”。减证便民。持续优化营商环境，推动“打包办”提质、“提速办”增效、“简便办”挖潜，实现高频服务事项“最多跑一次”。全市人社政务服务事项入驻窗口144个，其中，“最多跑一次”事项19个，即时或即日办结事项达到42个。武陵区社会保险服务中心被表彰为全国人力资源社会保障系统优质服务窗口。一网通办功能拓展。加快全市人社统一公共服务平台应用推广，推动更多高频事项网上办、指尖办。全市人社统一公共服务平台上线高频服务事项88项，注册个人用户12.5万人、单位用户2389家。就近可办加速推进。借助银行、邮政、基层平台实现服务下沉，方便群众就近办事。全市人社高频事项下沉社区（村）13项；社保卡即时制卡网点达到200多个，养老保险待遇入卡率达到97.18%；“12333”咨询服务中心接听咨询来电5万人次，回复网站和微信互动留言1000多条；市本级每月发送基本养老保险待遇提醒短信12万人次。

【2021年“春风行动”首场现场招聘会】 2月24日，湘西北人力资源市场举办2021年“春风行动”首场现场招聘会。当天共有73家企业进场招聘，提供就业岗位2250个，517人进场求职，其中194人初步达成就业意向。

【常德市网络主播协会成立】 4月23日，常德市网络主播协会成立大会暨2021年常德市第一期创业大讲堂·创客主播论坛举行。常德市网络主播协会是以常德市人力和社会保障局、常德市就业服务中心主办的8期网络主播训练营为契机而组建。协会以“道相同、利相共、心相通”为理念，旨在畅通“为主播找产品，为产品找主播”渠道，推动主播行业健康、有序、创新发展，培养出一批高素质网络主播人才队伍，打造清朗、向上的网络环

2021年4月23日，常德市网络主播协会成立

（市人力资源和社会保障局 供图）

境。当天，与会人员现场调研常德市创客主播孵化基地。

【全市工伤预防和工伤认定暨依法行政培训班】 5月18日，市人社局举办全市工伤预防和工伤认定暨依法行政培训班，各区县市人社部门及工伤保险经办机构相关负责人和经办人员参加培训。在为期两天的培训中，市司法局行政复议应诉科相关负责人、市人社局法律顾问分别讲授《工伤认定实务》《工伤认定程序》等内容，并就大家在工伤事故调查和工伤认定中遇到的疑难问题进行现场解答；相关区县市分享工伤认定典型案件和工伤保险经办工作经验，重点交流讨论《关于进一步做好工伤认定工作的通知（讨论稿）》和《常德市工伤保险基金费率浮动办法》等制度规范的征求意见稿，并对全市工伤预防工作作了部署。

【湖南省2021年高校毕业生就业服务行动启动仪式暨专场招聘会】 9月24日，湖南省2021年高校毕业生就业服务行动启动仪式暨专场招聘会，在常德湖南应用技术学院举行。该行动从9月到12月持续为2021届离校未就业高校毕业生、失业青年等提供线上线下集中服务。活动由省人社厅、市政府联合主办，省就业服务中心、湖南应用技术学院和市人社共同承办，活动现场开设高校毕业生招聘企业专区、专项职业指导服务专区、“云就业”服务专区、培训见习专区、劳务品牌展示专区、困难帮扶（托底）及权益服务专区、就业创业政策指导专区等九个专区，通过信息化、智能化手段，为应往届大学生提供全方位就业帮扶服务。在高校毕业生招聘企业专区，共有210家企业提供岗位5411个，3000余名高校毕业生入场求职，现场达成初步就业意向1071人。

【常德市根治欠薪冬季行动】 11月3日，常德市根治欠薪冬季行动正式启动。该行动以招用农民工较多的工程建设领域和劳动密集型加工制造及受疫情影响严重的行业为重点，对根治欠薪法律法规政策贯彻落实情况进行集中排查。3日当天，市人社局主要负责人一行前往常德经开区碧桂园·十里公园、莲池新城农贸市场项目工地检查农民工工资支付工作，并就检查中发现的实名制管理制度落实不到位、维权信息告示牌不规范等问题，分别向两家企业下达整改函。11月3—20日，市人社局、市住建局（市人防办）、常德经开区人社局成立3个检查工作小组，分属地、分领域对市城区各类在建工程项目及已竣工但仍存在欠薪的工程项目，特别是政府投资工程项目、国有企业作为建设单位或者施工总承包企业的工程项目及有欠薪记录的其他在建工程项目进行摸底排查。

（周　峰）

行政审批服务

【概况】 2021年，常德市基层政务服务标准化改革经验入选“湖南基层改革探索100例”，政务公开标准化建设经验受到国务院办公厅推介。

放权赋能和服务下沉。对常德经开区和常德高新区分别赋权162项和170项，对7个省级园区分别赋权160项左右，更大力度实现“园区事园区办”。按上级要求组织市县乡三级主动取消、承接、下放行政权力事项170多项，分两批主动将65项高频服务事项的审批权或受理权下放到乡镇（街道）和村（社区），更好地实现基层事基层办。

“三集中三到位”（行政审批职能向一个科室集中、承担审批职能的科室向行政服务中心集中、行政审批事项向电子政务平台集中；事项进驻大厅到位、审批授权窗口到位、电子监察到位）改革。高标准建成“常德市民之家”，按照“人进、事进、权进”要求，组织49家市直部门1750个政务服务事项、320名工作人员集中入驻，持续规范县乡两级政务服务大厅的建设管理，制定《常德市乡镇（街道）政务服务标准化管理手册》，推动乡镇（街道）政务服务基础配置、

表3　　2021年度常德市政府网站及新媒体主动公开政府信息情况表

信息发布	概况类信息更新量（单位：条）		148
	政务动态信息更新量（单位：条）		10590
	信息公开目录信息更新量（单位：条）		27548
专栏专题	维护数量（单位：个）		18
	新开设数量（单位：个）		7
解读回应	解读信息发布	总数（单位：条）	235
		解读材料数量（单位：条）	68
		解读产品数量（单位：个）	138
		媒体评论文章数量（单位：篇）	29
	回应公众关注热点或重大舆情数量（单位：次）		157
互动交流	留言办理	收到留言数量（单位：条）	1703
		办结留言数量（单位：条）	1634
		平均办理时间（单位：天）	5
		公开答复数量（单位：条）	138
	征集调查	征集调查期数（单位：期）	10
		收到意见数量（单位：条）	1535
		公布调查结果期数（单位：期）	10
	在线访谈	访谈期数（单位：期）	9
		网民留言数量（单位：条）	20
		答复网民提问数量（单位：条）	20
移动新媒体	微博	名称	常德市人民政府
		信息发布量（单位：条）	3148
		关注量	245019
	微信	名称	常德市人民政府
		信息发布量（单位：条）	2855
		订阅数	38371

业务运行、管理考评“三统一”，更好实现企业群众办事只进“一扇门”。

“一件事一次办”改革。在全省率先探索编制“一次告知”“一次表单”“一次联办”“一次办好”等12项“一件事一次办”服务标准，并上升为省级标准，正在申报国家标准，构建起“前台综合受理、后台分类审批、综合窗口出件”的服务机制；对286项“一件事一次办”和65项“就近办”事项实施精细化梳理，打造专属服务指南，支撑精准服务。

“告知承诺制”改革。探索实施极简审批、批后严管、信用惩戒，集中公布第一批39项市县级办理的涉企经营许可告知承诺制事项目录和第一批58项市本级实行告知承诺制证明事项目录，统一完善办事平台告知承诺功能模块，逐项编制告知承诺工作规程、格式文本和办事指南，并以告知引导和案例示范推动极简审批，配套加强信用监管，实行容错免责。

数据智能服务。以智慧政务引领智慧常德，率先推动政务数据“上链”，让“数据跑路”替代“群众跑腿”。在全省率先建成覆盖市县乡村四级的市“互联网+政务服务”一体化平台，为实现政务服务“一网通办”提供统一网络支撑；搭建电子印章系统，推进“区块链+电子证照”应用，开发人脸识别功能，实现政务服务“刷脸办”；开发城市级公众服务平台“我的常德”APP，将其定位为全市“党务、政务、便民服务”的总门户，对接“互联网+政务服务”一体化平台、“智慧党建”和部门业务系统，注册用户突破170万人，实现党员党费、城区在校生学杂费等100多项事项“掌上办”。开发常德政策服务平台，完善政策检索、政策匹配、政策计算功能，通过大数据分析将政策数据进行标签化和结构化管理，分行业分主题精准展示，实现政策服务“一键可查”“一键直达”。

完善服务体系。深度整合机构职能，促进政府购买服务，完善“放管服”改革和“大数据”发展的组织服务体系。整合组建“一局两中心”。按照“做强管理层，培优服务层”的改革思路，在市县两级统一组建行政审批服务局，调整组建政务服务中心，新设组建大数据中心，全面提升管理的权威性和服务的专业性，形成政务管理服务工作的“三驾马车”，在乡镇统一组建行政审批办（加挂政务中心牌子），在市政府工作部门统一设立行政审批服务办公室，归口协调管理本部门行政审批和政务服务事宜，确保工作推进“一盘棋”。打造“制度+数据”双驱动。市县两级行政审批服务局统筹负责“放管服”改革和“大数据”发展，具体承担行政审批制度改革、政务公开与政务服务、电子政务管理、智慧城市管理、信息化项目管理、政府网站管理等职能，促进政务管理服务和智慧城市建设工作有制度保障、有平台支撑、有数据资源、有项目抓手，实现制度改革与数据支撑融合互动，形成“1+1＞2”的工作推进力。发展政府购买服务。按照去部门化思路，通过政府购买服务，实施政务中心窗口人事制度改革。市政务中心通过劳务派遣统一招考、优薪聘用50名窗口工作人员，实现受办分离、高效服务。引导部分乡镇和村（社区）通过政府购买服务配备政务代办员，提升基层政务服务品质。通过项目合作，引进华为集团、浪潮集团、科大讯飞等国内一流IT企业落户常德，参与智慧城市建设。成立国有常德大数据产业发展有限公司，探索推进数据资源市场化运营，强化大数据服务。

智慧城市建设。在全省率先实现政府上云，相继建成启用柳叶湖常德云计算中心、“常德市民之家”数据机房，推动全市计算资源、存储资源和网络资源大集中，为全市60多个部门和公共企事业单位提供安全稳定的云服务。政务云平台建成以来，陆续整合关停全市47个部门自建机房，每年为财政节约设备采购、系统运维、人员经费等支出2亿多元。2015年，在全省率先搭建全市统一的政府数据共享交换平台，连续6年接续推进数据归集共享攻坚，已经有51个市直部门的主要负责人向市政府递交数据共享责任状，市委、市政府领导多次带队赴省直厅局协调数据和系统对接。2021年年底，市政府数据共享平台归集74家单位、2391个目录、47.7亿条数据，数据归集门类和总量在全省遥遥领先。集中建成人口、法人、地理空间、视频资源四大数据库，完成21个部门97类证照数据采集和证照生成，归集证照数据超过2500万条，为全市60个重点业务系统提供高质量的数据服务；推进市政务服务一体化平台与人社、民政、不动产等部门应用系统对接；配套在全省率先部署网络信息安全预警监管平台，强化网络信息安全保障。2021年，启动应用支撑平台建设，正在打造统一的数据中台和业务中台，提升数据治理服务能力。按照“一网统管”的思路，在“市民之家”启动建设“常德智慧城市运行管理中心”。中心集中接入20多个应用系统，包括视频资源整合共享平台、智慧城管、智能交通、智慧管网、数字防控、视频云系统、政府网站群、云计算中心运维监管平台、地理信息公共服务平台、社会治理网格化综合信息平台、党政协同办公平台等，政府部门治理能力、服务水平和办事效率显著提升，有效推动城市的精细化管理。正在统一部署建设智慧停车等典型应用，将成城市大脑的重要应用场景。建立“一组一局一中心（智慧常德建设领导小组、市行政审批局、市大数据中心）”，出台《关于加快推进智慧常德建设的实施意见》《信息化工程建设管理办法》《政府数据资源管理暂行办法》《常德云计算中心管理办法》等文件。资金统筹。每年设立9000万元专项引导资金，支持重大公共基础项目建设，坚持一个盘子决策，一个本子管账，减少重复建设和资金浪费。引入浪潮集团、科大讯飞等IT公司设立本地化企业，通过购买服务等方式参与智慧常德建设运营。项目统筹。编制智慧常德《“十四五”规划纲要》《新型智慧城市顶层设计》及《三年行动计划》，确保一张蓝图“施工”。严格实行项目库制度，加强项目专项审核、监理评测和过程管控。

【召开全市政务公开业务培训会】

2月26日，为做好迎接2020年全国政务公开第三方评估准备工作，常

常德大数据产业发展有限责任公司　　（市城发集团 供图）

德市行政审批服务局组织开展全市基层政务公开业务培训，各区县市行政审批局政务公开和政府网站相关负责人参会。5月7日，召开全市政务公开工作业务培训会，各区县市、小区行政审批局主要负责人、分管负责人、工作人员和市直有关部门政务公开负责人参加培训。

【常德市制定印发新型智慧城市规划纲要】　6月10日，常德市人民政府办公室关于印发《常德市新型智慧城市顶层设计（2021—2025年）纲要》和《常德市新型智慧城市建设三年行动计划（2021—2023年）纲要》。两份纲要由常德市行政审批服务局牵头，聘请国内优秀的咨询团队参与顶层规划编制工作，组成工作小组起草编制，从发展目标、架构设计、主要任务等方面，对常德建设新型智慧城市进行科学谋划。

【成立常德大数据产业发展有限责任公司】　6月22日，常德大数据产业发展有限责任公司成立。该公司为常德市城发集团全资子公司，注册地位于常德柳叶湖旅游度假区柳叶湖街道万寿社区朗州北路与月亮大道交叉路口东侧（市民之家一楼116号）。经营范围包括信息系统集成服务；信息处理和存储支持服务；基础软件开发；支撑软件开发；应用软件开发；互联网接入及相关服务；互联网数据服务；网上信息发布服务、网络基础应用服务等。

（邓思敏）

地方志工作

【概况】　2021年，鼎城区地方志编纂室被湖南省地方志编纂院评为“湖南省地方志系统2021年度先进集体”，常德市地方志编纂室方志编研部部长孟韵被评为“湖南省地方志系统2021年度先进个人”。在第八届湖南省地方志优秀成果（年鉴类）评选中，《常德年鉴（2020）》获市州综合年鉴一等奖，《鼎城年鉴（2020）》《武陵年鉴（2020）》分别获县级综合年鉴二等奖、三等奖。

【部门志编修】　2021年，市地方志编纂室采取上门督导、召开工作协调会等方式，对未完成志书编纂工作的市直单位进行扫尾结账。全年评审《常德市国有资产管理志（1991—2015）》，终审《常德市住房和城乡建设志（1988—2015）》《常德市科技志（1988—2010）》《常德市林业志（1989—2010）》《常德市妇女志》4部部门志，共组织联络专家撰写评审（终审）稿6篇，约2.5万余字。截至2021年12月31日，全市规划修编的58部市直部门志已印刷出版50部，尚有2部部门志稿未完成编纂工作。

【编纂《中国国家人文地理·常德》】　2021年，市地方志编纂室承担“十三五”国家重点图书、国家重大出版工程分项目《中国国家人文地理·常德》编纂工作。该书分为常德名片、常德概况、历史溯源、铁血洪流、文化渊薮、名人荟萃、大美常德、风物大观、发展成就、城市蓝图10个篇章，预计成书5万字、高清照片100余张，将成为常德当前最为完整、全面、权威的地情资料。截至2021年12月31日，该书完成文字书撰、编、审工作。

【对口援藏修志】　2021年6月15—22日，西藏自治区隆子县派员到常德就《玉麦乡志》初稿修改进行跟班学习。市地方志编纂室指派方志编研部专人、专责、专时段实行无缝隙技术指导，为《玉麦乡志》初稿修改提供全面、细致、有效的指导服务。9月22—30日，应隆子县政府邀请，市地方志编纂室委派副主任周波等2名专家进藏，指导玉麦爱国守边精神展示馆建设和《列麦乡志》编修工作，持续推动“地方志援藏”工作深入发展。

【编辑出版《常德古今》】　2021年，《常德古今》全年出刊2期，刊登文章73篇（含史志简讯15篇），总计15万余字，采用图片40余帧。

刊物凸显常德本土元素，封面选取《沅澧英杰图》中黄爱、王尔琢、陈辉、翦伯赞、余嘉锡、辛树帜等人物，封二选登常德市党史学习教育重要会议，封三选用反映与封面对应的名人诗词碑刻。内容编排上，围绕党史学习教育，增设“口述历史”及专栏“党史学习教育”，持续宣传常德史志工作特点、典型经验，服务中心大局。刊物每期印数1300册，全年面向市内外共发行2400余册。

（孟　韵　曾小玲）

【《常德年鉴（2021）》编纂出版】　《常德年鉴（2021）》于2021年12月出版发行。该书由常德市人民政府主办、常德市地方志编纂室编纂，方志出版社公开出版。该鉴记述2020年1月1日至12月31日常德市发生的大事、新事和具有年度特色的人和事。全书近110万字，设29个类目，293个分目，1118个条目，采用分类编辑法，以条目为记述基本单元，正文前插排彩色专版，以精美图文展现常德特色和发展概貌。

（赵振华　翦　甜）

2021年《常德古今》　（市地方志编纂室 供图）

退役军人事务

【概况】　2021年，常德市双拥工作得到中央军委政治工作部、退役军人事务部高度肯定，常德再创“全国双拥模范城”。市退役军人服务中心创新社会化服务得到国家退役军人服务中心、省退役军人事务厅简报推介，服务保障体系建设成效获时任副省长谢卫江批示，宣传工作被部办公厅表彰为先进单位，全市退役军人工作取得突破性进展。常德市退役军人事务局袁芳被退役军人事务部评为“2021年度宣传工作先进个人”；桃源县枫树维吾尔族回族乡退役军人服务站站长翦辉被评为全国“百名优秀退役军人服务中心（站）主任（站长）”；常德市军队离退休干部安置管理办公室主任陈静获评“湖南退役军人服务保障先进个人”；桃源县退役军人事务局李飞获评“湖南退役军人服务保障先进个人”。

【保障体系建设】　2021年，常德市退役军人事务系统不断加强市、县、乡三级党委退役军人事务工作领导小组指导力量，把乡镇一级建成服务保障主阵地，形成“党政主导、部门主抓、区县主责、乡镇主建”的工作格局。建立健全《常德市退役军人服务中心（站）规范化建设标准》，对全市服务保障场所设置、日常管理、台账标准进行统一规范，保障事业编制、配备专兼职人员、落实经费场地，全面推动四级服务中心（站）规范化管理、实体化运转。充分挖掘各区县红色资源和退役军人先进事迹，打造主题突出、内容丰富、特色鲜明的工作阵地，成功创建234家全国示范型服务中心（站）。持续完善“互联网+退役军人服务”网上服务平台，严格按照部省要求开展建档立卡，用好退役军人综合信息数据库，分类建立信息台账，实时更新数据、实时办理业务、实时获取信息、实时推送服务。常态化组织开展干部队伍能力培训。

【政策制度落实】　安置就业。全面推行“阳光安置”机制，探索创新“双向选择”“直通车”式安置方式，全部安置到位。全市开展6期退役军人就业创业培训，累计组织38场次线上线下招聘会，联系多家企业提供就业岗位，配合退役军人就业创业导师工作室，为退役军人精准解决“岗位少、没人要、不适应”等问题；以教育培训为基础，组织自主就业退役士兵参加适应性培训，提升综合素质与工作能力，达到稳定就业、促进创业的目的；持续深化“双带双促”活动，投入资金扶持军创企业、退役军人之家，为全市经济社会发展贡献退役军人力量。优待抚恤。截至2021年年底，常德市按政策要求足额发放优抚资金；按规定落实伤残等级调整、抚恤转移、补评残以及带病返

常德市桃源县漳江街道退役军人服务站接待室内景

（桃源县退役军人事务局 供图）

乡审批，换发残疾军人证若干；定期组织重点优抚对象和烈士父母开展短期疗养活动，送医送药下乡惠及农村籍退役军人；健全帮扶援助机制，常态联系市、县、乡、村四级走访慰问退役军人和其他优抚对象，发放慰问、解困经费物资总计1.2亿元。全市大力改善军休人员服务管理水平和基础设施建设，妥善安置退休干部和伤病残士官，为军休干部更换离退休证件，推广“养老家政、社会服务、互联网+智慧养老”军休社会化服务，持续丰富军休文化活动。

【拥护与褒扬】 常态化开展送军功喜报、悬挂光荣牌工作。构建“政府主导、军地合力、社会参与”的“三位一体”拥军优属新模式，加大拥军服务联盟影响力，充分发挥26家拥军联盟成员单位服务功能，形成点面结合、行业覆盖、整体推动的社会化拥军格局。持续开展“走边关、联基层、暖兵心”“关爱子弟兵每一天”“送新兵迎老兵”等拥军活动，积极协调驻常德部队参与乡村振兴、抢险救灾、应急维稳等参建参治工作。在全省首个建立“拥军关爱金”，9月举办常德市首届拥军关爱金发放仪式。加强烈士纪念设施保护管理，做好烈士亲属服务管理工作，推动常德市烈士纪念馆布展装修进程，为烈属进行烈士证明书换、补发申报工作；在清明节、烈士公祭日等重要节日，创新组织集中祭扫、陪同异地祭扫。3月30日，组织开展“守护·2021清明祭英烈”集体祭扫活动。以党史学习教育为契机，挖掘革命先进事迹，大力开展缅怀英烈主题党日活动，牢牢树立崇尚英雄烈士、学习奉献精神、捍卫先辈荣光的鲜明导向；对全市烈士纪念设施进行全面摸底排查，逐一调研核查、分类建档立册，全力推动英雄烈士纪念设施、零散烈士墓管理修缮工作，逐步形成统一规范的褒扬纪念机制，促进营造良好氛围。

【建成市退役军人之家】 8月31日，常德市退役军人之家正式启用。2021年，常德市退役军人服务中心投资60万元建成230平方米的市退役军人之家。市财政预算30万元经费保障退役军人之家实体化运转，建立两代表一委员工作室、老兵谈心室、就业创业导师工作室、老兵红色讲堂、法律援助站、拥军服务联盟、退役军人志愿服务支队、健康驿站、军人书屋、荣誉室等10个特色服务功能室，充分发挥领导小组成员单位作用和社会各界力量，带动全市开展红色宣讲、思想教育、医疗门诊、法律援助等社会化服务，打造“退役军人事务部门+服务中心+社会力量”联动服务保障新格局。

【开展“老兵永远跟党走”专题活动】 2021年，结合党史学习教育、中国共产党成立100周年，在全市组织开展“老兵永远跟党走”专题活动，对党龄50年以上部分优秀老兵、各行各业优秀老兵进行全方位采访报道，与多方媒体联合策划宣传，大力宣扬退役军人先进事例，持续增强退役军人正面形象和社会影响力。评选出“全市最美退役军人”，其中11名入选“全省最美退役军人”“全省百名兵支书”，充分发挥退役军人示范引领作用，开展红色教育活动32场次。

（谭辉滢）

无线电管理

【概况】 2021年，常德市无线电管理处开展日常频谱监测。累计实施各类无线电频谱监测8000余小时。重点对调频广播、航空、铁路、公众通信、5G等频率进行专项重点监测，开展打击治理“黑广播”“伪基站”累计监测900小时，完成国家、省办下达的无线电监测任务和日常监测计划。

无线电行政执法。深入开展“村村响”广播干扰民航用频专项整治，开展打击“黑广播”“伪基站”违法专项行动，开展无线电发射设备销售备案专项检查，保障设台大户和重要部门用频安全，及时排查处理无线电干扰申诉。全年全市共受理无线电干扰申诉7起，排查干扰5起，行政执法累计出动技术人员108人次，车辆28台次。排查处置桃源县联通公司公众通信频率、桃花源机场地空通信频率、湘鄂边界5G频段干扰、市城区联通和电信公司公众通信干扰、石门县移动公司5G频段干扰5起，赴津市、澧县、安乡等地开展2个疑似“黑广播”频点专项查处行动。联合市文旅广体局共同协调开展“村村响”广播干扰民航用频专项整治工作，对乡镇调频广播台站进行现场测试和排查协调，累计出动技术人员30人次，车辆10台次。对市水表厂、大疆无人机、迪卡侬、中国联通常德分公司等相关经销商开展无线电发射设备销售备案专项检查，督促全市所有销售无线电发射设备的经销商做好经营主体登记和在售设备登记。

助力5G基站建设。积极为重点设台用频单位提供技术支持与服务，赴临澧四新岗导航站、桃花源机场新建航空无线电台站、澧县广电等部门开展信号检测和电磁环境测试，组织技术人员对桃花源机场民航专用频率、高铁专用频率进行保护性监测，配合市委办、石门和汉寿考务部门做好5G屏蔽器测试选型和技术指导等。全年技术服务累计出动人员74人次，车辆22台次。组织召开全市5G基站建设座谈会；在湘鄂两省省级无线电管理机构的协调下，联合荆州市无线电管理处、中国移动常德分公司、安乡县工信局等相关部门，共同参与湘鄂边界5G干扰联合处置工作。

重大活动保障。全年参与并完成全国高考、学考、全省公务员招考等31场考试的无线电安全保障工作，累计出动技术人员224人次、无线电监测车辆69台次，以及多套信号压制系统和便携式无线电监测设备，监测保障1020余小时，实施无线电管制500余小时，发现并成功阻断2起作弊信号，有效维护考试公平、公正。全力做好春节、“中国共产党成立100周年庆典活动”等重要时期无线电秩序管理，严格执行24小时无线电监测值班制度，主动联系辖区各广播电视台等重点保障单位，组织对部分设台单位进行安全检查，同时对中心控制机房、固定监测站、移动监测车进行安全检查和维护，为做好无线电安全保障工作提供技术保障。

技术演练培训。全年举办业务培训和技术演练5次，参加国家和省级主管部门、市委、市政府组织的各类业务培训45人次，其中1名技术骨干参与全省业务培训三年行动计划重点课题研究，3名技术人员被列为全省无线电管理机构专业技术骨干重点培养对象。举办全市无线电管理法治培训、5G专题讲座、全省八市州无线电管理联合技术演练等业务技术培训3次。选派业务技术骨干参加国家、省级主管部门组织的无线电管理业务培训10次。

【无线电科普宣传】 为扩大无线电管理工作的社会影响，加强群众对无线电法律法规、科普知识和“红色电波”历史的进一步了解，联合区县市工信局、运营商和湖南省无线电协会先后开展“全国无线电管理宣传月”和无线电科普宣传等主题活动，摆放宣传展板50多块，发放各类宣传资料2.8万份。5月25日，做客“市长热线”栏目直播间，通过微直播和电台现场解答市民、听众提出的无线电热点焦点问题。

【无线电管理体制改革】 根据全省无线电管理体制改革的统一部署和省委编办《关于调整优化全省无线电管理体制有关事项的通知》（湘编办〔2021〕20号）、《中共常德市委机构编制委员会关于明确市本级无线电管理体制改革有关机构编制事项的通知》（常编发〔2022〕13号）的文件精神，撤销省无线电管理委员会办公室常德管理处的独立机构建制，将其整体并入市工业和信息化局并保留原机构牌子。市工信局内设无线电管理科，下属常德市无线电监测站更名省无线电管理委员会办公室常德市无线电监测站。省无线电管理委员会常德市管理处、省无线电管理委员会办公室常德市无线电监测站分别为省工信厅向常德市派出的无线电管理机构和监测机构，在省无线电管理机构的授权范围内履行职责，实行由省工信厅和常德市双重管理体制，其中业务工作以省工信厅管理为主，组织人事、机构编制、工资福利等工作以属地管理为主。

（戴志爱）

信访工作

【概况】 2021年，常德市信访形势总体平稳，信访秩序可控，到市以上上访量均呈下降趋势。进京上访同比2020年批次、人次分别下降45.6%、50.7%；赴省登记同比2020年批次、人次分别下降19%、29%；到市上访同比2020年，人次下降3.6%。市本级（含上级转交）受理群众来信1307件、网上投诉3272件。2021年，信访工作绩效考核和责任目标管理考核成绩名列全省第一；获评全省五年一度（2017—2021年）信访工作的先进单位；圆满完成全国两会、中国共产党成立100周年和“省党代会”特护期工作，被评为全省先进单位。石门县、澧县、西湖管理区、西洞庭管理区、常德经济技术开发区等5个县市区获评省信访工作“三无”创建达标县市区（省政府真抓实干激励奖励）。

【责任落实】 主管担责。落实市、县、乡、村四级领导班子带头落实信访工作责任制。完善议发展必议信访、述职述责必述信访、考德考绩必考信访等工作制度。2021年，针对省信访联席会议下达的工作目标要求及中国共产党成立100周年特别安保任务，市委书记、市长主持召开全局性会议6次，市委常委会会议、市政府常务会议先后15次专题研究、部署、调度信访工作，市信访联席会议三位召集人主持工作调度会（含约谈会）13次。突出以“资源整合、力量融合、功能聚合、手段综合”为抓手。39家市直部门联合参与接劝返134次，化解突出隐患490个。强化“看好自己的门，管好自己的人”理念，全市连续10年未发生在职人员上访滋事情况。督导压责。对每月重复信访5次以上的，点对点告知提醒，并责成相关单位整改；对每季度重复信访10次以上的，开展实地督查，推动问题解决；对每半年重复信访20次以上的，纳入重点管理，启动约谈问责。2021年，市委、市政府督查室联合市维稳联席办、市信访联席办开展联合督导6次，督促解决疑难复杂信访问题325件。

【满意窗口创建】 进一步优化市县两级接待大厅布局，简化办理流程；向乡村两级延伸，完善基础条件，坚持办理信访关口前移，进一步畅通来信绿色通道和网上信访渠道。提升业务能力。采取跟班学习、联点指导、办班讲课等形式，全力提升业务工作水平。全年市、县两级举办信访业务培训班9场次，培训市直单位、区县信访业务骨干2100余人次。提高办理质量。把好初信初访事项办理时效关、程序关、质量关，组织线上、线下两条工作专线，开展回访核实。区县市信访局长每月坚持用两天时间下访、走访。

【“无上访村”（社区）建设】 认真落实市委常委会、市政府常务会作出的开展“无上访村（社）”建设的有关精神，用好用活市县两级财政安排的专项奖励经费（市级财政每年1200万元，县级财政各县专项划拨），以乡街、村社为重点，夯实基层基础，抓好初信初访的办理，开展回访核实，推进信访工作的源头治理，信访矛盾纠纷一次性化解率在95%以上。探索新时代“枫桥经验”常德版，出台《关于建设群众信访县级“终点站”的指导意见》，以“三级治理、四调联动”的方法与新模式推动工作，得到省信访局的认可和推介，有关经验和领导署名文章在《法治日报》《人民信访》予以刊登。在村社推行“一核多元、村社自治”，力保小事不出村社；在乡街推行“联合会诊、书记兜底”力争大事不出乡街；在区县推行“四调联动、县域止访”，即建立信访调解与人民调解、行政调解、司法调解联通互动、资源互补、协调有序的工作机制，开展诉源治理和非诉讼方式化解矛盾纠纷，坚持调解在先，诉讼断后原则，充分发挥各类社会组织的行业性、专业性、职业性优势，促进矛盾纠纷化解，力求信访止于区县，打造群众信访县级“终点站”。

【开展专项行动】 开展重复访、进京越级访专项治理，实行清单式交办、挂图作战、专班攻坚。全年上级交办的第一批积案已全部化解上报；第二批完成90%以上的化解任务，两批化解的进度和质量均在全省靠前。针对房地产领域信访突出问题，成立以市长为组长的专项治理领导小组，对全市城建领域的110个突出问题、183个办证难问题、614个物业管理问题，进行集中治理，突出问题化解率达94%，办证难问题解决率达86%，物业管理问题化解率94%。

（李　刚　王舒菲）

中国人民政治协商会议常德市委员会

综述

【概况】 2021年是"十四五"开局之年，也是政协换届之年。市政协在市委的坚强领导下，围绕服务全市改革发展担当作为、履职尽责，作出积极贡献。

政治引领。党史教育。扎实开展专题学习宣讲和"我为群众办实事"实践活动，开展政协系统"筑同心、跟党走"系列活动，引领广大政协委员和机关干部学党史、悟思想、强使命。党的建设。提请市委出台《新时代加强和改进人民政协工作的实施意见》，推动中央和省委、市委关于政协工作的新要求在常德落实落地。扎实推进市政协党组带头学、主席会议和常委会会议集体学、委员线上线下联动学、机关工作会议集中学，及时跟进学习习近平总书记重要讲话、中央和省委市委系列重要会议、重要文件精神。意识形态。制定完善落实意识形态工作责任制实施方案、意识形态工作分析研判机制，加强政协网站、微信公众号、政协刊物等宣传阵地管控，牢牢把握意识形态工作的主动权。

【履职尽责】 协商建言。先后围绕加强饮用水水源地保护、加快发展民营经济、推进农产品精深加工、加强义务教育师资队伍建设、保护挖掘民族文化资源等主题，开展5次专题协商，形成一批高质量的协商成果。民主监督。以"助推'六稳'（稳就业、稳金融、稳外贸、稳外资、稳投资、稳预期）、'六保'（保居民就业、保基本民生、保市场主体、保粮食能源安全、保产业链供应链稳定、保基层运转）政策落地落实"为主题开展重点事项监督，由7个专委会牵头组建14个民主监督小组，对相关职能部门进行监督，帮助部门改进工作、推动政策落实。参政议政。围绕宗教政策贯彻落实情况、乡村振兴、城镇生活垃圾处理等主题开展主席会议视察，摸透实情，找准问题，提实对策。编发社情民意信息91条，被市委、市政府领导批示47条，被省政协采用25条，促进一批发展和民生问题的解决。中心工作。市政协主席会议成员牵头抓好乡村振兴点村、示范片建设，协调和争取资金5000多万元，扶持发展一批产业项目；积极参与各专项小组工作，深入联系项目现场督导，协调解决具体问题，积极完成市委交办的重点任务。

【发展合力】 合作共事。巩固深化市政协党组与党派团体联席会议制度，积极为党派团体在政协履职搭建平台、创造条件。民主党派、工商联和无党派人士共提交提案106件，提交大会发言材料8篇，反映社情民意信息96篇。委员走访。以"助力'十四五'，服务新发展"为主题开展委员走访月活动，走访企事业单位和社会组织40多家，召开走访座谈会28场次，收集委员意见建议150多条。界别工作。积极探索发挥界别作用的机制和办法，出台《关于进一步加强和改进界别工作的意见》，开展界别履职活动，激发界别工作活力。履职平台。在全市政协系统统筹推进委员工作室建设，实现委员工作室政协委员"全入驻"、政协云"全上线"、乡镇（街道）"全覆盖"。

【能力建设】 服务管理。加大政协云推广运用力度，完善微建议征集办理反馈机制，打造委员线上履职平台。学习培训。按照政协委员培训届内全覆盖的要求，委托全国知名高校和全国政协干部培训中心开展年度培训，组织区县市政协主席外出培训，提升综合素养和履职能力。

（文明铭）

重要会议

【市政协七届五次会议】 2021年1月4—8日，中国人民政治协商会议常德市第七届委员会第五次会议召开。会议审议批准李爱国代表市政协第七届委员会常务委员会所作的工作报告，审议批准何英平代表市政协第七届委员会常务委员会所作的提案工作情况报告，选举朱水平为市政协主席，增补游灯华等6人为市政协常务委员。

【市政协八届一次会议】 2021年12月27日至2022年1月1日，中国人民政治协商会议常德市第八届委员会第一次会议召开。会议审议批准朱水平代表市政协第七届委员会常务委员会所作的工作报告，审议批准何英平代表市政协第七届委员会常务委员会所作的提案工作情况报告，选举产生市政协第八届委员会主席、副主席、秘书长和常务委员。

【市政协常委会会议】 2021年1月7日，市政协主席李爱国主持召开市政协七届二十二次常委会会议，听取市政协七届五次会议人事事项协商酝酿等情况汇报，通过有关名单、文件草案。

5月21日，市政协主席朱水平主持召开市政协七届二十三次常委会会议，专题协商加强饮用水水源地保护。

8月31日，市政协主席朱水平主持召开市政协七届二十四次常委会会议，听取2021年上半年全市经济社会发展情况的通报，专题协商促进乡村特色产业发展。

12月17日，市政协主席朱水平主持召开市政协七届二十五次常委会会议，听取2021年全市经济社会发展情况、政协建议案建议函等重要履职成果转化运用情况、全市党风廉政建设和反腐败工作情况的通报，审议通过市政协有关人事事项和市政协八届一次会议有关事项，表彰一批先进单位和个人。

2021年12月28日，政协常德市第八届委员会第一次会议在湖南文理学院艺术中心开幕

（何加贝 摄）

【主席会议】 1月6日，市政协主席李爱国主持召开市政协七届五次会议临时党委（扩大）会议暨市政协第七届第六十次主席会议，协商市政协七届五次会议有关人事安排及大会选举相关工作，审查、审议大会提案相关事项。

1月7日，市政协主席李爱国主持召开市政协第七届第六十一次主席会议，协商市政协七届五次会议有关人事事项，审议选举办法和相关文件。

2月23日，市政协主席朱水平主持召开市政协第七届第六十二次主席会议，传达学习中共中央政治局第二十七次集体学习有关精神，审议通过有关文件（草案）。

3月26日，市政协主席朱水平主持召开市政协第七届第六十三次主席会议，专题视察《宗教事务条例》贯彻落实情况。

4月15—16日，市政协主席朱水平主持召开市政协第七届第六十四次主席会议，专题视察文旅康养产业发展。

5月28日，市政协主席朱水平主持召开市政协第七届第六十五次主席会议，专题视察城镇生活垃圾处理。

6月11日，市政协主席朱水平主持召开市政协第七届第六十六次主席会议，专题协商加快发展民营经济、助力打造全国重要先进制造业基地。

7月20日，市政协主席朱水平主持召开市政协第七届第六十七次主席会议，专题视察乡村振兴工作。

8月25日，市政协主席朱水平主持召开市政协第七届第六十八次主席会议，专题视察常德国家农业科技园区建设。

9月9日，市政协主席朱水平主持召开市政协第七届第六十九次主

2021年5月28日，市政协召开第七届第六十五次主席会议，专题视察城镇生活垃圾处理
（何加贝　摄）

席会议，专题协商加强义务教育师资队伍建设。

10月21日，市政协主席朱水平主持召开市政协第七届第七十次主席会议，专题协商保护和传承民族文化。

11月26日，市政协主席朱水平主持召开市政协第七届第七十一次主席会议，审议通过有关会议方案（草案），审议通过有关表彰名单。

12月15日，市政协主席朱水平主持召开市政协第七届第七十二次主席会议，协商市政协八届一次全会有关事项，审议有关文件草案。

【其他重要会议】　2021年2月22日，市政协主席朱水平主持召开2021年度政协工作联席会议，市委副书记黄清宇出席会议并讲话。市领导陈华、罗翠林、罗毅君、罗先东、何英平、傅绍平、彭孟雄、洪振海、熊国建，市政协秘书长吴德新出席会议。市政协副主席洪振海通报市政协有关工作情况，与会人员围绕市政协2021年度协商工作计划、民主监督方案、委员培训计划等展开讨论，并提出意见建议。

3月18日，市政协主席、党组书记朱水平主持召开市政协党组与各党派团体2021年第一次联席会议，市委常委、市委统战部部长、市政协党组副书记陈华出席会议。

10月12日，市政协召开2021年民主评议提案办理工作会议，总结通报2021年全市提案办理工作情况，民主评议2021年以来提案办理工作。市委副书记、市委统战部部长、市政协党组副书记陈华，市委常委、市政府党组副书记徐永健，市政协主席会议成员出席会议。

11月8日，市政协召开“助推六稳六保政策落地落实”重点事项监督评议会议。市委副书记、市委统战部部长、市政协党组副书记陈华，市委常委、市政府党组副书记徐永健，市委常委、市纪委书记、市监委代理主任何艺辉，市政协主席会议成员出席会议。

（杨　锦）

政治协商

【概况】　2021年，市政协共开展协商活动19次。其中，议政性常委会会议协商2次，主席会议专题协商3次，对口协商和界别协商14次。12月17日，市政协七届二十五次常委会议通报市政府研究处理市政协主席会议建议函和常委会会议建议案办理情况。对于会议建议案、会议建议函，市政府明确指示逐条研究、细化措施、确保成效。

【议政性常委会会议协商】　市政协七届二十三次常委会会议专题协商加强饮用水水源地保护。会议审议通过《关于加强饮用水水源地保护、改善城乡供水保障水平》建议案，并呈送市委、市政府。

市政协七届二十四次常委会会议，协商促进乡村特色产业发展。会议审议通过《关于推进农产品精深加工》建议案，并呈送市委、市政府。

【主席会议协商】　市政协第七届第六十六次主席会议，专题协商加快发展民营经济、助力打造全国重要先进制造业基地。会议审议通过《关于加快发展民营经济、助力打造全国重要先进制造业基地》建议函，并呈送市委、市政府。

市政协第七届第六十九次主席会议，专题协商加强义务教育师资队伍建设。会议审议通过《关于加强我市义务教育师资队伍建设》建议函，并呈送市委、市政府。

市政协第七届第七十次主席会议，专题协商保护和传承民族文化。会议审议通过《关于保护和传承民族文化》建议函，并呈送市委、市政府。

【对口协商和界别协商】　2021年，市政协7个专委会共开展14次对口协商和界别协商活动，通过召开专门协商会议，形成调研报告、社情民意信息、提案的形式，促进相关问题的解决。

（杨　锦）

民主监督

【概况】 2021年，市政协围绕“助推六稳六保政策落地落实”主题，由7个专委会牵头组建14个监督小组，对市民政局、市人社局、市财政局等14个市直单位开展重点事项监督。市政协主席会议成员根据分工联系指导相应的专委会开展工作，由市政协委员学习联络委牵头，协调抓好监督实施，做到民主监督有计划、有组织、有程序、有步骤，充分发挥委员主体作用和政协组织优势。

监督小组通过网上征询、调研摸底，对接见面、问卷调查等方式，广泛听取企业代表、基层群众和产业项目负责人等方面意见，向社会收集有关问题和建议。聚焦监督主题，厘清单位的职能职责，重点监督“六稳”“六保”工作中责任担当、政策落实、行政效能、营商环境和工作作风等方面情况，建立联络员工作机制，及时了解部门单位工作进展。及时组织基层协商、委员工作室宣讲和调研座谈等，有条不紊开展监督活动。4—10月，市政协各监督小组认真履职、扎实工作，累计开展走访活动40余次，走访企业70多家，召开座谈会35次，发放调查问卷1500多份，通过归纳梳理，共综合反映问题48个。

【“助推六稳六保政策落地落实”重点事项监督评议会议】 11月8日，市政协召开“助推六稳六保政策落地落实”重点事项监督评议会议，14名市政协委员代表重点事项监督小组对14个在“助推六稳六保政策落地落实”工作中具有代表性的单位和部门进行现场评议，市政协常委会会议组成人员、各监督小组成员现场对各监督单位“助推六稳六保政策落地落实”情况进行满意度测评，市政府对市政协评议综合出的48个具体问题进行现场交办。

（邹成奇）

2021年11月8日，市政协召开“助推六稳六保政策落地落实”重点事项监督评议会议（何加贝 摄）

提案建议

【概况】 2021年，全市政协委员、政协各参加单位积极通过提案建言献策，共提交提案339件，经审查立案307件（大会提案295件、闭会提案12件）。其中，经济建设类提案88件、政治建设类提案46件、文化建设类提案40件、社会建设类提案109件、生态文明建设类提案24件。立案提案中有19件提案得到市委、市政府领导签批37件次。市政协提案委根据《政协常德市委员会重点提案遴选与督办暂行办法》，确定9件提案由市政协主席会议成员领衔督办，7件提案由市政协各专委会对口督办，有效发挥重点提案办理的良好示范作用，进一步深化提案办理协商，促进提案办理落实。截至2021年8月，所有提案全部办复，综合整体办理情况，提案所提问题得到解决或部分解决的A类提案131件，占42.7%；所提问题正在解决或列入计划逐步解决的B类提案161件，占52.4%；所提问题因政策或其他条件限制目前不能解决的C类提案15件，占4.9%。

【民主评议提案办理工作会议】 10月12日，市政协组织召开2021年民主评议提案办理工作会议，总结通报2021年全市提案办理工作情况，民主评议年度提案办理工作，该会议是市政协连续第十五年召开民主评议提案办理工作会议。会议通报2021年全市提案办理工作情况，市委、市政府分管提案办理工作的负责人分别通报党委系统、政府系统提案办理工作情况，7名市政协委员进行个案点评。2021年度常德市提案办理工作顺利完成，实现沟通率、按时办结率、满意率“3个100%”。

（余泳东）

调研交流

【概况】 2021年，聚集年度重点协商课题和市委、市政府中心工作，由市政协主席会议成员带队，组织赴外地学习考察走访活动13次，学习借鉴外地先进经验，走访旅外市政协委员，提出指导常德相关工作实践的意见建议。

【考察交流】 3月8—14日，市政协主席朱水平带队赴深圳、东莞、珠海、广州等地，走访市政协旅外委员。

3月22—26日，市政协副主席洪振海带队赴广东、浙江、福建等地开展加强饮用水水源地保护常委会会议协商课题调研。

4月19—22日，市政协主席朱水平带队赴西安走访市政协旅外委员、西安市常德商会。

4月24—28日，市政协副主席彭孟雄带队赴重庆开展推进农产品精深加工常委会会议协商课题调研。

5月7—12日，市政协副主席傅绍平带队赴四川、重庆考察民间典藏和古建筑保护工作。

5月10—15日，市政协副主席熊国建带队赴长三角开展“加快发展民营经济，助力打造全国重要先进制造业基地”主席会议协商课题调研。

5月17—20日，市政协主席朱水平带队赴湖北荆州、丹江口、鄂州、咸宁等地考察饮用水水源地保护工作。

6月20—25日，市政协副主席彭孟雄带队赴太原、长治、郑州、漯河、襄阳等地考察农产品精深加工产业发展情况。

7月18—26日，市政协副主席洪振海带队赴甘肃、新疆、宁夏学习考察民族文化工作。

10月17—20日，市政协主席朱水平带队赴深圳考察招商，并视察旅外委员工作室。

10月18—22日，市政协副主席熊国建带队赴永州学习考察少数民族地区文化传承情况。

10月28日至11月3日，市政协副主席洪振海带队赴湖北、重庆等地学习考察政协特色亮点工作。

11月27日至12月3日，市政协副主席熊国建带队赴广州、东莞、惠州等地参加商会换届活动并开展招商推介。

（杨　锦）

表4　　市政协七届五次会议重点提案一览表

编号	提案者	案　由
253	张见明、夏孝涛、刘飞	关于妥善解决退捕渔民上岸安置问题的提案
028	唐少芳	关于加快现代装备制造配套产业园高质量发展的提案
255	唐直秋、郭美玲	关于深化广电参与智慧常德建设的提案
059	郭高生	关于发展常德“物流”经济、夯实机场发展基础的提案
272	张国友	关于增强体育教育、增设体育生态园的提案
276	民革常德市委、刘丽、胡军、胡丽绚	关于进一步抓牢农村人居环境整治的提案
007	童婧	关于建设热市温泉特色小镇的提案
280	陈建国、王斌武、覃仕新、罗玉双、蹇尚文	关于在洞庭湖设立生态系统研究站的提案
045	民建常德市委、鲁祖辉、陈卿、张波	关于补齐生产性服务业发展短板的提案
214	农工党常德市委、胡剑鹏、蔡均礼、石佳鑫	关于变“被动治病”为“主动防病”、实现全民健康的提案
128	夏小雯	关于建立常德市应急科普工作机制的提案
232	牟杰智、肖超银、朱惠平、李湘、熊文琴	关于持续深入推进健康扶贫工作的提案
113	市政协社会法制和民族宗教委	关于加强诚信建设、构建有序市场环境的提案
076	王峥、辛俊、顾鸿峰	关于支持沙安高速湖南段纳入湖南省规划网的提案
101	邓波	关于增设企业检查报备和首查免罚制度、优化营商环境的提案
055	周欢、佘斌	关于以港兴城、推动开放型经济发展的提案
098	傅绍平、周思新、傅新民、彭梅华	关于将公职人员心理评估测量和睡眠健康纳入常规体检项目的提案
267	侯奇伟	关于组建常德医学院、培养医药人才的提案
180	民盟常德市委	关于扛起“产粮大市”责任、为保障粮食安全贡献力量的提案

中共常德市纪律检查委员会 常德市监察委员会

综述

【概况】 2021年，中共常德市纪律检查委员会、常德市监察委员会（以下简称市纪委市监委）始终坚持全面从严治党。严格落实“十个严禁”等换届纪律规定，坚持纪律教育、全程监督、廉政把关、执纪问责“四个从严”，对2905人次进行党风廉政审查，提出暂缓使用意见70人次，全市市县乡村四级换届和市县两会纪律严明、风清气正。出台严明疫情防控纪律规定，全程跟进压实防疫责任，助力打赢疫情防控遭遇战。深化拓展“洞庭清波”专项行动，建立监督清单和整改清单，督促抓好中央和省挂牌督办问题的整改工作，全市追责问责149人。统筹推进政府管理资金防风险堵漏洞专项监督和“清廉医保”专项监督检查，坚决守护好老百姓的“钱袋子”，全市共处理处分199人，追缴挽回损失550万余元。开展粮食购销领域腐败问题专项整治，实行专项监督与专项巡察一体推进、同向发力，发现问题108个，立案13件，处理17人，留置2人。开展损害营商环境突出问题专项治理，出台亲清政商关系“正负清单”，设立30家营商环境监测点，全市立案106起，处理处分175人。建立容错免责机制，依规依纪对85名党员干部予以容错免责备案，持续释放严惩违纪者、宽容失误者、激励干事者的信号。

开展“专项整治惠民行、巩固脱贫攻坚成果帮扶行、助力乡村振兴给力行、走访先进模范和基层群众暖心行”活动。推进市县乡纪委换届工作，选优配强纪委领导班子。以全员培训、结对练兵、信访精品案例评选为抓手，进一步提升监督执纪执法能力。主动接受外部监督，注重发挥特约监察员作用，依法依规、稳妥有序向市人大常委会报告市监委专项工作。严格落实省纪委监委“十二个严禁”，严明“31条负面清单”，健全涉案人员处置及财物管理、请示报告、内部督查等制度，强化廉政风险防控。

2021年4月9日，中共常德市第七届纪委第六次全体会议召开

（市纪委 供图）

全市立案纪检监察干部5人，组织处理71人。2021年，常德市纪委获“湖南省脱贫攻坚先进集体”称号；常德市纪委监委、桃源县纪委监委获评湖南省扫黑除恶专项斗争先进集体，两名纪检监察干部获先进工作者称号；获颁“全国文明单位”奖牌。

省纪委监委到常德调研。9月27日，省委常委、省纪委书记、省监委代理主任王双全到常德市调研。王双全先后到武陵区东江街道新坡社区、常德市公共资源交易中心、市政务服务中心、武陵区纪委监委机关等地考察，看望慰问纪检监察干部，观看市纪委监委政治生态监测评估系统演示，听取市委履行全面从严治党主体责任和市纪委工作情况汇报。10月26—27日，省纪委常务副书记、省监委副主任许忠建一行到常德，就省纪委在省党代会上的工作报告征求意见，同时对“洞庭清波”专项行动现场调研。12月7—9日，省纪委副书记、省监委副主任蔡亭英到常德市，就学习贯彻落实中共十九届六中全会和省第十二次党代会精神进行宣讲，听取常德纪检监察工作情况汇报，并对“清廉湖南”建设、“洞庭清波”专项行动、护航营商环境、案件监督管理和专案工作开展调研。12月29日，省纪委常委樊凤鸣率队到安乡县调研珊瑚湖综合治理工作。

【举办首届纪检监察信访举报五大“经典案例”评选活动】 12月3日，常德市纪委监委组织召开纪检监察信访举报五大“经典案例”评选会，市纪委常务副书记、市监委副主任向才焰出席会议并讲话。经过前期的资格审查全市共有14件案例进入12月3日的案例会议评审环节。评选活动设置有提问环节，相关委领导和来自案件审理、监督检查、信访举报、调研法规、宣传教育等部门的负责人组成7人评审委员会，根据评价指标给出分值，评出五大“经典案例”。最终，澧县纪委监委、汉寿县纪委监委、武陵区纪委监委、安乡县纪委监委、西湖管理区纪委监工委选送的案例获评五大“经典案例”。

（易　敏　陈婷玉）

2021年9月26日，中国共产党常德市第八届纪律检查委员会第一次全体会议召开

（市纪委　供图）

重要会议

【中共常德市纪委七届六次全会召开】 4月9日，中国共产党常德市第七届纪律检查委员会第六次全体会议在市工人文化宫召开。出席全会的市纪委委员30人，列席681人。市委书记出席全会并发表讲话。市委副书记、市长邹文辉主持会议。市委常委，市人大常委会、市政府、市政协领导人出席会议。全会以习近平新时代中国特色社会主义思想为指导，深入贯彻中共十九大和十九届二中、三中、四中、五中全会精神，按照十九届中央纪委五次全会、十一届省纪委六次全会部署和市委要求，总结2020年纪检监察工作，部署2021年任务，审议通过罗翠林代表市纪委常委会所作的题为《强化引领保障，建设清廉常德，为开启我市现代化新征程提供坚强政治保证》的工作报告。

【中共常德市纪委七届八次全会召开】 9月17日，中共常德市第七届纪律检查委员会第八次全体会议召开，听取市纪委向市第八次党代会的工作报告的起草情况说明，审议通过市第七届纪委向市第八次党代会的工作报告（审议稿）。市委常委、市纪委书记、市监委代理主任何艺辉主持会议。

【中共常德市第八届纪委第一次全会召开】 9月24—26日，中国共产党常德市第八次代表大会召开，会上选举产生中国共产党常德市第八届纪律检查委员会。9月26日，中国共产党常德市第八届纪律检查委员会举行第一次全体会议，选举产生中共常德市纪律检查委员会书记、副书记和常务委员会委员。何艺辉主持会议。会议以无记名投票方式，选举何艺辉、向才焰、覃歇民、万长华、杜强、郭建、刘朝明、周罗佳、袁成宇9人为中共常德市第八届纪律检查委员会常务委员会委员；何艺辉当选中共常德市第八届纪律检查委员会书记，向才焰、覃歇民、万长华当选中共常德市第八届纪律检查委员会副书记。选举结果经中共常德市委八届一次全会通过。

【全市纪检监察干部警示教育大会召开】 12月10日，常德市纪委监委召开全市纪检监察干部警示教育大会。市委常委、市纪委书记、市监委代理主任何艺辉出席会议并讲话。会议对学习贯彻落实中共十九届六中全会、省第十二次党代会和十二届省纪委一次全会精神进行再强调、再部署，通报两起纪检监察干部违纪违法典型案例，传达学习省纪委监委出台的“十二个严禁”负面清单有关要求，部分纪检监察干部就强化自律，筑牢思想防线作表态发言。市纪委监委领导班子成员，各区县市纪委监委领导班子成员，“六区”纪（工）委监工委书记、副书记，市管企业纪委书记（监察专员）、副书记，市纪委监委内设机构、派驻机构、市委巡察机构、市直纪检监察工委全体干部参加会议。

（易　敏　陈婷玉）

纪检监察体制改革

【概况】 体制改革。强化上级纪委对下级纪委的领导，积极探索“室组”联动监督、“室组地”联合办案。加强对派驻机构的领导与指导，注重发挥派驻监督“探头”作用，市纪委市监委派驻机构处置问题线索452件。严格落实中央、省纪委省监委和市委关于加强对“一把手”监督的各项措施，建立完善谈心谈话、“廉政画像”“八小时之外”监督等制度，将日常监督、专项检查、巡察监督“探头”重点对准各级“一把手”，不断规范“一把手”权力行使。发挥政治生态监测评估体系作用，加强对各地各部门政治生态状况监督治理。试点建设“监督一点通”平台，加强对村（社区）小微权力的监督。坚持抓早抓小、强化日常监督，全市运用“四种形态”批评教育帮助和处理6151人次，其中第一、二种形态占94.7%。

【机构编制工作首次纳入市委巡察专项检查内容】 3月19日，七届市委第九轮巡察首次将机构编制工作纳入专项检查内容。是常德市深入贯彻落实习近平总书记关于机构编制工作重要指示精神的又一重要举措。该轮巡察中，市委编办从全市机构编制系统抽调精干力量，组成专项检查组，采取听取汇报、深入谈话、查阅档案、发放问卷、受理举报、问题核查等方式，重点检查被巡察党组织贯彻落实《中国共产党机构编制工作条例》、党和国家机构改革、机构编制重大决策部署、机构编制法规文件等情况。同时，机构编制专项检查将重点聚焦机构改革后新组建的行政事业单位，以及深化“放管服”改革的责任单位在职能职责优化、运行顺畅有效、队伍整合融合等方面的情况，深入查找违规干预下级机构编制事项等问题。

【市监委向市人大报告专项工作】 8月30—31日，市七届人大常委会召开第42次会议。市人大常委会党组书记、代理主任余怀民出席会议，并主持第二次全体会议。会上，市七届人大常委会听取和审议市监察委员会关于全市扫黑除恶“打伞破网”工作情况的报告。市委常委、市纪委书记、市监委代理主任何艺辉代表市监察委员会作报告。为市人大常委会首次听取市监察委员会专项工作报告。根据宪法和监察法规定，地方各级监察委员会对本级人民代表大会及其常务委员会和上一级监察委员会负责，并接受其监督。向市人大常委会作专项工作报告，是市监察委员会接受市人大及其常委会监督的重要方式。

【探索“室组”联动机制】 2021年，为进一步规范工作程序，厘清工作职责，发挥机关监督检查室与派驻纪检监察组联动监督的最大效能，常德市纪委监委探索“室组”联动机制，在日常监督中达到“1+1>2”的效果。实行抄送备案、加强工作联动、密切沟通反馈、完善资料报送、畅通工作协同，打造监督铁军。常德市纪委监委“室组”联动，机关监督检查室与其所联系的派驻纪检监察组统筹一体推进。

（易　敏　陈婷玉）

监督执纪

【概况】 纠治“四风”。坚定不移落实中央八项规定及其实施细则精神，严格执行省纪委监委“十严禁”，出台纠治“四风”问题“八项措施”，重申违规吃喝“七严禁”纪律要求，强化“互联网+监督”公务用餐子系统运用，不断织密作风建设的制度笼子。进一步强化监督执纪问责，根治违规收送红包礼金、违规公款吃喝、私车公养、“不吃公款吃老板”等顽疾，形成有力震慑。在20家单位或地区设立形式主义官僚主义监测点，收集并督促整改突出问题30个。全市查处违反中央八项规定精神问题266起，处理处分440人。坚持治陋习与树新风并举，打造桃花源廉洁文化专线，指导廉政教育基地改造提质，加强廉洁文化建设。

专项整治。坚持小切口、准发力，扎实开展党史学习教育“我为群众办实事”实践活动。抓实过渡期专项监督，严肃查处乡村振兴项目建设、资金拨付使用中的腐败现象。开展惠民惠农资金“一卡通”专项监督和“学位、床位、车位、厕位”突出问题整治，严查优亲厚友、吃拿卡要、贪污腐败、谋私敛财等问题。全市共查处群众身边腐败和作风问题756个，处理处分923人。认真抓好“信访举报工作质量提升年”活动，通过积案攻坚、领导包案、带案下访等措施，化解疑难信访103件，全市信访举报总量、重复越级信访、农村信访下降明显。

政治巡察。市委对市直14个单位党组织开展第九轮常规巡察，发现问题307个，移交问题线索85条，市县两级完成一届任期内巡察全覆盖。认真抓好省委巡视办指导督导反馈问题的整改工作，进一步推进巡察工作规范化。健全巡察与组织、宣传、政法、信访、财政、审计等部门协作配合机制，巡察综合平台作用进一步彰显。指导推进上下联动试点工作，完善市县巡察上下联动工作机制，促进市县巡察协同联动。对2018年以来巡察整改落实情况开展督查，发现并督促整改突出问题124个。

【工程建设项目招投标突出问题专项整治】　5月10日，常德市召开深化工程建设项目招投标突出问题专项整治工作会议，对2021年的专项整治工作进行全面部署。市委常委、常务副市长罗毅君出席会议并讲话，市委常委、市纪委书记何艺辉主持会议。会议宣读《2021年工程建设项目招投标突出问题专项整治工作方案》《常德市发展和改革委关于开展全市超概算政府投资工程项目专项清查的通知》，市发改委、市住建局、市农业农村局、市生态环境局、桃源县政府、石门县政府等单位相关负责人作表态发言。

【集中督导粮食购销领域腐败问题专项整治工作】　11月5—15日，市纪委监委对粮食购销领域腐败问题专项整治工作开展情况进行全面集中督导。督导工作坚持问题导向、目标导向，现场看、专题听、当面点、共同议，逐级压实责任链条，全面梳理问题线索，推进专项整治工作稳步开展。

（易　敏　陈婷玉）

惩腐倡廉

【概况】　保持惩治腐败高压态势，全市共处置问题线索4212件，立案1688件，处分1503人，移送司法机关41人。协同开展政法队伍教育整顿，全市立案249人，处分154人，移送司法机关14人，326名政法系统干部主动向纪检监察机关讲清问题或投案。常态化开展扫黑除恶“打伞破网”，查处涉黑涉恶腐败和“保护伞”问题44个，处分17人，移送司法机关3人。深入开展工程建设项目招投标突出问题专项整治，纪检监察机关及相关部门共查处串通投标等问题198个，核查追责超概算项目12个，立案97件，处理处分348人，收缴处罚资金5000万余元。通过编发警示录、摄制警示片、用好纪检监察建议、改进处分决定宣布方式、开展受处分干部回访教育等措施，“不想腐”的思想觉悟不断增强。

【廉政文化教育基地“悟廉园”揭牌】　5月31日，市纪委市监委理论学习中心组（扩大）到桃花源旅游管理区黄土坡村，开展中心组集体学习暨党史学习教育“学史崇德”专题研讨。市委常委、市纪委书记何艺辉出席活动并讲话。当天下午，何艺辉和桃花源旅游管理区主要负责人共同为廉政文化教育基地揭牌，并带领中心组（扩大）成员参观悟廉园，在园中以悟修德、以悟崇德。随后，中心组（扩大）成员到黄土坡村村民文娱广场、新坡农市等地，参观“乡村振兴给力行”成果，并在村部开展“我为群众办实事”活动，向农户赠送鸡苗。

【公交28路清廉线路主题公交车】　7月22日，常德公交28路清廉线路主题公交车正式亮相，多辆车身绘有“开门纳廉　关门拒腐”宣传画的公交车成为常德廉洁宣传的一道流动风景线。28路是常德市首条将“清风拂袖不染尘埃”道德风范和“廉洁自律克己奉公”廉洁理念元素相融合的主题公交线路，该线路日均客流量近万人次，途经武陵大道、朗州路、人民路等城市主要道路，沿线贯穿党政机关、医院、学校、企业等地，覆盖人群广，有助于向基层传播廉洁文化。

（易　敏　陈婷玉）

巡察工作

【概述】　2021年，市委巡察办全面贯彻巡视工作方针，扎实履行“统筹协调、指导督导、服务保障”职能职责，推动新时代巡察工作高质量发展。

市县巡察一体规范。2021年，根据省委巡视办专题建议，研究制度体系整体框架，明确必需的基本制度清单，制定出台《公文管理制度》《印章管理制度》《档案管理制度》等内部管理制度31项。坚持“四边”工作法，结合上下联动试点工作，以“统筹加强市县巡察机构建设”和“统筹抓好全市巡察业务培训和区域力量整合”2个课题为突破口，出台《巡察干部选调和教育培训管理办法》，指导石门县出台《关于进一步统筹工作力量提升巡察效能的意见》，为高质量开展巡察工作提供制度支撑。对9个区县市开展巡察工作专项检查，向下传达省委巡视工作新标准新要求，召开区县市巡察现场指导督导情况反馈会，指出各区县市巡察机构存在的突出问题；对武陵区委第十轮巡察开展“跟进式”指导督导，发现并纠正问题25个。

巡察队伍建设。加强组织建设，制定党支部2021年党建工作要点，加强对巡察组临时党支部的党建工作指导，联合各临时党支部赴鼎城区草坪镇、常德高新区开展主题党日活动，增强巡察队伍凝聚力。加强能力建设，强化“以干代训”，共抽调18名区县市干部参与市委巡察工作，3名区县市巡察骨干参与省委巡视指导督导工作。加强作风建设，完善办组巡察干部考勤、经费报销等制度，将崇尚实干、厉行节约等要求落实到巡察工作全过程。加强“数字化”建设，全面启动巡察系统培训应用以及数据收集工作，实现对市县两级人员培训全覆盖，初步运用数据系统搭建市县两级数据模块。

巡察整改落实。把推动改革、促进发展作为巡察工作的落脚点，协调各方做深做实巡察整改“后半篇文章”。协调市委巡察组、市纪委市监委监督检查室联合成立整改专项督导组，对七届市委特别是2018年以来巡察整改落实情况开展督查，发现整改落实不到位、制度执行不力、持续整改流于形式等问题124个并督促整改到位。落实市委书记专题会议精神，函请相关部门加强对相关领域问题的整顿整治，协调市委组织部加强对全市二级机构机构编制情况的监督检查，协调市委宣传部加强对全市学校宣传阵地监管，协调市审计局对财务问题突出的2家单位开展专题审计，协调市人社局加强对社保资金的专项整顿等，督促各主管部门从严从实抓好整改、整章建制，不断提升相关领域治理能力。加大对巡察整改的宣传力度，全市巡察机构在《人民日报》《中国纪检监察报》等中央级媒体发表9篇，在《湖南日报》等省级媒体发表60余篇，在《清廉常德》等市级媒体发表130余篇，其中《叫停土政策打开新局面》《不该发的文明奖退了》等报道好评如潮。

【七届市委第九轮巡察工作】 3月19日，七届市委第九轮巡察工作动员部署会召开，市委常委、市纪委书记、市监委主任、市委巡察工作领导小组组长罗翠林作动员讲话，市委常委、市委组织部部长、市委巡察工作领导小组副组长梁仲主持会议。2021年3—5月，市委授权派出6个市委巡察组对常德高新区、市退役军人事务局等14个单位党组织开展常规巡察。重点聚焦“两个维护”根本任务，着力加强对中共十九届五中全会精神、“十四五”重大决策部署落实情况的监督检查，为护航“十四五”开局起步提供坚强政治保障。第九轮巡察共发现问题307个。7月21日，市委巡察工作领导小组召开专题会议，听取市委第九轮巡察情况汇报。精准画像评价单位政治生态，办组室会商研判问题线索，运用巡察专题建议助力改革，市县巡察一体化培训等做法得到省市领导高度肯定。七届市委巡察全覆盖实现圆满“收官”。

【书记专题会议听取巡察情况汇报】 8月10日，市委召开书记专题会议，听取市委第九轮巡察情况汇报。会议研究第九轮巡察成果运用意见，对巡察工作高质量发展提出要求。会议强调要强化巡察整改，做好做实巡察“后半篇文章”，高标准推进新一届市委巡察工作。市领导邹文辉、黄清宇、何艺辉、梁仲出席会议。

【涉粮领域专项巡察】 9月16日，全省粮食购销领域腐败问题专项整治暨涉粮问题专项巡视巡察工作动员部署电视电话会议召开，市委常委、市纪委书记、市监委代理主任、市委巡察工作领导小组组长何艺辉做表态发言，强调要深入开展涉粮问题政治监督，靶向整治粮食购销领域腐败问题。以省委部署涉粮问题专项巡视巡察为契机，市委共成立2个市级专项巡察组、9个县级交叉巡察组，由市级统筹，采取“一托二”“市带县”提级交叉的方式，对各区县市党委政府（含市直六小区）和市发改委、市财政局、市审计局、市市场监管局等市直单位，以及15家国有粮食收储企业、78个基层粮库等开展专项巡察，发现各类涉粮问题164个。巡察中，探索开展“两个清单、两次谈话、两轮梳理”，组办室（市委巡察办、市委巡察组、市纪委监督检查室）会商，线索研判更加精准。市纪委市监委根据巡察移交问题线索查处一批典型案件，督促各级粮食储备部门修订管理制度70多项。市国资委制定《关于整合过渡期对市直原五家粮食企业实施财务管控等事宜通知》，进一步严格对粮食企业在过渡期、敏感期的财务监管。

【省委巡视办到常德调研座谈会】 9月22日，省纪委常委、省监委委员、省委巡视办主任罗智斌一行到常德进行调研。市委常委、市纪委书记、市监委代理主任、市委巡察工作领导小组组长何艺辉作情况汇报。

（朱海文）

民主党派

中国国民党革命委员会常德市委员会

【概况】 2021年，中国国民党革命委员会常德市委员会（以下简称民革常德市委会）在民革湖南省委和中共常德市委的坚强领导下，围绕省、市委中心工作和统战工作要点，全面深入开展各项工作，为推进开放强市产业立市、实现新时代发展目标贡献民革力量。民革常德市委会获评“民革助力脱贫攻坚工作先进集体”“优秀民革党员之家”、2021年度《团结报》宣传发行工作地市级先进集体优秀奖；获评“2020年度民革全省机关建设工作先进集体”“2020年度民革全省宣传联络工作先进集体”“2020年度民革参政议政工作先进集体”。

【思想建设】 围绕中共党史开展政治理论学习。2021年，民革常德市委会在全面学习最新政治理论的基础上，将中共党史教育作为年度思想教育工作的中心任务，通过不同形式的学习教育全面深入推进中共党史教育的开展。专题会议学。分别在2021年7月和9月召开2次专题学习会议，组织党员干部集中学习中共党史知识。就近现场学。2021年，民革常德市委会共开展4次现场教学活动，依次前往贵州遵义会址、红军四渡赤水河原址，桃源县浯溪河战役旧址，石门县磨市镇参观王尔琢烈士故居、陈振亚烈士旧居、红二六军团会师处，澧县澧州政治讲习所、王家厂武装暴动纪念馆等红色教育基地开展中共党史学习教育实践活动。党史民革史融合学。市委会结合五年换届之机，挖掘民革历史资源，编撰《精忠报国》，让党员们了解抗战时期的红色故事，了解全市民革工作的发展的艰辛与成就。以知识竞赛促学。通过组织党员参加民革湖南省委会中共党史学习知识竞赛，营造浓厚的学习氛围，持续深入推进党史学习教育。深化主题活动。2021年，市委会积极组织参加庆祝中国共产党成立100周年系列活动，包括民革中央庆祝中国共产党成立100周年网络知识竞赛以及第二届“风雨同舟”民革全国书画作品展、民革省委会庆祝中国共产党成立100周年征文活动和演讲比赛、参加“跟党走　颂党恩”常德市庆祝中国共产党成立100周年合唱比赛等。思想政治宣传。守好舆论中心场，利用微信公众号、常德民革官网、微信群等宣传阵地积极报道中央、省委、市委最新政策方针、民革近期工作以及优秀党员事迹等，为民革党员加强政治素质提供学习的窗口，树立良好形象，向社会传递民革党员正能量。全年在各级主流媒体上共计发稿200余篇，其中民革常德市委会党员之家建设情况报道被《团结报》采编。

【参政议政】 开展重点课题调研。组织完成《精准施策　打造先进五好园区》的重点课题调研。围绕关注弱势群体组织完成《关心重度残疾人　探索托养新路径》的重点课题调研。2篇调研报告在深入调研，科学论证的基础上，针对痛点问题提出切实可行的对策，分别在市政协全会上发言和在参政议政专题汇报会上作专题汇报。民革常德市委会提交的调研报告《深化涉企行政审批事项改革，服务我市经济更高质量发展》获市政协优秀调研报告三等奖。打造“精品”提案议案。2021年，民革常德市委会向市政协提交提案共21篇，其中刘丽、胡军、胡丽绚委员撰写的《关于进一步抓牢农村人居环境整治的提案》获得市政协七届五次会议领导批示，并被评为市政协优秀提案。张学刚委员撰写的《关于加强常德市全方位对外开放工作机制的提案》、徐联玉委员撰写的《关于打造常德红色文化旅游精品和教育高地的提案》被评为市政协优秀提案。全国两会期间，王怀军代表认真履职建言，提交的《关于进一步强化乡村振兴措施落地加速乡村振兴进程的建议》议案得到新华社、《人民日报》、红网等多家媒体关注。反映社情民意。2021年，委员们共反映社情民意30余件，民革湖南省委采用11篇，市政协采用6件。刘丽委员反映的《关于切实抓好基层松绑减负的建议》获市政协优秀社情民意信息二等奖，专职副主委程本群反映的《关于加强我市临时火车站站台前出租车规范运营管理的建议》得到市长邹文辉的签批，并获市政协优秀社情民意信息三等奖，陈邦民委员反映的《关于科学规范洒水车马路作业的建议》荣获市政协优秀社情民意信息三等奖，胡军委员反映的《关于加快发展农村合作社的建议》《关于加快发展美丽乡村休闲旅游的建议》被市政协社情民意采编并得到副市长龚德汉的签批，胡丽绚委员提交的《关于改造市民之家出入口方便群众出行的建议》得到副市长尹正锡的签批。撰写信息和理论文章。党员孙艳萍撰写的信息《关于基层事业编制工作“四缺”问题及建议》《推进乡村振兴建设不应忽视地域文化的传承与挖掘》，党员铁红旗撰写的信息《关于发挥学校教育优势与“电子海洛因”争夺青少年的建议》，党员王勇撰写的信息《关于推广婚宴自助抵制婚宴浪费的建议》被常德统一战线官网刊登。张学刚委员撰写的理论文章《民主党派民主监督融入治理现代化的路径探析——以“中国各民主党派中央开展脱贫攻坚民主监督”为例》获市政协优秀理论研究文章二等奖，胡军委员撰写的《浅谈如何提高政协委员协商民主的能力》获市政协优秀理论研究文章三等奖，党员胡丽绚撰写的理论文章《坚持“四个引领”，做好“网红群体”统战工作》被市委统战部采用。

【组织建设】 开展作风建设。机关制度建设。继续建立完善机关各项规章制度、工作程序。根据市委统战部指导意见和实际情况，市委会在2021年修订、新增一批制度，包括《民革常德市委会重大事项决策制度》《民革常德市委会老兵慰问制度》等，并及时组织机关干部学习新的规章制度，提高机关干部严格按照规章制度办事的自觉性，加大对制度落实情况的督查。严肃换届纪律。市委会认真学习省委会有关换届的纪律要求，严格按照流程开展换届工作，6月10—11日，民革常德市委会召开第八次代表大会，进行换届选举，产生以邹吉茂为主委的第八届领导班子，平稳有序地完成政治交接。推进内部监督。建立健全内部监督工作机构，市委会成立民革常德市委会监督委员会，完善内部监督内容，细化日常监督工作，畅通监督渠道，积极开展内部监督。加强干部考核。健全以岗位责任制为核心的管理机制，明确机关干部的具体分工，严格落实干部平时考核制度。党风廉政建设。组织党员集中观看廉政警示教育片。在八届三次（扩大）会议上，市委会着重开展理想信念、廉政和法治教育，组织党员干部观看廉政警示教育片《迷航》。落实谈话提醒机制。市委会主要领导班子坚持每个月都对市委委员及机关干部职工开展至少一次谈心谈话。后备干部队伍建设。发展新党员。2021年，经主委会讨论同意并报省委审核通过，全年共发展12名新党员。截至12月底，全市共有党员330人，3个总支、22个基层组织。推荐培养干部。从基层组织中选拔50人进入后备人才库，并保持动态调整。推荐干部做到“凡提先备”。程本群被提拔重用为专职副主委，张华欣被提拔重用为武陵区政协副主席，党员刘以森经组织推荐被任命为石门县乡镇财政服务中心主任。各级人大代表9名（全国人大代表1名、省人大代表1名、市区县人大代表7名），各级政协委员48名（省政协委员1名、市区县政协委员47名）。针对党员的不同情况，采取缺啥补啥的方式，通过专题培训、以会代训等多种形式，让党员干部参加学习培训，党员政治素质、参政议政能力不断增强。党员之家、示范支部的建设。2021年，市委会在已有5个党员之家（市委会“民革党员之家”、德山总支“民革党员之家”、鼎城总支“民革党员之家”、市自然资源与规划局支部“民革党员之家”、桃源支部“民革党员之家”）的基础上，继续推动其他支部创建党员之家，密切联络各支部负责人，了解建设进程，争取相关部门的支持，为其创造有利环境，解决实际困难。2021年12月3日，民革常德市委会“民革党员之家”被民革中央评为“优秀党员之家”。

【社会服务】 “关爱抗战老兵”志愿服务活动。民革常德市委会联合壹加壹爱心联盟坚持在春节、清明节、端午节、中秋节等传统节日上门看望老兵，给老兵送去时令生活物资和慰问金。针对冬季寒冷的特点，专门开展“冬暖老兵”行动，为老兵送去暖风机、棉被、床品、袜子等御寒物资以及米油面等生活物资。除了传统节日，市委平

2021年1月2日，民革常德市委启动关爱抗战老兵"冬暖老兵"行动

（梅　贵　摄）

时也会经常组织看望老兵，督促民革志愿者们与结对帮扶的老兵们保持紧密联系，确保市委第一时间知道老兵的新情况，为老兵送上其需要的帮助，落实个性化关爱老兵的制度。2021年，关爱抗战老兵共投入慰问金和物资62万余元。成立常德民革经济界人士联谊会。2021年4月，市委会组织成立常德民革经济界人士联谊会，发挥民革经济界人士的优势，鼓励民革企业家自觉担起社会责任。联谊会成立后，企业家们积极开展各项社会活动，开展红色之旅，为常德抗疫捐款捐物，主动结对帮扶澧县甘溪滩镇贫困学子12名。协助开展郑洞国教育基金助学活动。11月，市委会继续协助湖南省郑洞国教育基金会举办第14期奖教助学活动，奖励石门一中等学校优秀师生217人，发放奖助学金73.6万元。乡村振兴工作。6月，参加澧县甘溪滩镇古北村乡村振兴重点帮扶工作调度会，听取镇、村干部工作情况介绍，讨论并制定《古北村乡村振兴工作规划（2021—2023）》。2021年，开展3次走访，结对慰问7户贫困家庭。开展"我为群众办实事"主题实践活动。按照《中共常德市委党史教育领导小组关于扎实开展"我为群众办实事"主题实践活动学习通知》有关要求，市委会及基层支部开展一系列"我为群众办实事"实践活动，切实帮扶弱势群体。关爱儿童，温暖助学。2021年10月，市委会赴湘西开展"情暖高墙　关爱孩子"暨"小海豚关爱成长计划"走访活动，实现2名服刑人员的孩子的心愿清单，给他们送去文具用品、生活用品，并鼓励他们坚强乐观地面对生活，积极向上地追求梦想。11月，市委会举行"博爱·大手牵小手"助学活动，现场结对帮扶5位澧县甘溪滩镇贫困学子，并带学子们参观常德市规划展示馆和科技馆。敬老爱老，关爱老年人。重阳节前夕，市委会举行"我们的节日·重阳"联欢活动，带领老党员参观党员之家，为老人们送上节日祝福。

【祖国统一工作】　2021年，市委会继续发挥党派优势，认真学习中共中央最新对台工作方针和决策部署，全面贯彻中共中央总书记习近平关于对台工作的系列重要讲话精神，积极开展以助力在常台企发展为主的祖统联谊活动。市委会多次前往桃源县台商（湖南智博现代农业发展有限公司）基地，开展调研活动，了解台商发展近况和需求，为其提供切实的帮助。9月，在民革常德市委会努力推动下，湖南省智博现代化农业发展有限公司台湾农副产品展示馆在枫林花海开业，让台企同胞切身体会到"两岸一家亲"的感觉。

（胡　军）

【关爱抗战老兵"冬暖老兵"行动】　1月2日，由民革常德市委、中国好人网、常德壹加壹爱心联盟联合主办的关爱抗战老兵"冬暖老兵"行动启动仪式在武陵区第一完全小学多功能会议厅举行。民革中央委员、常德市政协副主席、民革常德市委主委陈位明，民革湖南省委委员、常德市经开区管委会调研员邹吉茂，民革常德市委副主委张恩、张华欣、程本群，对口联系单位市民政局、市审计局、市自然资源和规划局相关负责人和志愿者们出席仪式。由民革武陵总支、民革鼎城总支、民革德山总支、民革桃源县支部、民革柳叶湖支部、民革石门县支部、民革安乡活动组和常德壹加壹爱心联盟组成的8个慰问小分队分别为60多名抗战老兵送去米、食用油、腊肉、绒被、保暖内衣、袜子和手套等价值18万元的慰问物资，给他们带去新春祝福和社会关爱。

（梅　贵）

中国民主同盟常德市委员会

【概况】　2021年，中国民主同盟常德市委员会（以下简称民盟常德市委会）被民盟中央授予"民盟脱贫攻坚先进集体"荣誉称号。民盟常德市委会被民盟湖南省委会评为

“参政议政工作先进集体”“机关建设工作先进集体”。

【思想政治建设】　组织骨干盟员深入学习习近平新时代中国特色社会主义思想，领悟中共中央总书记习近平关于加强和改进统一战线工作的重要论述，认真学习贯彻中共十九届五中、六中全会精神，全国、省、市两会精神。录制第七届市委会领导班子成员朗读《中国共产党统一战线工作条例》（以下简称《条例》）音频，发布在常德统战微信公众号上，在盟内迅速掀起学习《条例》热潮。组织全市盟员集中观看中国共产党成立100周年庆祝大会，聆听习近平总书记重要讲话，引发热烈反响。在“常德盟员之家”微信群、微信公众号不定期推送党史盟史知识，让全市盟员在党史盟史学习中坚守合作初心，凝聚奋进力量。在常德民盟微信公众号开辟“学‘七一’讲话　谈感悟感想”“学习党代会精神　建设现代化新常德”专栏，发动广大盟员踊跃投稿，结合实际畅谈学习体会，激发全市盟员建功新时代、逐梦新征程的豪情。以纪念中国共产党成立100周年、中国民主同盟成立80周年为主题，出版民盟中央副主席张平题名的《美美与共——常德民盟书画院书画作品集》，作品集共收录盟员书画作品100余幅。民盟市委会高度重视参政党理论建设，全年完成3个统战理论课题研究。其中，副主委杨莉申报的《提高民主党派在新发展阶段中参政议政能力问题研究》中标民盟省委会2021年统战理论研究招标课题并获三等奖，副主委李宝斌申报的《基于需求层次分析铸牢中华民族共同体意识研究》中标湖南省统一战线理论政策研究立项一般课题，专职副主委周振波向市委统战部报送理论文章《发挥统一战线优势　助力乡村全面振兴》。

【参政履职】　在2020年各民主党派市委会、市工商联和无党派人士参政议政专题调研成果汇报会上，民盟市委会《关于加强心理健康服务体系建设，助力健康常德行动》的调研成果得到中共市委领导的高度肯定。民盟市委会领导班子参加各民主党派市委会新老领导班子成员座谈会，傅绍平、梁平的汇报发言得到中共市委领导的充分肯定。梁平、杨莉参加市第八次党代会征求意见座谈会，就高等教育、应对人口老龄化、文艺人才培养等提出建议；周振波、王柯参加市纪委在市第八次党代会上的工作报告征求意见座谈会，就加强洞庭湖生态环境保护民主监督等提出建议。在市政协主席会议上，傅绍平、梁平、陈集亮为保护和传承民族文化作专题协商发言；委员周思新就合理引导校内课后辅导、构建良好生态参加市政协专题会议协商。2021年，民盟市委会围绕《发展红色旅游，助力乡村振兴》和《让“智慧农业”为乡村振兴赋能》两大调研课题，成立专题调研组，开展调查研究。“红色旅游”课题组邀请市文旅广体局、市乡村振兴局等多个部门召开座谈会，到石门县、临澧县、澧县等地实地调研，并赴江苏徐州，山东枣庄、临沂，湖南桑植等地学习取经，调研成果作为2021年度各民主党派专题调研成果汇报。“智慧农业”课题组邀请市农业农村局、市乡村振兴局等多个部门召开专题座谈会听取情况介绍，到西湖管理区、西洞庭管理区等地实地调研，调研成果作为市政协八届一次全会大会协商发言材料。民盟市委会积极申报民盟省委会参政议政招标课题，《关于以红色资源为抓手，促进湖南全面乡村振兴的研究》《关于乡村振兴战略背景下的农村家庭教育问题研究》《推进乡村旅游和其他产业融合，助力乡村振兴研究》和《关于发展洞庭湖区肉羊特色健康养殖助力乡村振兴的研究》4个调研课题中标并结题。在2021年省两会上，盟员省人大代表、省政协委员共有2件建议案和2件提案立案。在市人大七届六次会议上，有7件建议案立案。在市政协七届五次会议上，有27件提案立案，其中6件集体提案立案。民盟市委会高度重视社情民意信息工作，积极建言献策，6条社情民意被省政协采用，10条社情民意被市政协采用。王黛被民盟中央评为“参政议政先进个人”。陈集亮、张国友、周欢、彭梅华、王柯、刘

2021年10月19日，民盟常德市委会赴临澧县、澧县开展“发展红色旅游　助力乡村振兴”课题调研座谈会　（民盟常德市委会　供图）

琼华6人被评为2021年度优秀市政协委员。民盟市委会举办盟员议政建议论坛，肖琴等12名盟员围绕经济社会发展的热点难点问题积极建言献策。组织盟员开展为省第十二次党代会、市第八次党代会“献一策”活动，报送建议16条；通过市政协“政协云”反映的4条微建议得到很好办理，受到群众好评。市政协副主席、民盟市委会主委傅绍平带领王柯、傅新民等多名盟员市政协委员，以“助推六稳六保政策落地落实”为主题，对市科技局等单位“六稳”“六保”工作中责任担当、行政效能、营商环境、工作作风等方面的情况进行实地调研和监督。彭梅华代表市政协重点事项监督组对市科技局“助推六稳六保政策落地落实”工作落实情况进行评议，提出问题清单和整改建议。刘丽艳参与市人大组织的执法检查，对城区学前教育等工作进行视察建言。在市政协民主评议提案办理工作会议上，周欢、刘琼华分别对《关于以港兴城、推动开放型经济发展的提案》和《关于突破北部山区交通格局助推乡村振兴的提案》点评。周德芳、高锋被中共市委、市政府聘为法律顾问，多次在政府常务会等就有关法律问题建言咨政。周德芳、彭梅华等参加省驻点指导组政法队伍教育整顿查纠整改征求意见座谈会，对市政法队伍在思想政治、作风纪律方面提出意见和建议。肖礼彬等盟员人民陪审员发挥积极作用。民盟市委会积极配合民盟中央开展二孩生育意愿、居家养老服务情况问卷调查；配合民盟省委会开展“乡村振兴百村千户”调查，到鼎城区花岩溪镇栖凤山村、临澧县四新岗镇珠日桥村、武陵区东江街道浮桥社区开展入户走访、问卷调研。

【社会服务】 6月8日，市政协副主席、民盟常德市委会主委傅绍平作为联点市领导，带队赴临澧县四新岗镇珠日桥村现场调度乡村振兴工作。梁平、刘丽艳、周振波等民盟市委会领导先后6次赴安乡县护安村和临澧县珠日桥村走访结对帮扶户，为他们送去慰问物资，鼓励他们增强致富的信心，并为帮扶对象有针对性地制定发展规划和帮扶措施。2月1日，民盟市委会领导带领机关干部和盟员爱心企业家，到武陵区丹阳街道北堤社区和白马湖街道贾家湖社区，走访慰问30户贫困户，向他们致以新春问候，送去3万元慰问金。2021年春节前，民盟市委会机关走访慰问武陵区光荣路社区贫困户，送去米、油等物资和慰问金。民盟市委会机关干部和广大盟员通过多个渠道、多种形式积极开展消费扶贫。2021年7月常德市出现新冠肺炎病例后，全市各级盟组织和广大盟员以多种方式服务疫情防控工作。许多盟员积极响应志愿者招募令，雷文峰、陈婵、丰金双、丁英杰等多名盟员与社区工作人员一起，拨打疫情排查电话和社保核查电话，为减轻社区工作人员压力贡献力量。盟员企业家和爱心盟员勇于担当，积极捐款捐物，助力疫情防控。仅8月，全市盟员捐赠现金、各类防疫和生活物资价值就达20.52万元。11月5日，民盟市委会主委梁平带队组织常德民盟书画院书画家，到常德市第二中学开展“同心筑梦　书画传情”送书画进校园活动。盟员书画家易凭、刘汉军、黄志伟、熊雅彬、郭宏忠、辜宗泽、铁绍勇现场创作出10多幅书画作品，全部捐赠给学校。李昌雄被民盟中央评为“民盟脱贫攻坚先进个人”；刘汉军、漆跃辉的作品入选第七届全国画院美术作品展览；朱能毅的散文《筲箕湖上护鱼人》入选《人民日报》2020年散文精选集《深情写在大地上》；罗鉴远被评为2021年“湖南省十佳农民”和第五届常德市道德模范；彭梅华作词的歌曲《我写下入党申请书》被评为“心中的赞歌献给党”第七届“潇湘好歌”，并获常德市百团大赛“原创节目奖”；杨维维、廖再珍、彭辉、夏志宇等盟员在教育教学、科研竞赛活动中荣获省级及以上奖励；杨晶被评为市巾帼抗疫先锋队优秀志愿者；代维、刘琼华被评为市最美志愿者；李华孟、肖娥、朱金凤、唐圣君被评为市师德标兵、市学科带头人或骨干教师等。

【自身建设】 4月28日，组织青年盟员赴张家界开展党史盟史学习教育暨常德、张家界两地青年盟员交流活动。6月24日，组织市委委员、基层组织主委等骨干盟员走进翦伯赞故居、浯溪河大捷旧址，开展“迎七一　学党史　颂党恩”活动。2021年4月7日，发布民盟市委会《关于严肃换届纪律的若干规定》，营造风清气正的换届环境。8月30—31日，中国民主同盟常德市第八次代表大会召开，选举产生由25名委员组成的民盟常德市第八届委员会和14名出席民盟湖南省第十五次代表大会代表。梁平当选为民盟常德市第八届委员会主任委员，周振波（专职）、杨莉、李宝斌、胡湘萍当选为副主任委员。民盟市委会换届工作圆满完成，实现领导班子新老交替和政治交接。民盟市委会举办2021年履职能力提升培训班和新盟员培训班，新盟员、即将履新的第八届市人大代表、市政协委员等63人参加培训。主委梁平参加省社会主义学院民主党派市级组织领导班子成员培训班。专职副主委周振波在市委党校参加2021年第二期县处级领导干部进修班。选派2人参加民盟省委会2021年新盟员培训班；9人参加中共市委统战部举办的民主党派基层组织能力建设研修班和全市统战工作者学习贯彻《中国共产党统一战线工作条例》

精神培训班。加强“学习型、服务型、创新型”机关建设，促进机关工作提质增效，民盟市委会机关积极参与文明单位创建，开展形式多样、内容丰富的“我们的节日”主题活动。为激发组织活力、增强组织凝聚力，“三八”节前夕，组织全市60名女盟员赴鼎城区花岩溪镇调研常德旅游产业发展及乡村振兴情况。第37个教师节来临之际，民盟市委会领导带领机关干部走访15个学校基层组织，向奋战在教育一线的盟员教师和教育工作者致以节日的问候。重阳节，民盟市委会领导和全市基层组织负责人分别上门慰问老盟员。

（戴　忠）

中国民主建国会常德市委员会

【概况】　2021年，中国民主建国会常德市委员会（以下简称民建常德市委会）获2021年度民建湖南省委会优秀集体，组织管理系统建设工作先进集体特等奖，社会服务工作先进集体一等奖，参政议政工作先进集体二等奖，新闻宣传工作先进集体二等奖荣誉称号。

【思想建设】　党史教育。制定《民建常德市委会庆祝中国共产党成立100周年活动方案》，确定“以党为师、与党同心、跟党奋进”活动主题，组织市委委员专题学习党史学习教育有关讲话精神；邀请省政协原副主席、民建湖南省委会原主委龙国键，市政协原主席刘春林，中共市委党校原副校长万传明，中共永顺县委党校讲师王婷为会员上4堂党史会史讲座；主委和机关干部赴长沙、湘西参加民建省委组织的党史会史学习教育活动；组织市委委员、支部主委前往湘西十八洞村、湘鄂川黔革命根据地、张家界贺龙纪念馆开展红色教育学习，常德民建微信公众号对市委委员学习习近平总书记在庆祝中国共产党成立100周年大会上的重要讲话精神心得体会进行连载。政治学习。坚持把学习贯彻习近平新时代中国特色社会主义思想作为政治学习的重中之重。围绕十九届六中全会、省第十二次党代会、市第八次党代会，全国两会，中央、省委、市委经济工作会议等会议精神组织集中学习。围绕《中国共产党统一战线工作条例》、《中国新型政党制度》（白皮书）、《中国民主建国会纪律处分办法》等文件精神组织专题学习，并将政治理论学习定为每一次主委会、市委委员会、支部会议的必选内容，通过多种形式的学习，增强会员的思想认识定力，凝聚会员对中国特色社会主义的政治共识。宣传引导。2021年，向各级各类媒体报送宣传信息80余篇，其中民建省委、常德市政府网、常德统一战线网共采用50余篇，“常德民建”微信公众号发布宣传中央、省、市有关会议精神，会务动态，会员风采等信息100余篇，继续成为会员及社会了解常德民建的重要渠道。

【组织建设】　5月29—30日召开民建常德市第八次代表大会，全国政协常委、民建中央副主席吴晓青，省政协副主席、民建湖南省委主委赖明勇出席会议。会议选举并产生民建常德市第八届委员会。实现95名代表全部参会，市委委员、领导班子、监督委员会委员候选人全部满票当选。内部监督。5月30日，召开民建常德市八届二次委员会议，选举产生民建常德市第八届监督委员会。组织前往湘潭、株洲进行会内监督工作交流学习，下发《关于加强会内监督工作有关事项的通知》，细化监督重点和方向，明确监督架构和方式，切实担负起会内监督职责。自身建设。新发展会员24名，平均年龄36.1岁，大专及以上学历占比100%，硕士研究生2名，经济界人士占比83.3%，在年龄、学历、界别上对会员结构实现优化。队伍建设。推荐15名会员当选市人大代表，26名会员当选市政协委员。13名会员当选区县市人大代表，31名会员当选区县市政协委员。制度建设。修订《民建常德市委会制度汇编》，涵盖会议、会员管理、支部量化考核等18项制度，搭建“日常管理+会内监督+评比表彰”会务工作制度体系，调动会员履职积极性，形成领导班子躬先表率、基层组织主动作为、广大会员积极参与的良好局面。组织建设。前往民建武陵工委，经贸一、二支部，应用技术学院支部，汉寿县活动小组等开展基层组织调研，完成民建武陵工委，经贸一、二支部，综合一支部换届工作，配强基层支部班子，增强基层组织活力。阵地建设。在民建津市市委会、武陵工委、民营二支部以及综合二支部完成“会员之家”建设，“会员之家”覆盖率达55%。启动常德民建会史陈列室项目建设。

【参政议政】　建言献策。在市人大八届一次会议上，会员市人大代表提交建议案14篇，副主委陈芳、会员张友君全票当选市人大常务委员会委员。会员唐华艳获评2021年度优秀市人大代表，会员唐华艳、彭长秀提交的议案获评2021年度优秀市人大代表建议。在市政协八届一次会议上，主委陈华全票当选市政协八届委员会副主席，副主委朱碧文、梁文利，会员钱盛霞、鲁祖辉、万跃平全票当选市政协常务委员会委员。民建界别工作组共提交集体提案5篇，个人联名提案13篇，其中《关于做强优质旅游品牌、推进文旅产业发展的提案》等4篇提案获市委副书记、市长周振宇，市政协主席黄清宇等领导签批。副主委朱碧文代表民建常德市委会，会员易赛君代表市政协人口资源环境委作大会口头发言。会员王夏一、易旭、鲁祖辉、易赛君、张波获评优秀市政协委员，民建工作组获评先进委员工作组，《关于培优做强农民合作社的提案》等4篇提案获评优秀提案。课题调研。围绕市委、市政府中心工作确定3个重点调研课题，完成高质量调研报告。其中“引导劳动力合理畅通有序流动　促进劳动力市场健康可持续发展”课题作为民建湖南省委会重点调研课题；“全力打造全国优质农产品基地　推动常德产业高质量发展”为“党委出题，党派调研”专题调研课题；“联动湖南自贸试验区　塑造常德开放新格局”为市政协大会发言课题。完成《发挥统一战线优势助推巩拓展脱贫攻坚成果与乡村振兴有效衔接路径研究》等2个重点理论研究课题。社情民意。广大会员紧抓社会热点、难点，聚焦群众心声、呼声，反映社情民意信息30余条，其中副主委朱碧文撰写的《当前农村机耕道建设滞后，现代农机“无路可走”须重视》社情民意获民建中央单篇采用。会员王小娅撰写的《关于开展安宁疗护工作的建议》，会员文丽华撰写的《关于进一步优化和改进公立医院新增医疗服务项目机制的建议》，会员李刚撰写的《关于进一步加快发展电子竞技产业的建议》3篇社情民意获省政协采编。会员钱盛霞撰写的《关于统一设置全市电梯救援电话的建议》等6篇社情民意获评市政协优秀社情民意信息。

2021年12月1日，常德四县市“智秦云图书馆”捐赠仪式在津市德雅中学举行
（民建常德市委 供图）

【社会服务】　乡村振兴。市委会对口联系乡村振兴点村石门县壶瓶山镇杨家坪村。联合后盾单位召开乡村振兴调度会2次，组织前往点村开展结对帮扶活动4次，组织前往贵州省开展乡村振兴产业发展调研1次。争取资金20万元支持点村产业升级项目。助学帮困。12月1日，联合中华思源工程扶贫基金会、民建湖南省委会、湖南省温暖工程基金会开展“智秦云图书馆”捐赠活动，在汉寿县、津市市、澧县、临澧市四县市捐赠298个“智秦云图书馆”，价值894万元。积极发动基层组织和会员参与扶贫帮困、捐资助学活动。副主委彭德强企业德强通信联合民建民营二支部连续20年开展“扶贫助孤　爱心行动”，为津市市药山镇文昌阁社区贫困家庭送去现金及物资慰问。民建综合一支部组织开展助力抗疫无偿献血志愿服务活动。民建津市市委会在同心社区新州镇万寿宫社区开展“新春、端午、中秋送真情慰问”等活动。民建鼎城工委在草坪镇三角堆村开展“学党史、颂党恩、聚同心、促生产”活动。民建经贸支部前往汉寿县聂家桥乡中学开展“爱心助学圆梦　民建情暖校园”捐资助学活动。民建柳叶湖支部联合自然资源和规划支部开展“益起过中秋”关爱留守儿童公益活动。民建市直一支部前往常德外国语学校开展“尊师重教　走进校园”活动。民建桃源支部开展“关爱花蕾”“庆三八　关爱女性健康”等活动。服务会员企业。5月30日，全国政协常委、农业和农村委员会副主任、民建中央副主席吴晓青，湖南省政协副主席、民建湖南省委会主委赖明勇前往会员企业响箭重工和飞沃新能源走访调研。主委陈华带队走访造梦师艺术中心、金萝莎食品、漾奈丝日化、罗莱家纺等多家会员企业，通过走访调研，详细了解会员企业发展情况，解决会员企业发展现实困难。

（刘　斌）

中国民主促进会常德市委员会

【概况】　2021年，中国民主促进会常德市委员会（以下简称民进常德市委会）被评为“民进全国反映社情民意信息工作先进集体”“民进湖南省委会务工作一等奖”“会中央主题年工作优秀奖”，获市政协“社情民意工作先进单位”“全市统战信息工作特别贡献奖”。会员车立平被授予“民进全国反映社情民意信息先进个人”称号，会员肖鹏举被授予“民进全国社会服务暨脱贫攻坚工作先进个人”称号，多名会员被评为“优秀政协委员”。

【参政议政】 2021年，民进常德市委会关注社会热点、难点、焦点，形成一批履职成果。民进常德市委会结合自身的特色和优势，选取“引进高层次人才”和“发展养老产业”这两项课题，在2021年度民主党派、工商联、无党派人士参政议政成果汇报会、市政协八届一次全会上进行汇报，获得好评。向民进湖南省委会申报课题“红色文化旅游发展”，提交调研报告。在政协八届一次全会上，民进常德市委会提交《关于将东山峰打造成全国避暑冰雪旅游胜地的提案》获优秀提案，提交《关于进一步提升我市社区治理能力的调查与思考》获优秀调研报告三等奖；会员朱文伟提交《完善新时代参政党民主监督的思考》获优秀理论研究文章三等奖；主委张益源提交的《乡村民宿发展要戴牢“安全帽”》获优秀社情民意信息二等奖；市委会机关干部蓝思陈提交的《关于根据车流量动态调整我市红绿灯时长的建议》获优秀社情民意信息三等奖。市政协民进工作组提交并立案的集体提案2件，个人提案17件，展示良好精神履职状态。2021年，民进常德市委会紧扣反映社情民意信息主题年工作重心，制定下发主题年方案，各基层组织积极行动，全力推动反映社情民意信息工作取得实效。全年全市会员共反映社情民意信息169篇。采编社情民意信息22篇，其中，中央级采编6篇、省级采编1篇、市级采编15篇。其中《让云南“野象旅行团”成为讲好中国故事的鲜活载体》《关于为袁隆平院士逝世举办隆重纪念活动的建议》《强烈呼吁将5月22日确立为“全国爱粮日”》等5篇社情民意信息被民进中央采用，其中1篇被全国政协采用，《乡村民宿发展要戴牢“安全帽”》被省政协采用等，社情民意信息总量和采用率实现大幅跃升。

【自身建设】 民进常德市委会以中共党史等四史学习为重点，狠抓班子建设，将主委班子的政治理论和纪律学习常态化、规范化。开展“学中共党史、在正道上行”等系列主题教育活动，组织引导广大会员深入学习习近平新时代中国特色社会主义思想，贯彻落实《中国共产党统一战线工作条例》精神、《从党史中汲取持续深厚的奋斗之力——习近平总书记在党史学习教育动员大会上的重要讲话》精神、中国共产党第十九届中央委员会第六次全体会议精神、全国两会精神、省市两会精神、中共常德市第八次党代会精神，号召各支部（总支部）组织会员开展中共党史学习。6月，民进常德市委会以政治交接为重点，召开民进常德市第八次代表大会，完成市委换届，选出17名市委委员，新一届的领导班子年纪更轻、学历更高、结构更优化。民进常德市委会秉承“优才入会”“人才兴会”的理念，广纳贤才，严格组织发展程序，全年吸纳新会员21名，其中博士研究生、副教授等优才5名。民进常德市委会通过组织、选派、推荐等形式为会员搭建学习培训平台，组织20名会员参加民进湖南省委会参政议政工作与反映社情民意信息培训班，社情民意信息工作骨干队伍；承办民进湖南省委会“我身边的先进”巡回宣讲；8名会员参加市委党校常德市民主党派基层组织负责人能力建设研修班，提高政治站位，提升理论水平和履职能力。

【社会服务】 2021年，民进常德市委会对乡村振兴点村桃源县观音寺镇羊楼坪村开展结对帮扶，并从办公经费中挤出5万元，支持乡村振兴建设。年初，民进常德市委会会同民进鼎城区支部开展“春联万家·情暖新春”活动，为当地群众送去新春祝福；重阳节、春节等节日多次前往桃花源敬老院、常德市福寿颐康园开展物资慰问活动；民进直属二支部开展“法律进校园”系列活动，在区县市多所小学为学生科普民法典，讲述法律案例。8月，市委会发起守望相助邻里情微公益活动，230余名在职会员及部分退休会员筹集爱心善款3万余元，民进常德市委会机关配套2万元，购买抗疫物资向张家界市进行定点捐赠。与安乡县职业中等专业学校对接，从市委会机关列支10万元，助力湖南“一家一”助学就业·同心温暖工程“民进·同心班”顺利开班。民进湖南幼专附小支部组织40名大队干部前往桃源县烈士陵园参与志愿植树活动。民进武陵区总支部带领支部会员到武陵区东江实验学校开展送教帮扶活动，为50多名留守儿童发放学习文具和字典，并为孩子们带去一堂生动有趣的心理学情绪管理课。民进鼎城区支部到许家桥回族维吾尔族乡中堰村开展“金秋助学”活动，走访慰问部分考上大学的贫困学子。民进桃源县支部在多个村部和乡村小学，开展“进乡村，送温暖”慰问帮扶活动，送去生活物资和学习文具。

【“近心帮”心理健康咨询项目】 常德民进武陵区总支部服务品牌“近心帮”心理帮扶项目获“民进全国社会服务暨脱贫攻坚工作优秀成果”。“近心帮”心理健康咨询持续深入推进，社会影响不断扩大。2021年，为柳叶湖旅游度假区复基小学学生等全面开展专业心理测评，开展“房树人”绘画心理测评。开办多场主题讲座为孩子科普青春知识，让孩子们更好认识自我。在常德市一中柳叶湖学校开展“5·25”心理健康日等系列心理健康活动，在常德市一中柳叶湖学校小学部开展“夸夸卡”活动，到东江实验学校送去一场特别的心理课堂“情绪管理之我的情绪我做主”。

（刘　伟）

中国农工民主党常德市委员会

【概况】　2021年，中国农工民主党党中央授予中国农工民主党常德市委员会（以下简称市委会）“脱贫攻坚工作先进集体”“党刊发行工作先进单位”荣誉称号，授予党员李昊骏、胡芬芳、蒋斌“脱贫攻坚工作先进个人”荣誉称号。中共湖南省委、省政府授予党员李昊骏“湖南省脱贫攻坚先进个人”荣誉称号。农工党湖南省委会（以下简称省委会）授予市委会“2021年度先进市级组织”“理论征文优秀组织奖”“机关工作先进单位”荣誉称号。

【思想建设】　学习培训。市委会委派班子成员和骨干党员参加各类政治培训达70多人次。4月，韩璐等8名基层负责人参加农工党全省基层组织主委培训班。4—5月，副主委李振龙参加全省第23期民主党派骨干进修班。7月，主委刘保湘带领6名班子成员和省级人大代表、政协委员赴上海复旦大学，参加全省骨干党员培训班。9—11月，党员刘政参加全省第18期党外中青年干部培训班。11月，主委刘保湘参加全省民主党派市级组织领导班子成员培训班。同月，专职副主委陈钰参加农工党湖南省监督委员会委员培训班和全省机关干部培训班。主题教育。市委会把庆祝中国共产党成立100周年主题系列活动与“主委调研访基层，支部结对亮特色”工作紧密结合，让思想政治建设常态化和系统化。全市各级组织累计开展学习会议与活动10余场，及时传达学习《中国共产党统一战线工作条例》，组织班子成员及代表人士开展“亮成绩，读条例”系列活动。组织学习中共党史。4月，市委会召开动员部署会议，派宣讲员赴基层巡讲。5月，组织市委会委员和青年党员赴鼎城区渐安暴动遗址暨赵必振纪念馆开展现场教学。6月，组织全市党员参加全省中共党史知识网上答题竞赛活动，获评“优秀组织奖”。7月，主委刘保湘带队参加市直统战系统“颂党恩，跟党走”庆祝中国共产党成立100周年合唱大赛。9月，专职副主委陈钰率市直属支部党员赴韶山、长沙追寻红色足迹。10月，市委会赴临澧县林伯渠故居开展红色主题教育。贯彻落实“七一”重要讲话精神。市委会班子成员参加各种学习培训及活动，新老主委先后作体会发言，主委刘保湘发表学习心得署名文章。7月，市委会组织市一中医院支部、市卫生支部、湘雅常德医院支部，邀请中共市一中医院党委负责人开展联合学习座谈，夯实共同思想政治基础。8月，常德政协农工党界别委员工作室成立，制作7个宣讲微视频进行传播。9—12月，市委会及全市各基层组织陆续召开专题会议，传达学习中共十九届六中全会精神和省、市党代会精神。12月，桃源支部、湘雅常德医院支部获省委会“农工党员之家”授牌。宣传推介。市委会在各级主流新闻媒体发表宣传稿件150多篇次，组织“身边的榜样”系列宣传活动，集中展示刘凤姣、李振龙、李昊骏等一批先进典型的优秀事迹。

【组织建设】　组织发展。全年新发展党员22人，平均年龄36.4岁。其中硕士研究生8人，副高级以上职称7人，重点界别18人（人口资源和生态环境领域6人）。党员个人发展。2021年，胡芬芳、李昊骏、傅仙兰、全林平分别担任津市市卫健局局长、桃源县政协文教卫体和文史委员会主任、安乡县和津市市政协农业农村与人口环资委主任。市一医院总支张承德当选湖南省中医药和中西医结合学会烧伤专业委员会副主任委员，张雄飞晋升为麻醉科副主任，傅跃进、梅牧晋升为主任医师；市卫生支部姚咏芳晋升为副主任医师；武陵总支龚璐晋升为中级讲师；安乡支部刘平任安乡人民医院质控科科长。担任市级人大代表的党员有5人，其中常委会委员1人；担任市级政协委员的党员有23人，其中副主席1人，常委会委员5人；担任县级人大代表的党员有11人，其中副主任2人，常委会委员1人，担任县级政协委员的党员有37人，其中常委会委员14人。

【参政议政】　专题调研。调研报告《建立防止返贫长效机制，发挥健康托底保障作用》得到全国政协副主席、农工党中央常务副主席何维、中共省委统战部部长黄兰香批示，获评农工党中央优秀调研报告医卫类一等奖和农工党省委会调研报告三等奖。调研报告《由治病为主向防病为主转变，加快我市全民健康步伐》在全市参政议政专题成果汇报会上汇报，得到时任市长邹文辉、副市长周代惠的批示和交办。调研报告《推动生育政策落地，促进人口均衡发展》为中共市委、市政府决策提供重要参考。副主委李振龙和党员彭薇凝撰写的有关中医药产业链发展的调研报告均获评“湖南省中药产业链论坛”三等奖。民主监督。成功创建市政协农工党界别“委员工作室”。工作室突出医药卫生界别特色和资源优势，亮出委员身份和委员专长，建立接待和走访群众、反映社情民意、委员值班等工作制度，畅通政协云平台委员与群众的在线交流，履职成果得到《常德日报》推荐。组织成立市政协重点事项民主监督工作组第12小组。4月，参加市政协“助推六稳六保政策落地落实”重点事项监督工作动员会议，制定民主监督工作方案。9月，党员、市政协委员陈钰带队对市卫健委促进“六稳”“六保”工作中责任担当、政策落实、行政效能、营商环境、工作作风等情况开展民主监督工作，并面向社会发放微信问卷。11月，党员、市政协委员杨鑫代表第12小组在监督评议会上作点评发言。反映社情民意方面，市委会报送社情民意信息被省级采用6篇，被市级采用15篇，获各级领导批示4件，获市级二等奖1件，三等奖3件。其中党员文懿缙有关抛荒山垅田利用的建议被湖南省政协采用，获评市政协二等奖；党员罗俊有关防疫健康码查验的建议被中共湖南省委办公厅和省委统战部采用；党员彭薇凝、蒋斌有关卫生健康信息化建设和乡村振兴工作的建议被农工党省委会采用。副主委刘凤姣有关补齐景区防疫短板、传染病防控的建议被农工党省委会和市政协采用，获时任市长邹文辉、副市长周代惠签批，获评市政协三等奖。市委会有关生育政策的建议、党员李智有关老旧小区停车的建议被市政协采用，获市长周振宇签批。党员罗小刚有关“双减”落地的建议被中共常德市委办和市委统战部采用。副主委刘凤姣有关水源地保护的建议，党员彭薇凝有关疫情防控宣传、规范健身市场的建议，党员朱冯薇有关改善厕位的建议，党员蒋斌有关政务一体化、党员王琼有关工伤保险的建议，党员李杨芬、朱晓辉有关幼儿园、穿紫河通道的建议等，有的被市政协、中共市委统战部采用，有的获评市级优秀社情民意。理论研究。市委会提交的有关农工党社会主义政治主张的文章，获评农工党中央理论研究二等奖。市委会报送的《中国农工民主党的社会主义政治主张与中国共产党的高度一致性》和《关于健全民主党派民主监督工作机制的几点思考》2篇理论文章，分别获评市政协优秀理论研究文章一、三等奖。

【社会服务】 市委会坚持彰显医卫特色，打造医药服务品牌。全年累计开展各类社会服务20场，服务群众3000余人次，发放药品和捐赠物资价值近60万元，同时助力党委政府打赢抗击新冠肺炎阻击战。6月，市委会委派6名专家组建医疗服务队，赴乡村振兴结对点村——临澧县烽火乡沔泗村，为300多位村民提供诊疗服务。7月，派遣5名医疗专家赴中共市委统战部乡村振兴点村——石门县太平镇东流溪村，开展“情暖东流溪，为民办实事——送医送药义诊健康行”。7月末，新冠疫情再度来袭。常德123名农工党员奋战在医疗救治和疫情防控一线，全市农工党员向一线累计捐款捐物价值41.5万元。9月，市委会组织党员专家在安乡县三岔河镇喻家渡村开展“唱响美丽乡村，畅享健康生活”大型医艺融合服务活动，开展健康咨询和文艺下乡，惠及群众300余人次。11月，组织赴石门县南北镇清官渡村，开展“救在身边”急救知识宣讲和医药援助活动，惠及群众200余人次。市委会组织基层组织和广大党员开展各类主题各异、形式多样的爱心服务：市一医院总支联合武陵总支开展肺部CT免费筛查；津市市委会、湘雅常德医院支部和安乡支部分别赴青苗社区、七里桥社区、安丰乡卫生院开展“学党史、我为群众办实事”医疗服务和健康知识宣讲；常德经开区总支承接市二医院服务工作，赴石门桥镇大坪村、乌塘岗村等开展走基层系列医药援助；市一中医院支部赴白马湖街道开展“世界卒中日”宣传；鼎城总支、武陵总支分别赴斗姆湖街道、白马湖街道参加“筑同心、跟党走，助燃希望”金秋助学活动；文教支部赴石门县蒙泉镇花薮中学开展“送教下乡扶贫助学”服务。市委会组织全市党员为结对群众刘某募集爱心捐款31798元，组织全市党员参与腾讯“99公益日”助学等针对特定群体的服务活动，共募集善款1万余元。

【农工党常德市第八次代表大会召开】 5月31日至6月1日，中国农工民主党常德市第八次代表大会召开。大会审议并通过农工党常德市委会主委郑维菊代表农工党常德市第七届委员会所作的工作报告和《中国农工民主党常德市第八次代表大会决议》，选举产生由19名委员组成的农工党常德市第八届委员会。经农工党常德市第八届委员会第一次全体会议选举，刘保湘当选为农工党常德市第八届委员会主任委员，陈钰当选为专职副主任委员，刘凤姣、胡剑鹏、李振龙当选为副主任委员，任命杨鑫为秘书长，蒋斌、胡蓉、石佳鑫、贾天洋为副秘书长，并审议通过农工党常德市第八届监督委员会。

（贾天洋）

中国致公党常德市委员会

【概况】 2021年，致公党常德市委会获评致公党中央“脱贫攻坚先进单位”，致公党省委会综合考核优秀奖、参政议政工作特等奖、组织工作和机关工作一等奖。

【思想宣传】 开展共识教育。第一时间组织党员学习习近平总书记“七一”重要讲话精神、中共十九届六中全会、省第十二次党代会、市第八次党代会等重要会议精神，发动党员先后撰写30多篇心得体会文章。创新形式学习党史。采用“一日一宣讲、一月一交流、一季一参观”的方式，每天在党派微信群宣讲多党合作史，每月各支部创新形式组织学习交流活动，每季度组织党员赴红色教育基地参观学习。响应省委会助力张家界复工复产的号召，组织50多名骨干党员赴张家界桑植县开展为期3天的党史教育活动。宣传推介。全年发布100多篇工作动态，多篇报道被省市主流媒体采用，其中，《湖南日报》采纳3篇，《常德日报》采纳8篇，常德电视台采纳2篇。

【组织发展】 市委换届。6月8—9日，中国致公党常德市第三次代表大会召开，杨成英当选为新一届市委会主委，王哲当选为市委会专职副主委，尹明祥当选为市委会副主委。换届工作程序到位，市委会班子、市委会委员和出席致公党湖南省七大代表候选人均全票当选。组织发展。发展党员7人，平均年龄36岁，均为本科以上学历，其中全日制硕士研究生2人，在职研究生1人，科级干部2人，处级干部1人，有侨海关系4人。搭建履职平台。推荐各级代表委员39人次，其中市人大代表5人，区县人大代表6人，省政协委员2人，市政协委员12人，区县政协委员14人。增强支部活力。11月28日，组织30多名党员参加致公党湖南省首届运动会，党员集体荣誉感增强。开展支部活力指数评估工作，支部活力日益彰显。

【参政议政】 政协履职。2名党员在市政协会议上做口头协商发言，2篇提案被市政协评为优秀提案，1篇理论文章被市政协评为优秀理论研究文章一等奖，2名党员被评为优秀市政协委员。社情民意。共提交30余篇社情民意信息，有8篇被省政协、市政协、市委统战部采用，其中1篇被省政协评为优秀社情民意信息，2篇被市政协评为社情民意信息二等奖，1篇被市政协评为社情民意信息三等奖，2篇被市领导签批，市委会被市政协评为社情民意工作先进单位。重点调研。4月8—9日，协助省委会开展“养老行业供给侧改革”专题调研。7月6—7日，协助省委会开展“加快我省农民专业合作社联合社发展”专题调研。下半年，市委会围绕“以特色之点带动全局之面，以产业融合助推乡村振兴”“补齐救援力量短板，提升突发事件处置能力”开展专题调研，均形成高质量调研报告。民主监督。9月15—16日，配合致公党湖南省委会在常德召开洞庭湖生态环境保护民主监督工作启动会，并赴相关区县开展实地调研。

【社会服务】 “爱心妈妈”活动。3月19日在河洑镇聚宝小学、8月21日在安化县芙蓉村开展丰富多彩的“爱心妈妈”活动。12月15日，与致公党省委妇委会、市妇联联合举办“爱心妈妈”为常德留守儿童送温暖活动。致公助学。8月28日，市致公书画院为甘溪滩镇中学送去书法作品和抗疫物资。11月2日，市委会走访“一家一”致公班并为学生进行心理疏导。11月12日，市委会为聚宝小学送去文体用品。四同创建展示作为。市委会申报的东方红文博园被评为市级同心项目。4月3日，协助柳叶湖管委会组织企业家参加“德商乡恋、聚焦柳叶湖”春季招商会，并引荐多家企业到常德投资考察。6月25日，与社区联合举办庆祝中国共产党成立100周年文艺晚会。9月23日，携手市歌舞剧院开展文化惠民演出活动。10月30日和12月11日，分别赴两个乡镇开展送医送药义诊活动。全年市委会领导先后3次与相关单位负责人前往乡村振兴帮扶村现场办公，并出资10万元助力帮扶村乡村振兴。疫情防控。7月25日至8月4日期间，党员组织4次爱心直通车驰援河南、张家界，共募集物资80万余元。8月4日，市委会向社区、酒

2021年7月6日，致公党湖南省委会到常德开展“加快我省农民专业合作社联合社发展”专题调研 （许 晓 摄）

店、学校、医院和企业捐赠600支体温枪。8月6日，市委会向张家界捐赠400支体温枪。

【侨海联络】 主委杨成英多次带队赴上海、广州、深圳、惠州等地招商，并与当地致公党员开展交流。围绕海归回国创新创业的困难开展专题调研，形成的《关于激发归国新侨、留学生创新创业活力，为湖南打造“三个高地”作出贡献的建议》调研成果被省政协采纳。侨海联络工作委员会报送的《助力青年创业梦，聚力画好同心圆》被市委统战部评为全市统战工作实践创新成果。6月23日，市委会组织海归党员赴长沙海梦岛开展学习调研。12月8日，市委会组织海归党员举办海归创业分享座谈会，交流创业经验感悟。

（许 晓）

九三学社常德市委员会

【概况】 2021年，九三学社常德市委员会被九三学社中央评为“2018—2020年参政议政先进集体”“脱贫攻坚民主监督先进集体”，被九三学社湖南省委会评为“组织工作先进集体”“社会服务工作先进集体”，九三学社市委会机关获评2021年度全市绩效考核先进单位。社市委会专职副主委肖超银被社中央评为“全国机关工作先进个人”；社员朱惠平、于冀民、丁华被评为优秀市政协委员。在“五史”知识竞赛中，九三学社桃源县支社、九三学社常德市第一中医院支社被社省委会评为优秀基层组织，社员万欣等7人获社中央表彰，社员袁先双等3人获社省委会表彰。

【思想建设】 深刻学习领会习近平总书记“七一”重要讲话精神，贯彻落实《统一战线工作条例》和关于加强中国特色社会主义参政党建设系列文件精神，承办题为《领航百年正青春——党的历史告诉我们什么》全市统一战线讲党课活动。制定下发庆祝中国共产党成立100周年党史教育工作方案，举办“读一段党史，悟一片初心”主题学习分享会。全年在微信公众号专栏上发布11期党史学习内容，开展6期“学习贯彻党代会精神大家谈”心得分享活动，开展“奔走在新征程中的九三人”系列专题报道。

【参政议政】 《加快常德种业创新发展，打造现代农业“芯”高地》调研报告被选作市政协大会口头发言材料。《建议完善预付式消费监管体系》调研报告被选作市政协大会书面发言材料。集体提案《交警部门超期处罚亟待解决》被中共市委副书记、市长周振宇签批。2021年，共提交社情民意60余件，其中《关于河洲禁止种植欧美杨的建议》《关于加强火车站过渡站房管理的建议》《新冠疫情隔离措施亟需完善》等建议被采用。市政协九三学社工作组按照市政协安排，监督市公安局助推“六稳”“六保”政策落地落实情况，在市政协重点事项评议会上，牟杰智委员代表监督组作会议发言。完成《充分发挥大数据精准优势，全面提升极端暴雨灾害防御能力》《促进种业创新发展，打造现代农业“芯”高地》等专题调研文章。

【组织建设】 2021年6月6—7日，九三学社常德市第七次代表大会召开，选举产生九三学社常德市第七届委员会。在2021年的市人大、市政协换届中，共有31名社员担任市人大代表和市政协委员。全年共发展13名新社员，其中博士2人，研究生3人，9人拥有高、中级职称。九三学社市委会举办新社员座谈会和培训班，为新社员颁发入社通知书、社员证和纪念章。成立监督委员会，调整和充实7个专委会组成人员。成立九三学社常德市琉深支社委员会。

【社会服务】 开展“九企合作”活动。为结对企业琉深集团、湖南

2021年9月15—16日，九三学社常德市委员会赴石门县长峪村开展健康义诊

（九三学社常德市委员会 供图）

博联工程检测有限公司分别授予省级、市级“九企合作工作站”。开展“谷仓计划”活动。依托“线上直播+线下组织”方式，打造“谷仓计划”基层青少年素质教育公益课社会服务项目，获评全市统战工作实践创新成果奖。开展抗击疫情服务活动。九三学社市委会组织志愿小分队前往社区慰问工作人员，积极参加抗击疫情志愿服务。社员李湘被评为常德市最美志愿者。抓好乡村振兴和“四同”创建工作。组织常德市第一人民医院医生前往乡村振兴点村——石门县长峪村开展送医送药下乡义诊活动。支持汉寿县东花村成功申报市级“同心美丽乡村”。社员陈虹霖出资10万元资助汉寿职中“九三学社·虹雨林班”一家一同心班成功开班。九三学社市委会联合市工商联，赴上海市深入推进与九三学社闵行区委会联合开展的“春申连心，闵德同行”交流活动。

【九三学社常德市第七次代表大会召开】 6月6—7日，九三学社常德市第七次代表大会召开。省政协副主席、九三学社湖南省委会主委张大方，中共常德市委常委、市委统战部部长陈华出席大会开幕式并讲话。大会听取并审议通过九三学社常德市委会主委呙滨辰代表九三学社常德市第六届委员会所作的工作报告，审议通过《九三学社常德市第七次代表大会决议》；选举产生由17名委员组成的九三学社常德市第七届委员会；呙滨辰当选九三学社常德市第七届委员会主任委员。

（毛　武）

群众团体

市总工会

【概况】 2021年，市总工会下设9个区县（市）总工会和1个国家级园区总工会（常德经开区总工会）、5个派出机构（柳叶湖旅游度假区、西湖管理区、西洞庭管理区、桃花源旅游管理区及市直机关工会工作委员会）、7个产业工会和9个行业工会。全市现有基层工会组织4383家，会员58.3万人。2021年，市总工会被中华全国总工会评为全国困难职工解困脱困先进集体、市级工会财务工作先进单位；被省总工会评为2021年度市州省直工会主要工作考核优秀单位，经审工作在省总经审会组织的规范化建设考核中获特等奖。

【庆祝中国共产党成立100周年系列活动】 2021年，结合党史学习教育，组织“建党百年·工运百年”全市职工党史工运史知识学习大赛，参加职工近30万人，线上答题突破80万人次；开展“湘悦读·工力量”全市职工主题阅读活动，举办各类读书研讨200多场次，覆盖职工近7万人；在市工人文化宫院内建成750平方米的工运史展厅，组织职工开展党史工运史的学习；举办“永远跟党走·奋进新征程”全市职工演讲比赛和“颂歌献给敬爱的党”群众性歌咏活动。

（李国丛）

【组织建设】 3月19日，常德市总工会在共和酒店召开市总工会第七届委员会第五次全体（扩大）会议。全力推进百人以上非公有制企业建会动态清零行动，着力加大“小三级”工会规范化建设力度。全年新增工会组织340家，新增会员17761人。新组建市国资监管工会、市快递行业工会联合会；以武陵区为试点探索开展楼宇商圈工会建设，新成立武陵区万达商圈工会、大润发商贸联合工会等基层工会组织，实现对区域范围内近万人以上新就业形态劳动者的有效覆盖；开展职工之家建设，评选表彰18个市级模范职工之家，6名基层工会干部被省总授予“最美娘家人”荣誉称号。

（孙秀卫）

【职工职业技能竞赛】 2021年，常德市总工会组织开展“建功十四五·奋进新时代”全市职工劳动和技能竞赛，参赛单位2700多家、覆盖职工28万余人。联合市直相关单位举办数控车工、电工、茶艺师等11个职业（工种）的市级一类竞赛，餐厅服务员、中式烹调师等11个工种的市级二类竞赛。对接企业、社会用工需求，举办各类职业技能培训班78期，培训5200多人次。积极参加全国第六届职工科技创新奖评选和湖南省首届“大国工匠·湖湘论坛”，常德水表厂申报的1项职工创新成果获得全国职工科技创新优秀项目奖，湖南华南光电（集团）有限责任公司职工、市总工会兼职副主席谭祖安获“湖南工匠年度人物”提名奖。

（贺计算）

【维护职工合法权益】 2021年，深化“尊法守法·携手筑梦”活动。建立市总工会法律服务小分队，深入园区（企业）举办各类法律宣讲20余场，惠及职工近2万人；广泛发动职工群众参加“安康杯”竞赛、工会安全生产月等群众性劳动保护活动；开展法律援助服务，全市共办理职工法律援助案件70多件，挽回经济损失360多万元。常德1件职工维权案例入选全省工会依法维护职工合法权益十大典型案例。

【服务职工群众】 2021年，深入开展“四季四送”活动。市、县两级总工会筹集资金近3000万元，慰问、帮扶劳模和困难职工近3万人，资助困难学子1176名；持续开展职工医疗互助活动，为10497人次患病职工发放补助、救助金1500多万元；开展“工会进万家·新就业形态劳动者温暖行动”服务月活动，服务新就业形态劳动者近5000人次；举办“姻为有你·缘定三生”单身职工联谊活动；开展全市“百优食堂·幸福职工”评比推优活动；联合相关部门（单位）建成“工会爱心驿站”“户外劳动者站点”等服务站点61个。桃源县“工会爱心驿站”工作经验在《人民日报》客服端进行宣传推介。

（张艳明）

【国省五一奖和工人先锋号评选】 2021年，加大对先进模范、技术能手的培养和选树工作。推荐表彰全国五一劳动奖状1个、五一劳动奖章3个、工人先锋号3个，全国五一巾帼标兵1个，省五一劳动奖状2个、五一劳动奖章9个、工人先锋号6个；评选表彰全市最美优秀班组50个、最美优秀班组长20个；建成20个市级劳模助力乡村振兴示范基地。

（贺计算）

共青团常德市委

【概况】 2021年，共青团常德市委（以下简称团市委）紧扣市委和团省委重要工作部署，全力推进“青春铸魂”“青春兴湘”“青春湘伴”“青春硬核”四大工程，着力提升引领力、组织力、服务力和大局贡献度，高质量完成各项工作任务。全年，团省委和市领导先后10次调研常德共青团工作或出席相关活动。全市共青团工作、青联工作、少先队工作在全省市级团委工作考核中均为优秀等次，常德共青团工作综合考评成绩位列全省第一方阵，全年获评省、市级荣誉16项。

2021年，先后开展“青春建功‘十四五’行动”，联合市委组织部举办青年人才培训班，拍摄制作《这很青年》专题栏目7期，全网浏览量超过10万人次；联合市人社局等部门开展青年创新创业类大赛，为优秀项目提供107万元奖金支持；争取相关专项资金200多万元，为20多家企业提供创业扶持；制定青年就业创业促进计划，举办青年创新创业培训53场，参加人数3000余人。10月，启动“智回柳城 青春兴乡”常德学子助力现代化新常德建设行动，面向全国共选聘180位常德籍全日制在读大学生兼任乡街团（工）委副书记。在全国率先开通常德市青年志愿服务“社区青春行动”专项行动专区，招募近3000名青年志愿者，服务群众近5万人次；联合市民政局开展全市社会组织公益创投大赛暨社区青春行动项目展示交流活动，为6个优秀公益项目提供17万元资金支持；开展“蓝马甲”希望工程数字助老公益项目，招募500多名大学生志愿者，在全市100个社区帮助老年人解决日常使用智能设备容易出现的“数字难题”；开展“‘河’我一起，保护母亲河”行动，组建净滩团队数量全省排名第一，“圆梦工程·七彩假期”志愿服务活动作为唯一市州团委代表在全省总结会上发言；组建青年防疫突击队、青年志愿者队伍共756支，总人数1.73万人，参与疫情防控工作。联合举办乡村振兴创业训练营，完成市、县两级团属青年创业就业类社会组织全覆盖，开展创客主播助农专项活动55场次，总销售额155.7万元；落实“百企联百村”工作任务，推动团属协会会员企业与32个薄弱村开展村企共建工作；组织开展大学生暑期“返家乡”“三下乡”社会实践活动，吸引500多名优秀大学生投身乡村振兴，团市委获评全省优秀组织奖。

青少年思想政治引领。广泛开展庆祝中国共产党成立100周年系列主题活动，举办常德市庆祝中国共产党成立100周年优秀青年代表座谈会、“青春向党 奋斗强国”常德市庆祝中国共产党成立100周年党团队一体化建设示范性活动；全市各级团组织举办学习贯彻习近平总书记“七一”重要讲话精神专题宣讲报告会530场次，围绕“学党史、强信念、跟党走”开展“百年正青春 主播讲党史”全市青少年主题对话活动305场；联合石门县薛家村开发“小青团共富茶”两款文创产品，打造红领巾学院四史课堂等学习品牌；超237万人次参加“青年大学习”网上主题团课学习，学习覆盖率突破100%，46万名少先队员参与“红领巾爱学习”网上主题云队课学习活动；评选“2021年争做新时代常德向上向善好青年”34人，“双红双优”集体和个人166个，市级三星级红领巾奖章集体和个人600个；推荐42个集体和个人获评国家级、省级荣誉。

服务青年成长发展。开展关爱青少年身心健康“十个一”行动，举办青少年心理健康各类讲座53场次，服务青少年及家长5600余人次；建成团团希望小屋13个、团团心灵驿站10个、资助青少年特殊群体120名；发挥希望工程品牌作用，筹集资金102.5万元，资助贫困青少年764名，争取“希望工程 安踏茁壮成长计划”项目，为1万余名困难青少年捐赠价值1000万元的服装；开展“青春有约·团缘汇爱”青年婚恋交友系列活动，吸引1560名单身青年参与，帮助15对单身青年成功牵手；投入30万元专项资金，开设“七彩青春”公益课堂，为青少年提供公益培训服务1.5万余人次，提供青年志愿服务岗位1300个。

自身建设。落实县域基层团组织改革试点工作要求，指导武陵区、桃源县、澧县完成试点工作任务；召开团市委七届三次全会、市青联六届五次全会，完成团市委委员、候补委员，市青联委员卸职递补工作；举办全市共青团改革创新大赛，促推基层共青团改革落实见效，共2个项目入选省级决赛，获得1金1银；召开市级青年联席会议第二次全体会议，促进全市青年全面发展。加强全市团员发展数量的总调控，市级团前教育系统累计学习记录3.4万余人次，“智慧团建”新发展团员录入达到100%；新建“青年之家”13家，全市193家“青年之家”累计开展活动5000余场；建立市级学校工作专门委员会，指导县级团代表联络站建设全覆盖，进站代表共1380人，联系团支部1160个，联系团员青年1.7万余人。提请市委常委会专题研究少先队工作，推动出台《中共常德市委办公室贯彻落实〈中共湖南省委关于进一步加强新时代少先队工作的实施意见〉的通知》，明确17项重点工作任务，推动形成党委领导、政府支持、共青团牵头、团教协作、社会协同的新时代少先队工作格局。召开常德共青团系统党建和党风廉政建设工作会议，加强团内作风建设和团干部队伍建设，着力打造“政治强、能力强、业务强、作风强”的常德共青团干部队伍，着力打造“忠诚担当、实事求是、朝气蓬勃、廉洁干净”的常德共青团组织。

2021年10月29日，全市共青团改革创新大赛在武陵区紫菱小学举行

（团市委 供图）

【常德市庆祝中国共产党成立100周年优秀青年代表座谈会】 5月4日，庆祝中国共产党成立100周年优秀青年代表座谈会在市委常委扩大会议室举行，市委主要领导出席并讲话。市委副书记黄清宇主持会议，市委常委、市委秘书长罗先东、副市长汤祚国，市委办、市委组织部、市委宣传部、市委政研室负责人参加会议。会上，团市委负责人汇报有关工作情况，周峰、刘鑫、王婷、龙兵、郝进、曾子璐、李洋、秦兰、莫亚琼、张红等青年代表发言。

【常德市庆祝中国共产党成立100周年党团队一体化建设示范性活动】 7月2日，“青春向党 奋斗强国”常德市党团队一体化建设示范性活动在市第四中学举办，副市长、市少工委主任汤祚国出席活动并讲话，市政府副秘书长李卫民主持活动。活动由团市委、市少工委、市教育局联合主办，各区县市、市直各中学团委负责人现场观摩活动，常德市第四中学1200余名共青团员、少先队员和教师代表参加活动。

【举办2021年度全市共青团改革创新大赛】 10月29日，首届全市共青团改革创新大赛决赛在武陵区紫菱小学举行，全市共35个项目参赛，其中13个项目入选现场决赛。市级决赛由市委改革办、市总工会、市妇联、市科协相关科室负责人担任评委，经项目展示、现场答辩等环节，武陵区第一小学等2个单位获评一等奖，常德职业技术学院等4个单位获评二等奖，澧县团县委等7个单位获评三等奖，武陵区工农小学等9个单位获评优胜奖。推选2个项目参加第三届全省共青团改革创新大赛，其中红领巾学院项目获金奖，“蓝”团组合项目获银奖。

（李玉华）

【市青少年教育活动发展中心】 常德市青少年教育活动发展中心（以下简称活动中心）是共青团常德市委下属正科级事业单位。活动中心位于武陵区柳叶大道3031号，建筑面积8947.36平方米，使用面积6416.92平方米。内设常德市青少年禁毒宣传教育馆，配置攀岩、舞蹈、声乐、书法、绘画、陶艺等20个活动室。2021年，活动中心坚持公益性、知识性、参与性原则，坚持打造品牌，持续开展权益维护、艺术培训、文化教育等服务。开展“青春有约　团缘汇爱”青年婚恋交友系列活动，组织“青爱的·亲爱的”卡乐星球联谊会、团缘汇爱·相遇园区专场联谊活动以及中秋月正圆、烧烤以及攀岩、茶艺、插花、陶艺等15场公益课，吸引1560名青年参加，帮助15对单身青年成功牵手。开展关爱青少年身心健康系列活动，全年举办共9场大型心理健康知识讲座、12场小型心理健康交流会、7场关爱青少年心理健康社会实践活动、10场自护教育活动以及4场青少年普法教育活动。组织参加第十二届省青少年才艺大赛，全市142个个人项目、6个集体项目入围省级决赛，共64人项目获奖，获奖比例远超全省平均水平。联合市禁毒办和市强戒所在市城区范围内开展常德市2021年“绿色青春·健康无毒”暨“6·26”禁毒宣讲进校园活动，在湖南文理学院、市六中等8所学校开展宣讲，发放禁毒宣传手册1.2万余本。开设第五、六期“七彩青春”青少年公益课堂，为青少年提供绘画、舞蹈、合唱、书法等公益培训服务1.5万余人次，提供青年志愿服务岗位1300余个。

（罗名亚）

市妇女联合会

【概况】　2021年，市妇联获全省妇联系统绩效考核第一名，市妇儿发展中心作为全国唯一妇儿中心获评“全国妇联系统先进集体”。

理论武装。举办基层领头雁培训班，高标准完成党史学习教育规定动作，组织撰写《百年常德地方党史中的女性力量》并成功入选为湖南省庆祝中国共产党成立100周年理论研讨会论文。深化“百千万巾帼大宣讲”，全市各级妇联宣讲近300场，受众2.3万人次。市县乡村妇联四级联动，开展“潇湘巾帼心向党”大型群众性朗读比赛活动，征集作品131部，9部作品入围全省妇联系统百强，成为全省入围百强最多的市州。在常德市举办“我心向党　亲子同行”家庭实践活动，即党史知识亲子共赛、初心梦想亲子共述、红色之旅亲子共游三大经典活动，党史知识家庭竞赛总决赛直播视频点击量达5万人次，《中国妇女报》第一时间报道。以中国共产党成立100周年为契机，出版《市妇联百年地方志》。

服务社会。疫情防控。市妇联组建一支200人规模的常德市巾帼抗疫志愿者先锋队，累计参与基层防疫1139人次，全省率先制定志愿者管理制度。“七夕”前夕，准备100束鲜花送给奋战在一线的女性工作者，让广大妇女感受到来自娘家人的浓浓“爱意”。乡村振兴。开展“乡村振兴　巾彩绽放”三下乡百场公益活动（巾帼讲堂下乡40场、就业技能下乡40场、儿童职业体验下乡20场），进一步巩固拓展脱贫成果同乡村振兴有效衔接。推进湘妹子能量家园建设，在全市13个村试点，8.21万人注册使用。举办全省湘妹子能量家园现场经验交流会，常德市作为唯一市级代表作典型发言，得到省妇联领导和兄弟市州的高度认可。创业创新。常态化开展“春风行动”送岗位，公众号开设“巾彩你我——创业就业”专栏，发布女性招聘资讯34期，提供就业岗位8000个，组织专场招聘会12场次，百余名女性达成就业意向。联合市人社部门开展妇女职业技能大培训，全市开展各类技能培训85期，带动就业3578人。

维护权益。妇儿发展环境。科学编制《常德市妇女儿童发展规划（2021—2025）》，推出一批让妇女儿童得实惠、普受惠、长受惠的实事服务项目，同步纳入“十四五”规划重点专项规划范畴。妇儿关爱帮扶。全省率先启动“一站式”办案区建设全覆盖。开展“四个一”防溺水行动，组织300名爱心妈妈开展结对帮扶，护航留守儿童暑期安全。全市农村适龄和城镇低保适龄妇女“两癌”免费检查民生实事惠及10.4万人，争取中央财政救助金216万元，募集公益资金132.06万元，稳居全省第一。家教指导服务。促进《湖南省家庭教育促进条例》在常德落地落实。桃源县三级联动的家庭教育指导体系、家校共育等工作经验被《今日女报》在全省推介。深化最美家庭、文明家庭等创建活动，持续开展家风家教主题宣传活动。

基层改革。组织建设。联合市直机关工委下发《关于调整部分市直和中央、省驻常各单位妇女组织隶属关系的通知》，确保全市所有市直机关单位妇女组织全覆盖；以基层妇联换届为契机，2262个村（社区）妇联主席全部进入“两委”班子，确保村（社区）妇女组织强覆盖。能力建设。出台《常德市各级妇联执委管理办法》，着力探索基层执委发挥作用的有效路径。设立40万元专项引导资金，实行各级执委领办公益项目制，最终确定14个入围项目，在群众所需、妇联所予、执委所能之间搭建有效载体。作风建设。围绕妇女群众急难愁盼问题，定期开展妇情恳谈和妇情调研活动，覆盖所有县市区，编写《妇情日记》丛书。善用新媒体创新群众工作方式，依托“一网一微一抖音”，通过购买服务模式，重置功能板块，构建工作网、服务网、联系网三网合一的网上妇联新格局。

锻造队伍。推进清廉妇联建设，开展巡察整改“回头看”，召开党风廉政建设工作专题会议，定期组织干部观看警示教育片，开展谈心谈话321人次。严格落实党组议事规则、请示报告制度和重点工作调度机制。落实意识形态工作责任制，加强妇女儿童舆情研判引导。落实“三会一课”“主题党日”活动等制度，不断提升基层党组织的凝聚力和战斗力。在机关成立青年理论学习小组，继续模范机关创建工作，按照年底绩效考核指标及日常业务考核细则，促机关部室间进行比思路、比措施、比成效，培养造就一支执行力强、创新力强、凝聚力强的妇联干部队伍。

【举办“我心向党　亲子同行”常德市党史知识家庭竞赛总决赛】 5月30日，由市妇联举办的“我心向党　亲子同行”党史知识家庭竞赛总决赛在市广播电视台演播大厅举行。该竞赛活动得到全市广大家庭热切关注与支持，市直妇委会、各区县（市）妇联积极组织家庭参赛，500多组家庭踊跃参加，在全市掀起家庭学党史的热潮。经过激烈角逐，石门县刘瀚宁家庭和侯晟可家庭获一等奖，入围2021年市级文明家庭考察对象，武陵区郭宸瑞家庭、桃源县左子贤家庭、澧县颜楠家庭获二等奖，汉寿县陈鋆羽家庭、鼎城区鲁欣宜家庭、汉寿县袁彦歆家庭获三等奖。11组家庭获优秀奖，武陵区妇联、石门县妇联、汉寿县妇联获优秀组织奖。

【召开常德市妇联第七届四次执委会议】 3月10日，常德市妇联第七届执行委员会召开第四次全体会议，市妇联七届执委委员、市妇联机关部室长及二级机构负责人参加会议。会议对2020年妇女工作进行全面总结，对2021年工作进行具体部署。会议部署在全市妇联执委中开展大履职大领办大评选活动，传达学习有关会议精神。会议增替补艾思奇等11人为市妇联七届执委，增替补夏小雯等4人为市妇联七届常委，夏小雯满票当选市妇联第七届副主席。

【举行湖南省乡村振兴巾帼行动暨湘妹子能量家园工程启动仪式】 12月14日，湖南省乡村振兴巾帼行动暨湘妹子能量家园工程启动仪式在常德举行。省妇联党组书记、主席黄芳出席并讲话，常德市委常委、市政府党组副书记徐永健致辞，省妇联副主席卢妹香主持。国家税务总局湖南省税务局一级巡视员彭爱华、中国邮政集团湖南分公司副总经理董文，以及省农业农村厅、省林业局、省妇联、省直妇工委、省税务局、省邮政、省妇女儿童发展基金会相关负责人，14个市州妇联主席、分管副主席、妇女发展部部长，湘妹子能量家园试点市州县市区、乡镇（街道）、村（社区）代表，爱心企业代表和湘女健康医联盟代表，特邀省市县三级政协部分妇联界别委员代表，共计260余人参会。会议宣布湘妹子能量家园工程正式启动，成立“湘女健康医联盟”，接受中南大学湘雅医院等16家省级医疗机构代表递交的“湘女健康医联盟”战略合作协议，并为医联盟代表授旗，省人民医院党委副书记黄利华做表态发言。省妇联与省邮政公司现场签订湘妹子能量家园运营合作框架协议。黄芳向14个市州妇联发放全国妇联“低收入两癌”妇女救助金2570万元、“出手吧姐姐”困境母亲慰问金1627.9万元。常德市妇联等7个单位就湘妹子能量家园试点、湘女素质提升、美丽庭院、产业发展进行交流发言。省妇女儿童发展基金会理事长王安安接受中国太平洋财产保险股份有限公司湖南分公司等8家企业和单位向湘妹子能量家园捐赠的616.3万元公益物资。12月14—15日，卢妹香一行现场考察常德市妇女儿童发展中心、柳叶湖旅游度假区白鹤镇月亮社区，常德市人民政府副市长周代惠陪同考察。举办乡村振兴巾帼行动暨湘妹子能量家园工程专题培训班，中南大学湘雅医院、湖南中医药大学第二附属医院专家深入白鹤镇太阳山社区，开展“湘女健康医联盟”义诊活动，120多名社区居民参加义诊。

【全市“执委姐姐来植树”活动启动】 3月10日，市妇联、市林业局开展“执委姐姐来植树”活动在常德市湘妹子能量家园试点社区武陵区东江街道新坡社区举行启动仪式，近120名市县乡村四级妇联执委参加。活动举行全市“执委姐姐

2021年5月30日，市妇联在市广播电视台演播大厅举办“我心向党　亲子同行”常德市党史知识家庭竞赛（市妇联 供图）

来植树”授苗仪式，市林业局向市妇联提供树苗38818株。市妇联党组书记、主席宋磊宣布全市“执委姐姐来植树”活动正式启动。启动仪式结束后，妇联执委们开展植树活动，120余棵茶树、红叶石楠、紫薇种植后，悬挂上执委签名的认种认养牌。

【市领导与姐妹们共庆“三八”妇女节】 3月8日，2022年常德市各界妇女和家庭风采展示暨表彰活动在市妇女儿童发展中心举行。市委副书记、市委统战部部长陈华等领导专程走访慰问全市优秀妇女代表、考察市妇女儿童发展中心，出席2022年常德市各界妇女和家庭风采展示暨表彰活动，与全市姐妹们共庆“三八”妇女节。大会表彰2021年常德市三八红旗手（集体）、2021年常德市城乡妇女岗位建功先进集体（个人）、第五届市级文明家庭，市领导为获奖代表颁奖。市妇儿工委成员单位相关负责人、市妇联全体班子成员、市纪委监委驻市政协纪检监察组负责人、各区县市妇联主席以及部分优秀妇联干部和妇女代表等150余人参加活动。

【“乡村振兴　巾彩绽放”常德市妇联三下乡百场公益活动启动】 4月7日，“乡村振兴　巾彩绽放”常德市妇联三下乡百场公益活动启动仪式在鼎城区草坪镇举行，200余名基层妇联主席、执委，巾帼志愿者参与启动式。省妇联党组书记、主席姜欣，市委副书记黄清宇，省妇联办公室主任熊望衡，市委副秘书长朱文红，市妇联党组书记、主席宋磊，鼎城区委副书记王时雨，市教育局、市人社局、市农业农村局分管负责人出席启动仪式。省妇联调研组其他成员，市妇联相关班子成员，各区县（市）妇联主席参加启动仪式。

（彭璎子）

【市妇女儿童发展中心】 2021年，常德市妇女儿童发展中心在市妇联党组的领导下紧扣“精彩绽放，巾彩常德”工作主题，以服务妇女儿童，促进妇女儿童全面发展为宗旨，从全市女儿童素质提升、亲子家庭教育、女性技能双创培训三个工作重点开展各类公益课程和活动。2021年，常德市妇儿中心被授予“全国妇联系统先进集体”称号（人社部发〔2021〕109号）。

接待与会务。2021年大型参观接待工作2次，分别是12月14日省妇联副主席卢妹香一行160人考察团、3月8日市委副书记黄清宇、副市长周代惠一行考察指导；会务工作近10次，共计接待约500人次。

公益课程。2021年巾帼大讲堂免费公益课程共开设约470节（次），在保证防疫需求的情况下，对所有班级进行学员招募减半，共接待学员9000余人次。为庆祝中国共产党成立100周年，中心在亲子阅读、朗诵、声乐、摄影等课程中，融入红色主题教学，通过亲子共读党史故事、诵读红色经典诗歌、学唱红色歌曲、拍摄红色题材摄影作品等形式，赓续红色基因、汲取奋进力量。

技能培训。助力妇女家门口就业创业。开设各类技能培训班。举办月嫂培训班6期（其中自用班5期、技能下乡1期）近150名学员参加培训学习；初级摄影师培训班举办1期，招收学员26人，23人完成初级摄影师的考核；茶艺师考证班开设1期，培训学员24人；插花员培训班开设1期，培训学员19人。配合开展送手工编织技能培训下乡活动。按照当地旅游特色产品制定的针对性课程，柳叶湖区旅游度假区开设30期手工编织培训，参与学员约1200人次；桃花源旅游管理区开设为期5天的文创产品培训，培训150人次；澧县开设为期10天的创意手工培训，培训学员400人次。在万达沙滩音乐节、彭山景区等地的文创集市为处于创业阶段的希望通过手工编织来增收的家庭妇女争取到30个免费摊位。在白马湖公园争取到10个免费摊位提供给手工从业人员，助力他们创业就业，免租金额达4万元。

宣传工作。LED显示屏宣传。全年制作爱国卫生运动、党史学习、安全生产和消防工作等宣传标语百余张；各类宣传标语、视频播放达百余条；制作中心宣传PPT并通过LED显示屏进行播放、宣传。展板宣传。分别在妇儿中心三楼、五楼以及一楼大厅入口设置应急救护知识、扫黑除恶、党史学习、新冠疫情常态化防控等宣传展板。

主题活动。协助市妇联举行“三八”妇女节庆祝活动。为庆祝第111个“三八”国际妇女节，搭建党和政府联系妇女群众的桥梁，激励全市广大妇女为开放强市产业立市贡献巾帼力量，3月8日，协助市妇联举行“三八”妇女节庆祝活动。市委副书记黄清宇、副市长周代惠赴市妇女儿童发展中心为全市优秀女性集体（个人）代表授奖，考察指导妇女儿童工作，与全市妇女姐妹共同过节。活动开放手工编织、养老护理、亲子烘焙、茶艺等10多类公益课堂。“2021年巾帼大讲堂‘三八’妇女节主题月”活动。为团结带领全市广大妇女为开放强市产业立市贡献巾帼力量，献礼中国共产党成立100周年，妇儿中心举办“2021年巾帼大讲堂‘三八’妇女节主题月”活动，该活动面向全市各单位妇委会免费开展，共有26个单位，约660人参与各类公益课程的体验。“点亮童年　职因有你”儿童职业体验下乡活动。为让更多的农村儿童特别是偏远地区、留守儿童，体验警察、医生、军人等职业，掌握生活的技巧，感受职业的乐趣，树立远大的理想，在市妇联的精心组织下，开展儿童职业体验下乡活动20场次，参与体验学生约2780人。“潇湘巾帼心向党”大型群众性朗读活动线下专场。5月29日，“潇湘巾帼心向党”大型群众性朗读活动线下专场在市妇女儿童发展中心展开，40名朗诵者爱好者参与活动。“庆祝中国共产党成立100周年”摄影班学员作品展。7月1日，市妇儿发展中心举办庆祝中国共产党成立100周年摄影班学员作品展。该作品展从摄影班学员中征集，经过初评、筛选等环节，将40幅摄影作品在市妇女儿童发展中心一楼大厅展出。“放歌新时代　献礼百周年”常德市妇女儿童发展中心群众音乐会。7月3日，在市妇女儿童发展中心学术报告厅举行“放歌新时代　献礼百周年”常德市妇女儿童发展中心群众音乐会，近300人组成的来自10个社区的11支合唱队伍，用歌声表达对党、对祖国的赞美之情。

疫情防控。开课时做好公益课程学员与老师的体温检测、健康码查验工作；中心工作人员体温检测工作。制定妇儿中心防疫应急预案和防疫方案，与长家山社区做好对接工作。8月3日后，中心工作人员全员参加市妇联组织的巾帼抗疫志愿者先锋队，并作为志愿者骨干带领4个片区百余名志愿者，与社区干部一起深入抗疫防疫一线。参与值守、排查、核酸检测等工作，共服务社区15个，坚守岗位半个月，为抗击疫情贡献“她”力量。

（张英杰）

市科学技术协会

【概况】　2021年，市科学技术协会（以下简称市科协）获中国科协全民科学素质工作先进集体、第42届湖南省青少年科技创新大赛优秀组织单位等荣誉称号。

政治引领。党史学习教育。树立“三学三讲”（学习习近平总书记关于党史的重要论述、学习马列主义经典原著、学习科技界的先进党员典型；讲红色革命故事、讲党史重要事件、讲学习体会）和“七大红色活动”（观看红色电影、参观红色基地、学习红色先烈、诵读红色经典、宣讲红色故事、重温红色誓言、过好红色生日）两大品牌，全年共为群众办实事380多件，受益群众6.1万多人次。实现市级学会党组织两个全覆盖。截至2021年11月底，所属39个市级学会中，成立党支部38个。对1个不符合组建条件的学会派出党建工作指导员。完成16个学会支部示范学会建设。

学术交流。举办“院士专家常德行”暨湖南红茶高峰论坛。邀请中国工程院院士刘仲华，专家肖力争、伍崇岳、杨阳等专家分别就湖南红茶发展现状与加工技术、湖南红茶的“花蜜香甘鲜味”、茶树品种创新展开学术研讨。组织乡村振兴背景下常德田园综合体产业发展模式高峰论坛。邀请中南林业科技大学等6所高校院所、企业等领导和专家200余人，探讨高校、政府、企业等助力乡村振兴发展模式、谋划助力乡村振兴发展路径。牵手合作国家级学会。市科协联合市生物学会引进中国生物工程学会在常德郑太有机农业发展有限公司共建基层科技服务工作站。

科普惠民。深入实施“科普中国”湖南行动，市县乡村四级科协组织联动。2021年，全市共35.87万人完成“科普中国”APP注册，传播分享达到2788万篇次，月活量33.27万人，三项数据均在全省领先。2021年科普中国信息员科学素质网络竞赛，常德市参赛成绩位列全国前十。第五届全省科学素质网络大赛，全市累计148.5万人次参与答题，参与人次排名全省第三。全市累计新增科技志愿者5011人，结合“我为群众办实事”、科技活动周、志愿服务进社区等主题开展活动247场次。推荐武陵区获评2021—2025年第一批、石门县获评第二批全国科普示范区。擦亮“全国科普日”品牌。9月16日，全国科普日常德（武陵）主场活动在武陵区青少年数字科创体验馆举行，主场活动同步线上直播，吸引大批市民在线收看。开展数字科技馆体验、《全民科学素质行动规划纲要》宣传、应急安全、生态环保宣传等系列活动。开展科普讲师团“乡村振兴科普大讲堂”，特聘彭友林、韩庆等专家开展巡回授课97场次，受惠群众5500多人。

人才托举。市科协组织“双十二佳”评选，评选12名常德市优秀科技工作者和12名“服务企业中青年科技精英”。托举优秀青年科技人才张小波前往上海市大型综合医院接受半年进修学习。刘孝华、魏仲珊获评省“创新达人”荣誉称号，刘骏获评第二届湖南省优秀科技工作者。

【服务科技工作者】　4月，举办科技活动周活动，向公众集中展示17位常德籍院士风采，展现常德籍优秀科技人才与党同呼吸、共命运、心连心的百年深情和奋斗历程。5月28日，以“众心向党，自立自强”为主题，举办常德市2021年全国科技工作者日暨市科协系统党史学习教育活动，通过高唱《国际歌》、党组书记上红色党课、党史知识竞答、听红歌抢答、讲红色故事、朗诵红色经典、观看《黄旭华》等形式，对140多名科技工作者进行党性教育。7月，组织部分优秀科技工作者代表开展科学道德与学风建设宣讲会，集中收看《袁隆平》，围绕“学习袁隆平榜样，弘扬科学家精神”畅谈学习体会，就弘扬精神、端正学风做公开承诺。11月25日，牵头组织妇幼保健院与市第一中医

2021年7月10—26日，市科技馆开展“小小科学家”常德市青少年科普夏令营—第一期活动（市科协 供图）

医院前往开展乡村振兴点村义诊活动，发放健康教育宣传资料200余份，免费发放药品价值近1.2万元。

【示范企业科协创建】 2021年，市科协遴选4家企业科协作为首批示范企业科协创建对象。探索总结经验特色，形成“一企一品”的格局。三金集团湖南三金制药有限责任公司科协围绕“强化政治引领”开展创建，支部被评为全省“两新”领域先进基层党组织和全市两新组织标杆党组织，支部书记被评为全市“两新”组织党建领军人才。湖南瑭桥科技发展有限公司科协围绕“产学研一体化”开展创建，与北京航空航天大学教授签订合同建立专家工作站，有力提升企业效益。常德市佳鸿机械有限责任公司科协围绕“年轻科技工作者培养”开展创建，与北京航空航天大学建立长期合作关系并建立博士工作站。

【打造青少年科普品牌】 7月，“小小科学家”科普夏令营开营，90名营员分为3期进行海陆空科模的学习与制作以及竞赛体验。11月，300组家庭参加2021年常德市家庭户外科学越野赛，将科学挑战作为关卡式障碍贯穿于整个越野活动中，寓教于乐。全年开展科普公益培训119场次，参与人次达1170人，课程含电子、机械、编程、机器人等。组织第二十届常德市青少年科技创新大赛。全年共收到申报作品1028个，其中科技成果类项目234个，科学幻想绘画724幅，科技实践活动64个。12月底，对专家评审入围的62个项目在澧县澧州实验学校举行终评展示。参加第42届全省青少年科技创新大赛，共获得一等奖12项、二等奖23项、三等奖21项，常德市科协被评为“全省十佳优秀组织单位”，常德市第七中学老师覃毅获评“全省十佳科技教师”。

（李英姿）

市工商业联合会

【概况】 2021年，常德市工商业联合会（以下简称市工商联）深入贯彻落实习近平总书记关于新时代民营经济统战工作的重要指示批示精神，真抓实干求实效，凝心聚力助发展，有力促进“两个健康”（民营经济健康发展和民营经济人士健康成长）。通过省级文明单位复查。

思想政治引领。动员开展党史学习教育。发挥机关干部和民营经济人士主体作用，参加全省工商联系统党史知识竞赛，市工商联获一等奖，常德市福建商会获三等奖。在民营经济领域开展“我心向党·忠诚为国”主题教育活动，利用执委会、红色故事讲演、观看教育片、现场参观等多种形式，举办首届“商会杯”篮球联赛，激发奋进新征程的活力。加强舆论宣传引导。开展“亮成绩、学《条例》”活动，开辟《同学习　共奋进》专栏组织市工商联系统热议中共十九届六中全会精神。坚持正面激励，涌现出一批国、省典型，湘佳牧业、德成建设分获全国、全省脱贫攻坚先进集体；唐少芳、喻自文获得第四届湖南省非公有制经济人士优秀中国特色社会主义建设者称号；6家民营企业、9名企业家荣获第一届“新湖南贡献奖”先进集体和先进个人。推进党建工作。举办党建培训班4次，新发展企业党员14名。

服务中心大局。积极建言资政。高质量完成“在招大培强中更好发挥商会载体作用”市委参政议政调研课题。完成代表建议和委员提案办理回复4件。1篇信息稿件被省委统战部《湖南统一战线——信息连线》采用。非公有制经济人士人大代表、政协委员在市两会上积极建诤言、献良策。助力优化营商环境。组织国、省营商环境民企评价工作，常德市优化营商环境第三方评估在全省排名前列。抓好招大培强。牵头引进投资12亿元的粤科新能源智慧物流示范基地落户常德经开区。涌现出飞沃科技、康普药业、响箭重工等准上市企业。助推乡村振兴。组织商会、企业家走进石门县太平镇东流溪村、怀化市沅陵县开展捐赠和产业帮扶。引导异地常德商会、常德异地商会和会员企业投身捐资助学、扶残助残等社会光彩事业，累计捐赠折合1500多万元。

护航民企发展。政企沟通。加强大调研、大走访，搜集整理企业诉求，及时进行梳理和甄别，主动与有关部门进行沟通和协调，督促惠企政策落实。银企对接。举办8期“银企茶吧”联谊活动，帮助17家小微企业获得贷款6105.8万元，获评省级统战实践创新成果优秀。法律维权。扎实推进社会信用体系建设，发挥云济律所法律宣讲、矛盾调处功能，开展法治体检进企业3次以上，第七期“德商讲堂·云济说法”走进安乡；协助协调处理重点个案3起。和谐企业培育。结对服务指导1家企业，重点培育企业2家。推广应用平台。扩大企业、个人会员、团体会员注册，上传政策、项目、招商、人才、企业产品信息，在全市工商联系统中推广应用。

巩固组织基础。区县市工商联建设。9个区县市完成换届，5个成立民营经济服务中心。5家县级工商联被认定为2020—2021年度全国“五好”（政治引领好、队伍建设好、商会发展好、作用发挥好、工作保障好）县级工商联，4家县级工商联被认定为2021年度全省“五好”县级工商联。会员队伍建设。加强会员数据库建设。新吸纳23家企业会员、1家团体会员。2021年，市工商联（总商会）所属商协会组织有260多家，会员数逾2万多个，为常德经济社会高质量发展作出重要贡献。市工商联指导女商会、青商会等行业商协会和各直属分会开展丰富多彩的会员活动。商（协）会改革发展。新成立郑州、武汉、梅州市常德商会，指导常德市女企业家商会完成换届。常德市装饰建材行业协会等4家商协会获评2019—2020年度全国“四好”（班子建设好、团结教育好、服务发展好、自律规范好）商会；常德市浙江商会等11家商协会获评2019—2020年度全省“四好”商会。机关自身建设。加强党风廉政建设，在市直统战系统“清廉统战”主题辩论赛中获“最佳辩队”；落实“两同时”谈话90余次，持续构建“亲”“清”新型政商关系。

【常德市工商业联合会（总商会）第八次会员代表大会召开】 6月24日，常德市工商业联合会（总商会）第八次会员代表大会在共和酒店会议中心召开，市委副书记、市长邹文辉主持开幕式。湖南省工商联党组成员、副主席杨广林到会祝贺。市委副书记黄清宇，市人大常委会党组书记、副主任余怀民，市政协主席、党组书记朱水平，市委常委、市委统战部部长陈华，市委常委、市委秘书长罗先东，副市长汤祚国等参加。市政协副主席、市工商联主席、市总商会会长张业梅作第七届执行委员会工作报告。大会选举产生市工商联（总商会）第八届领导机构和领导班子，陈宏元当选为市工商联（总商会）第八届执委会主席（会长），选出33名副主席（副会长）、92名常委、231名执委。会议传达学习全省民营经济统战工作暨民营经济高质量发展大会和全省民营企业家座谈会精神，集中组织观看党史学习教育专题片《红色基石》《星火燃京西　永远跟党走》。

【举办首届“商会杯”篮球赛】 为展示商会风采，凝聚民企力量，10月25日至11月1日，常德市工商联举办首届“商会杯”篮球赛。副市长汤祚国出席开幕式，市委统战部常务副部长、市工商联党组书记李宏岸主持开幕式；市工商联主席、市总商会会长陈宏元致开幕辞。共有市工商联（总商会）机关和直属分会及商协会的16支代表队参赛。赛程采取小组循环赛、半区淘汰赛、半决赛、决赛等4个轮次。大赛评选出冠亚季军，以及优秀组织奖2个，优胜奖10个，“三分王”桂冠1个。

【营商环境主观评价工作调研】 11月17—19日，湖南省工商联副主席李曦率调研组一行到常德开展2021年度营商环境主观评价工作。市委副书记、市委统战部部长陈

2021年10月25日，市工商联首届“商会杯”篮球赛开幕　（市工商联 供图）

华，致公党常德市委会主委、副市长杨成英出席调研座谈会。调研组一行在常德市、澧县、汉寿县3地召开3场座谈会，了解常德市2021年度营商环境工作情况和企业家代表就优化政务服务、落实惠企政策、改善劳动力就业环境、加大权益保护、加强政企沟通等方面的意见建议。市政府副秘书长陈蔚民、市委统战部常务副部长李宏岸、市工商联主席陈宏元，全市不同行业30多位民营经济代表人士参加座谈会。

（韩凯凯）

市文学艺术界联合会

【概况】 2021年，常德市文学艺术界联合会（以下简称市文联）获评省文联系统先进市州文联，市文联主席杨莉获评省文联系统先进个人。

思想引领。组织干部职工、协会负责人专题学习习近平总书记在中国文联十一大、中国作协十大开幕式上的重要讲话精神。承办省新增“三百工程”文艺人才专题培训班，结合举办常德文艺骨干学习习近平新时代中国特色社会主义思想培训班。召开常德市文联第四届委员会第十一次会议。组织开展党史学习教育，严格按照“学史明理”“学史增信”“学史崇德”“学史力行”四个专题要求组织学习研讨。开展现场教学和主题党日活动，推进“我为群众办实事”实践活动，党组成员带头宣讲常德红色故事，举办文艺界党史知识抢答赛。

文艺活动。3月底，市委宣传部、市文联联合主办“颂党恩 跟党走”全市美术书法摄影作品展，共征集作品千余件，从中筛选出305件，于6月25日至7月15日分别在常德河街春秋广场、白马湖公园、丁玲公园户外展出，参观者超10万人次。6月22日，在市广播电视台演播大厅主办《心中的赞歌》“传承红色基因 讲好常德故事”吟诵会。主办“沅澧颂歌——献礼中国共产党成立100周年”诗歌征集大赛。从600多件作品中评出获奖作品17件，优秀作品83件，并结集出版。市直各文艺家协会开展系列主题活动。市作协、市音协、市曲协、市剧协、市舞协围绕党史故事召开专题创作笔会；市美协、市花鸟画家协会举办画展；市摄协、市设计艺术家协会举办大赛；市京剧协会、市舞蹈家协会举办专场惠民演出。市曲协协助市直机关工委完成《常德市创建模范机关曲艺作品集》。开展文艺惠民和志愿服务活动。春节期间，组织“三下乡”书万联送万福活动，为基层群众送书法作品。开展“学党史、办实事”活动，常德文艺志愿者走进石门县、临澧县等地革命老区志愿服务活动。开展“文化进企业”“文化进社区”志愿服务活动。文艺助力乡村振兴，市文联主办、张国华工作室承办“墨兴王化·书香常德”主题书画作品展。擦亮丁玲文学研究品牌。与临澧县委宣传部共同承办北京大学思想政治实践课教育基地中国丁玲研究会研究基地签约授牌仪式，北京大学中文系党委书记、中国丁玲研究会副会长贺桂梅，北京大学中文系团委书记张辰参加活动。抗疫主题创作。倡导全市文艺工作者积极创作优秀主题文艺作品，为疫情防控贡献文艺力量。市文联微信公众号推出抗疫一线宣传视频，社会反响较好。

创作平台。办好《桃花源》杂志、《丁玲研究》和常德文艺网。《桃花源》杂志首次成为中国作家出版集团全国文学报刊联盟内刊委员会理事单位，承办常德市重点作者写作训练营暨“青山碧水新湖南”创作采风活动，搭建作者与编辑交流的平台。坚持以人民为中心的创作导向，深入生活、扎根人民，突出现实题材创作生产，实施链条式文艺创作。全年全市发表、出版、展演的各类文艺作品2000多件（部）。《通鸟语的人》《孟姜女传奇》《今天再唱新事多》《百骏图》《陈华印痕》《砥庐杂记数则》列入第二届湖南省文学艺术奖优秀作品公示名单；陈文双、刘少一、戴希、龙向枚、唐益红、许玲、谢晓婷等作者的作品发表在《中国作家》《诗刊》《星火》等文学期刊上。青年作家寂寞读南华被评为“第二届湖南十大网络文学作家”；陈华被评为全省新文艺群体领军人才；市书协陈华、周少剑入选第七届中国书法兰亭奖；市美协漆跃辉、贺长安、李子、谭真勇入展，易凭、徐宗建、王胜华入选“百年恰是风华正茂”庆祝中国共产党成立100周年湖南省大型美术作品展。省委宣传部、省文联主办的庆祝中国共产党成立100周年“欢乐潇湘”全省美术书法摄影活动中，常德报送的54件作品有44件入展，其中有18件作品入等次奖。周碧华组诗《陈家湾》获《作品》季度奖；谈雅丽散文集《江湖记：河流上的中国》获第九届冰心散文奖、第二届湘江散文奖；宋庆莲作品《紫茄子 红枣子》获《漫画周刊》2020年度读者喜爱的好作品奖。邬鸿基作曲、瞿琼作词的《好甜好甜》在“词曲中国——2021全国优秀原创词曲征集”活动中获原创作曲组铜奖；常德市音乐家协会创作的《苗岭连北京》《启航》在“欢乐潇湘 颂歌向党”湖南省庆祝中国共产党成立100周年群众合唱比赛中获一等奖和最佳组织奖；李明作曲、周志华作词的《启航》，杨西薇作曲、彭梅华作词的《我写下入党申请书》均入选为省“心中赞歌献给党——第七届潇湘好歌”优秀作品；市曲协创作的常德丝弦

《只要主义真》、常德丝弦《一张站票》、鼓盆歌《妈妈，您的儿子是红军》、常德丝弦《抗美援朝第一兵》、鼓盆歌《刑场哺乳》、渔鼓《心灵深处》、常德丝弦《绝对忠诚》7件作品入选湖南红色故事会曲艺原创作品展演暨评论推介工程活动，在全省登台亮相；常德市京剧协会、市德成京剧艺术团以自创歌颂姜开斌等烈士的京歌大合唱《军魂》受邀参加中央电视台戏曲频道CCTV-11的节目录制；市摄协胡晓新《浴火蛟龙》、刘丽玲《趋走风尘》、田辉举《“魔幻”装修》等9件摄影作品入选“2020伟大跨越：全面建成小康社会的影像见证”第十九届湖南省摄影艺术展，其中《“毒区”的变迁》被评为多媒体类唯一的评委推荐（7件）作品之一，杨昌伟《扶贫队长张忠富》获金奖，郭迪《探访慢火车》获铜奖；陈正军的摄影作品《齐心村，青石板垒筑的古苗寨》，被中国民族博物馆永久收藏；推荐陈文双、刘冰鉴等文艺人才到鲁迅文学院、毛泽东文学院参加培训。推荐陈文双参加中国作协第十次全国代表大会。推荐周沛参加市委组织部青年人才培训班学习。积极推荐优秀文艺人才担任人大代表、政协委员。新增国家级会员29人，省级会员106人。做好新文艺群体职称申报评审工作，12人通过相关评审，通过人数居全省前列。

【常德市文联第四届委员会第十一次会议】 5月17日，常德市文联第四届委员会第十一次全体会议暨第七届常德原创文艺奖颁奖大会在共和酒店召开。会议对第六届原创文艺奖47件获奖作品进行表彰，传达学习贯彻省文联十届二次全委会会议精神，就2021年市文联工作作部署。

【《心中的赞歌》“传承红色基因 讲好常德故事”吟诵会】 该吟诵会于3月面向全市征集节目，共收到投稿近百件。6月22日晚，吟诵会在市广播电视台演播大厅进行展演，共分为致敬先烈、党旗飘扬、沅澧风采、百年放歌四大乐章，回顾中国共产党成立100年波澜壮阔的光辉历程，赞颂中华人民共和国成立以来翻天覆地的沧桑巨变。

2021年5月17日，常德市文联第四届委员会第十一次全体会议在共和酒店召开
（市文联 供图）

【“颂党恩 跟党走”全市美术书法摄影作品展】 由市委宣传部、市文联联合主办的“颂党恩 跟党走”全市美术书法摄影作品展于2021年3月底启动，共征集作品千余件，筛选305件，于6月25日至7月15日分别在常德河街春秋广场、白马湖公园、丁玲公园户外展出，参观者超10万人次。

【“沅澧颂歌——献礼中国共产党成立100周年”诗歌征集大赛】 3月15日至5月10日，“沅澧颂歌——献礼中国共产党成立100周年”诗歌征集大赛共征集作品600多件，遴选100件优秀作品参与终评。本着“公开、公平、公正”和“思想性、权威性、文学性、激励性”相统一的评奖原则，评出获奖作品17件、优秀作品83件，并结集出版。

（李芯仪）

市归国华侨联合会

【概况】 2021年，常德市归国华侨联合会（以下简称市侨联）扎实开展党史学习教育，先后赴鼎城区石板滩镇、湘潭市韶山、鼎城区草坪镇、石门县夹山镇等地开展4批次党史学习教育现场教学活动。组织全体党员干部观看庆祝中国共产党成立100周年大会，聆听习近平总书记重要讲话，并及时动员邀请19名国内外侨界朋友撰文畅谈感悟。在全省侨联系统党史知识竞赛中获第二名。

组织建设。印发《常德市归国华侨联合会关于印发〈常德市侨联关于加强基层侨联建设实施办法〉的通知》，在各区县（市）实现街道侨联组织建设全覆盖，着力推进基层侨联在为大局服务和为侨服务上实现更大作为，该工作纳入市委统战部的年度考核。多方自筹资金

2021年9月19日，市侨联举行“庆中秋　迎国庆”联谊活动（市侨联 供图）

70万余元用于市级面积为450平方米的侨胞之家建设。

招商引资。常德市归国华侨联合会与海内外华商侨领保持常态化线上联络，邀请其到常德考察洽谈，积极搭建海外侨商与招商部门、园区间的桥梁。2021年，经该会牵线搭桥引进3个项目，其中桃源县互联网车险平台项目每年为当地政府增加净收益2000万元以上，柳叶湖跨境电商体验中心正式开业，北欧湖南投资管理有限公司与临澧县人民政府签订“湘西北物流园”投资项目。

调研侨情需求。与市委统战部联合开展“访侨企、办实事、开新局”活动，发放调查问卷，详细了解侨资企业的经营状况、存在的困难以及需要解决的问题，并及时向上反映加以解决。在全市机关、企事业单位和学校等开展侨情摸底，进一步掌握全市侨情。以人大、政协换届为契机，积极推荐侨界人大代表候选人和政协委员，引导侨界群众有序参与社会管理和公共服务，传递好侨界声音。

强化服务能力。与市委统战部联合举办为期一周的全市侨务工作暨侨界人士培训班，组织区县市侨联主席前往长沙、株洲、湘潭等地进行学习考察交流，组织侨联工作者参加省侨联基层干部培训班等，通过学习交流，增长知识，交流经验，互鉴做法，不断提升侨联干部的综合能力水平。继续开展春节走访慰问活动，共发放慰问金近10万元。

提升助力效能。高位推动“我为侨界群众办实事”实践活动深入开展，确定“市侨联第五届委员会委员与困难学生‘一对一’助学、市侨商会会员与残障人士‘一对一’助残、市留学生联谊会与石门县育红完小‘一对一’助教”的特色“三助”活动。以宣讲国学家风、亲子教育为主导内容的“侨爸爸·侨妈妈”公益讲座，在市委统战部、市委党校等单位深受好评，倡导的“父母好好学习，孩子天天向上”的教育理念深入人心。

创新服务体系。与常德市中级人民法院印发《关于开展涉侨纠纷诉调对接工作的意见（试行）》和《关于侨联组织和特邀调解员协助调解涉侨民商事纠纷案件的意见（试行）》，进一步保障广大侨界人士的合法权益。继续开展春节等传统节假日的走访慰问活动。组织老归侨、侨界代表人士开展“侨胞同喜　明月传情”中秋联谊活动。拍摄《归去来兮——常德侨联档案》纪录片，为常德市首次集中记载讲述当地老归侨故事。

【常德市侨界创新创业创投基地授牌】　12月5日，常德市归国华侨联合会联合市科技局、市工信局、市市场监管局在常德高新区为“常德市侨界创新创业创投基地——德侨苑”授牌，宣告常德市侨界企业聚集发展的平台正式搭建。

（李林峰）

市社会科学界联合会

【概况】　2021年，市社会科学界联合会（以下简称市社科联）在服务常德经济社会高质量发展中聚焦发力、担当作为，各项工作保持良好势头。

社会科学研究。围绕开放强市产业立市战略部署，确定年度市级课题立项173项，其中重大课题2项重点课题合作课题13项，涉及区块链、农村居家养老、文化名城建设等多个热点领域。采取“双匿”模式开展社科立项与结题评审，严把前期申报、中期检查和结题评审关，课题立项规模和质量实现双提升。成果转化力度加大，择优选编形成2020年度社会科学研究成果成果专报7期。其中，重大项目《常德市高质量发展综合绩效评价监测分析研究》获时任市长邹文辉签批并下发，《常德文旅（产业）深度融合发展研究》被市文旅广体局、市人力资源和社会保障局等纳入培训课程，落实执行5000多人次；重点项目《常德市先进制造业跨越式发展路径与政策研究》获副市长杨成英签批，《完善科技创新体制机制，提升企业技术创新能力》被市科学技术局采纳，部分写入市政府文件，《常德市打造全国生态农产品基地项目研究》被《常德市农业农村“十四五”发展规划》采纳，《新冠肺炎疫情常态化防控背景下常德市突发公共卫生事件应急体系建设研究》被纳入一系列相关市级文件并由时任市长邹文辉签发实施。召开社科界学习宣传贯彻中共十九届六中全会、省第十二次党代会和市第八次党代会精神座谈会，党代会前后呈报建言17份，《关于常德市教育事业发展的意见建议》《共迎高铁时代　助推常德发展》等被《常德日报》等市级媒体刊载，且被市委工作报告采用。同时，依托市社科界别政协委员工作室，围绕乡村振兴、教育事业等专题，深入开展调查研究，呈送提案20余份。启动社科专家库建设，充实调整全市各单位（部门）的社科专家，全覆盖完成年度课题主持人培训，完成新一届社科界政协委员推荐，充实社科智库力量。出版《常德城市记忆》《常德英烈传》和《红军在常德故事荟》，进一步丰富常德历史文化研究。

社会科学普及。以“追忆百年峥嵘奋斗史，启航沅澧幸福新征程”为主题，举办常德市2021年社会科学普及主题活动月启动式；精心组织“常德社科大讲堂”活动3次，先后邀请湖南省政府参事、中共湖南省委党史研究室原主任张志初，省政协研究室主任唐宇文、湖南工商大学原法学院院长杨峥嵘到常德市开展“忆百年峥嵘奋斗史　启航沅澧幸福新征程”“‘三高四新’战略与‘十四五’发展前瞻”“民法适用——《民法典》新精神及适用原理”主题宣讲。联合湖南文理学院马克思主义学院创新打造“大学生党的创新理论宣讲团”，举办“百年党史青年说·百年初心青年承”宣讲比赛暨展演活动，深入各区县市开展宣讲20余场；加强科普基地评估指导，新挂牌常德博物馆、常德市国防教育学会桃花源基地、王家厂暴动陈列馆、常德市鼎城区草坪镇枫林口村文甲起义策源地、临澧县太浮山风景名胜区5处社科普及基地。动员全市社科普及基地开展宣讲授课、展览展演、知识竞答等活动40余场，其中，“百年风华，千秋伟业——中共党史特展”及“赓续红色血脉，传承红色基地”宣讲比赛、“社科专家讲百年党史”微宣讲视频展演等活动形式鲜活、反响热烈。社科作品精品频出，常德市报送的6部社科作品在全省社科普及作品评选活动中获奖，数量全省领先。

社科类社会组织管理。完善《社科类社会组织考核管理办法》，着眼社会组织党建、学术、科普能力建设等重点，继续实施社会组织能力培育提升计划，引导50多家社会组织不断提升社科学术研究、社科普及和党建水平，市湘西北心理咨询服务中心、市知青文化交流协会、市国防教育协会等9个社会组织申报的项目入选并已验收通过。市礼仪文化研究会开展的“童心向党·礼润常德”未成年人思想政治教育活动、市国学教育研究会开展的国学知识巡讲活动产生良好社会效应。指导网上申报、分散年检工作，加强业务指导，严格按事前、事中、事后全过程把关社会组织登记注册审查。新登记成立常德市法治建设研究会、常德市国际税收研究会、常德市酩荟酒文化研究交流中心、常德市厚德桃花文化研究交流中心4个社会组织，对部分“僵尸”社会组织及时督促办理

2021年5月21日，举行常德市2021年社科普及主题活动月活动暨鼎城主场启动式仪式　（市社科联　供图）

注销手续。加强社会组织党建，选派5名党建联络员长期开展党建指导服务，推进社会组织党建设示范点建设，实现社会组织党建工作全覆盖。

意识形态责任制工作。主动融入“宣传工作机制创新年”活动要求，修订完善《市社科联关于落实意识形态工作责任制的实施方案》，严格执行意识形态“四个纳入”要求，将意识形态责任贯穿于工作全过程，坚持守土有责、守土负责，形成上下联动、齐抓共管的工作格局。建立健全《关于进一步加强全市社科类社会组织社科理论类论坛和信息载体规范管理的通知》等3项制度，对市历史文化研究会等所属社科类社会组织开展的学术论坛、换届选举等近20场次活动执行事前审批、事中监管，延伸摸排管控社会组织所办的信息发布平台、理论刊物，严格把控政治立场、政治方向，不断强化阵地意识和斗争意识。完成全市35家国家、省、市级社科普及基地意识形态自查及问题整改。主办的“常德社科网”、《常德论坛》和“常德智库”微信公众号充分发挥理论阵地作用，严格实行“三审制”，开辟中共十九届六中全会精神、党史学习教育等专栏，《常德论坛》完成6期编辑，印刷量达8000余册，“常德智库”发布和转载社会科学研究前沿信息动态、各项理论研究成果文章300余篇，强化正向引导。

【全市社科普及主题活动月活动暨鼎城主场启动式举行】 5月21日，“追忆百年峥嵘奋斗史 启航沅澧幸福新征程”全市社科普及主题活动月活动暨鼎城主场启动式在鼎城区融媒体中心举行，省社科联党组成员、副主席王和平，市委常委、市委宣传部部长康重文出席，全市社科界代表及鼎城区相关单位负责人500余人参加活动。

【“常德社科大讲堂·名家讲坛”举行】 11月2日，“常德社科大讲堂·名家讲坛”在湖南文理学院图书馆学术报告厅举行，湖南省法治研究会会长杨峥嵘教授作题为《民法适用——〈民法典〉新精神及适用原理》的讲座，湖南文理学院、常德市法学会有关领导以及湖南文理学院文史与法学学院的师生代表、市直相关单位工作人员、各社科类社会组织、社科基地的负责人共200余人参加。

（马雅莉）

市贸促会

【概况】 2021年，市贸促会紧紧围绕中心，服务大局，充分发挥职能优势，各项工作高效有序推进，获全省贸促系统“2021年度国际联络工作先进单位”称号。

【招商引资】 聚焦战略新兴产业、“三类五百强”（世界500强、中国500强和民营500强三类企业）及重点行业领军企业，广泛搜寻项目线索，积极对接企业需求，强化跟踪服务力度。全年收集招商信息50余条，外出招商考察4次，邀请8批次客商到常德考察，已促成蓝胖子机器人项目（总投资3亿元）、新型环保建筑装饰材料产业园项目（总投资2.7亿元）签约，总投资5.7亿元；跟踪项目10余个，其中8个项目已有明显投资意向，正在与经开区、高新区等抓紧对接。应市贸促会邀请，8月18—19日，中科院教授、包头中科智慧研究院院长文红军及有关专家一行6人到常德考察。8月19日，市政府副市长杨成英主持召开座谈会议，就中科院应急产业研究院的有关产业及跨境电商产业园项目进行洽谈。市贸促会及市应急局、市招商促进事务中心、市教育局、大学城协调办、武陵区、桃花源旅游管理区有关负责人参加会议。

【经贸活动】 围绕全市产业发展和企业需求，以多元化的形式共筹办、参加各类展会活动8次。4月，在市体育中心举办常德丝绸服装全国名优食品展，展会历时半个月，占地面积4000多平方米，展位120个，参展商100余家，参展商品近千种，销售总额近4000万元，同时也带动常德市住宿、餐饮、广告、物

2021年8月19日，市政府副市长杨成英主持召开座谈会议，就中科院应急产业研究院的有关产业及跨境电商产业园项目进行洽谈　　（市贸促会 供图）

流等产业的发展。组织临澧伍大姐风味食品、石门仁禾茶业、湖南麟香生物等60多家常德本土企业参加东亚国际食品交易博览会、湖南国际绿色发展博览会、进博会、海南国际旅游美食博览会等。4月12—16日，前往大湾区拜访10余家商会、企业，密切两地经贸交流，为深化合作打下基础。帮助中车集团、金健米业拓展东北市场，其中中车集团与齐齐哈尔、大庆市达成940台（总售价近10亿元）大巴车销售订单；促成惠生肉业与河北汉唐牧业达成战略合作。

【为企服务】 高效、优质、无偿为企业办理一般原产地证302份，代办领事认证5份，新增办理原产地证企业11家，完成商事法律咨询45人次，为企业“走出去”提供有效凭证和法律保障。瞄准外贸企业需求，共举办、参加线下线上培训班6次，参加培训人员300余人次。上门调研走访外贸企业100多家次，最大限度为企业想办法、出点子、解难题。发挥代言工商作用，深入企业调查研究，形成《疫情之下常德外贸企业面临的突出问题及对策研究》（被市委办单篇采用）、《关于设立县级贸促机构的建议》等调研文章，传递企业呼声。12月15日，与湖南柳叶湖外经产业园发展有限公司签订合作协议，结成长期全面战略伙伴关系，实现资源共享、共同发展。在湖南柳叶湖外经贸产业中心加挂“湖南省贸促会（国际商会）调解中心常德办事处”“常德市贸促会出征认证服务联络处”“EHN常德工作站”三块牌匾，双方协定共建EHN（湖南企业国际化经营服务平台）常德工作站，市贸促会给予一定资金支持和专业指导，中心安排专人负责EHN常德工作站日常运营，并为常德国际商会会员企业提供免费参展服务。

（吴振华）

市残疾人联合会

【概况】 2021年，常德市残联系统首次承接省重点民生实事项目，为1250户困难残疾人家庭进行无障碍改造，康复救助800名残疾儿童。市残联高标准完成1400户困难残疾人家庭无障碍改造工作，顺利通过省残联验收，获评全省“优秀”等次；实现有康复需求的残疾儿童全覆盖。支持适龄残疾儿童在定点机构参加康复训练并提供资金补助，补助标准达每人每月1700元，实现项目完成率156%，满意度达100%。

残疾人民生保障。全面落实“两项补贴”制度，为49920名困难残疾人发放生活补贴，为85499名重度残疾人发放护理补贴，每月补贴标准提升至75元。为95837名残疾人购买养老保险，为87976名残疾人购买医疗保险，为1863名残疾人提供托养服务。投入资金52.21万元，资助残疾高中生和残疾家庭高中生877人、残疾大学生和残疾家庭大学生855人，为50名残疾高中生参加高考提供支持。

残疾人康复。突出精准康复，2021年，为4876名精神病患者免费送药、为322名贫困精神病患者免费住院；开展白内障筛查19154例，免费复明手术1368例；完成成人康复318人。实现全市困难残疾人家庭医生签约全覆盖。建立6个社区康复指导站，以点带面加强社区康复指导站建设。

残疾人就业。全面开展“点亮万家灯火”托底帮扶残疾人就业行动。组织各类技能培训班15期，培训残疾人760名；为19家用人单位和助残服务基地提供资金150万元，投入43万元支持残疾人个体创业；举办全市第三届盲人按摩技能比武选拔赛，积极组队参加湖南省第四届全省残疾人岗位能手职业技能竞赛并取得优异成绩。

残疾人文化体育。筹划举办“爱心助残、致敬百年”——庆祝中国共产党成立100周年暨第三十一次“全国助残日”活动，450名残疾人接受捐赠，金额达300万余元。上线开播“与爱同行”常德市残疾人专题直播平台。积极组队参加第十六届东京残奥会和第十一届全国残疾人运动会。

残疾人办证工作。全面完成持证残疾人基本状况调查工作，入户采集率94.49%，APP采集率99.14%，均居全省前列。“互联网+政务服务”“互联网+监督”等工作加快推进。第三代残疾人证换发工作顺利展开，全市共为19156名残疾人提供上门或集中办证服务。

【组队参加国际、国内赛事并获奖】 2021年，常德市残疾人运动员杨超、黄兴、杨峰共收获东京残奥会金牌2枚、银牌2枚。12名出征运动员共捧回全运会奖牌21枚，其中金牌11枚、银牌7枚、铜牌3枚。

【市残联第六届主席团第三次会议暨2021年全市残联工作会议】 4月19日，市残联第六届主席团第三次会议暨2021年全市残联工作会议召开。会议增补7名市残联第六届主席团委员，增设1名市残联第六届主席团执行理事会挂职理事，审议通过市残联主要负责人代表执行理事会所作的工作报告和各相关决议。鼎城区政府、澧县残联、石门县残联等单位分别作典型发言。市纪委监委派驻市人社局纪检组组长作党风廉政建设报告。

【市残联庆祝中国共产党成立100周年暨第三十一次“全国助残日”活动】 5月13日，“爱心助残、致敬百年”——常德市残联庆祝中国共产党成立100周年暨第三十一次“全国助残日”活动在白马湖文化公园举行。该活动由常德市人民政府残疾人工作委员会主办，常德市残疾人联合会承办。关协办及残工委成员单位、各区县市残联、残疾人代表和助残志愿者近500人参加活动。活动组织爱心募捐，北京常德企业商会、长沙常德商会等爱心商会、企业和单位现场捐赠165万元善款。市残联为残疾人创业典型以及残疾人阳光助残示范基地发放扶持资金，为30名肢体残疾人发放轮椅，为200名听障人士发放助听器，对30名残疾人家庭子女、残疾学生进行助学捐赠。

（彭戎轩）

2021年9月11日，市红十字会在“世界急救日”开展应急救护知识普及培训活动

（市红十字会 供图）

市红十字会

【概况】 2021年，常德市红十字会高效规范开展疫情防控款物捐赠接收工作，市本级接收转赠、捐赠款物307.52万元（其中资金15.05万元、物资292.47万元），所有捐赠款物均按照疫情防控需要和捐赠人意愿统筹发放使用。市、县两级红十字会严格落实防控工作要求，积极主动作为，配合开展日常疫情防控工作，为全市疫情防控贡献红十字会力量。积极参与鼎城区韩公渡镇走马岗村乡村振兴工作，深入定点村开展入户走访调研慰问，制定具体帮扶措施，全年共资助帮扶资金15万元，发放近5万元的助学与生活物资。积极开展公益项目援建，2021年共援建全市9个乡村社区基本民生项目以及3个省红十字会博爱家园项目，资助援建资金总计106.5万元。

【人道救助】 积极凝聚人道力量，2021年共接受捐赠、转赠、下拨救助款物1751.93万元（其中资金702.89万元、物资1049.04万元），用于开展赈灾救灾、疫情防控、扶贫助学和慰问“三献”（无偿献血、捐献造血干细胞、捐献人体器官）困难家庭、重特大疾病患者、白血病患儿等。

【备灾救灾】 规范物资储备管理，着力提高应急反应能力；积极争取救助资源，争取上级红十字会包括家庭包、棉被、帐篷、折叠床等在内的救灾物资26.02万元，及时救助辖区内受灾困难群众；接收企业和个人爱心捐赠款物共5.89万元，助力河南洪灾灾区建设。

【救护培训】 认真实施应急救护培训推进年活动，健全红十字应急救护培训工作长效机制。扎实开展应急救护培训“五进”（应急救护知识进机关、进学校、进军营、进社区、进企业）工作，2021年全市共培训红十字救护员785人，培训心肺复苏（CPR+AED）持证人员582人，普及培训44050人。积极参加第三届湖南省红十字应急救护大赛并获得三等奖。

【“三献”工作】 发挥市、县两级红十字会联动功效，2021年共组织47957人次参与无偿献血，献血总量达17.53吨。全年共开展无偿献血志愿服务活动33次，新增志愿者143人。积极开展造血干细胞志愿者招募工作，全年共招募志愿者入库207人，成功完成捐献4人次，获评湖南省红十字会2021年度造血干细胞捐献工作最佳进步奖。持续推动全市人体器官（组织）捐献工作开展，全年共完成志愿者登记3833人，成功实施捐献48例，共捐献大器官141个，完成遗体捐献2例、角膜捐献10例。

（康　敏）

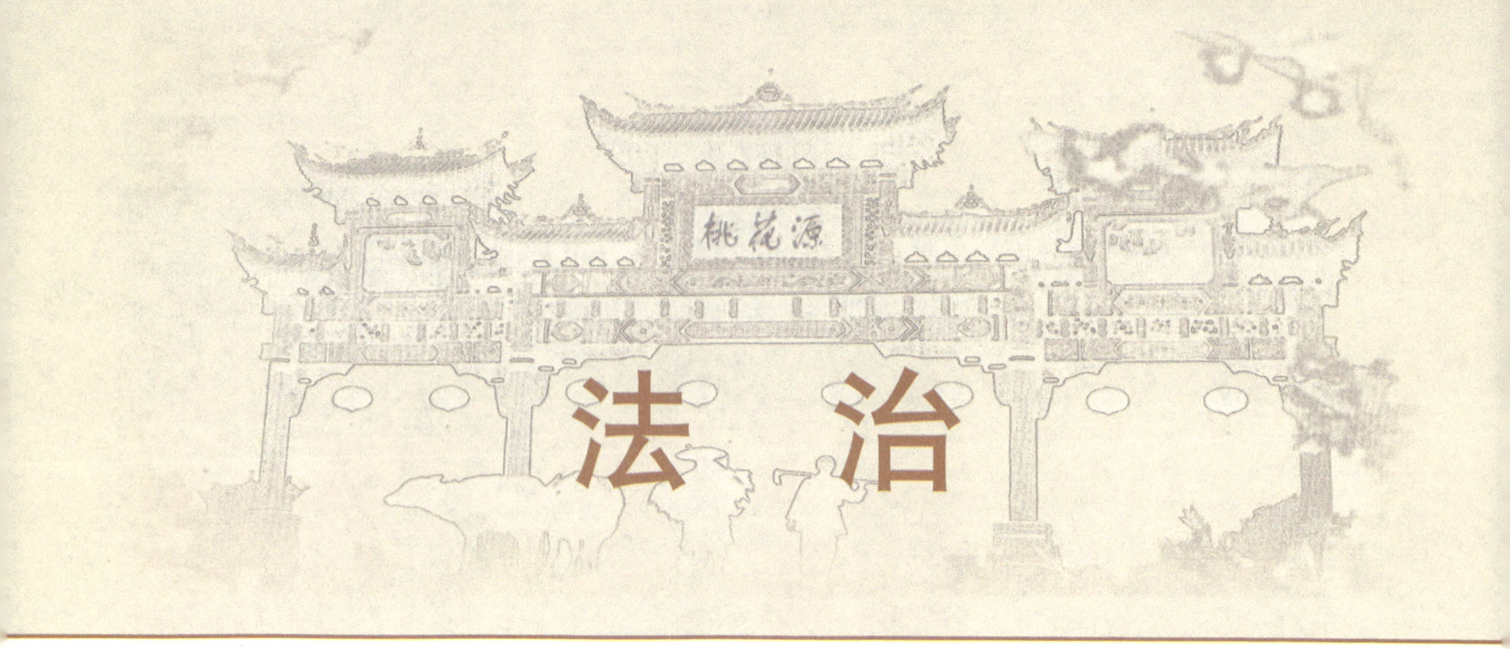

法治

综述

【概况】 2021年，全市政法系统开展习近平法治思想、中共十九届六中全会、习近平总书记“七一”重要讲话精神大学习大调研大落实活动，7000多名政法干警参加政治轮训。坚持党对政法工作的绝对领导，落实市委政法委员会全会述职。全力确保重大活动、重要节点期间的安全稳定，常德市是全省最稳定的市州之一，工作成效始终保持在全省前列。2021年，全省公众安全感民意调查中，常德市得分93.58分，连续2年位居全省第一名，区县市得分均在93分以上、全部位居全省前50名，其中津市市位居全省第一名；平安建设考评得分连续2年居全省第一名，省平安办向中央政法委推荐3个平安中国建设示范市，常德市位列其中；武陵区获全国平安建设最高奖“长安杯”。全年侦办涉黑组织2个、涉恶犯罪集团和团伙13个、“村霸”涉黑涉恶团伙9个。全市有20个集体、23名个人在全国全省总结大会上受到表彰，数量居全省第一。出台“常德政法护企惠企20条”，严打涉企违法犯罪，抓获各类经济犯罪嫌疑人200余人，挽回直接经济损失近亿元。运用“大数据+网格化”管理手段，排查涉疫人员20万余人。深入推进政法跨部门网上办案平台建设，持续开展“百千万（百种类案大评议、千案大评查、万案大公开）”活动，年内评查重点案件2269件。深化“放管服”（简改放权、放管结合、优化服务）改革，推广应用公安服务平台，构建覆盖城乡、便捷高效、均等普惠的公共法律服务体系。突出抓好“四项教育（政治教育、党史学习教育、警示教育、英模教育）”，紧扣“三个环节（学习教育环节、查纠整改环节、总结提升环节）”封闭式整顿，7716名政法干警得到锻造，建立健全正风肃纪、执法司法制约监督、能力素质提升、干部交流轮岗等长效机制775项，教育整顿工作得到中央第十督导组和省里的充分肯定。

风险防控。落实风险评估机制，加强稳定风险防控，全力确保庆祝中国共产党成立100周年、全国两会、中共十九届六中全会、省市党代会及省市两会等重大活动、重要节点期间的安全稳定。强化依法打击，突出反恐防暴，刑案破案率同比上升4.48%，“八类恶性案件”、命案发生率同比均有下降。深化“回应民意关注、打击违法犯罪”活动，严厉打击电信网络诈骗和黄赌毒、食药环、盗抢骗等突出违法犯罪，破获电信网络诈骗案件1004起，抓获犯罪嫌疑人1511名。

教育整顿。全市组织政治轮训32场次，举行政法英模先进事迹巡回报告会10场，开展“十佳政法干警”评选，观看警示教育片《沉痛的代价》，编印《近年来常德市查处违纪违法政法干警案件警示录》，组织干警旁听职务犯罪庭审27场，开展廉政教育132场次。落实“万名干警联基层”工作制度，7699名干警联系网格1875个，走访群众30余万人，帮助群众解决困难1.2万多个。深入开展“我为群众办实事”活动，公安系统公布“便民利企”15项举措，实现51项交管业务全程网上办理；法院系统组织开展“十院百企行”活动，向社会发布《企业法律防范提示50条》；检察系统对污染环境资源保护犯罪提起公诉18人；司法行政系统为企业提供法律服务135场次，为企业挽回直接经济损失600万余元。

扫黑除恶专项斗争。在明确打击13类涉黑涉恶犯罪的基础上，创新开展“6+1（打击整治涉枪、涉黄涉毒、涉众型经济、聚众扰乱社会秩序、‘地痞恶霸’、侵财销赃和涉砂等违法犯罪专项行动）”专项行动，对黑恶犯罪实行挂图作战、异地用警、提级办理、专家指导。建立以“四长（公安局局长、分管副局长、刑侦大队队长、派出所所长负责制）”负责制为核心的“54321”线索核查流转机制，对大案要案侦办坚持领导包案、“三督三查（督案件的进度，查履职履责的情况；督线索的移送，查“保护伞”的情况；督案件的处理，查办案质量的情况）”，相关工作得到全国扫黑办、公安部的充分肯定。加强与组织部门联动，对发生涉黑涉恶案件的重点乡镇、村（社区），实行“一案一整治”，整顿软弱涣散村（社区）党组织。加强与纪检监察部门协同配合，落实政法机关、纪检监察部门领导“双包案（政法机关、纪检监察部门领导包案）”制度。推动落实“三书一函（纪检监察部门的监察建议书、法院的司法建议书、检察院的检察建议书和公安机关的公安提示函）”制度，行业部门共出台规范性文件48个，不断健全完善行业领域长效监管机制。

社会治理。2020年，中央政法委在全国部署开展市域社会治理现代化试点，常德市被列为第一批试点城市。根据《常德市推进市域社会治理现代化工作实施方案》，按照市县乡村一体化模式，落实平安建设领导责任制，构建贯通市县乡村、联通部门单位的市域一体化社会治理体系。坚持办点示范，全市共有省级示范点4个、市级标杆示范点50个，其中乡镇（街道）35个、村（社区）15个。完善市域“雪亮工程”平台，截至2021年年底，联网接入市、县、乡、村公共探头，并发动安装家庭探头，通过视频巡查督促整改安全隐患3792起，协助公安机关破案722起，协处交通事故951起，帮助找回走失人员295人次。深化智慧平安建设，创立市域社会治理指数系统，运用大数据推进市县乡村一体化、实战化平台建设，建立1.4万个230万人的平安网格微信群和2450个标准化综治中心，划分网格7552个，共收集矛盾隐患1.87万件，受理群众求助1.73万人次。深化平安创建，分地区、行业、单位开展14项平安创建评选活动，并纳入全市经济工作会议予以表彰通报。建立众创平安之星大数据评选机制，每月评选一星至五星级众创平安之星，全市评选众创平安之星9850名。

服务社会。作为湖南省唯一试点市州，常德率先推进远程视频办案和涉案款物集中管理两项全国性政法领域改革。在全省首批试点开展跨部门大数据平台建设，对危险驾驶及盗窃等两类犯罪案件实行网上办理、网上流转、网上监督。深入开展“百种类案大评议”“千案大评查”“万案大公开”，法院系统公布裁判文书2253件、开展庭审直播322件，检察机关公开程序性信息1335条，公安机关推送各类信息2155条、行政处罚文书2258条。市委政法委、市中级人民法院、市检察院、市公安局、市司法局联合出台“常德政法护企惠企20条”，常态化开展“法律服务进企业”活动，入企走访3000余次，发放普法宣传手册10万余份；开展“清积护企”行动，办理破产案件34件，盘活资金25.8亿元。

【常德市智慧平安顶层设计汇报会】 11月9日，市委常委、市委政法委书记刘国龙一行到常德城市大脑运行管理中心调研智慧平安顶层规划工作。市法学会专职副会长孙晓波、华为公司业务人员就常德市智慧平安顶层设计进行现场汇报演示，明确智慧平安顶层规划为构建“1+6+N”（1个社会治理大脑，全能综治指挥、全科网格赋能、全城雪亮守护、全域风险预警、全网580服务、全周期平安码6大系统，创新N个微应用）智治体系。

【《关于依法保障和服务企业健康发展的实施意见》征求意见座谈会】 9月3日，市委政法委召开

2021年11月9日，常德市召开智慧平安顶层设计汇报会（市委政法委 供图）

2021年9月3日，市委政法委召开《关于依法保障和服务企业健康发展的实施意见》征求意见座谈会 （市委政法委 供图）

《关于依法保障和服务企业健康发展的实施意见》征求意见座谈会，中联重科建筑起重机械有限责任公司、湖南恒安纸业有限公司、湖南华电常德发电有限公司、旭辉集团常德分公司等20家国有企业及民营企业有关负责人与会座谈。与会企业家一致认为常德法治营商环境良好，即将出台的“常德政法护企惠企20条”内容翔实，可操作性强，并就法律援助、劳动仲裁、交通安全、人才落户等方面提出建设性意见与建议。

（姚　彬）

法治政府建设

【概况】　2021年，常德市坚持以习近平法治思想为指导，深入贯彻习近平总书记全面依法治国新理念新思想新战略，按照《法治湖南建设规划（2021—2025年）》要求，全力推进科学立法、严格执法、公正司法、全民守法，法治政府建设各项工作取得明显成效。

统筹推进。市委常委会会议专题传达学习中央全面依法治国工作会议精神，市委理论学习中心组专题学习习近平总书记全面依法治国新理念新思想新战略。坚持党对法治政府建设的领导，法治建设重大事项由市委常委会会议研究决定，法治建设重要部署由市委全面依法治市委员会讨论决定，法治建设日常工作由市委全面依法治市办召开专题工作会议进行统筹安排。制定深入学习宣传贯彻习近平法治思想推进全面依法治市的实施方案和贯彻落实《法治社会建设实施纲要（2020—2025年）》实施意见，落实法治政府建设情况定期报告制度，推动法治政府建设深入开展。

聚焦关键。坚持问题导向、目标导向、结果导向，全面考核评价党政主要负责人法治政府建设责任落实情况，并纳入党政主要负责人及其他领导班子成员年度述职报告。将法治建设督察纳入市级层面督察计划，加强区县市和市政府工作部门督导，对发现的11个问题责令限时整改。坚持宪法法律至上，落实行政机关负责人出庭应诉制度。2021年，市政府负责人出庭应诉案件2件，行政机关负责人出庭应诉案件总量比重不断上升。

助力发展。深化“三集中三到位”改革，以深化行政审批制度改革为切入点，推进“一件事一次办”，实现审批服务“一网通办”和企业群众办事“只进一扇门、只上一张网”。坚持精准施策，实现公共法律服务热线、如法网和公共法律服务实体平台全融合、全覆盖。率先试点使用融合综合管理系统，及时有效地完成法律援助工作全过程办理，落实证明事项告知承诺制及法律援助申请全省通办等减证便民措施，成功受理全省首例经济困难告知承诺法律援助案件。出台《常德市优化营商环境2021版》，开展招商引资项目合同履约情况专项督查，打造具有常德特色的最优综合营商环境。

【规范文明执法】　稳步推进年度立法工作，《常德市养犬管理条例》《常德市文明行为促进条例》经市人大常委会审议通过后，于1月1日正式施行。严格落实“三统一”制度，累计向省政府报备市政府规范性文件32件，报备率、及时率、规范率100%。组织开展规范性文件专项清理，维护法治统一。持续推进行政执法“四项制度”（执法公示制度、执法全过程记录制度、重大执法决定法制审核制度、执法决定说明理由制度），加大食品药品、安全生产、环境保护、劳动保障、医疗卫生等重点领域行政执法力度。全年开展执法监督检查56次，审查评议案卷1835本。

【防范法治风险】　严格遵守行政决策规则和程序，全面执行重大决策合法性审查制度，确保重大行政决策权限合法、实体合法、程序合法。突出以人为本，充分发挥行政复议监督作用。推进行政复议体制改革，全市50个行政复议机关缩减为10个。累计收到行政复议申请175

件，办结152件，纠错率34.2%。积极推进公共法律服务，整合律师、公证、仲裁、司法鉴定等资源，健全公共法律服务体系和矛盾纠纷联防联调机制，一站式解决群众法律诉求，一门式办理各项法律事务，全市公共法律服务中心站点、村（社区）法律顾问实现全覆盖。全年累计调解矛盾纠纷40822件，成功率98.8%。

（胡　晶）

公安

【概况】 2021年，全市社会大局持续平稳，实现刑事破案数、移送起诉数“两上升”和电信网络诈骗案件破案数、破案率“双提升”，获得绩效评估、公安民调全省第二、扫黑除恶专项斗争全省第三，被评为全省县域警务成绩突出单位、全市平安建设优秀单位、安全生产和消防工作考核评估优秀单位，国保、禁毒、信访、食药环、人口与出入境、交通管理、驻京维稳等工作走在全省前列，全国“团圆行动”集中比对会战、全省“洞庭清波”现场推进会在常德举办和召开。

2021年度，市公安局“10·29”专案组被评为“全国公安机关扫黑除恶专项斗争成绩突出集体”，鼎城区公安局被评为全国扫黑除恶专项斗争先进集体，交警支队直属一大队获评“全国公安机关成绩突出交警大队”，武陵永安派出所被评为全国“枫桥式公安派出所”，武陵人口与出入境管理大队被授予“全国巾帼文明岗”，市局刑侦支队、津市市、临澧县、石门县、安乡县公安局被评全省扫黑除恶专项斗争先进集体，涌现出全国“二级英模”杨克英，公安部一等荣立者刘邓军，全国公安机关成绩突出青年民警戴贝贝，全国公安机关成绩突出女民警欧兰英，全国公安机关“昆仑2020”专项行动先进个人谢修槐等先进典型。

疫情防控。坚持“主动、神速，精准、全面，依法、规范”，2021年张家界疫情防控波及后，第一时间反应，封锁管制市城区3个重点区域，配合落查涉疫数据130万余条，为全市疫情防控工作争取宝贵时间；市县公安防疫专班实体运行，每天3000多名警辅人员奋战在防控一线，对定点医院、隔离观察点进行把守，设立63个检查卡点24小时查控，全面配合支撑联防联控；抓实常态化疫情防控，坚守外防输入防线，第一时间做好协查排查工作，全力支撑配合流调工作。化解矛盾纠纷。深入开展“枫桥式派出所”创建活动，完善矛盾纠纷多元化解机制，推进“警调衔接、民调入所、律师进所”等举措落地落实，矛盾纠纷排查化解率达95%以上。疑难信访案件化解率达93.5%，国家、部、省交办疑难信访件全部化解到位，赴省进京访量始终处于全省低位，全市无部、省挂牌整治单位，信访工作排名全省第一。常态化扫黑除恶。始终保持对黑恶势力违法犯罪严打高压态势，对涉黑涉恶线索逐项倒查，工作成效获中央督导组肯定。部署开展打击整治“三贷三霸”（套路贷、校园贷、非法高利贷和村霸、市霸、行霸）和“村霸”专项行动，深入推进信息网络、自然资源、交通运输和工程建设四大领域专项整治，全年全市共打掉14个涉黑组织和涉恶集团团伙，刑事拘留118人，查封扣押冻结资产1.3亿元。持续完善大要案件会商机制、“保护伞”线索双向移送机制，移送“保护伞”线索4批次。联合发布《关于敦促“村霸”黑恶势力犯罪人员投案自首和发动群众举报的通告》，以派出所为单位，发动基层干部群众全面摸排举报，营造打击整治“村霸”高压态势，已破获十类“村霸”刑事案件1403起，打掉“村霸”恶势力团伙9个，鼎城区、临澧县、武陵区、石门县扫黑除恶成效突出。打击突出犯罪。坚持严打方针不动摇，全市25起现行命案全部侦破，“八类恶性”案件破案率88.16%，“团圆行动”成绩位列全省第一。严打各类经济犯罪活动，挽回直接经济损失9354万元。深入开展打击治理跨境突出违法犯罪，制定出台打击治理电诈工作责任制规定。治安热点专项整治。深化打击整治枪爆违法犯罪、打击长江流域非法捕捞、“昆仑2021”等专项行动，破获公安部挂牌督办“1·16”生产、销售有毒、有害食品案，省厅专门通报表扬。重点打击整治黄赌问题，全年侦办部督、省督黄赌案件24起。定期组织夜间突查、设卡盘查、拉网清查行动，整治摧毁多个农村治安乱点、实体赌场及组织卖淫窝点。公共安全防控。制定出台交通安全管理“六项规定”，持续推进交通问题顽瘴痼疾集中整治行动，2587处交通顽瘴痼疾隐患点段全部整改到位，全年查处交通违法行为210.5万起，市城区戴盔率提升至85%以上，亡人事故同比下降6.28%。坚持常态化巡逻防控，市城区增加巡逻警力3倍，巡逻时间24小时不间断，31个“城市快警”平台网格化布警街面，实现“135”分钟快速应急反应。推行学区警务，制定护校安园八项措施，在全市中小学校周边部署建设人脸识别系统，城镇校园“三项建设”达标率100%，深入开展“护校安园”专项行动，排查整治校园安全隐患313起、周边乱点512个，柳叶湖旅游度假区、常德高新区、西洞庭管理区护校安园工作扎实有效。集中开展民爆物品整治。组织“护网2021”网络攻防演习，开展党政机关重点单位网络安全监督检查，对全市608家单位开展网络安全自查和现场检查，全市未发生重大网络安全事件。规范执法。全市共完成1620名主办侦查员遴选、公示及资格授予，整体执法质量、执法能力有效提升。执法办案“全网考”试点应用在全省率先推广，行政执法“三项制度”获评湖南省法治政府创建示范项目。顽瘴痼疾整治。执法顽瘴痼疾整改率100%，办理建议提案15件，代表委员满意率100%。执法质量考评。实行“预警信息日清理、公诉情况周调度、捕诉数据月通报”，全力开展案件复议复核，推动行政案件快速办理、规范办理，全年刑事案件公诉率67%，行政案件办结率55%，执法效能位居全省前列。开展“服务‘三高四新’、建设平安常德”实践活动，推行“园区”警务，深化“百千万”联企护航行动，全市公安机关共联系走访企业3000余个，解决涉企问题800余个。持续开展重点工程、重点企业周边治安环境整治行动，严打强揽工程、阻工闹工等违法犯罪行为，涉企案件、矛盾纠纷下降30%以上。制定下发《常德市公安局2021年全面依法治市工作方案》，结合司法公正常德行活动，规范涉企执法行为，最大限度减少对涉案企业正常生产、经营活动的影响。提升政务服务水平。纵深推进公安“放管服”改革，出台“我为群众办实事”十五项举措，推行“一窗办结”综合受理模式，助力中高考，为全市2700名考生提供身份证办理服务。深化互联网交通安全综合服务管理平台、“交管12123”手机APP等网上服务，51项交管业务全程网办，交管业务网上办理率超过50%。开启涉企“绿色通道”，为企业提供个性化服务，企业和群众对公安政务服务满意率达99%以上，汉寿县、临澧县、澧县、柳叶湖管理区政务服务优质高效。深化户籍制度改革，户籍管理“错重假”遗留问题清理到位，开通高端人才落户“绿色通道”，出入境证件实质审查获得省厅高度赞扬。基础设施建设。全力推动公安基础设施建设纳入市县级国土资源空间专项规划建设清单，178个项目纳入全省公安“十四五”基础设施建设项目库，4个结转“十三五”中央预算投资项目全部开工，7个“无房”“危房”派出所完成新建、改扩建，市局监管中心、桃花源分局业务技术用房开工建设、西湖分局业务技术用房投入使用。信息化建设。深入推进公安大数据智能化项目建设，建强市级公安机关视频图像库，不断提升视频智能化应用水平，车辆卡口、“雪亮工程”监控点布建完成，被市政府评为重点民生实事工作优秀单位。全面推广政法跨部门大数据办案平台应用，实现全部刑事案件跨部门流转，网上流转率和电子笔录签名捺印使用率在平安建设考评中均被评为一档。执法场所建设。14个执法办案区完成升级改造，武陵区、汉寿县、澧县、临澧县、桃源县、石门县、津市市、桃花源管理区建成高标准执法办案管理中心。

队伍建设。以政治建警为统领，统筹推进党史学习教育、政法队伍教育整顿，队伍素质能力明显增强。政治建警。深化党史学习教育，开展政治大轮训、党性教育基地现场教学系列活动，举办“颂党恩跟党走”合唱比赛，配发政治理论学习书籍4000余本，实现全市公安民警集中培训学习全覆盖。抓好政治建警系列规定贯彻落实，接受完成队伍建设专题巡查和政治督查。抓好机关党委班子换届，持续巩固全市模范机关创建成果，5个党支部获评市直“五化建设”示范党支部，市局被评为公务员平时考核示范点单位，工作经验被市委组织部典型推介。交警支队“双清警队创建”经验被《人民日报》推介。教育整顿。全市公安机关教育参与率、普及率，“五个必谈”覆盖率，顽瘴痼疾整治率达“4个100%”，工作成效获中央督导组肯定。素质强警。推行全警实战大练兵“十项严训措施”，举办各类专业培训班12期，培训民辅警3000余人次，全市民警心理健康测试率95%以上。全警优质通过省厅实战大练兵考核，警官培训中心被省公安厅授予集体二等功，津市市“津警教育训练基地”获评“全国公安教育训练工作成绩突出集体”。暖心惠警。落实从优待警系列制度，建立民警紧急救治绿色通道，全年全市优抚慰问民警422人次180万元。举办第二个“人民警察节”荣誉颁授仪式，开展“三十佳”评选活动，150余个单位以及民警立功获奖。

（王晓微）

【人口管理工作】 2021年，常德市公安局持续深化户口清理整顿，重点对死亡未销、一人多证、百岁老人等开展专项清理，清理数据11.2万人，其中死亡注销户口5.9万个，重户注销户口260个，解决户籍管理“错重假”问题。切实解决无户口人员落户问题，保障每个公民依法登记一个常住户口，全年全市共办理无户人员户口补登672人。推进二代身份证指纹补采工作，确保实现应采尽采，全年共采集指纹67.07万人。规范居民身份证业务办理，全年全市共办理居民身份证27.99万人次，其中跨省受理3591人，核查出冒骗领身份证证件229人。优化便民举措，全市109个身份证受理点开通中高考考生及老年人身份证办理绿色通道，共通过绿色通道服务中高考考生4115人、服务老年人1186人次，为315名行动不便老人提供上门办证服务，切实打通服务“最后一公里”。

（黄雄英）

【出入境管理工作】 2021年，深化出入境窗口“放管服”改革措施，推出便利老年人办理出入境证件六项新举措，全面启用“12367”全国出入境管理咨询服务平台，实现出入境咨询话务7×24小时的接听、流转、办理工作。上门走访涉外单位20家，为13名留学生因疫情延长停留期限提供便利服务，对非备案的小微企业，推出商务签注服务并缩短办理时间，共为7家企业提供加急服务。严格落实出入境常态化疫情防控，积极劝导居民减少非必要出国出境活动。执行全年无休的口岸防疫数据落地处理，共计处理当日口岸入境、出境以及同航班密接人员数据45.5万条；执行流调信息协查任务，完成流调协查指令任务12批次。全力打击妨害国（边）境管理犯罪，通过强化数据支撑、部门协作配合、重点线索深挖，有效提升打击治理成效，得到省厅领导高度肯定，相关做法被省厅专项斗争工作简报专题刊发，供全省各地学习借鉴。共立妨害国（边）境刑事案件132起，其中省督案件3起，抓获犯罪嫌疑人246人，查获偷渡人员298人，工作成效全省排名第三；深入开展“三非”（未经合法手续而在中国非法就业、非法入境和非法居留）外国人专项治理，共办理“三非”案件70起，查处“三非”外国人75人，有力地维护出入境秩序和国门安全。

（汪 抒）

【打击违法犯罪工作】 2021年，全市公安机关部署开展破案攻坚大会战，“八类恶性”案件破案率为88.16%，25起现行命案全部侦破，破案率100%，破获命案积案3起。充分发挥合成作战中心、反电诈中心作用，集成手段资源，建立市县联动“集打”机制，发起集群打击，市县两级反电诈中心全力开展破案情报研判，市公安局主要负责人经常调度破案情况，刑侦支队成立工作专班，强化数据收集，定期通报情况。将破案率纳入绩效评估，针对破案率低的区县，实行下沉驻点帮助、督促，对工作不力、推诿扯皮、失职渎职的单位或人员，严肃追责问责，最大限度调动破案积极性。结合“百万警进千万家”活动，深入推进反诈宣传“进社区、进学校、进单位、进家庭、进乡村”“五进”活动，营造全民反诈氛围，推进常态化巡逻防控工作，把巡防触角延伸至城乡接合部和农村，不断挤压犯罪时空，严控发案。全市万人刑事立案为10.8起，是全省最安全的城市之一。

（谢 波）

【扫黑除恶工作】 2021年，全市公安机关常态化开展扫黑除恶工作，共打掉2个涉黑组织、11个恶势力犯罪集团、1个涉恶团伙案，破获各类案件111起，刑拘犯罪嫌疑人118名，查封冻结扣押涉案资产1.3亿元，全省排名第三。开展打击整治“村霸”黑恶势力违法犯罪专项行动和打击“三贷三霸”专项行动，打掉9个“村霸”涉黑涉恶团伙和“三贷三霸”类涉黑组织2个、恶势力犯罪集团2个。公安部部署追捕“漏网之鱼”行动，常德公安成功抓捕2名逃犯，在全省率先清零，得到省公安厅扫黑办领导高度赞扬。2021年，全国各级扫黑办、公安机关对扫黑除恶专项斗争进行总结表彰，时任副市长、市公安局局长李忠被全国扫黑办、中组部嘉奖；鼎城区公安局获得全国扫黑除恶专项斗争先进集体；“10·29”专案组被评为全国公安机关扫黑除恶专项斗争成绩突出集体，桃源县公安局刘胜利获评全国公安机关扫黑除恶专项斗争先进个人；市公安局刑侦支队、临澧县、石门县、津市市、安乡县公安局和澧县公安局刑侦大队等6个单位被评为全省扫黑除恶专项斗争先进集体，石门县公安局娄昌林等4人获评全省扫黑除恶专项斗争先进工作者；常德市公安局武陵分局刑侦大队等7个单位被评为全市扫黑除恶专项斗争先进集体，丁敬君等34人被评为全市扫黑除恶专项斗争先进工作者。

（李中伟）

【公安基础设施建设】 协调发展改革委、自然资源规划等职能部门，全力争取将公安基础设施建设纳入市县级国土资源空间专项规划建设清单。将9个监管场所、10个业务技术用房、92个派出所、36个交警队、10个公安检查站、18个执法办案管理中心、2个警务技能实战训练基地、1个警犬基地等178个项目申报纳入全省、全市公安“十四五”基础设施建设项目库。“十三五”已下达中央预算投资结转项目澧县看守所、拘留所、强制隔离戒毒所和安乡县公安强制隔离戒毒所等4个项目均已开工建设。“无房”“危房”“无外观标识”的派出所新建、改扩建任务全部完成。2021年，全市公安机关建设项目立项16个，到位资金47459.99万元。市公安局监管中心一期项目于2021年10月25日正式开工建设，建设规模72874平方米，总投资43247万元，建设内容包括强制隔离戒毒所、特殊病人收治中心以及警犬基地。

【《常德市“十四五”公安发展规划》编制工作】 《常德市“十四五”公安发展规划（送审稿）》的编制工作于2021年8月初完成。8月18日，市公安局组织召开常德市“十四五”公安发展规划专家论证会，8月20日，局党委会议研究通过，经市人民政府副市长、市公安局党委书记、局长余良勇签批，《常德市“十四五”公安发展规划》（以下简称《规划》）于9月6日正式印发。《规划》根据《湖南省“十四五”公安发展规划》和《常德市国民经济和社会发展第十四个五年规划和二〇三五年远景目标纲要》编制，深入分析全市公安事业的发展基础、形势挑战与短板弱项，阐明“十四五”期间全市公安发展的总体方针、主要目标、重大任务和重大项目。《规划》参照省厅规划体例采用“1+4”的框架编制，“1”即公安发展规划，“4”即公安科技信息化、装备、基础设施、治安防控体系建设4个专章及项目库。确定16项主要发展指标，列出48项重点任务，提出11个重大行动计划（专栏），其中科技信息化、装备、基础设施3个专章制定建设项目库，纳入284个重点项目，具有较强的针对性、操作性，是“十四五”时期常德公安发展的总蓝图。

（朱　敏）

【承办全省公安机关“洞庭清波”百日会战现场推进会】　9月16日，全省公安机关“洞庭清波”百日会战现场推进会在常德召开。会议深入贯彻落实习近平总书记关于“长江大保护”系列重要批示指示精神，进一步深化打击长江流域非法捕捞、非法采砂采矿等突出违法犯罪活动。推进会由湖南省省公安厅主办，常德市公安局和汉寿县公安局承办。省公安厅厅属相关单位负责人、长航公安局岳阳分局分管负责人、各市州公安局分管领导和长江大保护工作专班负责人、全省97个禁捕重点县市区公安机关分管负责人共144名代表参加会议。会议组织现场观摩汉寿县青山湖鱼鸟博物馆、西洞庭花堤原渔民集中居住区、西洞庭国家自然保护区宣教中心，全面展示汉寿县打击非法捕捞、打击非法采砂的成果。会上，常德市人民政府副市长、市公安局党委书记、局长余良勇致辞，湘阴县、汉寿县、沅江市公安局分别作典型发言，省公安厅党委委员、副厅长谭学军出席会议并讲话。

（杜少波）

【法治公安建设】　2021年，以政法队伍教育整顿为契机，全市公安机关大力整治执法顽瘴痼疾，省公安厅下发的执法顽瘴痼疾整改率达99.73%，完成法治公安建设考评任务。制定下发文件规范执法突出问题，从制度上防止有案不立、压案不查、有罪不究。全面推进执法场所建设，武陵区、汉寿县、桃源县、临澧县、石门县、澧县、津市市、桃花源管理区等8个区县市建成执法办案管理中心，自建软件系统的汉寿县、石门县、津市市执法办案管理中心完成系统对接报备，15个执法办案区完成升级改造，完成平安建设考评任务。抓执法质量考评工作，定期通报执法质量考评情况，强化调度指导，行政案件办结率、盗窃类行政案件办结率、绝对不捕不诉率、公诉率等多项指标达到省厅考评目标值。2021年12月27日，常德市人民检察院、常德市公安局联合设立的“侦查监督与协作配合办公室”在市公安局正式挂牌启用。严格执行集体研究、审核审批、请示报告、主办侦查员、主官责任制等执法制度，压实审批局领导、法制审核人员、办案民警的执法责任，防控执法风险。严格落实刑事案件跨部门网上流转，自2021年8月起全市全部刑事案件实现跨部门网上流转。2021年，常德市公安局“落实公安行政执法‘三项制度’以规范促公正”项目被省委依法治省委员会办公室评为“全省法治政府建设创建示范项目”，市公安局被评为全市“法治政府建设考核优秀单位”。

（周　师）

【县域警务工作】　2021年，常德县域警务工作实现“四个纳入”，即纳入市委全面深化改革2021年工作要点，纳入市政府“四个重大”工作中社会安全隐患精准管理体制机制改革范畴，纳入2021年全市绩效评估考核范畴，纳入2021年全市平安建设考核范畴。9月18日，在鼎城召开全市县域安全稳定风险防控工作现场推进会，面向全市推广鼎城风险防控机制建设经验。在全省开展的新一轮县域政治安全和社会稳定风险评估中，常德一类风险县市区占比全省最低。常德市公安局积极参与省厅举办的全省公安机关县域警务创新项目大赛，6个项目被评为优秀创新项目和成绩突出创新项目，排名全省第一。在年度综合评定中，常德县域警务工作成绩位居全省第三，被评为2021年度全省新时代县域警务成绩突出单位。

（李　松）

【巡特警工作】　2021年，以中国共产党成立100周年安保维稳为中心，常德市公安局巡警特警支队发挥“拳头”和“尖刀”作用，狠抓维稳处突、反恐防暴、服务群众等各项工作，圆满完成全年目标任务。全年共出动警力436人次，累计执行包括全市两会、春运、“桃花源旅游节开幕式暨国家AAAAA级旅游景区授牌仪式”、“首届湘西北美食文化节”、公务员考试、高考、中考保卫等大型活动安保警卫任务20次，开展执行各类排爆安检任务6次，参与设卡盘查、抓捕等行动5次，做到工作万无一失。梯次快反处突。巡警特警支队值班领导、值班长、值班特警战斗小组和特警武警联勤小组组成反恐防暴首战力量，24小时在岗在位，做到闻警即动；一线大队时刻做好处置突发事件的增援准备，反恐防暴警情1分钟内快速反应、维稳处突警情5分钟内集结出发。屯警街面全城巡防。常态化开展反恐巡逻，逢重大活动特护期加强警力部署，实行节点防

2021年8月26日，市城区巡逻防控启动日当晚，市政府副市长、市公安局局长余良勇（前左一）带队开展徒步巡逻 （谭 缜 摄）

控，组成特警3人战斗小组、特警武警联勤巡逻小组在内的6个编组。全年累计投入街面巡逻警力2032人次、出动车辆1388台次，有效维护社会安全稳定。2021年7月，根据余良勇关于巡逻防控工作的指示精神，巡警特警支队结合实际增加特警柳叶湖巡逻组，延长巡逻时间，提升城区巡逻密度，并对原有的巡逻路线重新规划和优化，以线带点，采取“屯警街面、点线结合、动中备勤、单元作战”的巡防方式，加强重点时段、重点路段、重点部位巡逻，有效提升快速反应能力，最大限度地提升街面见警率和管事率。抗疫先锋。8月初，按照省厅紧急调警援助张家界市（以下简称援张）指令，支队精心挑选54名特警组建常援张先锋队，由巡警特警支队政委刘向阳带队，在全省公安援张队伍中第一个抵达张家界，成立援张临时党支部，历时15天，圆满完成巡逻值守、秩序维护等工作，受到省领导、省直媒体和张家界群众的一致好评和赞许，展现常德特警良好形象。常德市公安局巡警特警支队特勤技术大队副大队长申玉明带队随市防疫指挥部成员一道，前往长沙黄花机场从事境外入常人员疫情管控工作，闭环转运各类隔返人员1570余人，其个人获评“湖南省抗击新冠肺炎疫情先进个人”“湖南省优秀共产党员”等称号。疫情期间，支队先后派出十余名干警到市拘留所，从事监所疫情防控隔离羁押看守工作，完成工作任务。

（赵玉晗）

【侦办“1·16”生产、销售有毒、有害食品及非法买卖危险物质案】

1月7日，常德市津市市公安局在立案侦办一起盗窃土狗案中发现犯罪分子系使用弓弩毒镖射杀的方式盗窃土狗，并将射杀的土狗销售到市场、餐馆。因涉嫌危害公共安全和食品安全，津市市公安局于1月16日以生产、销售有毒、有害食品案立案进行侦查。在常德市公安局食品药品和环境犯罪侦查支队的指导以及全体专案组民警的共同努力下，该案于2021年3月25日、8月5日先后被省公安厅、公安部挂牌督办，成为湖南省第一起公安部挂牌督办的食品类案件，2021年7月6日，省厅对该案发贺电予以表彰，9月8日，公安部对该案发起集群战役。截至移送起诉，该案共呈现涉嫌犯罪人员跨9个省（市）共100余人。共采取刑事强制措施24人（其中已提请逮捕16人，取保候审6人，监视居住2人），移送审查起诉20人，共扣押氯化琥珀胆碱6125克，氰化钠2338克，含氯化琥珀胆碱毒镖3000余支，含氰化钠“三步倒”蜡丸530余粒，含氟乙酰胺成分毒性物质5191瓶共62104.94克，含氟乙酸钠成分毒性物质386瓶共4950.65克，含毒鼠强成分毒性物质288包共8745.79克，弓弩20把，人民币100万余元，车辆5辆。该案为涉嫌盗窃、非法买卖危险物质、生产销售有毒有害食品等多个罪名的系列大案，公安机关做到对该类犯罪的全链条打击，极大消除公共安全隐患，有效守护人民群众“舌尖上的安全”。

（杨家铭）

【杨克英获评“全国公安二级英雄模范”】 杨克英，女，1974年9月出生，中共党员，常德市看守所二级警督。2003年由公安边防武警部队转业至常德市看守所工作。扎根在公安监管一线，默默奉献，认真值守，日常巡诊累计超100万人次，积极救治病患1000余人，没有出现任何医疗事故与纠纷，管理在押人员近5000余人，开展谈话教育、心理疏导100万余次，协助破案提供有效线索70余条，未发生一起安全事故。多次荣立政府三等功、政府嘉奖，获得优秀共产党员、公安监所先进个人荣誉称号。2020年8月，荣立公安个人二等功。2021年6月，杨克英被公安部授予“全国公安二级英雄模范”荣誉称号。

【刘邓军获评公安部一等功臣】 刘邓军，男，1966年8月出生，中共党员，常德市公安局三级高级警长，协管刑侦工作。他曾立个人三等功11次，嘉奖4次，先后被授予全国优秀人民警察、全省公安廉政执法先进个人、全市劳动模范等各类荣誉称号50次。刘邓军全程参与“10·29”专案组案件侦破过程，担任专案执行组长，负责专案组日常工作，在专案秘密侦查、集中收网、审讯攻坚及侦查诉讼阶段身先士卒，是“10·29”专案的第一主攻手。其在专案组织指挥、抓捕审讯、案件会商、涉案资产的追赃等方面敏锐果断，提出大量建设性意见，为专案侦查的高效推进、成功侦办做出突出贡献。该起全国有重大影响的涉黑专案，成功打掉3个黑社会性质组织，共移送起诉涉黑社会性质组织成员128人，查清违法犯罪案事件268起，涉及罪名23个，扣押、查封、冻结涉案资产3900万余元，均已终审判决。2021年，刘邓军获评公安部一等功臣。

【戴贝贝获评“全国公安机关成绩突出青年民警”】 戴贝贝，女，1993年11月出生，中共预备党员，二级警司，常德市鼎城区公安局刑事科学技术室副主任、四级技术主管，兼任鼎城区公安局公职律师，具备痕迹检验中级任职资格。2015年参加公安工作，始终坚守在刑事技术岗位，参与现场勘查1000余起，其中主勘300余起，比中80余起案件，串并系列案件30余串。2020年，她利用技术手段协破分别发生在25年、15年前的两起命案积案，得到各级高度肯定。她勤于学习，先后于2018年通过公安部高级执法资格考试，2019年，通过国家统一法律职业资格考试，入选全国刑事技术青年人才库、鼎城区法学人才库。2021年，戴贝贝被公安部、共青团中央评为“全国公安机关成绩突出青年民警”。

【欧兰英获评“全国公安机关成绩突出女民警”】 欧兰英，女，1981年12月出生，中共党员，公安局武陵分局治安管理大队教导员。2005年参加公安工作，始终立足本职，奋力破解基层治理、社区警务的时代命题，多次受到上级奖励表彰，2017年被评为“全国优秀人民警察”，受到习近平总书记接见。2020年3月，在武陵公安分局治安大队工作，结合社区警务工作经验，助力武陵公安分局永安派出所评为“全国枫桥式公安派出所”；牵头创新“三三社区警务模式”升级版，制定《社区民警日常工作清单》《派出所日例会工作记录》等填空式工作记录本，使社区警务工作条目化、标准化。深入14个派出所为基层民警送教，培训指导业务课题8类，解决疑难问题43个。2021年3月8日，欧兰英被公安部、全国妇联评为“全国公安机关成绩突出女民警”。

【谢修槐获评全国公安机关“昆仑2020”专项行动先进个人】 谢修槐，男，1980年5月出生，中共党员，常德市公安局食品药品和环境犯罪侦查支队政委。公安部部署“昆仑2020”专项行动中，谢修槐先后组织编写《食药环案件法律适用工作手册》《打击非法捕捞专项行动法律法规汇编》，多次为省、市食药环侦查培训班讲授食药环侦查课程，加强对基层办案指导，积极推动全市公安机关深入开展专项行动。专项行动期间全市公安机关共侦办食品药品和环境犯罪刑事案件221起，全省排名第二。该同志带头侦办大要案件，为主侦办“7·5”网络生产销售假酒案、“1·3”生产、销售有毒有害食品案等大要案件，18名犯罪嫌疑人被判处有罪刑罚，2起案件均被省厅挂牌督办，“1·3”生产、销售有毒有害食品案被最高人民检察院评为全国打击制售伪劣商品犯罪典型案件。2021年4月，谢修槐被评为全国公安机关“昆仑2020”专项行动先进个人。

（王晓微）

检察

【概况】 2021年，市人民检察院坚持以习近平新时代中国特色社会主义思想为指导，认真落实最高人民检察院“讲政治、顾大局、谋发展、重自强”的新时代检察工作总体要求，以“稳进、落实、提升”为工作总基调，充分履行法律监督职责，各项工作取得新进展。全市检察机关共办理各类案件12732件，其中审查逮捕案件2772件，审查起诉案件4653件，刑事、民事和行政诉讼活动监督案件4512件，公益诉讼案件795件。18个集体和71名个人获省级以上表彰，10件案件被最高人民检察院、省检察院评为优秀案件，2项工作作为典型案例在全省会议上作经验交流发言。

参与乡村振兴。办结司法救助案件64件，发放救助金178.95万元。支持起诉297件，其中支持农民工起诉228件，法院采纳297件，帮助追讨薪金409.42万元。积极开展乡村振兴工作，制定点村振兴“两年规划”、安排专项资金等针对性措施，认真落实院领导联点联户、定期走访慰问制度，助力乡村振兴。

参与市域治理。受理社会综合治理案件116件，审结81件，提出检察建议189件，采纳198件。对119件案件组织公开听证，让当事人把事说清、听证员把理辨明、检察官把法讲透，让公平正义看得见、听得懂、能感受。按照市疫情防控指挥部的要求，组织多次核酸检测，持续督导疫苗接种（含加强针）工作，做到应接种尽接种，全面清零。落实过紧日子要求，积极推进节约型机关建设，市检察院荣获国家机关事务管理局颁发的“节约型机关”荣誉称号。

开展党史学习教育活动。坚持党对检察工作的绝对领导。严格执行党组每半年向党委报告工作，重大事项、重要案件及时向党委、政法委请示报告的规定。邀请市委党校教授讲授专题党课、市宣讲团专题宣讲。党组中心组积极开展专题研讨；开展多种形式主题党日活动，组织干警集中学习研讨，参观红色教育基地，举办党史知识竞赛，将红色基因写入青春记忆。聚焦群众“急难愁盼”问题，深化“检察为民办实事”实践活动，扎实推进检察公开听证、行政争议实质性化解、公益诉讼等为民服务，推出10项务实举措。

开展政法队伍教育整顿。抓实学习教育，在思想洗礼中筑牢政治忠诚。强化创新理论武装，筑牢忠诚根基。选树先进典型36人，1名干警作为全市政法英模之一参加巡回宣讲。综合运用自查、倒查、评查、清查、检查等措施，甄别认定六大顽瘴痼疾问题140个，处分处理90人。严格执行防止干预司法“三个规定”，2021年共记录报告有关事项255件，同比增长107.3%。对同级政法机关开展法律监督专项检查，核查案件1988件，认定问题案件285件，监督纠正285件，移送线索41条。查究整治“三不”顽症经验做法被最高人民检察院推介。

岗位练兵。灵活运用网络课堂、视频讲座、“一月一讲”等方式，开展各类业务培训。与市自然资源局等3家单位互派业务骨干挂职交流，锤炼专业素能。编发检察业务专刊，推介经验做法、优秀案件，促进取长补短、共同提高。自觉落实“把工作做极致，努力做检察工作的‘工匠’‘大家’”要求，市检察院周毅被评为全国检察机关“优秀办案检察官”，6名干警分别荣获“全省优秀公诉人”“全省公益诉讼检察业务技能竞赛十佳标兵”“全省未检标兵”，3名检察官新入选全省检察机关扫黑除恶专家人才库。

基层院建设。坚持目标引领、问题导向、结果倒逼，聚焦最高人民检察院和省院考核评价指标体系，以业务考评为抓手，推动基层工作提质增效、提档升级。持续落实市检察院领导联系指导基层建设制度，深入基层开展调研，帮助解决问题、改进工作。根据省院开展基层检察院对口联系工作要求，会同怀化市院、武陵区院、辰溪县院召开座谈会2次，制定对口联系工作方案，明确组织机构、对口联系工作计划等。

主动接受监督。自觉接受人大依法监督和政协民主监督。认真落实人大决议决定，认真落实“司法公正常德行”决策部署和工作要求，认真办理代表建议。常态开展代表、委员联络工作。邀请人大代表、政协委员视察调研、参加案件公开审查、旁听案件庭审等活动，并听取意见建议，在深度互动中拉近距离。丰富联络内容。邀请人大代表、政协委员参加检察开放日活动。依法公开重要案件信息、程序性信息和终结性法律文书，充分利用“两微一端一网”等新媒体平台及时推送检察资讯。

优化检察权运行机制。深化落实“案—件比”质效评价标准，引导检察官办案追求极致，提高效率、减少诉累。2021年刑事检察“案—件比”为1∶1.21，“件”在2020年下降0.34%的基础上，2021年再降0.37个百分点，减少1900多个办案环节。

推进认罪认罚从宽制度适用。落实认罪认罚从宽制度主导责任，坚持应用尽用、规范适用，2021年适用率82.8%，量刑建议采纳率96.2%、一审服判率94.5%，促进罪犯改造、维护社会和谐。

保护绿水青山。推动建立“河（湖）长+检察长”协作机制，认真开展“检察长+河长”共同巡河。起诉非法捕捞、污染水体、非法采砂等破坏生态环境资源犯罪167人。提起刑事附带民事公益诉讼21件，法院审结20件（含2020年结转），全部支持检察机关的诉讼请求。同时，督促环境资源行政执法部门依法履职，责令涉案人“补植复绿”。

优化营商环境。依法打击侵害企业利益犯罪，批准逮捕职务侵占、侵犯知识产权、强迫交易犯罪

2021年12月2日，市人民检察院举行国家宪法日宣誓仪式

（市人民检察院 供图）

嫌疑人13人，提起公诉16人。鼎城区检察院依法提前介入最高人民检察院、国家版权局挂牌督办的田某等4人侵犯“魔兽世界”游戏著作权案，引导侦查取证，确保精准打击，该案入选全省打击侵犯知识产权典型案例。对涉案民营企业经营管理人员依法不捕10人，不诉41人。武陵区院办理的欧阳某曦、余某科、吴某再涉嫌重大责任事故案，检察机关坚持“少捕慎诉慎押”的司法政策，对余某科、吴某再作相对不起诉，依法保障民营经济健康发展。

巩固反腐败成果。自觉克服侦查人才匮乏等困难，忠实履行法律赋予的查办司法工作人员刑讯逼供、徇私枉法等14种职务犯罪职责，共立案侦查9件11人，移送审查起诉8件9人。市检察院以涉嫌徇私枉法罪对桃源县公安局原副局长周某明、李某等4人立案侦查，4人均被判处有期徒刑。推动市监委与市政法各单位召开联席会议，进一步加强监检衔接，出台试行规定，规范市管干部职务犯罪案件办理。共受理监察委移送审查起诉的职务犯罪案件55件63人，审结39件39人，提起公诉37件37人。市检察院在全省刑事检察工作会议上就职务犯罪检察工作作经验发言。

【扫黑除恶常态化】 提起公诉涉黑恶案件27件137人。如津市市检察院办理的鲁某民等31人涉黑案，实现打防并举、标本兼治，取得良好的政治效果、法律效果、社会效果。提前介入43件，做到提前介入全覆盖；改变公安机关黑恶定性12件。配合市扫黑办制定《关于开展严厉打击整治“村霸”黑恶势力专项行动的实施方案》，积极参与专项清理行动。

【维护经济金融安全】 起诉破坏社会主义经济秩序犯罪案件110件220人，追赃挽损4810.3万元。持续推进“断卡”“反洗钱”行动。依法严厉打击电信网络诈骗犯罪，提前介入“断卡”行动案件57件，批准逮捕629人，提起公诉647人。市检察院共开展反电诈宣讲11场次，发放宣传手册1500余份。会同多家单位出台《关于进一步推进常德市打击洗钱犯罪工作的通知》，办理洗钱犯罪案件4件6人。市检察院被评为全市金融生态建设工作先进成员单位。

【打击严重刑事犯罪】 批准逮捕各类犯罪嫌疑人2827人、提起公诉5224人。对故意杀人、抢劫等严重暴力犯罪始终保持高压打击态势。市检察院办理的“陈氏兄弟”抢劫杀人案，针对一人翻供一人不供，严审细查，查明事实，有力指控，两名被告人一审分别被判处死刑、无期徒刑。依法打击盗窃、诈骗、抢夺等多发性侵财犯罪，批准逮捕670人、提起公诉1033人。坚决打击涉黄、涉赌、涉毒等妨害社会管理秩序犯罪，批准逮捕1708人、提起公诉2779人。落实食品药品安全“四个最严”（最严谨的标准、最严格的监管、最严厉的处罚、最严肃的问责）要求，依法从严打击制售假药劣药、有毒有害食品犯罪，批准逮捕11人、提起公诉38人。

【未成年人司法保护】 依法严惩性侵、拐卖、杀害未成年人等犯罪，监督立案性侵未成年人案件12件，批准逮捕89人，提起公诉87人。对23年前强奸、杀害12岁幼女的郭某，依法层报最高人民检察院核准追诉，郭某一审被判处死刑。推动建立“一站式”取证中心8个，避免反复询问对未成年被害人造成“二次伤害”。为未成年被害人提供心理疏导、发放救助金、协调转学等综合救助110人次，为18名未成年被害人落实司法救助金51.25万元，救助率达63.95%。举办“检爱同行 共护未来”检察开放日活动。举办法治巡讲80场次，参与师生3.3万余人。市检察院第四检察部荣获“全国维护妇女儿童权益先进集体”，澧县检察院汪桂娟、临澧县检察院杨莉获评“全国维护妇女儿童权益”先进个人。津市市检察院“玉芳姐姐工作室”获评全国“青少年维权岗”。

【化解社会矛盾纠纷】 接收群众来信326件，符合回复条件均在7日内回复当事人，办理过程或结果答复率100%。接待群众来访518件680人，导入法律程序434件。组织检察长接待日528次，检察长接待来访群众136人次，进一步密切检群关系。组织律师值班接访54次。办理当事人申诉案件中律师代理申诉124件。办理刑事申诉案件41件。

【刑事检察监督】 强化侦查活动监督。监督侦查机关立案76件、撤案31件。纠正漏捕漏诉261人，纠正漏捕漏诉后判处有期徒刑以上刑罚231人，占比率88.51%。共向侦查机关发出纠正侦查活动违法通知书321份，侦查机关以纠正321件，采纳率为100%。对不构成犯罪或证据不足的，不批准逮捕506人。强化刑事审判活动监督。对认为确有错误的刑事裁判，提出抗诉12件。监督纠正刑事审判活动违法41件次。强化刑事执行活动监督。对5111件减刑、假释、暂予监外执行案件进行审查，书面提出纠正意见并纠正560件。发现监外执行（社区矫正）对象脱管、漏管169人，对监外执行不当情形书面提出纠正148人，已纠正148人。办理重大案件侦查终结前讯问合法性核查案件60件90人。市检察院对市看守所常规巡回检察案入选最高人民检察院参考案例。

【民事行政检察监督】 坚持监督与支持并重，对审查认为确有错误的生效裁判，提请抗诉、提出抗诉及再审检察建议35件，法院再审改变10件；对107件不符合监督条件的民事行政案件，依法作出不支持监督申请的决定，占审结数的63.31%，有效维护司法权威。强化审判程序违法监督，提出检察建议125件，采纳125件。强化执行监督，提出检察建议313件，法院采纳316件。办理虚假诉讼案件27件。办理行政争议实质性化解案件17件。如市检察院办理的陶某芳诉桃源县国有土地上房屋征收与补偿工作办公室、原审第三人吴某琴房屋征收补偿协议检察监督案中，检察机关详查细审把握案件本质，通过对民事权属争议问题的解决，实质化解行政争议。

【公益诉讼检察】 立案办理公益诉讼案件795件，其中行政公益诉讼案件713件，民事公益诉讼82件；发出诉前检察建议567件；收到行政机关书面回复572件。通过办案，督促收回欠缴的国有土地使用权出让金9.42亿元，督促收缴行政处罚罚款135万元，督促收缴生态治理恢复费用239万余元。扎实开展“公益诉讼守护美好生活”专项活动，办理食品安全领域行政公益诉讼案件252件。汉寿县检察院依法对销售“毒狗肉”的夏某杰、李某提起刑事附带民事公益诉讼，诉请判令两人支付销售价款十倍的惩罚性赔偿金10.5万元，获判决支持。市检察院诉唐某侵害刘磊烈士名誉民事公益诉讼案被最高人民检察院评为典型案例。主动争取重视和支持，市人大常委会首次对行政机关执行落实公益诉讼决议情况开展专题询问。

【检察建议纳入市绩效考核】 2021年5月，市委办、市政府办出台《关于支持纪检监察机关和检察机关更好履行监督职能促进治理法治化规范化的意见》，明确规定将检察建议落实情况纳入市委、市政府绩效考核“依法治市”项目范畴，由市检察院组织实施。

【最高人民检察院调研组到常德调研座谈】 6月23日，最高人民检察院党组书记、检察长张军率最高检调研组到常德，深入基层检察院、法治教育基地、红色教育基地等调研，了解公益诉讼、检察听证、群众信访等检察工作情况，并分别与部分在湘全国人大代表、常德市人民检察院干部职工代表座谈。

（张小宝）

法院

【概况】 2021年，全市法院深入贯彻习近平法治思想，围绕“努力让人民群众在每一个司法案件中感受到公平正义”工作目标，以政治建设为统领，以业务建设、队伍建设、司法改革为抓手，忠实履行宪法法律赋予的职责，各项工作迈上新台阶。全年全市法院共受理各类案件76572件（含旧存1979件），审执结73243件，员额法官年人均结案163.8件。其中市中级人民法院（以下简称市中院）受理各类案件8164件（含旧存226件），审执结7447件。在全省法院“审判质量、效率和公信力深化年”考核中，全市两级法院和市中院审判绩效均排名全省第一，共有23个集体和63名个人受到省级以上表彰。其中，市中院被评为“全国法院司法宣传和通联工作先进单位”，桃源县法院司法警察大队被评为“全国法院司法警察先进集体”；市中院樊英被评为“全国扫黑除恶专项斗争先进工作者”，戴小军被评为“全国法院扫黑除恶专项斗争先进个人”。

2021年，全市法院开展岗位练兵活动。参加湖南省第一届审判业务技能竞赛，常德法院成绩位列全省第二名。组织“十佳办案能手”评选。对1990年以来的近9万余件减假暂案件开展重点评查整改。津市保河堤法庭配齐办案团队恢复办公。加强智慧法院建设法院办案更高效。

提升司法水平。深化诉源治理。构建多元解纷机制，推动矛盾源头治理。加强人民调解、行政调解、司法调解、律师调解，联合相关部门成立专业调解委员会。在全省率先建立市级劳动人事争议裁审衔接机制，有效提升裁审质效。将矛盾纠纷化解前移，全市建立各类诉源治理工作站51个。融入法治教育体系，组建宣讲团，常态化开展送法“五进”活动。优化便民诉讼服务。坚持“便民、高效、个性化”原则，推进一站式诉讼服务体系建设。推行网上立案、自助查询、短信送达等信息手段，形成科技诉讼服务模式。全市基层法院成立速裁团队入驻诉讼服务中心，36.8%的纠纷得到快速处理。开设绿色通道，为老弱病残当事人提供个性化诉讼服务。推行“夜间法庭”“假日法庭”、上门立案、巡回审判，让群众感受司法温度。积极开展诉中调解。创新发展“枫桥经验”，实现“案结事了人和”。邀请调解组织入驻人民法院网上调解平台，引入调解员214名。推行委托调解、特邀调解、律师驻院调解、“五老”调解，民事诉讼案件调解、撤诉达46.26%。推进涉诉信访矛盾化解。落实院庭长坐班接访和下访包案制度，开展信访积案专项化解行动，34件信访积案得以化解。坚持“救助案件司法化、救助制度法治化”，发放救助金268.23万元，减、缓、免诉讼费229.82万元，彰显司法关怀。

深化司法改革。推进以司法责任制为核心的改革。强化司法责任制，构建“让审理者裁判、由裁判者负责”的审判权力运行机制。明确“权力清单”“责任清单”，建立权责统一、权责明晰、权力制约的司法权运行机制。加强履职保护，制定《法官权益保障委员会章程》，健全落实“三个规定”机制。完善制度，强化人财物省统一管理。推进综合配套改革。重点案件提请监督与主动监督相结合，压实院庭长对“四类”案件监督职责。院长、庭长带头办理疑难复杂案件，办案数占比47.92%。健全专业法官会议与审判委员会工作衔接机制，落实类案检索制度，促进裁判尺度的统一。健全法官动态调整和交流退出机制。推进诉讼制度改革。深化以审判为中心的刑事诉讼制度改革，落实庭前会议制度，严格非法证据排除规则，实现庭审实质化。完善两级法院职能定位，尊重司法规律，做到权责一致。落实监督制约，实现审判权与审判监督管理权有机统一、规范运行。深化案件繁简分流，平均审理周期大幅缩短，全市法院一审民事案件平均审理时间43.2天，与2020年同一时期相比缩短5天。

主动接受监督。接受人大及其常委会监督。坚决落实人大及其常委会工作部署，积极开展司法公正常德行活动，实现法官履职评议“全覆盖”。严格执行市人大及其常委会的决定决议，及时报告重大工作部署和依法履职情况，落实规范性文件备案审查，认真办理交、转、督办案件和代表建议，做到件件有回音、事事有结果。拓宽代表联络渠道，通过上门征求意见、邀请旁听庭审、召开座谈会等方式，广泛听取代表意见，并立行立改。接受政协民主监督。主动向市政协、各民主党派汇报法院工作情况，认真办理政协委员提案。邀请政协委员视察法院、旁听庭审，充分听取政协委员、各民主党派、工商联的意见建议，促进审判执行工作良性开展。接受纪检和检察法律监督。贯彻落实《中华人民共和国监察法》，主动接受监察机关和派驻监督。依法接受检察机关法律监督，认真办理检察建议3件；办理刑事抗诉案件5件，其中改判、发回重审2件；办理民事抗诉案件4件，其中改判2件。接受社会监督。完善公开平台，开展庭审直播、文书上网。拓展公开广度和深度，组织“公众开放日”、新闻发布会等活动，人民陪审员参审案件4440件。全市法院实现门户网站、官方微博、微信“一网双微”互联互通，多渠道接受监督。

2021年6月，市中级人民法院某刑事案件开庭　　（文　刃　摄）

【严惩刑事犯罪】　牢固树立总体国家安全观，严厉打击刑事犯罪，推进“平安常德”建设。共审结各类刑事案件5406件。常态化开展扫黑除恶。依法从重从快惩处涉黑涉恶犯罪，一审审结涉黑恶案件28件，判决认定涉黑恶犯罪人员130人。铲除黑恶势力经济基础，严格黑财清底，判处罚金、没收财产、追缴违法所得等共计3407万元，执行到位涉黑恶财产1.43亿元。打伞破网有力，审理“保护伞”案件3件，移送线索12条。积极参与行业清源，发出司法建议13份。坚持严惩贪腐。加大惩治腐败犯罪力度，审结职务犯罪案件32件，周某柏、刘某荣等犯罪分子受到法律严惩；聚焦基层重点领域，审结一批基层“微腐败”“小官巨贪”案件。维护社会秩序。打击严重暴力犯罪，审结故意杀人、故意伤害、抢劫等犯罪案件215件。推进禁毒斗争，审结涉毒犯罪案件543件。维护群众生产生活安全，审结重大责任事故、危害食品药品安全、危险驾驶等犯罪案件562件。维护群众财产权益，审结非法吸收公众存款、集资诈骗等涉众型案件33件，审结电信网络诈骗、网络传销、网络赌博等犯罪案件75件。强化人权司法保障。依法保障被害人诉讼权利，支持被害人出庭作证。依法保障被告人诉讼权利，推进刑事案件律师辩护全覆盖。坚持宽严相济刑事政策，对自首、立功等被告人依法从宽处理，准确适用认罪认罚从宽制度。加强未成年人保护，推行未成年人犯罪记录封存制度。依法办理减刑、假释案件1823件。

【加强民商事审判】　以新发展理念为指导，充分发挥民商事审判职能，服务保障“六稳”“六保”。共审结各类民商事案件37054件。处理涉疫纠纷。及时应对新冠疫情引发的诉讼问题，支持企业复产抗疫。针对受疫情影响出现的履约难问题，依法准确适用不可抗力、情势变更等规则，妥善审理相关合同纠纷、公司纠纷、房屋租赁、劳动争议等案件458件。维护民生权益。加强民生司法保障，审结就业、医疗、住房、社会保障等涉民生案件6120件。促进和谐家庭建设，婚姻家庭案件调撤率达62%。高度重视涉军案件审理，切实维护军人、军属合法权益。推进城乡居民人身损害赔偿标准统一适用，实现“同命同价”。武陵区、临澧县法院挂牌成立少年法庭，工作经验获最高法院推介。巩固三大攻坚战成果。依法防范化解金融风险，审结借款、保险、信用卡等金融案件7860件。助力乡村振兴，审结土地承包、流转等涉“三农”案件256件，市中院派工作队进驻乡村振兴联点村石门县所街乡焦山村。开展“常德法院·环保沅澧行”专项行动，审结案件95件。优化法治化营商环境。依法平等保护市场主体合法权益，审结涉民营企业案件1895件。深入开展“十院百企行”、涉民营企业积案清理等护企暖企活动，发布《企业法律风险防范提示50条》。加强知识产权司法保护，审结商标、著作权等案件262件，服务创新驱动发展。出台《企业破产处置府院协调机制实施办法》，服务供给侧结构性改革，办理破产重整、清算、和解案件56件，盘活资产总额达30亿余元。常德法院优化营商环境工作经验入选《中国营商环境报告2021》，获全国推介。

【监督依法行政】　准确把握行政审判职能定位，推进法治政府建设。全年共审结各类行政案件1340件。维护行政相对人合法权益。推进立案登记制，依法保护当事人诉权。采取“审前沟通、审中协调、审后疏导”工作模式，促成行政争议实质性化解，原告撤诉案件占比21.31%。严格落实《最高人民法院关于行政机关负责人出庭应诉若干问题的规定》，“告官不见官”现象明显减少，一审行政机关负责人出庭应诉率达80%以上。促进依法行政水平提升。一审行政案件集中管辖改革顺利推进，鼎城区、澧县法院集中管辖运行良好。坚持合法性审查标准，对违法、无效行政行为予以撤销、变更或确认。邀请旁听庭审，定期组织培训，发出司法建议，促进行政机关提升依法行政水平。服务党委政府中心工作。加强司法保障，裁定准予执行非诉执行案件497件。妥善化解重点工程和重大项目建设、生态环境保护等矛盾纠纷，在常益长高铁项目建设等案件中，充分发挥职能作用，实现政治、法律、社会效果的有机统一。

【巩固“基本解决执行难”成果】

全年共执结案件26396件，到位金额37.75亿元。执行综合治理。深化综合治理，创新执行手段，市中院、武陵区法院与市不动产登记中心达成协议，通过专线与市不动产登记中心进行数据对接，实现网络查询、查封、过户功能，提高执行效率。创新执行手段。升级执行指挥中心，提升网络查控能力，推行执行财产网络拍卖。采取“假日”执行、集中执行等方式，着力提高执行效率。加大失信惩戒力度，司法拘留192人次，判处刑罚8人，发布失信被执行人3735例，161名失信被执行人自动履行义务。强化与“智慧常德”APP、信用常德云平台对接，促进社会信用体系建设，从源头上解决执行难。开展执行攻坚。开展“三湘风暴”专项执行行动，执结知识产权案件180件、涉工程机械行业案件682件、涉黑恶和职务犯罪案件192件、涉民生案件1563件、违法占用耕地类行政非诉案件16件。开展执行案款清理，共清理发放超期执行案款1.05亿元，认领执行不明款7.32亿元。

【樊英获评全国先进】　樊英，女，1978年7月出生，中共党员，法律硕士，1999年进入法院工作。常德市中级人民法院民四庭庭长、四级高级法官。多次被评为办案能手，先后荣立三等功1次，被授予嘉奖2次，5次被评为“优秀党务工作者”。扫黑除恶专项斗争中，她参与文某宏、王某多起重大涉黑涉恶案件的审理工作。2021年1月，被全国扫黑除恶专项斗争领导小组评为“全国扫黑除恶专项斗争先进工作者”，并赴北京参加总结表彰大会，受到习近平总书记的亲切接见。

【戴小军获评全国先进】　戴小军，男，1969年2月出生，中共党员，法律本科，1992年进入法院工作。常德市中级人民法院审监一庭副庭长、四级高级法官。扫黑除恶专项斗争中，积极投身一线，主审或参与审理涉黑涉恶案件80余件，多次参与全国和省级扫黑办挂牌督办案件的办理，所承办的文某宏案被湖南省高院评为精品案件，并被最高人民法院作为典型案例编入《刑事审判参考》第123期。2021年，被最高人民法院评为“全国法院扫黑除恶专项斗争先进个人”。

（杨　鑫）

司法行政

【概况】　2021年，全市司法行政系统先后获评2016—2020年全国普法工作先进单位、全国司法行政机关2020年国家统一法律职业资格考试工作表现突出单位，司法行政工作考评持续位居全省前列，平安建设、行政立法、社区矫正、文稿服务等多项工作被省厅推介，实现“十四五”规划时期司法行政工作的良好开局。

依法治市。以全面依法治市为总抓手，出台《常德市贯彻落实〈法治社会建设实施纲要（2020—2025年）〉实施意见》，有效服务经济社会发展。压实法治政府建设主体职责。启动党政主要负责人履行推进法治建设第一责任人职责及开展法治政府建设专项督察“回头看”。对全市2016年以来的招商引资项目合同履约情况进行两次全面督查，在1642份合同中清理出非正常履约合同197份，针对督查发现的问题逐项提出处理建议。完成年度法治政府建设工作任务。配合市人大常委会制定《常德市养犬管理条例》《常德市文明行为促进条例》两部地方性法规，完成政府规章《常德市城市绿化管理办法》的修订。组织开展规范性文件专项清理，清理文件906件。推进行政执法专项整治行动，开展行政执法案件专项督查2次，随机抽查行政执法案卷195件，发现问题23个。启动行政复议体制改革，全市50个行政复议机关缩减为市、县两级“1+9”个，积极发挥行政复议监督功能，全年办理行政复议案件380件、行政应诉案件395件。加大普法和依法治理力度。开展民主法治示范村（社区）创建，向省推荐第十批“湖南省民主法治示范村（社区）”7个。积极谋划全市“八五”普法工作，加大全民普法工作力度。市司法局和武陵区合编的《党史里的法治史》获司法部高度肯定。在司法部普法局和省厅指导下，启动第二届潇湘法治微小说征集大赛，社会反响良好。

法律服务。公共法律服务热线、如法网和公共法律服务实体平台全融合、全覆盖、全服务。服务民生。研究制定10大类“我为群众办实事”项目清单，超额完成省重点民生实事项目，共办理法律援助案件4148件。率先试点使用“三台”融合综合管理系统，成功受理全省首例经济困难告知承诺法援案件、全省通办法援案件。证明事项告知承诺制落地生根，第一批“减证便民”目录清单（58项）向社会公布。服务企业。“法律服务进园区”活动常态化开展，全市414名律师、209名基层法律服务工作者积极投入涉企法律服务中，为企业开展法律咨询、法律体检、法律代理等事务。专项治理。以政法队伍教育整顿为抓手，深入开展法律服务行业突出问题专项治理，梳理查出公证行业共性问题1个、司法鉴定行业共性问题3个，收集法院、检察院离任后两年内以律师身份担任诉讼代理人、辩护人问题线索6条，律师违规执业问题线索88条，均已全部处理到位。

2021年9月2日，中共常德市委、常德市人民政府法律顾问聘任仪式现场

（市司法局 供图）

【2021年全市司法行政工作会暨法治建设专题会召开】 3月12日，2021年全市司法行政工作会暨法治建设专题会召开。市司法局党组书记、局长王鳌围绕“奋楫扬帆 乘势而上 全面开启常德司法行政事业高质量发展新征程”主题作工作报告，市纪委市监委驻市委政法委纪检监察组组长尹志辉列席会议。会议由市司法局党组副书记、副局长石林主持。

【举行市委、市政府法律顾问聘任仪式】 9月2日，中共常德市委、常德市人民政府法律顾问聘任仪式在德华宾馆9楼会议室举行。仪式由市司法局党组成员、副局长，市律师行业党委书记余小萍主持，常德市司法局党组书记、局长王鳌受市委、市政府委托为市委、市政府法律顾问颁发聘书并讲话。共聘任9名法律顾问，其身份为律师、湖南大学法学院教授。

【召开2021年民事法律援助案件质量评估工作会】 9月24日，市司法局组织开展全市民事法律援助案件质量评估活动。各区县市法律援助机构负责人、具体负责案件质量管理的人员及同行评估律师组成评查组对全市10家法律援助中心2020年以来受理并办结的民事诉讼类法律援助案件进行交叉评估。

【市人民政府行政复议办公室揭牌】 9月30日，市司法局举行市人民政府行政复议办公室揭牌暨局机关国庆升旗仪式，副市长余良勇为市人民政府行政复议办公室揭牌，市司法局机关、常德仲裁委秘书处、市德城公证处、市人民政府法制研究中心、市法律援助中心全体干部、市新安学校教职代表共110余人参加活动。市人民政府行政复议办公室设在市司法局，为市人民政府统一行使本级行政复议职责的机构，市司法局具体承办有关行政复议事项，市直各部门不再行使行政复议职责。

【市社区矫正委员会第一次会议召开】 常德市社区矫正委员会于2020年12月4日成立。2021年10月19日，市社区矫正委员会第一次会议在共和酒店举行，市委常委、市委政法委书记、市社区矫正委员会主任刘国龙出席会议并讲话，副市长、市公安局局长、市社区矫正委员会副主任余良勇主持会议，市中级人民法院院长、市社区矫正委员会副主任张经伟出席会议。会议审议通过《常德市社区矫正委员会工作规则》和《常德市社区矫正委员会成员单位职责》。

（胡 晶）

交警

【概况】 2021年，全市公安交警紧紧围绕庆祝中国共产党成立100周年安保、政法队伍教育整顿、防范新冠肺炎及各项目标任务，实干前行，成绩斐然。国省道交通安全文明示范路创建工作全省唯一全国先进；交警系统综合考评位列全省第三，被省总队评全省交警系统优秀警队建设优秀单位；顽瘴痼疾整治考评全省优秀等次。直属一大队被公安部评为“全国公安机关成绩突出交警大队”并获全省公安交警系统县域警务微改革微创新大赛一等奖。被省厅评为“中国共产党成立100周年安保维稳先进单位”，并荣获集体二等功。全市有654人次受到上级表彰奖励。涌现出“全国公安系统二级英模”“湖南省优秀共产党员”曾祥富、“湖南省百佳优秀公安民警”晏凡林、“全省最美基层交警”陈琨为代表的一大批先进典型。

事故预防。结合“县域警务风险防控”和“顽瘴痼疾集中整治”两大载体，纵深推进交通事故预防“减量控大”工作，构建“前端隐患清零、中端严管严查、末端倒查问责”的闭环预防机制。开展事故深度调查43起、追责14名相关人员、行政处罚企业单位10家，形成履责免责，失责追责的强大震慑。在交通环境更趋复杂的大背下，取得全市全年亡人交通事故较同期比少死40人、下降率达6.28%的较好成绩。秩序管理。紧紧围绕庆祝中国共产党成立100周年安保维稳工作这一主题主线，坚持“万无一失、一失万无”标准，扎实推进“平安一号”行动，全面落实打防管控措施，春节、国庆、全国两会、省市党代会等重要节点、重大活动交通安保节节取胜，疫情防控及雨雪冰冻恶劣天气应对战战告捷，确保辖区未发生长距离、长时间、大范围的交通拥堵。智慧交管。加快推动公安交管大数据分析研判平台和路面科技管控设施设备建设，建立优化网巡与路巡相结合的新型勤务模式，实现交通违法、交通事故、交通状况及交通事件“一屏监控”。全力构建集预约受理、业务办理、实时缴费、咨询互动等功能于一体的互联网+服务平台，让服务群众由“面对面”变为“键对键”。加大支队交管业务综合监管系统升级版建设和应用，实现车辆检测、登记及驾考等工作的全链条、全流程、可视化监管。便民服务。结合“我为群众办实事”主题实践活动，全面推进公安交管业务+互联网改革措施落地见效，51项交管业务全程网上办理，非窗口业务办理率达63.9%。结合“护企惠企20条”，利用休息时间深入企业开展上门服务，完善警企沟通机制，限时解决企业诉求。出台“市城区人性化执法10条举措”，城区路面执法类投诉同比下降25.8%，群众信访投诉同比下降37%，警务评议综合提升50%，较好地实现法律效果和社会效果高度统一。

【支队获评国省道交通安全文明示范路创建工作第一阶全国先进支队】 支队按照部局、总队创建工作部署和要求，紧紧围绕“五个明显”工作目标，将国省道交通安全文明示范路创建工作上升为政府行为，纳入社会综治、交通问题顽瘴痼疾整治考核范畴，筑牢党委政府牵头总揽、职能部门协同推进，公安交警带头主抓的责任体系。创建工作实行市直相关职能部门领导包区县市、区县市相关职能部门领导包乡镇、包路段捆绑机制；支队实行支队领导包基层大队、基层大队领导包路段、中队领导包乡镇捆绑机制。通过一年的创建，全市共治理示范路交通安全隐患424处，增设交通科技设备17处，建成全省第一个数字化中队常德经开区石门桥中队，示范路交通事故同比下降15%，且未发生较大及以上交通事故，尤其是G319常德段交事故下降达29%，创建工作得到总队领导高度认可，并被公安部交管局评为第一阶全国先进支队。

【直属一大队获得“全国公安机关成绩突出交警大队”称号】 直属一大队以“创一流警队、建和谐警营、树常德形象”为目标，成为全省交警系统首批优秀基层警队，公安交通管理绩效评估连续5年保持全市第一、全省成绩突出集体；队伍连续5年无人员违纪违法、无有影响的涉警负面舆情、无安全责任事故；没有发生一起一次死亡3人及以上的较大交通事故，交通事故死人数年平均下降约10.7%。创新创新推出县域警务“五个一工程”（做大做强道路交通安全平台、搭建善建交通安全管理组织网络、建好用好农村道路交通安全管理信息系统、深化强化道路交通平安创建活动、推进推实道路交通安全“路长制”）、路面勤务“三三”工作机制［在勤务保障上确保“三快”（接警快、处警快、处突快），在服务举措上突出“三变”（创新“首违不罚”规范执法变被动为主动、创新交管业务窗口前移变服务网点单一为多元、建立交警驻企业“警务站”变等待服务为上门服务），在管理手段上实现“三化”（考核精细化、执法人性化、办案规范化）］、高峰勤务“三个一”工作机制（五位大队班子成员一人包联一个中队，执勤早晚高峰；股室内勤及后勤保障人员执行与路面警员一致一体的早晚高峰执勤模式；对辖区重点路段、路口、部位警力全覆盖，一人一岗一责）、事故处理“三快”工作机制（接警快畅机制、处置快速机制、办理快捷机制），在新时代公安交管工作新征程上探索出一条高质量发展之路。2021年，大队被公安部评为“全国公安机关成绩突出交警大队”。

【曾祥富获得“全国公安系统二级英模”称号】　曾祥富，中共党员，1986年起从事常德公安交通管理工作，常德市公安局交通警察支队直属四大队民警。他36年如一日扎根基层一线，用“在岗一分钟，奉献六十秒”的工作准则服务群众，奉献岗位，发明创新“口哨交通指挥五步曲”交通疏导方法，使交通路口拥堵指数下降60%，被广大交通参与人亲切地称为“口哨哥”。该同志获公安二等功1次，获公安三等功3次，2016年获评“湖南文明交通好交警”称号；2018年获“全省优秀人民警察”“常德市先进工作者”称号；2019年获“全国最美基层民警”“全省最美基层民警”“常德市第四届道德模范”称号；2020年获“全国平安英雄”称号；2021年获“全国公安系统二级英模”“湖南省优秀共产党员”“湖南省岗位学雷锋标兵”称号。

【直属一大队打造全省首条“地下接送学生系统”】　2021年，直属一大队借助辖区武陵第一小学建设地下停车场的契机，与教育部门深度合作，创造性地将地下停车场建设与接送学生工作结合起来，打造全省首条“地下接送学生系统”，成功解决接送上放学高峰时交通拥堵问题。该系统接送孩子上下车与其他车辆完全无接触，完成整个接送过程不到3分钟，确保接送安全，极大优化学校周边交通秩序，惠及广大师生和市民群众。中央电视台、中国文明网等10多家主流媒体相继报道，宣传常德文明开放新形象。

（刘道国）

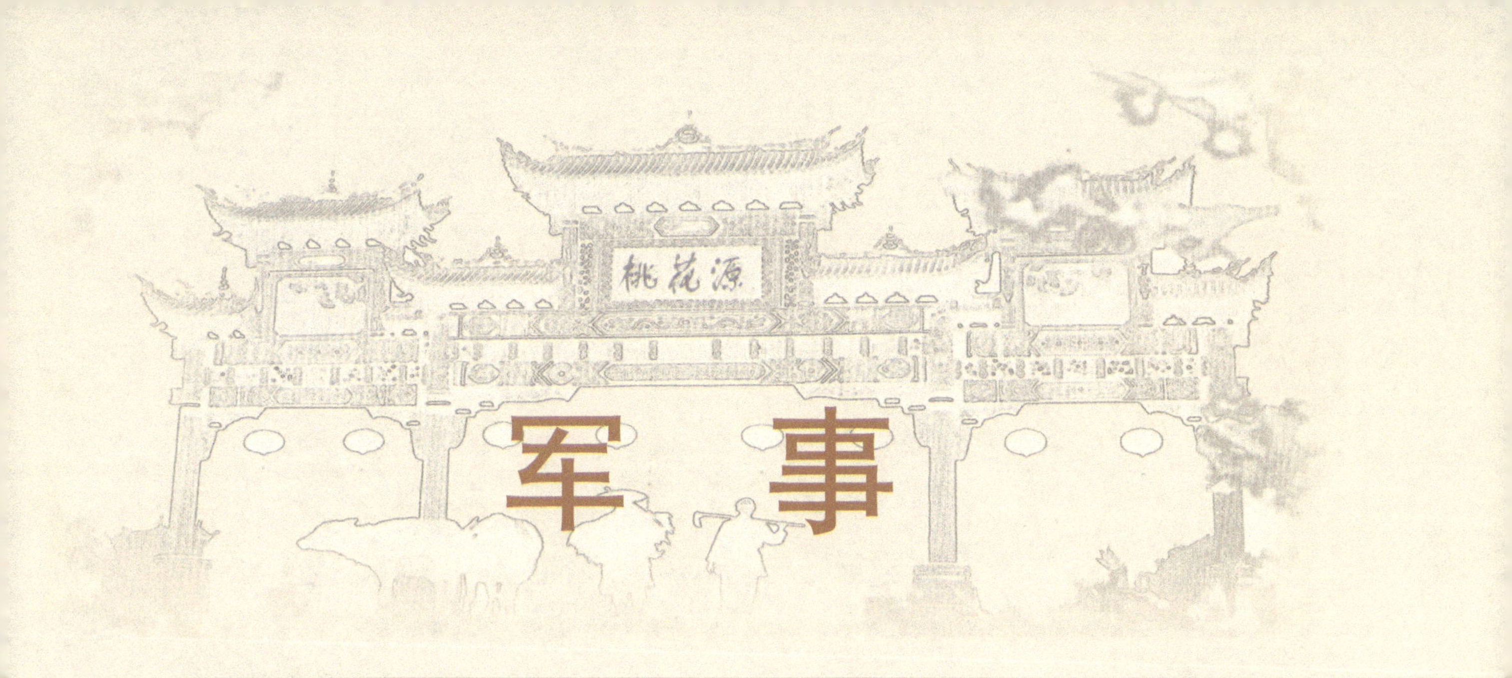

军事

常德军分区

【概况】 2021年，常德军分区（以下简称军分区）坚持党对人民武装绝对领导的根本原则和落实地方党委议军制度，党管武装重点事项形成清单明责任促落实。召开宣布第一书记任职命令大会，组织第一书记述职。全面建设和各项业务工作在省军区年终评比排名中整体靠前。

【思想引领】 2021年，军分区始终把政治建军摆在首位，坚定不移举旗铸魂、看齐追随，分区上下听党话跟党走的强烈思想意识融入血脉。坚持用习近平强军思想武装头脑，全年组织28次党委理论学习中心组带机关集中学习交流，跟进学习习主席最新讲话精神和上级决策部署，读原著学原文悟原理，交流讨论研机析理，官兵政治素养和理论思维得到提升。扎实抓好党史学习教育，巩固深化两项主题教育，邀请军地党史专家辅导授课，集中讲好专题党课，广泛开展读书活动，分专题研讨交流；组织官兵探寻常德革命旧址，引导官兵从百年党史汲取奋进力量。深化民兵思想政治教育，开展“我在青年民兵之家开讲啦”系列微宣讲活动，走村入户宣讲上百场，受众近10万人。新闻宣传舆论工作持续保持全省第一方阵，在省级及以上媒体共刊稿256余篇（条），连续4年被省军区评为新闻报道工作标兵单位。

【练兵备战】 2021年，军分区紧贴时代发展需要和国防动员体制改革进程，主动抓研究谋划、抓难题破解、抓基层基础，不断探索创新方法路径。参加全省群众性练兵比武，取得基干民兵团体第一名等多项好成绩，军分区机关处以上领导赴省军区参加军事考核成绩全优，全区年度军事训练考核在全省位列第二。

【兵员征集】 2021年，军分区以提高兵员征集质量为基点，适应“一年两征”新形势新特点新要求，及早筹划、压实责任，深度宣传、精准施策，动态监控、全程督导，严把体检政考关口，严守廉洁征兵底线，圆满完成“一年两征”任务，兵员征集质量不断提升。

【国防动员】 2021年，军分区着眼调整组建联合办事机构改革需要，组织国防动员业务培训讲座，探索细化军地职责，抓实国防动员潜力数据调查。拓新国防教育内容，结合第21个全民国防教育日、纪念“九一八”事变爆发90周年，深化开展“致敬最可爱的人”系列国防教育活动；结合送立功喜报大力宣传营造热爱国防、尊崇军人良好氛围，协调《常德日报》专版用于发布国防政策法规、常德籍官兵军功榜等；组织党政领导干部、青少年学生和民兵到抗战纪念设施、革命遗址、烈士陵园等地开展纪念活动，促进形成全民关心支持国防和军队建设的浓厚氛围。

【正规抓建】 2021年，军分区认真贯彻依法从严治军要求，坚持常态长效抓落实打基础。持续深化省军区试点成果，从军分区机关抓起严起，军地互动、上下联动、先进带动，务实抓规范、精细刻样板、立起好样子，推进两级军事机关战备建设水平、军事训练质效、工作运行状态、综合保障条

件全面提升，营院面貌、整体形象焕然一新。推进正规化建设向新兴园区延伸，全面规范基础建设、干部队伍、工作流程和制度机制。坚持以正规化抓建牵引安全管理工作落实，高度重视汲取经验教训，盯紧安全管理17个重点要素，常态落实月检查、季讲评制度。持续开展“学法规、用法规、守法规”和“百日安全”活动，毫不放松抓好常态化疫情防控，聚力严规范、合力抓经常、强力压责任，安全稳定基础更加牢固。

【服务保障】 2021年，常德市军地联合设立拥军关爱金，奖励补助常德籍现役官兵、优秀民兵以及特困现役官兵家庭；开展“我为群众办实事”活动，联合常德市第一人民医院开展“关爱人民子弟兵、健康服务进军营”活动，常态组织“您在前线打胜仗、家中事情交给我”“走边关、联基层、暖兵心”系列活动，积极协调解决驻常德部队和常德籍官兵及家属遇到的矛盾困难，为常德“暖军之城”持续赋予新内涵。

【举办民兵党史知识竞赛暨主题故事会】 6月28日，常德市“民兵大学习、奋斗新时代”第四季活动——庆祝中国共产党成立100周年民兵党史知识竞赛暨主题故事会在武陵区全民健身服务中心举行，军地领导和民兵参与。武陵区、安乡县、桃源县分获知识竞赛团体一、二、三等奖。鼎城区、武陵区、临澧县分获故事会一、二、三等奖。

【首届拥军关爱金发放仪式】 9月16日，常德军地联合举办首届拥军关爱金发放仪式，为优秀民兵、卫国戍边、励志奉献、精武强军四类人员颁发关爱金。该活动被《中国国防报》头版头条报道。

（黄俊琪）

驻常德某预备役部队

【概况】 2021年，常德预备役留守工作组在原团队基础上，紧盯建军百年目标，着眼转型建设发展，坚持维护核心铸忠魂、聚焦练兵备战谋打赢、听令调整整编促转型，夯实基层基础固根基、贯彻全面从严正风气，各项工作有序展开、稳步推进。

【聚焦改革】 2021年，留守工作组主动适应改革转型要求，始终坚持工作重心不动摇。深化准备，组织精干力量形成专班，开展研究，梳理知识汇编；5月，集中组织各级方案修订对接，完善更新设施，组织人员现地勘察防汛点位，确保方案操作可行；按照突出重点、分级抓建的标准，抓好首批“一队多用、一专多能”应急救援力量建设，组织应急分队骨干集训，结合节日战备等重点敏感时段，常态化落实应急演练，提升应急处突能力。坚持按纲施训，采取统筹训练任务、分区分级组训、依托平台自训等方式训练；落实训练课目，完成岗位等级考评训练及考核；完成森林灭火、抗洪抢险等多个课目训练及考核；依托网络学习室开展职业教育学习，完成基础设施建设，训练保障水平有效提升。改进作风、按纲抓建，落实上级抓建基层计划，以提升建设层次为基本目标，积极作为、持续用力，基层建设水平不断攀升。着力推动作风转变，在清理整治中深入查找问题、扎实排查整改。深入学习贯彻相关条例规定，提升各级组织按章运转层次，提升自抓自建水平。着力解决现实困难，制定为基层办实事计划。

【综合保障】 2021年，留守工作组紧紧围绕工作实际需求，全面抓好保障工作落实，努力提升保障质效。着眼保障需求，围绕主责主业编制2021年度经费预算；根据任务需求，重点开展维修整治工作；根据防汛任务需求，做好检修保养。持续做好疫情防控工作，动态了解阶段疫情，精准掌握防控指示，严格按疫情防控标准落实重要场所消毒、每日防疫情况统计上报等工作。

（陈俊华）

人民防空

【概况】 2021年，常德市人民防空（以下简称市人防工作）工作重点抓好省人防相关会议精神落实，形成齐抓共管合力。完成人防建设“十四五”规划编制，提出18项重点任务和目标措施，组织逐步实施。

【人防工程项目建设】 2021年，市人防工作先后启动市人防专业队训练基地改扩建工程、人防视频会议系统、警报网络等重点项目建设，保持人防规费征收和地下人防工程建设的平稳态势。

【人防工程质量安全监督管理】 2021年，市人防工作严把五方责任主体责任，落实台账跟踪管理，加大不合格工程整改力度，进一步提升人防工程质量。建立安全生产督查检查台账、安全隐患治理台账，结合全市人防工程维护使用管理专项清查治理行动，坚持一月一巡查、一季一督导，重点督导检查企业落实主体责任、人防工程施工现场安全管理、早期人防工程突发地质灾害防范、人防工程审批、消防安全管理五个方面情况。通过常态化巡查检查，全市人防领域安全生产工作保持良好态势，未发生一起安全生产事故。

【人防训练演练】 2021年，市人防工作坚持以战领训、实战实训，扎实做好通信训练及战备执勤训练，认真组织开展准军事化训练和联合指挥演练。组织全市各区县市人防专业队伍集中开展轮训，完成所有区县市轮训任务。切实抓好每周市带县、每月省带市州的战备值班值勤工作。完成湘雅常德医院平战转换行动演练，人防专业队伍在实践中得到有效锻炼。

【指挥通信体系建设】 2021年，常德市在警报通信建设规划的基础上进行全面摸底排查，及时调整不合理、不规范点位，完成电视数字分控中心和广播数字分控中心升级改造。加快县级地面应急指挥中心建设，安乡县、鼎城区完成土建工程，汉寿县启动土建工作，其余区县市正在抓紧开展土建前期工作，力争在“十四五”规划期间全面完成建设。

（吴荣衡）

交通·邮政·通信·电网

交通运输管理

【概况】 2021年，全市未发生一起较大以上交通运输安全生产责任事故，交通建设稳步推进，工作成效明显。市交通运输综合行政执法支队陈志刚获评“全国脱贫攻坚先进个人”，个体货车司机龙兵获评全国“感动交通十大人物”，石门县交通运输局和临澧县交通运输局杨少伟分别获评“全国交通运输脱贫攻坚成绩突出的集体和个人”。另有35个集体、43名个人获市厅级以上表彰。

交通建设投资。全年完成固定资产投资达119.76亿元，同比增长33.9%。安慈高速全线建成通车，益常高速复线进场施工，官新高速、炉慈高速、石澧航道、常鲇航道等重点工程进展顺利。新改建干线公路71千米，沅澧干线1号大道张公庙至太平公路临澧段、2号大道澧县段1标、S311桃源火车站至龙潭、G353石门火车站至新关樟木渡等公路和安乡张九台大桥建成通车。S522石门县潘坪至南北镇、安乡县三岔河至黄山头等公路和安乡县马坡湖大桥开工建设。常德港“晋级”全国36个内河主要港口，《常德港总体规划（2035年）》正待部省联合批复，成功引进深圳盐田港集团并成立合资公司开展实质合作，津市港区二期散货码头开工建设。874千米国省干线、3200千米农村公路、497千米航道整治工程、29个客货运站场项目列入省“十四五”交通运输发展规划项目库，石桃、沙安等高速公路有望进入全省高速公路专项规划。争取国省补助资金16.27亿元，占年计划的162.73%，交通财源建设工作任务圆满完成，交通债务风险平稳可控。

交通运输服务。国家“公交都市”建设示范工程各项指标全面完成，常德作为全省唯一代表接受验收获部专家组一致好评。建成旅游资源产业路316千米、乡乡通三级路19千米，实施生命安全防护工程653千米，改造干线公路危桥20座、农村公路危桥69座，整治交叉路口交通隐患点246处。开通学生定制公交27条、企业定制通勤公交15条，受惠学生、企业职工超5000余人。在全省率先开通“95128”约车热线，协调曹操出行、滴滴出行公司增设“一键叫车”功能，有效解决老人和非智能机用户“打车难”问题。大力推进“提前预约、集中检验、上门服务、便捷办证”船舶检验新模式，全年累计上门无偿检验船舶1560艘，服务群众6024人次。全面实施船舶生活垃圾免费接收，全市组建5家船舶污染物接收公司，累计免费接收船舶生活垃圾33.86吨、生活污水1390.79立方米、含油污水123.8立方米、残油废油12.68立方米，水污染防治目标任务全面完成。道路运输从业资格高频服务事项实现“跨省通办”，全年共完成“跨省通办”网上办件612件，受理率、办结率100%；新增8家道路运输从业资格培训机构，2800余名驾驶员实现“就近报名、就近培训、就近考核”。率先在全省推行轻微违法行为首查免罚制度，列出17种轻微违法行为清单，累计查处各类违法违规行为642起，其中符合轻微违法行为实行首查免罚85次，减轻处罚74次。积极推动高速公路服务区服务提质，协调完成安乡、太子庙服务区提质改造，全市服务区停车秩序、环境卫生、餐饮服务不断改善。

安全生产管理。全市未发生一

起较大以上交通运输安全生产责任事故，道路运输事故总数、死亡人数同比分别下降25.93%、25.58%，平安建设、安全生产获评全市先进。开展安全生产督导检查1160余次，立案调查8028起，责令停产停业74家，暂扣或者吊销许可证照298个，取缔关闭生产经营单位53处，曝光典型案例7例，曝光重大安全隐患6起，曝光执法典型案例40例。道路运输企业安全生产标准化建设全面达标，“两员”（企业主要负责人和安全生产管理人员）安全考核位居全省前列。“集中攻坚年”行动、交通问题顽瘴痼疾整治、“强执法防事故”、交通运输“隐患清零”持续推进，全年整改隐患问题6891处。危险化学品道路运输安全集中整治深入开展，清理注销危货运输企业1家、危货运输挂靠车辆175台。拆解取缔“三无船舶”106艘，整治改造渡口121处，引导退出小散码头9处。铁路安全环境集中整治任务全面完成，牵头整治铁路沿线安全隐患169处，完成铁路人行便道建设7处，“双段长”制全面落实。全市1211台危货运输车辆智能终端系统安装全到位，4472台“两客一危”（旅游的包车、三类以上班线客车和运输危险化学品、烟花爆竹、民用爆炸品质道路专用车辆）车辆智能监管和53处重点渡口视频监控全覆盖。公路治超不停车检测系统加快建设，非现场查处超限超载车辆1757台次，公路治超工作稳居全省第一方阵。

交通行业治理。机构改革稳步推进。市本级交通运输综合行政执法改革基本到位，高速公路路政执法、省管干线航道航政执法等省级执法事项得到有效承接，鼎城区、安乡县后来居上，高水平完成交通运输综合行政执法体制改革，交通运输综合行政执法体制机制日益完善。政务服务成效明显。深入推进“放管服”改革，一、二、三类道路班线客运车辆道路运输证配发权限全部下放至县市区；“三集中三到位”改革基本完成，企业群众办事实现“只进一扇门”“最多跑一次”；市政务服务一体化平台应用各项指标全部达标；交通政务综合窗口年办件1.8万余件，获评“市级文明窗口单位”，政务服务综合考评进入全省全市第一方阵。法治交通加快建设。交通运输执法领域突出问题专项整治行动积极推进，执法队伍中5类突出问题得到有效整改；全面推行行政执法公示、执法全过程记录、执法决定说明理由和重大执法决定法制审核制度，全年未发生一起行应诉案件和行政复议案件，也未发生一起公路水上“三乱”（乱设站卡、乱罚款、乱收费的行为）案件、执法投诉及媒体曝光事件；“八五”普法积极推进。

【盐田港常德项目】 2020年11月4日，常德市政府与盐田港集团正式签订《常德港战略合作框架协议》。经过多次多轮艰苦磋商，常德市政府与深圳盐田港股份公司于2021年11月10日正式签订《常德港合作协议》，并在常德港德山港区举行签约仪式和合资公司盐田港港航发展（常德）公司的挂牌仪式，常德市与盐田港股份的合作正式进入新阶段。双方将以“一市一港一主体”原则，重点打造德山核心港区，优化提升津市港区、陬市港区，适时启动其他港区建设，逐步形成“一核两极六港区”的格局。力争2025年实现常德港货运年吞吐量达5000万吨以上，集装箱年吞吐量达10万标箱以上；到2035年，实现常德港货运年吞吐量达亿吨以上，集装箱年吞吐量达到50万标箱以上。实现“港、产、城”一体化，将常德港打造成绿色、智慧、安全的全国一流内河港口。

【安慈高速全线通车】 安慈高速公路是湖南省规划的“七纵九横三环”高速公路网的重要组成部分，线路全长121.311千米，途经安乡县、临澧县、澧县、津市市、石门县、慈利县6个县市，其中，石门县至慈利县段长38.5千米，设石门、苗市、慈利3个收费站。该项目是由中国铁建投资集团、中铁十五局、中铁十八局组成的联合体，负责项目的投融资、建设管理和运营维护。项目全线于2017年5月动工建设，2021年12月31日实现全线通车。

【张公庙澧水特大桥项目建设】 该项目位于当前张公庙大桥上游700米位置，是一号大道澧县张公庙至临澧太平公路的控制性工程，大桥起点位于澧县张公庙镇张公庙居委会，终点位于临澧县停弦渡镇关山村，桩号范围K3+150～K5+150，全长2千米，其中桥梁1394.04米、澧县段路基177.88米、临澧段路基425.08米。按一级公路标准建设，设计时速80千米/小时，路基宽度32米，采用沥青混凝土路面。大桥于2019年6月1日正式开工建设，主桥于2021年10月完成上部结构合龙。截至2021年年底，主桥、北引桥完成左幅防撞护栏及桥面铺装施工，正在进行右幅防撞护栏及桥面铺装施工。南引桥下部结构已完成，正在进行上部结构架梁施工，计划于2022年完工。

（余　杰）

公路建设养护

【概况】 2021年，常德市有国道4条，省道28条，国省干线管养总里程为2796千米，管养国省干线桥梁648座。市公路建设养护中心获“十三五”湖南省普通国省道和农村公路养护管理“双优”荣誉称号，安全生产零事故。

公路建设。编制申报2021年大中修计划，结合实际需求，积极向省厅争取计划，省厅下达2021年度大中修计划共58千米，其中，第一批28千米，第二批30千米。ATB（沥青混凝土碎石基层）新工艺。2021年，在常德市部分大中修项目中推广应用ATB密级配沥青柔性结构层。ATB结构层是首次施工，邀请省厅、省中心的专家到常德市提供技术指导。做好ATB新型结构层设计批复把关、技术指导和现场监督工作，确保新型结构层高质量完成。程序管理。根据交通运输局授权，对大中修项目基建程序实施全程监督，对施工图设计、招标文件评审、报监报建资料、交（竣）工验收等资料严格审查把关，做到资料齐全、程序到位。重点对路面结构层、施工方案、交通组织设计进行严格审查，从设计源头上保证项目质量。考核标准。年初制定《常德市普通国省道干线公路大中修工程管理考核办法（试行）》，严格按照考核办法和评分标准对全市普通国省道干线公路大中修工程进行督导、巡查和考核打分排名，对于获得一、二、三等奖的区县市，从市级干线公路大中修工程奖励基金中给予奖励，对未完成计划任务的按照相关要求进行处理。巡查力度。坚持深入施工现场，督促项目施工进度，督查工程质量和施工安全。大中修项目开工后，多次组织建设单位、施工单位、监理单位进行安全技术交底和培训，结合现场施工情况，制定相应的安全措施，做到责任到人。2021年，中心质安站共进行日常巡查61次，下达质量安全整改通知书4份，排查和消除质量安全隐患20余起，全年无一起安全生产责任事故。

公路养护。日常养护。2021年，常德市共完成清挖水沟9.8万米，清理路肩14.7万米，修复钢护栏735米，清除遮挡物37处。加大日常巡查与考核力度，开展季度巡查和不定期巡查，做到巡查必有通报、通报必有回复。据省厅反馈数据得知，常德市干线公路优良路率为94.9%。专项养护。2021年，完成水泥路面换板近6万平方米，清灌缝104万米，坑槽挖补2.8万平方米，沥青混凝土罩面1万平方米，预防性养护610千米，超额完成省中心年初下达预防性养护65千米的目标任务。应急抢险。因受降雨影响，常德市部分公路出现边坡坍塌、路基掏空甚至中断交通等情况。面对突发情况，中心第一时间上报交通阻断信息，并立即启动公路水毁抢修应急预案。2021年，完成雷家山灾毁公路恢复重建工程。危桥工作。2021年，常德市国省道危旧桥梁改造任务为15座，实际开工22座，完工21座，超额完成省厅下达的2021年养护工程目标任务。全面启动“十四五”规划危旧桥改造工作任务。路域环境。2021年，全市共清除非标710余块；拆除违章搭建棚屋31处；清除公路用地内堆积物431方，清除乱堆乱放470余处；收缴、销毁广告灯箱74块，遮挡、迁移垃圾点23处，取缔占路经营187处。更换489座桥梁块桥梁信息牌和限载标志。公路承灾体普查。按照省厅的工作时间推进表及公路承灾体普查数据审核要点对所有国省干线公路进行一次不留死角的全面普查，完成全市1321千米国省干线公路风险点的普查工作，上报普通公路风险隐患点119处。

公路安全。安全监管。推行领导分片包干负责制，安全生产领导小组成员经常深入生产一线进行督促检查，共深入一线检查指导129人次，查出安全隐患37处。专项行动。2021年，通过开展春运安全保畅、安全生产专项整治三年行动、桥隧安全专项整治行动、安全生产“隐患清零”专项整治行动、交通问题“顽瘴痼疾”集中整治行动、年末岁初“百日大会战”行动、安全生产月活动、消防培训及消防演练等活动，进一步打牢基础设施建设，优化安全环境。安全生产宣传。2021年，召开8次安全生产会议，组织安全培训，学习新《中华人民共和国安全生产法》等安全知识，并以“安全生产月”活动为契机，向广大市民发放《中华人民共和国安全生产法》《道路安全宣传单》《日常安全应急知识》《消防安全手册》等资料。通过悬挂宣传标语、制作宣传展板、显示屏、发放宣传单等多种形式进行广泛宣传，在网站上发布信息报道135篇。安全隐患整治。2021年，全市共排查出道路通行安全隐患741处，并全部整改销号。

【应急处置公路冰冻灾害】 1月28日，常德市出现连续降雪和低温天气，给公路安全通行带来严峻考验。全市公路系统干部放弃双休日，在1600余千米的干线公路上抗雪除冰防滑，24小时不间断轮岗，全力保障人民群众安全出行。截至1月30日，全市公路部门投入融雪剂（工业盐）671吨、防滑砂1446.2吨、编织袋6490个、装载机5台、平地机1台、多功能除雪（冰）车30辆、运输车8辆、撒布车4台、除雪板42块。同时进一步完善应急预案，成立应急队伍20支，总人数727人，确保全市国省干线公路的安全畅通。

（向　东）

道路运输管理

【概况】 2021年，常德市道路运输行业开展结合实际的“我为群众办实事”工作，确定高频服务事项跨省通办、推广道路客运电子客票、扩大“司机之家”覆盖范围、科学合理优化公交线路、危货车辆（运输危险化学品、烟花爆竹、民用爆炸物品的道路专用车辆）年审实行常态等5项“我为群众办实事”工作清单；积极组织开展“爱心送考”“爱心捐助”“爱心献血”“爱心义诊”等系列品牌活动；在全省率先开通“95128”老年人约车电话、便利老年人出行；带领企业在省运管局组织的第一届技能大赛暨2021年全省交通运输行业职业技能竞赛机动车驾驶教练员赛上实现省级技能大赛奖牌“零的突破”。

全面组织实施疫情防控常态化工作。完成中心在职干部疫苗接种任务；督导属地道路服务机构落实疫情常态化防控工作，督促落实企业主体责任和各岗位疫情防控责任，加强对客运车辆及冷链运输车辆疫情防控督导；组织全市4226名在岗公交车驾驶员和出租汽车驾驶员开展核酸检测和疫苗接种；通过车内显示屏和出租汽车监管平台及时发送疫情防控知识和语音提示；市城区公交车推行“实名乘车码”服务，坚决阻断疫情传播途径，全年未发生一起因道路运输站场、车辆、从业人员疫情传播事件。加强重点时段监测调度。7月底，紧急召开疫情防控工作调度会，做好疫情防控常态化防控向应急化防控转变相关工作协调部署工作；制定《常德市道路运输服务中心疫情防控工作方案》，做好市城区常德汽车总站、柳叶湖汽车站、常南汽车总站、城市公共交通等重点地段重点领域疫情防控相关督导；紧急组织完成市城区内公交车及出租车驾驶员二轮核酸检测工作，未发生一起道路运输疫情扩散案例。

【道路运输安全】 安全“隐患清零”。接受上级交办隐患171个，检查发现安全隐患197个，交办合计368个，累计销号363个，停班处罚车辆84台，罚款处罚运输企业27家，处罚金额8.9万余元，下发安全整改交办函93份。专项整治三年行动。制定《常德市危险货物道路运输安全集中整治工作实施方案》，清理长期异地经营车辆121台，清理注销1家危货企业，清理注销175台危货运输挂靠车辆，入企业督导检查26次，共发现问题88起，通报交办15次。“顽瘴痼疾”专项整治。制定2021年市道路运输行业《交通问题顽瘴痼疾集中整治行动方案》，强调“两客”（从事旅游的包车、三类以上班线客车）车辆上线率、督办率等硬性考核指标；加强对重点顽疾的整治，淘汰12辆57座以上大客车，下发12份交办函并整改落实到位。

“两员”安全考核。组织4批道路运输企业“两员”安全考核工作。2021年，全市道运运输企业取得道路运输企业“两员”安全考核合格证的人员有786人，合格人数全省排名第二。

【公交客运管理】 推进“公交都市”创建。全面提升公交车运营效率，发车准点率达98%，趟次完成率达99.5%，移动支付乘车率达70%以上。完成7个驾驶员驿站的建设并投入使用，初步完成5路公交智慧线改造，督促并配合公交场站PPP项目扫尾工作。柳叶湖站、鼎城首末站、皂果站投入使用。优化公交线网。延伸Y35线路至东靳驮片区，连接柳叶湖东区和罗湾线路。新增斗姆湖街道至市城区公交线路。开通常德芷兰学校、常德市六中、常德外国语学校、常德市第一中学、江南中学5所学校共计16条学生定制公交专线。开通7家企业单位（好润佳超市、纺机、海利化工、天马电器、德海制药、德电、华南厂）18条通勤专线。

【出租车、网约车管理】 开展出租车服务质量再提升行动。组织从业资格考试13期，组织开展岗前教育培训10期，累计培训148人次；累计对457辆违规巡游车进行考核扣分，移交市交通执法支队处罚驾驶员57名；启用巡游车车身新颜色，研究制定新的巡游车车身颜色和顶灯方案，助力打造“桃花源里的城市”；出租汽车服务投诉率下降20%，市民出行品质不断提升。加强网约车平台管理。网约车平台企业、车辆和驾驶员全面纳入日常管理，与巡游车日常管理工作同要求、同检查、同考核。参与对网约车平台公司的“双随机、一公开”（在监管过程中随机抽取检查对象，随机选派执法检查人员，抽查情况及查处结果及时向社会公开）检查，约谈“曹操专车”平台、滴滴出行办事处，“花小猪”打车平台。联合市消防救援支队、市交警支队开展消防安全应急演练和“122”交通安全日宣传活动。

【公路客运管理】 春运出行。从1月17日开始至2月25日，共计40天，受疫情影响全市客运量大幅度下降，同期相比客运量下降34%，共投入客运车辆2756辆，完成道路客运量137万人次，未发生一起较大以上道路运输责任事故，严重投诉事故以及旅客滞留事件，并获评“2021年全省道路春运工作先进单位”。完成许可前置。积极推动“新客规”实施落地，精简流程提高效率，容缺受理行政许可前置工作，全年共受理许可办件200余件，办结率100%。旅游（包车）备案审核。备案审核人员采取全天候模式，全年审核包车牌8000余趟次。行业安全监管。加强旅游客运市场安全监管，落实旅游运输企业安全生产主体责任，对全市旅游客运企业进行全面细致的安全隐患排查不少于12次，指导客运站抓好安全风险防范，深入排查隐患，确保客运站“三不进站、六不出站”制度落实。

【货运市场管理】 危险货物道路运输安全监管系统和电子运单的应用。2021年度，常德市获湖南省危货监管平台考核中排名第一名，电子运单填报率达83%。危货运输车辆“联网联控”数据管控。每日通过微信群通报违规数据，每月对全市危货运输公司和车辆智能终端数据进行排名，对数据排名靠后的企业通过警示约谈、限制新增（更新）车辆等方式，要求企业对重点违规车辆驾驶人，加大教育和管理力度，并督促企业进一步落实好企业安全生产主体责任。异地经营危货运输车辆摸排清理。通过查询全国重点车辆监管平台，共查询到83台市城区疑似异地经营车辆，按照市局要求，对违规车辆所属企业进行约谈，责令其限期整改。2020年度货运企业和货运站场质量信誉考核。共评定普货AAA级企业5家，AA级企业229家，A级企业24家，待整改企业19家。危货AAA级企业3家，AA级企业17家，一家非经营性危货运输企业（湖南金固力油墨涂料有限公司）未参与考核，一级货运站场1家。

【维修市场管理】 汽车排放维修治理站（M站）建设。加强机动车排放污染维修治理工作，规范维修服务流程，严格按照维修标准，检验程序进行维修操作，建立健全维修档案，保证车辆维修质量。更好落实《常德市机动车排放污染治理企业（M站）管理制度》，中心机动车维修及车辆技术服务部和相关属地道路运输服务机构并邀请常德市机动车维修行业协会对常德市有机动车排放污染维修治理资质的M站企业开展机动车尾气维修治理的检查，并向M站企业反馈检查情况和存在的问题，提出整改意见。汽车维修电子健康档案系统建设。实行档案电子化管理，鼓励维修企业信息化升级，做好企业ERP软件与汽车维修电子健康档案系统对接；系统对接情况、维修数据上传情况等纳入企业质量信誉考核和诚信企业推荐考核内容；探索开展行业数字化监管，完善行业信用管理体系，定期向社会通报查处违规经营、调解维修纠纷和上传数据信息等情况。

2021年11月25日，常德市“95128”出租车约车热线启动　（王　玲 摄）

【驾培市场管理】 新增8家道路客货运运输从业资格培训机构。全市新增武陵区政德、鼎城区东风、汉寿县湘煜、桃源县欣源、澧县永安、澧县绿鹰、经开区金鞍和石门跃云8家道路运输货运考核点从业资格培训机构，运行情况良好。实施道路货物运输驾驶员从业资格考试制度改革新规。全年共考试各类从业资格申请人员3057人次。进一步理顺从业资格证核发流程，在审核服务、考试考务、资料整理等环节做好服务，建立规范便民的换证、补证及超期换证工作程序；进一步推进线上服务，对道路货物运输驾驶员计时培训以及从业资格证发放全面实行网上全流程试运行管理，完善线上基础资料，上报专职录入人员，开通相应板块；进一步规范网上诚信考核流程环节及道路货物运输驾驶员计时培训发证；进一步推进危险货物运输人员从业资格分类细化工作，完成危险货物运输人员从业资格分类细化专项报名及考试14期，受理报名人员761名。

【常德市“95128”约车热线开通】 11月25日，常德市“95128”出租车约车热线启动仪式在市交通运输局举行。副市长汤祚国出席，市交通运输局党组书记、局长龚霞波致辞。常德市道路运输服务中心、市交通运输综合行政执法支队、滴滴出行科技有限公司相关负责人，市城区出租汽车企业、个体经营者及40名巡游车驾驶员代表参加。“95128”是交通运输部推广的全国统一出租汽车电召服务号码，也是市政府积极打造智慧城市和实现民生交通的社会公益性惠民项目，向乘客提供24小时电话约车服务。常德市“95128”约车热线由常德市交通运输局、国交信息股份有限公司、滴滴出行联合实施，在省内率先成功开通，且针对60岁以上实名认证的老年人优先代叫车。

（王　玲）

民航运输

【概况】 2021年，常德桃花源机场共完成旅客吞吐量100.8万人次，同比增长4.35%；运输起降10535架次，同比减少0.26%；货邮吞吐量458.7吨，同比减少12.7%。其中旅客吞吐量在全国机场（不含港澳台）中排名第94位。优化时刻资源，恢复青岛、贵阳、郑州3个航点，新增三亚1个航点，加密上海虹桥、昆明、南宁等航线航班，执飞航线16条，周航班持续保持240架次以上，全年机场航班放行正常率为90.35%。深化与通航企业合作，发挥净空良好的优势条件，积极保障通航训练飞行，运输航空训练飞行及其他飞行将近5万架次。

疫情防控。成立疫情防控专班，压实主体责任，实行24小时值班值守，制定《常德桃花源机场个人防护标准指引》《常德桃花源机场应对新冠肺炎内部疫情应急预案》等规范性文件，将驻场、外包单位纳入机场联防机制，将“保机场、保员工”作为首要政治任务，全年累计开展核酸检测共计21604人次，包含驻场及外包单位在内的员工新冠疫苗接种率达98.9%。不断完善与政府、医疗部门等相关单位联防联控机制建设，增加沟通联系频次，落实测温验码、闭环转运等工作要求。邀请市疾控中心人员对员工开展疫情防控知识培训，组织学习《运输机场疫情防控技术指南》（第八版）等防控政策，严格员工个人防护标准与外出审批程序，督促员工做好每日健康申报，持续做到国内防疫“零差错”、涉外防疫“零失误”、员工防疫“零感染”，为中南地区“空中门户”筑起坚固的安全防线。

安全生产。始终把安全工作放在首位，签订个性化安全生产责任书，建立三级绩效指标体系，开展新《中华人民共和国安全生产法》宣贯学习培训与考核，抓好安全生产专项整治三年行动集中攻坚，开展法定自查、消防安全检查等专项活动，分公司隐患库收录的238条隐患已完成226项，整改完成率达94.96%。修订完善安全管理人员作风建设和安全从业人员作风建设负面清单712条，开展全员作风建设谈心谈话、作风建设微视频制作，组织开展“三个敬畏”主题征文活动和主题演讲比赛。制定《常德桃花源机场师徒结对活动方案》，组织开展“服务明星”“岗位能手”“优秀班组”评选活动。共有3个班组荣获集团公司优秀班组，1人获得集团“岗位能手”第二名，“常德桃花源机场民航及通航混合运行管理”项目获得湖南省首届优质服务大赛暨创新成果发布评比二等奖。制定下发《常德桃花源机场2021年度反恐安全工作方案》《关于常德桃花源机场大庆特护期疫情防控及安全保卫工作的补充通知》等文件，大庆期间被授予湖南机场地区庆祝中国共产党成立100周年安保维稳工作先进单位。2021年度，“平安民航”工作考核获得辖区内民用运输机场第三名。

提升服务品质。积极打造“常来常往”旅客服务与“温馨”安检通道等服务品牌，其中“常来常往”旅客服务品牌分别荣获湖南省首届优质服务大赛暨创新成果发布评比一等奖、常德市首届品牌故事大赛三等奖。结合“我为旅客办实事”活动，升级安检、客服等岗位服务举措。航班正点率进一步提高，全年没有出现因地面保障原因造成的航班延误。专设特殊旅客爱心专座、设立便民服务箱、推行行李快速赔付等十余项走心举措。

应急管理。建立健全应急管理工作领导小组，完善应急救援指挥中心和应急管理办公室人员配置，明确机构及人员工作职责，制定《常德桃花源机场应急管理规定》，充分发挥组织协调、统筹管理、应急值守、信息报送等工作规定及流程，积极做好民航突发事件的处置准备工作。全年共修订各类应急预案7次、开展应急救援培训和应急演练71次，其中大型综合演练6次。

2021年8月5日，常德机场全力守牢“空中门户”　　（桃花源机场 供图）

【打造“常来常往”旅客服务品牌】 机场推出32项为旅客办实事

举措，切实提升服务品质，打造“常来常往”旅客服务品牌，让旅客出行更顺心。为出行旅客推出便民服务箱；晚上出租车、公交车停运后，为乘坐最晚航班到达的旅客提供大巴服务，解决旅客返程交通难题；为航延旅客提供食品保温袋和微波炉，让旅客出行更暖心；建立旅客遗失物品查询平台；与航司沟通优化赔付及报销流程，实现旅客托运行李箱损坏时的快速更换赔付；设置24小时全人工接听问询电话，随时为旅客出行答疑解惑。升级特殊旅客服务，设立老年人爱心服务柜台，为老年旅客提供值机办理、行李托运、陪护登机等一站式服务，通过制作“常来常往”爱心贴，在航站楼隔离区和摆渡车设立特殊旅客专座区和标识，提供爱心义诊和“舱门到车门”轮椅服务。在安检区域为残疾人配备义肢检查袋，为抱婴儿的旅客提供婴儿车，为老年过检旅客推出工作人员转身安检服务，过检时旅客可全程照看随身行李，全力打造更具人文关怀的出行环境。2021年，机场共服务特殊旅客3000余人次。

【开展警戒防护联合行动演练】 5月14日，常德市鼎城区在桃花源机场开展警戒防护联合行动演练，区人武部、区消防救援大队、区公安局、区人防办等9家单位200余人，分为警戒巡逻队、特情处置组等10个组分别进行演练，演练模拟歹徒冲击关卡、爆炸物处置、油库区遭袭三种情况。

（胡　宾　钱丽冰）

铁路运输

【概况】 2021年，常德火车站在广铁集团公司、长沙车务段的正确领导下，在地方政府的大力支持下，加强领导、精心组织、合理安排、内强素质，外塑形象，全心全意为旅客提供优质服务，全面继续做好疫情防控工作。常德火车站被评为常德市2021年度春运先进单位，车站李静、青锦被评为常德市2021年度春运先进个人。2021年，受新冠肺炎疫情影响，常德火车站共计完成运输进款1.89亿元，其中发送旅客共255万人，同比运输进款增长10%，发送旅客增长4.7%。

疫情防控。落实好集团公司、市政府疫情防控要求，确保测温设备正常运行，做好进出站人员测温工作。进出站口均存放《发热旅客跟踪信息表》及《入境旅客转运信息记录表》，如若车站测温发现或是列车移交下发热旅客，按照集团公司所发《新型冠状病毒感染的肺炎疫情防控应急预案（试行）》（广铁劳卫函〔2021〕50号）及相关文电规定，做好疫情防控应急处理工作并将其登记在册备查，做好发热旅客处置工作及入境旅客转运工作。如若发现红、黄码旅客，及时联系相关转运人员将其转运离站。根据集团公司及车务段下发相关补充文件，按照指引现场作业人员佩戴好N95口罩、医用面罩、一次性医用手套，每周三次核酸检测，做好一体化管理及职工个人防护工作，确保一体化人员及职工的健康监测与管理。根据防控办〔2021〕55号通话记录要求，重点强化保洁人员作业管理和垃圾处置管理工作。按照指引做好车站消毒、通风工作，特别是加强对把手、扶手和座椅、电梯等重点区域进行消毒。

完善整章建制。确保车站安全有章可循、有序可控，加强完善整章建制，并制定应急预案，做好应急准备。制定各项工作应急预案、方案及作业指导书的更新。为落实校方责任，防范安全风险，11月开展为期一个月的“消防安全责任广铁行”安全活动。根据不同时期要求，不断完善安全管理制度，认真修订并及时更新春运、节假日、新老兵运输方案，乘降组织安全措施及安全专项活动方案，疫情防控应急处置方案，修订各岗位作业指导书等。根据集团公司及车务段要求开展制定各项百日攻关活动方案、防寒过冬除冰扫雪预案、各季度调

2021年10月1日，常德火车站“小柳树”志愿服务队共青团员开展国庆黄金周志愿服务活动

（万文英　谢莹瑾　摄）

图运输组织方案等。为加强现场作业标准化规范化，明确安检岗位巡视检查、音视频回放检查等管理办法，强化安全生产责任制、逐级负责制、责任追究制、干部值班制的建设。做好应急人员准备。车站与供电、工务、电务等铁路单位联合成立设备设施应急抢险队，按应急方案配备相关值班人员，确保能在接到抢险任务后第一时间赶到现场开展抢修作业；组建以党、团员为主的应急突击队，作为车站发生大批旅客滞留及其他突发群体事件时的应急力量，同时在暴雨、冰雪等恶劣天气时成立应急小分队，24小时待令，确保列车运行畅通有序。

开展服务提质。2021年度，大力开展各项服务提质评选、创优服务活动及业务学习及比武活动，并及时将集团、车务段所发相关文件下发至班组学习，认真落实“每月一考”“每班一学”“每天一问”的业务学习制度。车站管理班子积极将集团、车务段提出有关服务质量的相关规定落到实处，对于电台联控用语、接发列车作业标准、行车与广播室表册填记、客运安检工作执行能力、售票服务作业标准等岗位严格按规范化、标准化规定作业，在现场盯控方面下功夫，充分发挥值班站长、值班干部的盯控能力。开展工作自查，认真查漏补缺，严格查安全隐患问题，面对旅客投诉100%严肃整治，并展开问题分析及下发至班组学习改正。对于“两违”人员严格批评并经济考核，并开展分析会对其进行反思发言。对于自查及上级查出的问题积极整改，落实到责任人、整改措施及整改时间，是否整改到位等。建立分析总结机制。车站指定分管站长及专人负责监服务质量分析，督促服务质量问题的实时处理和办结，要求每起求助实行分析追踪落实制度，管理人员亲自上手，还原事件、分析落责、并提出有效实用的避免措施，同时做好岗位管控。

拓展营销。为切实树立经营理念，高度重视经营工作，做到“安全、经营、服务”齐抓并进。拓展营销工作，针对节假日、客流量高峰时期，结合不同时期的运输特点及客流情况及时增开窗口，自动售取票机及时更新系统，减少旅客排队办理业务的压力。开展对外营销宣传。利用车站服务品牌公众号“小柳树”加强与各界媒体的联系与协调，同时利用电子显示屏、广播宣传、公众号推文等渠道，将列车开行信息与最新消息及时传递给广大旅客。同时在过渡站房售票大厅安装信息服务显示屏，显示各类重要提示及公布投诉、建议电话，在验证口设立旅客服务中心并安装遗失物品显示屏，提供失物招领、广播寻人、候车、购票咨询等服务。参与常德市《市长热线》电台栏目，与广大旅客零距离沟通，线上线下解决旅客提出的疑问与建议。为积极响应集团公司及车务段增运创收活动，加大堵漏补收力度，到补收入节节攀升。

【开展“消防安全责任广铁行”活动】 11月，常德火车站组织开展为期一个月的“消防安全责任广铁行”安全活动，细化并完善应急预案。活动期间由“小柳树”青年志愿者们向旅客发放《站车消防安全宣传册》并通过张贴挂画及安全宣传标语来宣传。11月下旬，邀请湖南普消消防安全宣传服务中心教官为车站职工开展消防安全知识培训及现场扑灭火情的演练。

【常德火车站老站房主楼拆除】 9月27日19时30分，承载常德人民20多年旅行记忆的常德火车站既有站房主楼正式拆除。常德火车站既有站房拆除工作自9月16日开始，9月30日完成破碎、清理工作。常德火车站老站建成于1998年，运营23年。2021年7月20日零点，常德高铁枢纽站过渡站和过渡广场正式启用。过渡站房设置在常德高铁枢纽站北广场西侧地下停车库，卫生间、旅客座椅、标识牌等配套设施齐全，过渡广场则设置在北广场西侧，包含出租车场、社会车场、公交车场等设施。

（谢莹瑾）

海事与航运

【概况】 2021年，市水运事务中心获得“湖南省第一届职业技能大赛”优秀组织单位、湖南省水运系统中国共产党成立100周年朗诵比赛团体第一名、船舶船员技能比武团体二等奖等荣誉；贵树林获评全省交通运输行业十佳优秀船长、曹文辉获评全省十佳视频监控员，杨寅生获评全省十佳航道养护工。市水运事务中心地方航道所获得“全国工人先锋号”荣誉称号。

【项目建设】 2021年，常德港“晋级”全国36个内河主要港口，《常德港总体规划2035年》正待部省联合批复，成功引进深圳盐田港集团并成立合资公司开展实质合作，津市港区二期散货码头开工，497千米航道整治工程列入省“十四五”交通运输发展规划项目库。石澧航道、常鲇航道整治工程进展顺利推进；松虎航道、马凌航道、沅水桃源枢纽二线船闸建设前期工作加快推进，已完成常德经开区德山、桃源陬市、安乡长岭洲、鼎城蒿子港、津市窑坡渡、澧县戴家湾6个千吨级码头一期工程，并通过验收。

【水运污染防治】 全力做好船舶防污染工作，全市登记在册营运货船已全部加装船舶生活污水处理装

2021年6月17日，常德水上综合应急救援演习　（胡松健 摄）

置和油水分离器；组建5家船舶污染物接收公司，使用“船E行”系统对船舶污染物回收进行记录监管；完成对全市11处码头环保问题综合整治、验收和销号工作；完成33艘船舶岸电受电设施改造工作，持续推进水运绿色发展。

【水上应急救援】 6月17日，联合多部门开展水上应急救援演练，完成湖南省（常德·2021）应急救援综合演习任务，提升常德市水上交通突发事件应急处置能力。全年及时有效处置多起水上应急事件，避免事故发生。

【专项整治】 持续开展“隐患清零”“非法码头整治”和“船舶碰撞桥梁隐患治理”等9个专项行动。对全市130多个小散码头泊位实施清退、合并或取缔，共减少小散码头泊位近100个，取缔非法码头、渡口91处，促使港口规模化经营、科学化管理。引导退出港口企业12家，完成115个规范提升类渡口、19处码头和砂石集散中心整治任务，占任务比85%，其余将按规定时间完成，完成省级环保督查发现问题的整改销号工作。

【船舶检验】 开启“提前预约、集中检验、上门服务、便捷办证”和“远程视频检验”的船检新模式，深受群众认可。全年完成船舶检验总数1560艘，其中，预约集中检验78次、检验船舶1250艘，远程检验船舶56艘，为服务对象节约油料开支等约1020万元；为服务对象纾困解难47次，快捷办证163件。

【船员管理】 全年完成船舶报告系统注册审核214艘（注册通过128艘），船舶进出港口报告37330艘，船员培训495人次，完成各类查询1499艘次。

（陈吕乔）

邮政管理和经营

【概况】 2021年，全市全年邮政业业务收入和业务总量分别完成13.96亿元和15.11亿元，同比分别增长17.4%和24.1%；快递业务收入和业务量分别完成6.84亿元和0.68万件，同比分别增长44.1%和77.23%。

【关爱快递从业人员】 联合市人社局等相关部门成立新就业形态劳动者劳动保障权益领导小组，开展快递业从业人员合法权益保障专题调研，全力保障快递行业劳动者权益。持续开展暖蜂行动，联合市总工会、市交通邮政物流工会开展春节、“双十一”走访慰问邮政、顺丰、京东、申通、圆通、中通、韵达、百世、极兔9家企业550名快递员、16名家庭困难快递员，18名“爱心超市”特困快递员，累计发放慰问现金、物资20万元。推进快递从业人员职业技能培训“246”工程和快递工程技术人员职称评审工作，全年开展职业技能培训累计120人次，获批初级职称9人。

【“快递进村”和“快递进厂”】

2021年，“快递进村”纳入市政府市长工作报告。全市共有1513个建制村，快递覆盖行政村1366个，覆盖率90.28%，主要是采用邮乐购+快递双站点方式投送邮件，全年实现累计代投量14.93万件，累计代投收入11.76万元。积极引导中通分拨等具备条件的公司，引进大型电商，实现“仓配一体化”，开展入厂揽件业务，降低制造业企业运输成本，减少快递企业多次转运、分拣造成的成本浪费，实现降本增效。2021年，常德市“快递进厂”业务量超400万件，实现业务收入1800万余元，全市行业日均业务量22.41万件。

【县乡村三级物流体系建设】

“推进城乡客货邮融合一体化工作，统筹开展运邮结合，实现县乡村物流顺利流转”纳入2021年市政府系统推动重大决策部署落实任务清单，“统筹客运、货运、邮政、快递服务站点建设，完善县乡村物流配送网络”纳入2022年市政府市长工作报告。依靠地方政府部门政策支持，大力推进“县乡村”三级物流体系建设进程，常德市建成村级邮政服务站点1376个，配套建设高标准、全功能的市级电商公共服务中心1个，县级电商公共服务中心7个，乡镇级电商公共服务站44个。临澧县货客邮融合一体化纳入全国和全省“试点县”建设，安乡县纳入市政府客货邮融合试点县，鼎城区三级物流体系建设稳步推进中。

【产业组合发展】 “电商+农产品+快递”组合区域链取得重大突破，警邮合作、税邮合作全面推行，服务现代农业成效明显。全市警邮合作网点达到38个，办理业务274464笔；税邮合作网点117个，办理业务127846笔，累计完成59.47万元；办理医邮合作业务28800笔，政邮合作累计完成165.21万元。推动“快递+农产品”产业，培养石门柑橘、汉寿金丝皇菊、澧县葡萄、汉寿蔬菜等一县一品项目。2021年，京东、顺丰品牌设立澧县阳光玫瑰葡萄寄递冷链专线，畅通农产品上行通道，寄递量超20万件。邮政通过邮乐小店平台成立“石门振兴馆”作为石门柑橘的运营馆，实现产品销售额1256.8万元，其中通过线上销售932.5万元，帮扶贫困户135户，销售额149.52万元。

【邮政行业监管】 开展专项整治和法规宣贯活动，行业生态环保工作稳步推进。推动“2582”工程落实，开展检查52次，检查企业173家，至2021年年底，省内和省际循环中转袋使用率达到90%以上、45毫米及以下“瘦身胶带”封装达到100%，规定封装比例为81%，电商不再二次包装为95%，新设绿色回收装置77个，循环快递箱200个。发挥社会监督的力量，社会监督员全年共监督网点630个，走访邮政、快递用户2344人，提出有效问题3条，提出意见建议1条，企业共整改4条，有力地加强邮政企业、快递企业的社会监督。着力解决群众申诉反映突出问题，全年共受理申诉270起，有效申诉26起，群众满意度100%，为消费者挽回经济损失80933.5元。加强作业现场监管，切实发挥系统建设效能。全年通过信息化巡查发现问题108个。全年共检查快递企业、网点152个，下发责令整改通知18份、约谈企业4家、立案处罚5家。联合市禁毒委开展“禁毒百日专项行动”，查处寄递渠道涉毒案件4起，下发禁毒宣传海报1000份，组织寄递渠道禁毒培训120人次；联合市烟草部门开展“打击寄递渠道涉烟违法犯罪百日行动”，处理涉烟快件34起，查处香烟1114条；联合石门县委，由石门县市场监管、商务、交通等部门组成联合调研组，深入石门县快递企业调研末端网点违规收费问题。

（肖梦怡）

【邮政经营】 2021年，全市普遍服务网点乡镇覆盖率100%，四项基本业务（邮件寄递、邮政汇兑、邮政储蓄、邮政发行）100%开办。机要通信万无一失，实现连续31年质量全红。2021年，投入260多万元经费用于老旧网点的整修工作，新增新能源电动汽车22辆，电动三轮车32辆，更新建制村打卡投递PDA 425台，104个网点店招更换到位。建制村投递频次达标率控制在标准值评定95%以上，普服平信丢损率为0，给据邮件信息断点率为0.01‰。三级物流体系建设初见成效，常德市邮政分公司与常德欣运集团股份有限公司签署城乡客货邮融合发展战略合作协议。出台《2021年全市县乡村三级物流体系建设实施方案》，汉寿县作为全国示范县，已完成“县级中心+乡镇支局所+村级站点”建设。组织开展《庆祝中国共产党成立100周年纪念邮票首发》预定活动、中国共产党成立100周年集邮巡展活动、《学党史、跟党走，做新时代的接班人》主题征文活动等。2021年，对于所有重点乡镇网点增开7条二频次邮路，实现重点乡镇网点二进二出，恢复市内趟班特快邮件二频次邮路，增开两条常德——揽投部西区、东区自办邮路，提升特快邮件常德市城区传递速度。“双十一”（11月1—20日）期间，常德分公司日均处理量24.85万件，11月12日峰

2021年11月10日，“工会进万家・新就业形态劳动者温暖行动”服务月启动仪式在常德市邮政分公司9楼会议室举行。图为快递员代表杨威现场发言

（谭　令　摄）

值达到28.03万件，每天接卸车辆111台，发运车辆108台，确保旺季邮运生产平稳有序、高效、安全进行。11月10日，由常德市总工会主办，常德市交通邮政物流工会、中国邮政集团工会常德市委员会联合承办的常德市“工会进万家·新就业形态劳动者温暖行动”服务月启动仪式在常德市邮政分公司9楼会议室举行。12月21日，中国邮政集团常德市分公司与湖南常德欣运集团股份有限公司签署城乡客货邮融合发展战略合作协议。

（赵 青）

2021年6月17日，电信常德分公司西分局装维工程师技能比武现场

（曾雅麟 摄）

通信

【电信】 2021年，电信常德分公司年度综合评估获全省第三；获十三五“湖南省重点建设先进集体”称号；数字乡村建设获集团最佳组织奖；获评省公司业务战略解码评估第一；桃源、澧县分公司获得省公司战略业务单元称号；市分公司接入维护中心主任胡冰云被授予“湖南省劳动模范”荣誉称号并当选中国共产党湖南省第十二次代表大会代表；德山营销中心主任王启旺获“中国电信集团公司劳动模范”荣誉称号。2021年，完成收入认购指标的104.1%，同比增长12.75%。收入份额全省排名并列第一；移动用户过网份额、5G用户份额，均排名全省第一；（出账）宽带用户份额，全省排名第一。移动用户累计完成目标的85.9%，期末规模180万余户，全省排名第三；宽带用户期末规模70多万户，全省排名第三；多媒体电视用户完成目标的121.9%，期末规模70多万户，全省排名第二。2021年，推动以收入为核心的三责体系实质性突破，落实全流程运营改革。全市城市营业部版块收入平均增长10.96%，超过R0预算增长5.86个百分点。获省公司5G网络建设劳动竞赛集体一等奖、省公司网运工作评估一等奖。电信常德分公司落实通信扶贫政策，2021年，普遍服务项目新建21个4G基站，涉及20个行政村，网络覆盖率提升45%；在农村地区新建185个4G基站，网络覆盖率提升7.5%；承担市政府指定的4个乡镇振兴点4G建设任务，新建7个4G基站。2021年，累计投入振兴专项资金97.5万元，为解决帮扶村的基础建设引入资金538.5万元；公司在福利物资采购中消费扶贫资金51.7万元，发动员工捐款5.3万元为挂点乡村修路。推进智慧社区建设工作，以“智慧社区”电视产品为突破口，大力推广新版平安乡村2.0/智慧社区1.0项目，新增平安乡村项目9个、智慧社区项目8个，上线项目13个。疫情期间，为社区、防疫部门提供天翼云电脑、云监工、公用Wi-Fi、智能测温仪等设备。3月18日，电信常德分公司和常德市信息化服务行业协会共同举办的“5G+工业互联网交流暨云生态合作伙伴征集大会”在柳园锦江大酒店召开。全市信息化服务行业的135家企业、近200名代表出席。常德市天翼云生态资源库初步建立，现场60家企业签约成为常德分公司云生态合作伙伴。6月17—18日，组织开展以“为民服务解难题、以赛代训提能力”为主题的2021年维护服务技能竞赛。8月27日，由中国电信承建的常德市党政协同办公平台举行封盘仪式，系统正式运行。2022年1月27日，电信常德分公司承接的热线运营服务工作获得全省优秀热线称号，在全省热线综合排名第一。

（廖华国）

【移动通信】 2021年，中国移动通信集团湖南有限公司常德分公司（以下简称常德移动）提供不同档次“5G套餐+应用+权益”家庭融合礼包，一站式满足客户全屋Wi-Fi、智慧安防、大屏教育、权益共享等需求；打造“5G数字乡村”，推进乡村治理现代化；推出“5G智能测温”系统，为重点场所开展防疫排查、体温实时监测。武陵区三小、五小5G智慧校园、中联液压5G+工业互联网、恒安纸业5G+工业互联网等4个项目入选湖南省工信厅2021年5G典型应用场景。全年投资近5亿元，累计建成5G基站超过2000个，基本实现乡镇及以上区域连续覆盖，城区外重点场景及热点区域有效覆盖。全年新/扩建家庭宽带小区1700多个，新增端口10万余个，覆盖住户数16万余户，基本实现城区全覆盖，行政村通达率达到99.81%。家庭宽带上网质量、客户满意度保持行业领先。成立流调及疫情信息分析队伍，发送疫情预防提醒短信、新冠疫苗接种短信1000多万条，助力全市疫情防控工作。电信普遍服务专项投资2800多万元，完成100多个扶贫村4G网络建设。做好防汛和重大活动通信保障，完成常德市庆祝中国共产党成立100周年等重大活动通信和网络安全保障任务。

（王　曦）

【联合通信】　2021年，中国联通常德市分公司固定资产总值达14.7亿元，员工400余人，全年累计完成投资1.35亿元，全网用户远超过百万户。荣获“湖南联通先进市州分公司”荣誉称号。2021年，承接全市优秀改革案例展演、全市平安网格微信群智能应用培训会和常德市高速公路平安建设视频会等多项大型会议及活动的云服务。深度参与“雪亮工程”“智慧社区”“数字乡村”等“智慧常德”建设。运用“疫情防控健康信息展示系统”平台，实现对人员健康码集中监测与分析，帮助企业、社区、学校、各事业单位等第一时间发现红码、黄码等人员信息，并预警异常和采取针对性的精准联防联控措施。全年为超过100家单位部署平台，覆盖人群达到30万人以上，发送防疫短信331689条。2021年，聚焦5G、4G、传输网、千兆光网、客服接入工程五大板块，移动网络全年共完成571个5G基站、969个4G基站以及354栋楼宇室内覆盖建设；宽带网络共新建工程项目7期，完成72个新国标小区千兆网络接入，完成245个村组宽带网络通达。建设完成后移动网络人口覆盖率达99.07%，城区宽带网络覆盖率达96.52%。完成常德桃花源AAAAA级景区桃花节开幕仪式、汉寿万达广场开幕仪式、首届湖南都市文化旅游节、常德马拉松大赛、石门柑橘节、欢乐城二期开幕仪式等重大活动通信保障。

（李　佳）

【通信设施】　2021年中国铁塔股份有限公司常德市分公司（以下简称常德铁塔）设立财务部、综合部、通信发展部、运行维护部、行业拓展部和物业中心6个常设机构，区县设立城区大区、沅水大区、澧水大区、桃源大区共4个大区，其中城区大区下辖武陵办事处和临澧办事处；沅水大区下辖鼎城办事处、汉寿办事处、德山办事处；澧水大区下辖石门办事处、澧县办事处、安乡办事处、津市办事处；桃源大区下辖桃源办事处。常德铁塔拥有通信站址数共7174个，其中宏站6384座、微站470个、室分320个。2021年，协助运营商新建电信普惠站55个，累计为运营商12个5G新建站址共降低建设成本192.76万元；共承接全市7个区县渔政执法项目，有效推进禁捕退捕工作；根据常德市外卖热点图集中在餐饮业集中圈、商圈以及居民区等取送餐热点地区建设换电柜共计80台。全年完成偷盗电整治站址42站次，累计节省用电量22万千瓦时，节省电费15.2万元左右。全年共出动应急保障人员1708人次、保障车辆854台次、油机3513台次，圆满完成桃花源旅游节、石门柑橘节、端午节龙舟赛、全民趣味马拉松赛、全省重大项目集中开工等重大活动，以及2021年春节冰雪灾害、汛期雷雨灾害和抢险等重大自然灾害的应急保障工作。

（王　怡）

电网

【概况】　2021年，国网常德供电公司持续推进常德电网发展，结合常德市国土空间规划和产业发展，高质量编制常德电网“十四五”规划和常德市中心城区电力设施布局专项规划。推动“政企合作、共建电网”机制，常德电网投资规模连续两年排全省第二。加快重点电网项目建设进度，220千伏朱湖、报国输变电等23项工程顺利投运，新增变电容量111万千伏安、线路255千米。完善乡村振兴电力配套设施，完成9600万元配电网改造重点民生实事工程，涉及102个行政村配电网改造。

优化营商环境。全面落实《优化营商环境条例》，明确23条落地举措。结合“打造优势产业链三年计划”，针对性地优化电网规划、投资计划和服务措施，重点在常德经开区、高新区打造“开门接电示范区”。全面提升“获得电力”服务水平，高、低压客户办电环节分别压减至3个、2个工作日，平均接电时长分别压减至23.86天、1.11天。全力开展“转供电”清理，配合清退违规加价电费522万元，基本规范工商业终端价格。扩大低压“三零”政策执行范围，共优惠21514户，减免金额2453万元。清理规范供电收费，全面取消终端用户计量装置费用，每年减少客户办电成本约1900万元。聘请24名优化营商环境监督员，收集社会各界对电力工作的意见建议。

电力保供。完成度夏度冬、防汛抗旱、疫情防控等特殊时期，以及全市党代会、两会、国庆节等重要活动、重大节日的保电任务。2021年9月，电力供需紧张，按照“保民生、保安全、保重点”的原则，以及“先生活、后生产”“有保有压、区别对待”的要求，在政府主导下，先后开展7次需求响应和34轮次有序用电，未发生因电网环节受限而影响供电的情况以及负面舆情事件。

助力乡村振兴。制定2021年巩固拓展脱贫攻坚成果助力乡村振兴工作实施方案，成立乡村振兴工作领导小组。协同政府加快乡村电气化建设，重点打造全电养殖、茶（烟）叶加工、农作物电烘干等替代项目，协助鼎城区600余户农户实现甲鱼全电化养殖。持续延展光伏扶贫收益，结算支付率100%。推进深化消费和就业帮扶行动，消费帮扶89万元，面向脱贫户家庭考生定向招录培养供电服务职工14人。

服务“双碳”行动。立足本地和本行业，公司专题研究“双碳+电力”方案并积极建言，制定“双碳”建设实施方案，主导编制全市充电桩“十四五”规划。挖掘电力数据价值，从电力大数据分析研判常德优势产业链龙头企业经济，依托湖南能源大数据智慧平台，积极推进常德市能源大数据中心建设，推动纳入全市“双碳”试点示范项目。积极探索“新能源+储能”发展，在西洞庭投资建设终期规模10万千瓦储能站，服务220千伏涂家湖变电站接入新能源消纳。创新电力减碳项目，推动农村养殖、茶（烟）叶加工、烟草物流、资源共建共享、“5G+智能电网”新型场景应用。全年完成电能替代电量1.12亿度。建成投运直流充电桩168根。

服务群众。全面深入开展党史学习教育，将“为群众办实事”作为“人民电业为人民”企业宗旨的生动实践，经验做法分别在常德市和国家电网公司党史学习教育简报专题推介。深入落实新时代文明实践中心建设要求，建成1个实践分中心、2个实践站。公司培育湖南省重大先进典型石门壶瓶山供电所“电骡子”共产党员服务队，被中宣部、国务院国资委定为特殊公共服务、党史学习教育为民办实事典型，并在中央电视台、新华社多次报道。壶瓶山供电所获中宣部“全国学雷锋活动示范点”、中华全国总工会“全国工人先锋号”、中共中央“全国先进基层党组织”三块“国字号”奖牌。

【湖南常德郭家铺220千伏输变电工程投入运行】 4月10日12时55分，湖南常德郭家铺220千伏输变电工程顺利投产。该站位于常德市江南城区郭家铺街道阳明路和丰家湾路交叉口的东北角，为常德市鼎城区投运的第一座220千伏变电站。工程于2019年12月25日开工建设，历时16个月建成投运，该期建设主变压器2台容量共计480兆伏安，输电新建220千伏架空线路四回19千米，10千伏出线28回。该项目为国网常德供电公司建设管理的首座供电容量480兆伏安的220千伏变电站。工程建设采用绿色环保建设理念，使用全户内GIS（气体绝缘变电站），噪声小，较传统变电站节约城市占地，且与周边建筑协调一致。工程投运将常德江南城区供电能力提升2倍，有效满足该地区生活用电和工业用电的发展需求。该工程进一步调整和优化全市供电网络，为规划中的鼎城区110千伏临安变电站提供更优系统电源接入点，为服务常德沅江风光带、五月广场及周边地区开发、服务常德市江南城区发展，提供能源支撑和保障。

（周　军　马筱宏）

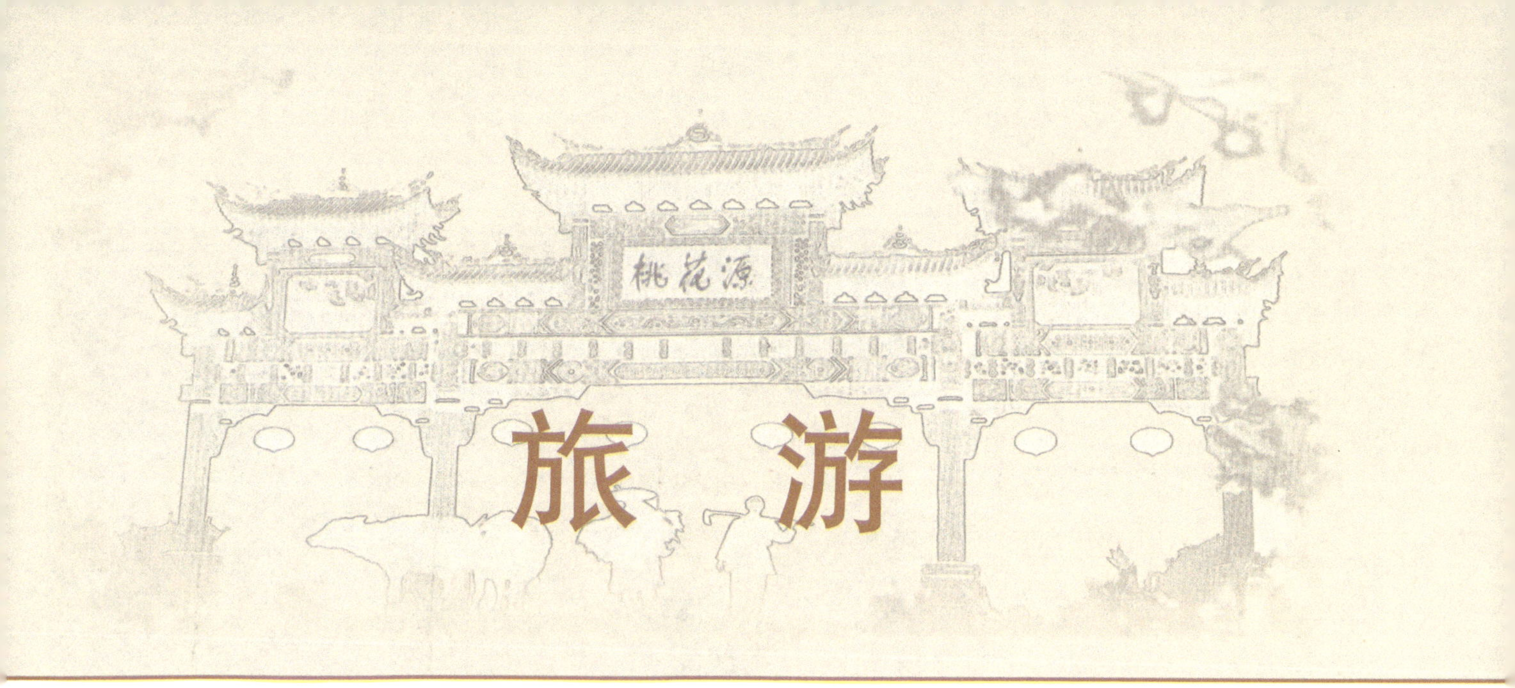

旅游

综述

【概况】 2021年，全市共接待旅游总人数3214.03万人次，同比增长0.77%；实现旅游总收入387.75亿元，同比增长9.26%。

文化和旅游融合。结合庆祝中国共产党成立100周年系列活动，做好红色旅游结合文章，红色旅游资源宣传取得良好效果。举办“颂党恩　跟党走”庆祝中国共产党成立100周年系列活动，做到红色旅游和文化艺术融合发展；建立常德市红色旅游建设项目库，推荐彭山景区、津市市红二军团指挥部等重点红色文化旅游项目申报省级旅游项目资金，给予汉益沅联区苏维埃政府旧址、林伯渠故居、颜昌颐旧居等重点红色旅游开发建设项目资金支持。整理汇编乡村中的党史故事和常德市重要红色景点讲解词，编写《常德红色旅游手册》，组织参加“学党史　颂伟业”湖南省红色旅游讲解员培训，向上申报全国红色旅游创意产品和红色旅游演艺创新作品。组团参加2021湖南文化旅游产业博览会，揽获“最佳组织奖”“最具人气奖”“最佳创新创意奖”三项大奖。桃源热市温泉项目在2021湖南文化旅游产业投融资大会路演。组织企业参加2021湖南文化旅游商品大赛，斩获1金2银4铜共7个大奖。组织桃花源旅游管理区桃花源镇、石门县壶瓶山镇参加2021湖南省特色文旅小镇建设现场工作推进会暨成果展，桃花源镇获得300万元奖补资金扶持。

【旅游行业管理】 切实强化旅游景区安全生产监管责任，全面落实安全生产和疫情防控等重点工作，推进旅游景区管理标准化、规范化。配合开展市A级景区复核工作，指导桃花源旅游区、卡乐星球、清水湖完成复核问题整改，取消河洑快乐谷、稻野寻湘、西洞庭湖、沅洲石雕艺术馆AAA级旅游景区质量等级。核查旅行社总社56家、分社3家，处理问题旅行社20家。完成对27家旅行社信誉等级评定，推荐汉寿康泰国际旅行社评定5星级旅行社。成立常德市旅游民宿等级评定指导委员会，调整市星级旅游饭店评定委员会成员，完成10家三星级旅游饭店、1家二星级旅游饭店复核工作，配合省星评委完成澧县瑞高酒店五星级评定性复核。彭山景区、城头山景区建成智慧导览系统，桃花源旅游区、卡乐星球、枫林花海等景区设置智能闸机，常德博物馆、常德市规划展示馆配备智能体温检测设备，实现游客免接触入园。组织市城区A级景区做好全国文明城市测评工作和国家卫生城市复审工作。推动复工复产，为旅游企业纾困减负，全年为10家旅行社办理服务质量保证金退款，合计提取质保金118万元。

（李　晴）

重点景区品牌创建

【概况】 2021年，常德河街成功创建国家级旅游休闲街区，津市市金鱼岭街道大关山村获评第三批全国乡村旅游重点村，石门县龙王洞景区成功创建国家AAAA级景区，西湖牧业景区通过国家AAAA级景区景观质量评定，丁玲纪念馆、开泰山旅游景区、德云旅游景区、神九堰旅游景区成功创建国家AAA级景区，桃源县沙坪镇赛阳村、临澧县佘市桥镇蒋家村、桃花源旅游管理区桃仙岭街道白麟洲村3个村获评湖南省乡村旅游重点村，鼎城区稻作源民俗文化村、桃源县百尼茶庵生态农庄、临澧县开泰山露营基地、津市市白衣庵生态旅游区4家单位被评为湖南省五星级乡村旅游区（点）。

常德河街

【常德河街成功创建国家级旅游休闲街区】　常德河街位于穿紫河东段，是以文化、旅游、商业为核心的特色文化街，由麻阳街、小河街、大河街三部分构成。作为常德地标性建筑之一，常德河街成为展示常德传统文化的重要窗口，也是市民休闲娱乐好去处。自2016年10月开街起，常德河街累计接待国内外游客约1500万人次。举办承接节假日大型活动60余场，参与人数达35万人次。每年举办的“非遗”展示会、欢乐闹元宵、中秋钵子宴、端午龙舟赛、百团大赛、农博会、常德市创业成果巡回展、世界杯乐堡啤酒音乐节等系列活动深受市民喜爱，其活动盛况多次登上央视荧屏，被全国多家媒体相继报道。2021年9月27日，常德河街被湖南省文化和旅游厅、湖南省发展和改革委员会确定为省级旅游休闲街区。2022年1月30日，文化和旅游部、国家发展改革委发布《文化和旅游部　国家发展改革委关于国家级旅游休闲街区名单的公告》（文旅资源发〔2022〕18号），公布首批国家级旅游休闲街区评审结果，全国55条街区获评，常德市柳叶湖区河街名列其中，成为湖南省2个获评街区之一。

【津市市金鱼岭街道大关山村获评全国乡村旅游重点村】　津市市金鱼岭街道大关山村历史文化悠久，民俗文化浓厚，是道教“第四十八福地”，有观景台、十二生肖广场、民俗文化展览馆、元帅井、许愿湖、环湖走廊、百步石阶、野外露宿营、樱花大道10个人文景观。村内有独具特色的果蔬产学研文创中心，可满足研学、亲子等活动需求，建设有观景台、元帅井、十二生肖广场等景点供游客参观游览，百亩大草坪养殖有观赏奶牛，可举行露营烧烤、篝火晚会等素质拓展活动。大关山村大力做好“旅游+”文章，整合社区特有乡土资源，充分利用社区田园风光和乡村民居的资源优势，结合当地自然条件和风俗文化，以四季节庆活动为主线打造节庆旅游活动，初步形成“春季蔬果采摘节、夏季啤酒音乐节、秋季农民丰收节、冬季荧光夜跑节”等大关山节庆旅游品牌。2019年，被评为湖南省五星级乡村旅游区（点）。2020年，被评为第二批湖南省乡村旅游重点村。2021年8月25日，大关山村被评为第三批全国乡村旅游重点村。

津市市金鱼岭街道大关山村

【石门县龙王洞景区创建国家AAAA级景区】　龙王洞景区位于石门县白云镇，距离石门县城35千米，洞名由徐向前元帅亲笔题写。据中国旅游地质科研所评估，龙王洞已经有6亿年历史，千姿百态的钟乳石至今仍在生长，是中国为数不多的活溶洞之一，洞中幽潭琴泉、珠滴琼帘、玉笋银幔、绚丽多姿，恍若水晶龙宫。为创建国家AAAA级景区，石门县成立龙王洞创国家AAAA级景区工作领导小组，县长任组长，县委、县政府领导多次召开现场工作调度会，解决矛盾问题，确保创建工作有效开展。投资约1亿元按AAAA级景区标准进行全面提质，主要建设内容为洞内灯光改造提质、景区绿化及景观打造、游客中心、集散广场、停车场、智慧旅游系统等。2021年12月27日，龙王洞景区成功创建为国家AAAA级旅游景区。

【中国·湖南汉寿野生动物世界试运行启动】　4月30日，由中共汉寿县委宣传部主办、县文旅广体局、县清水湖管理处承办的湖南汉寿野生动物世界试运行启动仪式开幕。湖南汉寿野生动物世界由湖南同发投资有限公司投资15亿元建设，占地面积约1.42平方千米，是常德市文旅康养重点项目。园内有东北虎、非洲狮、长颈鹿、黑天鹅等80多种、2000多头（羽）野生动物入驻，设计森林、草原、荒漠、河流、湖泊等原生态生存环境，共有自驾游览区、步行游览区、科普区、表演区、游禽区、旅游服务区等12个功能分区，后续将配套建设冰雪王国，入驻企鹅、北极熊等低温动物。湖南汉寿野生动物世界是全省第一家大型野生动物园，中南地区最大的、集动物展示与保护、科普教育和演艺文化于一体的大型综合性主题公园。

（宋国栋）

湖南汉寿野生动物世界　　（许仕明　供图）

旅游市场开发

【概况】　推进实施年度旅游品牌创建计划，全市资源开发与旅游统计工作会议顺利召开，旅游品牌创建专题培训实效明显。积极推进中商国能集团申创省级工业旅游示范点、丁玲纪念馆等申创AAA级及以上景区、市规划展示馆等申创省级文明风景旅游区、林伯渠故居等申创廉政建设示范性景区、城头山等申创平安景区等品牌创建工作。柳叶湖卡乐星球景区成功创建国家AAAA级旅游景区，石门县龙王洞景区接受省厅AAAA级景区暗访，西湖牧业景区通过AAAA级景区景观质量评定，常德河街成功创建国家级旅游休闲街区；丁玲纪念馆、开泰山旅游景区、德云旅游景区、神九堰旅游景区完成AAA级景区现场验收。兑现旅游品牌奖励资金近200万元。按照全域、全时的要求，推进旅游产品建设、旅游设施完善、旅游品牌创建、旅游线路打造等工作，形成城市休闲游、乡村体验游、红色研学游等同步发展的格局，澧县、津市市成功创建湖南省全域旅游示范区，建成常德画壁、丁玲故居等一批精品景区。在已有桃花源国家AAAAA级景区、柳叶湖国家级旅游度假区品牌的基础上，进一步增强旅游品牌的规模和数量，2021年全市新增国家AAAA级旅游景区1家，新增国家级乡村旅游重点村1个，省级乡村旅游重点村3个，省级五星级乡村旅游点4个。常德市成功入选文旅部“国家文化旅游消费试点城市”，常德河街成功入选首批“国家级旅游休闲街区”。全市各类旅游品牌达到130多个。投入近500万元，设置全域旅游交通标识标牌120多块，旅游景区标识指引系统更加科学、规范。开发设计4条城市精品旅游线路、6条红色旅游主题线路、5条乡村休闲旅游线路。

【全市资源开发与旅游统计工作会议】 5月14日，2021年全市旅游资源开发和旅游统计工作会议在湖南红烨红色文化园召开。各区县市文旅广体局分管负责人、相关股室负责人，全域旅游中心主要负责人，2021年申报创建旅游品牌单位代表参加会议。市文旅广体局党组副书记、副局长王陵书主持会议并讲话。会上，市文旅广体局资源开发与全域旅游推进科通报2020年品牌创建工作情况，部署全市旅游资源开发与旅游统计工作。各区县市文旅广体局、全域旅游中心负责人汇报2020年旅游资源开发、旅游统计工作情况和2021年工作计划。随后，部分品牌创建单位主要负责人介绍创建工作情况。

【“2021中国旅游日”常德旅游地接合作联盟成立】 5月19日，2021年“中国旅游日”常德主题活动暨常德旅游地接合作联盟成立仪式在柳叶湖旅游度假区常德河街鸳鸯走马楼举行。常德旅游地接合作联盟是由常德市柳叶湖旅游度假区管委会、桃花源旅游管理区管委会、市城发集团、市经投集团共同发起，常德市各类从事旅游接待服务工作的主要景区景点、旅游住宿以及市内外旅行社等相关单位自愿组成的行业协调协商组织。地接联盟的成立对维护常德旅游行业共同利益，提升行业服务品质，提高常德旅游产品市场竞争力，拉动常德文化旅游消费带来积极有效作用。成立仪式上，宣读《常德市文化旅游广电体育局关于成立常德旅游地接合作联盟的通知》，为常德旅游地接合作联盟秘书长吴萌颁发聘书；为桃花源景区、常德中旅、远观酒店3个联盟行业召集人单位授牌；为12个联盟常务理事单位授牌。桃花源景区、常德中旅、远观酒店3个联盟行业召集人单位的负责人，代表联盟全体成员单位现场签署《常德旅游地接合作联盟行业自律公约》。

【精品旅游线路】

线路一“浪漫常德，休闲之旅”（休闲游）

第一天：柳叶湖环湖风光带—体育生态园—常德河街—穿紫河游船—德国风情街—老西门—热市云顶温泉；

第二天：鼎城花岩溪—桃源夷望溪—桃源乌云界—桃花源白鳞洲（《向往的生活》）—桃花源旅游区（桃源山、桃花山、五柳湖、秦谷、秦溪）—《桃花源记》（大型溪流漫游实景演出）。

线路二“诗画常德，研学之旅”（文化游）

第一天：德山善德公园—中国常德画墙—中国常德诗墙—常德市博物馆—常德市规划展示馆—常德河街鸳鸯走马楼（常德“非遗”展演）—《常德记忆》风情灯光实景秀；

第二天：桃花源旅游区（天宁碑院、桃川书院、渊明祠、陋室、擂茶文化馆、桃源工艺博物馆）—桃花源桃川宫；

第三天：城头山景区—夹山景区（“茶禅一味”）。

线路三“红韵常德，传承之旅”（红色游）

第一天：常德抗日会战阵亡将士公墓—武陵红色文化陈列馆—东方红文博园—泰顺国防教育园—丁玲纪念馆—红烨红色文化园；

第二天：帅孟奇故居—翦伯赞故居—林伯渠故居—丁玲故居—王新法党性教育基地。

线路四“快乐常德，亲子之旅”（亲子游）

第一天：卡乐星球景区—欢乐水世界—柳叶湖沙滩公园—常德市科技馆—常德艾肯（I Can）梦想城儿童职业体验馆；

第二天：桃源枫林花海景区—临澧相如山庄—津市绿岛蓝湾。

线路五“生态常德，山水之旅”（生态游）

第一天：太阳山森林公园—柳叶湖太阳谷—柳叶湖郑太有机农场—草坪稻作源民俗文化村—十美堂鸟儿洲景区；

第二天：石门壶瓶山景区—澧县彭山景区—津市大关山景区—临澧福船景区—安乡仙桃景区—安乡玖源景区。

线路六“奋进常德，工业之旅”（工业游）

第一天：武陵酒业—德山酒业—金健米业—湘联木业；

第二天：西湖德人牧业—石门湘佳牧业—石门白云山。

（宋淑娥）

红色旅游

【概况】 2021年，常德市将红色旅游发展与中国共产党成立100周年活动有机结合起来，不断丰富红色旅游发展形式和内容，推动红色旅游产品建设和红色旅游资源宣传，取得良好效果。举办常德市“颂党恩 跟党走”庆祝中国共产党成立100周年系列活动，促进红色旅游和文化艺术融合发展，“百团大赛”、书画艺术展等活动吸引大量游客参与；举办湖南省首届都市文化旅游节，发布推介一批红色旅游产品和线路；参加2021湖南省红色文化旅游节和2021年中国红色旅游博览会。建立常德市红色旅游建设项目库，推荐彭山景区、津市市红二军团指挥部等重点红色文化旅游项目申报省级旅游项目资金，给予汉益沅联区苏维埃政府旧址、林伯渠故居、颜昌颐旧居等重点红色旅游开发建设项目资金支持。整理汇编常德市重要红色景点讲解词和《常德红色旅游手册》，向上申报全国红色旅游创意产品和红色旅游演艺创新作品。启动《常德市文化旅游发展国土空间规划》编制，科学规划红色旅游发展。

【开展“当好红色讲解员　讲好常德红色故事”活动】　5月7日，市文旅广体局正式启动“当好红色讲解员　讲好常德红色故事”主题实践活动。依托红色旅游景点，创新党史学习教育形式。首站设在汉寿县帅孟奇故居。该局分批次组织机关党员及入党积极分子到市属红色景点担任义务讲解员，讲好常德红色故事。该项活动共分成8个小组，6—11月分批次前往丁玲纪念馆、帅孟奇故居、浯溪河战役遗址、林伯渠故居等9个红色景点开展义务讲解。

（宋国栋）

重大旅游活动

2021年3月25日，桃花源旅游区“国家AAAAA级景区”证书颁发现场

（市文旅广体局　供图）

【“湘遇桃花源　启航新征程”2021桃花源文化旅游节】　3月25日，“湘遇桃花源　启航新征程”2021桃花源文化旅游节开幕暨国家AAAAA级旅游景区授牌仪式举行。文化和旅游部党组成员王晓峰为桃花源旅游区颁发“国家AAAAA级景区”证书，副省长谢卫江宣布2021桃花源文化旅游节开幕。全国各地的知名学者、旅行商代表等400多名嘉宾齐聚桃花源。桃花源文化旅游节是湖南省重要的旅游节庆名片，该次活动以“湘遇桃花源　启航新征程”为主题，由湖南省文化和旅游厅、常德市政府主办。桃花源旅游管理区管委会与湖南电广传媒股份有限公司、中国农业发展银行常德分行签署合作协议。农发行常德分行将在3年时间内，提供60亿元以上信贷资金，支持桃花源重点项目建设。桃花源文旅融合发展论坛则围绕桃花源文旅深度融合主题，展开头脑风暴。当晚夜幕降临，2000架无人机依次升空，幻化成百朵桃花，在空中绘出绚烂多彩的《新・桃花源记》。

【“锦绣潇湘　赶爱常德”湖南省首届都市文化旅游节】　9月10日，湖南省首届都市文化旅游节暨常德城市文旅品牌发布会在柳叶湖畔启幕。活动以“锦绣潇湘　赶爱常德”为主题开幕式现场，全国首个360度裸眼3D大屏“常德立方”炫耀全场。文化和旅游部资源开发司一级巡视员宋奇慧宣读常德柳叶湖旅游度假区被评定为国家级旅游度假区文件，湖南省政府副秘书长季心诠出席并宣布活动开幕，湖南省文旅厅副厅长黄东红致辞，常德市委副书记、市长邹文辉致欢迎辞，常德市委副书记黄清宇主持开幕式，常德市副市长周代惠宣布常德市促进文旅市场消费的七项措施。活动由湖南省文化和旅游厅、常德市人民政府共同主办，常德市文化旅游广电体育局、柳叶湖旅游度假区管委会共同承办，加强常德文化旅游消费市场供给，丰富文化旅游消费业态，实现常德消费领域跨界联动和“旅游+”产业融合，助推常德创建国家文化和旅游消费试点城市，打造“常德七点半”夜游经济品牌和“常德两天+”都市旅游精品线路品牌。活动现场发布常德市积极应对疫情影响、推动文旅行业复苏、促进文旅市场消费的七项措施，发布“常德七点半”夜游经济品牌和“常德两天+”都市旅游精品线路。

（徐虹雨）

城乡建设与管理

综述

【概况】 2021年，市住建局（市人防办）扎实履行部门职责，认真贯彻落实市委、市政府工作部署，各项工作取得较为显著的成效。在实施城市更新行动中，扩大保障性租赁住房供给，推进城镇棚户区和老旧小区改造、既有住宅加装电梯等工作成效明显，受省人民政府2021年度真抓实干表扬激励。市住建局扫黑除恶工作在全省扫黑除恶专项斗争总结表彰大会上受到省委通报表扬。市住建局依法行政（政务服务）、智慧住建建设、住房领域信息化“一网通办”、建筑管理、供水燃气、农村危房改造、勘察设计管理、城建档案管理等工作受省住建厅表彰通报。

【新型城镇化建设】 2021年，市住建局（市人防办）着力开展新型城镇化，提高新型城镇化水平，提请市政府组织召开全市新型城镇化及常住人口城镇化率工作调度会，建立区县市常住人口城镇化率工作调度机制，印发实施《2021年常德市常住人口城镇化率指标考核办法》，就考核方式多次跟省住建厅衔接，将增长幅度、绝对值、平时工作按35%、25%、40%纳入全年考核指标。全市2021年度常住人口城镇化率57.20%，较2020年提升0.98%，提升幅度排全省第一。

【建筑业转型升级】 2021年，全市建筑业企业共完成建筑业总产值487.2亿元，同比增长4.6%。完成建筑业税收29.3亿元，同比增长4.1%，高出全市税收总体增速1.8个百分点。扶优培强积极支持建筑业企业资质升级增项，提升企业业务拓展能力。全市共有34家工程总承包壹级资质企业，较2020年净增10家。

【住房和城乡建设“放管服”改革】 做好深化“放管服”改革优化营商环境重点任务、涉企经营许可事项告知承诺制、深化“证照分离”改革、“一件事一次办”改革、政务服务定制化等重点工作迎检准备，展现窗口良好形象。推动“互联网+政务服务”一体化平台应用，全年通过平台办理行政审批业务共1265件。深化工程领域改革，持续打造品牌模板。锚定全省最佳实体窗口目标，推动完成市民之家工改专区升级，实行“一窗四办”工作模式，大力推行工程建设项目审批帮办代办服务，列入党史学习教育活动“我为群众办实事”专项工作内容。

（吴荣衡）

城乡建设与治理

【概况】 2021年，全市棚户区改造、公租房建设以及老旧小区改造工作中争取上级保障性安居工程资金124654万元，其中中央预算内专项资金43348万元，省级财政专项资金6575万元，中央预算内基础设施配套资金74731万元。4月初，被住建部确定为2021年城市体检样本城市，已按时间节点完成常德市城市体检自检报告的编制工作并报市政府审批；7月底，被住建部确定为2021年全国新型城市基础设施建设试点城市，明确一批重点支持的重大项目，列入部省共建合作协议框架文件。

城乡环境基础设施建设。2021年，市本级共安排城建项目115个，总投资191.88亿元，年度计划投资52.06亿元，市财政计划安排资金20.86亿元。截至12月底，累计开工子项目55个，累计完成投资37.5亿元。通过“三清单一”机制工作法强力调度，加强项目前期和过程管理，克服长时间阴雨天气、环保督查停产停运等不利因素的影响，在建重点项目总体进展顺利，高铁站南北广场及配套工程、武陵大桥加固维修工程、黄爱路、金狮堤路等均按预定进度推进或竣工交付。

生活污染突出问题整改。牵头整改环保攻坚4类37个问题，27个已经整改完成或按程序销号，剩余10个均达到时序进度。完成6条县级黑臭水体整治任务。2021年5月，省住建厅编制《湖南省城市黑臭水体整治典型案例（第二期）》，鼎城区阳明湖水系杨家港河、津市市清远观水库、汉寿县龙珠渔场、桃源县延溪河等4个黑臭水体整治项目入选。

城镇老旧小区改造。全市开工改造老旧小区329个，涉及居民39988户，其中省、市重点民生实事考核任务分别为136个和230个，均已全部开工；已争取上级补助资金7.26亿元，累计完成投资6.9亿元，超额完成省重点项目建设投资考核任务。

污水处理及整治。全市143个乡镇污水处理设施全部通水运行。按要求完成在线监测设备建设，落实专业公司运维，出台乡镇污水处理费征收办法和乡镇污水处理设施监督管理办法，大力推进在线监测设备数据联网接入和运维管理制度秩序规范等。污水处理提质增效工作走在全省前列。在全省率先启动城市污水治理提质增效、率先实施海绵城市建设试点，“十三五”规划期间，全市投入115.6亿元对排水管网新建改造，投入20.8亿元新增和改造污水处理设施。市城区基本实现生活污水全处理，污水直排口、黑臭水体全面消除。常德市以海绵城市建设试点为契机，围绕做好“吸水、蓄水、渗水、净水”文章，在17个汇水区源头新建改造雨水设施和排水设施，截留封堵河道沿岸污水口118个，26座泵站配套建设生态滤池15万平方米，建设和修复重点河湖生态驳岸82千米，有效提升城市水系纳水、净水能力，为污水治理积累了丰富经验。12月7日，在常德召开全省污水处理提质增效工作现场推进会，常德市作典型发言，受到省人民政府、省住建厅和兄弟市州领导的高度评价。

物业监督管理。结合常德市实际，联合市发改委出台《常德市前期物业服务收费实施细则》（常发改价调〔2020〕609号），多方面规范物业收费行为。联合市发改委、市市场监管局组织召开常德市前期物业收费政策宣讲暨提醒告诫会，要求各物业服务企业需严格落实收费政策，开展自查自纠，规范收费行为。完成新增物业管理覆盖老旧小区242个，进度为105%，超额完成市民生实事任务。全市公示物业服务收费信息的住宅项目826个，开展专项监督检查行动76次，出动检查人员122人，发放政策法规宣传册35600份，签订承诺书企业185家，为群众办实事16件。

【全市乡镇污水处理设施运维管理工作现场会】 9月1日，在澧县召开全市乡镇污水处理设施运维管理工作现场会。各区县市政府（管委会）分管负责人、住建局局长和市直相关部门分管负责人参加，省住建厅村镇处处长王畅到会指导。会议现场观摩澧县3个乡镇污水处理设施的运维情况，观看澧县运维管理专题短片和智慧住建平台操作演示。市住建局通报前期运维管理工作情况，澧县和鼎城区政府作经验介绍，其余与会单位表态发言。

【全省2021年城市污水治理提质增效暨海绵城市建设现场推进会】 12月7日，全省2021年城市污水治理提质增效暨海绵城市建设现场推进会在常德召开。会议要求，大力推进旧管网改造，对排查检测发现的破损、渗漏等管网缺陷问题，要逐一进行修复改造，避免“污水外流、外水入渗”；结合城市更新、道路更新改造推进市政管网雨污分流，结合老旧小区改造和棚户区改

2021年9月1日，全市乡镇污水处理设施运维管理工作现场会召开

（市住建局 供图）

造，统筹推进住宅小区、企事业单位内部管网的雨污分流改造。推进会上，常德、岳阳、株洲、浏阳就污水治理提质增效及海绵城市建设作典型发言。副省长陈文浩，省住建厅党组书记、厅长鹿山，常德市委副书记、代市长周振宇、副市长尹正锡，全省各市州分管副市长及主管城市污水处理及海绵城市建设的部门主要负责人，省住建厅、省发改委、省财政厅、省自然资源厅分管负责人参加会议。

（吴荣衡）

村镇建设与管理

【概况】　依据中共中央、国务院和湖南省《乡村振兴战略规划》，常德市坚持稳中求进工作总基调，牢固树立新发展理念，落实高质量发展要求，按照产业兴旺、生态宜居、乡风文明、治理有效、生活富裕的总要求，统筹推进村镇经济建设、文化建设、社会建设和生态文明建设，建立健全城乡融合发展体制机制和政策体系，加快推进治理体系和治理能力现代化，重点围绕村镇污水治理、农村危房改造、传统村落保护、名镇名村建设等工作，推动村镇建设工作开创新局面。

农村危房改造。农村危房改造任务4364户，全部竣工。加强组织鉴定，确定改造对象。精准把控"入门关"，通过村组评议、入户核查、张榜公示，最终确定危房改造名单。并分别对每户农户家庭的经济状况认真分析研究，依据统一的标准，确定六种类型，确保精准锁定危房改造对象。加强检查督导，注重质量监管。始终把加强工程质量监督检查作为重点工作来抓，局领导带队定期不定期对危改工作进行督查。通过下乡检查资料台账、对危改户实地考察等，将各区县市危房改造任务纳入年底考核任务中，明确各级各部门的工作职责，一级抓一级，层层抓落实。加强信息填报，完善档案资料。建立农村危房改造工作数据资料档案库，并将危改情况上传到农村危房改造信息系统中，做到完整、真实、准确。对危改资金的发放，按照要求在竣工验收合格后一个月内直接打到危改户"一卡通"账户上，做到透明、公正、公开。截至12月底，所有改造任务全部完成并顺利通过省检和乡村振兴考核。

农村住房建设。完成抗震改造任务1219户，任务总量居全省第一。下发《关于建立农村房屋安全隐患排查摸底完成报告验收制度的通知》，指导各地逐级上报全面摸底排查阶段任务完成情况，有效规范排查整治工作验收标准与流程，该做法在全省农村房屋安全隐患排查整治调度视频会议上得到省厅领导的大力推荐及认可。截至12月底，全市共计排查农村房屋873560栋，已基本完成全市农村房屋的安全隐患排查，初判存在安全隐患的房屋4070栋，经鉴定为C、D级危房3341栋，其中用作经营的自建房35栋已按要求整治到位。起草《常德市农村住房竣工验收办法》《常德市农村住房建设质量安全管理办法》，规范全市农村住房建设质量安全管理，保障农村群众生命财产安全。

品牌村镇建设。2021年，全市有中国传统村落3个：桃源县牛车河镇三红村、桃源县牛车河镇毛坪村、汉寿县丰家铺镇铁甲村。湖南省历史文化名镇1个：津市市新洲镇。湖南省历史文化名村6个：津市市药山镇药山村、桃源县枫树维吾尔族回族乡维回新村、桃源县牛车河镇毛坪村、桃源县牛车河镇三红村、桃源县牛车河镇汤家溪村、桃源县牛车河镇殷家桥村。2021年，完成3个中国传统村落的挂牌及保护和发展规划编制，完成历史文化名镇名村保护和发展规划编制，配合省住建厅组织桃源县5个历史文化名村保护和发展规划专家评审。

【全市农房建设及装配式建筑建设工作现场会】　9月1日，全市农房建设及装配式建筑建设工作现场会在西洞庭管理区召开。副市长尹正锡、市政府副秘书长彭家明带队现场观摩，市住建局（市人防办）党组书记、局长刘兴华，西洞庭管理区党委副书记、管委会主任胡晓明，区党委委员、管委会副主任罗振军出席会议。与会人员参观西洞庭工人文化宫、紫湾集建小区等典型范例。会议传达中央、省、市相关会议精神，并就下一步工作提出要求。会上，市住建局（市人防办）党组书记、局长刘兴华传达中央、省关于绿色建筑文件精神，通报常德市装配式建筑工作推进情况。西洞庭管理区管委会、临澧县政府、澧县政府相关负责人从不同角度就推动装配式建筑工作作典型发言，各区县市政府（管委会）分管负责人和市发改委、市财政局、市自然资源规划局、市住建局（市人防办）、市农业农村局分管负责人简要发言。各区县市政府（管委会）住建局局长参加会议。

（吴荣衡）

自然资源规划

【概况】　2021年，常德市创新构建15年总体规划—5年近期规划—3年行动计划—年度实施计划的"15—5—3—1"规划实施传导机制，国土空间规划成效明显。总规编制深入开展，《常德市国土空间总体规划（2021—2035年）》阶段性主体成果顺利完成，国土空间基础信息平台框架高位搭建，“三条控制线”等10个专题研究不断优化，县级国土空间总体规划有序推进。专规编制协同启动，市、县两级国土空间专项规划编制目录清单初步制订，《常德市中心城区电力设施布局专项规划》编制完成，综合交通、总体城市设计等5个重点领域专项规划全面推进。“十四五”自然资源发展规划、基础测绘规划、生态修复规划、地质灾害防治规划高质量完成，为提升“十四五”时期自然资源规划治理能力提供行动指南。详规编制不断完善，完成《高铁新城核心区城市设计及控制性详细规划》《常德大道两厢综合整治工程规划》等规划编制工作。村庄规划高效推进，提前谋划村庄规划工作，结合乡村振兴战略实施，全面启动村庄规划提质“回头看”，681个村庄规划通过上级评审，在全省村庄规划工作会议上作典型发言。鼎城区草坪镇三角堆村、石门县维新镇重阳树社区、武陵区芦荻山乡黄爱村村庄规划分别荣获省一等奖、二等奖、优胜奖。

【常德市村庄规划工作经验在全省推介】 7月15日，全省村庄规划工作电视电话会议召开，常德市作典型经验交流发言。多方动员，全市域覆盖。全市广泛动员自然资源系统干部、高校师生、社会力量，招募驻村规划师259名，为全市乡镇（街道）、村庄（社区）提供驻村规划师志愿服务。多措并举，全流程参与。制定驻村规划活动纲要，以乡镇为单位组成服务小分队，全年驻村时间30天以上，切实加强与当地党委政府等规划编制参与方的协作配合，并通过开展“我调研我洞悉”“我实践我发现”“我思考我解决”“我总结我推介”四大主题活动，全流程参与村庄规划编制。多点聚力，全方位统筹。通过统一行动、培训、评比、宣传，创新开展“小颜驻村记”动漫宣传，提升驻村规划师的工作积极性和业务水平，提高全社会对村庄规划工作的认识、认知、认可。

【常德市国土空间规划学会成立】 11月18日，常德市国土空间规划学会正式成立。在原市城乡规划协会基础上更名组建的市国土空间规划学会，包括原国土和住建部门具备“土地规划”“城乡规划”资质的设计单位，以及农业、林业、水利、交通以及高校在内、与国土空间规划紧密相关的企事业单位。市国土空间规划学会围绕国土空间规划体系构建，开展前沿理论、技术方法及相关政策研究、探索与实践等，提升常德市国土空间规划编制和实施监测的理论和技术水平，开展学术交流。

【2021湖南省空间规划年会在常德召开】 11月19日，2021湖南省空间规划年会在常德召开。年会由省国土空间规划学会、省城乡规划学会主办，常德市自然资源和规划局承办，以“践行以人为本规划理念　营造和谐城乡人居环境”为主题。中国工程院院士、同济大学建筑与城市规划学院教授、博士生导师吴志强，中国城市规划学会常务副理事长兼秘书长石楠，武汉大学教授、欧亚科学院院士刘耀林等知名专家学者出席，交流研讨国土空间规划及城市更新、乡村振兴的新思考、新技术、新方法、新成果，共同为优化全省国土空间开发保护格局出谋划策。

（张联秀）

2021年11月19日，2021湖南省空间规划年会在常德召开

（市自然资源规划局 供图）

城市管理与综合执法

【概况】 2021年，常德市顺利通过国家卫生城市复审、国家园林城市复检，在国家园林城市等级评价中被评为一级。常德市城市管理和综合执法局（以下简称市城管执法局）办公室被省人社厅和省机关事务局表彰为“湖南省节约型机关建设先进集体”。市城管执法局被省住建厅表彰为2021年污水垃圾治理工作突出单位。

常态化做好新冠肺炎疫情防控，每日2次对公厕、垃圾转运站等重点部位消杀除臭，生活垃圾日产日清，无害化处理率100%。7月30日，常德市疫情防控进入应急状态后，迅速发布城管防疫倡议书，组织干部职工积极投身社区防疫行动。按照市城管系统《新冠肺炎疫情防控手册》配齐防疫物资，强化防疫培训。每日发送风险提示、开展“三查一问”（查健康码、查行程码、查体温，询问旅居史），及时组织全员核酸检测和疫苗接种“清零”，做好一线城管、园林、环卫和灯饰工作人员的自我防护。

城市日常管理。常态化做好清扫保洁、市容市貌整治，坚持主、次干道18～24小时，小街小巷16小时保洁，重点区域道路及主干道（含人行道）定期清洗。持续推进园林管养和绿化美化。坚持“日巡夜查”制度，及时发现和整改城市管理方面的问题，市容市貌管理水平稳步提升。及时清理破损广告，不断规范户外广告管理。全面推进城市家具的维护管理，安排维修市城区公交站台和门店招牌累计工时1500小时，出动专用车辆45台次，对522座公交站台进行全面清洗，更换破损广告和门店招牌32处500余平方米，确保城市家具的完好、整洁。

污染防治。定期召开大气污染防治工作调度会，安排部署蓝天保卫战工作，统筹抓好建筑垃圾运输、消纳场、餐饮油烟、露天禁烧管控，并督促做好道路清扫保洁和洒水降尘工作。坚持“管住源头、管好途中、定点消纳”的工作思路，做好渣土运输和消纳场管控工作，严防渣土扬尘污染。迅速督导完成省级环保督察和2021年“洞庭清波”整治。安乡垃圾填埋场大量垃圾露天堆放、桃树岗生活垃圾填埋场未安装在线监测设备和桃源县垃圾焚烧厂建设进度滞后问题，均按时完成整改销号。垃圾分类试点推进有力，获得省生活垃圾分类示范专项资金450万元。7月，在住建部举行的全国城市管理、园林绿化和生活垃圾分类信息化技术与应用培训上，常德市城乡生活垃圾综合监管经验作典型发言向全国推介。实现常德全域生活垃圾焚烧处理。常德经开区三期、汉寿县、石门县、桃源县生活垃圾焚烧发电项目相继点火试运行，全市生活垃圾焚烧处理占比达到100%。建筑垃圾资源化利用全省领先，在全省率先完成规划编制、信息平台搭建、资源化利用企业建设等工作，实现建筑垃圾全流程管理，市城区建筑垃圾资源化利用率达38.23%。

灯饰管理。加强路灯管理，升级改造路灯监控管理平台（含办公电脑、监控大屏），定期对城市家具进行全面巡查和整修。全年出动路灯维护抢修、巡查车辆800余台次，出动工程抢修车辆3100余台次，更换各类光源灯泡7000多个，更换维修被撞被损路灯灯杆31基，处理电缆故障600余次。做好节电节能工作。路灯及公共亮化景点实行半夜灯管理。实施城区路灯LED节能改造，更换LED电源363个、LED模组900余块。加强对电力部门抄表的监管，及时检查处置电源控制箱私搭乱接用电问题。全年节约电费近200万元。

共享交通工具管理。狠抓共享单车管理。根据“定基数、建平台、请帮手、办协会、抓考核”思路，创新实施“五区”共享单车一体化管理工作，遏制共享单车乱停乱放现象。4月21日，《人民日报》对常德共享单车管理做法进行推介。多次调度头盔配备工作，6月，协调4家企业共投放头盔20100个，城区全部配齐。

制度建设。协调常德市人民政府办公室印发《关于印发〈常德市城市管理工作考核评比办法〉的通知》（常政办函〔2021〕21号），出台《关于印发〈常德市城市管理“十佳十差”社区评比方案〉的通知》（常城管办〔2021〕4号）、《关于印发〈2021年常德市区县市城市管理工作考评实施细则〉的通知》（常城管办〔2021〕5号）。常德市城市管理委员会出台《关于进一步加强对装饰装修活动中擅自变动建筑主体和承重结构违法行为监督执法的工作意见》（常城管委〔2021〕5号），与市住建局联合印发《常德市住房城乡建设领域事中事后监管与行政处罚衔接机制的实施方案》（常建通〔2021〕42号），与市自然规划局协商《市城市执法体制改革工作移交备忘录》。起草修订第四版《常德市城

2021年8月31日，常德市生活垃圾焚烧发电项目置换工程点火启动仪式
（杨　帆　摄）

市规划区制止违法建设行为和拆除违法建筑考核办法》。

依法行政。加强行政执法培训，规范执法流程，严格落实“行政执法四项制度”。深化“721工作法”（7分服务、2分管理、1分执法），倡导“柔性执法”。2021年，被省司法厅、市司法局评定优秀案卷2件。坚持公示、听证制度，及时受理公众举报，群众满意度不断提升。全年立案103宗（其中一般程序53宗、简易程序50宗），办结84宗，无一例被申请行政复议和行政诉讼。

城市管理考评。将常德高新区纳入城区城市管理考评，开展市城区“五区”月度考核，通过考核评价和奖惩，调动“五区”政府落实属地管理责任。开展市城区城市管理“十佳十差”社区季度评选，将城区98个社区纳入评选，并在《常德日报》、常德融媒等主流媒体上公布，激发基层参与城市管理的动力。抓好暗检和明检问题及时录入城市管理考评专网，全年共发现暗查问题5614条、明查问题739条，均及时督导整改到位。开展区县市年度考核评价和市城区外围县市（管理区）季度考核，指导外围县市区加强市容市貌管理。

优化营商环境。试行行政审批服务告知承诺制，加快落实“三集中、三到位”行政审批服务改革，打造“互联网+政务”服务。开通人脸识别业务办理功能，试行许可异地网上办理，压缩审批时间至2～4个工作日。全年实现办件零积压，群众满意率100%。通过“双随机、一公开”、专项整治、走访服务企业等密切同企业联系，加强对违法违规行为的打击。疫情期间对延期经营的市城区大型户外广告公开拍卖企业免除6个月的城市空间资源使用费，并将使用权拍卖期限从3年降为2年，减轻企业负担。落实“六稳”“六保”政策，开放企业占道促销宣传许可。全年共办理占道促销申请500多次，许可占道面积3万余平方米。

控违拆违。保持控违拆违高压态势，共计下达督察表69宗，总面积为6363.5平方米；复核拆除存量违法建设272宗，拆除面积60105平方米；完成对“一城四区”拆违控违考核，评定考核名次并在常德主流媒体公示，协调给付“四区”政府工作补助资金1170.75万元；积极推进“夏日风暴”“冬季攻势”百日行动，督导各区拆除（处置）违法建筑695宗，共计137575.45平方米，任务处置率100%。

民生实事。常德市武陵大桥封闭维修期间，在轮渡两岸渡口投放400辆共享电动自行车，解决市民出行难题。组织清理城市死角垃圾，到武陵区芙蓉街道项家铺社区指导群众修剪绿地，积极回应群众关切维修沙河街路、新安路、柳溪路等道路路灯，完成城区遮挡路灯的树枝修剪，完成黄化喜老人建议的公交座椅和休闲座椅安装，并举一反三对江北城区加装休闲座椅216把，得到市民广泛好评。

扶贫帮困。作为后盾牵头单位，先后协调召开羊楼坪村乡村振兴工作推进会、调研座谈会，组织爱心捐赠、微商助农和慰问伤残困难户等活动。帮助一级伤残的政策兜底户王福林家争取3000元帮扶资金，牵头筹措161万元分步骤启动村组道路硬化、新建卫生室、农网改造、河堤加固等建设项目。羊楼坪村驻村工作队荣获2021年度考核优秀。

调研与慰问。2月9日上午，市政府副市长尹正锡到市城市管理事务中心、柳叶大道与武陵大道路口、火车站广场，看望慰问春节期间仍战斗在城市管理一线的环卫、园林、路灯工作人员以及城管执法队员。市人民政府副秘书长彭家明，市城管执法局党组书记、局长李雨初和在家局领导陪同慰问。6月16—18日，省住建厅城市管理和执法监督局局长向汉东带队到常德市调研城市精细化管理工作，并在市城管执法局召开调研座谈会。省住建厅城市管理和执法监督局一级调研员王向东参加调研，市城管执法局党组书记、局长李雨初，局党组副书记、副局长宋立明和局党组成员、副局长刘振华陪同调研。12月26日，省住建厅二级巡视员彭国安率专家团队调研常德市贯彻落实《住房和城乡建设部关于广州市大规模迁移砍伐城市树木有关问题的通报》精神情况，并就城市园林绿化、城市建设和历史文化保护工作与市城管、住建等相关部门负责人展开座谈。

工作交流。5月17—18日，市城管执法局党组成员杨永红和党组成员、副局长刘振华带相关科室负责人赴西藏山南市考察交流城市管理工作。5月24—28日，市人大常委会委员、环资委主任委员涂贤春，市人大环资委一级调研员杨立安，市城管执法局党组成员、副局长刘振华及武陵区、汉寿县、临澧县人大等10余人赴杭州市余杭区、宁波市开展生活垃圾分类学习考察。6月23日，市城管执法局党组副书记、副局长宋立明带队赴张家界市城管执法局学习考察“城管执法进小区”工作。6月24日，张家界市城管执法局局长王章祥带队考察常德市共享单车和城市亮化管理工作。7月15日，郴州市城管执法局党组书记、局长袁少雄一行7人到常德市参观考察共享电单车、建筑垃圾、园林绿化等城市管理工作经验和做法。8月23—30日，市城管执法局派出4人赴西藏山南市开展生活垃圾分类工作巡回培训。9月15—18日，局党组书记、局长李雨初带队赴浙江省温州市、杭州市余杭区开展生活垃圾分类学习考察。

信访投诉办理。7月13日，市

城管执法局党组书记、局长李雨初带综合行政执法支队和局办公室、行政审批办、市容环卫科、公共设施科、城乡垃圾办等单位、科室负责人，走进市长热线接话接访直播间，现场解答听众反映的各类民生诉求。市城管执法局全年共受理公众举报2468件，其中“12319”热线举报252件、“12345”市长热线交办件1208件、常德论坛市民留言66条、市长信箱交办件16条、信访6件、红网投诉11条。所受理案件均已办结。

私自圈占停车位整治行动。根据国务院《城市道路管理条例》、湖南省《城市综合管理条例》和《城市市政公用设施管理办法》相关规定，8月，市城管执法局对市城区主、次干道及主要商业区域擅自设立地锁、石墩、路锥等各类障碍物和占用人行道开设“黑停车场”行为开展集中整治行动，以进一步规范市城区公共停车秩序。专项行动共计拆除私自设置的地锁270个、收费停车场3个；完成53处停车场和73处擅自占用公共车位的情况清查，责令整改32处，拆除41处；移除占用公共车位的水泥墩46个、石（铁）桩26个。

生活垃圾分类。常德市持续推动生活垃圾分类工作，市城管执法局派专人赴浙江省杭州市、温州市考察学习，全面总结先进工作经验。柳叶湖旅游度假区城区实现生活垃圾分类全覆盖，武陵区丹阳街道、穿紫河街道、府坪街道、白马湖街道建成生活垃圾分类示范片区，鼎城区红云街道、常德经开区樟木桥街道基本建成生活垃圾分类示范片区，津市市开展示范片区创建工作。12月3日，常德市开展生活垃圾分类宣讲师培训，武陵区、鼎城区、常德经济技术开发区、柳叶湖旅游度假区以及津市市近200名基层宣讲代表，现场与授课老师进行互动，进一步巩固生活垃圾分类知识。

【新增、更换市城区休闲座椅】5月16日，武陵区81岁老人黄化喜发短信向有关部门反映，建议在城区道路两旁增加休闲座椅，对老旧公交站座椅进行维修，供市民尤其是老年人歇歇脚。该建议引起市委、市政府重视，交由市城管执法局主要承担落实工作。市城管执法局对主城区主次干道休闲座椅分布状况进行现场踏勘，结合老年人散步习惯，制定每300～500米设置一把座椅，一共新增216把、更换149把座椅的方案。该局调查发现市区白马湖公园座椅质量较好、使用年限较长，决定新座椅采用与该公园座椅一致的材质——塑钢坐板、铸铝基脚。7月30日，财评审定预算报告，市城管执法局立即组织队伍施工，对紫缘路、紫菱路、芙蓉路、沅安路合围区域增加216把新休闲座椅，对老旧座椅进行改造更换、维护加固，高职院等地的公交站棚设置坐凳。9月12日，全部竣工验收，并定期检查维护。

【城管体制改革】7月，完成市城市管理综合行政执法支队改革人员转隶工作，形成建筑市场、房地产市场、市政公用设施、园林绿化、户外广告、违法建设、火车站广场管理等城市管理专业执法体系。重新梳理城市管理综合行政执法权力清单，建立房屋装修过程中改变承重结构违法行为的执法机制，接收交警移交的人行道停车管理职能。

【共享小店建设试点】按照市党代会工作报告“优化城市规划布局，拓展城市就业空间”要求，及时规范临时便民摊点，完成共享小店建设试点，以此繁荣街区经济，提供更多就业机会。选取具备代表性的10个临时规范经营点、夜间经济经营点制作了公示指示牌，明确经营时间、要求和责任，助推经营点良性发展。10月初，常德河街、沙滩公园和湖南文理学院后街的长澧巷共32个共享小店开始试营业。各类就业专岗提供就业岗位4312个，增加就业人数9707人。

【环卫工人节】10月25日，常德市举行庆祝湖南省第二十六届环卫工人节暨优秀城市美容师表彰大会，50名环卫系统的先进典型受表彰。副市长尹正锡出席表彰大会并致辞。

【小区顶楼平台“圈地占用”集中整治】12月2日，省住建厅、省自然资源厅组成联合工作组，对常德市小区顶楼平台“圈地占用”集中整治工作进行督查。督查组充分肯定常德市小区顶楼平台“圈地占用”集中整治行动所取得的成效。4月起，市城管执法局累计发放集中整治告知书500多份，进店入户100多家，全市共清查“圈地占用”问题873起，共计清理面积70349.31平方米，所有上报问题台账全部销号。

（杨　帆）

海绵城市建设

【概况】2021年，市海绵城市建设服务中心扎实开展海绵城市建设，海绵建成区内达标面积达48.49平方千米，17个达标排水分区的平均年径流总量控制率达79.3%。系统化全域推进节水城市、气候适应型城市建设，进一步提升排水防涝能力，提高市政基础设施维护管理水平。

维管考核。督促维管单位开展日常管养工作，组织对海绵设施、监测平台、城市水体、主次干道市政三项维护、“五区”市政设施等开展日常考核，共144次300余人次。市本级市政三项维护管理。2021年，完成市政设施维修改造项目30处。完成车行道沥青维护4416.9

立方米，人行道板维护40913.5平方米，排水管网清淤28510.7立方米，排水管网修复519.9米，更换排水井盖及雨水盖板1035个。城区水体水质监测监管。组织专业人员对水体情况进行日常巡查，督促城投、经投2家维管单位开展穿紫河、白马湖、丁玲公园等水体巡查和日常保洁工作。科学调度机埠运行补水换水等措施及时调节水质，确保水体整体效果。海绵设施维管。做好海绵监测平台及海绵植草沟运营监管，完成海绵监测平台运维绩效评估，督促运营单位认真开展日常巡查和维护管养，对存在的问题及时整改，确保海绵设施高效运行。

城市排水。截至2021年年底，市海绵城市建设服务中心管辖泵站46处，临时抽排点2处，一体化污水处理设施3处。泵站日常管理。加强日常督导，坚持开展“月巡查—月通报”工作，发现问题及时整改。继续完善“一站一档”管理软件建设和泵站运行台账电子化工作。设备设施维护。做好设备日常保养工作，强化突发设备故障的抢修力度，非雨季期间完成46处泵站的冬季维修保养工作。生态滤池维护管理。科学做好东江、粟家垱、沾天湖污水处理厂、聚宝、长港、夏家垱等22处泵站生态滤池的管养工作。泵站运行调度。2021年，各泵站生产设备运行总时间约16.3万小时，总排量约2.60亿立方米。其中污水泵运行时间约14.15万小时，排水量约1.74亿立方米；雨水泵运行时间约1.3万小时，排水量约7443万立方米；生态池运行时间约8594小时，排水量约1157万立方米。三处一体化污水处理设施运行监管。市排水所接管三处一体化污水处理设施，共处理水量109.82万吨。

城市节水、二次供水工作。第一批老旧小区二次供水设施试点改造全面完成。2021年，市海绵城市建设服务中心完成金华园、香格里拉等10个群众反映强烈和安全隐患相对突出的住宅小区的二次供水设施试点改造，1350户居民喝上“放心水”。“全国城市节约用水宣传周”系列宣传活动。第30届“全国城市节约用水宣传周”期间，组织开展一系列以“贯彻新发展理念，建设节水型城市”为主题的宣传活动。开展单位（企业）水平衡测试工作和小区节水宣传活动。宣传周期间，共开展节水宣传活动（含线上）15场次，各类线上活动及线上宣传材料点击量达到10万次，覆盖人口约30万人。自备水源污水处理费征收。2021年，共办理55个在建项目自备水源污水处理费征收工作，超额完成财政非税计划指标。

2021年7月11日，市政工作人员维护人行道（市海绵城市建设服务中心 供图）

污水处置。污水处理厂运行监管。制定《柳叶湖污水处理厂运行监管工作暂行实施细则》《皇木关污水处理厂运行监管实施细则》《市政管网污泥处理厂项目管理（暂行）实施细则》等管理规定，并通过污水处理管控调度中心平台，对接入平台的8座污水厂进行进出水水量、水质数据实时检测及视频、工况实时监控，定期进行现场检查。水质监测。每月对城区污水厂污泥含水率进行4次抽样检测。据统计，2021年1—12月江北城区2座污水厂平均进水化学需氧量浓度为128.99毫克/升、进水生化需氧量浓度为52.68毫克/升，同比上年分别提高30.54%、29.06%，处理污水10746.51万吨，产生50%及以下含水率的污泥1.9097万吨；市政管网污泥厂处理污泥3.2547万吨。根据第三方水质检测机构每月检测结果，柳叶湖、皇木关、德山污水厂出厂水均符合一级A排放标准。全年对市城区污水污泥企业开展9次安全生产检查，下发交办函7份，均整改到位。

为民服务。全年受理市民留言、市长热线、“智慧城管”等平台交办580余件次，做到及时办理回复，有效解决市民的燃眉之急和合理诉求。配合市住建局完成建议提案1件，平安建设工作获得全市优秀单位称号。

【城市排渍防涝】 2021年，常德市区降雨量为1229.5毫米。汛期期间，江北城区排涝应急指挥部启动应急响应22次，对江北城区暴雨时应急排涝情况进行紧急调度处置。常德市江北城区未出现大面积、长时间积水和内涝情况，所有临时积水处均在短时内消退。应急机制。中心成立常德市海绵城市建设服务中心排水防涝应急指挥部，由党委书记任指挥长，对江北城区排水突发事故及防涝应急处置工作进行统一指挥、协调。指挥部共设立综合组1个和专业组6个。组建一支直接调度的60人专业应急抢险队伍，及一支包括消防、平台公司等部门的横向联合应急队伍。并按照省、市要求，积极落实编制《常德市城市内涝治理系统化实施方案》任务，系统化推进排渍防涝工作。应急值守。为积极应对汛情，中心与气象部门密切联动，及时启动应急预案，严格落实巡查和应急值守工作，对排水机埠进行24小时值守，对重点区域进行提前布控，并组织相关责任单位按防涝布点要求，对应急点进行布置并责任到人。在雨前预先排水腾空管网和机埠调蓄池，加大江北城区应对强降雨的调蓄能力。提前储备沙袋、挡板、雨伞、应急泵叶轮、导叶体等应急物资，全力确保安全度汛。应急处置。针对应急抢险情况，多次召集市气象局、市住建局、市城管局、市市政公司、武陵区市政绿化处、柳叶湖市政绿化处、经头集团海绵公司及资管公司、城发集团智慧谷公司及资管公司等相关部门召开江北城区排渍防涝部署会，部署防涝任务，落实防涝责任。2021年汛期，市海绵城市建设服务中心组织出动各种应急、抢险车辆300余台班，应急值班人员2000余人次，应急泵抽排200余台（班），常态化应急值守点4个，并对双拥路、建设东路、常德大道、金陵花苑、柳叶大道、阳山大道铁路桥等道路进行24小时重点巡查、值守。

【城市基础设施建设】　市政项目建设。新建及续建城建项目。杨柳堤水系调整项目、粟家垱污水泵站进水管工程、黄家巷、柳叶大道西段路面维修改造、木鱼巷、吉生路项目完工，粟家巷、体育路、兴民街、望城路施工中，桃花源路管网及路面隐患整治、长胜巷、常蒿路、丹阳路、前进机埠进水通道（杨家港河）建设项目完成招标工作，长港、邵家垱片区截污工程完成非开挖修复。大中修项目。桃花源临时污水提升泵站施工中、长港机埠生态滤池扩建项目预算评审、建设路项目施工图设计中。应急改造项目。红旗路路面塌陷应急改造、高泗路路面塌陷应急改造、章誉苑前绿化带塌陷应急改造、洞庭大道（朗州路—武陵大道）南侧人行道应急改造等7个应急改造项目完成；其他项目。柳叶湖污水净化中心PPP项目厂内提质扩容工程完工。内涝卡点整治。2021年，市海绵城市建设服务中心完成聚宝机埠进水通道连通、城堰堤机埠进水通道清理、东溪路机埠调蓄池清淤改造、东江机埠进水渠道疏通、尼姑桥机埠老箱涵口封堵、夏家垱污水泵站进水管改造及人民路金丹路口、滨湖西路丁港路及合兴路口、建设东路碑吉边路口、双拥路红旗路口、阳山大道铁路桥下、朗州北路铁路桥下等近20处内涝卡点整治工程，城区内涝隐患得到较大改善。配合涉水项目施工。为加快平台公司等单位组织实施的涉水项目建设进度，市海绵城市建设服务中心充分发挥人员、技术、设备等优势，采取机埠配合排水、支援抽排设备、技术指导服务、项目质量监管等措施，配合护城河西段综合整治、欣荣路排水箱涵建设、建设桥机埠新建及管涌点处理、楠竹山机埠扩建、甘垱机埠重建、粟家垱及柏子园机埠调蓄池改造、武陵大桥匝道项目等项目施工，各项工程顺利推进。

【探索气候适应型城市建设】　2021年，市海绵城市建设服务中心启动《常德市海绵城市专项规划》修编工作，计划2022年完成。全年高标准完成21条已移交道路海绵设施的维管工作。截至2021年年底，常德市海绵建成区内达标面积合计48.49平方千米，17个达标排水分区的平均年径流总量控制率为79.30%，年径流总量控制率全面达标。常德市海绵水量水质监测平台作为常德海绵城市重点建设成果，2021年被评为湖南排水信息化应用典型案例。12月6—7日，湖南省政府以在常德召开全省2021年城市污水治理提质增效暨海绵城市建设现场推进会的形式，对近年来常德海绵城市建设工作所积累的先进经验进行推荐。市海绵城市建设服务中心积极参与气候适应型城市建设工作。同国家部委及亚洲开发银行等合作组织对接，配合完成气候适应型城市行动方案的调研工作，参与由生态环境部、住房和城乡建设部联合组织的“2021年城市适应气候变化国际研讨会”。

（张欢欢）

城市环境卫生

【概况】　2021年，市城市管理事务中心结合“我为群众办实事”实践活动助力乡村振兴，选派1名党员到桃源县观音寺镇羊楼坪村参加驻村工作，安排乡村振兴专项资金30万元，鼓励干部职工参与消费扶贫活动，消费扶贫累计达5.5万余元。

环境卫生质量考核。日常考核。2021年，市城市管理事务中心依据《常德市环境卫生管理作业规范和质量标准》，对一城五区环境卫生管理实施量化考核，考核采取暗检和明检的两种方式进行，考核内容包括城区道路、公园绿地、院落和小区、城中村和城乡接合部、农贸市场、水体护坡、公共厕所、垃圾中转站、生活垃圾收集运输9个方面的内容，所有检查问题和计分情况均通过市城管委考核专用APP实时传送至各区限时处理整改。城市创建。认真落实国家卫生城市、全国文明城市周期复审迎检要求，年初制定和印发《2021年迎接国家卫生城市周期复审工作实施方案》，召开专题调度会，要求市城区环卫部门对照《国家卫生城市标准（2014版）》和《国家卫生城市暗访评价表》开展全面自查，查漏补缺，实施常态管理，确保迎检过程中环境卫生达标。疫情防控。及时完成《常德市环卫行业新型冠状病毒肺炎疫情防控手册》修订，督导市城区环卫部门严格落实疫情期间的环卫作业要求，确保作业规范，人员安全。

垃圾处理。生活垃圾处置。落实德山生活垃圾焚烧发电厂驻场监督管理。督促企业严格遵守安全生产要求、运行标准和技术规范，及时整改在安全生产、设备养护中发现的问题。不定期进厂对渗滤液处理、飞灰预处理等情况进行监督检查，确保环保达标，严防环境污染及安全生产责任事故。2021年，德山生活垃圾焚烧发电厂共焚烧处理生活垃圾48.13万吨，无害化处理率达到100%。餐厨垃圾应急处置。中心安排专人负责驻场监督管理，确保项目安全，正常运行。餐厨垃圾收运范围覆盖"一城四区"三个灶头或15桌以上餐饮单位880家、投放专用桶2133个、投入专用收运车辆14台，日收运处置量达70余吨。2021年，共处置餐厨垃圾2.5万吨。渗滤液处理排放。桃树岗填埋场实施封场，渗滤液处理采用"生化+Fenton（芬顿）+曝气生物滤池"工艺，设计处理能力100吨/日，系统运行平稳。为有效应对汛期，缓解调节池库存压力，中心采取果断应急处理措施，租用渗滤液处理移动设备协同处置，2021年共处置渗滤液22706吨。经市环境监测站不定期对出水口水质进行监督性检测，检测数据表明，出水口水质达到国家标准。

环卫基础设施建设。生活垃圾焚烧发电置换工程建设。作为常德市生态文明建设的重点工程，总投资2.98亿元的常德市生活垃圾焚烧发电置换工程项目开工后，中心积极协调相关部门，督促项目施工方合理安排工期，全面加快项目进度。2021年年底，项目主体工程建成，并通过工程竣工验收和环保竣工验收，投入试运行。桃树岗垃圾填埋场三期封场工程建设。该项目于2020年12月正式启动，总投资2476万元，封场面积达5万平方米。2021年10月，完成场地地基处理、垃圾坝坝体施工、挡土墙施工、堆体整形，覆土作业进行中，项目累计完成投资2030万元，总体形象进度达90%。桃树岗填埋场生态修复工程建设。项目共分为6个作业区，前期5个作业区于2020年11月完工，2021年，主要对已完成区域进行生态维护，修复被雨水冲毁的堤岸和植被，F区于2021年3月初启动生态修复工作，5月底完成项目建设内容。项目完工后，中心委托第三方检测机构对生态修复区域的水体水质进行检测，其pH值、COD、氨氮、总磷等主要指标均达到地表三类水标准，水体水质明显改善。白鹤山殡仪馆垃圾中转站建设。该项目为常德市首座地埋式景观站，采用刷卡倾倒，自动压缩，可对接通用压缩车转运，并配套相应排污设施，2021年6月初完工。供货单位按照使用单位要求对相关工作人员开展设备操作培训，7月正式移交白鹤山殡仪馆使用。

2021年10月26日，常德市庆祝湖南省第二十六届环卫工人节活动举行

（周　苗　摄）

【举办常德市庆祝湖南省第二十六届环卫工人节活动】　10月26日，中心在共和酒店举办常德市庆祝湖南省第二十六届环卫工人节活动，对市环卫系统涌现出来的先进典型进行表彰，并组织市环卫系统干部职工环柳叶湖健步行。

【常德市生活垃圾焚烧发电项目置换工程点火仪式举行】　8月31日，常德市生活垃圾焚烧发电项目置换工程点火仪式举行，标志着该工程进入试运行阶段。副市长尹正锡出席活动。常德市生活垃圾焚烧发电项目置换工程于2019年启动，由常德中联环保电力有限公司负责建设、运营。2021年年底，项目正式运行，企业每天可以“吃掉”1200吨生活垃圾，能够承担武陵区、鼎城区、常德经开区、常德高新区、柳叶湖旅游度假区的生活垃圾处理任务。项目采用成熟机械炉排炉焚烧工艺，实现“自燃”发电，企业每年可节约燃烧辅料煤4万吨。

【举办2021年湖南省住房和城乡建设行业（机动清扫工）职业技能大赛（常德地区）初赛】 11月12日，中心举办2021年湖南省住房和城乡建设行业（机动清扫工）职业技能大赛（常德地区）初赛，全市环卫行业9家区县及企业代表队，22名选手参加初赛的理论考试和实际操作比赛，广大参赛选手充分展示常德市环卫职工精湛的技艺和良好的精神风貌。

（彭　稳）

自来水供应

【概况】 2021年，常德市自来水有限责任公司全年实现计费用水量7370.74万立方米，实现经营产值2.72亿元，利润总额117万元，上缴税金1170万元。全年累计扩延DN75以上供水管线1437千米，新增用户2.7万户。4月29日，在湖南省庆祝“五一”国际劳动节暨先进集体、先进个人表彰大会上，常德市自来水有限责任公司水质监测站被授予2021年“湖南省工人先锋号”荣誉称号。

机制改革。修订完善公司章程，编制公司“十四五”战略发展规划，规范和建立董事会、经理层、监事会工作制度，明确各层级授权内容和权责义务，权责透明、协调运转、有效制衡的现代企业运行和治理机制不断健全。高效落实经责审计工作要求，建立健全公司责任追究体系、内部监督控制体系。完善大财务管理机制，聚焦债务风险和投资运营风险，强化内部审核流程管理和实时监测预警。建设财务系统，及时排查处置财务风险隐患。加强招投标和重点建设项目的前置审核把关，完成不良资产处置。规范公司法律工作制度，强化依法经营、管理、决策，确保生产经营中法律风险防控。修订绩效考核评价方案，推进分类核算、分类考核。成立监审委员会，增强操作的透明性和公正性。建立“每月常规业务考核、领导小组月底抽查考核和司属各部门反向监督考核”的三级监管考核机制。同时，推行全员“绩效目标”，深化内部“三项制度”改革，积极推行对子公司工资总额管理方式，工资总额增减与各项经济指标完成情况实行双向联动。全面规范劳动用工管理，建立和实施以劳动合同管理为关键、以岗位管理为基础的市场化用工制度，健全公开、平等、竞争、择优的市场化招聘制度。大力推行经理层任期制和契约化管理。与四家子公司经理层成员签订聘任协议和任期经营责任书，强化经理层成员的责任、权利和义务对等关系，培养造就高素质企业经营管理人才队伍，着力提高企业活力和效率。沃特公司、科瑞公司等相继完成公司制改革，制定支委会前置研究讨论重大经营管理事项清单，实现董事会、监事会规范运作。沃特公司调整机构设置，改革分配机制，创新计件工资制，全力推行市场业务项目制管理模式，逐步实现公司管理方式的转型升级。科瑞公司积极开展制度建设年活动，全面修订各项管理制度，为破除体制机制掣肘提供“能量舱”与“加速器”。物业公司坚持把优质服务和基础管理作为工作根本，强化内部绩效评价，建立以业绩为导向的内部激励机制。各子公司通过自上而下、全面系统的内部机制变革，经营管理理念日趋精细，步入良性健康发展轨道。

智慧水务建设。完善营销一体化综合管理平台，打造以云服务为基础，以业务流程为核心的面向全公司、全业务的一体化业务体系。推动手机APP全面应用，实现室内电脑办公与室外移动办公无缝结合，工作效率大为提升。生产经营监控全面覆盖。1月15日下午，沅北水厂二泵房，智慧水务“调度一张图”通过智慧办检验，正式在调度大屏上投入试运行。通过“一张图”的建设，全面掌握生产、管网、营收、热线、处警等业务，管理效能明显提升。优化对外服务功能，梳理痛点、难点，改革供水业务流程，为用户提供一个完整的、“一对一”的服务闭环，真正实现了面向服务的转变，用水便利度、智慧度显著增强。

营销管理。全面清查黑漏户及违章用水，对基建表、特种用水表强化防盗监管，加大IC卡小区水表问题清查，处理纠纷3020户，累计追缴增效50万余元。实现“互联网+网格化”现代化管理模式，提升营销效率和效能。同时，成立水费清缴专项工作组，对丹洲、灌溪、芦山等偏远供水区域开展入户清缴，追缴水费68万余元。全年水费收入实现1.67亿元的历史新高。

便民服务。打造“一件事、一个窗、一网通、一次办”的“四个一”办事模式，推动“零跑路、零资料、零审批、零费用”的“四个零”服务模式，实施“现场办”“线上办”“就近办”便民行动，大力拓展线上缴费渠道，各级客服平台坚持24小时全天候服务。严格落实流程简化要求，精简业务办理资料，允许容缺受理和零资料受理，进窗资料由2件减少到0件，实现高效办理。全面落实一次性告知，实现用户对用水服务满意度的显著提升。建立线上服务体系，以“便民”为宗旨，让客户愿意使用、能够使用，实现足不出户办理供水业务。完善城门口自助客户服务大厅，自营网点布局更加全面合理。扩宽IC卡客户缴费渠道，增加圈存机建设，实现24小时不间断就近缴费。2月3日，公司完成建行圈存机部署工作，为全市用户安装水费缴费圈存机近百台，覆盖所有IC卡小区。同时，打造供水志愿服务队品牌，积极帮助弱势群体，扎实开展“我为群众办实事”“水质检测进家庭”便民、惠民服务活动，为低保困难户做到优惠水量应享尽享，切实解决群众用水难题。全年共帮助2935户家庭应享尽享水费减免优惠。常水志愿服务队获得常德市精神文明建设指导委员会办公室、常德市志愿服务组织联合会评选2021年度“最佳志愿服务组织”。

安全生产。开展危化品管理、消防安全管理、水质及实验室管理等安全培训和应急演习，全面提升突发处置能力。定期组织安全生产专题会，落实日常巡视和隐患排查，确保从源头上防范安全事故发生。从严生产设备管理。实施大机修管理改革，调整设备维护与抢维修工作职责，严格执行设备常规检查和定期检验制度，全年投入资金202万元，更新改造设备30项，确保设备完好率达100%。从严调度管理。科学研判供水形势，灵活应对天气、季节变化，调整优化调度模式，合理调度机组运行。

水质监测。不断完善水质在线监测系统，加大水质管理科技化投入，采取“线上+线下”相结合的监测模式，加强管网水实时在线监测，新设柳叶湖社区、高新区加压泵站等5处管网水质在线监测点，新增芦荻山乡、市民之家等管网水监测点至50处。加强水厂化验室基础建设，科学指导班组制水，持续强化技术考核和培训力度，严格把控制水工序，有效确保出厂水和管网水合格达标。同年，公司水质监测站被授予2021年“湖南省工人先锋号”称号。

2021年3月31日，常德市沅北水厂迁建工程开工仪式（市自来水公司 供图）

疫情防控。坚持把“严格落实疫情常态化防控要求”作为重要的政治任务来抓，紧绷疫情这根弦，激活防控应急能力，毫不放松抓好“外防输入、内防扩散”。完善防控应急预案，印发疫情防控指南，建立全方位疫情管理台账，强化疫情工作考核问责，扎实应对营业厅等场所聚集性疫情准备，稳妥有序开展核酸检测、人员排查、物资储备和疫苗接种等重点工作，实现“疫情零新增、员工零感染、工作零失误、舆情零负面”。

供水管网提质改造。强化管网检漏测绘，对全市的供水管网、闸门、消防栓分区域责任到人进行网格式巡查，实现供水设施全方位监督管理，确保管网压力稳定运行。有序推进供水环境整治，组织开展供水设施摸底踏勘，换新升级供水设施设备，全年整改表位1.1万户，更换水表1.9万块。完成45个小区、单位的抄表环境整改工作，有效解决部分区域水表难抄、水压低、表井存在安全隐患等问题，提升社会满意度。

【市沅北水厂迁建工程开工】 3月31日，常德市沅北水厂迁建工程开工仪式在沅北水厂迁建新址（市城区丹溪路和窑港路交会处）举行。副市长尹正锡出席并宣布项目正式开工，市政府副秘书长彭家明主持仪式，市国资委主任陈彰波为开工仪式致辞，市自来水有限责任公司董事长曾杰介绍项目情况，施工方代表湖南建工集团五公司副总经理王文革作表态发言，市住建局、市发改委、市财政局以及市自来水公司、施工单位、监理单位等单位负责人参加仪式。2021年年底，厂区内施工全面铺开，施工措施顺利推进，现场管理规范有序，建成后沅北水厂供水规模将从20万立方米/天提高到30万立方米/天，远期提升到50万立方米/天，将有效解决供水产能不足的现实问题。

【供水加压泵站改扩建】 5月7日，常德高新区供水加压泵站改扩建项目，完成泵房、清水池的建设和机组安装，开始试运行。公司对高新园区的供水能力，由6000立方米/天增加至15000立方米/天，泵站机组出水压力也由0.35兆帕斯卡提升至0.4兆帕斯卡。截至2021年上半年，全面完成常德经开区南区、常德高新区、芦荻山等5座泵站的改扩建。各区域加压泵站相继投入运行，有效提升城市周边区域的供水压力，破解用水供需矛盾。共解决武陵区、常德经开区、常德高新区、鼎城区、柳叶湖旅游度假区3.3万户10万多人的安全饮水问题。

【“三区”农村安全饮水工程项目】 为解决西湖管理区、西洞庭管理区、鼎城区“三区”水质不达标的现实问题，保障“三区”用水安全，6月组织“三区”专题调研，优化工程方案，落实项目融资对接，立项批复总投资6.85亿元，签订“三区”饮水合作框架协议。9月18日，常德市鼎城区、西洞庭管理区、西湖管理区“三区”农村安全饮水工程项目正式开工建设，市委副书记、市长邹文辉宣布开工。市政府党组副书记徐永健主持开工仪式。市副市长龚德汉致辞。鼎城区区长陈远代表项目受益方表态发言；公司董事长曾杰作为建设单位表态发言。市水利局、市发改委、市财政局、市自然资源和规划局、市住建局、市农业农村局、市国资委、市乡村振兴局、鼎城区人民政府、西湖及西洞庭管理区、贺家山原种场、柳叶湖旅游度假区等主要负责人出席。工程建成后供水覆盖面积约660平方千米，惠及用水人口约33.9万人。

（周　飞）

燃气供应

【概况】 2021年，市住建局把燃气安全监管、市场规范、服务提升作为工作重心，大力推进燃气隐患整治工作，保证全市燃气平稳、安全供应。市本级燃气计划投资13050万元，实际完成投资13670万元，投资完成比例104%，增长率50.4%。

【燃气企业管理】 根据国家规范标准和《湖南省燃气经营许可管理办法》，常德市对燃气企业的设置条件、申报程序、审批流程、备案材料等进行全面梳理，并结合燃气经营许可证换证工作，督促燃气企业对燃气场站、设备设施等对照标准进行整改，重点解决防火间距不足、安全设施临时设置、标志标识不规范、岗位人员不达标、生产运行管理不严等问题。全市城镇燃气企业136家（其中管道燃气企业24家、瓶装企业100家、汽车加气企业12家），核发经营许可证126家（管道22家、瓶装94家、汽车加气10家），停业整改5家（瓶装5家），企业自行申请关停2家（汽车加气2家），在建3家（管道2家、瓶装1家）。全市无未取得燃气经营许可证经营的企业。

【燃气安全管理】 2021年3月、6月、9月，按年初工作计划对全市燃气安全生产进行3次全面督查。十堰市“6·13”事故后，迅速制定下发《关于深刻汲取十堰市“6·13”燃气爆炸事故教训立即开展城镇燃气安全隐患大排查大整治的工作方案》，在全市范围内开展大排查大整治，成立2个督查检查组，分别对市城区和各县市区开展情况进行督查检查，各区县市住建部门也成立检查组对燃气安全进行全面排查。共排查燃气场站145座，小区148个，大型综合体、餐饮、集贸市场等非居民用户2892户。累计排查发现问题隐患247个，明确责任人限期整改，实行闭环管理。省住建厅下发《关于立即组织开展全省城镇燃气安全生产大排查大整治的通知》后，迅速将精神传达到各区县市，各企业迅速开展全面自查，各区县市燃气主管部门开展全面检查，市燃气办进行督查，共发现安全隐患37个，全部对企业进行现场交办，限期整改。市城区共计查处非法储存非法运输的黑点2个，暂扣车辆2台，液化气钢瓶85个；非法运输1起，暂扣车辆1台，待检瓶192个；餐饮用户非法改装、非法供气的供气点1个，暂扣50千克大瓶5个，强制拆除非法改装压力管道20余米。全市共计办理各类违法案件5起，行政拘留2人，燃气市场秩序明显好转。6月25日上午，联合市发改委、市应急局等8家单位在月亮大道进行高压燃气管道泄漏应急演练。25日下午，组织市城区瓶装企业主要负责人观摩常德市鑫能燃气有限公司储罐超压泄漏应急演练。

【乡镇燃气建设】 2021年，市政府拨款47万元，在已编制的《常德市燃气发展规划》基础上，增编《常德市乡镇燃气发展规划》，该规划已形成初步文本，正在进行评审阶段。截至2021年年底，已有鼎城区周家店镇、桃源县陬市镇、临澧县新安镇、石门县皂市镇等30余个乡镇开通管道燃气，近40个乡镇筹建、在建管道燃气。

（吴荣衡）

园林绿化

【概况】 截至2021年年底，常德市城市建成区绿地率达到35.79%、绿化覆盖率达到41.14%、人均公园绿地面积达到13.9平方米。公园绿地面积11.94平方千米，防护绿地面积2.51平方千米，广场用地面积0.53平方千米，附属绿地面积18.99平方千米，区域绿地面积9.59平方千米。新增绿地面积1.16平方千米。全年栽植摆放草花500万余盆。

国家生态园林城市创建和国家园林城市复查。围绕指标摸家底，重点对创建国家生态园林城市的主要考核指标公园绿地服务半径覆盖率、林荫路推广率、城市防护绿地实施率等各项指标进行摸底调查，明确工作任务。树立问题导向补短板，加快芙蓉公园、荷花公园、新河水系风光带的建设进度，同时对新建的甘露寺公园进行指导，改建永安公园、望月公园、柏子园社区游园、紫桥社区游园、三闾港社区公园、仙缘社区公园等社区公园和游园，环柳叶湖风光带和沿穿紫河风光带等绿道增植大量的大规格乔木，大大提高绿道的林荫效果和景观效果。2021年，常德市按照标准圆满完成国家园林城市复查工作。

园林绿化工程项目建设。高标准抓绿地提质改造。结合绿地现状及原规划，按春夏秋冬四季增加特色景观植物，做好绿地增色增花增香，为市民提供休闲、娱乐好的环境。2021年，纳入提质改造的绿地主要有新河渠党校宿舍旁绿地、罗湾桥头绿地、白马湖公园、丁玲公园、永安公园及市民广场、柳叶湖环湖路绿地等。加快推进中心城区林荫道路建设，满足国家生态园林城市林荫路推广率要求，对中心城区20多条主次干道乔木进行补栽。按照“300米见绿、500米见园”的要求，做好新河渠社区公园、柏子园社区公园、三闾港社区公园和街头游园的建设，满足市民需求，提高市民幸福指数。扎实推进常德大道两厢提质改造工作。启动植物园规划建设工作，规划中的植物园一期为核心景区，以观赏、科普为主；二期以引种、科普为主；三期以基础设施配套、驯化、引种为主。全面推进望月社区公园建设，切实解决周边市民反映突出的休闲、健身、娱乐等方面资源匮乏的需求。彻底解决市民反映突出的三闾桥绿地亲水栈道安全隐患问题。

绿地精细化养管工作。以打造“精、细、雅、洁”的城市环境为目标，突出精细化养管要求，制定精细化养管工作方案，逐步建立持续、稳定、完善、高效的城市园林养管体系，力求达到无地表裸露、无杂草枯死枝、无明显病虫害。加强城市园林绿化养管工作的指导、考核。按照《常德市城市园林绿地养护管理考核办法》对江北城区23个养护单位的绿化养护情况进行巡查督导和考核，对巡查督导和暗检中发现的问题通过绿韵常德养管群及时发布，限期整改，整改率达97%，使各养护单位绿化养护效果得到明显提升。高效应对恶劣天气。及时将恶劣天气预报发布在养管群内，并督导养护单位加强巡查。

城市增色增花工作。增花增色。2021年，分别在白马湖公园等5个公园、7条主要干道，共增加桃花、茶梅、紫玉兰、白玉兰等7个品种，形成“四季有花、叶花分明、错落有致”的美景。江北城区花化亮点纷呈。高标准完成道路分车带、交通渠化岛、公园、广场绿地等草花栽植，完成柳叶湖环湖路撒播花卉2.8万平方米，武陵大道、柳叶大道、常德大道、洞庭大道等主次干道花化亮点频现。景点制作。牛年春节在市城区主要出入城口、道路节点、广场绿地进行植物造型景点布置7处，造型摆花20多处，受到市民广泛称赞。花境运用。通过使用草本花卉与宿根花卉相结合，营造特色花境400多平方米，展现出植物自然组合的群体美，丰富城市园林景观效果，皂果路隧道入口花境等地成为市民观赏打卡处。

公园建设管理。实行24小时巡逻制，采取电子显示屏、宣传牌等方式加大文明游园的宣传，电动车及摩托车入园现象杜绝，宠物入园、园内垂钓现象明显减少。对公园的老旧设施、“增花增色”提质改造，补足配齐各类便民设施，公园管理人性化服务水平不断提高，市民满意度明显上升。对公园绿地、景观、设施、秩序全面提质，修复园内人为踩踏裸露地块，因地制宜铺设小游路，引进新品种乔灌木、地被等，极大改善和丰富园内景观。积极整治公园水体，经过清治，滨湖公园成为湖南省的同类标杆。

“公益建绿兴绿”活动。2021年，市财政局、市自然资源规划局、市住建局、市生态环境局、市人社局、市公安局、市城管局等30多个单位积极参与公益建绿兴绿。在穿紫河两岸、柳叶湖环湖风光带建成同心林、兴业林、励志林、平安林、抗疫纪念林、友谊林等16处公益林，栽种公益树木3000多株，增加绿地1.3万平方米。一大批乔木和花灌木的栽植，达到“增绿、增花、增色、增果”的目的。春天赏桃花、樱花，夏天赏紫薇，秋天赏桂花，初冬观红叶，通过公益林建设进一步提高市民植绿、爱绿、护绿意识，提升城市景观。

园林绿化科研工作。继续推进园林植物废弃物处理。园林植物废弃物处理厂做到城市绿化垃圾日产日清，很好地解决江北城区园林植物废弃物的出路问题。常德市处理能力和技术水平在全省处于领先地位。常态化指导病虫害防治。加强病虫害的监测与预报，对市城区园林植物病虫害广泛调查，及时发布病虫害通报，召开植保例会。对个别绿地发生的较重病虫害，通过电话、微信、现场等方式及时通知与指导。开展柳絮防治，对市城区公园、绿地、道路及物业小区的3861株柳树进行飞絮防治。开展天牛生物防治实验，分别在柳叶路、建设路及沾天湖环道释放天牛天敌——花绒寄甲，共放虫30400头。

【市园林绿化服务中心参加省、市合唱比赛获奖】 6月21日，市园林绿化服务中心在常德市庆祝中国共产党成立100周年合唱比赛中取得97.66分的好成绩，获一等奖；6月30日，中心代表市城市管理和综合执法局参加湖南省住建系统“百年征程铸辉煌 住建颂歌献给党”庆祝中国共产党成立100周年歌咏比赛，取得98.55分的好成绩，获决赛第二名。

【常德高铁广场景观设计方案论证会召开】 7月22日，市园林绿化服务中心组织部分专家、设计单位、业主单位，对高铁广场现场踏勘，并就高铁广场景观设计方案召开认证会。评审会上，中铁第四勘察设计院集团有限公司设计人员对广场景观设计进行详细汇报，拟将常德高铁站站前广场打造为山水生态、历史文化、枢纽集散三大主题为一体的城市会客厅。专家组就高铁广场功能定位、交通组织、特色打造、景观效果、亮化美化、历史传承、文化植入等方面畅所欲言，提出优化意见。

【甘露寺公园开园】 9月19日，甘露寺公园正式开园。该园是常德城东片区提质建设中的一项重要民生工程。甘露寺公园用地面积约91200平方米，以既有场地条件为基础，结合甘露寺历史文化及场地记忆，打造以徐家大屋文化为特色，集生态休闲、历史教育、文化科普、防灾避险等为一体的公园，是重要的城市生态休闲绿地。

（罗 斌）

住房保障

【概况】 2021年，常德市保障性安居工程建设任务23692户（套），其中城镇棚户区改造4680户，公共租赁住房建设4824套、租赁补贴任务14188户。截至2021年12月底，全市保障性安居工程开工24548户（套），开工率104%，其中城镇棚户区改造开工4680户，公共租赁住房开工4824套、租赁补贴发放15044户。全市开工改造老旧小区329个，涉及居民39988户。

【棚改工作】 2021年，常德市棚改开工21个项目、4680户，开工率100%，位居全省第三；争取上级补助资金2.4亿元。全力督导。对棚改建设进度实行周调度、月督导，召开工作推进会、调度会10余次，对进度滞后的下发督办函7份；积极督导新一村棚改工作，武陵区城东片区和桃花源大桥片区棚改项目顺利推进。抓基础。认真推进棚改“十四五”规划编制，“十四五”规划期间全市拟纳入棚改项目254个、80797户；提前做好谋划，新下达棚改确认书5个项目、336户，已正式启动1个项目，其他项目正在开展前期工作。主动与省住建厅衔接，中心领导多次赴省厅汇报工作，扎实做好资料整理，妥善处理项目遗留问题，全面争先创优。

2021年9月19日，武陵区举行甘露寺公园开园仪式 （武陵区政府办 供图）

【老旧小区改造】 全市开工改造老旧小区329个，涉及居民39988户，其中省、市重点民生实事考核任务分别为136个和230个，均已全部开工；已争取上级补助资金7.26亿元，累计完成投资6.9亿元，超额完成省重点项目建设投资考核任务；2021年9月，常德市作为全省唯一的信息系统建设试点城市，在全省培训会上进行经验介绍。

【公租房建设管理】 全市累计筹集公租房109078套（其中保障低收入困难家庭93830套、保障外来务工和新进就业人员15248套），其中市本级直管3208套。分配入住95675套，分配入住比例达到98%。2021年开工公租房19个项目4824套，发放租赁补贴15091户，超额完成任务。全面清查市直6个公租房小区3208户，共清退105户，提高租金306户；严格落实“三审两公示”，分配入住446套，有效满足困难群众的住房需求。

【既有住宅加装电梯】 完成对4585栋多层住宅、10723个单元既有住宅加装电梯排查评估工作，出台既有住宅加装电梯管理办法和实施细则，每台给予财政补助10万元。全年既有住宅加装电梯共完成联合审批254台，竣工161台，正在施工56台，超额完成省住建厅下达的150台加装任务。

【全省住房保障工作现场推进会召开】 7月27日，全省住房保障工作现场推进会在临澧县召开。湖南省住房和城乡建设厅党组成员、总工程师易继红出席并讲话，省住房和城乡建设厅二级巡视员姚志宏主持会议。与会人员先后到临澧县高新区创新创业园公租房、芭蕉安居小区和青年人才公寓等地参观考察。会议通报全省住房保障工作进展情况，并对进一步推进全省住房保障工作作具体安排。临澧县、长沙市、湘潭市、常德市、娄底市等县市分别结合工作实际作经验交流。

（吴荣衡）

房地产业

【概况】 2021年，全市完成房地产投资332.5亿元，同比下降2.2%。常德市房地产税收46.07亿元，同比下降9.6%，占全市的14.7%，在全国房地产市场萎缩的大环境下和后疫情时期，市场保持平稳可控。

【严格市场主体管理】 对新成立的35家开发企业进行严格市场准入条件审查，确保新成立企业符合法定条件，从源头上加强市场主体监管；开展防范非法集资宣传月活动和房地产领域风险排查工作，通过发放宣传手册、张贴标语和播放宣传视频等多种方式，宣传教育取得实效；开展房地产市场“双随机、一公开”专项检查，切实整治市场乱象，进一步规范市场秩序。湖南省住房全生命周期管理一网通办系统在常德正式上线，标志着全市住房信息化管理和房地产调控进入全新阶段，有力促进住房大数据的平台互通、数据共享。

【实行商品房预售资金监管】 为完善商品房预售管理制度，加强商品房预售资金监督管理，下发《常德市江北城区商品房预售资金监管办法（试行）》，使用配套监管平台实现动态化资金监管，并分6期向社会发布中心城区在建房地产项目商品房预售资金监管账户信息，避免开发企业逃离资金监管。专函市公积金中心和各商业银行，要求协助将个人住房贷款直接归集至资金监管专户。认真贯彻落实国家房地产市场调控政策，按照“稳地价、稳房价、稳预期”的工作目标，对新建高层住宅价格进行适当引导和干预，确保房地产市场平稳健康发展。

【防范和化解市场风险】 组织西城水恋（南区）二期、西园棚改、鼎沣金城里、星语林创客大街、东城华府、富新瞰江南项目等专题协调会，协调处理项目在开发建设、房屋质量、合同纠纷等方面出现的问题，推进项目后续建设。在恒大集团负面舆情发生后，第一时间向市政府汇报，提请成立工作专班，制定工作方案，设定保护账户，推进资产审计，多项风险处置和化解工作都走在全省前列。

【湖南省住房全生命周期管理一网通办系统在常德正式上线】 11月5日，湖南省住房全生命周期管理一网通办系统常德市上线仪式在市住建局举行。省住建厅房地产监管处调研员曾玉平，局党组副书记、副局长陈昌玉，副局长熊新平和市住建局相关部门负责人、各区县市建设行政主管部门房地产业务分管负责人及平台经办人共同见证一网通办系统正式上线。常德市是全省提升住房监管服务效能改革工作的第一批试点城市，市住建局经过一年调研、筹备和推进，完成数据匹配转换分析、系统研发、内部测试、全面培训等工作。湖南省住房全生命周期管理一网通办系统在常德正式上线，发挥“互联网+”、区块链等现代信息技术作用，提升住房监管服务效能，实现“功能全面、群众便利、管理高效”的住房全过程信息化管理系统，让企业和群众“一次都不跑”。实现房屋建设、出售、租赁、监管、征拆业务“多网合一、一网通办”，达到“交房即交证”和“平台之外无审批、平台之内全监管”的目标。

（吴荣衡）

散装水泥和墙体材料革新管理

【概况】 2021年，常德市散装水泥供应量807.57万吨，散装率达72.23%；全市已登记22家预拌砂浆企业生产销售预拌砂浆121万吨，上缴税金2250万元；取得湖南省新型墙体材料认定证书的21家新型墙体材料企业生产折合标砖8.97亿块，利用工业废渣等原材料7.89万吨，实现节约能源5.69万吨标准煤。常德隆程建材、常德新鑫环保墙体材料、鼎城武陵水泥、常德湘雄建材4家企业产品取得国家二星级绿色建材评价标识证书。

政策出台。为有效解决预拌砂浆和室内装饰行业发展政策支持力度，进一步规范行业管理，提请常德人民政府于2021年8月16日正式出台《常德市预拌砂浆管理办法》。

执法检查。2021年，常德市散墙办连续9年获评湖南省工信系统“规范行政执法”示范单位称号。全年对市城区50余处建筑工地禁止现场搅拌砂浆、禁止使用实心黏土砖情况进行执法巡查，下达整改通知书20份，并对建筑工地使用袋装水泥现场机器搅拌砂浆的违法行为进行行政处罚。

【新型墙材产品和预拌砂浆试验室认定】 2021年，常德市宏广新型建材、常德羽闻环保建材、常德德凯环保建材、汉寿县城联新型环保建材、津市市新洲镇坤源环保砖厂、常德华盈新型建材、湖南翔雅建工、石门和峰环保建材、桃源县兴业墙材9家新型墙体材料企业取得湖南省新型墙体材料产品认定证书，常德金江水泥、常德铭顺建材、湖南磊鑫新材料、常德恒基建材、常德巨龙建材5家预拌砂浆企业试验室取得湖南省预拌砂浆企业试验室认定证书。截至2021年年底，全市有21家新型墙体材料企业取得湖南省新型墙体材料产品认定证书，13家预拌砂浆企业试验室取得湖南省预拌砂浆企业试验室认定证书。

【规范室内装饰行业管理】 2021年，率先在全省建成室内装饰招投标全流程电子化系统。全年共完成室内装饰招投标项目16个，招标金额约2亿元。对20家室内装饰工程施工现场进行检查，组织空气环境义务检测公益活动20余次，处理“市长热线”交办和电话投诉问题20余起，群众回访满意度100%。

（黄晶晶）

规划建筑设计

【概况】 2021年2月，市规划设计院正式完成转企改制，改为市规划建筑设计院有限责任公司，由市自然资源和规划局移交市国资委管理。国企改革任务完成率超过88%。选举产生第一届总支委会、董事会、监事会、职代会，制定相应议事规则。

鼎城区草坪镇三角堆村村庄规划效果图

【打造品牌】 抓资质升级。2021年10月，市规划设计院城乡规划编制资质成功升为甲级，成为湘西北区域内首家拥有该资质的设计企业，企业品牌形象极大提升。争先创优。坚持“创造优质产品、打造一流品牌”的理念，不断提升企业影响力和知名度。鼎城区草坪镇三角堆村庄规划获湖南省2021年度国土空间规划优秀案例一等奖，是常德市勘察设计行业在评选中获得的唯一的一等奖。常德河街获市2021年度国土空间规划优秀案例一等奖。公司整体被评为市住建局（市人防办）2021年度优秀勘察设计单位。人才建设。建立人才考核体系和评价机制，坚持把培养人才作为提升企业核心竞争力的重要抓手。全年有6人通过注册师考试，12人取得高级职称，5人获评常德市年度优秀设计师。

【提升经营业绩】 2021年，签订设计合同192项，金额超过4000万元，较2020年度增长超10%，总产值近年来首次超过到账收入，一改过去“吃老本、挂倒账”的被动局面；利润由负值转为28万元，净资产收益率为2.33%，达到全省平均水平，成功实现扭亏为盈；资产负债率为17.12%，保持在较低水平。

【公司城乡规划编制资质升为甲级】 10月18日，自然资源部公布2021年第二批城乡规划编制单位甲级资质认定名单，其中，常德市规划设计的“龙头”单位——市规划建筑设计院有限责任公司上榜。该公司拥有城乡规划编制甲级、建筑行业（建筑工程）甲级、市政行业（道路工程、桥梁工程）乙级、测绘乙级等一系列专业资质。在该次城乡规划编制单位甲级资质认定名单中，市规划建筑设计院有限责任公司是唯一入围的湖南省设计企业，也是整个湘西北勘察设计行业首次拥有城乡规划编制甲级资质。

（吴贤清）

建筑勘测设计

【概况】 2021年，市建筑设计院有限责任公司完成事转企改制，整体移交市国资委管理，建立现代企业制度，整章建制，规范内部管理，进入新的发展阶段。全年完成返回合同产值近5000万元，营业收入3500多万元，基本完成原任院长、党支部书记的任期经济责任审计问题整改，国企改革三年行动任务完成率达到80%以上。公司推选的《澧县水德庙片区老旧小区改造规划》和《武陵区芦荻山乡黄爱村村庄规划》分别获得2021年湖南省国土空间规划优秀案例二等奖和优胜奖、市二等奖；完成常德市首个BIM线上施工图同步审查示范项目（工人文化宫易址新建），获得PKPM2021BIM应用优秀案例二等奖。副总经理张春红被评为全省二十名“2021优秀国土空间规划师”之一。

2021年，公司共签订勘察设计合同180项，新签合同产值3119万元，返回合同产值4879万元（其中：建筑工程项目71个、金额3198万元；勘察测量项目68个、金额971万元；规划景观项目27个、金额475万元；市政工程项目14个、金额235万元）；全年共实现开票收入3570元，完成营业收入3570万元，利润总额39.1万元，上缴税金293万元。公司资产总额5024万元，负债1308万元，净资产3716万元。

2021年，公司热心支持乡村振兴和社会公益事业，为结对帮扶点村临澧修梅镇沃沙村支持帮扶资金10万元，走访慰问14户结对帮扶对象，捐赠5万元支持石门维新幼儿园的建设，助力基层教育提质和乡村文化振兴事业。

【业务拓展】 公司董事长带队先后与省建筑设计院、湖南大学设计研究院、省建院检测公司等省内行业翘楚进行对接洽谈，签订战略合作框架协议或达成合作意向，共同探索拓展业务范围和新经营模式，通过整合资源，实现优势互补和可持续发展。生产经营办规范招投标程序，对每一个投标项目召开专题会议落实责任，在招投标新政策实施后，成功中标利民巷棚改项目EPC、三区自来水全过程咨询等项目，全年共完成招投标项目23个、电子卖场采购项目96个，金额1900万元。公司抓住绿色建筑、既有建筑改造市场机遇，共完成绿色建筑咨询项目6个，绿色建筑评价项目7个，其中常德市工人文化宫易址新建项目通过二星级绿色建筑设计标识审查，完成常德市首个BIM线上施工图同步审查示范项目，获得PKPM 2021 BIM应用优秀案例二等奖。设立既有建筑改造中心，参与老旧小区改造，主动对接城市体检、城市更新业务，拓宽公司新业务发展的路径。利用各种人脉资源，积极拓展外省市市场取得新的进展。截至12月底，公司对接项目180个，其中私企大项目有丰华悦园合同金额622万元、鼎城CBD地块（吾悦广场、吾悦华府、吾悦和府）212.91万元等，国企项目柳城万寿郡项目618万元。积极对接项目有市经投利民巷项目、市妇幼科技楼项目、市师范专科学校附属第一幼儿园项目、武陵区、澧县、临澧县老旧改造项目等。

【参与中心工作】 乡村振兴。规划景观室精准有效衔接国家乡村振兴战略，选派设计精英团队前往西湖管理区西洲乡黄泥湖村等8个村庄、武陵区17个村庄、石门县5个村，加班加点开展实地勘察调研，因地制宜制定乡村振兴规划设计图，工作成果获得群众一致好评，得到业界的高度认可。老旧小区改造。市政室、方案室等部门结合典型的案例分析，精心制定老旧小区改造方案，获得业主的一致好评。作为常德市城镇老旧小区改造方案的评审单位，组织9次专家评审会，对全市13个区县市的300多个老旧小区改造项目实施方案进行评审，武陵区、临澧县、澧县近50个小区旧貌换新颜，提升居民的幸福指数。居民加装电梯。景观规划室等部门完成市城区5685栋多层房屋共12069个楼栋单元的加装电梯摸底评估工作和资料上传，得到省市住建部门好评。

【经营管理】 争取资产注入，经多次向市政府办、市财政局领导汇报，在主管部门支持下，公司原办公楼1500平方米房屋资产已移交公司，增加注册资本。生产经营办规范合同管理，建立审签管理制度，逐级审签合同，并由专人管理公章，杜绝做完项目不签订合同的行为。落实项目责任制，制定项目例会制度，建立项目台账管理系统，实施新的图文管理办法，为有效把控项目质量和进度，规范项目成本管理做出不懈努力。为提升资质，减免税费、争取专项奖励资金，公司积极申报高新技术企业认定，于12月15日成功通过高新技术企业评审并备案公示。公司获得由湖南省市场监督管理局颁发的检验检测机构资质认定证书。在人事（劳动合同）管理、后勤服务、信息化建设、安全生产、档案管理等方面规范管理，并加强财务审核和年度预决算管理。

（雷　明）

诗墙管理

【概况】 2021年1月1日起，市诗墙管理处由市住建局（市人防办）调整为市委宣传部管理。2021年，诗墙管理处获评湖南省爱国主义教育基地，诗墙公园被评为湖南省社会主义核心价值观建设示范点。诗墙文化宣传队获“2019至2020年度湖南省青年文明号”，是常德市2021年度被授牌的唯一集体。常德诗墙文化传承基地获评2021年湖南省社会普及基地年度考核优秀单位。2021年，诗墙共接待参观者3500多人次，各类团体91个，中央环保督导组徐敬业一行、原中央党史研究室副主任龙新民一行参观后予以高度评价。

为群众办实事。结合“三会一课”、主题党日活动开展党史学习教育，贯彻落实新发展理念和以人民为中心的发展思想，积极参与为民办实事，完成18个“我为群众办实事”项目。

文化研究与推广。以诗墙《华夏新声》篇章为主体开发诗墙红色路线，以诗墙修建者的精神为核心打造《讲好诗墙故事　传承红色基因》宣讲课。该线路和课程接待单位27家、研学团体6批。宣讲课走进育英小学思政课堂，为学校红色教育提供范本。该课程被市直机关工委评为党建与业务融合优秀案例，诗墙红色路线被列入城市旅游线路。与市广播电视台合作推出“有声诗墙”栏目，共推出《读诗的少年》节目48期，其中“诗墙上的共产党员”系列音频入选2021年湖南省优秀社会科学普及作品推荐名单。诗墙公益书法班、朗诵班2021年继续免费向公众开放，书法班共开办6期课程，朗诵班开办42期课程。联合市诗词学会开办诗词国学公益班，每月1讲，共8讲，由诗词造诣高、有丰富诗词教育经验的专家老师专题授课，每期课程座无虚席。

公园维管。诗墙四阁改造。完成项目立项、设计、预算和财政评审，进入开工改造；诗墙四阁停车场智能化改造工程完成施工；完成武陵阁北向泥雕对联更换铜字安装，完成排云阁至春申阁段长廊部分地面沉降维修、诗墙公园用电负荷扩容等日常维护。打造“五好”诗墙公园，加强公园常态化灌木草坪修剪、施肥和病虫害防治，诗墙公园景观管理有效提升。7月2日，沅江洪水漫进诗墙公园，党员模范带头，及时关闭闸门，24小时值守，汛后以最快速度完成清淤消毒及修复工作，还市民游客一个干净优美的诗墙公园。

法治建设。引进智能化安防设施，公园入口安装人脸识别摄像头并接入公安平台。诗墙党员志愿者服务队多次参与东湖巷社区夜间治安巡逻活动。综合楼、诗墙公园、诗墙四阁坚持每月开展拉网式安全检查，全面消除事故隐患。积极开展民调宣传、平安580反网络诈骗、远离“黄赌毒”法治教育等宣传工作；组织消防知识专题讲座2次。

【举办第二届“心动诗墙”摄影展】　4月8日，诗墙管理处举办第二届“心动诗墙”摄影展，共展出反映诗墙美景精美作品91幅，带领市民游客感受诗墙人文魅力和文化内涵，寻找心动瞬间。

【主办“桃源之境”看·孩子的歌第二届常德市少儿艺术展】　10月30日，诗墙博物馆主办“桃源之境”看·孩子的歌第二届常德市少儿艺术展，共展出6800幅艺术作品，呈现给广大市民一场艺术视觉盛宴。

（向　迪）

2021年10月30日，诗墙博物馆主办“桃源之境”看·孩子的歌第二届常德市少儿艺术展
（常德诗墙管理处 供图）

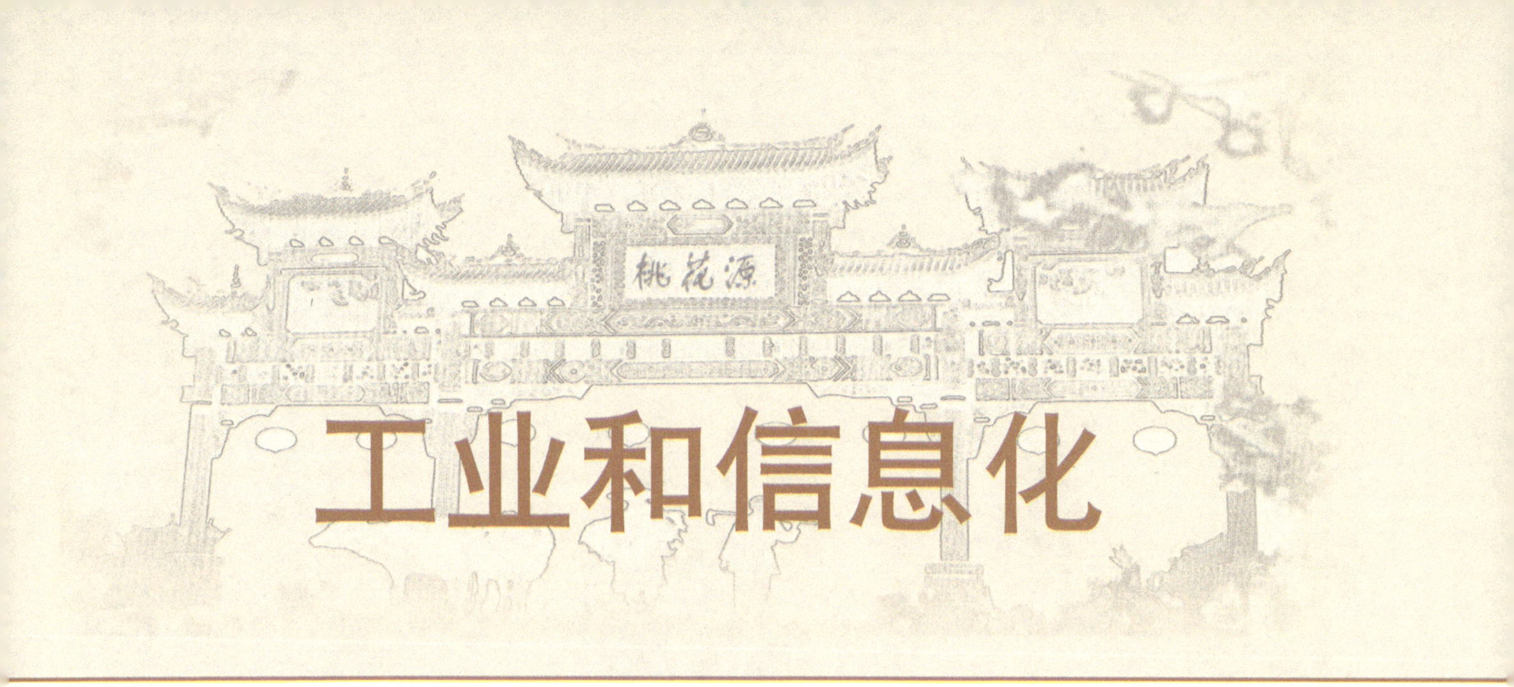

工业和信息化

综述

【概况】 2021年，全市工信系统紧跟市委、市政府决策部署，认真落实“三高四新”战略定位和使命任务，聚力打造全国重要先进制造业基地，常德在全国先进制造业百强城市中跻身第71位。

主要指标。2021年，全市制造业增加值占地区生产总值（GDP）比重上升0.43个百分点，达到31.03%，高于全省平均水平3.3个百分点；完成规模工业增加值1135.7亿元，增长5.9%，较2020年增速高1.3个百分点，其中非烟工业增速10.7%，在烟草产业增长乏力的背景下，有力支撑全市工业增长；工业固定资产投资增长21.6%，比全省平均水平高6.9个百分点，全省排第四；工业用电量63.8亿千瓦时，增长4.4%；工业实缴税金达77.2亿元，增长5.7%。从重点企业看，全市89家重点监测企业完成产值1400.5亿元，增长7.5%，占全市产值比重37.2%。其中，常德卷烟厂完成产值567亿元，增长1.2%，对全市规模工业增加值贡献近50%；中联重科七家在常企业全年完成产值199.4亿元，负增长8.8%；三一机械、常德中车、正阳生物等企业实现翻番式增长。

园区提质。2021年，全市工业园区（不含烟厂）完成规模工业产值2535亿元，增长18.2%；完成基础设施投入102亿元，新建成标准化厂房超过180万平方米；石门高新区、常德高新区、汉寿高新区、桃源高新区4个园区获评全省产业高质量发展园区，数量与长沙并列全省第一；常德经开区、常德高新区、桃源高新区、石门高新区、临澧高新区5个园区受到全省“五好”园区表彰，常德经开区在全国经开区综合评价中跻身第66位，常德高新区获批国家级新型工业化产业示范基地、全省营商环境先进园区，澧县高新区获批省级新型工业化产业示范基地，津市高新区获批全省首批化工园区。深化园区体制机制改革，向常德经开区和常德高新区分别赋权162项、170项，打破层级管理结构，建立扁平化领导和垂直化管理工作推进机制，推行“大部制”管理、待遇绩效、人员聘用等制度，推动园区机构简约化、团队专业化、运营市场化。

产业基础。优势链群。对接全省工业优势产业链，积极建链、补链、延链、强链，着力打造21条优势产业链群。工业项目。出台《市级领导联系重大制造业项目招商工作方案》，按照一个重大项目、一名牵头市级领导、一个主体责任部门、一个工作专班、一套推进方案的“五个一”模式，实行领导挂帅、专班服务、跟踪调度，力推项目落实落地，全市新开工、新投产亿元工业项目分别达112个、101个，一批投资10亿元以上重大项目签约、开工或投产。产业龙头。新获批国家级、省级小巨人企业8家、31家，总数达到15家、104家；新入规企业192家，同组市州排名第二，超额完成省市确定的企业入规任务。

转型升级。推动数字产业化、产业数字化，新建5G基站2183个，23家企业获工信部两化融合管理体系贯标评定证书，42家企业成为全省制造业数字化转型“三化”（数字化、网络化、智能化）重点企业，中小企业“上云”8719家、“上平台”630家，中车新能源等7家企业获评省级“5G+工业互联网”示范工厂和典型应用场景，飞沃新能源、天马电器等3家企业入选全省“数字新基建”标志性项目，承办全省工业互联网创新发展现场推进会，得到省工信厅高度肯定。坚持以技术、质量、品牌构建企业核心优势，4家企业获批全省中小企业技术创新“破零倍增”标杆企业，7个项目新晋“全省100个产品创新强基项目”，12家企业被认定为“湖湘精品”中小企业品牌能力提升试点企业，特力液压、飞沃新能源获评“湖南省工业质量标杆”，瑭桥科技、定海管桩获评“湖南省工业品牌培育示范企业”，新增2家省级工业设计中心、5家省级企业技术中心，建立首批6个市级工业设计中心、10个市级企业技术中心，常德水表成为省级“单项冠军”。坚持“两山”理念（绿水青山就是金山银山），大力发展绿色制造，常德高新区、桃源高新区获评省级绿色园区，常德中车获评国家绿色工厂，中联建起、腾飞化工获评国家绿色设计产品，安福环保获评国家工业产品绿色设计示范企业，石门海螺获评省级绿色工厂，临澧万顺墙材获评省级绿色设计产品，3家企业成为全省首批重点工业行业能效“头雁”企业。

【暖企惠企服务】 紧盯政策“风口”，争取国省项目资金超过2亿元，超额完成全年1.2亿元的目标任务，其中制造强省项目争取额度、惠企户数全省第二，担保奖补资金争取额度连续3年全省第一。编印《优化营商环境政策法规》《惠企政策汇编（2021）》《减轻企业负担政策汇编（2021）》，免费赠予企业，全市各级为企业兑现惠企政策超过10亿元。积极清理拖欠民营企业中小企业账款，欠款偿还进度、投诉举报线索结果处理均居全省前列。开展“智能制造进园区”、沅澧大讲堂、工业电商主播大赛、工业设计大赛、“十大品牌”短视频宣传、创客中国常德大赛等活动，助力企业发展。大力推进市县中小企业服务平台建设，4家服务机构获批省级中小企业核心服务机构，3家服务机构获批省级小微企业创新创业示范基地，武陵区中小企业服务中心获批国家级中小企业公共服务平台和国家级“专精特新”核心服务机构。特别是根据省市统一部署，对亏损企业开展“纾困增效”帮扶行动，帮助企业扭亏增盈。截至2021年年底，全市亏损工业企业124家，比前三季度减少25家，亏损总额11.1亿元，亏损面7.5%，较前三季度下降2个百分点。

【制造业招商引资】 坚持把制造业招大引强作为贯彻落实“三高四新”战略的一号工程来抓，设立重大项目招商办，全面落实“五个一”工作机制，实行领导牵头、专班服务、挂图作战，建立联席会议、定期通报等制度。各牵头市领导密集调研调度、拜访对接、服务解难，力推项目落实落地。19个重大制造业招商项目中，已开工项目2个，签约项目6个，4个特色产业园集聚项目已有一批企业签约或开工入驻。

（曾　洁）

表5　　2021年度常德市税收百强工业企业一览表

序号	纳税企业	2021年税收合计（万元）	行业大类
1	湖南中烟工业有限责任公司常德卷烟厂	市城区	231945
2	中联重科建筑起重机械有限责任公司	鼎城区（常德高新区）	37380
3	常德市三一机械有限公司	常德经开区	25806
4	湖南华电常德发电有限公司	常德经开区	17669
5	石门海螺水泥有限责任公司	石门县	16145
6	湖南洞庭药业股份有限公司	常德经开区	12840
7	湖南特力液压有限公司	鼎城区（常德高新区）	12531
8	湖南武陵酒有限公司	常德经开区	11197
9	常德烟草机械有限责任公司	市城区	11092
10	常德金鹏印务有限公司	市城区	10473
11	湖南恒安纸业有限公司	常德经开区	10426

续表5

序号	纳税企业	2021年税收合计（万元）	行业大类
12	临澧冀东水泥有限公司	临澧县	9190
13	葛洲坝石门特种水泥有限公司	石门县	8573
14	湖南重庆啤酒国人有限责任公司	澧县	7990
15	康普药业股份有限公司	汉寿县	7353
16	湖南临澧南方新材料科技有限公司	临澧县	7285
17	大唐石门发电有限责任公司	石门县	6432
18	中国水电顾问集团桃源开发有限公司	桃源县	5947
19	康哲（湖南）制药有限公司	澧县	5367
20	五凌电力有限公司凌津滩水电厂	桃源县	5289
21	湖南飞沃新能源科技股份有限公司	桃源县	4593
22	湖南龙行天下运动用品有限公司	桃源县	4540
23	湖南新合新生物医药有限公司	津市市	4137
24	长安石门发电有限公司	石门县	4128
25	湖南常德南方水泥有限公司	鼎城区（常德高新）	4109
26	湖南海利常德农药化工有限公司	常德经开区	4041
27	湖南金康光电有限公司	常德经开区	3875
28	湖南迪文科技有限公司	桃源县	3600
29	澧县新鹏陶瓷有限公司	澧县	3534
30	晟通科技集团有限公司常德分公司	桃源县	3455
31	常德中石油昆仑燃气有限公司	市城区	3069
32	湖南平安医械科技有限公司	澧县	3065
33	湖南武陵机械制造有限公司	鼎城区（常德高新区）	2824
34	石门金航硅砂有限公司	石门县	2654
35	湖南德山酒业有限公司	常德经开区	2532
36	常德力元新材料有限责任公司	常德经开区	2411
37	金健米业股份有限公司	常德经开区	2403
38	常德芙蓉大亚化纤有限公司	武陵区	2365
39	常德翔宇设备制造有限公司	常德经开区	2303
40	常德中联重科液压有限公司	常德经开区	2245
41	国网湖南省电力有限公司常德供电分公司	市城区	2197

续表5

序号	纳税企业	2021年税收合计（万元）	行业大类
42	常德中联环保电力有限公司	常德经开区	2093
43	湖南中联重科车桥有限公司	津市市	2048
44	常德东鼎动力机械有限公司	鼎城区（常德高新区）	1985
45	湖南金健药业有限责任公司	常德经开区	1963
46	常德达门船舶有限公司	市城区	1913
47	常德纺织机械有限公司	常德经开区	1911
48	湖南中联重科混凝土机械站类设备有限公司	汉寿县	1894
49	湖南三江电力有限责任公司	石门县	1857
50	湖南常德南方新材料科技有限公司	鼎城区	1816
51	胜美达电机（常德）有限公司	常德经开区	1660
52	湖南澧水流域水利水电开发有限责任公司皂市水电站	石门县	1493
53	常德市佳鸿机械有限责任公司	鼎城区（常德高新区）	1458
54	湖南凯斯机械股份有限公司	安乡县	1451
55	常德美华尼龙有限公司	临澧县	1449
56	三金集团湖南三金制药有限责任公司	常德经开区	1436
57	湖南常盛玻璃有限公司	临澧县	1430
58	常德市荣程机械有限公司	鼎城区（常德高新区）	1406
59	湖南省湘澧盐化有限责任公司	津市市	1380
60	湖南新澧化工有限公司	澧县	1375
61	湖南欣龙非织造材料有限公司	津市市	1364
62	临澧鑫众钙业有限公司	临澧县	1354
63	常德市德源混凝土有限公司	常德经开区	1293
64	临澧金华天机械制造有限公司	临澧县	1270
65	湖南安福环保科技股份有限公司	临澧县	1260
66	石门县金长城建材有限责任公司	石门县	1225
67	中联恒通机械有限公司	鼎城区（常德高新区）	1203
68	湖南运达绿色包装股份有限公司	澧县	1164
69	湖南嘉士利食品有限公司	常德经开区	1119
70	湖南恒邦建工有限公司	澧县	1105
71	常德中鑫材混凝土有限公司	桃源县	1100

续表5

序号	纳税企业	2021年税收合计（万元）	行业大类
72	葛洲坝易普力湖南二化民爆有限公司	石门县	1092
73	常德金叶机械有限责任公司	武陵区	1090
74	湖南嘉力亚新材料有限公司	桃源县	1088
75	湖南云锦集团股份有限公司	常德经开区	1069
76	湖南德沅众创制造有限公司	常德经开区	1048
77	常德市芙蓉实业发展有限责任公司	市城区	1023
78	湖南鑫顺环保建材有限公司	安乡县	996
79	湖南泰利恒友科技开发有限公司	西洞庭	978
80	中材常德水泥有限责任公司	桃源县	972
81	常德市巨龙建材制造有限公司	桃源县	968
82	常德芙蓉烟叶复烤有限责任公司	鼎城区（常德高新区）	926
83	湖南嘉泰鞋业有限公司	桃源县	914
84	佳达电缆有限公司	鼎城区（常德高新区）	905
85	湖南常德牌水表制造有限公司	鼎城区（常德高新区）	872
86	湖南渔经生物技术股份有限公司	津市市	855
87	湖南邦乐车桥有限公司	津市市	839
88	常德迪格机械制造有限公司	鼎城区（常德高新区）	831
89	湖南桃源辣妹子食品有限公司	桃源县	819
90	常德市鼎城武陵水泥有限公司	鼎城区	819
91	湖南高德建材有限公司	常德经开区	802
92	桃源县云雾洞石材有限公司	桃源县	793
93	湖南海大生物饲料有限公司	常德经开区	780
94	常德市联嘉机械有限公司	鼎城区（常德高新区）	769
95	湖南国宗铝业有限公司	桃源县	744
96	湖南运达机电科技股份有限公司	澧县	716
97	常德市自来水有限责任公司	市城区	713
98	常德益翔实业有限公司	澧县	711
99	湖南嘉业达电子有限公司	澧县	698
100	邓权塑业科技（湖南）有限公司	西洞庭	661

电业

【水电能源】　水电是常德市电力系统的重要组成部分，截至2021年年底，全市水电总装机97.77万千瓦，占电力总装机的20.6%，2021年发电量39.32亿千瓦时，占全市总发电量的22.4%。为进一步挖掘水电潜力，助力实现“3060”“双碳”目标（2030年前实现碳达峰，2060年前实现碳中和），2021年桃源县启动抽水蓄能电站前期工作，总装机容量120万千瓦，总投资86亿元，该项目已列入国家《抽水蓄能中长期发展规划（2021—2035）》并取得省发改委同意开展前期工作批文。

（屠世杰）

【农村小水电工程建设】　常德市境内溪河纵横，水力资源十分丰富，为全市水电开发提供优越的自然条件。2008年（常德市水能资源规划）水力资源调查结果显示：全市水力资源理论蕴藏量出力为1449.48兆瓦，年可发电量126.97亿千瓦时；水能技术可开发量211处，总装机可容量895.95兆瓦，年可发电量31.13亿千瓦时；全市经济可开发量192处，总装机可容量1007.22兆瓦，年可发电量32.81亿千瓦时。全市已开发农村水电站132处，总装机容量约36万千瓦，年平均发电量10.46亿千瓦时。

沅水水系干流水力资源理论蕴藏量为406.5兆瓦。支流水力资源理论蕴藏量为253.81兆瓦，可开发的水力资源为99.65兆瓦。澧水水系干流水力资源理论蕴藏量为181.1兆瓦，技术可开发量5处、装机容量116.18兆瓦、年发电量441500万千瓦时；经济可开发量5处、装机容量116.18兆瓦、年发电量441500万千瓦时；正在和已开发量为5处、装机容量116.18兆瓦、年发电量441500万千瓦时；经济可开发量和正在和已开发量分别占技术可开发量的100%。

2004年后，全市小电站建设加快。新增电站装机48.73万千瓦，先后建成装机1万千瓦（总容量达16.14万千瓦）以上的骨干电站7处。“十三五”规划以来，通过农村小水电站增效扩容工程、农村小水电扶贫试点工程、农村小水电清理整改、绿色小水电示范电站创建、安全生产标准化建设等措施，较好实现农村小水电环境友好、社会和谐、管理规范、经济合理的发展目标。

（田　耕）

【火电能源】　大唐石门发电有限责任公司原名湖南省石门电厂，位于石门县宝峰开发区，属于国家“八五”重点工程，设计装机容量为4×300兆瓦燃煤机组，是湖南省第一座集资办电的大容量、高参数火力发电厂。2004年，公司化改制为大唐石门发电有限责任公司。2012年12月，通过增资扩股方式对公司资产重组，陕煤集团占股本的51%，大唐集团占股本的49%。公司累计发电量581.5亿千瓦时，实现利税18.6亿元。2018年、2019年、2020年，分别实现利润3992万元、5680万元、8958万元。2021年，实现产值13.1亿元，同比增长43.4%，实现税收6548.9万元，同比下降18.4%。

湖南华电常德发电有限公司是世界五百强企业中国华电集团公司旗下的基层单位，于2006年4月注册成立，公司一期建设2×660兆瓦超超临界燃煤发电机组，同步建设全烟气脱硫、脱硝、除尘等环保设施。工程静态投资47.39亿元，动态投资50.85亿元，其中环保投资8.44亿元，占总投资的17.8%。一期两台机组分别于2015年12月17日、12月29日投产。2021年，公司有正式员工308人，本科以上学历占全员总数80%。2014年成为华中地区首个“超低排放”的新建电厂。2017年成为湖南省首家、集团公司第二家取得全国统一编码的新国版排污许可证的发电企业。该公司供热工程于2016年正式投入商业运营。截至2021年，已向9家用热企业集中供热。公司先后获得“全国电力行业优秀工程设计一等奖”“湖南省重点建设项目目标管理优胜单位”等称号。2020年完成产值20.69亿元。2021年完成产值22.8亿元，同比增长10%；实现税收1.77亿元。

长安石门发电有限公司于2003年成立，主营业务为电力的生产与销售，装机容量为2×330兆瓦，第一台（3#机）机组于2005年9月29日投产发电，第二台（4#机）机组于2006年3月23日投产发电。工程投资额225259万元，2012年原控股股东中国华电集团公司将所持51%股权无偿划转给陕西煤业化工集团有限责任公司，2016年4月23日，公司管理权正式移交给陕煤集团。公司注册资本42755.45万元，其中，陕煤集团控股53.73%，华电集团股比42.26%，德泰煤业股比4.01%，公司属于陕煤集团产权管理二级单位，2020年陕煤集团将股权划转至陕西长安电力有限公司。

（朱　婷）

【常德国力变压器有限公司】　2021年，常德国力变压器有限公司有员工176人，其中高级职称3人、中级职称16人、初级职称22人、高级技工25人。公司年生产变压器能力300万千伏安，高低压开关设备年生产能力3000台，年销售规模达3.5亿元。企业综合实力及主要经济技术指标在湖南省变压器行业中名列前茅。公司主要生产110千伏级及以下油浸式、干式、非晶合金、新能源、箱式变压器及高低压成套智能开关设备、环网柜等系列产品，申请并获得国家专利32项。2021年，公司主要经济指标同比增长15%以上。销售收款同比增长15.8%。公司新产品成功入选湖南省战略新兴产业科技攻关与重大科技成果转化项目库，大容量节能型智能变压器关键技术研究与开发项目顺利通过湖南省科技厅验收和结题。公司成功开发出智能型充气式环网柜、高能效三角立体非晶合金卷铁芯变压器，并批量投入市场，其中高能效三角立体非晶合金卷铁芯变压器在湖南省电力公司协议库存招标中标2118万元。公司获得电力工程总承包资质、承装（修、试）电力设施许可证、安全生产许可证，为客户更好地提供服务打下坚实的基础。

（黎进才）

烟草行业

【常德卷烟厂】 截至2021年年底，常德卷烟厂拥有6条预处理线，其中4500千克/小时4条、3500千克/小时2条。6条制丝线，其中4000千克/小时4条，3000千克/小时2条。卷接包装设备共51台（套），其中常规机组36台（套），软包硬化机组1台（套），75毫米短支机组1台（套），细支机组1台（套），硬中支机组3台（套），双铝包中支机组1台（套），全翻盖中支机组1台（套），PROTOS2-2/GDH-1000机组4台（套），PTM5（或ZJ119）/GDX6机组3台（套）；自动装封箱机8台（套）；嘴棒成型机DF10机组5台（套），KDF4机组6台。年卷烟生产能力160万箱。2021年，常德卷烟厂获“全省脱贫攻坚先进集体”“全省重点建设先进集体”“常德市先进基层党组织”“2016—2020年湖南烟草工业普法工作先进单位”“湖南省五四红旗团委”，公司“目标考核优胜单位”，厂领导班子获评公司“优秀直属单位领导班子”，厂青年员工王雄获得“省级烟草技术能手”称号。

2021年，生产计划执行率100%，市场货源供应及时率100%，芙蓉王品牌产销量突破200万箱。各级抽检及监督抽检合格率100%，全年无质量事故发生。在国家局下半年卷烟产品质量监督全国抽查中，芙蓉王（硬）获感官质量得分第一名。厂东方红QC小组的《DF10成型丝束包托盘自动转换装置的研制》、芙蓉王QC小组的《全翻盖式烟盒美容器的研制》、先锋动力QC小组的《降低过渡季节中央空调系统用电消耗》3个成果获省质协成果交流发表会一等奖。实施精益改善项目86项，实现挖潜4668.78万元，发布全员改善、经验案例等487条。妥善解决老厂区土地资产历史遗留问题，确保国有资产保值增值。

3月16日，常德卷烟厂召开第十一届十四次职工代表大会暨第九届五次工会会员代表大会。11月17日，由湖南中烟工业有限责任公司主办，常德市消防救援支队与常德卷烟厂联合承办的湖南烟草工业2021“勇担当·践使命”消防应急综合演练活动在常德卷烟厂举办。

（涂树阳）

【常德烟草机械有限责任公司】 2021年，常德烟草机械有限责任公司（以下简称常德烟机公司）全年实现产品销售收入19.35亿元（现价，不含税，下同）、税利3.98亿元。公司选送的《降低产品低值易耗件损耗率》《提高刀盘电机座加工合格品率》《弹簧夹套刀柄锁紧工具的研制》3项QC成果在湖南省第42次QC小组成果交流发表会上获一等奖；公司金工车间智造QC小组、金工车间大刀阔斧QC小组和装配大修车间（原）精益QC小组获2021年“湖南省优秀质量管理小组”称号。11月24日，中烟机械集团公司发布《关于表扬重庆卷烟厂卷接包整线联调项目组的通报》，对常德烟机等3家烟机公司组成的调试团队予以充分肯定。2021年，张吉军获评烟草行业“十三五”科技创新工作先进个人；钟学明被国家烟草专卖局授予“烟草行业抗击新冠肺炎疫情先进个人”称号。

2021年，实施ZJ119型卷接机组改进优化，推进新型烟草制品轮

2021年11月17日，湖南烟草工业2021年“勇担当·践使命”消防应急综合演练活动在常德卷烟厂举办　（李　曼　摄）

式复合接装设备、发烟段（电加热型）卷制成型设备研制、ZJ17、ZJ116A智能化升级等项目，开展实验室用卷接机组项目样机试制，雪茄烟茄衣成型卷制一体机组样机生产进入准备阶段，卷接设备智能管理系统（iTOS-2.0版）设计验证评审已完成，设备运维中心处于试运行阶段，可构建线上统一调度、线下高效执行的服务体系。常德烟机公司被正式认定为湖南省2020年第二批高新技术企业，可连续3年享受国家关于高新技术企业的相关优惠政策。

（郑秋瑾　夏竹柔）

纺织行业

【常德纺织机械有限公司】 2021年，常德纺织机械有限公司（以下简称常德纺机）实现营业收入4.2亿元，同比增长45%，其中，海外销售收入达2421万元，实现利润6360万余元，纳税2630万元。全年研发投入2449万元，技改投入1536万元，科技投入比5.83%，新产品贡献率达97%以上。6月12—16日，常德纺机所产的拉舍尔双针床E2298/7-136-E22（EL）型经编机、特里科高速E2528/2H-248-E32型经编机在“2020年中国国际纺织机械展览会暨ITMA亚洲展览会”上展出，成效明显。2021年，冷作车间焊工班班长尹芝乐获“湖南省五一劳动奖章”。6月23日，中国纺织工业联合会党委书记、秘书长高勇及中国纺织机械协会会长顾平一行到常德纺机考察调研。9月8日，张家界市政协副主席、致公党张家界市委会主委、贸促会会长李文化，常德市贸促会会长刘寅初一行到常德纺机考察交流。9月29日，国机集团党委常委、纪委书记、国家监委驻国机集团监察专员雷光华一行到常德纺机调研指导。

（宋喜娥）

【湖南云锦集团股份有限公司】 2021年，湖南云锦集团股份有限公司下设常德、衡阳、安乡3个生产基地，产品以针织纱、新纤维混纺纱、特色牛仔纱、弹力服装面料、特阔幅家纺面料、水刺无纺布为主，拥有纱锭20万锭、高速喷气织机300台、员工1600余人，是中国新型纤维牛仔纱特色产品生产基地。8月，集团公司入选中国棉纺织行业营业收入百强和白坯布营业收入五十强，连续多年入选全国棉纺织行业竞争力百强且排名稳定。9月28日，云锦集团举行“风雨同舟二十载，凝心聚力再出发”文艺庆典，庆祝公司成立20周年。

（陈炅希）

2021年6月23日，中国纺织工业联合会党委书记、秘书长高勇（左二），中国纺织机械协会会长顾平（左一）一行到常德纺机考察调研　（常德纺机 供图）

装备制造行业

【湖南恒安纸业有限公司】 2021年，湖南恒安纸业有限公司（以下简称恒安纸业）产值50.08亿元。公司全年累计完成原纸生产任务18万吨，成品生产任务累计完成2474.56万自然件。2021年，营业收入28.36亿元，缴纳税收1.05亿元。公司自1998年正式运营以来累计上缴税金约16.5亿元。2021年，恒安纸业就安全管理开展专题培训教育14场次，应急演练5场次，新增高空作业等特种岗位证件21本，换证8本。危险废弃物处置26吨、PM_7放射源移除、新增4个有组织排放口、已注册登记的106台特种设备检验检测、对厂区进行消防评估、检测、维保，废水、废气、噪声检测等。2021年，恒安纸业未发生一起重大安全事故。2021年，策划并签发《湖南造纸质量专项责任状》《湖南造纸黄牌班长帮扶方案》，将客诉、市抽、手感及物性一致性、质量事故、工艺执行等质量关键KPI指标纳入考核，提高全员自主检验主动性，推动质量改善，从而提高产品质量。

（尹正碧）

【湖南飞沃新能源科技股份有限公司】 2021年，湖南飞沃新能源科技股份有限公司（以下简称飞沃科技）成为常德市首个国家级制造业“单项冠军”。5月，湖南省工业和信息化厅发布2021年湖南省工业质量标杆名单，飞沃科技以“8421质量管理模式的实践经验”获评湖南省工业质量标杆。7月27日，作为全国受邀分享的两家“专精特新小巨人”企业之一，飞沃科技董事长张友君代表飞沃科技，出席全国“专精特新”中小企业高峰论坛，并在现场发表主题演讲。12月14日，湖南企业家活动日暨企业家年会发布“2021湖南制造业企业100强”名单，飞沃科技上榜。在该届100强中，获国家制造业单项冠军的有12家，飞沃科技为其中之一。

（龚　琦）

【湖南粤港模科实业有限公司】 2021年，湖南粤港模科实业有限公司（以下简称粤港模科）实现年产值44788.9万元，销售收入5700.45万元，利润总额291.96万元，上缴税收179.57万元。授权PCT国际专利2件、发明专利5件。获评“2021年常德市专精特新小巨人企业”“湖南省科技型中小企业”“湖南省关心下一代教育示范基地”“2021年度湖南省专利奖”“第二批先进制造业和现代服务业融合试点企业”“第二批高新技术企业”，被中国冰雪大会委员会授予“赞助合作企业”称号。

2021年，粤港模科在研学创客教育、景观文旅、建材装饰3大领域开展工作。研学创客教育领域方面，模科打造研学创客教育课程，实现研学创客场景建设，开展丰富多彩的科创实践研学活动、社科科普及公益活动、校企联谊活动，以室内情景研学体验、互动培训、创客教育、手工制作、亲子互动等为核心内容，使研学创客教育更具开拓性与多变性。景观文旅领域方面，模科实现两大场景的完美呈现，即主题公园的场景——麻姑山·我的世界设计案例和户外景观的场景——冬奥会设计案例。建材装饰领域方面，模科完成室内场景搭建——中国冰雪大会设计案例和户外场景搭建——中国冰雪大会设计案例，被中国冰雪大会委员会授予“赞助合作企业”荣誉称号。为北京2022冬奥会、冰雪大会、常德天天象上、重庆中医院等客户提供定制化模块化大型环保灯光雕塑景观等产品。

（张远远）

【常德中联重科液压有限公司】 2021年，常德中联重科液压有限公司（以下简称中联液压公司），生产销售工程机械用各类液压阀元件35万余件，获得国家第三批专精特新“小巨人”企业称号，并获得第二批重点“小巨人”专项支持；拥有各类专利技术43项，其中发明专利33项；通过ISO 9001：2015质量管理体系认证。公司自主研发的组合比例阀为国家火炬计划项目，获“湖南省机械工业科技进步三等奖”；高性能负载敏感抗流量饱和组合比例操纵阀及其液压系统项目获得“湖南省科技进步三等奖”。6月16日，由省工信厅、常德市政府共同主办的全省工业互联网创新发展现场推进会在常德举行，省工信厅二级巡视员颜琰，常德工信局党组书记、局长卢岳等领导以及参会代表近200人参观考察常德液压智能工厂，参观团对常德液压工业互联网技术的应用表示肯定。

（赵圣文）

【中联重科建筑起重机械有限责任公司】 2021年，中联重科建筑起重机械有限责任公司（以下简称中联起重公司）完成工业产值117.83亿元，同比下降4.7%，完成税金3.45亿元，同比下降19%。在“产品4.0”战略推动下，中联重科建筑起重机械公司建设国际一流、国内领先的塔机智能工厂，持续推进产品的智能升级。智能工厂规划建设“一个数字工厂、二个灯塔车间、三个智能立库、四条黑灯产线”，共建设24条智能化产线和3个智能立库，一期于2019年1月11日开园投产，二期于2021年5月投产使用，项目整体完工后预计每18分钟产出1台塔机，规模产值高达100亿元。工厂投入260台智能机器人、30余台AGV，20套高精数控中心，应用自动化焊接、双丝焊接、数控高精加工、在线检测、环保水性漆等先进工艺，利用物联网、大数据等信息技术，集成ERP、MES、WMS、SRM等信息化系统，打通各业务之间的信息壁垒，通过智能工厂中央控制室指挥各生产线协同作业，实现生产效率、信息化管理水平大幅提升。

（王之璧）

【湖南华南光电（集团）有限责任公司】 2021年，湖南华南光电（集团）有限责任公司（以下简称华南光电）全年实现营业收入83999万元，同比增长58.49%；利润总额1574万元，同比增长318.37%；经济增加值3154万元，同比增长315.36%。2021年，华南光电获2020年度“湖南省守合同重信用企业”和“常德市守合同重信用企业”荣誉称号，公司蝉联“全国文明单位”荣誉称号。4月13日，在首届大国工匠·湖湘论坛暨2021湖湘工匠年度人物颁奖典礼中，公司科试班主管谭祖安作为常德市唯一参选对象获“2021年湖湘工匠年度人物”提名奖。7月，人力资源和社会保障部印发《关于表彰第十五届中华技能大奖和全国技术能手的决定》，公司员工贺晓东获“全国技术能手”称号。

（熊悦娉　李　理）

【常德远大建筑工业有限公司】 常德远大建筑工业有限公司（以下简称常德远大）总投资约5亿元，占地面积18公顷，装配式建筑应用实施建筑面积累计260万平方米，坐落在常德高新技术产业开发区。2021年，常德远大全力保障生产任务，实现合同与营收双增长。截至2021年12月31日，共签订合同额3500万元，营业总收入4500万元，货款回收4300万元，12月底经营现金余额350万元。2021年1月18日，由常德远大提供PC构件及工业化支持服务的旭辉国际新城项目首批PC构件顺利发货。项目采用远大第5代技术体系，装配率达50%。PC构件包括预制叠合板、预制楼梯，均由常德远大完成生产并提供新型工业化技术支持服务。该项目的快速推进，有效推进常德市城东新区建设步伐，打造常德城市新亮点。6月15日，省工信厅节能与综合利用处副处长赵鲜松带队到常德远大进行调研参观，了解公司装配式建筑发展节能环保理念及产业发展现状。8月，常德远大通过工业和信息化部《信息化和工业化融合管理体系要求》贯标认证，被授予两化融合管理体系评定证书。

（张 睿）

生物医药行业

【湖南洞庭药业股份有限公司】 2021年，湖南洞庭药业股份有限公司全年实现净利润1.99亿元，同比增长8.7%。中枢神经领域产品梳理完成，产品管线设计基本完成。化妆品、医美用环酸片上市，为未来业绩带来突破点。重庆药友·洞庭药业原料药国际化基地封顶，部分产线接近投产。2021年，在全市工业企业纳税中排名第六。获得新湖南贡献奖先进集体、常德市“十三五”推进新型工业化（园区发展）工作先进单位等荣誉称号。

（聂其军）

【益丰大药房连锁股份有限公司】 益丰大药房连锁股份有限公司（以下简称益丰大药房）是国内领先的药品零售连锁企业之一，主要从事中西成药、中药饮片、医疗器械、保健食品、个人护理用品及与健康相关联的日用便利品等商品的连锁零售业务，子公司益丰医药作为公司内部集中采购平台，兼顾少量对外药品批发业务。截至2021年12月31日，公司在湖南、湖北、上海、江苏、江西、浙江、广东、河北、北京9个省市拥有连锁药店7809家，向顾客销售中西成药、中药饮片、医疗器械、保健食品、个人护理用品及与健康相关联的日用便利品等商品。公司2021年度实现归属于母公司净利润约8.88亿元。

益丰大药房于2021年入选“凯度2021最具价值中国品牌100强”，入选“2021胡润中国500强”，成为医药零售行业唯一上榜企业。同年，益丰大药房获得2021年中国十大药店新零售模式创新奖、药房零售企业综合竞争力—运营力标杆企业、2021年湖南企业100强、2020—2021年药品零售企业综合竞争力指数TOP100企业第三名等荣誉。

（翦 甜）

健康食品行业

【湖南省湘澧盐化有限公司】 2021年，湖南省湘澧盐化有限公司（以下简称湘澧盐化公司）全年生产盐硝产品93.37万吨，销售各类产品95.16万吨，实现销售收入4.15亿元。2月15日，湘北区域产销协同工作会在公司召开，会议就小包盐生产调运、省内市场竞品策略、腌制用盐市场对策、储备盐安全库存等工作作出具体部署。2月19日，湘澧盐化公司召开一届十四次职代会暨2020年总结表彰大会。4月10日，实行生产厂区封闭式管理，津市市政府牵头组织对厂区周边周家铺土里垭路段进行升级改造，修建出行便道，彻底解决周边果园居民经由公司厂区主马路出行的历史遗留问题。4月27日，召开第二届工会会员代表大会及2021年度“五一”总结表彰会，会议以无记名投票差额选举方式产生11名第二届工会委员会委员、3名第二届经费审查委员会委员，选举阮军为工会主席。7月1日，召开领导班子调整宣布大会，张政华担任湘澧盐化公司党委书记、执行董事。11月3日，历时近2个月的湘澧盐化公司“生态杯”职工气排球比赛落幕，机关二分工会、矿区分工会分别获得甲组冠亚军，供应财务联队、质量监审联队分别获得乙组冠亚军。12月22日，召开2021年度“金点子”合理化建议表彰大会，会议表彰9条金点子，其中一等奖1个、二等奖3个、三等奖5个。

（樊 欣）

【湖南武陵酒有限公司】 湖南武陵酒有限公司坐落于常德德山，厂区总建筑面积4.6万平方米，员工800余人，拥有国家级品酒师、省级品酒师、高级酿酒师等各类专业技术人员50余人。产品主要有酱香武陵酒——武陵上酱、武陵中酱、武陵少酱、武陵上酱年份酒系列、武陵王系列、极客武陵系列。2021年4月13日，常德市召开首届市长质量奖颁奖大会，湖南武陵酒有限公司获常德市首届市长质量奖。8月4日，湖南武陵酒有限公司以企业担当为己任，再次用价值509万元物资助力常德抗疫。9月9日，湖南武陵酒有限公司新厂投产暨下沙仪式在常德经济技术开发区举行，该项目占地面积约34公顷，酿酒超过5000吨，全部建成投产后，预计可达年产值30亿元。

（赵小花）

【湖南德山酒业营销有限公司】

湖南德山酒业营销有限公司（以下简称德山酒业）坐落在常德市经济技术开发区，为上市公司大湖水殖股份有限公司的全资子公司，公司注册资本1亿元。2021年，公司有员工300余人，其中拥有国家一级品酒师、酿酒师、食品检验员等各类专业技术人才60余人，挂牌2个常德市技能大师工作室。德山酒业秉承以德酿酒、诚信酿酒之理念，以优质五粮为主要原料，按照湘派古法酿造技艺潜心酿造，形成“德山德酱”“御品德山”“秘藏德山”“德山大曲”“滴水洞”3大香型5大系列产品。2021年4月13日，常德市召开首届市长质量奖颁奖大会，德山酒业生产质量总监曾铁军获首届“常德市市长质量奖”个人奖。4月29日，常德经开区召开第一届劳动模范和先进工作者表彰颁奖大会，德山酒业直营部业务经理易浩获常德经开区劳动模范奖。

（徐　飞）

2021年9月9日，湖南武陵酒有限公司新厂投产暨下沙仪式在常德经济技术开发区举行　　（湖南武陵酒有限公司 供图）

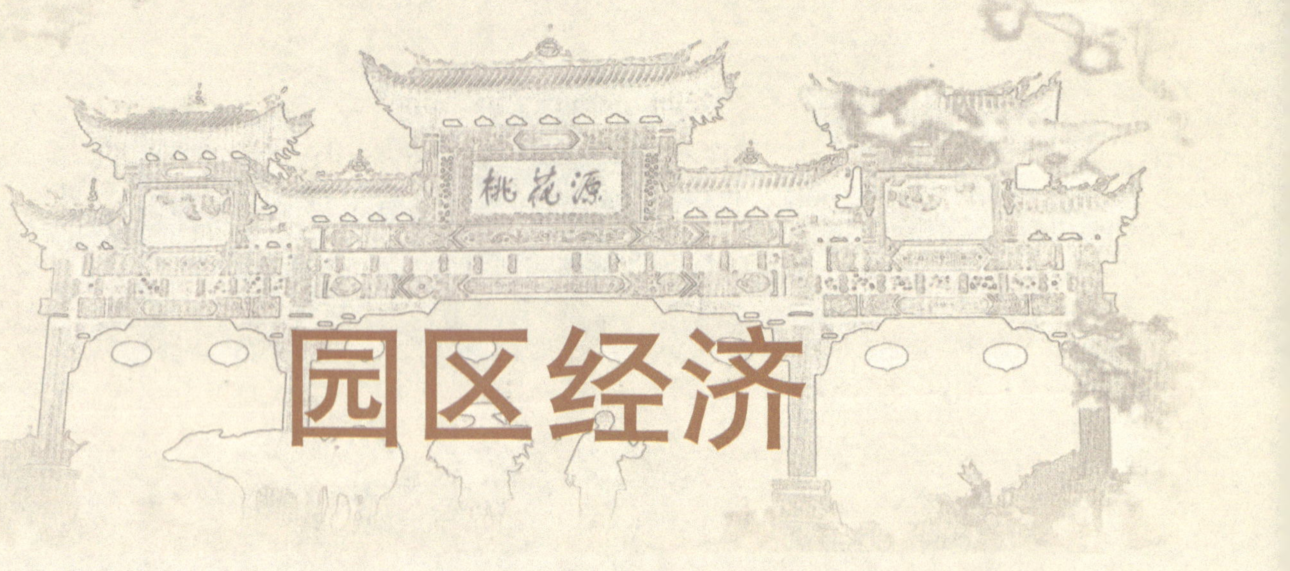

园区经济

综述

【概况】 2021年，常德市有工业园区11个，其中国家级园区2个，分别是常德经济技术开发区和常德高新技术产业开发区，常德市是继长沙、湘潭之后，全省第三个同时拥有国家级经开区和国家级高新区的市州；省级园区8个，分别是桃源高新技术产业开发区、汉寿高新技术产业园区、津市高新技术产业开发区、澧县高新技术产业开发区、石门高新技术产业开发区、临澧高新技术产业开发区、安乡产业开发区、西洞庭产业开发区；市级园区1个，为武陵区工业园。全市工业园区已开发建设用地面积73.38平方千米、已建成工业用地面积42.78平方千米。

【园区实力】 2021年，全市园区（不含烟厂）完成规模工业产值2535亿元，同比增长18.2%。6个园区规模工业产值突破200亿元，百亿元园区实现省级以上园区全覆盖。常德经开区、常德高新区在国家级园区排位中分别上升29位、17位。常德经开区、桃源高新区、石门高新区、常德高新区、临澧高新区5个园区进入全省30强，4个园区获得全省“五好”园区创建综合评价表彰。常德高新区获批国家级新型工业化产业示范基地，7个园区成为省级新型工业化产业示范基地，津市高新区成为全省首批化工园区。石门高新区、常德高新区、汉寿高新区、桃源高新区获评全省产业高质量发展园区，总数在全省并列第一。

2021年，园区规模工业增加值增长9.8%，高于全市3.9个百分点，园区规模工业增加值、规模工业产值、工业税收占全市的比重分别达87.7%、70.2%、87.8%。澧县高新区、桃源高新区、汉寿高新区、石门高新区、安乡开发区、临澧高新区6个园区的规模工业产值增速高于全市平均水平。园区拥有高新技术企业404家，占全市的84%，拥有省级以上研发创新平台27家，占全市的64%。园区成为全市经济高质量发展的重要支撑、主要动力。

产业集群加速形成，11条产业链产值增长30%以上，先进装备制造、农产品精深加工、数字经济产值分别达575亿元、709亿元、688亿元。重大项目加速落地，全市园区新开工、新投产亿元工业项目分别达108个、99个，中联建起二期、武陵酒提质改造、中联智能装备配套产业园等46个项目竣工投产。市场主体加速成长，全市新增规模工业企业192家，新增国家级专精特新“小巨人”企业8家、省级小巨人企业31家，飞沃科技成为全市首个国家级制造业单项冠军，中车新能源汽车获评全省“5G+工业互联网”示范工厂。

【园区基础建设】 资金、土地、人才、科技等要素加速向园区集聚，园区基础设施条件大为改善。园区“十四五”规划编制全面完成，新一轮调区扩区工作全面启动。完成基础设施建设投入102亿元，建成标准化厂房186万平方米，水电气网持续扩容增容，生活性服务配套日趋完善，5个园区实现“六有”（有生活小区、大型超市、影院、宾馆、医院、健身娱乐中心）。积极开展园区闲置土地清理整治，推行“周转用地+标准地+弹性供地”政策，有力保障重点建设项目用地需求。大力推动“金融超市”进园区、进企业，有效缓解中小微企业融资难融资贵问题。配强配优园区干部，选派22名市直机关企事业单位干部到园区任职、挂职，进一步强化园区主阵地、主战场的导向作用。

【园区营商环境】 聚焦打造一流营商环境，各园区在改革创新上先行先试、勇当先锋。市县两级持续向园区放权赋能，向常德经开区、常德高新区下放管理权限达332项，基本实现“园区事园区办”。积极探索扁平化领导、垂直化管理，整合优化园区职能机构，探索“管委会+公司”治理模式，园区平台公司市场化转型进一步加快。实行园区绩效考评机制，推动干部考核由“主观评价”向“量化考评”、薪酬管理由“铁工资”向“活薪酬”转变。开展“春风”系列招聘、园区水电气服务月、“服务企业连心卡”等专项行动，一批园区和企业的实际困难得到较好解决。

（张　涛）

园区年度情况介绍

【常德经济技术开发区】 常德经济技术开发区先后被授予“国家高新技术产业基地园区”“国家小型微型企业创业创新示范基地”“国家绿色园区”“国家级科技企业孵化器”等。园区有规模工业企业200家，其中税收过亿元企业5家，税收过千万元企业28家，高新技术企业86家。园区建成标准化厂房200多万平方米，拥有省级以上研发机构（平台）28个。吸引中国中车、中国建材、中国中药、华电集团、复星集团、恒安集团、三一集团、中联集团等大型企业集团在该地投资兴业，逐步形成智能装备制造产业和医药食品健康产业两大主导产业、新能源及材料产业一个特色产业的“两主一特”产业发展格局。2021年，全区完成地区生产总值156.9亿元（不含烟厂），同比增长7.7%；完成规模工业总产值507.7亿元，同比增长12.8%；实现一般公共预算收入19.5亿元，同比增长3.68%。在商务部国家级经开区综合评价中稳居前100位。

（张　友）

【常德高新技术产业开发区】 常德高新区2017年2月正式获批国家级高新技术产业开发区。核心区战略规划面积62.8平方千米，建成区面积13.3平方千米。辐射带动武陵移动互联网产业园、汉寿高新产业园、西洞庭生物科技产业园，形成“一区三园”协同发展格局。产业布局以智能装备制造、光电信息为主导，新材料为特色，形成“两主一特”发展格局。园区是科技部“科技服务业区域试点园区”“重大成套设备制造创新型产业集群试点园区”“企业创新积分制试点园区”“国家现代装备制造高新技术产业化基地”“国家级科技资源支撑型双创载体”，工信部“国家新型工业化产业示范基地”，拥有国家级科技企业孵化器。园区被评为2021年营商环境先进园区。2021年，园区共有注册企业1293家，其中工业企业498家、规上工业企业144家，高新技术企业79家，产值过亿元的企业66家，税收过千万元的企业10家、其中过亿元的企业2家，三个“500强”企业3家，建成标准化厂房177.56万平方米。2021年，园区生产总值增速8.9%；技工贸收入649.9亿元，增速8.3%；规模工业总产值348.3亿元，增速16.1%；规模工业增加值完成62.9亿元，增速12.2%；财政收入10.3亿元。

（刘　君）

【澧县高新技术产业开发区】 湖南澧县高新技术产业开发区于2003年3月经省人民政府批准为省级开发区，2019年2月转型升级为湖南省高新技术产业开发区。园区主导产业包括生物医药与健康食品、新型建材与家居；特色产业有纺织服装。2019年，获批常德市新型建材产业园、省级绿色园区；2021年被评为常德市真抓实干先进园区。2021年，园区88家规模工业企业实现规模工业总产值225.9亿元，同比增长30.6%；园区规模工业增加值同比

常德高新技术产业开发区　　（常德高新技术产业开发区 供图）

增长16.5%；新引进亿元工业项目24个，新开工亿元工业项目11个，新投产亿元工业项目10个；累计完成基础设施建设投入9.2亿元；建成标准化厂房18.34万平方米；新增入规企业13家。

（尹福兴）

【临澧高新技术产业开发区】 临澧高新技术产业开发区原名临澧县太平工业经济开发区，是常德市首批建立的省级开发区，2018年被市政府确定为常德市新材料临澧产业园。2020年1月，湖南省人民政府批准成立临澧高新技术产业开发区，初步形成“一区两园”（“一区”即核心规划区，重点建设智能制造新材料产业园、节能环保产业园及生物医药产业园，“两园”即新安绿色新材料产业园、四新岗建材产业园）的发展格局。临澧高新区在2020—2021年双年度全省“五好”园区综合评价中排名第27位，洞庭湖地区排名前3位，被评为2020—2021年度全省“五好”园区创建工作先进园区。落户园区的企业达到445家，规模工业企业93家。2021年，临澧高新区完成规模工业产值123.4亿元，同比增长19.8%；完成基础设施投入9亿元，建成标准化厂房9.99万平方米；新引进、新开工、新投产亿元工业项目分别为17个、9个、7个；新增规模工业企业7家。

（姜弋凡）

【湖南石门高新技术产业开发区】 2021年，湖南石门高新技术产业开发区获评全省产业高质量发展园区。园区在全省2020—2021双年度综合评价中排名第21位，被评为全省“五好”园区创建工作先进园区。园区连续五年被评为全市园区工作先进单位。2021年1月，省政府以湘政函〔2021〕1号文件正式明确石门经开区创建为省级高新区。园区辖宝峰创业园、三江新材料产业园、海螺建材工业园等3个工业园，基本建成以新材料为主导产业、以农副食品深加工为特色产业、以电子信息为重点培育产业的“一主一特一重点培育”综合型开发区。2021年，园区完成规模工业总产值269.8亿元，同比增长20.9%，其中，新材料、电子信息、农副产品深加工“一主一特一重点培育”产业总产值179.6亿元，同比增长25.6%；规模工业增加值同比增长14.9%；新引进亿元工业项目12个，新开工亿元工业项目10个，新投产亿元工业项目8个；累计完成基础设施建设投入8.2亿元；建成标准化厂房20.51万平方米；新增规模工业企业18户。

（陈　睿）

【汉寿高新技术产业园区】 汉寿高新技术产业园区前身为湖南汉寿经济开发区，成立于1992年5月，是最早的省级经济开发区之一。园区批复规划面积9.52平方千米，已建成面积7.2平方千米，有企业员工约1万人。2021年，园区被评为湖南省产业高质量发展园区。园区入驻工业企业140家，其中规模工业企业109家，拥有中联重科、康普药业等一批优势骨干企业。2021年，园区实现地区生产总值85.7亿元，同比增长19.03%；完成规模工业产值299.9亿元，同比增长23.6%；完成规模工业增加值50.6亿元，同比增长12.5%；完成基础设施投入8.03亿元，新建成标准化厂房15.65万平方米。

（王文倩）

【津市高新技术产业开发区】 津市高新技术产业开发区规划面积18.96平方千米，建成面积近9平方千米。2021年，获批为全省首批10家化工专业园区之一。园区以生物医药与健康食品为主导产业，化工为特色产业，是全球最大的酶制剂生产和出口基地、最大的猪鬃生产和出口基地、亚洲最大的甾体药物原料药及中间体生产和出口基地、全国品种最全、规模最大的车桥生产基地。2021年，园区125家规模工业企业完成产值328.1亿元，同比增长12.1%；完成规模工业增加值63亿元，同比增长8.1%。新增入规企业14家；新开工亿元工业项目10个，新投产亿元工业项目10个；完成基础设施投入7.96亿元，建成标准化厂房18.02万平方米。

（江韦峰）

【桃源高新技术产业开发区】 桃源高新技术产业开发区是省级高新区，2020—2021年在全省国家级和省级园区中排名第13位，在117家省级园区中排名第4位，连续8年获省级先进园区称号。高新区总体规划面积15.8平方千米，建成面积7.8平方千米。2021年，成功创建省级绿色园区，获得“五好园区”称号。园区有235家企业入驻，其中规模以上工业企业121家，高新技术企业36家。2021年高新区完成规模工业总产值187.3亿元，同比增长24.6%；全口径入库税收5.1亿元，同比增长22%；规模工业增加值38.5亿元，累计增速18.4%；新增规模企业21家，新开工亿元以上工业项目12个，新投产亿元以上工业项目12个；累计完成基础设施8.1亿元；建成标准化厂房13.73万平方米，园区累计建成标准化厂房158万平方米。

（任　俊）

【安乡产业开发区】 安乡产业开发区位于湖南、湖北两省，三市、八县的交界处，南抵洞庭、北枕长江，地处长株潭两型社会试验区、武汉城市群、成渝地区双城经济圈的节点位置。安乡工业园于2001年开始创建，2012年11月经省人民政府（湘办发〔2012〕187号）批准设立为省级工业集中区。2021年7月省发改委发文将工业集中区更名为产业开发区。园区远期规划面积20平方千米，已完成控制性详规12.9平方千米。2021年，开发区入驻规模以上工业企业73家，完成规模工业产值114.8亿元，税收逾6700万元，新增入规企业7家；新开工亿元工业项目7个，新投产亿元工业项目5个；完成基础设施投入6.31亿元，建成标准化厂房14.09万平方米。

（刘　航）

【西洞庭产业开发区】　西洞庭产业开发区与西洞庭管委会实行两块牌子、一套班子的运作方式，其前身系于1955年建立的国营西洞庭农场。2009年8月经常德市人民政府批准设立的市本级食品工业园，2012年10月正式获批省级工业集中区，2014年更名为西洞庭生物科技产业园，2017年3月获批国家级高新技术区——西洞庭生物科技产业园，2021年7月省发改委发文将工业集中区更名为产业开发区。西洞庭产业开发区大力实施产业立区战略，以生物科技、健康食品为主导，包装为特色的两主一特产业布局初步形成。园区先后获批为国家现代农业示范区、省级工业集中区、国家农业科技园、国家高新区西洞庭生物科技园、国家农村产业融合发展示范园。2021年，全区有63家规模以上企业，实现地区生产总值43.63亿元，完成固定资产投资51.8亿元，技工贸总收入137.67亿元，同比增长17.30%；完成规模工业总产值110.47亿元，同比增长12.72%；完成规模工业增加值20.51亿元，同比增长9.3%。

（郭　彤）

【武陵区工业园】　常德市武陵区工业园成立于1992年，总规划面积3.767平方千米，已全部建成运营。西部片区主要用于建设常德智慧产业园，南起洞庭大道、西临丹溪路、北至南湖港自然水系、东抵金丹路，总规划用地面积2.2平方千米。园区以特色产业园区建设为抓手，突出导入和扶持“互联网+”、广告文化创意、大数据信息产业，成功转型为省内知名的移动互联网和广告文化创意特色园区，获得“国家级高新技术产业园武陵移动互联网产业园”“省级移动互联网产业园”“省级互联网文化创意特色产业园”“省级广告文化创意特色产业园”“省级科技企业孵化器”等20余项称号。2021年，常德市武陵区工业园共引进各类企业296家。其中，规模以上工业企业26家、规模以上服务业企业10家、武陵移动互联网产业园企业145家。完成技工贸总收入47.8亿元，同比增长5.1%；完成智慧产业产值37.2亿元，同比增长8.52%；实缴税收7691.68万元，同比增长23%；解决就业人口6000余人。基本形成以移动互联网、广告文化创意、智能制造为主的产业集群。成功培育出以广州秒乐、携康医疗、北电正光、创游网络、华彩伟业等为代表的一批龙头企业。

（刘思琪）

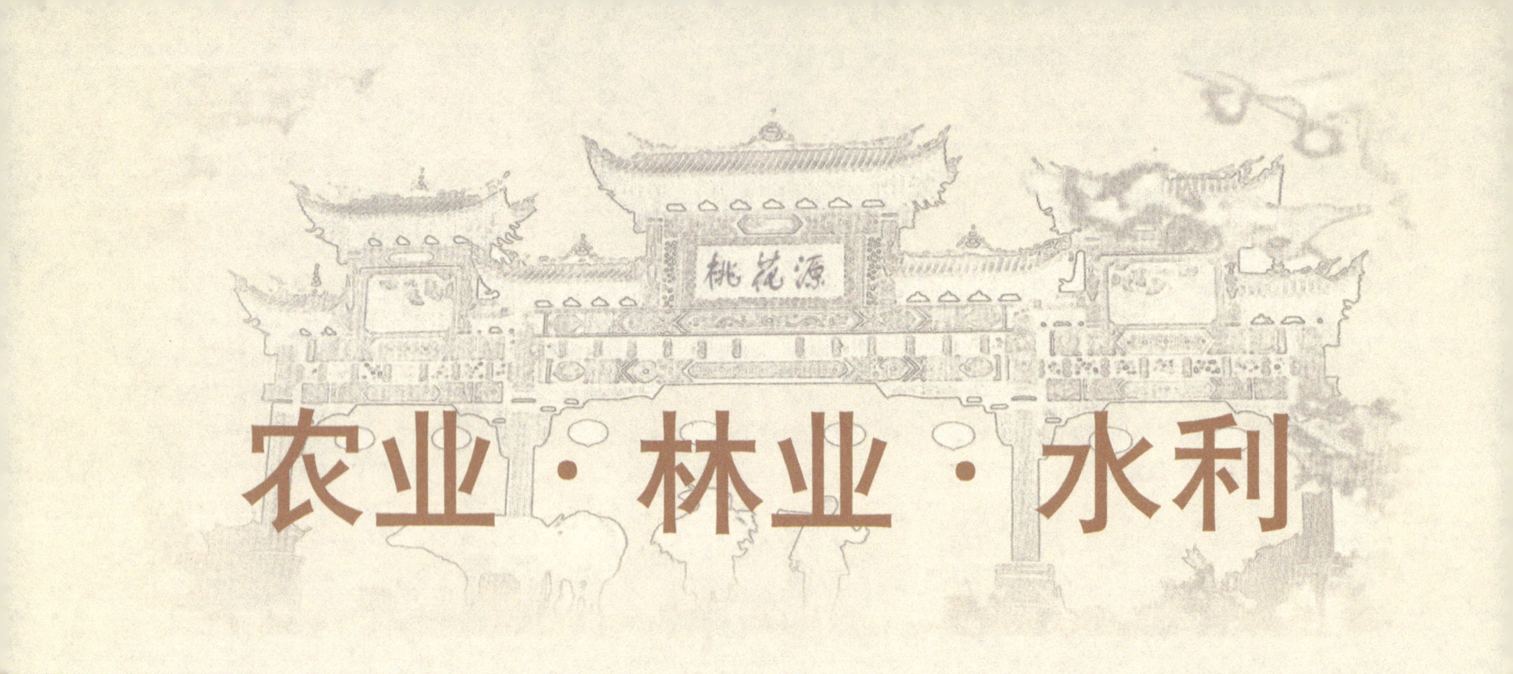

农业·林业·水利

农业农村工作

【概况】 2021年，全市农业农村部门深入贯彻习近平总书记关于“三农”工作系列重要指示批示精神，在市委、市政府的坚强领导下，农业农村经济运行良好。全市农林牧渔总产值845.1亿元，同比增长10.4%；农业增加值506.1亿元，同比增长9.2%；农村居民人均可支配收入19904元，同比增长10.8%；农村居民人均消费支出19157元，同比增长12.4%。市农业农村局获评全国粮食生产先进集体，全市农村人居环境整治工作获得省政府真抓实干督查激励表扬，成为全省唯一国家农产品质量安全市创建市州，成功创建国家平安农机示范市。先后承办农业农村部长江流域草地贪夜蛾防控现场会、南方稻区机收减损暨湖南省水稻生产全程机械化现场演示会、全省农村人居环境整治暨厕所革命现场会等部省重要会议。

稳产保供。粮食“双增”。全市粮食生产面积58.95万公顷、产量384.38万吨，分别增长0.09万公顷、12万吨，连续18年保持全省第一；全市优质稻面积达33.33万公顷，其中高档优质稻20.67万公顷。粮食增产增收经验获得农业农村部全国推介。恢复生猪产能。2021年，生猪出栏507.61万头，同比增长31.91%；年末生猪存栏325.98万头，同比增长12.14%。引进牧原、正大、现代农业、唐人神、兴疆牧歌、陈克明等知名企业落户常德，新建、改扩建规模猪场43家，其中年出栏万头以上规模猪场26家。发展主导产业。全市油菜收获面积29.75万公顷、总产57.73万吨；蔬菜种植14.33万公顷；水果种植10万公顷，其中柑橘8.53万公顷；茶园2.47万公顷；烟叶种植0.39万公顷、产量12.8万担；水产养殖面积8.51万公顷，总产量47.4万吨；名特优养殖面积达3.93万公顷。防灾减灾。针对气候多变、自然灾害频发，病虫害危害较重的情况，市县农业农村部门积极应对、主动与气象部门对接，做好防灾救灾工作，印发《当前早稻田间管理技术指导意见》，下发病虫害情报70余期，组织基层农技人员对种粮主体开展“一对一”“面对面”的指导服务，最大限度减少粮农损失，稳住农户种粮信心。

农业产业。农业产值。2021年，常德市农产品加工业总产值2092亿元，休闲农业经营收入44.4亿元、同比增长6.9%。经营主体。全市农业加工企业达5988家，规模以上企业609家（不含烟草），国省级龙头企业97家，拥有金健米业、湘佳牧业、大湖水殖等主板上市公司。澧县城头山镇、西湖西洲乡入选全国农业产业强镇，西洞庭祝丰镇、桃源漆河镇入选省级农业产业强镇。常德品牌。全市“常德香米”“常德茶油”等35个农产品品牌获得国家地理标志登记保护或证明商标，“两品一标”（有机农产品、绿色食品、农产品地理标志）有效数达404个，全市粤港澳大湾区“菜篮子”供应基地56个，供深合作社30家，圳品认证数17个。打造汉寿蔬菜、石门茶叶、澧县葡萄、桃花源文旅等知名品牌。

乡村振兴。农村人居环境。实施农村人居环境整治提升五年行动，全市村级卫生协会普及率达100%。严格实施“首厕过关制”，坚持数量与质量并重，完成新（改）建户厕129967座、公厕200座。深入开展“回头看”，完成问题整改销号，承办全省农村人居环境整治暨厕所革命现场会议，推介常德经验。建设美丽乡村。成功创建省级美丽乡村示范村30个、省级特色精品乡村9个；鼎城谢家铺镇、津市药山镇、石门夹山镇入选省级全域美丽乡村示范镇。禁捕退捕。全市集中开展联合行动828次，水上巡查里程11万多千米，清理违规网具1294张（顶），查办涉渔违法违规案件215件，采取行政强制措施191人；悬挂宣传横幅5000余条，推送手机短信80万余条，设立永久性宣传牌600余个，发放各类宣传资料10万份；巩固“四清四无”（清船、清网、清江、清河，无渔船、无渔具、无渔网、无捕捞行为）成效，全市共投入2800万余元建设智慧渔政视频监控系统和无人机巡查系统，224个监控点位全覆盖沅水、澧水常德段干流共333千米，松滋河、虎渡河、道水等支流245千米，西洞庭湖沿线102千米。

争资引项。争取重点资金。2021年，获得国省项目投入30.18亿元，超额完成争资任务。长江经济带农业面源污染治理项目、中央耕地轮作休耕试点资金、生猪调出大县奖励项目、鲜活农产品冷藏保鲜设施建设试点、国家级农业产业强镇等项目，均在全省处于领先位置。引进重要项目。加大招商引资力度，举办常德（深圳）农业招商活动，签约项目11个、金额达15亿元。先后引进落地总投资10亿元中联重科湖南智能农机产业园、总投资3.1亿元的正大集团石门50万头生猪产业链养殖等重要项目，加快深圳国际食品谷常德产业园等项目落地。发展数字农业。探索发展“数字粮食”，引进西洞庭中联智慧农业（水稻）项目、贺家山原种场智慧农业（数字大米）等示范项目。谋划在鼎城区、汉寿县、桃源县、澧县等区县新建一批千亩以上智慧水稻示范基地。加快推进家家红柑橘、梅林果业、杨氏果业等数字农业示范项目，努力打造全省数字农业示范先行区。

农村改革。全市2021年流转耕地28.92万公顷，占耕地总面积的60.88%。汉寿县、安乡县、澧县有序开展农村土地经营权抵押贷款试点，抓好澧县、鼎城区第二轮土地承包到期后再延长30年试点工作。推广汉寿试点经验，推进集体产权流转交易市场建设，稳步扩大农村产权交易规模。经营权抵押贷款试点成效显著，发放贷款841笔、金额11.04亿元。清查集体资产92.24亿元、集体土地160.97万公顷，确认集体经济组织成员473万人，建立农村集体经济组织2109个。已建成家庭农场10715家、农民合作社7777家。全面落实“五有三到场”（有村庄规划、有审批手续、有标准图集、有施工管理、有奖惩措施，批前选址到场、开工放线砌基到场、竣工验收到场）要求，全年审批农村宅基地9885宗，面积154.75公顷。建立健全县乡村三级巡查制度，严查未批先建、少批多建、批东建西等违建行为。探索农宅合作社试点经验，激活宅基地经济。探索农宅合作社试点经验，推广农村装配式建筑，打造桃花源汤家山、武陵区芦荻山、澧县复兴镇等示范样板。

农业安全。耕地保护治理。严防耕地“非粮化”，加强耕地使用监管，严格实施耕地抛荒治理，复耕率达85.76%，超额完成省定任务。全力落实“大棚房”长效监管机制，按期完成“大棚房”问题专项清理整治“回头看”。质量安全监管。以国家农产品质量安全市创建为主线，落实属地责任，健全监管、检测、追溯体系，推进全产业链标准化建设，实行农产品质量安全网格化管理；开展实用农产品“治违禁、控药残、促提升”行动，全市农产品省级例行监测合格率达98%以上，连续19年实现农产品质量安全“零事故”。农业面源污染治理。全力推进化肥减量问题整改，2021年，建设化肥减量示范片83个，示范面积1.13万公顷；完成测土配方施肥面积110万公顷，实现主要农作物测土配方施肥技术推广覆盖率稳定在95%以上；完成绿肥生产示范片387个，办点示范面积2.01万公顷。严格农业投入品管控，加强废旧农膜处置等，实现畜禽养殖达标排放，积极推动2021年洞庭湖总磷污染控制与削减项目涉农项目建设；全面落实受污染耕地治理，严格管控区全部退出水稻生产。农业综合执法。组织开展“春雷”“夏安”“秋风”亮剑执法行动，对全市范围内种子、农兽药（鱼药）、饲料经营门店和食用农产品生产企业、水产养殖大户开展专项执法检查。全市共出动执法人员15331人次，检查生产经营场所4334场次、立案323起，涉及农业投入品案件110起，动物卫生监督案件40起等案件，无害化处理违规调运生猪5批共352头、取缔私屠滥宰点1个。

植保植检。统防统治。2021年，全市农作物病有害生物总体表现为中等发生。主要农作物病、虫、草、鼠发生面积421万公顷，防治面积545.5万公顷，分别比2020年减少3.64%、6.46%。病害损失。全市挽回粮食损失41.32万吨、油菜4.01万吨、皮棉0.43万吨、柑橘6.03万吨、蔬菜5.89万吨。植物检疫。市、县两级植物检疫机构对0.11万公顷农作物种子、苗木、繁殖材料生产基地进行产地检疫，未发现有国内植物检疫性有害生物和危险性有害生物，签发全国农业植物产地检疫合格证137份、调运植物检疫证书412份。

农技推广。农技集成示范。全市全年累计争取基层农技推广技术资金600万余元，发布农业优质绿色高效主推技术107项，推广到位率达98.3%，2项入选湖南省2021年农业

2021年2月20日，市委农村工作会议现场（罗季委 摄）

主推技术；建设高标准示范基地15个，建成再生稻示范基地5个，辐射带动全市推广面积3.07万公顷。农技体系建设。成功创建8个国家级五星服务乡镇农技站，授牌通过率100%，位居全省第一；成功推介全国星级基层农技推广机构2个，复核通过"湖南省五星级服务乡镇农技推广机构"16个，现场认定2020年度湖南省农民田间学校示范校6个。农技推广队伍。全市共推荐48名基层农技人员参加学历提升（其中高起专9人、专升本33人、农学硕士6人）。组织全市327名基层农技人员参加全省集中培训；农技人员参与线上技术培训27期、13754人次，共招录基层农技特岗人员定向培养93人，其中本科12人、专科81人。

农业产业扶贫。项目入库。全市建立巩固拓展产业发展项目库，入库项目4592个。出村进城。常德品牌中国品质生活馆暨常德消费扶贫电商运营中心落地见效，全市43家、147家企业或专业合作社分别进驻抖音直播带货、拼多多常德优品馆。营销展销。加快推进客运场站服务区平台建设，全市9个区县市20个客运场所服务区设立扶贫特色农产品展示展销专柜、专区或专馆，247种特色农产品纳入展示展销目录。金融扶持。积极与湖南省农担常德分公司、财科担保等担保企业对接，举办金融助力乡村振兴系列活动，现场发放贷款近3000万元，授信额度达12.56亿元。

【市委农村工作会议】 2月20日，常德市委农村工作会议召开，以习近平新时代中国特色社会主义思想为指导，深入贯彻落实中共十九届五中全会和中央、省委农村工作会议精神，总结2020年全市农业农村工作，部署2021年工作任务。会上，市委常委、市委秘书长罗先东宣读粮食、生猪生产任务及河湖长制问题交办清单，副市长龚德汉作农业农村工作报告。

【全省农村人居环境整治暨厕所革命现场推进会召开】 6月22日，全省农村人居环境整治暨厕所革命现场推进会在常德市召开。会议回顾总结全省农村人居环境整治三年行动，交流各地经验做法，安排部署下阶段湖南省农村人居环境整治暨厕所革命工作。会议提出湖南省推进农村人居环境整治提升总体设想：以"一拆二改三清四化"为总抓手，以改善农民生活品质为根本目的，以推动美丽乡村建设为导向，抓重点、补短板、强弱项，进一步巩固拓展农村人居环境整治三年行动成果，全面提升农村人居环境质量，加快建设生态宜居美丽家园。省委副书记乌兰在会上讲话。副省长隋忠诚主持会议。省委农办主任、省农业农村厅厅长袁延文，省乡村振兴局局长王志群，市委副书记、市长邹文辉参加会议。会上，湘潭市、益阳市、浏阳市、醴陵市、湘阴县、吉首市相关负责人作交流发言。省直部门相关负责人、各市州党委和政府分管负责人及全省乡村振兴示范创建县党委或政府负责人参加会议。

【长江流域十省市草地贪夜蛾防控现场会召开】 6月29日，长江流域十省市草地贪夜蛾防控现场会在常德召开，常德市人民政府副市长龚德汉出席会议并致辞，农业农村部种植业管理司副司长朱恩林讲话。会议通报全国草地贪夜蛾虫情，讲解草地贪夜蛾防控技术要点，湖南、上海、江苏、浙江、安徽、江西、湖北、重庆、四川、贵州代表分别作交流发言。农业农村部种植业管理司司长潘文博、副司长朱恩林，省农业农村厅副厅长唐建初以及湖南、上海、江苏、浙江、安徽、江西、湖北、重庆、四川、贵州等长江流域10个省、市农业农村厅种植业处的处长、植保站长和有关技术人员到澧县城头山镇，现场观摩草地贪夜蛾"三区四带"（周年繁殖区、迁飞过渡区、重点防范区，边境监测防控带、长江流域监测防控带、黄河流域阻截攻坚带、长城防控阻击带）布防和统防统治作业现场。

【南方稻区机收减损暨湖南省水稻生产全程机械化现场演示会召开】 7月19日，南方稻区机收减损暨湖南省水稻生产全程机械化现场演示会在常德召开，活动主要分4个板块，分别为水稻机收减损技能大比武、南方稻区机收减损技术研讨会、水稻机收减损现场演示会暨机械化栽植技术推广“田间日”活动以及在汉寿县金穗全程机械化农事服务中心座谈调研。农业农村部农机化管理司司长冀名峰出席并宣布活动启动，湖南省人民政府办公厅副主任贺丽君，湖南省委农办主任、省农业农村厅厅长袁延文，常德市委副书记、市长邹文辉出席活动。

【“庆丰收·感党恩”2021年中国农民丰收节湖南主场常德澧县分会场暨沅澧共庆活动启动】 9月22日，“庆丰收·感党恩”2021年中国农民丰收节湖南主场常德澧县分会场暨沅澧共庆活动，在澧县城头山国家考古遗址公园启动。活动现场，澧县城头山主会场通过视频连线的方式与柳叶湖、西洞庭、桃源和鼎城区4个分会场进行联屏互动，展示各地丰收场景。在启动仪式上，与会领导共同参加丰收节添仓仪式，并参观优质农产品展示区。市委副书记黄清宇、省农业农村厅党组成员、副厅长马艳青出席活动并致辞；市委常委、市委秘书长罗先东宣读“2021年全市粮食生产党政领导办点示范先进示范片”表彰通报；市人大常委会副主任杨易出席，副市长龚德汉主持活动仪式。

（罗季委　胡国辉）

乡村振兴

【概况】 2021年，市乡村振兴局完成全省防止返贫致贫监测帮扶平台试点开发任务，严防返贫致贫、精准就业帮扶经验在全省推介。2021年年底，全省实地交叉考核对常德市工作给予政治站位高，基层干部战斗力强、帮扶措施针对性强，成果巩固到位、责任压实到位、工作成效到位的“一高、两强、三到位”高度评价。

有效衔接。严格按照“四个不摘”（摘帽不摘责任、摘帽不摘政策、摘帽不摘帮扶和摘帽不摘监管）要求，推进巩固拓展脱贫攻坚成果同乡村振兴有效衔接。机制衔接。市县均成立由党政主职任组长的实施乡村振兴战略领导小组，下设多个专项工作组，其中市级层面设立13个工作组、县级层面设10～13个，办公室设在乡村振兴部门。县乡村振兴部门保持工作力量不少于20人，乡镇乡村振兴办（站）工作人员3～5人，村指定工作专干。全市建立起与脱贫攻坚一样行之有效的领导体制和工作机制。政策衔接。印发《常德市巩固拓展脱贫攻坚成果全面推进乡村振兴战略实施方案》，市委组织部、市委统战部、市发改委、市教育局、市农业农村局、市民政局、市人社局、市住建局、市水利局、市卫健委、市医保局、市残联等部门均印发有效衔接的意见方案。坚持“新政不出、旧政不退”抓好各项政策落地。脱贫户、低保户、特困户、监测户、残疾学生等“五类对象”教育资助不漏1人，无失学辍学现象；脱贫户、监测户100%参加城乡居民基本医疗保险和大病保险；高标准完成4364户农村低收入群众等重点对象危房改造；易地扶贫搬迁集中安置点均实现“五有五通五化”（有覆盖到户的总体产业扶持，小型平价商店、驻点服务组织、便利的就医就学条件，畅通的诉求反映渠道，通水、通电、通公路、通有线电视、通网络，硬化、绿化、美化、亮化、净化）。工作衔接。分类制定并压实乡村振兴部门、行业部门、乡村两级、驻村工作队、结对帮扶责任人五方责任，持续实施“关键少数法”，推进各项工作有效衔接。市县两级安排专项财政衔接资金2.1亿元，比2020年增加1050万元。持续按照1名市县级领导、3～4名驻村工作人员、5～6家后盾单位结对帮扶模式，对乡村振兴重点帮扶村（全市共155个）、所有脱贫村、脱贫人口300人以上非贫困村、示范创建村、党组织软弱涣散村、易地扶贫搬迁集中安置点村六类村开展新一轮驻村帮扶，选派驻村工作队749支、驻村干部1941名。对所有脱贫户、监测户实行结对帮扶，其中监测户由财政供养人员结对。

监测帮扶。充分运用国家和省防返贫监测系统，强化监测和帮扶，筑牢返贫致贫风险“防火墙”。全员化摸排。利用5月、6月两个月时间，以户为单位，对人均年收入、“三保障”（义务教育、基本医疗、住房安全有保障）和安全饮水政策落实等10项指标，逐户逐项全覆盖摸排。8月，省局通报全省监测帮扶有关情况后，再次部署全面摸排“回头看”。及时掌握分析媒体、信访、舆情等信息，拓宽监测预警渠道。标准化审核。从家庭人均纯收入、“三保障”及安全饮水、重病重残、低保特困、因灾因意外、就业务工、“四类”人员等10个方面细化量化具体指标，率先在全省提出监测对象“十纳十不纳”标准，实现一把尺子量到底。以乡镇为单位抽调业务骨干组建审核专班，对照纳入标准逐户审核，确保应纳尽纳。精准化帮扶。区分“收入骤减户、支出骤增户、因病因灾因意外户、失学辍学户、住房无保障户、饮水无保障户、政策未落实户”七类情况分类施策；对风险点的帮扶处置“即时交办、台账管理、跟踪督办、整改销号、通报问责”。截至12月底，全市共纳入监测对象7821户，其中脱贫不稳定户1769户、边缘易致贫户1658户、突发严重困难户4394户；累计产生核销风险点53994条，全市未出现1例返贫致贫对象。石门县推行紧盯重点对象、重大变故、重要关口三个关键点，坚持政策帮扶全覆盖、增收帮扶全覆盖，结对帮扶全覆盖，健全台账管理制、即时交办制、跟踪督办制、整改销号制、从快问责制的“335”工作模式抓好监测帮扶在全省作典型经验交流。

增效提质。注重脱贫对象、监测对象发展能力提升，加大产业就业帮扶力度。2021年全市脱贫对象人均纯收入达16530元，同比增长近16%。产业帮扶。集中资金项目加强产业扶持，推进产业提质。全市有189家龙头企业、1631家合作社、315个家庭农场通过“企业（合作社、农场）+基地+农户”“企业（合作社）+订单+农户”等模式帮带脱贫户、监测户发展产业，实现对所有有劳动能力的脱贫对象、监测对象的产业帮带全覆盖。全年新增发放扶贫小额贷款2.88亿元。就业帮扶。持续大力实施“311”每年为有就业意愿而未就业的贫困劳动力提供3次岗位信息、1次就业指导、1次免费技能培训信息的就业服务，及时为脱贫对象、重点监测对象提供外地招工、园区招工信息，以及本地企业、扶贫车间、产业基地、公益岗位等就业信息和渠道，全市实现脱贫人口转移就业14.21万人。启动1000家乡村振兴帮扶车间建设计划，年底建成589家。易地搬迁后扶。大力落实易地搬迁十项保障措施，安置小区均实现“五有五通五化”，搬迁户都至少有一人就业、有土地流转收入、有1～2分菜地，有效提升搬迁群众归属感、认同感和幸福感。

【获得全国、全省“脱贫攻坚”荣誉】 2月25日，全国脱贫攻坚总结表彰大会授予常德市扶贫办、澧县农业农村局、中共桃源县黄石镇委员会、湖南湘佳牧业股份有限公司4个集体“全国脱贫攻坚先进集体”荣誉，授予郭碧勋、唐海平、陈璐、陈志刚、王新法、王婷6人“全国脱贫攻坚先进个人”荣誉。4月30日，全省脱贫攻坚总结表彰大会授予国网常德供电分公司等46个集体“全省脱贫攻坚先进集体”荣誉，授予陈章杰、谭本军等79人“全省脱贫攻坚先进个人”荣誉。

【常德市乡村振兴局正式挂牌】

5月7日，常德市乡村振兴局正式挂牌。根据中央决定和省委、市委安排，常德市扶贫开发办公室重组为常德市乡村振兴局，主要负责巩固拓展脱贫攻坚成果、统筹推进乡村振兴有关具体工作。常德市委副书记黄清宇、副市长龚德汉共同为市乡村振兴局揭牌。

【启动湖南省防返贫致贫监测管理平台试点开发工作】 1月30日，根据全省巩固拓展脱贫攻坚成果同乡村振兴衔接会议的部署，常德市启动湖南省防返贫致贫监测管理平台试点开发工作。3月4日，省政府办公厅副主任贺丽君到常德现场调研指导平台试点开发工作。3月8日，省乡村振兴局局长王志群到常德指导平台试点开发工作。4月25日，全省防返贫致贫监测管理平台通过竣工验收，全省推广使用。

（张可军）

【帮扶沅陵县乡村振兴工作】

2021年6月，按照省委办公厅、省政府办公厅《关于开展乡村振兴对口帮扶工作的通知》精神，常德市开展对口沅陵县乡村振兴帮扶工作，并于9月30日下发《2021年常德市对口帮扶沅陵县乡村振兴工作实施方案》（常委乡振组发〔2021〕2号）。组织领导。2021年6月10日，市委常委会研究对口帮扶工作；6月17日，常德对口帮扶工作组正式成立；6月18日，工作组正式赴沅陵对接进驻开展工作。11月18日，市委副书记、市政府党组书记周振宇率常德市党政代表团到沅陵调研乡村振兴帮扶工作，召开对口帮扶联席会议座谈会。就业帮扶。全年有335名沅陵籍务工人员到常德就业，为117名在常的沅陵籍工作人员购买五险一金，为109名脱贫户提供长期就业岗位。常德市委托沅陵县培训劳动力289人，在常德培训13人。11月，在常德市阳光学校举办为期30天的焊工技能培训班，沅陵县13人免费参加培训且全部通过资格认证考试，7500元/人培训费全部由常德负担。人才振兴。按照协议，沅陵县向常德市选派挂职的8名后备干部和4名专业技术人员，常德市根据干部经历安排到相关单位挂职跟班。11月15日，沅陵县43名乡科级干部

表6　　2021年常德市帮扶沅陵县干部一览表

姓名	在沅职务	起止时间
崔晓伟	沅陵县人民政府党组成员、副县长（常德市对口帮扶工作组组长）	2021—2023年
周　灏	沅陵县发展和改革局党组成员、副局长	2021—2023年
陈克里	沅陵县乡村振兴局党组成员、副局长	2021—2023年

表7　　2021年常德市赴沅陵县专技人员对口帮扶一览表

起止时间	姓名	受援单位	所属派出单位
第一批（2021—2022年）	王海涛	沅陵县马底驿九校	桃源县文昌中学
	陈志明	沅陵县马底驿九校	桃源县陬市中学
	张若兰	沅陵县马底驿九校	桃源县陬市中学
	钟伯华	沅陵县马底驿九校	桃源县枫树中学
	杨连平	沅陵县马底驿九校	桃源县第七中学
	张文军	沅陵县第七中学	常德市第三中学
	代慧林	沅陵县第七中学	常德市第六中学
	刘　畅	沅陵县荔枝溪小学	武陵区甘露寺小学
	龚文健	沅陵县荔枝溪小学	桃源县漳江中学
	陈志刚	沅陵县第二人民医院	常德市第一人民医院
	彭成城	沅陵县人民医院	常德市第一中医医院
	肖　强	沅陵县第二人民医院	常德市第一人民医院
	成　武	沅陵县人民医院	湘雅常德医院
	曾　爱	沅陵县第二人民医院	常德市第二人民医院
	苏　乐	沅陵县妇幼保健院	常德市妇幼保健院
	赵超平	沅陵县精神病医院	常德市康复医院
	丁　烙	沅陵县中医医院	常德市职业技术学院附属第一医院

在常德市委党校进行为期一周的异地教学免费培训。选派专业技术人才。支教。9月，常德对口第一批支教队伍9名教师分别在马底驿九校、荔枝溪小学、沅陵七中从事一线教学工作。市委党校派1名教师到沅陵县党校授课。支医。11月25日，常德市卫健委输送8名医疗专家到沅陵县人民医院、沅陵县第二人民医院、沅陵县妇幼保健院、沅陵县精神病医院、沅陵县中医医院进行帮扶。支农。农业专业技术人员2名（养殖1名和渔业1名）不定期到养殖大户和种植大户进行专技指导。资金帮扶。财政援助。2021年，常德市财政实际援助沅陵县资金共计2210万元。社会帮扶。2021年10月至年底，常德市社会捐助款项物资约合24万余元；全市初步统计采购沅陵县帮扶农副产品240万元。沅陵县部分农副产品已进驻常德电商平台销售。

（崔晓伟）

种植业

【粮油作物】　粮食。2021年，全市粮食播种面积58.95万公顷、同比增长0.15%，总产384.38万吨、同比增长3.22%。其中早稻播种面积18.37万公顷、同比增长1.18%，亩均单产397.37千克、同比增长8.66%，总产109.51万吨、同比增长9.9%；中稻与一季晚稻播种面积15.45万公顷、同比增长0.25%，亩均单产518.59千克、同比增长0.16%，总产120.16万吨、同比增长0.41%；双季晚稻播种面积19.05万公顷、同比减少1.67%，亩均单产422.21千克、同比增长2.42%，总产120.61万吨、同比增长0.71%。旱粮播种面积6.09万公顷、同比增长2.72%，亩均单产373.62千克、同比减少0.46%，总产34.1万吨、同比增长2.25%。

油菜。2021年，全市春收油菜面积29.75万公顷，同比增长0.11万公顷，亩平单产129.38千克，总产57.73万吨。2021—2022年度，实

2021年7月12日，桃花源镇金盘村村民收割庄稼　（刘伯源 供图）

施稻-稻和稻-油水旱轮作1.39万公顷，全面完成项目任务面积。

【主要经济作物】 蔬菜。蔬菜播种面积14.33万公顷，产量635万吨，总产值93.5亿元，分别比2020年减少0.31万公顷、10.6万吨、0.2亿元，同比减少为2.1%、1.6%、0.2%。蔬菜种植品种上有辣椒、白菜、甘蓝、冬瓜等主导品种，和汉寿玉臂藕、瓦儿岗辣椒、津市藠果、罗洲冬瓜等特色品种。受疫情影响，蔬菜价格提升，蔬菜种植专业合作社受益明显，发展蔬菜产业信心增强。

水果。全市水果面积9.98万公顷，总产134.3万吨，产值45.2亿元，其中柑橘面积8.53万公顷，同比面积基本持平，总产88.6万吨，产值20.7亿元，同比面积基本持平，产量减少0.25万吨，产值增加5亿元；以澧县阳光玫瑰为代表的时鲜特色水果种植面积0.83万公顷，产量28.7万吨，产值21亿元，同比面积增加0.11万公顷，产量基本持平，产值增加3.1亿元。

棉花。2021年，棉花种植面积3.41万公顷，同比减少0.25万公顷，亩均单产225千克，同比增长10千克，总产11.52万吨，同比减少0.31万吨。籽棉收购价格9～10元/千克，同比增加3～4元/千克，产值增加3.2亿元。

茶叶。2021年，全市茶园面积2.47万公顷，其中投产茶园面积2.19万公顷，有机茶认定面积0.17万公顷，茶叶总产量4.6万吨，总产值16.63亿元，同比分别增长2.6%、1.45%。常德市茶叶种植主要区域集中在武陵山脉和雪峰山脉，石门、桃源被列入全国优势区域县，澧县被列入全省优势区域县。

（罗季委　胡国辉）

养殖业

【概况】 2021年，全市牧渔业生产总值达391.05亿元，其中牧业生产总值309.1亿元，渔业生产总值81.95亿元。常德市获评全省2021年禁捕退捕优秀市州、全省动物疫病防控绩效考核优胜市州、全省畜牧业统计监测工作优秀市州、全省渔业统计工作表现突出单位、全省第一次水产养殖种质资源普查工作突出单位。市动物疫病预防控制中心在全省兽医系统实验室检测能力比对工作中连续10年比对结果正确，仅次于长沙市，排名第二。澧县、桃源县获评全省动物疫病防控绩效考核优胜县；鼎城区获评全省优秀生猪规模场监测县；石门县、桃源县获评全省畜禽遗传资源普查工作突出县市区；津市市、安乡县获评全省第一次水产养殖种质资源普查工作突出单位。

（贺　亮）

【畜禽生产】 全市生猪存栏325.98万头、出栏507.61万头；牛出栏17.99万头；羊出栏205.31万只；家禽出栏9544.47万羽；禽蛋产量37.88万吨。

【生猪生产】 严格落实年末存栏任务310万头要求，将任务细化分解到各区县市。2021年，全市生猪出栏507.61万头，生猪年末存栏325.98万头，其中能繁母猪存栏28.7万头，分别同比增长31.92%、12.15%和5.71%。成立市县两级生猪稳产增养技术专家组对接规模猪场，加强服务指导。对落户常德市的牧原、正大、现代农业、唐人神、兴疆牧歌、鑫广安等大型养殖场企业持续跟踪服务。针对生猪市场价格震荡下跌，协助华乐食品启动猪肉储备收储工作，引导养殖场调整生猪存栏比例，淘汰产能落后的能繁母猪，主动与金融机构对接，避免抽贷、断贷。积极引导种猪养殖企业引进、扩繁、杂交选育优质生猪品种，大力推动惠生农科主导的桃源黑猪综合开发项目，加强产学研对接，着力打造生猪良种供种高地，变资源优势为产业优势和经济优势。

（朱　琳）

【动物防疫】 严格实施春秋两季强制免疫。制定下发《2021年常德市动物强制免疫方案》《常德市强制免疫疫苗管理制度》。全市共免疫高致病性禽流感4008.3万羽、口蹄疫354.9万头，应免畜禽免疫密度均达到100%。持续开展定点监测。全市持续开展动物疫病流行病学调查，重点抓好非洲猪瘟、口蹄疫、禽流感等重点病种和Ⅱ型链球菌、炭疽、血吸虫病等人畜共患病的调查监测。集中对屠宰场、规模养殖场、无害化处理中心等高风险场所实施“大清洗、大消毒”。全市共检测样品57156份，包括病原学样品31876份、血清学样品25280份，其中非洲猪瘟检测样品13437份。生猪及其产品调运监管。生猪调运审核。对39个入湘生猪调运“点对点”生猪养殖场、344辆运输生猪车辆备案和994个生猪贩运主体进行备案。全市设立2个入湘指定通道检查站和18个非洲猪瘟公路临时检查站，共检查车辆56495台次，检查生猪21.12万头，发现违规调运车辆11台次、生猪1102头；对违规调运生猪行为立案46件，结案37件，罚款18.64万元。11月，常德市作为湖南省唯一市州代表全省迎接农业农村部2021年秋冬季重大动物疫病防控工作检查，得到检查组高度肯定。

（刘文泽）

【畜禽屠宰】 加强屠宰环节非洲猪瘟防控工作。督促屠宰企业严格把好生猪进场检疫关，未经检疫或检疫不合格的生猪坚决不能进场屠宰，屠宰检疫率达100%。督导屠宰企业驻场官方兽医按照生猪不同来源实施分批屠宰，并对暂储血液进行抽样检测非洲猪瘟病毒。督促指导屠宰场做好运输生猪车辆备案、清洗消毒工作，全市12家A类屠宰场建成洗消通道。督促屠宰场搞好肉品品质检验、“瘦肉精”自检，全年开展“瘦肉精”检测79287头（份）。全年完成500批次牛肉、200批次猪肉水分抽样检测，抽检样品均未发现水分超标。湖南惠生农业科技集团、湖南华乐食品有限公司、临澧得益肉类食品有限公司和湖南安康肉类食品有限公司被评为省级生猪屠宰标准化示范场。

（邓金保）

【产品质量监管】 全年抽检养殖场（户）697家、饲料经营户39家，共完成畜禽水产品质量安全例行监测2093批次，其中畜禽水产品样1441批次，水产品样652批次，畜禽产品检测合格率99.9%，水产品检测合格率99.7%。组织开展兽药专项检查，重点检查大型规模化养殖场的兽用生物制品和兽用抗菌药的安全使用情况。强化全市35家饲料与饲料添加剂生产企业的质量安全与生产安全监管，实地查看企业生产车间、原料库、成品库、化验室，查阅企业相关文件资料等。做好畜禽水产品质量安全监督检验检测实验室重金属和氟苯尼考等检测项目的扩项准备工作。

（邓兴华）

【禁捕退捕】 人防巡查。市禁退捕办先后组织开展沅水城区河段打击非法捕捞“冬春攻势”专项整治行动及渔政执法巡查专项行动，查办案件215起，采取刑事强制措施186人，扣押、收缴渔具1578套件，船只51艘。技防能力。市本级、鼎城区、汉寿县、桃源县、临澧县、石门县、澧县、津市市、桃花源管理区完成沅水城区河段智慧渔政监管平台建设并投入使用，安乡完成建设进入调试阶段。全面启用无人机巡查，实时提供违法违规的现场照片及视频。“回头看”和暗访督查。围绕“三无”（无船舶证书、无船籍港、无船名船号）船舶分类处置和“四清四无”开展两轮“回头看”工作，共拆解销毁“三无”船舶51艘。市本级成立暗访督查组，每两个月开展一轮次暗访督查，指导区县市进一步加强禁捕网格化管理。

（张　勇）

林业

【概况】 2021年，全市完成营造林面积近7万公顷、省定任务完成率为109.8%；完成人工种草20公顷，草原改良400公顷，省定任务完成率为100%；全市林地面积830720公顷，森林覆盖率达48.01%，活立木总蓄积量4363.23万立方米；湿地面积190666.67公顷，占土地面积的10.5%，其中，纳入保护面积136666.67公顷，保护率稳定在71.66%；林业产业总产值达369亿元。全市森林火灾“零发生”，森林防火形势平稳，林业有害生物成灾率控制在国家规定标准以下。

【造林绿化】 2021年，全市完成人工造林13726.67公顷，封山育林14866.67公顷，退化林修复10600公顷，森林抚育30720公顷，人工种草20公顷，草原改良400公顷。全民义务植树。全市360.32万人参加义务植树，尽责率达到95.1%，折算完成义务植树1287.91万株，其中造林绿化植树1119.16万株，“互联网+全民义务植树”项目——“我为常德义务植树基地建设献份力”收到捐款4.39万元。生态廊道延伸，鼎城区、桃源县、石门县等地在廊道内的取土、取沙等受损弃置地和无立木林地上，优先选择乡土树种进行造林，将生态修复的理念贯穿生态廊道建设始终，全市全年共完成省级生态廊道建设任务266.67公顷。森林质量提升，安乡黄山头林场、津市林场、常德国有林场共完成森林精准提质400公顷。

【湿地保护】 2021年，全市湿地修复面积968.91公顷，总投资为2831.63万元，全市湿地保护率稳定在71.66%，对返生萌芽及时清理，已完成5轮“除萌”工作，涉及面积约3.4万公顷，清除萌苗4500多万株，完成岸线修复14.5千米。启动湿地生物多样性调查，形成《常德市湿地名录》。国家湿地公园试点建设。临澧道水河国家湿地公园顺利通过省林业局验收，10月迎接国家林草局验收，得到专家组高度肯定；汉寿县息风湖不断完善国家湿地公园试点工作，完成相关湿地修复项目总面积207公顷，其中，湿地恢复与保护工程87公顷，水源涵养林修复工程120公顷，总投资611.08万元。湿地生物多样性调查工作收官，形成常德市湿地生物多样性调查报告，为下一步启动《常德市湿地保护中长期规划》的编制打下基础。湿地保护影响力。常德湿地中英文网站持续更新国内外湿地相关信息，影响力不断提升，加大“湿地日”对外宣传力度。2月2日，《人民日报》以《湖南常德构建湿地生态保护新格局　洞庭湖畔湿地入城》为题对常德湿地予以专题报道，对常德湿地保护成效给予充分肯定。

【资源管护】　在森林资源管护上加力度。开展森林督查暨资源更新“一张图”、第三次全国国土调查（以下简称国土三调）数据与森林资源“一张图”数据融合、公益林优化、打击毁林专项行动、林地保护利用规划编制等工作。发放采伐证5429份，批准采伐林木39.2万立方米；审核、批准征占用林地609.1公顷，收缴森林植被恢复费9060.14万元，2020年，全市森林督查问题整改进度达到99%。开展《中华人民共和国森林法》《中华人民共和国长江保护法》《中华人民共和国行政处罚法（新）》《中华人民共和国野生动植物保护法》等法律法规宣传，全年查办林业行政案件126起，共罚款265.713万元。坚持“预防为主、防灭结合、高效扑救、安全第一”方针，新增宣传碑牌586块、宣传横幅2375幅，张贴、发放宣传册、宣传资料10万余份，出动宣传车3500余台次，开展森林火险隐患排查174次，排查并整改火险隐患301处，积极推广使用“防火码”，全年共登记进山人员31600人次、车辆4900余台次，全年全市森林火灾“零发生”，森林防火形势平稳。

生物资源管护。加强野生动物救护与疫源疫病监测。全市全年救助野生动物事件143起，其中鸟类118只、兽类22头（只）、其他动物3只（头、条），救护成功率为88.8%；全市5个国家级、2个省级野生动物疫源疫病监测站严格执行监测信息日报告制度和零报告制度，持续开展野生动物疫源疫病监测，及时掌握疫情动态。各监测站巡护区域内无异常，未发现野生动物非正常死亡情况。有效开展病虫害防治。坚持以“治早治小治了”和无公害防治为主的原则，采取生物防治、物理防治和化学防治相结合的方法，重点狠抓松材线虫病、马尾松毛虫、黄脊竹蝗、杨树害虫和油茶病虫害的防治，有效遏制了虫情扩散的速度和范围。2021年，全市林业有害生物发生面积14440公顷，发生率为2%，较2020年减少0.26个百分点，测报准确率为93.03%，林业有害生物成灾率控制在省控标准以下。全市林业有害生物防治面积13240公顷，其中无公害防治12806.67公顷，无公害防治率96.7%。

自然保护地资源管护。推进自然保护地整合优化建设，基本摸清全市自然保护区核心区和缓冲区原住居民的基本情况，为后期自然保护区生态移民工作方案的编制提供有力的数据基础。按照国家、省级相关要求对常德市自然保护地整合优化预案成果进行3次修改完善。配合做好第二轮中央生态环保督察工作，先后开展风景名胜区监督检查、“洞庭清波”自然保护地等涉林生态环境问题专项督察、遥感监测核查整改、自然保护地违法违规问题自查自纠等专项行动，累计发现整改涉林生态环境问题13个。

【林业产业】　全市围绕花卉苗木、林下经济、竹木、油茶、森林旅游与康养五大产业加强谋划。大力支持龙头企业，把支持服务林业产业龙头企业作为发展林业产业的重要手段，首先是帮助林业企业争取项目资金，全年共为4家企业争取225万元。支持和鼓励林业企业搞好品牌建设，博邦、润农、泥头山、天地农耕4家油茶企业成功加入“湖南茶油”公共品牌。帮助企业转型升级，跃宇竹业获得投资800万元，引进新设备、加大技术改造，提升产品质量和提高劳动生产率，周记工贸生产烤火架单一产品向家具等多种产品转型。培育龙头企业，指导和帮助四家企业成功申报省级龙头企业，新批准16家市级林业产业龙头企业。做好森林食品安全工作，全年完成省林业局食用林产品检测任务，包括竹笋及竹笋土壤、油茶籽及油茶籽土壤、茶油等，共计完成85批次抽检任务；对全市茶油加工企业和小作坊摸底，全市共有茶油小作坊310家，制定全市油茶籽油质量安全监测计划，要求全年完成茶油检测145批次。重点发展油茶产业。2021年，全市下达油茶产业发展专项资金380万元，完成油茶新造林1533公顷，油茶低产林改造面积10866公顷，其中更新改造3133公顷，抚育改造6733公顷，品种改造1000公顷。

【林业执法】　全年统计期内（2020年10月至2021年10月）全市共查办林业行政处罚案件319起，全年林业行政案件共罚款1042.81万元，恢复林地31.18公顷，没收木材125.14立方米，没收幼树或苗木2.79万株，补种树木55788株，没收野生动物4只，被处罚人数311人。林业行政案件共导致损失林地面积60.45公顷，损失草原面积0.65公顷，损失林木蓄积489.24立方米。损失幼树或苗木3.47万株，损失野生动物169只，野生植株3株。在常德市人民政府网通报行政处罚典型案例4期8件。

【全面推行林长制工作】 根据中央、省委的决策部署，常德全面启动林长制工作。8月31日出台《常德市全面推行林长制实施方案》（常办发电〔2021〕33号），9月16日召开全市全面推进林长制工作动员大会，发布1号市林长令，建立完善相应的8项配套制度，9个区县市和5个县级单位都出台县级林长制《实施方案》，市、县、乡、村四级林长制组织体系初步建成，“一长三员”（林长，护林员、监管员、执法人员）网格化管护体系正在落实落地。常德市落实市级林长7名，明确责任分区5个，市级林长制工作委员会17家单位，县级林长137名，乡级林长758名，村级林长2949名，护林员1774名，监管员194名，执法人员335名。

【开展禁食野生动物后续帮扶】 2021年，全市306家野生动物人工繁育退出养殖全部转产转型，其中转产286家，转型20家，落实兜底保障8家，转产转型率100%，全市15个行政单位、306家退养奖励资金，于11月25日前发放完毕，发放资金共1481.87万元。

（朱益帜）

水利

【概况】 2021年，市水利局获得全省脱贫攻坚先进集体、全省扫黑除恶专项斗争工作先进单位、全省移民工作优秀单位等多项荣誉。

防汛抗旱。2021年，常德市共遭遇21轮强降雨过程，特别是6月26日至7月4日过程，全市平均降雨125.4毫米，沅水流域发生接近警戒水位洪水。后汛期，受持续晴热高温少雨天气影响，石门县、桃源县、临澧县等地发生夏秋连旱。直面汛情旱情，市水利局坚持提前会商研判、周密部署安排、精准调度应对，组织各级责任人严格值班值守、扎实巡查除险、及时转移人员，全力抓好山洪地质灾害防御、城市内涝防范、水库山塘防守、中小河流及流域性洪水防御、抗旱蓄水保水等工作，全市没有发生较大险情和人员伤亡，没有出现大面积农作物因灾减产，切实把水旱灾害损失降到最低限度。

水利基础。2020—2021年，全市共投入资金42.19亿元，建成水利工程174处。2021—2022年，全市投入资金16.29亿元，建成水利工程134处。其中，国、省投资工程86处12.26亿元，自筹工程48处4.03亿元。

河湖管护。全年各级河湖长共巡河、巡湖5.03万次，省级下达的15大类1876项河长制重点工作任务全部完成。组建“百千万”三支队伍，即招募“民间河长”100名，设置乡级河湖管护公益岗位1000个，配置村级河湖保洁1万名。建立河湖“四乱”（乱占、乱采、乱堆、乱建）问题库，其中市级排查入库问题2195个、县级近4000个。扎实开展“洞庭清波”专项行动，11处河（湖）问题全部整改到位。全年完成3800万吨河道采砂计划和新一轮省管河道采砂规划申报工作。

水利惠民。全年完成农村饮水安全巩固提升工程33处，受益人口达19.94万人；启动“三区”（鼎城区、西湖管理区、西洞庭管理区）供水工程、澧县杨花桥水厂建设。移民后扶。全年共争取移民资金3亿元，完成19个重点移民村整村推进、1065名移民避险解困试点等项目。完成西湖管理区裕民村为期3年的乡村振兴帮扶工作，扎实开展鼎城区中河口镇北洲村乡村振兴重点帮扶工作。

水资源管理保护。出台《国家节水行动常德实施方案》，全市地区生产总值用水总量、万元工业增加值用水量，较上年分别下降29%和17.65%。完成澧县、鼎城区域节水型达标建设任务，建成常德市青少年节水展览馆。开展水土保持监督检查，完成年度国家水土保持重点项目，全市水土保持率（全省高质量发展指标）为93.85%，居全省前列。

日常管理。全年共办理审批业务21件，没有出现红黄牌情况；认真办理建议提案11件，实现见面率、回复率和满意率“三个100%”。在各级媒体开展宣传报道958次，及时回应处理舆情和群众诉求500多条。扎实推进“智慧水利”综合信息平台前期工作。做好疫情防控、扫黑除恶、政务公开、优化营商环境、社区创建、双联帮扶等中心工作。

【桃源县热市镇麻溪河治理工程完工】 桃源县热市镇麻溪河治理工程对河道进行清淤、加宽、新建堤防、用生态透水砖进行护坡，全面提升防洪能力；新建水坝、改造水坝、新修渠道，进一步解决农业灌溉问题。该工程于2021年10月开工，预计2022年3月完工。项目完成后，周边266.67公顷良田可实现旱涝保收。

【临澧县高家垱排涝电排站建成】 临澧县高家垱排涝电排站位于澧水尾闾的临澧县合口镇高家垱排渠出口，是在湖南省洞庭湖区十一个重点垸之一的淞澧大垸首端新合垸

临澧县高家垱排涝电排站　　（临澧县水利局 供图）

合口镇区。该工程于2020年9月15日开工，2022年1月主体工程完工。新建高家垱电排站工程后，高家垱47.3平方千米排区范围内（即合口镇大部、刻木山乡新合垸内一部）排涝能力得到大幅提升，保护人口约5.5万人，耕地3333.33公顷，年均减少洪灾损失约600万元。

（代　敏）

农田建设管理

【概况】　常德市把实施高标准农田建设项目作为落实“藏粮于地”战略的重大举措，全市已建成高标准农田32.13万公顷（含2021年度任务）。2020年度全市3.44万公顷高标准农田建设任务于2021年5月全面完成。2021年度全市高标准农田建设项目建设面积3.98万公顷，其中高效节水灌溉面积0.23万公顷，总投资9.63亿元，项目区涉及全市87个乡镇的366个村，截至2021年年底，建设进度达83%以上，明显快于往年同期。

整体推进建设。坚持统一思想，明确责任，全市一盘棋推进高标准农田建设。市委、市政府将高标准农田建设纳入省、市重点建设项目管理。市县两级均成立水利与农田建设委员会，形成齐抓共管、部门联动、整体推进的工作格局。将高标准农田建设纳入真抓实干督查激励、粮食安全省长责任制、乡村振兴实绩考核等重要内容，加强对高标准农田建设的指导、协调和监督检查，采取聘请第三方巡查、专项督查等形式，加强全过程监管。将高标准农田建设作为财政支农重点，整合涉农资金加大投入力度，构建财政优先保障、金融重点支持的多元投入格局。

重点环节管理。对全市高标准农田建设全过程实行精细化、规范化管理。严格对标上级要求，制定市县项目、资金管理以及竣工验收、建后管护、评价激励等管理制度，以及相应内部控制制度。实现项目选址与上图入库信息、国土三调数据反复套比，确保足额完成建设任务。严格落实“三上三下”制度，严格设计评审，确保规划设计方案科学合理。澧县积极探索丘岗地区高标准农田建设模式，实现田块整治、宜机化改造、抛荒治理等整体规划、整体推进。对标上级要求及方案，全面落实提前验收与三级验收制：项目完工后，由设计、施工、监理和建设单位四方提前验收；正式验收时标段合同工程、初步验收、竣工验收分别由监理机构、县级部门、市级部门负责。

质量监管。切实强化质量监督，确保项目按设计发挥效益。全面推行“政府监督、专业监理、群众参与”三位一体的质量管控模式。项目实施期间，要求项目现场指挥、施工、监理等多方驻场管理，群众代表参与监督。对所有项目按照工程类型实行分类监管，各地分别打造1～2个质量监管示范样板。严格实施首段首项认可制，确认达标后才能后续施工。委托专业机构组成监督巡查组，对全市项目建设业主单位、设计、施工、监理单位等履责情况，进行全面巡查检查。坚持每月巡查一次，全年巡查监督不少于6个月。实施问题清单管理，限时整改落实到位，有力促进全市农田建设项目的高质量发展。

耕地保护。2021年度高标准农田建设项目区采取土壤改良提高耕地质量措施覆盖面积3.79万公顷，其中沙（黏）质土壤治理189.47公顷、酸化土壤治理0.45万公顷、盐碱土壤治理974公顷、污染土壤修复243.2公顷、地力培肥3.2万公顷，耕地质量提升措施覆盖率在90%以上。按要求开展高标准农田建设前后耕地质量评定，项目区耕地质量平均提高0.4个等次；按属地管理受理耕地质量损毁鉴定事项，2021年共完成耕地质量损毁鉴定1起，按照省厅要求，2021年12月31日前，全市所有区县市全面完成第三次国土调查耕地质量等级调查与评价工作。

项目管护。积极创新项目推进机制，推动项目高效建设。全面落实电子化招标，实现全程监控、实时监控和后续可核查；探索引入人脸识别系统，加强在建项目电子考勤，开展重点人员履约管理，防止挂靠、转包和违法分包。澧县创新数字化监管模式通过手机APP+天网模式，实现实时监督、全方位监督无死角。2020年，津市市从开展高标准农田建设流转前后差价中提取一定比例资金，用于工程后期管护，由经营主体落实管护责任。2021年，在全市新建项目区推广津市试点经验。充分利用新增耕地指标调剂收益以及旱改水、新增粮食产能有关政策，通过项目建设吸引社会资本积极参与高标准农田建设，拓宽投入渠道。

【开展农业工程建设项目招投标领域突出问题专项整治行动】 积极开展农业工程建设项目招投标领域突出问题专项整治工作，把握整治重点，确保整治实效。各区县市建立“提篮子”“打牌子”等行为登记报告台账，制定专项整治工作的具体方案，全面排查项目工程超概算整治和项目违规招投标问题。严格审核招标方案和文件，2021年度高标准农田建设项目招标过程中实行电子化招标、“不见面”开标方式，加强参建单位主要从业人员履约管理，从源头上堵塞漏洞、防范风险。在全市高标准农田建设现场全面部署履约人员人脸识别系统，试行电子考勤。共核查交办全省大数据分析问题线索共9条（涉及人员7人），涉及澧县、西湖管理区、临澧县、安乡县、桃源县的2020年度高标准农田建设项目，问题为重复缴纳社保持证公职人员参与新项目、重复缴纳社保非持证公职人员参与新项目两类。

【打造常德工作经验样板】 以农田建设协调机构为平台，推进高标准农田建设与农村人居环境整治、乡村产业发展、农业机械化和智慧农业建设等有机结合，促进农业农村生产生活生态融合发展，提升整体建设效益。全市重点建成一批高标准农田建设示范区，打造成为资金整合样板、机制创新平台、现代农业窗口。常德市高标准农田建设经验作为典型在国家和省级农田建设培训班上宣传和推介。2021年4月10日，《人民日报》头版以《牢牢把住粮食安全主动权 加快推进高标准农田建设》为题，将常德市引入第三方监督的工作经验予以报道。2021年，在全市新建项目区推广津市试点经验。澧县2021年度推进高标准农田建设获湖南省农业农村厅激励表扬，为全省获得该类激励表扬的5个县市之一。

（罗季委 胡国辉）

农村经营管理

【概况】 2021年，全市农村经营管理工作落实中央、省委、市委经济工作会议、农村工作会议和中央、省委一号文件部署要求，牢固树立新发展理念，突出改革重点难点，夯实农村经营管理基础，为实施乡村振兴战略提供有力支撑和保障。

【农村土地承包管理】 第二轮土地承包到期后再延长30年试点工作。2021年，常德市在鼎城区石板滩镇常水社区、澧县梦溪镇彭家厂村组织开展第二轮土地承包到期后再延长30年试点工作，完成政策宣传、入户摸底、方案制定、公示公开等基础性工作。10月，试点区总结工作，并将优秀经验、问题汇总上报；11月，副市长龚德汉在中央农村工作领导小组主办的《农村工作通讯》上发表《湖南常德市常水社区化解人地矛盾问题的做法与经验》，引起较大反响；12月，省委改革办《改革简报》以《常德市三个坚持推动农村土地延包30年改革试点》为题向全省推介常德市试点做法，供全省交流学习。确权颁证全面完成。2021年，全市确权成果数据库按照国家标准全部提交；签订承包合同115.9万份，签订率99%；颁发土地承包经营权证113.2万本，颁证率97%，完成土地档案整理114.6万本，扫描入馆113万本，入馆率99%。2020年10月，常德市被中央农办、农业农村部表彰为“全国农村承包地确权登记颁证工作典型地区”。土地流转有序开展。县级基本建立土地流转服务中心和信息平台，乡（镇）建立土地流转服务站，村（居）配备土地流转信息员，及时发布土地流转信息，促进流转双方的有效对接。截至12月底，全市流转耕地面积28.92万公顷，占耕地总面积的60.88%。调解仲裁不断规范。9个区县市均建立农村土地纠纷调解仲裁体系，基本形成县、乡、村层层有人负责的组织机构和工作体系，各地均按“一庭三室”（仲裁庭、调解室、案件受理室、档案会商室）的要求标准完善办公场所，工作条件及装备器材基本配备。2017—2021年，常德市农村土地纠纷调解仲裁考评连续五年位列全省第一。抵押贷款成效显著。汉寿县作为全市农村土地经营权抵押贷款工作的“领头羊”，抵押贷款规模迅速扩大，澧县试点进展顺利，安乡县实现“零的突破”。全年全市共发放农村土地经营权抵押贷款841笔。其中，汉寿县全县累计发放农村土地经营权抵押贷款805笔，金额10.58亿元。澧县全县共审核发放33份土地经营权抵押贷款他项权证，土地经营权抵押贷款总额4557万元。安乡县开展土地经营权抵押贷款试点工作，累计发放农村土地经营权抵押贷款3笔，金额880万元。

【农民合作社发展培育】 规范发展。加大对农民合作社相关法律政策宣传，引导合作社完善财务管理，规范章程制度，规范内部运作，规范经营决策，规范盈余分配。3—6月，在全市进行省级示范社监测工作，对127家省级示范社对标清理，清理出20家不合格合作社，所有监测资料均上报省处。8—10月开展国家示范社监测工作，对2018年评定及2019年监测合格的35家国家示范社进行运营情况监测，对4家经营不善的国家示范社提出监测不合格意见。示范引领。截至2021年12月底，全市注册农民合作社7777家（2021年新增546家），入社农户约34.83万户。全市共有国家级农民合作社示范社47家、省级示范社163家，市级示范社368家、县级示范社944家。2021年，全市成功申报省级示范社36家，百佳社8家，认定数为全省各市州之首；认定市级示范社81家。金融服务。由市农业农村局牵头，为新型农业经营主体与市农担公司、市财鑫公司搭建平台。对全市农民合作社贷款需求进行摸底，全市有贷款需求的农民合作社514家，贷款需求3.5亿元。其中符合农担准入政策可受理项目171个，申报融资16540万元。有30家农民合作社参加常德市金融助力乡村振兴系列活动启动仪式暨担保篇业务对接会。大力开展2020年新型经营主体贷款贴息工作，为221家农民合作社贴息421.98万元。信用合作。积极开展防范非法集资宣传教育，对农民合作社领域涉众型非法经营活动稳定风险进行排查。针对省金融办对湖南锦绣千村农业专业合作社开展信用合作情况进行调研过程中发现的不规范问题督办、整改。撤除业务大厅、营业柜台，撤除资金互助宣传标语标牌和宣传手册，制定《湖南锦绣千村农业专业合作社内部资金互助借款管理办法》对借款的管理及追款等进行严格规定并落实到位。调研总结。5月，与市政协、农业农村委共同承办市政协2021年对口协商和界别协商工作课题之新型农民专业合作社建设，向大会提交常德市农民合作社发展情况调研报告并在协商会上汇报。承办市政协委员提出的关于农民合作社发展方面的2个提案。7月，配合致公党省委“加快我省农民专业合作社联合社发展”调研组到常德调研，精心组织提供澧县葡萄产业专业合作社联社、鼎城区河洲龟鳖专业合作社、鼎城区亿泽水稻专业合作社3个调研现场，副市长杨成英全程参与陪同调研及座谈。

【社会化服务】 县级试点。积极争取安乡县、汉寿县分别作为新启动试点县和延续试点县纳入2021年第一批农业生产社会化服务项目试点县，培育社会化服务组织48个，服务总面积达2.02万公顷，服务小农户2.56万户；积极争取鼎城区、安乡县、汉寿县、临澧县、桃源县纳入农业社会化服务重点县，培育社会化服务组织101个，服务总面积3万余公顷，服务小农户4万余户。示范中心。成功申报湖南锦绣千村农业专业合作社、汉寿县金穗种粮专业合作社、湖南省新合作富硒水稻专业合作社3个省级示范区域性农业社会化综合服务中心，3个示范中心可服务面积达18881.13公顷，服务小农户面积12060.07公顷，为全市农业社会化服务组织建设树立标杆。湖南锦绣千村农业专业合作社成功申报全国农业社会化服务创新试点组织，全省仅4个。

【集体产权制度改革】 全面完成2020年度农村集体资产清查。截至2020年年底，全市2106个涉改村（社区）共清理核实集体资产总额92.24亿元，其中经营性资产19.08亿元；集体土地总面积160.97万公顷，其中农用地总面积145.10万公顷。农村集体经济组织成员信息报送工作。全面建立成员登记备案制度和成员名册台账，全市共确认集体经济组织成员4734621人。农村集体经济组织信息变更。配合村“两委”换届，同步做好农村集体经济组织换届，全面推行新任村（社区）党组织书记经过选举程序依法担任农村集体经济组织负责人，全市2109个集体经济组织均完成登记赋码颁证（换证）及银行开户（开户信息变更），全面挂设集体经济组织牌匾。集体资源发包合同清理整治。汉寿县完善口头合同759份、完善要素不全或不规范合同1738份、整

2021年4月13日，省农业农村厅合作经济指导处赴安乡督导农业社会化服务工作 （谢旖旎 摄）

改年限超长合同76份、整改低价合同342份、终止不合法合同52份。通过巡察整改，年发包收入由原来的2568.89万元，增加到4061.64万元，增加1492.75万元，合同执行期内可增加集体经济收入8183.37万元。鼎城区整改问题454起，整改到位440起，占97%，通过清理整治，137宗闲置资产得到有效看护，14宗资产得到开发利用，4宗权属不清的资产全部明确权属，收回被侵占资产10宗，4宗账实不符的资产调整好账目，租期过长租金过低等269宗违规发包行为得到纠正。农村集体资产监管平台建设和村社分账试点。2021年，在桃源县、鼎城区完成4个村开展村社分账和集体资产监管平台建设试点，通过和建设银行合作，依托省农业农村厅指导开发的系统构建常德市农村集体资产管理平台的新模式。农村产权交易市场建设。汉寿县农村集体产权交易中心稳步运行，截至2021年年底，全县共有20个乡镇（街道），176个村（社区）的942宗集体资源资产在农村集体产权交易平台挂牌成交，成交总金额2693.5万元。其他各区县市分别在政府购买服务、与建设银行合作、与部门合作共建等多种方式中进行接洽和探索，其中，桃源县由县城市建设投资有限公司与湖南土流集团公司成立合资公司运营农村产权交易市场。村级集体经济组织功能。2021年，各地陆续开始探索改革成果的运用和发展，集体经济组织逐渐作为独立的市场主体开展经营活动，通过与银行、税务等部门对接，不断突破集体经济发展的瓶颈。鼎城区谢家铺镇施家陂村与建设银行对接，拟通过建设银行裕农共享贷产品，对施家陂村股份经济合作社集中授信，获取金融支持；澧县澧南镇仙锋村、临澧县望城街道桂花村、武陵区长庚街道仙源社区、汉寿县罐头嘴镇福兴村加强对税务部门沟通汇报，成功办理税务登记，能够对外开具销售农产品、提供服务的税务发票；常德经开区石门桥镇八斗湾村鲍家湾股份经济合作社全资创办4家子公司，独立经营核算，年底向合作社上缴利润，有效突破税务登记方面的壁垒。9月29日，在桃源县组织召开全市农村集体资产监管平台建设和“村社分账”管理现场会，现场会推介桃源县试点工作经验，部署下段进一步深化集体产权制度改革的工作任务。

【集体经济发展】 2021年，常德市采取有效措施，促进村级集体经济不断发展壮大，全市2106个村（社区）集体经营性资产由2019年年底的17.25亿元增长到2020年年底的19.08亿元，增长10.61%，集体经营性收入达2.08亿元，较2020年增长9.47%，全市消除薄弱村574个，较2020年的1172个消除48.98%。通过不断调研发掘，全市总结提炼出资源开发型、资产经营型、股份合作型、服务创收型、特色产业型、村办企业型、乡村文旅型、红色文旅型、劳务输出型、资本运营型等10个集体经济发展类型。10月18—22日，全国发展壮大新型农村集体经济暨农村集体产权制度改革培训班在常德市成功举办，培训班全面推介常德发展壮大新型农村集体经济的工作经验。

【家庭农场培育】 截至2021年年底，全市纳入名录系统管理各类家庭农场10715家，较2020年年底新增1609家，其中共创建省级示范家庭农场181家，市级示范家庭农场324家，县级示范家庭农场583家。家庭农场产业覆盖面较为广泛，其中从事种植业6417家、林业17家、畜牧业1590家、渔业1771家、种养结合746家、其他174家。家庭农场中进行工商注册的2920家，拥有注册商标的458家，购买农业保险的5255家，通过农产品质量认证的家庭农场数443家。家庭农场经营土地面积9.029万公顷，其中耕地7.881万公顷、林地0.353万公顷、水面0.603万公顷、园地0.046万公顷、草地0.037万公顷、其他0.109万公顷。宣传发动。2021年，根据中共中央关于促进小农户与现代农业有机衔接、促进农业适度规模经营等重要精神，全市各级农经部门采取多种方式，开展家庭农场政策宣传。市本级通过市长热线平台，在线宣传政策，解答农场主关心的问题，取得很好效果。名录管理。按照最新的名录系统制度，指导各区县市、市直管理区对名录系统中现有的家庭农场信息进行完善纠错，对潜在的符合条件的种养大户、专业大户尽快录入系统，做到应录尽录并保持动态更新。示范创建。2021年，通过积极争取，全市创建省级示范家庭农场67家、最佳省级示范家庭农场10家，评定市级示范家庭农场134家。创新发展。指导小蜜蜂家庭农场联盟召开第一次成员会议，对联盟下段工作任务具体部署。围绕市政府供深农产品战略部署，打造临澧县艺龙联合家庭农场作为常德首批供深农产品创建单位。11月，临澧县艺龙家庭农场成功入选第三批全国农民合作社和家庭农场典型案例。

【农民维权和负担监管】 强化惠农减负工作责任。市委、市政府高度重视农民维权监管工作，从人力、财力、物力及工作机制等方面给予较好保障。出台《农民负担监管工作要点》和《农民负担监督管理工作考评方案和考评记分细则》，各区县市与乡镇（街道）和县直各涉农单位、各乡镇（街道）与村（社区）层层签订农民维权监管工作责任状，将责任层层分解，级级压实。落实农民维权监管制度。利用村村通广播、微信群、抖音宣传，发放146.8万份农民负担与补贴监督卡等，广泛宣传惠农减负政策；通过上线“市长热线”和“行风热线”接受农民群众的政策咨询和反映诉求；严格落实湘财〔2021〕7号《关于进一步加强惠民惠农财政补贴资金“一卡通”管理的实施意见》，认真抓好自清自查自纠，督促“一卡通”发放补贴项目落实落地。开展突出问题专项治理。全市2019年以来涉及农村征地拆迁项目662宗，征收面积2366.59公顷，落实各项补偿资金76.45亿元，安置11153户，专项整治取得明显实效。开展涉农收费检查。重点开展农村义务教育、村级组织、新型经营主体等涉农收费检查，对少数涉农乱收费乱摊派问题苗头及时查处和纠正。其中石门县从“双减”着手，对教育收费公示、教辅资料征订、学校食堂管理、违规补课收费和其他服务性收费等方面进行专项检查；桃源县对全县惠农补贴卡补收取10元/年的年费进行专项整治，清理退回43万元；安乡县审核清理18358笔退费18.53万元；临澧县重点开展贫困学生困难补助发放专项整治，对2021年上级财政下拨给贫困学生的困难补助资金进行清理整治，确保贫困补助资金及时足额发放到贫困学生手中。搞好惠农项目绩效评价。继续对中央、省、市三级惠农项目资金进行绩效评价，共实地走访鼎城区、汉寿县、澧县等6个区县10个农业社会化服务实施项目，14个区县市（含小区）20家省级示范创建农民合作社和家庭农场，14个省市重点培育示范社，7个省级百强合作社，8个省市重点扶持集体经济组织和9个产权制度改革先进村（社）。对个别项目申报不严谨、资金拨付不及时、资金使用不规范、项目管理不严格的情况及时交办整改，力求资金使用取得实效。严格涉负问题责任追究。对涉负案件和信访坚持认真受理、快速反应，积极介入、从严查处，尽快办结、及时反馈的原则，对各类涉负的案（事）件实行“零容忍”，收到警示震慑的良好效果。2021年，市县两级共纠偏整改问题170多起。其中发现问题（线索）166起，移交纪委监委调查处理21起，给予组织处理和党纪政务处分68人，收缴资金129.45万元，退回到户资金74.52万元，“重点监控”2个村（居）。

【农村宅基地管理】 健全体制机制。建章立制。县、乡均成立相应领导组织和工作机构。按照《村民建房禁止性规定清单》《农村住房建设申请审批流程图》，下发村民建房规范模板，制定踏勘选址、定桩放线、竣工验收“三到场”技术规程。压实责任。市、县建立联席会议工作机制；镇（街）明确由农经站牵头负责联审联批办公室工作，重点着力“四查”：查成员资格、查分户条件、查申报程序、查建房面积；村（社）支部书记为村民建房第一责任人，协管员负责具体工作。强化保障。石门县、临澧县、鼎城区增设宅基地管理股；桃源县增加编制27人并明确镇（街）农经站2人以上专司其职；鼎城区、桃源县安排专项经费预算100万元，汉寿县、石门县安排经费预算80万元；安乡县免费提供18种建房示范图集给村民选择使用。实施规范管理。落实制度。镇（街）在县级农经部门指导下及时下发规范性文件，将审批流程、规章制度、职责分工上墙公示，每月召开联审联批会议，研究建房审批情况、协调困难问题，适时调度推进。规范审批。严格按照“农户申请、小组公示、村级审查、部门审核、乡镇审批”程序，全市统一明确申请条件、审批流程、办理时限，为农民群众提供“一站式”便捷高效服务。实施督导。市级每半年、县级每季度进行工作督查，镇（街）每月、村（居）每周实施动态巡查，及时发现并叫停未批先建、少批多建、批东建西等违建行为，做好源头管控。截至2021年12月底，全市全年共审批农村宅基地10197宗，面积1621405平方米。突出违建查处。深入宣传。全年全市各级共张贴横幅标语4600多条，发放宣传图册100多万份，出动宣传车辆1500多台次，“八不准”刷墙宣传280面。利用手机报、村村响、电视广播、“屋场会”等形式，深入宣传有关农村宅基地改革和管理的法律法规和政策精神。定期巡查。县级每季度组织覆盖所有镇（街）的农民建房巡查，及时做好情况通报和问题整改工作。镇（街）每月、村（社）每周巡查，建立《农村村民建房工作巡查台账》，及时掌握工作动态，不断强化日常监管。严格考核。市、县均将村民建房工作纳入绩效考核。市级对区县市、管理区实施年度考核，并对“示范乡镇”“十佳村社”给予相应奖励资金。汉寿县、桃源县等经与司法、法院、自然资源等部门对接，县级农业农村部门与镇街签订《农村宅基地行政执法委托书》，对农村违法违规建房行为的行政处罚权委托至镇（街）人民政府（办事处）立案查处。

（朱明阳）

农业机械化

【概况】 截至2021年年末，常德市农机总动力突破676万千瓦。2021年，常德市农机事务中心被评为全省“市州农机事务工作先进单位”。

【农机安全生产】 拖拉机顽瘴痼疾专项整治。全年共摸排注销未拆解变型拖拉机624辆，已拆解报废

624辆，其中提前拆解74台，拆解完成率100%，变型拖拉机牌证核减比例达到78.21%。规范源头管理。严把注册登记关、安全技术检验关和考试发证关。全年累计注册登记农机具3214台（套），考试拖拉机、收割机驾驶员945人，检验农用机械8538台。安全宣传。全年累计组织宣传活动1000余场次，张贴标语、横幅7252幅，发放农机安全宣传图册3.3万多份，发送农机安全警示短信2万余条。监管网络。全市落实乡镇（街道）农机专管员169人，村（社区）农机安全员2262人，“两站两员”（乡镇交通管理工作站、农村交通安全劝导站，乡镇交通安全员、农村交通安全劝导员）配备覆盖率达到100%。形成“市县乡村”四级联动的立体监管网格。农机安责险。全市承保农机安责险7745笔329万元，位居全省前列。“平安农机”创建。常德市成功创建全国“平安农机”示范市，津市市成功创建全国“平安农机”示范县，桃源九溪乡等16个乡（街）成功创建“平安农机”示范乡镇。

【水稻种植机械化】 水稻机插、机抛水平提升5%以上，写入常德市《关于稳定发展粮食生产防止耕地“非粮化”的指导意见》《关于全面推进乡村振兴加快农业农村现代化的实施意见》。全市各区县市、乡镇层层分解任务，将机插机抛任务分解落实到位。依托项目。大力推进省水稻机插机抛作业补贴试点项目，推广水稻插秧机304台，抛秧机271台，完成水稻机械化栽植面积2.07万公顷，其中机插秧面积1.13万公顷，机抛秧面积0.93万公顷，落实作业补贴1200万元，超额完成省定任务。为推进水田面积小、机械化水平低的地区提升水稻种植机械化水平，创新将武陵区、西湖管理区、西洞庭管理区、常德经开区、柳叶湖旅游度假区、桃花源旅游管理区和石门县作为一个项目主体实施作业补贴，“六区一县”机抛机插面积达2060公顷。办点示范。春耕双抢期间，市、县农业农村部门成立专班，多次下到基层示范点查看机械作业情况及秧苗长势，及时发现问题，督导项目推进。市农机推广站在石门县与津市市分别建立66.67公顷以上的机插、机抛示范区，在示范区开展水稻机插、机抛技术、化肥深施技术、水稻机收减损技术、秸秆综合利用技术、深泥脚田水稻收割作业机械选配及改良等技术的推广。演示培训。4月16日，在鼎城区谢家铺镇召开全市春耕生产暨早稻生产全程机械化推进会。7月19日，在桃源县举办2021年湖南省水稻机收减损现场演示会暨机械化栽植技术推广“田间日”活动，得到农业农村部农机化司、省农业农村厅、省农机事务中心的高度认可。10月20日、21日，与市农教办联合举办全市水稻机收减损技术骨干培训班暨“雷沃杯”农机技能比武，全市百余名高技能农机手参加培训比武，有力提升农机技能人才的技术素质。全市农业农机部门全年共组织各类农机培训会、现场会116次，培训新型农机从业人员7500多人。

2021年7月19日，湖南省水稻机收减损现场演示会暨机械化栽植技术推广“田间日”活动 （市农机事务中心 供图）

【农机产业链发展】 农机购置补贴政策。全年受理农机补贴8810台，受益农户4731户，补贴总额15586.5万元，带动社会投入近5亿元。扶持本土农机制造企业。邀请湖南农业大学、湖南省农机事务中心、湖南省农业装备研究所专家教授，中联重科、江苏沃得、潍柴雷沃企业代表与本土农机生产企业负责人签订《农业机械开发与应用项目合作意向书》，对本土农机产品的开发与应用给予技术支持，对常德科祥机电制造有限公司、常德市龙双丰农业机械有限公司、常德市龙盛农业机械公司分别给予5万元、3万元、2万元奖励。农机维修社会化服务。市农机事务中心积极牵线搭桥，对接农机维修、生产企业，指导区县农机维修企业承揽农机厂商的售后服务，逐步探索建立健全覆盖全市的农机维修服务网格。

【农机社会化服务】 现代农机合作社建设。全市创建12家现代农机合作社，7家现代农机合作社示范社，4家全程机械化综合农事服务中心，争取省项目资金790万元。市级农机合作社示范社。市农机事务中心在市直七区（武陵区、鼎城区、常德经济技术开发区、柳叶湖旅游度假区、西湖管理区、西洞庭管理区和桃花源旅游管理区）组织评选现代农机合作社市级示范社5家，每家奖补5万元。

（赵　雅　张维政）

农民教育培训

【概况】　2021年，全市共举办各类培训班1446期，培训农民11.7万人次，其中市农教办举办市级示范性培训班9期，培训900余人次。全市组织农民体育健身活动11场次，参赛农民1970人次。市农教办被省农广校评为2021年度农民教育培训工作先进单位。

农业新型经营主体带头人培训。以农业企业、农民专业合作社、家庭农场主、农业经理人、种养大户等新型经营主体带头人为培训重点，全年全市举办新型经营主体带头人培训班353期，培训农民2.3万人次，带动小农户与现代农业有机衔接。受疫情影响，培训以"请进来"为主，聘请省内外知名专家学者到本地授课，重点围绕"常德茶叶""常德甲鱼""安乡稻鸭""澧县葡萄""临澧油茶"等优势特色产业，举办红茶、甲鱼等产业领军人才培训班，培养一批产业发展带头人。

农村实用人才培训。全年全市举办实用技术培训班969期，培训农民8万人次，培养一批实用技术能人。专门开办农村环境整治、思想道德、政策法规等讲座124期，培训农民1.4万人次。为增强培训效果，全市农教系统按"一村一人以上"标准组织开展农村实用人才示范性培训，每个学员确保培训20个学时以上，建立规范完整的培训台账。按照中央、省农广校的统一部署，结合常德市农业生产特色和农民实际需求，紧抓冬春农闲这一契机，围绕主导产业，持续面向广大农民开展普及性培训，发放培训资料8.6万份。市县两级农教办开展送教下乡活动，把课堂设到村组、移到田间地头，面对面、手把手地为农民传授实用技术。

【举办常德市农业产业领军人才（深圳）培训班】　4月10日，常德与深圳农业项目招商签约暨常德市农业产业领军人才（深圳）培训班开班仪式在深圳市举行。签约现场，深圳与常德的22家企业代表就农产品深加工、粮食、水果、蔬菜肉类等11个项目进行签约，金额约为15亿元。4月9—15日，农业产业领军人才（深圳）培训班由常德市农业农村局、市农民教育办公室、常德国家农业科技园区管理委员会举办，为期7天。常德市首批30家供深农产品专业合作社负责人参加培训。培训班举办后，常德市共19家合作社纳入"圳品"认证体系，其中5家合作社的17个产品获评"圳品"，供深农产品销售额增长4亿元以上。

【增强农民体质】　2021年，增强农民群众身体素质，倡导文明乡风，各地积极组织农民开展一系列趣味与健身相结合的特色体育赛事活动，安乡、澧县、临澧、石门、桃花源等地开展农民特色体育赛事活动11场次，1970名农民群众参与其中。市农教办组队参加全国首届莓茶采收邀请赛，取得莓茶扦插、运肥接力等8个单项奖牌。

（梅莉敏）

2021年10月9—12日，湖南"农广助农"工程常德红茶产业领军人才培训现场教学

（市农教办　供图）

农业产业化

【概况】　2021年，全市农业加工企业达5988家，其中规模以上企业609家，国家级龙头企业8家（新增惠生农科、洞庭春米业）、省级龙头企业89家、市级龙头企业289家。全市农产品加工产值2092亿元，增幅7.66%。全年休闲农业接待2604万人次，增幅5.31%，实现营业收入44.35亿元，增幅6.89%。

政银企担对接。为解决经营主体融资难、融资贵的难题，收集458个主体，13.26亿元贷款需求。5月7日，与湖南省农担常德分公司、财科担保等担保企业对接，召开全市金融助力乡村振兴系列活动，现场发放贷款近3000万元，授信额度达12.56亿元，大大加强政、银、企、担业务对接。就用地、人才、技能培训、优化服务等建好问题台账、制定帮扶政策、多方协调争取、长期跟踪服务的解决办法。

业务培训。为壮大农业产业化经营主体队伍，加快构建现代乡村产业体系，促进乡村全面振兴，按照上级工作部署，持续开展各类业务培训。部级层面，组织开展“兴农撮合”网络视频培训、全国优势特色产业集群建设视频培训班、国家级龙头企业线上培训班等；省级层面，组织开展全省农村双创带头人培训班、省级示范联合体培训班、全省乡村产业经济形势分析会等；市级层面，组织深圳培训班、开展市级双创带头人培训班、召开一季度和半年经济形势分析会。

全产业链。出台农业特色优势产业链工作方案，成立农业总链办和产业分链办，对“常德好粮油”等4条优势产业链明确2个副链长企业和3～5个骨干龙头企业。加强优质特色农产品基地建设，大力发展精深加工，持续打响常德农产品品牌，推动一、二、三产业融合发展。

【发展休闲农业】 国庆期间，组织开展“国庆好去处，沅澧乡村游”推介活动，在红网主页采取链接投票形式对常德市11个休闲农业示范村、13个国省星级农庄进行为期一周的宣传推介，以转发主流媒体、朋友圈等形式择优选3个经营主体。对得票数前三的鼎城区花溪湾客栈、临澧县高桥村、石门县秀山村进行专题宣传报道。西湖西洲乡、澧县城头山镇获批国家农业产业强镇示范镇。至2021年年底，有国家级星级农庄9家、省星级农庄74家、省级休闲农业集聚发展示范村9个。

2021年7月23日，市农业农村局联合共青团常德市委、中国农业银行常德市分行举办市级“双创”选拔赛（汪新宇 摄）

【举办市级“双创”选拔赛】 为进一步选拔农业专业人才，推动全市农村“双创”工作，根据常德市农业农村局与共青团常德市委员会联合下发的《关于举办“农行杯”第五届湖南省农村创业创新项目创意大赛暨第八届“创青春”湖南省青年创新创业大赛（乡村振兴专项）常德市选拔赛的通知》（常农联〔2021〕10号）要求，7月23日，联合团市委、市农行举办市级“双创”选拔赛，共23个项目参赛，遴选6个项目，其中推荐4个项目（成长组2个、初创组2个）参加省级“双创”大赛，1个项目获省三等奖、3个项目获优胜奖。

（罗季委　胡国辉）

农业科学研究

【概况】 2021年，常德市农林科学研究院获得“2020—2021年度湖南省科技特派员工作先进单位”荣誉称号，李树举获“湖南省五一劳动奖章”荣誉称号。全年争取项目资金833.21万元，创近年新高；全额落实科研成果转化资金125万元，其中油菜110万元、水稻15万元。突出党史学习教育，建设“院史+党史”文化长廊，展示市农科院成立以来取得的辉煌成就和科研工作风采。

项目申报和科技成果。市农科院积极申报并立项各级项目10项，其中国家级1项、省级7项、市级2项，获专项资金243万元；加强自主科研课题的申报和管理，立项12项，总经费80万元。获湖南省农业丰收二等奖1项，国家、省级审定水稻新品种2个，登记农作物新品种5个，获国家发明专利1项，实用新型专利1项，软件著作权6项，撰写专著3部，制定地方标准5项，发表论文20余篇。

【科技示范与推广】 围绕全市乡村振兴工作，集中精力开展8个科研平台建设、4个乡村振兴集中示范片建设。圆满完成市长热线接话接访相关工作。结合“为群众办实事”实践活动，组建水稻、水果、油菜、蔬菜、茶叶、朝鲜蓟6个“农科专家沅澧行”专家服务团队和20人科技特派员队伍，开展院企合作、技术指导与服务工作。以支部为单位，深入农业生产一线和农业企业，开展技术服务60多次，服务企业40多家，解决技术难题10多项；开展水稻绿色高效栽培、地方蔬菜品种保护与栽培、西甜瓜栽培等专场技术培训11次，培训人员1000余人次。通过农业科技咨询、技术培训和成果转化示范等形式，全年为群众办实事44件次，惠及群众3700多人次。2021年，筛选出农香42等5个优质米品种，为“常德香米”品种扩容提供技术支撑；牵头组织常德市水稻主推品种筛选工作，从全国各种业公司征集110个优秀品种参加遴选，最终推荐11个主推品种，在澧县、桃源、汉寿等地开展“常德香米”新品种示范，示范面积近46.67公顷。

【国家、省、市试验站工作】 2月7日，国家柑橘产业技术体系岗位专家、湖南农业大学周卫军教授莅临市农科院指导水果科研工作。4月9日，全国农业技术推广服务中心组织国家马铃薯品种试验专家团、省品种试验管理部门、中南早熟组品比试验主持人到市农科院检查指导2021年国家马铃薯品种区域试验工作，专家团由国家马铃薯产业技术体系首席科学家金黎平带队；院长杨鸿、工会主席张曙光以及国家马铃薯常德综合试验站站长李树举全程陪同考察。5月30日，常德市农科院特邀请湖南农业大学食品科技学院教授李清明、研究员苏小军等4名专家，和市农科院蔬科所负责人张忠武等3人一同前往市农科院科技服务企业湖南正航农业有限公司开展调研，助力西湖芦笋产业升级。7月20日，市农科院副院长、研究员张平喜会同市农业农村局粮油科陈常元等一行，对鼎城区、西洞庭管理区、西湖管理区“化肥减量增效”项目落实情况进行实地考察和调研。9月，共对鼎城区16个乡镇的农业大户开展“化肥减量增效”实地讲课。

（袁振中）

棉花科学研究

【概况】 2021年，湖南省棉花科学研究所（以下简称省棉科所）审定棉花品种5个，其中3个为国家审定，1个花生品种获农业农村部登记。立项地方标准3项，行业技术规程4项。授权国家发明专利1项与软件著作权4项；发表学术论文18篇，其中SCI论文4篇、CSCD论文3篇；获资助项目34项，项目到账经费1577.23万元。2021年，省棉科所进入国家现代农业产业技术体系洞庭湖棉花综合试验站。

科研项目。2021年申报国家及省市级各类项目共60余项，已立项34项，包括国家级项目4项，湖南省自然科学基金项目2项，其他各类省市级项目28项，项目到账经费共1600万余元。

优势学科。2021年审定5个棉花品种，其中湘FZ031、湘K28、XH50通过国家审定，湘棉36、湘X0935通过省级审定。授权“棉花轻简化栽培管理系统V1.0”“棉花纤维品质质量检测控制系统V1.0”“棉花新品种产量、品质及影响因素拟合分析系统V1.0”“棉花化肥减施增效软件V1.0”软件著作权4项。授权植物新品种保护权“湘XH50”1个。立项“油菜棉花轮作双直播技术规程”地方标准1项；立项“棉花豇豆芥菜三熟制栽培技术规程”省级行业规程1项。发表论文15篇，其中SCI论文3篇，CSCD论文1篇。

人才培养。先后派遣科研及项目管理人员赴中棉所、省农业农村厅跟班学习，提升科研干部组织能力和创新思维；选派1人参加省直机关党校科干班学习；同湖南农业大学、新疆农业大学联合培养博士2名；2人通过正高职称评审，2人通过副高职称评审；1人获评“湖南省三八红旗手”荣誉称号；1人获评“湖南省青年岗位能手”荣誉称号；2人获评湖南省农业农村厅“优秀共产党员”；1人获评湖南省农业农村厅“优秀党务工作者”。

科研交流。选派16人次赴湘西州农科院、湖南农业大学等地进行相关专业领域技术交流；派遣科研人员参加中国棉花学会、中国植保学会等国家级学术会议。先后邀请

2021年7月19日，专家团队在市农科院鉴定常德市水稻主推品种（袁振中 摄）

花生品种“晟花B1”获农业农村部登记

2021年9月6—9日，省棉科所主办湖南“农广助农”工程甘薯产业领军人才培训班 （朱春生 摄）

中国农业科学院、农业农村部南京农业机械化研究所、湖南省农科院、湖南农业大学等单位国内知名专家10余人次到所授课指导；成功承办湖南“农广助农”工程棉花产业高素质领军人才培训班、湖南“农广助农”工程甘薯产业领军人才培训班。

产学研合作。2021年，采用“试验站+企业（合作社）”模式，依托新疆综合试验站，与湖南天丰农业科技有限公司、湖南晟泰农业科技有限公司、湖南靖德后勤管理服务有限公司、长沙市望城区晟泰种植专业合作社、常德鸿图农作物种植专业合作社等开展合作，通过科技下乡、万名工程服务等方式，大力示范推广科研成果。对接衡东县人民政府，开展衡东县耕地修复棉花种植示范技术服务工作，实现技术服务收入5万元；对接湖南长峪铺农业科技发展有限公司、汉寿聚农种养专业合作社等企业，提供各类甘薯种苗32万棵，实现技术服务收入1.07万元，并与永州市稔丰农业发展有限公司签订10年的脱毒薯苗供销协议。

新型学科。获批“湖南省现代农业产业技术体系”其他油料作物种质创新岗位、旱粮湘北试验站和中药材湘北试验站。引进紫苏、黄精、博落回、花生、玉米、百合等特色经济作物资源334份，登记花生新品种1个、1个玉米品系参加省区试，5个油菜新品种和1个油葵新品种通过省级审核，1个甘薯品种完成DUS测试（对植物新品种进行特异性、一致性和稳定性测试），1个甘薯品种正在进行DUS测试，3个紫苏品种申请DUS第一年测试。甘薯学科积极探索与企业对接和协同发展途径，开展甘薯脱毒种苗培育建设，为企业做好需求种苗的供应。授权“一种提高产油率的紫苏栽培方式及装置”1项国家发明专利。立项“紫苏病虫害绿色防控技术规程”“百合鳞茎腐烂病综合防控技术规程”地方标准2项；立项“卷丹百合脱毒种球生产技术规程”“玉米甘薯套作技术规程”“多花黄精组培快繁技术规程”省级行业规程3项。发表论文4篇，其中SCI论文1篇、CSCD论文1篇。

【承办全省棉花提质增效暨技术培训现场会】 10月18—19日，省棉科所承办全省棉花提质增效暨技术培训现场会，以“坚持求实创新 厚植科研沃土 助力棉花产业发展”为主题作工作汇报。与会代表在省棉科所茅湾基地参观数字农业现场演示、品种和技术成果展示，观摩棉花机械化采收，对省棉科所的科研成就以及机采效果高度认可。省农业农村厅相关处室、厅直有关单位负责人，全省14个市州、22个棉花生产大县农业农村局分管负责人及种植业管理（经作）科（股）负责人，种植大户、新型经营主体、劳模、企业代表，中棉所及国家棉花产业技术体系专家代表等近150余人参加会议。

（贺云新）

湖南省贺家山原种场

【概况】 2021年，湖南省贺家山原种场开展智慧农业（数字大米）试验示范，被省农业农村厅确定为全省智慧农业（数字大米）科研示范培训基地。完成国家、省、科企联合体水稻区试任务，参试品种近

1000个，发表论文9篇，1人晋升正高职称，7人晋升副高职称。大洲分场马龙村被评为“省级美丽乡村示范村”。

产业结构调整。开展稻田+鳖、鱼鳖混养、牛蛙套养、医用水蛭、哈密香瓜等特色产业发展，亩均增效2000元以上，职工群众增收700万元以上。

重点项目建设。完成贺家山涝区工程、智能育秧工厂、高标准农田建设等10余个项目建设，省道S513贺家山段公路正在建设中。

疫情防控。健全联防联控机制，落实“外防输入，内防反弹”要求，2021年累计排查境内外返场人员1419人，核酸检测人（物）1417份，完成新冠疫苗接种10391剂次，其中，18岁以上全人口接种率92.8%，提前完成国家全人口接种目标。

【智慧农业（数字大米）示范建设】 2月3日，省委农办主任、省农业农村厅党组书记、厅长袁延文到省贺家山原种场调研智慧农业（数字大米）示范建设，拉开省贺家山原种场智慧农业（数字大米）科研示范培训基地建设序幕，通过成立工作专班和专家技术小组，与中联农机、华智生物等知名企业和高校开展合作等，高质量完成基地物联网设施、道路、实验室、育秧工厂等相关设施建设和各项试验示范任务。10月13日，袁延文、邹文辉等省、市领导现场察看省贺家山原种场智慧农业（数字大米）示范建设成果，给予好评。

【科技创新与成果】 自主选育的两优88通过江西省引种登记；两用不育系贺21S通过湖南省品种审定委员会鉴定（湘鉴稻：20210006）。2021年6月，一种兽医用耳标器获国家授权实用专利（专利号：ZL 2020 2 22998464.1；授权公告号：CN 213549023 U）。

（黄国军）

重点企业

【金健米业股份有限公司】 金健米业股份有限公司于1998年4月在上海证券交易所上市，是湖南粮食集团控股的一家以优质粮油深度开发和新型健康食品研制、销售为主的上市公司，是首批农业产业化国家重点龙头企业、全国优秀食品工业企业、中国主食加工示范企业、全国绿色工厂、“好粮油”行动省级示范企业、中国粮油企业100强、中国大米加工企业50强。2021年，公司通过“适时调整经营策略、全力扩充销售渠道、持续提升品牌影响、不断夯实内部合力”等手段，确保整体经营结果的同比稳步增长。全年累计销售米面油合计46.7万吨，同比增长13.3%；其中销售大米25.12万吨，同比增长19.2%；销售面粉面条4.21万吨，同比增长6.6%；销售植物油17.36万吨，同比增长7.8%。实现营业收入67.06亿元，同比增长17.33%。多元渠道销售。2021年，公司加大新零售渠道、特通团购渠道开拓力度，进行社群营销渠道、餐饮渠道、直播电商渠道。乐米乐公司新零售业务发展态势良好，全年销售规模突破10亿元。扩大品牌影响。通过与长沙广电政法频道联手打造“金健杯老爸老妈拿手菜”推广活动；冠名长沙广电中老年春晚；积极参与湖南卫视“稻花香里说丰年”国庆特别节目、“张家界抗疫”公益捐赠活动及各类大型展示展销会；实施终端陈列及形象店提质升级；开展自媒体宣传平台改版升级，强化品牌文化传播输出等措施，有效提升“金健”品牌的影响力。2021年，公司共有6款产品成为中国好粮油产品，“金健”品牌荣获“2021年中国粮油领军品牌”，金健米业荣获“2021年中国粮油科技创新标杆企业”“首批国家级粮食应急保障企业”。首批“国家级粮食应急保障企业”授牌。12月9日，湖南省粮食和物资储备局调控处调研员陶璐一行到金健米业进行首批“国家级粮食应急保障企业”授牌，并与公司

2021年10月13日，省委农办主任、省农业农村厅党组书记、厅长袁延文（前右三）一行现场察看贺家山原种场智慧农业（数字大米）示范建设成果

（贺家山原种场 供图）

2021年12月9日，湖南省粮食和物资储备局到金健米业进行首批"国家级粮食应急保障企业"授牌　（金健米业 供图）

签订湖南省社会责任储备试点企业协议和承诺书。公司副总裁张小威及粮食公司、总部相关部门负责人参加授牌仪式。2021年9月29日，按照《粮食应急保障企业管理办法》（国粮仓规〔2021〕193号）有关规定，国家粮食和物资储备局按程序认定中粮集团有限公司等68家企业为第一批国家级粮食应急保障企业，其中金健米业在列。

（舒栋成）

【大湖水殖股份有限公司】　2021年，大湖水殖股份有限公司全年完成主营业务收入12.9亿元，缴纳税收0.56亿元。截至2021年12月31日，公司总资产为23.4亿元，归属于上市公司股东的净资产为9.5亿元，公司所属大湖产业投资集团位列"2021三湘民营企业百强榜"第54位。"大湖"品牌水产品销售实现新的突破，商超部年销售首次破亿元，水产品预制菜销售再创新高，小龙虾系列产品销售同比增长379.5%。公司投资新建杭州东方华康康复医院、杭州金诚护理院两家康复护理机构。大湖集团连续入选"2021三湘民营企业百强榜"，集团党委被评为市级标杆党组织。董事长罗订坤被授予第一届"新湖南贡献奖先进个人"称号。

品牌营销。2021年，公司持续发挥优质水面资源优势，推动水产种苗的高质量繁育，发展净水渔业。利用公司原材料和供应链优势，在布局的多元化营销渠道的基础上，大力发展冻鲜产品，不断优化健康水产品结构；加强产品创新，丰富产品线，提升产品差异化；持续加强"大湖"水产品品牌营销，不断巩固和提升大湖品牌影响力。2021年年初，大湖股份成功获批全国农产品全程质量控制技术体系试点单位。公司以大湖有机鳙鱼、有机甲鱼、阳澄湖大闸蟹为代表的明星鲜活水产品，批发贸易协同多元化渠道发力单品竞争力。在第二届中非经贸博览会专场推介活动中，大湖股份作为专业的淡水渔业上市公司与澳门餐饮行业协会签订合作协议，积极推动湖南渔业"走出去"。为适应市场发展趋势，公司在生态养殖鲜活水产品的基础上，不断提升冻鲜系列产品的销售比重，产品结构逐步向以冰冻冰鲜及熟食产品为主的餐饮食材转型；迎合消费者喜爱口味，增强消费者复购率，公司纵向延伸丰富小龙虾系列、鱼头系列产品，横向开拓研发海鲜系列等产品，双向拓宽产品线。"大湖"品牌水产品销售实现新的突破，商超部年销售首次破亿元，水产品预制菜销售再创新高，小龙虾系列产品销售同比增长379.5%。公司健康水产品收入比上年同期增长24.36%，其中冻鲜水产品销售同比增长280.16%。

（周　丹）

【佳沃食品股份有限公司】　2021年7月16日，原佳沃农业开发股份有限公司更名为佳沃食品股份有限公司（以下简称佳沃食品），是佳沃集团控股子公司。公司作为优质蛋白食品领域的大消费企业，一贯秉承"寻找全球优质食材，为中国消费者提供高营养蛋白食品"的使命，积极响应落实"健康中国"行动，以促进全民健康素养提升、引导国人健康均衡饮食、助力消费者拥有美好品质生活作为奋斗愿景。公司主要从事优质蛋白海产品的养殖、加工及销售，在以三文鱼为代表的优质海鲜蛋白的上游环节，对稀缺资源拥有深度掌控能力。公司采取产业化经营模式，主要业务通过境外的智利控股子公司Australis开展三文鱼的养殖、加工、销售；通过境内控股子公司青岛国星开展狭鳕鱼、北极甜虾、比目鱼等加工及销售；通过境内其他控股子公司研发、加工、销售健康、营养、美味的品牌深加工食品。

经营业绩。2021年，公司实现营业收入45.97亿元，同比增长1.6%；实现归属于上市公司股东的净利润-2.89亿元，较上年同期大幅减亏4.24亿元。剔除子公司计提商誉减值因素后的归属于上市公司股东的净利润-1.53亿元，较上年同期大幅减亏5.60亿元。

三文鱼养殖及加工。旗下子公

司Australis位列全球前十大三文鱼企业的领先地位，在智利同行业公司中名列前茅，三文鱼饲料转化率、死亡率控制等养殖技术指标上领先于智利同行业公司。2021年，Australis三文鱼饲料转化率为1.25%，饲料转化率优于行业平均值；Australis三文鱼平均累计死亡率控制在6.4%，死亡率远低于行业平均值。2020—2021年，共有9个养殖场入围“智利年度前10大三文鱼养殖场”，并且均为当年入围数量最多的公司。三文鱼收获量。2021年，公司业务按照生产计划稳步开展，在资源禀赋优越的智利第十二区，子公司Australis成为十二区实际收获量最大的三文鱼企业。公司生产和加工符合高质量标准的产品，为顾客提供最优质的服务。公司智利子公司Australis加入GSI（全球三文鱼计划），该组织代表三文鱼生产最高环境及社会标准。公司在三文鱼养殖及加工每个环节均建立完善的质量控制制度，包括基于危害分析重要管制点（HACCP）模型进行整体质量控制，通过配备现代化设施、优化生产流程等举措更有效地控制卫生健康条件，保障产品品质，提升产品质量。公司执行GMP（良好作业规范）、SSOP（卫生标准操作程序）、HACCP（危害分析与关键控制点）、BRC（英国零售商协会—食品安全全球标准）和IFS（国际食品标准）等食品安全管理体系，通过BRC、IFS等食品安全管理体系认证，并获得欧盟、美国、俄罗斯等国家和地区的出口认可备案，符合中国、欧美等国家相关食品安全法律法规。公司已列入出入境检验检疫局评定的一类出口食品生产企业，以及中国海关一般认证企业，在出口货物查验、审核手续、进出口货物通关等方面具备优势。

环境保护和社会责任。公司高度重视环境保护工作，在饲料、养殖、加工等三文鱼养殖行业中的所有环节充分考虑生产活动对环境和社会的影响，以负责任的方式规划和开展养殖，实现环境效益和经济效益的双赢。Australis参照全球报告倡议组织（GRI）和全球三文鱼计划（GSI）的标准，自2017年起每年编写并发布《Austrailis可持续发展报告》。根据2020年的最新报告，公司旗下位于第十一区的主要养殖中心三文鱼养殖稳定性高，未发生三文鱼逃逸事件，且饲料转化率取得历史性的优异表现。社会责任。Australis重视与当地社会的融合沟通，并积极服务当地，与所在地医疗服务机构达成协议，首次提出每两个月前往偏远地区开展一次医疗巡诊，切实改善因交通落后导致偏远地区居民就医不便的问题。员工保护。Australis与其他同业公司共同提出三文鱼社会倡议（ISS），并签署行业用工性别平等倡议（GPI）。

（吴　爽）

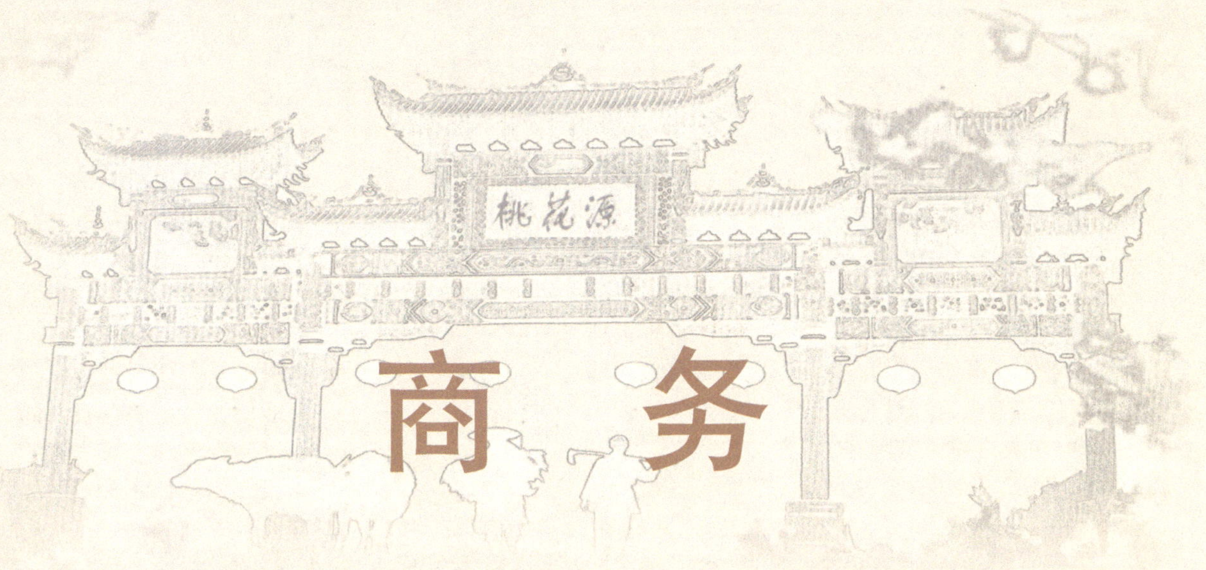

商务

综述

【概况】 2021年，常德市进出口总额29.58亿美元，总额全省第十一，同比增长29.71%，增幅全省第十；实际使用外资5132万美元，总额全省第三，同比增长111.8%，增幅同组第一；实际使用省外境内资金969.8亿元，总额全省第四，同比增长34.5%，增幅同组第一；全市新引进亿元以上重大项目303个，投资总额1589.6亿元，其中“三类500强”（世界财富500强、中国企业500强、民营企业500强）项目31个，新注册“三类500强”企业15个，10亿元以上项目50个。新设立外商投资企业25家，新增限额以上商贸流通企业118家，外贸破零企业88家、倍增企业33家。

常德市完成社会消费品零售总额1633.85亿元，总额全省第四，同比增长14.4%，增幅全省第八。亿元以上农产品商品交易市场7个，全市新建提质改造农贸集贸市场31处。商业特许经营备案4家企业，其中，武陵区3家，为湖南省严枫喜医疗投资有限公司、湖南正尔医疗科技有限公司、湖南三茗农业发展有限公司，桃源县1家，为湖南古洞春茶业有限公司。成立保供应急工作领导小组，出台生活必需品和成品油供应应急预案，完善应急保供体系。

2021年的省政府重点工作综合大督查中，常德市电商、金融超市、汉寿蔬菜出口等工作获通报表扬。获评全省商务工作先进单位。

【常德市2021年优质农产品产销对接暨2020年常德网上年货节活动】 1月19日，常德市2021年优质农产品产销对接暨2020年常德网上年货节开幕式在河街举行。该活动共设4个展区，分别是2020年度十大农产品品牌展区、区县（市）主体馆展区、电商展示区、产销对接展示区。来自沅澧大地500多名常德企业家、商会会长和社会各界电商精英共享德品德味，共谋产业发展。线

2021年1月19日，常德市2021年优质农产品产销对接暨2020年常德网上年货节活动在河街举行 （市商务局 供图）

上线下300多家本土企业1200多个优质农产品悉数闪亮登场，齐上直播台。展会为期7天。安乡农仓、勇福常德香米、丝念、汉寿玉臂藕、精为天、桃源红茶、河洲甲鱼、永春堂、郑太农业、童胖子、歪脖脖（其中2家并列）获评2020年常德十大农产品品牌，并接受现场授牌。

（祝怡宇）

招商引资

【概况】 2021年，全市新引进亿元以上项目303个，完成全年目标任务的116.5%，合同引资总额1524.67亿元。新引进“三类500强”企业投资项目36个，完成全年目标任务的144%；新注册“三类500强”企业13家，完成省定目标任务（7家）的185.7%；新引进10亿元以上产业项目48个，完成全年目标任务的137.1%。全市新引进项目履约242个，履约率达79.9%；新引进项目开工185个，开工率达76.4%。

【招大培强】 把招商引资作为“一把手”工程，市委、市政府主要领导每月带队外出招商，对接重大项目，协调解决项目推进中的重大问题，系统推进招商引资工作。市级领导围绕重大制造业项目带头招商实效明显，联系的19个投资10亿元以上重大制造业招商项目中，12个项目签约，其中2个单体项目举行开工仪式，4个特色产业园集聚项目有一批企业入驻。主动对接。市招商中心先后赴北上广深等地考察对接迈瑞医疗、隆基绿能、清华启迪、蓝城集团、上海均和、长江医药、炼石航空、铜锣湾集团等143个“三类500强”企业、行业龙头企业，接待150多批次客商到常德考察，牵头引进顺丰集团、太平洋建设集团、丰树集团、宁夏晓鸣股份等一批优质项目，总投资超过50亿元。发挥区县（园区）主体作用。各区县市（管理区）、园区党政主要负责人实行“一对一、点对点”方式推进重大项目招商，促成一批优质项目签约落地、开工建设。各区县市（管理区）均完成全年“三类500强”项目招引任务。

【招商基础】 抓项目包装策划。及时编印2021年《常德招商指南》，制作为电子书通过网络对外发布；推动项目发布会商制度，对拟发布的重大招商项目进行集中会商、专题研究，全年分两批发布重大招商项目163个，90%以上项目有客商对接。推进“两库”建设。客商库。收集、整理、完善常德籍在外知名人士信息库，“三类500强”、行业龙头企业和在常投资企业信息库也逐步完善。项目库。除分批发布重大招商项目外，针对主动对接的项目建立跟踪服务图，做到情况掌握翔实，对接持续深入。产业链招商研究。围绕21条优势产业链，分链制定招商方案，梳理重点招商对象，围绕强链补链延链积极开展精准招商。

【招商实效】 精准招商。重点围绕装备制造、生物医药、新材料、新能源与新能源汽车等产业对接具有战略性、引领性、支撑性作用的重大项目；紧盯“三类500强”、央企、国企、国内外知名企业及上市公司，先后赴深圳、北京、广州、上海、天津、武汉等地考察。陕煤集团投资70亿元的陕煤石门2×660兆瓦燃煤发电工程升级替代及新能源综合开发项目、特力液压投资17.2亿元的中高端液压油缸智能制造产业园项目、正大集团投资40亿元的年产100万头生猪产业链项目、盐田港集团投资约65亿元常德市港口建设项目、苏州引航生物科技有限公司投资20亿元的生物制造产业园项目、国科控股旗下的富能宝能源科技集团有限公司投资75亿元的中科常德储能与微电网产业园项目、广东福德电子有限公司投资10亿元的福德电子常德基地项目、新松机器人投资有限公司投资25亿元的常德智能康养装备制造产业园、新加坡淡马锡旗下的上海丰树管理有限公司投资2亿元的丰树（常德）综合产业园等近80个项目在省级平台完成签约。深圳国际食品谷常德产业园项目、湖北长江医药集团现代医药药用辅料智能制造产业园项目、新吉奥集团年产2万台房车项目、心里程控股集团教育装备产业园项目、上海均和集团云谷产业园项目、蓝城集团医疗康养项目、东旭常德新材料产业园项目等一批重大项目正在抓紧对接。推介宣传。组织参加省政府举办的“港洽周”、湖南省通用航空博览会、中国民营企业500强峰会、湖南（岳阳）口岸经贸博览会等系列经贸活动。7月17日，举办常德（武汉）产业招商推介会；7月29日，在“港洽周”期间举办2021年常德（深圳）招商推介会，邀请迈瑞医疗、正威国际、心里程控股、中钢国际、香港铜锣湾等“三类500强”、行业龙头企业等客商代表近200名参会；10月22日，举办2021常德（惠州）招商推介会；11月28日，举办2021常德（广州）招商推介会。抓项目落地。对全市重大在手在谈项目建立跟踪对接台账，每个项目明确牵头责任单位，市招商促进中心坚持对后续跟进情况“一月一收集”“一月一汇总”，及时掌握项目进展情况；提请分管市领导定期召开招商引资项目调度会，听取在谈、签约、开工项目情况汇报，逐个项目了解进展，解决影响项目落地的困难问题；每月以简报形式对招商引资情况进行通报，对先进经验予以推介，营造“比超赶学”的氛围。

（唐　亮）

国内贸易

【概况】 2021年，全市完成社会消费品零售总额1633.85亿元，总额全省第四，同比增长14.4%，增幅全省第八。2021年全市批发业累计增速17.1%，全省排名第十，零售业累计增速15.3%，全省排名第八，住宿业累计增速13%，全省排名第六，餐饮业累计增速23.4%，全省排名第七。

餐饮行业。开展“味道湖南·常德味道”美食季活动，获评“味道湖南”金牌道地名菜2个，银牌道地名菜4个；“味道湖南”金牌道地名店1家，银牌道地名店5家；“味道湖南”金牌道地名厨1名，银牌道地名厨5名。通过开展美食季系列活动，提高餐饮业的服务档次和管理水平，提升餐饮综合服务能力和核心竞争力。

争资争项。常德市康业家政服务有限公司、石门县家家乐家政保洁服务有限责任公司被湖南省商务厅、湖南省财政厅列为2021年度家政服务项目资金支持单位。湖南联科科技有限公司的承接国际服务外包业务被省商务厅、省财政厅列为2021年度服务贸易发展资金支持项目。湖南古洞春茶业有限公司“古洞春”、桃源县兴隆米业科技开发有限公司“钱缘”、桃源县佳奇食品有限责任公司“桃花源牌桂花糕”被省商务厅、省财政厅列为2021年老字号专项资金支持项目。湖南惠生农业科技开发股份有限公司、湖南泰淼鲜丰食品有限公司获得省商务厅、省财政厅2021年度省级冻猪肉储备项目资金支持。湖南绿盟农业科技股份有限公司、常德市中晟农牧有限公司、湖南省博汇通商贸有限公司获得物流标准化建设项目，争取省级项目建设资金共135万元。石门县获得湖南省唯一的全国电子商务进农村综合示范县升级版名额，获中央专项财政资金2000万元。申报获得省级县域商业体系建设资金295.87万元。

企业参展。组织40多家名优食品、餐饮企业参加在长沙国际会展中心举行的2021（第六届）中国国际食品餐饮博览会。组织5家“湖南老字号”企业参加第二届“潇湘韵·中国风”湖南老字号嘉年华，促进消费者对“湖南老字号”的认识和了解。

促进消费。2021年优质农产品产销对接暨线上年货促销活动、“乐享消费　惠动沅澧”2021常德消费促进活动、首届湘西北美食文化节、“味道湖南·常德味道”美食季活动、“悦享常德　品质生活”消费促进活动之年味常德·新春购物季活动以及区县市举办的节会展会，内容丰富、形式新颖、气氛热烈。

【培育示范步行街】 培育一批设施完善、业态丰富、管理规范、具有本地特色、在本地和周边地区具有一定影响力的示范步行街。常德市武陵区武陵阁商业步行街成为首批综合型“湖南省示范步行街”、常德市柳叶湖度假区河街等2条步行街成为首批特色型“湖南省示范步行街”。

（杨旻昱　徐　哲）

表8　　2021年度区县市商贸流通企业十强一览表

单位：千元

序号	企业名称	所属区县	年销售额
1	湖南省烟草公司常德市公司	武陵区	8107117
2	益丰大药房连锁股份有限公司	鼎城区	3457833
3	中国石化销售有限公司湖南常德石油分公司	武陵区	3765788
4	湖南丰彩实业发展有限公司	澧县	2698009
5	中国石油天然气股份有限公司湖南销售常德分公司	武陵区	1474456
6	湖南博泰供应链管理有限公司	经开区	434479
7	湖南金健米业营销有限公司	经开区	654767
8	中海博赢国际贸易（湖南）有限公司	石门县	597192
9	常德烟机配件经销服务有限责任公司	武陵区	854243
10	桃源县现代农投商贸有限责任公司	桃源县	460236

对外贸易

【概况】 2021年，常德外贸进出口总额29.58亿美元（191.19亿元人民币），完成全年任务目标的112.79%，同比增长29.72%，总额居全省第十一位，增幅居第十位。全市外贸实绩企业236家，其中破零88家，倍增33家。

开拓市场。力推“千企闯国际”，引导企业参加国际性展会和大型经贸活动，组织200多家企业参加2021年的消博会、中非博览会、进博会等展会，积极引导外贸企业运用电商开拓市场。

外贸融资。确立供应链金融“一平台两机制”制度支持，风险资金池首期投入300万元，为中小微外经贸企业开拓国外市场提供金融支撑。2021年，财鑫供应链为12家外贸企业放款3.33亿元。协助湖南信保开展培训宣传，全市承保企业由年初的12家增长到年底的39家，信保融资7479万美元。全市出口订单融资额1.66亿元。

争资争项。共争取到各级外贸扶持资金3611万元。年初起草、经相关部门讨论并报送市政府的《开放型经济扶持办法》提出扩大外贸扶持范围、提高奖补标准的条款，市政府常务会议原则通过（未发文）。

【平台基地】 制定常德市外经贸服务平台管理办法，调整、规范省级（5家）、市级（2家）外贸服务中心的管理。成功申报石门县国家级外贸转型升级基地（柑橘）、汉寿县省级外贸特色产业集群（蔬菜）。盐关水运口岸集装箱吞吐量突破2万标箱。保税物流中心（B型）获省政府批复。桃花源机场航空口岸正式开放，作为湖南唯一项目纳入《国家“十四五”口岸发展规划》。

【对接自贸区】 成立市自贸办，设立驻自贸区商务联络处，邀请省自贸办领导宣讲政策。梳理复制推广自贸试验区改革试点经验，重点推进中非经贸深度合作先行区建设在常德取得务实成果，承办中国——非洲葡语国家渔业暨水产品推介对接会，组团参加第二十六届澳门国际贸易投资展览会等澳门三大国际性联展会。

（谭　志）

电子商务

【概况】 截至2021年年底，全市共有88家省级电子商务认定企业，15家省级电子商务示范企业（项目）和数字商务企业（项目）。

抢抓机遇。以石门为代表的区县市抢抓电商发展机遇，打造“2098·石门味道”（2098是石门县壶瓶山海拔数）区域公共品牌，通过实体展销、直播促销、平台直销，让山中特色农产品销往全国各地，近3年电商累计销售农产品近2亿元，并于2021年获得湖南省唯一一个国家级电子商务进农村综合示范县“升级版”名额。柳叶湖旅游度假区商旅结合大力发展跨境电商，以商促旅、以旅兴商，投资近2000万元新建5000平方米柳叶湖外经贸产业中

表9　2021年度常德市自营出口企业10强一览表

单位：万美元

序号	单位名称	出口额
1	湖南嘉力亚新材料有限公司	9067
2	湖南海利常德农药化工有限公司	8128
3	湖南中联重科建筑起重机械有限责任公司	4875
4	胜美达电机（常德）有限公司	4616
5	湖南联科科技有限公司	3621
6	湖南龙行天下运动用品有限公司	2960
7	湖南中锂新材料有限公司	2809
8	湖南华乐食品有限公司	2718
9	湖南洞庭药业股份有限公司	2271
10	常德市弘富源农业发展有限公司	2156

心（跨境电商体验中心），展示销售进出口商品超3万种。

创新活动。组织全市电商企业、传统型企业参与湖南省直播带货暨短视频大赛、2021中国国际电子商务博览会暨数字贸易博览会等各类线上线下展销活动或赛事，提升企业和品牌影响力，助力传统零售企业探索数字化转型。加强部门合作交流，与市外办商议如何促进常德市产品出口墨西哥事宜，与日本东近江市交流开展跨境电商业务发展路径，助力德品出海。各区县市自主组织开展各具特色的电商活动，临澧县举办第二届美橙文化节，临澧县首届直播带货暨短视频大赛同步启动，“三农分享官　网红探县域”，通过直播和视频形式对临澧美食美景进行推介。

数商兴农。全年“数商兴农”专项行动销售农产品32.51亿元，完成目标任务的135.69%。引导农产品网销品牌的培育和壮大，推动可电商化农产品开展“三品一标”认证和推广，打造县域农产品公共品牌，2021年石门县“湘九红”被列为国家级“三品一标”试点企业。推动直播电商、短视频电商等新模式向农村普及，创新营销推广渠道，支持农村居民开展多种形式的电商创业就业，结合“扶贫832平台”，组织电商企业、个体电商从业人员参加2021年消费帮扶营销大赛，促进优质扶贫产品销售。引导县域加强电商服务站点、电商产业园在区域电商发展上的统筹作用，为企业、合作社、农户开展电商提供业务培训、市场开拓、产销对接等多元化的服务，增强县域电商发展活力。

【电商平台搭建】　常德商务公共服务线上平台组网搭建。出台政策。常德国家高新区印发《常德市高新区关于加快跨境电子商务产业发展的若干意见（试行）的通知》（常高新办〔2021〕1号）；各区县市分别出台促进开放型经济发展政策性文件，设置支持电子商务发展、跨境电商条款。推进跨境电商产业聚集区的建设和孵化跨境电商企业，常德国家高新区成立鼎盛汇富（湖南）供应链管理有限公司与8家企业进行供应链金融业务洽谈；西洞庭与专业的跨境电商服务企业签订合作协议，搭建跨境电商综合服务平台，引进跨境电商企业，孵化传统型企业开展跨境电商业务。推荐湖南共鸣网络科技有限公司在内的数家企业为省级跨境电商孵化企业，由省级服务平台进行专业辅导。

【培育电商人才】　完善政策。在印发的《2021年常德商务和开放型经济工作要点的通知》（常开办发〔2021〕3号），将电子商务纳入为全年重点工作。3月，确定培训基地。在全市展开对跨境电子商务培训基地的认定，经过初审、复审和实地考察、公示等程序，认定“常德中山外语职业学校”为常德市跨境电子商务培训基地，并引导其与相关协会和传统型外贸企业进行对接，开展业务和人才交流。培训活动。商务部举办“外贸新业态新模式线上专题培训”，常德市分会场同步召开线上专题培训会；在市委党校开展跨境电商业务知识培训。组织电子商务从业人员和职业院校参加2021年湖南电子商务师（跨境电子商务师）职业技能大赛，其中常德市商务局、常德市中山外语职业学校获评优秀组织奖，常德市中山外语职业学校的学生组获得三等奖。

（蔡莉曼）

供销合作

【概况】　2021年，常德市供销合作总社认真贯彻落实乡村振兴战略，以持续深化供销合作社综合改革为主线，大力发展茶叶产业，建成“四有”（有乡镇领导分管、有站所人员兼任供销社主任、有办公服务场地、有标识标牌）乡镇社124个，“三有”（有村支“两委”书记兼主任或其他村干部等兼工作人员、有服务场所、有标识标牌）村级社1470个，完成率均为100%。推进乡镇社薄弱社升级改造，全面完成省社下达的年度建设任务。

社办企业。积极争取上级股权投资项目，全年争取中农集团、中国供销惠农服务有限公司股权投资1.11亿元。其中锦绣千村农业社会化服务中心项目股权投资金额6100万元，湖南咏春堂现代农业开发有限公司的灵芝羊肚菌培育加工项目股权投资5000万元。

【为农服务】　县级综合服务平台建设。通过充实服务内容、提高服务质量、提升服务效率，县级综合服务平台的辐射带动能力和影响力不断增强。农资供应。全市系统供应各种化肥30万余吨和农药3000余吨。农资供应的市场占有率较2020年增长5%，部分区县农资供应的市场占有率达到50%。土地托管。大力实行环节托管、半托管、全托管服务。全市土地全托管面积突破6万公顷，农业社会化服务突破450万亩次。“三位一体”综合合作。在澧县、临澧、安乡开展“三位一体”综合合作试点，采取“公司+合作社+农户”模式，开展农业生产、农产品购销、资金互助三大服务。

【茶叶产业】　全市茶园总面积发展到23800公顷，干毛茶总产量5.5万吨，其中红茶产量1.9万吨，全市新增有机茶园334公顷，新增无性系良种1067公顷，茶叶综合产值突破110亿元。“常德红茶”种植、生产标准正式出台，“常德红茶”授权生产企业增加到13家。石门县和桃源

2021年9月27日，津市市供销合作社联合社召开第四次社员代表大会第二次大会
（市供销合作总社 供图）

县被评为全国茶业百强县，石门县成功申报有机茶之乡。

【农资冬储】 2021年9月，正值农资冬储启动的重要时期，受疫情和原材料价格的影响，农资价格出现大幅上涨。市供销社全面开展农资市场行情调查研究，扎实推进社有企业农资冬储工作，确保农资供应“数量足、品种齐、质量好、价格稳、服务优”。组织货源。发挥农资协会作用，发动29家理事单位加大采购力度，充实农资库存。加强与外地农资企业对接，与中农集团、中化集团、河南心连心集团、湖北宜化集团、浙江永农生物、江苏好收成等国内知名农资企业签订购销协议，从各地采购调运农资，力保上游货源到位。集中采购。社有企业湘湘湘农资、今朝农资、锦绣千村等多方筹措资金1.07亿元专门用于农资冬储。按照统购分销的经营模式，联合上游农资供应商采取联合众筹的采购方式，增强价格优势，降低采购成本，建立一体化价格机制，共同抵御市场风险。履行承诺。向全市供销系统1183个农资经营服务网点发出倡议书，要求坚决履行“不涨价、保供应”的郑重承诺，切实担负起为农服务“国家队”的使命和责任，确保2022年春耕期间全市供销系统农资价格和供应稳定。截至2022年3月，全市供销系统共储备化肥10.86万吨、农药5595吨，充分保障春耕生产农资供应。

（杨　淳）

石油销售

【中国石化常德石油分公司】 2021年，中国石化销售股份有限公司湖南常德石油分公司有在营加油站共150座，便利店125家，油库2座。以庆祝中国共产党成立100周年重要契机，抓党建模范带动效应。抓牢干部履职，确保5000吨以上站点不少于2名党员，万吨以上站不少于3名党员，推动库站党员100%覆盖率再升级；以“四联四保”（联站、联心、联策、联量，保品、保廉、保安、保效）工作为抓手，干部联站累计下基层帮扶874次；疫情期间公司党委组织机关青年志愿者对基层库站进行帮扶，深入社区赠送防疫物资，服务老人。多次协调其他经营主体，维护市场稳定和公平竞争，协助政府开展“打非治违”行动，净化市场环境。安全管理。公司对油品及商品的采购、储存、运输、销售等各个环节严格把关，确保出库和加油站销售的油品100%合格，易捷便利店商品无质量问题。全年未发生任何形式的安全数质量环保事故或事件。2021年，多家联营公司项目成功启动，其中，首座联营加油站——与汉寿县现代农业投资开发有限责任公司联合发展的汉寿军刘加油站正式投营。

（黄　景）

【中国石油常德分公司】 2021年，中国石油常德分公司销售油品14万余吨，实现营业收入13亿余元，缴纳税费900万余元，提供就业岗位400余个，均已参保。市场营销。全面开展“市场大普查、客户大开发”活动，抓好区域内重点客户、重点工程开发维护，批发客户数量、新增机构用户、全年机构用户购油量均得到大幅提升。制定98汽油销售方案，优化98汽油销售站点，持续开展专项促销活动，高标号汽油销售稳步增长。积极维护区域市场价格稳定，做好与竞合方的沟通协调，严控促销叠加，深入推进成品油打非治违工作，联合同行摸排非法销售黑窝点10个，打击流动油罐车15台，扣押涉案油品72吨，有力净化成品油市场秩序。开展“量去哪里了、效从哪里挣”百日销售竞赛活动。新增百万元便利店3座。昆仑好客购物节活动夺得全省购物节大赛亚军，炎陵黄桃全员营销活动综合排名全省第二，践行省公司年终指标追赶计划中，在非油毛利竞赛、复合剂竞赛、尿素竞赛中连续位列全省前三并夺得专项奖励。代表湖南公司参加“百城直播一折起　好客惊喜一百天”全国直播大赛，实现带货销售57万元，规模位列全省第二。把控安全风险。下发分公司《疫情突发事件处置措施》《疫情常态化防控七条禁令》，落实常态化疫情防控措施，疫苗接种做到应接尽接，守住“零疫情、零感染”底线。开展环保专项排查，在迎接中央环保督查组的自查自改工作中，及时解决14座加油站测漏仪故障，更换21把加油枪集气罩和11座加油站油气回收管。督促20座加油站清理隔油池。组织对26座排污许可证站点开展环境监测，评价结果全部合格。质量计量管理受控，将现场检查与视频监控检查相结合，做好进、销、存各环节油品质量计量管理，确保计量数据真实准确。每月组织运输公司、油库召开三方质计量对接会议。迎接三星九千质量体系外部审核工作，通过外部审核，无例外事项。

（王子悦）

2021年7月22日，中国石化常德石油直属第三加油站站长张华与司机陈亮进行卸油操作

（枚晓明 摄）

金融

综述

【概况】 2021年，常德金融改革发展稳定各项工作取得新进步。成功申报国家级支持民营和小微企业金融综合改革试点城市。“常德金融超市”工作经验入选《中国营商环境报告2021》。金融服务“三高四新”和防范化解金融风险工作获得省政府真抓实干表扬激励。存贷款余额、保费收入、政府性融资担保等多项指标位居全省前列。企业上市和金融稳定相关工作成效突出。

金融指标。2021年，全市金融业增加值130.1亿元，占地区生产总值比重为3.21%；累计纳税18.76亿元，占全市税收总额的7.9%。12月末，全市金融机构各项存款余额3955亿元，新增340亿元，两项指标均位居全省第三；各项贷款余额2897亿元，新增384亿元，两项指标均位居全省第二；贷款增速15.3%，余额存贷比73%。保费收入123亿元，排名全省第二，各项赔给付55亿元。期货成交金额3117.25亿元，增速50.06%；累计落户基金及基金管理机构107家、规模296.7亿元。融资担保行业新增担保业务2421笔，新增担保额188.2亿元；在保余额251.2亿元。证券交易额3573.73亿元，增速10.59%。

金融服务。成功申报国家级支持民营和小微企业金融综合改革试点城市，提升小微企业信贷获得感。2021年年末，全市普惠型小微企业贷款287.07亿元，较年初新增56.01亿元，增速24.24%；制造业中长期贷款余额27.47亿元，较年初新增7.59亿元，增速38.18%；涉农贷款余额1191.54亿元，较年初新增172.19亿元，增速16.89%；全口径小微企业贷款余额981.49亿元，较年初新增146.24亿元，增速17.51%；绿色贷款余额178.81亿元，较年初新增61.78亿元，增速52.79%。

金融创新。为缓解中小微企业融资难、融资贵、融资慢等问题，常德市按照“统一建设、区县共享、部门参与、分步实施”要求推进金融超市建设。常德金融超市于2020年12月26日上线运行，较好地实现政银企对接、政策查询、担保增信、信用评价等功能。2021年年末，常德金融超市入驻金融机构35家，上线金融产品313个，注册企业34216家；贷款申请笔数11869笔，授信总额176.88亿元，放款总额140.92亿元。金融超市助力民营小微企业便利融资经验入选《中国营商环境报告2021》，省政府将常德金融超市助力中小微企业解决融资难、融资贵难题作为2021年重点工作综合大督查发现的典型经验做法给予通报表扬。

企业上市。2021年年末，全市共有上市公司6家，其中A股上市公司5家；新三板挂牌企业5家；湖南股交所挂牌企业41家。当年飞沃科技在深交所创业板排队在审，康普药业、惠生农科在湖南证监局辅导报备，月岭君山、太子化工等24家企业在湖南股交所挂牌，53家企业进入湖南省上市后备企业资源库，家数位居全省第三，向上争取多层次资本市场构建补助410万元。市政府与湖南证监局签订《关于促进常德市资本市场高质量发展的战略合作协议》，建立联合培育推动、重大事项应急处置等常态化工作机制。设立湘西北资本市场服务基地，先后开展多次企业上市培训、业务咨询等活动；深交所授牌设立的常德基地，是湖南省地市级中首个基地。

金融稳定。2021年，常德市扎实开展涉众型非法经营活动稳定风险防范化解工作，组织开展非法集资陈案处置“百日攻坚”行动，强化宣传教育、注重排查预警、着力风险处置、推动陈案化解，较好地维护社会大局稳定，牢牢守住不发生系统性金融风险和群体性事件的底线。风险防控工作在省平安办“防范和处置涉众型金融风险和打击金融违法行为”年终考评中明确为“第一档次”。

【设立湘西北资本市场服务基地】 10月28日，举行湘西北资本市场服务基地揭牌仪式。该基地位于常德市柳叶湖月亮大道666号财富中心B座17楼，是在市政府金融办指导下搭建的专业服务机构。该基地由财鑫集团与交易所、证券公司、中介服务机构、投资机构、银行合作共建，通过集聚资本市场发展的各类要素，构建企业和交易所、服务机构、资本互动的平台，增强金融服务实体经济能力，服务湘西北企业的多层次资本市场需求。基地同时取得了深圳证券交易所常德基地、全国股转系统（新三板）湖南基地（常德）、湖南股权交易所常德办事处等3块牌子。2021年，基地先后举办常德市资本市场知识培训、数字化时代供应链与物流运营培训会、常德市董事长特训营、达晨创鸿基金路演等8场专项活动。赴各区县市及园区进行专场推介，联合湖南股交所、3家券商、6家中介机构走访考察120余家本地拟上市企业，为企业宣讲上市挂牌政策；筛选出50家符合国家产业政策、市场竞争力强的科技型、成长型企业，建立重点服务企业库。

【非法集资陈案处置“百日攻坚”行动】 6月24日，召开全市防范化解涉众型非法经营活动稳定风险联席（扩大）会议，市委常委、市委政法委书记刘国龙出席并讲话，市人民政府副市长尹正锡主持会议，市联席会议各成员单位分管负责人，区县市联席会议总召集人、联席办主任参加会议。会议印发《常德市非法集资陈案处置“百日攻坚”行动方案》，决定自6月20日至9月30日开展非法集资陈案处置“百日攻坚”行动。通过专项行动，推动10件非法集资案件判决，推动余大华案等15件已判决案件的资产处置工作。

（文　静）

金融发展工作

【概况】 2021年，进一步构建完善涵盖银行保险、证券期货、地方金融机构等在内的金融服务体系。年末银行机构30家，其中市级银行机构16家、农商行8家、村镇银行6家；安乡村镇银行于11月取得监管部门开业批复。保险公司41家，其中财险17家、寿险24家；专业保险中介机构23家。证券期货营业部17家，其中证券营业部15家、期货营业部2家。地方金融机构33家，其中融资担保公司8家、小额贷款公司14家、典当公司11家。

地方小型金融机构发展。2021年年末，常德市共有融资担保公司8家（其中国有7家、民营1家），注册资本合计81.3亿元；小额贷款公司14家（其中国有5家、民营9家；公司数量较2020年减少2家），注册资本11.9亿元；典当公司11家（其中国有4家、民营7家），注册资本2.83亿元。2021年年末，全市融资担保行业新增担保业务2421笔，新增担保额188.2亿元，同比增长44%；在保余额251.2亿元，同比增长55%；融资担保在保余额放大倍数2.82，政府性融资担保公司注册资本、本年新增担保额、在保余额、在保户数均位列全省14个市州第一。小贷行业累计新增贷款653笔，新增发放贷款23.5亿元，同比增速超过17.6%。典当行业发生新增及续当业务493笔，金额7亿元。

金融助力脱贫攻坚与乡村振兴。各金融机构积极助力脱贫攻坚和乡村振兴相关工作。2021年年末，各银行精准扶贫贷款余额达120.86亿元，较2020年增加13.87亿元。在常德金融超市平台“乡村振兴”专区，相关机构推出多项信用、保证类贷款产品，如市农行“惠农e贷”、长沙银行惠农贷、财科担保“微农担贷”等。2021年年末，各银行涉农贷款余额1191.54亿元，较2020年增加172.19亿元。2021年实现农业保险保费收入6.17亿元，同比增长11.19%；支付农业保险赔款4.12亿元，同比增长7.14%。“十三五”规划期间，银行精准扶贫贷款余额由2016年年末的35.92亿元增长至2020年年末的106.99亿元，其间，累计新增71.07亿元；农业保险当年保费由2016年的3.42亿元增长至2020年的5.55亿元，其间，累计金额21.92亿元。

【普惠金融惠及城乡】 2021年，积极引导辖内银行机构建设小微金融专营机构，建成普惠金融网点471个，普惠金融专营部门14个，科技支行2个，社区支行11个，小微支行16个。2021年年末，全市普惠型小微企业贷款287.07亿元，较年初新增56.01亿元，增速24.25%；新发放普惠型小微企业贷款利率为5.88%，较年初下降0.28个百分点。上线金融超市平台的“信补贷”、工行“国担快贷”、建行“小微快贷”、农行“小微e贷”、常德农商行“常德快贷”等信用类贷款产品广受好评。积极鼓励相关银行优化助农取款特色服务，如建设银行设立“裕农通”金融服务点3949个，农业银行布放“惠农通”金融机具2268台，长沙银行设立助农取款“乡邻小站”423家，农商行系统建成村级“福祥e站”677个。全市范围内创建信用乡（街道）33个，信用村277个，信用农户63.27万户，累计为4.7万户贫困农户提供扶贫小额信贷支持，有力支持当地农村经济的发展。出台《关于加强农村基础保险服务体系建设的通知》（常政金办〔2021〕14号），按照保险“村村通”工作要求，组织相关区县市、保险公司等设立村级金融保险服务站。截至2021年年末，人保财险、太平洋财险、中华财险、中国人寿等公司设立村级保险服务机构3394个。

（文　静）

中国人民银行常德市中心支行

【概况】　中国人民银行常德市中心支行是中国人民银行在常德市的派出机构，业务受中国人民银行长沙中心支行领导和指导，根据上级行授权维护本辖区金融稳定，承办有关业务。2021年，下设7个县支行，内设17个职能科室，职工总数276人。全年获上级各类集体荣誉90项，人民银行总行级个人荣誉12项，上级行会议交流工作经验6项，获上级领导肯定批示工作8项，新闻媒体和上级行内刊推介中支工作315项次。

2021年，中国人民银行常德市中心支行适时召开行长联席会、金融形势通报会，加强窗口指导，解读政策意图。及时推出并督查落实全市银行系统10件大事，确保政策传导到位。12月末，各项存款余额3955亿元，增长9.4%，比年初新增340亿元，余额、新增、增速均居全省第三；各项贷款余额2897亿元，由2020年年底的全省第四跃居第二，增长15.3%，居全省第四，比年初新增384亿元，由2020年年底的全省第三跃居第二，实现历史性突破。对6家法人机构2次下调存款准备金率共1个百分点，对达标的6家县级“三农”金融事业部执行低3个百分点的存款准备金率，对1家未达标机构执行低1个百分点的存款准备金率，累计释放流动性15.8亿元。累放再贷款16.87亿元、再贴现21.01亿元、延期工具1847万元、信用支持计划3.91亿元，引导金融机构累计为1万户小微企业贷款延期21.8亿元，为2万多个市场主体发放信用贷款17.2亿元。金融支持稳企业保就业做法在全省交流。稳步推进FTP（内部资金转移定价）机制建设，引导金融机构强化LPR（贷款市场报价利率）运用，打破贷款利率隐性下限。全市金融机构贷款加权平均利率5.75%，同比下降8个BP（基点）；同时，引导金融机构迅速落地减费政策，全年金融部门累计让利5.1亿元。强化明示年化利率管理，有效发挥存款利率自律管理机制作用，提升法人机构定价能力。

2021年6月2日，2021年常德市金融管理工作电视电话会议召开

（中国人民银行常德市中心支行 供图）

【信贷引导】　紧跟市委、市政府打造21条优势产业链的部署，建立“一链一牵头行”工作机制，推送3批重点建设和重大产业项目清单，引导银行行长“一对一”结对服务链上企业，组织召开银企对接会，达成融资意向138亿元。2021年年末，链上企业贷款余额70.7亿元，加权平均利率4.7%，低于全市企业贷款利率42个BP（基点）。制造业贷款余额134.4亿元，增长16.6%，比年初新增19.1亿元。开展“百名行长千企行”、中小微企业金融服务能力提升工程等活动，完善小微企业贷款风险补偿机制，推动市政府建立“中小微企业信用贷款专项补偿基金”6000万元。全市小微企业贷款余额764.6亿元，同比增长18%，比年初新增116.9亿元。创新开展科技金融示范网点创建，优化信贷审批流程，提升科技金融服务质效。建立科技金融三套名单推送机制（科技型企业白名单、专精特新“小巨人”企业名单、知识产权企业名单），实现银企精准对接。累放专精特新“小巨人”企业贷款8.3亿元，对601家科技型企业发放贷款52.9亿元。发挥科技风险补偿资金撬动效应，大力推广“政银担”融资模式，累放“政银担”贷款8.1亿元、惠及高科技企业286家。大力推广知识产权质押贷款，累放40笔、2.65亿元，增长48.2%。做法被《湖南货币信贷专报信息》推介。

发放“三高四新”领域高层次人才专项贷款1.69亿元，做法被《金融时报》和省委组织部微信公众号推介。召开金融支持乡村振兴专项推进会，制定实施方案，开展系列活动，搭建政银企对接平台，加大信贷支持农业农村生产、建设、发展力度。指导全面推进整村授信线上化，完成线下评审并导入系统44.7万户、授信金额221.7亿元；签约7700户、签约金额3.8亿元。全市涉农贷款余额1191.5亿元，增长16.7%，比年初新增171.8亿元。扎实做好过渡期脱贫人口小额信贷工作，全市累放脱贫小额信贷29.1亿元，不良率仅0.01%。被市委、市政府评为2020年度全市行业扶贫优秀单位。联合7个部门印发《金融支持常德市绿色低碳发展创建全国“双碳”示范城市实施方案》，成立领导小组，加强组织统筹。联合职能部门建立绿色环保企业库、绿色重点项目清单，定期推送给银行，引导银行机构创新绿色信贷产品和服务，推动绿色金融有效对接。2021年年末，向银行推送绿色环保企业697家和绿色重点项目154个，全市绿色贷款余额163.3亿元，增长45.9%，比年初新增46.3亿元。积极拓宽绿色领域融资渠道，全市共发行绿色债券5笔，金额38亿元，做法被《金融时报》推介。

【金融创新】 协助市政府创新打造纯线上、公益性“金融超市”服务平台，推广专属信用贷产品“信补贷”。平台入驻金融机构35家，上线金融产品303个，注册企业3.3万家（占全市企业的49.8%），指导银行受理贷款申请11231笔，授信151.7亿元，累放贷款113.9亿元，其中发放“信补贷”1亿元、加权平均利率4.2%，缓解企业融资难、融资慢问题。做法被人民银行总行官网推介，受到省政府通报表扬。协助市政府成功获批2021年全国财政支持深化民营和小微金融服务综合改革试点城市，争取奖励资金5000万元，充实贷款风险补偿资金池。“获得信贷”创新经验入选国家发改委《中国营商环境报告2021》“最佳实践篇”案例。获评常德市“商事制度改革工作先进单位”“优化经济发展环境工作优秀单位”。引导银行机构聚焦“澧县双低油菜籽”“石门柑橘”“桃源红茶”“汉寿甲鱼”等县域优势特色产业，创新推出特色产业贷产品，助力农户增产增收。各县域特色产业贷款余额达到41.2亿元，增长35.1%。引导银行机构与“中征应收账款服务平台”“中企云链”等平台合作，扩大线上供应链融资规模。全年通过“中企云链”为大湖水殖等11家核心企业融资7.1亿元，惠及150余家链上企业；通过“应收账款融资服务平台”放贷35亿元，规模居全省前列。

【宏观审慎管理】 定期召开分析会传达政策精神，引导稳定市场预期。指导全市银行机构制定房地产贷款计划，按月督促超限法人银行落实好过渡期调整计划，落实房地产贷款集中度管理要求。全市房地产贷款余额974.17亿元，增长7.6%，其中个人住房贷款余额749.29亿元，增长11.5%，增速均回落至全省平均水平，超限法人机构数量较年初减少1家。定期监测辖内重点关注银行经营情况、辖内非金融企业投资两家及以上金融业相关机构情况，协调地方金融办等部门严格落实不新设“金控”公司要求。坚持“本币优先”原则，引导金融机构跨境人民币业务逆势增长。全市跨境人民币业务收付总额14.36亿元，占涉外本外币收支的22.5%，居全省第二。

【金融生态发展】 印发《2021年常德市金融生态建设工作要点》，扎实开展工作督导，常德市澧县、津市市、石门县、汉寿县、临澧县5个县市获评全省县域金融生态评估A级县，占全省的29%。完善评估指标体系，常德市被列为全省唯一金融生态建设指标填报试点，做法在全省交流。创新开展存保宣传分片包干，压实银行机构责任，实现行政村全覆盖。严格落实“专员+主监管人”动态监测机制，充分发挥“4+1”（机构自救、行业履职、监管到位、政府担责、人民银行发挥最后贷款人和提供流动性支持）风险化解处置工作联动机制效用，按月监测，严控反弹。辖内法人金融机构央行评级整体水平明显提高。做法被《金融时报》推介，获中国人民银行长沙中心支行金融稳定处领导高度肯定。深入推进“一市一行一债”专项行动，积极指导常德农商行、汉寿农商行二级资本债发行。2021年，常德农商行成功发行3亿元，汉寿农商行二级资本债发行进入审批阶段。积极协助化解平台公司风险。强化部门沟通，开展专题督导，持续加大“六个一批”工作推进力度，缓释政府性债务风险55.5亿元，银行机构为平台公司降息2.71亿元。大力推广债务融资工具，拓宽平台公司融资渠道。全市债务融资工具余额412亿元，2021年新发192亿元，同比多发66.3亿元，余额、新发分居全省第三、第二。平台公司贷款未发生一笔逾期，政府性债务未发生一笔违约。

【金融服务和管理】 认真做好行业管理，持续探索细化标准、优化工作流程，批准中银富登安乡村镇银行加入人民银行金融服务与管理体系。严格落实“双随机”“查处分离”要求，综合执法检查1家银行，专项执法检查3家银行，依法依规对4家银行机构、1名自然人合计罚款23万元。全年办理行政许可事项2608笔，并100%对外公开。强化政务公开工作，全辖答复群众意见建议58条，满意率100%。将“我与储户面对面”线下调查纳入“我为群众办实事”实践活动，累计解决群众诉求15件次，提供现场服务、咨询等365人次，做法被《金融时报》推介。扎实开展政务信息工作，国家级采用5篇，总行办公厅采用36篇，省委、省政府办采用14篇，人民银行长沙中心支行办公室采用467篇，为上级决策提供了有效参考。迅速落地支付手续费减费让利政策，累计分别为企业、个人减免281万元、67万元。联合市公安局印发《金融领域“断卡”行动工作方案》，建立线索移送、警银联动、联合惩戒和信息共享机制。清理存量账户171万户、核实38万户、管控13892户，向公安机关移送可疑线索184条、拦截柜面异常交易184余次，推动立案11起，抓获犯罪嫌疑人30余人。涉案银行卡治理工作

表10　2015—2021年常德市本级及各区县市银行业机构网点数据统计表

单位：个

年份	指标名称	市辖区	安乡县	汉寿县	澧县	临澧县	桃源县	石门县	津市市	总数
2015	机构总数	238	50	77	88	55	90	69	35	702
	法人机构数	2	1	1	2	2	1	2	1	12
2016	机构总数	244	51	78	88	56	91	70	35	710
	法人机构数	1	1	1	2	2	1	2	1	11
2017	机构总数	242	51	79	88	55	93	70	37	715
	法人机构数	1	1	1	2	2	2	2	2	13
2018	机构总数	238	51	80	89	55	94	70	36	711
	法人机构数	1	1	2	2	2	2	2	2	14
2019	机构总数	232	51	80	89	55	95	69	36	710
	法人机构数	1	1	2	2	2	2	2	2	14
2020	机构总数	232	51	80	89	55	95	69	36	707
	法人机构数	1	1	2	2	2	2	2	2	14
2021	机构总数	229	51	80	89	55	95	69	36	706
	法人机构数	1	1	2	2	2	2	2	2	14

注：本表数据来源于人民银行金融统计监测管理信息系统。

表11　2015—2021年常德市本级及各区县市银行业从业人数统计表

单位：名

年份	市辖区	安乡县	汉寿县	澧县	临澧县	桃源县	石门县	津市市	总数
2015	3936	535	675	828	595	830	683	384	8466
2016	3893	540	683	834	595	828	699	374	8446
2017	3890	520	685	834	588	837	687	385	8426
2018	3867	513	686	834	596	853	691	377	8417
2019	3825	517	677	828	583	851	679	373	8333
2020	3835	490	671	824	564	828	653	365	8230
2021	3732	490	671	814	579	810	664	369	8129

排名全省第一，做法获市委常委、政法委书记肯定性批示。多方沟通协调保障财政预算一体化系统顺利上线。累计完成个人所得税（含手续费）退库18.14万笔、8743.73万元，被《金融时报》《湖南国库信息》推介。全市推广应用农户信用信息系统，共收录涉农数据1588万条，累计为农户授信19.9亿元，发放贷款18.8亿元，获人民银行长沙中心支行领导肯定。协助地方党委组织部对人大代表、政协委员提名人选开展联合审查，5名提名人选因有严重不良信用记录被否决任职资格。反洗钱监管质效提升。向公安机关移送线索43条，推动立案12起，成功推动3起洗钱定罪宣判，其中1起以“自洗钱”案件宣判，为全省首例。“总对总”金融纠纷诉调对接有力推进，成功调解案件8起、标的3697万元。联合市直有关部门成功处置辖内桃源县权行普惠“假银行”案件，督促办理注销手续。妥善处理“12363”消保投诉43起，满意率100%。扎实开展金融消保评估，辖内金融消保环境持续改善，信息披露、交易公平、法治保障三项指标排名全省前列。率先在全市落实金融知识宣传分片包干责任制，做法在全省推广、被《金融时报》报道，在2022年湖南省人民银行系统工作会议被点名表扬。联合市教育局成功创建全省首家中小学生金融知识研学基地。创新打造14个老年人金融服务示范网点，创新开展“健康存折”、预约上门等特色服务。

（冯小倩）

银行业保险业监督管理

【概况】 2021年，常德市共有银行机构32家，其中政策性银行1家，大型银行6家、股份制银行7家、城商行2家、农商行8家、村镇银行6家、专营机构2家；共有银行业机构网点706个，从业人员8892人。常德市共有保险机构41家，其中寿险机构24家，财险机构17家；共有代理机构45家，专业中介机构20家，兼业代理结构25家；共有保险公司网点306个，保险专业中介机构网点35个，非银邮类保险兼业代理机构网点17个，保险营销人员25512人。

2021年，面对错综复杂的外部环境、艰巨繁重的工作任务，尤其是新冠肺炎疫情的持续冲击，常德银保监分局认真贯彻执行市委、市政府决策部署和湖南银保监局工作要求，统筹推进防控风险、强化服务、深化改革三大任务，各项工作取得明显成效，辖内银行业保险业呈现稳字当头、稳中有进的良好态势。年末，辖内银行业资产、负债规模分别达4543.83亿元、4429.81亿元，分别同比增长10.62%、10.36%；2021年年末，银行业贷款2893.32亿元，较年初增加380.43亿元，增长15.14%，高于全省平均增速2.1个百分点，存贷比76.48%，较年初上升3.21个百分点。各项存款余额为3782.94亿元，同比增长10.30%；新增存款353.32亿元；实现净利润43.19亿元，同比下降8.19%；不良贷款率为1.83%，较年初下降0.25个百分点；法人机构拨备覆盖率156.52%，资本充足率12.34%。1—12月，全市保险业金融机构实现原保险保费收入112.37亿元，同比增长3.88%。其中，财产保险公司原保险保费收入35.77亿元，同比增长1.34%；人身保险公司原保险保费收入76.60亿元，同比增长5.11%。全市保险业金融机构赔付支出39.38亿元，同比上升3.32%。其中，财产保险公司赔付支出24.56亿元，同比增长7.16%，人身保险公司赔付支出14.82亿元，同比下降2.46%。人身保险公司退保金11.59亿元，同比增长41.38%。

【做好风险防控】 打好债务风险化解遭遇战。认真履行地方国企债务风险缓释小组牵头单位职责，代拟《常德市地方国企（市本级）债务风险缓释工作方案》，多次为市领导、相关部门、市本级平台公司解读政策，建言献策。分局领导先后赴经投集团、德源集团调研座谈10余次，深入了解融资需求，组织

2021年9月15日至16日，湖南银保监到常德分局调研，了解常德“金融超市”运行情况

（常德银保监分局 供图）

召开4次风险缓释工作会议，赴银行机构专题督导15次。2021年，辖内银行机构为市本级平台累计新增授信额度247.79亿元，新增贷款支持82.33亿元，承销债券、投资债券的金额分别达188亿元、152.21亿元。推动银行自接自盘7.48亿元，替接他盘33.01亿元，隐性债务“表外转表内”14.98亿元，高息转低息30.82亿元。切实引导金融机构降低平台公司融资成本，加权平均利率降至5.13%，为平台公司减费降负1.4亿元。打好重点机构风控攻坚战。制定实施2021年防范化解金融风险攻坚战工作任务分解表，对重点农商行提级监管，分别明确1名局领导对口联系临澧县、安乡县、澧县的农商行，防止其滑入高风险机构。辖内农商行总体风险趋向收敛，单点风险得到遏制，不良贷款率、资本充足率、拨备覆盖率三大主要监管指标全面符合监管要求，临澧、安乡2家农商行年末不良率分别为3.5%、3.33%，保持稳健运行态势。打好信用风险防控持久战。强力督促银行机构真实反映不良贷款，加大不良处置力度，全年累计处置不良贷款25.61亿元，银行业不良率比年初下降0.25个百分点至1.83%，为历史较好水平，其中农商行的不良率持续低于全省农商行平均水平。大力引导债委会机制发挥积极作用，累计组建债委会7家，帮助弱化风险6.44亿元，续贷6.19亿元，稳定天鹰公司等重点风险企业的信贷资源，保障重点民生项目的顺利完工和农民工工资、材料款的及时支付。打好房地产风险防控阵地战。加强房地产贷款集中度监管，有效遏制金融资源向房地产市场过度集中的趋势，房地产贷款增速同比下降3.09个百分点。重点保障住房贷款刚需，个人住房贷款余额较年初增长11.75%，占房地产贷款的比例提升至75.3%。积极配合市政府化解恒大常德等出险房企的融资问题，协调推动相关银行争取并购融资政策，以非常之策解燃眉之急。

【精准服务实体】　常德银保监分局成立金融支持园区专班，收集汇总辖内重点企业名单，通过工作推进会、监测考核、监管通报等措施抓好监管保障，联合市金融办、财鑫公司开展“普惠金融进园区”活动，先后走进桃源、石门、津市等园区，引金融资源助力园区和企业高质量发展，辖内金融结构稳步优化。大力发展制造金融和科技金融。全市制造业贷款余额158.26亿元，较年初增长15.59%，增速高于各项贷款增速0.45个百分点，保险机构为制造业提供保险保障721.08亿元，同比增长22.05%。战略性新兴产业贷款同比增长197.78%。2021年，累计办理知识产权质押融资贷款93户、6.45亿元。大力发展小微金融。严格落实中小微企业纾困政策，普惠型小微企业贷款余额287.07亿元，较年初增加56.01亿元，信贷计划完成率达145.06%。强力督导银行机构减费让利，普惠型小微企业平均贷款利率5.88%，比年初下降0.28个百分点，年内共督促机构清退不合理收费917万元。大力实施金融服务乡村振兴战略。推动安乡中银富登村镇银行组建并获监管批复，该行于2022年2月开业。部署金融服务乡村振兴示范区建设工作，确定桃源县作为金融服务乡村振兴创新示范区。引导银行业机构下放涉农贷款审批权限，圆满完成普惠型涉农贷款增速考核目标，普惠型涉农贷款余额比年初增加30.07亿元。引导农业保险扩面、提质、增品，农业保险保费收入6.02亿元，同比增长8.66%，为153万户次农户提供风险保障188.87亿元，支付农业保险赔款3.92亿元，同比增长2.1%，分局形成的农险调研信息被国办采用。督促做好脱贫小额信贷投放，全年累计发放脱贫人口小额信贷25.51亿元，累放户数67472户。

【优化金融服务】　深化乡村振兴。推动安乡村行组建，获监管批复，于2022年2月开业。积极部署金融服务乡村振兴示范区建设工作，确定桃源县作为金融服务乡村振兴创新示范区。下发《关于2021年银行业保险业高质量服务乡村振兴的通知》，积极引导银行业机构下放涉农贷款审批权限，完成普惠型涉农贷款增速考核目标，2021年年末，普惠型涉农贷款余额194.91亿元，比年初增加30.07亿元。引导农业保险扩面提质增品，辖内农业保险保费收入6.02亿元，同比增长8.66%，为153万户（次）农户提供风险保障188.87亿元，支付农业保险赔款3.92亿元，同比增长2.1%，分局形成的农险调研信息被国办采用。认真开展村村通“回头看”，持续推动农村基础金融服务提质扩容增效。有力提升县域金融服务，提升县域银行业存贷比，持续保障县域经济金融发展的有效资金需求。督促做好脱贫小额信贷投放，全年累计发放脱贫人口小额信贷25.51亿元，累放户数67472户。配合政府做好财政支持深化民营和小微企业金融服务综合改革试点指标监测。优化消保工作。用心用情办理金融消费者信访举报投诉194件，群众满意度较高。加强与司法局、法院、行业协会等部门协调联动，与中级人民法院联合下发《关于推进常德市金融纠纷多元化化解机制建设的意见（试行）》，推动银行业协会、保险业协会成立人民调解委员会，设立专门场所调解金融纠纷，畅通金融消费者权利救济渠道。督促保险公司考虑出险频次拟定差异化的承保方案，及时化解出租车、网约车承保难题。强化应急金融服务。督导银行保险机构加强科技应用，优化非接触式服务渠道，确保疫情防控期间金融秩

表12

2015—2021年常德市银行业机构数量一览表

单位：个

年度	总计	农发行	工行	农行	中行	建行	交行	邮储银行	兴业银行	广发银行	民生银行	渤海银行	华夏银行	平安银行	光大银行	长沙银行	华融湘江银行	农商银行	村镇银行
2015	702	10	39	79	29	33	5	169	2	2	7	1	0	0	0	9	7	307	3
2016	710	10	39	79	29	33	6	169	3	2	7	1	0	0	0	14	8	307	3
2017	715	10	38	79	29	33	7	169	3	2	7	1	0	0	0	17	9	305	6
2018	711	10	38	79	29	33	7	168	3	2	5	1	1	0	0	18	9	302	6
2019	710	10	37	79	29	34	7	168	3	2	5	1	1	0	0	18	9	299	8
2020	707	10	37	76	28	34	7	168	3	2	3	1	1	1	1	19	9	299	8
2021	706	10	37	76	27	34	7	168	3	2	4	1	1	1	1	20	10	295	9

注：本表统计数据与金融许可证数据一致。

表13

2015—2021年常德市保险机构及员工一览表（一）

公司名称	人保财险		平安财险		太平洋财险		大地保险		中华保险		天安财险		太平财险		华安财险		大家财险		国寿财险		华泰财险		渤海财险		都邦财险		长安保险	
	网点数（个）	员工数（名）	网点数（个）	员工数（名）	网点数（个）	员工数（名）	网点数（个）	员工数（名）	网点数（个）	员工数（名）	网点数（个）	员工数（名）	网点数（个）	员工数（名）	网点数（个）	员工数（名）	网点数（个）	员工数（名）	网点数（个）	员工数（名）	网点数（个）	员工数（名）	网点数（个）	员工数（名）	网点数（个）	员工数（名）	网点数（个）	员工数（名）
2015年	46	917	7	122	8	132	8	151	9	502	4	82	1	19	2	15	—	—	60	149	1	4	2	10	1	13	4	60
2016年	47	1733	8	141	10	144	8	180	9	538	4	94	2	36	2	23	—	—	56	186	1	4	2	12	1	13	4	65
2017年	47	2362	8	176	10	135	8	238	10	539	4	108	2	36	2	24	—	—	53	200	1	4	2	17	1	20	4	66
2018年	47	3039	8	171	10	252	8	224	11	551	4	122	2	50	2	43	—	—	51	211	1	4	2	10	1	19	4	67
2019年	47	2429	8	165	10	335	8	291	11	483	4	76	2	127	2	51	—	—	48	258	1	4	2	16	1	17	4	65
2020年	47	2117	9	150	13	437	8	267	11	614	4	81	2	265	2	62	8	57	48	270	1	5	2	31	1	21	4	60
2021年	47	1898	9	121	13	811	8	195	18	207	2	45	2	36	2	22	8	114	12	304	1	5	2	14	1	25	4	55

表14

2015—2021年常德市保险机构及员工一览表（二）

公司名称	永诚财险		阳光财险		英大财险		中国人寿		平安人寿		太平洋人寿		新华人寿		泰康人寿		人保寿险		中英人寿		合众人寿		富德生命人寿		人保健康		太平人寿	
	网点数（个）	员工数（名）	网点数（个）	员工数（名）	网点数（个）	员工数（名）	网点数（个）	员工数（名）	网点数（个）	员工数（名）	网点数（个）	员工数（名）	网点数（个）	员工数（名）	网点数（个）	员工数（名）	网点数（个）	员工数（名）	网点数（个）	员工数（名）	网点数（个）	员工数（名）	网点数（个）	员工数（名）	网点数（个）	员工数（名）	网点数（个）	员工数（名）
2015年	1	14	2	358	1	35	79	5896	8	1424	10	3800	8	947	25	1419	8	784	1	54	2	103	5	1803	1	102	4	456
2016年	1	16	2	343	1	39	79	7057	8	1793	10	3880	8	1007	25	1604	9	1355	1	68	3	160	5	1650	2	245	4	760
2017年	1	15	2	359	1	42	79	7882	8	2445	10	3954	8	1206	25	2008	9	2034	1	70	3	162	5	1893	2	244	4	920
2018年	1	15	2	231	1	43	79	8852	8	2533	10	4266	8	1393	25	2258	9	1659	1	135	3	170	5	2889	2	33	4	1229
2019年	1	14	2	120	1	43	79	10221	8	2182	10	3775	8	1703	18	2298	9	2329	1	188	3	181	5	1807	2	24	4	922
2020年	1	15	2	75	1	44	79	9059	8	2241	10	3310	8	1822	18	1863	9	1745	1	117	3	135	5	1474	2	66	6	813
2021年	1	3	3	57	1	45	79	6365	8	1309	10	2146	8	1009	12	1376	9	1020	1	89	3	47	5	1133	2	24	6	1036

表15

2015—2021年常德市保险机构及员工一览表（三）

公司名称	阳光人寿		幸福人寿		民生保险		华夏保险		华泰人寿		财信人寿		光大永明		国华人寿		平安养老		农银人寿		恒大人寿		利安人寿		建信人寿		合计	
	网点数（个）	员工数（名）	网点数（个）	员工数（名）	网点数（个）	员工数（名）	网点数（个）	员工数（名）	网点数（个）	员工数（名）	网点数（个）	员工数（名）	网点数（个）	员工数（名）	网点数（个）	员工数（名）	网点数（个）	员工数（名）	网点数（个）	员工数（名）	网点数（个）	员工数（名）	网点数（个）	员工数（名）	网点数（个）	员工数（名）	网点数（个）	员工数（名）
2015年	2	116	2	110	1	26	3	326	2	271	3	512	1	4	1	14	1	6	1	39	—	—	0	0	—	—	325	20795
2016年	2	178	2	206	1	13	4	625	2	284	4	503	1	3	1	19	1	5	1	124	1	30	0	0	—	—	332	25136
2017年	2	180	2	203	1	28	4	820	2	204	4	1252	1	7	1	20	1	5	2	120	1	124	0	0	—	—	331	30122
2018年	2	217	2	184	1	59	4	932	3	274	5	734	1	46	1	28	1	8	2	160	1	67	1	498	—	—	333	33676
2019年	2	183	2	168	1	55	4	1195	3	169	5	1458	1	42	1	43	1	8	2	196	1	31	1	84	—	—	323	33756
2020年	2	185	2	115	1	46	4	1238	3	287	6	1229	1	48	1	51	1	10	2	182	1	47	1	98	1	30	339	30782
2021年	2	115	2	64	1	31	4	1618	3	380	8	1124	1	25	1	65	1	9	2	124	1	59	2	114	1	42	306	23281

表16

2015—2021年常德市各区县市保费收入统计表

单位：万元

县域	2015年			2016年			2017年			2018年			2019年			2020年			2021年		
	产险	寿险	小计	产险	寿险	小计	产险	寿险	小计	产险	寿险	小计	产险	寿险	小计	产险	寿险	小计	产险	寿险	小计
全市	197075.25	417909.4	614984.65	229915.95	531080.21	760996.16	261969.59	644669.33	906638.92	294903.35	711655.52	1006558.87	352898.31	747843.15	1100741.46	356904.25	804548.34	1161452.59	360823.76	873845.83	1234669.59
市区	101027.17	—	—	120573.08	305242.66	425815.74	135040.16	370194.24	505234.4	154601.66	393528.92	548130.58	185221.36	402452.15	587673.51	183159.00	451942.48	635101.48	183677.43	522122.05	705799.48
安乡	9949.09	—	—	10750.27	21045.21	31795.48	11075.29	25371	36446.29	12544.81	27316.87	39861.68	13659.84	30047.94	43707.78	13956.25	30763.35	44719.6	14132.15	30211.02	44343.17
汉寿	15204.59	—	—	18407.89	35973.32	54381.21	22587.53	41568.17	64155.7	23071.53	49343.3	72414.83	32434.09	53342.72	85776.81	34907.13	55723.62	90630.75	33707.96	54955.71	88663.67
澧县	17979.7	—	—	19544.70	43830.49	63375.19	23640.92	54504.62	78145.54	27351.91	68021.39	95373.3	32784.93	75005.37	107790.3	31591.42	77216.57	108807.99	32738.29	83859.56	116597.85
临澧	12737.24	—	—	15200.98	28178.5	43379.48	17737.95	33855	51592.95	20034.65	37094.05	57128.7	22294.94	39289	61583.94	24980.49	40445.17	65425.66	25707.58	40523.86	66231.44
桃源	19623.95	—	—	23134.40	38087.49	61221.89	25426.84	48532.66	73959.5	27760.89	54895.62	82656.51	33250.91	58838.03	92088.94	32594.77	59969.03	92563.8	35691.67	58124.39	93816.06
石门	14982.98	—	—	16183.36	41469.78	57653.14	18842.97	52112.56	70955.53	21063.25	61354.62	82417.87	23644.67	67814.99	91459.66	25604.72	68060.3	93665.02	24380.99	64766.26	89147.25
津市	5570.55	—	—	6121.26	17252.74	23374	7617.88	18531.12	26149	8474.63	20100.74	28575.37	9607.54	21052.94	30660.48	10110.48	20427.81	30538.29	10787.71	19282.97	30070.68
合计	197075.27	0.00	0.00	229915.94	531080.19	760996.13	261969.54	644669.37	906638.91	294903.33	711655.51	1006558.84	352898.28	747843.14	1100741.42	356904.26	804548.33	1161452.59	360823.78	873845.82	1234669.60

序不乱、服务不断。保险机构推出包含新冠疫苗接种保障的保险产品26个，为12万余人提供保险保障。推动银行保险机构积极支持自然灾害重建和突发事件应对，如针对汉寿县一起特大交通事故，督导保险公司做好交通事故的现场勘察、理赔，充分发挥社会“稳定器”作用。常态化开展金融知识宣传。认真开展银行业保险业“3·15”消费者权益保护教育宣传周活动和金融知识进校园活动，辖内银行保险机构总计发放宣传材料74.52万份，活动触及消费者达114.81万人次。

【整治市场深化改革】 强监管严监管。2021年共计完成行政处罚8件，罚款金额166万元，处罚人员7人次，监管权威进一步增强。推动保险市场平稳有序发展。严肃查处摩托车捆绑销售商业保险等侵害消费者权益行为。推动解决出租车、网约车承保难题，努力实现相关车辆“愿保尽保”。大力推进车险综合改革，实现降价增保，常德市消费者车均保费支出2005.36元，同比减少17.50%，车险综合赔付率达到77.53%，同比上升18.44个百分点。做好公众宣传教育，扎实推进保险行业反欺诈工作。推进地方法人银行做大做强。积极争取市委、市政府支持常德农商行高质量发展。推动农商行增强风险抵补能力，常德农商行完成3亿元二级资本债的发行工作，资本充足率大幅提升。汉寿农商行二级资本债发行已获监管批复。配合推动重大金融项目落地见效。大力引导辖内各银行业机构入驻“金融超市”，实现金融资源向小微企业精准“滴灌”，该平台注册企业3.19万家，放款总金额达143.84亿元。配合市政府成功申报财政支持深化民营和小微企业金融服务综合改革试点城市，狠抓普惠金融重点领域相关指标的动态监测和考核。

（夏　雨）

中国农业发展银行常德市分行

【概况】 2021年，中国农业发展银行常德市分行全面落实“三高四新”战略定位和使命任务，全力服务地方经济发展，充分发挥政策性金融“当先导、补短板、逆周期”作用，连续七年获得市金融扶贫一等奖，各项工作成效明显。

【信贷投放】 把“建设社会主义现代化新常德”作为全行奋斗目标，聚焦乡村振兴战略，加大信贷投放力度。全年累放各类贷款120亿元，年末贷款余额440亿元，贷款规模全市第一；贷款净增61.8亿元，增幅16.4%，净增额全省系统第一。同时，累计缴纳各类税金6890万元，较2020年增加508万元。

【政银企合作】 作为乡村振兴主办银行，推动省分行同临澧县政府共同建立政策性金融服务乡村振兴实验示范区，同市农业农村局、乡村振兴局、财鑫金控搭建乡村振兴政银企合作平台，与地方政府签约支持“十四五”重点项目192个，金额536亿元。牵头组建粮食产业高质量发展政银企合作平台，为全市86家优质粮食企业提供融资便利；推动建立粮食收购贷款信用保证基金，按缴存额投放8～10倍信用贷款，缓解企业融资难、融资贵问题。

【减费让利】 执行优惠利率。全行贷款实行最优惠利率，比全市金融系统平均利率少1个百分点左右，全年为地方经济建设节约融资成本超过4.2亿元。推动费用减免。免除业务咨询、资产评估、抵押手续、网银汇划等费用，全年减免额度达266万元。延长贷款期限。各项贷款平均期限14年，最长达25年，中长期贷款余额357亿元，占比81%，支持重大项目以时间换空间，缓解还贷压力。提供融资便利。发挥业务品种优势，积极承销德源投双创债券，帮助减轻企业融资成本。帮助化解债务。按“自接自盘一批”“免责收回一批”“盘活支持一批”“承销债券平滑一批”融智思路，推动平台企业转型升级。助力实体脱困。对暂时经营困难的客户不压贷、不抽贷、不断贷，通过再融资、续贷等方式帮助企业渡过难

2022年1月12日，农业发展银行湖南省分行与市政府全面战略合作签约

关，涉及企业33家，金额7.8亿元。

【支农履职】　服务粮食安全。全年累放粮油贷款20.4亿元，支持收购粮食54.6万吨，占全市粮食市场收购份额的66.4%。累计投放农地贷款14.8亿元，推动“藏粮于地、藏粮于技”战略实施。推动绿色发展。围绕珊珀湖阳明湖生态环境修复、县域城乡垃圾处理、沅澧水系综合治理，累放生态修复、环境治理等项目贷款7个，金额17.5亿元，绿色贷款余额47.1亿元，全力支持碳减排行动。扶持乡村产业。围绕常德“十大优势特色千亿产业”，累放乡村振兴衔接贷款35.4亿元，重点扶持汉寿蔬菜、桃源茶叶、富硒茶油等优势产业链发展。推进三产融合。支持园区实施“筑巢引凤”策略，累计投放贷款61.9亿元，助力园区标准化厂房和基础设施建设，支持“三生”（农村生产、生活、生态）、“三产”（一、二、三产业）融合发展。促进城乡一体化。支持常德全面融入湖南“3+5”城市群发展，大力支持津市码头、德山港口、桃源枫夷连片景区改造、西洞庭绿色动力小镇等项目建设，加快板块协调和联动发展。支持改善民生，推进以县城为重要载体的城镇化建设，投放4.5亿元贷款，支持津市115个老旧小区提质改造，惠及人口4.2万人。以人为本支持农村医疗体系建设，投放36.3亿元支持桃源县、汉寿县、石门县改善医疗硬件基础设施，提升基层医疗服务能力。

（刘柯汝）

中国工商银行常德分行

【概况】　截至2021年年末，中国工商银行股份有限公司常德分行有在职员工906人，省行交流干部2人，离退休人员902人，内设13个部室、5个直属中心，下辖12个一级支行、24个二级支行，共计36个营业网点。有财富管理中心5家，贵宾理财中心20家，金融便利店11家，离行式自助银行36家，自动柜员机172台，智能银行36家。

【盈利水平】　全年实现拨备前利润8.05亿元，同比增加0.36亿元；实现净利润3.69亿元；实现中间业务收入1.78亿元；经营绩效和业务发展考评等级为A-，系统内排名全省第七位。

【存贷业务】　全年实现全部人民币存款（含同业）余额394.54亿元，较年初增加32.24亿元；各项贷款余额277.54亿元，较年初增加31.80亿元。服务实体，全面落实“六稳”（稳就业、稳金融、稳外贸、稳外资、稳投资、稳预期工作）、“六保”（保居民就业、保基本民生、保市场主体、保粮食能源安全、保产业链供应链稳定、保基层运转）工作任务，积极防范化解金融风险，全面完成人民银行和银保监会“两增两控”普惠金融工作目标，全年信贷投放大幅上升，贷款总额比2020年增长30.63亿元、增速12.08%。其中法人贷款、个人贷款、普惠贷款总额分别较2020年增长19.92亿元、10.12亿元、6.65亿元，增速分别较2020年增长12.96%、10.62%、50.26%。人民银行定向降准贷款余额21.07亿元，较年初增长6.64亿元，普惠与定向降准贷款两项增量绝对数均居系统内全省第二，有力助推常德本土经济高质量发展。

【转型业务】　牢牢把握发展方位，坚持强化重点市场、客群和项目的营销攻坚，扎实推进重点战略执行。第一个人金融银行战略稳步推进。储蓄存款时点比年初增长23.19亿元，处于系统前三位；新增金融资产25.2亿元，两项指标均创历史新高；全量个人客户全年增长7.17万户，增幅3.84%；日均金融资产5万元以上、日均金融资产1万元以上的客户数、私银客户三项客户总量均居全省第三，私银客户数增幅11.37%，增量全省排名第二，增幅全省排名第一，年内成功签约全省首笔家族信托业务。全省首家物管家聚富通项目、常德预售资金监管系统、常德市校外培训机构资金监管平台等金融场景全年落地项目8个，新增获客24941人，全省第一。境内外汇业务首选银行战略亮点频出。12个一级支行全部开通对公外汇业务的办理权限，实现外汇业务办理的全网点覆盖，成功落地湘佳牧业、金健米业非贸易项下风险参贷业务1.6亿元，实放1.1亿元；跨境人民币业务同业位次由第三提升到第二。公司、普惠、机构、投行等业务板块拓展成效明显。全省2021年度公司客户经理技能大赛，获得团体二等奖，实现并购贷款投放1.88亿元，投行口径中收950万元；与大湖水殖、湘佳牧业、新合新生物等9个核心企业建立产业链合作，供应链融资4.09亿元，较年初增长3.39亿元；普惠金融业务四大行同业排名第二，也是全省系统内唯一一家普惠业务获得最高名次的二级分行，同时以常德市本土金融超市为依托，共为全市中小微企业授信439笔，金额19.97亿元，放款19.87亿元，在全市17家商业银行授信与放款中排名领先；日均金融资产1万元以上机构客户数1232户，较2020年增长144户，全省排名第一。

【资产质量】　牢固树立风险资产经营意识，积极清收转化，向风险资产要效益。2021年，不良贷款额（含银行卡）8855万元，较年初减少2729万元，资产质量处于全省领先位置，连续4年实现额率双降。不良贷款清收完成率全省第一，不良贷款余额系统占比1.85%，资产质量全省领先，不良贷款（含卡）率0.31%，比2020年净减少0.15%，个贷不良余额3040万元，不良率0.32%，其中个人按揭类不良率0.29%，全省最低。全力做好受疫情影响企业的贷款风险缓释，信贷经营体制机制改革与授信审批新规有效落地。内控案防管理方面，深入开展内控合规“价值创造年”主题活动，加强对监管关注、案件风险、员工异常行为以及全行系统性、普遍性风险的监测，主动揭示案件及风险隐患，前瞻性排雷除险。通过“线上+线下”双线渠道监测工作模式，持续加大案件与操作风险管控力度，内控案防闭环管理不断强化。反洗钱工作成效突出，获得2021年度市人行中支反洗钱分类评级A级免评资格。认真开展2021年“安全生产月”活动，压紧压实安全生产责任，深入排查安全风险隐患，实现安全保卫管辖“零案件”，被湖南分行授予2021年度“案防工作先进单位”。

【基础工作】 2021年，获全省2021年党风廉政建设责任制考评二等奖；持续夯实基层党建基础，完成44个党支部标准化建设“过筛子”评定工作，和市分行本部标准党建活动室建设并投入使用，全辖党（总）支部由44个增加到78个，全年发展预备党员12人；贯彻新时代党的组织路线，提拔副科级以上管理岗位12人，当年新提拔的年轻干部占比达35.71%，不断推动高素质干部队伍建设。

（黄 贺）

中国农业银行常德分行

【概况】 2021年，中国农业银行常德分行（以下简称农行常德分行）作风不断好转、基础不断夯实、业绩不断突破。在全省农行“春天行动”综合营销竞赛活动中，荣获25项二级分行层面奖项，全省获奖数量最多；成功获评省级国家安全人民防线建设先进单位，是全省唯一获表彰的国有商业银行。农行常德澧县支行营业部党支部获评农总行基层优秀党组织；农行常德澧县垱市支行党支部书记、行长谢伟民获评农总行优秀共产党员。

2021年7月26—27日，农行湖南省分行党委书记、行长陶伟梁率省分行办公室、信用管理部、农村产业金融部主要负责人到农行常德分行调研。

主体业务。2021年年末，全行各项存款余额545.42亿元，净增49.6亿元；各项贷款余额313.2亿元，净增37.2亿元。全年实现营业收入14.26亿元，实现拨备前利润9.83亿元，实现拨备后利润6.77亿元，实现净利润4.04亿元。

信贷投放。围绕全市基础设施建设及民生工程，全年营销重大项目16个、金额40亿元，成功支持安慈高速、炉慈高速、交水建临智交通、常德华电、金禹水利、桃源自来水、津市老旧小区改造、华政棚改等重点项目，累计实现贷款投放30亿元。聚力战略新兴产业、制造业等重点行业，着眼常德本土装备制造、新材料与新能源、有机食品等主导产业，与8家重点园区签订战略合作协议，累计为6家省级园区平台公司授信38.08亿元。服务园区451家规模以上企业，其中建立信贷关系286家，授信39.99亿元；为金康光电等20家小巨人企业投放贷款达4亿元。2021年年末，全行存贷比达到57.42%，比2020年年末提升1.76个百分点。在系统内，常德农行贷款净增规模排名全省第三，仅次于长沙、岳阳。

做实普惠金融。创新服务模式，认真落实金融支持优势产业链三年专项行动和百名行长千企行融资对接工作，积极搭建银政、银担、银保、银税等四大平台，联合担保公司上门为小微企业客户提方案、解难题。开展“进百园万企，助力中小微”三年攻坚行动，创新推出“小微e贷”“链捷贷”等线上免抵押信用产品，着力解决中小微企业融资难、融资贵问题。2021年年末，全行普惠贷款余额46.2亿元，年净增8.6亿元。其中普惠型小微企业贷款余额30.81亿元，较年初净增4.55亿元，年增速17.33%，高于全行各项贷款增速3.86个百分点。普惠型小微企业贷款加权年利率仅为4.25%，较年初下降10BP，全年减免各类收费为小微企业直接让利近418万元。2020年12月26日，常德市首家由政府主导的金融超市正式上线运行。农行常德分行大力发挥金融超市这个大平台，在金融超市宣传抵押e贷、纳税e贷等拳头产品，服务优质客户，锁定小微企业。自入驻金融超市后，该行已上线产品12个，累计为324家企业授信10.3亿元，为310家企业放贷9.47亿元。获评2021年度常德金融超市应用工作先进单位。

助力乡村振兴。持续做好脱贫攻坚地区乡村振兴服务，强化信贷计划资源向县域行倾斜，先后支持了湘佳牧业、大湖水殖等重点优质企业。通过加强粮食安全、乡村产业发展和乡村建设等重点领域信贷投放，县域和涉农信贷投放明显提速。年末县域实体贷款净增11.2亿元，增速12.2%；涉农贷款余额净增16亿元，增速15%。精准扶贫贷款净增7.2亿元，增速90%，全省第一；脱贫县支行贷款净增6.5亿元，带动脱贫人口2.7万人，消费帮扶完成143万元，巩固脱贫攻坚专项评价得分全省第一。持续推进助农服务建设，先后在鼎城区黄土店、安乡黄山头两个乡镇新设立人工网点，并联合烟草部门联手打造12个

"普惠综合服务站"，将湖南烟草"636"零售终端打造成新的金融惠民、便民、利民的前沿阵地，进一步提升金穗"惠农通"工程普惠金融服务能力。年末，惠农通有效机具达2330台，金融性交易达172万笔，交易金额合计9.4亿元。

加强文化建设。持续做好全国文明单位创建工作，共建立编织、气排球等11个"兴趣小组"，丰富员工业余生活。扎实开展党史学习教育活动，和市委宣传部联合本土百家企业唱响并拍摄《中国梦》MV，以常德农行特有方式庆祝党的百年华诞，该MV点击量超过四千万人次，引发了热烈反响。积极组织并参与各类文体活动，在2021年常德市银行业职工健步行及趣味运动会比赛中斩获佳绩。由员工自发成立的爱民爱心助学帮扶团队连续7年结对帮扶贫困学子，累计帮扶学子学费近11万元，被上级银行评为"优秀青年志愿者组织"。积极宣传农行常德分行的重大经营活动、业务经营成果等，全年在外部媒体刊登稿件200余篇，其中《人民日报》、人民网总网、新华网总网、《金融时报》、《湖南日报》、《中国城乡金融报》等中央及省级媒体上稿30余篇。

夯实管理基础。2021年以来，高速推进安防设施建设，强力推进安全保卫"三化三达标"（标准化、制度化、精细化，物防、技防、人防达标）创建工作，认真开展安全保卫专项治理活动，继续保持无责任刑事案件、无责任安全事故。常德分行和所辖10个县级支行全部被常德市公安局评为"2021年全市内保工作先进单位"，汉寿支行游伟辉、市分行安全保卫部刘康勇两人被记"个人三等功"，桃源支行高山等9人被评为"内保先进个人"。市分行机关被武陵区平安办评为"平安建设先进单位"。金融机构第七轮安全评估检查得分99.5分，排名同行业第一，安全评估工作连续4轮获该殊荣。

【助力常德名企同唱《中国梦》MV拍摄】 5月20日，由常德市委宣传部指导，农行常德分行、常德日报社、市工信局联合举办的百家名企唱响《中国梦》MV开机启动仪式，在中国农业银行常德分行财富中心举行。在全市遴选多家代表性企业，涵盖烟草、工程机械、生物医药、新材料等支柱产业和新兴产业，由每个企业各推荐3～5名员工，作为常德企业"土明星"的候选歌手，参与《中国梦》的演唱录制。6月23日，《中国梦》常德版MV在常德日报视频号首发，同步拍摄制作该MV续集——《常德乡村追梦人》，于7月6日在常德日报视频号首发推出。从6月23日起，该MV及续集作品被央视网、人民号、"学习强国"、腾讯新闻等平台采用和传播。

【助力桃源县消费扶贫专馆建设】 2月2日，农行常德桃源支行与桃源县供销联社共建的"金穗惠农服务中心暨桃源县消费扶贫专馆"正式开馆，为精准扶贫增添新动力，为落实"深耕乡村"战略金融赋能。"金穗惠农服务中心暨桃源县消费扶贫专馆"，是桃源农行与县供销联社牵头组织的线下实体与线上电商平台服务的展示厅。常德农行为其提供更便捷的资金结算方式，更大规模的信贷保障，更加灵活的信贷产品，更加广阔的销售渠道。农行掌银与"供销之家"电商平台进行系统对接，农行线上产品嵌入供销电商平台"金融服务"模块，为广大客户提供全方位金融服务。

【数字化服务校园及医疗】 2021年，农行常德分行立足学校管理难、缴费难等问题，持续深化校园领域金融服务。该行智慧校园在服务公立中小学及高校方面实现重大突破，率先实现全省首家智慧校园平台与非税对接打通，有效实现系统融合，切实解决了非税电子票据缴费等难题；与常德职业技术学院全面签订智慧校园项目合作协议，致力于践行"大平台+微应用+开放生态"核心理念，用信息化手段打通线上、线下整体服务管理闭环，

2021年2月2日，农行常德分行代表在桃源县消费扶贫专馆开馆仪式上致辞
（龙 炎 摄）

实现全校1.5万名师生虚拟服务和实体场景一体化，大大助力学校教学、科研、管理水平有效提升。截至2021年年末，该行累计上线近300所智慧校园，覆盖城乡，约有5.4万学生家长亲身体验到农行智慧校园所带来的便利。为助推“互联网+医疗健康”信息化建设，真正实现数据互通共享，打造“智慧医疗”样板，该行与澧县卫生健康局成功签订“互联网+智慧医疗”医共体信息化建设项目合作协议。该项目落地后，将通过转变服务模式，充分发挥服务平台便民惠民作用，真正实现让“数据多跑路，患者少跑腿”，让全县老百姓早受益、多受益。

【投放全省首笔老旧小区改造项目贷款1.7亿元】 2021年一季度，农行常德分行辖内津市支行申报的1.7亿元城镇老旧小区改造项目贷款成功获批，并顺利投放首笔贷款5000万元。该笔贷款是农行湖南省分行首笔老旧小区改造项目贷款，为老旧小区改造项目提供有力的资金支持，有效满足了城镇更新改造过程中的资金需求，为助力城市发展及提升人民群众幸福指数贡献大行担当。

（车忠心）

中国银行常德分行

【概况】 2021年，中国银行常德分行（以下简称中行常德分行）全年实现业务净收入53043万元，增幅5.74%；实现拨备前利润35312万元，增幅3.25%。聚力外向型经济企业发展，国际结算业务四大市场份额持续稳居市场第一。2021年度外管监管考评中获得“B+”。

2021年7月7日，中国银行湖南省分行行长李芒到中行常德分行调研，与常德市委、市政府相关负责人会谈，到常德经济技术开发区，实地调研经开区重点企业常德中车新能源汽车有限公司。

【存贷款业务】 总量。2021年，常德分行人民币客户存款时点余额为212亿元，比年初新增12.96亿元，增幅6.51%；常德分行人民币各项贷款时点余额为129.46亿元，比年初新增22.51亿元，增幅21.04%。份额。从四大行时点市场份额看，人民币各项存款时点余额市场份额12.52%，比年初下降0.29个百分点；人民币各项贷款市场份额11.78%，比年初上升0.62个百分点；贷存比（本外币）为61.25%，排名四大行第三位，比2020年增长8.24%，增幅15.55%，增幅排名四大行第一位。公司贷款。2021年常德分行人民币对公贷款时点余额51.62亿元，较年初新增14.51亿元，较年初增幅39.09%，位列全省第二名，目标完成率124%。四大行对公贷款时点市场份额8.38%，较2020年提升1.21%，位列四大行第一位。其中常德分行制造业贷款余额13.37亿元，较年初新增5.59亿元。扶贫及乡村振兴贷款余额11.69亿元，较年初新增2.84亿元，完成年计划的394%。普惠金融。银保监考核口径普惠金融2021年余额115081万元，较年初增长38461万元，增幅48.3%，省行计划完成率100%。

【资产质量】 2021年，常德分行本外币关注类贷款余额4276万元，较年初增加1445万元；常德分行本外币不良贷款余额5078万元，较年初增加1214万元；常德分行本外币不良贷款率0.39%，较年初上升0.03个百分点。

【银医合作建设“智慧医院”】 8月31日，中国银行常德分行与常德市第一人民医院举行“智慧医院”建设银医合作签约仪式，成为常德市第一人民医院独家合作银行，助力常德市第一人民医院提升医疗服务现代化、智能化水平和能力。根据《智慧医院建设银医合作协议》，中国银行常德分行将支持建设常德市第一人民医院专享云数据中心、桌面云办公系统（二期）、桌面云办公系统（三期）、医护4G流量卡、移动医护系统、结算中

2021年8月31日，中国银行常德分行与常德市第一人民医院举行“智慧医院”建设银医合作签约仪式
（中国银行常德分行 供图）

心、诊间结算终端、DRGS/DIP医保控费管理系统8个项目。

（刘　健　喻梦茜）

中国建设银行常德分行

【概况】　中国建设银行常德分行（以下简称常德建行）辖属支行27家、营业网点34个、从业人员627人。截至2021年年底，常德建行一般性存款时点余额545.22亿元，较年初新增45亿元；各项贷款余额371.96亿元，较年初新增50.17亿元，实现中间业务收入39799万元，实现账面利润113782万元，同比增长8899万元。获常德市“2021年度银行业金融机构服务实体经济一等奖”“2021年度金融机构发放制造业贷款先进单位”“2021年度常德金融超市应用工作先进单位”“2021年度金融机构服务实体经济金融扶贫二等奖”。

助力地方经济。年末制造业贷款余额19.65亿元，新增5.39亿元，增长率37.79%，远超全省平均水平；民营企业贷款余额53.25亿元，新增11.79亿元，比2020年同期多增3.62亿元；绿色贷款余额27.4亿元，新增16.36亿元，基础设施建设贷款余额130.28亿元，新增16.81亿元；战略新兴产业贷款新增9.76亿元。积极支持化解地方政府债务，累计为市级平台公司隐性债务化解置换投放10.54亿元，投债29亿元。主动对接省、市重点建设项目，省重点项目单独参与率达75%；市重点项目对接率90.99%，收集信贷需求54.03亿元，实现投放10个，投放金额28.69亿元。

乡村振兴。搭建“裕农通+智慧党建”平台，设立1525个村级便民服务中心，签约农户总量为20.93万户；新增裕农通交易143.11万笔，其中助农类交易量105.63万笔。搭建乡镇自来水缴费平台，为村民提供便捷服务；在7个区县上线农村“三资”平台，让村民报账“一趟都不用跑”。对接省人社厅，为农村村民提供在线问诊功能，累计服务村民300万人次，累计交易金额达16亿元。助力构建乡村金融生态圈，积极推进“一县一特色”产业发展“裕农种植贷”。年末涉农贷款余额79亿元，较年初新增17亿元。投放全省系统内第一笔高标准农田项目贷款1.5亿元，项目建设总规模5400公顷，覆盖桃源县18个乡镇，惠及50万人。

提振消费。消费经营类贷款较年初新增5.02亿元，首次排名全省系统内第一。创新搭建本地生活“一站式”服务平台——“建行生活”，注册用户超过9万户，入驻商家近800户，平台交易量累计达1000万元，优惠金额近500万元，有力刺激当地消费。作为唯一冠名金融单位参展常德市第九届家博会，开通绿色通道给予装修分期费率优惠，与24家装饰企业进行现场签约达成战略合作关系。积极参与主办公共交通领域、燃气缴费、医疗场景、菜市场等多场景搭建，提振消费信心。

普惠金融。自主研发普惠产品“惠企贷”，在市政府支持下，开创常德市以政务大数据支持银行用普惠金融服务小微实体经济的新蓝图。年末普惠金融贷款余额49.63亿元，较年初新增9.62亿元，增长24.04%。其中，小微快贷余额24.4亿元，新增3.98亿元。深入推进“暖春行动”，积极为小微企业纾困解难，累计为697家小微企业办理5.45亿元延期转贷等服务；落实“无还本续贷”政策，累计为1039户小微企业实行无还本续贷，续贷金额达10.96亿元。

2021年6—8月，建设银行常德分行开展“金智惠民——乡村振兴”暑期学子下乡实践活动

（建设银行常德分行 供图）

【“金智惠民——乡村振兴”暑期学子下乡实践活动】　6—8月，建设银行常德分行开展“金智惠民——乡村振兴”暑期学子下乡实践活动，深入田间阡陌开展金融知识普及宣传，在村头巷口搭建金融知识讲堂，为农村留守儿童带去丰富的金融知识。

【全市外经贸业务培训班】　2021年8月31日，由常德市商务局和国家外汇管理局常德市中心支局主办、建设银行常德分行承办的全市外经贸业务培训班在建行常德市分行开班，来自全市各区县市的100多家外贸企业代表及相关部门负责人出席。培训班邀请外贸专家为参训企业送上专业知识，推动企业行稳致远，助力常德开放经济高质量发展。

（赵彧涵）

交通银行常德分行

【概况】 2021年，交通银行股份有限公司常德分行（以下简称交通银行常德分行）经营绩效考核排名全辖第三，获评“经营管理优胜单位”。2021年年末，交通银行常德分行本外币资产总额100.81亿元，较年初增加7.81亿元，增长8.4%。人民币存款余额90.59亿元，较年初新增7.7亿元，增长9.29%；人民币贷款余额82.53亿元，较年初新增17.78亿元，增长27.46%。

【服务实体经济】 持续优化信贷结构，将金融服务触角向常德经济社会建设领取全面延伸，公司类贷款全年实现投放超25亿元，获常德市金融工作小组“2021年度银行业金融机构支持实体经济三等奖”。年末，对公贷款余额47.92亿元，较年初新增7.27亿元，增长17.89%，其中制造业、小微企业贷款分别较年初增长17.02%、13.47%。持续做好政府债务化解工作，参与政府债券承销及认购，作为主承销商承销10亿元，认购债券5.6亿元。持续打造普惠金融业务特色。认真落实“暖春行动”“千名行长万户行”活动，不断加大绿色金融、乡村振兴、普惠金融等国家“十四五”重点领域对接力度。全年涉农贷款累计投放2.5亿元；普惠两增口径贷款余额新增1.36亿元，监管任务完成率165.82%。持续做好减费让利。2021年，交通银行常德分行新发放贷款利率为4.79%。持续做好金融服务，为受疫情影响的授信客户提供无还本续贷、展期等纾困措施，累计金额3.22亿元。

【深化零售转型】 深入推进零售业务转型，持续打造财富金融特色。年末，全行管理的零售客户的金融资产余额突破50亿元，较2020年年末增长17.03%，达51.48亿元。储蓄存款、个金资产时点余额均突破30亿元，分别较年初新增5.51亿元、10.50亿元，达33.12亿元、31.94亿元。充分发挥综合化和国际化经营优势，服务满足人民美好生活需要。完善客户分层分类经营，针对客群特点和不同层次客户需求，打造“私银顾问”+“沃德客户经理”服务方式。聚焦财富管理，推动营销模式从“产品销售”向“资产配置”转型，推动“存款+财管产品”组合营销，为常德市民财务积累、保值增值、传承等提供综合金融服务。

【加强风险管理】 不断健全“全覆盖、全流程、责任制、专业化”风险管理体系，持续完善业务全流程管理；强化重点领域风险管控，对接地方政府开展债务控制与化解；加大逾期贷款和不良贷款处置力度，加大拨备及核销力度，保持资产质量相对稳定。年末，不良贷款率0.05%，较年初下降0.06个百分点。以“内控合规建设年”为契机，深入开展内控案防专项治理，提升内控合规管理质效。

（朱　瑞）

2021年10月9日，交通银行常德分行与常德市甲鱼协会座谈交流，并签订战略合作协议

（交通银行常德分行 供图）

邮储银行常德市分行

【概况】 截至2021年年末，中国邮政储蓄银行常德市分行（以下简称邮储银行常德市分行）全辖共有8家一级支行，166个营业网点（其中自营网点34个）。

2021年，邮储银行常德市分行实现收入61580万元，同比增长3666万元，实现利润29922万元。全市个人储蓄存款期末余额达439.09亿元，其中自营机构个人储蓄期末余额87.3亿元，年净增6.22亿元；公司存款余额31.26亿元，年净增1.72亿元。各项贷款余额169.17亿元，较年初增加23.97亿元，增长16.51%。

减费让利。2021年累计投放实体经济贷款76.53亿元，同口径加权平均利率同比下行8个BP，共计让利612.24万元。重点项目支持。积极参与安慈高速、污水净化、垃圾焚烧发电等重点项目，2021年累计投放公司贷款12.19亿元，年净增9.66亿元。普惠金融。以“惠农项目”和“小额辅贷项目”为抓手，截至12月末，普惠小微贷款（两增口径）余额23.63亿元，本年净增4.07亿元。绿色金融。截至12月末，绿色金融信贷余额8.3亿元，比年初增长7.5亿元，为“碳达峰”和“碳中和”做出积极贡献。

【支持经济发展】 为进一步支持制造业高质量发展，邮储银行常德市分行持续加强政策支持、完善风险偏好。2021年，制造业贷款累计投放10亿元，制造业贷款余额达9.33亿元，占小企业贷款余额的50%。邮储银行常德市分行始终把缓解民营和小微企业“融资难、融资贵”问题作为切入点，优化客户体验，下沉金融服务。2021年，小企业贷款累计投放19.64亿元，年净增3.4亿元，贷款余额18.78亿元。

【支持乡村振兴】 2021年，“三农”贷款累计投放28.84亿元，年净增6.11亿元。涉农贷款年净增4.76亿元，贷款余额达71.2亿元，占全行各项贷款的42%，其中，普惠型涉农贷款余额15.77亿元，服务超1.4万人次，农户覆盖范围广。积极打造“党建+”金融服务乡村振兴常态化、可持续发展模式，2021年，全市共建成11个党建共建示范信用村。依托“一县一品”资源禀赋，提供“1+N+X”农业产业链金融服务，围绕当地特色产业，创新推出“油茶贷”“茶叶贷”“甲鱼贷”等惠农金融产品，支持当地特色产业做大做强。2021年，向全市各类种养殖产业累计投放贷款近5亿元。

（王彦文）

湖南省农村信用社联合社常德办事处

【概况】 2021年，湖南省农村信用社联合社常德办事处（以下简称常德办事处）辖常德、汉寿、桃源、临澧、石门、澧县、津市、安乡8家农商银行；有营业网点295个，占全市银行网点总数的42.35%；有从业人员3080人，占全市银行从业人员的35.11%。

截至2021年年末，全市农商银行系统总资产1103.75亿元，总负债1043.34亿元；不良贷款率、资本充足率、拨备覆盖率、到期贷款收回率均达到监管标准；当年缴纳税费4.78亿元。

【聚力农村金融】 支农支小。对接社区、商区和园区，走访农户、商户和新型农业经营主体，实施精准化、特色化、定制化金融服务。金融产品创新。加大金融服务“特色产业”“创新创业”“基层治理”力度，蔬菜贷、乡村振兴车间贷、党员先锋贷等30余款特色信贷产品贷款规模突破15亿元。服务乡村振兴。全年净增农业优势特色千亿产业贷款7509万元，累放脱贫人口小额贷款3.15亿元，年末涉农贷款余额355.48亿元。服务重心下沉。建成村级“福祥e站”748个，为当地农户提供查询、转账、取现、社保医保和生活缴费等金融服务，交易总笔数65.95万笔，惠及91.04万户农村居民。手机银行和网上银行客户总数突破100万户，发展特约商户3782户、投放自助设备1126台，实现“综合金融不出镇、基础金融不出村、非现金融不出户”的“三不出”服务目标。

【提升服务质效】 服务实体经济。全年累计投放各项贷款702.55亿元，同比多放139.26亿元。围绕中心服务大局。强化金融服务“三高四新”战略定位和使命任务，全年新增“三个高地”贷款3.99亿元，贷款余额40.7亿元。政银共建共创。与市政府签订高质量发展战略合作协议，对全市主要工业园区整体授信111.5亿元，签约重点小微企业和普惠型客户97户，授信20.74亿元，发放贷款13.86亿元。绿色金融。全年新增支持新能源、人居环境综合治理等绿色投融资项目贷款1.55亿元。助力小微企业。加大小微企业首贷续贷力度，持续开展“百名行长千企行”等活动，对接小微企业695户，新增贷款20.32亿元；在市政府“金融超市”上线产品94个，发放

2021年1月27日，石门农商银行整村授信暨乡村振兴卡首发仪式在石门县新铺镇黄溪峪村举行
（石门农商银行 供图）

贷款15.65亿元；落实普惠小微企业贷款支持政策，惠及1129户普惠小微企业贷款客户，推进小微企业贷款增量扩面降价。

【践行普惠金融】 增强金融供给能力。出台普惠金融五年专项规划持续推进普惠金融服务体系建设。整村授信。在全市强力推进整村授信“线上化”工作，让农户“一次也不跑”就能获得贷款授信，线上签约后可随时用信，当年“线上化”完成授信44.66万户，授信总额221.65亿元。常德快贷。着力提高城乡居民贷款可得性和办贷体验感，拓宽“常德快贷”微信公众号申请渠道，当年净增用户5万余户，用信余额超50亿元。百姓银行。积极履行社会责任，提供“适老化”上门服务1032人次，开展“温暖基金”“慈善一日捐”等40余个公益项目，捐赠金额272.95万元，惠及人数11.74万人。

【举办全市农商银行新产品（系统）暨电子银行业务推广应用培训会】 3月11—12日，常德办事处举办全市农商银行新产品（系统）暨电子银行业务推广应用培训会。培训邀请省联社电子银行部、产品研发部相关负责人，宁乡农商银行相关工作人员现场授课。内容涵盖《湖南农信普惠金融数字化转型策略与实践》《普惠金融信贷移动营销系统和普惠信息共享平台》《移动银行和福祥e贷产品介绍》等多方面，拓宽新业务和电子银行业务推广应用的发展思路。常德办事处班子成员、科室负责人及业务条线人员，辖内农商银行班子成员、相关业务条线部门负责人及经办人员、规模较大支行行长代表、内训师等，共计200余人参加培训。

（李宗泽）

常德农村商业银行

【概况】 截至2021年年末，常德农村商业银行股份有限公司（以下简称常德农商银行）辖机构网点71个，包括1个营业部、41家支行、29家分理处，员工823人，服务范围包括常德武陵区、鼎城区、经开区、高新区、柳叶湖度假区和西洞庭管理区，营业网点基本实现辖内街道、乡镇和中心村组全覆盖。

【发展质效】 主营业务平稳增长。资产规模首次突破300亿元，居全省农信系统地市级法人机构第一位（不含长沙地区）；存贷款余额分别为266.11亿元和198.66亿元，增长14%和8.66%，总量均居市本级银行机构第二位。经营风险总体可控。表内不良贷款比率2.44%，当年到期贷款收回率98.58%，资本充足率、拨备覆盖率、拨贷比、成本收入比、单一客户贷款集中度等核心监管指标符合监管标准。发展效益符合预期。全年实现经营利润6.5亿元，净利润1.84亿元，缴纳各项税收1.94亿元，纳税贡献继续位居全市金融机构第一位。

【服务实体】 全年累计发放各类贷款185亿元，净投放15.83亿元，年末涉农及小微企业贷款占比（剔重后）71.42%，房地产贷款和个人住房贷款占比分别下降1.31个和0.18个百分点。开展“金融支持优势产业链行动”，为15家企业发放贷款1.68亿元；加强银担合作，累计发放银担合作贷款5.3亿元，担保公司在保余额8.7亿元；把再贷款、再贴现等政策红利精准传导至小微企业，累计运用支小再贷款1.8亿元、票据再贴现12.35亿元，支持中小微及民营企业256户；落实减费让利，助力小微企业纾困减负，累计办理小微企业展期、续贷334笔，金额7.46亿元，贷款加权平均利率下降17个BP，取消了涉及小微企业和个体工商户的8个收费项目；年末被市人民银行评为“小微企业信贷政策导向效果评估优秀单位”。

【普惠金融】 全年投放普惠涉农贷款26.61亿元、普惠小微贷款30.12亿元，普惠涉农与普惠小微贷款分别净增2.36亿元、1.28亿元，1000万元以上大额贷款占比下降至24%。深入推进“党建共创，金融普惠”行动，完成370个行政村的无感化整村授信，预授信农户5.65万户，预授信总额24.96亿元，荣获“常德市农村信用体系建设一等奖”。一站一策推进“福祥e站”建设170个，普惠金融基础服务能力进一步提升。在大力推广双创贷、常德快贷等特色优势产品的同时，推出了乡村振兴车间贷、工业厂房按揭贷、小微企业便民卡等近10款新产品。打通常德快贷微信端申请入口，上线子产品“乡村快贷”，年末签约客户6.29万户，授信金额73.57亿元，用信余额27.63亿元。上线全市唯一的本地化积分商城平台“福祥·惠生活”，年末实名认证用户7.07万户，入驻本地小微商户1022家，各项订单交易1306万元，初步构建“本地商户+消费者+银行”互利共赢的消费生态。

【风险防控】 推行不良贷款四级信号预警，组建“夕阳红”清收专班，开展“春雷行动”“冬季风暴”等不良贷款清收活动，相关风险指标稳定在合理区间。在监管指导下不断完善法人治理，修订公司章程，健全相关制度，完成董监事会换届选举和股权确权工作。积极拓宽资本补充渠道，年内成功发行首单3亿元二级资本债。认真做好反洗钱、金融消保、账户和现金管理等工作，被省联社授予“反洗钱工作示范行”，被市人民银行评为“反洗钱工作先进单位”“金融消费者权益保护工作先进单位”“整治拒收人民币现金宣传推动工作先进单位”，荣获“打击治理电信网络诈骗和跨境赌博工作量化考评”第一名。以“内控合规管理建设年”为抓手，明确各部门内控案防职责，深入开展社保卡清理排查、假借冒名贷款专项排查、案件集中清理处置专项行动、监控中心远程守库专项检查等，强化问题整改问责，被常德市公安局评为“2021年度常德市内保工作先进单位”。

【党建引领】 认真履行管党治党责任，扎实开展党史学习教育，落实“为群众办实事”各项举措；深入开展党风廉政建设和反腐败工作，大力推进清廉金融文化建设；组织开展“庆祝中国共产党成立100周年”系列庆祝活动；选取蔡家岗、黄土店、柳叶湖三家支行党支部重点打造“普惠金融先锋党支部”，蔡家岗支行党支部被省联社党委授予“先进基层党组织”荣誉称号。坚持正确的选人用人导向，全年共提拔中层管理人员32人，淘汰副行长3人、行长1人；加强后备力量培养，推选63人进入后备干部人才库。加大员工教育培训力度，全年累计开展各条线专题培训22期。安排专职人员驻点石门县罗坪乡大房峪村，做好返贫动态监测和驻村帮扶工作。积极开展助学、助贫、助残等公益慈善活动和志愿服务活动，荣获“常德市十佳征信宣传志愿服务活动单位”，年内捐赠性支出150多万元，收到常德市红十字会转颁的“中国红十字会奉献奖章”。

【“校园金融课”走进市七中】

9月27日，常德农商银行运营管理部牵头组织白马湖支行、芷兰支行一同走进常德市第七中学，为初中学生上了一堂“校园金融课”，帮助学生树立诚信意识，提高学生金融素养。课堂上，常德农商银行工作人员给同学们赠送《金融诚信伴我行》读本，内训师李姝慧因材施教，向同学们讲解重点章节“当金融遇上科技”“科学的理财规划”，并采用有奖知识竞答的方式，寓教于乐“通过一个孩子带动一个家庭，让一个家庭影响一片社区”。常德农商银行常态化开展金融知识进校园宣传普及工作，积极履行社会责任，将金融宣传服务触角延伸得更深、更广，为全方位夯实社会公众金融知识教育贡献力量。

（夏 丽）

2021年9月27日，常德农商银行“校园金融课”走进市七中

（常德农商银行 供图）

华融湘江银行常德分行

【概况】 华融湘江银行股份有限公司（以下简称华融湘江银行）成立于2010年10月，是注册地位于长沙市的国有股份制商业银行，注册资本人民币77.5亿元。华融湘江银行股份有限公司常德分行成立于2011年6月。2021年，分行内设8个管理部门、1个业务拓展团队和1个小微金融服务中心，下辖10家支行，在岗170名员工。

截至2021年年末，分行一般性存款余额144.84亿元，较年初增加15.27亿元，增长11.79%。各项贷款余额118.06亿元，较年初增加19.14亿元，增长19.35%；信用总量159.51亿元，全年实现经济利润2.74亿元，缴纳各类税费6316万元。分行获得总行A类分行综合业绩奖一等奖。

【参与国家DIP试点系统建设】 常德市积极探索医保支付方式改革，2020年11月3日，常德被国家医疗保障局确定为区域点数法总额预算和按病种分值付费（DIP）国家试点城市。入选DIP国家试点之后，华融湘江银行常德分行积极对接，主动作为。2021年1月21日，常德市区域点数法总额预算和按病种分值付费（DIP）国家试点启动仪式在华融湘江银行常德分行举行。华融湘江银

2021年1月21日，常德市区域点数法总额预算和按病种分值付费（DIP）国家试点启动仪式在华融湘江银行常德分行举行　（华融湘江银行常德分行 供图）

行常德分行与常德市医疗保障局、平安医疗健康管理股份有限公司湖南分公司开展战略合作，积极参与DIP系统建设。

（赵久爽）

中国人寿保险股份有限公司常德分公司

【概况】　2021年，中国人寿保险股份有限公司常德分公司（以下简称中国人寿常德分公司）班子成员6人（其中总经理1人、副总经理2人、总经理助理3人），员工392人（其中分公司机关含城区180人、支公司212人）。公司在常德市9个区县分别设立分支机构，包括武陵支公司、鼎城支公司、安乡支公司、汉寿支公司、澧县支公司、临澧支公司、桃源支公司、石门支公司、津市支公司；全市69个乡镇设立营销服务部，由所在县域分支机构管辖。

经营情况。2021年，常德分公司累计保费收入25.2亿元，其中，十年期及以上保费2.35亿元，预算完成率100.1%；长险首年标保1.97亿元，预算完成率102.2%。医疗经办业务项目累计补偿2132人次，补偿金额960.21万元；大病保险项目累计补偿14741人次，补偿金额7816.03万元。办结各类理赔案件64573万件，已决赔付金额总计22940.57万元，同比增长17.8%，其中：意外伤害保险赔付金额1926.15万元，寿险赔付金额4954.82万元，一年期以内及一年期健康险赔付金额16059.6万元。2021年，保险行业协会授予公司“高质量发展先进单位”“工会工作先进单位”，被常德市金融工作领导小组评为“2021年度保险业金融机构服务实体经济一等奖”。

乡村振兴。2021年，中国人寿常德分公司全市系统累计支付乡村振兴帮扶资金近40万元，采购物资近3万元，派驻驻点帮扶干部5名。

（黄婉冰　裴　滨）

【爱心驿站】　为解决户外劳动者长期面临吃热饭难、休息难、饮水难、如厕难等现实问题，中国人寿常德分公司在客户服务大厅设置户外劳动者驿站，沙发、饮水机、微波炉、血压计等多种设施一应俱全，为环卫工、交警、出租车司机、快递和外卖小哥等户外工作人员提供休憩港湾。在湖南省总工会的带动下，中国人寿常德分公司在全市各区县级通过整合各项资源，拓展服务项目，扎实推进户外劳动者服务站点建设，进一步完善服务体系。截至2021年年底，中国人寿常德分公司在全市建成19个户外劳动者驿站。

（黄婉冰）

【健康扶贫“一站式”结算】
2021年，中国人寿常德分公司累计为254.36万人提供健康扶贫“一站式”结算服务，截至12月30日，累计完成1.45万人次的“一站式”赔付结算，支付赔款2309.15万元。

【计生特困失独家庭意外伤害保险】　2021年，中国人寿常德分公司累计为10364名计生失独特困人员提供意外伤害保险，共计为2462人提供理赔服务，截至12月30日，累计支付赔款120.49万元。

（覃黎明）

中国太平洋财产保险股份有限公司常德中心支公司

【概况】　2021年，中国太平洋财产保险股份有限公司常德中心支公司被分公司评为“年度最佳四强班子”；获市金融工作领导小组“2021年金融机构服务实体经济二等奖”、市总工会“2021年先进单位”、市保险协会“2021年高质量发展先进单位”等荣誉称号。2021年，公司实现保费收入45730万元，同比增幅8.45%，市场份额占比12.68%，行业排名第三位，累计缴纳各项税金3710万元。

支持乡村振兴。2021年，承保人数8309人，承保户数4808户，保额1.57亿元，为政府分担脱贫户返贫风险；总经理带队先后3次前往安乡县团结村开展现场结对帮扶和慰问，为脱贫群众解决实际困难；为乡村振兴给予资金支持，全年为安乡县团结村、石门县里山河村、窑坡山村、汉寿县红星村、临澧县歇驾村、太浮镇、农丰社区、桃源县金山寺村提供乡村振兴资金支持30万元；为常德市及部分县区教育基金会捐赠6万元用于帮困助学；为临澧、津市、安乡和西洞庭农田基础建设支持资金270万元。

【服务实体经济】 推出投标保证保险、履约保证保险等产品，投标保证保险在公共资源交易中心平台上线。安全责任保险。全年共承保582笔，保额1.34亿元；食品安全责任保险共承保26家企业，保额3600万元。医疗责任险共承保480单，保额6420万元。个人保证保险。累计为2134名客户提供个人信用贷款保证保险3.1亿元，有效缓解小微企业融资压力，帮助中小企业主、个体工商户成功融资。2021年，公司联系引荐太平洋资产管理公司及产险湖南分公司重客部主要领导到常德，在市金融办的组织下举办投资宣导会，就投资渠道和项目进行深入磋商。

（余高辉）

中国平安财产保险股份有限公司常德中心支公司

【概况】 2021年，中国平安财产保险股份有限公司常德中心支公司（以下简称平安产险常德中支）辖9个营业网点：中心支公司营业部、澧县支公司、石门支公司、安乡支公司、汉寿支公司、桃源支公司、临澧支公司、鼎城支公司、德山支公司，中心支公司营业场所位于常德市武陵区南坪街道办事处白马社区龙港路421号。公司共有员工122人。

2021年，累计营业收入45440万元，同比增长2.4%；累计净利润1475万元，同比下降69.19%。2021年，累计申报缴纳各项税金5515.92万元，同比增长9.65%；累计代扣代缴车船税3779.83万元，同比增长9.99%。

2021年，累计保费收入45440万元，同比下降2.4%，其中，车险保费收入33788万元，受费改及经济环境影响，同比下降7%；财产险保费收入（剔农）7681万元，同比增长16.77%；农险保费收入3971万元，同比增长8.82%。已决赔付金额总计32787万元，同比增长37.57%，其中：车险已决赔付金额26949万元，同比增长42.47%；财产险（剔农）已决赔付金额3342万元，同比增长5%；农险已决赔付金额2496万元，同比增长43.94%。支付代理人手续费5416.75万元，相较于2020年同期减少28.88%。

业务开展。2021年，常德中支应对车险综合改革，维护车险市场秩序，主动调整经营导向，相对降低车险考核权重，提升非车考核权重。经营方向调整为以优化承保结构、提升客户服务为核心。平衡业务结构，持续发挥渠道经营优势，在渠道闭环的基础上优化渠道协同，按渠道特点和行业特点实现人力、政策的专业化聚合，打造专业经营优势实现业务快速发展和成本优化。

服务实体经济发展。积极发展非车险业务，聚焦责任险、意外险，大力开发推广民生险种，推广小微企业保险，积极参与责任险（安全生产责任险、消防责任险、环境污染责任险），意外险、扶贫特惠保业务。2021年，承保制造业企业的财产保险，保险保障金额729496万元；承保建筑单位的工程保险，保险保障金额51432万元，两者累计赔付478万元。

支持中小微企业发展。推动“小微企业宝”的拓展，2021年，常德平安产险中小微企业客户数达到2644家，保额536635万元，保费1700万元，赔付2187万元，有力支持小微企业的生存和发展。

安全生产责任险。2021年，承保安全生产责任险，保额1916600万元，赔付55户，累计赔付金额203万元。承保食品安全责任险，保额1650万元。推动绿色低碳发展，开展环境污染责任险承保，保额1479万元。

民生农业保险。2021年，平安产险常德中支在全市5个区县开展政策性农险业务，涉及玉米、棉花、柑橘、能繁母牛、商品林等8个品种，合计保费金额3955万元，累计为当地9.12万多种养殖户，提供超162300万元的风险保障，赔款金额2457万元。

湖南省“爱民保”补充医疗保险销售。该产品作为医保的补充，不限年龄，不限病史，不限职业，无需体检，最高可赔付400万元，成为城乡居民特别是低收入老龄人的福音，对防止因病返贫具有较强的保险保障作用，平安产险常德中支累计承保“爱民保”8113单，保额高达324亿元。

服务水平。简化服务流程，强化客服服务。理赔服务方面重点推进“暖心理赔服务”，建立“五心”平安，从服务时效、服务态度、服务流程等方面设置考核指标和客户星级服务评价指标，优化客户服务体验。农险理赔运用无人机、AI农保手持终端，遥感数据监测等科技化手段，优化承保理赔时效，提升农业保险标的的数量和准确性，大幅改善农户服务体验，

2021年6月，湖南平安产险“乡风文明100行动”首站落地澧县复兴镇双堰村
（平安产险常德中支 供图）

相关案例获得石门柑橘农户的高度认可。通过“平安好车主”APP、“平安好生活”APP、“团E宝”APP、“理赔好帮手”APP等线上化工具，建立完善的保险生态及承保理赔服务，实现远程操作，提升客户体验。支持酒店和旅游运输企业等受疫情影响的企业复工复产，疫情停工期间，保险期限相应延长，减轻企业负担。

【捐赠帮扶】 乡村振兴。2021年，平安产险常德中支对口帮扶7个乡村振兴点、1个党建共建点，累计捐赠乡村振兴帮扶资金30.69万元，其中，常德中支本部对口帮扶石门县三圣乡庚子山村，2021年捐赠帮扶资金10万元，帮扶责任人协销采购蜂蜜和猪肉5.15万元，向10户建档立卡结对帮扶对象捐赠过节物资0.15万元。依托庚子山村，建立农村金融教育基地，通过设立“一个宣传橱窗，一个阅读书架，一个咨询展台，一个宣传讲堂”，普及金融知识，助力乡村振兴。平安产险常德中支在澧县复兴镇双堰村开展“乡风文明100行动”，向村委捐赠党建共建帮扶资金5万元。石门支公司对口帮扶石门县壶瓶山镇姬塘峪村和石门县所街乡添坪所村，捐赠帮扶资金4万元，用于购买有机肥料，助力茶叶品质提升。澧县支公司对口澧县火连坡镇石庄村和澧县官垸镇鸟儿洲村，捐赠帮扶资金1万元，支持帮扶村的道路建设。汉寿支公司对口帮扶汉寿县岩汪湖镇洲头塞村，捐赠乡村振兴帮扶资金5万元。桃源支公司对口帮扶桃源县观音寺镇道山头村，捐赠慰问资金0.39万元。捐资助学。8月，捐建25万元资助平安希望学校学生宿舍改建项目建成完工。10月，平安产险在石门县希望学校开展“寸草安心，金秋助学”为主题的公益活动，向学校捐赠励志、爱国、科学类书籍500余本，相机1台，音响2台，笔记本电脑5台，总价值5万余元，开展以“我爱祖国、小小梦想”为主题的彩绘公益课程，庆祝中国共产党成立100周年。捐赠教育基金。2021年，为捐资助学累计向县市教育基金会捐赠教育基金7万元，其中向市教育基金会捐赠2万元，向石门教育基金会捐赠2万元，向澧县教育基金会捐赠3万元。

【特色农业保险产品业务】 2021年，平安产险常德中支在全市5个区县开展特色农业保险业务，涉及天气指数保险、农户人身意外、自建房屋、家庭财政、生产资料、农业生产设备、农业企业/合作社雇员意外等方面，合计保单380份，保费金额460.8万元，提供5800万元的风险保障。其中，在安乡县开展淡水鱼天气指数保险承保工作，为水产养殖户228户（次）提供风险保险金5625万元，保费规模450万元。“农家欢”保险，实现一张保单保障“农村家庭财产+家人人身意外”，保费规模3.1万元。开展种植/养殖业人员意外保险，保费规模4.82万元。在澧县开展农村自建房工人意外保险，为被保险人提供人身意外、意外医疗等保障，保费规模0.55万元。

（刘湘华）

中华联合财产保险股份有限公司常德中心支公司

【概况】 2021年，中华联合财产保险股份有限公司常德中心支公司（以下简称中华财险常德中支）在全市共设有9家县支公司、1个营业部，8家乡镇营销服务部，178个乡镇农保办，1111个村级三农保险服务点。共有签约员工208人，个人代理人300余人。全年缴纳地方政府税金2327.45万元。被常德保险行业协会评为“2021年度高质量发展先进单位”。

业务发展。2021年保费收入47927万元，同比增长5.15%，市场份额13.28%，同比上升0.51个百分点。车险综合改革。车险保费收入13058万元，增速高于行业1.74个百分点，市场份额同期相比增长0.05%。非车险发展。非车险保费收入3452万元。为全市33家企业财产提供7.1亿元保障；各种责任险为全市众多企业、居民提供全方位保险保障，其中食品安全责任保险签单保费32.69万元，为客户提供1.73亿元的保险保障；主承保全市电梯安全责任保险，为2781台电梯提供46.31亿元的保险保障；安全生产责任保险签单保费11.92万元，为客户提供3.12亿元的保险保障；政府公共安全事故责任保险签单保费15.06万元，为客户提供2000万元的保险保障；开展疫苗异常反应补偿责任保险，10万名接种新冠疫苗的居民提供疫苗异常反应补偿保障，累计保障金额300万元。适时推出复工企业综合险，助力企业在疫情防控期间迅速摆脱经营困境，增强企业复工后的抗风险能力，解决企业复工复产后顾之忧。农业保险。2021年，农业保险保费收入15499万元，为全市35.55万户农户提供风险保障44.21亿元，创新开办“保险+期货”业务，为农业稳定发展保驾护航。民生保险。2021年，健康险保费收入15917万元，总计赔付23884人次，年度累计给付保险金11107万元；组建医疗巡查、调查专业队伍、充分发挥公司合规医疗费用审核专业优势，通过单独或配合医保部门进行防医保基金欺诈专项行动和医疗费用合规性审核，累计为基金节约支出61万元。

乡村振兴。2021年，中华财险常德中支拟定农村市场创新金融服务相关方案，以整合各类涉农金融资源，探索业务模式创新为抓手，为县域客户提供普惠金融、保险保障、便民生活等一揽子综合金融产品和服务，解决农户经营性流动资金不足及部分农业保险保费缴纳等问题。中华财险常德中支协同集团旗下子公司，与政府、银行、担保等多方合作，共同打造“政府+融资+保险”的综合金融服务平台，为农业全产业链提供一站式风险管理和普惠金融服务，从单纯提供农业保险产品向农村综合金融服务升级，拓展“农险+N”的业务模式，推进农村保险生态圈建设。充分发挥基层机构、农村服务网点及协保员队伍优势，加大下沉服务力度，通过线上、线下协同，为农户开展惠农政策、农业技术、金融保险等宣传工作，为农户提供各类农事服务。中华财险常德中支对帮扶点桃源县热市镇云盘山村支持帮扶资金20万元。各县支公司均有帮扶点，先后支持桃源县西安镇杨柳村白垭组帮扶资金8万元，支持临澧县停弦渡彭家何村帮扶资金2.17万元，支持汉寿县太子庙涂家段村2万元，支持安乡县家乐社区1.2万元，共计33.37万元。

【客户服务】 2021年，全年累计支付赔款31669.43万元。疫情期间，通过科技赋能加速布局线上保险服务，推动“线上+线下”融合，引导客户手机自主操作，极速报价，在线投保，并配套落地服务措施，真正实现客户不出门，保险送到手。线上理赔上线，通过“不见面、零接触”方式帮助客户轻松完成理赔操作。简化理赔流程并开通“人伤绿色通道”紧急救助，免费人伤调解、法务指导，并提供增值服务等多项理赔服务。为每位出险客户发放服务监督卡1万余张，让更多客户参与公司理赔服务监督，改善客户体验，提升服务水平。

（周芸伊）

新华人寿保险股份有限公司常德中心支公司

【概况】 2021年，新华人寿保险股份有限公司常德中心支公司（以下简称新华人寿常德中支）推动发展系统“E化”（电子化），开展智能应用平台学习培训会议，持续推广使用新时代、掌上新华、智慧柜员机等平台，使用成功率达成75%以上。2021年，新华人寿常德中支累计营业收入59797.63万元，同比增长10.2%，被常德市保险行业协会评选为“先进党支部”“高质量发展先进单位”；荣获市金融系统“保险业金融机构二等奖”；新华保险系统内“先进基层党组织”称号。

业务量。2021年，新华人寿常德中支保费总收入5.9亿元，市场份额6.82%，市场排名第五名。其中，个险期交保费完成3801万元，年达成率71%，全省排名第四；银代渠道期交完成4509万元，年达成率140.9%，同比增长18.9%，全省排名第二。理赔。新华人寿常德中支2021年赔付金额为3748万元，赔付件数7469件。

【社会公益】 2021年，新华人寿常德中支为常德市环卫工人捐赠3.2亿元保额的保险保障，捐赠人数3200人；赠送新冠专属“新安保”产品，涉及客户12100人，累计赠送保险保障24.3亿元。

方正证券

【概况】 方正证券股份有限公司常德武陵大道证券营业部（以下简称营业部）是方正证券在常德市的一级A型营业部，主要业务为证券经纪业务，其中包括融资融券业务、投顾业务、金融产品销售。鼎城、石门、汉寿、临澧、慈利、柳叶湖的六家二级营业部为市营业部的托管营业部。截至2021年年底，营业部员工48人，经纪人15人，共有客户166529户。

【经纪业务】 2021年，营业部客户股票、基金、债券总交易额924亿元，与2020年基本持平；其中股票交易量670亿元、融资融券交易量

241亿元、基金销售10.9亿元；总佣金收入5270万元。2020年，总交易量934亿元，总佣金收入5565万元。2021年，经纪业务交易量相比2020年下滑1%，收入下滑5%；投顾业务实现收入1137万元，相较2020年提升6%。

（胡 颖 余 毅）

国泰君安证券

【概况】 2021年，国泰君安证券股份有限公司常德武陵大道证券营业部（以下简称营业部）完成股票基金交易量637.4亿元，新增客户数2644户，全年营业收入增长率4.62%，日均资产同比增长率11.74%。2021年，营业部在湖南分公司党委的领导下成立常德武陵大道营业部党支部，黄薇担任党支部书记。

2021年，营业部围绕经纪业务保卫战、产品销售攻坚战、投顾业务突围战“三大战役”展开。员工立足于财富管理转型，不断提升资产配置和咨询服务能力。在财富管理转型大背景下，营业部所有员工完成“综合受理”系列课程的培训和考试，改变营业部传统的柜台业务办理模式。营业部积极开展各项投资者教育工作。

【开展“金融普及月”活动】 2021年，开展“金融普及月”活动，营业部积极配合湖南证监局、协会组织开展反洗钱征文比赛、利剑专项反洗钱等多项投资者教育反洗钱类宣传活动，为普及金融知识，提高社会大众金融素养贡献力量。营业部充分发挥网点优势，在营业厅内放置反洗钱宣传手册及折页，并在电子屏上滚动播放活动口号，营造良好的阵地宣传氛围。开展多次线下金融培训讲座，邀请广大客户了解金融知识，提高金融防范意识。

（林笑如）

财政·税务

财政

【概况】 2021年，全市地方一般公共预算收入203.36亿元，增长8.25%，总量居全省第二位。其中，地方税收收入129.54亿元，同比增长4.78%；非税收入73.82亿元，同比增长14.93%，地方一般公共预算收入中非税占比36.3%。全市一般公共预算支出597.08亿元，同口径增长8.61%。

助推实体经济发展。贯彻全省关于实施“三高四新”财源建设工程的部署，对标对表成立全市财源建设工程联席会议机制，搭建工作专班，出台常德市财源建设工作方案等系列文件，用好用活财政、金融等扶持政策，助推实体经济高质量发展，促进财源建设任务落实落细。减税降费。协调税务部门认真落实中央减税降费政策，积极落实延长阶段性降低失业保险、工伤保险费率政策，为市本级3183家企业减负1.34亿元；认真贯彻执行市本级基本建设项目非税收入缓减免审批规定，全年为90个项目减免3486万元。财政资金安排。拨付产业发展资金6亿元，重点支持工业企业、科技创新、文旅产业等发展；连续三年对常德高新区基础设施及配套建设每年给予1亿元补助支持，推进“五好园区”（规划定位好、创新平台好、产业项目好、体制机制好、发展形象好）建设。缓解融资难题。获批2021年度财政部深化民营和小微企业金融服务综合改革试点，将试点中央奖补资金4000万元全部注入“信补贷”风险资金池，为全市中小微企业提供纯信用贷款1.1亿元；支持财鑫集团发挥作用，对财鑫担保公司新增注册资本金25亿元，支持其获评AAA级资信等级，全年累计为1678户次提供投资、担保、小贷等投融资服务346.9亿元；支持新发放工业企业过桥资金2.2亿元、为科技型中小微企业办理45笔科技担保贷款1.7亿元；支持湖南农担常德分公司发展，累计为576个农业经营主体提供农担贷款5.26亿元，有效缓解农业经营主体融资难、融资贵问题。

防范债务风险发生。牢牢守住“平台资金不断链、债务风险不爆雷、风险预警不升级”和不发生金融债务风险的底线。完成年度政府隐性债务化解任务。坚决遏制隐性债务增量，积极化解存量，超额完成年度化债任务。降低综合债务率。通过积极化解债务存量，尽力做大综合财力，市级综合债务率保持二类预警风险等级。管控平台公司债务风险。加大与银保监等部门协调对接，实现还款高峰平滑、融资成本降低、债务结构优化和正常还本付息，市级平台公司新增融资综合成本降至5.24%。规范政府债券管理。加大对上争取政府债券额度的力度，全年为市级发行政府债券37.06亿元，其中专项债券31.76亿元，支持常德高铁站南北广场等重点项目建设。

促进民生福祉改善。做好疫情防控资金保障。落实常态化疫情防控要求，督促及时上解疫苗资金，支持全市累计接种780多万人次；市本级投入抗疫资金3517万元，支持紧急应对7月发生的疫情。支持稳就业保就业。安排市本级就业专项资金5133万元，为1566家单位发放稳岗返还补贴资金913万元，为15761人发放失业补助金736.86万元，支持9466人参加职业技能提升培训。稳步提高社保水平。保障各项社保待遇足额发放，企业退休人员基本养老金实现“17连涨”，城市、农村低保保障标准分别提高到570元/月、400元/月，城乡特困人员基本生活标准分别提高到8892元/年、6240元/年，残疾人困难生活补贴和重度残疾人护理补贴标准提高到75元/月。支持教育文体事业发展。市本级投入消除大班额建设资金1亿元，支持建成武陵区第三、第五小学等6所学校，新增学位1.5万个；投入1.48亿元，支持市直学校重点项目建设；投入学前教育发展资金3400万元，新增学龄前教育学位2210个；拨付农村学校改善办学条件配套资金4355万元、全市乡村学校特殊岗位津贴奖补资金767万元，促进农村教育发展；拨付1.93亿元，支持常德职教大学城建设，为湖南幼专升本、常德财经机电职业学院（筹）升专提供有力保障。投入资金2918万元，重点保障老体育中心篮球馆改造、图书馆和诗墙四阁提质改造以及市文化馆、市博物馆等免费开放，促进公共文化服务均等化。促进卫健事业发展。筹资4.65亿元，保障市一医院、市一中医院和市康复医院项目建设；拨付补助资金3155万元，将计划生育独生子女伤残家庭和死亡家庭扶助标准每月分别提高50元，达到700元/月、850元/月。

提升财政治理效能。预算管理。以市委、市政府名义出台《关于加强财政管理防止“跑冒滴漏”的二十条实施意见》，加强罚没收入管理、盘活存量“三资”（资产、资源、资金）等，取得初步成效；在全市上线运行预算管理一体化系统，并成功运用该系统编制2022年部门预算。强化库款管理。对全市库款变动情况实行动态监测，对可能出现“三保”（保工资、保运转、保基本民生）风险的地方及时预警，确保市县库款保障水平处于合理区间；严控新增暂付款规模，2021年年底，市本级暂付款余额22.58万元，较2020年减少3100万元。预算绩效管理。对86家一级预算单位整体支出和102个项目支出的绩效自评开展财政再评价，防止绩效自评“走过场”；对2个重大项目现场评价进行“混编重组”试点，促进“真评、实评”；开展重点问题整改督办，对7个整改不力的项目限期整改；对35个项目开展第三方重点评价，评价金额46.63亿元，增长245.4%；加强绩效动态监控，收回挤占、挪用、违规使用的财政资金0.97亿元。对近5年共72项财政支出政策进行集中清理，调整修订8项、废除2项；在编制2022年部门预算时，充分运用绩效评价结果，整合调减财政资金1.84亿元。深化政府采购制度改革。推行常德市政府采购电子化平台，实行“不见面”开评标，免费提供电子采购文件，2021年，电子开标率达95%以上，为中小微企业节约标书成本1200万余元；全面取消政府采购投标（响应）保证金，共清退700多家企业投标保证金2500万元；全面清理取消备选库、名录库、资格库89项，促进优化营商环境；督促单位加快采购预算执行，市本级采购预算执行率达83.33%，为近年最高。2021年，全市政府采购完成合同金额61.46亿元，节约资金2.87亿元，节支率4.67%；电子卖场完成订单17.26万笔、交易金额35.14亿元，成交额和成交量均居全省市州首位。投资评审管理。市本级全年共完成基本建设项目和信息化项目评审1075个，评审金额112.38亿元，审减金额16.69亿元，综合审减率14.85%；推进工程项目评审“去库存”，2021年年底，滚存结余项目296个，较2020年减少141个；严格工程项目变更管理，全年共处理投资变更35项、金额855.36万元，同比分别下降39.66%和72.91%。财政监督检查。加大会计信息质量监督检查力度，配合有关部门扎实开展整治违规吃喝问题专项行动、政府采购领域专项行动、“洞庭清波”专项行动、政府管理资金防风险堵漏洞专项行动、深化金融领域专项整治、“清廉医保”专项监督检查、粮食购销领域腐败问题专项整治、惠民惠农补贴资金“一卡通”问题专项监督检查，维护财经纪律的严肃性。

【深入推进财政支持深化民营和小微企业金融服务综合改革】 成功获批2021年财政支持深化民营和小微企业金融服务综合改革试点城市，着力优化民营和小微企业融资供给，相关工作经验被财政部、省委改革办内刊、《中国财经报》等推介，并入选《中国营商环境报告2021》。

【加强财政管理防止“跑冒滴漏”】 贯彻落实国务院关于进一步深化预算管理制度的政策精神，结合常德市实际，报请市委、市政府出台《关于加强财政管理防止“跑冒滴漏”的二十条实施意见》（常办发电〔2021〕9号），在提高财政资源配置效率和使用效益方面取得一批初步成果，相关工作经验被省政府办《政务要求与交流》推介。

【预算绩效管理提质增效】 市本级首次组织绩效自评再评价、首次尝试第三方机构“混编重组”、首次开展重点问题整改督办，首次运行财审联动机制，促进预算绩效管理进一步提质，市本级连续4年荣获省厅预算绩效管理工作考评一等奖，《中国财经报》《湖南财政》等先后推介常德市预算绩效管理工作成效。

（雷志祥　夏　智　陈　成）

非税收入征收管理

【概况】 2021年，全市共完成全口径非税收入352.75亿元，为年初预算的130.03%，同比增长8.53%。市本级共完成全口径非税收入131.96亿元，为年初预算的101.36%，同比增长3.75%。其中，纳入公共财政预算34.54亿元，同比增长2.63%；纳入政府性基金管理95.12亿元，同比增长3.78%。

【非税征收】 执收责任。强化市直单位非税收入管理绩效评估和非税收入执收工作评估考核，对2020年度12家先进单位进行通报。直征力度。2021年，共办理基本建设项目征收业务253笔，收缴资金41757万元，征缴国企独生子女父母奖励金筹资154.5万元，征收城市污水处理费10893.83万元。罚没处置。2021年处置市公安局武陵分局、市交警支队、市市场监督管理局等单位移交的罚没物资12批次、3585件，上缴市财政罚没物资变价处置收入180.43万元。

【非税收入信息化建设】 结合"我为群众办实事"实践活动，推动非税收入信息化建设。深入开展党史学习教育，把"我为群众办实事"纳入重要工作日程。2021年，为全市13家非税收入执收单位或执收点上门安装智能POS机，缴费义务人（群众）可以自由选择POS刷卡或微信、支付宝二维码扫码缴费，实现真正"零跑路"缴费。

（熊　骋）

【票据管理】 票据领用。全年共新增20家购票单位，入库财政票据2207万份，发放县市1675万份。为业务量少的单位代开票据118笔，上缴财政资金2047.8万元。票据核销。2021年，全市市直单位领用533万份，核销527万份，年度核销率达93.6%，通过票据上缴财政资金25.2亿元。票据年检。对2020年度303家用票单位财政票据购领使用和管理情况进行年检，年检合格303家，合格率100%。为市第一人民医院等8家市属医疗单位及市公用资产经营管理有限公司等票据用量较大单位开展上门年检服务。检查财政医疗票据334.4万份、定额收据0.26万本，现场抽查各单位票据存根保存情况，查看票据使用及资金管理是否合规、票据制度及台账登记是否健全，进一步促进单位票据管理。

（李成培）

国库集中支付核算

【概况】 2021年，市国库集中支付核算中心（以下简称中心）优化资金结算的服务方式，强化资金安全保障，全年共发送直接支付和清算额度11.91万笔，清算资金108亿元，处理非正常退款支付业务2403笔，金额32.85亿元；登记银行业务差错及服务质量问题51笔。资金支付程序规范、信息保密、审核准确，电子凭证发送零失误，零差错，为财政资金安全提供强有力的保障。

及时衔接处理银行和预算单位业务。为解决预算单位在支出中的热点、难点问题，尤其是春节前后，针对工程款、农民工工资等支付问题，主动与各银行沟通衔接，确保资金及时准确到位。及时办理预算单位反映的相关问题。针对预算单位反映较多的公务卡刷卡支出报账到账不及时、非正常退款处理程序烦琐等问题，先后到5家国库支付业务代理银行进行沟通交流，督促银行及时解决预算单位银行业务问题。启动特设专户资金电子化改革的探索工作。积极探索特设专户资金账户电子化管理的改革，到各代理银行调研，撰写《关于市本级实拨资金电子化改革调研情况的报告》。修改完善代理银行考评细则。针对预算管理一体化系统运行后的新要求和新流程，对市本级国库支付业务代理银行年度考评内容进行修订完善。

预算绩效运行监控和预算管理一体化。5月，市本级财政预算管理一体化改革，根据市财政局预算绩效管理要求和下达的工作任务，制定《2021年度市本级预算绩效运行监控实施方案》，完成新系统单位编码和权限核查工作。预算管理一体化系统上线运行。根据改革需要和工作安排，提前调研了解预算一体化系统，参加市财政局组织的专题培训，修改动态监控规则，研讨新的支付流程和业务科室的权限设置，并及时收集、反馈预算单位反映的问题、意见和建议向上级汇报。优化集中支付情况分析体系，对2020年的国库集中支付分析指标体系进行调整和优化，高质量完成《2021年集中支付情况分析报告》。建立项目支出预算绩效管理参与机制。积极对接财政局、人民银行和各集中支付业务代理银行，切实做好财政零余额账户实拨资金上线运行相关问题的协调处理。

支出事项事中事后监管。充分利用市本级国库集中支付动态监控预警规则，继续做好市本级国库动态监控，扎实开展事中、事后监管。认真执行财经政策，做好财政直接支付事项的审核把关，累计监控预警记录42186条。抓好重点监控单位的监管。按照"突出重点，兼顾一般"的原则，确定42家市直单位为2021年首批纳入的重点监控单位。通过"系统自动审核、人工核查网上支付信息、违规自动跳转审核"等方式，对其支付事项全面实施重点监控。多渠道多角度全方位开展动态监控疑点线索的收集和事后核查。针对动态监控过程中发现的疑点问题和线索，采取电话核查、调阅资料、实地走访、部门协查等方式深入预算单位，逐一核实查证，及时帮助预算单位整改纠

2021年4月30日，市国库集中支付核算中心“志愿红”爱心基金成立仪式

（市国库集中支付核算中心 供图）

偏。共收集整理疑点线索201条，对出现重大违规事项的预算单位下发199份违规事项告知函，帮助和提醒预算单位及时纠正不规范的支出行为，防止财政资金“跑冒滴漏”。

服务预算单位。多次深入预算单位，开展“我为群众办实事”活动，积极帮扶预算单位的集中支付业务工作。就支付“放管服”改革后的管理模式及工作重点进行深入沟通，对单位提出的县、乡执法差旅费报销、借用执法车辆高油修、执法业务培训外租场地、电子卖场实施过程中的困惑等问题，进行现场咨询交流及政策解读，提出合理化建议、听取湖南省预算一体化系统上线后使用情况的意见和建议、交流核查2021年动态监控提示的疑点事项、核对工程项目支出进度，对如何优化支付流程，推进预算一体化系统与动态监控规则对接等诸多事项，进行交流探讨。先后3次赴津市、澧县、石门、临澧、汉寿、鼎城6个区县市，就市生态环境系统市县财务垂直管理期内的财务管理情况，进行现场调研和指导，上报《常德市生态环境局区县（市）分局垂直管理过渡期内财务管理问题及思考》的调研报告。

非财政性资金管理。创新非财政资金管理，针对市住房保障服务中心物业专项维修资金监管，采取“一事一议”办法建立备忘录。多次上门沟通，明确市住房保障服务中心对物业专项维修资金管理的主体责任，督促市住房保障服务中心出台物业专项维修资金日常支出管理细则和资金存储管理办法等相关制度，简化理顺市国库集中支付核算中心物业维修资金支付和定期存储业务的审核程序，定期开展对账，对疑点支出进行动态监控，为有效防范物业专项维修资金的支出风险新增安全屏障。

服务乡村振兴。为石门县新铺镇永兴桥村提供乡村振兴资金10万元，组织中心领导班子先后4次开展乡村振兴活动，入村了解永兴桥村的现实状况，与工作队一起筹划振兴方案，定下乡村振兴目标，开展入户调查对口帮扶及政策宣讲。

【市国库集中支付核算中心成立20年座谈会】 6月17日，中心党支部邀请市财政局相关负责人、曾在该中心工作过的老同事和退休人员座谈，观看《常德市国库集中支付核算中心二十年回顾》宣传片，听取市本级国库集中支付核算工作情况介绍，与会人员通过回忆市国库集中支付核算中心自2002年成立后的工作成绩、主要业绩、感人事迹，谈感想、谈体会，积极为市本级国库集中支付核算工作建言献策。

【“帮困思廉”活动】 2021年年初，制定帮扶滨湖社区1名特困学子和市福利院1名残疾儿童的长期帮扶计划，4月30日，号召全体干部踊跃捐款6300余元，成立“志愿红”爱心基金，旨在扶贫助残帮困，开展“帮困思廉”活动。3次前往滨湖社区和市福利院，送去慰问金和物资；组织干部赴津市市药山希望小学、武陵区阳光家园、贾家湖社区等地开展帮扶活动，通过开展系列帮扶，干部廉洁从政意识大大增强。

（周晓玲）

住房公积金管理

【概况】 2021年，常德市共归集住房公积金50.55亿元，归集额同比增长7.83%。发放住房公积金贷款23.79亿元，贷款发放额同比增长3.8%。提取住房公积金31.59亿元，占同期归集额的62.49%，提取额同比增长2.73%。截至2021年年底，常德市住房公积金缴存总额达401.15亿元，贷款总额达251.63亿元，提取总额达237.35亿元。临澧管理部获“国家级巾帼文明岗”荣誉称号，汉寿管理部获“第20届全国青年文明号”荣誉称号。

归集扩面。精准施策。集中对非体制内单位建缴发力，促效益较好的工业园区企业、民营企业和小型私企建制。走访政法、公安、教育部门，促协警、辅警、民办教师群体缴存住房公积金。市本级年归集额16亿元以上，澧县、石门、鼎城、武陵、桃源等区县年归集额超4亿元。多措促缴。出台2021年缴存基数调整文件，促进符合条件的单位补缴。开展催缴行动，采取电话催办、上门催缴、发放催缴通知书等举措促补缴。及时“唤醒”个人“睡眠”账户，对停缴账户系统摸底，要求单位及时补缴或销户。严审资格。严格审查单位开户资格，坚决拒绝空壳公司、中介挂靠机构违规开户，维护住房公积金制度公平性与权威性，为规范住房公积金缴存、提升缴存质量奠定良好基础。

资金使用。提取。出台《常德市住房公积金管理中心进一步规范购房类住房公积金提取的通知》。对符合条件的正常提取严审快办。对危房大修等有实际困难情况调查核实，帮助缴存职工解燃眉之急。对利用虚假资料骗取套取住房公积金实行零容忍。贷款。明确贷款次数认定标准，对二次公积金贷款利率上浮。完善贷款合同文本，更新《贷款业务办理指南》，增设抵押物审核环节，确保抵押物信息无误。制定并落实《常德市住房公积金管理中心征信数据质量管理制度》。全年共发放异地贷款2.02亿元，组合贷款中住房公积金贷款4.41亿元。全年全市共回收贷款14.90亿元。由担保公司代偿63人次，代偿金额47.12万元。资金管理。全年资金净流入10.08亿元。中心不断优化资金配置，加强与各委托银行合作，做好充裕资金转存定期工作，存款利率上浮力度达到45%~55%。制定修订《住房公积金资金支付管理办法》《住房公积金资金存放管理办法》，规范资金管理。按时合规为缴存职工结息2.16亿元。

为民服务。“为民办实事”。编写、制作《住房公积金业务手册》并发给企业主，优化营商环境。组织“3·15”“6·14”“信之风”征信志愿服务活动40余场，发放征信宣传手册3000余本。开展“平安建设”19志愿服务活动200余人次。三联三带，促乡村振兴。中心选派党员干部驻村参加乡村振兴和新农村建设。服务范围。设置“跨省通办”服务专窗，为民办实事。通过省政务平台开通7种网办业务，打通“最后一公里”。在服务大厅设立“信之风”服务站，向群众提供征信志愿服务。服务时间。工作人员利用休息时间对身体残疾、年老体弱缴存职工上门服务，化解群众“急难愁盼”问题。为缴存职工提供工作日延时服务与节假日上门集中服务业务，多次受群众点赞和送锦旗。制定“为民办实事——个人住房贷款优化服务”专项方案，节假日赴楼盘开展活动30余场。2021年，汉寿县管理部获评“全国青年文明号”，临澧县管理部获评“全国巾帼文明岗”“全市文明窗口”。

线上服务。中心大力推行远程服务，实施“秒批”“不见面办理”，8项业务实现“跨省通办”。方便缴存单位。全市现有住房公积金缴存单位4535家，全市3938家单位共通过网上服务大厅办理住房公积金业务超20万笔，网上缴存办理的单位业务87.5%以上。方便缴存职工。2021年，中心通过全国住房公积金小程序处理1442条异地转移数据，政务服务平台办理业务6461笔、APP办理业务992笔，共3万人通过支付宝查询常德公积金，日均活跃用户1500人。截至2021年年底，共26.24万名缴存职工办理住房公积金短信签约，签约率达80.35%，全年发送短信426万条。通过市民留言、市长热线等回复网上诉求2385件，回复率及满意率均为100%。方便工商企业。全市194家楼盘办理CA证书并开通开发商网厅，通过网厅受理住房公积金贷款5952笔，发放贷款5707笔，金额20.14亿元。西湖管理区、西洞庭管理区等地开发商已100%开通网厅业务。

信息技术。内部信息建设。进行机房项目建设、新服务场所信息化及网络安全建设，安全完成机房搬迁，推进无纸化会议和区县视频会议。电子档案系统。完成电子档案系统建设，实施电子证照接口对接。5月31日，电子档案系统试运行，采用身份证芯片信息读取与人像比对识别，采用条码方式对采集资料、交接单、档案盒进行全流程管理，引入市共享平台电子证照婚姻接口及系统内客户资料跨业务类型资料共享，减少重复提交资料。完成武陵区和经开区管理部历史存量档案数字化加工。外部数据对接。开通办理房屋抵押电子证照专网，完成省级监管平台数据报送对接，全国住房公积金小程序与中心微信公众号链接，让全国公积金异地转移全程手机办、网上办。

风险防控。审计稽核。制定全面内审方案，明确12个重点风险点，成立5个抽查小组对各管理部全面抽查。开展巡察，并聘请市内审协会专家对中心资金管理情况进行专项审计。完成中心2020年度工会经费审计工作，出具审计报告。对2020年经济责任审计提出的4个问题全面整改到位。中心被市审计局授予“2019—2020年度全市内部审计工作先进单位”称号。专项检查。落实市政府“政府管理资金专项检查工作会议”和市纪委“关于政府管理资金防风险堵漏洞专题会议”精神，制定资金专项检查方案，对12项内容进行100%检查，对14项立行立改到位。整章建制。下发专项治理文件，对部分提取业务增加三级审批安全控制，对贷款提交资金划拨前增加他项权证审批需求，对修改手机号增加审批流程，变更手机号和终止短信签约均对原手机号发送短信提示，对线下支付资金业务逐项提出线上支付方案。

【常德市住房公积金窗口“全国巾帼文明岗”增至4个】 3月，全国妇联印发《关于表彰全国城乡妇女岗位建功先进个人、先进集体的决定》，授予常德市住房公积金管理中心临澧管理部“全国巾帼文明岗”荣誉称号。至此，市住房公积

2021年7月17日，常德市住房公积金管理中心在星河汇·天琴湾售楼部开展公积金服务进楼盘活动　　（市住房公积金管理中心　供图）

金中心有直属、桃源、石门、临澧4个管理部获此殊荣。市公积金干部队伍70%以上为女性职工，是一支以“娘子军”为主力的干事队伍。她们大力弘扬当代女性自尊、自信、自立、自强的时代精神，锐意进取，开拓创新，秉承“服务缴存职工，造福千家万户”的服务理念，充分发挥女性职工在窗口服务工作中的“半边天”作用，不断提高女性职工队伍的整体素质，狠抓各项工作任务落实，坚持立足业务、服务窗口，热心公益志愿活动，为打造“有温度的住房公积金”做出巨大贡献。

【常德市住房公积金管理委员会三届六次全会召开】　3月30日，常德市住房公积金管理委员会三届六次全会召开。会议审议通过《常德市住房公积金2020年年度报告及2021年住房公积金运作计划》《关于适当调整住房公积金贷款政策的建议》。

【优化住房公积金贷款政策】　4月7日，调整市住房公积金贷款相关政策。对贷款次数的认定标准进行明确：住房公积金缴存职工家庭无住房公积金贷款记录（不含商业银行住房贷款），可申请两次住房公积金贷款。住房公积金缴存职工家庭有一次住房公积金贷款记录（不含商业银行住房贷款）并已结清，可再申请一次住房公积金贷款。住房公积金缴存职工家庭有过2次住房公积金贷款记录的不予贷款。住房公积金缴存职工家庭有商业银行住房贷款尚未结清的，不得申请住房公积金贷款。对二套住房公积金贷款利率进行上浮：第二套住房公积金个人住房贷款利率执行同期首套住房公积金个人住房贷款利率的1.1倍。

【市住房公积金缴存职工办理短信签约】　截至2021年5月底，常德市办理短信签约的住房公积金正常缴存客户达221841人，占正常缴存职工的70%，市住房公积金管理中心向签约客户发送短信874万余条。常德市住房公积金短信内容含缴存信息、提取信息、贷款发放信息、贷款回收信息等涉及缴存职工住房公积金账户余额变动的信息和逾期贷款催收提醒等信息，由住房公积金系统自动发送。该短信服务费用由市住房公积金管理中心支出，缴存职工免费享受。

【“公积金服务进楼盘”行动】　市住房公积金管理中心于7月开展“为民办实事　公积金服务进楼盘”专场行动，在全市10多家楼盘设点，接受现场咨询超500人次，并为约200个家庭办理公积金相关业务。

【市公积金接入全国住房公积金微信小程序】　8月，市住房公积金中心业务系统与全国住房公积金微信小程序实现接口对接。常德市公积金缴存职工，可通过手机完成异地转移接续操作，实现异地转移业务全程网上办理。

（王　斯）

税务

【概况】　2021年，国家税务总局常德市税务局（以下简称市税务局）统筹抓好党史学习教育和税收重点工作，年初制定的目标任务稳步完成，为实现“十四五”规划良好开局、服务现代化新常德建设贡献税务力量。省局和市委、市政府领导先后19次对全市税务系统工作予以批示肯定。

【税收收入】　依法依规征税收费，全市系统组织入库各项税费收入408.62亿元，首破400亿元大关。其中，全口径税收237.63亿元，同比增收5.42亿元，增长2.33%；市县两级地方税收131.57亿元，同比增收6.27亿元，增长5%。入库社保费127.78亿元，入库非税收入36.34亿元。

【依法治税】　法治税务建设持续推进，全面落实行政执法“三项制度”（行政执法公示制度、执法全过程记录制度、重大执法决定法制审核制度）和“首违不罚”（对于首次发生清单中所列事项且危害后果轻微，在税务机关发现前主动改正或者在税务机关责令限期改正的期限内改正的，不予行政处罚）、“证明事项告知承诺”（对部分税务证明事项实行告知承诺制，对实行告知承诺制的税务证明事项，纳税人可以自主选择是否使用告知承诺制办理）清单制度，市税务局获评“2016—2020年湖南省普法工作先进单位”。深入推进“以数治税”（以数据为基础，用数据来管税），全年共推送各类风险任务2587户次，入库税款、滞纳金4.19亿元。围绕打虚打骗、打击偷逃税款，开展专项稽查、重点稽查，查办案例入选全省系统“学史力行、精确执法”劳动竞赛优秀案例。全年立案检查121户，查补入库税款、滞纳金、罚款等4.52亿元。

【纳税服务】 制定深化“放管服”改革优化营商环境7项措施和12项负面清单，是全省系统唯一制定相关措施清单的市州局。积极推进“我为群众办实事”实践活动，市局获评“全市优化经济发展环境工作优秀单位”。落实“我为纳税人缴费人办实事暨便民办税春风行动”，积极开展第30个税收宣传月活动，参加“市长热线”“行风热线”等节目，及时解读最新税费优惠政策。全面实行“预约办”“容缺办”“快速办”等服务，全市清税注销提速至1.81天，办理正常退（免）税业务的平均时间缩短至5个工作日以内，连续多个季度排名全省第一。优化大企业管理服务，个性化纳税服务创新项目受到省局肯定。完成“12366”纳税缴费服务热线与“12345”政务服务便民热线归并工作，实现“7×24小时”全天候人工服务。4月1日，常德市启动第30个税收宣传月活动，以“税收惠民办实事 深化改革开新局”为主题。启动仪式上推出常德税务深化“放管服”改革、优化营商环境措施及负面清单。

【电子税务建设】 进一步健全电子税务局应用推广机制，全面落实“一窗办结、一表集成、一键申报、一网通办”，全市电子税务局注册用户98256户，企业注册率100%，电子申报率保持在99.8%以上。建立413个微信服务群，在线实时解答业务操作、财税疑难等问题，增值税专票电子化试点工作位居全省前列。联合邮政提速免费邮寄发票时间，市城区5小时内送达，城区外24小时内送达，速度全省最快。有关“非接触式”办税缴费服务、优化税收营商环境的经验被《财经界》等媒体推介。

【税收服务经济】 全市新增减税降费13.68亿元，惠及市场主体8.37万户。办理增值税留抵退税4.81亿元、出口企业退（免）税4.09亿元；538户企业享受研发费用加计扣除新政，享受加扣金额14.96亿元；3家煤电及1家热电联产企业缓缴税款3191.28万元；9016户制造业中小微企业缓缴税费1.66亿元。深化“银税互动”，累计帮助纳税人获得信用贷款16.73亿元。利用大数据优势，加强政策运行情况的动态跟踪，开展经济分析，向省局和市县两级党委政府报送税收分析68篇。

【深化征管改革】 推动中办国办《关于进一步深化税收征管改革的意见》（以下简称《意见》）落实工作列入市县两级党委常委会、政府常务会议议题。市委第24次常委会会议、市政府第67次常务会议集中学习《意见》精神，推动成立市深化税收征管改革协调小组，有关做法获得省税务局局长刘明权肯定性批示。5月19日，全市税收征管重点工作推进会议传达学习中办、国办印发的《进一步深化税收征管的意见》，强调要充分认识《意见》的重大意义，准确把握目标任务，强化落实的具体举措，全力推动税务执法、服务、监管的理念方式手段变革，不断提升税收征管能力水平。市局作为省局“精准监管”直报联系点，桃源县作为总局“精诚共治”直报联系点，分别细化制定相关措施。全市用人单位社保费申报缴费率、灵活就业群体养老保险征收进度稳居全省第一，市局和5个县市区局获评全省系统“社保费征收体制改革先进单位”。做好非税收入划转，优化非税收入征管与服务做法获得市政府主要领导表扬性批示。

（宁致超）

2021年8月31日，国家税务总局常德市税务局党委书记、局长梁文辉（前右二）带队赴康普药业股份有限公司调研，推进税务服务园区企业　（市税务局 供图）

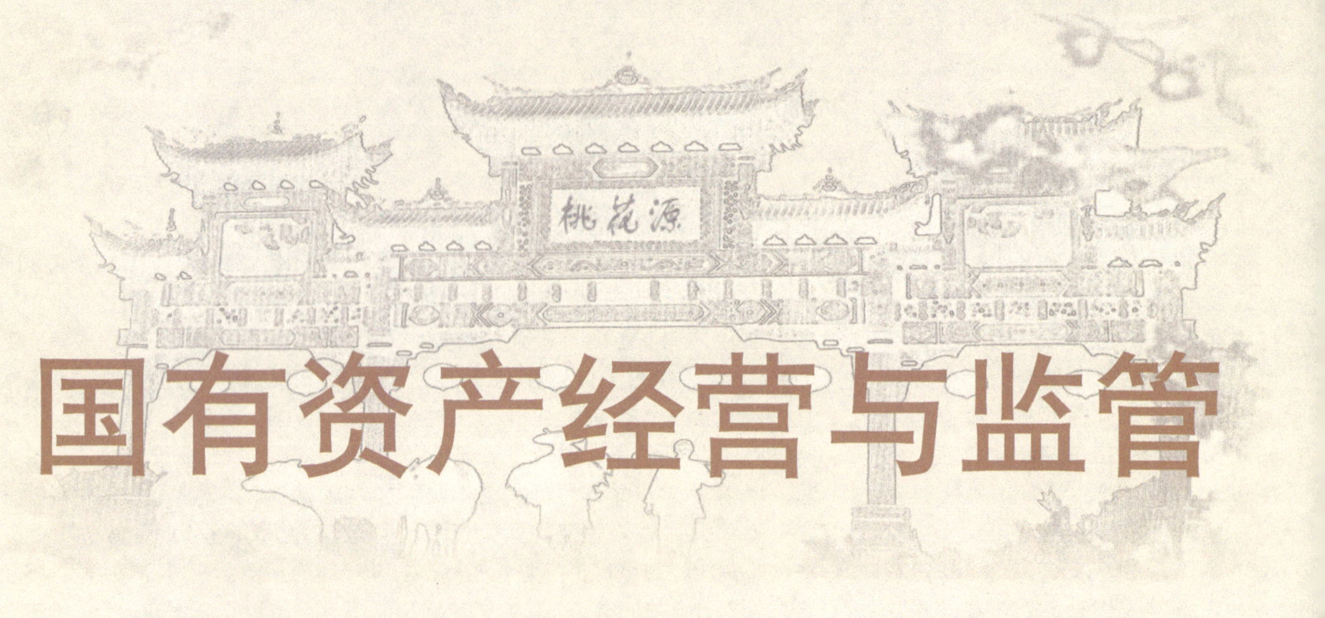

国有资产经营与监管

国有资产监管

【概况】 截至2021年12月底，纳入市国资委财务快报统计的监管企业资产总额4056.5亿元（排名全省第二），同比增长5.1%；所有者权益总额2071.1亿元，累计实现营业总收入193.6亿元，同比增长11.7%，利润总额19.1亿元（排名全省第三）。以第一名的成绩获得2021年度市州国资监管工作评估评价优秀等次、省国企改革领导小组办公室国企改革三年行动（2020—2022年）专项督查通报表扬、全省国有资产统计工作先进单位。

生产经营效益。城发集团房产销售收入排名全市第一；市政公司超额完成考核指标；自来水公司全年实现水费收入1.67亿元，创历史新高。城发集团消防、装饰晋升一级资质，经投集团经投建工获建筑工程施工总承包一级资质，规划设计院城乡规划编制资质荣升甲级。经投集团兴禹公司毛里湖泵站工程获得全国水利工程“大禹奖”，常德河街获评首批国家级旅游休闲街区，路桥集团张公庙澧水特大桥项目获省QC质量管理小组成果一等奖。

国有企业改革。2021年，完成国企改革三年行动总体任务80%以上，改革进度全省领先并被通报表扬。现代企业制度。8户市属全民所有制企业全部完成公司制改革；市属一级企业出台党组织前置研究讨论重大经营管理事项清单，实现董事会应建尽建。国有资本结构布局。进一步推进企业内部整合，减少企业法人8个，集团总部内设机构大幅精简；5家粮食企业、公路工程公司脱钩移交，初步实现经营性国有资产监管全覆盖。市场化经营机制。全面推进“三项制度”（劳动、人事、分配）改革，全员绩效考核全覆盖，新进员工全部公开招聘，子企业经理层成员任期制和契约化管理签约率92.92%。

国有企业转型升级。不良资产清理。积极剥离清退“两资”（低效资产、无效资产）、“两非”

2021年3月24日，市国资委召开全市国企改革暨国资监管工作会议

（市国资委 供图）

（非主业、非优势），处置不良资产1.04亿元。资本证券化。城发集团收购浙江众成，实现上市公司“零的突破”；德源集团助力“天马电器”转板上市。开放合作。城发集团、经投集团、财鑫集团与头部基金公司达晨、中金“牵手”开展股权合作；欣运集团与邮政公司开展农村客货邮合作；德源集团与深圳盐田港签约合作。

生产运营基础保障。债务监测机制。坚持定期统计分析、动态监控化债和经济运行情况。融资管理。严格执行负面清单，控总量优结构，融资成本同比下降0.26个百分点。债务化解。2021年，市本级平台公司隐性债务同比下降5.59%。安全环保风险底线守稳守牢。严格落实领导干部责任制，充分彰显国企担当。

【市级平台公司及部分市属国有整合转型工作形成“常德经验”】 市级平台公司及部分市属国有整合转型工作成效明显，市国资委从优化布局结构、发展实体经济、改革体制机制、提升创新能力上发力，以理顺职能、理顺资产、理顺体制为重点，以清理规范、注资增信、转型发展、科学监管为路径，探索形成“常德经验”，为实现国资国企高质量发展奠定坚实基础。2021年1月22日，在全省省属企业市州国资委负责人会议上作典型发言。

【承办湖南省市州国资监管工作培训会】 1月11—12日，市国资委承办湖南省市州国资监管工作培训会，湖南省国资委党委副书记、主任丛培模，常德市委副书记、市长邹文辉出席，湖南省国资委党委委员、副主任阳望平主持会议。会议学习贯彻中央及湖南省相关会议精神，总结2019—2020年市州国资监管工作，交流市州国资监管工作的成功经验和做法，部署2021年国资监管工作，并就湖南省国企改革三年行动方案做专题辅导。

【公交公司为7岁困境儿童增设公交站点成为热点】 市国资委监管企业经投集团下属公交公司为7岁困境儿童增设公交站点成为热点，“常德市为7岁困境儿童增设公交站点”的话题在新浪微博上冲上热搜，《人民日报》、央视新闻、《光明日报》、《湖南日报》等主流媒体均予以转载，引发社会各界关注与点赞。

（胡施琪）

城发集团

【概况】 2021年，常德市城市发展集团有限公司（以下简称城发集团）全面落实“三高四新”战略定位和使命任务，坚定实施产业强司。集团选举成立第一届党委和高管团队，建立健全现代企业制度，推进实施六大工程，招聘遴选高层次人才，整体搬迁办公新址。2021年，常德城发集团获市征地拆迁控违拆违指挥部评“冬季攻势 百日会战”先进单位，获市委、市政府脱贫攻坚工作考核驻村帮扶优秀单位，获市委、市政府表彰市属国有及国有控股企业年度考核工作优秀单位。

截至2021年12月末，常德城发集团总资产规模近1500亿元，同比增加超100亿元；经营收入84.03亿元，同比增加27亿元；利润8.39亿元，同比增加2.3亿元；经营性现金流137亿元，同比增加47亿元；上缴税费5.49亿元，同比增加1.31亿元；总负债率45%，与2020年基本持平。

城市主业。“桃花源景区”晋级国家AAAAA级旅游景区。成功引进《湘遇·桃花源》等旅游产品，常德首家桃花源文创生活馆在老西门开业，已完成“原型地桃花源”32类商标注册、45类版权和20款商品外观专利申请，开发上市9大系列共120款旅游商品。常德市交警支队车辆管理所汽贸城分所在城投湘西北汽车城揭牌成立车辆管理所汽贸城分所。十里外滩徐家巷商业街开街火爆，尚德郡、丹霞苑优质房产首开大捷。

产业投资。常德学院（筹）建设指挥部正式挂牌。打造常德泛湘西北航空经济先导区。持续推进固废环保业务，与复星集团合作进入深水区，2021年4月12日，天卓环科精密粒径筛分设备出征陕西榆林，引领国内煤气化工产业气化渣无害化、资源化处置新纪元。设立常德首家大数据公司，构建“投建营”一体化的新型智慧城市建设模式。2021年6月，大数据产业公司注册成立并开展相关工作，成为常德第一家全资国有数据技术类公司。

资本运作。收购浙江众成，实现常德国资收购上市公司历史性突破。2021年10月18日，常德市城发集团和浙江众成包装材料股份有限公司举行并购签约仪式，收购浙江众成25%的股权，正式成为上市公司实控人。12月8日，城发集团隆重举行派驻浙江众成管理团队出征仪式，集团业务顾问团主任、派驻浙江众成管理团队负责人易先云从集团党委书记、董事长周枭手中郑重接过司旗，率队“东征”。与多家创投基金合作成立基金平台。2021年，促成与中科招商、达晨创投、中金资本等创投机构合作，成立常德中科天智私募股权投资合伙企业、常德市达晨创鸿私募股权基金、中金常德新兴产业基金。合伙发起中科天智、达晨创投、中金创投等3只股权投资基金，进军新材料、新能源、新基建，陆续主投15家、跟投92家潜力企业，挤进政策“风口”。

2021年10月8日，常德学院筹建工作指挥部正式揭牌成立（市城发集团 供图）

国企改革。国企改革三年行动完成90%以上任务。按照《城发集团国企改革三年行动实施方案》《国企改革三年行动收官战工作方案》，完成90%以上任务指标。城发集团“十四五”规划全面编制完成。出台多项重大战略规划。印发《城投集团业务整合实施方案》《咨询类企业整合实施方案》《产业与资本“双倍增”五年行动计划（2021—2025年）》《供应链运营规划》《对标一流管理提升方案》。三项制度改革。制定城发集团人力资源管理配套子制度14个，实施契约化管理和职业经理人“2项试点”；实施优秀年轻干部“8090工程”，出台高层次人才管理办法，设立人才专项资金，引进“985”“211”全日制硕士28人，兑现人才奖励基金77万元。天城建设等3家市场化程度较高的企业，获批工资总额备案制试点单位。

内部建设。文化建设。发布常德城发吉祥物形象“鲲鲲”；完成传播口号（数智赋城、大道勃发）、文化理念（企业使命：方便百姓生活、践行大同梦想；经营理念：产业至上、营运至上、效益至上；企业愿景：城市美好生活的传承者、守望者和引领者）、精神堡垒的提炼，出台正式企业文化手册。宣传报道。城发公众号、网站正式上线。完成“贯彻落实党代会精神”“向两会报告”等系列报道，在《湖南日报》发表理论调研文章6篇，在《常德日报》发表理论调研文章46篇。举办乔迁新址仪式。11月5日，常德城发集团乔迁新址暨揭牌仪式在新城发大厦举行。市政府党组成员谭丁，市国资委党委书记、主任、二级巡视员陈彰波及相关领导，经投集团，财鑫金控集团，德源集团，欣运集团等9家市属国企领导，河洑镇领导，市城发集团全体班子成员及各子（分）公司负责人，特邀嘉宾浙江众成公司领导等出席活动。设立“一顾四委”咨询团队。建立专业治司、专家治司、一线治司的决策机制，实现从过去重“程序”向现在重“专业”的转变。4月21日，市城发集团业务顾问团召开第一次全体会议，业务顾问团主任易先云主持会议并讲话，全体业务顾问团成员参会。

信息化建设。“掌上城发”正式上线，信息化二期向子集团拓展。集采平台全新上线实现全链条采购。战略合作商达30多家，平台注册供应商达300多家。自主研发专家库管理系统上线。智慧停车、智慧物管平台与大数据深度融合。物业管理系统建设上线11个功能模块，实现物业管理由传统人工管理模式数字化、自动化管理模式的转变。智慧停车实现全市联网停车数据“一张图”及“路内路外一体化”管理。与交警系统、“我的常德”全面贯通，收费率由32%攀升至61%，“常德停车”APP覆盖本市城区1/6人口。城发大厦智慧园区管理平台上线，智能管控初露锋芒，实现城发大厦园区智能化、自动化管理。城发数据中心实现资源数据全接入。

【常德学院筹建工作指挥部揭牌成立】 9月17日，总投资为34.91亿元的重大项目——芙蓉学院转设新建项目方案设计在常德市公共资源交易中心顺利完成开评标工作。10月8日，常德学院筹建工作指挥部正式揭牌成立。常德学院是2021年湖南文理学院芙蓉学院转设为独立普通本科院校建设项目，也是常德市2021年重点建设项目之一。常德学院一期项目（芙蓉学院转设新建项目）位于丹溪路以东、珠港路以西、高泗路南北两侧。主要技术经济指标为：总用地面积为56.68公顷，用地性质为高等院校用地（A31），总建筑面积48.25公顷。

【打造常德泛湘西北航空经济先导区】 政府授权航线开发，运营16条国内航线、通航19座城市，初步构建连接京津冀、长三角、粤港澳大湾区、成渝地区双城经济圈的空中大走廊。11月2日13时5分，北部湾航空执飞的GX8896航班从常德飞往三亚，常德—三亚直飞航线成功首航。

（耿　那）

经投集团

【概况】 2021年，常德市经济建设投资集团有限公司围绕国企三年改革行动，推进各项事业开新局、换新貌，各项事业均取得不俗成效。全年实现经营收入88.31亿元，利润总额7.63亿元；上缴税收3.02亿元。

2021年1—2月，通过竞聘、双选的方式，选优配齐下属16家子公司班子，研究调整干部53人，中层副职23人中，专业技术职称16人，全日制研究生3人，干部队伍年龄、学历结构明显优化。以国企改革三年行动为指引，企业治理管理大幅提升，坚持以“管资本”为主的导向，重新修订公司章程，依法明晰党委会、董事会、经理层、监事会等治理主体和监督主体的职责及履职方式，切实保障和加强党对国有企业的全面领导。体制机制优化更加明显，根据改革转型要求，国资委明确应该完成的52项改革任务完成44项，超额完成当年任务。全年累计修订和新增各项制度47项，为全面依法治企提供坚实保障。信息化建设取得重大进展，人事信息及房建、市政工程的成本、进度基本实现“智慧管控”。公司整合融合持续加速，新整合的各公司迅速实现业务整合、人员融合，大力进行业务拓展。经投咨询公司在环保领域深耕广作，实现主营业务的提质扩面；经投资管公司在保持原华厦公司、老河街公司等不同行业人员的深度融合和身份认同，使老企业焕发新活力。经投建工、海绵公司、投资公司等合并和新设单位，在加速员工融合的同时，业务整合同步推进，维护团结稳定。集中力量解决一些长期积压的遗留问题。2021年10月，欢乐水世界拿到权证，一批已竣工项目的验收备案取得重大进展。

集团树立业绩导向。2021年8月，组建“经泰”供应链公司，各业务板块子公司之间相互配合支持，强链补链。同时，狠抓业务拓展，集团各子公司聚焦主业主责，合力做大做强，“公交都市”创建基本通过。2021年7月，经投建工成功升级为建筑施工总承包一级资质，兴禹建设率先出省承接项目，经投咨询公司环保监测、监理业务再度延展扩面。2021年6月，粮食集团挂牌成立，为产业链增加新抓手。2021年10月，经康大药房全新面世，常德河街入选国家级旅游休闲示范街区，湘雅常德医院、市二医院、郡德学校在各自领域苦练内功，医疗和办学水平逐步走进全市全省前列。备受关注的高铁枢纽站南北广场进展顺利，被省政府授予“优秀省重点建设项目”；沾天湖南环、年寿路、朝阳路接顺、人民路东延等道路已完工。太阳大道电力隧道、建设桥二机埠迁改、青年路维修、武陵监狱迁建、毛家垱水系、古田路等项目完成验收移交。利民巷、贾家湖等棚改项目相继开工建设。全年完成建设投资31亿元，开工率和投资额超全市平均水平。

加强融投资管理，努力提升资金周转率和使用效率。精准发力抢融资。因国家金融政策调整影响，传统平台公司融资渠道收窄，集团审时度势，抢抓债券发行相对宽松的机遇，精准发力、主动出击，超额完成融资到账，守住风险底线。其中，资本市场直融额度同比提高17个百分点，融资结构得到优化，加权平均成本持续降低。精挑严选控投资。2021年3月，新组建集团国有资本投资公司，参与设立达晨创鸿、中金资本、中科天智3笔基金，预期投资回报率均在10%以上，当年实现考核收入1089万元，考核利润910万元。加强集团对外股权投资跟踪管理，全年收回利润分配2166.49万元，较2020年同比增长64.49%。精打细算抓优表。努力扩大资产规模，降低资产负债率，年内成功完成原住建系统2家设计院和政法系统1家企业并表，新注入石门磷矿约147公顷土地资产，另100宗行政事业单位经营资产正在办理相关确权与划转手续；集团存量资产进行全面清查盘点，推进闲置土地“摘帽清零”行动，全部10宗土地已出让2宗，重新收储5宗，开发动工3宗。

大力推进各类“清廉单元”建设，以构建“清廉经投”为指针，持续推进党风廉政建设和反腐败工作。两项清单明确“可以做”与“不能做”的界限，加大对第一责任、一岗双责的实时监督提醒。运用四种形态，严肃执纪问责，紧盯重要节点和隐形“四风”问题，开展专项督导整治。同时，审计监督规范化，修订审计相关制度，推动审计全覆盖，全年组织内审7次，定期发布审计提示，对反馈指出相关问题提出建议、明确整改措施。安全检查制度化。坚持预防为主，强化主体责任，定期进行安全生产检查，紧盯施工现场、用火用气用电、交通运输等重点领域、重点场所，及时排查，消除安全隐患，确保全年无重大安全事故发生。

【常德市第一家国有企业零售药店——经康好药房全新面市】 10月15日，常德市第一家国有企业零售药店——经康好药房正式开业。经康好药房（湘雅店）系经投集团旗下常德经康药业有限公司全资投资的第一家零售药店，也是该片区第一家申报特殊病种门诊药房门店，可为患者提供专业用药咨询、预约购药、送货上门、个性化健康服务等。

2021年6月30日，常德粮食集团有限公司挂牌　　（王　鹰　摄）

【常德粮食集团挂牌成立】　6月30日，常德市粮食集团有限公司挂牌仪式在市粮食服务大楼前坪举行，市委常委、常务副市长罗毅君出席活动并揭牌。新组建的粮食集团隶属于常德市经投集团，系市发改委下属5家粮食企业改制合并。经重新整合，资产规模达到约1.67亿元，总仓容量18万吨，储存政策性粮油7.5万吨，业务涉及粮食储备、军粮供应、粮食应急保障、粮油贸易、资产经营管理、粮油基地建设等多个领域。

（曾志立）

财鑫集团

【概况】　2021年12月15日，常德财鑫金融控股集团有限责任公司正式更名为湖南财鑫投资控股集团有限公司（以下简称财鑫集团）。公司全年实现经营总收入8.48亿元，累计为1678户次中小微企业、“三农”及“双创主体”提供融资服务346.9亿元，较好地完成主要经济指标，其中，提供融资担保313.36亿元、发放贷款12.19亿元、典当业务完成业务总量4.5亿元、进行投资5.85亿元。资产总额达到131亿元，净资产72亿元，管理资产总额249亿元。

2021年，财鑫集团运营的常德金融超市立足金融破解经济发展难题经验入选《中国营商环境报告2021》，被财政部作为金融创新举措典范在《要情信息》上进行宣传推介。集团旗下财鑫担保荣获2021年全省“优秀融资担保机构”“中国担保辉煌先锋”“全国最具影响力担保机构”。

金融服务。提升资信等级。财鑫集团旗下财鑫担保2021年增资至70亿元，获得大公国际的AAA主体长期信用等级，为全国地州市中首家获此殊荣的国有担保公司。数字科技赋能。财鑫集团运营的金融超市通过云上金融为企业提供快捷便利的金融服务，实现业务流程管理、客户管理的线上化，开发产业链供应链、创业担保、直接融资服务、乡村振兴、政策服务专区等专栏。截至2021年年底，平台注册企业34489户，平均每天注册企业近500余家，上线319款金融服务产品，企业综合注册率为51.35%，授信总金额187.21亿元，放款总金额149.21亿元，贷款综合成本利率为每年4.97%，企业从平台受理贷款到银行放款平均时长为19天。创新服务产品。财鑫集团旗下财科担保创新推出“国担快贷”“信补贷”“银政担”“茶叶担”“微农担”“税联担”等产品，优化完善“创业贷”，共支持企业达500户以上、担保金额达10亿元。财鑫担保围绕企业需求点制定特色债券担保方案，为企业节省融资成本；加速推进与各家银行免除保证金模式，财鑫担保与18家合作银行、财科担保与14家合作银行先后签订免除保证金协议，保证金比例由12.5%预存降为7%逐笔缴存。延展服务范围。2021年财鑫集团为全市1039家企业提供1754笔（次）融资担保服务，融资担保总额达79.85亿元，其中新增担保企业379家，首贷客户178家，担保业务发生额位居全省前列，较2020年同期增幅达50%以上；对小微、“三农”主体进行金融服务支持53.91亿元，对企业进行单笔500万元以下金融服务支持14.02亿元。铸就特色品牌。财鑫集团携手全市各家银行开展7场“金融超市进园区”活动，向200多家园区企业宣传推介“金融超市”，累计为78家企业提供意向融资担保支持7.27亿元。截至2021年8月29日，金融超市已上线245天，平台入驻金融机构34家，上线金融产品260个，注册企业数29550家，全市企业注册率持续上升，达到44%，平台贷款申请笔数8754笔，授信总额达到124.37亿元，放款总金额90.97亿元。企业获贷时间从线下的30天不等提升到平均时长19天，信贷业务的办理时间大大缩短。上线以来，平台综合功能不断升级，“科技担”“国担快贷”“信补贷”等特色产品持续上新。

产业投资。基金投资。通过参股市场化基金的方式，与达晨创投、东方富海、越秀金控、中科招商、易津资本等投资机构建立深度合作关系。已参股18只市场化基金，实缴投资7.13亿元，总投资收益率达到29.22%。自主设立和管理沅澧产业、津鑫医疗器械、津鑫二号等多只基金，累计投资本土企业17个、投资金额2.7亿元。产业导入。积极完善“产业基金+产业链招商+配套金融服务”的资本招商模式，积极谋划重大战略性项目，成功导入昆宇新能源、宸宇富基、大道新材、源卓光电、麦普奇等项目，助推新能源新材料、生物医药等产业培育及升级。成功引进昆宇电源科技6GWh通信储能锂电池生产基地项目落户，集聚发展新格局，帮助建成一批具有常德特色的优势产业链。外部合作。对接中金资本、东方富海等创投机构，邀请各园区参与管理公司组织的项目洽谈会。基金共投资宸宇富基、引航生物等16家企业，投资金额4.09亿元、撬动外部投资43.3亿元、全部投产后可实现新增年产值约116.9亿元、税收贡献6.1亿元。产品升级。财鑫集团旗下武陵秀峰取得红茶自动化生产线的SC认证证书，完成红茯砖生产线建设及试生产，启动李坪茶园在线可视化溯源体系建设和新扩茶园栽插茶苗品种选择的专家论证等工作，实现研产销一体的跨越式进步。开发多款主题新品，新增武陵红冠名店16家。

资产运营。项目建设。11月，财富中心二期项目全面实现楼宇整体封顶，助力完善北部新城配套服务措施；集团旗下科开公司全力推进绿色动力园区建设。园区运营。以科开园区搭平台，政府为主导，产业为依托，基金作抓手的基础下，参投清源洞庭高端装备基金4000万元，形成“政府+园区+产业+基金”的联动机制。通过资本招商的方式，在园区内引进飞沃新能源、苏州源卓光电等5家企业，在园区外落户宸宇富基、健甜生物2家企业。导入的源卓光电项目，是当年引进、当年建设、当年投产，总投资达2亿元。酒店运营。集团旗下祈利酒店创新推出高端精致的日本自助餐料理；德华宾馆顺利完成三星级酒店评定性复核工作，宾馆服务保障工作获得市人大通报表扬，并荣获“2021年法制进文旅场馆先进单位”。资产管理。与省财信金控集团达成合作，共同出资设立财信资管（常德）公司，畅通省属优质金融资源引入渠道，建立互信沟通机制，促进与金融湘军头部队伍在股权投资、基金投资、园区开发、资产处置盘活的深度合作。

【常德财鑫担保公司荣膺AAA主体信用等级】 4月6日，财鑫集团旗下常德财鑫融资担保有限公司（以下简称常德财鑫公司）获得大公国际资信评估有限公司给出的AAA主体长期信用评级，评级展望为稳定。在全国担保机构中常德财鑫公司为全国地州市首家被授予AAA信用评级的公司，财鑫担保公司的社会公信力和企业实力获得资本市场充分肯定，增强资本市场议价能力和提供金融业务的便利性，促进资本市场增信业务的创新拓展，提高融资效率。

【开展“金融超市进园区”活动】 3月8—23日，常德市开展“金融超市进园区”活动。主要包括企业走访、金融超市推广会（主会场）、项目现场评审（分会场）。活动举办方实地考察企业生产车间，由企业负责人介绍生产经营情况、融资需求，财鑫集团、各银行向企业询问、了解经营情况，并介绍融资担保、信贷政策。在主会场召开现场座谈会，对金融超市进行推介，现场互动，征求企业代表对金融超市的建议意见。财鑫集团、各银行机构进行碰头商讨，结合企业经营现状，对企业融资需求发表意见，形成明确融资方案。9月26日，财鑫集团开展常德金融超市明星产品“信补贷”进园区活动。

【首笔“银担E贷”放款】 5月31日，财鑫集团旗下财科担保和农行湖南省分行合作的首笔无抵质押信用产品“银担E贷”90万元一年期的银行贷款成功发放至企业。该笔贷款从申请到审核放款，全程不到5个工作日即完成全部程序。“银担E贷”是财科担保、省再担保和省农行三方合作推出的无抵质押信用业务新品种，旨在为三农主体、中小微首贷客户提供融资支持。通过“担保机构+银行+再担保体系”1+1+1>3的合作模式，规定代偿上限，充分发挥政府性融资担保机构作用和合作银行成熟严谨的风控体系的优势，财科担保对银行机构推荐的业务见贷即保，免去内部审批尽调流程，并将所担保项目纳入再担保体系，财科担保承担30%的风险责任。

【创新银担批量业务“国担快贷”】 6月4日，财鑫集团旗下财科担保与工商银行常德分行、国家融资担保基金合作的银担批量业务“国担快贷”完成首笔放款，为企业线上放款239万元，整个流程从申请到放款未超过24小时，再创助力小微新途径。“国担快贷”主要是依托银行成熟的风控体系和常德区域内完善成熟的担保体系，省去担保人调查审批流程，采取见贷即保模式，最大限度提升担保贷款效率。多方担保主体的加入，免去对借款人抵质押物的要求，该产品为小微客户、“三农”、创新创业、战略性新兴产业等在线办理的融资业务，全部采取纯线上化操作，录入企业信息后可立即获取贷款金额，根据企业实际需求，随时提款，客户获得感强，最高贷款额度可达500万元。

【财鑫集团与兴湘集团签署战略合作协议】 11月1日，财鑫集团与兴湘集团签署战略合作协议，双方在产业培育、基金投资、金融服务、资产管理等方面达成全面战略合作，促进常德市经济社会高质量发展。双方将扩大基金合作规模，树立省地合作标杆。力争3年内联合投资10亿元，撬动社会资本20亿～30亿元，共同组建总规模为30亿～40亿元的产业基金。湖南兴湘集团公司将围绕常德四大支柱产业、四大新兴产业和21条优势产业链，积极布局、培育、导入相关产业，力争3年内为常德市产业导入和培育项目总规模达60亿～80亿元。2018年，湖南兴湘集团公司与常德市产业引导基金、常德财鑫集团共同发起设立常德兴湘财鑫新能源产业投资基金企业（有限合伙）、常德柳叶湖鑫湘产业投资基金企业（有限合伙）两只基金，基金总规模3.2亿元。兴湘集团全资子公司湖南兴湘新兴产业投资基金管理有限公司主导投资昆宇电源、飞沃科技、中伟股份、华光源海等项目，为常德市导入优质产业项目，推动常德新兴产业成长和产业升级。

（徐慧娟）

德源集团

【概况】 截至2021年年末，德源集团资产总额达910亿元，资产负债率30%，全年融资综合成本5.19%，融资结构在市属平台公司中继续保持最优水平；中车新能源项目全面投产、与盐田港签约并组建合资公司、启动综合保税区建设、百兆瓦多电源融合技术实验验证平台建成竣工等一批省市重点项目写入市政府工作报告；获评全市“文明标兵单位”“平安企业”“乡村振兴工作优秀后盾单位”等荣誉称号。

对外投资。全力盘活资产投资，完成金康光电资产入股，与中车时代电动签订设备入股补充协议，与昆宇新能源签订投资入股意向协议。赋能参股企业辅导上市，助力天马电器引进世界500强施耐德新型中压环保柜项目，引入专业上市团队辅导其北交所上市。积极推进资产证券化，完成19万平方米厂房产权办证等工作。

经营效益。供应链业务在深度服务园区企业的基础上，积极融入海南等国家战略发展新区拓展市场，全年实现贸易额超15亿元，其中海南办事处实现贸易额约1亿元、进口贸易额约300万美元，争取到2021年“中央外经贸发展资金”和“开放型经济与流通产业发展专项资金”奖励。资产经营方面，新增接管柔性薄膜产业园，智能电子产业园二、三期，石墨烯产业园等专业园区，自营园区管理规模已突破百万平方米，其中存量园区标准化厂房出租率达85.11%，各类资产经营性收入同比增长近5个百分点。

项目推进。围绕经开区“两主一特”产业链条招大培强，大力培育港口经济聚集区，与深圳盐田港股份公司签订合作协议，共同出资设立合资公司；新成立常德保税物流有限公司，大力推进综合保税区建设，加速外向型经济培育发展。智能电子产业园一期B地块，智能电子产业园二、三期，百兆瓦级多电源融合技术试验验证平台等3个续建产业项目竣工验收，园区互联网平台建设项目入选《2021年湖南省省级工业互联网平台建设计划》。通过“参与定增+项目落地”方式开展资本招商，助力一批优质项目落户常德经开区，实现产业与资本融合。

改革治理。认真贯彻落实国企改革三年行动，年内完成80%改革任务。开展“十四五”规划编制，并根据三大主营业务板块进一步理

2021年1月6日，湖南省委副书记、代省长毛伟明（前左二）调研常德中车新能源汽车项目
（市德源集团 供图）

顺集团总部与子公司的功能定位关系，母公司正式更名为“常德市德源投资集团有限公司”，调整优化2家子公司主业及名称，注销2家非主业分子公司。大力推进管理体系和管理能力现代化，财务管理、行政办公、人力资源三大系统全面上线运行，进一步完善现代企业制度，修订完善40多项制度，加快建立科学规范的公司治理结构和灵活高效的市场化经营机制。

【常德中车新能源汽车扩能项目竣工验收】 2021年1月5日，德源集团投资建设的常德中车新能源汽车扩能项目顺利竣工验收。该项目于2019年1月正式开工建设，2020年12月完成合同内全部施工内容，总建筑面积为332923.04平方米，总投资约40亿元，是常德经开区乃至常德市1号重点工程。

【湖南省委副书记、代省长毛伟明调研常德中车新能源汽车项目】 1月6日，湖南省委副书记、代省长毛伟明一行抵达常德中车新能源汽车有限公司，专程调研建成投产的新能源乘用大巴“超级工厂”。省政府秘书长王群，市委书记、市人大常委会主任周德睿，市委副书记、市长邹文辉，市委常委、市委秘书长罗先东，副市长汤祚国，常德经开区党工委书记李育智，常德经开区党工委副书记、管委会主任邹如龙等参加调研。

【常德经开区百兆瓦级多电源融合技术实验验证平台项目竣工验收】 德源集团承建的常德经开区百兆瓦级多电源融合技术实验验证平台项目于2021年10月正式竣工验收，并于11月获批市“三院三中心”（“三院三中心”是指重点支持的科技创新平台，三院：常德中科多源电力融合技术研究院、湖南新合新生物医药有限公司——华东理工大学甾体药物协同创新研究院、西安交通大学——常德协同创新研究院。三中心：人工智能与生物医药研究中心、农业生物大分子研究中心、正大国际绿色生物技术联合重点实验室），12月，获批省新型研发机构。验证平台正式运行后，将催生常德经开区源网荷储一体化项目建设和投资75亿元的储能微电网产业园形成，在常德市打造成多网合一、全国领先、全方位多源融合微电网系统服务的综合基地。

【常德经济技术开发区工业互联网云平台入选《2021年湖南省省级工业互联网平台建设计划》】 5月17日，常德经济技术开发区工业互联网云平台被列入《2021年湖南省省级工业互联网平台建设计划》。该项目是德源集团与华为公司联合打造的针对常德经开区园区企业进行智慧化服务的专业平台，平台建成后将为园区企业产能提高、园区制造业升级做出贡献。

【常德港项目签约】 11月10日，常德港项目签约暨合资公司揭牌仪式在常德港德山港区盛大举行，德源集团与深圳市盐田港股份有限公司正式签订《常德港合资经营合同》，盐田港港航发展（常德）有限公司正式揭牌，将按照市委、市政府“一核双极六港区”规划，整合全市港口资源，高标准建设各个港区，将常德港打造成泛湘西北航运中心，助力常德经济社会高质量发展。

（戚丹琼）

生态环境

综述

【概况】 2021年，全市上下坚持以习近平生态文明思想为指导，始终保持生态环境保护战略定力，深入打好污染防治攻坚战，持续改善生态环境质量，狠抓突出生态环境问题整改，全力服务高质量发展，实现“十四五”生态环境保护工作的良好开局。生态环境保护工作考核继续保持全省先进位置，土壤污染防治、农村人居环境改善等获得省政府真抓实干督查激励，排污许可工作获评全省先进，“三线一单”（生态保护红线、环境质量底线、资源利用上线和生态环境准入清单）管控工作被评为全国表现突出集体，桃花源旅游管理区获评国家“两山”（绿水青山就是金山银山）实践创新基地，临澧县、澧县成功创建省级生态文明建设示范县。

（俞开海）

【自然生态保护】 2021年，常德市生态环境状况等级保持为优。全市林地面积83.07万公顷，森林覆盖率48.01%，活立木蓄积量4363.23万立方米。湿地面积19.07万公顷，占国土面积10.5%，其中纳入保护的湿地面积13.67万公顷，湿地保护率71.66%；完成湿地修复项目总面积207.13公顷。生态保护红线面积调整为3306.56平方千米，占国土面积18.19%。自然保护地整合优化为2类32处，总面积20.51万公顷。石门县、桃源县、澧县、安乡县、汉寿县等5个国家和省重点生态功能区生态环境质量状况良好。

（陈　晖）

【固体废物处置】 2021年，全市一般固废工业固体废物综合利用量约260万吨，处置量约4.5万吨，共计约264.5万吨；全市工业危险废物处置量约7万吨，其中生活垃圾飞灰处置约3.9万吨，危险废物（包括医疗废物）无害化处置率达到100%，主要是生活垃圾焚烧飞灰、冶炼废渣、煤焦油等。开展危险废物专项整治三年行动集中攻坚阶段工作、大排查大整治工作，切实加强事中事后监管，提升危险废物信息化监管能力和水平。全市持有危险废物经营许可证单位10家，危险废物利用能力为每年22.18万吨，可收集、贮存、处置、利用的危险废物类别有废矿物油、废铅酸蓄电池、氟废渣、铝灰渣和二次铝灰、医疗废物等；每年医疗废物处置能力为3600吨。

（胡万富）

【污染物总量控制】 2021年，减排目标任务全面完成，上报主要污染物挥发性有机物、氮氧化物、化学需氧量、氨氮比2020年分别削减262吨、623吨、5600吨、650吨，超过省下达常德市任务量。

（岳　健　赵　军）

【生态环境部环境工程评估中心排污许可培训】 4月12日，生态环境部环境工程评估中心在常德市开展《排污许可管理条例》框架下企业守法专题培训，生态环境部综合司副司长万军和生态环境部评估中心副主任邹世英为全省生态环境系统干部职工授课。新颁《排污许可管理条例》自2021年3月1日起施行，未依法取得排污许可证的单位不得排放污染物。排污许可证是当前环境管理制度的一项重大改革，是落实企业环保主体责任的有效手段，也是环境执法监管的重要依据。培训共2天，培训内容涵盖《排污许可管理条例》文件解读、企业排污许可证质量控制要求及典型案例解析、企业环境管理台账与执行报告填报要求、企业排污登记主体责任及义务、企证后监管与执法要点与案例分析等。2020年，市生态环境局被生态环境部表彰为全国排污许可先进工作集体。2021年，常德市又被生态环境部确定为环评与排污许可制度衔接试点市。在实现排污许可全覆盖后，全市积极加强探索，形成一个标准的发证体系、一个有效的联动机制、一个协同的工作模式、一个以点带面的工作方法的“四个一”证后管理的常德经验。

（游子荣）

环境质量

【概况】 市城区环境空气质量优良天数比例85.5%（优良天数312天，重污染天3天），$PM_{2.5}$年均浓度为41微克/立方米，PM_{10}年均浓度为51微克/立方米；综合指数3.65，全省排第九名，在全省6个通道城市中排第二名。纳入省考核的7个县市空气质量全部达到国家二级标准，综合指数均排全省前70名。

46个省控及以上考核断面水环境质量全面达标，优良率89.1%，其中Ⅰ类1个、Ⅱ类35个、Ⅲ类5个；沅、澧“两水”干流断面水质均保持在Ⅱ类；13个县级及以上饮用水水源地水质全部达标。西洞庭湖蒋家嘴断面总磷浓度下降至0.048毫克/升，突破性地达到Ⅲ类。

常德市城市区域噪声测点数为146个，等效声级为57.1分贝，区域声环境质量等级为一般。常德市城市道路交通噪声测点数为59个，等效声级为66.6分贝，道路交通噪声环境质量等级为好。常德市城市声功能区噪声测点数为11个，昼间达标率为100%，夜间达标率为100%。

（罗　玲）

【土壤环境管理】 全面完成886.67公顷严格管控区退出水稻生产、实施结构调整工作任务，并落实安全利用措施面积2.56万公顷，完成上级下达的年度任务指标。持续推进涉镉等重金属重点行业企业排查整治，完成两轮涉镉排查，共排查企业96家次，新增涉镉污染源企业1家，该企业已制定整治方案并完成整改和销号。全面加强土壤污染重点监管单位管理，2021年全市36家土壤重点监管单位自行监测和隐患排查任务全面完成。严格污染地块准入管理，更新2021年度污染地块和疑似污染地块名录，加强部门联合监管，落实重点建设用地用途管制。

（李沅知）

【水环境质量】 2021年1—12月，全市地表水水质总体为优。55个监测断面中（澧县东洲断面因实施水环境综合治理工程，未纳入统计），Ⅰ～Ⅲ类水质断面50个，占90.9%，Ⅳ类水质断面5个（汉寿县安乐湖、澧县北民湖、鼎城区冲天湖、安乡县珊珀湖、汉寿县胭脂湖），占9.1%。其中，沅水流域、澧水流域、环洞庭湖流域总体水质均为优，47个断面均达到Ⅰ～Ⅲ类水质；湖库8个监测断面中，Ⅲ类水质断面3个，占37.5%，Ⅳ类水质断面5个，占62.5%。

2021年1—12月，46个省控及以上考核断面中，Ⅰ～Ⅲ类水质断面41个，占89.1%，Ⅳ类水质断面5个（汉寿县安乐湖、澧县北民湖、鼎城区冲天湖、安乡县珊珀湖、汉寿县胭脂湖），占10.9%。

（赵　军）

【大气环境质量】 市城区环境空气质量状况。2021年1—12月，市城区环境空气质量优良天数312天；优良天数比例为85.5%，与2020年同期（84.7%）比较上升0.8%；综合指数为3.65；$PM_{2.5}$年均浓度为41微克/立方米；PM_{10}年平均浓度为51微克/立方米。按环境空气质量综合指数评价，常德市在全省14个市州中排名第九名。

区县市环境空气质量状况。2021年1—12月，14个区县市（含管理区，下同）环境空气质量平均优良天数比例为92%，综合指数为3.15。纳入全省综合排名的7个县市综合指数为（2.68～3.2），排名分别为桃源县第17名、津市市第29名、澧县第45名、汉寿县第48名、临澧县第51名、安乡县第58名、石门县第69名。全市14个区县市综合指数为（2.68～3.77），排名从好到差依次为桃源县、津市市、西湖管理区、西洞庭管理区、澧县、汉寿县、临澧县、安乡县、柳叶湖旅游度假区、石门县、经开区、武陵区、鼎城区、高新区。

【噪声环境质量】 2021年，常德市城市声功能区噪声测点数为11个，其中1类区1个、2类区5个、3类区3个、4类区2个，昼间达标率为100%，同比上升3.1个百分点；夜间达标率为100%，同比上升15.6个百分点。常德市城市区域噪声测点数为146个（网格大小为1000米×1000米），等效声级为57.1分贝，同比下降1.7分贝，区域声环境质量等级为一般。常德市城市道路交通噪声测点数为59个，等效声级为66.6分贝，同比下降2.8分贝，道路交通噪声环境质量等级为好。

（岳　健）

【环境质量监测】 组织完成“十四五”常德市地表水环境质量监测网优化调整工作。全市共设置水环境监测断面73个，其中国控考核断面13个、省控考核水质监测断面33个，市控考核断面10个，省级专项监测断面8个（其中，马家吉河的新河闸上游1000米、靳家湾电排下游150米2个断面纳入市控监测断面，在此处不纳入统计）、市级专项监测断面5个、考核其他省市断面4个。组织开展城市环境空气质量监测、水环境质量监测、千吨万人及千人以上农村饮用水水源地水质监测。

（罗 玲）

【首次启动重污染天气橙色预警指令】 12月9日，常德市蓝天保卫战指挥部发布重污染天气橙色预警指令（2021年1号），首次启动空气重污染橙色预警。各级各部门立即行动，严格执行《常德市特护期污染天气应急减排方案》（常政办函〔2020〕12号）及应急减排清单，暂停基础开挖、填充等污染严重的土石方作业及征拆工程，施工工地暂停施工，承担相应工程的渣土车应停止运输，非煤矿山、砂石料场、石材厂和石板厂等禁止露天作业，工业企业按要求实施错峰生产，各类柴油货车和老旧车（含拖拉机）实施限行绕行。12月11日常德市环境空气质量脱离重度污染，立即解除重污染天气橙色预警指令（2021年1号）并启动轻中度污染天气指令（2021年9号）。常德市2021年共发布轻中度应急响应指令9次、黄色预警指令2次、橙色预警指令1次。

（岳 健）

生态创建

【概况】 2021年，常德市坚决贯彻落实习近平生态文明思想，积极践行“绿水青山就是金山银山”理念，不断加大生态文明建设推进力度，着力完善生态文明建设工作推进机制，生态文明建设成果不断显现。将生态文明建设示范创建工作作为推进污染防治攻坚战的重要抓手，不断夯实生态环境基础，补齐指标短板，建设指标和基本条件均已达到省级生态文明建设示范市创建标准。桃花源旅游管理区成功获得生态环境部授予的第五批全国“绿水青山就是金山银山”实践创新基地表彰奖励，是常德市第1个、湖南省第4个获该殊荣的区县。打造一批国家级、省级生态文明建设示范县，临澧县、澧县成功创建第三批湖南省生态文明建设示范县。组织开展第二批市级生态文明建设示范镇村遴选工作，其中临澧县修梅镇和鼎城区花岩溪镇茄子冲村等14镇15村生态文明建设成效显著、亮点突出，经验突出，获得生态文明建设示范镇村命名。加强生态文明建设宣传，结合六五环境日宣传活动举办生态文明建设成果展览，人民群众对生态文明建设的满意度、参与度不断提升，全民参与、人人支持创建的良好氛围已形成。

【常德市“绿盾”自然保护地强化监督专项行动成效显著】 2017年来，按照国家、省统一部署，常德市针对自然保护地范围内的环境风险隐患，持续组织开展“绿盾”自然保护地强化监督工作。为组织开展好此项工作，市生态环境局联合市自然资源规划局、市交通运输局、市水利局、市农业农村局、市林业局，每年制定“绿盾”自然保护地强化监督专项行动方案，明确有关市直单位、各区县市党委政府、自然保护地管理机构的工作责任，同时成立专项工作小组，建立督查考核机制，持续推进常德市各级各类自然保护地卫星遥感问题及暗访巡查发现问题整改。截至2021年年底，常德市2017—2021年“绿盾”自然保护交办的403个问题，均已完成整改验收销号。特别是西洞庭湖国家级自然保护区实验区三汊障水域投肥养殖问题、欧美黑杨种植问题、水产养殖污染环境问题的整改，对保护好西洞庭湖重点生态功能区生态环境质量发挥重要作用。2021年6月，常德市自然保护地强化监督工作经验，在湖南省自然生态保护工作会议上交流推介。

【桃花源旅游管理区成功创建全国“绿水青山就是金山银山”实践创新基地】 近年来，桃花源旅游管理区深入贯彻习近平生态文明思想，牢固树立绿色发展理念，坚持以环境保护为主责，以文旅融合为主导，以“两山”转化为主线，通过采取加法添绿、减法减负、乘法增效、除法固本等有力措施，开创生态环境保护和社会经济发展有机统一的良好局面，真正把最美的风景变成群众的幸福光景，把桃花源的最美颜值变成乡村群众的富民产值。2021年10月，在云南昆明召开的全球《生物多样性公约》第十五次缔约方大会（即“COP15”）期间，桃花源旅游管理区因在推动“两山”转化成效显著，和全国48个区县市一道，获得全国第五批“绿水青山就是金山银山”实践创新基地命名表彰，成为常德市第1个、湖南省第4个获该殊荣的地区。

【常德市重点保护物种调查取得阶段性成果】 2021年，市生态环境局和湖南文理学院合作，组织开展常德市（洞庭湖区）重点保护物种调查工作。经调查，常德市共有各类脊椎动物794种，其中哺乳类80种、鸟类548种、爬行类109种、两栖类57种，含国家一级保护动物36种，国家二级保护动物133种，中国特有动物27种，湖南省重点保护野生动物268种；常德市共有鱼类152种，含国家一级保护物种1种、国家二级保护物种2种，列入《中国濒危动物红皮书（1998）》的2种，列入《湖南省地方重点保护野生动植物名录》的4种；常德市共有各类维管束植物3298种，其中蕨类植物406种，裸子植物46种，被子植物2846种，含国家一级保护植物7种，国家二级保护植物72种，列入CITES（濒危野生动植物种国际贸易公约）附录的植物87种。此次重点保护物种调查是常德市近十年来开展的一次较为全面、系统的生物多样性调查工作，进一步摸清常德市重点保护物种的种类、分布、数量和生存状况，为科学评估常德市生物多样性现状，全面提升常德市生物多样性保护水平和监管能力打好基础。

（陈　晖）

环保督察

【概况】　2017年后，2轮中央生态环保督察、4次长江经济带警示片、2次省生态环保督察、1次省生态环境警示片，共向常德市交办149个问题。截至12月底，应于2021年年底前销号的124个问题，已全部销号，销号进度和质量均居全省第一。在中央层面交办问题整改上，2020年前交办的33个问题已销号32个，余下的安乡珊珀湖水质综合治理问题已实现阶段性销号，2021年珊珀湖总磷浓度同比下降33.7%，水质稳定在Ⅳ类；第二轮中央生态环保督察交办的30个问题中，应于2021年销号的10个问题全部销号。通过从严加强整改，一些遗留的老大难问题得到有效解决，人民群众生态环境获得感、幸福感和安全感不断增强，2021年常德市生态环境满意度96.4%，继续保持全省第一。

【省环保督察“回头看”】　经湖南省委、省政府批准，湖南省第四生态环境保护督察组于2020年10月23日至11月6日对常德市开展生态环境保护督察“回头看”以及西洞庭湖生态环境保护专项督察，督察期间交办常德市群众信访举报件15批次、150件。督察组于2021年2月25日向常德市委、市政府进行反馈，共交办32个深层次突出生态环境问题。督察组组长袁友方通报督察报告，邹文辉市长主持会议并作表态发言。张在峰副组长，督察组有关人员，常德市委、市政府有关领导，有关部门和各县市区党政主要负责人等参加会议。3月4日，常德市召开省生态环境保护督察“回头看”反馈问题整改专题调度会，副市长尹正锡出席会议并讲话。

【中央环保督察】　中央第六生态环境保护督察组于4月6日至5月6日进驻湖南省开展生态环境保护督察工作。4月6日，督察进驻动员会在长沙召开，督察组组长徐敬业、副组长叶民就做好督察工作分别作讲话，湖南省委书记许达哲作进驻动员。4月18—22日，督察组到常德开展下沉督察。7月16日上午，中央第六生态环境保护督察组督察湖南省情况反馈会在长沙召开。常德市委、市政府主要领导在常德分会场参加会议。会议结束后，市委书记立即主持召开常德市贯彻落实第二轮中央生态环境保护督察反馈意见指出问题整改部署会，市委、市人大常委会、市政府、市政协、常德军分区有关负责人，市中级人民法院、市人民检察院以及市直有关单位和各区县市、市直六区主要负责人参加会议。

【省人大到常德督导中央环保督察反馈问题整改工作】　11月11日，省人大常委会党组书记、副主任刘莲玉率队到常德，开展第二轮中央环保督察反馈问题整改情况督导。刘莲玉一行先后到穿紫河余家垱泵站、穿紫河东段水系综合整治工程、常德港德山码头以及汉寿县，就第二轮中央环保督察反馈问题整改情况进行督导。随后召开的第二轮中央环保督察反馈问题整改情况常德督导会，市人大常委会党组书记、代理主任余怀民重点介绍常德人大依托立法保护地方生态环境，积极发挥代表作用、组织五级人大代表对全市536个排污口进行对口监督等经验做法。市人民政府副市长尹正锡汇报整改有关情况。省人大财经委主任委员张亦贤、省人大环资委主任委员文志强、省人大常委会研究室主任王向前、省人大常委会副秘书长杨志勇等，以及省生态环境厅、省农业农村厅相关负责人参加调研或督导。市人大常委会副主任王先蒙、戴君耀、宋云文、杨易，市人民政府副市长尹正锡，市中级人民法院院长张经伟，市人民检察院代理检察长刘有仁，市人大常委会秘书长李绍霞分别参加有关活动。

（刘仕稳）

污染防治攻坚

【概况】　坚持以省污染防治攻坚战“夏季攻势”明确常德市的9大类155项任务为重点，挂图作战、聚力攻坚，“夏季攻势”任务全部完成。2022年2月25日，在全省生态环境保护工作大会上，常德市就深入打好污染防治攻坚战作典型经验介绍。蓝天保卫战。深入开展工业炉窑、挥发性有机物、机动车尾气、非道路移动源、餐饮油烟、扬尘、油品、“散乱污”企业、禁烧禁燃禁炮等9大专项整治行动，全市60家有烧制工艺的砖瓦企业全部安装在线监控设备并正常运行；市城区35蒸吨及以下燃煤锅炉全部淘汰，全市火电行业和65蒸吨及以上燃煤锅炉超低排放改造、5家新型干法水泥厂脱硝升级改造、65家涉气企业VOCs综合整治全部完成；全面禁止秸秆露天焚烧，执行处罚29处；科学调整“三车”（洒水车、垃圾清运车、雾炮车）作业时间，科学调度企业错峰生产，探索形成臭氧污染防控的有效办法。碧水保卫战。紧盯“一湖两水”（洞庭湖、沅水、澧水），扎实推进62项洞庭湖总磷污染控制与削减任务，西洞庭湖总磷浓度同比下降20%；狠抓美丽河湖建设，西毛里湖、沅江鼎城段、桃花源水溪河获得湖南省“美丽河湖”称号；大力实施饮用水水源保护提质三年行动计划，整治饮用水水源地突出环境问题47个，有效确保人民群众饮水安全；全面开展排污口排查整治，创新出台排污口管理规定，形成全市排污口监管“一张图”。净土保卫战。绘制受污染耕地“监测分布图”，2.56万公顷轻中度污染耕地安全利用，886.67公顷重度污染耕地严格管控，重度污染耕地全部退出水稻生产。高位推动矿产资源开发利用专项整治，全市采矿权数从2020年年底的237家减少到2021年年底的146家，矿产资源开发利用秩序彻底好转；大力开展绿色矿山建设两年攻坚行动，全市建成绿色矿山28家，32家石煤矿全部关闭退出并完成生态修复。

【省环保大会】 2月25日下午，省政府在长沙召开全省生态环境保护工作电视电话会议，会议通报2020年度污染防治攻坚战考核结果，常德市被评为优秀等次市州。副市长尹正锡在主会场就常德市污染防治攻坚战工作作典型发言。

【污染防治攻坚战“夏季攻势”动员会】 5月19日下午，全省污染防治攻坚战2021年“夏季攻势”动员电视电话会议在长沙召开，省长毛伟明出席会议并讲话。会后，常德市立即召开会议进行部署落实。市委副书记、市长邹文辉出席并讲话，副市长尹正锡主持会议，市政府秘书长李正才参加会议。

【市生环委全会】 3月22日，常德市生态环境保护委员会2021年第一次全体会议召开，市委副书记、市长邹文辉出席会议并讲话，市委常委、常务副市长罗毅君，副市长尹正锡，常德经开区管委会主任邹如龙，市政府秘书长李正才参加会议。各区县市政府（管委会）主要负责人、生环委办公室主任，市直有关单位主要负责人参加会议。7月16日下午，常德市生态环境保护委员会召开2021年第二次全体会议，市委副书记、市长邹文辉出席会议并讲话。市委常委、常务副市长罗毅君主持会议，副市长尹正锡作工作报告，市政府秘书长李正才参加会议。

（俞开海）

环境科技与产业

【概况】 持续推进长江生态修复驻点工作，完成《常德市“一湖两水”流域水环境问题解析及总磷污染溯源研究》《常德市西洞庭湖区芦苇资源化综合利用研究》《常德市农业面源污染防治专项规划》的编制，为助力常德市深入打好污染防治攻坚战提供有力的科学支撑。同时顺利完成长江流域水环境治理修复驻点跟踪研究工作（一期）的验收，谋划开展二期的驻点研究工作。

组织常德市环保企业参加湖南国际绿博会，组织企业申报湖南环保科研课题及环保企业“走出去”名录，完成湖南冠一颜料等31家企业的清洁生产审核评估工作，达到年度考核目标。

【长江联合研究湖南片区驻点跟踪研究工作技术验收会】 湖南省共有6个城市纳入国家长江生态环境保护修复驻点跟踪研究（一期）范围，分别为株洲市、岳阳市、益阳市、郴州市、常德市、娄底市。按照联合研究项目管理办公室部署要求，受生态环境部科财司委托，湖南省生态环境厅于2021年9月3日，以“线上视频+线下会场”相结合的形式组织召开长江生态环境保护修复联合研究湖南片区驻点跟踪研究工作技术验收会。会议听取株洲市、岳阳市、益阳市、郴州市、常德市、娄底市6个城市驻点工作组关于驻点跟踪研究工作情况的汇报，6个市生态环境局关于地方政府满意度的介绍。验收专家组严格按照联合研究项目实施方案、驻点跟踪研究课题任务书，对各驻点工作组驻点跟踪研究报告、成果汇编等材料开展审查，通过质询与讨论，专家组一致认为湖南片区6个驻点工作组均完成任务书中规定的研究任务，达到考核指标要求，同意通过验收。国家长江中心运管部副主任杨鹊平、湖南省生态环境厅相关处室负责人、驻点城市生态环境局相关负责人、验收组专家、驻点工作组负责人及骨干成员，长江中心有关人员参加会议。

（罗　玲）

环保法治与宣传

【概况】 执法监管能力不断提升。2021年，先后出台《常德市生态环境局行政处罚办理程序规定》《关于进一步明确生态环境行政执法事权划分的通知》《关于进一步明确生态环境领域行政诉讼行政复议案件等工作有关事项的通知》等制度规范，对全系统各类行政执法行为实行全过程管理。始终保持从严执法高压态势，共办理生态环境行政处罚案件160起，移送行政拘留案件13起，移送涉嫌环境污染犯罪案件3起，在全省生态环境保护执法大比武活动中获市级团体二等奖、县级团体一等奖、县级个人组合一等奖。法治政府工作获得2021年度常德市法治政府建设考核优秀单位。生态环境损害赔偿制度改革成效明显。累计办理生态环境损害赔偿案件83起、赔偿资金354.79万元，实现生态环境、自然资源、水利、农业农村、城管执法、林业6个部门和9个区县市办案全覆盖，案件查办率、查结率均居全省前列。

以中国共产党成立100周年为契机，2021年，生态环境宣传工作持续开展生态环境进学校、进企业、进社区、进机关、进乡村活动，深入宣传贯彻习近平生态文明思想，共接纳20万人次参观环保设施，在第二届全国生态文明原创诗词歌赋活动中常德市获唯一的一等奖，2个案例入列全省十佳公众参与案例，2人获全省十佳讲解员称号。“六五”环境日纪念活动吸引超万人现场观摩和互动，新华社现场云等各类平台直播观看量超过50万人次。外宣工作再创佳绩，全年在省级以上媒体上稿236条，其中央级媒体上稿21条。生态环境新媒体矩阵建设再上台阶，常德市生态环境微信公众号和新浪微博影响力在全国名列前茅，在全省稳居第一。

（王兴初　黄道兵）

【生态环境损害赔偿】　2021年，常德市生态环境损害赔偿制度改革工作取得实效，案例启动率、办结率均稳步增长，并位居全省前列，全年共开出生态环境损害赔偿罚单354.79万元。2021年，常德市率先在全省出台《常德市生态环境损害赔偿制度改革实施方案》，细化赔偿工作程序，明确赔偿职责分工，尤其明确各区县市政府（管委会）是赔偿事务的承办主体，市生态环境、自然资源、农业、水利、林业、城管6个部门分别牵头督促指导协调。2021年，常德市启动生态环境损害赔偿案例83例，办结54例（刑事判决和公益诉讼13例除外），办结率达77.14%。办结案件中，生态环境部门办结10例，市自然资源和规划局办结8例，市水利局办结5例，市农业农村局办结5例，市城市管理和综合执法局办结7例，市林业局办结19例。为提高办案效率，各级各部门还加强与市检察院、市中级人民法院的合作，与市检察院采取“4+1”模式互派业务骨干跟班学习，及时跟踪解决赔偿过程中遇到的问题；与市中级人民法院积极会商，促成中级人民法院建立内部工作机制，解决赔偿协议司法确认问题。

（王兴初）

【六五环境日活动】　6月5日，六五环境日常德会场活动在武陵区万达广场落幕。副市长尹正锡出席活动，并致辞。这是第50个世界环境日，在活动开幕式上，尹正锡向全市人民公布《2020年常德市生态环境质量状况公报》。现场环保文艺节目展演童声合唱《让中国更美丽》、“竹篙”演奏多个经典曲目。活动现场设置环保产品展示区、环保问答、环保成果喷绘展等区域。活动以“红色引领·绿色崛起——人与自然和谐共生”为主题，启动“全民行动·点绿常德”“我为生态常德代言主题活动”等活动，通过线上线下互动的形式，营造良好的宣传的氛围，倡导全社会参与到生态环境保护中来。

（黄道兵）

【生态环境应急物资储备库】　12月16日上午，常德市生态环境应急物资储备库揭牌仪式在湖南海利常德农药化工有限公司隆重举行。市生态环境应急物资储备库分为海利分库、中石化分库，由市生态环境局联合湖南海利常德农药化工有限公司、中石化常德石油分公司，采取“政企共建、资源共享”的形式筹建。储备库储备声振监测分析仪、防爆组合工具箱、水质分析仪、土壤重金属分析仪、溶解氧测定仪、便携式pH测量仪等多种救援、防护、处置设备，为常德市综合环境应急救援队伍提供充足的设备保障，基本满足常德市环境应

2021年，常德市六五环境日主题活动现场　（市生态环境局 供图）

急的物资需求。揭牌仪式后，市生态环境局还更新常德市突发环境事件应急咨询专家库，并现场为马泽民等22名专家颁发应急咨询专家聘书。专家库每3年更新一次。专家主要来源于有关职能部门、高等院校、专业企业等单位，大部分具有高级职称，将为常德市处置突发环境事件提供科学决策建议。

【生态环境综合行政执法队伍统一制式服装】 12月29日，湖南省举办生态环境保护综合行政执法队伍誓师大会，按照生态环境部和省委、省政府的决策部署，全省生态环境综合行政执法队伍全面统一制式服装。常德市生态环境保护综合行政执法支队带队参加。

（高　扬）

【业务能力提升培训班】 10月27日，常德市生态环境保护工作业务能力提升培训班举行开班仪式，副市长尹正锡出席仪式并提出培训要求，省生态环境厅、长沙环境保护职业技术学院相关负责人参加开班仪式并讲话。在培训中，来自各区县市政府、相关市直部门分管负责人和各区县市生态环境分局的主要负责人进行为期3天的集中培训。培训以“习近平生态文明思想”“长江经济带生态环境保护法律法规体系解读”“加快推进生态环境管理体制改革　坚决打好污染防治攻坚战”等课程为主要内容，着力提升各级领导干部生态环境保护意识和工作能力水平。开班仪式由市生态环境局党组书记李宏秋主持。

（俞开海）

经济管理与监督

市场监管

【概况】 2021年，常德市场监管局获“全国知识产权系统先进集体”“全国‘小个专’党建工作表现突出集体”“2021年全国清理整顿人力资源市场秩序专项行动取得突出成绩单位”“2020—2021年度全国消费维权先进集体”。

市场主体情况。截至2021年12月底，常德市市场主体总量38.47万户，同比增长9.59%，增速位列全省第七。其中，企业6.64万户，同比增长9.71%；个体工商户31.03万户，同比增长9.54%；农民专业合作社8042户，同比增长10.38%。

企业信用监管。全市共列入经营异常名录2848户（次），其中市本级324户（次），协助省局列入严重违法失信企业名单717户（次），并通过国家企业信用信息公示系统（湖南）向社会工作。全年共修复855个市场主体，其中移出经营异常名录693户，移出严重违法失信企业名单84户，处罚信息修复78户。完善企业信息公示、信用承诺、“双随机、一公开”（在监管过程中随机抽取检查对象，随机选派执法检查人员，抽查情况及查处结果及时向社会公开）监管、信用风险分类管理、守信激励、失信惩戒、信用修复等制度举措，形成行之有效的重点领域信用监管工作机制和模式，提升监管效能。

反垄断执法。以推动公平竞争审查第三方评估为抓手，深入推进全市公平竞争审查工作。市联席办委托湖南省中竞咨询评估中心对部分区县市政府和成员单位公平竞争审查制度实施情况进行评估审查。按照省联席办要求开展增量政策审查。2021年，全市对新出台政策文件进行公平竞争审查49份，其中规范性文件38份、其他政策文件11份，全部审查通过。

市场专项整治。全市各级市场监管部门以解决民生领域群众“急难愁盼”问题切入点，先后开展民生领域案件查办“铁拳”行动、涉企收费专项治理、农村假冒伪劣食品专项执法、农村药品安全专项整治等专项执法行动。75项轻微违法免罚清单得到落实，涉企收费专项行动共退还没收罚款664.92万元、“转供电”电费536万元，让市场主体感受到监管执法的温度。行刑衔接（行政执法和刑事司法相衔接）机制不断完善，各类专项执法扎实开展，3646件立案、1.08亿元罚没震慑违法者。

生物医药、常德米粉和广告产业发展。全市兑现生物医药奖补4600万余元，完成产值260.29亿

表17　　常德市2021年实有市场主体情况表

计量单位：户、%

指标	2021年	2020年	同比
全部市场主体	384701	351047	9.59
1.企　业	66352	60482	9.71
2.个体工商户	310307	283279	9.54
3.农民专业合作社	8042	7286	10.38

元、税收10.01亿元，同比分别增长24.8%、23.6%。常德米粉平台数字化建设和米粉标准体系制定工作启动，米粉保鲜技术、发酵菌种提纯技术处于研发中，规范化、集约化发展格局形成雏形，全市米粉产业年产值达35亿元。实施优质广告企业培育工程，多个优势产业项目入驻广告产业园，全市共有广告文创市场主体7353家，广告及关联产业年经营额达39.95亿元，较2020年分别增长22.1%、23.3%。

市场监督管理信息化建设。完成“互联网+监管”考核工作，平台事项梳理认领率、完成率和翔实度均为100%。完成全市1903人数字证书集中整理与发放，实现业务系统与湖南省信息化综合管理系统的对接。进一步整理现有信息资源数据，向市财政局、市商务局、市税务局、市纪委等市直单位共享数据资源，发布数据目录262个，向市“互联网+政务服务”一体化平台共享推送信息资源数据总量达1215万条。

产品商品质量安全监管。重点对农资、成品油、烟花爆竹、食品相关产品、建筑装饰装修材料、燃气、防火器材、儿童学生老人用品等11个大类产品实施专项整治和风险监测，完成产品质量检验共4077批次，合格率92.3%。完成成品油抽检325批次（其中汽油125批次、柴油200批次），合格316批次。率先开展规范产品合格证制度国家试点，让每个产品都附上“产品合格证”二维码，形成生产者标证、销售者验证、消费者识证、监督者查证的良性运行机制，实现“党委政府得民心、人民群众得实惠、市场主体得市场”的综合效益。截至年底，实施规范产品合格证企业1100多家，生成数字合格证440多万份，涵盖与民本民生相关的产品1600多种。

特种设备安全监管。持续保持全市特种设备安全形势的稳定，市局和石门局、澧县局、临澧局、鼎城局被省局评为全省特种设备安全监察工作优秀单位。特种设备“四个一”（一编码、一定检、一包保、一档案）管理全面推行，全市99家液化石油气瓶充装站全部完成气瓶质量追溯体系建设，非法违规充装行为得到有效遏制，液化石油气瓶安全形势持续好转。全面排查大型游乐设施安全隐患，87台大型游乐设施全部在检验合格有效期内。全年排查重大隐患173处，整改到位172处。

2021年6月10日，全国食品安全宣传周（湖南）启动仪式在常德举行

（周　欣　摄）

标准化管理。全年共获批国家级服务业标准化示范试点2个，省级服务业标准化示范试点项目2个，有力推动全市服务业标准化建设。常德市第一中学被国标委授予“全国青少年标准化科普教育示范学校”。发布《常德市基本公共服务标准体系及标准》，涵盖国家标准135项，行业标准76项，地方标准17项，自编标准174项，共计402项。

计量管理。积极开展加油机计量精准监管省级试点工作。按照“器具检定全覆盖”“内外管理无缝隙”的工作思路，着力把好强检申报、检定质量、维修过程、监督执法、企业自律五个关口，推行全程闭环管理工作机制，强检率、合格率、监督覆盖率、检定管理质量置信率明显提升。全市各级计量检定机构共检定各类强检计量器具17.3万台（件），合格率98%。

认证管理。积极引导市场主体申请自愿性认证，提升企业管理水平，常德2家小微企业入选全省认证帮扶服务。联合公安交警和生态环保部门，聘请专家，对全市31家机动车检测机构进行专项检查，督促提高检测质量，确保群众生命财产安全。发挥职能优势，引导企业规范发展，指导湖南金荷花休闲农庄有限公司、常德市柳叶湖生态渔业有限公司等企业实施自愿性有机认证。

食品安全监管。深入推进食品安全示范城市创建，全面落实“十二大攻坚行动”，承办全国食品安全宣传周（湖南）启动仪式暨湖南省示范性Ⅲ级食品安全事故应急演练，食品安全“5+N+X”管理模式得到省委、省政府领导充分肯定。联合农业农村、商务部门出台《常德市开展“农超企”对接保障中小微企业生活物资需求实施细则》，保障企业生活物资供应。强化冷链食品安全监管，“湘冷链”平台注册企业1794家，赋码105719张，全年流入进口冷链食品1281批次2943吨，流出进口冷链食品2750批次770吨。

【消费者权益保护】 下发《关于开展2021年“3·15”国际消费者权益日系列活动的通知》，突出2021年“守护安全 畅通消费”消费维权年主题。指导各区县市围绕重要消费节点，积极开展消费教育宣传，主动发现和重视广大消费者关心的热点难点问题，及时回应社会关切；倡导广大市场主体守法、诚信生产经营；引导消费者树立科学消费、理性维权的正确观念。高度关注消费者投诉举报的受处，并结合受处数据的分析，确定监管执法的重点，2021年，日均受处投诉举报105件，全年共受处3.8万余件，办结率98.5%，挽回损失866.2万元。

【药品安全监管】 深入开展农村药品专项整治、网上销售药品专项整治、高风险医疗器械集中整治，化妆品线上清网、线下清源等专项整治，全市298个疫苗接种点实现监管全覆盖，疫苗最小包装单位做到信息可追溯。加强药物警戒与不良反应监测，共收集上报不良反应报告9794例。常德市公安局强制戒毒所被评为全国药物滥用监测先进单位，常德市第一人民医院被推荐为全国药物警戒与不良反应监测先进单位。组织开展《杜记独角膏使用后致铅中毒风险研究》，研究成果获得国家局批复，并函告上市许可持有人修订药品说明书，完善药物安全性信息。

【质量发展】 组织开展常德市首届市长质量奖评选工作，为获奖组织和个人制作市长质量奖专题宣传片。成功举办首届“常德品牌故事大会”，近60家常德品牌参赛，重点凸显常德企业在品牌创建、培育和发展中的品牌文化，推动常德品牌、常德品质走向全国，推荐的作品在省里获2个一等奖，在全国获1个一等奖。持续探索推行首席质量官制度，2021年，新增培育首席质量官101名，累计达237名，为企业提供质量基础人才。

（李 彪）

烟草专卖

【概况】 2021年，常德市卷烟销售结构、销售收入排名保持与地区经济体量相匹配，营销网络建设更加夯实。超额完成打假打私、省标假私烟网络案件、真烟刑事案件、许可证调控年度目标任务。市烟草专卖局（以下简称市局）专卖稽查支队被评为“2017—2019年度全省卷烟打假工作先进集体”。2个党支部获全省系统示范党支部、1个党支部获市直工委先进基层党组织荣誉称号，市局工会委员会被评为全省系统2019—2021年度工会工作先进集体。纪检监察工作连续多年考核位列全省前列。个人层面，1人被评为全省系统“七五”普法先进个人、1人获“烟草行业青年技术能手”称号。1人被评为全市巾帼建功标兵，1名党员获评全省系统优秀党务工作者。获得第二十二届湖南省企业管理现代化创新成果二等奖1个，行业精益物流重点课题一类成果1个，省公司科学技术奖励二等奖2个、三等奖1个，全省系统QC成果发布三等奖2个，累计取得各类专利4项。澧县烟草专卖局获“全国烟草行业抗击新冠肺炎疫情先进集体”荣誉称号。临澧县人民政府被省两烟协调领导小组评为先进单位。澧县“3·5”非法经营案、安乡“3·13”生产销售假冒伪劣产品案获国家局重大案件专项奖励。市局代表队荣获全省系统党史知识竞赛片区赛一等奖、总决赛一等奖，市局与常德卷烟厂联队获得湖南烟草法律知识竞赛决赛团体二等奖。

坚持党建引领，使党建和业务深度融合，健全“大党建”三级目标和五级践行体系，建成由1个“至上”党建品牌、7项党建特色工作、26个党建特色活动组成的党建业务融合阵地，建设的“至上”党建品牌展示厅，被国家局经济研究所确定为基层党建联系点，被市直工委确定为党建教学基地。党史学习教育宣导室打造成“党史阵地、党建基地、思想高地、学习园地”，接待行业及社会各界参观2800余人次。紫菱“至上”党建订阅号线上活动丰富；紫菱图书馆“紫菱委员工作室”功能作用彰显；开展高效能机关创建、“三表率一模范”机关创建、文明单位、文明窗口创建。制定《为群众办实事项目清单》，组织党员开展“政治生日办实事”、“韵味助农·消费扶贫”和公益直播带货活动、“忠诚卫士双服务”、“学党史、燃激情、作贡献”活动、“我与客户共成长”、“我的市场我维护”、“守护花朵”、“我为烟农办实事”系列活动；巩固拓展脱贫攻坚成果，谋划落实乡村振兴，全市系统派驻工作队8个、帮扶干部37人、工作队员31人，深入开展结对帮扶、走访慰问活动，帮助转移就业202人，直接帮扶项目资金超300万元，帮助销售各类农副产品近30万元。

【烟草专卖监管】 发挥烟草市场综合治理多种机制长效作用，深入开展电子烟日常监管、“春雷行动”、许可证清理、打击非法经营烟叶烟丝等专项行动。强化日常监管，严控真烟异流。抓好市场监管系统、四员协同系统和社会信用信息管理融合对接，动态管控大户、完善市县“三张名单”，开展“百日攻坚”真烟治理专项行动、开展打击物流寄递环节涉烟违法犯罪活动。加强行政许可，提升监管效能。优化合理布局，推进“放管服”改革，查处无证无照经营。全年累计查获涉烟违法案件1141起，5万元以上大要案件135起，确保辖区烟草市场规范有序。年度普法教育覆盖率达100%。全年无安全事故，无刑事、治安案件。

【提升经济社会效益】 卷烟销售方面，因经营卷烟为社会解决就业7万多人。精准调控卷烟销量，卷烟打码率、送货到户率、货款结算及资金准确率均达100%，分拣及配送差错率为0。在烟叶生产方面，全年落实烟叶移栽面积5.8万亩，靠种植烟叶稳定提供就业岗位9500多个，科技兴烟促烟叶质量提升，全年收购烟叶12.8万担，实现烟农收入2.05亿元，烟农户均收入13.25万元，户均收入同比提升27.8%，实现农业特产税3987万元；划定基本烟田永久保护10万亩，桃源县盘塘镇“1+N”产业综合体实现辅业效益700万余元。企业管理方面，大力推行创新发展、精益管理、对标管理，制定新版企业标准295个，优化管理流程158个，新增管理标准44个。卷烟营销打造中高端品牌培育体系，建立工商信息共享机制，强化数据分析应用，建立营销数据资讯研判机制，零售客户盈利水平不断提升。超额完成烟箱循环利用和托盘联运任务，助力绿色低碳发展，建成全省系统首个恒温恒湿雪茄烟专储仓库并投入使用。烟叶生产出台烟叶产业高质量发展激励奖励办法，在桃源县盘塘镇打造万亩烟区产业综合体，通过多元发展为烟农增收240万余元，为烟农亩均节省烘烤成本300元左右。

【深化转型发展】 理念转型。适应新常态新形势，持续构建和深化执行架构体系，确立“十四五”发展主基调。通过“赋能终端、引领发展”“数字赋能、创新发展”，建立以年度主题为中心的重点工作模式，以重点突破引领全域发展。机制转型。建立健全内部工作机制，防范化解各类风险。以财务信息化、智能化为抓手，实现党费、工会经费集中支付，如期完成共享中心烟叶支付模块、卷烟货款模块上线运行。主动开展智能报表项目研究，在全省系统率先创建财务能人室。完善基于信息化的企业目标看板运作机制，目标导向的企业管理框架建设更加明确。建立经济运行小组分析、研判与预警机制，深挖数据潜能，运行调控更加科学精准。大力推动信息化专业服务，助力业务信息化系统上线推广与维护。高标准建设信息化基础设施，打造信息安全防护体系。基础转型。成立雪茄烟专班，打造雪茄终端体系，探索常德雪茄营销模式，成功承办全省系统雪茄烟现场会。围绕客我关系，加强对客户的培训、帮扶，工商协同开展专题宣讲近百场，推动客户服务从“单向”传递转变为“双向”成长。区域物流建设有力推进，顺利完成常张区域物流业务融合试点，实现对张家界慈利县区域卷烟配送。强化烟农服务，广泛开展宣传培训和技术指导，整体增收超过750万元，烟农获得感不断增强。立足新形势深化打假打私机制建设，巩固大案要案齐抓共管、联合执法长效机制，打假打私震慑力度增强。队伍转型。突出选优配强干部队伍，一体推进干部“选育管用”全链条机制建设，激发干部职工干事创业活力。

（杨开明）

2021年2月2日晚，常德市烟草专卖局开展爱心助农公益直播带货活动，一个半小时里，为村民销售价值近10万元农产品（朱冬辉 摄）

自然资源管理

【概况】 2021年，常德市自然资源管理获省政府真抓实干督查激励表扬，绩效考核位列全省自然资源系统第一。

要素保障。用地报批服务有效，全市累计批回新增建设用地159宗1333.33公顷，市本级批回29宗333.67公顷，重大工程、基础设施、民生用地应保尽保。征地拆迁推进有力，全市完成征地800公顷，拆迁2590户80万平方米，其中市本级完成征地284.47公顷，拆迁1346户39万平方米。土地市场规范有序，全市供应土地1505宗1133.33公顷，出让价款209.89亿元，其中市江北城区出让土地21宗105.07公顷，共收回土地出让价款91.8亿元。更新基准地价，健全地价体系，落实净地供应，实施工业用地弹性年期出让、园区周转用地等政策，助力“五好”园区建设。强力推进节约集约用地，全市处置批而未供土地780公顷，处置率排名全省第一；处置闲置土地586.07公顷，处置率排名全省第三。

资源保护。耕地保护卓有成效，出台耕地保护18条硬措施，制订行政考核办法，建立经济处罚机制，开展制止耕地“非农化”专项行动，耕地动态监测解冻解扣率全省第一，耕地和基本农田得到特殊保护，面积和质量稳居全省第一，连续20年实现耕地占补平衡。耕地保护专项规划编制成果率先完成，全市耕地保护一张图基本形成。自然资源资产清查试点和资产所有权委托代理试点等工作有序推进。矿山整治工作，全面完成矿产资源开发利用专项整治，关闭砂石土矿138家、石煤矿山32家、其他矿山59家，全市采矿权数减少至144家，建成绿色矿山36家。生态修复工作，166家矿山完成生态修复，中央生态环境保护督察“回头看”、长江经济带生态环境警示片反馈问题、“洞庭清波”专项行动等交办的17个问题全部完成整改。穿紫河生态治理被人民网、新华网、《光明日报》、《中国自然资源报》等众多央媒联合采访报道。桃花源旅游管理区入选第五批“绿水青山就是金山银山”实践创新基地。汉寿县西洞庭湿地修复工程被评为全省首届国土空间生态修复十大范例之一。澧县闸口碎石场生态环境损害惩罚性赔偿案件，系全省首例通过磋商解决的案件，工作经验被检察机关推广。督察执法卓有成效，出台《常德市自然资源执法监察动态巡查工作制度》《立案查处自然资源规划违法行为工作规范》《关于建立自然资源规划部门与公安部门联合执法协作机制的意见（试行）》，强化执法监察动态巡查和建设工程规划批后监管，全市立案查处自然资源违法行为126宗，移送纪检监察等部门处理19人，移送司法机关21人，移送城管执法部门126宗，曝光典型案例10期48件，达到“查处一宗案件、震慑一方违法”的良好效果。强力推动月清“三地两矿”，新增违法用地处置月清月结，存量违法用地整改到位率排名全省第一，连续9年没有被部、省约谈问责。临澧县陈富矿业非法开采案查处案卷被自然资源部评定为优秀卷宗。

民生服务。“放管服”改革有深度，高质量完成“多测合一”改革试点工作［“多测合一”是指按照“统一标准、统一测绘、成果共享、依法监督”的原则，在建设工程项目竣工验收阶段，由建设项目业主单位选择一家同时具备工程测量、不动产测绘（地籍测绘和房产测绘）资质的测绘单位开展规划、用地、房产、绿地、消防、人防及地下管线的测量工作，为建设工程项目联合竣工验收一次性提供相应的测绘成果和数据］，试点经验在其他市州复制推广，1087宗测绘项目上线运行，上线率100%。深化审批服务“三集中三到位”改革，办事流程再造，办结时限再减，真正实现“一窗受理、一窗办结”。全面推行“交房即交证”改革，24个新建楼盘实现“交房即交证”，惠及群众3万余人。率先施行不动产登记刷脸认证、水电气统一过户、1小时直通车等便民措施，切实方便群众办事。农宅一体登记和化解房地产办证问题有温度，完成农村宅基地和集体建设用地房地一体确权登记颁证工作，化解问题楼盘171个，办理分户登记2.8万户，化解率为98%，在全省推进新建商品房“交房即交证”改革工作部署会议上作典型发言。地质灾害防治有力度，层层压实工作责任，安装地质灾害隐患自动化监测设备243处，发布预警信息383次，提前转移危险区居民群众493户1335人，连续6年实现地质灾害“零伤亡”。石门县雷家山滑坡避险案例入选全国地质灾害成功避险十大案例。基层基础工作有厚度，整体调高征地补偿标准，切实维护被征地农民合法权益。顺利完成智慧常德时空大数据项目建设，测绘地理信息服务水平不断提升。大力推进法治政府建设，“七五”普法工作被自然资源部通报表扬。建立领导接访包案制度，妥善处理群众各类咨询诉求1046起。

【常德市党史学习教育地图发布】 4月30日，《常德市党史学习教育地图》正式发布。以一张图的形式直观展现常德革命旧址、革命博物馆、纪念场馆、爱国主题教育基地及相关事件和历史人物信息，重点标绘134处红色革命遗址遗迹、6处重要革命纪念场所、23处党史学习场地，服务全市党史学习教育大局。

【常德不动产登记服务品牌“e德登”推出】 6月25日全国“土地日”，常德市自然资源和规划局推出不动产登记服务品牌“e德登”，围绕这一品牌确定的卡通形象代言人“登小二”也正式亮相。“e德登”是常德方言“易得登”的谐音，意指不动产登记方便、快捷、高效。名称中“e”，字体仿效互联网电子邮箱email的形体，意指不动产登记改革运用现代化的手段大力推进“互联网”；“e”同时也是“1”的谐音，呼应正在不断深化的“一件事一次办”“一窗受理一次办结”不动产登记改革。“德”指常德，“登”指不动产登记。“登

2021年6月25日全国"土地日"，常德市自然资源和规划局推出不动产登记服务品牌"e德登"及卡通形象代言人"登小二"（市自然资源规划局 供图）

小二"则是"e德登"品牌的服务形象，意指不动产登记中心全体工作人员，愿意充当用心用情为企业和群众服务的"店小二"。

【自然资源部"人与自然和谐共生"主题采访走进常德】 10月9日，由《光明日报》、中新社、澎湃新闻、《半月谈》、人民网、新华网等10多家主流媒体和网络新媒体记者组成的央媒采访团，对常德市穿紫河生态治理与综合开发以及常德海绵城市建设工作进行实地考察采访。为"以习近平生态文明思想为指引——人与自然和谐共生"主题采访湖南行活动的第一站。在常德期间，采访团一行深入穿紫河、常德河街、船码头机埠、柳叶湖旅游度假区等地，实地考察采访穿紫河流域全线截污、降堤修闸，改造修建后的雨水泵站、调蓄池、生态滤池、河道生态岸线等建设工作。穿紫河是流经常德市城区的一条千年古运河，但随着城市化进程加速，河道因城市扩张被分割成多段水体，众多原因使穿紫河水体污染加剧、流域生态环境恶化。2006年，常德市政府启动穿紫河生态修复治理工作，开展中欧合作的穿紫河流域海绵城市"水生态、水安全、水环境、水文化、水资源"五位一体建设。经过不懈努力，穿紫河由曾经的"臭水沟"转变为集"文化河""商业河"和"旅游河"于一体的城市生态系统和生态价值实现平台，为整座城市和居民带来源源不断的生态产品和综合效益，成为名副其实的城市"金腰带"。

【省自然资源厅党组书记、厅长陈仲伯到常德调研】 10月12日，省自然资源厅党组书记、厅长，省自然资源总督察陈仲伯一行到常德调研，召开片区（湘潭、常德、怀化、湘西自治州）执法工作推进会，将常德推介为全省自然资源工作的优秀典范。陈仲伯等深入常德高新区"五好"园区建设现场，实地了解中联重科建筑起重机械有限责任公司用地情况，召开座谈会，听取高新区服务"五好"园区促进节约集约用地工作情况汇报。在柳叶湖旅游度假区白鹤镇郑家河社区召开屋场会，与白鹤镇和郑家河社区基层干部群众以及驻村规划师面对面交流，详细了解耕地保护、乡村振兴、村庄规划、农民建房管理等工作。

【"不动产登记+水电气"一体联办】 10月20日，市自然资源规划局、市不动产登记中心与市自来水公司、国网常德供电公司、昆仑燃气常德分公司共同推出"不动产登记+水电气"一体化业务。市民办理二手房转移登记时，在4部门联办窗口统一办理不动产登记以及水电气过户手续，让市民只需跑一次、只到一个窗口、只交一套材料、只填一张表，就可以同时办理4项业务，真正将不动产登记"一窗受理、信息共享、集成服务"改革工作落到实处。

【矿产资源开发利用专项整治】 2021年5—10月，常德市开展矿产资源开发利用专项整治，共排查持证矿山、2016—2021年共关闭矿山、历史遗留矿山及非法采矿点等四类矿山409家，发现矿产资源、生态环境、安全生产、林业等领域问题611个（矿产资源方面245个、生态环境方面94个、安全生产方面185个、林业方面67个、其他方面20个），完成整治问题593个，整治完成率97%，矿产资源开发利用秩序得到彻底好转。

【常德集中化解房地产办证信访突出问题工作经验在全省推介】 12月14日，省政府召开全省推进新建商品房"交房即交证"改革工作部署电视电话会，常德市就集中化解房地产办证信访突出问题工作经验作交流发言。常德市成立工作领导小组，启动集中化解城建领域信访突出问题专项行动；将公寓楼、安置小区办证问题纳入群众"急难愁盼"问题化解范围；出台《关于集中化解城建领域信访突出问题的指导意见》，统筹推进房地产办证问题一揽子解决。率先在全省全面推行“交房即交证”改革，全市24个新建楼盘实现“交房即交证”。

（张联秀）

审计监督

【概况】 2021年，市审计局共完成审计项目69个，查出主要问题金额103.48亿元，其中违规金额8.3亿元，管理不规范金额95.1亿元，损失浪费金额859万元，审计后上缴财政6.8亿元，归还原渠道1545万元。向纪检监察和司法部门移送案件线索或处理事项50件，涉案人员65人，涉案金额1.7亿元。湖南常德欣运集团股份有限公司资产负债损益审计被评为湖南省审计厅优秀审计项目。常德市文化旅游投资开发集团有限公司资产负债损益审计被评为湖南省审计厅优秀审计项目。

国家重大政策措施落实跟踪审计。运用大数据对临澧县、桃花源管理区、汉寿县、安乡县等区县的重大政策落实情况开展跟踪审计。审计发现乡村振兴、农村人居环境整治、复工复产等政策不到位问题，其中8个问题被省审计厅综合报告采纳。

财政审计。市本级财政预算执行审计，突出聚焦“财政跑冒滴漏二十条”、国有企业运营、专项资金绩效、工程建设领域招投标等重点，利用计算机大数据结合GPS地理信息、矢量数据、外业图斑，对107家一级预算单位预算执行情况和自然资源资产情况进行审计调查，共发现问题88个，涉及金额51.93亿元。

经济责任审计。积极履行市经济责任审计工作联席会议办公室职责，第一次向市委审计委员会报告年度市管领导干部经济责任审计情况；起草《常德市经济责任审计工作联席会议议事规则》和《常德市经济责任审计工作联席会议办公室工作规则》，召开经济责任审计工作联席会议，联席会议成员单位之间联动协作不断加强。

政府投资审计。为做好工程建设项目招投标突出问题专项整治工作，充分发挥审计监督职能，创新采用市县审计机关“审计力量、审计项目、审计成果”三联动方式。从抽审的11个建设项目中，发现问题金额2.89亿元。对投资审计实现全面转型，退出工程造价管理领域，加强对财评审定项目和国有企业自营建设项目的审计监督。

民生资金审计。根据市政府统一安排与部署，利用大数据技术加强对基本养老保险基金、医疗保险基金、房屋维修基金、住房公积金的全面监督。采取无项目审计的方式，仅对残疾人事业发展、水环境治理等专项资金开展审计调查，发现问题13个，移送案件线索4件。

自然资源环保审计。开展市水利局领导干部自然资源离任（任中）审计，审计中运用无人机航拍和大数据技术，共发现新增河湖“四乱”、建筑物侵占岸线、河湖水库周边堆砂场等问题图斑以及新增破坏公益林等问题。

内部审计。出台《常德市内部审计人员管理办法》，并着力提升内审人员业务素质，组织专业人员参加全市《领导干部自然资产离任审计》培训、西安交通大学内审专题培训等，提高内审人员水平。强化内审工作指导与监督，全年两次对市直六区、相关市直单位及市属国有企业的内审工作开展业务指导和监督，督导其进一步完善内审机构，健全制度，合理配置审计人员，特别是对柳叶湖审计局和西湖、西洞庭审计局进行带班审计指导项目达30多个，有效推进内审工作发展，提高内审监督效能。

【国企国资审计】 进一步加大对市国企国资审计力度，对江南城发、金禹水利、经投地产等8家集团公司进行审计。以《完善国有企业和国有资本审计监督体制的意见》为契机，全力推进国有企业联网审计大数据平台建设。该建设项目已进入财政预算评审程序，可以实现对国企国资的“无项目审计”和“常态化监督”。

【信息化建设】 全局围绕“智慧审计”和“大数据审计”的设想，推进计算机审计纵深发展。出台《关于推进大数据审计工作的实施意见》《常态化数据采集及分析工作规范》，进一步督促相关部门单位加强内部信息化建设，实现数据互联，建立常态化数据采集与分析机制。在总体“智慧审计”1～3期建设的基础上总结经验和教训，加强四期建设项目的前期调研工作，使“智慧审计”项目建设日趋完善。

（徐　锐）

公共资源交易

【概况】 2021年，市公共资源交易中心积极探索不见面开标、远程异地评标、全流程电子化交易等新形式，推动全市公共资源交易改革创新。全市公共资源进场交易项目3678个，成交金额577.80亿元，居全省第三，节约资金11.47亿元，增值金额5.57亿元。

业务发展。2021年，市公共资源交易中心四大业务交易情况如下：建设工程项目成交1111个，占交易总数的30.21%，交易额341.39亿元，占交易总额的59.08%；政府采购项目成交1584个，占交易总数的43.07%，交易额36.67亿元，占交易总额的6.35%；国土资源项目成交377个，占交易总数的10.25%，交易额197.73亿元，占交易总额的34.22%；国有产权交易项目成交606个，占交易总数的16.48%，交易额2.02亿元，占交易总额的0.35%。从交易类型来看，工程建设和政府采购项目占据总交易数近8成。从交易金额来看，工程建设和国土资源交易所占比例最重。

“五化”建设。坚持以标准化为龙头，以规范化为原则，以信息化为手段，以便民化为基础，以智能化为目标，聚焦交易领域关键问题，精准发力、持续用力，不断拓展业务“五化”建设的广度和深度，提高效能。标准化建设成效初显，被国家标准委批复为全国公共资源交易服务试点，对照《国家标准化发展纲要》等相关文件要求，完成公共资源交易领域相关法律法规和政策文件的收集整理，搭建中心标准体系框架；规范化建设有序推进，场内行为管理制度和场内行为评价制度进一步细化，评标评审专家的纪律意识显著提升，中介代理机构人员场内执业更加规范；信息化建设亮点突出，创新开发国土和产权电子竞价系统，在全省率先上线住建总承包范本，省级部署下发工程建设项目中房建市政、交通、水利、工业各类的26套范本已全部上线运行；便民化措施不断完善，完善场地设施便民化，统一交易场所的标识标志，开展挂牌上岗、亮证服务活动，提升工作人员的服务意识，树立政府服务窗口的新形象。智能化建设持续深入，编制移动端业务软件开发方案，搭建完成以交易主体分类、以交易步骤为检索方式的智能客服基本框架，实现交易主体身份刷脸识别和企业免注册入库。

优化营商环境。与市发改委共同拟定《常德市2021年优化营商环境招标投标工作方案》，确保指标优化工作稳步前进；落实评标专家场内行为评价制度，联合行政监管部门对违规行为实行季度通报，全年共通报评委迟到、缺席125人次，其中工程类81人次、采购类44人次；贯彻执行《中介代理机构场内交易行为评价暂行办法（试行）》，对中介机构据实评价、严格打分，推动将评价结果纳入信用评价体系，为招标人自主选择中介机构提供翔实、准确的参考依据；完善保证金制度，与市财政局共同出台《关于限期清退政府采购项目保证金的通知》，对2020年前所有政府采购项目保证金进行清退，4月，取消政府采购保证金，提升采购活动效率。

工程建设专项整治。以工程建设项目突出问题专项整治为着力点，推进全流程电子化、不见面开标、远程异地评标、电子保函等交易新形式。拓展电子化交易覆盖面，全年工程建设进场交易项目电子化率89.44%，电子化交易量和电子化率均居全省前列；全面推行不见面开标，工程建设项目满足不见面开标条件的全部采用不见面开标，升级改造不见面开标室，可满足14个项目同时开标，单日开标容量提升3倍以上，有效减少人员聚集，降低疫情防控风险；高效推进远程异地评标，按照省级统一部署，主动申请服务器，对远程异地评标系统进行升级改造，常德市全年共开出远程异地评标项目117个。扩大电子保函应用范围，与市发改委联合发文《关于推进常德市全流程电子化招投标工作的通知》，将常德市工程建设领域电子保函的应用范围从房建市政项目扩充到工业和代建项目，自主开发常德市招投标电子保函系统，提升招投标受理的效率，全年共开出电子保函929笔，减少企业资金压力5.04亿元。

【获批国家级标准化试点】 3月，国家标准化管理委员会《关于下达第七批社会管理和公共服务综合标准化试点项目的通知》（国标委发〔2021〕5号）正式批准中心为第七批社会管理和公共服务综合标准化试点单位，项目名称“湖南省常德公共资源交易服务标准化试点”，常德市公共资源交易中心作为全省公共资源交易系统首个申报成功的市州单位，也是该批次全国唯一的地级市交易中心。9月5日，常德市召开国家级公共资源交易服务标准化试点建设试点启动会，会上，市公共资源交易中心主任刘保湘接受授牌。

2021年9月5日，国家级公共资源交易服务标准化试点建设启动会上市公共资源交易中心主任刘保湘（前右）接受授牌　（赵　磊　摄）

【常德市工程建设项目招投标“不见面开标系统”】 7月26日，常德市举行工程建设项目招投标“不见面开标系统”启动仪式。仪式结束后，现场人员观看采用“不见面开标”的工程建设项目——湖南省烟草公司常德市公司烟用物资道路运输服务项目供应商招标项目的整个开标流程，从等待开场、公布投标人、查看投标人，到投标人解密、批量导入、唱标，直至开标结束，整个开标过程不到半个小时。该系统于7月1日起开始测试运行，并于8月1日正式上线运行。不见面开标系统通过构建线上虚拟开标大厅，将传统的开标场所移到互联网上，打通招投标全流程电子化交易的“最后一公里”。该系统可以有效降低投标人成本，节省开标时间，实现全程可视，步步留痕，全程监管。常德市公共资源交易中心建成3个不见面开标直播大厅，可同时满足14个“不见面开标”项目的运行。

（肖凌雪　赵　磊）

特殊食品监管

【概况】 2021年，常德市创建特殊食品销售示范区县市6个、特殊食品销售示范单位12家。

【食品安全“护老”行动暨保健食品行业清理整治】 制作“正确选择保健食品，为健康保驾护航”宣传片、保健食品专区专柜提示牌，加大政策宣传。坚持保健食品违法经营零容忍，虚假、欺诈宣传有案必查，全市共开展“护老”执法行动4589次，责令整改416家，共立案查处各类食品保健食品违法经营案件6起，没收违法所得及罚没金额合计438.14万元。

【食盐质量安全监督管理】 实行未加碘食盐指定供应点制度，对全市98家食品生产加工企业等用盐大户进行登记造册、定期巡查。对武陵区刘某某违规从食盐定点批发企业以外的单位购进食盐，并通过电商平台销售的行为进行立案查处，没收加碘精制盐6000余包。

【婴幼儿配方乳粉经营市场】 对全市27家婴幼儿配方乳粉总代理、总经销和零售经营户进行造册登记，对总经销和总代理实行重点监管。全面整治未设置专区专柜、提示牌不醒目、警示用语不规范、产品混放销售、虚假或夸大宣传等违规销售行为。对经营婴幼儿配方乳粉的商场超市、批发市场、母婴店等重点场所，坚持点面结合、线上与线下结合、全面排查和严格整治结合的原则，实施全面监督检查。

【打击特殊食品与普通食品混放销售及普通食品冒充特殊食品销售等违法行为】 深入开展“专区专柜”规范销售示范点建设活动，严厉打击特殊食品与普通食品混放销售及普通食品冒充特殊食品销售等违法行为。通过督促销售者自查自纠、全面排查检查、狠抓问题整改、严格违法案件查办、加强督导检查等措施，全面整治未设置专区专柜、提示牌不醒目、警示用语不规范、产品混放销售、虚假或夸大宣传、经营资质不全、标签标识不合规、进货查验不到位等违规销售行为，全市共出动执法人员12409人次，检查普通食品、特殊食品生产经营企业10250家次，责令整改111家，发放宣传资料1.8万余份。

（李　彪）

海关缉私

【概况】 2021年，常德海关共审结报关单2749票，与2020年同期（同比，下同）增长35.8%，监管货运量19.4万吨，下降19.6%；税款入库1.82亿元，增长1.8%；设立加工贸易备案手册12份，备案金额1.5亿美元，加工贸易实际进出口值1.5亿美元，增长17.6%；审批减免税证6份，免税货值574.4万美元，减免两税共321.3万元；进出境货物检验检疫3976批次，增长19.3%，货值18.9亿元，下降8.1%，其中进出境动植物及产品775批次，货值2.3亿元，食品及化妆品2095批次，货值8.2亿元，工业品1091批次，货值8.2亿元。签发各类检验检疫证书证单2851份，增长41.5%，电子底账3634条，增长59%，签发原产地证书533份，增长15.9%，金额3508.5万美元，增长11.3%，为企业减免进口国关税350.9万美元。

综合监管。服务营商环境。2021年，常德海关汇总集中纳税缓解恒安资金周转压力；“两步申报”服务便利企业报检通关；免除查验环节相关费用降企业通关成本；推广企业信用管理新政，为高资信认证企业开便利通关之门；推进原产地签证管理改革创新，积极推广原产地企业自助打印签证，运用好贸易协定规则，用足用活原产地政策，为企业获取目标国关税减让1730万余元；依托电子口岸公共平台建设国际贸易单一窗口，推进单一窗口免费申报机制创新管理模式；引导企业做好RCEP（区域全面经济伙伴关系协定）实施准备工作，主动开展RCEP原产地规则和关税减让政策研究，通过分析辖区重点进出口商品，挖掘潜在政策适用对象，利用线上、线下相结合的方式，围绕国家、商品等不同专题开展宣讲，以不同产业链企业进出口实际需求为导向，提供“一企一策一清单”服务，帮助企业高效了解RCEP原产地规则，更好开拓RCEP伙伴国市场帮助企业提升认知度；持续保持打击“洋垃圾”走私进境高压态势，强化企业信用管理，积极推动构建以信用为核心的海关监管新机制。将常德市与“一带一路”沿线国家贸易情况进行分析，供领导参考。监管作业场所场地规范化管理。安全生产专项整治三年行动扎实开展，全年现场查验616单，联运中转审核（上关封）305单，进口货物核销86单，监管调运进境粮食40.6万吨；全年共启动稽查作业9起、办结9起，查发7起，其中移交案件线索4起；启动管理类核查作业65起、办结65起，接收风险类核查指令29起、办结27起，核查共查发24起，移交案件线索1起、取消备案资质10起、整改通过3起、通报企管部门9起、其他处置1起。组织召开业务政策培训会，为辖区相关企业详细解读供港澳蔬菜、水果、水产品种养殖基地考核评审各项指标要求，并对有意向企业安排海关联络员“一对一”上门指导开展基地备案评审工作，大力扶持农产品出口潜力企业。

检验检疫。2021年，常德海关全年检疫检出14起。依托常德市优质农副产品资源，充分利用粤港澳大湾区“菜篮子”工程平台，指导辖区农副产品生产加工企业巩固并开拓国际市场，提升国际影响力。常德市鸡蛋、常德米粉实现省内首批出口，大闸蟹实现国内首次出口非洲。助推常德市优质茶叶出口，持续关注贸易国家和地区茶叶准入门槛和品质要求，引导茶叶种植户规范生产，严防农药残留、重金属污染、有害微生物超标等风险，为出口茶叶质量安全提供保障，常德市出口茶叶备案基地不断增加，产品接连打入欧盟、香港等国家和地区市场。加强实蝇监测，在辖区主要果园、加工厂、口岸等布设49个监测点，针对水果季节性特点，提供线上单证预审核，实行“预约查验、即报即检”，保障鲜果快速通关。帮扶辖区鲜鸡蛋出口港澳地区，先后多次现场监督和指导，最大可能加快申报通关速度。强化种植基地监管，助力优质蔬菜出口。推出多项精准帮扶措施，通过调研走访，采取开辟“绿色窗口”、线上线下指导等方式，全方位服务，“一对一”指导企业办理出口资质、手把手教授建立出口食品安全质量管理体系、面对面介绍海关的监管要求和优惠政策、点对点地解决企业实际困难。全年共出口柑橘7923.8吨，货值1044.2万美元；出口“每日鲜蛋”供港澳242批，货值580.8万美元；各类新鲜蔬菜1.9万吨、货值1.4亿元（人民币），同比增长分别为175.1%、104.4%。

打击走私。2021年，常德海关全力推进打击走私综合治理工作。全力推进“国门利剑2021”联合专项行动，结合常德市打私形势，组织开展枪支、燕窝、农产品等走私案件办理；深化全员打私，充分运用新海廉、云擎等平台加强业务风险分析，深入挖掘案件线索，结合关区业务特点重点开展出口危化品等检验检疫业务领域的案件拓源。全年共立案侦办刑事案件2起，抓获犯罪嫌疑人12名，采取强制措施12人次，案值1.2亿元，涉税3200万元，缴获气枪3支，注销不符合要求的备案企业9家。

服务地方发展。2021年，常德海关多次向上级海关汇报、争取将桃花源机场列入国家口岸发展“十四五”规划，并为桃花源机场再次临时开放做好各项准备，桃花源机场被纳入国家口岸发展“十四五”规划；指导经开区成立平台建设专班，指定专人和团队指导协助经开区申建保税物流中心（B型）及建成后推广复制可行的自贸区改革在经开区的创新发展，保税物流中心（B型）获省政府批准申报；助力开展跨境电商业务；全力支持常德德山新港建设，指导海关监管场所申建工作，协助开展选址报批、场所建设、设备调试、验收运行等各项工作。常德海关制定调研方案，围绕“两个回流”（海关数据回流、外贸数据回流）目标，组织开展“我为群众办实事”专项调研。关领导带队深入德山经开区、汉寿县、桃源县、石门县等区县市，全面了解当前地方政府和企业诉求困难，通过调研和座谈共收集地方政府和企业各类问题20余条，制定《精准服务问题清单》和《精准服务措施清单》，打通服务企业“最后一公里”，并对辖区50多个重点外贸企业全部安排海关联络员，有针对性地开展“一对一”精准服务，切实为企业畅通业务办理渠道；指导重点企业常德天鼎丰非织造布有限公司办理第一批12台奥地利进口针刺机的减免税审批手续，指导货值393.6万欧元，减免关税240.5万元，减免增值税31.2万元。持续巩固压缩整体通关时间，1—12月，常德海关平均进口整体通关时间10.52小时，平均出口整体通关时间1.19小时，让企业通关更加高效便捷。

【开展常德市B保中心、跨境电商暨海关业务培训】 3月11日，常德海关组织在常德经济技术开发区开展常德市B保中心、跨境电商暨海关业务培训。邀请长沙海关、常德海关业务专家，为全市80多家重点外贸进出口企业相关负责人进行业务培训。常德经济技术开发区党工委书记李育智、长沙海关口岸监管处处长杨晓勇、常德海关关长叶国忠出席培训活动。常德经济技术开发区党工委委员、党政工作部部长杨丙武主持活动。各专家围绕跨境电商业务、海关稽核查业务、海关通关业务实务操作等方面，详细解读跨境电商带来的贸易业态变化、海关对跨境电商的监管模式、申请保税物流中心（B型）的基本要求、办理进出口外贸资质的相关流程等业务知识，

2021年10月29日，常德海关组织开展“人民海关为人民”海关开放日活动

（齐晓阳 摄）

并现场为与会人员答疑解惑。

【开展“人民海关为人民”海关开放日活动】 10月29日，常德海关组织开展“人民海关为人民”海关开放日活动。通过座谈会向常德市优化经济发展环境监督员展示海关工作职责、职能及服务地方开放型经济发展的各项举措和成效，现场答复各位监督员对海关工作的相关疑问，听取对海关执法把关、优化服务等方面的意见建议；现场参观海关业务大厅，介绍相关业务办理流程及情况。

（齐晓阳）

文化市场综合行政执法

【概况】 2021年，常德市文化市场综合行政执法支队全年检查经营单位4551家次，出动执法人员9939人次，办结行政处罚案件205件，行政处罚罚没187.7万元，执法案件实现12个门类全覆盖。其中全国旅游市场执法指导案例1件，文旅部重大行政处罚案件1件，全省重大执法案卷1件，省“扫黄打非”办挂牌案件1件、备案2件，省法制办抽查优秀案卷1件。

【开展专项执法行动】 净化出版物市场、保护版权，查缴非法出版物和清除网上有害信息，整治地卫设施和查处小片网小前端，开展“清源”“固边”“净网”“护苗”“秋风”等专项行动，严厉查堵各类有害出版物和言论，重点加强中国共产党成立100周年大庆前后线上线下出版物市场的清理。专项行动期间出动执法人数270人次，检查经营单位860家次，没收、销毁各类有害出版物3500余册。根据省文旅厅统一部署，上下联动开展歌舞娱乐场所有害歌曲内容专项执法检查，出动执法检查人数391人次，检查家次130次，立案8起（市支队2起），责令整改3家。

【文化行业安全监管】 对照管行业必须管安全、管业务必须管安全、管生产经营必须管安全“三个必须”的要求，在明确内部各层级责任的同时，指导企业完善各项管理制度和疫情防控措施，达到疫情防控到位、执法监管到位、安全投入到位、培训教育到位、基础管理到位、应急处突到位的“六到位”的管理目标，巡查、指导经营场所630余家次，签订安全生产管理责任状630余份。加强源头治理。开展行业风险管控、隐患排查治理工作，建立“一户一档，一企一策”管理模式，为每个经营户建一个安全生产管理档案，记录所有检查记录，并针对发现的不同问题因企施策，实行安全隐患精准销号。以“春雷”“利剑”“暑期”“三年集中行动”等专项行动为抓手，以“双随机、一公开”、跨部门联合执法检为契机，重点排查各类安全生产隐患54个，提出整改意见54条，明确整改责任单位54家次，复查销号率100%。突出监管重点。严格落实“三同时”巡查制度，将市场巡查、安全管理和疫情防控工作同部署、同检查、同落实，全面排查安全生产隐患和疫情防控工作漏洞。突出重点时间监管不缺位，不折不扣落实省厅春节、“五一”、“七一”、端午、中秋等重要时间节点文旅市场安全生产和疫情防控工作部署，确保节庆期间市场安全生产“零事故”，疫情防控“零感染”。突出重点场所监管不放松，落实“双随机、一公开”的要求，对影剧院、游泳馆、KTV、网吧等人员聚集性高，风险系数大的文旅场所，组织跨部门联合执法检查，系统清除各类安全隐患26处，严格落实对重点场所巡查每月巡查不少于1次，全年不少于12次的制度。

（彭亚琴）

科学技术与科技服务

科技

【概况】　2021年，全市高新技术产业增加值514亿元，同比增长16%。申报高新技术企业230家，认定高新技术企业总数达到479家，全年登记入库的科技型中小企业数量达到709家。全市全年签订技术合同663项，成交额共计46.7亿元，同比增长37%。获得省级以上科技奖励25项。市科技局被评为全国科技系统抗击新冠肺炎疫情先进集体、2021年科技活动周全国先进单位，获得2021年湖南省创新创业大赛优秀组织奖、2021年湖南省科普讲解大赛优秀组织奖。常德高新区入围科技部第二批企业创新积分制试点名单，成为继长沙高新区后湖南省第二家入围的国家高新区。

科技创新。2021年，全市重点企业申报全省科技创新引领和重点研发计划、“三高四新”战略产业科技攻关等省级科技创新项目80项，共争取省级以上科技计划项目358项、资金1.05亿元。中联重科全球最大上回转塔机W12000-450在常德高新区正式下线。津市醇健制药“地屈孕酮原料药颠覆性合成工艺研究与产业化”项目被推荐进入科技部颠覆性技术备选库。常德中科全球首个百兆瓦级多源电力融合技术实验验证平台在常德经开区建成运行，项目达产后可带动形成年产值120亿元、税收6亿元的微电网储能产业园。

科技合作。2021年，成功开展科技创新厅市会商工作，省科技厅将在建设创新型城市、布局重大科研项目、培育重大研发平台等方面给予重点支持。中科多源电力融合技术研究院、湖南新合新生物医药——华东理工大学协同创新研究院、西安交大——常德市产学研用合作中心建设进程稳步推进。常德经开区打造华为工业互联网创新中心，启动中国软件评测中心中南分平台建设工作，园区科技创新环境进一步优化。

高新技术产业化。石门县经开区由省政府批复为省级高新区，于2021年3月正式挂牌。全市组织2021年度“高新技术企业培育服务季”常德分会活动，指导推荐5家企业成功立项湖南省高新技术产业科技创新引领计划（2021—2022年）项目。建立科技型企业梯度培育库，分类施策与精准服务，“一对一”跟踪做好高企、科小培育工作，指导企业做好高企培育和认定申报工作。鼓励科技型企业牵头组建创新联合体，成立常德市新型储能材料产业技术创新联盟。

科技服务农村农业发展。农业科技特派员工作。2021年，常德市共有省派科技特派员23名，市派科技特派员50名，县派农业科技特派员202名，科技特派员总数275名。通过实施省市县农业科技特派员制度，加快农业产业结构调整和优势特色产业发展，实地解决在农业生产过程中的技术难题，开展大量的技术培训，提升农民素质，促进乡村产业技术创新，增加成果转化推广和科技能力提升。科技创新创业平台。常德市有19个与农业发展相关的工程技术研究中心等研发平台，8家国家级星创天地、13家省级星创天地、37家市级星创天地。21家国省星创天地建有科技成果示范基地9933.33公顷，建设线上服务平台33个，接受创业服务相关培训人员50947人。

科普活动。成功举办常德市科技活动周、科普讲解大赛，常德市青少年科技创新大赛在澧县成功举办，武陵区科普“四进”（进机关、进社区、进企业、进校园）活动纵深推进。获批24个科普专项项目，资金405万元，2021年新认定市级科普基地10家，共有市级科普基地20家，省级科普基地15家，省级科普基地数量排名全省第二。

科技服务脱贫攻坚。科技专家服务团。全市9个区县市共有科技专家服务团成员747人，均由各区县市分管科技的副县长任团长，为经济社会发展及政策咨询等方面提供强大的智力支持。2021年，全市共举办各类农业科技培训774场，参训人员达44130余人次，现场指导680余次，发放各类资料2.6万余份。临澧县科技专家服务团获省科技厅2020年度优秀科技专家服务团表彰。创新科技项目支持乡村振兴和脱贫攻坚。2021年，安排200多万元直接投入乡村振兴示范村等村集体，主要用于村集体在农业产业发展等方面。

科技服务社会发展。落实高新技术企业研发费用加计扣除政策，加大力度为中小企业“精准”纾困解难，助力企业科技创新。结合党史教育“为民办实事”活动，切实提升服务效能，强化服务意识，为科技企业办实事。积极组织举办“三名”工程（名校、名院、名所）、湖南文理学院教授博士沅澧行、“三下乡”等社会科技活动。组织党员志愿者进社区、进企业、进点村，切实发挥党员模范带头作用。

科技成果转移转化。潇湘科技要素常德分市场年初正式投入运营，潇湘科技要素大市场澧县、临澧工作站获批全省第一批区县工作站。举办“三名工程”“教授博士沅澧行”科创品牌活动，2021年，全市95家企业对接市内外名校、名院、名所60家，签订产学研合作协议117个，在全国率先设立市州级社会力量出资的科技进步奖。常德市全年完成技术合同认定登记成交额总量较2020年同期增长37%。出台《常德市获国家和省科学技术奖项目配套奖补实施细则》，安排专项资金对在本市开展成果转化的国省级科学技术奖获奖项目进行奖补。对于高校院所的技术开发、转让，澧县在湖南中医药大学的技术指导下，打造全国首个石菖蒲种质资源圃，“澧县石菖蒲”获国家农产品地理标志。

2021年10月24日，常德市首个院士专家咨询委员会在津市成立

（津市市科技局 供图）

【探索柔性引智机制】 2021年，市科技局始终坚持“人才强市”的工作导向，积极探索柔性引智机制，大力引进院士专家等高端智力资源。10月24日，常德市首个院士专家咨询委员会在津市成立并召开第一次咨询会议，11名院士、22名专家受聘成为该咨询委员会成员。该院士专家咨询委员会的成立未来将对常德市贯彻“三高四新”战略，优化科技创新布局，促进成果转移转化，集聚人才智力资源，加速区域创新高地建设起到重要战略支撑作用。

【被评为全国科技系统抗击新冠肺炎疫情先进集体】 2021年，常德市科学技术局获“全国科技系统抗击新冠肺炎疫情先进集体”表彰。面对严峻复杂的疫情防控形势，在常德市委、市政府的坚强领导下，市科技局主动作为，提升科技防疫水平。宣传督导，筑牢全民抗疫防线。优化科技服务，严守疫情防控底线。全员投身战疫一线，通过科技赋能疫情防控工作，全力提升防控本质安全水平。

【常德籍科学家江涌增选为中国科学院院士】 11月18日，2021年“两院”院士增选结果正式揭晓，共有149人当选，新增湖湘院士16名，其中1名常德籍科学家江涌院士名列其中。江涌，男，1963年出生，籍贯湖南安乡，飞行器总体与制导专业，中国科学院技术科学部院士，为航天科工集团第二研究院型号总师。江涌曾获国家科技进步奖特等奖2项，一等奖1项，二等奖1项，军队部级科技进步奖10多项，获发明专利授权8项，获何梁何利科学与技术进步奖，国家有突出贡献专家，全国五一劳动奖章等。

（李知道）

市科学技术馆

【概况】 2021年5月31日，常德市科学技术馆在普惠共享·你我同行——中国特色现代科技馆体系“科普之星”宣传推介活动中入选“2021年全国‘场馆之星·提名’”。2022年2月7日，市科学技术馆获评“2021—2025年第一批全国科普教育基地”。

【场馆升级改造】 2021年，常德市科学技术馆努力克服疫情影响，坚持场馆分期升级改造与部分展厅正常运行两线发展，各项工作有序推进。自2020年5月启动场馆升级改造工作，截至2021年年底，第一期升级改造主体工程完成，四楼主展厅预计2022年下半年整体对外开放。2021年，完成科普大讲堂整体升级改造，更新音响系统和LED屏显示系统，为周末及重要节假日开展科普剧表演提供更优场所。2021年，市科技馆新官网上线，在用户浏览视觉体验，视频动态效果等功能性设计上升级，能让公众轻松便捷地了解到科技馆各方面信息。为了更好地服务公众，常德市科学技术馆计划2020—2023年完成整个场馆的升级改造工作。

【科普团队建设】 2021年4月，市科技馆招募湖南文理学院的200名学生作为科技馆青年志愿者，成立常德市科技馆青年志愿者服务队。2021年，市科技馆全体员工共同参与拍摄MV《少年》作为对中国共产党成立100周年献礼，该视频在“常德发布”“尚一网”等官媒转载，并在《人民日报》海外网和“学习强国”平台上发布。2021年，市科技馆员工在业界比赛中喜获“第七届全国科技馆辅导员大赛中南赛区选拔赛科学表演赛二等奖”“第七届全国科技馆辅导员大赛中南赛区选拔赛其他科学表演赛三等奖”“第七届全国科技馆辅导员大赛中南赛区选拔赛展品辅导赛三等奖”“常德市科普讲解大赛优秀讲解员”等佳绩。

【特色公益科普】 市科技馆充分利用馆内资源优势开展各类科普志愿服务活动。2021年隆重推出科学家主题月活动并开展11次。第二期“小小福尔摩斯”之《谁来过》在国庆期间顺利推出，深受青少年欢迎。2021年周末展厅特色活动“科学汇”开展70次，受疫情的影响，共开展6期线上“科学汇”。2021年，微信公众号“科普常德”共发布“科科来了”41篇；“科学实验室”33篇；“冷知识大赏”12篇；“改变世界的他们”12篇；转载科普文166篇等，全网粉丝净增长14653人，其中科普夏令营和家庭户外科学越野赛报名帖浏览量首次破万。2021年，市科技馆全年共完成线下科普培训152场次，参与人次达1620人。2021年，组织大型公益类科普活动两次：7月，在花岩溪开展主题为“小小科学家”的常德市青少年科普夏令营活动，该活动共3期，每期为3天，共90名青少年参加；11月，在白马湖公园内举办常德市家庭户外科学越野赛，以定向越野的方式开展，将科学挑战作为关卡式障碍贯穿于整个越野活动中，户外科学越野赛共300组家庭参加。2021年，市科技馆深入9个区县市集中开展品展览教育、科普剧表演，借助科普大篷车进一步扩大活动规模与影响，全年共进行31场，受益人群55317人。2021年，市科技馆“关爱留守儿童”走进常德9个区县市，共计开展15场次活动，课程以“小小科学家·陪你做实验”为主题，科普老师授课，小小讲师配合实验的形式开展，丰富留守儿童的课外生活，提升留守儿童科学素质，真正做到科学普惠。

2021年6月23日，市科技馆“科普大篷车”进校园巡展活动到澧县城头山小学，图为科普老师表演科学秀

（市科学技术馆 供图）

【搭建馆校科教平台】 2021年，市科技馆与常德市第二中学、桃源县第四中学、湖南文理学院、西洞庭一中和安乡一中五所学校馆校结合，开展“天文科普进校园”活动，共计吸引上千名学生参与观星。

（张　纯）

知识产权工作

【概况】 2021年，常德市市场监管局被评为全国知识产权系统先进集体。全市每万人口有效发明专利拥有量由2018年年底的2.36件提高到2021年年底的5.05件，3年增长114%，增长率居全省第一。2021年年底每万人口高价值专利拥有量达到1.23件，较2020年增长30.85%。2021年，全市完成知识产权质押融资3.46亿元，较2020年增长50.43%。每百户市场主体有效注册商标量由2018年年底的6.32件提高到2021年年底的8.74件，3年增长38.29%。地理标志保护产品和商标每年增长2件以上，总数达28个，全省排名靠前。

管理机制。建立知识产权协调工作联席会议机制，部门协同更加紧密。在全省率先起草完成《常德市知识产权强市建设纲要（2021—2035年）》，出台《常德市“十四五”知识产权事业发展规划》。修订出台《常德市知识产权战略推进专项资金管理办法》，以两办名义出台《贯彻落实〈关于强化知识产权保护的实施意见〉的通知》。

【知识产权保护】 深化“保护知识产权就是保护创新”的理念，切实加大知识产权行政执法、维权援助力度，严厉打击非正常专利申请和商标恶意抢注行为，推动知识产权纠纷调解、仲裁、行政和司法保护有效衔接，加强社会共治，发挥协会、调解委员会职能开展诉前调解，推进专利侵权纠纷行政裁决工作，建设标准化知识产权审理庭。全市全年共办理知识产权案件161件，罚没入库48.26万元。

【服务平台建设】 依托湖南文理学院知识产权中心，建设1个国家知识产权信息公共服务网点和3个省级知识产权公共服务平台，成立常德市知识产权协会。获批建成常德高新区、常德经开区、津市高新区和临澧高新区4个省级知识产权综合服务分中心，分中心数量与长沙、株洲并列全省第一。依托临澧分中心设立常德市首个省级商标品牌指导站，国家知识产权局常德商标受理窗口“一网通办”顺利开通。大力开展知识产权入园惠企重大行动，主动对接产业、服务企业，不断优化营商环境，保护科技创新，在推动知识产权与产业链、资金链、创新链的深度融合方面成效良好，促进常德市市场主体高质量发展。

（李　彪）

气象服务

【概况】 2021年，常德市气象基本业务多项质量指标稳居全省前列：2020年12月至2021年10月，全市国家站传输及时率为99.99%，排名全省第一；骨干站传输及时率为99.93%，全省排名第一；考核站传输率为99.93%，排名全省第一，考核站数据可用率为99.96%，排名全省第一。完成全市24个交通气象站建设任务。推进区域站升级换代，市本级落实经费365万元。

【决策气象服务】 完成元旦、春节、市两会、清明、“五一”、中秋、国庆等重大节会期间专题服务预报任务。修订《常德市气象灾害应急预案》。联合市防指印发《常德市强降雨天气叫应服务规范（试行）》。市局被评为2021年全市春运工作先进单位，1人被中国气象局记二等功，1人获2020年度湖南省气象局重大气象服务先进个人，1人入选2021年度湖南省首席气象专家，1人入选2021年度湖南省青年气象英才。全年共制作强降水过程预报预警服务20次，制作发布专题报告117期，气象信息快报25期，重大气象服务8期，发布道路结冰、暴雨、冰雹、大雾、雷雨大风等预警信号423次，其中暴雨预警信号207次（蓝色13次、黄色76次、橙色107次、红色11次），雷电预警信号117次（黄色115次、橙色2次），大雾预警信号35次（黄色25次、橙色10次），霾预警信号5次（黄色4次、橙色1次），高温预警信号21次（黄色15次、橙色6次），雷雨大风预警信号19次（蓝色12次、黄色6次、橙色1次），冰雹预警信号5次（橙色），大风预警信号6次（蓝色），寒潮预警信号2次（蓝色），道路结冰预警信号6次（黄色2次、橙色4次），对外发布气象服务短信1309万余人次，通过“96121”平台服务73万余人次。其中，3月30日傍晚，冰雹、雷雨大风等强对流天气来临前，与市应急广播电台、市防指、市应急局、市自然资源局进行联动，提前77分钟发布预警信号，确保人民生命财产安全。5月14日夜间至15日，全市出现大范围冰雹、雷暴大风和短时暴雨等强对流天气，与市住建局海绵中心保持紧密联系，为其提前组织队伍、前置排涝设备、避免出现大面积城市洪灾提供精准气象信息，受到广泛好评。6月26日至7月4日，全市出现2021年汛期影响范围最广、累计面雨量最大的一次连续性暴雨天气过程，超前预警，部门联动，全力应对，各级防指根据递进式气象预报预警服务成功紧急转移安置3454人，未造成人员伤亡。

【为农气象服务】 联合农业部门开展为农气象服务常态化。为全市2660个新型农业经营主体（覆盖率达90%以上）开展直通式气象服

2021年3月17日，常德市气象学会走进湖师大附属德山学校开展气象科普宣传活动
（刘钟中 摄）

务。联合省气科所在鼎城区蔡家岗镇长岭岗村油茶农业气象示范基地开展高温干旱、低温冷害试验研究。

【专业气象服务】 为湖南卫视《快乐大本营》《向往的生活》第五季在常德开拍提供精细气象预报。针对清明祭扫习惯，提早半个月谋划清明气象服务，市森林防火指挥部提早做出科学部署，最大限度地减少清明火灾的发生。针对高考、端午节小长假、中秋国庆假期的专题服务，准确预报假期强降水影响时段，服务考务工作，服务公众假期出行。为市气象学会、常德市旗舰传媒学校等多个部门和单位开展气象科普宣传及防灾减灾气象知识培训。向市交通广播电台提供24～48小时精准气象服务，提高道路交通安全保障。积极参与生态文明建设。为创建国家生态园林城市、柳叶湖度假区创建国家级旅游度假区提供城市热岛分析材料，继续加强重污染天气监测预警预报业务与会商制度，特护期每日2次、其他时间每日1次滚动制作未来一周空气污染扩散气象条件预报，不定期参与会商26次。为蓝天保卫战、提高常德市大气污染防治工作水平做出应有贡献。

【气象服务开展部门合作】 与市自然资源和规划、生态环境、烟草、电力、住建、机场、农业等部门签订合作协议，开展专业气象服务。水旱灾害防御气象服务平台建设进展顺利，市级以及大中型水库的平台项目纳入智慧水利建设项目库，落实经费550万元；澧县完成县水利局平台建设，落实经费25万元。建立全市重点建设项目气候可行性论证项目目录。开展石门电厂三期建设项目气候可行性论证工作。与未设气象机构地区（武陵区、津市市、西湖管理区、西洞庭管理区）签订气象服务合作协议，工作经费纳入本级财政常规预算共计65万元。

【气象灾害综合风险普查】 2月8日，成立常德市气象局气象灾害综合风险普查工作领导小组，制定《常德市气象局气象灾害综合风险普查工作方案》。常德市9个区县市、5个小区均已开展气象灾害综合风险普查工作，风险普查工作经费全部落实，其中未设气象机构地区共75万元。

【气象科普】 积极开展世界气象日、防灾减灾日、科技活动周、安全生产日、全国科普日气象科普知识宣传，联合桃花源管理区桃花社区开展“爱伴成长七彩课堂”暑期关爱留守儿童志愿科普活动。市气象学会获市本级社会组织AAAA等级，完成学会换届选举工作。

【气象社会监管】 全年组织防雷监管执法巡查88次，出动执法人员239人次，检查易燃易爆生产经营单位278家，发出整改通知书26份，完成整治26起，整改率达100%。组织氢气球监管执法活动122次，出动执法人员256人次。《常德市气象灾害防御条例》被列入市政府2022年立法规划储备项目。

（王阳阳）

防震减灾

【概况】 2021年，常德市地震局获评全省市州防震减灾工作考核先进单位，排名第一；石门县地震局、澧县地震局获评全省县市区防震减灾工作综合考核先进单位，安乡县地震局获评优秀单位。市地震局和市应急管理局成功创建“省级文明单位”。2021年，市地震局切实当好市委、市政府参谋助手，推动防震减灾工作列入各级政府重要议事日程。完成“十四五”防震减灾专项规划，为全市防震减灾事业编制发展蓝图。争取资金3668万元用于21个乡镇应急避难场所建设项目和常德深井甚宽频带地震观测科学实验平台建设；投入资金400万余元用于地震易发区房屋设施加固、地震灾害风险普查、郑家河地震台、鼎城地震台、桃花源科普基地建设，夯实防震减灾物质基础。全年政务信息宣传上稿53篇，新招入人才3人，外请专家7人次，举办5次业务培训班，切实提高防震减灾业务能力。2021年，全市未发生地震。

测报预报。建成监测台站17个，监测手段25项次，运行可靠率在97%以上，市级年度会商报告获全省第一名，跨断层短水准、异常现场核实、分析预报综合均获第二名。制定《地震宏观观测点管理制度》，全市已建成45个，其中5个实现网络成果共享。全年上报宏观零异常48起，处置群众反映地震事件2起。组织召开全市地震趋势会商会，为党委、政府提供年度地震趋势会商意见，提出工作建议。郑家河测线和郑家河综合监测台区域列入城乡总体规划保护范围，安装郑家河台和雷公庙试验站监控电子围栏。

震灾预防。全年防震委办公室下发文件、函件4起，印发《全市应急避难场所建设实施方案》，并纳入对地方部门的绩效考核。推进地震易发区房屋实施加固重点工程，成立由市委、市政府领导牵头的工作领导小组，建立部门统计调查制度，出台建构筑物加固工作有关政策体系、技术体系和标准体系。在全省率先完成遥感影像初判工作，全市初判总面积约1.8万平方千米，累计评估146万余栋居民房屋和设施。完成地震灾害风险普查第一阶段工作。协助省局高质量举办全省地震风险暨抗震加固业务培训班。做好重大建设项目地震安全性评价监管；累计完成建设工程抗震设防确认事项111件，办结率100%，在省政府抗震设防检查中得到充分肯定，为全省未收到整改通知的少数地市之一。

应急处置。地震应急预案体系基本形成“纵向到底、横向到边”的预案体系。建立常德市地震灾害紧急救援队，组建县市综合应急救援队伍，成立市防震减灾系统地震现场工作队。全市团员青年志愿者应急救援队伍达2000余人。投入资金35万元购置2套背负式中继台、12台高功率对讲机、5架无人机等单兵设备，提升地震应急现场工作能力。全市所辖乡（镇）街道安排明确地震灾情速报员共154人。落实重点时段震情值班，有效处置震动异常2起。地震应急演练常态开展。

公共服务。积极引导区县市开展地震安全示范农居建设500余户。制订《常德市防震减灾科普教育示范学校管理办法》《常德市防震减灾科普教育基地管理办法》，创建国家级防震减灾科普示范学校2所（全国占比1.62%）、省级5所（全省占比16.1%）、市级10所，均处全省领先地位。市本级继续投资6万元支持桃花源防震减灾科普教育基地建设，接待观众近8万人，获得良好社会效益；充分利用防灾减灾日等重要节点开展防震减灾科普宣传，开展活动和科普讲座50余场次，发放防震减灾宣传资料3万余份，直接宣传对象2万余人，提升社会各界地震安全意识；参加第五届“全国防震减灾科普讲解大赛”省选拔赛和省第四届防震减灾知识大赛获优胜奖；按照“融合式建设、标准化嵌入、功能性叠加、多灾种防护”的建设理念，争取上级资金1788万元，建设21个三级应急避难场所，完成和改造112个应急避难场所，面积达544.5万平方米，提升常德市地震应急能力。

依法行政。与住建部门联合推动，由市人大出台《常德市农村村民住房建设管理条例》，规范农村居民建房行为。针对常德北部新城小区划成果推广使用制订部门规范性文件。全市地震系统持有行政执法证24人，配齐行政执法仪、录像机、录音笔等行政执法装备，组织行政执法培训，全市开展抗震设防领域执法检查10余次。扎实开展法治宣传教育工作，开展习近平法治思想、民法典、防震减灾法、长江保护法等法律法规的学习及宣传。组织参与湖南省庆祝中国共产党成立100周年党内法规学习竞赛。组织集中观看司法庭审，接受法治教育。出台27项管理制度，包含对地震行政执法实行责任制管理。

【台网建设】 投入资金590万元建成郑家河综合监测台站，具备地倾斜、气象三要素和强震测震等监测手段；投入资金150万元建成雷公庙综合实验台，具备地倾斜、气象三要素、地磁、深层水温、静水位等观测手段；争取资金1880万元开始建设常德深井甚宽频带地震观测科学实验平台。

【防震减灾现代化】 2021年，全市地震系统融入大应急体系的工作要求，8个区县市独立设置地震局并出台“三定”文件，其他地区都归口应急管理部门。全市构建“党委政府统一领导，应急地震部门统筹协调，相关单位密切协同”的加固工程长效工作机制。设立地震行政审批服务窗口8个；推广抗震设防新材料、新技术，减隔震技术在市民之家、湘雅常德医院、常德技师学院等工程广泛应用；常德市9个工业园区的区域地震安全性评价成果充分利用；北部新城地震小区划成果推广使用。开发地震应急图集（第二代），完善防震减灾工作基础资料，做到防控、应急“一张图”。

（周　京　周小红）

教 育

综述

【概况】 2021年，全市共有各级各类学校1747所，另有教学点150个。其中，学前教育989所，义务教育655所（小学416所、初中239所），高中阶段教育88所（高中45所、中职学校43所），特殊教育8所、高等教育7所（普通高校5所、成人高校2所）。共有在校学生856372人，其中学前教育141529人，义务教育461427人（小学307746人、初中153681人），高中阶段教育131548人（高中80637人、中职学校50911人），特教学校1655人，普通高校70152人，成人高校50061人。共有在职教职工68401人，其中专任教师54133人（学前教育专任教师8379人、义务教育专任教师31916人、高中中职专任教师9757人、特殊教育专任教师258人、高等教育专任教师3780人、成人教育专任教师43人）。共有各级各类民办教育学校619所，在校人数169738人。全市共使用招聘计划1086个，招录公办中小学幼儿园教师1843人。市直学校公开招聘教师39人，共签约教育部直属师范大学公费定向师范生14人。湖南文理学院芙蓉学院转设、湖南文理学院申办硕士点、常德财经机电职业技术学院（筹）去筹更名有序推进，常德电大正式更名为“常德开放大学”。

民生服务。省、市民生实事项目均提前超额完成，创建普惠性幼儿园35所，新增公办园位1.5万个，公办园幼儿占比达52.69%。新增中小学学位3.5万个，武陵区4所新建小学同时建成开学，全市义务教育大班额全面清零。撤并乡村小规模学校39所，优化提质小规模学校62所、乡镇寄宿制学校15所，建设校舍及附属设施面积9.4万平方米。新建教师周转房1048套、塑胶运动场60个，新建和改扩建学生食堂3.4万多平方米，农村学校建设三年行动圆满收官，全国政协副主席郑建邦对此高度肯定并作出亲笔批示。新增教室多媒体终端800多套，新建人工智能等功能室50多间，市直学校实现校园无线网络全覆盖。

教育成效。思政建设。开展“学党史，跟党走，做新时代的接班人”“唱支歌儿给党听”等主题教育活动，桃源县“沅水童声”留守儿童朗读团事迹被中央电视台专题报道。大力促进学生身心健康，创建全国校园足球特色学校（幼儿园）17所，芷兰实验学校获全省青少年足球锦标赛季军，石门县“足球育人”模式受到省委副书记朱国贤批示肯定。出台《关于进一步加强新时代中小学心理健康教育的实施意见》，排查帮扶心理问题学生1.5万余人次。法治、科技教育。“学宪法讲宪法”和“宪法卫士”活动成绩位居全省前列，青少年科技创新大赛成绩位居全省第一方阵，武陵区一小获评全国普法工作先进单位。高考成绩继续稳居全省前列，本科录取率超出全省平均水平近20个百分点。职业教育“四大赛”获省级以上奖励206人次，学生技能竞赛团体总分连续9年位居全省前三。

教育改革。教育评价改革。常德市成功入选全省教育评价改革试点地区，出台《常德市中小学德育工作标准化管理体系（试行）》。“双减”（有效减轻义务教育阶段学生过重作业负担和校外培训负担）工作。压减学科类校外培训机构317家，压减率达71.88%；所有义务教育阶段学科类培训机构完成"营改非"，所有校外培训机构纳入资金监管平台；作业负担压减至规定范围之内，校内课后服务实现全覆盖，常德市在全省"双减"工作推进会上作典型发言。教育督导改革。出台《常德市深化新时代教育督导体制机制改革实施方案》，启动国家学前教育普及普惠县创建，临澧县在全省率先通过省级评估验收，完成60所样本校国家义务教育质量监测任务。

教师队伍建设。严格实行"退一补一"机制，全市招录教师1843人，引进教育部直属公费师范生13人、市级公费师范生431人，完成省、市公费师范生培养计划1319人。认定市级学科带头人200名、名师工作室30个、教师工作坊43个，完成各类教师培训29233人次。2000多名教师获聘基层中、高级职称，市本级为3000多名教师发放偏远乡村教师特殊岗位津贴。深入开展"师德师风建设年"活动，全面治理师德失范问题，常德市在全省师德师风建设工作推进会上作典型发言。鼎城区"故事老师"麻小娟先进事迹被《光明日报》头版头条报道，受到省委副书记朱国贤专门批示，省委教育工委、省教育厅发文要求广泛深入开展向麻小娟老师学习活动。"名师"队伍建设。完成市级学科带头人、名师工作室换届工作。第六届市级学科带头人达到200人，第三届名师工作室达到30个。召开第37个教师节庆祝表彰大会和农村教师座谈会，评选表彰奖励最美人民教师20人，师德标兵100人，优秀班主任100人，优秀青年教师50人，优秀支教教师50人。

教育投入。2021年，全市教育总投入为114.87亿元，比2020年增加9.12亿元，增长8.62%，基本能确保一般公共预算教育支出逐年只增不减，在校学生人数平均的一般公共预算教育支出逐年只增不减"两个只增不减"的教育投入政策落实到位。2021年争资争项资金达12.01亿元，涉及项目52个；市级分配转发资金4.09亿元，项目44个。2021年全市共落实中央、省级义务教育保障新机制资金5.87亿元，比上年增长5.99%。农村学校建设三年行动。截至2021年12月底，全市累计完成投资3.8亿元，实际建成教师周转房1048套、塑胶运动场60个，新建和改扩建学生食堂面积3.49万平方米。乡镇芙蓉学校全部建成。8月，汉寿县芙蓉学校、澧县芙蓉学校、石门县蒙泉镇芙蓉学校和太平镇芙蓉学校又相继建成，累计完成总投资4.77亿元（含征地拆迁、前期报建、工程建设、设备设施等费用）；总占地面积15.4公顷；总建筑面积约7万平方米；计划开设117个班，新增学位5550个。包括2020年9月投入使用的鼎城区草坪镇芙蓉学校，常德市5所芙蓉学校秋季开学共招收新生4116人，其中贫困学生1296人，开设教学班级87个，选聘校长和教师人数251人。9月1日，省委书记、省人大常委会主任许达哲亲临石门县蒙泉镇芙蓉学校现场考察，对常德市芙蓉学校建设工作给予高度评价。市本级学校基建项目。市直学校各建设项目克服疫情影响及原材料上涨的困难，顺利推进。大型项目中，市一幼分园完成建设并于9月顺利开园办学；市一中学生公寓2号楼、校园道路管网已完成投入使用；市五中新建教学楼已完成并投入使用。荷花中学主体工程已基本完成施工，市四中综合楼一期项目已进行基础工程施工，市特校教师周转房正进行主体施工，预计年前可以完成封顶。筹建项目中，常德市拟新建的公办中等职业学校（暂定名常德市楚怡中等职业学校）已完成立项并成功纳入政府专项债项目储备库，市三中风雨操场、市六中新建体艺馆项目及湖南幼专附幼新园建设也完成发改委立项批复。其他维修改造项目均按照年度计划顺利实施完成。新型基础设施建设。市县两级累计投入13700多万元，强化教育城域网、教室多媒体终端、应用平台、计算机教室等功能场室等信息化环境建设。网络环境。全市中小学宽带接入100%，出口带宽200兆以上。市直学校基本实现校园无线网络全覆盖和部分学校教学区光网全覆盖，支撑学校精准教学系统和电子班牌家校互动等功能的正常运行。功能场室。全市新建、改造教室多媒体终端近800多套；升级电脑机房10间，配置电脑500多台；新建人工智能等功能场室50多间，基本满足教育教学的需求。市本级建成常德市十三中、幼专附小两个人工智能教育场景，建成AI智慧教室24个、平板互动教室24个、"光影育人"场景1个，为学校教育教学改革提供保障。数字校园。全市16所学校按照智慧校园总体框架和数字校园建设规范启动智慧校园建设，取得阶段性成效。中小学人脸识别考勤系统建设全面推进，全市213所学校建成人脸识别考勤系统。常德市十三中、常德市特殊教育学校完成AI智能录播、智慧课堂互动教学系统、创新教育实验室、"数字校园"管理平台等数字化应用场景建设，智慧校园初具规模。平台体系。常德教育大平台建设总体规划编制完成，应用系统整合融通、教育数据体系及融合门户等建设方案已通过相关环节评审。

（江　锋　管传明　陈　劲
刘　陈　熊宇涵）

【牵头组织申报全省改革试点地区和试点项目】　常德市及临澧县入选全省改革试点地区，成功立项2021年度湖南省教育体制改革试点项目。印发《常德市教育局关于成立深化新时代教育评价改革工作领导小组和项目组的通知》（常教通〔2021〕116号），扎实推进试点工作，常德市在全省教育评价改革培训班上作典型发言。

（江 锋）

【第三轮中小学教职工编制动态调整】 根据湘编办〔2021〕6号文件要求，启动第三轮中小学教职工编制动态调整及公办幼儿园配备专门事业人员编制工作，先后印发《关于全市公办中小学教职工编制动态调整的通知》（常编办发〔2021〕4号）和《关于下达全市第二批公办幼儿园教职工编制的通知》（常编办发〔2021〕3号）文件。按照“严格标准、不超总量、周转管理”的原则，在省核定下达编制总量内，以2020年年底的全市公办中小学注册在校学生规模为基数，动态调整各地公办中小学教职工编制总量。该动态调整中，省核定下达常德市中小学教职工编制36640个，第二次分配公办幼儿园事业编制190个。

【农村学校教师倾斜政策】 完成正高级岗位设置工作，建立基层中小学教师职称制度，印发《关于做好我市基层中小学教师职称评审工作的通知》（常职改办〔2021〕9号）和《关于印发〈常德市资深乡村教师职称评审办法（试行）〉的通知》（常职改办〔2021〕10号），采取“定向评价、定向使用、定期服务”的方式，完成首批乡村基层教师和乡村资深教师职称评审，1988名教师晋升基层高级教师职称，14名教师晋升基层中级教师职称。会同市财政局制定全市乡村学校特殊岗位津贴发放办法，对全市距离县城区50千米以上的乡村学校在编在岗教师按人均每人每月500元的标准，采取以奖代补方式计发特殊岗位津贴，相关区县市予以配套，全市共下拨奖补资金767万元，共惠及乡村教师3011人。对临近3年退休的教师在教师职称评审中实行同等条件下优先，并扩大乡村教师在各级骨干教师评选、先进个人和先进集体表彰中的所占比例。

【支教工作】 2021年，常德市选派“三区”支教教师89名，分赴张家界、石门、沅陵三地支教；共选派23名教师到西藏新疆开展支教工作，其中参加第九批组团式援藏中期轮换教师3人，参加“援藏援疆万名教师支教计划”教师4人，市本级对口援助隆子县中学6人，参加教育部万名教师援疆计划10人。根据市直学校和县市区学校结对支教方案，市直学校年内采取送教下乡、结对交流方式，共派出教师133名到农村学校支教。

【常德经验被省教育厅推介】 5月19日，在省教育厅召开的全省教育系统师德师风建设工作视频会上，常德市教育局作题为“做好四篇文章、铸造优良师德师风”的典型发言。9月13日，在全省教育系统师德师风建设推进工作视频会议上，常德市纪委监委派驻市教育局纪检组作题为“三着力三注重——助力推动师德师风建设走深走实”的典型发言。

（陈 劲 刘 陈）

【乡镇标准化寄宿制学校建设任务完成】 全市累计完成投资9043万元，改造乡镇寄宿制学校15所，建设校舍及附属设施面积94430平方米，其中教学及辅助用房面积4660平方米、生活用房面积18820平方米、运动场面积62500平方米、其他附属设面积8450平方米，增加教师周转房136套、水冲式厕所蹲位134个；采购设施设备5618台（件、套），其中信息化设备461台（件、套）、教学仪器设备3386台（件、套）、其他设施设备1771台（件、套）、图书13670册等，完成年度工作目标任务。

（管传明）

学前教育

【概况】 2021年，全市有各级各类幼儿园989所，其中公办幼儿园419所，普惠性民办幼儿园308所。在园幼儿141529人，其中公办幼儿园在园幼儿74577人，普惠性民办幼儿园在园幼儿43665人，公办幼儿园在园幼儿占比达52.69%，普惠性幼儿园覆盖率达83.55%。

公办幼儿园学位。市教育局下发《关于下达2021年增加公办幼儿园学位目标任务的通知》，通过新建、改扩建、回收、盘活闲置教育资源等方式，计划新增公办园学位13507个。2022年，全市累计增加公办园学位15298个，完成年度总任务113.3%，其中通过建设新增学位3350个；回收增加学位240个；盘活公办资源增加学位11708个，超额完成全年总任务。其中，省级下达任务数2600个，累计完成4830个学位，超额完成全年建设任务。其中建设增加学位1830个，回收增加学位240个，盘活增加学位2760个。常德市第一幼儿园西园项目，幼儿园总建筑面积1.2万平方米，投资6700万元，办园规模24个班，新增公办园学位720个，切实解决市城区西北部公办园布点不足的问题。

学前教育普惠行动。市教育局先后出台《分解落实2021年“学前教育普惠行动”建设任务》《2021年“学前教育普惠行动”考核指标》等文件，全市实施学前教育普惠行动共创建普惠性幼儿园35所，其中农村公办园建设项目完成26所；创建认定普惠性民办幼儿园9所。

城镇小区配套园治理。小区配套园治理。加强对配套园的监管。对已完成治理的配套幼儿园加大督查抽查力度，确保治理成效。排查

2021年12月12日，副市长周代惠（前排右二）出席市第一幼儿园西园启用仪式
（市教育局 供图）

整治。加强城镇小区配套幼儿园校舍安全管理，联合市住建部门下发《关于加强城镇小区配套幼儿园校舍安全管理工作的通知》，并组织各区县市对辖区内的配套园进行全面安全排查工作，均符合相关安全要求。支持配套园发展。采取多元化办园模式，鼓励有条件的示范性公办幼儿园发挥示范辐射作用，以举办分园的形式办好小区配套幼儿园，提供普惠优质的学前教育服务。

【普惠性民办园认定】　根据《常德市普惠性民办幼儿园认定及管理的指导意见》，严格规范全市普惠性民办园认定工作。对于2020年认定为基本达标的民办园，2021年严格控制评分在80分以上的才能认定为普惠性幼儿园。严格执行普惠性学前教育生均公用经费拨款制度，并开展资金到位情况督查。

【幼小衔接行动计划】　制定《常德市推进幼儿园与小学科学衔接工作方案》，正确引导幼儿园、小学、校外培训机构和家庭遵循儿童成长规律和教育规律，切实减轻孩子的学业负担，推进幼儿园与小学科学衔接。7月，成立市级幼小衔接专家团队，开展幼小衔接实验区、试点园的省市级遴选。以县为单位，组织幼儿园大班和小学一年级教师的培训活动。9月，开展全市幼儿园大班下学期入学准备活动方案和小学一年级上学期入学适应活动方案的遴选活动。遴选15个游戏活动试点园，学习借鉴安吉游戏理念，开展游戏活动实验探索，努力培养和挖掘优秀典型。

【常规管理】　制定《常德市幼儿园一日活动指南（试行）》，涵盖幼儿园一日活动各环节中，保教人员工作的基本要求和幼儿应逐步养成的行为习惯，指导教师将科学的教育理念和教育方法落实到幼儿园一日活动中的各个环节。多层次教研活动。9月23—29日，组织区县市教育局分管学前教育副局长和学前办主任前往浙江安吉研修，学习幼儿园游戏活动的精神和实质，更好的指导本地实践。建立学前教育名师工作室和教师工作坊，培养一批学前教育业务骨干和教学能手。对2019—2021年度幼儿园“结对帮扶”工作评比表彰，评选出12所工作先进幼儿园。开展全市幼儿园班级大型主题表演游戏案例征集活动和学前教育研究优秀论文评选活动。开展市级示范性幼儿园复评。为实施市级示范性幼儿园动态管理，促进办园水平不断提高，10月27日至11月1日，组织专家对2007年认定的10所市级示范性幼儿园进行专业评估和指导检查工作。重点从办园条件、保教队伍、园务管理、保教质量进行评估考核，下发整改意见书，督促幼儿园进一步改善办园条件，提升保教治理，带动区域学前教育发展。

（伍伟华）

基础教育

【概况】　普通中小学招生改革。召开普通中小学招生改革文件专门会议，印发专门文件，建立统一平台，义务教育阶段学校实行“公民同招，超员摇号”，严禁跨市州招生；普通高中学校实行学业水平考试成绩加综合素质评价择优录取，公办、民办普通高中严禁实行属地招生，严格执行招生计划，严格清退违规跨区域招生学生。2021年常德市普通中小学招生制度改革稳步推进，招生秩序良好，未出现大班额，未出现负面社会舆情。

中小学生心理健康教育。以市委教育工作领导小组名义召开全市中小学心理健康教育暨“双减一规范”工作推进会，印发《关于进一步加强新时代中小学心理健康教育的实施意见》，组织各区县市教育局局长赴衡南县学习考察中小学心理健康教育工作。将心理健康教育纳入区县市党委、政府教育工作履职评价体系，强化学生心理健康教育督导考核。要求各地全面落实“生均10元”单列经费保障政策，配齐专兼职心理健康教师，建设心理辅导室。共投入610多万元保障工作经费，建设学校心理辅导室384间，配备专兼职心理健康教育教师1288名。成功创建心理健康教育特色学校国家级1所、省级12所、市级23所。严格落实心理健康教育每两周1课时要求，建立“班级、年级、学校”三级预警体系，排查帮扶心理健康问题学生1.5万余人，免费开展各类促进青少年身心健康的活动700余场，组建“爱心妈妈”心理咨询志愿服务团队，帮扶“困境儿童”8220人次，组建28人的专家团队，定期到中小学校开展集中问诊。全市开通心理服务热线2条，建立65个未成年人心理健康辅导站，免费提供心理咨询和援助4500人次。

制定德育管理体系。制定《常德市中小学德育工作标准化管理体系（试行）》，将德育工作进行整体规划，整合四大系列、细化五大内容，把握十大关键要素，明确组织领导、条件保障、队伍建设、德育内容、督导评价、活动育人、实践育人、团队建设等方面的工作目标、具体要求和实施途径。突出思政课、双减、课后服务、研学实践、心理健康、乡村教育振兴等重点，充分发挥党组织的政治引领作用、学校教育的主导作用、家校联系的整合作用、社会教育的潜在作用、课堂教学主阵地作用和媒体教育的引导作用。

研学实践教育。开展常德市第二批中小学生研学实践教育基地和承办机构遴选备案工作。共收到区县市推荐、市本级报名的基地27个，营地6个，承办机构11家。中国常德诗墙等12个基地、临澧县太浮综合实践营地等3个营地、澧县青少年校外活动中心等9个承办机构和汤家山村等9个课程点进入目录。

科技创新教育。举办全市科技辅导员培训，培训全市青少年科技教育组织工作者及科技教师150余人；与市科协联合举办2021年中小学机器人大赛，第二十届青少年科技创新大赛，有力促进学生科技素养提升；组织参加第42届全省青少年科技创新大赛，共获得一等奖12项、二等奖23项、三等奖21项，常德市第七中学教师覃毅获得“全省十佳科技教师”。

2021年11月9日，常德市七中提倡“行走中的课堂”，打造“双减”多样课程

（市教育局 供图）

考试综合改革。积极应对新高考改革，深入研究新高考考试内容和方向变化，推进课堂教学改革，加强走班管理，合理调配师资，利用选课平台，为学生提供科学合理的选课“套餐”，科学实行“分层教学”“走班选课”，开展生涯规划指导，努力提高学生的学科素养和知识迁移能力，新高考综合改革稳步推进。将初中英语口语人机对话考试与英语听力考试合并为英语听说考试，满分20分计入初中英语中考成绩。

办学行为规范。利用秋季开学时间，对学校开学工作、教育教学常规、安全管理等方面开展专项检查；制定印发《全市教育系统“学位”等突出问题专项整治工作方案》，将违规招生、违规征订教辅材料、违规补课、学生营养餐管理、食堂违规经营管理等五个方面的问题作为整治重点，建立健全网络监管平台，在“廉洁常德”“常德发布”“微言常德教育”微信公众号公开举报方式，建立15个基层学校专项整治观察点，联合纪检组、财建科、党建指导科、勤管办、师德师风办等科室开展“学位”等突出问题专项整治，发现问题，及时通报处理；联合督导、社管、体卫艺、财建等科室，开展“双减”工作专项督查，及时查处通报有关情况。通过专项整治和专项督查，学校办学行为进一步得到规范。

【常德市中小学“光影育人”启动仪式暨德育电影《红领巾飘飘》首映礼】 全面落实“立德树人”根本任务，深入贯彻“光影育人”有关文件精神和省“光影育人”启动仪式及首映典礼会议精神，11月，在常德市第六中学举行常德市中小学“光影育人”启动仪式暨德育电影《红领巾飘飘》首映礼，为常德市影视教育注入新的活力。

【推广"书香校园"创建经验】 总结推广各地各校打造"书香校园"的好经验、好做法，将校园阅读工作进一步引向深入，在全市中小学组织"书香校园"创建工作典型经验和阅读指导优秀案征集评选活动，共征集"典型经验"51个，"指导案例"99篇，最终48个"典型经验"及55篇"指导案例"获奖。

【义务教育"双减"工作】 以市委教育工作领导小组名义召开专门会议，层层推动部署。建立由市教育局牵头，公安、检察院、市场监管、应急、民政、人社等部门组成的工作协调机制，定期开展联合专项检查。印发宣传手册，开展政策宣传解读。在常德教育网开设"双减"专栏，公布举报投诉电话、邮箱，营造全社会知晓、理解、支持"双减"的浓厚氛围。开展中小学生作业、睡眠、手机、课外读物、体质健康"五项管理"专项督查行动，切实减轻校内学业负担。市教育局在全省推进"双减"工作视频调度会上作典型发言；"双减"工作被《湖南教育快讯》刊发；作业管理被湖南教育电视台报道；汉寿县课后服务工作被《中国教育报》报道。

【乡村小规模学校优化提质】 出台《关于进一步规范农村义务教育学校布局调整的通知》，保证每个乡镇至少有一所软硬件条件达标、教学质量较好的标准化寄宿制学校，重新对小规模学校进行科学布局。2021年，全市共撤并小规模学校39所，改造学校62所。学生不足100人的小规模学校公用经费全部按100人核算；学校维修改造及设备添置所需经费由区县市教育部门统筹中央和省级转移支付、市级农村学校建设奖补资金、社会捐助等，全市近三年用于小规模学校校舍维修改造和信息化建设资金累计达1亿元；通过实施"乡村小规模和乡镇寄宿制学校建设"和"义务教育薄弱环节改善与能力提升"等教育民生项目，在学校建设投入连续多年保持快速增长的基础上，继续加大建设力度，共改造乡村小规模学校62所，建设校舍面积5.2万平方米，采购设施设备近12万套（册），办学条件得到大幅提升。全市所有乡村小规模学校全部接入互联网，配备网络教学设施设备和数字化优质课程教学资源，实现信息化建设实现全覆盖。

（刘　蔚）

特殊教育

【概况】 2021年，全市共有8所特殊教育学校，分别是常德市特殊教育学校、津市市特殊教育学校、桃源县特殊教育学校、安乡县特殊教育学校、汉寿县启智学校、临澧县杨岗特殊教育学校、石门县特殊教育学校、澧县特殊教育学校（以下分别简称常德特校、津市特校、桃源特校、安乡特校、汉寿特校、临澧特校、石门特校、澧县特校），其中常德市特殊教育学校是全市的特教中心。

配套建设。常德特校完成教师新周转房主体工程建设，完成智慧校园（一期）建设，完成食堂设施设备更新、改造。汉寿启智学校追加投资260万元完成操场跑道、足球场、学生公寓前坪、食堂前坪、教学楼改造。津市特校投资19万元完成教学楼、教师宿舍楼、校园环境进行改造。澧县县委、县政府拨款350万元对澧县技工学校进行改造，澧县特殊教育学校与澧县技工学校共同办学，于2021年9月1日正式开学，澧县特校合并阳光家园和增智学校2个民办机构，硬件配套更加完善。

师资力量。随着特殊教育办学规模不断扩大，全市各特校，尤其是县特校进一步充实师资队伍，截至2021年年底，全市在编特教教师296人，较2020年增加52人。师训师培。常德特校充分发挥全市特教师资培训中心功能，共组织8所特校开展5次市级培训，包括校长培训、康复教师培训、中层干部培训、骨干教师培训、心理调适培训等，参训

表18　　常德市8所特殊教育学校基本情况表

学校名称	投资（万元）	占地面积（平方米）	学生人数（人）	教师人数（人）
常德特校	16700	56695	446	112
津市特校	464	26013	110	47
桃源特校	820	8313	116	31
安乡特校	469	4888	214	32
汉寿特校	610	21312	84	32
临澧特校	400	7772	35	16
石门特校	200	10599	31	13
澧县特校	359	5800	103	13
合计	20022	141392	1139	296

人员400余人次。主办全市优质课展示活动。全市特校共选派150余名教师参加市级培训20余项和省级培训10余项。

课程改革。常德特校于2019年3月启动课程改革，教师全员参与，以课改为主线，不断探索特殊教育班级、课堂、学制、学段等组织管理新模式、新思路。全年共开展8期课改培训，40多名老师作课程、课案汇报；专家指导听、评课19节，专题研讨3次，公开讲座9场。部分教师人均制作教学课件105份，教学微课27个，人均制作时长1033小时。县市部分特校加强对课改经验和成果的学习，并进行迁移应用。

育人活动。常德特校开展“一月一主题”的德育活动和“国旗下小课堂”活动，每周升旗仪式上，各班轮流将卫生、安全、礼仪等知识通过情景剧进行演绎教学。运动会人人参与，“六一”、元旦会演个个上台。津市特校注重体育艺术活动，学校艺术节目获全市特等奖，学生篮球、田径等项目成绩突出；学校还以“助残日”“非物质文化遗产日”为契机，组织开展义卖活动，学生绘画、手工作品深受欢迎。安乡特校以社团促特长发展，分别开设律动、非洲鼓、手机贴膜、戏剧、家政等社团，满足不同残疾学生的发展需求；开展“明星家长、明星学生评比”活动，从礼仪、卫生等文明习惯行为进行评比、表彰，发挥榜样引领作用。石门特校以活动促康复，每天坚持晨跑、律动操、跳绳、击鼓等运动。汉寿特校着力打造“乐学”教育特色，“三注重”并举，即注重校园环境建设、注重校园文化建设、注重常规养成教育，培养学生自理能力和文明习惯。澧县特校校领导每月坚持带队检查两次安全工作，每月开展一次应急疏散演练，坚持放学前开展一分钟安全教育。

【爱心助残】 2021年，常德特校累计发放教育资助金577125元，受惠学生400多人次；落实常德市教育基金会2021年“育才行动”，为50名贫困学生发放困难补助金共计5万元；联合常德市妇联为340名困难学生申报湖南省2021年“HELLO小孩”公益项目爱心套餐。桃源县教育局党组书记、局长易际兵到桃源特校进行助残慰问；桃源“九妹公益家园”联合漳江小学、桃源县计划生育协会、小鹿舞蹈学校、百尼茶庵、桃源曳舞网红队40余名志愿者到桃源特校开展“阳光助残”爱心活动。安乡特校全年共收到浙江嘉兴商会、华联超市等爱心企业和个人捐款、捐物，累计20万余元。澧县特校收到县残联、县住建局、县教育基金会、湖南凯泰佳医疗器材有限公司、县益起爱公益组织等政府机构、爱心企业和公益组织捐款、捐物，合计40万余元。

【送教救助】 常德特校继续承担“听力残疾儿童康复救助项目”，共接收项目学生33人，通过一年的康复，共有16人进入普通幼儿园接受融合教育，5名学生进入普通学校或者幼儿园随班就读；坚持为城区20多名重度残疾学生开展送教上门服务，每月开展一次党员志愿服务，受惠群众1000多人。临澧特校成立送教机动组，聘请20多名教师下村进户送教，坚持每月到学生家中送教2次，每次授课60分钟以上，全年累计送教1500多次，受益学生107人。

【办学成绩】 全市特殊教育共产生教学论文、案例150多篇，120篇获奖。16个教师团队参加集体备课、手语诵读、集体啦啦操、班主任能力比拼等比赛获省、市级奖励。8名教师展示课获市级奖励。5名教师被评为湖南省特殊教育学会系统先进个人。共有8项省级课题，其中2项课题结题并获奖，6项在研。60名学生主题征文、演讲、运动及体育书画获省市级奖励，6幅作品入选国家冬残奥主题绘画比赛。5名听障学生参加对口高考100%升学，其中4人本科、1人专科。11名职教学生成功在洗车行就业。1名听障学生被评为常德市“新时代好少年”。《人民教育》、《湖南教育》、深度报道津市特校校本技能课程——烹饪。常德特校、安乡特校被评为湖南省特殊教育学会系统先进单位。

（朱永祥）

职业教育与成人教育

【概况】 2021年，全市有各类职业学校31所，其中高职高专院校3所（湖南幼儿师范高等专科学校、常德职业技术学院、湖南高尔夫旅游职业学院）、中职学校28所。在校学生近8万人，其中中职学校学生4.7万人，高职院校学生约3.2万人。相较于2020年，学校数、在校生数都相对稳定，办学规模在全省处于中等水平。2021年，全市高校成人教育函授站17个，共有学员4431人（仅含2019级、2020级）。常德市“四大赛”（学生技能竞赛、“文明风采”竞赛、创业规划大赛、教师职业能力竞赛）成绩继续名列全省前列。

阳光招生。市教育局与市人社局先后联合印发《2021年常德市中等职业学校阳光招生工作实施方案》《关于下达2021年常德市中等职业学校招生计划的通知》等指导性文件，通过召开工作会，开展网上志愿填报与录取，约谈违规招生学校负责人，加大违规招生行为打击力度，全市中职招生秩序持续向好。截至11月底，全市中职阶段教育招生注册新生（含技工学校与非全日制）21244人，普通高中学校招生注册新生27748人，职普招生比达43∶57。

“文明风采”德育系列实践活动。全市中职学校围绕“少年工匠心向党，青春奋进新时代”主题开展“文明风采”德育系列实践活动。活动包括开展微视频、红歌、才艺展示、典型案例评选、男子篮球女子排球比赛、啦啦操比赛等。活动开展为中职学子搭建成长成才舞台，展现中职学子精神风貌。湖南幼儿师范高等专科学校中职部等12个单位被评为优秀组织单位，肖军等12人被评为优秀工作者。在全省中等职业学校“文明风采”建制班合唱比赛中，常德市共获一等奖1个、二等奖3个、三等奖6个，常德财经机电职业技术学院（筹）进行现场展演，受到好评。

参赛办赛，技能竞赛。积极组织参加各级职业院校技能竞赛，获国家级二等奖1个，省级一等奖21个、二等奖50个、三等奖78个；常德市获得省赛团体二等奖，团体总分连续9年位列全省前三。湖南幼儿师范专科学校、常德财经机电职业技术学院（筹）、桃源县职业中等专业学校成功申报并高标准完成2022年度省赛的部分赛点承办工作。创业规划大赛。6月，市教育局联合中华职教社组织开展全市职业学（院）校学生创业规划大赛，经市赛选拔，推荐优秀作品参加全省职业院校黄炎培创业规划大赛。省赛中常德市代表团获一等奖1个，二等奖2个、三等奖4个。职业能力比赛。市教育局举办全市中等职业学校班主任基本功比赛和教师职业能力教学能力、思想政治教育教学能力比赛，经市级初赛筛选，推选74件优秀作品参加省赛，共43件作品获奖，其中4个一等奖、17个二等奖、22个三等奖，教学能力比赛获全省团体二等奖。

2021年5月，常德技师学院学生邓理在第九届全国数控技能大赛决赛中荣获五轴联动加工技术赛项学生组一等奖

（常德技师学院 供图）

公共课普测和技能抽考。5月下旬，全市组织中等职业学校公共基础课普遍测试。全市28所职业学校11215名学生参加全省公共基础课普遍测试，参考率99.46%，平均分77.95分、合格率91.18%、优秀率33.52%，成绩较2020年有明显提高。5月下旬，全市组织中等职业学校学生专业技能抽查考试。全市23所中职学校644名学生参加抽查考试，588名学生成绩达到合格等次，354名学生成绩达到优秀等次，合格率、优秀率分别达91%、55%。

校企合作。年初，市教育局下达2021年全市职业学校为本地企业培养培训技能人才指导性计划，督查指导职业学校服务本地企业用工需求，促进实体经济发展，深入推进产教融合校企合作。2021年，全市职业学校为本地企业安排实习4554名学生、培训18843名员工、输送2671名毕业生。常德财经机电职业技术学院（筹）获批教育部现代学徒制第三批试点通过验收。常德技师学院与湖南桃花源温德姆至尊豪廷温泉酒店、湖南徕木电子有限公司等签订《校企人才培育战略合作框架协议》，为企业“量身定做”高素质技能人才。湖南省湘北职业中专学校“柑橘种植”获批湖南省2021年第一批专项职业能力考核项目。

教师队伍建设。认真落实职业学校教师培养培训计划，组织234名教师参加国培、省培。各中职学校组织开展形式多样的校本培训，从思想品德、育人能力、实践能力、教科研能力、教学能力等方面，加强教学管理人员和骨干教师的业务培训，促进教师专业发展，一批职教名师脱颖而出。常德财经机电职业技术学院（筹）贵颖祺“信息技术名师工作室”被认定为2021年湖南省职业教育“双师型”名师工作室；常德技师学院（常德工业学校）徐光辉“技能成就梦想平台”被认定为2021年湖南省职业教育教师技艺技能传承创新平台。常德财经机电职业技术学院（筹）周华、汉寿县职业中等专业学校雷有龙获评全省中等职业学校教师系列正高级专业技术职称。湖南幼儿师范高等专科学校刘军等49名教师被评为市级职业学（院）校“双师型”

教师。

职教宣传。各地各校以职业教育活动周为契机，围绕“技能，让生活更美好”主题，大力弘扬劳模精神、劳动精神、工匠精神和“楚怡”精神，扩大职业教育和职业学校的办学影响力，为职业教育改革发展营造良好氛围。市人民政府市长邹文辉署名文章《发展现代职业教育　建设区域职教中心》被湖南省教育厅组编出版的《职业教育改革的“湖南样本”》刊发。《常德晚报》以“技能人才站上C位”为主题，整版进行宣传报道。《湘声报》以《风劲帆满海天阔——澧县职业中专学校特色办学纪实》为题，《湖南教育职教版》以《从“不愿来”到“慕名来”——看桃源县职业中等专业学校如何破解发展之困》为题，先后对桃源县职业中专学校内涵建设与发展成果进行宣传推介。

社区教育。2021年，常德市“常德丝弦润武陵”等社区教育品牌项目获得国家级、省级“终身学习活动品牌”荣誉称号。11月5日，以“庆建党百年华诞，普终身学习新篇”为主题，在桃源县茶庵铺镇举办全市“全民终身学习活动周”总开幕式。活动期间，组织常德市社区教育工作者培训；开展情景剧朗诵、丝弦说唱、桃源汉剧、桃源木雕、桃源刺绣、茶旅书画等独具特色的社区教育成果展示。

【出台政策】　为贯彻落实《教育部湖南省人民政府联合印发〈关于整省推进职业教育现代化　服务“三高四新”战略的意见〉》（湘政发〔2021〕5号）和全国、全省职业教育大会精神，加快推进全市职业教育改革发展，8月26日，市政府印发《常德市推进职业教育现代化服务“三高四新”战略实施方案》（常政发〔2021〕8号）。其主要内容包括：全面加强党对职业教育领导、创新发展高等职业教育、推进中等职业教育提质培优、加快常德大学城建设、构建服务终身学习体系、建好一批特色高水平专业（群）、构建产教融合校企合作新格局、建设高水平“双师型”教师队伍、深化“三全育人”综合改革、实施职业院校教学质量提升行动计划、实施职业教育“楚怡”品牌行动计划及提升服务“三高四新”战略能力等。文件的出台，为当前和今后一段时期常德市职业教育工作指明方向。

【办学条件达标工程建设】　4月，省教育厅对常德市28所中等职业学校基本办学条件进行专项核查。全市有7所学校一、二级办学指标全部达标，10所学校一级办学指标达标。9月，省教育厅召开全省中等职业学校办学条件达标工程推进会。按照会议精神，常德市各中等职业学校抢抓机遇，加大经费投入，办学条件不断改善，全市增加公办学位3000个。桃源县职业中等专业学校新校区整体搬迁工程完成投资5.5亿元，于6月正式迁入办学。津市职业中专学校新校区建设投入资金4250万元，完成主体工程建设。常德财经机电职业技术学院（筹）投入3100万元、常德技师学院（常德工业学校）投入800万元、临澧县职业中专学校投入2000万元、安乡县职业中专学校投入1000万元、湘北职业中专学校投入3000万元、澧县职业中专学校投入1800万元、汉寿县职业中专学校投入330万元，分别用于学校基础设施建设及添置实训实施设备。

【电大更名】　按照省教育厅的统一部署和安排，12月，常德广播电视大学完成更名“开放大学”工作。常德广播电视大学更名为常德开放大学，湖南广播电视大学津市分校更名为津市开放大学。常德广播电视大学下辖的8个区县电大分校更名为“常德开放大学××（县域名）分校”。2021年，开放教育招生5467人（其中农民大学生招生716人），在籍学历教育学生超过1.2人。

（艾　琳）

高等教育

【概况】　2021年，全市有高等教育学校7所，其中普通高校5所（本科院校2所，高职院校3所），成人高校2所，另有独立学院1所（不计校数）。普通高校本专科在校学生70152人，比2020年增加7357人，增长11.7%；在校生中，本科生36804人，占比52.5%，比2020年增加2929人。招生23777人，比2020年增加2489人；招生数中，本科生10624人，占比44.7%。毕业生16508人，比2020年增加1180人；毕业生中，本科生7556人，占比45.8%。全市普通高校教职工4998人，其中专任教师3780人。有图书582.1万册，教学仪器设备价值69661.9万元，教学及行政用房面积100.9万平方米。各级各类成人高校在校生50061人，有电大教职工91人，专任教师43人。

（刘钦林）

湖南文理学院

【概况】　湖南文理学院是一所由湖南省人民政府主办的全日制普通本科院校，是国家“产教融合工程应用型本科规划高校”、省“双一流”高水平应用特色学院、“全国模范职工之家”“湖南省现代大学制度建设先进高校”。2020年，调入湖南省本科一批录取高校。学校占地面积87.53余公顷，校舍建筑总面积60.88万余平方米，教学用房面积28.4万余平方米。共有16个教学院、1个独立学院，65个本科专业，已建成汉语言文学、地理科学等7项次的国家一流本科专业、国家特色专业、国家综合改革试点专业等“国”字号专业，以及生物科学、学前教育等30余项次省一流本科专业、省特色专业等“省”字号专业。共有教职工1556人，其中，教授147人，博士425人，在校全日制本科生2.5万余人。

2021年5月25日，召开中国共产党湖南文理学院第四次代表大会，提出“一个目标”“两大战略”“三个突破”“四大发展”“五大工程”“六个文理”发展思路，为学校未来五年高质量发展定航。抢抓机遇组建医学院，成功申报医学类本科专业。修订完善《教学院总支部委员会（党委会）会议议事规则》等制度，对组织生活不规范的基层党组织进行重点跟进指导。生环学院党总支、艺术学院教工党支部评为第二批全省普通高校“对标争先”项目党建工作“标杆院系”和“样板支部”；机械工程学院党总支获省“先进基层党组织”；化材学院教工党支部获2021年省教育系统“先进基层党组织”；王文彬、凌云分获2021年湖南省教育系统优秀共产党员、优秀党务工作者。紧扣立德树人铸魂育人，深入推进省“三全育人”综合改革试点高校建设，《湖南日报》专题推介学校“三全育人”工作亮点与特色。修订《党委意识形态工作责任制实施细则》等，强化意识形态工作督导。获评2021年度“湖南省高校思想政治教育研究先进单位”。“师德师风建设年”系列活动。开展各类师德专题教育20余场次，强化师德学习教育、典型引领、负面警示、测评考核、监督惩处。聚焦“两个维护”，强化政治监督，出台《关于加强“一把手”和领导班子监督的实施办法》。全面落实“两个责任”，制定《落实全面从严治党党委主体责任和纪委监督责任实施办法》《清廉校园建设实施方案》。聚集重点领域，强化监督检查，做实做细日常监督，严肃执纪问责。突出政治标准选用人，坚持党管干部原则，落实好干部标准。选优配齐学校中层领导干部队伍。落实《推进干部能上能下实施办法（试行）》《关于进一步激励广大干部新时代新担当新作为的实施意见（试行）》规定。制定《干部队伍建设2021—2025年规划》，加大年轻干部梯队建设和培养选拔力度。

【人才培养】　学科竞赛等级奖数稳居同类院校前列，获国家级奖励9项、省级奖励165项。专业和课程建设实现新突破。1个项目获批国家级新文科研究与改革实践项目，3个专业被确认为省级一流专业。26门课程被确认为省级一流课程，2门课程获批省课程思政示范课程。建成省课程思政教学研究示范中心1个，2个项目获批省新文科研究与改革实践项目，获省课堂教学竞赛奖5项。深化“三全育人”，推动学生全面成长，易班共建案例获评教育部“2020年全国优秀易班共建案例”，易班学生工作站获评教育部“四星级易班学生工作站”。获“省高校辅导员工作研究与实践先进单位”；1人获“省高校辅导员年度人物”称号；2人获“省高校学生思想政治教育研究与实践百佳个人”，2人获“省高校辅导员工作研究与实践百佳个人”。学生杨松铭获评2021年全省唯一“中国大学生自强之星标兵”（全国共10人）。获评省青马在线2020—2021年度优秀工作单位，党史学习教育大学生理论宣讲团获全国暑期“三下乡”社会实践活动“优秀团队”称号。在第十四届“挑战杯”湖南省大学生课外学术科技作品竞赛中获省级二等奖6项、三等奖3项。国际化办学。获批1个国家级引智项目和1个国家留学基金委公派出国资助项目。留学生。招收22个国家共60名留学生。2021届毕业生总体毕业去向落实率为89.86%，高于省本科毕业生总体毕业去向落实率；实现有就业意向的建档立卡贫困生100%就业。在第七届中国国际“互联网+”大学生创新创业大赛中，获省赛3银8铜。获省科技厅“湖南省科技创新计划资助”项目经费20万元，支持20个大学生科技创新创业项目开展创新创业工作。

【学科与科研工作】　纵向项目立项250余项，其中国家项目8项，省部级项目93项，重大重点项目4项。科研经费进账总额达9000万余元，其中纵向经费1400万余元。发表学术论文720余篇，其中高水平论文270多篇。出版著作及教材27部，其中国家级出版社出版21部。获得科技成果奖5项，其中二等奖2项。取得各类知识产权成果554件，其中发明专利授权130件。构筑高能级平台体系。获批省科技厅重点实验室1个，省部级科普基地1个，海智基地平台1个。搭建“常德科创网”平台体系，实现2项发明专利成果的转化。获得科技厅奖补资金53万元，获得省、市、区三级专利奖补资金117万元。产学研用。“教授博士沅澧行”活动，覆盖常德市14个区县市企业，与地方企业共签订技术开发和服务项目100余个，合同经费达3000万余元。4人选派为2022—2023年度省级科技特派员。《武陵学刊》入选“2021年湖南省教育厅名刊培育计划”。《湖南文理学院学报（自然科学版）》2021年复合影响因子0.491，实现连续4年递增，居省内前列。

【管理与改革】　推进多维度多元化教师评价改革，修订《高教系列

（含实验技术）专业技术职称申报评价办法》等6个职称评审制度。校院两级管理改革。修订完善教学院目标管理考核指标体系。人才强校。首次实施“武陵人才”支持计划；1名教师入选省“芙蓉学者—青年学者”，实现学校“芙蓉学者”零的突破。科学制定新政策，首次实行人才分层评价制度，引进包括1名学科带头人在内的博士49人，柔性引进双师双能型博士86人。财务管理。加大资金筹措力度，以中层领导干部经济责任审计为重点推进审计工作全覆盖，全年共审计预结算项目140个，审减金额约650万元。独立学院转设工作。与常德市政府、常德城投集团签署《湖南文理学院芙蓉学院转设（举办者变更）协议》，明确芙蓉学院转设的相关步骤和举措，对稳妥安置相关人员进行规定。

【民生工作】　福利待遇。提高教职工体检费标准，稳妥推进绩效工资改革。食品安全“零事故”。被授予“湖南省平安建设示范校”荣誉称号。校园疫情防控。严格落实疫情防控部署和要求，织密织牢疫情防控网络，师生无一人感染新冠病毒。校园环境。全年投入250万元进行零星维修，投入近700万元进行34个专项维修项目。争取到常德市财政补助451万元，完成西校区南院海绵城市改造。教育阳光平台“连心桥”。全年受理上级转办件85件，办结85件，办结率100%，学校受理信件1829件，办结1829件，办结率100%。离退休工作。开展亲情化服务，着力推进民主管理，发挥教代会职能，高效、及时办复代表提案，维护教职工福利。图书服务工作。获评湖南省文明窗口单位。信息化建设。实现新服务端口的VPN、OA办公“线上线下”服务受理新模式。

（岳浩然）

常德广播电视大学

【概况】　2011年，常德广播电视大学成立“常德社区大学”，加挂“常德市终身教育服务指导中心”和“常德市干部教育培训网络学院”两块牌子，下辖8个区县电大分校。学校地处武陵区芙蓉路，占地面积3.33公顷，建筑面积23613平方米，固定资产总额3000万元，在编在岗教职工49人，外聘教师24人，其中高级职称13人。学校是省教育厅授牌的“省示范性电大”、省级文明标兵校园，连续10年获全国“全民终身学习周优秀（成功）组织奖”、全省电大系统“优秀分校”。学校现有专科28个专业、本科20个专业，其中行政管理、建筑工程、工商管理、土木工程等为主要专业。

优质服务。2021年，常德广播电视大学坚持“疫情防控和教育教学”两手抓两不误。全年学历教育招生5467人；落实教学任务，坚持教师做好网络直播课程上网课，开设录直播课程63门、播放217场，参与学生超过8000人次，全省排名第一。扎实开展“我为师生办实事”实践活动，解决学生“急难愁盼”，针对在籍学员，改革毕业事项办理流程，制定“多件事一次办”，做到“一次告知”“一次表单”“一次办好”，服务应届毕业生366人；提高毕业论文合格率，对区县电大师生开通毕业论文查重功能并开展平台使用培训，服务师生3000人；针对往届学员查询、补办学籍档案的需求，切实提高工作效率，做到“归口一个窗口管”“按照一套流程办”“定好一张时间表”，畅通服务流程，实现校本部服务事项一次办结，湖南开放大学、国家开放大学服务事项两次办结，全年办结事项55件。积极组织教师、学生参与各项竞赛活动，获“湖南开放大学学生信息素养大赛”一等奖、三等奖各1个，“会计核算技能竞赛”三等奖1个，“全省开放教育网页设计大赛”一、二、三等奖各1个。

乡村振兴。2021年，继续实施“农民大学生培养计划”，直接服务乡村振兴点村，全年从点村招生716人，连续10年招收10274人。采用“学知识+强能力+懂技术+交朋友”的四维培养模式和“学员+专家+基地”的实践教学模式，建立市级专家团队20个、市县两级实践教学基地50个，让农民大学生通过实践教学在村部学管理，在田地学技术。组织农村（社区）基层组织人才定向培养生80人开展两次集中面授学习，开展文艺会演、军训、实践教学等活动，集中面授学习安排严谨、管理细致，学生好评率高。实施的“农民大学生培养计划”入选中组部100个全国党员教育工作典型案例。12月13日，《常德日报》以《全能型农民大学生助力乡村振兴》为题进行头版头条宣传推介。

终身教育。2021年，丰富终身学习网平台资源建设，组织拍摄桃源木雕、澧州大鼓、常德丝弦系列微课，自建和购买的社区教育课程资源达9407个，网站注册人数增至40313人。充实文本资源建设，组织编撰《绿培新手导航》《乐享烘焙》《老年人玩转智能手机》系列教材。在桃源县茶庵铺镇举办以“庆建党百年华诞　谱终身学习新篇”为主题的全民学习周开幕仪式，并在全省全民终身学习活动周开幕式上做典型发言，推介常德经验（全省两个市州之一）。鼎城区尧天坪镇社区学校、柳叶湖七里桥社区学习中心获评“2021全省老年教育学习体验基地”。“都市菜园”新建33个家庭示范点，送出免费菜苗160余份。“乐享书吧”举办常德丝弦、桃源木雕、澧州大鼓“非遗”讲堂和“阅读丰富人生”读书沙龙等主题讲座与沙龙活动。向鼎城区尧天坪中学、武陵区芙蓉街道、津市药山小学等8个社区教育机构捐赠价值30万元图书。打造“传承文化　共学非遗”常德非遗社区教育品牌项目，建成“常德丝弦、桃源木雕、澧州大鼓”3个“非遗”体验教室并开设“非遗”传习班，开展非遗进社区、进机关、进学校、进企业、进乡村“五进”活动，累计服务居民5000余人次。拓展深化“老年人运用智能技术”千课进社区品牌项目，在全市范围内开展老年人运用智能技术送教活动和师资培训，指导区县开展活动，在全市8个社区送出课程20余场次，各区县在15个社区送出课程80余场次，累计培训老年人逾6000人次。

教育培训。2021年，全面加强督学促学、管理服务，做好干部在线教育支持服务。组织开展“学习贯彻中共十九届五中全会精神　推动大力实施‘三高四新’战略”网络专题培训班、党史学习专题培训班、学习贯彻习近平总书记“七一”重要讲话精神专题培训班，报名率、考核通过率均达100%。截至年底，常德市干部网络教育培训学院注册学习人数达13354人，参学率、结业率居全省前列，被省干教领导小组授予“全省干部教育网络培训工作先进单位”。以“讲好常德故事”为主题，加强本地课程资源建设，精心制作本地课程《扶贫楷模王新法》《革命先辈林伯渠》微课，在全省干部网络培训微课精品课程评选活动中分别获一等奖、三等奖。结合党史学习进一步挖掘地方教育资源，录制学校党委书记、支部书记等主讲的《帅孟奇的革命故事》《太浮山上的红色岁月》等5门党史课程。将优秀课程资源上传至干部网络教育常德分平台课程超市，开辟“常德特色课程”子栏目，课程点击学习平均达到2000多次。完成全市43705名教师的学分登记工作，在湖南省中小学教师培训信息化管理平台完成全市35个市级教师培训项目的立项及结业审核工作，组织实施常德市2021年乡村教师专业适岗培训项目，参训率100%。分3批启动市直学校能力提升工程2.0项目，2021年完成第一批和第二批学校能力提升工程2.0的培训，共培训教师2365人。开展各类社会化培训考试近3000人次。

【基础建设】　2021年，学校投资500多万元对男生宿舍楼、食堂进行改造，投资50多万元新建常德丝弦、澧州大鼓、桃源木雕“非遗”体验室等社区教育活动阵地，为开放大学挂牌后明确办学定位，拓展工作职能，提高教学服务水平，推进全市终身教育和学习型社会建设，打造湘西北终身教育（继续教育）中心奠定坚实的硬件基础。

【管理与发展】　为加强省级文明标兵校园复查考核工作、落实全国文明城市测评迎检任务，学校多次召开文明创建工作的班子会、教师动员大会、调度会，切实增强全校教师对文明创建的认识，在全校范围内落实“领导带头、全员参与、全面创建、全力投入”的工作机制。系列创建活动全面落实，市文明网对学校进行5次宣传推介。学校工会紧紧围绕学校中心工作，全面履行工会各项职能，充分发挥桥梁和纽带作用，组织开展全市电大系统教职工气排球赛等活动，组织参加全省电大系统教职工气排球赛获第三名，提升全市电大系统教职工凝聚力。学校注重强化完善档案管理、财务管理、宣传推介、机要保密、督导考核、绩效考核等工作力度，推动学校进一步发展。

（周梦圆）

湖南应用技术学院

【概况】　湖南应用技术学院是经教育部批准建立的一所非营利性民办全日制普通本科院校。有东、西两个校区，规划总面积143.07公顷，已建设使用110.47公顷，至2021年9月30日，建筑总面积46.21公顷，其中教学行政用房23.17公顷，教学科研仪器设备资产总值8250万元，馆藏纸质图书144.4万册，电子图书57万册；有专任教师706人，其中具有高级职称教师246人，另有外聘教师208人；全日制在校学生14563人，其中本科学生11499人、专科生3064人；开设有园林等22个本科专业，以及数字媒体艺术设计等13个专科专业。学校教育教学、实验（训）、文体、生活设施一应俱全，建有校内专业实验室109个，实验实训中心5个，与行业企业共建稳定的实习、实践、实训基地221个，校内外创新创业基地6个，创新创业工作室47个，配套计算机3510台。学校先后获得“中国民办高等教育优秀院校”等荣誉称号300多项。《中国教育报》《人民日报》海外版等国家级、省市级新闻媒体相继对学校进行专题报道，学校被誉为“应用型、创新型人才培养的摇篮”。

党建引领。加大党史学习教育，开展“千名大学生党员宣誓”、红色基地教育等活动纪念中国共产党成立100周年。召开第二次党代会完成党委、纪委换届选举工作，党史学习教育收到显著成效。加强党内法规学习，落实“我为师生办实事”15件清单，在学史力行上下真功夫。全年组织中心组学习14次，举办3期1610人的入党积极分子培训班，发展399名党员，预备党员转正184人。6月，学校第三次团代会暨学代会召开，选举产生第三届团学委员会。7月，成立省民办高校首个归国华侨联合会。推进“三全育人”综合改革，完善优化“千分考核”体系，从学业、德育、体育、双创、美育等多个方面对学生进行科学的综合测评，把思想政治教育融入社会实践、志愿服务等活动中，充分利用党史学习教育活动强化思政教育。落实“双培养”工作，加强“五化”建设，26个支部经督查、整改，全部达到合格以上标准。党建引领校风学风不断优化，师生的良好精神风貌和感人事迹被《中国教育报》等主流媒体报道121次，《中国教育报》以《转型创改：民办高校党建的“应用密码”》为题进行专题报道。

教育教学。修订专业人才培养方案，并以此为基础，对教学大纲进行全面修（制）订，涵盖人才培养方案规定的1200余门课程。加大一流课程建设，政府经济学等3门课程入选省级一流课程，使省级一流本科课程达到13门，校级一流课程达到27门，并在中国大学慕课平台创建30门本校独立（SPOC）课程。全力支持一流专业建设，1个入选省级综合改革试点专业，新立项5个校级一流专业建设点。11月25日，学校召开教学科技工作大会，出台《关于全面深化教育教学改革　提高应用型人才培养质量的决定》。积极开展教研教改活动、组织教学竞赛，推动教学方法与手段的改革，通过开设公开课、示范课、教学观摩课，组织教师交流教学经验，推动教学方法与手段的创新；通过开展“人人过教学关”“全校教师教学竞赛”“信息化教学竞赛”等活动，激励教师努力探索新的教学方法与手段，努力提高教学水平。全年教研教改课题省级立项19项、校级立项43项；双创项目国家级立项32项、省级立项65项、校级立项65项。2021年度学生参加学科竞赛，获一等奖6项、二等奖12项、三等奖32项。

科技工作。成立全省高校首个“乡村振兴研究中心”以及“园林植物与景观设计研究中心”等14个校级特色科研平台。“常德市小浆果产业化工程技术研究中心”被授予首个常德市工程技术研究中心，市级科研平台取得零的突破。深化校企、校政产学研合作，与中南林业科技大学等30多家企业、高校、研究院所签订产学研合作协议，为企业提供技术服务。举办各类学术报告70场，与地方政府和其他兄弟院校协同举办校企助力乡村振兴发展峰会。科技特派员由4人增至17人，不断深入企业，全产业进行扶持。组织近50类项目申报，累计获批省部（厅）级以上科研项目57项；发表各类学术论文500篇；出版著作（教材）100部；授权专利、软件著作权400项。14名教师被授予专家称号。

迎评促建。组织专家诊断评估，制定并实施整改方案。开展合格评估工作专题讲座和“说管理、说专业、说学院、学课程”“四说”活动、评估知识考试、评建工作专题汇报会等，营造迎评氛围。物联网工程等5个专业通过新设本科专业办学水平评估；完成教育部“高等教育质量监测国家数据平台”的数据采集与上报工作及学校本科教学质量报告撰写发布工作。

队伍建设。开展“师德师风宣讲”，把师德表现作为教师年度考核、岗位聘任聘用、评优评先的首要标准，实行师德表现一票否决制。全年组织167名教师参加教师继续教育培训、353名新教师入职培训；推选省级访问学者4人、青年骨干教师4人、16人参加“湖南省高等学校师德师风高级研讨班”，引进人才534名，认定主讲教师372名、评选“双师型”教师39名。

关爱师生。为2768名家庭困难学生开通绿色通道，累计金额2226.35万元；校内助学金资助学生871人，累计金额58.24万元；设立优秀学生奖学金，惠及512名学生，累计金额105万元；春季助学金惠及2283人，累计金额486.64万元；15人获国家奖学金，累计金额12万元，364人获国家励志奖学金，累计金额182万元；为136名应征入伍在校大学生办理学费补偿申请，累计金额264.94万元。为59名录取为硕士研究生的学生给予每人5000元的现金奖励，累计奖励34.5万元。完善教职工收入合理增长机制，开展送温暖慰问活动、组织户外拓展活动，增强教职工归属感和学校凝聚力。

【招生就业】　为提高生源质量和就业质量，通过校企合作、供需见面会、网上招聘、“一对一”帮扶就业困难学生等方式，拓宽毕业生就业渠道。2021年度本科毕业生1938人，毕业率为97.99%。本科新生录取3048人，报到率97.31%；专科新生录取1200人，报到率87.91%；录取“专升本”新生475人，报到率96.42%。总计入学新生4479人。

【继续教育】　全年共27898人次参加培训考证。自考本科新生报名、注册387人；办理自考本科毕业证832人；成教函授注册新生2185人，成教函授报名、报考1900多人；完成英语三、四、六级考试14097人；组织7140人次参加常德市鼎城区教师资格考试等。

【校园建设】　新建并投入使用8栋教学楼、6栋师生公寓，总建筑面积7.49万平方米。出资1000多万元建设2条专线和增加变压器等，投资2000多万元加大实验室建设，完成校园绿化和校区道路硬化，升级改造热水供应系统。重视安全管理，建设平安校园。

（潘艳艳）

湖南高尔夫旅游职业学院

【概况】 湖南高尔夫旅游职业学院是经湖南省人民政府批准、教育部备案设立的全日制民办高等职业院校，设有高尔夫教育学院、信息与工程学院、艺术与基础教育学院、旅游管理学院、五年制大专部5个二级教学单位。2021年，学院全日制在校生1万余名。教职工670余人，其中副教授职称以上教师45人，硕士以上学历教师93人，“双师型”教师88人。

思政工作。“我为群众办实事”活动。共为师生办实事245件，结对帮扶困难学生500人。组织开展庆祝中国共产党成立100周年“十大”系列活动，组织开展首届“校园十大育人楷模”评选表彰、“十大育人优秀案例评选”和“我身边的好老师”征文等活动。学校党委被常德市两新工委授予“标杆党组织”称号，党委副书记、校长陈巨红被授予“两新领军人才”称号。旅游管理学院课程教学团队获评湖南省职业院校教师思想政治教育教学能力专业组二等奖。学工处教师管苑智资助育人案例《“全过程帮扶，全周期培养”资助育人实践》被湖南省高校“十大”育人示范案例全文收录。

教学工作。根据专业群建设要求，对二级学院进行重新调整，初步建立体育健康、人文教育、现代服务、信息技术四大专业群，基本达到“以群建院”的要求。严格课堂教学秩序管理，严格毕业设计过程管理，严格学籍管理、教材管理、考风考纪，教学秩序、学风、考风明显好转，全校平均到课率达到98.39%。修订完善教学标准、专业标准、课程标准、人才培养标准、实习实训标准等，有效推进“1+X”试点项目，高尔夫教育学院幼儿照护省“1+X”试点项目证书考试合格率97.5%。27个已设置专业人才培养标准一次性通过省厅合格性评估验收。4个新设专业顺利通过合格性评估验收。全年学生共参加省市21个赛事项目，获得教育教学竞赛省级及以上奖励35项，市（厅）级奖励11项。在第三届全国高等院校高尔夫球锦标赛中，学院获男子专业组、女子专业组团体冠军，男子、女子单项技能比赛一等奖；获第四届“外教社杯”全国高校学生跨文化能力大赛湖南赛区总决赛高职组特等奖。

科研工作。共立项市厅级及以上课题28项。其中，湖南省教育科学“十三五”规划课题1项；湖南省思想政治工程专项课题1项；常德市社会科学研究项目5项；湖南省教育科学研究工作者协会3项，其中重点课题1项；湖南省教育厅职教新高地课题4项；湖南省职业教育与成人教育学会课题4项；湖南省职业院校教育教学改革研究项目5项；湖南省教育厅科学研究项目5项。在省级及以上刊物共发表学术论文84篇，公开出版教材30本。由信息与工程学院教师王弓芳参编的《数控车床编程与加工》一书获全国优秀教材二等奖。

【师资队伍建设】 实施“双高工程”，硕士研究生教师较2020年增长5%，讲师及相关中级专业技术职称职务教师较2020年增长4%，博士学历和副高职称及以上人员教师较2020年增加1人。55名教职工申报专业技术职称评审或初任。培养湖南省高等院校青年骨干教师访问学者4人，中西部青年骨干教师国内访问学者1人，省级青年骨干教师3人，常德市“双师型”教师3人。

【招生就业】 2021年，学院招收各类新生3399人。共建校企合作企业93家，校外实践基地6个，达成校企合作项目10多个。毕业生初次就业率87.82%，专升本学生300余名。

【基础设施建设】 2021年，新建教工宿舍2栋、学生宿舍3栋，新建实训楼、新田径场、新篮球场、新体育馆、新食堂。完成亮化、绿化以及老旧设施改造工程。推进后勤社会化，提升超市、商业街等生活设施服务质量和水平。

（杜燕燕）

常德职业技术学院

【概况】 2021年，常德职业技术学院有在职教职工1161人（含附属医院），专任教师593人，高级职称286人，博士、硕士学位教师407人。学院设有护理系、医学系、药学系、农业与经济系、机电与信息工程系、土建系、国际教育部、公共课部、基础医学部、马克思主义学院、继续教育学院、图书馆、现代教育技术中心等教学教辅机构，拥有一所二甲直属附属医院和一家司法鉴定中心，建有高职教育研究所、常德市桃花研究所、常德市济世药物研究所等研究机构。学院面向全国招生，有全日制在校生1.4万余人。

党建与思政。党史学习教育。成立党史学习领导小组，印发党史学习教育实施方案，按要求高质量地完成各阶段的学习任务。建立党史学习专题网页，发布教育相关推文215篇。党史学习与内涵建设、师德师风建设、“三全育人”、服务地方发展等业务工作相融并进，扎实完成“我为群众办实事”20项具体工作任务。党史学习教育被省级以上媒体报道26次，被市《党史学习教育简报》采用4次。创新开展中国共产党成立100周年纪念活动，举行庆“七一”教职工歌唱比赛及表彰大会。全面启动支部“五化”提质培优工作，5个系部总支申创“标杆系”，16个党支部申创“样板支部”。“智慧党建”平台“五化”考核排名稳居全市前列。举办党训班2期，培训入党积极分子和发展对象1232人，新发展党员454人。为66名老党员颁发“光荣在党50年”纪念章。马克思主义学院党支部被评为全省先进基层党组织。17个党建及思政课题获得立项，13篇工作经验类文章在常德机关党建网上发表。

招生与就业。2021年，录取新生5021人，首次录取临床医学常德乡村医生本土化培养计划101人。2022届4569名毕业生实习安置率100%，专业对口率95%，为常德地区输送实习生1457人。2021届毕业生3302人，初次就业率87.2%，年底就业率95%，274人被本科院校录取。

专业建设。撤销2021级建筑项目信息化管理和休闲农业专业。2021级30个三年制高职专业（含专业方向）人才培养方案通过省教育厅专业人才培养方案的合格性评价，中药学专业获评省优秀人才培养方案。新能源汽车、建筑装饰工程技术通过湖南省新设专业办学水平合格性评价。主持召开湖南省高职高专预防医学专业建设研讨会，并成立由学院牵头的预防医学专业联盟。

产教融合。学院主动融入区域经济发展，服务区域产业，不断创新人才培养模式。送教入企，创新设置飞沃班、退伍军人班。新增订单班培养班26个，学生1167人，较2020年增长75.23%。与正大集团等6家企业签订校企合作协议，拓展3个校外实习基地，与中润等共建4个“校中厂”。

创新创业。获全国第十七届“挑战杯”大学生科技作品二等奖1项、省级创新创业大赛二等奖1项、三等奖3项。大学生创新创业孵化基地成功进驻3个项目。甘钏等5名学生获湖南省创新创业优秀毕业生。

师资队伍。公开招聘52名硕士研究生，接收4名西藏籍高校毕业生。引进行业专家周小利。杨建中技能大师工作室被立项为2021年常德市技能大师工作室建设项目。李苗苗等7名教师被认定为常德市“双师型”教师，“双师型”教师占比71.11%。步洪凤被评为湖南省2021年国家高层次人才特殊支持计划教学名师，王宪庆等4人被遴选为湖南省普通高等学校中青年骨干教师国内访问学者，方芳等4人被遴选为湖南省普通高等学校青年骨干教师。教师获省级以上一等奖4项、二等奖7项、三等奖2项。

社会服务。全年开展各类培训265个班次，培训学员16588人次，其中社会行业企业培训130个班次，培训学员9328人次；在校生培训135个班次，培训学员7260人次。百人红色宣讲团深入红色基地、中小学校、村组社区进行党史宣讲40多场次。订单培养基层农技特岗生、乡村医生650余人。徐兆林等4名教师完成农业科技特派员的科技服务工作，王艳宜等7位教师成功立项常德市企业科技特派员。依托“教授—博士沅澧行”等活动开展社会服务276人次、技术服务项目105个，服务企事业单位89家，签署合作协议4份，技术服务年利润额52万元。

乡村振兴。选派赵红卫任驻石门县南北镇清官渡村工作队队长、蒯海波为工作队队员，制订乡村振兴三年规划。召开后盾单位工作联系会，落实工作责任。继续为竹儿岭社区提供50万元资金援助，巩固脱贫攻坚成果。完成省教育厅消费扶贫118.84万元。学院被湖南省农业农村厅、教育厅评选为“湖南省乡村振兴人才培养优质校”。

附属第一医院和司法鉴定中心工作。附属第一医院总诊疗人次111735人，出院病人11804人次。两院区实现收入18904.9万元，同期增长10.96%。司法鉴定中心业务总收入736.8万元，同比增长36.3%，受理司法鉴定案例4452例，同比增长40%。

疫情防控。先后组织700多名师生员工和附属医院医护人员，投入武陵区、柳叶湖旅游度假区、桃花源管理区30多个村组社区的疫情防控，开展核酸样本采集35万人次，疫苗接种10.5万人次。

【基础建设】 学院与中国农业银行常德市分行签订为期10年的合作协议，由银行出资2000万元实施校园信息化项目建设。校史馆（红楼）作为常德市首批14处历史建筑之一，被认定为常德市历史建筑。

【国际交流】 全日制留学生人数48人，较2020年减少13%，线上招收30名语言生，非全日制留学生培训量较2020年下降29%，8名留学生转入全日制专业生。留学生获省外事办和《湖南日报》举办的线上英语短视频大赛二等奖，常德市仅此1项作品获奖。留学生诵读作品获湖南省第五届中华经典诗文诵读大赛留学生组一等奖1项、三等奖1项。护理专业赴日涉外班招收40名学生。

【教学改革】 《电工电子技术》等3门课程被认定为湖南省职业教育省级精品课程，《伟大的历程——追寻改革开放之路》等5门课程入围湖南省高职精品在线开放课程建设项目，14门院级精品在线开放课程立项为建设项目，4门课程为备选建设项目。评选出10个院级教学成果奖。《OBE视阈下职业院校留学生〈中国文化〉课程思政的研究与实践》等6个省级教改项目立项，《湖湘特色高职药学专业教学标准研》等2个省级教学标准立项。学生获湖南省职业院校学生技能竞赛一等奖5项、二等奖14项、三等奖23项。

【科研成果】 全年各级各类课题（项目）立项97项。横向科研项目立项4个，到账经费185万元。纵向科研进校经费22.5万元，配套经费68.5万元。教师公开发表学术论文521篇。获授权发明专利4项、实用新型专利26项、计算机软件著作权6个。专著、编著、译著7本。制定并被认可的省级地方标准4个、各级协会团体标准20个。“霓虹”等6个桃花新品种获得植物新品种权，学院共被授予7个新品种。“油菜新品种选育及优质高产技术研创集成与推广”项目获湖南省农业丰收奖二等奖。

（金小千）

湖南幼儿师范高等专科学校

【概况】 2021年，湖南幼儿师范高等专科学校招生计划数2683人，其中五年制公费定向师范生计划683人、高招计划2000人。五年制公费师范生录取669人，录取率97.95%，实际到校669人，到校率100%。高招录取2000人，录取率100%，实际到校1864人，到效率93.2%。2021届应毕业2055人，实际毕业2011人。实际毕业生人数中师范类毕业生1864人，占实际毕业生人数的92.69%。毕业生就业去向落实率91.89%。

教学工作。学校在湖南省2021年高职高专院校专业人培方案评审中，21个专业一次性通过合格性评审，早期教育、音乐教育、现代教育技术、小学语文教育、小学英语教育5个专业获得湖南省优秀人才培养方案等级评价。在高职优秀专业人培方案和新设专业办学水平合格性评价及专业技能考核现场考察中，得到专家组的高度评价。继续承办湖南省高等职业教育改革研修班，全省11所高职高专院校84名教师参加培训。牵头成立湖南省学前教育联盟，主办湖南省学前教育职业教育集团成立大会暨学前教育高峰论坛。申报教育教学研究改革项目，校级立项10项。新增器乐艺术指导和WEB前端开发两个“1+X”证书试点，共有120余名学生参加培训。2021年度湖南省职业院校技能竞赛获优秀组织奖，一等奖1个、二等奖2个、三等奖3个。第三届湖南省信息素养大赛，3人获一等奖、4人获二等奖、2人获三等奖。省教育工委“读懂中国”教育活动获优秀组织奖，二等奖1个、三等奖1个。湖南省教师职业能力竞赛获优秀组织奖，二等奖1个、三等奖1个。第三届全国创业培训讲师大赛常德市选拔赛获湖南赛区优秀组织奖，个人一等奖2个。

党建与思政工作。学校围绕“学党史、悟思想、办实事、开新局”，精心组织开展“七个一”系列主题宣传活动。党委中心组集中学习12次，教职工全员政治理论学习12次，党员干部、广大师生深入学习党史学习教育相关理论书籍。加大党员干部业务培训力度，大力宣传优秀共产党员先进事迹，共培训入党积极分子456人、新发展党员109名，评选和表彰先进党组织5个、优秀党务工作者22名、优秀共产党员54名。附属小学支部书记黄志泉被市委评为优秀党务工作者。

脱贫攻坚。学校投入近50万元支持乡村振兴工作，选派2名高素质的党员干部参与市派工作队驻村工作，组织召开结对帮扶单位联席会议2场次。驻村工作队队长王晓凌被省委、省政府评为“扶贫工作先进个人”。

培训工作。全年承担各类培训28项，其中国培项目9项、市培项目14项、其他培训5项，培训班次70个、参培人数共3322人。全校在籍学生参加自学考试人数突破5000人，2022级新生预报名1300多人，自考学生总数将达6000余人。

【师资队伍建设】 招聘编制内人员49人。制定出台《“双师型”教师队伍建设与管理办法》，评定校级“双师型”教师223名。组织开展高校教师资格证面试、新进教师入职培训和岗前培训，累计培训人员97人次。选派40人参加省职业院校教师素质提高计划国家和省级培训，选派6名教师参加顶岗教学实践活动。组织完成青年骨干教师的评选及推荐工作。组织国外学历提升机构进校宣讲5次，16人攻读国外博士学位。制定《“师德师风建设年”推进实施方案》，开展“师德标兵”和“师德先进个人”评选活动。开展师德师风讲座、师德师风演讲比赛、师德师风建设征文活动。

【科研业绩】 全年立项课题总计69项，其中国家级课题1项、省级课题29项、市级课题35项。教师发表学术论文202篇，其中全国中文核心期刊1篇；著作6部，教材6部；发表作品34个；专利5个，软著10个。数学建模研究所、地方红色文化研究所等6个研究所申报校级研究所。组织参加常德市2021年度科普知识讲解大赛，1名同学晋级全国预选赛暨湖南省决赛。组织“碳中和科技创新行动”展览和讲解活动、“师范生人工智能科普”活动和“人工智能科普”展览活动。

（童 蕾）

社会力量办学

【概况】 2021年，全市25所民办义务教育阶段学校共有义务教育阶段学生52234人，占比11.24%，全市需调减民办义务教育学位29006人。全市有“公参民”学校3所，租用公有教育资源举办的民办义务教育学校1所，有在民办学校任教的公办教师452名。

党建工作。市、县两级教育局将民办学校党建工作纳入党建指导科（股）室的统一指导、管理、考核，民办学校党建工作与公办学校同部署、同考核。全市所有民办中小学校全部配备了党建指导员，有3个以上党员的民办教育机构全部建立党支部，少于3个党员的学校（机构）建立联合支部，教育局选派兼职党建指导员。

政策宣传及部署。通过会议、主流媒体、给家长的一封信、印发宣传手册、微信等方式，向培训机构、学校师生、家长宣传“双减”政策，做到人人知晓。协同合作。市县两级建立“双减”协调机制和“党委政府统筹，部门各司其职，街道社区参与”的工作机制，强化部门职责，汇聚部门力量；加强教育系统内部各科（股）室之间的分工合作，形成工作合力，并经市委编办同意，市教育局设立校外培训教育监管科。

学科类校外培训机构“双减”。所有学科类校外培训机构完成营转非工作。义务教育阶段学科类校外培训机构从“双减”前的441家减少到现在的124家，压减率达71.9%，参加培训的人数从“双减”前的3.3万人减少到1万人。

学校建设与发展。市本级财政拨付给民办学校的补贴经费为1400万元。其中民办教育发展专项资金600万元，对民办学校获奖项目和建设投入予以补贴；社保补贴资金800万元，对市直民办学校教师购买社保按照年度各学校给教师实际缴费额50%的比例市财政给予补贴。支持学校达标建设，帮助学校协调解决建设中的有关问题。

【校外培训机构整治规范月专项行动】 开展校外培训机构整治规范月专项行动，全市共查处违规机构76家、违规收费机构48家、培训时间违规机构7家、培训内容违规机构3家、违规聘用教师6名、违规招生宣传机构22家、存在安全隐患的机构80家，完成整改156家，关停取缔67家。

【规范民办义务教育发展工作】 市委教育工作领导小组统筹协调全市规范民办义务教育发展工作，成立工作专班，由市教育局主要负责人担任召集人，市委办、市政府办、市委编办、市财政局、市人社局等14个单位负责人为成员，明确成员单位职责。制定《常德市规范民办义务教育发展实施方案》，区县市“一校一策”明确工作任务与措施。

【民办学校分类登记】 市教育局先后召开2次专题会议，明确具体任务，排出时间表，提出工作要求。7月，市教育局举办民办学校校长培训班，聘请省内外有关专家就民办教育政策、规范财务管理和办学行为、降低办学风险、如何进行分类选择等方面进行讲解。截至2021年年底，全市1436个民办教育机构有1416个完成分类登记，完成率为98.61%。

（刘新春）

学校体育卫生与艺术教育

【概况】 2021年，常德市8所学校入选全国中小学中华传统文化传承学校。截至年底，全市共有16所全国中小学中华优秀传统文化传承学校。开展全市学校体育科研论文评审活动，242篇教师论文分获一、二等奖。选派常德市七中邓凯等5名骨干教师参加省级体育与健康骨干教师培训班。举办100名教师参加的中小学校啦啦操骨干教师培训班，共80名教师参加校园足球裁判员培训班。常德外国语学校、桃源县七中创建“共迎未来”中外青少年人文交流活动“姊妹校”项目学校。2021年，新创建全国青少校园足球特色学校5所、特色幼儿园12所。截至年底，全市共有全国特色学校122所、特色幼儿园18所。

戏曲进校园。武陵区第一小学等8所学校获评全省戏曲进校园特色小学。组织开展庆祝中国共产党成立100周年全市小学生集体传唱红色经典戏曲活动，武陵区金丹实验小学、临澧县实验小学等2所学校获得全省一等奖，石门县六完小等4所学校获全省二等奖，澧县一完小桃花滩分校等2所学校获全省三等奖。

传染病防控。印发《关于加强学校结核病等传染病防控工作的通知》（常教通〔2021〕15号），通过多种形式，广泛开展健康教育。将结核病、艾滋病等传染病防治知识健康教育纳入教学计划，向师生员工广泛宣传传染病防治核心知识。委托常德职业技术学院附属医院，对市直学校近3万名名学生进行健康体检，并进行分析统计。联合卫健部门开展常见病和健康影响因素监测干预工作，对学生常见病健康影响因素开展测试筛查；对教室课桌椅、采光、照明等方面开展现场测量，评估学校教学环境卫生状况。

儿童青少年近视眼综合防控。每年定期开展2次以上视力检测，春季学期开展一次免费视力检测，秋季学期开展一次包括近视等常见病在内的健康体检。联合卫健、文旅广体、宣传、市场监管等部门深入贯彻落实综合防控儿童青少年近视各项工作要求，学校、学生和家长重视眼健康意识和防控能力逐步增强，青少年近视发病率得到有效控制。

校园食品安全、国防教育。校园食品安全。加大食堂新建改造力度，实现明厨亮灶100%。开展校园食品安全“护苗行动”，联合市场监管、卫健等部门做好学校及周边食品卫生安全的检查、指导、整改工作。5月13—17日、9月13—18日，市教育局、市市场监管局、市卫生健康委组成联合督查组，共检查学校食堂和学校供餐单位71家，校园周边餐饮店13家，校内外食品商店43家，对存在的食品安全隐患问题及相关学校进行通报和责令整改。国防教育。学生军训。选派10名优秀军事教师参与全省高级中学军事教师集训，印发《关于做好2021年高中阶段学生军事训练有关工作的通知》（常教通〔2021〕72号），军训工作任务完成。安排专项资金18万元用于国防教育读本免费发放；安排专项资金20万元组织学生观看爱国主义电影。9月18日，组织全市中小学生集中收看国防科技大学教授赵可主讲的《勿忘国耻，强国有我》，约60万名中小学生集中收看。

抗击疫情。建立隔离屏障，严格实施师生出市报备、市外返常核酸检测销假等措施。完善人防屏障，实行师生、员工晨午检制度，安排专人每天上午及下午上课前对学生、教职工的每日出勤情况及健康状况进行检查，发现异常第一时间处置，实行疫情“24小时值班”“日报告”“零报告”制度。强化免疫屏障，全市各级各类学校教职工和12岁以上学生基本实现新冠疫苗接种“全覆盖”。在全市学校开展巡回健康教育讲座，帮助师生员工了解新冠肺炎及秋冬季常见传染病防控知识；将宣传引导学校师生养成个人疫情防控良好习惯纳入校园常态化疫情防控与师生日常健康管理重要内容，引导师生自觉养成戴口罩、勤洗手等健康生活方式；督促指导全市各中小学校开展疫情防控应急演练，增强校园应急处置能力。

【体育中考改革】　3月19日，印发《关于进一步改进初中学业水平考试体育测试工作的通知》，将体育测试成绩纳入初中学业水平成绩体系，并按照文化考试科目成绩同等对待，按不低于60分的成绩计入中考成绩总分。增加测试项目，由原来只进行身体素质测试扩展为身体素质测试、运动技能测试和平时体育考查三部分组成。2021年，组织市城区6000多名初中毕业生完成体育中考。

【阳光体育运动联赛】　10月13—25日，参加湖南省中学生第四届运动会，取得团体总分第五名。4月21—23日，举办全市中小学生乒乓器、羽毛球、啦啦操比赛，全市中学生排球比赛，全市校园足球总决赛，全市高中生篮球比赛和市直中学生田径运动会等青少年阳光体育运动系列赛事。芷兰实验学校获全省青少年足球锦标赛季军。7月12—20日，参加全省小学生足球夏令营活动，常德代表队获得混合组二等奖，小学男子组二等奖，小学女子组二等奖。参加全省初中组总决赛，常德代表队获得初中女子组乙组二等奖、初中男子甲组三等奖。

【中小学第七届艺术展演】　3—7月，全市共有1260个节目和作品分获一、二、三等奖，其中：艺术表演节目一等奖37个、二等奖36个、三等奖36个；艺术作品一等奖306个、二等奖308个、三等奖484个；学生艺术实践工作坊一等奖9个、二等奖8个；中小学美育改革创新优秀案例一等奖12篇、二等奖12篇、三等奖12篇，出版《常德市第七届中小学生艺术展演优秀书法作品集》。参加省级艺术展演，获得一等奖12个、二等奖17个、三等奖13个，其中澧县九澧实验学校舞蹈节目《南海前哨》进入省级展演目录，常德市教育局、临澧县教育局、汉寿县教育局、西洞庭管理区教育局获优秀组织奖。

【中学生独唱、独奏、独舞比赛】　7月15—16日，408名中学生参加全市中学生独唱、独奏、独舞比赛，共评选出一等奖132名、二等奖131名、三等奖126名。12月1—3日，参加全省高中生“三独”（声乐、舞蹈、器乐）比赛，4人获得一等奖、3人获得二等奖、8人获得三等奖，桃源九中龙雅琴等7名教师获得优秀指导教师奖。中学生班级合唱比赛。5—8月，组织开展全市普通中学成建制教学班合唱比赛活动，澧县一中等学校12个班级获得一等奖，临澧一中等学校12个班级获得二等奖，桃源陬市镇中学等学校6个班级获得三等奖。澧县一中廖小波等43名指导教师被评为优秀指导教师，澧县一中陈元元等24名班主任获班主任组织协作奖。12月，在全省班级合唱比赛中，常德市教育局、临澧县教育局、澧县教育局、常德经开区社会事务管理局荣获全省优秀组织奖，澧县一中、市十一中等6所学校分别获得全省一、二、三等奖。

（李　俊）

教师培训与师范教育

【概况】　2021年，全市共培训中小学幼儿园教师29233人次。其中，“国培”项目6420人次；“省培”项目82人次；“市培”项目2778人次；全员远程培训9631人次。

校园长培训。提升学校管理水平，组织小学校长50名，初中校长50名、幼儿园园长40人开展任职资格培训，分别组织优秀中学校长40名、小学校长40名、幼儿园园长30人赴重庆、南京、南通参加高端研修班。

骨干教师及学科培训。组织市级中学学科带头人40名、市级小学学科带头人40名，市级中学骨干教师50人、市级小学骨干教师50人赴外地高端主题研修。"市培"项目聚焦短板学科骨干教师培训，分别是高中历史和体育，初中心理健康教育和信息技术，小学综合实践和大队辅导员小学科300多人专业培训班。

培训专家的培训。通过"国培"项目组织常德市70名培训专家到清华大学培训，安排市培项目对80多名培训专家进行专题培训，全面提升常德市教师培训专家团队质量。

信息技术2.0培训工作。按照整校推进、全员参与的思路，全面启动信息技术2.0能力提升培训工作，全市共培训教师10322人次。

全面启动新一轮中小学教师全员远程培训工作，全市共培训中小学教师9631人次。

【市级教师工作坊坊主研修】 第二届市级教师工作坊评选认定工作坊主43个，实现中小学校全学段、全学科（领域）、全覆盖。探索建立"研培一体"的教师工作坊研修模式。

【公费定向师范生年度招生录取工作】 2021年，常德市各类公费定向师范生招生计划共1319个，其中省级项目计划888个，市级项目计划431个。比2020年增加公费定向师范生培养计划92个，增幅6.9%。整个招生录取工作组织严密、操作规范、程序到位，受到招生学校、学生及家长好评，得到省教育厅的高度肯定。无一例违反招生纪律投诉情况。

【省级优秀论文推荐】 鼓励教师积极开展教育教学论文的撰写活动，组织、汇总、遴选并向省里推荐论文、案例共1769篇。积极推进新课程改革，总结、交流和推广新课程改革的先进经验和优秀成果。

（谭　敏）

教育科学研究

【概况】 2021年，市教育科学研究院被湖南省教育科研工作者协会授予2021年度"先进会员单位"。教师廖学春撰写的《德高身正　师者之师——记常德市教科院教研员刘忠义老师》在湖南省2021年师德师风建设年"身边的好老师"征文活动中获二等奖。

党建工作。教师刘建德主研的《党建同行　教研有魂》案例被市直机关工委收录为全市党建与业务深度融合的典型案例；刘建德、陈延军、刘忠义为全市各级各类学校进行党史教育专题讲座24场。历史学科组织"庆祝中国共产党成立100周年"常德市中学生历史小论文竞赛活动，地理学科组织常德市中学生和中学地理教师绘党史地图竞赛活动，艺术学科组织"赞歌献给党"唱歌教学成果比赛，活动均达到良好效果。

新高考应对策略研究。4月、11月，分别组织全市高三复习研讨会，参会人员1000多人，通过老师上复习课，参会人员进行高考复习课、复习经验专题书面交流，开展专题讲座等方式进行研讨，一线教师更加明确复习方向。

送教下乡。12月，小学教研室前往临澧县合口镇举行送教下乡活动，送教以学科课堂教学、课堂教学点评加青年教师专业成长经验分享为基本形式，为农村教师送去优质的课堂教学与优秀青年教师的成长经验。

教育质量监测。1月，组织全市高三协作考试。3月底，协助基教科组织全市高三模拟考试。5—6月，完成初中学业水平考试命题、评卷、质量分析报告等工作。6月，组织高一排位考试，为各校应对新高考，为学生进入高二选科提供服务。

教学研究与视导。3—5月和9—10月，中学学科教研员围绕课堂开展系列教学研讨活动，召开研讨会9场次，120多名选手获市级奖，近20人获省级奖，1人获全国奖。为促进青年教师专业成长，9月7日，在副院长傅广生带领下，对市城区14所中学、各校近三年新进教师，进行"规范教学行为，厉行课堂改革"为主题的专项教学视导，九大学科教研员对224名教师进行教学指导。小学学科先后视导市直及县区学校30所，推门听课148节次，查看教案286份，抽查学生作业1000余本，座谈20场，4名选手分别获省级赛课优质奖。2堂语文课例获选国家课程改革研究所联合主办的优秀课例；2篇论文被推选为人民教育出版社，国家课程改革研究所联合主办的优秀论文参评。组织参加全国《道德与法治》优秀案例征集活动，获二等奖2个，并获优秀教研团队奖。4月6—22日，职教室组织开展常德市中等职业学校信息技术类专业教学视导，视导专业主要为计算机应用、计算机平面设计、计算机网络技术、电子技术应用等。先后视导中等职业学校（含高职院校中职部）20所，随堂听课120多节，查看教案150多本，抽查学生实训报告500多册，组织召开座谈会20场。

课题研究与管理。2021年，立项省教育科学规划课题23项，其中重点资助1项、一般资助13项，立项总数和资助项目均位于全省前列；省教育科学研究工作者协会课题15项；省教育学会课题17项，其中重点2项；市级教育科学规划课题30项；市社科课题2项。完成84项省市课题的开题论证、2020年76项省市课题的中期检查、24项省教育科学规划、14项省教育学会、13项省教育科研工作者协会、32项市级教育科学规划、1项市社科课题的结题鉴定工作。4月29—30日，在武陵区第一小学举办常德市教育研究立项课题主持人培训，培训教师270余人。组织参加湖南省教育学会“十三五”优秀课题成果评奖，常德市27项课题获奖。5月9日，1项省规划重点资助课题在湖南教育出版社交流。肖焕之、刘忠义、廖学春主持和参与5项省市规划课题。

心理健康教育和生涯规划教育研究。刘忠义主编的五位一体资源包《心理健康教育》七年级上、下册由湖南科学技术出版社出版发行。武陵区旭辉东升小学提交的“5·25”心理健康教育活动案例在省教育厅评审中获一等奖。5月25日，常德市市直心理健康教育教研联组应湖南省心理健康教育专业委员会邀请赴永州市江华县介绍经验。6月23日，肖焕之在常德芷兰实验学校作的公益讲座《湖南首届新高考志愿填报建议》并通过网络直播，近16万人次在线观看。3月上旬，刘忠义接受广州市天河区教育局邀请赴贵州省毕节市大方县指导课堂教学、高考复习迎考工作，将1万元授课劳务费捐给当地贫困学生。

职业教育教研论文评选。10—12月，常德市教科院和常德中华职业教育社联合开展全市中等职业教育优秀教研论文评选活动，共收到全市15所中职学校报送的论文145篇，论文数量创历史新高，整体质量也明显提升。经评审，共评出一等奖27篇、二等奖55篇、三等奖56篇。

【职教教研联组换届改选】　3月，顺利完成教研联组换届改选，组织成立常德市第八届中等职业教育教研联组，共设置教研联组17个，构建全市20所公办、民办中职学校为成员学校，193名骨干教师为成员的教研团队，建立健全涵盖常德市中等职业教育从教学管理到课程教学、从公共基础课到专业课、从技能实训到对口升学的教研网络。全年以教研联组为平台，坚持问题导向，聚焦课堂教学，组织开展17次内容丰富、形式多样的教研活动。

【职业教育教学改革研究项目申报】　3月，组织开展2020年湖南省职业院校教学改革研究项目实施方案论证。6—9月，组织完成常德市科技创新发展专项项目《职业教育与本地产业对接的现状与对策》调研。9月，常德市中职学校立项2021年湖南省职教高地建设理论与实践研究课题7项。11月，指导完成2021年湖南省职业院校教学改革研究项目和省级精品课程的申报，指导申报省级教学改革研究项目17个、省级精品课程22门。

【全市中等职业教育教研骨干培训】　9月22—28日，在浙江大学人文学院组织开展常德市中等职业教育教研骨干培训。培训历时7天，全市5个县市区教研机构、25所中等职业学校的50名教研骨干参加培训，参训对象是常德市县职教教研员、全市第八届中等职业教育教研联组新聘主持人和组长、全市各中等职业学校教务主任或教科室主任。培训内容主要是学习职业教育教学改革的新精神、新理念及新方法；学习职业教育发达地区的课程教学理念与方法、教研活动的设计与实施策略、专业建设的典型经验及教师专业发展、科研能力提升的主要做法等。该培训主题突出、内容丰富、组织有序，达到更新教育理念、学习典型做法、提升全市中职教研骨干的教研能力与水平的目的。

（雷光宇　王治璎　张国平　张　璟　廖学春　周昌文）

文化·新闻·体育

文化综述

【概况】 2021年，常德市图书馆、滨湖剧场、市游泳馆3个项目纳入市政府工作责任清单，市图书馆提质改造项目、市游泳馆招商引资建设方案获批立项，滨湖剧场项目与常德芙蓉学院剧场共建共享，相关优化设计方案已完成。常德市第二工人文化宫（常德大剧院）建设项目已完成室内装修，计划2022年投入使用。市体育公园提质改造项目完成面向市民开放。市美术馆整体搬迁柳叶湖旅游集散中心并正式投入使用。石门县文化馆新馆对外开放，安乡县文化馆提质改造工程全面完成。

【公共文化服务体系建设】 制定《常德市落实湖南省公共文化服务体系高质量发展五年行动计划的实施方案》，公共文化服务体系进入高质量发展新阶段。全市公共文化设施总面积达到665.2万平方米，人均1.26平方米，全市文化场馆服务总人次达1845.1万人次。常德市、桃源县、石门县3个文化馆被评为“国家一级馆”，武陵区等7个文化馆被评为“国家二级馆”。桃源县九溪镇获评2021—2023年度“中国民间文化艺术之乡”，鼎城区周家店镇、石门县罗坪乡等6个乡镇被命名为“湖南省民间文化艺术之乡”。临澧县四新岗镇文化站及柳叶湖旅游度假区肖伍铺社区、桃花源管理区汤家山村、武陵区新坡社区、鼎城区放羊坪村4个村级综合文化服务中心被评为湖南省2021年“最美潇湘文化阵地”。

【文艺精品创作】 组织参加第七届湖南艺术节，汉剧《我娘是片钥匙》获田汉大奖，汉剧《蒯伯赞》获田汉新剧目奖，花鼓戏《七里坳》获田汉音乐奖，汉剧《出发之前》、荆河戏《后果很严重》获田汉小剧目奖，美术书法作品首次获得齐白石艺术奖，获奖数量位居全省前列。2部作品入选第十届中部六省曲艺展演，3个作品入展第七届全国画院美术作品展，2个作品入选“湖南省庆祝中国共产党成立100周年优秀舞台艺术作品展演（播）”，1个作品入选中国戏曲表演学会“戏曲名家精品剧目演出活动”，6个优秀节目和6名优秀演员代表参加全省“百团百角唱百年”竞演。选送的广播电视节目获一类扶持3个、二类扶持1个、三类扶持5个，1个作品获全省第六届网络原创视听节目大赛网络短视频三等奖。

【文化惠民】 全市各级文化场馆服务总人次达1845.1万人次；公共图书馆藏书总量达到573.44万册，年图书流通121.65万册次；新增数字文化资源38TB，访问量1085.73万人次；新建37座旅游厕所，电子地图上线率99.56%。开展“学雷锋”“走进红色景区”等文旅志愿服务2000多场次，组织“湖南公共文化进村入户·戏曲进乡村”活动613场，完成文化惠民演出744场，戏曲进校园演出100场。

【文化遗产保护】 在全省率先加挂“常德市文物局”的牌子，职能进一步理顺。鸡叫城史前完整木构建筑基础现世，对探索长江中游文明进程具有重大贡献。澧县城头山遗址入选国家文物局“百年百大考古发现”，获评“湖南省十大考古发现”与“湖南省十大网络人气考古发现”，7个市级“非遗”项目入选第五批省级“非遗”项目，19处文物保护单位被公布为常德市第五批市级文物保护单位。指导3家国有博物馆、4家革命类旧址陈列馆设立备案材料编制及初审。常德博物馆顺利实现开馆，举办“红色印记·百年征程——庆祝中国共产党成立100周年主题展”，丁玲纪念馆举办“红色中国：百年革命文物图片联展”等。承办全省“非遗”工作会议，完成第三批市级非物质文化遗产项目代表性传承人申报评定工作，举办桃源刺绣传承与发展学术漫谈会、启动“非遗”进校园市级基地学校建设、“鼓书”进高校专题活动，举办百年传承——2021常德市“非遗”文创产品展开展仪式。

【文化市场管理】 推行证明事项告知承诺制工作，完成首批4个证明事项实行告知承诺制，研究对武陵区和市直六区下放行政权力的问题，梳理报送38条涉企惠民政策。修订完善《行政执法事项清单》5项清单，全部面向社会公开。全力推行行政执法规范建设，实施行政处罚全过程记录、重大行政处罚法制审核、处罚公示、处罚说理4项制度。全年检查经营单位4551家次，出动执法人员9939人次，办结行政处罚案件205件，行政处罚罚没187.7万元，执法案件实现14个门类全覆盖。市文化市场综合行政执法支队获得全省“扫黄打非”先进集体，旅美美案被文旅部评选为旅游市场第一批指导案例。

（李　晴）

公共文化

【概况】 截至2021年年底，全市共有10个公共图书馆、10个公共文化馆，根据《第六次全国县级以上公共图书馆评估定级上等级图书馆名单》，常德市上等级国家级公共图书馆一级数量1家，为石门县图书馆；二级数量6家，分别为常德市图书馆、鼎城区图书馆、汉寿县图书馆、临澧县图书馆、澧县图书馆、津市市图书馆；三级（无等级）数量3家；本地区文化馆（市级、区级）数量共有10家，分别为常德市文化馆、武陵区文化馆、鼎城区文化馆、汉寿县文化馆、桃源县文化馆、津市市文化馆、澧县文化馆、临澧县文化馆、石门县文化馆、安乡县文化馆。根据《文旅部关于公布第五次全国文化馆评估定级上等级文化馆名单的通知》，常德地区上等级国家级一级文化馆数量3家，二级文化馆数量7家，三级（无等级）文化馆数量1家。乡镇（街道）文化站数量达170个，村（社区）综合性文化服务中心2262个。

2021年，组织丰富多彩的群众文化生活。年初举行新年音乐会等元旦、春节系列文化活动10余场，武陵欢歌12场、“湖南公共文化进村入户·戏曲进乡村”活动613场，组织“庆祝建党100周年歌咏比赛”、“红色印记·百年征程——庆祝建党100周年特展”、“美术书法摄影作品展”、“传承红色基因 讲好常德故事”吟诵会、“百团大赛”、“社会主义核心价值观原创广场舞大赛”等“颂党恩·跟党走”庆祝中国共产党成立100周年系列活动。其中“庆祝建党100周年歌咏比赛”经广泛发动，全市共举办群众歌咏活动424场次，并有38支代表队参加市级决赛和展演，组队参加全省“庆祝建党100周年歌咏比赛”，常德市获得一等奖和最佳组织奖。全市各级文化场馆举办各类演出、展览、展示活动14547场次服务总人次达1845.1万人次。加强图书馆建设，全市公共图书馆藏书总量达到573.44万册，比2020年增长7.8%，年图书流通121.65万册次，较2020年增长24.6%。

【常德博物馆】 常德博物馆成立于1993年，是湘西北地区大型综合性地方博物馆，集研究、收藏、保护、教育等功能于一体，各项配套设施完善。2014年12月，启动博物馆改扩建工程，2020年5月18日重新对外开放。展览以“德行千载，史蕴常德”为主题，包括基本陈列《常德历史》，专题展《常德根艺》《常德民俗》《常德名人》《常德名胜》。常德博物馆于2004年被公布为全省爱国主义教育基地，2009年被评为国家二级博物馆和国家国防教育示范基地。

【常德市图书馆】 常德市图书馆是市文旅广体局局属全额拨款的公益一类科级事业单位。始建于清光绪二十九年（1903年），是中国最早以“图书馆”命名的地市级公共图书馆。馆舍占地面积9000平方米，1988年3月落成开放，房屋建筑面积8331平方米。2021年，图书馆有职工46人，其中专业技术人员39人，具有副高职称6人。馆藏纸质图书74.85万册，其中图书69.29万册、古籍1.24万册，开架书刊54.32万册。有音视频资源总量41000小时，电子文本、图片文献资源年总量38.7TB。有15家分馆及69个流通点，总分馆之间实行资源共享、通借通还。设有报刊阅览室、综合外借室、未成年人外借室等8个服务窗口，对读者实行零门槛自助借还全免费开放，周服务时间64.5小时，开展文献借阅、信息咨询、公益讲座、读者阅读活动、数字资源利用、社科普及教育等服务工作。建成图书馆门户网站、微信公众平台、移动图书馆、数字图书馆平台等，使读者服务工作更加人性化、智能化。图书馆始终本着“读者第一，服务至上”的原则，以“以人为本，开门办馆，创新服务，提升形象”为工作思路，坚持创新服务理念，打造服务品牌，提升服务水

常德市文化馆　（市文旅广体局 供图）

平，服务职能得到良好发挥。2021年，图书馆获评市直机关工委“先进基层党组织”、常德市平安建设先进单位、市直文旅广体系统先进单位、湖南省少年儿童办公室“童心向党　童阅湖南”第40届湖南省少年儿童主题读书活动“优秀组织单位”等多项荣誉。

【常德市文化馆】　常德市文化馆面积8411平方米，是集小型剧场、艺术教学辅导培训、美术书法摄影展览、非物质文化遗产展示、文化娱乐、公共文化资源整合调配于一体的城市标志性建筑。常德市文化馆是全额拨款的事业单位，组织策划承办各类艺术展示、展览、比赛、演出等，举办各类公益性艺术辅导培训、讲座，普及科学文化知识，开展社会教育，提高群众文化素质；指导群众业余文艺团队建设，辅导和培训群众文艺骨干；组织并指导群众文艺创作，开展群众文化工作理论研究；收集、整理、研究非物质文化遗产，开展非物质文化遗产普查、展示、传承、保护活动；指导传承人开展传习活动。

（邓中林）

新闻出版

【概况】　2021年，常德市新闻出版行业严格进行年度核验，严格审查各单位报送的数据资料。

2021年度，重新核发连续性内部资料准印证工作。应重新核发连续性内部资料准印证89种。其中，通过审查并予以换证的连续性内部资料79种，不符合换证要求予以注销的连续性内部资料10种。2021年度，全市共审批一次性内部资料146种。

发行企业年度核验工作。有296家发行企业参与年度核验。其中，出版物批发企业9家，零售企业287家（含网上书店34家），通过率100%。经年度核验和产业统计，资产总额35043.84万元，利润总额2217.43万元，从业人员2101人。

印刷年度报告和产业统计工作。通过年度核验的企业有187家。其中，出版物印刷企业、内部资料性出版物印刷企业29家；排版、制版、装订专项印刷企业2家；包装装潢印刷企业60家；其他印刷品印刷企业94家；专营数字印刷企业2家。2021年度，新建印刷企业6家；注销印刷企业18家。经年度报告和产业统计，全市印刷行业资产总额共计349151.9万元，销售收入共计301920.87万元，从业人员4623人。年印刷总产值5000万元以上印刷企业达8家，国家印刷复制示范企业1家。

【“书香常德”全民阅读活动】　2021年，市委宣传部深入开展“书香常德”全民阅读活动，举办“常德阅读节”，开展“常阅·线上读书会”“常阅·亲子阅读会”“常阅·音乐诗歌会”“常阅·图书交易会”“常阅·风采展示汇”五大主题活动共200余场次。结合党史学习教育推进全民阅读，设立“红色书屋”，开辟“党史专架”，为群众提供党史书籍借阅、党史资料片观看、党史知识解答等“菜单式”服务。“沅水童声”留守儿童诵读红色经典、退休老党员胡升校创办“童乐园”等经验典型被《人民日报》、新华社、央视等中央媒体报道宣介，全市红色阅读典型经验被《湖南宣传》刊发推介，常德德源投资集团“脑力加油站”被评选为2021“书香湖南”十佳“最美阅读空间”，石门县易家渡农家书屋（逸迩阁书院）入选“第九届全国服务农民、服务基层文化建设先进集体”。

（赵新国）

常德日报社

【概况】　2021年是常德日报社实行媒体深度融合的第二年，全年继续整合五大媒体平台，实现组织架构重置。截至2021年年底，常德日报社设有要闻部、党群政法新闻部、经济新闻部、城建新闻部、文教新闻部、医卫新闻部、社会民生新闻部、农村新闻部等前采部门，以及融媒体中心、日报编辑部、晚报编辑部、尚一网和融媒编辑部、视频视觉部、言论和副刊部等后端编辑部门。

再造采编流程。规范报题及线索归集、采编指令传达和稿件入库、编辑及签审流程。利用每天召开的采前会对采编进行精准调度，真正做到“一次采集、多元生成、全媒体发布”，顺应新时期媒体发展的特性，打造一批质量优良、市场反响良好的新媒体产品。通过体制和机制创新，强化扁平化管理，打造面向“报、网、端、微、户外”五位一体的“中央厨房”，深入推进产品融合、渠道融合、平台融合、生态融合。媒体融合后，记者在新媒体发稿的积极性持续增长。报社所有记者在尚一网和常德融媒发表原创新闻稿件平均每天80条。

【重大主题宣传】 2021年，常德日报社紧跟市委中心工作、重要活动、重大决策等，主动策划，开设专题专栏，推出主题特刊。4月，率先开设“‘三高四新’在常德”“招大引强看行动”等专题专栏，全年共刊发“招大引强”系列评论6篇、访谈9篇、综述报道100余篇。7月1日，《常德日报》策划的“礼献七一　致敬百年”庆祝中国共产党成立100周年主题特刊《正道》推出。该主题特刊共有100个版，是报社围绕中心、服务大局、占领主阵地、唱响主旋律的缩影。报社围绕党史学习教育和中国共产党成立100周年策划推出“奋斗百年路　启航新征程·追寻红色记忆　传承革命精神”大型采访活动，开设“学党史　悟思想　办实事　开新局”“我为群众办实事”“党史上的常德”等栏目。7月底，面对突如其来的新冠肺炎疫情，报社全媒体传播、全天候发声，共推出疫情防控专版50余个，刊发相关新闻稿件500余篇，发布各类型报道超2000条，新媒体整体阅读量突破5亿次。8月4日，《常德晚报》推出《危情时速》，新媒体推出《独家！本轮疫情常德首例无症状感染者周某发声还原处置过程，常德防疫的危情时速》，《人民日报》客户端转发后6小时点击量达100多万次。8月23日，《与时间赛跑　以内容为王　常德日报社危情时刻彰显党媒担当》被常德机关党建网站刊载。围绕市第八次党代会召开，8月中旬起，《常德日报》、常德融媒在头版、首页开设专栏“喜迎党代会　建设新常德”。7个采访小组深入社区街头等基层一线，展示常德市招大引强、园区建设、脱贫攻坚、民生保障、生态保护等方面的显著成效。9月24日，市第八次党代会开幕当天，《常德日报》推出首页特稿《大地小康》，全景呈现沅澧大地小康社会画卷。会后，报社相继推出“奋进新征程　建设新常德”“一把手访谈”等栏目，积极组织力量解读市第八次党代会精神，报道各地各部门贯彻落实第八次党代会精神的举措。围绕中共十九届六中全会召开，报社各媒体平台及时转载推送中央和省直主流媒体的重点稿件，包括短视频、图解新闻等新媒体产品。《常德日报》在要闻版开设专题“学习宣传贯彻党的十九届六中全会精神”，集纳推出各地各部门学习贯彻全会精神的报道；尚一网和常德融媒在首屏首页开设“聚焦党的十九届六中全会”专题，集纳推送中央、省、市重点稿件。报社还组织采访小分队，深入一线调研采访，通过小切口、小故事，反映基层单位和广大干部群众学习贯彻落实中共十九届六中全会精神的生动实践。

2021年11月8日，常德日报社组织记者节团建活动　（常德日报社 供图）

加大理论宣传和言论引导力度，按照市委宣传部的要求开设“理论”专版，每月两个专版。同时开设言论专版和“沅澧潮”政论性时评栏目，围绕中心工作、学习主题等，刊发领导干部、专家学者撰写的理论文章。围绕市第八次党代会等中心工作，“沅澧潮”刊发2组系列言论共12篇。围绕学习贯彻中共十九届六中全会精神决策部署和进展情况，陆续推出一批有深度、有影响的理论研究成果和学习体会文章。打造精品力作。报社对“首页特稿”进行成功探索，在重大文件出台、重要时间节点推出“首页特稿”。4月26日，在习近平总书记《在深入推动长江经济带发展座谈会上的讲话》发表三周年之际，《常德日报》推出《沅澧青清入洞庭》；5月7日，在市乡村振兴局正式挂牌之日推出《决战决胜》；9月10日，在湖南省首届都市文化旅游节开幕之际，推出《中国有个柳叶湖》；在市第八次党代会开幕之际，推出《大地小康》。这4个“首页特稿”的推出，得到社会各界的充分肯定。报社推出的《常德首个长者食堂给老年人送美食》《一门四代做人梯》《一路之隔一家人》等，经过报道和进一步宣传推广，这些典型人物被评选为“中国好人”“湖南好人”“道德模范”等，成为常德形象的生动代表。新媒体方面，报社策划推出《红色物证　身边党史》系列短视频和“常德党史人物故事连环画”系列长图，讲述常德红色人物故事；推出《中国梦》常德版MV，被央视网、人民网、“学习强国”等平台转发，全网总阅读量突破2249万次。

【对上对外宣传】　常德日报社在利用各自平台讲好常德故事的同时，积极向《人民日报》、新华社等央媒和其他网络平台推送上稿。2021年，常德日报社在《人民日报》上稿2条，在《湖南日报》上稿1条，在《人民日报》客户端、新华社客户端上稿200多条。在“学习强国”、人民号、“今日头条”上发布稿件，每年推送常德本地新闻稿件800条左右。《常德首次为困境儿童增设公交停靠点》《爱有奇迹　汉寿农民唤醒植物人妻子》《常德女子悦悦寻亲：我想圆养父的心愿》《招大引强跑出“加速度”》等稿件分别被《人民日报》、新华社、央视新闻等平面媒体和网络媒体转发，网上点击量近亿次。报社记者采写的《湖南常德用法治手段保护生态环境　省级化工园区申报被叫停》刊发在《人民日报》3月29日第13版，《城里医生下乡来》刊发在《人民日报》5月24日第10版。同时，《常德大规模多电源融合验证平台运行》《培育重大成套设备制造创新型产业集群》《推动储能产业发展　打造行业常德标杆》《踩着“鼓点”前进的“小巨人”》《常德发展数字农业助力乡村振兴》等稿件分别被新华社客户端、《人民日报》客户端、新华财经客户端转载，点击量过千万次，宣传常德大力发展产业项目干事创业的良好形象。尚一网、常德融媒、常德日报社微信矩阵、抖音号、微信视频号等平台推送的新媒体产品中，阅读量超过10万次的作品达26个。

【聚力信访】　2021年，常德日报社承担3个信访平台运行管理：“常德论坛”市民留言网络问政平台、市长热线“12345”新闻监督平台和来信来访受理平台。2021年1—11月，市民在“常德论坛”市民留言网络问政平台发帖求助、咨询、建议、投诉等，相关部门单位回复处理率达96%；市长热线交办的监督与调查线索，记者采访后在《常德晚报》每周一期的市长热线专版集中刊发，刊发46期、稿件225条；帮助群众解决实际问题40个，先后7次收到群众送来的锦旗。

（李德荞）

广播电视

【概况】　2021年，市广播电视台抓实媒体融合，做精内容生产，在疫情影响、市场萎缩的情况下，确保全台平稳运行，有效宣传和推介常德，为常德经济社会发展提供坚强舆论保证。台属FM97.1交通广播、FM105.6综合广播、FM93.1音乐广播三个广播频率，新闻综合频道、公共频道两个电视频率，常德全媒等6个媒体平台，开办《常德新闻联播》《新闻在线》《文明常德》《记录常德》《影像常德》《美好常德》等电视栏目和《常德新闻》《市长热线》《民情直通车》《校园广播网》《元气满满上班路》《阳光专线》《榜样》《应急时刻》《乐游常德》等广播栏目及常德全媒客户端、微信公众号、抖音号、视频号等新媒体平台，节目覆盖常德辖区9个县市区和周边地区。2021年，被评为2021年度安全生产和消防工作优秀单位，全省广播电视公益广告二类扶持播出机构。

转型发展。根据媒体融合发展趋势和常德广电实际，台党组确定2021年为“媒体转型年”，明晰发展方向：由传统广电向智慧广电转变，由传统媒体向现代融合平台转变，由广告经营向产业发展转变。进一步确立转型路径：通过内容引领、移动优先、加强通联，推进深度融合；通过项目引领、效益优先、参与中心，实现产业突围；通过目标引领、利润优先、多劳多得，实现考核创新。

宣传创优。建立全台宣传例会机制，每周召开一次，重大主题策划不定期调度；坚持每月对自办栏目、新媒体内容进行一次集中抽查评审，评出优稿和次稿，进行奖罚。2021年揭晓的2020年度湖南新闻奖和湖南广播电视奖，全台14件作品获奖。湖南新闻奖7件，其中一等奖1件、二等奖1件、三等奖5件。湖南广播电视奖7件，其中一等奖2件、二等奖2件、三等奖3件。3篇作品被省广电局评为广播电视创新创优评选扶持节目。

公益广告。台专题调度全年公益广告工作，摄制并播出和推送多部原创公益广告作品，主题涵盖弘扬社会正气、展示文明新风、规范道德行为、建设生态文明以及防疫抗疫等诸多方面。2021年，常德广播电视台被省广播电视局评为公益广告二类扶持机构，原创视频公益广告《我在常德等你》《红心护青山》分获电视类一类和三类扶持奖励，继续保持市州台领先地位。

经营创收。2021年，收入6922.56万元，其中，媒体经营收入5094.56万元，财政收入1455万元，资产租赁收入373万元。克服商广下滑、经济下行、财政紧缩、疫情防控、上级台挤压等一系列不利因素的影响，全台上下在移动优先、活动执行、影像制作、产业发展等方面寻求突破，将损失降到最低。

安全播出。做好电台播出、总控、发射机维护检修工作和电视播控、上载设备维护检修工作以及光缆线路、传送设备维护检修工作，确保全年广播电视节目安全优质播出、传送及无线覆盖，特别保证“春节”“全国两会”“中国共产党成立100周年”“市本级两会”等特护期间各重大节目直播和转播安全。完成综合广播、交通广播、音乐广播各8760小时共计26280小时的安全优质播出任务，完成电视新闻综合频道6063小时、公共频道5934小时共计11997小时的安全优质播出任务。

【用好媒体融合主平台】 融媒体平台运行。改变多年来传统的采编方式，建立融媒体语境下的内容生产策、采、编、发、算全流程运行机制和考核机制，媒体深度融合走在全省前列。加强媒资库建设。建成并启用CRE媒资管理系统，媒资管理向数字化转变。推进移动优先。出台短视频生产激励办法，开设常德全媒、常德新闻联播、常话短说等视频号平台。主号常德全媒全年生产短视频4000多条，浏览量超过1000万次的30多条，常德全媒抖音号月均浏览量达2亿次。抖音粉丝突破80万人，总数稳居常德各媒体之首。常德全媒客户端全年发文3万多篇。

【主动做好舆论引导】 内宣方面，紧紧围绕市委、市政府中心工作，聚焦实施“三高四新”战略，在《常德新闻联播》和新媒体矩阵开设《开局“十四五” 开启新征程》《“三高四新”在常德》等专栏，全年播发电视新闻6000多条。圆满完成市第八次党代会、市两会等重要会议的现场直播和宣传。开设《常态化疫情防控》专栏，报道抗疫动态，讲好抗疫故事，播出抗疫宣传新闻稿件200余条，中央、省直媒体上稿20余条，生产疫情防控短视频生产量达380多条，为打赢疫情防控硬仗营造良好的舆论氛围。全省除长沙外首家在新闻节目中开通人工智能手语节目，服务群众更广。广播重点打造热线直播节目《市长热线》，解决群众急难愁盼问题，新增36家单位上线直播，音视频同步直播150期，95%以上的问题现场解决。新开办“市长热线民情直通车”，线下跟踪问题解决。《公安局长面对面》节目取得效益双丰收。组织“爱心送考”。交通广播多次直播交警“夜查酒驾”，直播室“电子眼”及时发布路况信息，为群众出行提供便利。应急广播在极端天气、节假日发挥作用。外宣方面，上稿质量和数量创新高。全市全年在湖南卫视上稿557条15690秒，居全省第二位。全市全年在央视发稿85条，其中在央视《新闻联播》播发13条。

【开展庆祝中国共产党成立100周年系列活动】 广播、电视和新媒体矩阵开设《奋斗百年路 启航新征程》《学党史 悟思想 办实事 开新局》《我为群众办实事》等专栏，营造中国共产党成立100周年热烈喜庆氛围。年度主题策划、大型党史教育学习节目《百名主播讲党史》邀请省市县老中青少四代百名主播，讲述红色故事，在常德广播电视台、常德发布和9个区县市融媒体中心同步播发，每天一期，并推送到学习强国等平台，由此精选策划《百年丰碑红色故事汇》党史教育音诗画专场演出，受到省市领导和受众高度评价。全年执行全市性大型活动100多场。如“颂党恩跟党走”庆祝中国共产党成立100周年合

2021年11月8日，市广播电视台承办的常德市庆祝第22个记者节“智慧德马”健康跑开跑。图为启动仪式现场
（吴雅琴 摄）

唱比赛，单场参与人数2800人，所有在家的市级领导参演。《庆丰收 感党恩》活动作为全省丰收节活动分会场，通过微信直播五地联动庆丰收的喜人场景。举办常德广电启明星交响乐团庆祝中国共产党成立100周年交响乐音乐会。

【智慧广电建设】 以智慧德马项目为重点，拓宽产业经营渠道。柳叶湖国际马拉松赛已跻身世界田联标牌赛事，和阿里云公司研发、建成智慧德马项目，全球第一条智慧化马拉松环湖赛道，致力打造“智慧马拉松的全球标杆，马拉松经济的常德模式”。11月8日，承办常德市庆祝第22个中国记者节“智慧德马”健康跑活动，市委常委、宣传部部长彭晛丹领跑，省市县共260名新闻工作者参加。继续做好河街常德品牌中国品质生活馆运营，推介常德优质农产品，推动“德品出湘”。在克服困难完成网络事业身份人员回流安置的同时，规划建设视音频智能化的“洞庭云”智慧媒体服务平台，推动广播电视公共服务由功能型向智慧型转型升级。

（吴雅琴）

调频转播

【概况】 2021年，常德广播电视调频转播台承担着中央广播电视总台、湖南广播电视台、常德广播电视台三级广播电视媒体35套节目转播发射工作任务，总播出功率达到129千瓦，广播电视无线信号直接覆盖资、沅、澧水流域中下游地区；洞庭湖平原、澧阳平原、湖北省江汉平原南部地区；周边张家界和怀化部分地区以及贵州、重庆部分地区也能收到，覆盖人口近1500万人。

2021年，结合中国共产党成立100周年，开展“安全播出竞赛季”活动，全力确保“两节两会”“七一”等重要时间节点安全播出；全年未发生停播、错播、漏播事故，安全播出保障工作圆满完成。

【开展“弘扬工匠精神、展现崭新担当”安全播出竞赛季活动】 4—6月，为喜迎中国共产党成立100周年，组织全台干部职工开展“弘扬工匠精神、展现崭新担当”安全播出竞赛季活动。结合设备维护、机房值班、技术保障、后勤保障等多方面，在节目停播率和值班纪律、突发故障和重大问题的维修、后勤保障等多个项目上进行评比。通过竞赛活动，在设备维修维护、反恐、消防应急等专业技术能力和水平都得到显著提升，安全播出得到有效保障。

9月底，参加湖南省第一届职业技能大赛·全省广播电视行业职业技能竞赛，经过多轮比拼，市广播电视调频转播台技术骨干夏志宇获得全省网络安全专业三等奖。

认真开展党史学习教育，积极践行“我为群众办实事”，突出开展“红色先锋、波惠万家”党员志愿服务活动，不间断对覆盖范围内进行传输信号收测，及时调整设备覆盖能力，对偏远山区收视困难群众开展“一对一”帮扶，赠送数字电视机顶盒及天馈线50余套，解决收视难题，受到人民群众一致好评。

（王洲帅）

2021年5月19日，市广播电视调频转播台开展安全播出技术维护竞赛

（常德广播电视调频转播台 供图）

图书发行

【概况】 2021年，湖南省新华书店有限责任公司常德市分公司（以下简称市新华书店）发行网点80余家，营业收入完成年计划的113%。

政治读物发行。全市共建设党建书屋383家，发行党史学习资料85万册、“三史”20万册；发行《读有所得》（党史学习专辑）4000多套。

教材发行。贯彻落实国务院关于义务教育阶段学生全部享受免费教科书的政策，做好义务教育阶段的免费教材发行工作，严格兑现“课前到书，人手一册”的服务承

2021年10月15日，“常阅读　德未来”第七届常德阅读节·图书交易会在市新华书店下南门店启幕　（李政翰　摄）

诺，全力做好教材的余缺调剂工作，及时解决学校因学生增减而产生的课本余缺，克服多重困难保障全市50多万名中小学生课前到书。

乡村振兴。全市各分公司多次赴帮扶结对乡镇调研当地村容村貌、基础设施、产业发展及群众生产生活情况，并进行慰问，捐赠涵盖教育、基础设施建设等资金300多万元支持乡村发展。

门店管理。提升门店服务标准，各公司学习和对照《全国新华书店实体门店服务标准》的100多条细则，自查自纠，整改落实到位。门店内外营销活动。店外开展“名家讲座”“书香校园”和节假日营销活动，店内每月组织丰富多彩的营销活动，助推全民阅读，营造良好的阅读氛围。校园书店建设。全市共建设校园书店25家，基本满足几十万名师生购书需求。

产业创新。公司通过深化体制机制改革加快产业调整，大力开展卖场升级改造，创新网点延伸模式，搭建线上营销推广平台，实现“线上品种齐全、线下精品突出+阅读体验”的线上线下融合发展模式，推动传统书业向数字化、网络化转型，为企业发展注入强大生机。在突出主业基础上，市新华书店全面推动企业多元化转型升级。

【农家书屋图书配送】　为全市1000多个农家书屋补充配发图书，包括中共十九大相关学习辅导读物、农作物种植、畜牧养殖、医药卫生等不同种类，完成拆包、清点、配书、打捆，及时将这些图书配送到各个农村书屋并将书籍上架。

【“常阅读　德未来”第七届常德阅读节·图书交易会】　10月15日，“常阅读　德未来”第七届常德阅读节·图书交易会在市新华书店下南门店启幕。该活动由市委宣传部、市新闻出版局主办，常德日报社、常德市新华书店协办，湖南尚一户外传媒有限公司、常德福波思文化旅游发展有限公司联合承办。活动持续1个月时间，其间邀请常德知名书友举办读书讲座或读书心得分享活动；开展“阅读30天”线上阅读打卡活动，评选出“最美阅读人”和“最美阅读家庭”；开展“汉服逛书会”短视频打卡活动，丰富并活跃读书氛围。在《常德晚报》开设“第七届常德阅读节”读书专栏，广泛征集优秀作品、读书心得与读者共同分享。图书交易会分区集中展销2020—2021年省内外代表性出版物、湖湘优秀出版物、社会科学出版物及工具书等助学读物，涵盖社科、文学、政治、经济、历史、少儿等类别图书。现场设置文体用品区和童趣区，为家长和儿童提供活动场地，一起聆听故事、观看表演，一起参与手工制作、书法绘画等活动。启动仪式上，常德市新华书店为鼎城区十美堂镇十美堂中学捐赠价值2万元的各类图书500册。活动期间，书店准备多种形式的优惠活动，集中展销各类优秀出版物，并通过线上阅读打卡活动，促进全民阅读活动的纵深推进。

（陈　思）

文物考古

【概况】　2021年10月8日，常德市文物局挂牌揭牌仪式在市文化旅游广电体育局举行。

【澧县鸡叫城遗址考古发掘】　鸡叫城遗址位于澧县的澧阳平原。该遗址自20世纪90年代开始考古工作。2018年，进行系统考古调查勘探。2019年、2020年、2021年连续实施考古发掘，总发掘面积1850平方米，2021年考古工作取得重要成果。发掘面积800平方米，摸清鸡叫城的整体布局，揭示鸡叫城的建造与演进过程。遗址上最早遗存年代为彭头山文化时期，大溪文化时期再次有人定居，发展到油子岭文化时期，开始在村落的外围开掘壕沟，形成环壕聚落，面积约4万平方米。石家河文化时期，鸡叫城形成由城址本体、城外聚落遗址、外围环壕以及平行水渠和稻田片区所组成的城壕聚落集群。大型木构建筑遗存，是新石器时代考古的重要发现，其体量超大、结构规整、基础保存完好，为中国考古百年首次发现，为理解长江流域史前建筑形式与技术提供了重要资料，填补了中国史前建筑史的空白，丰富了中国土木建筑史的内容。海量稻谷糠壳和大型木构建筑的发现，反映出当时的生产能力和社会组织能力都已达到较高水平，为稻作农业视野下中华文明起源和早期国家形成的研究提供了重要资料。考古揭示出的多重环壕和水渠和稻田片区，亦是距今5000年前后稻作农业社会所达到的史前文明化程度的最高阶段。证明这时长江中游已进入古国时期。鸡叫城的发掘对于认识长江流域史前社会文明化进程具有重要参考价值。鸡叫城由普通居住点发展为环壕聚落，然后发展为城壕聚落及聚落集群，显示其具有跨越时间和文化的连续性与稳定性，具有极强的内在凝聚力。

【澧县孙家岗遗址考古发掘】 澧县孙家岗遗址是一处以肖家屋脊文化堆积为主体的新石器时代末期至夏代早期遗址。2021年度孙家岗遗址考古发掘的重心在遗址南部的高等级居址区。一系列收获，促进对孙家岗遗址的聚落结构与居住情况，以及整个洞庭湖地区新石器时代末期至夏早期社会情况的认知。

【桃源桃纺墓群考古发掘】 桃纺墓群位于湖南省常德市桃源县漳江街道。2020年12月至2021年8月，因房地产项目建设，经国家文物局批准（考执字2021第036号）湖南省文物考古研究所联合桃源县文旅广体局对项目红线范围内涉及的墓群区域开展配合性考古发掘工作。共发掘墓葬307座，其中战国墓70座、唐墓1座、宋墓89座、明墓27座、空墓120座。还发掘宋代遗址1处，发掘面积625平方米。发现的战国墓葬均为中小型墓葬，随葬器物以陶器、铜器为主，同时随葬有陶器与铜器的墓葬极少，仅有4座。桃纺墓群中的战国墓葬既有典型的楚式墓，亦广泛分布有巴濮等文化因素，其文化内涵较为复杂。这批战国墓葬距离桃源县西北部的采菱城遗址仅5千米，且墓葬时代与采菱城沿用时代大致重合，推测墓群的主人应为采菱城及周边居民。大量宋墓与宋代遗址的发现，印证了《桃源县志》中宋乾德二年（964年）桃源设县的历史记载，墓群所在的区域应为当时桃源县城的西郊，该区域除墓葬外，另发现有房址、灰坑、窑址等遗迹，共同构成了一处功能较为完备的小型聚落。桃纺墓群发现的墓葬大部分遭破坏，多数墓葬仅存底部。

（王永彪）

体育

【概况】 2021年，常德市文化旅游广电体育局、桃花源旅游管理区桃花源镇、市足球运动协会、市体育运动学校、武陵区乾元学堂国术培训学校有限公司5家单位荣获全国群众体育先进单位称号。组织开展乒乓球、体育舞蹈、健身气功、围棋、门球等4个大项国家二级社会体育指导员培训。开展健身气功、太极拳、太极扇、武术等项目的6期公益培训，惠及1000余人。开展板式网球、围棋象棋、柔力球、青少年明目功等多项公益培训及3期业务培训，累计培训2067人次，其中社会体育指导员503人。开展国民体质测试工作，全年免费测试6235人，并出具测试结果微信分析报告，指导科学健身。开展科学健身知识宣传普及活动，举办6期科学健身知识讲座和2期科学健身咨询与指导活动，服务市民625人次。组织开展的2021年湖南省群众体育赛事安全管理培训班在常德顺利结业。市城区体育场馆所属运动场地（田径场、室外乒乓球、篮球区及体育广场等）对外免费开放。加强市城区体育设施的巡控和普查，2021年累计巡查490处健身器材的安装点，共计4700余件健身器材。拆除有安全隐患器材501件，维修135件，新增补器材111件，市城区户外健身场地（器材）完好率达100%，为广大群众提供一个安全健康的健身环境。

组织举办一系列的群众体育赛事活动。组织开展2021永远跟党走·常德市全民健身嗨起来启动式暨“三八”妇女节门球友谊赛、组织开展“百城联动，百首原创，百万同跳（常德站）启动仪式”、组织开展庆祝中国共产党成立100周年“康乐园杯”户外乒乓球公开赛、组织举办2021“辉煌足迹·火炬传承全民健身系列活动”暨常德市第八届运动会。通过开展比赛，引导全市群众热爱体育锻炼，崇尚健康生活，培养拼搏作风，以强健的体魄和饱满的热情投身常德各项事业高质量发展的工作中。

竞技体育。国际、国内大赛成绩创历史新高，常德市获“全省竞技体育贡献奖”。东京奥运实现突破，张亮获得男子2000米双人双桨铜牌，实现常德奥运奖牌“零的突破”。周玉获得女子四人皮艇第六名，连续三届奥运会均斩获前八比赛名次。全国第十四届运动会取得历史好成绩，常德市21名运动员参加田径、游泳、射击、赛艇、皮划艇、摔跤、攀岩7个大项的决赛，共取得7枚金牌、1枚银牌、1枚铜牌、4个第四名、2个第六名、1个第

常德健儿在东京奥运会、第十四届全国运动会上展露风采　　（常德市文化旅游广电体育局 供图）

八名的骄人成绩，为湖南省体育代表团金牌排名首次进入全国八强做出突出贡献，为家乡常德增添无限光彩。2021年，省青少年锦标赛再创佳绩，组队参加篮球等23个项目青少年锦标赛，参赛运动员共计589人，共获得55枚金牌、66枚银牌、85枚铜牌。常德市第八届运动会圆满成功举办，20个大项604个小项参赛运动员、教练员达到3500多人，共有20人创造新的市最高纪录，有39人次打破市运会青少年组纪录，武陵区、鼎城区、桃源县、安乡县、西洞庭管理区、柳叶湖旅游度假区、桃花源旅游管理区荣获体育道德风尚奖；澧县、武陵区、桃源县、石门县、临澧县、西洞庭管理区、常德经济技术开发区、西湖管理区荣获优秀组织奖。承办“北斗杯”全国青少年体育大赛（常德鼎城站）北斗智慧跑、2021年湖南省青少年高尔夫球锦标赛等赛事活动。

加强体育人才队伍和阵地建设。组织12名教练员参加体育总局体校教练员培训；组织14人参加体育总局线上培训班。举办全市业余训练教练员业务培训班、全市篮球项目裁判员业务培训班，全市街舞教练员业务培训班。审批办理78人次二级等级运动员授予，向省体育局申请办理一级运动员等级授予27人次。全年有10家训练单位通过年度评估，被评为“常德市体育后备人才培养基地先进单位”，其中有2所县级体校、4所中小学校、4个社会俱乐部。体育彩票销售稳步发展，全市体育彩票共计销售3.43亿元。

【张亮获东京奥运会奖牌】 7月28日，常德籍运动员张亮在日本举行的第32届奥运会上获得男子双人双桨2000米奥运铜牌，实现常德奥运奖牌“零的突破”，也是实现中国赛艇队男子项目奥运奖牌“零的突破”。2006年张亮进入湖南省赛艇队，先后参加全国第十一届、十二届、十三届、十四届全运会，共获得7枚金牌。参加第十六届、十七届、十八届三届亚运会，共获得3枚金牌。2019年在世界赛艇锦标赛上获得1枚金牌，是中国赛艇队男子项目的历史性突破。赛艇项目是常德市的优势项目，对赛艇业余训练工作十分重视，大力培养体育后备人才，向省专业队输送多名优秀运动员。

【黄兴夺得东京残奥会1金1银】 9月2日，东京残奥会P3-SH1级25米混合组运动手枪决赛中，湖南临澧籍运动员黄兴夺得金牌。8月31日，黄兴参加残奥会男子10米手枪P1-SH1级决赛，摘得银牌。2011年全国第八届残疾人运动会上，黄兴勇夺SH1级10米手枪冠军，是他首次获得全国冠军。2016年里约残奥会，黄兴斩获男子SH1级P3混合组25米自选手枪冠军；2018年亚残会P3混合25米慢加速标准枪决赛，他夺得金牌。至2021年9月，黄兴获得残疾人射击项目全运会、亚运会、世锦赛、世界杯、奥运会金牌“大满贯”。

【第十四届全运会常德市夺5金】9月15—27日，第十四届全国运动会上，常德籍运动员夺得5金，占湖南全省25块金牌的1/5。分别是：石门籍运动员刘锐以超世界纪录、创全国纪录的成绩夺得女子25米运动手枪金牌。常德籍运动员张亮夺得赛艇男子双人双桨（奥运联合队）和赛艇男子单人双桨2块金牌。汉寿籍运动员郭雨浩夺得飞碟多向金牌，童曾欢、廖孟雪和其他两位队员组成的湖南队夺得女子4×400米接力决赛金牌，童曾欢和廖孟雪均毕业于汉寿一中。

【举办常德市第八届运动会】常德市第八届运动会赛事时间为7月13日至8月30日。青少年组比赛设田径、游泳、足球、篮球、排球、乒乓球、羽毛球、网球、摔跤、柔道、跆拳道、拳击、射击、举重、体操、武术、街舞、轮滑比赛等18个项目604个小项。全市14个区县市（市直小区）的队伍，3065名运动员参赛，共产生670枚金牌。成年组比赛设游泳、高尔夫球、乒乓球、围棋、象棋、足球、羽毛球、武术、登山、篮球等11个项目67个小项，来自全市14个区县市（市直小区）的队伍，3246名运动员参赛，共产生67枚金牌。

根据最终比赛成绩，各区县市青少年组金牌排名：

第一名：武陵区　金牌151.5枚
第二名：澧　县　金牌129枚
第三名：桃源县　金牌109.5枚
第四名：鼎城区　金牌74.5枚
第五名：石门县　金牌71枚
第六名：汉寿县　金牌52枚
第七名：临澧县　金牌30.5枚
第八名：安乡县　金牌10枚
第九名：津市市　金牌7枚

区县市青少年组总分成绩

第一名：武陵区　总分3925分
第二名：桃源县　总分3674.5分
第三名：澧　县　总分3607分
第四名：鼎城区　总分3154.5分
第五名：石门县　总分3003分
第六名：临澧县　总分1604分
第七名：汉寿县　总分1542分
第八名：安乡县　总分524分
第九名：津市市　总分414.5分

“五区”青少年组金牌成绩

第一名：西洞庭管理区　金牌16枚
第二名：常德经济技术开发区　金牌7.5枚
第三名：柳叶湖旅游度假区　金牌5.5枚
第四名：西湖管理区　金牌4.5枚
第五名：桃花源旅游管理区　金牌1.5枚

“五区”青少年组总分成绩

第一名：西洞庭管理区　总分684.5分
第二名：常德经济技术开发区　总分263分
第三名：柳叶湖旅游度假区　总分193分
第四名：西湖管理区　总分169分
第五名：桃花源旅游管理区　总分146.5分

区县市及“五区”成年组铜奖单位总分

临澧县　总分379分
汉寿县　总分175分
柳叶湖旅游度假区　总分167分
西洞庭管理区　总分147分
安乡县　总分113分

区县市及“五区”成年组银奖单位总分

澧　县　总分495分
石门县　总分473分
桃源县　总分466分
津市市　总分391分

区县（市）及“五区”成年组总分金奖获奖单位

武陵区　总分800分
鼎城区　总分705分

市直单位及中央、省驻常德单位成年组总分铜奖获奖单位

市发改委　总分51分
市纪委市监委　总分43分
市中级人民法院　总分33分
市商务局　总分30分
市林业局　总分30分
湖南省常德生态环境监测中心　总分29分

常德市第八届运动会摔跤比赛　（市文化旅游广电体育局 供图）

市直单位及中央、省驻常德单位成年组总分银奖奖获奖单位

市教育局	总分100分
市住房公积金管理中心	总分90分
市卫健委	总分87分
市市场监督管理局	总分66分
市交通局	总分63分

市直单位及中央、省驻常德单位成年组总分金奖获奖单位

市国资委	总分155分
市公安局	总分147分
市政府办	总分146分

武陵区等11个单位获得“体育道德风尚奖”、澧县等14个单位获得“优秀组织奖”、桃源县等9个单位获得“优秀赛区”的称号。详细评奖情况如下：

体育道德风尚奖

武陵区、鼎城区、桃源县、安乡县、西洞庭管理区、柳叶湖旅游度假区、桃花源旅游管理区、市发改委、市乡村振兴局、市教育局、湖南省常德生态环境监测中心。

优秀组织奖

澧县、武陵区、桃源县、石门县、临澧县、西洞庭管理区、常德经济技术开发区、西湖管理区、市政府办、市国资委、市公安局、市卫健委、市交通局、市住房公积金管理中心。

优秀赛区奖

桃源县、武陵区、鼎城区、石门县、澧县、津市市、柳叶湖旅游度假区、市全民健身服务中心、市体育运动学校。

【承办“北斗杯”全国青少年体育大赛（常德鼎城站）北斗智慧跑】

4月30日，第十二届中国卫星导航年会“北斗杯”全国青少年体育大赛北斗智慧跑活动在湖南省常德市鼎城区沅江风光带举办。全市800余名青少年选手参加活动。经过激烈且有趣味性的赛事比拼，主办方为所有参赛完赛选手颁发参赛纪念证书，亲子组（低年龄）、亲子组（高年龄）、高中组、大学组4个组别前10名选手受邀参加5月23日在南昌举办的全国总决赛。每组获得“北斗好少年”和“北斗好家庭”的冠军选手，将受邀参加“第十二届中国卫星导航年会北斗之夜”。

（李　晴）

非物质文化遗产和地理标志保护产品

非物质文化遗产工作

【概况】 截至2021年年底，纳入常德市非物质文化遗产项目名录的项目共288个。其中，国家级项目7个，省级项目27个，市级项目44个，县级项目210个。纳入常德市非物质文化遗产代表性传承人名单人员共345名，其中，国家级传承人9人，省级传承人11人，市级传承人88人，县级传承人237人。2021年，全市新增省级项目7个、市级项目1个、县级项目27个，新增市级传承人27人、县级代传承人42人。

2021年5月12—18日，在湖北武汉举办第五届鄂湘赣皖非物质文化遗产展上，湖南省共有10个项目参加展厅展示，常德市“非遗”项目铜器制作技艺为代表参加“非遗”联展活动。

【开展“全民乐小康　非遗过大年”系列活动】 2月26日，由常德市文化旅游广电体育局主办，常德市文化馆（常德市非物质文化遗产保护中心）、桃源县文化旅游广电体育局、桃源县沙坪镇人民政府承办，桃源县文化馆（桃源县非物质文化遗产保护中心）、桃源县沙坪镇文化站协办的“全民乐小康，非遗过大年”元宵节主题系列活动在桃源县沙坪镇举行。17：00正式开展“全民乐小康，非遗过大年”主题展演活动。展演活动首先以地花鼓《车儿灯闹元宵》拉开序幕，接着围鼓戏、渔鼓、鼓盆歌、民间小调、三棒鼓、汉戏、黄梅小调等相继登台演出。展演活动结束后，现场观看演出的群众与所有演职人员一同参加桃源县沙坪镇“上元点灯”民俗活动。夜幕中的沙坪镇，在街头巷尾四处可见摆放得整整齐齐的红蜡烛，房屋和街道都被点亮，犹如灿烂星河。

【举办“桃源刺绣传承与发展学术漫谈会”】 4月24日，由湖南省博物馆、常德市文化旅游广电体育局、湖南师范大学历史文化学院主办，桃源县文化旅游广电体育局、桃源县文化馆承办的桃源刺绣传承与发展学术漫谈会在长沙市湖南宾馆召开。参加会议的有以中国社科院历史所高级工程师、纺织考古专家王亚蓉为代表的文博界专家，以中国艺术研究院常务副院长兼研究生院院长、博士生导师吕品田为代表的工艺美术界专家，以湘绣第一批国家级非物质文化遗产传承人、工艺美术大师刘爱云为代表的从事刺绣研究、传承保护一线工作的专家，以及清华大学、北京服装学院、北京航空学院等高校的教授专家学者30多人。会议采取漫谈的形式进行，各路专家围绕桃源刺绣的历史、文化、工艺、美术价值以及桃源刺绣如何传承保护畅所欲言，各抒己见。

【公布第三批非物质文化遗产项目市级代表性传承人】 根据《中华人民共和国非物质文化遗产法》《湖南省人民政府办公厅关于加强非物质文化遗产保护工作的意见》有关规定，2021年1月开始常德市文化旅游广电体育局组织开展第三批市级非物质文化遗产代表性项目代表性传承人的申报和推荐工作，经各县（市、区）申报推荐、专家评审、社会公示、复查核实等程序，确定第三批市级非物质文化遗产项目代表性传承人共27人。并于2021年5月8日在市文旅广体局官方网站正式公布，为常德市非物质文化遗产的传承与传播增添全新的力量。

【组织开展2021年“文化和自然遗产日”系列活动】 参加省厅组织的非物质文化遗产活动。6月3日，2021年“文化和自然遗产日”湖南省非物质文化遗产宣传展示主场活动在衡阳南岳祝融小镇启动。常德市文旅广体局、市非物质文化遗产中心积极组织观摩人员，并选派人员参赛人员参加2021年湖南省非物质文化遗产知识竞赛获一等奖、市级非物质文化遗产代表性项目桃源刺绣作为优秀扶贫工坊参加湖南省第二届非物质文化遗产购物节。开展非物质文化遗产项目精品节目线上云展播活动。活动在常德市文化馆官网上展播，从6月1—30日每天更新视频，80余个视频陆续上传。举办“文化和自然遗产日非物质文化遗产文创产品展览”。6月11—18日，在常德河街举办“文化和自然遗产日非物质文化遗产文创产品展览”，全市有桃源木雕、桃源刺绣、香品的制作技艺等16个非物质文化遗产项目参加展览。举办文化和自然遗产日非物质文化遗产精品节目展演活动。6月12—15日，在文化和自然遗产日非物质文化遗产文创产品展览的同时，举办非物质文化遗产精品节目展演。武陵区丝弦艺术团、花鼓戏保护中心、桃源县文化馆和高腔保护中心精心组织非物质文化遗产节目参加展演。

【启动非物质文化遗产进校园市级基地学校建设】 6月10日，在常德市武陵区第一小学开展“非物质文化遗产进校园”基地建设启动仪式。香品制作技艺、常德麻质画代表性传承人与学生现场互动教学；常德丝弦、常德花鼓戏、皮影戏等精品节目展演。正式开启常德市精品非物质文化遗产项目有序进驻学校，真正做到传承保护工作从娃娃抓起。

【举行“鼓书”进湖南文理学院专题活动】 3月30日，由湖南文理学院艺术学院、常德市文化旅游广电体育局主办，常德市文化馆（市非物质文化遗产保护中心）承办的“鼓书”进校园专场活动在湖南文理学院音乐厅举办，鼓盆歌、渔鼓和三棒鼓三种形式共7个节目的展示展演。演出活动结束后，在艺术学院会议室召开“鼓书”进高校专题座谈会，共同就“鼓书”进高校的切入点、方式以及方法等问题进行探讨。

【举办“常德市第十三届鼓书大王擂台赛”】 12月1—3日，常德市第十三届“鼓书大王”擂台赛暨“鼓书”观摩交流座谈会在市文化馆举行，各区县市多个演出单位的鼓书艺人及演职人员共100多人同台献艺。比赛由中共常德市委宣传部指导，常德市文化旅游广电体育局主办，常德市文化馆、常德市非物质文化遗产保护中心承办，常德市曲艺家协会协办。比赛分为传统作品和新创作品两个类别共4场比赛进行，涵盖鼓盆歌、常德渔鼓、说鼓、三棒鼓、九澧渔鼓等7种节目形式。共评选出金奖2名、银奖4名、铜奖6名、优秀奖14名、创作奖4名、组织奖5名。

【常德市7个项目进入湖南省第五批省级非物质文化遗产代表性项目名录】 根据湖南省文化和旅游厅2021年3月2日下发的《关于申报第五批省级非物质文化遗产代表性项目的通知》（湘文旅非遗〔2021〕26号）文件要求，常德市文化旅游广电体育局组织专家评审会讨论、局党组审议后，遴选出11个市级非物质文化遗产项目申报湖南省第五批省级非物质文化遗产代表性项目名录。经湖南省文化和旅游厅评审、向社会公示后，于2021年12月30日湖南省第五批省级非物质文化遗产代表性项目名录推荐项目名单、省级非物质文化遗产代表性项目名录扩展项目推荐名单进行公布，其中常德市共7个项目入选，分别为澧水小调、古陶瓷修复技艺（李氏锔瓷技艺）、龙舟制作技艺（汉寿龙舟制作技艺）、铜器制作技艺、传统香制作技艺（熏香制作技艺）、桃源刺绣、传统木榨油技艺。

（刘长青）

非物质文化遗产项目

【澧水船工号子】 澧水船工号子是澧水、溇水、道河沿岸的劳动人民在逆水行船拉纤过程中，为了集中力量、振奋精神、统一步调，自然而然地由地方小调转化成一种独特的劳动号子。明清时期，澧水流域商船初起，是澧水船工号子的萌发阶段；清末民国初木制帆船盛行时期，为中兴阶段；中华人民共和国成立至20世纪80年代由盛转衰。澧水船工号子没有固定的唱本和唱词，不需专门从师，全凭先辈口授，代代相传。大多是因时因地因人即兴而起，脱口而出，比较通

澧水船工号子　　（汪　鹏　摄）

俗。有七字句式、五字句式，由于地域不同，可分为上河腔和下河腔两种。上河腔是指石门以上，桑植以下，高亢铿锵、急促而有力，节奏明快；下河腔是指由澧县下至津市、安乡一带，舒畅而优雅，节奏稍慢；平板与快板，均可因时因地交替运用，并无绝对界限，只是声腔略有变化。2006年，澧水船工号子被列入第一批国家级非物质文化遗产名录。

【常德高腔】 常德高腔属常德汉剧（1986年更名为“武陵戏”）高、昆、弹三大声腔之一。它是在常德当地原始祭祀歌舞等乡土音乐基础上，不断吸收明代弋阳腔、青阳腔等早期戏曲声腔而逐渐发展成熟的。流行于西洞庭区、武陵山系、辰水、沅水流域并远涉鄂西南及黔东一带。明万历至清乾嘉是它最为兴盛的时期。后随着弹腔（南北路）的兴起，高、昆腔开始走向衰落。至嘉庆、道光时，除尚有三四个高腔班社继续支撑至1920年外，其他众多班社均先后解体或改唱弹腔，很少再有人带徒传艺，大批剧目相继失传，传承关系几近中断。1954年常德市文化主管部门举办一次有20余人参加的高腔学习班，共挖掘传统剧本20余个，并恢复上演其中少数剧目。在党委、政府关心支持下，这一几近消亡的古老声腔又重新萌发生机，并在历次重大戏曲活动中充分展现自己特有的艺术魅力。《思凡》《祭头巾》赴京献演获得戏剧大师梅兰芳先生、戏剧理论界阿甲、王朝闻等权威人士的极高赞誉；《芙蓉女》《紫苏传》等新编高腔戏相继轰动京城。20世纪50年代起，常德汉剧曾有6次晋京献艺，而其中5次都是选择以高腔为代表的剧目。常德汉剧两位“梅花奖”获得者王阳娟、彭玲，均以高腔剧目参演。2006年，高腔（常德高腔）被列入第一批国家级非物质文化遗产名录。

常德高腔

荆河戏

【澧州荆河戏】 澧州荆河戏以其流行于长江荆河段（即荆、襄、府、汉四派中的荆河派）而得名，据传起源于明初永乐年间。中华人民共和国成立以前以班社进行活动，有“上河路子”“大班子”“大台戏”等名目；抗日期间，又有“楚剧”“汉剧”“湘剧”等号。1954年，湖南省文化厅对全省民间职业剧团定点安排，定名为荆河戏。荆河戏民间职业班社定点为5个荆河剧团，即：澧县荆河剧团、津市荆河剧团、石门荆河剧团、临澧荆河剧团和湖北省石首县荆河剧团。2020—2021年，仅剩澧县荆河剧团。荆河戏与其他皮黄剧种一样，角色分生、旦、净、丑四大行。在音乐、表演、服装、习俗等各方面，有一些基本的共同点，但作为荆楚一带的地方大戏，又独具特色，除了舞台语言用澧州官话以别于其他剧种之外，荆河戏最大的特色，主要表现在音乐方面：吠腔吠调，独具特色。荆河戏北路唱腔，无论生、旦、净、丑至今都保留有由秦腔向弹腔衍变过渡后期的吠腔。南北交融，韵味别致。有一种北路唱腔用南路定弦演唱的叫《南反北》，又称《子母调》（母调用5//2定弦，子调用1//5定弦）。有导板、一流、慢二流、流水、快打慢唱、三流等一套完整板式，用以表现人物思虑、悲伤、恐怖等情绪，而子调则表现病危、死亡等情绪（又称阴调）。特殊唱法，亟待传承。荆河戏南北路唱腔中，还有很多特殊唱法，如关羽、赵匡胤一类人物的“净腔”比一般生腔音域要高四、五度，又有十八板、十三板、正八句、龙摆尾，南路有正反《马头调》、正反《老板头》《八块屏》等等。锣鼓一响，观众满场。荆河戏的武场以打双钹为其特色。由操头钹者代理司鼓指挥，编排一套相互连接的武场曲牌，看头钹的眼神、握钹的姿势、击法等统一指挥，循序不乱。又把打击乐和唢呐结合成为“吹打南路”（或称“打点子”）。2006年，荆河戏被列入第一批国家级非物质文化遗产名录。

【常德丝弦】 常德丝弦是流行于湖南常德沅江、澧水一带的地方曲种。明末清初，江浙一带的民歌和时调小曲传入常德后，经与当地民间音乐相结合，不断演变、发展而成。因演唱时用扬琴、琵琶、三弦、胡琴等丝弦乐器伴奏而称为丝弦，还因用常德方言演唱，故称常德丝弦。常德丝弦以唱为主，以说为辅，说唱穿插，既演唱抒情小段，又演唱有人物、有情节的大段子。它的唱词典雅、曲调优美、曲目丰富、结构完整、腔系多样，旋律朗朗上口，是群众性创编、演唱活动中常用的一种曲艺音乐形式。常德丝弦拥有100多个传统曲目，大部分取材于历史故事和民间传说。其中优秀传统曲目《宝玉哭灵》《鲁智深醉打山门》《双下山》《王婆骂鸡》《昭君出塞》等历来为广大群众所喜爱。中华人民共和国成立后，涌现出《新事多》《夸货郎》《风雪探亲人》等一批反映现实生活的新曲目，在全国广为传唱。20世纪80年代，常德丝弦走向复兴。如《瓜中情》《待挂的金匾》《俏婆婆上大学》等曲目获国家级“群星奖”金奖，还有《芷兰雅韵》等曲目赴马来西亚演出，深受海外友人的喜爱。2006年，常德丝弦被列入第一批国家级非物质文化遗产名录。

【孟姜女传说】 嘉山孟姜女传说是主要流传在湘西北澧水流域一带的民间爱情故事。相传嘉山脚下有一姜姓老者，生有一女，取名孟姜。孟姜成人后，一日在屋后小池塘里洗澡，被逃长城役而路过此地的范喜郎偷窥。两人一见倾心，私订终身。不想新婚燕尔，范喜郎还是被官府抓走，押送边关修筑长城。由于不堪重劳，范喜郎很快死去，并被填埋在长城之下。孟姜在家天天望夫归来。过数年，孟姜决心亲往长城寻觅，哭倒长城，获夫骸骨，背负还乡，死于返乡途中。乡人感其事迹，修庙供奉不绝。据《孟姜山志》载：明嘉靖年间，吏部尚书李如圭上书皇帝，嘉奖孟姜女贞烈，遂将孟姜山更名为嘉山。山上现存有贞烈祠、望夫岩、百步磴、相思竹、恨石、镜石等与嘉山孟姜女传说相关的古迹。以嘉山孟姜女传说为基本素材的歌谣、戏曲、民间故事等文学艺术作品很多，如明清以来文人的孟姜山吊古诗词初步收集的就有上百篇。当代文艺作品有散文《冷落的嘉山佳境》、戏曲《嘉山孟姜女》、歌曲

常德丝弦

孟姜女传说

《孟姜女》、歌舞剧《秦时明月》等。尤其是嘉山孟姜女传说与流传区域原有的民风民俗相互融合、相互影响，在以澧水流域为中心的湘西北一带形成独特的孟姜女傩文化，游傩、供傩、傩戏等活动在民间一直流传不绝。2008年，嘉山孟姜女传说被列入第一批“国家级非物质文化遗产扩展名录”。

常德花鼓戏

鼓盆歌

【常德花鼓戏】 常德花鼓戏又称常德喀（读K音）喀戏，是以常德鼎城区为中心，广为流行于常德市所辖各县城乡的地方小戏，历有灯戏、花鼓戏、楚剧等称谓。清乾隆、嘉庆年间由当地民间歌舞、傩戏并融合外来腔调综合发展而成。主要唱腔曲调“正宫调”借鉴沅水号子和山歌的某些特色唱法，用假嗓翻高八度唱句尾，形成一种独特的音乐风格。这种音域和音色突然强烈反差的声腔形态，乡民用土语形容为“喀喀”（不平和之意）。史载，清道光初年以花鼓戏称呼的常德喀喀戏已有相当规模的专业戏班。清末，为避官府查禁，常德喀喀戏以“半台班”形式，在演唱喀喀戏之前，往往加演武陵戏或荆河戏。这种现象一直延续到20世纪40年代末。

中华人民共和国成立以后，常德喀喀戏得到长足发展，常德市成立专业剧团。1955年，常德喀喀戏《清风亭》参加湖南省第二届戏曲观摩会演，其唱腔用假嗓翻高八度唱句尾的“喀喀”风格，在整个会演中一枝独秀，得到观众和专家的好评。1978年，剧团恢复传统戏的演出。1986年，剧团创作演出的大型现代戏《嘻队长》赴京汇报演出，获得首都文艺界和众多媒体的高度赞扬。同年，中央宣传部发表题为《对处境艰难的好剧团要奖励》的文章，对常德花鼓戏剧团经济困难也要演好戏、多演戏的精神，作了较高的评价。由于剧团长期坚持下乡为农民演出，并创作演出了一批在国家和省获奖的优秀剧目，在1991年和2000年，分别两次由中国文化部和人事部授予剧团“全国文化工作先进集体”的光荣称号。

常德喀喀戏音乐有正调、打锣腔、小调和花鼓戏高腔四大类。正调以正宫调为主体，通过板式、旋律、调式等变化，形成适用于不同行当、不同情绪的七字调、悦调、阴调、新正宫调、大起板、二流、三流等派生曲调群，结合情调古朴、旋律独特的悲腔潼关调，丑角腔老鸦调和西调，构成正宫调的声腔系统。

常德喀喀戏的表演有两大风格。小型剧目多呈现地花鼓载歌载舞的风貌，表演中还常见对日常生活的艺术模拟。大本戏的表演在借鉴大戏剧种表现程式的同时，也形成自己的程式，如《乌龙院》中的“三请坐”“三送哥”“三下楼”“三猜心”“三写约”；《潘金莲裁衣》中的打脚、打头、打乳的“三打”等等。

由于种种原因，以前活跃在沅、澧二水两岸数以十计的咯咯戏半职业剧团已日益衰落，老艺师逐个谢世，艺人和青年演员不断流失，唯一的专业剧团也逐渐向“丝弦歌舞为主、咯咯戏为辅”的综合艺术团体转化。常德咯咯戏已处于“青黄不接、后继乏人”的危困境地。

【鼓盆歌】 鼓盆歌俗称“丧鼓”，源于中国古代的“击缶”“鼓盆”。曾流行于全国广大地区，鄂南及湘西北地区因民间丧事礼俗而幸存至今。曾名湘北大鼓、澧州大鼓。鼓盆歌是荆楚巫傩、祭祀文化的典型代表，艺术内涵丰富，表现为唱词的文学性极强：常用韵11个半，中华人民共和国成立前要求一韵到底，后来有所变动；句式结构在清朝前期为五字句，清嘉庆年间，落第秀才苏金福改为七字句；20世纪70年代在澧县文化馆的主导下，引入多字句式，把口传变为文本传，演唱改说唱，坐唱改站唱；演唱语言以澧州官话为主，注重地域性和即时性。2014年，鼓盆歌被列入第一批国家级非物质文化遗产扩展名录。

（刘长青）

表19　　常德市国家级非物质文化遗产项目一览表（7项）

批次	项目名称	项目类别	保护单位
第一批	澧水船工号子	民间音乐	澧县文化馆
	高腔（常德高腔）	传统戏剧	常德市汉剧高腔保护中心
	荆河戏	传统戏剧	澧县荆河剧院演艺有限公司
	常德丝弦	曲　艺	常德市文化馆
第二批	孟姜女传说（扩展项目）	民间文学	津市市文化馆
	花鼓戏	传统戏剧	鼎城区花鼓戏保护中心
第四批	鼓盆歌（扩展项目）	曲　艺	澧县非物质文化遗产中心

表20　　常德市省级非物质文化遗产项目一览表（20项）

批次	项目名称	项目类别	保护单位
第一批	刘海砍樵传说	民间文学	武陵区文化馆
	桃花源传说		桃源县文化馆
	澧州夯歌	民间音乐	澧县文化馆
	安乡硪歌		安乡县文化馆
	土家族跳丧舞	民间舞蹈	石门县文化馆
	桃源瑜伽焰口手势		桃源县文化馆
	九澧渔鼓	曲　艺	临澧县文化馆
第二批	桩巴龙传说	民间文学	石门县文化馆
	宋玉传说		临澧县文化馆
	杨幺的民间故事		汉寿县文化馆
	擂茶习俗	民　俗	桃源县文化馆
第三批	善卷传说	民间文学	鼎城区非物质文化遗产中心
	车胤囊萤照读的故事		津市市文化馆
	石门土家山歌	民间音乐	石门县文化馆

续表20

批次	项目名称	项目类别	保护单位
第四批	澧州皮影戏（扩展项目）	传统戏剧	澧县非物质文化遗产中心
	鼓盆歌	曲　艺	临澧县文化馆
	尧天坪龙灯	传统体育和竞技	尧天坪龙狮协会
	桃源木雕（扩展项目）	传统美术	桃源县文化馆
	常德米粉制作技艺	手工技艺	武陵区文化馆
	夹山禅茶习俗（扩展项目）	民　俗	湖南省石门夹山国家森林公园管理处

表21　　常德市市级非物质文化遗产项目一览表（51项）

批次	项目名称	项目类别	保护单位
第一批	桃源虾灯舞	民间舞蹈	桃源县文化馆
	安乡蚌舞		安乡县文化馆
第二批	临澧民间纸扎	手工技艺	临澧县文化馆
	丁兰刻木的故事	民间文学	临澧县文化馆
	鼎城地花鼓	民间舞蹈	鼎城区文化馆
	桃源板龙灯		桃源县文化馆
	南路吹打乐	民间音乐	石门县文化馆
	澧州花鼓戏	传统戏剧	澧县文化馆
	常德渔鼓	曲　艺	武陵区文化馆
	澧州渔鼓		澧县文化馆
	安乡跳三鼓		安乡县文化馆
	泰和合宜红茶制作工艺	手工技艺	石门县文化馆
	龙舟的打造工艺		汉寿县文化馆
	三系杂交稻育种及原种繁殖技术工艺		贺家山原种场
第三批	夹山李自成的传说	民间文学	石门县文化馆
	九子鞭	民间舞蹈	石门县文化馆、桃源县文化馆
	巫　舞		鼎城区非保中心
	皮影戏	传统戏剧	汉寿县蒋家嘴镇张家冲村
	花鼓戏		安乡县文化馆
	武陵戏		汉剧高腔保护中心
	三棒鼓	曲　艺	安乡县文化馆
	德山酒古法酿造技艺	手工技艺	德山酒业有限公司

续表21

批次	项目名称	项目类别	保护单位
第三批	太青野茶制作技艺	手工技艺	澧县非物质文化遗产中心
	桃源野茶王		桃源县文化馆
	“双上绿芽”茶手工技艺		澧县非物质文化遗产中心
	桃源古尔邦节	民　俗	桃源县文化馆
	武陵酒传统生产技艺	手工技艺	湖南武陵酒有限公司
第四批	陈二郎的故事	民间文学	临澧县文化馆、武陵区文化馆
	竹马灯	民间舞蹈	澧县文化馆、安乡县文化馆
	桃源捉龟舞		桃源县文化馆
	说　鼓	曲　艺	澧县文化馆
	澧水地方小调	传统音乐	澧县文化馆
	薅草锣鼓		石门县文化馆
	花岩溪榨笋	手工技艺	鼎城区非物质文化遗产中心
	汉寿烙画		汉寿县卧山夫烙画有限公司
	石雕技艺		桃源县文化馆
	桃源刺绣		桃源县文化馆
	千张制作技艺		临澧县文化馆
	传统木榨油技艺		石门县文化馆
第五批	糖　画	手工技艺	澧县文化馆
	麻花制作技艺（望羊麻花）		石门县望羊桥食品厂
	铜器制作技艺		桃源县文化馆
	香品制作技艺		常德市昕玲香舍
	锔瓷技艺（李氏锔瓷）		凡艺坊工作室
	蒿子粑粑制作技艺		桃源县佳源文化传媒有限公司
	沙坪上元点灯	民　俗	桃源县沙坪镇综合文化站
	中医传统制剂方法（澧州制膏技艺）	传统医药	澧县非物质文化遗产保护中心
	扩展项目		
	三棒鼓	曲　艺	石门县文化馆
	吹打乐	民间音乐	周家店文学艺术界联合会
	常德米粉制作技艺（津市牛肉米粉）	手工技艺	津市市文化馆
	太阳山太阳神的故事	民间文学	太阳神文化研究中心

常德市省级以上文物保护单位

【概况】 2021年，全市有全国重点文物保护单位34处，其中古遗址类19处；现有省级文物保护单位55处（2021年年底新增加8处省级文物保护单位），古遗址类13处。“澧县城头山遗址”入选中国百年百大考古发现，“鸡叫城遗址”入选2021年度全国十大考古新发现。常德博物馆明青花带盖梅瓶（一对）、石门县博物馆新石器时代玉人首入选湖南省百件（套）出土文物精品，战国青铜飞镖一组入选湖南省网络人气出土文物精品，

2021年，完成第十一批湖南省省级文物保护单位的申报工作，全市新增8处省级文物保护单位（革命文物），完成19处第五批市级文物保护单位（革命文物）的公示工作，联合住建部门公布常德市第一批历史建筑。开展2022年国保、省保文物保护专项资金申报工作，组织完成省级文物保护专项资金绩效评价工作，做好市级文物保护专项经费的下拨及使用监管工作。对全市各级文物保护单位开展有计划的维修工作，全国重点文物保护单位石门文庙、津市虎爪山遗址；省级文物保护单位石门覃氏祖祠、白云屋桥、桃源崖墓群；市级文物保护单位贺家台苏维埃旧址、汉益沅苏维埃旧址、石门石水田天主堂等开展了维修保护工作。加强基层文物机构建设，常德市被确认为湖南省5个文物大市之一，澧县、临澧县被确认为全省的文物大县。市本级及鼎城区、汉寿县、澧县等区县已加挂文物局牌子，临澧县、石门县、澧县已单独成立文物保护中心。

开展文物安全和执法检查工作。落实文物安全四级巡查工作，对全市34处全国重点文物保护单位每月展开抽查，对47处省级文物保护单位每季度展开抽查，对147处市级、692处县级文物保护单位每季度抽查一次，发出整改函5份。联合消防部门开展全市文物冬春与夏季文物火灾防控检查工作，组织召开全市文物系统消防安全标准化管理现场会议。与公安部门联合开展打击文物犯罪专项行动，对文物犯罪多发地区开展重点打击和集中整治，全面搜集文物犯罪前科劣迹人员、有关行业从业人员等高危人员信息，充实文物犯罪高危人员数据库，为打击文物犯罪工作提供重要支撑。通过卫星遥感监测，国家文物局发现在夹山寺、三元宫遗址、丁家岗遗址、划城岗遗址等多处国家级重点文物保护单位的保护范围或建设控制地带内存在违法建设情况，石门县、澧县、安乡县等地积极整改，拆除违法建筑，严格落实文物安全属地管理主体责任。石门县夹山寺保护范围内违法建设案件查处工作入选2021年度国家文物局行政执法十大指导性案例。柳叶湖旅游度假区区级文物保护单位炮楼山遗址保护范围内涉嫌违法建设，市文化市场综合执法支队展开文物行政执法，对相关涉事企业做出罚款20万元的行政处罚决定。

【城头山遗址】 城头山古遗址于1996年经国务院公布为第四批全国重点文物保护单位。城头山遗址是新石器时代遗址，位于湖南省澧县车溪乡南岳村，是澧县考古人员于1985年文物普查中发现的，后由湖南省文物考古研究所于1992年试掘、先后10次进行部分发掘。确认城头山古遗址是中国南方史前大溪文化至石家河文化时期的遗址，距今约7000～6500年。约在6500年前的大溪文化早期，人们开始在此周围掘起壕沟，筑起城墙，并在此城居住2000多年，历经大溪文化、屈家岭文化、石家河文化几个历史时期，直至石家河文化中期（距今约4000年），古城才遭废弃。在古城使用的2000多年中，人们对城垣进行了多次修缮，其中大型的扩建工程就有3次，使得城垣不断增宽、增高，乃至能保存至今。城头山古城略呈圆形，城垣外圆直径340米，内圆直径325米，围绕城垣的护城河宽35米，总占地面积近15万平方米，其中城内面积8万多平方米（132亩）。考古工作者在城内发掘出大片台基式的房屋建筑基础、设施齐全的制陶作坊、宽阔的城中道路、密集而重叠的氏族墓葬和保存完好的世界最早的水稻田（6500年前）。解剖城垣时，于城垣外坡又发现大溪文化早中期的壕沟，以及壕沟内留存的100多种动植物骨骸和籽实，竹苇编织物，船桨，船艄，船板和大批卯榫结构的木构件等。还发掘出骨耜，骨耒，骨钻，骨凿，木刀等农业和手工业工具，以及陶器，玉器等遗物。城头山古遗址，是当前中国发现的时代最早的古城遗址之一，也是最具典型性的古城遗址，古城的城垣和整体格局均保存完整。在整个遗址区域内有居住遗址，稻田遗址，祭祀遗址，有城门，有道路，还有墓葬区，内容十分丰富而集中，是研究中国史前社会文明起源，城邦发展的不可多得的实物资料。

【汤家岗遗址】 汤家岗遗址于2013年经国务院公布为第七批全国重点文物保护单位。汤家岗遗址位于安乡县安全乡。发现于20世纪70年代，面积约3万平方米。1978年、1990年和2007年，先后3次对遗址进行考古发掘，发掘面积共1100余平方米。整个遗址文化内涵包含汤家岗文化和大溪文化两个时段，前者时代距今6800～6000年左右，后者距今6000～5300年左右。汤家岗遗

址保存完好、功能区分明显，丧葬区、生活区、生产区都相对集中，为研究史前聚落形态及其变迁提供典型实例。

（王永彪）

国家地理标志保护产品

【概况】 截至2021年年底，常德市有地理标志保护产品15个，地理标志商标13件，涵盖粮油、果蔬、茶叶、家禽、家畜、水产品等多个品类，形成数量可观、质量过硬的品牌矩阵。地理标志专用标志使用企业达到100多家，年产值超过80亿元，对解决农村人口就业、助力乡村振兴、推动常德市从农业大市向农业强市迈进提供坚定的产业基础和品牌支撑。

【地理标志产品申报和运用】 充分挖掘地方特色资源，指导本地特色产品积极申报地理标志保护产品和地理标志商标。2021年，常德市“常德柳叶鲫”和“津市藠果”2件地理标志证明商标注册成功，“常德茶油”和“常德擂茶”已通过国家知识产权局地理标志保护产品形式审查，“常德灵芝”“常德羊肚菌”“澧县红薯粉丝”“武陵酒”“石门林蜂”“安乡小龙虾”“汤家岗米”等多件地理标志证明商标正在积极申报中。加强地理标志的运用，支撑和推动地理标志向品牌化、产业化发展。地理标志专用标志使用企业增加至104家，使用率与2020年相比增长126%；4个地理标志培育项目获得50万元省知识产权战略推进专项资金支持；“石门柑橘”纳入对俄地理标志保护意向清单。

【地理标志保护产品宣传】 为提升品牌知名度，助推常德品牌“走出去”，指导制作“常德香米”“常德米粉”“临澧黄花鱼”“津市藠果”等地理标志推广宣传片。积极动员本地特色企业参加中国国际商标博览会、金芒果地标节、地理标志产品展览等线下线上展会活动，拓宽本土品牌销售渠道，有效提升常德品牌知名度和美誉度。充分利用“4·26世界知识产权宣传日”“5·10中国品牌日”等重要活动，通过门户网站、微信公众号和网络自媒体平台，开辟“常德地理标志系列推介”专栏，宣传推介常德市优秀地理标志品牌，提升全民保护意识，营造地理标志保护的社会氛围，提高消费者的识别能力，构筑长效立体的地理标志保护体系。

【地理标志使用监管】 配合省知识产权局搭建地理标志信息平台，加强地理标志信息录入和公开。建立健全地理标志动态监管工作机制，通过“双随机、一公开”定期对地理标志的管理、生产、使用等情况进行抽查，发现问题及时整改，确保地理标志产品质量安全合格、特色品质凸显，专用标志使用规范。加强地理标志保护示范区的创建，促进地理标志产品生产标准化产业化发展，通过示范引领，带动全市地理标志高质量运用。

【“常德柳叶鲫”和“津市藠果”注册国家地理标志证明商标】 2021年，常德市“常德柳叶鲫”和“津市藠果”注册国家地理标志证明商标。“常德柳叶鲫”是常德柳叶湖区根据境内水域资源优势，经过长期选育而成的优良地方品种，养殖历史悠久。常德柳叶鲫因色、香、味俱佳，肉质细嫩，煲出的汤呈奶白色，营养丰富而受到美食家的青睐。早在清朝末期，武陵县令即将柳叶鲫定为贡品，成为宫廷御宴中不可缺少的佳肴。1971年，毛泽东主席品尝柳叶鲫后赞不绝口，并戏侃道“才食武昌鱼，又呷柳叶鲫，都是鱼中珍品，确实好吃”。2021年，常德柳叶鲫年产150万千克以上，热销长沙、重庆、成都、广州、深圳、香港等地，形成遍及全国的销售网络，市场口碑极佳，深受海内外消费者的青睐。

“津市藠果”是津市农业的一大特色产业，其种植分布在湖南省第二大淡水湖——西毛里湖的沿湖坡地，具有得天独厚的土壤条件和小气候。津市藠果结构紧凑、皮层多、长卵形、单个重6～10克，具有洁白晶莹，新香嫩脆的特性，同时富含粗蛋白、脂肪、维生素C、维生素E、维生素B1、维生素B2、粗纤维、氨基酸等多种营养物质加工的产品是不可多得的防病又治病的保健食品，深受国内外人士喜爱。

（李　彪）

卫生健康

综述

【概况】 2021年，全市卫健系统守好疫情防控防线，完成年度目标任务，“十四五”卫健事业实现良好开局。市卫健委再次被评为全省卫生健康工作先进单位，全市卫生健康系统共获得中央、省、市各类表彰激励60余项。

新冠肺炎疫情防控。全卫健系统始终保持应急激活状态，坚持坚守、紧抓不放、常抓不懈，始终把疫情防控工作作为最大政治任务，摆在首要位置，全面落实国省联防联控机制关于疫情防控的各项工作部署和任务要求，扎实做好疫情形势分析研判、人员信息双向排查、目标人群核酸检测、重大活动防控保障、健康知识宣传普及、疫情风险提示提醒、疫情防控督查指导等各项本职工作，疫情防控工作形成常德模式、常德经验。围绕“快、准、严、实、好”五字秘诀，快速响应、果断处置、精准应对，仅用5天时间就有效控制7月底因外省游客流入而引发的疫情，为全省阻击疫情赢得先机、争得时间，全市没有出现确诊病例，没有出现二代病例、没有升级为中高风险地区，常德应急处置工作得到国省充分肯定和社会一致好评。制定出台《常德市新冠肺炎疫情外防输入精准阻击防控指南》，全面、精准、科学、有效做好外防输入工作，率先全省开展无疫社区建设，巩固最小防疫单元，拓展疫情防控工作成果。建立健全疫苗接种日通报、日调度机制，全市设置288家接种单位、770个接种台，安排6035名医务人员参与疫苗接种、供应配送、安全监测，疫苗接种工作有序推进，全年接种新冠疫苗980万剂次，人群接种率达97.79%，疫苗接种处于全省靠前位置。着力加强防控救治能力规范化建设常态化储备，全市组建180支流调队伍、配备1358名流调人员，配备10842名应急采样人员、1317名机动采样人员，配置核酸检测提取仪75台、基因扩增仪104台，日单检能力达8.85万管，开设传染病床505张、可转换床位786张，配备负压救护车22台，制定出台系列防控指南、防控预案，组织开展业务培训、应急演练，疫情防控各项能力得到有效提升。

公立医院综合改革。围绕推进城市医疗集团和县域医共体建设，深入借鉴推广三明经验，真抓实干，市城区三大医疗集团和各县域医共体健康良性运行，在全省率先试点上线市妇幼健康管理信息平台，综合医改核心指标呈现“三降三升”的良好局面，走在全省前列。全面落实公立医院党委领导下的院长负责制，不断推进医疗服务创新模式，全面落实绩效评价机制，持续强化专科建设，实现三级公立医院总会计师岗位全覆盖，进一步理顺医院内部运营管理机制，加强医疗质量安全，全市公立医院高质量发展成效明显。以高血压等慢性疾病为切入点，明确不同层级医疗机构分工与协作关系，建立“县治、乡管、村访”模式，打造防、治、康、管一体化服务链，形成县域规范有序的双向转诊格局。聚焦诊疗数据互通难点、堵点，打破全市二级以上公立医院、乡镇卫生院和社区卫生服务中心数据壁垒，实现医疗数据互通共享，数据互联互通质量达到全省第一；深入推广“互联网+医疗”，信息化建设实现新突破。2021年，临澧县获评全省真抓实干督查激励表彰，石门县人民医院、临澧县中医医院纳入2021年全省现代医院管理制度试点单位。

医疗服务体系建设。围绕建设省级区域医疗中心，研究制定防控救治能力建设三年行动方案，市第一人民医院急救中心妇儿中心、市第一中医医院异地新建工程加快推进，市公共卫生救治中心即将开工建设，各区县市建制乡镇卫生院标准化建设达标率、行政村卫生室标准化建设达标率、公有产权率实现“三个100%”；实现乡村医疗卫生机构和人员“空白点”动态清零，乡镇卫生院全科医生、村卫生室合格医生配备全部到位，保障辖区居民均等享受基本医疗服务和基本公共卫生服务权利。

医疗服务能力建设。信息化建设实现突破，在全省率先试点上线市妇幼健康管理信息平台，部分县域医共体完成远程会诊、远程影像、远程心电三大中心建设；打破全市二级以上公立医院、乡镇卫生院和社区卫生服务中心数据壁垒，实现医院与基层之间医疗数据互通共享，数据互联互通质量达到全省第一。全市建成国家级重点专科2个、省级重点专科39个、市级临床重点专科87个，市第二人民医院和安乡县人民医院通过三级医院创建评审，市妇幼保健院创建为三甲医院，全市三级医院达到13家，成为除长沙外三级医院最多的市州。10家基层医疗卫生机构“优质服务基层行”活动获国家卫健委通报表扬。

公共卫生工作。在扎实推进疫情防控的同时，全面落实基本公共卫生服务项目，扎实推进结核病、艾滋病、地方病和血吸虫病防治、慢性病综合防制、免疫规划、健康教育与健康促进、职业病防治等攻坚行动。推进基本公共卫生服务标准化建设、绩点制管理，四级（市、县、乡、村）项目管理体系基本建立，完成病有所医、老有所养领的基本公共卫生服务标准化建设，居民健康档案建档率91.3%，老年人健康管理率73.42%，家庭医生签约服务率42.44%。积极推动无偿献血工作，全年血液采集总量、机采总量、用血机构满意率、献血者满意率大幅上升，均下创历史新高，连续14年第7次蝉联“全国无偿献血先进市”荣誉称号。加大重大传染病综合防治、科学防治力度，传染病监测稍点实现医疗机构全覆盖，重大传染病综合防治得到有效加强，法定传染病发病率为303.08/10万，同比下降50%。超额完成血防工作任务，顺利通过血吸虫病传播风险评估，全市实现血吸虫病传播阻断达标；加强慢病防控工作，完善慢病综合防控协调机制，完成基层医疗卫生机构“高血压专病（示范）门诊”和“高血压监测点”软硬件建设，构建起覆盖城乡的高血压诊治和防控网络。

“一老一小”工作。积极落实生育政策及配套支持措施，精准做好生育政策有效衔接和各项管理服务，全面优化生育登记服务流程，推进网上生育登记证办理，落实育儿假、独生子女护理假等配套和保障措施，推进三孩生育政策落地见效。与市委编办、市民政局、市市场监管局联合出台《常德市托育机构登记和备案实施方案（试行）》（常卫发〔2021〕33号），进一步明确各区县市卫生健康行政部门加强对婴幼儿照护服务机构备案工作的管理，完善婴幼儿照护服务机构备案管理制度。积极推进托育设施建设，2021年全市登记注册的托育机构达36家，能提供4600个普惠托位，14家托育机构获批“国家教育现代化推进工程普惠托育服务专项行动”项目，共获得中央预算内投资1460万元，每千人口拥有3岁以下婴幼儿托位数达到0.85个，圆满完成考核指标，并在全省工作会议上作典型发言。积极推进公共场所母婴设施建设，110个公共场所配置母婴设施，公共场所母婴设施配置率达到100%。积极应对人口老龄化，以建立老年医疗服务网络、创建老年友善医疗卫生机构、开展安宁疗护试点、改善医养结合养老服务为着力点，不断增加养老服务供给，建成1家省级“安宁疗护标准病房”，7家医疗机构被评为“省级老年友善医疗机构”，成功创建5个全国老年友好型社区。

卫健民生实事工作。2021年，常德市卫健委承担疾控中心标准化建设、中医药服务基层全覆盖、孕产妇免费产前筛查、免费定向培养100名乡村医生等4项省市重点民生实事。提前完成武陵区和安乡县疾控中心标准化建设任务，实验室面积、仪器配备、检测能力均达到考核标准，顺利通过验收；全市158家社区卫生服务中心、建制乡镇卫生院全部完成标准化建设，实现“四有”（有人员、有场地、有服务、有设施）全覆盖；超额完成孕产妇免费产前筛查和“两癌”免费筛查任务，近14万名妇女受益；按要求完成定向培养100名本土化乡村医生工作。

计生协工作。出台计生协改革方案，严格落实“放管服”改革要求和生育服务登记、办证首接负责制、限时办接制、承诺制等制度，相关服务工作办结时限从10个工作日缩短至3个工作日，完成2262个村（社区）计生协换届工作。落实特殊计生家庭“三个全覆盖”和“五优先”政策，各级财政共落实农村奖扶（农村部分计划生育家庭奖励扶助对象217295人）、计生特扶（独生子女死亡特扶对象9505人）、城镇奖励（城镇独生子女父母奖励对象190565人）等资金近6亿元，所有奖励扶助资金均按时足额发放到位。广泛开展生育关怀等5个民生项目和关爱活动，帮扶慰问计生“五关怀”对象4302户，发放慰问金374万元，9个区县市计生协工作获评全省优秀，市计生协荣获省计生协重点工作优秀单位。

【中医药事业】 新评2名省级名中医、3名省级基层名中医，37名人员考取中医确有专长人员医师资格证。建成3个国家级中医重点专科、15个省级中医重点专科，3家县级医院创建为三级中医医院。市域内老年人中医体质辨识、3岁以内儿童中医健康调养、中医药健康管理覆盖率均达70%以上。澧县海福中药材种植基地、湖南一方天江汉寿种植基地荣获全省10大道地药材种植基地称号。全面完成158家社区卫生服务中心、建制乡镇卫生院中医药服务“四有”（有场地、有设施、有人员、有服务）全覆盖工作，基层中医药服务阵地得到进一步夯实，服务能力提升工程成效显著。顺利通过国家中医药先进市州复审，常德市继续保持全国基层中医药先进市荣誉称号。

【卫生监督执法】 大力加强卫生健康综合监督工作，探索综合监督多元化监管模式，严格落实医疗卫生行业综合监管制度，不断加大执法力度，充分发挥社会信用监管效能。制定并印发《常德市医疗卫生行业诚信“红黑名单”制度》《医疗机构综合监督信用等级评定规定（试行）》，规范医疗机构执业行为。积极开展专项监督检查行动。先后开展职业健康检查服务机构、游泳场所水质安全、餐饮具集中消毒服务单位、涉水产品及水质检测、医疗废弃物信息化监管等专项检查；联合市教育局、市市场监管局等部门开展食品安全“护苗行动”，确保学校食品安全；重点开展打击非法医疗美容专项行动、非法应用人类辅助生殖技术等联合执法行动7次，有力打击危害人民群众健康的违法违规行为。积极开展普法宣传，持续推动“四个一”综合执法模式，切实减少对被监管企业的监督执法频次，杜绝随意检查、重复执法。2021年，全市共开展监督检查17400户次，完成国省“双随机”监督任务1443家次，出动监督员3.6万余人次，查处违法案件1105起。常德市卫健委被评为全省综合监督工作先进单位；市卫生计生执法局一案卷首次获评省级一等奖，并被推荐参评国家优秀案卷。

重点人群保障。全面落实母婴安全核心制度，推动全市妇幼保健机构参加全国妇幼保健机构绩效考核工作，全市孕产妇死亡率为3.47/10万，5岁以下儿童死亡率为2.01‰，婴儿死亡率为1.73‰，出生缺陷发生率为51.17/万，妇幼健康水平持续提升，优于全省平均水平；做好独生子女和失独家庭的关心关怀工作，创新开展计生特困家庭“双岗”联系人制度、就医绿色通道、家庭医生签约“三个全覆盖”工作；组建1295个家庭医生服务团队，开展重点人群签约履约健康管理服务工作，脱贫户、慢病患者对等重点对象建档率达100%。

【健康常德行动】 审议印发《健康常德“十四五”建设规划》，举办健康常德行动宣传启动仪式，围绕16大专项行动开展健康知识普及、全民健身、控烟等巡讲活动58场次、发放宣传资料150余万份，启动对区县市试考核和市直部门绩效考核，健康常德行动26项核心考核指标持续提升。

【爱国卫生运动】 顺利通过国卫复审，连续18年蝉联全国卫生城市荣誉称号；深入推进爱国卫生“五进”行动，市本级、津市市、澧县、石门县通过国家卫生城市和卫生县城复审，津市市通过蝇类C级达标复审。

【卫健助力乡村振兴】 全面贯彻落实中央、省、市关于脱贫攻坚和乡村振兴的相关决策部署，全力确保健康扶贫成果同乡村振兴有效衔接，市卫生健康委被省委、省政府授予“湖南省脱贫攻坚先进集体”称号。2021年，全市共建立1385个签约服务团队，组织4409名家庭医生签约常住居民244.97万余人，为全市所有建档立卡脱贫户（109044户332017人）和监测户（6367户14561人）提供家庭医生签约服务；采取面对面建档等方式，为每名建档立卡脱贫户和监测对象建立规范化的电子健康档案，重点人群建档率达100%。

（邓公情）

疾病预防控制

【概况】 2021年，常德市疾病预防控制中心获湖南省“十三五”期间艾滋病防治工作先进单位、实施《湖南省“十三五”结核病防治规划》先进集体、2021年度湖南省疾控系统新闻宣传与健康教育宣传先进单位、2021年全省急性传染病监测工作先进集体、湖南省环境与健康工作先进集体、全省寄生虫病防治技术竞赛团队综合一等奖、2021年湖南省寄生虫病防治技术竞赛团体一等奖、湖南省疾控系统健康科普大赛健康生活方式图文类一等奖、湖南省疾控系统健康科普大赛健康生活方式短视频类二等奖、湖南省疾控系统健康科普大赛健康生活方式演讲类二等奖、湖南省2021年艾滋病防治知识健康科普总决赛三等奖、湖南省疾控系统健康科普大赛健康生活方式图文类三等奖、湖南省疾控系统健康科普大赛传染病防控图文类三等奖、湖南省疾控系统健康科普大赛健康生活方式图文类优秀奖、湖南省疾控系统健康科普大赛传染病防控图文类优秀奖、2021年度全省疾控系统健康科普大赛最佳贡献奖、南华大学公共卫生优秀实习单位等荣誉。

疾控中心工作人员获全国巾帼建功标兵、常德市道德模范、优秀共产党员、湖南省“十三五”期间艾滋病防治先进个人、湖南省学校卫生工作先进个人、实施《湖南省“十三五”结核病防治规划》先进个人、2021年度湖南省疾控系统新闻宣传与健康教育宣传先进个人、2021年度脑卒中高危人群筛查和干预项目先进个人等荣誉。

疫情防控和处置。防控保障。2021年，常德市疾病防控工作从“各自为战”向“联合作战”转变、由“被动服务”向“主动服务”转变。7月至8月，常德市武陵区穿紫河发现新冠德尔塔疫情，市疾控中心创造日检2万人、每日24小时连轴转的历史纪录。新冠病毒疫苗接种工作。按照国家和省级方案要求，年度内完成常住人口的63.6%接种目标；提升接种服务能力，稳妥有序、分阶段做好新冠病毒疫苗接种工作；加强疫苗全过程管理，做好信息登记报告，确保疫苗全流程可追溯；严格执行“三查七对一验证”，确保接种安全规范；妥善做好预防接种疑似异常反应的监测报告和处置工作，确保接种工作顺利实施。指导全市各地落实常态化精准防控措施，完善智慧化预警多点触发机制，做到早发现、早报告、早隔离、早治疗。紧盯重点场所和关键环节，巩固疫情防控成果，以新冠肺炎疫情防控为抓手，落实多病共防，促进其他呼吸道传染病防控工作措施的落实。疫情处置。严格按照传染病监测方案要求，持续开展监测防控工作。通过网络巡查和预警信息处置、病原学监测、个案调查、聚集性疫情处置、动物传染源和传播媒介监测、外环境监测等手段，全面布置落实常德市监测与防控工作任务。加强疫情报告和疫情控制管理，做到早发现、早报告、早干预。健全联防联控机制，规范有序处置传染病疫情。密切关注麻疹、流感、禽流感、手足口病等重点传染病疫情，防止发生重大传染病的暴发流行。开展全市性传染病防控培训、全市性卫生应急演练，提升突发公共卫生事件处置能力。加强对医疗机构的培训和指导，做好突发公共卫生事件风险的日常评估和专题评估。狠抓传染病报告质量，综合率≥99%；传染病诊疗机构网络正常运行率为100%；传染病及时报告率、及时审核率≥99%；无重卡；身份证填写完整率≥95%；辖区内报告单位无错报、误报情况。努力提高传染病和突发公共卫生事件相关信息报告质量。

群防群控。疾控中心认真落实《湖南省遏制艾滋病传播实施方案（2019—2022年）》，强化艾滋病综合防治、科学防治、联防联控、群防群控。探索流动人口、老年人等重点人群以及从儿童到青年全覆盖性宣传教育方式方法，强化重点人群主动检测，对监管场所新入所人员、吸毒贩毒、卖淫嫖娼等易感艾滋病高危行为人员做到“逢进必检”。在高校推进“互联网+HIV尿液自检+干预”项目全覆盖，并逐步在重点娱乐场所探索试点。进一步明确防、治、管职能，提高综合防治质量。打通检测、诊断、转诊治疗和救助服务“最后一公里”，提升综合医院医务人员识别和转诊艾滋病、性病、丙肝技能。推进国家艾滋病防治示范区工作取得更好的成效。

血吸虫病综合防治。为有效保障人民群众的身体健康，严密防范血吸虫病发病率出现反弹，2021年年初，中心强化责任担当，实行问责追责。要求血防区各单位进一步强化防控意识和组织领导，明确责任分工，不断补短强弱，严格落实“以传染源控制为主”的血吸虫病综合防治策略，严防“急性血吸虫病感染”发生。中心强化疫情监测，落实落细防控措施，建立健全急感疫情监测网络和疫情报告处理机制，增强基层医疗机构急感报告意识，要求血防机构细致查螺，精准灭螺，建立重点环境巡查制度，积极开展血防区内重点人群筛查和急感疫情监测。积极开展治疗救助晚期血吸虫病患者工作，持续强化部门协作，巩固扩大血防成果。不断加强血防服务体系建设，提升防治能力。加速防治适宜技术应用，努力建设“智慧血防”。充分发挥网络及新媒体等宣传媒介，采取多种形式开展血吸虫病防治知识的宣传与教育，提高重点人群自我防护意识，加强对各级各类医疗机构的业务培训，提高基层医疗机构对血吸虫病的鉴别和诊断能力。做好世界卫生组织消除疟疾认证评估工作。重点抓好输入性疟疾防控，确保不发生输入继发病例，持续保持消除疟疾状态。继续做好碘盐和人群碘营养监测工作，持续保持碘缺乏病消除状态。做好水源性高碘危害监测工作。鼎城区、西湖管理区做好高水碘地区监测工作，协助地方政府尽快落实改水工作。

学校卫生。2021年，疾控中心严格执行湖南省卫生健康委员会印发的2021年湖南省疾病预防控制工作要点，全力做好新冠防控、免疫规划以及改革完善疾控体系等十个方面的工作，努力拓展学校卫生工作内涵。实施《湖南省综合防控儿童青少年近视实施方案》，以学生近视调查项目及常见病监测项目为工作重点，运用湖南省儿童青少年健康管理信息平台做好项目数据收集与管理，充分利用调查数据，完成近视率核定年度工作任务。以《湖南省学生常见病干预项目工作手册》为指导，积极推进儿童青少年近视、肥胖、脊柱弯曲等常见病干预工作。配合教育等部门实施学生营养干预行动，落实《儿童青少年肥胖防控实施方案》，宣传推广新版《中国居民膳食指南》。

【预防接种规范化服务和管理】深入贯彻落实《中华人民共和国疫苗管理法》，推动预防接种规范化服务和管理水平的不断提高。进一步加强疫苗管理和接种服务信息化建设，推进接种门诊数字化、规范化建设。依法依规妥善做好疑似预防接种异常反应监测报告和处置工作。持续做好常规免疫，继续强化脊灰、麻疹等重点传染病监测，以乡镇为单位适龄儿童国家免疫规划疫苗接种率达95%以上。中心坚持“巩固传统模式、创新工作思路、稳步推进提高”的原则，强化各项措施，确保免疫规划工作稳步向前发展。中心要求各预防接种门诊按照规定的时间及频次，及时向适龄儿童提供所有免疫规划疫苗的免费接种服务。同时，坚持定期反馈机制，每月对接种门诊反馈一次免疫规划疫苗的接种率，对于接种率未达到要求的门诊增加督导和技术指导频率，确保接种率达到国家要求。把疫苗查漏补种工作纳入常态化管理，要求各接种门诊定期开展周查补、月查补和季度查补工作。要求各门诊及时通过电话、短信、微信、村医发放接种通知单等方式，通知漏种儿童家长尽快带领儿童进行补种。同时，市疾控中心还大力加强与教育部门的沟通合作，明确了各自分工和工作流程，确保儿童在入托、入学前按要求全部完成疫苗接种，为学生筑牢免疫屏障，避免了校内大规模发生麻疹、风疹、流行性腮腺炎、流行性乙型脑炎等传染病。

【遏制结核病例】疾控中心以《常德市遏制结核病行动计划（2019—2022年）》为指南，全面实施2020版结核病预防控制技术规范。以降低肺结核发病率和耐药结核病发生率为目标，全力做好防、治、管有效衔接。大力推广应用新诊断技术，不断提高病原检出率；加强重点人群主动筛查，强化规范诊治和全程管理患者；加强学校结核病疫情监测和处置，严防聚集性疫情发生；健全结核病防治服务体系，推进结核病防治能力建设。2021年，中心建立以结核病防治机构、各级各类医院、社区卫生服务机构和乡、村两级卫生机构为基础的结核病防治服务体系。在加强卫生服务体系建设过程中，中心将结核病防治工作纳入公共卫生服务内容，有效提高防治能力。中心对各级各类人员实行分级分类指导，有针对性地开展防治知识培训，提高业务人员素质。截至2021年年底，中心结核病防治已拥有一支具有一定经验的防治队伍，防治水平进一步提高。

【慢性病综合防控】疾控中心依托监测筛查，构建政府主导、部门协作、社会动员、全民参与的慢性病综合防控工作格局，形成较为健全的慢性病综合防控服务体系，完善政府主导、部门协作、全社会共同参与的慢性病综合防控机制。倾力做好基本公共卫生服务、老年人及慢性病患者管理服务的指导工作，做好肿瘤登记、死因监测、心血管病监测、慢阻肺监测等慢性病监测工作，实现重点慢性病监测全覆盖。推进癌症早诊早治、脑卒中和心血管病高危人群筛查和干预、儿童口腔疾病综合干预、成人慢病与营养、全民健康生活方式行动等慢性病干预项目。贯彻落实《健康湖南行动——癌症防治实施方案（2019—2022年）》，按要求完成省级肺癌筛查项目。以基层呼吸系统疾病早期筛查干预能力提升项目为突破口，建立慢性呼吸系统疾病防治体系，加强慢性呼吸系统疾病筛查和干预。依托监测及项目工作，探索筛查机制，推进干预措施。

【食品安全风险监测】市疾控中心切实履行食品安全风险监测职责，扎实开展食品安全风险监测及城乡生活饮用水卫生监测工作，不断加强食品安全风险监测工作培训力度，健全食品安全交流会商机制，强化部门间的信息交流和沟通协作，有效防范区域性、系统性食品安全事件的发生，为群众食品安全保驾护航。中心相关职能部门收集食源性疾病信息和食品中污染物及有害因素污染数据，相关信息及检测结果及时、准确录入系统。分析危害因素可能来源，主动发现食品中存在的安全隐患，为守护人民群众“舌尖上的安全”提供科学支撑。县级以上城市管网末梢水水质监测结果信息每季度至少向社会公开1次。酌情开展地方特色或重点食品或舆情热点食品监测，为地方政府及职能部门提供数据支撑及风险预警。区县市根据本地生态环境、传染病流行情况及卫生创建工作需求开展病媒生物监测工作。

【疾控系统健康教育和传播】市疾控中心所属各级疾控机构推动健康科普制度化、规范化、科学化。加强疾控系统健康教育人才队伍建设，提升基层健康科普人员传播能力，积极探索健康教育工作方式方法，将全民健康观念根植到位。发挥专业优势和信誉优势，注重从健康知识内容、制作展现方式和传播手段上创新，做健康教育和健康传播任务的主力军，推动疾控系统健康科普工作迈上新台阶。保持与媒体的合作，拓展宣传覆盖，创新健康科普作品，积极倡导健康生活方式，持续做好新冠肺炎疫情常态化宣传工作。

【疾控机构标准化建设】 市疾控中心加强各级疾控机构标准化建设，明晰工作职责范围，全面提升疾控机构的能力水平，完成区县市疾控机构等级达标评审。结合公共卫生医师规范化培训，加强骨干人才培养。中心各部门对全市各种监测数据进行分析及风险评估，为市委、市政府科学决策提供技术支撑。

【营养健康知识进校园】 5月20—21日，市疾控中心联合武陵区疾控中心以2021年全民营养周暨“5·20”中国学生营养日为契机，先后在武陵区第一小学和工农小学开展营养健康知识进校园活动。该活动对培养学生健康的饮食理念，促进其养成健康的生活方式，弘扬和继承中华民族勤俭节约、珍惜粮食的传统美德起到积极作用。

【第二届“万步有约”职工健走比赛】 11月11日，市疾控中心贯彻“健康中国行动”、开展全民健身运动精神要求，举行第二届“万步有约”职工健走比赛启动仪式。该健走赛为期21天，赛事引入“互联网+健康”理念，实行健走积分来竞赛。

（杨 妮）

血吸虫病防治

【概况】 常德市属湖南省血吸虫病重点疫区大市，2021年全市未发生急性血吸虫病病例。

查螺灭螺。2021年，全市血防机构共查螺39553.29万平方米，为年初计划的105.88%；灭螺8037.13万平方米，为年初计划的104.95%。

查病化疗。2021年，全市对所属疫区百姓进行免费检查和治疗，查病954819人次，为年初计划的108.94%；化疗65950人次，为年初计划的105.16%；对全市1279人次晚血病人实施重点救助工作。登记病人随访14763人次，为年初计划的108.09%。

急性血吸虫病防控。2021年，各地进一步落实完善血吸虫病突发疫情预案，在重大节假日期间，常德市各级血防部门安排专人值班，严格执行疫情周报告、零报告制度，抓好重点时间、重点地段、重点人群的防控工作，加大易感环境灭螺灭蚴，开展重点堤段设卡巡查，为防止居民接触疫水，全市设立防护哨卡26个，全部做到“五有”（有专人负责、有登记日志、有防护用品、有宣传资料、有哨卡标志），实现全市急性血吸虫病病例零发生。

【血吸虫病传播风险评估】 4月25—29日，国家、省风险评估组到常德市汉寿县、澧县等地开展血吸虫病传播风险评估。评估组通过听取情况汇报、查阅血防工作资料、抽查查螺、灭螺现场，开展钉螺、野粪调查等方式进行评估。评估结果显示，常德市未发现阳性钉螺和阳性野粪，血吸虫病传播风险低，全市血防工作得到评估组的一致肯定，并受到国家卫健委领导口头表彰。

【核查新发有螺面积】 4月11日至12日，市血防办组织相关专家成立核查组对石门县新发有螺面积进行核查，对夹山镇保宁桥村的可疑环境及周边情况进行相关调查。根据螺情调查、水系追踪，核查组对石门县新发有螺面积的钉螺来源进行分析，提出建议，为后续钉螺防控工作做足准备。

【血防宣传教育】 举办不同形式的血防宣传周活动。充分利用宣传车、标语横幅、电视广播、微信等媒介，或利用学生集中上课、线下集中宣传活动等方式，大力宣传血防知识、血防政策。2021年，常德市疫区居民血防知识知晓率达90%以上、疫区学生血防知识知晓率达95%以上。

（刘德山）

2021年11月11日，市疾控中心举行第二届“万步有约”职工健走比赛启动仪式

（市疾控中心 供图）

市第一人民医院

【概况】 2021年，市第一人民医院完成总诊疗171.04万人次（其中

门急诊166.94万人次，体检4.1万人次）。出院病人10.69万人次，增长6.08%。开展手术4.87万台，增长13.84%。

2021年，市第一人民医院跻身全国医院A级梯队。3月30日，国家卫健委公布2019年度全国2431家三级公立医院绩效考核国家监测指标考核结果，市第一人民医院排名全国第161名、晋级为A级、跻身国家三级综合医院第一梯队序列，排名全省第五，市州第一。5月1日，市第一人民医院全新的智慧医院综合管理平台HIS系统（一期）正式上线。8月31日，市第一人民医院与中国银行常德分行举行“智慧医院”银医合作签约仪式，未来5年该行将在医院投资1.35亿元（首期7500万元），建设医院专享云数据中心、桌面云办公系统（二期）、医护4G流量卡等8个项目，经济总量及合作规模开业内先河。

打赢新一轮疫情防控阻击战。7月28日，常德市发现3名无症状感染者，市第一人民医院充分发挥全市疫情防控组长单位作用，指导市定点医院出色完成3名无症状感染者的救治，积极承担主城区全员核酸检测任务，有力捍卫群众生命健康，同时派出30名医护人员支援张家界市抗击疫情，为全市全省打赢疫情防控阻击战贡献积极力量。

领导考察调研。5月10日，时任市委副书记、市长邹文辉到医院考察芷园地块规划建设工作。12月8日，时任副市长尹正锡带领市直相关部门负责人调研市第一人民医院新一轮规划建设项目，并召开调度会。12月20日，市委副书记、市长周振宇，副市长周代惠到医院调研新冠肺炎疫情防控、核酸检测、疫苗接种等工作。

【开展多项湘西北首例新技术】 1月，市第一人民医院心血管内科团队为一名3岁患儿顺利实施湘西北首例小儿动脉导管未闭封堵手术。2月，心血管内科高血压团队完成湘西北首例肾上腺静脉采血（AVS）。5月，心血管内科为一位原发性醛固酮增多症患者实施湖南省首例经导管肾上腺动脉无水酒精栓塞手术。6月，泌尿外科成功开展湘西北首例输尿管覆膜金属支架置入术。7月，神经外科成功实施湘西北首例偏头痛显微神经减压术。10月，心血管内科独立完成一例无导线心脏起搏器植入手术，开全省地市级医院先河。

【2人获聘博士研究生导师、新增1个省级医疗示范基地】 1月20日，市第一人民医院党委副书记、院长邓志明，心血管内科主任葛良清获暨南大学博士研究生指导教师资格，医院实现博士生导师“零的突破”。1月20日，“湖南省肿瘤精准放疗临床医疗技术示范基地”落户市第一人民医院。12月31日，医院获批湖南省心血管胸痛急救临床医疗技术示范基地、湖南省急性脏器损伤救治临床医疗技术示范基地。截至2021年年底，医院拥有的省级临床医疗技术示范基地达到5个（包括湖南省麻醉临床医疗技术示范基地、湖南省神经外科学临床医疗技术示范基地）。

【召开医院职工代表大会】 3月26—27日，市第一人民医院召开九届二次职代会，269名正式代表和60名列席代表、5名特邀代表参会。会上总结2020年工作主要成绩、七大亮点，绘就2021年发展蓝图，确定十大重点工作，在职代会报告中首次明确2021年“为民办实事”十件实事清单。

【引进高精尖技术设备】 4月13日，全球顶尖的三维近距离放射治疗系统Elekta Flexitron®HDR在市第一人民医院肿瘤科放疗室正式启用。5月，医院引进全球最高端的CT设备——GE256排超高端revolutionCT。11月23日，医院正式启用全球技术领先的高强度聚焦超声肿瘤治疗系统——“海扶刀”JC200综合机型。12月2日，全国一流的高压氧舱（GY3800型）在市第一人民医院正式启用，是全省乃至中南地区最先进的高压氧舱。

【急救中心妇儿中心综合大楼封顶】 9月29日，市第一人民医院急救中心妇儿中心综合大楼顺利封顶，并举行封顶仪式。该项目总投

2021年9月29日，市第一人民医院举办急救中心妇儿中心综合大楼封顶仪式
（市第一人民医院 供图）

资5.88亿元，总建筑面积73508平方米，预计2022年年底投入使用。

（朱雨伦）

市第一中医医院

【概况】 2021年，市第一中医医院门急诊总量70.58万人次，出院患者3.77万人次，手术1.79万台次（其中中心手术室1.22万台次、介入室1041台次、门诊手术4664台次），病床使用率91.32%，平均住院日9.12天。

学科建设。开展新技术、新项目37项。其中，手足科开展湘西北首例腕关节镜手术，创一科开展常德市首例桡尺骨骨折髓内钉手术，脊柱科开展常德市首例颈椎后路镜下椎板开窗髓核摘除术（颈椎Keyhole）。肺病科被认定为“全国PCCM规范化建设”三级医院达标单位，成为湘西北地区首家获得该殊荣的中医医院。率先在常德地区启动“互联网+护理服务”，通过不断引进新技术、新项目，市第一中医医院核心竞争力进一步提高。

科教工作。2021年，全院发表论文77篇，举办学术会议和业务交流会37场，争取上级各类专项资金677万元，湖南省名老中医（邵先舫）传承工作室通过验收，67名规培学员结业。

中医传承。国医大师熊继柏工作室正式开诊，成立龙砂医学流派传承工作室常德市推广工作站，潘敏求全国名中医传承工作室二级工作站落户该院。

疫情防控。全年共完成新冠疫苗接种13万剂次，完成湖南文理学院、常德卷烟厂、各中小学共计49913剂。开展核酸筛查采样83914人次；选派15名护理骨干支援张家界市一线核酸采样。

服务社会。举办“小善举、大爱心”和“博爱满人间”等募捐活动，组织职工无偿献血，组织志愿者服务1300余人次，义务植树200余棵。澧县甘溪滩古北村乡村振兴结对50人，给予扶贫资金15万元，用于乡村振兴各类扶贫资金近50万元。

【市第一中医医院新址迁建一期工程封顶】 3月20日，医院新址迁建一期工程全部封顶，装修等配套工程建设进行中，二期工程的前期建设稳步推进。

（孔祥建）

2021年，常德市第一中医医院新址迁建门诊楼施工图（市第一中医医院 供图）

市第二人民医院

【概况】 2021年，常德市第二人民医院（以下简称医院）门急诊人次211256人次（其中包含57256核酸检测人次），同期增长15%；出院人次18147人次，同期增长12.62%；手术人次（含操作）8586人次，同期增长25.67%；科室进行优化整合，合理开放床位，病床使用率79.1%，同期增长24.18%；住院床日8.1天，同期下降2.41%，各项指标逐步优化。医院10个运行指标达标，入出院诊断符合率97.95%，同比增长0.98%；术前诊断与病理诊断符合率99.01%，同比增长3.28%；C、D型病历比例50.01%，同比增长4.08%；三、四类手术比例50.1%，同比增长11%；住院患者微创手术比例51.6%；同比增长7.8%；开展手术及操作种类数量1971种，同比增长716种；床位使用率85.1%，同比增长3.39%；年收治病种数2184种，同比增长204种；出院患者平均住院日7.9天。

2021年，医院被授予“湖南省基层医院第一批癌痛规范化诊疗单位”、湖南省“护网2021”网络攻防演习优秀防守单位，疼痛科获评国家疼痛质控中心首批哨点医院，骨科被评为湖南省优质护理突出表现先进科室，杨凌妍获湖南省肿瘤临床药师药学服务优秀案例比赛一等奖，吴慧被评为湖南省优质护理突出表现先进个人。

医院学科建设。医院继续走“大专科，小综合”的“市二医特色发展”道路，加快推进重点学科建设，2021年，申报5个市级重点学科：骨科、重症医学科、临床药学、呼吸内科、感染科，申报4个省评市级省重点专科：普通外科、肿瘤科、医学影像科、护理学科，不断提升医院核心竞争力。

开展科研课题研究。呼吸内科的《主动健康和老龄化科技应对》科研项目有序开展，脊柱外科《胸腰椎骨折治疗中脊柱外固定新技术的应用》正积极有效地运作中。承办常德市放射质控中心学术年会、省级安宁疗护会议、常德市第十四届肿瘤学年会、常德市肿瘤规范化治疗中青年专家沙龙，大大提高医院在行业内的学术话语权和行业影响力。

开展门诊志愿服务。继续推行“一站式服务”“无节假日门诊”及志愿者服务，实施“互联网+医疗健康”行动，全力打造“智慧二医”，完全实现患者网上预约、缴费、结算、查询等功能，提升便民措施，让患者“好就医、就好医”。全力打造老年友善医院建设，“一站式”爱心服务窗口，优化门急诊流程和简化救治报销手续，缩短服务周期，实现无缝隙服务。门诊开设“三护一线”，既静脉治疗门诊、伤口/造口护理门诊、糖尿病健康教育门诊、开展PICC维护及静脉治疗咨询预约门诊服务，并开设肺结节诊疗、门诊宫腔镜检查、更年期咨询、眩晕及睡眠心理门诊，为病人提供高效便捷优质的医疗服务。

推进公益救治惠民项目。自2018年始，医院自设100万元“专项救助基金”，用于补偿尘肺病农民救治的自费部分、生活费和交通费，2021年，尘肺病农民工免费救治病人共175人次，补偿生活费约4.72万元、交通费1.75万元，切实减轻老百姓经济负担，深受患者好评。

医改工作推进。医院作为第二批DIP（区域点数法总额预算和按病种分值付费系统）付费改革试点单位，积极按上级部门要求推进医院按病种分值付费改革事项，认真落实DIP付费改革相关政策，并开展院内DIP形势下病案首页质控培训会。“对上对下”深入推进城市医疗集团，全年专家教授到院坐诊和手术30余次，让病友在家门口即可享受“国内、省内”一流专家团队的诊疗服务，下派3个“医疗特派员”驻点的医疗专家或管理专家，实现优质医疗资源下沉，解决基层群众看病难的实际问题。

【通过三级综合医院评审】 2021年1月底，医院顺利完成三级综合医院预评审工作，针对预评审专家反馈的问题进行深度剖析、周密部署，对反馈的意见及建议立行整改，10月28日，通过三级综合医院验收复评审。

【新住院大楼建设项目竣工】 2月3日，常德市第二人民医院第一住院楼正式启用。医院的基础建设发生质的飞跃。第一住院大楼连廊工程、医院二期绿化景观工程和专项工程在加速施工中，极大改善百姓就医体验。市二医院作为常德市公共卫生救治中心，救治中心项目完成规划选址、中心用地及可研报告等相关工作。医院将建成床位1200张、医疗用房12.47万平方米的综合医院。

【新技术新项目填补院内多项空白】 全年开展28项新技术，其中疼痛科颈腰椎间盘低温等离子微创消融术、放射科3.0核磁开展项目、超声科开展超声引导下甲状腺细针活检、脊柱外科脊柱外固定器治疗胸腰椎骨折等项目处于市级领先水平。泌尿、乳甲／烧伤外科的腹腔镜下肾上腺肿瘤切除术，重症医学科的“胆红素吸附联合血浆置换”治疗技术，骨科的Multiloc髓内钉治疗肱骨近端粉碎性骨折填补医院空白。胸心血管外科主动脉夹层覆膜支架置入腔内修复术、主动脉根部替换及主动脉瓣置换术，普通外科肠粘连松解+乙状结肠部分切除+结肠造瘘+结肠远端关闭术，神经外科颅内动脉瘤介入栓塞术，脊柱外科脊柱外固定器治疗胸腰椎骨折，呼吸内科胸腔镜，麻醉科多模式镇痛，消化内科食道曲张套扎术，妇产科腹腔镜下输卵管吻合术，放射科CCTA，超声科肌骨、四肢关节超声，肿瘤科芳香疗法、淋巴水肿治疗，康复科悬吊康复治疗，内分泌科糖尿病病人眼部穴位敷贴治疗等技术日趋成熟。

【信息化管理系统】 建设无纸化病案系统和数字化签名系统（CA认证）、移动护理系统、DIP系统以及HRP系统与HIS系统对接功能，提升信息系统对各业务的支撑保障能力。同时，建设以决策为中心的数据分析处理系统，便于财务管理、成本核算、资产设备管理、人力资源绩效管理，能提供正确、全面的决策数据，建立一套整体运营、统一高效的信息化管理平台，节约人力及时间成本，大大提高医院管理效能。

【医院重大医疗诊治手术】 1月8日，胸心血管外科专家团队为两位患者行主动脉夹层覆膜支架置入腔内修复术，手术效果良好，患者顺利康复出院。2月6日，73岁王某心源性晕厥三度房室传导阻滞、心室停搏，心内科专家为其行单腔起搏器置入术，手术顺利完成。2月17日，普外科医师专家团队为54岁的王某进行肠粘连松解+乙状结肠部分切除+结肠造瘘+结肠远端关闭术，解决患者乙状结肠扭转和部分结肠呈巨结肠改变。2月24日，骨科成功为一例93岁患者实施股骨粗隆骨折微创手术，患者顺利康复出院。3月5日，8岁女童膝盖内扎入一根缝衣针，市二医院骨科采用特殊异物取出术将其取出，患者康复出院。3月5日，泌尿、乳甲/烧伤外科实行首例经皮肾镜手术的部分无管化，大大减轻病人术后的疼痛感，降低非计划拔管率，缩短病人住院时间。3月20日，普外科联合麻醉科共同顺利完成一例“超声引导腹横肌平面、髂腹下、髂腹股沟神经阻滞”麻醉下行“左侧腹股沟疝无 张力网片修补术”，为患有先心病的61岁的郑某解除烦恼。3月21日，胸心血管外科为32岁的主动脉瘤患者在全麻下成功实施主动脉根部替换及主动脉瓣置换术。4月16日，神经外科成功在全麻下为患者开展颅内动脉瘤介入栓塞术。4月20日，2021年度派3名医卫特派员分赴3家乡镇卫生院，开展为期1年的基层医疗卫生服务工作。4月22日，泌尿、乳甲/烧伤外科为患者张某在全麻下行经尿道输尿管软镜下右侧钬激光碎石取石术，手术过程顺利，术后当天可下床活动，术后3天出院。5月24日，重症医学科（中心ICU）全员CRTT小组成功为一名乙型病毒性肝炎肝硬化合并多器官功能衰竭的中年男性患者实施“胆红素吸附联合血浆置换”治疗技术，该技术是国内大多数三级医院需实施的疑难重症技能之一。6月10日，骨科成功开展1例使用Multiloc髓内钉治疗肱骨近端粉碎性骨折，填补医院院空白，患者康复出院。9月15日，泌尿外科和麻醉手术科紧密配合，由泌尿外科主任刘强主刀，为患者李阿姨行腹腔镜下左侧肾上腺肿瘤切除术，术后安全返回病房，恢复情况良好。是为医院首例腹腔镜下肾上腺肿瘤切除术。11月16日，泌尿外科为实行患者李阿姨经尿道膀胱碎石取石术，解决节育环脱落，异位膀胱，引起膀胱内巨大结石。11月17日，医院多学科协作成功对一名58岁尿毒症女性患者的盆腔包块实施手术治疗。11月19日，骨科团队成功采用微创治疗一例股骨多段粉碎性骨折的患者，术后患者恢复良好，已康复出院。11月29日，疼痛科团队对64岁腰腿痛10余年患者行椎间孔镜下摘除术。12月14日，脊柱外科为收治的一位由于不慎高处坠落导致腰背部剧烈疼痛中老年患者行外科微创手术进行治疗，该技术是脊柱外科微创手术的新进展。12月14日，医院举行一场线上的尤文肉瘤并发骨转移MDT讨论，省内省外专家联手，爱心救治12岁癌症女孩。2月21日，医院开始对社会开展二价宫颈癌疫苗的接种工作，9～45岁女性均可到市二医院妇产科接种。12月22日，脊柱外科为一位左侧前臂尺桡骨双骨折的10岁儿童实行小切口微创治疗——弹性髓内钉进行治疗，大大减轻患儿因骨折带来的痛苦。

【新冠疫情防治工作】 2021年，医院开展多场“病区内核酸检测弱阳性患者转运应急演练”，演练由医务科组织、副院长邹新强带队，各职能科长、临床医技科主任、护士长参与。按照新冠疫苗接种工作要求，1月15日，市二医院重点人群新冠疫苗接种工作正式启动，全年接种率达90%。2月7日，广州医科大学校长冉丕鑫、教授周玉民、王忠芳等一行到常德市第二人民医院，进行新冠肺炎出院患者及密切接触者随访调查工作。2月11—17日，春运期间医院组织医生与护士组成的医疗保障队，在常德火车站做好医疗保障和疫情防控工作。7月28日，常德版“小汤山”A区收治第一例无症状感染者，医院第一时间迅速响应，启动新冠肺炎疫情应急状态，同时，启动新冠肺炎疫情防控应急预案和系列流程，举全院之力确保疫情防控救治工作及时有序有效地开展。8月1日，共收治3例无症状感染者。8月5日，湘西转诊湘西自治州转至常德市定点医院2例无症状感染者和2例确诊患者。8月14日，湘西永顺无症状感染者李某出院（8月5日转至常德市第二人民医院）。8月26日，湘西永顺无症状感染者聂某出院（8月5日转至该院）。8月30日，常德市两名新冠肺炎无症状感染者解除集中隔离医学观察。8月31日，常德市最后一名新冠肺炎无症状感染者刘某解除集中隔离医学观察，标志着常德市成功实现在常治疗的新冠肺炎感染者省内率先清零。疫情期间感染区收治17名密切接触者，5名无症状感染者，2名确诊患者，其中湘西自治州转至常德市定点医院2例无症状感染者和2例确诊患者，发热门诊接诊141人次，留观收治共35名患者，治愈率100%，无一例院感事件。9月14日，常德二医最后一批“疫”线人解除隔离回家。11月2日，市二医院正式开启3～11岁儿童新冠疫苗接种工作。11月13日，新冠肺炎无症状感染康复患者周某和刘某在常德市中心血站捐献血浆。全年承担武陵区、经开区、西湖、西洞庭、贺家山原种场、柳叶湖等区域的所有发热和转院病人，发热门诊接诊共计1018人，同时负责经开区隔离酒店、高速公路出口、学校及社区核酸检测任务，全年核酸检测共计40余万人次，新冠疫苗接种4.69万剂次。医院不断加强新冠肺炎疫情防护和院感知识培训，通过线上线下院科两级理论培训、应急演练比武、教学查房比武、操作技能竞赛、科普知识竞赛及护理专科小组竞赛等多项活动，进一步增强疫情防控能力及诊疗水平，筑牢疫情“防护网”。

（文　慧）

妇幼保健

【概况】 2021年，常德市妇幼保健院建院70周年，该院高分通过“三甲妇幼”评审、批复立项妇女儿童健康服务大楼建设项目、基础建设破土动工，获批市政府关于医院“一院两区”整体规划设计。医院被评为2021年湖南省“两癌”免费检查重点民生实事项目先进集体。

2021年，市妇幼保健院门诊诊疗人次23.1万人次，出院人次6611人，住院患者平均住院日6.2天。

群体保健。2021年，全市辖区活产数31538人，发生本地户籍孕产妇死亡1例，孕产妇死亡率3.47/10万，低于省标12/10万的标准。全市5岁以下儿童死亡率为4.03‰，新生儿死亡率为0.97‰，婴儿死亡率为2.01‰，均创常德市历史新低。全市辖区剖宫产率49.92%，机构剖宫产率为50.68%，全市孕产妇系统管理率、产妇早孕建册率、产后访视率、全市0～6岁儿童健康管理率、3岁以下儿童系统管理率、新生儿访视率、全市辖区新生儿疾病筛查率等各项指标均达到国家和省级标准。顺利通过省卫健委对医院产前诊断技术效验；充分发挥常德市产前诊断质量控制中心作用，加强对全市产前筛查与诊断质量控制，2021年，全市围产儿出生缺陷发生率66.29/万，活产出生缺陷发生率51.11/万，比2020年同期分别下降1.1%和0.12%。政府为民办实事“孕产妇免费产前筛查”和“农村适龄妇女及城镇低保妇女两癌检查”两项民生项目均超标完成。全年免费产前筛查目标人群实际累计完成率为101%。落实宫颈癌、乳腺癌一级预防措施。早诊早治率分别达96.17%和75%，随访率均达到100%。

完善专科建设。增设外科（乳腺外科、小儿外科）、中医科、乳腺健康管理中心等专科。规范妇女营养门诊、心理门诊、青春期和更年期内分泌门诊、助产士门诊、疼痛门诊、发热门诊等门诊建设。产科新开展胎儿臀位外倒转术；新生儿科开展脐静脉置管、一氧化氮治疗、成功救治孕周26周超早产儿和出生体重小于1000克早产儿和新生儿气漏综合征合并持续肺动脉高压等新生儿危重儿多例；儿科新开展支纤镜项目；医学遗传与产前诊断科新开展载玻片原位培养羊水细胞技术，推广芯片技术在产前诊断中的应用；影像诊断科新开展肺超声项目、建立生物样本库等等。

提升服务质量。调整门诊布局，优化门诊流程。改建发热门诊、急诊科、中医门诊。开展“微笑服务推进年”活动。评选出10名“微笑服务之星”，提升患者的就医感受。开展满意度调查。聘请5名行风社会监督员，对医院医疗服务、行风建设工作进行监督。医院开通微信公众号“您说我改”、设立医院“意见码”、有意见建议“码上说”“不满意请找我”等一系列活动，及时听取、回应社会和员工的意见和建议，医院综合满意率达96.8%。

科研能力建设。2021年，儿童保健科申报的科研项目获得医院首个省级项目；新生儿科和门诊部口腔科申报的两个项目获市科技局创新发展指导项目；保健部成功申报医院首个市社科规划项目。全院举办4次院内科研能力培训班，共发表论文16篇，其中CSCD论文2篇、英文SCI论文1篇。

信息化建设。新建设合理用药、手麻系统、移动护理、预算管理、DIP智能控费管理、临床数据中心等系统；开通预约诊疗、诊间付费、线上咨询等功能。在全市首家推出门诊智能导医机器人。电子病历应用功能基本达到四级水平。为医院科学规范管理提供有效支撑。全院信息系统整体迁至中国电信天翼云，并通过信息安全三级等保测评。基本完成全市妇幼健康信息平台本地系统的建设，配合市卫健委做好平台在全市的推广工作。

基础设施建设。市政府批复同意医院拆除门诊楼，原址建设一栋建筑面积1.4万平方米的妇女儿童健康服务大楼，已完成前期审批和初步设计。市政府批复医院“一院两区”整体建设规划，医院分为两个院区，院本部（洞庭大道）主要功能是为儿童保健服务区，市一中医院院区（滨湖路）为妇女保健服务，建设后院区总占地面积4万平方米，总建筑面积约5.6万平方米。“一院两区”发展规划已出规划设计图。

全面启动“清廉医院”建设。全力构建党风清正的政治生态、全力构建院风清朗的行业生态、全力构建医风清新的道德生态为落脚点，加强医德医风建设，引导医务人员清廉从医。牢固树立廉洁行医、廉洁服务的理念，打造党风清正、院风清朗、医风清新的清廉医院。聘请5名分别来自人大代表、政协委员、教育系统管理者、新闻单位及社区负责人等行风社会监督员，对医院医疗服务、行风建设提出建议，进行监督。

完成政府指令性任务。白驹完成在西藏隆子县人民医院为期一年的援藏工作。被西藏隆子县卫生服务中心评为“杰出贡献奖”和“优秀援藏工作者”。8月13日，市疫情防控指挥部紧急征集志愿者驰援张家界核酸采样，该院护理人员蒋朝晖、徐文婷、李依璇、余尚君、杨明虹5人出征。

【医院通过三级甲等妇幼保健院评审】 7月13日，常德市妇幼保健院高质量发展能力培训暨三甲创建推进会在国际大酒店召开，全院400余名职工参加会议，医院“三甲”创建进入百日冲刺阶段。11月10—12日，湖南省卫健委副主任易露茜率领专家组14人对常德市妇幼保健院创建三级甲等妇幼保健院工作进行评审。医院高分通过三级甲等妇幼保健院评审。常德市副市长周代惠在反馈会上代表常德市人民政府讲话。常德市卫健委主任王兴钊、副主任屈贵顺，市妇幼保健院领导班子及全体中层骨干、各区县妇幼保健院主要负责人参会。

【成功救治极早早产儿】 2月5日，市妇幼保健院新生儿科成功救治出生胎龄26周、体重仅1120克的极早早产儿小然然。经过全体医护的精心治疗和照护，小然然胎龄达到37周、体重增至2300克出院。

【产前诊断中心通过省级效验评审】 3月19日，湖南省卫生健康委员会妇幼健康处副处长王璋华、四级调研员李民意携省级产前诊断技术评审专家对常德市妇幼保健院产前诊断中心进行每三年一个周期的现场校验评审。经专家组一致评定该院顺利通过校验。

（秉文彬　刘　茵）

无偿献血

【概况】 2021年，全市累计动员50426人次参加无偿献血，同比增长0.5%；采集总量18.46吨，同比增长4.5%，采血总量再创历史新高。其中，2212人次捐献机采血小板，同比增长1.5%；机采采集总量为4267U，同比增长1.92%。全市千人口献血率为15.4‰，献血者满意度为99.5%，无偿献血总人次及献血总量均位居全省前列；提供医疗临床用血17.34万个单位，用血机构满意度达99%。全市保持自愿无偿献血比例达100%，医疗临床用血100%来自无偿献血的工作目标。

质量管理。血液安全技术核查复查。4月11—13日，经报请湖南省卫生健康委员会医政医管处批准，邀请湖南省临床用血质量控制中心专家周明、王勇军、桂嵘、欧阳淑娟及许靖一行5人到津市市人民医院和常德市第四人民医院，对2020年临床用血过程中发现的问题进行安全技术核查复查。临床输血质量控制中心管理。5月31日，常德市临床用血质量控制中心在临床输血微信群组织召开2021年全市医疗机构临床用血网络座谈会，全面了解医疗机构临床用血情况，更好地保障临床用血有序供给，满足临床用血的合理需求，确保全市临床用血科学、合理、安全。11月22日至12月3日，根据湖南省卫生健康委医政医管处《关于开展2021年医疗机构临床用血不良反应报告与处理专项检查的通知》，经报常德市卫健委分管领导同意，由常德市临床用血质量控制中心对全市30余家二级及以上临床用血医疗机构进行全面核查。核查内容覆盖2020年1月1日至2021年8月31日期间临床用血的基本情况、输血不良反应报告与处理情况，以及遵守执行临床输血相关法律法规的情况，并对2020年核查中发现的问题整改情况进行验证。血液检测安全监管。2021年，常德市中心血站参加国家卫生健康委临床检验中心的4个室间质量评价计划，其中18个项目均为合格，12月10日，获室间质评合格证书。全年2次参加湖南省临检中心的室间质评考核，每季度一次向湖南省临检中心运送合格血液检测样本，其成绩均为100%；参加国家卫健委临检中心的室间质评所有项目成绩合格，没有发生一例血液质量事故、重大质量投诉及安全与卫生责任事件。

疫情防控。2021年，根据疫情防控新形势、新要求，常德市中心血站相继出台《春节前后新冠肺炎疫情防控管理操作规范》《火车站值班值守相关注意事项的通知》《关于加强采供血疫情防控工作的通知》等多项规章制度。8月3日，针对常德市新冠肺炎疫情形势，常德市中心血站领导班子召开专题会议，全面压实采供血疫情防控工作责任，按照专人专项的原则，划分领导班子工作职责，制定工作计划安排，全面提高防范意识，落实防护措施、夯实责任。8月4—5日，由副站长带队，对血站采供血操作中的个人防护、手卫生、环境管理、物体表面清洁消毒和医疗废物管理等方面开展风险排查。在《国家卫生健康委办公厅中央军委后勤保障部卫生局关于印发血站新冠肺炎疫情常态化防控工作指引的通知》的基础上，根据常德市实际情况强化采供血工作管理以及疫情防控各项工作，建立《常德市中心血站新冠肺炎疫情防控工作应急预案》，对组织体系及职责进行明确。8月9日，由3名副站长带队，按照预案模拟一次新冠肺炎疫情的应急演练，进一步健全血站疫情防控响应机制，强化采供血疫情防控的应急处置能力，为有效应对突发疫情奠定坚实基础，确保采、献血者安全。火车站疫情防控。常德市中心血站领导班子召开专题部署会议，全站职工每日安排3班，24小时轮班坚守在火车站进出口防疫阵地，严格查验火车站旅客的体温、健康码、行程码、场所码，登记重点人员相关信息，做到可追溯。2021年，常德市中心血站在常德火车站开展3次疫情防控值班值守工作。

【首次完成新冠肺炎康复者血浆采集工作】 11月13日，市中心血站首次完成新冠肺炎康复者血浆的采集工作，常德市两人（捐献者为2021年康复的新冠肺炎无症状感染者）完成血浆捐献，共400毫升。采集前，2名康复者在市二医院完成新冠肺炎核酸检测以及抗体检测，确认核酸检测阴性，抗体达到标准。该次采集工作持续1个多小时，2名康复者完成填表、初筛、体检等程序后开始采集。采集完成后，常德市卫健委、常德市中心血站向2名捐

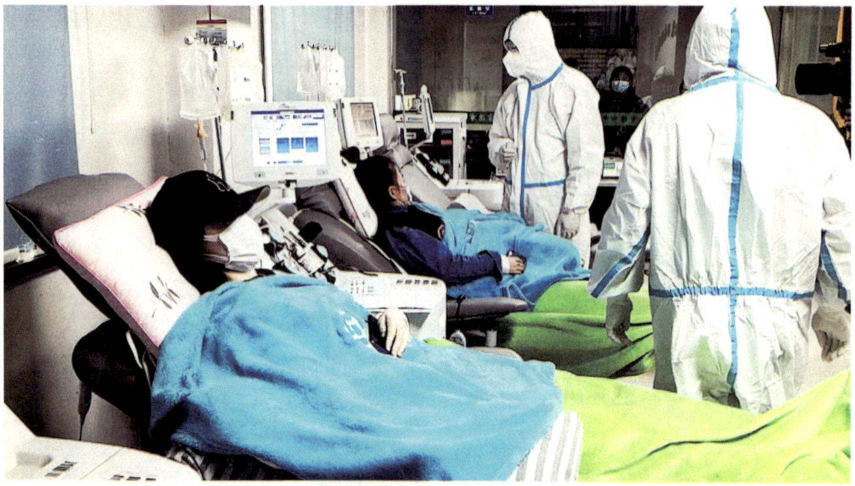

2021年11月13日，市中心血站首次完成新冠肺炎康复者血浆的采集工作

（市中心血站 供图）

献者颁发荣誉证书，市红十字会对捐献者进行慰问。该次采集的血浆经检测合格后，直接运往湖南省血液中心暂存，由国家卫生健康委员会相关主管部门统一调配，用于重症新冠患者的救治。

【“世界献血者日”系列活动】5月，市中心血站着手准备“6·14世界献血者日”系列庆祝活动，先后召开3次专题会议进行推进。发动常德电视台、《常德日报》、《常德晚报》、尚一户外传媒、巨鲸传媒、常德市中心血站官网和官微刊发“世界献血者日”宣传海报、视频和相关知识，提前让市民知晓“世界献血者日”，营造无偿献血氛围。各区县市同步开展系列主题宣传活动。6月5日，市红十字会、市中心血站联合举办大型表彰活动，对全市38名爱心人士分别授予“特别贡献奖”“应急献血先锋”“最美献血者”“优秀志愿者”“优秀大学生志愿者”荣誉称号。6月12日，澧县人民医院作为常德地区唯一发起医院与国家同步开展“满血行动派”2021年公益献血周活动启动仪式，近200名医务人员和献血志愿者及数个社会爱心团体参加启动仪式。6月14日，常德市无偿献血志工队联合常德市红十字会、常德市交建投集团有限公司在步行街献血房车共同开展志愿服务活动，致敬第18个“世界献血者日”。

（贺丽慧）

社会生活

人民生活

【概况】 2021年，常德全体居民人均可支配收入28733元，同比名义增长9.4%，扣除价格因素，实际增长9.2%。其中，常德城镇居民人均可支配收入38339元，同比增长8.1%，高出全省平均水平0.5个百分点，增速位居全省第三。农村居民人均可支配收入19904元，同比增长10.8%，高出全省平均水平0.5个百分点，增速位居全省第四。在全省7个一类地区中，常德全体居民、城镇居民、农村居民人均可支配收入增速分别位居第一、第二、第二。在洞庭湖地区3市（岳阳、常德、益阳）中，全体居民、城镇居民、农村居民人均可支配

表22　2021年常德市城镇居民四项收入增长情况表

指标	2021年（元）	2020年（元）	增幅（%）	占比（%）	贡献率（%）	拉动增长（%）
工资性收入	18100	16837	7.5	47.2	44.0	3.6
经营净收入	8114	7430	9.2	21.2	23.8	1.9
财产净收入	3171	2849	11.3	8.3	11.2	0.9
转移净收入	8955	8353	7.2	23.4	21.0	1.7

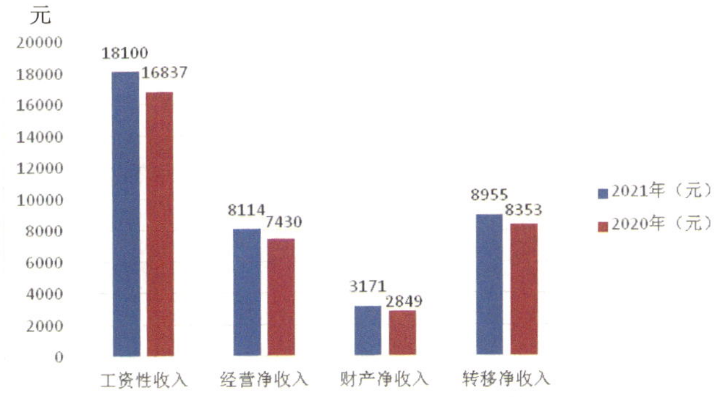

2021年常德城镇居民各项收入同比增长结构图

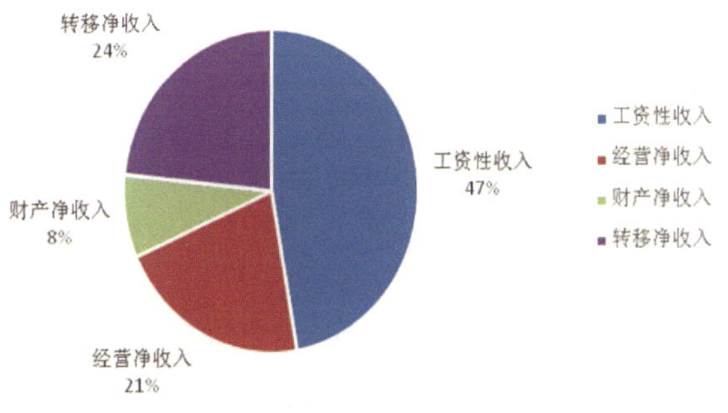

2021年常德城镇居民各项收入占比图

表23　　2021年常德城镇居民消费构成分类表

指标名称	绝对值（元）	比2020年同期增长（%）
城镇人均生活消费支出	28502	5.6
一、食品烟酒	8239	4.2
二、衣着	2108	5.5
三、居住	5313	4.3
四、生活用品及服务	1741	8.1
五、交通通信	3223	4.2
六、教育文化娱乐	5080	9.3
七、医疗保健	2133	5.3
八、其他用品和服务	665	8.1

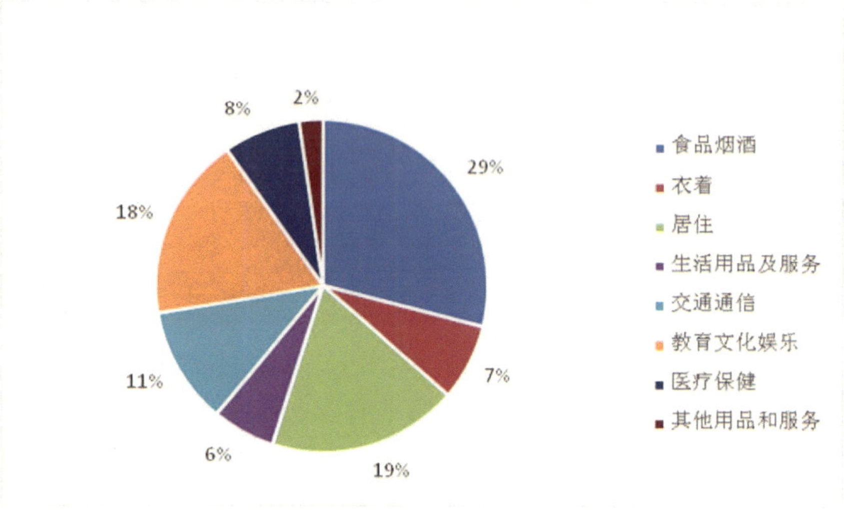

2021年常德城镇居民各项消费支出占比图

收入增速分别位居第一、第二、第二。

【城镇居民生活】 2021年，常德市城镇居民人均可支配收入38339元，同比增长8.1%，增速高于2020年3.5个百分点。其中，从收入贡献率来看，城镇居民人均工资性收入18100元，同比增长7.5%，增收贡献率最大，其次是经营净收入8114元，同比增长9.2%，增收贡献率排第二；转移净收入3171元，同比增长11.3%；财产净收入8955元，同比增长7.2%；工资净收入和经营净收入增长是城镇居民增收的主要动力。

2021年，常德市城镇居民人均生活消费支出28502元，同比增长5.6%。其中，食品烟酒支出同比增长4.2%，衣着支出同比增长5.5%，居住支出同比增长4.3%，教育文化娱乐支出同比增长9.3%，生活用品和服务支出同比增长8.1%，医疗保健支出同比增长5.3%，其他用品和服务支出同比增长8.1%，交通通信支出同比增长4.2%。

表24　　2021年常德市农村居民四项收入增长情况表

指标	2021年（元）	2020年（元）	增幅（%）	占比（%）	贡献率（%）	拉动增长（%）
工资性收入	7227	6470	11.7	36.3	38.9	4.2
经营净收入	7649	6916	10.6	38.4	37.6	4.1
财产净收入	237	204	16.1	1.2	1.7	0.2
转移净收入	4790	4366	9.7	24.1	21.8	2.4

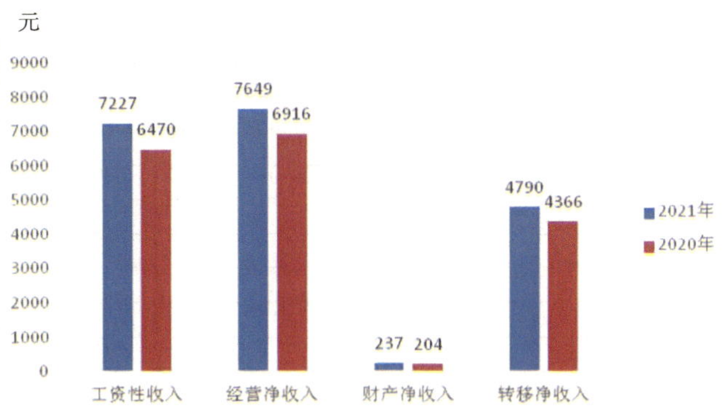

2021年常德农村居民各项收入同比增长结构图

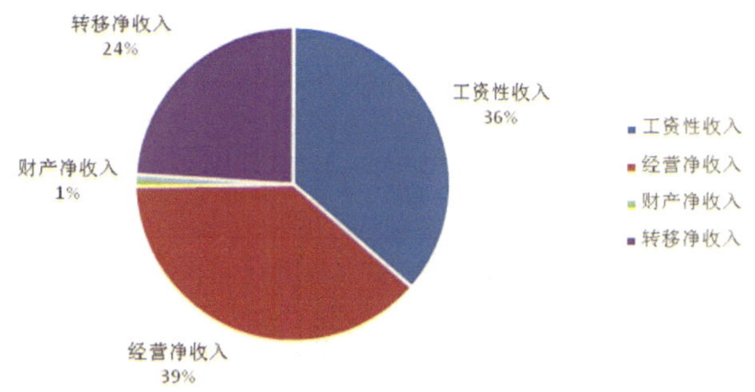

2021年常德农村居民收入占比图

表25　　2021年常德农村居民消费构成分类表

指标名称	绝对值（元）	比2020年同期增长（%）
农村人均生活消费支出	19157	12.4
一、食品烟酒	5482	11.3
二、衣着	1005	11.6
三、居住	4550	12.9
四、生活用品及服务	1136	10.5
五、交通通信	2162	13.1
六、教育文化娱乐	2501	17.9
七、医疗保健	2056	10.1
八、其他用品和服务	266	1.7

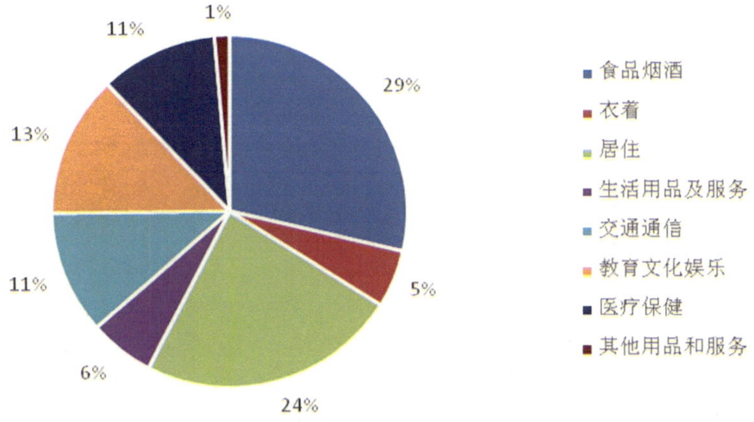

2021年常德农村居民各项消费支出占比

【农村居民生活】　2021年，常德市农村居民人均可支配收入19903元，同比增长10.8%。其中，工资性收入7227元，同比增长11.7%；经营净收入7649元，同比增长10.6%；转移净收入4790元，同比增长9.7%；财产净收入237元，同比增长16.1%。工资性收入和经营性收入增长是农村居民增收的主要动力。

2021年，常德市农村居民人均生活消费支出19157元，同比增长12.4%。其中，食品烟酒支出同比增长11.3%，衣着支出同比增长11.6%，居住支出同比增长12.9%，生活用品及服务支出同比增长10.5%，交通通信支出同比增长13.1%，教育文化娱乐支出同比增长17.9%，医疗保健支出同比增长10.1%，其他用品和服务支出同比增长1.7%。

（郑季蕙）

婚姻·家庭

【概况】　2021年，推动婚姻登记机关等级创建，常德市全部9家婚姻登记机关均创建AAA婚姻登记机关成功。澧县被选为全国婚俗改革实验区。“5·20”“七夕”期间，澧县民政局举办大型集体婚礼，受到群众好评。全年全市办理结婚登记

24644对，离婚登记7811对。

【澧县被选为第一批全国婚俗改革实验区】 4月7日，民政部发布公告《关于同意将河北省河间市等单位确认为全国婚俗改革实验区的批复》（民函〔2021〕33号），同意将澧县等15个单位确认为全国婚俗改革实验区，实验时间为期3年。澧县成为湖南唯一入选第一批全国婚俗改革实验区的县。该县积极培育和践行社会主义核心价值观，大力推进婚姻领域移风易俗，传承发展中华优秀婚姻家庭文化，倡导全社会形成正确的婚姻家庭价值取向，遏制婚俗不正之风，不断提升全社会文明程度和群众精神风貌，为推进婚俗改革提供鲜活样板。

【澧县民政局举办大型集体婚礼】 9月26日，由澧县婚俗改革试点工作领导小组办公室、澧县民政局主办的“新时代、新青年、新婚俗——‘沅芷澧兰·好合百年’集体婚礼”在澧县政务服务中心举行，参加活动人数200人。该活动立足洞庭湖鱼米之乡的古礼传承，弘扬沅芷澧兰之湘风楚韵，以中国特色婚礼为核心内容，以民族文化为基础依托，将优秀传统婚俗文化与当今时尚婚礼元素紧密结合，努力探索一种具有时代特征、地方特色和传统特色的婚礼，在青年中广泛宣传移风易俗，婚事新办，弘扬社会主义文明新风。

（彭　博）

人口家庭发展

【概况】 2021年，出台计生协改革方案，严格落实“放管服”改革要求和生育服务登记、办证首接负责制、限时办接制、承诺制等制度，相关服务工作办结时限从10个工作日缩短至3个工作日，完成2262个村（社区）计生协换届工作。落实特殊计生家庭“三个全覆盖”和“五优先”政策，各级财政共落实农村奖扶（农村部分计划生育家庭奖励扶助对象217295人）、计生特扶（独生子女死亡特扶对象9505人）、城镇奖励（城镇独生子女父母奖励对象190565人）等资金近6亿元，所有奖励扶助资金均按时足额发放到位。广泛开展生育关怀等5个民生项目和关爱活动，帮扶慰问计生“五关怀”对象4302户，发放慰问金374万元，9个区县市计生协工作获评全省优秀，常德市计生协荣获省计生协重点工作优秀单位。

2021年，全市各级计生协聚焦群众需求、深化改革创新、着力提升服务，在助力疫情防控、参与健康常德行动、服务乡村振兴、促进人口长期均衡发展上贡献力量。市本级及武陵区、临澧县、澧县、石门县、鼎城区、安乡县、西湖管理区、桃源县、津市市被评为全省优秀单位。全面贯彻落实改革要求，市、县两级全部出台改革方案，推动工作落实，2262个村（社区）计生协换届全面完成。广泛开展生育关怀、优生优育指导、青春健康教育、家庭健康促进等民生项目和关爱活动。全市慰问计生“五关怀”对象4302户，发放慰问金374万元，发放住院护理补贴资金267.52万元，资助计生家庭大学新生100名。积极推进暖心家园建设，武陵区、鼎城区、汉寿县、临澧县、石门县新建5个市级暖心家园示范点，全市建立暖心家园达13个，其中国家级2个、省级1个。

【婴幼儿发展】 2021年，市卫健委与市委编办、市民政局、市市场监管局联合出台《常德市托育机构登记和备案实施方案（试行）》（常卫发〔2021〕33号），进一步明确各区县市卫生健康行政部门加强对婴幼儿照护服务机构备案工作的管理，完善婴幼儿照护服务机构备案管理制度。截至2021年年底，常德市完成备案的托育机构38家，提供托位数4600个，共有14家托育机构申报“国家教育现代化推进工程普惠托育服务专项行动”项目获批，获得中央预算内投资共计1460万元。每千人口拥有3岁以下婴幼儿托位数达0.85个，完成考核指标，并在全省工作会议上作典型发言。联合发改、住建等8家单位积极推进公共场所母婴设施建设，全市110个公共场所、69家重点用人单位均配置母婴设施，公共场所和重点用人单位母婴设施配置率均达到100%。

（邓公情）

人力资源开发交流

【概况】 2021年，市人力资源开发交流服务中心不断创新人力资源公共服务方式，突出就业热点，持续深化企业用工服务，不断优化营商环境。推进企业用工奖补落实，人才补贴精准发放，不断完善公共人才服务体系，增强服务意识，档案管理规范有序，全面提升公共人力资源服务能力。全年全市举办线上线下招聘活动488场，参加单位2.62万家次，提供岗位59.06万个，登录进场求职人员16.27万人次，达成就业意向5.5万多人。

职业介绍。举办“就业援助月”“春风行动”“民营企业招聘月”“全国高校毕业生就业服务行动”“金秋招聘月”等十大主题招聘。深化企业用工服务，继续开展重点企业用工服务行动，重新明确全市150家重点用工企业名录，从就业资金中每年列支100万元专项经费用于重点企业用工服务的保障监测。采取线上线下招聘、校园巡回招聘、异地劳务协作等多种措施，缓解企业招工压力，全市人社部门累计帮助150家市重点企业招工1.7万人，为帮助企业招工的单位和个人兑现奖补205.4492万元。开展高校毕业生招聘引才活动，组织常德市93家企事业单位赴兰州、长沙、湘潭等地12所高校引才，提供岗位1548个，达成就业意向811人。联合湖南文理学院等本地高校举办7场校园招聘会，组织199家本地企业参加，提供岗位5860个，达成就业意向1092人。

人才服务。开展补贴补助发放、医疗保健、子女就学、配偶就业、人才公寓等人才“一站式”服务，受理市属国有企业的人才申报受理初审和八区窗口提交的人才申报资料的复审、公示、汇总、补贴发放，推进人才服务线上办理。年初人才大数据平台系统正式上线，通过人才大数据平台系统开展线上补贴申报工作总计审核通过84人，发放补贴金额总计280.2万元。

就业见习。规范见习基地管理。对市本级29家基地进行走访，了解其基本运行情况，并对新申报的基地进行严格审核。全市新增见习基地19家，新增见习人数988人，完成年度目标任务的110%，每季度在见习管理平台对区县市见习工作进行督导，全市发放见习补贴737.9万元。

流动人员人事档案管理。认真落实全省档案信息化建设方案，启动档案数字化工作，整理档案9000册、数字化扫描档案3000余册，超额完成省中心年度考核任务。加快推进流动人员人事档案信息互联，积极做好流动人员人事档案“跨省通办”业务工作。保管档案8.3万册，流动人员档案入库5112册，流动人员档案出库1985册，国企改制人员档案出库1598册，代理单位档案出库334册。健全档案管理制度，修订业务办理流程，开展服务窗口整顿行动，提升窗口服务质量。完善基础设施，规范档案库房建设，库容总量达11.6万余册。做好流动人才职称代办工作，代办职称申报195人，其中高级职称50人、中级职称52人、初级职称93人。规范流动党员管理。建立流动党员基本信息台账，对流动党员的情况进行集中排查，并及时根据变化情况进行动态管理。设有党务专干多渠道管理流动党员，利用智慧党建系统和微信群督促流动党员开展线上学习，组织、联系流动党员参加主题党日活动。

乡村振兴对口帮扶。积极对接沅陵县人社部门做好对口帮扶工作，并与其签订劳务协作协议。9月，对口帮扶沅陵县工作组和沅陵县人社局、县乡村振兴局等单位，组织座谈会，围绕对口帮扶、劳务输出等工作进行面对面交流。全年帮助226名沅陵籍务工人员到常德就业。

【创新职业介绍服务】 全年，在常德职业技术学院等本地高校举办6场宣讲会，为1000多名学生提供职业指导、职业规划、政策咨询等服务。开展网络直播招聘和“云诊室”直播，开展抖音直播招聘每周3次以上，宣传企业招聘信息及其他有关招聘信息。在抖音平台全年开展“云诊室”直播5期，对求职人员进行网络职业指导、职业宣讲、职业信息问诊等。

【人力资源市场与平台建设】 鼓励区县市建设公共人力资源市场和市场网络平台，对达到标准的从市就业资金中给予每个区县10万元奖补。加强市本级湘西北、智慧谷人力资源市场建设，与市城区的武陵区、鼎城区、常德经开区、常德高新区、柳叶湖区实现数据共享。开展人力资源市场供求状况动态监测，在市本级和7个县市设立8个监测点，每季度汇总全市数据，通过分析研判市场供求形势促进下一步工作的开展。

（肖春香）

劳动人事争议仲裁

【概况】 2021年，市县仲裁部门紧紧围绕构建和谐劳动关系，积极化解劳动争议风险，推进各项工作任务落实。全市累计处理各类劳动人事争议2446件，涉及劳动者2838人，涉案金额15336.12万元。其中，立案受理案件当期结案1395件，以调解方式结案938件，终局裁决案件122件。市本级共处理争议案件427件，涉及劳动者539人，涉案金额1435.8万元。其中，立案受理案件当期结案356件，以调解方式结案230件，以终局裁决方式结案65件。全市仲裁案件结案率98.65%、调解成功率81.2%、终结率76%，在线调解平台处理率100%，在线办案系统录入率94.76%。先后处理常德市城市公用资产经营管理有限公司36人解除劳动合同纠纷案、凯悦大酒店31人解除劳动合同纠纷案等多起集体劳动争议。2021年，市劳动人事争议仲裁工作被评为全省劳动人事争议调解仲裁先进单位。

多元调处。以新时代“枫桥经验”为引领，多元调处机制有效落实。部门联合。年初，市仲裁院与市劳动监察支队召开专题会议，协商解决劳动纠纷受理问题。依据有关法律法规，建立农民工工资问题联合处理机制，出台《拖欠工资问题劳动纠纷联合处理办法》，为农民工维权提供“一站式”服务，切实让部门多协调、群众少跑腿。基层调解。大力推广在线调解平台应用，全市175个乡镇（街道）调解组织实现入网调解，全年在线调处劳动人事争议案件87件，结案率达100%。采取典型示范方式，在全市评选出10家金牌调解组织，通过逐步打造一批具有影响力的劳动人事争议调解组织示范样本，不断提高基层调解组织战斗力、使用率。

服务质量。优化办案机制，提升办案效率。压缩办案周期。4月27日，出台《常德市加快办案流程限缩办案周期实施办法》（简称《办法》），对案件受理、开庭、结案期限进行全面压缩，5月1日在全市仲裁机构正式实施。《办法》实施后，平均办案周期缩短5.4天。普法宣传。结合党史教育“我为群众办实事”实践活动要求，开展多次普法宣传活动，为及时排解纠纷隐患、促进劳资和谐献力。3月中旬，为高新区企业人力资源管理人员讲授仲裁政策法规；5月12日，开展“与法同行”大学生就业法律宣讲活动，为高校毕业生专题讲座并提供现场咨询；5月下旬，组织3名志愿者队伍，每名志愿者联系确定10家争议多发非公中小微企业，建立劳动争议预防调解机制针对性志愿服务；9月底，组织3名资深仲裁员前往常德市城市公用资产经营管理有限公司，开展“服务企业行”法律宣讲活动，规范企业用工管理。

业务能力。3月，召开2021年度工作会，部署全年工作，邀请中级人民法院法官为全市仲裁员授课，讲授劳动争议仲裁案件的疑点、难点问题；6月初，在全市仲裁机构选取13名调解员、仲裁员参加在线学习；6月下旬，依托人社部事业单位人事服务中心师资，组织全市8名仲裁员赴天津参加专业培训，提升仲裁员的政治能力、职业道德和办案能力。示范典型。6月底，开展“最美仲裁员”评选活动，在全市评选3名信念坚定、热心为民、为仲裁事业服务10年以上的仲裁员，其中1名仲裁员获得全省“最美仲裁员”表彰。

【首次裁审衔接会议】　11月，由市仲裁院承办，市人社局和市中级人民法院牵头联合召开裁审衔接会议，现场解答14个裁审双方存在的疑点难点问题，形成会议成果。会后出台常人社发〔2021〕22号《关于建立全市劳动人事争议裁审衔接“六联工作机制”的意见》。该会议属常德市首创，相继在《人民日报》《常德日报》等媒体宣传报道，对统一裁审标准和尺度，完善市劳动争议矛盾纠纷多元化解机制意义重大。

2021年5月12日，市劳动人事仲裁中心在湖南文理学院举办高校毕业生求职就业相关问题的个人权益保护讲座　（魏　政　摄）

【出台《法律援助实施办法》】　为贯彻落实部、省关于法律援助工作部署要求，11月底，常德市在全省率先下发《市人社局　司法局　财政局关于印发〈常德市劳动人事争议调解仲裁法律援助实施办法〉的通知》（常人社发〔2021〕24号），要求为符合条件的劳动者特别是贫困农民工提供法律援助，对全市劳动争议法律援助工作具有指导作用，对构建和谐劳动关系、进一步实现公平正义意义重大。

（魏　政）

就业服务

【概况】　2021年，市人力资源和社会保障局（以下简称市人社局）获评省脱贫攻坚先进单位（主要工作由市就业服务中心承担）。2021年，省人力资源与社会保障厅以《就业扶贫　驰而不息　久久为功　助力脱贫》为题发表经验文章，向全省市州推介常德市就业扶贫工作。津市牛肉米粉师获国家级劳务品牌称号，并作为湖南省特色类劳务品牌代表参加第三届全国创业就业服务展示交流活动。

2021年，全市失业保险参保人数35.7万人，完成全年目标任务；全市培训各类人员69039人，占全年目标任务的153%；全市培训农村转移就业劳动力28960人，完成年度目标任务的266%；全市新增农村劳动力转移就业38444人，完成目标任务的106.79%；全市脱贫劳动力转移就业121799人，占脱贫劳动力总数的82.07%，较2020年年底增长1.68%；全市新增发放创业担保贷款30998万元，完成全年目标任务的103.3%，直接扶持1133人创业，带动和稳定就业16055人；城镇登记失业率控制在4.5%以内。

2021年10月20日，常德市2021年度创业大赛总决赛（市就业服务中心 供图）

【创新创业服务】 举办创业训练营，策划以“乡村振兴”为主题的3期创业训练营和1期“我为常德代言”全能主播专训营，培养电商带头人、农旅融合创业带头人、文旅行业主播120人；开展创业大讲堂，支持五大就业创业协会搭建交流平台，帮助电商创客探寻发展商机，提升中小企业管理水平，共开展5期创业大讲堂，全市直接受益人群达1100人次；举办创业大赛，全市298个创业项目报名参加，30个项目参加市创业大赛总决赛，分享奖金42万元，营造全市创新创业良好氛围；开展“两团”评选工作，评选市级创业服务专家咨询团和创业培训讲师团成员各30名，健全和完善全市创业服务体系；评选优质示范典型，评选出“2021年度常德市创业带动就业示范典型”90家，按照市级示范典型4万元/家的标准给予资助；筹建两家市级创业指导工作室，为创业实践提供后续服务；受理48家小微企业贴息服务业务，贷款金额12080万元，带动就业4488人；建设市“金融超市”平台，申报创业担保贷款160笔，符合发放条件贷款25笔，发放额度610万元。

【重点群体就业服务】 认定11家企业评选为“常德市就业帮扶爱心单位”，每家给予5万元以奖代补资金。确定2021年符合公益性岗位补贴条件的共182人，补贴金额151.074万元。按要求做好退捕渔民就业服务工作，共完成建档立卡渔民信息采集4158人，已就业的2832人，有就业意愿未就业的已清零。开展专项就业服务，精准匹配企业用工需求，为农村劳动力顺利返岗复工提供支撑。开展充分就业社区（村）创建工作，共确定168个社区（村）纳入2021年度省级充分就业社区（村）重点建设范围。2021年，常德市为近1万人次脱贫人口、农村低收入人口提供就业帮扶。其中，2543人享受“311”（3次岗位推荐、1次职业培训、1次岗位指导）就业服务，496人成功实现就业；建立就业帮扶车间735个，吸纳脱贫劳动力5399名，建立就业帮扶基地55个，吸纳脱贫劳动力866名。

【失业保险兜底保障服务】 2021年，全市失业保险参保人数35.7万人，其中市本级12.7万人。通过应发尽发、应保尽保和落实失保扩围政策，全市共为8216人50078人次发放失业保险金6724万元；为136名企业参保在职职工发放技能提升补贴22.78万元；为12131名参保失业人员发放失业补助金1805.98万元；为3365家企业发放稳岗返还资金1468万元，实现稳岗返还全覆盖。

【技能培训服务】 按照职业技能提升行动要求，任务与专账资金实行双结算、双考核，2021年市本级培训各类人员10302人，占全年为民办实事省目标任务的258%，其中就业技能培训和岗位技能提升培训5202人，培训补贴1372万元，创业培训5100人，拨付培训补贴647万元；狠抓创业培训讲师管理，在全省率先成立创业培训讲师协会，对讲师实行定级管理，2021年，又在全省率先推行创业培训讲师与创业培训定点机构签约；继续执行常德市“以工代训”具体实施细则，对受疫情影响的企业和新吸纳符合条件人员就业的企业按吸纳人数给予1500元/人的培训补贴，2021年全市发放以工代训补贴1653人，补贴金额247.95万元。

【助力乡村振兴就业服务】 针对农村技能人才需求，开办安乡点村焊工培训班、开展对口帮扶沅陵县开展焊工工种的就业技能培训；以“我为群众办实事”和建设乡村振兴车间为契机，扎实开展多种类的乡村振兴主题活动。2021年，全市为近1万人次脱贫人口、农村低收入人口提供就业帮扶。其中，2543人享受“311”就业服务，496人实现就业。

（胡燕妮）

社会保险

【概况】 2021年，全市社保基金管理防风险堵漏洞专项整治、职业年金待遇发放、“待遇入卡”、退役军人养老保险关系转移接续等多项指标位居全省前列，常德市社会保险服务中心被省人社厅表彰为

“学习型机关”。

2021年，全市机关事业单位养老保险在职参保13.48万人，退休7.51万人，征缴基金21.07亿元，发放养老保险待遇42.06亿元。全市企业职工基本养老保险在职参保82.09万人，离退休43.80万人，征缴基金58.07亿元，发放养老保险待遇120.64亿元，顺利完成同级财政补助、参保率、基金征缴、缴费率目标任务。全市城乡居民基本养老保险参保缴费208.54万人，领取待遇92.81万人，征缴基金8.96亿元，发放养老保险待遇13.62亿元。

职业年金。优化职业年金经办流程，改“税务征收”模式为“财政提前拨付纪实资金”的纪实征缴模式，做到当月纪实、当月到账、当月享受退休待遇。围绕“打通堵点、应发尽发”的发放目标，多次衔接异地参保机构，切实解决部分退休人员因未转移、未补缴等问题迟迟未能享受职业年金待遇等历史遗留问题，采取待遇发放前待遇数据估算、省中心分计划下发后待遇数据核实比对、发放完成后回盘数据及时跟踪反馈等措施，全面实现自2014年10月起常德市机关事业单位工作人员养老保险制度改革后退休人员职业年金待遇全覆盖。2021年，全市职业年金在职参保13.65万人（含保留账户0.17万人），领取待遇2.81万人，征缴年金7.37亿元，全市历年累计发放职业年金定期待遇1.4亿元。

社会保险档案管理。加强社会保险档案管理服务大厅硬件设施建设，研究出台《社会保险业务档案管理规范》，规范管理中央、省属驻常德国有企业退休、原市直国有企业改制退休、机关事业单位退休人员（处级以下）等8类9万余册人事档案（其中中央、省属驻常德国有企业47家单位、1.7万余本人事档案），2021年接待查阅人数近8000余人次，调阅档案1万余卷，被评为“省一级档案工作规范化管理单位”，成为全省前列、常德市规模最大、专业化程度最高的社会保险档案库房，被列为“常德市基本公共服务标准化综合试点”现场参观点和市人社局单位建设示范窗口。加快数字化建设，统筹安排工作经费，积极向政府财政部门申请基金防风险堵漏洞专项经费，常态化开展日常新增业务档案电子化实时录入，聘请外包服务公司专业人员完成归档整理和电子化工作，实现存量数字化、增量电子化、利用网络化，有力保证基金安全，社会保险档案数字化、规范化、标准化建设方面走在全省前列。

养老保险待遇入卡。先后采取拍摄宣传片、发布宣传报道、张贴海报、卡管信息平台直接获取市本级退休人员社保卡账号、利用短信平台告知后直接系统切换等多种方式，全力推进养老保险待遇入社会保障卡发放工作，全市“待遇入卡率”空前提升，有效堵塞基金监管风险漏洞。截至2021年12月底，全市养老保险“待遇入卡率”达到97.18%，其中机关事业单位养老保险达到99.73%，企业职工基本养老保险达到92.17%，城乡居民基本养老保险达到99.28%，全市率先在全省实现“总体入卡率95%以上”的目标。

退役军人养老保险关系转移接续。及时组建区县市工作联络群，将省中心下发的关于切实做好退役军人养老保险关系转移接续工作的文件及核查数据下发给各区县市社保中心，要求各地迅速开展核查工作，确保区县市认识到位；采取对参保单位发催缴函、致退役军人一封信、发催缴短信等手段，确保告知无死角，政策宣传到位，建立“每日一督办、每周一调度”的常态化工作推进机制，确保工作落实到位。截至2021年12月底，2015年至2019年期间全市机关事业单位养老保险退役军人转接工作完成率为97.61%；职业年金转接完成率为92.78%。

业务经办。按照“一件事一次办”要求，实施服务快办和信息化便民服务，优化业务模块功能，养老保险39项主要业务实现网上办理，并将个人网厅接入“我的常德”APP，实现养老保险业务“掌上可办”“触手可及”，有效解决参保对象窗口扎堆办理业务的问题。实行综合柜员制，重新制定办事指南，规范业务经办流程，实现数据多跑路、工作人员多跑腿，群众只需一个窗口、一次受理、一次办结，办事更顺畅便捷，群众满意度大幅提升。市本级、武陵区、澧县、临澧县、石门县已全面实行综合柜员制，其中武陵区社会保险服务中心被人力资源社会保障部评为全国人社系统优质服务窗口。

退管服务。精心打造离退休人员社会化服务样板，不断延伸社保服务触角，先后优化待遇资格认证方式，组织常德市企业离退休人员走访慰问，开展社会化服务工作考评、示范社区评选，武陵区府坪街道方家巷社区等8个社区为“常德市市级离退休人员社会化服务示范社区”。发挥短信服务平台作用，批量导入企业养老保险8.9万名离退休人员电话号码，实现短信发送全覆盖，2021年为市本级参保人员推送养老金发放情况、调待政策宣传、待遇领取资格认证等提醒短信近200万人次。

养老保险待遇。紧盯“不漏一人、不欠一分、不拖一天”的目标，强化信息核准、部门联动、政策宣传，常德市连续6年调整机关事业单位养老保险退休人员基本养老金，连续17年调整城镇企业职工基本养老保险退休人员基本养老金，累计为49.86万名退休人员调整补发基本养老金3.71亿元，调整后全市退休人员月人均养老金达到2637元。

严格落实按时足额发放养老金待遇要求，实行待遇发放定人、定责、定时管理，把好政策宣传关、待遇核定关、发放数据审核关，确保每月支出计划、资金划拨、发放时间“三到位”，做到各项养老保险待遇“不少一人、不错一分”目标。

行业扶贫兜底保障。协调各方力量，利用乡镇网络微信平台、QQ群、发放宣传资料等多种形式，广泛宣传政策，动员鼓励贫困人员积极参保，通过企业职工基本养老保险管理系统、机关事业单位养老保险管理系统和城乡居民基本养老保险管理系统数据比对，全面完成符合政策规定的返贫致贫人员、低保对象、特困人员和重度残疾人等特殊困难群体数据的核实工作，全市共为94471名符合条件的特殊困难群体落实代缴，代缴金额944.71万元，代缴率100%，做到应保尽保、应缴尽缴，实现贫困人员社会保险参保“全覆盖”，进一步织密织牢社会保险安全网。

【常德市完善城乡居民基本养老保险制度】 6月2日，市人社局、市财政局联合下发《关于印发〈常德市完善城乡居民基本养老保险制度具体措施〉的通知》（常人社发〔2021〕10号），全市从2021年1月1日起城乡居保基础养老金普调15元，年满65周岁及以上的参保领取待遇对象每月增加2元，全市从2021年1月1日起建立丧葬补助制度，给予城乡居民参保缴费期间和领取待遇期间死亡人员丧葬补助费1000元，有效堵塞未及时申报、停发待遇带来的基金风险。2021年6月7日，省人社厅批转常德文件供全省各市州人社局学习借鉴。截至2021年12月底，武陵区、津市市、西湖管理区、西洞庭管理区、常德经开区、柳叶湖旅游度假区已经落实，预计全部调整到位后全市城乡居民养老保险待遇水平将达133元/月，全市将有93万名待遇领取人员受益。

【全市养老保险待遇核查“回头看”问题整改】 4月，市社会保险服务中心开展社保基金管理防风险堵漏洞专项整治工作、养老保险待遇核查“回头看”问题整改工作，成立社保基金管理防风险堵漏洞专项整治领导小组，拟定整治行动工作方案，设立部、省、城乡居保疑点数据清理、综合、外调5个小组，全面核查异常数据、疑点信息、死亡冒领待遇等问题。建立市县经办机构主要负责人工作群和碰头会、通报制度、稽核制度、追缴制度，结合“一日一调度、一周一通报”进展情况，主要领导带队对11个区县市开展实地调研、专项督查，重点对质量不高、进度偏慢等工作进行实地督导，协调区县市党委、政府以及公安、纪检、法院等部门，联合开展基金追缴，推进省市、县、乡村五级联动，形成工作合力，打出一套基金监管的“组合拳”，如期完成整改任务。其中，汉寿县在全省养老保险待遇核查“回头看”整改工作动员部署电视电话会议上作典型发言，临澧县佘市桥镇工作做法在全省养老保险待遇核查“回头看”工作专报推介。

（李玉宝）

医疗保障

【概况】 2021年，市医保局稳步推动“七个一”（紧扣医疗保障一条主线、推进一批重点改革、办好一个国家试点、建好一个信息系统、开展一次全面整治、办好一批民生实事、建设一个清新部门）工作任务，取得良好成效。DIP（区域点数法总额预算和按病种分值付费）改革工作在国家医保局医保支付方式改革试点交叉检查中评为优秀；市医保局在脱贫攻坚工作考核中被评为“行业（部门）扶贫优秀单位”“驻村（对口）帮扶优秀单位”，在全省脱贫攻坚总结表彰中被省委、省政府授予“湖南省脱贫攻坚先进集体”称号；门诊费用跨省结算工作获得省医保中心通报表扬。2021年，全市城乡居民基本医疗保险参保人数501.5万人，城镇职工基本医疗保险参保人数57.1万人。

医保制度体系。2021年，先后统一调整全市基本医保和大病保险政策，出台医保乡村振兴政策、医疗救助实施细则，基本医保、大病保险、医疗救助“三重保障”功能明显提升，全市医保制度体系进一步统一规范，多层次医疗保障体系进一步夯实。规范特药使用管理，推进谈判药品“双通道”管理，更好满足患者用药需求；完善高血压、糖尿病门诊用药保障机制，截至2021年12月底，全市高血压待遇享受人数33.65万人，糖尿病待遇享受人数15.81万人，基本实现城乡居民医保参保人群中纳入卫健部门规范化管理的“两病”患者全部按政策享受待遇。

医保基金监管。根据省医保局、市纪委市监委工作部署，2021年市局先后开展医保基金风险防控、打击欺诈骗保套保挪用贪占医保基金集中整治、“清廉医保”监督检查等专项行动，取得阶段性成果。1—12月，全市检查医药机构2409家（覆盖率100%），处理医药机构1010家，处理处罚共计6035.42万元。向相关部门移送问题线索63件，与公安、纪检监察、卫健等部门信息共享机制、日常联络机制和问题线索双向移送机制基本健全。建立完善各项文件制度70余项，医保基金全流程、全领域监管机制进一步健全。在省集中整治督导检查中，获得省督导组高度肯定。

信息化建设。上线国家统一医保信息平台。对全市2000余家定点零售药店、医药机构进行“三目”［医保药品目录、诊疗项目（医用耗材）目录和医疗服务设施范围目录］匹配和API接口改造，做好设备搭建和网络改造，如期完成需求调研、政策梳理、数据迁移、功能测试、数据切换等筹备工作，8月31日新系统正式上线运行。及时维护国家医保信息业务编码标准数据库。国家医保信息业务编码平台已维护医保系统单位25家，工作人员638人，医药机构2710家（含村卫生室），维护率和赋码率均达100%；维护医保医师、药师、护士2.85万人，赋码率超过99%。15项业务编码贯标工作于12月8日通过国家局验收。推广医保电子凭证，方便群众“码上”就医购药。2021年，全市定点药店应用全覆盖，二、三级定点医院应用率52.5%，参保群众激活使用161万人，在全省各市州激活率排名前列。

重点民生实事。推进市域内异地就医直接结算。经前期人员机构配备、系统开发调试，于2021年1月1日启动运行，并被列为2021年市政府重点民生实事项目之一。全年登记备案6.73万人次，直接结算率100%。跨省及省内异地就医直接结算。常德市公立二、三级医院国家异地就医联网结算接入比例达100%，一级医院达70%，全国联网结算率占比约90%，各区县均有2～3家医疗机构开通跨省异地就医联网结算接口。门诊费用跨省结算。全市共15家定点医疗机构开通门诊费用跨省直接结算，市本级和9个区县市实现全覆盖，为全省推进门诊费用跨省结算工作起到良好示范作用。

优化服务。整合8个业务办理窗口，推进一门受理、一号同办。推行网上政务服务，15个医保政务服务高频事项均可网上办理，办理率100%。编订完成全市医保系统10个大项34个子项的政务服务事项一次性告知单。推进城乡居民医保市域内“一站式”结算，方便群众大病报销。放开“特门药店”准入服务，将门诊慢性病申办事项受理、领证窗口延伸至常德市第一人民医院等3家定点医疗机构，办理时间压缩在20个工作日内，市城区门诊慢性病服务的覆盖范围由原来7家扩展为11家。健全首问责任、服务承诺、一次性告知、限时办结和责任追究等制度，定期组织开展业务学习，提升窗口工作人员的责任感和自觉性。

依法行政。修订“十四五”规划，开展“国家安全日”“学讲话专题答题”“谁执法谁普法问卷调查”“网上学法考法”等普法宣传活动；落实《医疗保障行政执法事项指导目录》《医疗保障行政执法暂行规程》；落实“四项制度”“三个清单”；推动全市执法标准统一规范；加强规范性文件的梳理及审核备案，对行政处罚行为进行全程监督；开展《医疗保障基金使用监督管理条例》、新修订的《中华人民共和国行政处罚法》要点及实际操作培训，进一步增强全体监管人员的法治意识，建设“法治医保”。

医疗救助资助。8月11日，联合民政、财政、乡村振兴、卫健委、税务、银保监等部门下发《巩固拓展医疗保障脱贫攻坚成果有效衔接乡村振兴战略实施意见的实施方案》，优化调整医疗救助资助参保政策，分类调整医疗保障待遇倾斜政策，9月1日起执行。截至12月底，纳入医保监测范围的各类困难人员参加医保人数为41.49万人，实现应保尽保；农村特困人员、低保对象和纳入相关部门监测对象住院总人次92595人次，发生医疗总费用4.68亿元，政策范围内支付费用3.12亿元。

2021年9月28日，市医疗保障局组织召开常德市“DIP国家试点实际付费”新闻发布会（张道玲 摄）

【常德市区域点数法总额预算和按病种分值付费国家试点工作启动】

1月21日，常德市DIP国家试点启动仪式在鼎沣财富广场华融湘江银行常德分行举行。市人民政府副市长周代惠宣布常德市DIP国家试点工作正式启动。2020年11月，常德市被国家医保局确定为DIP改革试点城市，该试点工作为2021年全市十项自主改革项目之一。经过前期周密筹备，于2021年9月底先行在市第一人民医院、市第一中医医院、湘雅常德医院进行实际付费，相关工作在国家医保局医保支付方式改革试点交叉检查中评为优秀，获得国家医保局通报表扬。按照常德市DIP改革三年行动计划，至2024年年底，

DIP支付方式将覆盖全市所有符合条件的医疗机构，实现病种、医保基金全覆盖。

【医药、耗材集中带量采购系列改革】 公立医疗机构医用低值耗材和检验试剂集中采购改革。完成全市医用低值耗材第二轮集中采购改革，综合价格降幅达10.3%，实现所有挂网产品全部降价目标。国家省市联盟地区药品、高值医用耗材集中带量采购。2021年，国家第一批带量采购续采，国家第二、三批带量采购，国家冠脉支架采购，省抗菌药物专项采购任务均超额完成。常德市各批次带量采购药品价格最高降幅达到96%，平均降幅为53%，强力挤出药耗虚高价格水分，减轻群众费用负担。医疗服务价格动态调整监测评估工作稳步推进，动态调整监测和评估数据库不断完善，为下一步深化医疗服务价格改革提供支撑。

【国家医疗保障信息平台常德上线启动仪式举行】 8月31日，国家医疗保障信息平台常德上线启动仪式举行，标志着常德市医保业务和医保信息数据实现与全国互联互通。常德市人民政府副市长周代惠宣布国家医疗保障信息平台在常德正式上线启动。湖南省医保局党组成员、副局长孙兆泉出席活动并讲话。

（张道玲）

工伤保险

【概况】 2021年，全市新增工伤保险参保人数10.51万人，累计参保人数达54.10万人；征缴工伤保险费24303万元，基金总支出30593万元，其中工伤保险待遇支出28176万元。全市工伤保险参保单位为12016家，农民工参保人数达到23.23万人。全市建筑施工项目参保904家，参保人数15.19万人，征缴工伤保险费4700万元，建筑项目参保率95%以上。

优化营商环境。工伤保险费率。依据《关于湖南省工伤保险省级统筹实施意见》（湘政办发〔2020〕55号）文件要求，2021年，全市统一工伤保险基准费率，由0.9%～2.7%降低到0.6%～2.6%。

工伤预防工作。印发《常德市工伤预防联席会议制度》，建立起人社部门主导、多部门联动、第三方服务机构专业化运作的工作体系，确立全市工伤预防工作的“12355”（1核心：数据分析，2重点：关键事故、关键对象，3方努力：行政支持队伍、本地专业队伍、第三方服务机构队伍，5大手段：法律、行政、管理、技术、经济补）精准治理模式，打造集“参观、体验、宣传”为一体的工伤预防警示教育基地，构建“多位一体”的工伤预防鲜活课堂。2021年，市本级在金健米业等26家企业开展工伤预防项目，帮助企业降低用工风险，减轻企业负担。

政策宣传。2021年，市工伤保险服务中心（以下简称中心）在国家级、省部级以上媒体刊发稿件10篇，市厅级以上媒体刊发稿件40余篇，利用常德日报社、尚一户外传媒、常德融媒等载体，开展工伤保险宣传季专项宣传，切实扩大工伤保险的社会知悉度。借助“安全生产月”“三进三送”（进企业、进社区、进工地，送政策、送服务、送温暖）等活动，将工伤保险政策送到参保企业和职工手中，帮助企业和职工全面了解工伤保险政策，让企业用工无后顾之忧，让职工工作更有安全保障。2021年，累计发放各类政策宣传资料3万余份。

依法行政。2021年，先后2次组织全市工伤保险依法行政培训，邀请资深律师和司法工作人员授课，全面提升全市工伤保险经办机构事故调查水平和依法行政能力。事故调查。反复研究事故调查步骤，总结经验，完善工伤事故调查制度，确保程序合法，调查合规，多次与公安、交警等部门沟通，增加工伤事故调查手段，把好工伤“入口”关。工伤认定。对工伤认定中存在疑点和争议的案件运用疑难案件审议制度，确保工伤认定准确合法、工伤待遇支付及时。中心加强与司法系统的沟通交流，提升行政复议和诉讼案件胜诉率。

基金运行安全监管。建章立制。中心先后出台《常德市工伤保险业务内控稽核办法》《常德市工伤保险协议机构管理办法》《常德市工伤保险协议机构考评办法》《常德市工伤保险信息系统管理制度》，编印《常德市工伤保险政策法规汇编》，修订《常德市工伤保险医疗服务协议》《关于进一步做好建设工程项目参加工伤保险工作的通知》，从制度上规范全市工伤保险业务经办。协议机构管理。2021年，中心以全省打击工伤医疗服务中欺诈骗取工伤保险基金行为专项整治工作为契机，持续规范全市工伤医疗协议管理，强化协议机构管理责任。对市本级协议机构通过“四不两直”现场检查、智能系统抽查等形式，对即时发现的问题进行通报并明确整改时限，开展年度综合考评，对履责不到位的协议机构实行末位淘汰，提升协议机构服务质量；对区县市协议机构，采取交叉检查和市本级手把手帮带、一线指导的方式督促区县市抓好协议机构管理。

内控稽核。以社保基金防风险堵漏洞专项整治行动为契机，对市本级工伤保险经办业务加强内控稽核，对发现的问题及时指出、限期整改，全年追回工伤保险基金23.37万元，并举一反三，深挖细查风险漏洞；对区县市的稽核工作进行深入指导，对发现的问题下发情况通报并督促整改，确保基金安全。

【落实工伤保险省级统筹工作】2021年，市工伤保险服务中心全面推进工伤保险省级统筹有关工作，经市政府第77次常务会议审议通过，印发《常德市人民政府办公室关于进一步落实工伤保险基金省级统筹工作有关事项的通知》（常政办发〔2021〕22号）《常德市工伤保险基金责任分担办法》（常人社发〔2021〕25号），2022年1月1日正式实施。常德市在全省率先实现工伤保险基金市级统收统支，基金抗风险能力得到全面提升，相关工作经验在全省工伤保险省级统筹与养老保险工作会议上作经验介绍。

【落实阶段性降低工伤保险费政策】 依据《关于做好2021年阶段性降低工伤保险费率工作的通知》（人社厅函〔2021〕59号），常德市全面落实阶段性降低工伤保险费率政策。2021年，全市享受阶段性降低费率政策单位12315家，惠及参保人数43.84万人，为参保单位减负5130万余元。

（王　龙）

殡葬服务

【概况】 2021年，全市重点推进殡仪馆、县级公益性骨灰堂、农村公益性公墓（骨灰堂）建设，新建成德山殡仪馆、桃源殡仪馆，积极推进鼎城德善殡仪馆、汉寿殡仪馆、安乡殡仪馆、临澧澧北殡仪馆、桃花源殡仪馆的建设，临澧县殡仪馆、石门殡仪馆、西湖殡仪馆进行改扩建。清明节期间，全市9家经营性公墓和12家殡仪馆共接待祭扫群众12万人次、车辆5万多台次，无一起安全事故；持续开展殡葬秩序专项整治行动，强制火化区火化率达到100%。

2021年，市殡葬事务中心与临澧县四新岗镇珠日桥村结对帮扶13户村民，全年进村到户4次，给予驻村工作队帮扶资金35万元，并在"823"电子平台上采买6万多元物资，职工个人消费扶贫3万多元。

【殡葬服务管理】 2021年，市殡葬事务中心严格落实《国家发展改革委　民政部关于进一步加强殡葬服务收费管理有关问题的指导意见》（发改价格〔2012〕673号）和《湖南省发展和改革委员会　湖南省民政厅　湖南省市场监督管理局关于进一步规范我省殡葬服务价格费管理的通知》（湘发改价费规〔2021〕675号）两个文件精神。全年共接运遗体1706具，殡仪接待2238场，火化遗体3062具，销售墓穴1200座，安葬骨灰1384个，业务总收入达8033万元，比2020年增加近1000万元。

【基础建设】 2021年，德山殡仪馆完成配电房土建工程、500千瓦变压器移位工程；白鹤山殡仪馆完成火化车间升级改造工程；万金陵园完成墓道及挡土墙工程、110亩扩容地新建围墙工程。计划重点启动白鹤山殡仪馆提质改造、新建殡仪服务办公大楼、扩容地新建5个殡仪厅，万金陵园提质改造墓道绿化、墓道建设、绿化升级改造、新增地规划设计等。

【殡改宣传】 2021年，通过报刊、网络、新媒体、横幅、盾牌、宣传单、宣传车等形式开展更深入的广泛宣传。全年发送宣传资料1.5万多份。在《中国殡葬报》上发表文章43篇、在《常德市纪检监察报》发表文章2篇、在《常德日报》发表文章4篇、常德融媒11篇、常德文明网登载11篇，在清明期间党报头条19篇、市民政局网站报送登载信息近80篇。清明节期间，疫情特殊期间的防控及时引导市民采取网上祭扫、代为祭扫，实地祭扫要分区错峰限时祭扫。及时关注舆情。2021年，收到市长热线办、网上舆情问题共5个，均在第一时间回复处理，回复满意度达100%。做客市政府办公室热线访谈节目，及时回复市民关注的殡葬领域焦点问题。清明节、中元节、春节等传统节日节点，以"文明祭扫，绿色殡葬"为主题，大力宣传绿色生态葬，倡导用鲜花、网络祭祀等方式缅怀故人，绿色殡葬理念更加深入人心。

【春节清明节祭扫】 按照民政部、省民政厅、市民政局的工作要求，提前谋划，提前准备，制定行之有效的两节祭扫工作方案。推出"线上、线下"两种服务新模式，线上，开通网上祭扫平台，供群众免费网上虚拟祭扫或委托祭扫。线下，实行分区、错峰、限流、限时实地祭扫。推出网上祭祀、代客祭扫、音乐祭祀等创新祭祀方式。倡导送鲜花、种植常青树等健康环保的祭扫方式，将文明祭扫新风送到千家万户。两节祭扫期间，共接待实地祭扫人数20.3万人次，网上祭扫人数0.68万人次，疏导祭扫车辆7.3万台次，无一人发生交叉感染，没有发生一起人员踩踏、山林火灾、矛盾纠纷和交通拥堵事件。

【惠民殡葬】 开通免费祭扫专车，全年往返200次以上，服务人群500人次以上。全年减免遗体接运、遗体存放、遗体火化、骨灰寄存4项基本丧葬费用237.2万元、2887人次。减免节地生态葬费用9.3万元，墓穴78座。对采取水葬和在万金陵园采取节地生态安葬的均给予1200元奖励费用。

（彭　博　杨　斌）

老龄工作

【概况】 2021年，常德市先后出台《关于促进养老服务业健康发展的实施意见》《关于印发〈2021年度养老服务真抓实干督查激励措施实施办法〉的通知》《常德市新建住宅小区配建养老服务用房建设管理办法》等文件，为养老服务工作提供全方位的政策支撑。深入推进居家和社区养老工作，大力推广“物业+养老”、“家政+养老”、农村互助养老（互助幸福屋、宜老自助屋、医养健康屋）等新型养老模式。4个省市重点民生实事项目均达到入住条件。新建并交付使用31家乡镇（街道）综合性养老服务中心、41个城市社区养老服务机构、103个村级互助养老服务设施，养老机构护理床位占比达到65.02%，社会办养老机构护理床位占护理床位总数的比例达到31.59%。确定海阳（常德）养老、福寿颐康园、桃花缘国际康养中心为康养产业三大产业链龙头企业。

市卫健委严格按照省委、省政府、市委、市政府的工作要求，积极开展全省安宁疗护试点城市、全国示范性老年友好型社区等创建活动，全面推进老龄工作提质增效，全市5个社区创建为全国示范性老年友好型社区，市第二人民医院肿瘤科创建成为湖南省安宁疗护标准病房。应对人口老龄化战略，研究出台《关于推进医疗卫生与养老服务相结合的实施意见》《关于加快发展养老服务业的实施意见》等政策文件，不断加强老龄工作体系建设，逐步形成“政府主导、部门联动、社会参与、合力推进”的老龄工作体系。

医养结合服务建设。截至2021年年底，全市医养结合机构达25家，总床位数达10081张；24家二级及以上综合医院17家设立老年医学科，占比达70%；21家二级及以上综合医院、2家三级中医医院全部设置康复医学科；242家综合医院、康复医院、基层医疗机构中7家创建为省级老年友善医疗机构，89家创建为市级老年友善医疗机构；全市65岁及以上老年人健康管理率达到73.4%，家庭医生签约服务覆盖率达到68%；全市235家养老机构与医疗机构签约覆盖率达到100%。

老年服务质量建设。开展“老龄健康宣传周”“敬老月”和走访慰问等公益活动，普及老年健康知识，宣传慢性疾病防治方法，免费提供医疗咨询、保健、诊疗服务。2021年，全市共开展健康义诊及老龄健康知识宣传等活动1800余场，发放宣传资料16.5万份，慰问老人1100多人，发放慰问金280多万元。开展“校企联合办学”，培养养护专业学生4474人、老年护理专业学生121人，健康管理专业学生167人。老龄服务保障。大力推进银龄安康工程，由政府出资为城市“三无”老人、农村“五保”老人、城乡低保老人、优抚老人和失独老人购买老年人意外伤害保险，目标人群覆盖率100%。2021年，全市参保人数为166201人，共缴纳保费1496万元，赔付金额876.9万元。发展壮大基层老年协会，2021年城乡覆盖率分别达到96%和93.3%。

【5个村（社区）获评2021年全国示范性老年友好型社区】 10月21日，国家卫生健康委、全国老龄办公布2021年全国示范性老年友好型社区名单。其中，武陵区东江街道浮桥社区、武陵区芙蓉街道岩坪社区、桃源县陬市镇李家洲社区、临澧县新安镇上坪村、澧县火连坡镇澧淞村共5个村（社区）榜上有名。武陵区东江街道浮桥社区可为社区70岁及以上老人和符合条件的特殊人员免费提供生活照料、精神慰藉等服务，受到辖区老年人的交口称赞。桃源县陬市镇李家洲社区由于人口老龄化严重，全力打造“三合一”养老、托残、医疗服务新模式，实现辖区老年人“有所养、有所医、有所乐”。澧县火连坡镇澧淞村新建、扩建老年人活动场所，成立老年人协会，定期组织关爱老年人活动。临澧县新安镇上坪村大力推进医养结合，依托老年协会推动村级居家和社区养老服务工作快速发展。武陵区芙蓉街道岩坪社区充分利用辖区资源为老年人提供便捷服务，积极调动社会力量关爱老年人，尊老敬老的风气浓厚。

（邓公情）

关心下一代工作

【概况】 2021年，常德市关心下一代工作发挥“五老”优势，在引导青少年健康成长、促进社会和谐等方面取得较好成效。全省“回溯百年，薪火‘湘’传”青少年党史学习教育成果展演活动中，常德市关工委获优秀组织奖，青少年征文作品斩获一等奖1个、二等奖3个、三等奖3个。纪念省关工委成立35周年大会上，常德市7个单位被评为“全省关心下一代工作先进集体”，28人被评为“全省关心下一代工作先进个人”，开展的“飞鸽传书”“道德讲堂进校园”活动被评为“全省关心下一代工作创新奖”。

重要会议。1月21日，全市关工委主任会议在武陵区召开。会议传达学习习近平总书记对关心下一代工作的重要指示、省委和市委领导对关工委工作的批示，以及中国关工委成立30周年表彰大会等有关会议精神，总结2020年工作，部署2021年工作。市关工委常务副主任

2021年4月9日，常德市"百名'五老'讲党史 万千少年颂党恩"学习教育启动仪式暨安乡县首场报告会（市关工委 供图）

曹儒国，副主任何英满、朱晓平、张新民、郭立纯，市委组织部副部长、老干部局局长、市关工委副主任杨文惠，区县（市）、市直五区关工委常务副主任，秘书长和办公室主任，市直机关、市教育局、市企业关工委主任，以及市、区关工委的有关人员参加会议。

【"百名'五老'讲党史 万千少年颂党恩"青少年党史学习教育系列活动】 4月9日，常德市"百名'五老'讲党史 万千少年颂党恩"党史学习教育启动仪式暨安乡县首场报告会在安乡县深柳中学体育馆举行。市关工委副主任张新民出席启动仪式，县关工委常务副主任魏邦发作学习教育动员报告。桃源县、石门县、鼎城区等地先后开展相关活动。

【中国关工委到常德市调研青少年普法教育工作】 5月11日，中国关工委常务副主任武韬、副秘书长黄长庆，省关工委主任杨泰波、秘书长黄孝亮等一行到常德市调研青少年普法教育工作。市委常委、市委政法委书记刘国龙，市人民政府副市长、市关工委副主任周代惠，市关工委常务副主任曹儒国，副主任张新民陪同调研。

【全省示范性留守儿童之家建成】 9月28日，省关工委主任杨泰波，常务副主任武吉海等一行赴石门县南北镇薛家村为"东方红留守儿童之家"揭牌，市委常委、市委组织部部长康重文陪同。该项目为全省示范性留守儿童之家，由湖南省东方红建设集团捐资100万元建成，为薛家村近50名留守儿童构建温馨家园。

（张司其）

社会救助

【概况】 2021年，建立公安、城管牵头，民政配合的街面巡察机制，并组建街面巡逻队，定期开展街面巡查，全市全年站外救助量达9304人次，站外3082人次，在站救助6222人，其中市社会救助事务中心站共救助4217人次；协同公安、卫生等部门，利用公安人脸比对、新型媒体、DNA检测等新手段开展寻亲工作，全年帮助119名滞留人员找到家人，其中常德市首例通过公安DNA比对寻亲成功人员已经顺利护送返乡。做好长期滞留人员落户安置工作，全年共安置落户104人，对无法查明身份、滞留超过3个月的流浪乞讨人员户口申报登记率达100%。

市社会救助事务中心主要承担常德市城区流浪乞讨人员救助并负责全国救助管理对口中转，全年救助总量4217人次，其中在站救助量1720人次，站外救助量2497人次。7月，中心被全国创建"青少年维权岗"活动领导小组（团中央）命名为"2019—2020年度全国青少年维权岗"。9月，中心被农村留守儿童关爱保护和困境儿童保障工作部际联席会议办公室（民政部）评为"全国农村留守儿童关爱保护和困境儿童保障工作先进集体"。

【首次为困境儿童增设公交临时站点】 3月，市社会救助事务中心联合市公交公司首次为困境儿童增设公交临时站点，引发社会各界广泛关注，央视新闻、新华社等主流媒体相继报道，网上相关报道点击量近3亿次。4月8日，《人民日报》刊发评论《暖暖的站牌，满满的爱》称："为一个人设立的公交站，彰显的是公共服务为更多人着想的价值取向，传递的是城市管理者和服务提供者的暖心与善意。"

【省民政厅领导到常德调研社会救助工作】 5月8日，省民政厅党组书记、厅长曹忠平到常德市社会救助事务中心参观调研。调研组一行参观未成年人社会保护服务大厅、成年人救助区域和未成年人保护功能区，详细了解中心全年的救助量，救助业务和救助情况，听取未成年人社会保护服务项目介绍，了解全市未成年人保护中心的分布情况，并与未成年人保护项目提供服务的恒德社工进行深入交谈，在未成年人保护服务品牌项目和服务成效，以及社会对社工的接受度的改变等方面给予肯定。

【“以法之名，协同护航”2021年度常德市《未成年人保护法》宣传暨庆“六一”活动】 5月27日，在市郡德学校举办2021年度常德市《中华人民共和国未成年人保护法》宣传暨庆“六一”活动。市委宣传部、市教育局、市公安局等20多家成员部门、武陵区民政局分管领导和业务负责人、市郡德学校300余名学生和家长及社工、志愿者共计500多人参与该活动。

（刘 敏 彭 博）

社会福利

【概况】 专注“一老一小”问题。2021年，将低保户中的半失能老人和计划生育特殊困难家庭老人纳入基本养老服务补贴范围；推动公办养老机构改革，采取政府扶持、社会参与、市场运作的方式，培育、孵化和引进专业化连锁养老服务机构；积极探索康养产业与医疗、养老、文旅、体育等多业态的深度融合，全市建成康养项目15个，在建康养项目29个，石门县正在创建“全国森林康养基地试点建设县”，澧县正在创建彭山“全国森林康养基地试点建设单位”，太阳山、石门白云山、鼎城花岩溪三个单位正在创建“省级森林康养示范基地”。

【关注留守儿童发展】 重点关注市本级和农村留守儿童发展现状，依托村（居）、学校、“留守儿童之家”及未成年人社会保护中心等阵地，打造出“七彩课堂”“追梦空间”“多彩童年”“1+N保护”“安全五防”等一批特色精品课程，帮助困境对象走出家庭、走出困境、融入社会。成立“小雨滴”志愿者服务队开展学业帮扶、兴趣拓展、心理辅导、法律援助等服务，志愿服务队伍近1000人，年服务农村留守儿童和困境儿童近5000小时。对追梦儿童开展圆梦“微心愿”活动，市未成年人社会保护中心年累计服务重点个案1000余人次，团辅100场次，圆梦“微心愿”500余人次。市社会福利院解决4名儿童入园入学问题，给2名儿童申报“明天计划”，接受相关疾病的手术治疗；与医疗机构合作进行语言、智力康复训练及心理辅导，提升儿童生存质量；医护人员上门定期为老人儿童进行体检，并建立台账，做好全院老人、儿童医疗保障；儿童福利院完成硬件设施的升级改造，极大改善全院办公和服务对象的生活环境。

（彭 博）

慈善事业

【概况】 常德市慈善总会是经常德市民政局批准的具有公开募捐资格的慈善组织，其宗旨是弘扬中华民族扶贫济困的传统美德，倡导人道主义精神，动员和组织社会力量为弱势群体提供各种救助，促进本市慈善公益、社会福利事业发展和社会的和谐进步。2021年，市慈善总会共募集善款5571.87万元，募集慈善物资714.4万元，开展慈善救助、实施慈善项目共计支出6387.5万元，充分发挥慈善工作惠民济民的积极作用。

2021年，市慈善总会出资285万元补助常德市11个省、市重点民生实事项目和居家养老服务项目，为常德市养老事业发展献策献力；向常德市部分乡村振兴点村和古丈县援建资金80万元，以实际行动为乡村振兴贡献慈善力量；携手澳优乳业（中国）有限公司，在全市开展“同心抗疫·与爱同行”慰问活动，向常德市部分参与疫情防控的医护人员、社区工作者、志愿者以及敬老院、养老院服务对象共计1.5万余人，赠送总价值714.4万元奶粉。开展大病医疗慈善救助活动，全年发放救助金123.2万元，惠及病困家庭近300户，为低保户、脱贫户和因突发重大疾病而导致家庭变故的对象解燃眉之急。

【重点慈善项目】 “点燃希望·民政助学”慈善公益项目。该项目由市慈善总会和区县市慈善（总）会联合，已连续开展19年，共发放助学资金1.24亿元，帮助全市3.24万名贫困学子圆梦大学。2021年，全市共筹集资金758.4万元，资助贫困学生1901人，其中市慈善总会筹集资金149万元，资助学生298人。“向日葵”——白血病儿童慈善援助项目。该项目由市慈善总会和市第一人民医院联合开展，已募集资金165万元。2021年，分4批次累计救助99人次，资助医疗费用和生活费用共41.9万元。“常安康”——脑卒中并发精神障碍患者康复慈善援助项目，该项目由市慈善总会和市康复医院联合开展，已募集资金100万元，第四季度启动并首批救助7人。

（高泽宏）

应急管理

综述

【概况】 2021年，常德市应急管理局被应急管理部评为全国第三届应急普法知识竞赛优秀组织单位，被评为全国应急管理新闻宣传暨“学报用报”先进单位，局机关创建省级文明单位成功保牌。4月21日，常德市应急管理局在湖南省应急管理新闻宣传工作会议上作交流发言。

【国务院安全生产和消防工作考核巡查组到常德考核巡查】 4月23—25日，住房城乡建设部工程质量安全监管司副司长姚天玮、应急管理部安全协调司副司长李晓率，国务院安全生产和消防工作考核巡查组第四组到常德，对常德市2020年度安全生产和消防工作开展考核巡查。4月23日，考核巡查组召开座谈会，与市政府领导及市应急管理局、市住建局、市交通运输局、市消防救援支队等部门主要负责人逐个进行座谈交流。同时按照考核细则，严格核查市级行业部门开展安全生产和消防工作的台账资料。4月24—25日，考核巡查组采取随机抽查的形式，分组赴常德职业技术学院、临澧余丰出口烟花鞭炮有限公司、葛洲坝易普力湖南二化民爆有限公司、常德市昌泰民爆器材有限责任公司石门分公司、常德市万路达物流股份有限公司、武陵区河洑镇、常德万达广场、桃花源风景名胜区国有林场、湖南海利常德农药化工有限公司等安全生产重点行业领域企业、消防重点单位，通过与工作人员面谈、听取企业负责人简要汇报、查阅安全生产工作台账、现场检查等方式，全面了解被检查单位安全生产和消防工作主体责任落实、安全风险管控和隐患排查治理等情况。湖南省政府副秘书长张志军，省应急管理厅党委副书记、副厅长罗德龙，省住建厅副厅长刘年来，常德市委常委、常务副市长罗毅君，副市长汤祚国等分别陪同考核巡查。

【市应急管理局获评首批全省法治政府创建示范单位】 5月8日，中共湖南省委全面依法治省委员会办公室印发《关于第一批全省法治政府创建示范地区（单位）和项目命名的决定》，常德市应急管理局被认定为第一批全省法治政府创建示范单位（市州、县市区政府和同级中央在湘单位共6个）。2020年7月起，湖南省委全面依法治省委员会办公室组织开展全省法治政府建设示范创建活动。经过初审推荐、综合评估、实地评估、人民满意度测评、社会公示等环节，最终评选出42个综合示范地区和单位、15个单项示范项目，常德市应急管理局被认定为第一批全省法治政府创建示范单位，同时也是全省应急管理系统和全市市直部门唯一一家。

【湖南省水上应急救援综合演习在常德举行】 6月17日，湖南省（常德·2021）水上应急救援综合演习在沅水中石化常德分公司德山油库码头沅水水域举行。演习由省水运事务中心、市交通运输局主办，市水运事务中心、常德航道管理局、市消防救援支队、市交通运输综合行政执法支队承办，检验常德市贯彻落实《湖南省水上搜救应急预案》情况和实施应急过程中的组织、指挥和反应能力，完善和增强突发公共事件应急处置机制，提高应对水上重特大交通（污染）事故和突发事件的综合协调能力，最大限度地减少事故损失，保障人民生命、财产安全。演习模拟“湘金和103”轮在中石化常德分公司德山码头卸载柴油时，因操作不当导致油品泄漏，并遇静电突然引发火灾后，多部门迅速启动应急预案，展开一系列救援工作，最终成功将轮船拖至危险品停泊区。演习分为船舶失火救援、人员落水救助、船舶溢油清除、船舶失控救援、船艇检阅5个部分，共有交通、公安、消防、航道等24家单位200余人、26艘船艇、2台消防车参与演习。

【常德市应急管理局调拨抗疫物资驰援张家界】 8月4日20时许，应张家界市应急管理局的紧急来电求助，常德市应急管理局积极组织调度生产消毒抗疫物资。常德经开区的常德市凯金商贸有限公司承担相关生产运输任务。经过连夜生产、灌装，8月5日16时许，该企业捐赠的3吨消毒液抗疫物资由常德发出。报经常德市、张家界市疫情防控指挥部门的批准后，于21时许在约定的服务区采取不接触方式完成物资交接。

【全国蓝天救援水域教官选拔在常德举行】 9月13日，全国蓝天救援水域教官选拔启动仪式在柳叶湖举行。活动由蓝天救援·中国主办，常德市应急管理局、市消防救援支队、柳叶湖管理委员会、柳叶湖应急管理局和市蓝天救援队承办。2021年7月，河南多地普降暴雨，郑州荥阳、新乡等地发生罕见洪灾，全国5074名蓝天救援队员参与中华慈善总会蓝天救援队河南抗洪救灾行动。但现场环境复杂，水中大量漂浮物和障碍物造成装备损坏的现象时有发生，参与救援的队员在技能、经验、体能等方面的不统一，也在一定程度上影响救援时间。举办教官选拔，及时、广泛开展水域救援培训工作，不断提高队员应对洪水、水上救生、溺水打捞、潜水摸排等水域相关的救援能力，提高队伍专业化水平。第一期有全国各地的27名队员参与选拔考核，第二期、第三期也在当月完成选拔。蓝天救援队北京总指挥，常德市应急管理局、市消防救援支队分管领导出席启动仪式。

（欧彦君）

安全生产

【概况】 2021年，市应急管理局以创建国家安全发展示范城市工作标准推动安全生产工作落细落实，狠抓安全生产专项整治三年行动集中攻坚，安全生产形势总体稳定。全年全市共发生生产经营性安全事故145起，死亡154人，受伤38人，经济损失5035.91万元。实现事故起数、死亡人数、受伤人数三下降。成功应对21次强降雨过程，未溃一堤一垸，未垮一库一坝，未发生因灾死人事件，未发生一起森林火灾。

安全监管“强执法防事故”行动。按照全省统一部署，对12个重点领域开展安全生产打非治违，持续开展安全生产监管强执法防事故行动，每季度开展评比和通报，并纳入安全生产日常考评，树立安全监管权威。全市共发现违法行为12047起，立案调查8349起，核查属实群众举报463起，兑现奖励8.32万元，责令停产整顿3459起，取缔关闭128处，媒体公开曝光3358起，行刑衔接移送司法47人。

安全生产专项整治三年行动。紧盯重大隐患、突出问题和制度措施三个清单，实行挂图作战，每月实行调度督办。共发现突出问题177项，建立制度措施216项，排查整治隐患25576处，已整改24953处，整改率97.56%。特别是重点整治国务院安委办督查组反馈的18处矿山领域重大隐患整治，关闭32家石煤矿山，取缔关闭樟脑油工厂、作坊33家，退出烟花爆竹生产企业4家，取缔非法码头79处，整治重大消防火灾隐患108处，排查整治重点隐患路段2576处，整治铁路沿线隐患43处，重点开展两车“戴帽”工程，全市电动车戴头盔率80%，摩托车戴头盔率93%。

安全生产违法典型案例和重大安全隐患曝光。按照《常德市重大事故隐患和典型案例曝光工作制度》，将事故隐患和典型案例曝光工作纳入对区县市和市安委成员单位的安全生产工作日常考核重点内容，形成常态化曝光机制。全市各级各行业部门共曝光安全隐患和典型案例1680个，其中市安委办曝光典型案例和各类隐患26期146处。严格执行安全生产工作追责问责和警示约谈制度，对隐患整治责任不落实、措施不力的单位和人员约谈610余人次。

【处置“3·28”二广高速常德服务区甲苯罐车泄漏事故】 3月28日14时左右，一辆装载32吨甲苯的危险化学品运输罐车过境常德市二广高速常德服务区时，因剐蹭导致罐体出现裂口，罐体内甲苯发生泄漏。泄漏事件发生后，常德市应急管理局立即启动常德市危险化学品事故应急预案，迅速调度鼎城区人民政府，组织生态环境、住房建设、消防救援、高速交警等部门，指挥调集常德市危险化学品事故应急救援专业队、市危化专家组成员火速赶往现场。经现场勘察，市应急管理局综合危化专家和现场危化救援专业队的建议，指挥各相关部门采取关闭服务区、紧急疏散现场人员、封堵倒罐、吸附回收等有效应急措施。常德市消防救援支队指挥中心立即调集特勤、鼎城、经开、战保等单位共13车66人赶赴现场处置。经过7个多小时奋战，罐体的泄漏点成功封堵并安全顺利实施倒罐作业。

2021年3月28日，处理甲苯罐车泄漏现场　（市应急管理局 供图）

同时，环保部门在事发地周边实时进行环境监测，未造成次生灾害发生。事件导致二广高速常德服务区暂时关闭并对涉事路段进行交通管制，高速交警迅速进行妥善分流与有序疏导。由于反应迅速，处置高效，成功避免一场灾难性事故发生，未造成人员伤害，也未对周边居民、水源、农田造成直接影响。

【2021年常德市安全生产委员会全体会议】　2月6日，常德市安全生产委员会召开2021年第一次全体（扩大）会议暨全市安全生产工作电视电话会议。会议传达学习全国全省安全生产工作会议精神，总结2020年全市安全生产工作，部署2021年工作。常德市委副书记、市长邹文辉出席会议并讲话。常德市委常委、常务副市长罗毅君作工作报告。副市长尹正锡、龚德汉、汤祚国、杨成英、李忠、周代惠，市政府秘书长李正才参加会议。4月29日，常德市召开2021年市安委第二次全体扩大会议暨深化安全生产专项整治三年行动推进会，分析研判一季度安全生产形势和专项整治三年行动情况，部署下一阶段安全生产和“五一”假期安全防范工作。市委常委、常务副市长罗毅君出席会议并讲话。会议通报事故情况以及全市安全生产专项整治三年行动工作情况；市交通运输局、市公安交警支队、汉寿县政府、鼎城区政府相关负责人作表态发言。6月15日，市安全生产委员会召开2021年第三次全体会议，部署当前和下一段安全生产工作，确保全市安全生产形势稳定向好，为庆祝中国共产党成立100周年营造安定祥和的环境。市委常委、常务副市长罗毅君出席会议并讲话。副市长汤祚国参加会议。会议传达全国、全省、全市安全防范视频调度会议精神，通报全省安全事故相关情况。

【省安委办调研督导考核常德安全生产工作】　4月7—8日，省安委办副主任、省应急厅党委副书记、副厅长罗德龙带队深入常德汉寿、临澧、鼎城区等地，就应急管理综合执法改革、创建国家安全发展示范城市、安全生产专项整治三年行动等工作进行调研督导。4月8日，省安委办督导组对在常德督导检查情况与常德市人民政府副市长汤祚国交换反馈意见，随后召开座谈会。6月9—10日，省安委办安全生产重点联系督导组组长谭平带队到常德市汉寿县、鼎城区、武陵区开展安全生产督导，并召开工作座谈会。市委常委、常务副市长罗毅君参加座谈会。督查组听取常德市安全生产工作汇报。11月22日，省安委会第三考核小组组长、省住建厅副厅长宁艳芳带队，对常德市安全生产和消防工作进行考核。

【举办2021年安全生产宣传咨询日活动】　6月16日，2021年安全生产宣传咨询日活动在市城区白马湖文化公园举行。活动现场，通过发放宣传手册、组织文艺演出、开展安全知识竞答、举办展览展示等形式，搭建沟通桥梁，普及安全知识。市委常委、常务副市长罗毅君出席活动并致辞。副市长汤祚国参加活动。2021年6月是全国第20个“安全生产月”，活动主题为“落实安全责任，推动安全发展”。按照上级部署，结合实际，常德市开展应急大讲堂、“安全宣传咨询日”、安全宣传“五进”“三年行动”专题宣传、警示教育和应急演练等一系列活动。

【国务院安委办督导检查组到常德督导检查非煤矿山安全生产】　6月25日，国家矿山安监局非煤矿山安全监察司副司长郭岩带领国务院安委办重点督导检查组第二组到常德市督导检查非煤矿山安全生产。市委常委、常务副市长罗毅君主持召开工作汇报会并讲话。会上，督导检查组听取常德市、石门县、澧县非煤矿山安全生产工作情况汇报。

【2021年全省生产经营单位应急预案执行情况专项检查组到常德市开展交叉检查】　按照省安委办《关于开展2021年全省生产经营单位应急预案执行情况专项检查的通

2021年6月16日，2021年安全生产宣传咨询日活动在市城区白马湖文化公园举行
（常德日报社 供图）

知》（湘安办函〔2021〕84号）要求，10月11—13日，娄底市应急管理局副处级干部尹益红带队，随机抽取常德市危化、烟花、工贸和非煤矿山领域的6家生产经营单位开展应急预案执行情况专项检查，局党委委员、副局长张伟，二级调研员王中成参加检查。检查组通过听取汇报，查阅工作台账资料，到作业场所、救援物资储备仓库现场对预案执行情况详细了解，依照《中华人民共和国安全生产法》《生产安全事故应急预案管理办法》等法律法规，对生产经营单位的预案制定、应急预案演练、应急救援队伍准备、应急救援物资和器材储备情况等进行严格检查。现场检查结束后，专项检查组组织企业负责人召开会议，就发现的问题隐患与企业面对面反馈并提出整改意见。

救灾防灾

【概况】 风险普查、防汛救灾、森林防灭火工作。2021年，常德市、县两级防汛备汛工作继续坚持以水利部门为主、应急管理部门配合的工作体系。入汛以来，联合水利、自规等部门先后开展6轮督查，对影响防汛安全的28个重点问题、42处隐患逐一交办、销号。全面加强安排部署和指挥调度，强化队伍物资储备和应急值班值守，取得防汛工作的全面胜利。森林防火形势稳定向好，未发生一起森林火灾，地质灾害未造成人员伤亡。稳步推进第一次全国自然灾害综合风险普查工作。石门县按照普查试点标准和要求完成试点工作任务。市、县两级相关部门已全面启动普查工作，完成清查转入数据汇交阶段工作，相关数据已通过省普查办审核报国务院普查办。

市本级物资储备库基本建成。及时完成市本级应急物资装备的采购、补充，做好应对处置各类灾害准备。2021年共向上争取省级救灾资金2批共计200万元，争取救灾物资棉被800床，折叠床800张，毛巾被900条，结合各区县市下拨的自然灾害生活补助金149万元，确保受灾群众有饭吃、有干净水喝、有衣穿、有临时安全住所、有病能得到及时医疗。全市已确定房屋重建对象99户，损房维修对象338户，春节前受灾重建群众搬进新居。加强人员业务培训，更新调整全市四级灾害信息员3098人，并组织专门培训。为全市灾害信息员，危化、烟花、矿山、工贸等企业主要安全负责人近3000余人手机接入市气象预警信息发布平台。

【省自然灾害综合风险普查部门督查石门县试点工作】 1月20日，省第一次全国自然灾害综合风险普查领导小组一行5人对常德市石门县第一次全国自然灾害综合风险普查工作进行督导检查。督查组召开座谈会，听取石门县委、县政府关于试点工作情况汇报，了解部分涉灾部门工作进展情况，调阅相关资料台账，深入部分灾害隐患点进行查看。市应急管理局主要负责人、分管负责人参加督导检查。石门县是湖南省三个全国普查试点县之一。2月23日，省第一次全国自然灾害普查领导小组对常德市石门县普查试点工作进行督查指导。省普查办督查组采取实地查看、听取汇报、查阅资料、座谈交流等方式对石门县第一全国自然灾害综合风险普查试点工作进展情况进行第二次专题督查，就如何按时按质完成普查试点工作进行探讨和座谈交流，对普查工作推进中的难点疑点现场解答，并针对存在的不足和问题提出针对性的指导意见和工作要求。

【省防指检查组到常德市检查防汛工作】 3月11—12日，省农业农村厅二级巡视员罗振新率省防指检查组对常德市防汛备汛工作开展专项检查。罗振新一行先后到澧水澧南段吹填压浸工程、澧水古大堤防汛砂石储备、涔水上河口朝天口工程、涔澹水津市段堤防除险工程、津市澧阳泵站更新改造工程、澧水津市段河道治理工程进行督查检查，对防汛抗旱责任制、防汛物资和队伍建设、工程隐患排查等防汛备汛环节进行重点督导，并就如何抓好抓实2021年的防汛备汛工作和澧县、津市两地负责人交换意见。常德市应急管理局、市水利局、市农业农村局相关负责人参加检查。

【常德市全面启动第一次全国自然灾害综合风险普查】 4月12日，常德市召开第一次全国自然灾害综合风险普查动员会，全面启动普查工作。副市长汤祚国出席并讲话。自然灾害综合风险普查是一项重大国情国力调查，通过普查摸清全市灾害风险隐患底数，查明重点区域抗灾能力，客观认识灾害综合风险水平，为切实保障社会经济可持续发展提供权威性的灾害风险信息和科学决策依据。普查对象包括与自然灾害相关的自然和人文地理要素，市、县两级人民政府及有关部门，乡镇人民政府和街道办事处，部分居民等。普查内容包括主要灾害致灾调查与评估、承灾体调查与评估、历史灾害调查与评估、综合减灾资源（能力）调查与评估、重点隐患调查与评估。

【应急管理部工作组到常德市调研地质灾害防治工作】 8月18日，应急管理部工作组地震地质司二级巡视员穆丽霞一行，在省应急厅地震地灾处处长李力的陪同下，到常德市检查指导地质灾害防治工作。工作组现场查看桃源县茶庵铺镇黄鹿坪村的滑坡地质灾害点以及因滑坡造成的房屋损毁情况，听取常德市、县地质灾害应急救援工作情况汇报，充分肯定常德市地质灾害防范应对处置工作。常德市人民政府副市长汤祚国、副秘书长李卫民，市应急管理局党委书记、局长张铁牛参加调研。

【全省"10·13"国际减灾日宣传研讨活动在临澧县举行】 10月14日，2021年全省"10·13"国际减灾日宣传研讨活动在临澧县举行，省减灾办主任、省应急管理厅党委委员赵军出席。赵军一行到临澧县安福街道莲花公园全省"10·13"国际减灾日宣传活动现场，实地观摩防溺水宣传、防灾减灾知识竞赛、消防灭火演练等防灾减灾知识技能宣传和动画展示，并了解临澧县防灾减灾救灾工作成效。随后，召开"10·13"国际减灾日研讨会。与会人员围绕"构建灾害风险适应性和抗灾力"主题，共同研讨湖南省防灾减灾领域存在的问题及应对举措，推动全省防灾减灾工作走深走实。省应急管理厅、省地震局相关处室负责人黄永恒、贵文品、李鑫、肖概及研讨专家，常德市人民政府副秘书长杨明波，市应急管理局党委书记、局长张铁牛，临澧县领导李智勇、夏孝涛，湖南省各市州应急局分管领导及科室负责人，常德市各区县市（管理区）应急局局长等参加活动。

【城市安全风险综合监测预警体系建设试点工作】 9月26日，国务院安委办、应急管理部下发通知，明确常德、合肥、沈阳等18个城市（区）作为国家城市安全风险综合监测预警工作体系建设试点。常德市把按国家安全发展示范城市标准落实工作写入市政府工作报告，纳入年度工作重点责任清单进行推进。10月29日，国务院安委办将常德试点创建工作在《全国安全生产简报》专门推介。2021年，共有6个乡镇（街道）申报创建省级安全生产示范乡镇，12个乡镇（街道）申报创建市级安全生产示范乡镇，16个乡镇申报全省"平安农机"示范乡镇，7个社区申报全国、全省综合减灾示范社区，67家企业申报三级安全生产标准化创建。成功创建全国"平安农机"示范市。建成18个重点领域监测预警系统，组织搭建"电力大数据+矿山用电监测"大数据应用场景，对全市所有非煤矿山企业的用电情况进行实时监测。全面完成危险化学品安全生产风险监测预警系统接入联网工作。建成应急避难场所64个，152支乡镇专职队、1506个志愿消防队，建成消防站24座，微型消防站1588个。2021年，新配备执勤消防车辆16台、水域救援专业队车辆装备1246件（套）、其他各类灭火救援装备6100余件（套）。投资1700多万元打造"智慧防火云"和"智慧消防"，截至2021年年底，常德全市有910家社会单位，1165栋高层建筑，74家火灾高危单位已接入智慧消防云系统。对全市1420台"两客"车辆全部安装智能终端。实现对危险化学品、建筑施工、消防、人员密集场所、大型群众活动、道路交通、隧道、供水管网、排水管网、城市内涝、燃气管网、综合管廊、水文、气象、地质灾害、森林火灾、网格化、应急物资管理方面的信息化监测预警。另有地质灾害监测预警系统、电梯物联网智能信息管理平台、地震监测预警系统正在建设之中，计划两年内完成建设。

（欧彦君）

消防救援

【概况】 2021年，常德市消防救援支队临澧大队被评为全省学雷锋活动示范点，经开大队被省直机关工委评为先进基层党组织。支队主官连续两年被市委、市政府记三等功，4名同志获湖南省青年岗位能手、技术能手称号。推出全省岗位学雷锋标兵李巧莲等一大批先进典型。

行业部门依法监管。召开行业部门消防安全标准化管理现场会，出台《全市消防工作约谈制度》，建立完善约谈、督办、曝光、问责"四项机制"，压实"三个必须"

责任。联合公安、民政、住建、城管等部门开展老旧小区消防设施改造、消防车道联合治理、医养机构交叉检查等行动，打造一批消防安全示范单位。夯实防控基础。推进公共基础设施建设，新装独立式烟感报警器8000余个、新建市政消火栓495具。强化园区应急能力配套建设，鼓励聘请第三方专业公司监管，建立综合应急救援队伍。127个乡镇建成乡镇专职消防队152支，其中27个乡镇建立乡镇专职二队，建成率超过120%。733个社区，1596家重点单位全部建立微型消防站。全市防灾减灾能力全面提升。隐患治理。以三年行动为主线，扎实推进冬春季节和夏季火灾防控工作，组织开展物流仓储、“沉浸式”场所及大型商业综合体等专项整治行动。在省、市两级主流媒体曝光火灾隐患单位200余条次。2021年，全市累计新立案重大火灾隐患单位116家、销案118家。立案销案量均位居全省前列。简政放权。推行“预约式检查”机制，落实“一次性告知”“容缺受理”“网上查询”、免费邮寄等服务举措，实行主动报告整改消防安全违法行为减免行政处罚制度，不断提升行政服务效能。民生工程。将“提升乡镇专职消防队救援能力”纳入年度重点民生实事工程，出台《关于进一步加强乡镇专职消防队建设管理的通知》，全市乡镇专职消防队伍建设管理规范化、标准化、持续化。参与乡村振兴。落实制定帮扶规划、概算年度收入、摸排返贫风险、推介工作岗位、解决实际困难、开展走访慰问等“六个一”活动，通过消防志愿服务队，定期开展以消防安全宣传为主的知识下乡活动，加强村组干部、驻村辅警、村级志愿消防队培训，提高农村火灾防控能力，避免因灾致贫返贫。宣传服务。组建15支消防宣传服务队，落实弱势群体“敲门服务”和包保措施，打造临澧“小红帽”、石门“小背篓”、武陵“蓝焰”等宣传队伍，“非遗”消防宣传节目《常德丝弦唱消防》被全国两会特别报道引用，全年在中央主流媒体推介常德消防工作100余条次。灭火救援。2021年，全市消防救援队伍共接处警3673起，出动车辆6002台次、指战员3.7万人次，救援被困群众653人，全市未发生较大及以上火灾。成功处置“3·28”二广高速常德服务区甲苯罐车泄漏事故、津市“10·12”新合新医药有限公司火灾等急难险情，圆满完成赴河南郑州抗洪抢险增援任务。

2021年7月23日，常德市消防救援支队两名消防员在河南省郑州市商都嘉园小区一号院地下车库1号出入口铺设排水干线开展排涝救援作业

（常德市消防救援支队 供图）

【完成援豫抗洪抢险救援任务】 7月20—21日，河南郑州遭遇强降水导致城区多处严重积水，交通瘫痪，停水停电。7月22日，支队接增援河南郑州排涝命令后，迅速集结水域救援队伍12名消防救援人员连夜奔赴河南省郑州市、新乡市卫辉市开展排涝抢险救灾行动。在增援河南的14天时间里，圆满完成郑州市河畔明珠小区、郑州市商都嘉园小区一号院、郑州地铁2号线沙门站、新乡市卫辉市健康路、新乡医学院第一附属医院学院路5个作业点的排涝抢险任务。应急抢险救援行动中，全体消防救援人员尽职尽责，服从命令，听从指挥，充分展现常德市消防救援支队顽强拼搏、吃苦耐劳的精神，受到当地党委政府的充分肯定和人民群众的广泛赞誉。

（周佳篪）

【常德市2021年“119”消防宣传月活动启动】 11月9日，以“落实消防责任、防范安全风险”为主题的常德市2021年“119”消防宣传月活动启动仪式在白马湖文化公园举行。市委常委、市政府党组副书记徐永健出席仪式并宣布活动启动。常德市深入开展消防宣传进学校、进社区、进企业、进农村、进家庭“五进”活动，社会化消防培训全面铺开，消防科普教育基地逐年增多，消防志愿者服务活动常态化开展，广大群众对消防安全的关注度越来越高，全民消防安全素质得到进一步提升。启动仪式现场通报表彰2021年度全市消防宣传先进队伍和先进个人，收看湖南省消防救援总队“119”消防宣传月直播。

（欧彦君）

区县市·开发区·度假区·管理区

武陵区

中共武陵区委员会

书　记	康少中
副书记	寻　健　王先波
常　委	康少中　寻　健
	王先波　邓慈陵
	林红华　朱荣华
	向艳艳　邓华志
	杨模兵　高　波

武陵区人大常委会

主　任	曹　慧
副主任	杜修峰　钱　攀
	帅　勇　王　华
	周建华

武陵区人民政府

区　长	寻　健
副区长	林红华　朱荣华
	戴志刚　桑旦塔尔青
	曹吉飞　陈顺勇
	张　恩　朱　军
	陈　维　徐　杰

政协武陵区委员会

主　席	黄治军
副主席	何　斌　尹治才
	周俊峰　陈贻忠
	张华欣

【概况】　武陵区地处湖南省常德市中部偏北，辖1个镇、2个乡、11个街道，土地总面积412.4平方千米（含德山、柳叶湖）。2021年年末户籍人口43.14万人（不含德山、柳叶湖），城镇化率91.2%；人口自然增长率-2.38‰。年内最高气温38.6℃，最低气温-3.8℃，年降水量1298.7毫米。森林覆盖率18.09%，水质综合达标率100%，空气质量优良率83.9%。319国道、207国道、石长铁路、长常高速、常张高速经过区境，全区有国家AAAA级以上景区1家（常德市规划馆），省级非物质文化遗产保护项目3个，分别是常德米粉制作技艺、常德刘海砍樵传说、传统香制作技艺。

完成区属生产总值451.1亿元，比2020年增长8.1%。其中，第一产业增加值3.8亿元，增长10%；第二产业增加值80亿元，增长2.8%；第三产业增加值367.3亿元，增长9.2%。三次产业结构比为0.8∶17.7∶81.4；三次产业对GDP增长的贡献率分别为1%、6.4%、92.6%。人均地区生产总值77782元，增长8.1%（现价）。全年完成一般公共预算收入20.82亿元，增长2.2%。其中，地方一般公共预算收入12.54亿元，增长1.51%。一般公共预算支出32.19亿元，增长3.53%。

农林牧渔业总产值8.2亿元，增长10%；粮食播种面积0.39万公顷（任务指标调整），全年粮食总产量2.84万吨（任务指标调整）。农业支柱产业为蔬菜和水稻产业。省级以上农业产业化龙头企业10家；农民专业合作社96家，其中省级以上示范社9家。农产品区域品牌为常德酱板鸭。全年农业机械总动力23.23万千瓦，农业机械化水平为80.8%。

工业增加值30.08亿元，增长9.8%。其中规模以上工业增加值8.3亿元，增长11.2%。工业增加值占GDP的比重为6.8%。区本级规模以上工业实现主营业务收入39.7亿元，下降10.2%；利润总额1.06亿元，下降12.9%。工业支柱产业：烟草配套工业、食品产业、装备制造业。区本级建筑业完成增加值49.3亿元，下降1.1%。

全年区本级固定资产投资增长8.9%。其中高新技术产业投资下降0.3%，工业投资增长53.9%。全年1亿元以上投资项目115个。全年区本级完成社会消费品零售总额366.4亿元，增长14.4%。引进省外境内资金49.68亿元。进出口总额12208万美元，增长49.63%。接待国内外游客715.98万人，旅游收入89.66亿元。

全区有高新技术企业44家，高新技术产业增加值72.25亿元，增长24.6%。中小学45所，其中公办城区中小学27所、农村中小学13所，民办学校5所。幼儿园97所，其中公办幼儿园7所、公办性幼儿园29所、民办普惠性幼儿园40所、民办非普惠性幼儿园21所。文艺表演团体198个，其中业务表演团队2个，群众业余文艺团队196个；文化馆（群众艺术馆）1个、公共图书馆1个。医疗卫生机构560个，卫生技术人员2133人，每千人口拥有执业医师数2.38人、床位数15.6张。全民健身运动参加人数41.2万人，有公共体育场地988个。

城乡居民人均可支配收入46094元，增长8.7%。城镇居民人均可支配收入47036元，增长8.5%；农村居民人均可支配收入34546元，增长10.6%。

年度亮点。2021年，武陵区科学快速处置7月外省游客输入新冠肺炎疫情，牢牢守住常德疫情防控第一防线，为全省疫情防控大局赢得宝贵时间。连续3届保持“全国平安区县”称号，成功捧获平安中国建设最高荣誉“长安杯”，武陵成为全国最安全的城市之一。连续19年未发生较大及以上安全生产事故和食品药品事故，成功创建省级食品安全示范区。

年度荣誉。武陵区财政管理、城市更新、耕地保护、食品安全、养老服务体系建设等18项工作获省、市政府真抓实干表彰激励。获评“全国科技创新百强区”“全国科普示范区”“国家级节水型社会建设达标区”，入选“全国整区屋顶分布式光伏开发试点区”“全省平安校园建设示范区”“全省教育信息化融合应用实验区”“湖南省健康促进示范区”和首批“全省法治政府创建示范区”。武陵区中小企业公共服务平台获评“国家级示范平台”，浮桥社区、岩坪社区获评“全国示范性老年友好型社区”，永安派出所获评全国第二批“枫桥式公安派出所”；新坡社区综合文化服务中心获评“全省最美潇湘文化阵地”，武陵阁步行街获评“省级示范步行街”，宗志农业获评“省级现代农业特色产业园”。

【武陵区入选2021年科技创新百强区】 2021年，武陵区入选“2021科技创新百强区”，湖南共有4个区上榜，其中武陵区排第92名。榜单从创新投入、创新产出、创新环境和创新潜力4个角度，搭建完成中国科技创新竞争力评价体系。该体系共包含4个一级指标、20个二级指标和37个三级指标，分别从省级、市级、区级和县级4个层面分析国家科技创新实力。

【全省首条学校“地下接送学生系统”正式启用】 5月7日，湖南省首条“地下接送学生系统”在常德市武陵区第一小学正式启用。该系统包括地下循环车道、243个地下停车位、2个学生等候专区、2个家长等候专区，在学生上、放学时段，由护学人员分别在进出口、学生等候区指挥，指导学生快速上下车，极大优化学校周边交通秩序。

【武陵区中小企业公共服务平台入选“国家中小企业公共服务示范平台”】 2021年，武陵区中小企业公共服务平台顺利晋级“国家中小企业公共服务示范平台”。该服务平台是由武陵区政府设立，以惠企政策宣贯和企业诉求办理为核心，为广大中小企业发展提供综合性服务的公益服务机构，可帮助企业协调解决其在创办和发展中遇到的难点、堵点问题，助力中小企业高质量发展。

（易　璇）

鼎城区

中共鼎城区委员会

书　记　朱金平
副书记　陈　远
常　委　朱金平　陈　远　瞿政前　谢　梦　李　娟　周　凯　宋雨泓　钟科程　黄秋云

鼎城区人大常委会

主　任　余习琼
副主任　李三葆　周伟建　李书跃　李军华　李国忠

鼎城区人民政府

区　长　陈　远
副区长　杨　凡　边巴次仁　杨　成　陈志刚　罗立杰　杨　俊　陈　宏

政协鼎城区委员会

主　席　雷建国
副主席　林新忠　蒋利荣　胡小芳　雷绘玻　向　兰

【概况】 鼎城区地处湖南省西北部，总面积2345平方千米。2021年，辖18个乡镇、4个街道、4个农林场，年末户籍人口68.47万人（不含西洞庭管理区、常德高新区），城镇化率60.7%，人口出生率5.9‰，自然增长率-11.6‰。

自然资源。年降水量1348.3毫米，主要矿产资源为黄金、金刚石、锆英石。有国家一级保护动物6种、二级保护动物32种，国家一级保护植物3种、二级保护植物30种。森林覆盖率32.15%，全部断面水质均达标。空气质量优良率85.4%，优良天数287天。

经济综合。地区生产总值415.9

亿元，比2020年增长8.4%；第一、二、三产业增加值分别为72.1亿元、138.1亿元、205.7亿元，分别增长9.7%、6.5%、9.2%，三次产业结构比为17.33∶33.21∶49.46。一般公共预算收入27.8亿元，增长0.3%，其中地方一般公共预算收入17.8亿元，增长8.3%；一般公共预算支出56.8亿元，下降12.8%。

农业。农林牧渔业增加值77.76亿元，增长9.5%。耕地总面积78.097千公顷。农业支柱产业：粮食、油料、养殖。主要产品产量：粮食67万吨、蔬菜100万吨、油菜籽8.4万吨，棉花9294吨，茶叶175吨，禽蛋5.97万吨，水产品6.29万吨，出栏生猪70.44万头、羊13.95万只、牛2.93万头，肉类7.37万吨。有市级以上农业产业化龙头企业42家，其中省级以上8家；农民专业合作社975家，其中省级以上示范社20家。农业机械总动力96.47万千瓦，农业机械化水平为88.27%。

工业。鼎城区工业增加值92.4亿元，增长8.1%，其中规模以上工业增加值71.3亿元，增长9.3%。工业支柱产业有装备制造产业，产值286.1亿元；医药健康食品产业产值49.4亿元；新型建材产业，产值42.5亿元。有工业园区1家，园区有工业企业582家，园区工业增加值86.1亿元，增速8.9%；其中园区规模以上工业增加值62.9亿元，增速12.2%；高新技术产业增加值59亿元，增速18%。主要产品产量：湖南中联重科建筑起重机械有限责任公司完成产值117.8亿元，为全市唯一非烟百亿元企业，建筑起重机械销售规模全球第一，是全球最大单一塔机制造生产基地，产品有大平头塔机、长臂架塔机、超大型系列D5200、D2500、D1500塔机等；湖南特力液压有限公司完成产值17.8亿元，是全国最大的液压油缸生产企业之一；湖南武陵机械制造有限公司完成产值14.87亿元，主要生产产品为机械配件。此外，还有国内黑色材料发动机缸体缸盖出口量排名第一的企业东鼎动力；湖南省最大的液压油缸活塞杆生产基地联嘉机械；省内排名第三的环卫机械系列装备生产企业瑭桥科技等先进制造企业。建筑业增加值45.8亿元，增长3.4%。

商贸服务业。社会消费品零售总额216.8亿元，增长14.3%（剔除物价因素）。进出口总额4.6亿美元，增长48%，其中进口78万美元，增长62.5%，出口45976万美元，增长48%；主要出口产品品类有蔬菜、机械设备、医药物资、钻头、汽车检测仪、塔吊、智能手表等。实际利用境外资金147万美元，增长86.3%；实际到位省外境内资金112.35亿元，增长27.1%。

旅游业。接待国内外游客162.926万人，其中接待入境游客121人；旅游收入22.3667亿元，其中入境旅游收入4.59万元；红色旅游经典景区4个；A级景区6家，其中AAAA级以上1家。

固定资产投资。固定资产投资比上年增长13.4%。其中高新技术产业投资下降3.8%，基础设施建设投资增长51.5%，房地产开发投资增长1.6%。交通基础建设投资1.4亿元（含公路建设养护中心投资），高标准农田建设项目投资1.21亿元，水利基础设施建设投资5233万元。

交通通信。境内公路通车总里程2922千米，其中国道94千米，省道233千米、县道573千米、乡道783千米、村道1239千米。电信公司电信业务总量1.58亿元，增长9.7%；移动公司电信业务量2.14亿元，增长1.71%。邮政业务总量8385.4万元，下降4.2%。快递业务收入1077.86万元，下降23.7%。快递业务量162.3万件，下降25.3%。新建成5G基站71个，共有5G基站共计184个，5G网络人口覆盖率83%，增长11%；电信5G用户22.7万户，增长2.64%，移动5G用户12.8万户。

科技、教育。有高新技术企业91家，新增26家；科学研究开发机构7家。签订技术合同55项，成交金额10.02亿元，增长55.35%；高新技术产业增加值59亿元，增速18%；取得省级科技成果5项，增长25%；（发明）授权专利86件，增长13.16%。具有核心竞争力科技创新项目3项。有学校203所（含幼儿园），其中小学39所、普通初中32所、普通高中4所、普通高校1所，幼儿园126所，其中公办幼儿园57所；幼儿入园率100%，小学适龄儿童入学率100%，小学升初中入学率100%，高中阶段毛入学率98.31%。

文化、卫生、体育。全国重点文物保护单位、省级文物保护单位各有1处，分别为索县汉代城址、明荣庄王墓，省级以上非物质文化遗产保护项目4个，专业艺术表演团体1个，民间艺术表演团体93个，文化馆1个，分馆23个，公共图书馆1个，分馆23个，档案馆1个。有医疗卫生机构810个，其中疾病预防控制机构4个、区直医院4个、卫生院36个，民营医院8个，行政村卫生室213个，社区卫生室88个，个体诊所457个。病床3850张，每千人口医生数2.12名。公共体育场地793个。

社会生活。社会福利机构25个。新增城镇就业5957人，城镇失业率为3.39%。累计脱贫4.21万人。农村劳动力转移0.52万人。城镇居民人均可支配收入41501元，农村居民人均可支配收入20767元，分别增长8.2%、10.8%。

年度亮点。中联重科全球最大上回转塔机下线仪式在常德高新区中联建起智能工厂举行。全省农村人居环境整治暨厕所革命现场推进会在鼎城区召开。谢家铺乡村振兴示范片成为省委党校教育示范基地。

年度荣誉。2021年，鼎城区获评全国绿色防控示范县、统防统治创建县。区融媒体中心获评全国先进县级融媒体中心。常德高新区新晋2021年

2021年10月25日，中联重科全球最大上回转塔机下线（鼎城区政府办 供图）

中国高新区创新能力百强园区、全省产业高质量发展园区。区工商联获评全国“五好县级工商联”。鼎城区获评全省粮食生产标兵县；谢家铺万亩示范片单产全省第一，获评省级食品安全示范县（区）。

【区融媒体中心获评全国先进县级融媒体中心】 在中宣部、文旅部、国家广电总局开展的第九届全国“双服务”先进集体评选表彰工作中，鼎城区融媒体中心获评2021年度“县级融媒体中心和基层广播电视机构先进集体”。2021年3月，中共中央政治局委员、中宣部部长黄坤明到鼎城区融媒体中心调研。

【谢家铺万亩示范片单产全省第一】 鼎城区以稳粮保供、增质增效为主线，层层压实粮食面积，坚决防止耕地“非农化”“非粮化”。2021年，谢家铺粮食生产万亩示范片早稻达到单产511千克/亩，晚稻达到550千克/亩，每亩平均增收150～200元，位居全省第一。同时，谢家铺乡村振兴示范片成为省委党校教育示范基地。央视《大国粮仓》专题纪录片栏目在该地专访湖南省副省长隋忠诚。

【全省农村人居环境整治暨厕所革命现场推进会在鼎城召开】 6月22日，全省农村人居环境整治暨厕所革命现场推进会在鼎城区召开。草坪镇作为主要参观现场，获得省领导高度肯定。省委副书记乌兰、副省长隋忠诚一行，前往鼎城区草坪镇参观考察。

【全球最大上回转塔机下线】 10月25日，中联重科全球最大上回转塔机下线仪式在位于鼎城区境内的常德高新区中联建起智能工厂举行。该塔机最大起重量达450吨，额定起重力矩12000吨米，是当前全球最大吨位上回转塔机。

（段　波）

汉寿县

中共汉寿县委员会

书　记　车世忠

副书记　周功表

常　委　车世忠　周功表　朱正权　熊　毅　何彦兵　王　君　朱向宇　何　斌　杨　戊　周　平

汉寿县人大常委会

主　任　朱进友

副主任　陈勇军　郭辉勇　徐纪桂　邓丕德　万成斌

汉寿县人民政府

县　长　周功表

副县长　熊　毅　周　平　王夏一　宋万林　吴　金　吕孝胜　曾　峰　张　红

政协汉寿县委员会

主　席　佘　斌

副主席　黄　杰　毛启平　何桂英　粟显波

【概况】 汉寿县地处湖南省西北部，2021年，汉寿县辖15个镇、2个乡、4个街道办事处、1个高新技术产业园区。总面积2021平方千米。富藏花岗岩、黄金、石英砂、天然气等矿物，坐拥西洞庭湖、沅澧二水。2021年年末，户籍人口80.46万人（不含西湖管理区）。人口自然增长率1.37‰。年内最高温38℃，最低气温-3.5℃；年降水量1452毫米。森林覆盖率33.3%，水质综合达标率83.3%，空气质量优良率96.2%。红色旅游经典景区2个；国家AAAA级以上景区1家。全国重点文物保护单位、省级文物保护单位分别有1处、3处，省级非物质文化遗产保护项目1个。城镇居民人均可支配收入37762元，增长8.6%；农村居民人均可支配收入21441元，增长11.3%。

经济综合。全县实现地区生产总值343.16亿元，同比增长8.8%。其中，第一产业增加值57.79亿元，增长9.3%；第二产业增加值124.28亿元，增长8.0%；第三产业增加值

161.09亿元，增长9.3%。三次产业构成比为16.8：36.2：47.0。完成一般公共预算收入22.6亿元，增长48.0%，其中地方一般公共预算收入16.3亿元，增长78.5%。

农业。县农林牧渔业总产值102.97亿元，增长10.3%。农业增加值61.68亿元，增长9.1%。粮食产量实现18年连增，播种面积9.25万公顷、总产62.35万吨，被评为全市粮食生产先进县，水稻机收减损获农业农村部高度肯定。稳定蔬菜播面3万公顷，新增设施蔬菜166.67公顷、仓储冷链2万立方米，新备案大湾区“菜篮子”生产基地2个。

工业。完成规模工业总产值356.2亿元，增长18.9%；规模工业增加值增长9.9%；园区规模工业增加值增长12.5%，园区规模工业企业数量达到109家；新建标准化厂房20.5万平方米，新增规模工业企业18家。新引进、新开工、新投产亿元工业项目分别达到30个、12个、9个。

社会消费。全年社会消费品零售总额136.7亿元，增长14.6%；完成进出口总额2.25亿美元，新增电商企业20家、限上商贸企业8家，商品房销售面积58.2万平方米；金融机构各项存款余额和贷款余额分别达到360.6亿元、239.3亿元，存贷比达到66.2%；清水湖野生动物园试开园，万达广场建成运营。

固定资产投资。实施重点项目建设135个，争取上级各类资金44.2亿元，完成固定资产投资249.6亿元，增长20.9%。

交通通信。全县完成交通运输、仓储和邮政业增加值17.06亿元，增长6.5%。全县公路里程2334千米，其中省道179千米、县道313千米、乡道805千米、村道1037千米。年末移动电话用户58.84万户，互联网宽带用户20.47万户。

科技、教育。高新技术企业35家，完成高新技术产品产值205.82亿元，实现增加值48.0亿元，增长15.8%。授权专利192件，其中发明专利61件。全县共有各级各类学校205所（另有不计校数的小学教学点15个），其中，完全高中1所，高级中学2所，职业高中3所，成人中等专业学校1所，初级中学16所，九年一贯制学校15所，十二年一贯制学校1所，小学56所，特殊教育学校1所，幼儿园109所。

年度亮点。湖南省稻鳖生态种养全产业链建设研讨会在汉寿召开。开展珍珠退养“清零行动”，在规定的时间内实现全面退养。湖南省“刘良院士专家工作站”汉寿百禄桥枳壳、陈皮产学研工作基地成立。

年度荣誉。2021年，汉寿县获评第二批全国农作物病虫害“绿色防控示范县”、全国“平安农机”示范县、全省平安建设年度考核先进县市区、“湖南省农产品质量安全县”“四好农村路”省级示范县等荣誉称号，“放管服”改革、固定资产投资、河湖长制、清理拖欠民营企业中小企业账款工作、蔬菜产业发展5项工作获得省政府真抓实干表扬激励。

【河长制工作获省真抓实干表扬激励】 2021年，汉寿紧跟省市部署，以河（湖）长制工作为统领，围绕水环境治理，夯实工作基础、突出问题整改、强化河湖保护，取得明显成效。全面完成“一河（湖）一策”实施方案（2021—2025年）编制，在全省率先编制出台《汉寿县天然水域管理办法》。深入开展河湖管理范围及水利工程管理与保护范围划定，完成22条县管河流、26个县管湖泊划界方案编制，完成321座中小水库划界任务。落实市级民间河长10名、乡镇公益性岗位河湖管护员126名、村级河湖保洁员552名，常态化开展“保护母亲河”河湖保洁公益行动，组织社会团体、民间河长、社会各界及志愿者1000多人次参与护河行动。综合开展安乐湖和胭脂湖水环境治理，国控蒋家嘴断面、坡头断面水质均达到Ⅲ类以上，河湖治理经验在《中国水利报》刊发，河长制工作获得省政府真抓实干表扬激励。

【湖南省稻鳖生态种养全产业链建设研讨会在汉寿召开】 2月28日，湖南省稻鳖生态种养全产业链建设研讨会在汉寿召开。县委副书记刘静出席会议并致辞，县政协副主席叶新华参加会议。研讨会由湖南省稻田生态种养协会、湖南省水产学会主办，汉寿县稻田生态种养协会承办，汉寿县农业农村局协办。会议围绕湖南省稻鳖生态种养种苗孵化、加工、销售、品牌建设等展开。中国工程院院士、湖南师范大学生命科学学院副院长、湖南省生物研究所所长刘少军作主题发言，并与优秀专家学者、企业代表一道研讨，共同探讨稻鳖生态产业未来发展之路，共同破解稻鳖生态产业发展难题，共同寻求产业发展与乡村振兴衔接之策。研讨会后，与会人员参观考察大南湖稻鳖生态种养示范基地和汉寿中华鳖原种场。

【汉寿县珍珠退养“清零行动”】

汉寿县为珍珠养殖大县。为贯彻落实习近平生态文明思想，坚持“绿水青山就是金山银山”的理念，坚定不移走生态优先、绿色发展之路，汉寿县开展珍珠退养“清零行动”，11个有退养任务的乡镇（街道）按既有存量，在规定的时间内实现全面退养。9月22日，汉寿县珍珠退养清零行动动员会召开。经过快速推进，全县珍珠退养于11月16日实现全面清零。12月10日，召开总结表彰大会。

【湖南省“刘良院士专家工作站”汉寿百禄桥枳壳、陈皮产学研工作基地挂牌成立】 10月8日，湖南省

"刘良院士专家工作站"汉寿百禄桥枳壳、陈皮产学研工作基地举行揭牌仪式。中国工程院院士刘良、常德市副市长龚德汉、汉寿县委书记车世忠出席仪式并致辞。汉寿县委副书记、县长周功表主持仪式。县领导王君、杨戊、宋万林以及湖南省有关高校中医药专家学者、市县相关部门主要负责人参加。湖南省"芙蓉学者"、湖南中医药大学科技创新中心副主任蔡雄宣读产学研工作基地成立文件，并请刘良院士签订授权书，向百禄桥镇负责人授书。广州至信药业股份有限公司、湖南正清制药集团、湖南一方天江药业有限公司及湖南省中药材产业协会分别与合作社负责人签订战略合作协议。

（李勇波）

桃源县

中共桃源县委员会

书　记		庞　波
副书记	马吉云	陈支文
常　委	庞　波	马吉云
	陈支文	唐海芳
	彭　炜	高　扬
	李昌伟	钟　黎
	孙华伟	严森柯

桃源县人大常委会

主　任		江志晖
副主任	杨智斌	江娟娟
	文继承	曾文志
	唐述林	

桃源县人民政府

县　长		马吉云
副县长	唐海芳	钟　黎
	汤赛男	郭劲峰
	熊世成	蒯　影
	王贤平	于惠平
	唐　骏	

政协桃源县委员会

主　席		陈会龙
副主席	王开美	向真金
	范晏齐	朱建华
	李廷芬	

【概况】　桃源县位于湖南省西北部，土地总面积4442平方千米，2021年辖23个镇、3个乡、2个街道。黔张常高速铁路，常吉、常张高速公路等经过县境。年末户籍人口91.5万人（不含桃花源），城镇化率43.7%，人口自然增长率-7.1‰。年内最高气温39.3℃，最低气温-4.2℃，年降水量1744.4毫米。森林覆盖率65.5%，水质综合达标率100%，空气质量优良率97.3%。红色旅游经典景区1个，国家AAAAA级景区1个。全国重点文物保护单位、省级文物保护单位分别有2处、5处，省级非物质文化遗产保护项目4个。

全年地区生产总值462.9亿元，比2020年增长8.7%。其中第一、二、三产业增加值分别为97.4亿元、153.7亿元、211.8亿元，分别增长9.3%、8.1%、8.9%；三次产业结构比为21∶33.2∶45.8。财政总收入24.8亿元，增长5%。规模以上工业增加值51.7亿元，增长15.5%。省级工业园区1个，园区工业增加值38.5亿元，增长18.4%。农林牧渔业总产值101.2亿元，增长9.2%。有省级以上农业产业化龙头企业14家。固定资产投资增长13.1%；有高新技术企业46家，高新技术产业投资增长-0.9%。社会消费品零售总额196.6亿元，增长14.2%。进出口总额19.9亿元，增长28.8%。接待国内外游客652.6万人，增长56%；旅游收入61.6亿元，增长66%。新增城镇就业5513人，城镇登记失业率为2.6%；农村劳动力转移7003人。城镇居民人均可支配收入36719元，农村居民人均可支配收入19668元，分别增长8%、11.3%。

年度亮点。2021年，桃源县完成粮食种植面积和总产全省"双第一"；承办全省水稻机收减损现场会。举办全省第四届乡村文化旅游节，沙坪镇赛阳村入选湖南省乡村旅游重点村，打造枫林花海、夷望山水、热市温泉等十大乡村旅游热点。沅南路竣工通车，西部环保发电厂并网发电，完成老旧小区改造39个。完成农村改厕4万户，数量全省第一。空气质量全市第一，高新区政务服务大厅建成投用，22家单位236项行政审批权限赋权园区，实现园区事务园区办。"书记餐叙"、扶贫车间、政务服务"敲门"帮代办等工作经验被全省推介。新引进、新开工、新投产亿元以上产业项目40个、32个、22个，投资总额117亿元，招商数量全市第一；抽水蓄能电站项目成功列入国家、省"十四五"中长期发展规划，成为桃源历史上引进单体投资规模最大的项目。大力推行"书记餐叙"、函告督办、全程代办等七大制度，优化营商环境综合评价排名全省第六。新增城乡就业1.2万人，充分就业社区（村）建设试点工作位居全市前列。县职业中专完成整体搬迁，三中、四中、八中合并为二中进城办学。县人民医院门（急）诊综合楼投入使用，新中医医院基本建成。桃源刺绣、桃源铜器制作技艺成功申报全省非物质文化遗产。

年度荣誉。桃源县获评全国农作物生产全程机械化示范县。桃源县九溪镇获评中国民间文化艺术之乡，枫树维吾尔族回族乡被确定为全国首批铸牢中华民族共同体意识教育实践基地。飞沃科技成为全市首个国家级制造业单项冠军，三特机械获批国家专精特新"小巨人"企业，桃源高新技术产业开发区获得省"五好"园区称号。县域高质量发展、制造业高质量发展、园区建设、财政管理、环境质量改善等5项工作获得省政府真抓实干督查表扬激励，优化营商环境、安全生产、推进政策落实等20项工作获得市政府真抓实干督查表扬激励。通过省级文明城市复检验收；成功创建省级森林城市。扫黑除恶专项斗争取得重大胜利，获评全省先进。平安桃源、法治桃源建设深入推进，继续保持全省“平安县”称号。

（彭峙凌　陈　勇）

【桃源高新区获评全省“五好”园区】 2022年1月29日，湖南省产业园区建设领导小组通报2020年度、2021年度“五好”园区综合评价情况，桃源高新区位列省级园区第四名，获评全省“五好”园区。桃源高新区由漳江、陬市、盘塘三大片区组成，总规划面积18.2平方千米，2021年建成面积7平方千米，累计建成标准化厂房近百万平方米，有企业221家，其中规模以上工业企业121家、高新技术企业28家、工信部制造业单项冠军企业1家、国家级“专精特新”“小巨人”企业3家、省级“专精特新”“小巨人”企业13家，先后获评省级“双创”示范基地、“省级示范物流园区”，连续2年获评“湖南省产业高质量发展园区”，连续8年获评“省级先进园区”。

（魏　杰）

【桃源县粮食生产连续3年获全省“双第一”】 2021年，桃源县完成粮食播种面积11.92万公顷，实现总产76万吨，播种面积、总产量均居全省第一位。桃源县认真贯彻国家粮食安全战略，全面落实中央、省市粮食生产工作精神，按照“稳面积、稳产量”要求，采取加大财政投入、推广集中育秧、狠抓办点示范、培强新型经营主体、发展全产业链经营等措施，不断推动粮食生产稳面增产。2019—2021年，全县粮食播种面积、总产量稳定在180万亩、76万吨左右，连续3年获全省“双第一”。

（彭　斌）

【举办全省水稻机收减损现场演示会】 7月19日，湖南省水稻机收减损现场演示会暨机械化栽植技术推广“田间日”活动在桃源县郑家驿镇举行，农业农村部农机化管理司司长冀名峰出席并宣布活动启动，湖南省人民政府办公厅副主任贺丽君，湖南省委农办主任、省农业农村厅厅长袁延文，常德市委副书记、市长邹文辉出席活动。“田间日”活动演示耕整地、育插（抛）秧、收获、秸秆处理、植保、烘干等机械化作业全过程，开展水稻机械化栽植作业体验、田间作业常见故障排除、现场技术咨询等活动，进一步强化“降低机收损耗就是增加粮食产量”意识，营造全社会关注支持机收减损的浓厚氛围，为实现粮食颗粒归仓、保障粮食安全提供有利的农业机械化支撑。

（陈　勇）

【桃源县九溪镇获评“中国民间文化艺术之乡”】 11月3日，文化和旅游部印发《关于命名2021—2023年度“中国民间文化艺术之乡”的通知》，桃源县九溪镇凭借“板龙灯”成功上榜，成为全国获得命名的183个县市区、乡镇街道之一。九溪镇位于桃源县北部，文化底蕴深厚，群众文化发展繁荣，有民间艺术团队30余支，拥有“四灯五戏九艺二十二小调”等多种民间文艺，其中“板龙灯”和“虾灯”两项被列入市级非物质文化遗产，咯咯戏、地花鼓、车儿灯、鹳蚌灯、傩面具雕刻等被列入县级非物质文化遗产。上榜的“板龙灯”又名板凳龙灯，已有1600余年历史，融入美术、书法、音乐、舞蹈、手工技艺等艺术门类，其以独特的形式反映人民群众精神生活风貌，体现民族和谐、团结，展现劳动者的智慧、技艺和创造力，具有较高的学术价值、历史价值和观赏价值。

（曾　袁　浩　斐）

【飞沃科技成为常德市首个国家级制造业“单项冠军”】 2021年1月，工信部、中国工业经济联合会发布“第五批全国制造业单项冠军示范企业和产品”，桃源县重点企业湖南飞沃新能源科技股份有限公司研发生产的“风电叶片预埋螺套”成为全国制造业“单项冠军产品”。飞沃科技成立于2012年，是一家专注于高强度紧固件研发与制造，并提供紧固系统解决方案的国家高新技术企业。在高强度紧固件领域，获得国家发明专利16项，实用新型专利14项，软件著作权15项，主导参与制订国家标准4项。该

桃源县九溪镇板龙灯进城闹元宵　（桃源县九溪镇 供图）

湖南飞沃新能源科技股份有限公司　　（桃源摄影家协会 供图）

公司以科技创新为引领，致力高强度紧固件研发与制造，先后获得工信部“智能制造试点示范企业”、国家“专精特新”“小巨人”企业、国家“制造业双创试点示范平台”等荣誉。

（罗继伟）

临澧县

中共临澧县委员会

书　记　　李雨初

副书记　　蒋颖群　丁克刚

常　委　　李雨初　蒋颖群　丁克刚　李智勇　夏孝涛　李碧波　熊海兵　廖资水　李　强　邓业军

临澧县人大常委会

主　任　　李　颖

副主任　　乔新平　钟　音　朱国财　刘艳菊　陈　凯

临澧县人民政府

县　长　　蒋颖群

副县长　　李智勇　夏孝涛　陈　清　苏群英　蒋家杰　颜爱军　谭三宝　杨　刚　邓蕴琳（挂职）

政协临澧县委员会

主　席　　宁毅刚

副主席　　徐建新　蒋谟金　邹　航　廖孝波　夏小琼

【概况】　临澧县地处湖南省常德市中部偏北，2021年辖7个镇、2个乡、2个街道，土地总面积1203.87平方千米。年末户籍人口43.49万人，城镇化率45.7%；人口自然增长率-1.58‰。年内最高气温38.4℃，最低气温-4.4℃，年降水量1153.1毫米。森林覆盖率42.2%，水质综合达标率100%，空气质量优良率95.9%。二广、安慈高速公路经过县境。全县有省级以上自然保护区3个，其中国家级自然保护区1个。有省级风景名胜区1个。有红色旅游经典景区2个，AAAA级以上景区1家。全国重点文物保护单位、省级文物保护单位分别有5处、5处；省级非物质文化遗产保护项目3个。

地区生产总值219.84亿元，比2020年增长8%。其中，第一产业增加值36.6亿元，增长9.5%；第二产业增加值80.22亿元，增长7.2%；第三产业增加值103.02亿元，增长8.6%。三次产业结构比为16.6∶36.5∶46.9；三次产业对地区生产总值增长的贡献率分别为21.62%、31.61%、46.77%。人均地区生产总值59192元，增长8.6%。全年完成一般公共预算收入10.87亿元，下降8.6%。其中，地方一般公共预算收入6.82亿元，增长7.2%。一般公共预算支出33.13亿元，下降20.4%。

农林牧渔业总产值68.06亿元，增长10.6%；粮食播种面积5.32万公顷，与上年基本持平。全年粮食总产量33.95万吨，增长2.9%。农业支柱产业：粮食、油料、水果、水产养殖。省级以上农业产业化龙头企业5家；农民专业合作社663家，其中省级以上示范社16家。农产品区域品牌为“临澧味道”。全年农业机械总动力37.297万千瓦，农业机械化率为66.73%。

工业增加值58.31亿元，增长9.4%。其中规模以上工业增加值32.28亿元，增长11.3%。工业增加值占地区生产总值的比重为26.5%。全县规模工业实现主营业务收入143.18亿元，增长21.1%；利税总额12.07亿元，增长20.8%。全县有省级工业园区1个。工业支柱产业：新材料产业、装备制造业、大健康产业。建筑业增加值21.95亿元，增长1.8%。

固定资产投资增长15.7%。其中高新技术产业投资下降36.9%，工业投资下降0.6%，民生工程投资下降60.4%，基础设施投资增长40.7%，全年1亿元以上投资项目21个。社会消费品零售总额98.31亿元，增长14.2%。引进省外境内资金126.8亿元。进出口总额10439万美元，增长10.8%。接待国内外游客412.19万人，增长132.49%；旅游收入38.27亿元，增长168.37%。

全县有高新技术企业33家，高新技术产业增加值增长23.7%。有普通高中3所、初中学校20所、普通小学60所。有文艺表演团体11个、文化馆（群众艺术馆）12个、公共图书馆12个、博物馆（纪念馆）2个、档案馆1个。有医疗卫生机构389个，卫生技术人员2241人，每千人口拥有执业医师数2.8人、床位数6.1张。全民健身运动参加人数6万人，有公共体育场地1116个。

社会用电量9.79亿千瓦时，增长6.7%，其中工业用电量5.51亿千瓦时，增长2.2%。城乡居民人均可支配收入29554元，增长9.4%。城镇居民人均可支配收入39120元，增长7.8%；农村居民人均可支配收入21920元，增长10.1%。

年度亮点。2021年，潇湘科技要素大市场临澧工作站揭牌运营，禾易云聚成功获批省级众创空间，南方新材成为全省首个5G智能矿山示范区。成功通过“国家学前教育普及普惠县”省市实地督导评估，中考实现全市“十四连冠”，高考本科录取率创历史新高。基本公共卫生服务全面开展，组建家庭医生签约服务团队99个，10家建制乡镇卫生院中医馆全部建成。开展各类文化活动1000余场，送戏下乡106场，放映公益电影1356场。

年度荣誉。2021年，临澧县9项工作获得省、市政府真抓实干激励；获评全省城乡客运一体化示范县、全省生态文明建设示范县、全省平安县、全省安全生产先进县，入选全国城乡交通运输一体化示范创建县、全省乡村振兴示范创建县、全省农村客货邮融合发展试点县、全省首批教育评价改革试点县；合口镇被命名为“湖南民间文化艺术之乡”，四新岗镇综合文化站成功入选“最美潇湘文化阵地”；艺龙家庭农场成功入选全国农民合作社和家庭农场典型案例；黄兴在东京残奥会上摘金夺银，涌现出杨少伟、王先进、杨莉、卢敏、张婷婷等一批全国先进个人。

【获评全省生态文明建设示范县】

临澧县持续加强生态文明建设，大力推动绿色低碳发展。突出制度引领，健全创建工作体系。建立组织领导体系、规划引领体系、综合监管体系、考核考评体系、监管监督体系。优化生态空间，夯实创建工作基础。启动国土空间规划编制，完成生态保护红线划定，编制“三线一单”。实施综合整治，补齐生态环境短板。推进污染防治攻坚。坚持问题导向，聚焦主要污染因子，打响蓝天碧水净土保卫战，环保基础设施逐步配套完善，绿色生产生活方式渐趋形成。全面系统保护生态。以交通干线为主体，以景区、公园、“两水流域”及城镇为重点，实施造林绿化行动，实现“开门见绿，四季有景”目标。强化监管执法。突出对危险废物、污染场地等重点领域、重点行业和重点企业的监管，以“零容忍”态度，严厉打击违法行为，环境风险得到有效管控。加强农村环境综合整治，集中式饮用水水源达标率、村镇饮用水卫生合格率、农村卫生厕所普及率、污水处理率、生活垃圾集中清运和无害化处理率全面达标。对中央、省市督察交办和反馈问题全面开展“回头看”，着力整治“小石灰窑”、“小塑料粒子”、砂石矿山企业及“散乱污”企业，有效解决历史遗留问题。2021年，临澧县获得全省生态文明建设示范县称号。

【获评全省安全生产先进县】

2021年，临澧县以安全监管执法、隐患排查治理、自然灾害防范、应急体制建设、宣传教育培训等为重点，扎实有序开展安全生产和消防工作。狠抓隐患排查整治，建立完善重大隐患、突出问题、制度措施“三个清单”，发现并整改突出问题13项，建立制度措施11项，排查隐患1288处。大力推进示范创建，成功创建1个省级综合减灾示范社区，18家三级安全生产标准化企业，1个“平安农机”示范乡镇。大力推进科技强安，全面完成危险化学品和烟花爆竹安全生产风险监测预警系统联网，“智慧消防”上线运行，为安全监测监管提供了有力支撑。应急救援能力进一步增强。应急预案体系逐步完善，建立全县应急“一张图”“一张表”。应急救援队伍不断壮大，全县建立微型消防站210个、应急避难场所13个、紧急避难场所42个，合口镇政府专职消防救援站建成并投入使用；建成11支乡镇专职消防队、94个村级志愿消防队，初步实现专业救援力量全覆盖。2021年，临澧县被评为全省安全生产先进县。

（叶小平　邹　雪）

石门县

中共石门县委员会

书　记		郭碧勋
副书记	邓碧波	张　凯
常　委	郭碧勋	邓碧波
	张　凯	李裕军
	邱献兵	黄　蕾
	龚云林	谭本军
	杨　鹰	陈　建

石门县人大常委会

主　任		张树国
副主任	康文化	胡中华
	陈　林	李　健
	张国安	

石门县人民政府

县　长		邓碧波
副县长	李裕军	龚云林
	刘力耕	黄晓坤
	万勇平	唐汇驰
	徐　超	吴　张
	杨红伟（挂职）	

政协石门县委员会

主　席		张业勇

副主席　　　　李　平　马业平　马攸胜　戴海荣　彭进武

【概况】　石门县地处湖南省西北部，土地总面积3970平方千米。2021年辖4乡13镇4街道，年末户籍人口65.5万人，城镇化率48.3%，人口自然增长率-1.77‰。

自然资源。年平均气温18.4℃；年总降水量1158.2毫米，人均水资源10250立方米，人均用水量891立方米。已发现的矿种36种，已探明资源储量的矿种19种。国家级自然保护区1个，森林覆盖率71.6%。水质综合达标率100%，空气质量优良率93.4%。

经济综合。地区生产总值342.50亿元，比2020年增长8.9%。其中，第一产业增加值52.26亿元，增长9.2%；第二产业增加值126.44亿元，增长8.8%；第三产业增加值163.80亿元，增长8.9%。三次产业结构比为15.3：36.9：47.8；三次产业对GDP增长的贡献率分别为17.2%、34.9%、47.9%。全年完成财政总收入200244万元，增长5.2%。地方公共财政预算收入122295万元，增长9.7%。公共财政预算支出621093万元，增长0.8%。

农业。农林牧渔业总产值91.83亿元，比2020年增长10.3%；粮食播种面积4.84万公顷，增长0.7%。全年粮食总产量30.84万吨，增长2.4%。农业支柱产业：柑橘、茶叶。国家级及省级以上龙头企业4家；农民专业合作社940家。农产品区域品牌石门柑橘、石门银峰、石门土鸡。全年农业机械总动力75.39万千瓦，增长2.8%。

工业和建筑业。工业增加值102.35亿元，增长11.3%。其中规模以上工业增加值增长14.3%。规模以上工业企业完成营业收入363.52亿元，增长18.4%；主要产品产量：水泥熟料504.52万吨、水泥500.65万吨、发电量68.17亿千瓦时。建筑业增加值24.15亿元，下降0.6%；全年资质以上总承包和专业承包建筑业企业实现总产值16.82亿元，增长15.3%。

商贸服务业。全年完成进出口总额83090万元，增长41.4%。社会消费品零售总额140.79亿元，增长14.9%。全年引进内外资总额119.97亿元，实际利用外资金额100万美元，实际引进省外境内资金119.91亿元，引进亿元以上项目25个。

旅游业。全县等级旅游区（点）4家，其中国家AAAA级及以上2家。全年共接待国内游客340.09万人次，下降48.1%；创国内旅游收入40.12亿元。

固定资产投资。固定资产投资额比2020年增长10.0%。其中按经济类型分：国有投资下降12.3%；非国有投资增长15.3%；民间投资增长21.4%。按产业分：第一产业投资增长62.5%；第二产业投资增长14.8%；第三产业投资下降8.1%；工业投资增长14.8%。

交通通信。全年实现交通运输、仓储和邮政业增加值17.37亿元，同比增长7.4%。境内公路通车总里程3895.8千米，全年提质改造农村公路41.56千米。全年邮政部门业务总量8739.95万元，增长5.2%；三大运营商业务总量3.50亿元。年末互联网宽带用户18.85万户。

科技、教育。全县高新技术产业增加值43.24亿元，增长28.9%。全年授权专利365件，其中发明专利111件。签订技术合同20项，成交金额3.15亿元。全县中等职业教育学校共2所，共招生1751人，在校生4879人，毕业生1330人。中学36所，其中高级中学5所，初级中学31所。高级中学招生3101人，在校生9216人，毕业生2881人。初级中学招生6503人，在校生17819人，毕业生5402人。普通小学共招生5712人，在校生33958人，毕业生6222人。小学适龄儿童入学率和毕业生升学率均达到100%。幼儿园在园幼儿14607人。全县各类民办学校4所，在校学生5407人。

文化、体育、卫生。全县有省级非物质文化遗产保护目录5个，市级7个。有艺术表演团体8个、文化站22个，文化馆、博物馆、公共图书馆和综合档案馆各1个。全县经常参加体育锻炼的人数达23万人，开展全民健身项目20项次，有体育场地1508个（座），其中体育馆2座、运动场1402个、游泳池4个、各种训练房100个。全县有医疗卫生机构546个，其中医院、卫生院30个，卫生监督执法机构、疾病预防控制中心、妇幼保健院、专科疾病防治院各1个。全县医院、卫生院拥有床位4673张，其中乡镇卫生院床位1746张。全县医院、卫生院拥有编制内卫生技术人员2606人，其中乡镇卫生院卫生技术人员691人。

社会生活。社会用电量11.12亿千瓦时，比2020年增长8.4%，其中工业用电量6.28亿千瓦时，下降8.7%。城镇居民人均可支配收入30703元，增长8.4%；农村居民人均可支配收入15776元，增长12.2%。新增城镇就业人员5742人，城镇登记失业率3.32%；农村外出就业劳动力（不含本乡镇）19.46万人，新增农村劳动力转移就业5044人。城乡居民养老保险登记参保人数422471人；城乡居民基本医疗保险参保人数567473人。城市生活垃圾无害化处理率100%。

年度亮点。石门县委书记郭碧勋、薛家共富有机茶叶有限公司董事长王婷和薛家村已故名誉村主任王新法分别获全国脱贫攻坚先进个人荣誉，湖南湘佳牧业股份有限公司获全国脱贫攻坚先进集体荣誉。石门县秀坪园艺场获“湖南十大果品基地品牌”称号，石门县柑橘协会获“湖南省十大果品区域公共品牌”称号，湖南湘佳橘友农业有限公司获评“湖南十大果品流通品牌”。

年度荣誉。2021年，石门县先后被评为全国电子商务进农村综合示范县（升级版）、全国县域农业农村信息化发展先进县、省级民族团结进步示范县、有机茶之乡，被纳入全国农产品产地冷藏保鲜整县推进试点，促进就业和社会保障、商事制度改革、教育、信访“三无”、城市更新5项工作以及土壤污染防治、养老服务等15项工作分别荣获省、市真抓实干督查激励。县交通运输局获“全国交通运输脱贫攻坚成绩突出集体”荣誉称号，县高新区获评全省产业高质量发展园区，入围洞庭湖地区排名前3位的省级园区。

【石门县在全国脱贫攻坚总结表彰大会上获得个人和集体荣誉】 2月25日，全国脱贫攻坚总结表彰大会在北京举行，石门县委书记郭碧勋、薛家共富有机茶叶有限公司董事长王婷和薛家村已故名誉村主任王新法分别获全国脱贫攻坚先进个人荣誉，湖南湘佳牧业股份有限公司获全国脱贫攻坚先进集体荣誉。

【石门柑橘品牌推介取得新突破】 2021年，为抓好柑橘推广销售，石门县组织“第一颗早柑橘进北京暨石门柑橘北京推介会”在北京新发地举办，现场签约12万吨，金额达2.5亿元；积极组织参加“湖南蜜橘进北京推介会”；成功举办第21届湖南石门柑橘节暨文化旅游季活动，通过举办开幕式、优势农产品展销会、吃橘大赛、最美橘园、网销大赛等系列活动，极大地提升石门柑橘品牌知名度和美誉度。2021年，石门柑橘总产量达40万吨以上，综合收入突破14.5亿元。12月20日，在第五届长沙果品产业博览会上，石门县秀坪园艺场获得“湖南十大果品基地品牌”称号，石门县柑橘协会获得“湖南省十大果品区域公共品牌”称号，湖南湘佳橘友农业有限公司获得“湖南十大果品流通品牌”。

【石门获“中国有机茶之乡”等三大荣誉】 10月27日，第十七届中国茶业经济年会在广西三江侗族自治县举行。石门县在年会上斩获“中国有机茶之乡”（全国仅1家）、“全国茶业百强县”和“茶旅融合特色县”（全国10个）等三大荣誉。中国茶叶流通协会会长、全国茶叶标准化技术委员会主任委员王庆先颁授“中国有机茶之乡”牌匾。石门县委常委、副县长龚云林参加年会并领奖。

（卢淑婷）

2021年10月27日，第十七届中国茶业经济年会在广西三江侗族自治县举行。图为石门县委常委、副县长龚云林（左）领奖 （丁芙蓉 黄 飞 摄）

澧县

中共澧县委员会

书　记		王兆铭
副书记	王启武	蒴　鹰
常　委	王兆铭	王启武
	蒴　鹰	张元安
	江　毅	李　阳
	潘　莉	杨　松
	周　澧	王　毅

澧县人大常委会

主　任		金贤松
副主任	张　华	熊德蓉
	朱　宇	余明春
	陈祖毅	

澧县人民政府

县　长		王启武
副县长	江　毅	李　阳
	刘　黎	杨　波
	宋化丽	丁保国
	杜卫雄	蒋立勇

政协澧县委员会

主　席		高建平
副主席	谭　斌	夏金梅
	杨　钢	李泳坪

【概况】 澧县地处湖南省常德市北部，2021年辖15个镇、4个街道，土地总面积2075平方千米。年末户籍人口89.3万人，城镇化率60.7%；人口自然增长率-1.5‰。年内最高气温37.9℃，最低气温-4.1℃，年降水量1076.1毫米。森林覆盖率32.95%，水质综合达标率100%，空气质量优良率94.5%。焦柳铁路及二广高速、安慈高速公路过境。全县

有省级及以上自然保护区2个，其中国家级自然保护区1个。有红色旅游经典景区3个，AAAA级以上景区2家。全国重点文物保护单位、省级文物保护单位分别有16处、7处；国家级、省级非物质文化遗产保护项目分别有3个、2个。

地区生产总值417.09亿元，比2020年增长7.7%。其中，第一产业增加值59.37亿元，增长9.1%；第二产业增加值134.44亿元，增长5.4%；第三产业增加值223.28亿元，增长8.7%。三次产业结构比为14.2∶32.2∶53.6；三次产业对GDP增长的贡献率分别为17.8%、21.9%、60.3%。全年完成一般公共预算收入22.85亿元，增长15.14%。其中，地方一般公共预算收入15.45亿元，增长23.23%。一般公共预算支出59.62亿元，下降1.9%。

农林牧渔业总产值113.5亿元，增长9.9%；粮食播种面积8506.67公顷，增长0.02%。全年粮食总产量52.72万吨，增长2.37%。农业支柱产业为水稻、油菜、棉花、葡萄。省级以上农业产业化龙头企业8家；农民专业合作社1363家，其中省级以上示范社17家。全县有澧州葡萄、城头山大米、复兴苹果柚、石菖蒲等6个国家地理标志产品。全年农业机械总动力89.46万千瓦，农业机械化水平为71%。

工业增加值88.21亿元，增长10.3%。其中规模以上工业增加值63.2亿元，增长11.9%。工业增加值占GDP的比重为21.15%。全县规模工业实现主营业务收入347.14亿元，增长17.3%；利税总额19.03亿元，增长3.2%。全县有省级工业园区1个。工业支柱产业为生物医药、健康食品产业。建筑业增加值46.28亿元，下降2.7%。

全年固定资产投资（不含农户）比2020年下降5.1%。其中高新技术产业投资下降7.2%，工业投资增长48.7%，民生投资下降59.6%，基础设施投资下降14.1%，全年1亿元以上投资项目144个。社会消费品零售总额204.08亿元，增长14%。实际到位外资40万美元，引进省外境内资金124亿元。进出口总额1.42亿美元，增长44.94%。接待国内外游客973万人次，增长81.7%；旅游收入58.6亿元，增长91.7%。

全县有高新技术企业33家，高新技术产业增加值增长15.44%。有普通高中3所、初中学校28所、普通小学90所。有文艺表演团体8个、文化馆（群众艺术馆）1个、公共图书馆1个、博物馆（纪念馆）3个、档案馆1个。有医疗卫生机构655个，卫生技术人员3609人，每千人口拥有执业医师数2.8人、床位数5.3张。全民健身运动参加人数30万人，有公共体育场地2467个。

社会用电量13.24亿千瓦时，增长8.12%，其中工业用电量4.8亿千瓦时，增长5.13%。城乡居民人均可支配收入26405元，增长9.4%。城镇居民人均可支配收入35966元，增长8.1%；农村居民人均可支配收入21586元，增长10.2%。

年度亮点。2021年，澧县科技创新投入产出，高标准农田建设，自然资源管理，信访工作“三无”创建，落实党中央、国务院有关重大政策措施，落实省委、省政府重大决策部署等6项工作获省政府真抓实干表扬激励，排名全市第一；制造业高质量发展等11项工作获市政府表扬激励。被评为湖南省全面小康补短板推进工作先进县，提升幅度在全省同类县中排名第一，跻身中部地区县域经济百强县。入选第一批全国婚俗改革实验区。澧县鸡叫城遗址发现中国最早最完整的木结构建筑基础，澧县城头山遗址入选“百年百大考古发现”。

年度荣誉。2021年，澧县获评全国第二批深化小型水库管理体制改革样板县、“四好农村路”全国示范县，成功通过国家卫生县城复审。获评全省信访工作“三无县”、全省平安建设（综治工作）先进县、全省生态文明建设示范县、全省法治政府建设示范县、湖南省全域旅游示范区、全省中药材种植示范县。

【澧水石门至澧县高等级航道工程开工】 4月20日，省领导慰问交通项目建设者暨澧水石门至澧县、湘江永州至衡阳、沅水常德至鲇鱼口高等级航道工程开工建设动员大会在澧县举行，副省长陈飞出席并宣布开工。澧水石门至澧县、湘江永州至衡阳、沅水常德至鲇鱼口高等级航道建设项目总投资达64.7亿元，建成后湖南省将新增1000吨级航道112千米，新增2000吨级航道213千米。其中，澧水石门至澧县高等级航道工程航道起自石门兆恒工业园，终至澧县金鸡滩，工程按Ⅲ级航道标准建设，将按照1000吨级标准整治澧水石门至澧县51千米航道，项目估算总投资36.53亿元，建设工期48个月。

【澧县鸡叫城遗址发现中国最早最完整的木结构建筑基础】 10月9日，“考古中国”重大研究项目——长江中游文明进程研究的重点课题鸡叫城遗址考古发掘专家现场会在湖南常德澧县举行，宣布发现一处主体部分至少330平方米、加南廊至少500平方米的木结构房子，是考古发现的中国最早最完整的木结构建筑基础，距今4700年左右。

【澧县城头山遗址入选“百年百大考古发现”】 10月18日，“第三届中国考古学大会”开幕式在河南省三门峡市举行。开幕式上公布“百年百大考古发现”，澧县城头山遗址荣耀登榜。

【澧县入围首批全国农业现代化示范区创建名单】 11月19日，农业农村部公示第一批创建农业现代化示范区名单，澧县成功入围。

（周春燕　钟　刚）

安乡县

中共安乡县委员会

书　记	陈　德
副书记	徐　桢　吴永兴
常　委	陈　德　徐　桢
	吴永兴　贺吉敏
	余　梅　韩翼飞
	辛　俊　胡　岚
	周宏林　蔡　广

安乡县人大常委会

主　任	何志祥
副主任	向　勇　熊明华
	张金贵　雷志军
	罗志星

安乡县人民政府

县　长	徐　桢
副县长	贺吉敏　胡　岚
	张益源　陈建军
	曾晓希（挂职）
	王志明　汪　洋
	姚　慧　张　杰

政协安乡县委员会

主　席	胡秋兰
副主席	周文武　谢铁成
	刘玉龙　封明忠
	王　峥

【概况】　安乡县位于洞庭湖西北部，是湖南的北大门，处于湘鄂两省、四市（常德、益阳、岳阳、荆州）、八县（鼎城、汉寿、澧县、津市、南县、公安、石首、华容）的交界处。2021年辖12个乡镇、2个农场，区域面积1087平方千米，户籍人口51.6万人，城镇化率43%。属于洞庭湖生态经济区的核心圈层，是长江“三口”（太平口、藕池口、松滋口）泄洪与澧水注入洞庭湖的必经之地。杭瑞高速、安慈高速穿境而过。年内最高温度36.3℃，最低气温-1.7℃；年降水量1818.5毫米。森林覆盖率11.66%，空气质量优良率93.7%。全国重点文物保护单位及省级文物保护单位分别有3处、3处，省级非物质文化遗产保护项目1个。

地区生产总值40.2亿元，比2020年增长7.9%。三次产业结构比为19.3：28.1：52.6。人均GDP为55846元，增长8.04%。一般公共预算收入5.97亿元，减少2.81%。其中，地方一般公共预算收入3.9亿元，增长3.2%。一般公共预算支出41.97亿元，增长12.23%。农林牧渔业总产值80.6亿元，增长10.9%；粮食播种面积5.37万公顷，增长120公顷；全年粮食总产量35.41万吨，增长0.9万吨。农产品区域品牌为“安乡农仓”；农业机械化水平为84.9%。工业增加值33.04亿元，增长9.8%；其中规模以上工业增加值25.1亿元，增长11.6%。有省级以上工业园区1个。工业支柱产业：特色农产品加工、健康与体育用品。建筑业增加值34.6亿元。固定资产投资增长11.9%，其中高新技术产业投资增长119.6%，全年1亿元以上投资项目23个。社会消费品零售总额112.7亿元，增长14.1%。进出口总额6341万美元，增长26.8%。接待国内外游客239.94万人，增长5.91%；旅游收入26.49亿元，增长6.64%。城镇居民人均可支配收入32664元，增长7.7%；农村居民人均可支配收入20024元，增长10.6%。

产业基础。围绕六大产业链，量身定制“两图两库两池两报告”（产业链全景图、现状图，客商库、招商项目库，人才池、资金池，分析报告、招商报告），规划布局6个专业园中园。新引进、新开工、新投产亿元产业项目分别达23个、21个、11个。园区技工贸总收入跃上百亿元台阶。新开工建设标准化厂房和公租房15万平方米，为历年之最。鲸港园区雨污管网实现全覆盖。净增各类市场主体3356户，新入规工业企业10家，创建省级“小巨人”企业2家。新认定高新技术企业8家，科技型中小企业入库达34家。

城乡品质。粮食生产面积稳定在5.37万公顷。建成粤港澳大湾区菜篮子基地7个，“两品一标”认证达40个，“安乡农仓”入仓产品138个。成功创建省级现代农业产业园、农业科技园区。脱贫攻坚与乡村振兴有效衔接，启动新一轮驻村帮扶，构建防返贫动态监测和帮扶机制。新建或改造污水管网21.5千米。县城区新增停车位4288个。南安路棚改基本完成，35个老旧小区改造春节前可完工。新增绿化面积23万平方米。

基础建设。安慈高速、G353县城至安障段、张九台大桥建成通车，S512三岔河至新口段、S223夹夹至出口洲段、马坡湖大桥开工建设。成功申报城乡客运一体化省级示范县，城区公交车全部上线运营。完成农村公路危桥改造20座、安防工程121千米、资源产业路30千米。疏浚主干沟渠678千米。36座农村小水厂经营权全面收回。洞庭湖北部地区分片补水二期工程在安乡县启动。电力基础设施不断完善，连续3年投资过亿元。

生态环境。扎实开展污染防治，大气优良天数342天，优良率达93.7%。河（湖）长制有力推进，长江“十年禁捕”深入实施，建成洞庭湖干支流入河（湖）排污口档案，3个国控断面水质稳定在Ⅱ类。珊珀湖综合治理持续推进，水质稳定向好。“双降”行动成效显著，畜禽粪污资源化利用整县推进项目如期完成。推行林长制，新造林3.8万亩，书院洲入选省级重要湿地名录。

民生保障。18件省、11件市重点民生实事高质量完成。子龙小学主体完工，“双减”政策落地，校内课后服务实现全覆盖，建成“三通三平台”（宽带网络校校通、优质资源班班通、网络学习空间人人通，建设教育资源公共服务平台、教育管理公共服务平台、校车安全监控平台），获评省信息能力提升工程2.0项目县。招工稳岗“百日攻坚”行动扎实开展，新增城镇就业4608人。特困供养对象年人均救助水平分别达8892元、6240元。新建三岔河中心敬老院，医养中心与福利院项目竣工验收。严厉打击欺诈骗保，医保基金安全得到有力保障。

年度亮点。2021年，安乡县新引进、新开工、新投产亿元产业项目分别达23个、21个、11个，站胜集团成功落户，优耐新材料、恒阳机械等一批重大项目加速推进，一诺生物、鑫旺体育等项目实现当年开工当年投产。园区技工贸总收入跃上百亿元台阶。成功创建省级现代农业产业园、农业科技园区，获批省级绿色种养循环农业试点县。安慈高速、G353县城至安障段、张九台大桥建成通车，S512三岔河至新口段、S223夹夹至出口洲段、马坡湖大桥开工建设，打通“五垸相连”“最后一公里”。安乡县创新“代改代建”模式，困难群众住房安全问题实现动态清零，该项工作获省政府真抓实干表扬激励，并在2022年2月24日全省住房城乡建设工作会议上作为典型进行推介。

年度荣誉。安乡县获评全国渔业健康养殖示范县、全国主要农作物生产全程机械化示范县、国家返乡农民工就业试点县。获评省信息能力提升工程2.0项目县、全省禁毒工作先进县、省级美丽乡村建设先进县；连续3年被评为全省脱贫攻坚先进县，连续10年保持全省平安县称号。仙桃村获评全国乡村治理示范村。出口洲中学、理兴垱学校分别被评为全国中小学中华优秀传统文化传承学校、全国青少年校园足球特色学校。黄山岗司法所被评为全国模范司法所。梅家洲村获评省民主法治示范村。

【安乡县创新“代改代建”模式】

2021年，安乡县创新农户住房危房“代改代建”模式。在充分尊重农户改造意愿的前提下，由县政府统一设计方案、统一核算工程量、统一采购建材、统一委托施工队伍承建，有效解决危改中标准难统一、质量难保障、工期难控制等难题，建设工期由3个月降至1个月，困难群众住房安全问题实现动态清零。该项工作获2021年度省政府真抓实干激励奖励，并在2022年2月24日全省住房城乡建设工作会议上作为典型进行推介。

【站胜集团智能制造体育用品项目落户安乡】 2021年，广东站胜集团在安乡投资智能制造体育用品项目，总投资10亿元，用地320亩，全部正式投产后，年产约1500万套体育运动服饰，预计营业额约15亿元，税收约1亿元以上，可提供就业岗位约5000个，为安乡产业发展注入新的强大动力。该集团以制鞋产业为核心，并在产业延伸上涉足并大力发展运动器材、自动化设备研发、智能制造系统等前沿领域。

【马坡湖大桥开工建设】 马坡湖大桥是省道223线安乡黄山头至出口洲公路上的控制性工程，该桥连接安乡黄山头镇与大湖口镇，横跨松滋河东支，地处黄山头镇马坡湖汽车渡口上游约50米处。马坡湖大桥桥长1026.08米，桥宽10米，总投资8642.6万元，于2021年11月启动建设，计划工期3年，大桥建成后，安乡将全面打通“五垸相连”的“最后一公里”。

（宋沛东）

津市市

中共津市市委员会

书　记		黄旭峰
副书记	彭子晟	汪军华
常　委	黄旭峰	彭子晟
	汪军华	何朝辉
	杜登全	吴拥华
	叶春华	徐兴宇
	徐兴勇	周　高

津市市人大常委会

主　任		姜正才
副主任	蒋勇林	胡湘萍
	雷志华	郭久平
	陈克兵	

津市市人民政府

市　长		彭子晟
副市长	何朝辉	杜登全
	陈　林	戴宏凯
	易　榕	高　力
	杨剑波	陈　璐
	彭进华	

政协津市市委员会

主　席		李景峰
副主席	石　勇	梁文利
	李子牙	易　旭
	陈本方	

【概况】 津市市地处湖南省西北部，总面积558平方千米。2021年，津市市辖4镇、5个街道、1个省级高新区。年末户籍人口22.41万人，城镇化率65.7%，人口自然增长率-16.99‰。

经济综合。2021年全年实现地区生产总值193.6亿元，增长7.9%。其中，第一产业增加值26.4亿元，增长8.8%；第二产业增加值83.9亿元，增长6.7%；第三产业增加值83.3亿元，增长8.8%。三次产业结构由2020年的15.7：42.0：42.3调整为13.6：43.3：43.1。一、二、三产业对经济增长的贡献率分别为17.5%、

35.5%和47%，分别拉动经济增长1.4个、2.8个和3.7个百分点。工业增加值占地区生产总值比重为37.1%，高新技术产业增加值占地区生产总值比重为22.7%。全年完成省重点民生实事任务16项。全年农林牧渔业总产值48.5亿元，增长10.7%。农林牧渔业增加值29.1亿元，增长8.6%。农作物播种面积4.31万公顷，其中粮食作物播种面积2.27万公顷，经济作物播种面积2.04万公顷，下降8.4%。年末拥有农业机械32669台，比上年增加212台；总动力20.63万千瓦，比上年增加0.22万千瓦。全年工业增加值比上年增长7.3%。其中，规模以上工业增加值增长8.4%；园区规模以上工业增加值增长8.1%。全年完成建筑业增加值10.2亿元，增长2.1%。全年固定资产投资比2020年增长19.0%。全年社会消费品零售总额78.4亿元，增长14.7%。全年完成交通运输、仓储业和邮政业增加值9.2亿元，增长4.5%。实现公路、水运货运量464万吨，货物周转量81784万吨千米。实现公路客运量304万人，增长11%，旅客周转量10156万人千米，增长11%。全年完成邮电业务总量1.92亿元，下降24.9%。全年完成旅游总收入23.1亿元，下降12.4%。国内旅游人数205.9万人次，下降31.6%。年末拥有国家旅游等级区（点）4家，星级宾馆1家，旅行社1家。全年引进境内市外资金75.0亿元，增长34.1%；引进亿元以上境内省外项目16个，增长77.8%。全年完成进出口总额1374.3万美元，增长11.8%。全年财政总收入8.77亿元，增长7.6%。其中，地方一般公共预算收入5.54亿元，增长4.1%；公共财政预算支出18.2亿元（新口径）。税务局完成各项税收入库7.14亿元，增长8.7%。年末金融机构各项存款余额168.2亿元，增长6.6%。金融机构各项贷款余额106.6亿元，增长37.7%。

教育和科学技术。年末拥有各类学校33所，在校学生15169人，招生3690人，毕业学生3776人。幼儿园在园幼儿4577人，下降6.8%。各类民办教育机构44个，在校学生2542人，下降56.9%。全年高新技术产业增加值43.9亿元，增长15.2%。年末拥有高新技术企业32家，省级工程技术研究中心10个。专利申请381件。

文化、卫生和体育。年末拥有艺术表演团体1个，群众文化馆1个，公共图书馆1个，博物馆1个，国家级非物质文化遗产保护名录1个，省级非物质文化遗产保护名录1个。年末拥有医疗卫生机构总计201个。其中，医院、卫生院13家，妇幼保健院1家，专科疾病防治院1家，疾病预防控制中心（防疫站）2个，卫生监督所（中心）1个，社区卫生服务中心（站）14个，诊所、卫生所、医务室68个，村卫生室102个。卫生技术人员2018人。其中，执业医师和执业助理医师583人，注册护士659人，乡镇卫生院卫生技术人员173人，疾病预防控制中心（防疫站）卫生技术人员33人。医疗卫生机构共有床位1316张，其中乡镇卫生院拥有床位244张。经常参加体育锻炼人数19.0万人，年内开展全民健身项目25项次。年末拥有体育场地103个，其中运动场22个，游泳池2个，各种训练房23个。

资源环境。全市森林覆盖率24.5%，全年完成造林面积767公顷。平均年降水量1144毫米，下降9.9%。全社会用电量6.97亿千瓦时，增长3.9%。市城区空气质量达标率达100%。

年度亮点。津市市医疗器械一二类产品注册增量排名全国第一。津市高新区获批省级化工园区、省级双创示范基地。津市港散货物流集散中心项目开工建设。中国酶制剂工业发展高端学术论坛暨2021年湖南省微生物学术年会在津市市举行。聘请11位院士、22名专家成立市院士专家咨询委员会。醇健制药荣获中国创新创业大赛优秀奖。完成国家卫生城市、省级园林城市复检和省级海绵城市试点验收。农村人居环境整治工作被省政府推荐为全国先进。毛里湖排涝泵站新建工程获中国水利工程最高奖大禹奖。乡村治理运用清单制经验入选全国十大典型案例。

年度荣誉。2021年，津市市农村人居环境等乡村振兴重点工作入选全国真抓实干表扬激励名单；优化营商环境工作获省政府真抓实干表扬激励。“津市牛肉米粉师”获评全国优秀劳务品牌。毛里湖获评省级重

2021年9月5日，中国酶制剂工业发展高端学术论坛暨2021年湖南省微生物学术年会在津市开幕
（津市融媒 供图）

要湿地、首批“美丽河湖”。津市市获评全省平安农机示范县市。津市市公安局荣获湖南省扫黑除恶专项斗争先进集体，汪家桥派出所获评第一批省级“枫桥式派出所”。

【举办中国酶制剂工业发展高端学术论坛暨2021年湖南省微生物学术年会】 9月5日，中国酶制剂工业发展高端学术论坛暨2021年湖南省微生物学术年会在津市开幕，全国微生物学领域的多位专家学者及行业精英参会。津市市生物医药产业发展势头强劲，成为全国最大的酶制剂生产和出口基地，全国最大的医药中间体生产基地，亚洲最大的甾体原料药和医药中间体出口基地。大会授予黄海洪、雷爱华、马靓、邱烨、王玉光、魏科、肖愈、尹佳、张盛培、赵士敏10人第五届“红旗杯湖南省微生物学会十佳青年科技奖”荣誉称号；授予吴移谋、夏立秋2人首届“鸿鹰杯”“湖南省微生物科技工作者终身成就奖”称号。湖南师范大学、中南林业科技大学、湖南文理学院、湖南应用技术学院等高校、科研院所的专家，湖南微生物学会负责人及理事单位的企业负责人，津市全体在家市级领导及相关部门单位、企业负责人参加会议。

【成立常德市首个区县级院士专家咨询委员会】 10月24日，津市市院士专家咨询委员会成立大会召开。省人大常委会原副主任、湖南大学教授、湖南省教育基金会理事长王柯敏参加会议并讲话。津市市委副书记、市长彭子晟宣读院士专家咨询委员会名单，津市市委书记黄旭峰为王柯敏、罗安、陈晓红、柴立元、刘仲华、张友明、史才军等院士专家颁发聘书。

【津市市集中签约总投资达66亿元的化工项目】 11月29日，津市市举行化工项目集中签约仪式。津市市委书记黄旭峰，市委副书记、市长彭子晟参加签约仪式。湖北瑞能华辉能源管理有限公司董事长刘菁菁、常德市正阳生物科技股份有限公司副总经理陈孟军、湖南津久远新材料有限公司董事长易宗明先后介绍项目具体情况。项目服务单位代表就如何服务好项目建设作表态发言。津市高新区管委会主任彭发利与三家企业进行现场签约。签约项目包括瑞能华辉年产3万吨混合制冷剂项目；正阳生物年产120吨化学合成尼古丁建设项目；津久远新材料年产2000吨硫酸乙烯酯项目。项目总投资达6.6亿元，预计年产值可达16.5亿元，年纳税约1.72亿元。

【津市港散货物流集散中心项目开工】 11月30日，举行津市港散货物流集散中心项目开工仪式。开工仪式由常德市副市长汤祚国主持，常德市委副书记、代市长周振宇宣布项目开工。深圳市盐田港集团有限公司党委副书记、总裁刘南安，中交第四航务工程局副总经理方丘泽，津市港口有限公司董事长张林中，津市市委书记黄旭峰分别致辞。该项目总投资约7亿元，共建设4个1000吨级散货泊位，设计年通过能力1030万吨。

（施若愚　邓颖华）

常德经济技术开发区

区党工委书记　李育智
区党工委副书记、管委会主任　邹如龙
区党工委委员、管委会副主任、建设管理部部长　李厚元
区党工委委员、党政工作部部长　杨丙武

【概况】 2021年，常德经济技术开发区（以下简称经开区）园区总面积150平方千米，年末户籍人口11.7万人，代管德山街道、樟木桥街道、石门桥镇。先后被授予“国家高新技术产业基地园区”“国家小型微型企业创业创新示范基地”“国家绿色园区”“国家级科技企业孵化器”等。

2021年，在市委、市政府坚强领导下，常德经开区工委管委围绕“五好”园区创建目标，坚持改革创新、开放发展，有效应对困难挑战，推动经济社会持续健康发展。全年完成地区生产总值156.7亿元（不含烟厂），增长7.7%；完成规模工业总产值507.7亿元（不含烟厂），增长12.8%；完成技工贸总收入1250亿元，增长2.8%；完成一般公共预算收入19.5亿元，增长3.68%。在2021年商务部国家级经开区考核中位列第66，较2020年上升29位。在全省“五好”园区创建综合评价国家级园区中排名第四。常德经开区“信访三无”工作获得2021年省政府真抓实干奖励。常德经开区企业党委获评全省“两新”领域“先进基层党组织”“标杆党组织”。党建引领高质量发展经验做法获《人民日报》推介。蒿草湖社区、洞北社区、双岗社区、上街社区、演舞堆社区5个社区被认定为省级充分就业社区。常德湖师大附属德山学校被认定为“全国青少年校园足球特色学校”。

招商引资。出台招商引资专门考核奖惩办法。全年共引进项目103个，签约金额147亿元，其中1亿元以上10亿元以下项目31个，10亿元以上项目6个，“500强”企业投资项目3个。6月28日下午，常德经开区19个招商项目集中进行“云签约”，总金额达56亿元。招商机制。制定年度招商引资工作方案，由工委管委领导牵头，实行重大项目专项工作小组负责制，组建

精干高效的招商小组，做到一个项目、一个团队、一套措施、一抓到底，提升招商引资落地效率。引资方式。围绕外资招商短板推动精准招商，相继引入韩国医美、丰树集团外资项目2个，新增外商投资企业8家。深耕产业链招商，相继引进大机动超音速无人机、机械零配件制造等16个智能装备制造产业链项目，仿制药研发生产基地、高端医药中间体等15个生物医药产业链项目。资源配置。全面清理盘活现有要素资源，进行差别化配置和叠加运用，确保集中一个方向发力。针对优势产业、专业园区制定出台《湖南生物医药产业聚集区专项政策》等政策文件，科学评估新引进项目，有效提升资源配置效益。

项目建设。持续推行项目“一站式服务”，一枚印章管审批、一个干部跑手续、一企（项目）一策一专班，项目建设加速推进。全年共推进产业项目80个，其中亿元以上产业项目69个。新开工亿元以上项目18个，新投产亿元以上项目18个，武陵酒扩建、云港生物、中科多源电力融合技术实验验证平台等一大批项目竣工投产。优化服务模式。推行“1+2”项目服务模式，提供零距离重点帮办代办服务，健全和完善“一站式”服务流程，实行一窗受理、一件通用、一人跟进、一站办结，为入驻企业和项目提供“母亲式”服务。强化考核调度。出台《常德经开区项目推进服务专项考核办法》，明确年度目标、建设任务、部门责任，定期汇总分析，推动项目落地。施行“一线工作法”，实时调度、动态监管，全程跟进破解项目推进难题。深化要素保障。着力推进水、电、气、热等项目配套设施建设，提升项目支撑能力。统筹调配资源，强化项目资金、用地等要素保障。

产业培育。坚持做大经济总量与培强骨干企业并重，突出帮联帮扶，助力企业做大做强。产业规划做优。明确“两主一特”产业发展导向，出台《常德经开区推动经济高质量发展打造优势产业链三年行动计划（2021—2023）》，精选优势产业链12条，拟定支持产业链建设“两图七清单”，坚持一链一个工作专班、一链一个支持政策、一链一个发展规划、一链一个承载园区，全力推动园区产业特色化、差异化发展。龙头骨干培强。加大龙头企业培育力度，全年申报市级“小巨人”企业8家、省级“小巨人”企业4家，力元新材、天马电器、中联液压3家企业获批国家级“小巨人”企业，常德中车成功申报国家级绿色工厂。协调推动园区企业上市，完成金富力、金天钛业等9家意向上市企业摸底。企业帮扶有力。推行服务专员制度，安排176名副科级以上干部担任企业服务专员，实行在职终身服务制度，全力帮助企业解决问题。出台帮扶企业“纾困增效”专项行动方案，全面落实各项惠企政策，让政策“白纸黑字”变成惠企“真金白银”，共兑现奖励项目457个，奖励金额2935万元。

发展动能。体制机制。巩固园区大部制改革成果，按照“精简综合事务部门，加强业务职能部门，健全党建工作机构”原则，进一步清理规范管委内设机构和所属事业单位。结合大部制改革运行情况，全面厘清部门职责，调整优化部分中心职能职责和职数，园区体制机制活力有效激发。政务服务。持续深化“放管服”改革，推进“一窗受理、集成服务”审批服务模式，拓展服务事项范围。推行“证照分离”改革，进一步压减市场准入事项办理时间，取消各类材料和证明事项25个。推动实现“园区事园区办”“一件事一次办”，推进园区赋权，新增园区赋权事项162项。创新发展。出台《常德经开区“德聚优才”行动实施办法》，为280名人才发放补贴636.7万元，有效吸引人才会集。保税物流中心（B型）即将全面开工建设，全球首个百兆瓦级多电源融合技术实验验证平台竣工并投入使用，常德中科多源电力融合技术研究院成功入选湖南省新型研发机构名单，实现经开区成立以来省级新型研发机构零的突破，园区创新开放发展动能更足。

社会事业。乡村振兴。落实惠农政策，坚持耕地保护，持续筑牢粮食安全底线，粮食面积、产量实现“双增”。延伸农业产业链、价值链、利益链，全力推动产业帮扶，实施乡村振兴项目46个，使用衔接资金1083万元。民生福祉。各级各类教育均衡发展，教育基础设施建设不断加强，常德楚怡中等职业学校落户经开区，公办园、普惠园规范化建设稳步推进。卫生服务，积极开展疫情常态化防控，全力推进疫苗接种，确保全区新冠肺炎零感染、零确诊、零死亡。城市建设。全面推进长安路、彰德路、同德路、尚德路、仙公路等8条道路建设。集中开展老旧小区改造，惠及居民1614户，涉改面积20.2万平方米。充分发挥智慧城管数字平台作用，推动实现城市管理网格化、精细化、智慧化。开展控违拆违、餐饮油烟治理、渣土规范管理等专项行动，城区面貌焕然一新。生态环境。抓好中央和省督办交办的突出生态环境问题整改，实施“洞庭清波”专项行动，持续推进长江流域禁捕退捕，有序启动垃圾分类试点，大气质量、水环境质量、土壤环境质量稳步向好。社会大局。防范化解金融风险，切实遏制债务增量，化解债务存量，完成全市首笔关注类债务置换剥离，确保政府债务风险可控。深入推进政法队伍教育整顿，全面开展“平安园区”“法治园区”“三无”示范区建设，“信访三无”工作获得省政府真抓实干奖励。深入开展“安全生产专项整治三年行动”，全力防范化解重大安全风险，安全生产形势持续向好。

【全省重大项目集中开工仪式】 3月1日，2021年全省重大项目集中开工活动在全省14个市州及各县市区同步举行。常德分会场设在常德经开区，时任市委副书记、市长邹文辉通过视频连线，向省主会场报告常德市重大项目集中开工情况并宣布项目开工。参加集中开工活动的常德经开区项目共3个（5G通信塔&城市智慧综合杆、50万片硬质合金锯片项目、宏峯新能源项目），总投资12.6亿元。

【获批国省“小巨人”企业】 2021年常德力元新材料有限责任公司、常德中联重科液压有限公司、常德天马电器有限公司3家企业获批国家级“小巨人”企业。湖南洞庭药业股份有限公司、湖南瑞冠生物化工科技有限公司、常德力元新材料有限责任公司、湖南宏旺环保科技有限公司4家企业获批湖南省“小巨人”企业。

【全球首个百兆瓦级多电源融合技术实验验证平台项目竣工】 10月20日，全球首个百兆瓦级多电源融合技术实验验证平台项目竣工仪式在常德经济技术开发区举行，标志着全球首个百兆瓦级多电源融合实验验证平台正式运行。该项目依托中科院技术成果，由中国科学院上海高等研究院、富能宝能源科技集团公司、北京中科科仪股份公司、常德经开区共同建设。项目占地约4.7公顷，总投资1.6亿元，于2020年5月18日开工建设。该平台系统可实现对新能源设备、储能设备、储能监控系统BMS、EMS、多电源无缝切换、黑启动、微电网设计组网、储能电站设计搭建等进行实验、运行和验证，为储能和多电源互补及微电网项目投资，提供科学有效支撑和前期评价与实证，填补国内外大规模储能技术和方案实验验证平台空白。

【丰树（常德）综合产业园项目签约】 10月20日，由丰树集团投资的丰树（常德）综合产业园项目签约落户常德经开区。项目总投资3000万美元，用地约6.13公顷，计划建设“电子商务运营产业区”“电子信息集聚配送产业区”及“智慧物流运营产业区”。建设内容包括电子商务运营中心、大数据、电子信息产品体验中心和零部件分销中心，并开展智慧物流平台的建设、运营、管理。项目投入运营后，预计年税收约2000万元。

【常德市现代商贸物流产业上海招商推介会】 11月6日，常德市举办现代商贸物流产业上海招商推介会。常德经开区发布冷链物流（常德）产业园、常德新能源物流中心、多式联运国际贸易产业园等5个项目建设总投资达53.08亿元。

【省级新型研发机构突破】 12月29日，湖南省科学技术厅发布《关于发布2021年度第二批湖南省新型研发机构备案及培育名单的通知》（湘科发〔2021〕155号），常德中科多源电力融合技术研究院成功备案2021年湖南省新型研发机构名单，实现常德经济技术开发区省级新型研发机构零的突破。

（王　龙）

常德高新技术产业开发区

区党工委书记　杨学平
区党工委副书记、管委会主任　曾　君
区党工委副书记、纪工委书记、监工委主任　蔡　凯
区党工委委员、管委会副主任　刘霞初
区党工委委员、管委会副主任　高　霞

【概况】 常德高新技术产业开发区（以下简称常德高新区）位于市城区西北部，2021年建成区面积1500公顷，年末户籍人口5.33万人。2021年，常德高新区紧跟上级战略部署，全力引项目、兴产业，抓创新、提质效，以“五好”园区创建为主题主线，大力推进“千亿园区、工业新城”建设。

经济增长。坚决落实上级决策部署，全力以赴抓调度、稳增长、促发展。完成工业总产值513亿元、增长16.1%，规模工业总产值348.3亿元、增长16%，规模工业增加值63亿元、增长10.6%；完成一般公共预算收入11.4亿元、税收11亿元，其中地方一般公共预算收入6.3亿元、增长19.6%，税收收入6亿元、增长22.2%、占比93.8%；新晋国家新型工业化产业示范基地、科技部重大成套设备制造产业创新型产业集群试点、科技部企业创新积分制试点园区、2021中国高新区创新能力百强园区、全省产业高质量发展园区、绿色园区；获评全省园区综合评价营商环境先进园区通报表彰，获评全市真抓实干“推动高质量发展成效明显地区”等表扬激励8项。

产业发展。始终坚持将产业发展放在重中之重，用项目的大建设推动产业的大发展。围绕智能塔机升降机等五条优势产业链，大力推进中介招商、定向招商、资本招商、以商招商，全年新引进亿元以上项目31个，其中“三类500强”项目4个、10亿元以上项目7个。完成固定资产投资98亿元、增长12%，新开工亿元以上工业项目17个、新投产亿元以上工业项目14个。新增市场主体501家，实现外贸进出口总额3.89亿美元、内联引资62亿元，均

超额完成全年任务。装备制造、光电信息、新材料“两主一特”产业来势较好，新增规上企业23家、达到144家。规上企业中，产值增长的有100家、增长面69.5%，税收增长的有52家、增长面36.1%。

创新活力。加大重点项目培育申报，争取上级预算投资2.26亿元，瑞齐隆科技、荣程机械获批省重大科技创新项目立项，常德水表、佳鸿机械、长岭机械、联嘉机械等获批国省专精特新“小巨人”企业，响箭重工获评云上平台标杆企业和湖南省工业品牌培育试点企业，粤港模科模块化产品登上冬奥会舞台等。申报省市研发平台9家，浩天翼与湖南文理学院共建省重点实验室，常德水表成功创建省水计量信息工程技术研究中心，瑭桥科技获评省工业设计中心。科锐新材料、南方新材料、联科科技等获批高新技术企业，园区高新技术企业总数达79家，入库“科小”企业91家、总量市直六区（常德经开区、常德高新区、柳叶湖旅游度假区、西湖管理区、西洞庭管理区、桃花源旅游管理区）第一，孵化器入孵项目22个。研发费用投入14.3亿元、增长18.5%，总量、增速市直六区第一。申请发明专利405件，授权77件、达到340件。引进“三高”人才180余人。成功举办、承办第一届“创业行”、第四届高新技术交流会等创新创业活动。

服务企业。19805件受理办事事项全部办结，全市率先实现项目供地“四证齐发”“交地交证即开工”。有力破解“瓶颈”难题，解决用工缺口4550人次，为42家企业获取融资1.93亿元，常德水表、瑭桥科技湖南股交所挂牌交易，全年批回项目用地145.15公顷，征拆土地69公顷。建成标准化厂房30万平方米，高新大道等7条市政道路、工程机械配套产业园二期、高新区人民医院等重点项目有序推进。园区城市管理工作总分全市第一，污染防治攻坚战强力推进，市人大代表、政协委员建议、提案办结满意率100%，公安、应急、党管武装、桥南园区管理、疫情防控以及工会、妇联等群团工作取得实效，鼎力投公司持续健康发展，园区社会大局安全稳定。

【湖南省主要领导考察常德高新区】 1月6日，省委副书记、代省长毛伟明在常德调研，到常德高新区中联建起智能生产线调研。9月1日，省委书记、省人大常委会主任许达哲调研常德，到常德高新区调研中联恒通和响箭重工两家企业。

【获批科技部重大成套设备制造产业创新型产业集群试点】 2021年8月，根据科技部火炬中心《关于开展2021年度创新型产业集群试点（培育）的通知》（国科火字〔2021〕183号），常德高新区获批科技部重大成套设备制造产业创新型产业集群试点。该区产业基础好，产业集群基本形成。2021年，集群内规上企业79家，高新技术企业45家，已形成围绕中联建起、特力液压等龙头企业为核心，较为完整的上下游产业集群。针对产业优势，常德市成立由市长担任链长的塔基产业链领导小组，统筹协调解决产业链发展中的重大问题；成立重大成套设备制造产业专家咨询委员会，定期对产业集群发展过程中的重大问题开展研究；成立常德工程机械装备制造业促进中心，为集群企业提供法律、金融和技术等方面的服务。

（罗　伟）

柳叶湖旅游度假区

区党工委书记　袁世平

区党工委副书记、管委会主任　方志炜

区党工委副书记、管委会副主任　汪泽云

区党工委委员、管委会副主任　吴正清

区党工委委员、工会主任　游澜波

区党工委委员、管委会副主任　陈　虎

区党工委委员、管委会副主任　姜建渠

区党工委委员、纪工委书记、监工委主任　罗　炎

区党工委委员、管委会副主任　孙云波

区党工委委员、管委会副主任　张志斌

【概况】 2021年，柳叶湖旅游度假区下辖1个镇、2个街、28个村（社区），区划面积170平方千米，其中水域面积21.8平方千米，年末户籍人口6.3万人。全年完成地区生产总值43.4亿元，增长7.6%；完成一般公共预算收入9.97亿元，增长2%；接待游客250.1万人次，实现旅游综合收入15.2亿元，分别增长19%、23%；全体居民人均可支配收入达46094元，增长8.7%。

2021年，承办全国食品经营许可改革现场会、湖南省首届都市文化旅游节、全省农村人居环境整治现场推进会、全省妇联工作现场会等国省会议和活动。柳叶湖外经贸产业中心项目获得省政府大督查通报表扬，“湘妹子能量家园”、交通顽瘴痼疾整治、农村改厕工作经验全省推介。全区共获得上级表彰奖励100多项，常德河街获评首批国家级旅游休闲街区，“常德柳叶鲫”被认定为国家地理标志证明商标；获评全省“法治进文旅场馆”先进单位。用好国家级旅游度假区名片，出台激发旅游消费奖励办法，城市旅游联盟与省内外200多家旅行社结盟合作，促进旅游市场企稳复苏。举办湖畔音乐节、柳叶湖摄影季、柳叶湖当代艺

术邀请展、柳叶湖智慧马拉松启动仪式等活动，旅游人气不断提升，取得“五一”“十一”旅游综合收入均居全省景区第一的成绩。举办激活消费系列活动，消费市场稳步回暖，社会消费品零售总额增长13.7%。建成全国唯一的环湖智慧马拉松系统，推出全国首个裸眼3D·“常德立方”项目；常德河街获评首批“湖南省示范步行街”。柳叶湖外经贸产业中心暨跨境电商体验中心项目在短短3个多月时间完成洽谈签约、投资建设和正式运营，是全市首个外经贸企业聚集区，成为新的消费市场增长点。突出招大培强，赴粤港澳大湾区、长三角等地进行招商推介，维也纳国际酒店、品缦酒店等7个项目成功签约落地，全季酒店、造梦师艺术中心等项目建成运营，深圳国际食品谷常德产业园、柳叶湖数字文化产业园、新经济产业园等项目有序推进。举办2021柳叶湖创投峰会，累计入驻基金和基金管理机构111家，全年新增19家，资金管理规模近298亿元，增加36.65亿元。深化“放管服”改革，大力推行“互联网+政务服务”，深化“一件事一次办”和一体化平台应用，承接市级下放的105项权力事项，发展环境不断优化，发展活力持续释放。积极培育市场主体，全区总数达到5714家，全年净增733家，增长29.87%。其中净增“四上”企业9家，总数达到52家。升级改造资源路产业路15千米，提质改造农村公路4.9千米，建设农村公路安防工程11.6千米，太阳谷乡村公路获评市级“最美农村路”；X013线维修工程如期完成，Y35东靳驮片区延伸线公交车正式开通。建设高标准农田493.33公顷、水利工程14处，肖伍铺污水管网改造进展有序。强力推进征地拆迁，启动征拆项目21个，拆迁438户，出让土地93公顷，挂牌成交15.5亿元。万寿郡限价商品房项目建设稳步推进。率先在全市启动高铁沿线整治行动，创新开展物业小区考评活动，将城市管理触角延伸至全区40个物业小区，打通城市管理“最后一公里”。全年拆除违法建设291宗，拆除面积2.2万平方米。加强耕地保护，抓好稳产保供，粮食生产任务超额完成。建成郑太有机辣椒产业园，全区29个蔬果品种获国家有机产品认证，3个品种获国家绿色产品认证，柳叶湖生态鱼获评“2021年度常德十大农产品品牌”。在全市率先完成改厕任务。月亮社区获评省级村庄清洁行动先进单位，入选“省级美丽乡村示范村”，肖伍铺社区获“省级特色精品乡村”称号。深入打好污染防治攻坚战，蓝天碧水净土三大保卫战成果持续巩固，河湖长制、林长制、禁捕工作有效落实，垃圾分类、化肥减量增效工作有序开展，太阳山石煤矿生态治理成果不断巩固。污染防治攻坚战“夏季攻势”17项任务全面完成，阶段进度及整体任务完成速度均位居全市第一。省市交办的突出生态环境问题全部整改销号，中央第二轮环保督察交办整改问题强力推进。大湖水质保持在地表水Ⅲ类标准以上，环境空气质量持续改善，全年优良天数达到307天。严格落实“四个不摘”要求，健全防返贫监测和帮扶机制，向基层选派7支驻村工作队、13名驻村工作队员，有效落实危房改造、教育助学、就业扶贫系列政策，保持帮扶力度不减，实现“零返贫、零致贫”目标。深入开展“我为群众办实事”实践活动，各级各部门为民办实事368件，省市重点民生实事圆满完成。新增城镇就业603人，农村劳动力转移就业310人。临时救助、特困供养系列政策有效落实，社保基金、医保基金等专项整治取得阶段性成果。复基小学顺利建成招生，成为市城区规模最大、标准最高的小学；市一中柳叶湖学校获评“湖南省防震减灾科普教育示范学校”，省级示范性高中上线率、录取率居城区公办学校前列。“双减”政策落地实施，普惠性幼儿园覆盖面进一步提升。区疾控中心、白鹤镇卫生院新建项目启动。肖伍铺社区综合文化服务中心获评湖南省村（社区）级“最美潇湘文化阵地”。开展无疫社区（村）创建，推进疫苗接种清零行动，取得零病例阶段性胜利，疫情防控工作经验获得市委肯定。推进安全生产专项整治三年行动集中攻坚，实施“强执法防事故”专项整治，强化消防、道路交通、燃气安全等领域监管，全年未发生重大安全生产事故和食品药品安全事故；柳叶湖街道成功创建“湖南省安全发展工作示范乡镇（街道）”。开展党史学习教育，省级市级简报采用量居市直六区第一。举行庆祝中国共产党成立100周年系列活动，学习贯彻习近平总书记“七一”重要讲话精神和中共十九届六中全会精神，举办年轻干部综合能力提升进修班、新一届乡镇及村（社区）干部履职培训班等各类培训班7期。充分发挥微信公众号和官网主阵地作用。新建“两新”党组织2个，打造市级“两新”党建标杆2个；巩固拓展党支部“五化”建设成果，基层公共服务（一门式）全覆盖。加强干部梯次培养，调整配备科级干部12人，职级晋升10人次，引进各类人才44名，公务员平时考核工作经验全市推介。完成乡村集中换届工作，常态化举办“书记论坛”。连续7年提标村级运转经费，建立专职工作者管理体系。完善区政务热线办公室，热线工作获评全市优秀。深化党政协同办公平台应用，省级文明机关保牌成功。强化监督执纪，持续正风肃纪，全年聚焦“洞庭清波”专项整治、纠治“四风”、护航营商环境等领域开展监督检查120

2021年12月15日，市贸促会与湖南柳叶湖外经产业园发展有限公司签订合作协议　　（市贸促会 供图）

多次。大力推进清廉柳叶湖建设，以“零容忍”态度惩治腐败，政治生态不断净化，获评2021年度全市落实党风廉政建设主体责任先进区。

【柳叶湖旅游度假区复基小学建成招生】 9月，柳叶湖旅游度假区复基小学顺利建成招生，成为常德市城区规模最大、标准最高的小学。学校总投资2.6亿元，用地规模4.67万平方米，总建筑面积4.2万平方米，拥有教学班60个、学生2200多名。

【举办2021柳叶湖创投峰会】 11月5日，2021柳叶湖创投峰会举行。峰会以“创新发展　投赢未来”为主题，特邀经济学家、院士、投资机构和高成长企业代表参会，通过主题论坛、主题推介、高端对话、主题分享、路演推介等活动，吸引投资人入湘投资。还举行主题分享、路演推介等活动。其中，路演环节聚焦生物医药、大健康、新材料、新能源、人工智能及电子信息等领域，臻选多家优质高成长企业进行现场推介，联动创投与产业，为创新型中小企业开辟绿色融资通道。

【常德柳叶湖智慧马拉松启动仪式举行】 11月6日，由常德市文化旅游广电体育局、柳叶湖旅游度假区管委会主办，湖南广播电视台经视频道承办的“智慧德马·说跑就跑”2021年常德柳叶湖智慧马拉松启动仪式开幕。杨威、杨云、秦凯、何姿、王军霞、陈定、龙清泉等奥运健儿、芒果主持团等嘉宾现场领跑。柳叶湖旅游度假区党工委书记袁世平、市文旅广体局局长杨俊对参与活动的奥运健儿等颁发“常德柳叶湖智慧马拉松暨旅游形象大使”证书。

【常德柳叶湖外经贸产业中心暨跨境电商体验中心正式开业】 12月12日，常德柳叶湖外经贸产业中心暨跨境电商体验中心开业，湖南省人民政府口岸办主任郭宁，湖南省侨联党组成员、副主席兼秘书长孙民生，湖南省贸促会党组成员、副会长邓罗兴，常德市委副书记、市委统战部部长陈华等领导出席。首批入驻企业与园区集中签约，来自全球各地的休闲食品、日化用品、酒水饮料等各类商品上架展示、销售。开业当日，该中心已进驻省市商业协会及服务平台14家、外贸和电商企业12家，计划5年内聚集外贸和跨境电商企业30家。

（曾　年）

西湖管理区

区党委书记	吴兴国
区党委副书记、管委会主任	吉海波
区党委委员、管委会副主任	刘六林
区党委委员、工会主任	吴鹏伟
区党委委员、管委会副主任	张文辉
区党委委员、纪委书记、监工委主任	王　亮
区党委委员、管委会副主任	高家喜
区党委委员、政法委书记	蒋　刚

【概况】 2021年，西湖管理区总面积70.26平方千米，辖1个乡、1个镇，年末户籍人口5.07万人。全年实现地区生产总值18.9亿元，增长8.3%；地方一般公共预算收入增长22.1%，其中税收收入增长23.2%，非税收入占比27.5%；固定资产投资增长20.6%；城乡居民可支配收入分别增长8.1%、10.8%。

产业发展。现代农业。粮食、生猪稳产保供，全年粮食播种面积4000公顷，粮食总产3.15万吨，生猪出栏超过3万头，粮食生产西湖镇示范片获评全市优秀区县市长（管委会主任）示范片。智慧农业。新增400公顷高标准农田，农业综合机械化率超过90%，新建智能育秧工厂2座，西洲乡入选全国农业产业强镇示范建设名单，西湖镇果蔬特色农业发展较好，一乡（镇）一特色产业发展格局初步形成。乳业产业。第二牧场正式投入使用，西湖牧业小镇被央视《焦点访谈》专题推介，西湖管理区首次进入央媒视野。产业项目。实行领导带头招商，新投产亿元项目1个，新开工亿元项目2个，新签约2个农产品加工项目和1个红色文旅综合体项目，仁瑞无纺项目第二条生产线进行设备安装中。市场主体活力激发，新增市场主体257家。争资争项。对争资争项工作实行月排名、月通报、月调度，全年争资争项资金到位3.44亿元，同比增长33.2%。项目建设。投资4300万元的西湖三角堤至西湖镇公路（沿河公路）建成通车，投资1800万元的中小微孵化园一期投入使用，投资1500万元的西湖公安分局业务技术用房春节前搬迁入驻，投资1500万元的新北河水环境综合治理项目完成建设，投资800多万元的知苑公租房项目完成建设，投资500多万元的军垦旧址群第一期修缮工程完工，西湖消防站、西湖中心小学提质改造等项目顺利推进。

城乡建设。乡村振兴。健全防止返贫动态监测和帮扶工作机制，脱贫户监测户两个帮扶全覆盖。代表常德迎接全省乡村振兴检查，实现省级乡村振兴考核开门红。人居环境。实施“厕所革命”，改新建卫生厕所792户、新建公厕2座，卫生厕所普及率达98%以上。开展“三大整治”，沟渠堰塘、路面桥面、房前屋后更加清爽，村居整体面貌大有改观。沿河公路被评选为常德市“最美农村路”。推进移风易俗，村规民约、家风家训全面推广，卫生协会、红白理事会等自治协会发挥积极作用，乡风文明不断提升。城镇品质。东东湖、西东湖以及新北河连点形成景观，城镇环境更加宜居宜业。水果市场建成投入使用，对农贸市场周边占道经营、车辆乱停乱靠等违规行为集中整治，取缔存在近30年的马路市场，城镇环境痼疾得到解决。

移民后扶。围绕移民美丽家园建设，启动推进移民后扶乡村振兴示范区建设。产业发展。累计投入移民资金2334万元用于产业发展转型升级，通过资产托管模式（公司+村集体）、合作代养模式（公司+合作社+移民）、产业基金模式（经营主体+村集体）、保底收购模式（公司+产业+移民）、土地入股模式（经营主体+村集体+移民）、就近务工模式（经营主体+移民），村集体经济收入平均增加2万元左右，帮助移民年人均增收1000元以上。美丽家园建设。投入1228万元完成重点村幸福村、旺禄村整村推进建设，完成西柳公路沿线旺寿村、鼎园村人居环境整治，完成新北河村、园艺村等4个村的文化广场建设，移民生产生活条件得到明显改善。移民技能培训。开展转移就业技能、农业实用技术和移民中长期职业教育培训1016人，并做好培训与就业衔接工作。开展2期植保无人机飞手培训，培训来自全省各地移民102人，就业率达100%。

民生保障。民生事业。西湖中心小学提质改造顺利实施。落实“双减”政策，实现义务教育阶段中小学校内课后服务全覆盖。西湖人民医院提质改造开工。完成农村饮水安全提质、乡村“雪亮工程”、农村公路提质改造等省市重点民生实事22项，完成“我为群众办实事”136件。保障性安居工程建设。完成60套教师周转房建设，完成4个老旧小区改造及物业管理覆盖。由市政府主导的“三区”农村安全饮水工程开工建设。社会保障。全面落实动态管理，实现应保尽保，留守儿童委托照护签约率达100%，城乡低保保障标准提高到625元/月，城镇低保人均补助水平提高到413.8元/月，农村低保人均补助水平提高到306.3元/月，发放各类养老及工伤待遇3.2亿元。生态文明。打好污染防治攻坚战，推进中央、省交办的突出生态环境问题整改销号，完成污染防治攻坚战及夏季攻势任务。

社会治理。疫情防控。全面实施外防输入、内防反弹的防控策略，严格落实“三嵌入两闭环一纳入”措施，坚持人物环境同防，筑牢疫情防控防线。严格落实摸排管控工作，深入推进疫苗接种清零行动，坚决抓好冷链食品监管，切实加强重点人群和重点场所管理，确保全区疫情零输入、居民零感染。安全生产。以安全生产专项整治三年行动集中攻坚为抓手，深入开展燃气管道、房屋安全隐患大排查，集中整治交通顽瘴痼疾，全面完成自然灾害综合风险普查，全年未发生较大及以上安全生产责任事故。社会治理。坚持党建总揽、网格管理、村民自治、天网监督和特殊特管，构建“1+2+23+76”102网格服务管理体系，获评全市平安建设优秀管理区。坚持矛盾靠前化解，问题及早解决，连续两年被评为全省信访“三无”区县市并获得省政府真抓实干表扬激励。扎实推进政法队伍教育整顿，常态化开展扫黑除恶斗争，严厉打击整治“村霸”黑恶势力，扎实开展重点行业领域专项整治行动，社会治安形势进一步好转。

党的建设。党史学习教育。高标准、高质量开展“学史明理”、“学史增信”、“学史崇德”、“学史力行”专题研讨，开展党史学习教育、习近平总书记“七一”重要讲话和中共十九届六中全会精神宣讲100余场，扎实做好中国共产党成立100周年系列活动，引导全区上下赓续精神血脉，汲取奋进力量。乡镇换届。换届后乡（镇）村干部队伍进一步优化，乡镇领导班子平均年龄降低4岁，村干部平均年龄降低9岁，干事创业能力进一步提升。推进“导师帮带制”工作试点，选聘17名政治素质好、实践经验丰富、工作作风实的干部帮带年轻干部。基层保障。抓党建总揽，对全区23个村（社区）实行扁平化管理，给予第1至第10名的村（社区）分别奖励10万元至1万元。抓村级保障，村级运转经费实现连续6年稳步增长，投入280万元完成14个党群服务中心的改造优化。抓党建队伍管理，举办“青年夜校”、国旗下的演讲等活动，统筹落实人才、工青妇、老干、抓党建促乡村振兴等各项工作，区个私协会党支部被评为全国个私协会系统“小个专”党建工作突出单位。政治生态。深入开展工程项目、医保社保、干部作风等领域问题专项治理，化解信访案例入选市纪委“五大经典案例”。

【优耐高性能节能材料基地项目落地开工】 3月27日，常德市优耐高性能节能材料基地项目建设开工。常德优耐高新材料有限公司智能自动化生产项目总投资1.3亿元，是西湖管理区继2018年引进首个亿元项目建成投产后，又一成功落地的亿元项目。常德市优耐高性能节能材料基地项目致力于新型建筑节能材料的研究和发展，打造世界一流的高分子高新材料研发平台，主要生产高能性硅酮密封胶、聚氨酯隔热胶、尼龙PA66隔热条、复合材料系列产品，一期建成投产后预计年产值1亿元，年缴纳税金1200万元以上，预计2022年全面竣工投产。项目建成投产后，将建成行业内第一个将“AI技术”应用于工业4.0智能制造、第一个真正无工人的智能化车间、第一个“人均产值过千万”的高端制造业、第一家同时掌握生产高端隔热胶、隔热条、硅酮密封胶生产技术的企业。

【央视1套、13套《焦点访谈》向全国推介西湖管理区牧业小镇】 4月11日，央视《焦点访谈》栏目以《特色小镇“特”起来》为题，聚焦西湖牧业小镇和三产融合的典型经验向全国推荐西湖管理区牧业小镇，是西湖管理区50年来首次进入央媒视野。

【常德铭瑞工业设备生产用房建设项目奠基开工】 6月21日，四川铭瑞能源集团有限公司投建的常德铭瑞工业设备有限公司生产用房建设项目落户于西湖管理区工业园内。项目于2020年9月正式签约，预计2022年年底建成投产。项目内容为PE管生产用房和LNG储气调峰站建设，项目总投资1亿元，其中一期投资4000万元，一期建成后预计年产值4000万元以上，年缴税金200万元以上，解决就业岗位100余个。

（龙翔宇）

2021年6月21日，常德铭瑞工业设备生产用房建设项目奠基开工

（西湖管理区 供图）

西洞庭管理区

区党委书记	刘爱军
区党委副书记、管委会主任	胡晓明
区党委委员、政法委书记	任　立
区党委委员、纪委书记、监工委主任	陶　佟
区党委委员、管委会副主任	郭　蕾
区党委委员、管委会副主任	罗振军
区党委委员、管委会副主任	汪继承
区党委委员、管委会副主任	郑涵文

【概况】 西洞庭管理区地处常德市东北部，2021年辖1个镇、2个街道，土地总面积110平方千米。年末户籍人口3.6万人；人口自然增长率-4.28‰。年内最高气温39.3℃，最低气温-4.4℃，年降水量1213.8毫米。空气质量优良率97.8%。杭瑞高速公路经过境内。全省文物保护单位有1处。

2021年，地区生产总值41.18亿元，比2020年增长8.2%。其中，第一产业增加值4.53亿元，增长9.9%；第二产业增加值22.13亿元，增长8.4%；第三产业增加值14.51亿元，增长7.4%；三次产业对GDP增长的贡献率分别为11%、54%、35%。全年完成一般公共预算收入3.4亿元，增长5.9%。其中，地方一般公共预算收入2.6亿元，增长0.59%。一般预算支出8.04亿元，增长2.01%，固定资产投资51.8亿元，增长20.8%；工业实缴税金8452.77万元，增长44.81%，

粮食播种面积5000公顷，全年粮食总产量3.2万吨。农业支柱产业：水稻、柑橘、朝鲜蓟。拥有国家级龙头企业1家，省级以上农业产业化龙头企业3家；农民专业合作社55家，其中省级以上示范社3家。农产品区域品牌：朝鲜蓟。全年农业机械总动力9.38万千瓦，农业机械化

水平为76.97%。

规模以上工业增加值21.24亿元，增长9.4%。全区有省级工业园区1个。工业支柱产业：健康食品业、生物科技业。建筑业总产值9.4亿元，增长28.13%。

全年1亿元以上投资项目14个。社会消费品零售总额10.83亿元，增长14.2%；实际到位外资98万美元，进出口总额6243万美元，增长34.83%。

全区有高新技术企业18家，高新技术产业增加值10亿元，增长35.32%。有完全中学1所、完全小学5所、幼儿园6所。有文艺表演团体1个、文化馆1个、博物馆1个。有医疗卫生机构25个，卫生技术人员102人，每千人口拥有执业医师数2.42人、床位数246张。全民健身运动参加人数0.96万人，有公共体育场地3个。

全年售电量1.75亿千瓦时，增长30.27%，其中工业用电量1.02亿千瓦时，增长49.45%。

经济质效。坚持稳中求进工作总基调，推动发展速度与发展质量双提升。固定资产投资、工业用电量、规模工业实缴税金等增速均排名全市第一，产业投资占比排名全市第一，争取国省投资总额排名小区第一。三产结构中二、三产业占比分别提高0.66个、0.17个百分点，固定资产投资中产业投资产占比达96.05%，工业主导地位更加凸显，商业带动能力持续增强，高质量发展态势日益凸显。

产业发展。招商引资。全年引进亿元以上产业项目14个，引资总额28.7亿元，超额完成年度任务。其中，引进的国网储能电站项目系全省首批、全市唯一，源卓光电为智能化风口企业，为园区发展注入强劲动能。项目建设。全年新开工亿元以上产业项目7个，新投产亿元以上产业项目5个，4个省市重点项目完成率达122%。尤其是天鼎丰非织造布项目，实现年内开工、年内投产。2021年的项目建设工作获市政府真抓实干表彰激励。

科技创新。全年新增规模以上企业8家、高新技术企业5家、科技型中小企业5家，高新技术产业增加值达10亿元，同比增长35.32%，科创成果高效转化。特别是坤鼎数控顺利通过省股权市场科技创新专板挂牌上市，实现该区企业在区域性股权市场挂牌“零”的突破；源卓光电生产的湖南省首台光刻机成功下线，科创实力明显增强。营商环境。创新开展区级领导“四联”企业（联系招商产业项目、重大在建项目、骨干企业、停线亏损企业）专项行动，持续优化营商环境、提升服务质效，在2021年行政效能考核中，该区排名全市第一，优化营商环境工作连续两年获得市政府真抓实干激励表彰。

城乡品质。5个老旧小区改造有序推进，工人文化宫全面完工，金桥市场违章建筑全部拆除。通过实施棚改地块清零行动，23处地块已清零，通过统一修建围墙，理清归属，规范管理，有效提升城市形象。出让棚改地块1处，实现西洞庭10年来的首次“破零”。全年完成农村危桥改造2座，改造农村厕所290户，沟渠清淤59.7千米，农村基础设施持续完善。开展遏制耕地“非农化”专项行动，推进耕地指标解扣解冻工作，全年实现粮食总产量3.3万吨，获评全市粮食生产先进区县（市）。持续争创品牌，彭家洲成功创建省级同心美丽乡村，祝丰镇获评全省产业强镇，农技中心获评全国星级基层农技推广机构，西洞庭管理区获评国家农业农村信息化示范基地。上级交办问题全部整改销号、河湖渠水质持续提升、空气质量持续优化，全年空气质量优良率达97.8%，排名全市第一。

民生福祉。民生实事。22项省市重点民生实事全部高质量完成，民生实事工作获全市优秀和市政府真抓实干表彰激励。

社会保障。强化就业服务保障，城镇登记失业率仅为3.8%，养老保险金、低保救助金继续上涨，养老服务体系更加完善，社会保障水平全面提升，就业和社会保障工作获市政府真抓实干表彰。

教育事业。通过完善教育设施、探索合作办学，扎实落实“双减”政策，教育质量有效增强。

社会大局。通过抓实抓好疫情防控各项举措，全区疫情防控成果持续巩固；通过压紧压实安全生产“四方责任”，全年未发生较大及以上安全事故；持续完善社会治理体系，深入推进“无上访”村（社区）建设，成功实现全省信访“三无”区县五连冠，历史性获评全市平安建设先进单位。

2021年，常德市西洞庭现代农业投资开发有限公司被认定为2021年度农业农村信息化示范基地。中央纪委国家监委网站报道《湖南省西洞庭管理区：为政企交往列出正负面清单》。常德市西洞庭管理区农业技术推广中心获评全国星级基层农机推广机构。西洞庭管理区获评2021年度全省信访工作“三无”区县市；2020年全省扶贫领域腐败和作风问题专项治理工作考核一类单位。

【西洞庭电化学储能电站合作项目签约】 9月10日，西洞庭管理区与国家电网湖南综合能源服务有限公司电化学储能电站合作项目成功签约。项目总投资达4亿元，系全省首批、全市唯一的国网投资电站项目。电站建成后，将有效解决西洞庭工业园用电短缺问题，保障园区企业用电安全、稳定，提升园区招商引资吸引力；项目投产达效后，将有力推进低碳园区建设，实现园区绿色低碳高质量发展。

【新增“农业农村信息化示范基地”国字号招牌】 9月27日，农业农村部印发《关于认定2021年度农业农村信息化示范基地的通知》（农市发〔2021〕7号），正式认定106家单位为2021年度农业农村信息化示范基地，其中，常德市西洞庭现代农业投资开发有限公司为常德市唯一入选生产型示范单位。

【坤鼎数控在科技创新专板挂牌】 10月28日，坤鼎数控在科技创新专板挂牌。实现西洞庭管理区企业区域性股权市场挂牌“零”突破。湖南坤鼎数控科技有限公司计划股权融资3000万～5000万元，用于技术研发、运营销售和产能扩张等，预计在5年内启动IPO上市。公司拥有17项发明专利，13项实用新型专利，2项外观设计专利和11项软件著作权。坤鼎数控开发的产品囊括立式加工中心、卧式加工中心和龙门加工中心等八大系列，应用于汽车、机械和通信等多个领域，也拥有华为、比亚迪等相关产业链上国内外知名企业客户。

【常德天鼎丰非织造布项目（一期）正式投产】 12月18日，常德天鼎丰非织造布项目（一期）正式投产，实现年内开工（1月22日开工）、年内投产，充分彰显西洞庭速度。2021年，西洞庭管理区获取中央和省预算内投资支持政策资金3.26亿元，其中天鼎丰非织造布项目获中央先进制造业与服务业预算内补助资金5000万元，属全市唯一。

（田　娟）

2021年12月18日，常德天鼎丰非织造布项目（一期）正式投产

（天鼎丰控股有限公司 供图）

桃花源旅游管理区

区党委书记、管委会主任　伍彩霞
区党委副书记、管委会副主任　邓蒴友
区党委委员、管委会副主任　袁超云
区党委委员、管委会副主任　覃　斌
区党委委员、管委会副主任　龚　杰
区党委委员、管委会副主任　杨敏正

【概况】 桃花源旅游管理区地处常德市西南部，2021年辖1个镇、1个街道，土地总面积142.48平方千米。年末户籍人口3.77万人；人口自然增长率-4.3%。年内最高气温39.3℃，最低气温-4.2℃，年降水量1744.4毫米。森林覆盖率45.3%，水质综合达标率100%，空气质量优良率90%。G56杭瑞高速公路经过境内。全区有国家级自然保护区2个。有国家级风景名胜区1个。有国家AAAAA级旅游景区1家。全国重点文物保护单位、省级文物保护单位各有1处；省级非物质文化遗产保护项目2个。2021年，打造“桃花源”文旅IP、“桃花源”商标，开发4大类150款系列文创产品。与农业发展银行常德市分行建立3年60亿元信贷资金池。2021年，地区生产总值18.8亿元，比2020年增长8%。其中：第一产业增加值281亿元，增长0.6%；第二产业增加值0.51亿元，增长12.3%；第三产业增加值0.58亿元，增长6.4%。农林牧渔业总产值4.6亿元，增长0.6%；农民专业合作社64家，其中省级以上示范社1家。农产品区域品牌有：小陶家的菜园子、燕老三。农产品加工业产值达9000多万元，乡村休闲农业产值突破5000万元。固定资产投资增长10.5%。其中高新技术产业投资增长5.1%，全年1亿元以上投资项目1个。社会消费品零售总额6.1亿元，增长14.9%。接待国内外游客282.66万人，增长44.23%；旅游收入9亿元，增长12.49%。全区有普通高中1所、初中学校1所、普通小学2所。有文艺表演团体3个、博物馆（纪念馆）2个。有医疗卫生机构1个，卫生技术人员77人，每千人口拥有执业医师数1.3人、床位数3.4张。全民健身运动参加人数1.2万人。新增城镇就业170人，职业技能培训254人。社会用电量220.1万千瓦时，增长8.96%，其中工业用电量300.59亿千瓦时，增长12.87%。

文旅事业。市场拓展、品牌宣传、产业提质等方面全面发力。全年全区累计接待游客282.7万人次，旅游综合收入超9亿元。节庆活动。结合春节、“五一”、端午等节庆主题，精心策划“国风跨年、喜迎新春”“桃花源里过大年”“湘约桃花源·回味旧时光”等节庆主题活动10余次，各类民俗体验和文化演艺项目深受广大游客欢迎和喜爱；与湖南电广传媒、景域驴妈妈集团等集团合作，举办2021年桃花源文化旅游节，推出的“千机表演”，引爆桃花源，当日观看人数近10万人。宣传推介。在市级以上主流媒体发稿1800余篇次，其中在央视1套《新闻联播》《朝闻天下》等平台上稿50余篇次，人民网、《中国旅游报》、湖南卫视等对桃花源进行专题报道。深化与湖南广电集团合作，湖南卫视《向往的生活》在五星级乡村旅游景点白鳞洲村拍摄，节目播出市场占有率达12.83%，连续14期收视夺冠；与湖南卫视联合举办“2021年湖南卫视春夏迎新大会暨桃花源推介会”，邀请国内外近500家知名品牌企业参加，助推桃花源人气一路高涨，入围全国AAAAA级景区品牌100强榜单。品牌创建。围绕桃花源文旅融合主题，先后举办“桃花源里好生活”“桃花源文旅融合发展论坛”等文化交流研讨活动，为桃花源文旅融合建言献策；引进湖南电广传媒、芒果文旅、狼王文化等文创企业，全力打造“桃花源”文旅IP、“桃花源”商标，开发4大类150款系列文创产品，颇受游客青睐和一致好评；桃花源旅游文创产业园、桃花源文创故事馆、长江流域农耕博物馆等一大批文旅项目有序推进。

项目发展。争资引资。成立招商中心，组建专业招商小组。在2021年桃花源文化旅游节上，分别与湖南电广传媒股份有限公司、中国农业发展银行常德市分行签订战略合作协议，建立3年60亿元信贷资金池，支持桃花源重点建设项目落地。向上争资争项，2021年，全区已有23个项目纳入省市专项规划项目库，累计争取资金近亿元。项目建设。成立区属国有企业湖南桃花源全域旅游投资开发有限公司，建立一个产业项目一个区领导牵头、一个部门跟进的“保姆式”服务机制，全力推进农耕文化博物馆、双创中心等12个重点产业项目。截至2021年12月31日，五柳小镇特色消费街区、桃花源文创故事馆、擂茶车间等项目正式对外开放；秦溪水资源保护项目主体工程完工，投资6亿元的故渊湖主题度假酒店启动建设；投资5亿元的泽云云舍风俗文化村正式营业，花溪谷特色主题民宿开启试营业。产业发展。修订完善《产业扶持试行办法》《扶持产业发展十条》等产业发展支持政策，大力发展衣（汉服及饰品）、食（农副产品和健康副食品）、居（文创类生活用品）、酒（果酒、米酒、白酒）、茶（擂茶、茶叶）五大特色产业链，加快产业发展。开发桃花源酱板鸭、桃花源心灵小酒等系列产品，打响千年“非遗”、茶餐一体的“桃花源擂茶”品牌，让零散的擂茶经营走向规模化、市场化。

乡村振兴。以绿水青山为依托，整合田园风光、人文资源、现代农业，让良好生态成为乡村振兴支撑点。农业产业融合发展。持续开展防返贫监测与帮扶，“脱贫质量回头看”等工作，全力巩固拓展脱贫攻坚成果；推进特色农产品种植养殖、生产加工、品质提升、品牌创建以及农业现代化发展，完善农业产业链条，持续带动农民增收，农产品加工业产值达9000多万元；大力推动乡村旅游，促进一、二、三融合发展，推出休闲观光、农事体验、农业研学、季节采摘等一系列农业休闲旅游活动，乡村休闲农业产值突破5000万元。6月，桃花源旅游管理区被全国乡村文化产业联盟授予全国首个“文旅融合助推乡村振兴基地”，白鳞洲村获“湖南省乡村旅游重点村”称号。粮食生产。围绕“稳政策、稳面积、稳产量”的总体要求，推动“压单扩双”，全力抓好春耕备耕，完成早稻种植面积1045.87公顷；完成早稻集中育秧示范点建设3个，共18.73公顷。着力打造粮食生产示范片，实施“251”领导办点示范行动，实现区、镇（街道）、村示范创建全覆盖，全区示范面积达到626.67公顷。

禁捕退捕。保持已有工作专班，实施全天候常态化巡查，组织公安、农业农村、市场监管、交通运输等部门开展大型联合执法行动5次，实施水、陆路巡查655次，出动执法人员1756人次，清查收缴禁捕水域内“三无”船舶、取缔水生野生动物市场。投入80多万元，2021年12月正式启动智慧渔政建设。积极开展人工增殖放流活动，投放草、鲢、鳙、鳊等1200万余尾，有力保障全区水生生物资源可持续性发展。

社会民生。社会事业。全面完成省、市重点民生实事项目全年目标任务；新增城镇就业170人，职业技能培训254人；落实医保参保补助，参保率达99.7%；新增1个省级断面考核水质自动监测站点，对饮用水水源保护区沅江两侧的保护设施修缮，水溪河获省生态环境厅“美丽河湖优秀案例”荣誉称号，区党委书记、管委会主任伍彩霞获湖南省“优秀河（湖）长”称号。

安全稳定。严格落实安全生产监管责任和值班制度，全力开展防汛抗疫等工作，开展“强执法、防事故”等系列执法行动，出动执法人员2696人次，查出隐患59处，整改完成43处。2021年全区未发生一起较大及以上安全生产事故，获“安全生产优秀单位”称号。严厉打击违法犯罪，大力开展各项专项整治行动，净化辖区治安环境，突出社会治理，针对农民工讨薪、规划区内农民建房、落实失地农民社会保险等民生问题专题调研，消化一批信访积案，桃花源旅游管理区获评全市“无上访村（社区）优秀区县”，桃花源景区荣获“平安景区”称号。

市场监管。持续深化商事制度改革，大力优化营商环境，全年新增市场主体100家，其中企业新增24家，个体新增76家；深入推进食品安全工作，对学校食堂、农贸市场等地实行全天候视频监管；强化食品经营主体规范经营行为，开展“食品经营环节年关守护”“餐饮质量提升”等专项整治抽查行动，累计出动执法人员921人次，检验合格率达99%以上，群众安全感、满意度显著提升。

管理区党建工作。基层基础建设。严格落实“三会一课”制度和主题党日活动；扎实开展党史学习教育，举办宣讲（微宣讲）活动720余场次，受众2.1万余人，发放理论读本6320册；坚持选优配强，扎实开展17个村（社区）换届选举工作，村干部队伍实现“一降（年龄）一升（学历）”；智慧党建工作2021年全市督查考核评分位列全市第一，桃仙岭街道获评全市先进基层党组织，汤家山村获评全省先进基层党组织。队伍建设。认真组织开展各类培训班5期，培训2000人次；导师“帮带制”落实有力，筛选出19名口碑好、能力强的导师，为35名学员传经送宝，形成老带新的良好局面；成立旅游警察大队，为游客保驾护航；推进政法队伍教育整顿工作，组织开展领导讲党课、政治教育16场次，受教育干部达800人次，所有自查问题全部整改到位。全面从严治党。严格执行中央八项规定精神、纠“四风”相关规定，突出加强疫情防控、项目建设、生态环保、涉黑涉恶等重点领域作风整治和案件查办，全年共开展谈心谈话1610次，开展换届选举、民生实事、党史学习等监督检查23次，处置问题线索10起，党纪政务立案5件。

年度荣誉。2021年，桃花源旅游管理区被生态环境部评为第五批“绿水青山就是金山银山”实践创新基地；受国家体育总局表彰为2017—2020年度全国群众体育先进单位；受中共湖南省委办公厅、湖南省人民政府办公厅表彰为2020年度脱贫攻坚工作综合评价为“好”的管理区；受中共湖南省委表彰为湖南省先进基层党组织；受湖南省发展和改革委员会、湖南省文化和旅游厅表彰为第三批大湘西地区文化生态旅游精品线路景点集群（特色村镇）；受湖南省生态环境厅表彰为美丽河湖优秀案例；受湖南省文化和旅游厅表彰为第三批湖南省乡村旅游重点村；受湖南省文化和旅游厅表彰2021年“最美潇湘文化阵地”；受湖南省应急管理厅表彰第二批乡镇（街道）应急能力建设达标名单；受湖南省爱卫办表彰2021年湖南省卫生镇（乡）。

【常德桃花源文化旅游节暨国家AAAAA级旅游景区证书颁发仪式举行】 3月25日，以“湘遇桃花源　启航新征程”为主题的桃花源文化旅游节在桃花源游客中心广场举行。文化和旅游部党组成员王晓峰为桃花源景区颁发国家AAAAA级旅游景区证书。副省长谢卫江宣布2021年桃花源文化旅游节开幕。市委副书记、市长邹文辉出席并致辞。

【桃花源被评为“绿水青山就是金山银山”实践创新基地】 10月12日，生态环境部发出《关于命名第五批“绿水青山就是金山银山”实践创新基地的公告》，桃花源旅游管理区榜上有名，被命名为“绿水青山就是金山银山”实践创新基地（湖南仅2家）。桃花源生态环境状况优良，绿水青山本底扎实，大气环境质量达标率97.5%，平均负氧离子浓度高达每立方厘米2584个，地表水水质长年保持在Ⅱ类以上，土壤环境质量整体优于国家二级标准，林草覆盖率高达44.96%，物种资源丰富，特有桃品种28个。桃花源旅游管理区将生态保护融入文化旅游，将绿水青山化为金山银山，坚持以环境保护为主责，以文旅融合为主导，以“两山”转化为主线，形成以生态环境保护为根本，

2021年3月25日，以“湘遇桃花源　启航新征程”为主题的桃花源文化旅游节举行

（刘伯源　摄）

以文化旅游为灵魂的“两山”转化有效路径和一批典型案例，开创生态环境保护和社会经济发展有机统一的良好局面，是湖湘地区绿色高质量发展和“两山”转化的成功典型。

【桃花源景区被授予“中国华侨国际文化交流基地”】 4月8日，常德桃花源景区“中国华侨国际文化交流基地”授牌仪式在桃花源旅游管理区管委会二楼大会议室举行。湖南省侨联党组书记、副主席黄芳将“中国华侨国际文化交流基地”的匾牌移交给桃花源旅游管理区党委书记、管委会主任伍彩霞。千百年来，桃花源既是文人雅士的乌托邦，更是全球华人追寻的心灵故乡。桃花源充分发挥好“中国华侨国际文化交流基地”的品牌作用和优势，以“亲情中华”为主题，以华侨文化为纽带，组织开展丰富多彩的文化交流活动，讲好桃花源故事、传播桃花源好声音、树立桃花源良好形象，推动桃花源优秀文化“走出去”。

【湖南卫视春夏迎新会在桃花源举行】 4月28日，“《一起向往》2021湖南卫视春夏迎新大会”在常德桃花源举行。湖南广播影视集团有限公司党委书记、董事长张华立等出席活动。常德市委副书记、市人民政府市长邹文辉致辞，湖南广电集团党委副书记、台长、总经理龚政文讲话。桃花源旅游管理区党委书记、管委会主任伍彩霞精彩推介桃花源。桃花源以活动为契机，打响“桃花源”文旅品牌，有力推动常德文旅产业发展。

【桃花源取景拍摄的《向往的生活》在湖南卫视开播】 4月23日，由湖南卫视和合心传媒联合出品，在桃花源旅游管理区桃花源镇白鳞洲村取景的大型生活服务纪实节目《向往的生活》（第五季）正式开播。节目从2021年3月开拍，为期3个月，共拍摄14期。CMS欢网实时收视数据显示，《向往的生活》第五季开播后，排名全频道同时段节目收视第一，实时收视率最高达1.0134%，在周五晚间档成为收视领跑综艺。《向往的生活》是桃花源与湖南芒果文旅投达成战略合作后的首个大型节目，为桃花源乡村旅游注入新的活力。

2021年9月24日，2021桃花源非遗文创美食月活动举行 （刘伯源 摄）

【2021桃花源“非遗”文创美食月】 9月24日，2021桃花源“非遗”文创美食月正式启动。桃花源旅游管理区党委副书记、管委会副主任邓弼友宣布开幕。800余名游客欢聚常德桃花源五柳小镇，品美食之味，赏桃源之美，见证由桃花源旅游管理区、常德市商务局共同主办的2021桃花源“非遗”文创美食月的启动。桃花源“非遗”文创美食月活动是“味道湖南・常德味道”美食季活动的重要组成部分，活动主题为“非遗・文创・美食”，唱响桃花源美食品牌、激发消费潜力、进一步提升桃花源的影响力。共有桃花源40家餐饮单位参加，为期1个月，现场展示百余种独具桃花源特色的美食，桃花源钵子菜、桃花源擂茶、桃花源果蔬、桃花源特产一应俱全。

（毛　阳）

常德国家农业科技园区

党工委书记　钱正龙
管委会主任　童胜春
管委会副主任　胡文波

【概况】 2021年，常德国家农业科技园区围绕贯彻落实常德市与深圳市人民政府签订的《建设深圳国际食品谷常德产业园战略合作协议》，按照“政企共建、市场运作”的工作思路和“核心区+拓展区+辐射区”的建设模式，布局建设深圳国际食品谷常德产业园。

园区建设。为促进深圳国际食品谷常德产业园建设，常德召开市政府常务会议，对园区的建设进行专题研究，会议同意出台支持深圳国际食品谷常德产业园的若干政策措施，在征求相关部门意见后，于

7月14日印发《常德市人民政府办公室关于印发〈支持深圳国际食品谷常德产业园建设若干措施〉的通知》（常政办函〔2021〕23号）。常德、深圳经过多次协商，就建设深圳国际食品谷常德产业园共同确定“331”建设工作任务（用5年的时间，建好300亩核心区、3000亩拓展区、打造100家万亩供深农产品专业合作社），2021年度，初步确定300亩核心区和3000亩拓展区的选址，以及以市委农村工作领导小组发文认定首批30家万亩供深农产品专业合作社。

【招商及培训】 4月10日，常德·深圳农业项目招商签约座谈会暨常德农业领军人才培训班在深圳市举行，常德市副市长龚德汉出席，常德与深圳的22家企业代表就农产品深加工、粮食、水果、蔬菜肉类等11个项目签约，金额15亿元。同时，为更好落实常德市人民政府和深圳市人民政府关于建设深圳国际食品谷常德产业园的战略合作协议，为常德市农产品在深圳更好打开市场，助力常德市乡村振兴人才队伍建设，在深圳举办常德农业领军人才培训班，常德市首批30家供深农产品专业合作社负责人参加培训。

【“圳品”认证】 “圳品”是深圳推出的供深食品标准体系，其标准高于国家标准。为提升农产品品质，打造农产品品牌，推动常德市农产品进入深圳和粤港澳大湾区市场，7月26日，举办“圳品”认证培训班，根据“圳品”认证所需资料联系质量认证体系评价机构，对申报单位进行现场指导。至12月31日，常德市19家合作社共43个产品进行“圳品”申报，其中5家合作社17个产品通过“圳品”认证。

（谭建华）

人物

全国五一劳动奖章

【王怀军】　女，土家族，1964年11月出生，大专文化，中小学高级教师，湖南省石门县雁池乡苏市完小校长，曾获全国优秀教师、全国三八红旗手称号。2018年当选为第十三届全国人大代表。她坚守贫困山区小学教育一线37年，多次放弃进城工作的机会，用无私大爱默默守护山里人的梦想和希望，像“启明星”照亮无数孩子的成长之路。她长期带着患病的母亲边尽孝边尽责，常年像母亲一样照料留守儿童，使学生在潜移默化中养成良好的道德品质，所教学生个个品学兼优。她竭力争取支持，筹集资金300多万元改善山区学校条件，减轻贫困群众孩子就学负担，让山区孩子享受现代化教育。努力动员社会力量助学，牵头组建“爱心妈妈联盟”，成立“留守儿童之家”，吸引大批爱心人士关注、关爱山区贫困儿童，引来一批前来支教的青年“特岗教师”和“送教”上门的优秀爱心教师，确保没有一个贫困儿童失学，促进地方教育的均衡发展，成为教育扶贫的典范。2021年，王怀军被授予全国五一劳动奖章。

【杨建国】　男，汉族，1963年3月出生，中共党员，湖南常德牌水表制造有限公司设备维修班班长。他数十年如一日，扎根基层，为公司生产项目尽心尽力，工作业绩突出，多次表彰为“优秀员工”“先进工作者”“技术能手”“年度先进个人”“优秀班组长”“优秀共产党员”，2018年4月获得常德市“劳动模范”称号。杨建国始终秉承着“精益求精、专注敬业、推陈出新”的工匠精神，从模具的维护、维修，到产品的模具开发，长期工作在车间一线。每年维修模具的频次500次以上，经维修后的模具配件回用率达到60%，每年为公司节约成本300万元以上。2021年，杨建国被授予全国五一劳动奖章。

【屈建民】　男，1988年10月出生，土家族，中共党员，湖南博联工程检测有限公司总工程师，曾获湖南省建设工程质量安全协会2019—2020年度工程质量检测行业先进个人、2020年湖南技能大赛·百万职工技能大比武住建行业建筑工程质量检测职业技能竞赛一等奖，并带领常德市代表队获团体二等奖。屈建民在建筑结构设计、工程检测鉴定、岩土工程勘察等方面业绩显著：作为主要设计人参与南宁五象新区环球金融中心、南宁绿地中央广场、南宁荣华科技产业园、南宁埌东八组综合楼、玉林绿地城等众多大型项目，独立完成框架、框剪、剪力墙、框筒等不同类型结构的设计和施工图校审，具备良好的结构设计质量把控能力；作为结构鉴定报告审核人参与常德市人民政府办公大楼、中国人民银行常德市中心支行办公大楼、石门大汉新城、津市机电学校教学楼、桃源县烟草分公司办公大楼、郴州恒大帝景综合楼、湘西状元首府、张家界鼎立大厦等近百个项目的结构安全性检测鉴定，具有丰富的结构鉴定经验；作为岩土工程勘察报告审核人参与常德永安巷道路工程、湖南湘澧盐化有限责任公司改造项目、武陵区黄爱·爱国主义教育基地、桃花源擂茶工厂、武陵区金狮堤社区集中联建安置点建设工程、黄家巷道路工程、特力液压有限公司生活区改造项目等的岩土工程勘察，积累丰富的岩土工程勘察经验。2021年，屈建民被授予全国五一劳动奖章。

全国五一劳动奖状

【国家税务总局桃源县税务局】2021年，国家税务总局桃源县税务局共有在职干部职工217人，管辖乡镇28个，纳税人10481户，曾获得“全国税务系统先进集体”“湖南省五一劳动奖状”等荣誉，通过“全国文明单位”复评验收。优惠政策落实。2019年以来，新增减税降费2.64亿元，广大纳税人、缴费人获得感明显。在中纪委国家监委驻国家税务总局纪检组减税降费专项检查中获得好评。以减税降费为主题的原创广播《这是一道民生题》获评全国税收公益广告一类作品奖。“非接触式”办税。实体办税服务厅业务办理量同比减少69.8%，电子申报率达99.8%以上。数据服务大局。分析企业复工复产及经营情况，上报专项报告13篇。疫情防控。及时推出“硬核五条”，被《人民日报》《湖南日报》、红网等主流媒体强力报道。全力破解中小企业“融资难、贷款难”困局，148户纳税人通过“银税互动”项目获得贷款9046.68万元。办理延期申报和延期缴税760户次，涉及税款1648.32万元。2021年，国家税务总局桃源县税务局被授予全国五一劳动奖状。

全国工人先锋号

【国网常德供电公司电力调度控制中心地区调度班】 国网常德供电公司电力调度控制中心地区调度班是整个常德电网运行指挥中心，成立于1978年，2021年在职员工11人，主要负责组织、指挥、指导和协调整个常德电网安全稳定运行，管辖35千伏及以上变电站150座，发电站330座，35千伏及以上输电线路约4300千米，负责保障全市240余万用户的电力供应。曾获湖南省“青年文明号”、获国家电网公司“一流班组”“工人先锋号”。该调度班年均执行电力调度操作65000余项，处理电网故障及异常500余次，正确率均为100%，每年编制各类保电方案及电网事故预案120余份，组织开展电网反事故演习20余次。2020年开展不停电转负荷操作170余次，有效减少用户停电时长180余小时，增供电量123.7万千瓦时，并科学调度火力、水力、光伏发电，保障清洁能源全额消纳，增发清洁能源电量3.67亿度，节省燃煤1.2亿吨；立足岗位开拓创新，完成《融冰计算管理系统开发》《优化地市电网大型复杂检修调度操作管理》等20余项成果，有力推动电网调度智能化发展，为常德电力能源的安全、优质、可靠供应提供有力保证。2021年，国网常德供电公司电力调度控制中心地区调度班被授予全国工人先锋号荣誉称号。

【常德市水运事务中心地方航道所】 2021年，常德市水运事务中心地方航道所（原常德市地方海事局城区航道所）共有干部职工31人，常年扎根在航道一线，奋战在航道管理养护与建设主战场，以“平安航道”创建为契机，确保市直地方航道安全畅通，特别是在旅游航道的建设与管理方面取得明显成效，变危城之水为美城之水。该所曾获全市水运系统目标管理红旗单位、先进单位荣誉称号，建成全市交通系统第一个标准化支部；2019年2月，常德市地方航道所被中国海员建设工会全国委员会、交通运输部安全委员会办公室授予“全国交通系统安全优秀班组”。历年来，该所参与完成29平方千米水下测量，新建航道41千米、双向通航船闸1座、客船停靠码头15处；对原有17座桥梁、桥区进行多次测绘，对通航线路进行20余次优化设计，完成疏浚工程81.64万立方米；设置各类通航安全标志300座。随着国家长江经济带战略和“一带一路”倡议的实施，常德市水运事务中心地方航道所先后参与30余个省、市重点工程通航技术条件的许可审查及工程项目建设中的技术要求的监督落实。参与建成常德市柳叶湖、穿紫河、桃花源秦溪高质量旅游航道，创下航道维护正常率100%，季节性航道畅通率100%，实现水上安全零事故。2021年，常德市水运事务中心地方航道所被授予全国工人先锋号荣誉称号。

【常德市兴隆劳务有限责任公司现场三部精包班】 2021年，常德市兴隆劳务有限责任公司现场三部精包班共有321人，全班为女职工，平均年龄37岁，主要工作是为湖南中烟常德卷烟厂二车间从事高档、精品卷烟手工包装工作。2019年，该集体被授予湖南省五一巾帼奖状、获评湖南省工人先锋号。全班员工在班长杨金霞的带领下，把“质量第一、服务至上、珍爱生命、安全第一”作为座右铭，默默无闻为湖南中烟常德卷烟厂精品中式卷烟推陈出新、出类拔萃贡献力量。从最初的二支装、五支装、十支装高端产品，到手工包装的20支和人机结合生产的精品手工烟，10年来，未收到一起社会质量反馈信息。班组员工敢于创新，在实践中摸索，多次向用工方提出工艺、操作流程、包装等方面合理化建议，她们独创用模具做烟盒，一次性容纳20支卷烟（按7、6、7排放），大大提高手工包烟的质量和生产效率，通过不断实践摸索，将封装烙铁加宽加长，由六个烙铁共用一个调温器，改为一个烙铁使用一个调温器，实现烟包完美收口，保证产品质量，得到常德卷烟厂车间工艺品质办和设备办的高度认可，并被采纳和推广。经过精包班全体员工的精工细作，2019年，“匠心手作”精品烟成功上市。2021年，常德市兴隆劳务有限责任公司现场三部精包班被授予全国工人先锋号荣誉称号。

全国巾帼文明岗

【桃源县牛车河镇瓦儿岗小学】桃源县牛车河镇瓦儿岗小学地处桃源县西部山区，海拔为700多米，距离县城大约110千米，山路崎岖、交通不便，与张家界、慈利、怀化三市县接壤，是桃源县境内最边远的一所小学，也是留守儿童比例最高的乡村小学。2021年，全校70名学生，其中寄宿生32人。该校7名教师全为女性，爱岗敬业、恪守职责。其中有退休后依然返聘教学的，有放弃照顾自己生病的孩子而坚持上课的，有生下孩子才几个月就返校上课，工作日将奶水挤出用奶瓶装好放入冰柜，星期六回家后带给孩子吃的。疫情期间，教师们放弃团聚陪同家人时间，坚持到校消毒值班、自发组织为学生上网课、送课本。山区通信信号弱，很多学生收不到网上教学，她们跋山涉水上门到学生家里送教辅导。平常在完成各自教学本职工作后，利用自己的休息时间，给基础薄弱的学生加以辅导，常常错过吃饭时间，忘了自己的孩子还在幼儿园。为了节约开支，团队一起开荒种菜、锯柴；每到冬季冰冻，食堂没水，她们就垒砖搭灶给学生提水做饭烧水。她们为学生缝补衣物，凌晨开车带学生去约18千米外的镇上看病就医，是孩子们口中的好姐姐、好妈妈。2021年，在桃源县西路片区完小系列中获教学质量第一名；在全县抽考中，瓦儿岗小学教师游贵英所教六年级数学获全县第四名。2021年，校长全双霖积极筹措资金5万元，为学校更换陈旧的自来水管道，安装热水设施，解决了师生用热水需要肩挑手提的困难。2021年3月，桃源县牛车河镇瓦儿岗小学获评全国巾帼文明岗。

【常德市公安局武陵分局人口与出入境管理大队】　2021年，常德市公安局武陵分局人口与出入境管理大队共25人，女性22人，占比近88%，真正打造了一支“娘子军”。大队先后获“全国户口清理整顿先进集体”“全省公安机关人口与出入境管理工作成绩突出集体”、省级“巾帼文明岗”各项荣誉30余次。强化服务理念，积极搭建优质服务平台，真正做到服务事项透明化、服务设施精细化、服务理念亲情化。强化便民利民举措，秉承“数据多跑路、群众少跑腿”的宗旨，主动拓展服务范围，大力提升人口与出入境服务的“智能化水平”，在细节处体现着人性化关怀，深入落实“放管服”政策。积极参与“巾帼脱贫行动”，走访慰问困难群众，开展入户结对帮扶活动，深入武陵区河洑镇全美村3户贫困家庭中进行结对帮扶。定点帮困，与常德致恩精神康复医院建立定点帮困服务关系，定期组织民警、辅警上门进行慰问，捐赠书籍200多本、衣物600多件；贴心服务，为瘫痪在床、行动不便等老弱病残及特殊群众上门办理业务500余人次，通过“人像比对”业务帮助3名失智老人寻亲成功，树立公安良好形象。疫情防控期间，全体民辅警充分发挥部门优势，牵头开展“澄清实有人口底数　助推抗击疫情斗争”专项行动，排查涉鄂人员3679人次，及时发现确诊或疑似病例4人；严防境外输入，对中国籍合法入境人员、武陵区户籍出境未归人员重点排查，及时报送区疫情防控指挥部。采取对办护照居民点对点短信提醒，确保合理安排出行，坚决落实好防范境外疫情输入；严管境外人员，对涉外单位及外籍人员进行核查及走访，严防特殊时期失控漏管，真正实现对辖区内实有人口“底数清、情况明、管得住”。2021年3月，常德市公安局武陵分局人口与出入境管理大队获评全国巾帼文明岗称号。

【常德市住房公积金管理中心临澧管理部】　2021年，常德市住房公积金管理中心临澧管理部有工作人员10人，其中女性7人。该部以“娘子军”为主力，负责临澧县1万多名缴存职工的住房公积金工作。截至2020年12月31日，临澧管理部累计归集资金18.22亿元，实际开户缴存职工人数17476人，提取资金9.38亿元，发放贷款5292户共计11.72亿元，为支持全县城镇化建设和职工住有所居发挥积极作用。该部采取多种措施提升服务水平。归集业务网上办。大力推广单位网厅的使用，减少缴存单位办理归集业务时间与人力成本，从源头上提升住房公积金缴存资金的入账效率。2020年，全县共338个住房公积金缴存单位开通单位网厅。提取资金秒到账。提取业务通过扫描原件替代纸质资料，并推行单笔实时结算，提取资料审核无误后立即划款，实现提取款项“秒到账”。贷款只需跑一趟。严格落实首问负责制、一次性告知制等制度，只要职工手续齐全，跑一次便能完成贷款全部手续。通过以上措施，逐步实现服务职工“零距离”、职工办事“少跑腿”、业务办理“极简化”的服务目标，提升缴存职工幸福感。积极参与结对帮扶和志愿服务。全年前往帮扶点村8次，为孤寡老人、留守儿童、退伍军人等捐赠价值5000元以上的物品；疫情期间，多次组织干部职工前往临澧县社区、超市进行体温检测和人员摸排工作，并号召党员干部带头交纳抗疫特殊党费1100元，抗疫捐款800元，展现该部积极参与社会公益的良好精神风貌。2021年3月，常德市住房公积金管理中心临澧管理部获评全国巾帼文明岗称号。

【国家税务总局澧县税务局第一税务分局】 2021年，国家税务总局澧县税务局第一税务分局有干部职工45人，其中女性36人，占80%。2020年新冠疫情防控中，该局充分发挥女性干部的交流沟通优势，展现巾帼风采。建立6个网上办税服务辅导“微信群”“QQ群”，加强对纳税人网上办税业务辅导，全年受理网上业务7万余笔次。开辟“自助办税终端”服务、“邮寄发票”服务等业务形式，有效降低疫情防控风险。2020年春节后，该局女干部自发成立“巾帼志愿服务队”，通过“预约服务”，做到疫情防控与办税服务“两手抓、两不误”，被《常德日报》头版新闻报道。该局严格落实“一站式服务”“一窗式办理”，优化纳税服务，提升工作质效，展现巾帼力量。2020年，累计受理各项窗口叫号办税业务8万余笔次，实现“零投诉”，取得全国纳税人满意度调查414个样本城市中位列全国第40位，全省第一位的优异成绩。成立减税降费“巾帼先锋队”，确保纳税人“应知尽知、应享尽享”。2020年，累计落实新增减税降费6403万元，其中疫情防控相关税收优惠3100万元。该局干部始终将干部队伍业务能力培训摆在突出位置，传承巾帼传统，理想信念坚定。近年来，该局先后有4名女性干部通过税务师、司法考试，多名女性干部在省、市税务系统“练兵比武”技能竞赛中斩获佳绩。2019年，该局某“90后”女干部发现纳税人留下香烟等物品表达谢意，当即转值班领导交由纪检组处理，市县媒体对此专门报道，传为佳话。2021年3月，国家税务总局澧县税务局第一税务分局获评全国巾帼文明岗称号。

【谢　淼】 女，1964年9月出生，中共党员，河北省石家庄市人，石门县南北镇薛家村名誉村主任。受王新法精神所感动，她放弃出国移民机会，2015年，到石门县南北镇薛家村加入“与民共富”军人团队，和王新法一起致力薛家村脱贫攻坚，任劳任怨，无怨无悔。以她和王新法为代表的军人团队带领村民攻坚克难，拓宽村道10多千米，架设桥梁6座，开山炸石修建山道5千米，把道路修到30多户村民家门口；和军人团队筹资修建“山河圆”烈士陵园，集中安葬在当地牺牲的68具红军烈士遗骨，教育后人弘扬英烈精神；与军人团队出谋划策发展产业经济，建成80公顷生态茶园，成立农业科技公司，让茶农大幅度增收。她主动担任“我看是非我看美”留守儿童中心辅导员一职，积极筹资为村里购置50台DV和投影仪，鼓励留守儿童周末拍摄家乡美景、身边好事，曝光不文明现象，引导村民喜事新办、厚养薄葬，让文明之风在大山中的小山村兴起。到薛家村后，谢淼生活朴素简单，与村民同吃同劳动，多个春节都在村里陪伴孤寡老人、特困户，和村民建立深厚的感情。王新法牺牲后，她主动担任村中的义务讲解员，向外推广王新法先进事迹，感动更多的人，薛家村村民逐步树立自主脱贫的信心，义务投工投劳参与公共基础设施建设蔚然成风。2021年3月，谢淼获评全国巾帼建功标兵称号。

【谢朝梅】 女，1970年6月出生，湖南澧县人，中共党员，主任技师，常德市疾病预防控制中心微生物检验科科长。2020年9月获评全国抗击新冠肺炎疫情先进个人。她敢于拼搏，甘于奉献，在新冠疫情防控中，她带领检验科全体人员昼夜轮转，不顾个人安危，始终战斗在疫情一线。疫情高发期，她每天冒着高危风险，穿着密不透气的隔离服，在实验室一待就是好几个小时，与新冠病毒几乎是零距离接触。她连续100多天加班加点，大年三十和初一，都是在实验室度过的，整个春节没有在家吃过一顿饭，把办公室当家，每天工作10多个小时。因为超强度的工作，她曾累倒过，打完点滴后又接着工作。疫情期间，谢朝梅和团队检测新冠样品数万份，确证全市82例新冠阳性病例，结果精准，得到省市专家高度认可，为疫情有效处置提供重要依据。2021年3月，谢朝梅获评全国巾帼建功标兵称号。

【郭金桂】 女，1968年2月出生，中共党员，注册税务师，国家税务总局常德经济技术开发区税务局党委委员、副局长。2020年9月，获评湖南省巾帼建功标兵称号。参加税收工作近30年，郭金桂成为全市税务业务行家里手，2015年至2017年全市系统“岗位大练兵、业务大比武”活动中，均取得纳税服务业务第一名的优异成绩，被评为“素质提升‘115’工程——专业骨干”。她工作上靠前指挥，真抓实干，确保各项税收政策在基层落地，经开区税务局被评为全省营改增工作先进单位。2020年新冠疫情期间，她主动请缨担任开发区2家龙头企业的复工复产联络员，带领党员先锋服务队，不分节假日，帮助企业建立防疫应急机制，排查企业生产、生活的防疫安全保障情况，累计参加疫情防控志愿服务1172个小时，“全天在线”为企业协调解决好防疫物资短缺、员工交通不便、原材料运输不畅等困难100余个，确保企业心无旁骛抓生产。作为防疫复工一线的暖心“联络员”，郭金桂的事迹得到省委常委、省委统战部部长黄兰香充分肯定，并先后被《人民日报》新媒体平台、国家税务总局公众号、《湖南新闻联播》等媒体宣传报道。2021年3月，郭金桂获评全国巾帼建功标兵。

【汉寿县千弘中药材种植专业合作社】　汉寿县千弘中药材种植专业合作社位于汉寿县崔家桥镇东花村，流转土地约54公顷，作为合作社种植的示范基地，辐射带动县域周边5市6县（区）农户1078户，种植面积近334公顷。为配合合作社的发展，2016年8月成立汉寿万康中药科技发展有限公司，2018年4月与康普、康尔佳、安和寿制药联姻，合作成立康尔佳千弘中药材发展有限公司、湖南亿安中药材种植专业合作社。2021年，入社成员197户，年终分红近50万元。合作社专注于中药材产品的创新与研发，获国家专利10项，先后被评为“湖南省林下经济示范基地”“国家级农民专业合作社”“常德市产业化龙头企业”。2018年，“千弘金丝皇菊”经德国检测合格，各项指标符合欧盟标准，金丝皇菊进入欧洲市场。该社在汉寿县内吸纳近30个合作社及家庭农场参与中药材种植，全省范围内共建多个中药材种植基地。2018年合作社获“省重点产业扶贫企业”称号，给建档立卡的61户贫困户分红6.8万元，2020年对接79户，帮扶分红10万元以上。合作社所在地多是一些45岁以上的留守妇女，年龄偏大，文化程度偏低，缺乏技术，且肩负着赡养老人和照顾孙子的责任。为帮助她们解决既挣钱又能顾家的问题，合作社创办扶贫车间，为留守妇女开展技能培训，让她们实现在家门口就业和脱贫致富。基地常年安排务工人员70余人，其中妇女务工人数48人，员工年人均收入近2.8万余元。合作社在加快自身发展壮大的同时，积极回应老百姓的关切，充分利用自身产业优势，主动参与扶贫济困，走访慰问贫困妇女儿童老人，为她们发放慰问金2万元。2020年新冠肺炎疫情期间，该社为武汉捐赠价值2万元的防疫物资。2021年3月，汉寿县千弘中药材种植专业合作社获评全国巾帼建功先进集体称号。

功勋退役军事人物

【缪　洋】　男，汉族，1990年5月出生，湖南省常德市鼎城区人，中共党员，2008年12月入伍，2021年4月转业，海军上士军衔。先后参加战区、航空兵组织的“神电”“湛南”“砺空”和中央军委组织的“2018年海上大阅兵”等诸多重大演习任务。2014年被评为优秀共产党员，2015年、2020年因表现突出荣立三等功2次，并获嘉奖 7 次。部队服役12年。他以站为家、以情带兵，时刻牢记自身责任使命，把本职岗位作为实现人生价值的舞台。他扎根基层，建设基层，奉献基层，以钉钉子的精神锻造自身过硬的专业本领。面对突发事故，他始终保持沉着冷静，勇挑重担，关键时刻能顶得上，拉得出，10年来岗位零失误，站内官兵纷纷表示，“有老缪，我放心”。2018年执行重大演训任务中，缪洋荣立二等功一次。

【彭　勇】　男，汉族，1987年3月出生，湖南省常德市鼎城区人，中共党员，2004年入伍，2021年12月退伍，海军四级军士长军衔。入伍16年，获全军优秀士官人才三等奖一次，优秀士官三次，嘉奖六次，“四有”（有灵魂、有本事、有血性、有品德）军人一次，优秀共产党员两次。在2013年的一次演习中，因恶劣海况导致一重要装备无法回收，母船多次尝试接近目标都没能成功，为了不给部队造成重大事故，作为一名党员骨干，加上对装备的熟悉，他主动请缨下海连接，经过多次尝试最终成功连接，将目标打捞上岸。这次演习中，他发扬了一名优秀军人的不怕苦不怕牺牲的应有作风，最终圆满完成演习任务，也给部队挽回了一场重大损失。2014年执行重大演习任务，彭勇荣立二等功一次。

附　录

《常德市文明行为促进条例》（全文公布）

常德市人民代表大会常务委员会公告

〔2021年第6号〕

《常德市文明行为促进条例》已由常德市第七届人民代表大会常务委员会第四十三次会议于2021年10月28日通过，湖南省第十三届人民代表大会常务委员会第二十七次会议于2021年12月3日批准，现予公布，自2022年1月1日起施行。

常德市人民代表大会常务委员会

2021年12月9日

常德市文明行为促进条例

（2021年10月28日常德市第七届人民代表大会常务委员会第四十三次会议通过　2021年12月3日湖南省第十三届人民代表大会常务委员会第二十七次会议批准）

第一条　为了培育和践行社会主义核心价值观，规范公民日常行为，提升公民文明素养，提高社会文明程度，根据有关法律法规规定，结合本市实际，制定本条例。

第二条　文明行为促进工作坚持党委领导、政府推动、公众参与，遵循法治与德治、规范与倡导相结合的原则。

第三条　市、县（市、区）精神文明建设指导委员会负责统筹推进本行政区域内文明行为促进工作。

市、县（市、区）精神文明建设指导委员会工作机构具体负责指导、协调、监督、检查、评估本行政区域文明行为促进工作。

第四条　市、县（市、区）人民政府应当将文明行为促进工作纳入国民经济和社会发展规划，制定相关政策，配套完善公共基础设施，并将所需经费列入本级财政预算。

市、县（市、区）人民政府发展改革、教育、公安、民政、财政、交通运输、卫生健康、市场监督管理、城市管理和综合执法等部门应当按照各自职责做好文明行为促进有关工作。

第五条　乡镇人民政府、街道办事处应当按照职责和本条例规定，做好本辖区内文明行为促进工作。

居民委员会、村民委员会应当加强文明行为的宣传和引导，协助相关单位开展文明行为促进工作。

第六条　文明行为促进是全社会的共同责任。任何单位和个人应当积极参与，自觉抵制不文明行为。

工会、共青团、妇联等人民团体应当组织开展文明行为促进活动。

学校、幼儿园和家庭应当加强青少年、儿童文明行为习惯养成教育。

新闻媒介应当宣传文明行为促进工作。

第七条　鼓励使用可循环利用的产品，减少使用一次性消费用品和过度包装产品，节约资源。

鼓励选择步行、骑自行车、乘坐公共交通工具等绿色低碳出行方式。

第八条　除涉密单位、中小学校、幼儿园外，机关、事业单位、银行、宾馆、酒店、大型商场和超市应当向社会免费开放厕所，机关、事业单位应当在双休日和法定节假日免费向社会开放停车场。

设施管理单位应当在显著位置设置明确的厕所、停车场指示标识。

第九条　在公共场所应当遵守下列规定：

（一）不使用污言秽语，不喧哗、嬉戏打闹，接打电话音量适度，乘坐公共交通工具使用电子设备时不外放声音；

（二）等候服务时依次排队；

（三）爱护公共设施，不踩踏、躺卧公共座椅；

（四）文明如厕，保持公厕卫生；

（五）咳嗽、打喷嚏时遮掩口鼻，患有流行性感冒等传染性呼吸道疾病时佩戴口罩；

（六）组织娱乐、健身、促销、庆典等活动时使用音响器材音量符合标准，不干扰他人正常生产生活；

（七）其他应当遵守的公共场所行为规范。

第十条　鼓励用餐使用公筷公勺或者实行分餐制。

餐饮服务经营者应当为消费者配备公筷公勺或者提供分餐服务；公筷公勺与个人餐具在外观和摆放位置上应当具有明显区别。

直接与食品接触的餐饮服务人员，在工作时应当规范佩戴口罩、手套。

第十一条　禁止在室内公共场所、工作场所的非吸烟区和中小学校、幼儿园、托儿所等未成年人活动的场所以及医院诊疗区、电梯、公共交通工具内吸烟。场所管理者应当及时制止场所内的吸烟行为。

在非禁止吸烟场所吸烟应当合理避开他人。

第十二条　非机动车行经人行横道时，应当减速；遇行人通过人行横道，应当停车让行。非机动车行经没有交通标志、标线的道路时，遇行人横过道路，应当避让。

非机动车停放应当规范有序，不占用盲道、骑行车道和绿化带，不影响行人正常通行。

行人通过路口、横过道路或者遇车辆让行时应当在确保安全的情况下快速通过，不得有嬉戏打闹、浏览手持电子设备等影响道路交通安全的行为。

第十三条　使用共享单车、共享汽车等公共租赁交通工具，应当在规定地点有序停放。

共享单车、共享汽车等公共租赁交通工具经营者应当及时检测、维护车辆，清理违规停放、存在安全隐患的车辆。

第十四条　市、县（市、区）精神文明建设指导委员会应当建立文明行为记录制度，对见义勇为、志愿服务、慈善公益等文明行为信息进行记录。记录的标准和程序由市精神文明建设指导委员会工作机构会同有关部门制定。

机关、事业单位、人民团体、国有企业应当在招聘录用、职位晋升、待遇激励等方面将文明行为记录作为重要参考；鼓励其他用人单位在招聘录用、职位晋升、待遇激励等方面将文明行为记录作为重要参考。

第十五条　市、县（市、区）精神文明建设指导委员会应当建立文明行为表彰奖励和帮扶制度，对在文明行为促进工作中作出突出贡献的单位和个人给予表彰奖励，对生活困难的先进人物给予帮扶。

第十六条　窗口单位服务规范、行业协会章程、商会章程、业主管理规约、村规民约、居民公约应当包含文明行为相关内容。

第十七条　市、县（市、区）人民政府及其有关部门应当科学规划、合理布局下列公共服务设施：

（一）敬老院、福利院、幼儿园等社会公益设施；

（二）盲道、坡道、电梯、扶手等无障碍设施；

（三）电动车和新能源汽车充电专用场所、设施；

（四）道路、桥梁、过街天桥、地下通道、绿化照明、停车场、非机动车停放区域、公共厕所、垃圾分类投放箱等市政公用设施；

（五）机场、车站、码头、政务大厅、医院、大型商场、旅游景区等公共场所配备母婴室和无障碍厕位等便利设施；

（六）机场、火车站、汽车客运站、客运码头等客流集散地设定巡游出租汽车调度服务站点，划定排队候客区域；

（七）居住小区、街道、楼宇、门牌等地名标识标志设施；

（八）公共厕所、应急避难、禁烟等标志设施，公益广告栏、宣传栏、文明行为提示牌等宣传设施；

（九）其他与文明行为促进有关的保障设施。

设施管理单位应当加强维护和管理，保障设施完好，正常使用。

第十八条　负有文明行为促进管理职责的单位及其工作人员有下列行为之一的，对直接负责的主管人员和直接责任人员依法给予处分：

（一）对有关设施、场所疏于规划、建设、管理和维护，致使供给严重不足、设施严重残缺或者丧失功能的；

（二）未依法实施监督管理的；

（三）推进本辖区、本行业、本单位文明行为促进工作明显不力的；

（四）其他不履行或者不正确履行职责的行为。

第十九条　违反本条例第十条第二款规定，餐饮服务经营者未配备公筷公勺的，或者违反第三款规定，直接与食品接触的餐饮服务人员未按规定佩戴口罩、手套的，由市场监督管理部门责令改正；拒不改正的，对个体餐饮服务经营者处二百元以上一千元以下罚款，对餐饮服务类法人或者其他组织的经营者处一千元以上一万元以下罚款。

第二十条　违反本条例第十一条第一款规定，在禁止吸烟的公共场所吸烟的，由卫生健康部门责令改正，给予警告，可以并处五百元以下罚款。场所管理者未及时制止的，由卫生健康部门给予警告，并处一万元以下罚款。

第二十一条　违反本条例第十三条规定，使用共享单车、共享汽车等公共租赁交通工具，未按规定停放的，由城市管理和综合执法部门责令改正，可以处二十元罚款。共享单车、共享汽车等公共租赁交通工具经营者未按规定检测、维护和清理车辆的，由城市管理和综合执法部门责令改正；拒不改正的，处二千元以上一万元以下罚款。

第二十二条　违反本条例规定的行为，法律、法规、规章已规定法律责任的，从其规定。

第二十三条　违反本条例规定应当给予罚款行政处罚的，主管部门可以按照违法行为人意愿，安排参加相关社会服务；完成社会服务的，可以从轻或者减轻行政处罚。

第二十四条　常德经济技术开发区、常德高新技术产业开发区、柳叶湖旅游度假区、西湖管理区、西洞庭管理区管理委员会和桃花源风景名胜区管理局，依照本条例相关规定做好本行政区域内文明行为促进工作。

第二十五条　本条例自2022年1月1日起施行。

《常德市养犬管理条例》（全文公布）

常德市人民代表大会常务委员会公告

〔2021年第7号〕

《常德市养犬管理条例》已由常德市第七届人民代表大会常务委员会第四十三次会议于2021年10月28日通过，湖南省第十三届人民代表大会常务委员会第二十七次会议于2021年12月3日批准，现予公布，自2022年1月1日起施行。

常德市人民代表大会常务委员会

2021年12月9日

常德市养犬管理条例

（2021年10月28日常德市第七届人民代表大会常务委员会第四十三次会议通过2021年12月3日湖南省第十三届人民代表大会常务委员会第二十七次会议批准）

第一条　为了加强养犬管理，保护公民的身体健康和人身安全，维护社会管理秩序，促进社会文明和谐，根据有关法律法规规定，结合本市实际，制定本条例。

第二条　养犬按照严格管理区和一般管理区实行分区域管理制度。严格管理区包括城市和县城的建成区，以及县级以上人民政府划定的其他区域。严格管理区以外为一般管理区。

第三条　市、县（市、区）人民政府领导本行政区域内养犬管理工作，建立部门协调、信息共享、联合执法工作机制和犬只疫情监测网络、投诉举报平台，将养犬管理所需工作经费列入本级财政预算。

县（市、区）人民政府应当自本条例施行之日起一年内设立适当规模的犬只收容救助场所。

第四条　公安机关主管本行政区域内的养犬管理工作。

城市管理和综合执法部门负责查处犬只饲养、经营过程中影响市容环境卫生的行为，指导和监督公共场所设置犬只禁入标识。

农业农村部门对犬只免疫工作进行监督管理，负责犬只免疫接种机构和饲养、经营、收容救助、无害化处理等场所防疫的监督管理。

第五条　乡镇人民政府、街道办事处负责本辖区流浪犬控制和处置、犬只尸体收集和处理工作；组织指导居民委员会、村民委员会做好本辖区养犬基础数据统计、养犬纠纷调解等工作。

居民委员会、村民委员会协助开展养犬管理工作，引导、督促养犬人规范犬只饲养行为。

物业服务人协助开展依法养犬、文明养犬宣传和纠纷调解、养犬信息报送等工作。

第六条　幼犬出生三个月后的三十日内，养犬人、犬只经营者应当为犬只接种狂犬病疫苗。首次免疫接种后，应当按照疫苗注明的免疫有效期定期加强免疫。

犬只免疫接种机构应当如实记录包括疫苗品种、接种日期、免疫有效期、接种人员等免疫接种信息，发放犬只免疫证明，将免疫接种信息及时报送公安机关、农业农村部门，并于犬只免疫有效期满十五日前，提示养犬人、犬只经营者及时为犬只加强接种狂犬病疫苗。

第七条　严格管理区禁止饲养、经营烈性犬、大型犬。禁止饲养、经营犬只的品种名录，由市公安机关会同市农业农村部门制定。

严格管理区内饲养犬只的，每户限养一只，残疾人饲养扶助犬除外。饲养犬只繁殖幼犬超过限养数量的，养犬人应当自幼犬出生之日起三个月内，将超出限养数量的犬只转让他人或者送交犬只收容救助场所。

本条例施行前已经在公安机关依法办理登记的超过限养数量的犬只，可以继续饲养，但禁止饲养的犬只除外。

第八条　严格管理区内饲养犬只的，应当向公安机关申请办理养犬许可登记。申请办理养犬许可登记，应当具备下列条件：

（一）申请人具有完全民事行为能力；

（二）持有有效的犬只免疫证明；

（三）饲养品种、数量符合本条例要求；

（四）申请人在严格管理区有住所；

（五）法律、法规规定的其他条件。

第九条　养犬人申请养犬许可登记，应当登录公安机关养犬管理平台，上传相关信息。符合条件的，公安机关予以许可登记，发放养犬许可登记证和犬牌，植入电子芯片或者录入生物识别信息；不符合条件的，不予许可登记并说明理由，告知养犬人自行处置犬只或者送交犬只收容救助场所。

养犬许可登记信息变更的，养犬人应当在十五日内依法向公安机关申请变更登记。

犬牌遗失、损毁的，养犬人应当及时向原登记机关申请补发。

犬只免疫有效期满未接种的，由公安机关注销养犬许可登记。

第十条　携带外来犬只进入本市行政区域的，应当持有犬只免疫证明或者动物检疫合格证明。

禁止携带烈性犬、大型犬进入严格管理区。

第十一条　养犬人饲养犬只，不得有下列行为：

（一）放任犬只影响交通安全和交通秩序；

（二）放任犬只损毁公共设施、破坏市容环境卫生；

（三）占用楼道等住宅公共区域饲养犬只；

（四）遗弃、虐待犬只；

（五）法律、法规、规章规定的其他禁止行为。

第十二条　除残疾人携带扶助犬外，禁止携带犬只进入以下公共区域：

（一）机关和事业单位办公区、学校教学区、学生宿舍区和食堂、幼儿园、托儿所、未成年人校外教育培训场所、医院（动物诊疗机构除外）等公共区域；

（二）博物馆、展览馆、青少年宫、音乐厅、图书馆、影剧院等公共文化娱乐场所；

（三）举办重大活动的管控区域；

（四）公共汽车、火车、客船等客运公共交通工具和候车室、候机室、候船室等候客场所；

（五）法律、法规、规章规定禁止进入的其他场所。

前款规定以外的其他场所，场所管理人可以设置明显标识，禁止携犬进入。

第十三条　严格管理区内养犬人携带犬只出户，应当遵守下列规定：

（一）在犬只颈部佩戴公安机关发放的犬牌；

（二）用两米以内的犬绳或者犬链牵领犬只；

（三）在楼道、电梯及其他人员密集场所，怀抱犬只、收紧犬绳，或者为犬只佩戴嘴套；

（四）即时清理犬只排泄的粪便；

（五）法律、法规、规章的其他规定。

第十四条　犬只伤害他人的，养犬人应当立即将受害人送至医疗机构诊治，伤人犬只由公安机关收容。

第十五条　单位和个人发现流浪犬只，可以将其送交犬只收容救助机构或者向所在地乡镇人民政府、街道办事处报告。

犬只收容救助机构对收容的犬只，自接受之日起十五日内能查明养犬人的，应当立即通知养犬人认领，养犬人应当承担犬只收容期间所产生的相关费用；无法查明或者逾期无人认领的，视为弃养犬只；收容的犬只，可以由符合条件的养犬人领养。

第十六条　违反本条例规定，未经公安机关许可登记在严格管理区饲养犬只的，由公安机关责令限期改正，给予警告；逾期不改正的，没收犬只，并处五百元以上二千元以下罚款。

第十七条　违反本条例规定，在严格管理区饲养犬只超出限养数量的，由公安机关责令限期改正，给予警告；逾期不改正的，没收超出限养数量的犬只，并处每只五百元的罚款。

违反本条例规定，繁殖幼犬超出限养数量不在期限内安置的，按照前款规定处理。

第十八条　违反本条例规定，有下列情形之一的，由公安机关责令改正，给予警告；拒不改正的，处五百元以下罚款：

（一）在严格管理区携带犬只外出，不按规定佩戴犬牌、使用犬绳或者犬链，或者携带犬只乘坐电梯未采取防护措施的；

（二）携带犬只进入本条例规定禁止进入的区域的；

（三）携带外来犬只进入本市行政区域不能提供免疫证明或者动物检疫合格证明的；

（四）携带烈性犬、大型犬进入严格管理区的。

违反本条例规定，养犬人遗弃犬只的，由公安机关处五百元以上二千元以下罚款，并吊销养犬许可登记，五年之内不予许可养犬。

违反本条例规定，养犬人虐待犬只的，由公安机关处五百元以上二千元以下罚款；情节严重的，没收犬只，并吊销养犬许可登记，五年之内不予许可养犬。

第十九条　违反本条例规定，养犬人在严格管理区携犬出户未及时清理犬只粪便的，由城市管理和综合执法部门责令改正，给予警告，并处二百元以下罚款。

第二十条　常德经济技术开发区、常德高新技术产业开发区、柳叶湖旅游度假区、西湖管理区、西洞庭管理区的管理委员会和桃花源风景名胜区管理局，依照本条例做好辖区内养犬管理工作。

第二十一条　军事机关、公安机关、应急管理部门以及动物园、专业表演团体、科研机构等单位因特定用途饲养犬只的，不适用本条例。

第二十二条　本条例自2022年1月1日起施行。

常德市人民政府关于印发《常德市国有土地上房屋征收与补偿实施办法》的通知

常政发〔2021〕6号

各区县市人民政府，常德经济技术开.发区、常德高新技术产业开发区、柳叶湖旅游度假区、西湖管理区、西洞庭管理区管委会，市直和中央、省驻常有关单位：

现将《常德市国有土地上房屋征收与补偿实施办法》印发给你们，请认真贯彻执行。

常德市人民政府

2021年5月13日

常德市国有土地上房屋征收与补偿实施办法

第一章　总　则

第一条　为规范国有土地上房屋征收与补偿活动，保障被征收房屋所有权人（以下简称被征收人）的合法权益，根据《国有土地上房屋征收与补偿条例》（国务院令第590号）、《湖南省实施〈国有土地上房屋征收与补偿条例〉办法》（省政府令第268号）等规定，结合我市实际，制定本办法。

第二条　本市行政区域内国有土地上房屋征收与补偿活动，适用本办法。

第三条　市和县级人民政府负责本行政区域国有土地上的房屋征收与补偿工作。

市人民政府委托常德经济技术开发区、常德高新技术产业开发区、柳叶湖旅游度假区、西湖管理区、西洞庭管理区、桃花源旅游管理区（筹）管委会负责所辖区域内国有土地上的房屋征收与补偿工作。

确有需要的，市人民政府可以对全市行政区域内国有土地上的房屋直接征收。

第四条　市住房和城乡建设局（市人民防空办公室）是国有土地上房屋征收与补偿工作的行政主管部门。

市住房和城乡建设局（市人民防空办公室）所属的市国有土地上房屋征收与补偿管理处是市人民政府的房屋征收部门。区县市国有土地上房屋征收与补偿管理办公室或本级人民政府确定的部门是本行政区域内房屋征收部门。

自然资源和规划、发展改革、财政、审计、公安、城管执法、国有资产监管、生态环境、市场监管、税务等部门及街道办事处（乡镇人民政府）应当依照职责分工，相互配合，协助做好房屋征收与补偿工作。

第五条　房屋征收部门可以委托房屋征收实施单位，承担房屋征收与补偿的具体工作。房屋征收实施单位不得以盈利为目的。

房屋征收部门对房屋征收实施单位在委托范围内实施的房屋征收与补偿行为负责监督，并对其行为后果承担法律责任。

第六条　市人民政府对区县市人民政府的房屋征收与补偿工作进行监督。市房屋征收部门负责对区县市房屋征收部门的房屋征收与补偿工作进行指导。

第二章　征收决定

第七条　为了保障国家安全、促进国民经济和社会发展等公共利益的需要，符合《国有土地上房屋征收与补偿条例》第八条规定情形之一，确需征收房屋的，由市、区县市人民政府作出房屋征收决定。

第八条　因公共利益需要征收房屋的，由项目建设筹备单位或项目建设业主到项目所在地的房屋征收部门提出房屋征收申请。申请时提交以下资料：

（一）房屋征收申请书；

（二）发展改革部门出具的项目立项批文或项目符合国民经济和社会发展规划的证明资料；

（三）自然资源和规划部门出具的项目符合各类空间规划的证明资料以及划定的项目规划控制蓝线图；

（四）需要提交的其他相关资料。

保障性安居工程建设和旧城区改建项目除提交前款规定的资料外，还需提交纳入国民经济和社会发展年度计划或调整计划的资料。

第九条　房屋征收范围应在自然资源和规划部门划定的项目规划控制蓝线范围内。

自然资源和规划部门划定项目规划控制蓝线时原则上不得分割现有房屋实际占用地块。在旧城区范围内实施房屋征收的，自然资源和规划部门在划定项目规划控制蓝线时，应将项目周边已规划为道路、绿化等公益建设用地的地块或无法独立规划建设的地块一并纳入。

第十条　房屋征收部门在收到房屋征收申请后，应在7个工作日内完成审查。经审查认为符合本办法第七条、第八条规定的项目，应当将房屋征收范围予以公布。

房屋征收部门应对房屋征收范围内房屋的权属、区位、用途、新旧程度、建筑面积等情况组织调查登记，被征收人应当予以配合。调查结果应当在房屋征收范围内向被征收人公布。

第十一条　房屋征收部门拟定房屋征收补偿方案报本级人民政府。市、区县市人民政府组织有关部门对征收补偿方案进行论证，并在征收范围内发布房屋征收补偿方案征求意见公告，征求被征收人意见，征求意见期限不得少于30日。

市、区县市人民政府应当将征求意见情况和根据公众意见修改的情况及时公布。

因旧城区改建需要征收房屋，多数被征收人认为征收补偿方案不符合法律、法规、规章和本办法规定的，市、区县市人民政府应当组织由被征收人和公众代表参加的听证会，并根据听证会情况修改方案。

第十二条　市、区县市人民政府作出房屋征收决定前，应当按照有关社会稳定风险评估的规定进行社会稳定风险评估。

征收补偿资金由房屋征收部门负责筹集、管理和使用。作出房屋征收决定前，征收补偿资金应当足额到位、专户存储、专款专用。

第十三条　市、区县市人民政府根据房屋征收部门提供的房屋征收相关资料及征求公众意见后修改的征收补偿方案作出房屋征收决定，并在征收范围内发布公告。房屋征收决定涉及被征收人数量较多的，应当经政府常务会议讨论决定。

房屋征收决定公告应载明征收范围、征收补偿方案和行政复议、行政诉讼权利等事项。

房屋被依法征收的，国有土地使用权同时收回。不动产登记机构应当根据房屋征收部门或被征收人提供的相关资料，依法定程序办理不动产注销登记。

第十四条　房屋征收范围确定并公告后，被征收人不得在房屋征收范围内实施新建、扩建、改建房屋和改变房屋用途、装饰装修和种植、养殖等不当增加补偿费用的行为；违反规定实施的，不予补偿。房屋征收部门应当将前款所列事项书面通知自然资源和规划、住建、市场监管、城管执法等有关行政管理部门暂停办理不动产登记、新建、扩建、改建、改变房屋用途、工商登记、临时搭建、广告设置等有关手续。暂停办理相关手续的书面通知应当载明暂停期限。暂停期限自征收范围确定并公告之日起不得超过1年。

第十五条　房屋的拆除工程应由具有相应资质等级的建筑施工企业实施。住建及相关行政管理部门应加强对被征收房屋拆除的监督管理。

第三章　补　偿

第十六条　作出房屋征收决定的市、区县市人民政府对被征收人给予的补偿包括：

（一）被征收房屋价值的补偿；

（二）因征收房屋造成的搬迁、临时安置的补偿；

（三）因征收房屋造成的停产停业损失的补偿。

市、区县市人民政府应当制定补助和奖励办法，对被征收人给予补助和奖励。

第十七条　被征收房屋的权属、面积、结构、用途等以不动产权属证书和不动产登记簿为准；不动产权属证书与不动产登记簿的记载不一致的，除有证据证明不动产登记簿确有错误外，以不动产登记簿为准。被征收房屋有共有权人的，所有共有权人视为一个被征收人。

被征收人死亡的，依法确认的继承人、受遗赠人为被征收人；有多个继承人、受遗赠人的，按共有权人视为一个被征收人。

第十八条　市住房和城乡建设局（市人民防空办公

室）应做好房地产价格评估行业管理工作，规范行业行为。市房屋征收部门负责市财政性投融资征收项目的预算审核和土地成本核算。

第十九条　房地产价格评估机构由被征收人协商选定；协商不成的，通过多数决定、随机选定等方式确定。具体办法按省人民政府的有关规定执行。

第二十条　房地产价格评估机构和房地产估价师应当独立、客观、公正地开展房屋征收评估工作，不得出具虚假或者有重大差错的评估报告。

第二十一条　对被征收房屋价值的补偿，不得低于房屋征收决定公告之日被征收房屋类似房地产的市场价格。被征收房屋的价值，由经法定程序选定的房地产价格评估机构按照《国有土地上房屋征收评估办法》等规定评估确定。房屋征收部门应当将分户的初步评估结果在征收范围内向被征收人公示。

房屋征收部门或者被征收人对评估确定的被征收房屋价值有异议的，应当根据有关规定，在收到评估报告之日起10日内向原房地产价格评估机构书面申请复核评估。原房地产价格评估机构应当自收到书面复核评估申请之日起10日内对评估结果进行复核。复核后，改变原评估结果的，应当重新出具评估报告；评估结果没有改变的，应当书面告知复核评估申请人。

对复核结果有异议的，应当根据有关规定，在收到复核结果之日起10日内向常德市房地产价格评估专家委员会申请鉴定。

第二十二条　被征收人可以选择货币补偿，也可以选择房屋产权调换。

第二十三条　被征收房屋价值由受委托的房地产价格评估机构根据被征收房屋的区位、用途、建筑结构、新旧程度、建筑面积以及占地面积、土地使用权等因素，以房地产市场评估价格确定。被征收房屋价值评估时点为征收决定的公告之日。

第二十四条　被征收人选择房屋产权调换的，市、区县市人民政府应当与被征收人计算、结清被征收房屋价值与用于产权调换房屋价值的差价。除政府对产权调换房的价格有特别规定外，产权调换房的市场价值应当评估确定。用于产权调换房屋价值评估时点应当与被征收房屋价值评估时点一致。

第二十五条　采取货币补偿或者现房产权调换方式的，给予被征收人一次搬迁费；采取过渡安置产权调换方式的，给予被征收人两次搬迁费。

征收房屋需搬迁机器设备和其他物资的，搬迁费由房屋征收部门与被征收人参照相关行业标准协商确定；协商不成的，应当评估确定。

机器设备和其他物资因搬迁丧失使用价值的，其损失补偿评估按照前款的规定办理。

房屋征收部门采取过渡安置产权调换方式补偿被征收人住宅的，对自行解决周转用房的被征收人，应当按实际过渡期限支付临时安置费；对已向被征收人提供周转用房的，在约定过渡期限内不支付临时安置费。采取货币补偿的，给予6个月临时安置费。

被征收房屋价值评估中不包括装饰装修等价值的，其装饰装修等价值的补偿由房屋征收部门与被征收人参照市房地产行业协会发布的房屋装饰装修及设施设备价格信息协商确定；协商不成的，可以委托对被征收房屋进行评估的原房地产价格评估机构评估确定。

第二十六条　采取过渡安置产权调换方式的，房屋征收部门应当与被征收人按产权调换房屋的合理建设工期约定过渡期限，约定过渡期限一般不超过3年。实际过渡期限自被征收人腾空交付房屋之日起至产权调换房屋交付之日止。交付后另增加3个月过渡期，按未上调的基本标准支付临时安置费。

第二十七条　房屋征收部门未按期交付产权调换房，延长过渡期限的，自逾期之月起，应当按照下列规定每月向被征收人支付临时安置费：

（一）被征收人自行解决周转用房，过渡期限延期12个月以内的，按照标准的150%支付；过渡期限延期超过12个月的，按照标准的200%支付。

（二）向被征收人提供周转用房，除继续提供周转用房外，过渡期限延期12个月以内的，按照标准的50%支付；过渡期限延期超过12个月的，按照标准的100%支付。

第二十八条　征收生产、经营性用房，造成被征收人停产停业直接损失的，按照不超过被征收合法房屋主体建筑评估价值（含证载土地评估价值）7‰的6倍给予补偿。

被征收人认为停产停业损失超过前款规定标准的，应当向房屋征收部门提供房屋征收前上一年度实际经营效益等相关证明材料，由房地产价格评估机构进行评估，并按照评估结果给予补偿。

被征收人擅自将住宅房屋改作生产、经营性用房的，征收时不给予停产停业损失补偿；擅自改变非住宅房屋用途的，按照原证载用途计算停产停业损失。

被征收人擅自将住宅房屋、非住宅房屋改作经营门店的，已取得合法的营业执照，且满2年以上的可按实际经营面积给予适当补助。

第二十九条　在房屋征收补偿方案确定的签约期限内签订补偿协议的，房屋征收部门按规定给予被征收人适当奖励和补助。

第三十条　被征收住宅房屋建筑面积在45平方米以下的，按以下方式处理：

（一）选择货币补偿的，按建筑面积45平方米以市场评估价计算补偿金额；

（二）选择产权调换安置的，对被征收房屋按前项规定计算补偿金额，再按照本办法规定结清产权调换的差价。

被征收人及其配偶和未成年子女在同一城市另有房屋的，且房屋建筑面积合并超过45平方米或被征收人及其配偶已享受住房保障待遇的，按被征收住宅房屋合法建筑面积进行补偿。

第三十一条　征收个人住宅，被征收人符合住房保障条件的，优先给予住房保障：

（一）申请公共租赁住房租赁补贴的，自被征收人签订补偿协议当月起发放；

（二）申请提供保障性住房的，保障次序列同期申请的非被征收人之前。对多个被征收人提供保障性住房的优先次序，按照订立补偿协议后实际搬迁的先后顺序确定。

第三十二条　征收未经自然资源和规划等部门批准的机关企事业单位自管办公用房、厂房、车间等非住宅房屋改作住宅安排现居住人使用，单位改制处置国有资产时又未处理的，居住人在房屋征收决定公告发布时继续居住使用的房屋，分别按以下情况处理：

（一）居住人及其配偶和未成年子女在同一城市范围内另有房屋不符合住房保障条件的，居住人应按期腾退房屋，只对被征收房屋所有权人进行补偿；

（二）居住人及其配偶和未成年子女在同一城市范围内没有其他房屋的，对被征收房屋所有权人进行补偿后，被征收房屋所有权人应妥善安置现居住人，符合住房保障条件的，按本办法给予住房保障。

第三十三条　征收国有直管公房，只对国有直管公房所有权人给予征收补偿。国有直管公房所有权人享有其他被征收人同等权利，并负责国有直管公房承租人的补偿、续租、退租等工作。

装饰装修和设施设备的补偿，房屋租赁合同有约定的，按约定处理；合同没有约定的，由国有直管公房所有权人给予承租人适当补偿。

住宅承租人及其配偶和未成年子女在同一城市没有其他房屋且符合国有直管公房承租条件的，产权调换后的房屋应优先给予其承租权；有其他房屋或不符合国有直管公房承租条件的，不再给予其承租权。

第三十四条　市、区县市人民政府作出房屋征收决定前，应当组织有关部门依法对征收范围内未经登记的建筑进行调查、认定和处理。

第三十五条　经认定为合法建筑的，应当给予补偿。对未超过批准期限的临时建筑，按建造成本结合批准期限内的剩余年限给予补偿；对超过批准期限的，不予补偿。

第三十六条　房屋征收部门与被征收人依照本办法规定，就补偿方式、补偿金额和支付期限、用于产权调换房屋的地点和面积、临时安置费或者周转用房、停产停业损失、搬迁期限、过渡方式和过渡期限等事项，订立补偿协议。涉及国有资产的，应经国有资产监管部门同意。

第三十七条　房屋征收部门与被征收人在征收补偿方案确定的签约期限内达不成补偿协议，或者被征收房屋存在无不动产登记、不动产权利人下落不明、暂时无法确认不动产权利人或正在进行物权确认诉讼等房屋所有权人不明确情形的，房屋征收部门应当在签约期限届满后，将情况说明材料和有关资料一并报送作出房屋征收决定的市、区县市人民政府。市、区县市人民政府应当按照征收补偿方案及时作出补偿决定，并在房屋征收范围内予以公告。作出补偿决定的期限，应自分户评估报告送达之日起不超过一年。

第三十八条　市、区县市人民政府作出补偿决定，因被征收人原因或者房屋所有权人不明确，无法核实被征收房屋装饰装修情况的，补偿决定不包括装饰装修的价值。在按补偿决定实施强制执行时，房屋征收部门应当对被征收房屋装饰装修进行勘察记录，并向公证机构办理保全证据公证，被征收房屋装饰装修价值由原房地产价格评估机构评估确定。

第三十九条　被征收人对补偿决定不服的，可以依法申请行政复议，也可以依法提起行政诉讼。被征收人或被征收房屋所有权不明确的居住人在法定期限内不申请行政复议或不提起行政诉讼，在补偿决定规定的期限内又不搬迁的，由作出房屋征收决定的市、区县市人民政府依法申请人民法院强制执行。

强制执行申请书应当附具补偿金额和专户存储账号、产权调换房屋和周转用房的地点和面积等材料。

第四十条　实施房屋征收应当先补偿，后搬迁。作出房屋征收决定的市、区县市人民政府对被征收人给予补偿后，被征收人应当在补偿协议约定或者补偿决定确定的搬迁期限内完成搬迁。任何单位和个人不得采取暴力、威胁或者违反规定中断供水、供热、供气、供电和道路通行等非法方式迫使被征收人搬迁。禁止项目建设筹备单位或项目建设业主参与搬迁活动。

第四十一条　房屋征收部门应当依法建立房屋征收补偿档案，并将分户补偿情况在房屋征收范围内向被征收人公布。财政、审计部门应当依法加强对征收补偿费用管理和使用情况的监督，审计部门应当及时公布审计结果。

第四章　法律责任

第四十二条　市、区县市人民政府及房屋征收部门的工作人员在房屋征收与补偿工作中不履行法律、法规、规章和本办法规定的职责，或者滥用职权、玩忽职守、徇私舞弊的，由上级人民政府或者本级人民政府责令改正，通报批评；造成损失的，依法承担赔偿责任；对直接负责的主管人员和其他直接责任人员，依法给予处分；构成犯罪的，依法追究刑事责任。

第四十三条　采取暴力、威胁或者违反规定中断供水、供热、供气、供电和道路通行等非法方式迫使被征收人搬迁，造成损失的，依法承担赔偿责任；对直接负责的主管人员和其他直接责任人员，构成犯罪的，依法追究刑事责任；尚不构成犯罪的，依法给予处分；构成违反治安管理行为的，依法给予治安管理处罚。

第四十四条　采取暴力、威胁等方法阻碍依法进行房屋征收与补偿工作，构成犯罪的，依法追究刑事责任；构成违反治安管理行为的，依法给予治安管理处罚。

第四十五条　贪污、挪用、私分、截留、拖欠征收补偿费用的，责令改正，追回有关款项，限期退还违法所得，对有关责任单位通报批评、给予警告；造成损失的，依法承担赔偿责任；对直接负责的主管人员和其他直接责任人员，构成犯罪的，依法追究刑事责任；尚不构成犯罪的，依法给予处分。

第四十六条　房地产价格评估机构、评估专业人员违反《中华人民共和国资产评估法》《房地产估价机构管理办法》等规定从事评估活动的，依法给予行政处罚；构成犯罪的，依法追究刑事责任。

第四十七条　市、区县市人民政府及其有关部门应当依法加强对建设活动的监督管理，对违反城乡规划进行建设的，依法予以处理。

第五章　附　则

第四十八条　本办法自2021年6月1日起施行。市直相关部门制定并发布的有关国有土地上房屋征收补偿规定或解释与本办法不一致的，以本办法为准。

本办法施行前，已作出房屋征收决定且开始实施未完成的项目，继续按原公告的房屋征收决定实施。

附件：常德市城区房屋征收补偿相关具体标准

附件

常德市城区房屋征收补偿相关具体标准

一、临时安置费。按被征收住宅房屋合法建筑面积每平方米给予15元/月临时安置费，最低按800元/月给付，最高不超过1600元/月。

本标准施行之日，被征收人仍处于过渡安置期的，自本标准施行之日起，按本标准执行。

二、搬迁费。征收住宅房屋的，搬迁费按3500元/次计算。

三、住宅房屋、非住宅房屋改作经营门店补助标准。被征收人将临主次干道住宅、办公用房、车间、仓库等改作经营门店，按实际经营面积给予适当补助。在房屋征收公告发布前取得营业执照5年（含5年）以下、2年以上并实际经营，上述证照所载明的营业场地与房屋权属证书一致，被征收人选择货币补偿的，一楼按同地段、类似经营门店评估价值与被征收房屋权属证书载明用途评估价值之差的20%予以补助，与一楼室内连通使用且经营范围一致的二楼、三楼，分别按实际经营面积每平方米300元、100元予以补助；在房屋征收公告发布前取得营业执照5年以上，被征收人选择货币补偿的，一楼按同地段、类似经营门店评估价值与被征收房屋权属证书载明用途评估价值之差的30%予以补助，与一楼室内连通使用且经营范围一致的二楼、三楼，分别按实际经营面积每平方米500元、200元予以补助。其他情形改作经营门店的，不给予补助。

未取得营业执照的，按原房屋权属证书登记用途补偿。

住宅房屋改作经营门店，被征收人选择产权调换的，可按本标准给予补助。

四、在房屋征收补偿方案确定的签约期限内签订补偿协议，并完成搬迁的，按如下项目和标准给予奖励：

1.自主寻房安置奖。征收住宅房屋，被征收人选择货币补偿自主寻房安置的，按合法房屋主体建筑评估价值（含证载土地评估价值）的20%给予奖励；征收非住宅房屋，被征收人选择货币补偿自主寻房安置的，一楼按合法房屋主体建筑评估价值（含证载土地评估价值）的20%给予奖励，其他楼层按合法房屋主体建筑评估价值（含证载土地评估价值）的10%给予奖励。

2.提前搬迁奖。合法房屋主体建筑评估价值（含证载土地评估价值）500万元以下的，给予20000元奖励；500

万元以上（含500万元）的，给予30000元奖励。

3.房屋征收配合奖。房屋征收部门根据实际可将房屋征收范围划分若干片区单位，每个片区单位所有被征收人在规定期限内签订房屋征收补偿协议，并在规定的时限内腾房搬迁的，给予每户10000元片区整体配合奖。被征收人在房屋征收补偿方案确定的集中签约时间内签约的，给予每户10000元集中签约配合奖。片区单位划分情况、集中签约时间应随房屋征收补偿方案一并公布。

五、在房屋征收补偿方案确定的签约期限内签订补偿协议，并完成搬迁的，按如下项目和标准给予补助：

1.住房困难补助。实行货币补偿的，被征收住宅房屋建筑面积在70平方米以下（含70平方米），且被征收人及其配偶和未成年子女在同一城市另无房屋的，每户给予25000元住房困难补助。

2.公摊面积补助。征收住宅房屋，被征收人房屋权属证书载明无公摊面积，选择多层房屋安置的，给予被征收房屋产权面积的10%的公摊面积补助；选择高层房屋安置的，给予被征收房屋产权面积的20%的公摊面积补助。征收住宅房屋，被征收人房屋权属证书载明有公摊面积，选择多层房屋安置的，不给予公摊面积补助；选择高层房屋安置的，给予被征收房屋产权面积的10%的公摊面积补助。征收住宅房屋建筑面积在45平方米以下，且符合本办法第三十条规定的，按照房屋建筑面积45平方米计算公摊面积补助。公摊面积补助一律按安置房建安成本价实行货币补偿，建安成本价由住建部门核定。

征收商业房屋，被征收人房屋权属证书载明无公摊面积，选择多层房屋安置的，赠送被征收房屋产权面积的3%的公摊面积；选择高层房屋安置的，赠送被征收房屋产权面积的6%的公摊面积。被征收人房屋权属证书载明有公摊面积，选择多层房屋安置的，不赠送公摊面积；选择高层房屋安置的，赠送被征收房屋产权面积的3%的公摊面积。

六、未认定为合法建筑的房屋，其房屋实际所有人在房屋征收补偿方案确定的签约期限内签订补偿协议，并完成搬迁的，可按如下标准予以适当补偿，但不给予相关奖励、补助。

征收1998年以前修建的用于商业、居住、办公的房屋，可按住宅房屋征收评估价值的100%予以货币补偿。征收1998年以前修建的用于生产的房屋，按建安费、综合费、税费三项予以货币补偿。

征收1998年至2005年期间修建的用于商业、居住、办公的房屋，经自然资源和规划或城管执法部门实施行政处罚的，可按住宅房屋征收评估价值的60%予以货币补偿；未经自然资源和规划或城管执法部门行政处罚的，可按住宅房屋征收评估价值的50%予以货币补偿。征收1998年至2005年期间修建的用于生产的房屋，按建安费、综合费两项予以货币补偿。

征收2006年至2020年修建的建（构）筑物，由征收实施单位劝其自行拆除，在规定的期限内自行拆除的，按建安费给予适当补偿。征收2020年以后修建的建（构）筑物，不予补偿。

七、国有资产监管部门应当加强国有直管公房使用、处置的监督管理。征收国有直管公房，经国有资产监管部门认定国有直管公房的合法承租单元后，征收部门可按照合法承租单元给予国有直管公房所有权人搬迁费、临时安置费、提前搬迁奖、房屋征收配合奖。搬迁费给予合法承租人；临时安置费、提前搬迁奖、房屋征收配合奖国有直管公房所有权人和合法承租人各50%。合法承租单元是非住宅的，不给予临时安置费。国有直管公房不享受本办法第三十条规定的补助待遇。

八、武陵区、常德经济技术开发区、柳叶湖旅游度假区按本标准执行。常德高新技术产业开发区、西湖管理区、西洞庭管理区、桃花源旅游管理区（筹）及其他区县市可参照本标准制定本区域的补偿标准。

因市场发生变化，本标准确需调整的，可由市住房和城乡建设局（市人民防空办公室）会同相关部门适时调整，并报市人民政府批准后公告实施。

常德市人民政府办公室

2021年5月13日

常德市人民政府关于向武陵区下放部分权力事项和服务事项的决定

常政发〔2021〕9号

武陵区人民政府，市直有关单位：

为进一步理顺市本级与武陵区的权责利关系，推动形成市、区两级同心同向、互补互促、共建共享新格局，根据有关规定，市人民政府决定向武陵区下放部分权力事项和服务事项。

市直各有关部门要履行好主体责任，对本部门下放的事项加强跟踪指导，明确下放范围，建立健全监管机制，做好工作衔接，避免出现监管真空；武陵区人民政府要依法做好下放事项的承接落实工作，健全工作机制，制定审批流程，动态公示信息，确保接得住、管得好。市委编办、市行政审批局、市司法局等部门要适时对下放事项的落实情况进行跟踪评估，确保放权决定落到实处。

附件：市人民政府向武陵区下放部分权力事项和服务事项清单

常德市人民政府

2021年9月10日

附件

市人民政府向武陵区下放部分权力事项和服务事项清单（共10项）

序号	事项名称	基本编码	事项类型	赋权方式	承接主体	备注
1	申请从事互联网上网服务经营活动审批	000122011000	行政许可	直接下放	区文体局	区域扩充到所有乡镇和街道
2	建设项目用地预审	000115008000	行政许可	委托行使	区自然资源局	仅限城镇开发边界外
3	作出限期腾地决定	431015013W00	其他行政权力	直接下放	区人民政府	
4	限期腾地程序的法律审核和听证		服务事项	直接下放	区人民政府	
5	拟征收土地公告的审查、公告、听证、审批		服务事项	直接下放	区人民政府	
6	征地补偿安置方案的审查、公告、听证、审批		服务事项	直接下放	区人民政府	
7	征收土地公告的审查、公告、听证、审批		服务事项	直接下放	区人民政府	
8	农用地转用组卷		服务事项	直接下放	区自然资源局	仅限城镇开发边界外
9	拟使（转）用土地公告发布		服务事项	直接下放	区人民政府	仅限城镇开发边界外
10	设施农用地上图入库工作		服务事项	直接下放	区自然资源局	仅限城镇开发边界外

常德市人民政府办公室关于公布常德市第一批历史建筑名录的通知

常政办函〔2021〕13号

武陵区、鼎城区人民政府，常德经济技术开发区、柳叶湖旅游度假区管委会，市直有关单位：

为加强我市历史建筑保护管理和利用，传承历史文化，保留历史记忆，根据《历史文化名城名镇名村保护条例》（国务院令第524号）、《湖南省住房和城乡建设厅湖南省文物局关于进一步做好历史文化名城名镇名村和传统村落保护利用管理工作的通知》（湘建设函〔2021〕37号）要求，经市人民政府同意，现将我市第一批历史建筑名录予以公布。属地政府、相关单位要按照《历史文化名城名镇名村保护条例》（国务院令第524号）等有关规定，做好历史建筑保护管理宣传设置明显的保护标志标明保护范围研究落实历史建筑保护利用措施，共同做好历史建筑保护管理各项工作。

常德市人民政府办公室
2021年3月29日

常德市第一批历史建筑名录

序号	建筑名称	地址	建筑年代	现状产权性质
1	七里桥	武陵区丹阳路	始建于明代，2014年重修	国有
2	三间桥	武陵区青年路	1986年建成	国有
3	鸳鸯走马楼	常德河街	始建于1373年，2016年重建	国有
4	文化宫	武陵区青年路	1955年建成	国有
5	中央银行	常德河街	始建于明代，2016年重建	国有
6	灯泡厂	武陵区天源星城小区内	1959年建成，2012年重建	国有
7	华南俱乐部	武陵区河洑山	1973年建成	国有
8	湖南文理学院第一办公楼（红楼）	武陵区洞庭大道	1959年建成	国有
9	金鼎普光寺	太阳山	始建于1700多年前，2008年重建	国有
10	锁龙石	武陵区滨湖公园内	1979年建成	国有
11	常德职业技术学院校史馆（红楼）	武陵区人民路	1967年建成	国有
12	招屈亭	武陵区诗墙公园内	始建于秦，1997年重建	国有
13	德山乾明寺	德山孤峰岭	始建于唐初，2005年重建	国有
14	枉水德山大桥	常德经济技术开发区莲池路	1960年建成	国有

常德市人民政府办公室关于印发《常德市市长质量奖管理办法》的通知

常政办发〔2021〕27号

各区县市人民政府，常德经济技术开发区、常德高新技术产业开发区、柳叶湖旅游度假区、西湖管理区、西洞庭管理区管委会，市直和中央、省驻常有关单位：

《常德市市长质量奖管理办法》已经市人民政府同意，现印发给你们，请认真组织实施。

常德市人民政府办公室

2021年12月25日

常德市市长质量奖管理办法

第一章　总　则

第一条　为建设质量强市，不断提高全社会质量意识，引导和激励全市各行各业加强质量管理，提高常德品牌竞争力，增强城市综合竞争力，进一步规范市长质量奖管理工作，根据《中华人民共和国产品质量法》《国家功勋荣誉表彰条例》《湖南省人民政府办公厅关于印发〈湖南省省长质量奖管理办法〉的通知》（湘政办发〔2021〕34号）等有关规定，结合我市实际，制定本办法。

第二条　常德市市长质量奖（以下简称市长质量奖）是市人民政府在质量领域授予相关组织和个人的最高荣誉，旨在推广科学质量管理制度、模式和方法，促进质量管理创新，传播先进质量理念和质量价值观，激励引导全市不断提升质量，建设质量强市。

第三条　市长质量奖分为市长质量奖和市长质量奖提名奖。市长质量奖名额每届不超过4个组织和个人，市长质量奖提名奖名额每届不超过4个组织和个人，达不到奖励条件可以空缺。

第四条　市长质量奖的申报、受理、评审、表彰以及宣传推广、监督管理，适用于本办法。

第五条　市长质量奖的评定，遵循申请自愿、不收费和科学、公开、公平、公正的原则，在组织和个人自愿申报的基础上，严格按照程序和标准开展评审工作。

第二章　组织领导

第六条　经市长授权，设立市长质量奖评审委员会（以下简称评委会），评委会主任由分管质量工作的副市长担任，委员由质量管理领域专家学者、政府有关部门负责人、企业家和消费者代表等组成。评委会办公室设在市市场监管局，由局长兼任办公室主任，主要职责是负责市长质量奖日常管理工作，包括起草市长质量奖评审准则、制定实施细则等。

第七条　评委会办公室下设评审组和监督组。评审组主要负责建立评审员专家库，受理申报材料，组织材料评审、现场评审、顾客满意度测评等。监督组主要负责监督市长质量奖的受理、评审、表彰工作。

第三章　申报和受理

第八条　申报市长质量奖的组织（以下简称申报组织），应当同时具备以下条件：

（一）依法在常德市注册登记并经营的法人或其他组织（包括从事生产、服务、研究、设计、教育、医疗及社会中介等工作的各类组织）；

（二）实施质量发展战略，坚持质量第一的发展理念，崇尚优秀质量文化，在质量水平、创新能力、品牌影响力以及效益等方面取得突出成绩并达到市内领先水平，近3年来主要经济、技术和质量等指标位居市内同行业领先地位；

（三）推广应用卓越绩效管理模式，实施首席质量官制度，质量管理体系健全，质量管理制度、模式、方法有所创新，并且成熟度高，具有推广价值；

（四）近5年无较大及以上质量、安全、环保等事故，无相关违法、违规、违纪行为。

第九条　申报市长质量奖的个人（以下简称申报个人），应当同时具备以下条件：

（一）拥护中央的路线、方针、政策；

（二）对质量管理制度、模式、方法创新以及质量发展事业作出突出贡献；

（三）恪守职业道德和社会规范，无相关违法、违规、违纪行为。

第十条　市长质量奖（不含市长质量奖提名奖）获奖组织和个人在获奖后6年内，同一质量管理模式、制度、方法不得重新申报。

第十一条　符合申报条件的组织或个人，在自愿的基础上，根据市长质量奖的申报条件，在规定时间内向所在地区县市市场监管部门提出申请。

第十二条　申报组织和个人向所在地区县市市场监管部门提交申报材料，申报组织和申报个人对申报材料的完整性、真实性、准确性、合法性负责。申报材料不得涉及国家安全、国家秘密，涉及商业秘密的，申报组织和申报个人应当予以注明。所在地区县市市场监管部门对申报材料进行初审，并征求相关部门意见后，报请所在地区县市人民政府（管委会）批准后向评委会办公室推荐。

第十三条　评委会办公室对申报材料的主体资格、推荐渠道、申报程序等进行审查，并征求生态环境、人力资源和社会保障、税务、市场监管、应急管理等有关主管部门意见，对不符合要求的，不予受理。

第十四条　评委会办公室对可能涉及国防、国家安全的事项，在适当范围内征求相关部门意见。

第十五条　评委会办公室根据初步审查结果，形成市长质量奖受理名单，并向社会公示，公示时间不少于5个工作日；对未予受理的申报组织和申报个人，评委会办公室向申报组织或个人说明理由。

第四章　评审标准

第十六条　市长质量奖的评审标准主要依据《常德市市长质量奖评审准则》（包括质量、创新、品牌和结果）。

第十七条　为保证市长质量奖评审标准的有效实施，评委会办公室可根据行业、企业类别，分别制订评审实施细则。

第五章　评审程序

第十八条　对经公示无异议的申报组织和个人，评委会办公室评审组组织开展评审，评审程序包括材料评审、现场评审、顾客满意度测评、综合评价、审议和公示公告。

第十九条　评审组对组织或个人提交的申报材料按照评审准则和实施细则进行评分，形成材料评审报告。材料评审实行组长负责制。评审组按材料评审得分高低提出现场评审名单。对未进入现场评审名单的组织和个人，由评委会办公室反馈材料评审结果。

第二十条　对通过材料评审的组织和个人，评审组依据评审准则和实施细则进行现场评审，并出具现场评审报告。现场评审实行组长负责制。

第二十一条　评审组通过公开招投标委托中介机构对通过材料评审的组织进行顾客满意度测评，形成顾客满意度测评报告。

第二十二条　评委会办公室对材料评审、现场评审和满意度测评情况进行综合评价，按得分高低差额提出市长质量奖和市长质量奖提名奖候选名单。

第二十三条　评委会召开会议，对市长质量奖和市长质量奖提名奖候选名单予以审议，等额投票产生市长质量奖和市长质量奖提名奖获奖建议名单。

第二十四条　评委会办公室将市长质量奖和市长质量奖提名奖获奖建议名单向社会公示，公示时间不少于5个工作日。公示中存在异议，查明属实的，由评委会办公室提请评委会取消其获奖资格。公示中无异议，或者异议情况查明不属实的，经评委会主任审核，市长审定后，由市人民政府公告。

第六章　奖　励

第二十五条　市人民政府对获得市长质量奖和市长

质量奖提名奖的组织和个人颁发证书、奖杯，并对获得市长质量奖的组织给予30万元奖金，对个人给予5万元奖金。

第二十六条　市长质量奖奖金和评审工作经费列入市财政预算，实行专款专用。

第二十七条　市长质量奖奖金主要用于表彰和激励获奖组织和个人，支持其推广先进质量管理经验、开展质量技术攻关、推动质量持续改进及人员素质提升等，不得挪作他用。

第七章　监督管理

第二十八条　申报组织和申报个人隐瞒有关情况或提供虚假材料进行申报的，5年内不予受理其申报。获奖组织和个人以欺骗、贿赂等不正当手段获奖的，取消其奖励，收回证书、奖杯，追缴奖金，10年内不予受理其申报，建议其主管部门予以处理，并向社会公开。

第二十九条　建立对获奖组织的定期巡访及动态管理制度。评委会办公室及有关部门有权及时了解获奖组织和个人的生产经营和质量管理等情况，督促其珍惜荣誉，不断进步。

第三十条　获奖组织和个人自获奖之日起5年内发生重大质量、安全、环保等事故，或者存在严重违法、违规、违纪情形以及违反本办法有关规定情形的，取消其奖励，收回证书、奖杯，并向社会公开。

第三十一条　获奖组织和个人可在组织和个人形象宣传中使用市长质量奖荣誉称号及标识，但需注明获奖年度，且不得将市长质量奖用于产品、服务的标识或者产品、服务的质量宣传，不得出售、出租证书、奖杯，或者将其用于从事其他营利性活动。

第三十二条　承担市长质量奖评审任务的工作机构、工作人员、评审人员要严于律己，公正廉洁，严格按照有关规定、程序进行评审。

第三十三条　对在评审过程中滥用职权、玩忽职守、徇私舞弊、造成不良后果的工作机构、工作人员、评审人员，取消其评审、工作资格，并提请其主管部门或所在工作单位给予纪律处分；构成犯罪的，依法追究刑事责任。

第三十四条　任何单位和个人发现市长质量奖的受理、评审存在违法、违规、违纪情形的，可以向监督组举报。

第三十五条　监督组应当对市长质量奖的受理、评审进行监督，并向评委会报告监督情况。发现有关单位和个人存在违法、违规、违纪行为的，建议其主管部门予以处理。

第三十六条　参与市长质量奖评选表彰的人员与申报组织或申报个人有利害关系的，应当主动提出回避。监督组对回避情况进行监督，对未能主动提出回避的人员可以提出回避建议。

第三十七条　接受市长质量奖现场评审的候选组织和个人，对现场评审人员和参与现场评审的其他工作人员的工作质量、纪律作风进行评价，并反馈评委会办公室。

第三十八条　申报组织和申报个人应当主动申明申报材料中涉及的商业秘密或者技术秘密。参与市长质量奖评选表彰的有关机构和人员，应当保守知悉的商业秘密和技术秘密。

第八章　异议处理

第三十九条　任何单位或者个人对市长质量奖评选表彰有异议的，可以向评委会办公室提出，并提供有效的证明材料。

第四十条　评委会办公室应当将异议处理结果告知异议方，并向评委会报告。

第九章　推广与分享

第四十一条　获奖组织和个人应当积极宣传推广质量管理制度、模式、方法，并为其他组织学习观摩提供便利。

第四十二条　获奖组织的质量管理制度、模式、方法发生重大变化的，获奖组织应当书面告知所在地区县市市场监管部门。

第四十三条　各级市场监管部门及有关单位应当按照相关职责，组织本地区、本领域获奖组织和个人开展质量管理交流推广活动。

第十章　附　则

第四十四条　本办法自发布之日起施行，原《常德市市长质量奖管理办法》（常政办发〔2017〕12号）同时废止。

索 引

说 明

一、本索引把年鉴专题性条目的内容用主题分析的方法，按汉语拼音字母顺序排列，第一字相同，按第二字音序排列，以此类推。数字开头的标目则按数字0～9顺序排列。

二、标引词后的阿拉伯数字表示内容所在页码，数字后的拉丁字母a、b、c分别表示从左至右第一、二、三栏。

三、本年鉴“特载”“专文”“大事记”“附录”具体内容未作索引。

数字和字母

A

B

C

D

T